VC-143

Steger (Hrsg.)
Handbuch des Umweltmanagements

Handbuch des Umweltmanagements

Anforderungs- und Leistungsprofile
von Unternehmen und Gesellschaft

herausgegeben von

Prof. Dr. Ulrich Steger

Vorstandsmitglied für Umwelt und Verkehr
bei der Volkswagen AG, Wolfsburg,
Direktor des Instituts für Ökologie und Unternehmensführung e.V.,
European Business School, Oestrich-Winkel

unter Mitwirkung von

Dipl.-Volkswirt Gerhard Prätorius

Institut für Ökologie und Unternehmensführung e.V.,
Oestrich-Winkel

C. H. Beck'sche Verlagsbuchhandlung
München 1992

Die Deutsche Bibliothek – CIP-Einheitsaufnahme

Handbuch des Umweltmanagements : Anforderungs- und Leistungsprofile von Unternehmen und Gesellschaft / hrsg. von Ulrich Steger unter Mitw. von Gerhard Prätorius. – München : Beck, 1992
  ISBN 3 406 35083 6
NE: Steger, Ulrich [Hrsg.]

ISBN 3 406 35083 6

Druck: C. H. Beck'sche Buchdruckerei, Nördlingen
Gedruckt auf alterungsbeständigem (säurefreiem) Papier
ohne Verwendung von Chlor hergestellt
gemäß der ANSI-Norm für Bibliotheken

Vorwort

Umweltschutz war für die Betriebswirtschaftslehre – sieht man von einzelnen Pionierarbeiten wie etwa von *Strebel* (1980) ab – lange kein relevantes Thema, nicht zuletzt weil es vorwiegend als Aufgabe der Politik angesehen wurde, geeignete Rahmenbedinungen dafür zu setzen. Denn Umweltschutz wurde als Kollektivgut betrachtet, für das es bekanntlich keine kaufkräftige Nachfrage am Markt gibt, weil – einmal erstellt – es von jedermann genutzt werden kann. Die Internalisierung externer Effekte der industriellen Produktion war Aufgabe des Staates, gestritten wurde nur darüber, mit welchen Instrumenten dies zu geschehen habe.

Seit Mitte der achtziger Jahre änderte sich diese Situation, im deutschsprachigen Raum eher als in den angelsächsischen Ländern. Zum einen nahm die Intensität der Umweltschutz-Gesetzgebung gerade unter der konservativ-liberalen Regierung so zu, daß durch die Regulierungsdichte die Unternehmen einen zunehmenden Autonomieverlust erfuhren. Unter Berufung auf das Vorsorgeprinzip wurden nicht nur die Umweltschutzstandards erheblich verschärft, sondern auch die Anwendungsbereiche erheblich ausgedehnt. Nicht nur die traditionellen Verschmutzer – Kraftwerke und Raffinerien – waren betroffen, sondern nahezu alle industriellen Aktivitäten, auch handwerkliche Bereiche wie z.B. Maler, Fotografen oder Kfz-Werkstätten. Es wurde zumindest den weitsichtigeren Managern klar, daß eine weitere Ausdehnung der staatlichen Aktivitäten, der zunehmende öffentliche Druck, verbunden mit einem Glaubwürdigkeitsverlust der Wirtschaft, das notwendige „Fließgleichgewicht" von Unternehmen und Gesellschaft so störte, daß dies auch die Entwicklungsfähigkeit der Unternehmen negativ tangieren würde.

Zum zweiten änderte sich seit Mitte der achtziger Jahre auch das Konsumentenverhalten. Die Vorstellung vom Umweltschutz als Kollektivgut erwies sich als zu einfach. Vielmehr zeigte sich – am drastischsten in den spektakulären Produktskandalen –, daß Umweltschutz durchaus „individualisierbar" war und mithin zu einem Marktfaktor wurde. In einer Reihe von Branchen – von der Ernährungs- bis zur Möbelindustrie – wurden ökologische Risiken in den Produkten durchaus ein relevantes Kaufkriterium für die Verbraucher, weil sie auch individuell von diesen Risiken betroffen waren (z.B. Furcht vor einem steigenden Krebsrisiko durch Pflanzenschutzmittelrückstände). Umgekehrt konnte Umweltschutz auch als Zusatznutzen vermarktet werden – und sei es nur als die demonstrative Vernunft des nach Individualisierung strebenden Konsumenten. Zusammen mit den Substitutionsprozessen, die durch die Umweltschutzgesetzgebung induziert wurden, entwickelte sich Umweltschutz zu einem Marktfaktor und konnte damit einer neuen Aufmerksamkeit in den Unternehmen gewiß sein.

Parallel zu diesem neuen Stellenwert des Umweltschutzes in den Unternehmen entwickelte sich auch die wissenschaftliche Diskussion in der Betriebswirtschaftslehre seit Mitte der achtziger Jahre. Nicht nur daß zahlreiche Publikationen erschienen, wie aus den Literaturverzeichnissen ersichtlich ist, es wurden auch Lehrstühle eingerichtet und – unter verschiedenen Bezeichnungen wie z.B. Umweltmanagement, Ökologie und Ökonomie, Betriebliche Umweltökonomie – zunehmend Wahlfächer an Fachhochschulen und Universitäten angeboten. Der Verband der Hochschullehrer für Betriebswirtschaft richtet 1990 eine eigene Fachkommission ein. Damit wurde das möglich, was die primäre Zielsetzung des Buches ist: den „state of the art" der wissenschaftlichen Diskussion zum Umweltmanagement so aufzubereiten, daß es sowohl für die Praxis, aber auch für Forschung und Lehre sowie Weiterbildung als fachlich kompetentes „Nachschlagwerk" dienen kann.

Daher dokumentieren die einzelnen Beispiele den Stand der heutigen Forschung bzw. im Branchenteil die Anwendung von konzeptionell fundierten Umweltschutzstrategien an konkreten Problemstellungen. Ingesamt zeigt damit das Buch die Anwendbarkeit von Methoden und Instrumenten der modernen Betriebswirtschaftslehre auf die Fragen des Umweltschutzes. Der noch vor drei Jahren zu hörende Vorwurf, die Betriebswirtschaftslehre ließe die Unternehmen bei der Umweltschutzproblematik ohne wissenschaftlich fundierte Hilfestellung, wird heute so sicherlich nicht mehr aufrechtzuerhalten sein.

Um den Zugang für Praktiker, aber auch Studenten und Lehrende, die sich in das Gebiet einlesen wollen, möglichst übersichtlich zu gestalten, sind die Kapitel als einzelne, in sich abgeschlossene Beiträge verfaßt worden, die ein Themengebiet abdecken sollen. Damit sind die Beiträge nicht immer überschneidungsfrei, aber dies war in Kauf zu nehmen, da wohl nur wenige Leser – von geplagten Rezensenten abgesehen – sich so in das Buch vergraben werden, daß sie es erst aus der Hand legen, wenn sie die letzte Seite erreicht haben. Eine erste Orientierung über die behandelten Themen versucht das 1. Kapitel zu geben. Auch können die Beiträge nicht widerspruchsfrei sein.

Dies gilt einmal für die Bereiche, wo bewußt Autoren mit kontroversen Standpunkten, klarer Interessenposition oder unterschiedlichen Perspektiven zu Wort kommen, aber auch dort, wo der Stand der Forschung noch sehr offen ist und die Autoren unterschiedliche Hypothesen oder Interpretationen vortragen. Insofern ist dieser Band auch eine Bestandsaufnahme, die Kontroversen, offene Fragen und weiteren Forschungsbedarf dokumentiert. Die damit z.T. gegebene Heterogenität der Beiträge ist beim gegenwärtigen Stand der Diskussion gewollt. Nur auf einem sehr abstrakten Niveau wäre es gelungen, sie zu „harmonisieren". Es erschien dem Herausgeber daher sinnvoller, wissenschaftliche Qualität, Orginalität und Repräsentativität – und nicht Homogenität – als Beurteilungskriterium für die Aufnahme der Beiträge anzulegen. Für die Aussagen und auch die getroffenen Werturteile in den Beiträgen sind daher allein die Autoren verantwortlich.

Entscheidend für die Auswahl war, ob der Beitrag zur Leitidee des Buches paßte, Umweltschutz als einen integrierten Teil aller Aspekte der Unternehmenstätigkeit zu betrachten, die von den politischen und marktlichen Rahmenbedingungen erzwungen, aber auch von den Entscheidungsträgern aus eigenem Antrieb verfolgt wird. Über die bloße Befolgung von Gesetzen hinaus, soll sie als Teil einer evolutionären Unternehmenskonzeption verstanden werden, die sich durch Interaktionen mit einer komplexen und dynamischen Umwelt über Lernprozesse entwickelt.

Das Buch enthält trotz seiner schließlich 50 Einzelbeiträge sicherlich einige thematische Lücken. So wurde z. B. auf einen einführenden naturwissenschaftlichen Beitrag verzichtet. Eine fachlich solide Schilderung auch nur der wichtigsten Umweltprobleme hätte den Umfang des Buches gesprengt, eine eher allgemeine Schilderung hätte dem interessierten Leser nichts wesentlich Neues gebracht. Denn es ist ja davon auszugehen, daß alle, die dieses Buch zur Hand nehmen, wissen, daß es a) Umweltprobleme gibt und b) sich Unternehmen damit auseinandersetzen müssen. Ebenfalls wurde auf eine Übersichtsdarstellung der verschiedenen Finanzhilfen und Investitionsprogramme in einem Extrakapitel verzichtet, da deren rein deskriptive Schilderung aufgrund der vielen Änderungen schnell veraltete. Wie bei einer so umfangreichen (und eher überbeschäftigten) Autorenrunde unvermeidbar, fielen einige zugesagte Beiträge doch noch kurzfristig aus: So wurde z.B. der geplante Beitrag über die speziellen Probleme im Umweltschutz bei kleinen und mittleren Unternehmen Opfer eines Berufswechsels. Auch interessante Weiterungen, die auf neue Konfliktlösungsansätze im Umweltschutz orientieren und etwa in den USA unter den Stichworten „conflict resolution" und „intermediation" heftig diskutiert werden, konnten hier nicht weiter vertieft werden.

Bleibt mir abschließend nur der aufrichtige Dank an alle die, ohne deren konstruktive Mitarbeit dieses Buch nicht zustande gekommen wäre. Dies gilt zunächst für die Autoren, mit denen zu kooperieren und zu diskutieren ein Vergnügen war. Besonders beeindruckend war in Zeiten wie diesen, daß fast alle auf Anhieb zu Mitwirkung bereit waren und daß notwendig gewordene Mahnungen zur Abgabe des Manuskriptes sogar meistens Wirkungen zeigten. Die fachlich kompetente und geduldige Unterstützung von Herrn Dr. *Gerhard Finck* im Verlag C. H. Beck war gerade in den turbulenten Zeiten der Manuskriptabgabe und Buchfertigstellung besonders hilfreich. Alle Mitarbeiterinnen und Mitarbeiter des Instituts für Ökologie und Unternehmensführung e. V. haben in unterschiedlichster Weise zum Zustandekommen und Gelingen des Werkes beigetragen. Unter ihnen muß ich insbesondere die engagierte Mitarbeit von Herrn Dipl.-Vwt. *Gerhard Prätorius* würdigen, der von Beginn an die konzeptionelle Entwicklung des Handbuches maßgeblich mitgestaltete. Die zahlreichen organisatorischen und technischen Probleme wurden von Frau *Gudrun Olbert*, M. A., behutsam, aber mit dem notwendigen Nachdruck gelöst. Sie alle werden für ihre Mühen dann entlohnt sein, wenn dieses Buch wirksam dazu beiträgt, daß in den Unternehmen die Beachtung des Umweltschutzes genauso selbstverständlich wird wie etwa die Sicherung der Liquidität.

Wiesbaden, Dezember 1991　　　　　　　　　　　　　　　　　　　*Ulrich Steger*

Inhaltsverzeichnis

Kapitel 1: Umweltmanagement – Gebot für heute und morgen 1
von Prof. Dr. *Ulrich Steger*

Teil A
Interdisziplinäre Perspektiven des Umweltschutzes

Kapitel 2: Wurzeln des Umweltproblems – ökologische, ökonomische und philosophische Betrachtungen 15
von Prof. Dr. *Malte Faber* und *Reiner Manstetten*, M. A.

Kapitel 3: Umweltökonomie und die Probleme ihrer politischen Umsetzung 33
von Prof. Dr. *Holger Bonus*

Kapitel 4: Vom Umweltrecht zum Umweltstaat? 43
von Prof. Dr. *Michael Kloepfer*

Kapitel 5: Umweltschutz und Theorie der Unternehmung 67
von Prof. Dr. *Wolfgang H. Staehle* unter Mitarbeit von Dr. *Manuela E. Nork*

Kapitel 6: Der Führungsnachwuchs und die Umwelt 83
von Prof. Dr. *Lutz von Rosenstiel*

Teil B
Politische und marktliche Rahmenbedingungen

Kapitel 7: Strukturwandel der Wirtschaft und Entlastung der Umwelt 107
von Prof. Dr. *Udo Ernst Simonis*

Kapitel 8: Ökologische Folgekosten des Wirtschaftens und Volkswirtschaftliche Gesamtrechnung 117
von Dr. *Christian Leipert*

Kapitel 9: Umweltpolitik und internationale Wettbewerbsfähigkeit . 131
von Prof. Dr. *Werner Meißner*
und Dr. *Ute Gräber-Seißinger*

Kapitel 10: Umweltschutz als Standortfaktor 145
von Dipl.-Volkswirt *Gerhard Prätorius*

Kapitel 11: Rolle von Behörden und Kommunen 165
von Dr. *Gabriele Knödgen*

Kapitel 12: Umwelttrends im Konsumentenverhalten 183
von Dipl.-Kffr. *Petra Tiebler*

Kapitel 13: Zur Strategie von Umweltinitiativen – das Beispiel Greenpeace 207
von Dr. *Thilo Bode*

Kapitel 14: Umweltinitiativen zur Beeinflussung des Unternehmensverhaltens aus der Sicht der Industrie 217
von Dr. *Eberhard Meller*

Teil C
Bausteine eines Umweltmanagements

Kapitel 15: Umweltorientierung als Teil der Unternehmenskultur 223
von Prof. Dr. *Meinolf Dierkes* und Dr. *Lutz Marz*

Kapitel 16: Umweltschutz im Zielsystem von Unternehmen 241
von Prof. Dr. *Hans Raffée*, Dipl.-Kfm., Dipl.-Math. *Friedrich Förster* und Dr. *Wolfgang Fritz*

Kapitel 17: Integrierter Umweltschutz (IUS) durch strategische Planungs- und Controlling-Instrumente 257
von Prof. Dr. *Hartmut Kreikebaum*

Kapitel 18: Normstrategien im Umweltmanagement 271
von Prof. Dr. *Ulrich Steger*

Kapitel 19: Öko-Controlling als Baustein einer innovativen Unternehmenspolitik 295
von Dr. *Reinhard Pfriem* und Dipl.-oec. *Hendric Hallay*

Kapitel 20: Umwelt-Auditing 311
von Dr. *Adelbert Niemeyer* und Dr. *Bodo Sartorius*

Kapitel 21: Umweltschutz und Innovationsmanagement 329
von Prof. Dr. *Erich Staudt*, Dipl.-oec. *Bernd Kriegesmann* und Dipl.-oec. *Andreas Fischer*

Kapitel 22: Umweltschutz und Mitbestimmung 343
von Dr. *Eckart Hildebrandt*

Kapitel 23: Umweltorientiertes Unternehmensverhalten – Ergebnisse aus einem Forschungsprojekt 375
von Dipl.-Kfm. *Ralf Antes*, Prof. Dr. *Ulrich Steger* und Dipl.-Kffr. *Petra Tiebler*

Teil D
Integration des Umweltschutzes in die Funktionsbereiche

Kapitel 24: Umweltorientiertes Management von Forschung und Entwicklung 395
von Prof. Dr. *Alexander Gerybadze*

Kapitel 25: Umweltschutz „Begin-of-the-Pipe" durch aktives Einkaufsmanagement 417
von Prof. Dr. *Volker Stahlmann*

Kapitel 26: Produktion und Umweltschutz 437
von Prof. Dr. *Heinz Strebel*

Kapitel 27: Investition und Finanzierung 451
von Prof. Dr. *Dieter Rückle*

Kapitel 28: Betriebliches Rechnungswesen bei umweltorientierter Unternehmensführung 469
von Prof. *Manfred Schreiner*

Kapitel 29: Die Organisation des betrieblichen Umweltschutzes 487
von Dipl.-Kfm. *Ralf Antes*

Kapitel 30: Ökologisches Management und Personalarbeit 511
von Prof. Dr. *Andreas Remer* und Dr. *Ulrich Sandholzer*

Kapitel 31: Integration des Umweltschutzes in den Funktionbereich Marketing 537
von Prof. Dr. *Manfred Bruhn*

Kapitel 32: Unternehmerische Abfallwirtschaft 557
von Prof. Dr. *Gerd Rainer Wagner*
und Dr. *Sabine Fichtner*

Kapitel 33: Entsorgungslogistik 571
von Prof. Dr. *Hans-Christian Pfohl*
und Dipl.-Kfm. *Wolfgang Stölzle*

Teil E
Umweltschutzstrategien in ausgewählten Branchen

Kapitel 34: Umweltschutz in der chemischen Industrie 593
von Dr. *Ernst-Heinrich Rohe*

Kapitel 35: Umweltschutzstrategien der chemischen Industrie 607
von Dr. *Wolf von Osten*

Kapitel 36: Umweltschutzstrategien der Automobilindustrie am Beispiel der Volkswagen AG 621
von Prof. Dr. *Horst Klingenberg*
und Dipl.-Ing., Dipl.-Chem. *Gerhard Wagner*

Kapitel 37: Automobilindustrie und Verkehrswesen 631
von Dipl.-Volkswirt *Gerhard Prätorius*

Kapitel 38: Umweltschutzstrategien in der Ernährungsindustrie 643
von Dr. *Hellmut Kachel*

Kapitel 39: Umweltschutzstrategien in der Bauwirtschaft 665
von Dr.-Ing. *Volkmar Gossow*

Kapitel 40: Der Anlagenbau als Problemlöser 673
von Dr.-Ing. *Karlheinz Arras*

Kapitel 41: Kommunales Umweltmanagement 681
von Dipl.-Ing. *Willy Leonhardt*

Kapitel 42: Energiepolitik muß Klimaschutzpolitik werden 693
von Dipl.-Volkswirt *Reinhard Störmer*

Kapitel 43: Umweltschutz und Banken 703
von Dr. *Ralf Krüger*

Kapitel 44: Umweltschutz – eine Aufgabe für Versicherungen 711
von Dr. *Christian Müller*
und *Elmo Freiherr von Schorlemer*

Kapitel 45: Aufgaben von Versicherungen im Umweltschutz 721
von Dr. *Eberhard Feess-Dörr*

Kapitel 46: Umweltmanagement im Handel 733
von Prof. Dr. *Ursula Hansen*

Kapitel 47: Praktiziertes Umweltmanagement im Handel 757
von Dr. *Hans Christian Bremme*

Kapitel 48: Mikroelektronik und IuK-Anwendungen im Umweltschutz 763
von *Jürgen Smetenat*

Kapitel 49: Technischer Fortschritt unter ökonomischen und ökologischen Bedingungen mit Hilfe der Informations- und Kommunikationstechnologie 771
von Prof. Dr. *Günter Müller*, Dr. *Axel Gutenkunst*
und Dipl.-Inf. *Klaus Singer*

Inhaltsverzeichnis   XIII

Kapitel 50: Das Umweltmanagement der öffentlichen Verwaltung ... 783
            von Prof. Dr. *Michael Stitzel*

Stichwortverzeichnis 797

Autorenverzeichnis 821

Kapitel 1
Umweltmanagement – Gebot für heute und morgen

Eine Einführung von *Ulrich Steger*

Vorbemerkung 2
1. Anliegen und Konzeption des Handbuchs 2
2. Interdisziplinäre Perspektiven des Umweltschutzes 3
3. Politische und marktliche Rahmenbedingungen 5
4. Bausteine eines Umweltmanagements 6
5. Integration des Umweltschutzes in die Funktionsbereiche eines Unternehmens 9
6. Umweltschutzstrategien in ausgewählten Branchen 11

Vorbemerkung

Der folgende Versuch, die Beiträge des vorliegenden Handbuches des Umweltmanagements einleitend zusammenzufassen, soll dem Leser die Struktur des Aufbaus und damit die wesentlichen Ziele, die mit der Publikation verbunden sind, nahebringen sowie einen ersten Überblick ermöglichen. Er dient damit insbesondere dazu, die Benutzung des Buches zu erleichtern. Keinesfalls ist es hier jedoch möglich, die vielen Aussagen der insgesamt 50 Einzelbeiträge so zu komprimieren, daß ihr Inhalt quasi als Extrakt für den eiligen Leser aufbereitet werden kann. Eher wird der Leser – wünschenswerterweise – je nach Bedarf und Interessenlage im Zeitablauf die entsprechenden Artikel vertieft benutzen.

1. Anliegen und Konzeption des Handbuchs

Die in diesem Buch vertretene Konzeption des Umweltschutzes ist nicht – wie noch große Teile der Praxis in den Unternehmen – rein technisch an der Umsetzung gesetzlicher Normen orientiert. Vielmehr versteht sie, ausgehend von einem integrierten Management-Ansatz, Umweltschutz als einen alle Teile des Unternehmens umfassenden Aufgabenbereich sowie als Teil der beständigen Interaktion des Unternehmens mit seiner sozialen, ökonomischen und ökologischen Umwelt. Diesem komplexen Gegenstand gerecht zu werden, heißt für ein Handbuch zunächst einmal, möglichst viele Zugänge zu dem Thema zu eröffnen. Für ein vergleichsweise junges und sich zugleich dynamisch entwickelndes Forschungsgebiet – hier summarisch als **Umweltmanagement** bezeichnet – kann kaum bereits auf einen Kanon gesicherter Erkenntnisse und praktischer Erfahrungen zurückgegriffen werden, wie das bei anderen etablierten ökonomischen Teildisziplinen der Fall ist. Folgerichtig schließt die Mehrzahl der Beiträge mit Hinweisen auf noch zu leistende Forschungsarbeit oder noch weitere notwendige praktische Erprobungen. Gleichwohl ist aber aus einer umgekehrten Betrachtungsperspektive ebenso begründet festzustellen, daß es neben der allseits akzeptierten theoretischen wie praktischen Bedeutung des Themas eine Vielzahl von Ergebnissen aus Forschung und Praxis gibt, die ein Unterfangen wie das vorliegende rechtfertigen. Es soll – kurzgefaßt – für das Gebiet des Umweltmanagements sowohl die bereits vorhandenen Erkenntnisse in ihrer Breite und Pluralität darlegen als auch die noch offenen Fragen akzentuieren. Dem Leser soll damit ein **Orientierungswissen** ermöglicht werden, das eine konzentrierte Übersicht über vorhandenes Wissen verknüpft mit dem methodischen Zugang zu möglichen neuen Entwicklungen.

Zur Strukturierung der Vielfalt der Themen wurde der Stoff in fünf Teile gegliedert, um möglichst alle Zugangsebenen einzubeziehen. Auch wenn es

2. Interdisziplinäre Perspektiven des Umweltschutzes

bereits zu den Allgemeinplätzen gehört, für das Thema „Umweltschutz" **Interdisziplinarität** zu reklamieren, sind die Fortschritte bei den jeweiligen disziplinären Grenzüberschreitungen noch eher bescheiden.

Der **Teil A** des vorliegenden Handbuches versucht zumindest, durch die Thematisierung **unterschiedlicher disziplinärer Perspektiven** die vorhandenen Begrenzungen zu überwinden. In einem ersten Schritt zur Konkretisierung werden im **Teil B** die **politischen** und **marktlichen Rahmenbedingungen** für ein unternehmerisches Umweltschutzmanagement analysiert. Mit den Beiträgen in dem **Teil C** wird dann die Betrachtungsperspektive gewechselt. Während in den vorhergehenden Teilen der Blick sozusagen dem Fluß der Informationen von außen nach innen folgte, wird nun eine **Binnenperspektive** angestrebt. Dabei werden in den Bausteinen eines Umweltmanagements in diesem Teil Querschnittsthemen angesprochen, strategische Fragen behandelt und einige neue Instrumente vorgestellt. Mit der Einbeziehung des Umweltschutzes in die „klassischen" Funktionsbereiche in einem Unternehmen in **Teil D** – erweitert um einige Zusatzthemen – wird den Notwendigkeiten und Möglichkeiten einer **Erweiterung** der jeweils vorherrschenden **Paradigmen** nachgegangen. Die Beiträge zu **Umweltschutzstrategien** in ausgewählten Branchen im **Teil E** öffnen insofern die Betrachtungsperspektive wieder, als nun neben den Unternehmen auch wieder übergreifende branchenbezogene und gesamtwirtschaftliche Fragestellungen aufgenommen werden. Hier der leitkonzeptionellen Idee eines doppelten Blicks zu folgen, d.h. neben der Darstellung – fortgeschrittener – Praxis aus der Sicht von Unternehmen eine Analyse aus – kritischer – Außensicht zu ermöglichen und so auch Kontroversen zu eröffnen, konnte leider nicht ganz konsequent durchgehalten werden, weil für einige Bereiche Autoren ausfielen bzw. nicht zur Verfügung standen.

2. Interdisziplinäre Perspektiven des Umweltschutzes

Der **Teil A** wird eingeleitet mit einem Beitrag, der die Möglichkeiten **disziplinärer Grenzüberschreitungen** bei der Herausarbeitung **zentraler Probleme** auch durch die Wahl des „Stoffes" zeigt. Die *Goethe*sche Faust-Gestalt verkörpert bereits wie kaum eine andere die Widersprüche der Moderne. *Faber/Manstetten* erläutern daran beispielhaft die Gegensätze des industrie-wirtschaftlichen Pradigmas von Akkumulationszwang und Erfolgsorientierung und des vormodernen Paradigmas eines noch nicht mit der Natur entzweiten Menschens. Während ersteres durch Arbeitsteilung und technischen Fortschritt ökonomisch unglaublich erfolgreich war, zerschnitt es zugleich die Verbindung des Menschen zu seiner natürlichen Umwelt und gefährdet nun in seinen Konsequenzen seine dauerhafte Existenz. Notwendig ist daher – so die Autoren – eine nicht nur phänotypische, an den Erscheinungen ansetzende Veränderung, sondern eine genotypische Evolution von Wirtschaft und Gesellschaft, die die Natur als Lebensgrundlage in die Zivilisation „zurückbringt".

Bonus setzt sich mit der politischen Frage auseinander, warum der Umweltschutz so bürokratisch ausgestattet ist und warum so wenig Gebrauch von „marktorientierten Instrumenten" gemacht wird. Grundprämisse ist dabei, daß diese Instrumente – bei gleicher ökologischer Wirkung – ökonomisch effizienter sind, weil sie die unterschiedlichen Grenzvermeidungskosten in Unternehmen besser berücksichtigen und damit die kostengünstigen Belastungsreduktionen zuerst vorgenommen werden. Das Ergebnis des Autors: Psychologisch ist Umwelt zum einen im Bewußtsein der Bevölkerung nicht als knappes und damit ökonomischen Kriterien unterliegendes Gut verankert, zum anderen stehen manche Interessen eines „ökologisch-bürokratischen Komplexes" (Behörden, Experten – auch in Unternehmen – und Anbieter von Umwelttechnik) gegen eine solche **konsequente Marktorientierung des Umweltschutzes.**

Kloepfers Analyse des „Umweltstaates" zeigt Konsequenzen für die Weiterentwicklung unserer Verfassung und der staatlichen Institutionen auf, die sich durch eine „Staatpflicht" zum Umweltschutz ergeben. Aber die Notwendigkeit für den modernen Staat, sich um den Schutz der natürlichen Lebensgrundlagen zu kümmern, birgt auch Zielkonflikte mit anderen Grundrechten in sich. Risiken für die Freiheitlichkeit unseres Gemeinwesens ergeben sich dann, wenn Umweltvorsorge im Übermaß zu einem Umfang der Staatsintervention führt, der die Grundrechte tangiert. Der Grundsatz der **Abwägung zwischen Verfassungszielen** muß daher bei der Ausgestaltung des Umweltschutzes beachtet werden.

Welche Entwicklungen sich aus der gestiegenen Relevanz des Umweltschutzes für die Theorie der Unternehmung ergeben, wird von *Staehle/Nork* hier schon untersucht, weil solche Paradigmen einen nachhaltigen, langfristigen Einfluß auf die Akteure in Unternehmen wie auch Politik oder Medien haben. Die Entwicklung vom eigentümer-dominierten zum management-dominierten Unternehmen hat ja ohnehin das verfolgte Zielbündel einer Unternehmensorganisation erweitert. Umweltschutz bringt einen neuen Schub in eine „multiplurale Interessenstruktur" der Unternehmen, die unter das Stichwort „vom Shareholder- zum Stakeholder-Modell" gefaßt werden kann. Die Autoren plädieren für eine **Einbindung der Interessen aller Stakeholder** unter der Nebenbedingung einer unverändert ökonomisch ausgerichteten Zielfunktion der Unternehmung.

Von Rosenstiel zeigt in seinem Beitrag, daß die höhere Priorität für den Umweltschutz nicht eine Modeerscheinung ist. Der **Wertewandel** erfaßt nicht nur den Menschen in seiner Funktion als Staatsbürger oder Konsument, sondern auch als Arbeitnehmer. Gerade die gut ausgebildeten Führungs-

Nachwuchskräfte stellen hier für die Unternehmen ein kritisches Potential dar, deren Werte und Wahrnehmungen ein Unternehmen nicht einfach ignorieren kann. Das Auseinanderfallen von Soll- und Ist-Werten der Mitarbeiter stellt das Unternehmen vor ähnliche Anpassungserfordernisse wie die veränderten Markt- und Rahmenbedingungen und verlangt neue Identifikations- und Selektionsstrategien in der Personalwirtschaft (ein Thema, das später *Remer/Sandholzer* wieder aufgreifen).

3. Politische und marktliche Rahmenbedingungen

Der Teil B beginnt die Analyse der politischen und marktlichen Rahmenbedingungen des Umweltschutzes mit einer kritischen Auseinandersetzung mit der These, der Strukturwandel – etwa das Schrumpfen der Schwerindustrien und das Wachsen der Dienstleistungen – führe quasi automatisch zu einer Umweltentlastung. Diese auch als ökologische „Gratiseffekte" bezeichneten Trends werden von *Simonis* dargestellt und bewertet. Dabei zeigen empirische Befunde keineswegs ein eindeutiges Ergebnis. Vielmehr bedarf es einer wirksamen Umweltpolitik und eines aufgeschlosseneren Unternehmensverhaltens, um eine dauerhafte Entwicklung zu einer **umweltverträglichen Wirtschaftsstruktur** zu gewährleisten.

Dazu gehört allerdings auch eine Bestandsaufnahme der – volkswirtschaftlichen – Erfassung der **Umweltkosten**. *Leipert* schildert hier die verschiedenen wissenschaftlichen Ansätze und Modellprojekte, die allerdings in der konkreten Anwendung zu unterschiedlichen Ergebnissen führen. Interessant ist hier insbesondere das neuerdings vom Statistischen Bundesamt entwickelte „Satelliten-System", das allerdings auf eine Aggregation der verschiedenen Umweltbelastungen – und damit ihre Vergleichbarkeit – aus methodischen Gründen verzichtet.

Meißner/Gräber-Seißinger untersuchen die Auswirkungen des Umweltschutzes auf die **internationale Wettbewerbsfähigkeit**. Diese ist – entgegen einer oft sehr kurzschlüssigen politischen Debatte – von mehreren Faktoren abhängig, z.B. wie Umweltschutz implementiert oder finanziert wird, welche Kosten- und Nachfrageeffekte und welche Technologiewirkungen entstehen. Empirische Untersuchungen haben daher gezeigt, daß das Anspruchsniveau im Umweltschutz keineswegs ein eindeutig negativer Standortfaktor sein muß. Allerdings haben sich bislang ebenfalls nicht die Hoffnungen erfüllt, Umweltschutzanlagen oder -technik seien ein „Wachstumsmotor" oder „Exportschlager".

Die verschiedenen Aspekte des Umweltschutzes als **Standortfaktor** untersucht *Prätorius*, weil die traditionelle Standorttheorie diesen Faktor bislang noch weitgehend ausblendet. Hier kann die Rolle des Umweltschutzes vom limitationalen Faktor bis zum Qualitätsfaktor für Standortentscheidungen interpretiert werden (bzw. aus Sicht der Kommunen und Regionen: als Ursache für Standortverlagerungen oder Wettbewerbs- und Attraktivitätsfaktor einer Region). Die denkbaren und relevanten Konstellationen sind so zahlreich, daß sich einfache Schlußfolgerungen verbieten. Wichtiger wäre beispielsweise, die gestiegene Rolle des Umweltschutzes auch instrumentell in die Regional- und Raumordnungspolitik einzubauen, ein Thema, das von *Knödgen* weiter verfolgt wird. Denn je nach dem, wie die örtlichen Behörden organisiert sind, ihre Aufgabe definieren – mehr hoheitlich oder mehr dienstleistungsorientiert – und in der Lage sind, im Bedarfsfall Konfliktmanagement zu betreiben und auch Effizienzsteigerungen im Verwaltungsvollzug zu realisieren, um so eher läßt sich eine **Vereinbarkeit von** hohem **Umweltschutzniveau** und **attraktiven Standortbedingungen** erreichen.

Für die Unternehmen sind neben den politischen und gesetzlichen Rahmenbedingungen, die in den vorhergehenden Beiträgen untersucht wurden, insbesondere die **Konsumentenentscheidungen** für ihre Unternehmenspolitik ausschlaggebend. Den weiten Weg vom Umweltbewußtsein der Bürger bis zum umweltbewußten Verhalten bei der Kaufentscheidung zeichnet *Tiebler* nach. Umweltbewußtsein ist ein mehrdimensionales Konstrukt und nur bei Vorliegen von Voraussetzungen auf verschiedenen Ebenen wird es verhaltenswirksam. Diese Determinanten sind nur zum Teil – etwa durch das Angebot umweltfreundlicher, attraktiver Produkte – von den Unternehmen zu beeinflussen. Andere soziale wie individuelle Ursachen und Einflußfaktoren müssen aber von den Unternehmen intensiv beobachtet werden, um nicht von der Dynamik des Verbraucherverhaltens überrascht zu werden.

Als solche relevanten Einflußgrößen auf das Verhalten von Unternehmen können die **Aktivitäten von Umweltschutzinitiativen** gelten. *Bode* schildert auf Grund seiner Erfahrungen bei Greenpeace die Strategien, die dazu angewandt wurden. Erfolgreich abgeschlossene, hier dokumentierte Fallbeispiele zeigen die Wirkungsmöglichkeiten (obwohl von den Akteuren selbst eher skeptisch eingeschätzt). *Meller* bestätigt aus einer institutionell konträren Position Lernprozesse in der Wirtschaft, die durch „grüne" Aktivitäten ausgelöst wurden. Anfängliche Feindbilder wurden durch Dialoge – nicht ohne Rückschläge – abgebaut, so daß Bürgerinitiativen heute als etablierte „Stakeholder" des Unternehmens zu betrachten sind.

4. Bausteine eines Umweltmanagements

Die in den **Teilen A** und **B** dargestellten Grundlagen und Rahmenbedingungen sind für das Verständnis eines Umweltmanagements ebenso notwendig wie die unternehmensinternen Voraussetzungen. Denn nur zum geringen Teil erfolgt es „aus sich heraus", jedoch stärker als Konsequenz der Interaktion des Unternehmens mit seiner „Umwelt" im weiteren Sinne. Wie ein Unternehmen diese Impulse verarbeitet, ist keineswegs so klar, wie es das neoklas-

4. Bausteine eines Umweltmanagements

sische Modell des allein gewinnmaximierenden Unternehmens vermuten lassen könnte.

Zunächst wirkt – wie *Dierkes/Marz* herausarbeiten – die Unternehmenskultur als „Filter". Was aus der Flut von Informationen aufgenommen wird, wie Erfahrungen ausgewertet werden, kurz: wie ein Unternehmen lernt, wird nicht zuletzt durch die grundlegenden Normen und Werte geprägt, die unter dem Begriff der Unternehmenskultur zusammengefaßt werden. Der Begriff des **Organisationslernens** ist dabei deshalb so zentral, weil Umweltschutz als eine Aufgabe des Unternehmens genauso gelernt werden muß, wie dieses bei anderen Herausforderungen – z.B. bei der Globalisierung der Märkte – auch der Fall war.

Es verwundert daher nicht, daß die von *Raffée/Förster/Fritz* referierten empirischen Untersuchungen über **Umweltschutz im Zielsystem der Unternehmung** zu höchst unterschiedlichen Ergebnissen kamen: je nach Zeitpunkt, Auswahl der Firmen (z.B. Selektion von besonders exponierten Unternehmen) und der prägenden Unternehmenskultur ergaben sich unterschiedliche Prioritäten für den Umweltschutz. Dabei ist es plausibel – und dies tut der Forderung nach einem integrativen Umweltschutz keineswegs Abbruch –, daß „Umweltschutz an sich" kein Unternehmensziel sein kann, sondern es als Teil von Leistungszielen eher den Charakter einer Nebenbedingung hat. Entscheidend ist, daß jedoch diese Nebenbedingung heute überwiegend als komplementär zu den übrigen Markt- und Ertragszielen der Unternehmung betrachtet wird – offenbar insbesondere von erfolgreichen und hochprofessionell gemanagten Unternehmen, die sich des modernen betriebswirtschaftlichen Instrumentariums bedienen.

Dies verweist auf die besondere Rolle von **strategischen Planungs- und Controlling-Instrumenten**, die *Kreikebaum* analysiert. Ohne ein „offenes" umweltorientiertes Informationssystem, differenzierte Bewertungskalküle und effiziente Planungs- und Controlling-Prozesse läßt sich die hohe Komplexität des Umweltmanagements nicht bewältigen. Denn bei der Formulierung von Unternehmens-, wie Innovations-, Produktions- oder Marketingstrategien, bleiben ja die traditionellen betriebswirtschaftlichen Kriterien relevant, sie werden erweitert (was höhere Komplexität bedeutet), nicht ersetzt.

Aufgrund der Bedeutsamkeit der strategischen Planungsprozesse entwirft der Herausgeber ein – im Lichte der Forschung zum Umweltmanagement – weiterentwickeltes Portfolio, aus dem drei Normstrategien abgeleitet werden. **Risiko-, chancen- und innovationsorientierte Normstrategien** stellen dabei in einer gewissen Weise zugleich eine Evolution im Umweltmanagement dar, das dem Leitbild einer entwicklungsfähigen Organisation entspricht.

Pfriem/Hallay vertiefen diesen Aspekt durch die Erfahrungen mit „Öko-Controlling-Systemen", die erst die Informations- und Steuerungsbasis schaffen, damit die umweltorientierten Planungsprozesse auch tatsächlich implementiert werden können. Angesichts des oft noch rudimentären Entwicklungsstandes dieser (oft nicht monetären) Informations- und Controllinginstrumente ist nicht nur für weitere Forschungsanstrengungen, sondern auch für deren Pluralität zu plädieren.

In der Praxis hat dabei ein Ansatz besonders „Karriere" gemacht: das **Umwelt-Audit**, dessen Fundierung und praktische Anwendung von *Sartorius/ Niemeyer* skizziert werden. Es ist ein systematisches, aber flexibles Instrument der Risiko-Vorsorge, das nicht nur im technischen Bereich eine zuverlässige Risikoanalyse und einen Soll-Ist-Vergleich erlaubt, sondern auch eine Evaluierung der Risk-Management-Prozesse, einschließlich der normativen Vorgaben der Unternehmensführung. Ohne dieses unter strategischen Gesichtspunkten festgelegte Sicherheitsniveau lassen sich sinnvolle Risikobewertungen nicht durchführen.

Staudt/Kriegesmann/Fischer stellen im Rahmen der in diesem Teil entwickelten Bausteine eines Umweltmanagements den engen Zusammenhang zu einem **Innovationsmanagement** her (während sich *Gerybadze* in einem späteren Beitrag noch insbesondere mit neuen umweltorientierten F&E-Strategien beschäftigt). Für die Verbindung von ökonomischen und ökologischen Zielen kommt der Entwicklung und Anwendung intelligenter Technik ein zentraler Stellenwert zu. Dabei zeigt der Beitrag dieser Autoren vor allem auch, daß es nicht nur um Technik im Sinne von „hardware" geht. Eine unter Umweltgesichtspunkten optimierte Technik erfordert andere Entscheidungskriterien (z. B. die Beachtung des gesamten Produktlebenszyklus) und Informationsgrundlagen (siehe dazu die vorhergehenden Beiträge) über die Umweltauswirkungen. Je nach Art der Innovation (z. B. Prozeß- oder Produktinnovation) eröffnen sich unterschiedliche Problemlösungspotentiale, die in einem – wettbewerblichen – Suchprozeß erschlossen werden müssen.

Mit einem weiteren Aspekt der Herausforderung eines Umweltmanagements, der in Überblicksdarstellungen oft nicht die ihm gebührende Bedeutung erhält, beschäftigt sich *Hildebrandt*. Das gängige Schlagwort „Umweltschutz ist Chefsache" enthält als richtigen Kern, daß die **Umweltschutzverantwortung** aus der technischen Nische der unteren Hierarchiestufen herausgeholt wurde. Doch ebenso darf sie nicht allein Angelegenheit der Unternehmensführung sein, die zudem die Mitbestimmung als wichtigen „stakeholder" zu beachten hat. Daher war es geboten, daß der Autor die Rolle des Umweltschutzes unter diesem Kriterium untersucht. Ausgehend von der Entwicklung der gewerkschaftlichen Position zum Umweltschutz werden die bislang wenig beachteten Schnittmengen von Betriebsverfassungsgesetz und Arbeitnehmerschutzbestimmungen einerseits und der Umweltgesetzgebung andererseits herausgearbeitet. Die künftige Bedeutung des Umweltschutzes läßt erwarten, daß auch durch Betriebsvereinbarungen oder Tarifverträge die Gewerkschaften eine Ausdehnung ihrer Mitbestimmungsrechte fordern werden.

5. Integration des Umweltschutzes in die Funktionsbereiche 9

Abschließend zu diesem generellen Teil des Umweltmanagements berichten *Antes/Steger/Tiebler* über die Ergebnisse einer empirischen **Untersuchung im Auftrage des Umweltbundesamtes**, bei der 600 Unternehmensleitungen befragt wurden und in der nicht nur normative und strategische, sondern auch verhaltensorientierte Aspekte erhoben wurden – sowohl in den betrieblichen Kern- wie in den Querschnittsfunktionen.

5. Integration des Umweltschutzes in die Funktionsbereiche eines Unternehmens

Die auf Unternehmensebene auftretenden Integrationsprobleme des Umweltschutzes in die Funktionsbereiche stellen noch immer eines der wichtigsten Hemmnisse bei der Umsetzung einer umweltorientierten Unternehmensstrategie dar. Teil D widmet sich daher intensiv diesen Aspekten.

Gerybadze beginnt dabei mit dem Gebiet von **Forschung und Entwicklung** (F&E). Dem traditionellen Trend, wonach auch im F&E Bereich eher „end-of-the-pipe"-Technologien an die Standardtechnologien „angeflanscht" werden, stellt er das Modell einer zielorientierten (target-based) F&E gegenüber, das durch Instrumente wie die technologische Wertschöpfungskette, eine enge Zusammenarbeit mit Lead-Kunden und ein ökologisches Netzwerk effizenter Such- und Auswahlverfahren gekennzeichnet ist. Aus dem Leitbild des integrierten Umweltschutzes werden auch demgemäße Technologien abgeleitet.

Ähnlich konfrontiert *Stahlmann* den herkömmlichen technischen Umweltschutz mit einem Ansatz, der „begin-of-the-pipe" orientiert ist. Die strategische Rolle der **Beschaffungspolitik** dürfte mittlerweile auch im Umweltmanagement unbestritten sein. Aber ebenso schwierig ist es, dieses als Querschnittsaufgabe zu organisieren und Instrumente wie ökologische Schwachstellen- oder Wertanalysen zu etablieren.

Hingegen gibt es im **Produktionsbereich** eine schon längere Tradition in der Behandlung von Umweltaspekten, wie *Strebel* zeigen kann. Die Knappheit des Aufnahmemediums Umwelt für die Emissionen aus Anlagen war ja auch der Beginn des Umweltschutzes. Die sich daraus ergebenen Restriktionen für die Produktionswirtschaft führten zu Instrumenten der Rückstandsnutzung und -verwertung. Die dabei gemachten Erfahrungen relativierten allerdings die z.Zt. vorherrschende Recycling-Euphorie.

Gerade für die **Investitionen** im Recycling-Bereich ist entscheidend, daß die zugrundeliegenden Entscheidungskalküle auch die Umweltkosten vorausschauend miterfassen. Wie *Rückle* zeigt, kann dies aber noch keineswegs als gängige Praxis betrachtet werden, obwohl durchaus brauchbare Investitionskalküle bekannt sind und angewandt werden können.

Die ursächlichen Probleme im **Rechnungswesen** vertieft *Schreiner* in seinem Beitrag. Eine Integration „weicher" Umweltdaten in die Buchführung und Bilanzierung – etwa durch Monetarisierung der Umweltbelastungen – scheitert (noch oder prinzipiell?) an ungelösten Bewertungsproblemen. Es bleibt daher nur der Weg einer möglichst exakten, aber separaten Erfassung – was z. T. zu einer Renaissance der Stoff- und Materialrechnungen führt – und dann einer entscheidungsorientierten Aufbereitung, die durchaus bewährte Instrumente der Kosten- und Leistungsrechung in z. T. modifizierter Form nutzen kann. Gerade im Hinblick auf die Investitionsentscheidungen kann die dadurch ermöglichte Transparenz der Umweltkosten nicht überschätzt werden.

Antes betrachtet Umweltschutz als **sozial-organisatorische Innovation** im Unternehmen und untersucht die äußeren (z. B. gesetzlichen) Einflüsse, aber auch die normativen Organisations-Vorgaben. Ausführlich werden die Rolle des Umweltschutzbeauftragten beschrieben und die funktional-additiven gegen die integrativen Organisationsmuster gestellt. Es wird insbesondere deutlich, wie eng der Umweltschutz mit der Organisationsentwicklung und den dort dominanten Zielen verwoben ist – zugleich ein Beispiel, wie gerade moderne Organisationsformen mit flachen Hierarchien und offener Kommunikation zentrale Voraussetzungen für einen effizienten Umweltschutz sind.

Daran können *Remer/Sandholzer* anknüpfen, die das bislang vernachlässigte Gebiet des **Personalwesens** für das Umweltmanagement aufbereiten. Lassen sich für die gegenwärtige Umweltschutzpraxis noch die heutigen personalwirtschaftlichen Instrumente – z. B. in der Aus- und Weiterbildung – nutzen, so fordert das integrierte Umweltmanagement auch personalwirtschaftlich einen Neuansatz. Fachliche Kompetenz bleibt zwar unverzichtbar, muß aber durch Schlüsselqualifikationen ergänzt werden (wie Team- oder Kommunikationsfähigkeit), weil nur so das Problemlösungspotential entsteht, das im „Selbstmanagement" auch ein integriertes Umweltmanagement praktizieren kann.

Das **Marketing** kann – ähnlich wie die Produktion – schon auf eine längere „Tradition" zurückgreifen. Wohl vor allem ausgelöst durch den Druck von umweltsensibler gewordenen Konsumenten wurden – wie *Bruhn* dokumentiert – das „Raster" des Marketing auch um den Umweltschutz erweitert und seine Instrumente und Strategien angepaßt. So perfekt auch das (neue) Marketing-Mix den neuen Marktgegebenheiten entspricht, zentral bleibt das Problem der Glaubwürdigkeit des Unternehmens über alle Aspekte seines Verhaltens und seine Produktpalette hinweg.

Dem relativ neuen Gebiet der unternehmerischen **Abfallwirtschaft** wurde – trotz aller engen Verzahnung mit der Produktion und Beschaffung – bewußt breiter Raum gewidmet, da hier in den nächsten Jahren die meisten Unternehmen mit erheblichen Problemen konfrontiert sein werden, die z.Zt. unter dem Schlagwort des „Entsorgungsnotstands" insbesondere auch die Umweltpolitik beschäftigen.

Wagner/Fichtner skizzieren den z.T. sehr detaillierten rechtlichen Rahmen und – nun aus der Sicht der Abfallwirtschaft – die Querschnittsaufgaben zu Beschaffung, Produktion und Absatz. Deutlich wird dabei die überragende Rolle der Entsorgungslogistik, der daher auch ein eigenes Kapitel gewidmet wurde. Was System-, Gesamtkosten- und Service-Denken praktisch heißt, kann aus der Anwendung allgemeiner **Logistikkonzepte** auf die Entsorgungslogistik durch *Pfohl/Stölzle* sehr nachdrücklich demonstriert werden. Beide Beiträge zeigen, wie notwendig – aber auch kompliziert – das Optimieren von Schnittstellen und das Management von Querschnittsaufgaben im Entsorgungsbereich als einer „Produktion rückwärts" ist.

6. Umweltschutzstrategien in ausgewählten Branchen

Aufbauend auf den allgemeinen unternehmensbezogenen Analysen in den **Teilen C und D** soll der **Teil E** mit Umweltschutzstrategien in ausgewählten Branchen nicht nur praktische Beispiele dokumentieren, sondern auch **Kontroversen**, offene Fragen und unterschiedliche Ansätze aufzeigen. Nicht zufällig gehen dabei die Perspektiven von Unternehmensverantwortlichen (*Rohe*) und staatlichen Umweltschutzbeauftragten (*von Osten*) relativ am weitesten auseinander. So sieht *Rohe* – aufbauend auf den Erfolgen der achtziger Jahre – eine weitere kontinuierliche Verbesserung in den neunziger Jahren, um auch mit Problemen wie dem Treibhauseffekt oder der Zerstörung der Ozonschicht fertig zu werden. Für *von Osten* zeigt dagegen die Reaktion der Natur eine ökologiefeindliche Wirtschaftsweise in der Chemie (und nicht nur dort), die einer grundlegenden Reform bedarf.

Nicht ganz so kontrovers sind die Beiträge von *Klingenberg/Wagner* und *Prätorius* für die **Fahrzeugindustrie**. Aber hier stehen deutlich der Wille zur umweltbezogenen Optimierungen im Fahrzeug (erste Priorität) und der Schnittstellenoptimierungen im Verkehrssystem in dem Beitrag aus dem Unternehmen einem Ansatz gegenüber, der eher aus einer grundlegenden Neuorientierung des infarktgefährdeten Verkehrssystems neue Fahrzeugkonzepte ableitet und in einer Erweiterung auch auf die Möglichkeit der Überwindung verkehrserzeugender Strukturen als des wirkungsvollsten Beitrags zur Umweltverträglichkeit eingeht.

Am Beispiel der **Ernährungsindustrie** wird durch *Kachel* sehr deutlich, wie tatsächlich der gesamte Prozeßablauf – von der Rohstoffbeschaffung bis zur Absatzverpackung – erfaßt wird, wenn das Unternehmen dauerhafte Erfolge im Umweltschutz erzielen will. Die Beiträge von *Gossow* (**Bauindustrie**) und *Arras* (**Maschinenbau**) zeigen, wie neue Märkte durch Umweltschutz entstehen und wie Unternehmen sich entwickeln müssen, um als Problemlöser in diese neuen Märkte zu diversifizieren.

In der **Energiewirtschaft** wurde auf die Wiederholung von seit langem bekannten Kontroversen verzichtet. Zudem gelten die großen Elektrizitätsversorgungsunternehmen als klassische Beispiele für einen defensiven Umweltschutz. Daher werden einerseits durch *Störmer* die neuen Anforderungen an eine Energiepolitik als „Klimaschutzpolitik" definiert und komplementär dazu durch *Leonhardt* die praktischen Erfahrungen eines kommunalen Energieversorgungsunternehmens mit einer Energie-Einspar-Politik, Erhöhung der Energieeffizienz und Nutzung regenerativer Energiequellen beschrieben, wobei auch die Unternehmenspolitik großer Verbundunternehmen kritisch beleuchtet wird.

Die für das Umweltmanagement wichtigen **Dienstleistungen** der Banken, der Versicherungen und des Handels bilden den nächsten Block. Obwohl **Banken** auf den ersten Blick wenig Berührung zum Umweltschutz zu haben scheinen, zeigt *Krüger* doch, wie sich z.B. in der Firmenkundenpolitik Kreditprüfungen und Kommunikationspolitik ändern. *Von Schorlemer/Müller* beschreiben praktisch, wie Haftung und Deckung bei der **Versicherung** im Falle von Umweltschäden wieder zusammengebracht werden können und welche neuen Beratungs- und Service-Aufgaben für Versicherungen bei der Vorbeugung, aber auch Umweltsanierung entstehen. Die Betroffenheit der Versicherungswirtschaft, insbesondere durch die Umwelthaftung, analysiert *Feess-Dörr* grundsätzlich, weil hier ganz neue Fragen zur Versicherbarkeit von Risiken und der Funktion von Versicherungen auftauchen.

Den **Handel** in seiner Rolle als „gate-keeper" für mehr umweltorientierte Produkte beschreibt *Hansen* und analysiert die sich daraus ergebenden Veränderungen im handelsbezogenen Marketing-Mix der Instrumente (z.B. Sortimentspolitik), neue Aufgaben (z.B. in der Kundeninformation) und gegebenenfalls entstehende Diversifikationsnotwendigkeiten (Betriebsformen). Daß diese Funktion für ein umweltbewußtes Handelsunternehmen durchaus zu Konflikten mit den „Industriepartnern" führen kann, zeigt *Bremme* dann sehr eindrücklich an drei Beispielen.

Den Anwendungsfall der Nutzung **neuer Technologien** demonstrieren aus unterschiedlichen Perspektiven *Smetenat* und *Müller/Gutenkunst/Singer* anhand der Informations- und Kommunikations-Technologien. Deren Potential bei der Erfassung von Umweltproblemen wie ihrer Lösung ist noch längst nicht ausgeschöpft, wie auch bislang wenig ins Bewußtsein getreten ist, daß aus der globalen Informationsvernetzung sich das Bewußtsein der globalen Umweltgefährdung entwickeln kann.

„Last, but not least" beschäftigt sich *Stitzel* mit der „Branche" **öffentliche Verwaltung**. Neben einem eigenen Umweltmanagement (z.B. in der Beschaffung) ist sie als Bindeglied zwischen Normgeber und dem Normumsetzer

6. Umweltschutzstrategien in ausgewählten Branchen

gefordert – mit sehr „gemischten" Ergebnissen, wie eine Analyse ihrer Motiv- und Machtpotentiale, aber auch ihrer Effizienzrestriktionen zeigt. Noch nicht viel besser sieht es in den umweltrelevanten Eigenaktivitäten der Verwaltung (etwa bei der Infrastruktur) aus.

Gerade die Branchenbeiträge zeigen, wie vielfältig und komplex sich das Umweltmanagement in den verschiedenen Bereichen darstellt und wie wenig vermeintliche „Patentrezepte" bewirken können. Zugleich belegen sie, daß durchaus im Umweltschutz etwas „in Bewegung" gekommen ist. Ohne in Euphorie zu verfallen, läßt sich auch feststellen, daß in den ökonomischen Teildisziplinen – mit unterschiedlicher Reichweite – Lösungsansätze entwickelt wurden, die sich durchaus als handlungsleitend für die Praxis erwiesen haben.

Teil A
Interdisziplinäre Perspektiven des Umweltschutzes

Kapitel 2
Wurzeln des Umweltproblems – ökologische, ökonomische und philosophische Betrachtungen*

von *Malte Faber* und *Reiner Manstetten*

1. Einleitung 16
2. Der Mensch der Neuzeit und sein Bild der Welt 17
3. Phänotyp und Genotyp einer Wirtschaft 18
4. Erkennbarkeit und Änderung des Genotyps einer Wirtschaft 20
5. Die Gründung der faustischen Welt 21
6. Schattenseiten der faustischen Gründungstat 23
7. Die faustische Dynamik 25
8. Zeit und Natur – Grenzen der faustischen Dynamik 26
9. Die moderne Lebensweise als Ausdruck der faustischen Dynamik .. 28
10. Perspektiven des Umweltschutzes 29
Literatur 31

---

* Wir danken *Marco Lehmann-Waffenschmidt*, *Thomas Petersen* und *Armin Schmutzler* für ihre Hinweise.

1. Einleitung

Umweltmanagement ist der Versuch, die komplexe Organisation von großen natürlichen Systemen zu erhalten und zu schützen (*Norton* 1990, 126). Angesichts der globalen Bedrohtheit der Natur und damit zugleich unserer Lebensgrundlagen, die durch menschliches Handeln ausgelöst wurde, erscheint ein solcher Versuch dringend notwendig. Die Aufgabe des Umweltmanagements läßt sich so formulieren: Um die Erhaltbarkeit der Erde zu sichern, müssen drei Größen kontrolliert werden: Rohstoffe, Energie und Bevölkerung (*Page* 1990). Ist diese Aufgabe lösbar?

Von einem (einer) Manager(in) erwartet man, daß er/sie die Aufgaben, die ihm/ihr von anderen (Kapitaleigentümern, Unternehmern, Gesetzgebern etc.) gestellt werden, klar übersieht, zielstrebig angeht, erfolgreich und effizient löst. Es ist aber auf dem Bereich des Umweltmanagements fraglich, ob wir solche Anforderungen an eine(n) Manager(in) stellen dürfen. Denn die Leistungsfähigkeit eines Managers, der den Erwartungen der Gesellschaft entspricht, setzt normalerweise die Fähigkeit voraus, einseitig zu sein, d.h. alle Aspekte auszublenden, die nicht mit dem unmittelbaren Erfolg seiner Zielvorgabe zusammenhängen. Insbesondere werden im Fall eines erfolgreichen Managements viele externe Effekte ausgeblendet, die bei der Lösung der Aufgaben anfallen, das heißt Auswirkungen, die jenseits des Rahmens der Aufgabe liegen. Solche externe Effekte sind sowohl die Auswirkungen auf andere Mitglieder der Gesellschaft, auf spätere Generationen oder auf Luft, Wasser, Boden bzw. Pflanzen und Tierarten als auch die direkten Auswirkungen auf die Gesundheit des Managers und seiner Mitarbeiter.

Zur effizienten Bewältigung ihrer mannigfachen Aufgaben hat die Wirtschaft bis vor kurzem mit guten Gründen von ihren Entscheidungsträgern eine gewisse Einseitigkeit gefordert. Die **Einseitigkeit der Zielvorgaben** (wie z.B. Gewinnmaximierung, Umsatzausdehnung, Exportsteigerung, Bereitstellung von größeren und hochwertigeren Gütermengen), die bisher an viele der in modernen Wirtschaften entscheidenden Persönlichkeiten gestellt worden sind, hat aber nicht selten zur Überbewertung kurzfristiger betriebswirtschaftlicher Erfolge geführt. Denn diese Erfolge sind oft mit hohen Umweltbelastungen erkauft worden, woraus der Volkswirtschaft langzeitige und z.T. irreversible Schäden entstehen. Daher ist eine einseitige Haltung, wie sie für erfolgsorientierte Manager zweckmäßig sein mag, für Problemlösungen auf dem Umweltsektor hinderlich. Vielmehr bedarf die Zielvorgabe für ein Umweltmanagement – Kontrolle von Rohstoffverbrauch, Energieflüssen und Bevölkerungswachstum – aufgrund ihrer inhärenten Komplexität einer ganzheitlichen Sicht, die es ermöglicht, Umweltprobleme an ihren Wurzeln anzugreifen. Auf diese Wurzeln wollen wir mit den folgenden drei Thesen hinweisen:

1. Die Einstellung des modernen Menschen gegenüber sich selbst und der Natur ist durch drei Wesensmerkmale geprägt: schrankenloses Begehren, möglichst umfassende Kontrolle und zugleich Abschließung gegenüber der Natur.
2. Im Rahmen der Weltsicht, die dieser Einstellung entspricht, ist die Natur nur dazu da, für die dauernd zunehmenden Bedürfnisse des modernen Menschen Rohstoffe abzugeben und die Schadstoffe, die durch Produktion und Konsum von Gütern entstehen, aufzunehmen.
3. Die Haltung des modernen Menschen, wie sie in den beiden letzten Thesen beschrieben wurde, führt zu einer Überschätzung der Ökonomie und einer weitgehenden Vernachlässigung der Ökologie. Damit ist diese Haltung die eigentliche Wurzel der gegenwärtigen Umweltkrise.

Um diese Thesen zu verdeutlichen, werden wir die Haltung des modernen Menschen im folgenden genauer untersuchen. Als Wegweiser für diese Untersuchung dient uns die Figur des Faust. Faust, wie *Goethe* ihn insbesondere im 2. Teil seines Dramas dargestellt hat, ist eine Gestalt, in der sich das Handeln unserer modernen Gesellschaft verdichtet (*Binswanger, Faber, Manstetten* 1990).

Bevor wir uns der Betrachtung dieser Haltung zuwenden, werden wir in den folgenden drei Abschnitten geistesgeschichtliche und begriffliche Grundlagen unseres Vorgehens darstellen.

2. Der Mensch der Neuzeit und sein Bild der Welt

Der neuzeitliche Mensch sieht die Welt insgesamt als ein Haus des Menschen, das sein Eigentum ist und mehr und mehr seiner Verfügung unterstellt werden soll. Als Haus des Menschen (Oikos) galt in der Antike sowohl das Haus der Familie als auch, im übertragenen Sinne, die Stadt bzw. der Staat. Für die Ordnung dieses Hauses war neben der Ethik, der Lehre vom rechten Handeln, und der Politik, der Kunst der Staatslenkung, vor allem die Oikonomia, die Lehre vom rechten Umgang mit Gütern, zuständig. Der Bestandteil nomia verweist auf das Wort Nomos, wörtlich Gesetz, das seine ursprüngliche Anwendung bei der Verteilung der Weideflächen auf verschiedene Familien und Sippen fand.

In der Ethik des *Aristoteles* (1969) hat die Ökonomie die Aufgabe, die Probleme in der Produktion und in der Verteilung der daraus resultierenden Güter und Dienstleistungen in einer gerechten Weise zu lösen. Bei *Aristoteles* ist der Bereich der Oikonomia, das Haus des Menschen, in das umfassende Haus der Natur und letztlich in den ganzen Kosmos eingebettet.

Für den neuzeitlichen Menschen aber ist der ganze Kosmos für das Wollen und Begehren des Menschen da. Damit wird die Ökonomie die entscheidende Wissenschaft von der Welt, und das grundlegende Verhältnis des Menschen zur Welt (einschließlich der Natur) wird das ökonomische (*Binswanger* 1985). Auch die Naturwissenschaften werden innerhalb dieses Verhältnisses gesehen. Daher tritt die technische Anwendbarkeit wissenschaftlicher Erkenntnis in den Vordergrund: Naturwissenschaft gewinnt ihren ökonomischen Sinn in Naturbeherrschung (*Faber, Manstetten* 1988).

Im Rahmen dieser ökonomischen Sicht ist es das Anliegen des Menschen, die Natur entweder zu einem bloßen Teil seines Hauses zu degradieren oder sie von diesem Haus auszugrenzen. Mit den Mitteln der Technik bemüht man sich, das Haus des Menschen im Innern immer wohnlicher zu machen und nach außen gegen alle bedrohlichen Einflüsse der Natur abzuschließen. Letztes Ziel ist es, die Welt in einen von Menschen zu beherrschenden Raum für die zunehmende Erfüllung menschlicher Wünsche zu verwandeln. Eine möglichst umfassende Kontrolle der Natur ist dazu erforderlich. Diese Absicherung der menschlichen Lebenssphäre führt zu einer Abschottung des Hauses der Menschen (Ökonomie) gegen das Haus der selbständigen Natur (Ökologie), das mehr und mehr aus dem Blick des neuzeitlichen Menschen entschwindet (*Faber, Manstetten, Proops* 1990).

Erst die Umweltkrise hat uns heutigen Menschen deutlich gemacht, daß wir mit allen Lebewesen in einem gemeinsamen Haus wohnen und daß wir dabei sind, dieses gemeinsame Haus zu zerstören.

3. Phänotyp und Genotyp einer Wirtschaft

Diese Einsicht legt es nahe, eine Kursänderung in Wirtschaft, Politik und Gesellschaft zu fordern. Eine Kursänderung kann jedoch nur vorgenommen werden, wenn wir zuvor erkannt haben, welche Motive und welche Kräfte den bisherigen Kurs bestimmt haben und noch bestimmen.

Um auf eine solche Erkenntnis hinzuarbeiten, wollen wir zwei Begriffe einführen.

Halten wir uns einmal das Erscheinungsbild der modernen Wirtschaft mit ihren vielfältigen Institutionen, Kapitalbeständen, Güterströmen und den sie begleitenden Finanzflüssen vor Augen. Die Dynamik dieses Erscheinungsbildes und seine zukünftige Entwicklung sind empirisch darstellbar und können zum Gegenstand von Prognosen werden. Diese Aussage gilt aber nur, solange die Strukturen, die dem Erscheinungsbild der Wirtschaft zugrunde liegen, konstant bleiben, und solange die Umwelt sich nicht wesentlich ändert. Diese Strukturen bestehen vor allem aus menschlichen Haltungen und gesellschaftlichen Verhaltensmustern. Diese halten die wirtschaftliche Dynamik in Bewegung und geben ihr immer wieder neue Impulse. Die Strukturen, die das Erscheinungsbild einer Wirtschaft bestimmen, drücken sich aus in dem Weltbild einer Gesellschaft, den Wünschen, Begierden und Präferenzen der Men-

3. Phänotyp und Genotyp einer Wirtschaft

schen, den Umgangsformen, Institutionen, Normen und Gesetzen sowie dem naturwissenschaftlich-technischen Wissen.

In Anlehnung an die Sprache der Biologie nennen wir das Erscheinungsbild einer Wirtschaft den **Phänotyp** der Wirtschaft. Die Strukturen, die diesem Erscheinungsbild zugrunde liegen und seine jeweilige Form im Zusammenspiel mit der Umwelt bestimmen, nennen wir den **Genotyp** einer Wirtschaft. (Eine ausführliche Entwicklung dieser Begriffe im Rahmen einer interdisziplinären Darstellung findet sich in *Faber, Proops* 1990, Kapitel 2 und 3; *Faber, Manstetten, Proops* 1990, 15–21.)

Eine geistesgeschichtlich bedeutsame Konzeption des Genotyps einer Wirtschaft finden wir in der Nikomachischen Ethik des *Aristoteles* (1969, Buch V). Sie enthält die Prinzipien, die nach der Vorstellung der Antike das wirtschaftliche Leben, den Phänotyp, prägen. In einer solchen Wirtschaft vollziehen sich der Tausch und die Verteilung der Güter nach dem Prinzip der Gerechtigkeit. So mißt sich der gerechte Preis an dem Zweck eines Gutes und die gerechte Verteilung an der Würdigkeit des Empfangenden (*Aristoteles* 1969, 1131a21ff).

Im Idealfall werden die Güter in einer Wirtschaft so verteilt, daß alle genug erhalten. Darüber hinaus brauchen sich diejenigen, deren Interessen über ökonomische Fragen hinausgehen, kaum mit Problemen ihres Lebensunterhaltes zu beschäftigen und können sich den wirklich wichtigen Fragen zuwenden. Die für den Menschen wesentlichste Frage ist die Frage nach dem allgemein Guten, das für den Menschen in der Glückseligkeit besteht: „Denn die Glückseligkeit wählen wir stets um ihrer selber willen und niemals zu einem darüberhinaus liegenden Zweck" (*Aristoteles* 1969, 1097b).

Diese Frage nach der Glückseligkeit findet eine praktische Antwort in der Tätigkeit für das Gemeinwesen, das für *Aristoteles* (1969, Buch I) der Stadtstaat war, während es für uns heute eher als die Gemeinschaft aller Lebewesen auf der Erde bestimmt werden müßte. Eine weitergehende Antwort findet diese Frage nach der Glückseligkeit in der absichtslosen Schau der ewigen Gesetze des Kosmos (*Aristoteles* 1969, Buch 10; *Faber, Manstetten* 1988, 99–106).

Mit guten Gründen hat *Aristoteles* (1969) das Bild seiner Wirtschaft im Rahmen einer Ethik entworfen; denn nur, wenn die Menschen bereit sind, eine vernünftige Grenze für die Befriedigung ihrer Bedürfnisse anzuerkennen, d.h. wenn sie maßhalten, und wenn sie wissen, daß menschliches Leben über alles hinausgeht, was durch die Wirtschaft geliefert werden kann, ist es möglich, daß eine solche Wirtschaft nicht durch die Unersättlichkeit vieler einzelner untergeht (siehe z.B. *Aristoteles* 1969, 1129b). Die aristotelische Ökonomik kann daher sinnvoll nur im Rahmen einer Ethik entfaltet werden, denn es sind letzlich menschliche Haltungen und gesellschaftliche Umgangsformen im Horizont der Gerechtigkeit, die den Genotyp einer solchen Wirtschaft ausmachen.

Der wirkliche Genotyp der antiken Wirtschaft entsprach jedoch in vielem nicht den Vorstellungen des *Aristoteles*. Dies wird deutlich, wenn man sich den Phänotyp der antiken Wirtschaft vor Augen hält, wie ihn etwa *Finley* (1963) beschreibt. So waren gewaltsame Aktionen, wie Seeraub, Plünderungen aller Art und Enteignung nichts Außergewöhnliches. Zudem basierte die Organisation der antiken Wirtschaft auf der genotypischen Struktur der Sklaverei. *Aristoteles* hat nun keineswegs dem realen Genotyp der antiken Wirtschaft ein abstraktes Ideal entgegengehalten. Sein Entwurf der Ökonomik war eher der Versuch, ein wirklich vorhandenes ethisches Potential innerhalb dieses Genotyps bewußt zu machen und zu verstärken. Von daher erklärt sich der hohe Wert, den *Aristoteles* der Erziehung beimißt. Auf diese Weise liegt auch die Möglichkeit eines gesellschaftlichen Wandels im Horizont der aristotelischen Ökonomik.

Im Gegensatz zu *Aristoteles* haben die Ökonomen seit *Adam Smith* (1776) versucht, den Genotyp moderner Wirtschaften weitgehend ohne ethische Prämissen zu entwickeln (z.B. *Faber, Manstetten* 1988). Der Vorteil einer solchen Sichtweise gegenüber *Aristoteles* besteht darin, daß man sich stärker an der Realität, wie man sie vorfindet, orientiert, der Nachteil ist, daß Handlungsspielräume einer Gesellschaft bis hin zu einem genotypischen Wandel schwieriger zu thematisieren sind.

4. Erkennbarkeit und Änderung des Genotyps einer Wirtschaft

Im Gegensatz zur Biologie ist der Genotyp einer Wirtschaft nur schwer erkennbar und schwierig, wenn überhaupt, genau zu operationalisieren.

Trotz dieser Schwierigkeiten erweisen sich die Begriffe Genotyp und Phänotyp für das Verständnis einer Wirtschaft als hilfreich: Mit ihnen haben wir ein Instrumentarium, das es uns erlaubt, das Problem der Kursänderung einer Wirtschaft genauer darzustellen.

Dieses Problem stellt sich heute in aller Schärfe, denn die Dynamik des Phänotyps der modernen Wirtschaft droht in ihrer gegenwärtigen Form, eine Umweltkatastrophe herbeizuführen.

Im allgemeinen wird man bei der öffentlichen Meinungsbildung, der politischen Beschlußfassung und der wirtschaftlichen Durchführung geneigt sein, Kursänderungen der Wirtschaft auf der Ebene des Phänotyps anzusetzen. Obwohl solche Versuche in begrenzten Bereichen durchaus erfolgreich sein können, greifen sie insgesamt zu kurz, wie die bisherigen Umweltschutzmaßnahmen zeigen (z.B. *Faber, Stephan, Michaelis* 1989). Der Grund dafür ist nach dem Gesagten offensichtlich: Solange der Genotyp der Wirtschaft konstant bleibt, werden immer wieder phänotypische Muster mit der gleichen zerstörerischen Dynamik erzeugt. Kursänderungen in der Wirtschaft können also nur durchgreifend wirken, wenn sie auf der Ebene des Genotyps ansetzen.

Einzelne Momente des Genotyps treten in der Dynamik des Phänotyps gelegentlich offen zutage; schwer erkennbar ist aber ihr Zusammenwirken in seiner Ganzheit. Vielfach werden daher Probleme genotypischer Art nicht als solche erkannt und folglich nicht thematisiert. Daher ist es nicht verwunderlich, daß Probleme eines grundlegenden Wandels in der Wirtschaft so selten auf der Ebene des Genotyps untersucht werden.

Wenn es aber um so einschneidende Änderungen der Wirtschaft geht, wie wir sie aufgrund der Umweltkrise für erforderlich halten, dann muß zunächst versucht werden, einen Zugang zum Genotyp unserer derzeitigen Wirtschaft zu eröffnen. Den Genotyp als Ganzes zu veranschaulichen, ist für den Wissenschaftler kaum möglich; eine solche Veranschaulichung ist Aufgabe der Kunst. Daß die Kunst dies vermag, werden wir im folgenden zu zeigen versuchen, indem wir uns der Hauptfigur von *Goethes* Drama „Faust" zuwenden.

Goethe hat u. E. in der Figur des Faust eine Darstellung des Genotyps der modernen Wirtschaft in vielen wesentlichen Zügen geleistet. Wir werden uns an der Faust-Dichtung *Goethes* orientieren, um einen Zugang zu diesem Genotyp zu finden (Abschnitt 5 bis 9). Erst danach werden wir auf die Schwierigkeit eingehen, den wirtschaftlichen Genotyp, auch wenn er erkannt sein sollte, zu verändern (Abschnitt 10).

5. Die Gründung der faustischen Welt

Die faustische Haltung des modernen Menschen in ihren Konsequenzen für die Wirtschaft und die Natur wird von *Goethe* vor allem im 1., 4. und 5. Akt von Faust II dargestellt (*Binswanger, Faber, Manstetten* 1990). Zu Beginn des 4. Aktes erzählt Faust von der Suche nach einer Aufgabe, die ihn ganz erfüllt. Er findet sie angesichts eines unfruchtbaren Küstenstreifens, der durch die ewige Bewegung von Ebbe und Flut über weite Strecken immer wieder überschwemmt wird. Diese Situation wäre für die meisten vormodernen Gesellschaften unabänderlich gegeben. Faust aber fühlt sich bis „zur Verzweiflung" (Vers 10218) herausgefordert. Die „zwecklose Kraft zweckloser Elemente" (Vers 10219), die er hier am Werk sieht, ist ihm unerträglich:
„Da faßt, ich schnell im Geiste Plan auf Plan:
Erlange Dir das köstliche Genießen,
Das herrische Meer vom Ufer auszuschließen,
Der feuchten Breite Grenzen zu verengen
Und weit hinein sie in sich selbst zu drängen." (Verse 10227–231)

Dieser Plan wird durchgeführt: Die See wird vermittels eines Systems von Deichen zurückgedrängt, das sumpfige Gelände wird trockengelegt und kultiviert. In den Worten eines Beobachters (Philemon):

„Kluger Herrn kühne Knechte
Gruben Gräben, dämmten ein,
Schmälerten des Meeres Rechte,
Herren an seiner Statt zu sein.
Schaue grünend, Wies an Wiese,
Anger, Garten, Dorf und Wald." (Verse 11091–96)

Philemon sieht deutlich, daß „des Meeres Rechte" nichts gelten gegenüber dem Willen Fausts, die Natur zu besiegen und zu beherrschen. Faust aber ist mit dem Erreichten noch nicht zufrieden. In einer großen Vision eröffnen sich seinem in die Zukunft gerichteten Blick Räume für viele Millionen (vgl. Vers 11563); die wachsende Bevölkerung soll Platz finden im Haus des Menschen, das durch faustische Taten immer weiter auf Kosten der unbeherrschten Natur vergrößert werden soll. Das höchste Ziel Fausts ist aber Freiheit für alle Menschen: Er sieht sich in ferneren Zeiten „Auf freiem Grund mit freiem Volke stehen" (Vers 11580). Diese Vision führt ihn auf den höchsten Augenblick seiner Existenz:

„Im Vorgefühl von solchem hohen Glück
Genieß, ich jetzt den höchsten Augenblick." (Vers 11585 f)

Um das Verdienst Fausts richtig zu würdigen, muß man sich vor Augen halten, daß es im ersten Drittel des 19. Jahrhunderts in Europa oft zu Hungersnöten kam, die zahlreiche Menschen zur Auswanderung zwangen. Fausts Kolonisierungstat im 5. Akt kann als eine Antwort auf diese Probleme gesehen werden. Er gründet einen Lebensraum, worin eine wachsende Bevölkerung ein immer besseres Leben führen kann. Aufgrund der Schaffung neuen Siedlungsraumes ist die Faustfigur bis in die jüngste Zeit durchweg positiv gesehen worden. Seine Zielvorgabe scheint Anerkennung zu verdienen, und die Effizienz, mit der er seine Ziele erfolgreich durchsetzt, kann Bewunderung erwecken. Faust, so scheint es, verwirklicht sich selbst als kreativer Unternehmer und handelt zugleich im Sinne der ganzen Gesellschaft. Seine Tat, die seinem Eigeninteresse entsprungen ist, eröffnet dabei einen Raum, in dem andere Menschen sich frei entfalten können.

Fausts Einstellung zum Leben, die bei aller Tatkraft auch ein resignatives Element enthält, drückt sich in folgenden Versen (11446–452) aus:
„Dem Tüchtigen ist diese Welt nicht stumm.
Was braucht er in die Ewigkeit zu schweifen!
Was er erkennt, läßt sich ergreifen.
Er wandle so den Erdentag entlang;
Wenn Geister spuken, geh, er seinen Gang,
Im Weiterschreiten find' er Qual und Glück,
Er, unbefriedigt jeden Augenblick."

Frei von Illusionen, aufgeklärt, den Tatsachen zugewandt, so stellt sich hier der Gründer der modernen Welt vor. Allerdings übersieht er entscheidende Aspekte seiner Existenz und wesentliche Folgen seines Tuns.

6. Schattenseiten der faustischen Gründungstat

Im Rahmen der positiven Deutung der Faustfigur wurde nicht gesehen, welche Dimensionen Faust in seiner einseitigen Fixierung auf sein Projekt mißachtet. Dabei hätte es zu denken geben müssen, daß Mephisto, „der Geist der stets verneint", (Faust I, Vers 1338) mit seiner zur Skrupellosigkeit neigenden Effizienz für das Gelingen des Kolonisierungsprojektes eine nicht unerhebliche Rolle spielt. Und man darf nicht übersehen, daß bei der Verwirklichung der Vision Fausts das Leben von Menschen geopfert wird.

Die Menschen, die der Gründung der faustischen Welt zum Opfer fallen, sind, neben vielen ungenannten Arbeitern (vgl. Vers 11127), Philemon und Baucis, die Ureinwohner des von Faust kolonisierten Landes. Sie treten zu Beginn von Akt 5 auf. Ihr Dasein repräsentiert eine vormoderne naturalwirtschaftliche Lebensform. Mit dieser Lebensform kontrastiert, zeigt die faustische Welt deutlich ihre Schattenseiten.

Philemon und Baucis sind ein altes Paar, das eine kleine Hütte auf einer Düne inmitten des sumpfigen Küstengebiets bewohnt. In ihrer immer gleichbleibenden Lebensform sind sie den natürlichen Unbilden des Meeres, Hungersnöten und Krankheiten ausgesetzt. Ihre Einstellung ist vor allem durch Religiosität gekennzeichnet. Einen wesentlichen Zug ihrer Religion macht die Dankbarkeit gegenüber der Natur und Gott aus. Sie äußert sich in Hilfsbereitschaft gegenüber Fremden, Selbstgenügsamkeit und Freude an der Schönheit der Natur.

In dieses Urbild des vormodernen Lebens bricht Faust als Landesherr, Unternehmer und Ingenieur ein. Der Lebensraum von Philemon und Baucis ist für ihn nichts als ein ödes, unfruchtbares Gelände, seine Bewohner erscheinen als Störfaktoren. Denn ihre Haltung der Dankbarkeit und Bescheidenheit verträgt sich nicht mit der grenzenlos expansiven Dynamik der Veränderung, die den Charakter Fausts kennzeichnet. Das fundamentale Ungenügen, das Faust im ganzen Drama prägt, bricht in seinem ganzen Ausmaß aus ihm heraus, als er mit der Welt von Philemon und Baucis in Berührung kommt.

Nichts kann den Ungenügsamen mehr treffen als das lebendige Bild der Genügsamkeit. In der Gestalt Gretchens hat ein solches Bild bei Faust heftige Sehnsucht erweckt, in der Gestalt des Daseins von Philemon und Baucis ruft es seinen heftigen Widerwillen hervor. Beim Läuten des Glöckchens ihrer Kapelle ruft Faust aus:
„Verdammtes Läuten! Allzu schändlich
Verwundet's, wie ein tückischer Schuß;
Vor Augen ist mein Reich unendlich,
Im Rücken neckt mich der Verdruß." (Verse 11151–54)

Unerträglich ist für Faust die Konfrontation mit einem Leben, das in jedem Augenblick sein Genügen findet, da es sich im Einklang mit seiner Welt und mit seinem Ursprung weiß. Auf diesen Einklang verweisen in dem folgenden Zitat die Glocken, die den Bereich des Transzendenten, und die Linden, die den Bereich des Natürlichen andeuten. Faust aber, der nicht in diesem Einklang lebt, erfährt das Transzendente nur in seiner fixierten und ihm beengend erscheinenden Gestalt, nämlich in Gestalt der Kirche. Der Duft der Linden aber, der für die Sphäre der Natur steht, ist für ihn nicht Symbol des Lebens, sondern Zeichen der Unentrinnbarkeit des Todes (in Form der Gruft), da alles Natürliche sterblich ist. Von beidem, Kirche und Grab, will er nichts wissen:

„Des Glöckchens Klang, der Linden Duft
Umfängt mich wie in Kirch, und Gruft.
Des allgewaltigen Willens Kür
Bricht sich an diesem Sande hier.
Wie schaff' ich mir es vom Gemüte!
Das Glöckchen läutet, und ich wüte." (Verse 11253–59)

Mephisto bemerkt zu Recht, daß das Glockengeläut dem rastlos vorwärtsdrängenden Faust Dimensionen in Erinnerung ruft, die er verdrängt:
„Und das verfluchte Bim-Baum-Bimmel,
Umnebelnd heitern Abendhimmel,
Mischt sich in jegliches Begebniß
Vom ersten Bad bis zum Begräbnis,
Als wäre zwischen Bim und Baum
das Leben ein verschollener Traum." (Verse 11263–68)

Statt auf die verdrängten Lebensfragen einzugehen, möchte Faust die Ureinwohner, die ihn daran erinnern, aus seiner Umgebung entfernen. Er beschließt eine Umsiedlungsaktion und weist Mephisto an:
„So geht und schafft sie mir zur Seite!
Das schöne Gütchen kennst du ja,
Das ich den Alten ausersah." (Verse 11275–77)

Bei der Durchführung dieser Aktion sterben Philemon und Baucis jedoch in den Flammen ihrer Hütte. Faust kommentiert dies mit den Worten: „Tausch wollt, ich, wollte keinen Raub" (Vers 11371). Er erkennt dabei nicht, daß es in der von ihm geschaffenen Welt rastloser Veränderung kein Äquivalent für die selbstgenügsame und bewahrende Lebensform von Philemon und Baucis gibt. Die Möglichkeit eines Tausches besteht daher nicht.

Das Opfer, das für die Gründung der faustischen Welt gebracht werden muß, besteht in der Vernichtung einer Vielzahl der von Faust vorgefundenen Formen des Lebens: Die Tiere und Pflanzen des Wattenmeeres, ebenso die Bewohner, die ihr ursprüngliches Leben beibehalten wollen, haben keinen Platz in der Welt Faustens. Wir können diese Überlegung verallgemeinern. In der religiösen Haltung von Philemon und Baucis ist alles menschliche Wirken in das Zusammenspiel der vielfältigen Momente der Natur eingebettet. Das Leben der Natur hat dabei seinen eigenen Sinn und seine eigene Bedeutung. Innerhalb der modernen Wirtschaft dagegen wird der Wert aller Dinge und sogar der Natur selber nur durch ihren Nutzen für die Erfüllung menschlicher Wünsche bestimmt.

Man darf *Goethes* Darstellung einer vormodernen Gesellschaft allerdings nicht als Verklärung vergangener Lebensformen auffassen. Vielmehr repräsentieren Philemon und Baucis die in die Vergangenheit projizierte Utopie einer Welt, worin das Haus des Menschen (Wirtschaft) in das Haus der Natur integriert ist und beide Häuser die Einheit des Kosmos ausdrücken.

7. Die faustische Dynamik

Worin liegt nun das Dilemma der modernen (faustischen) Welt? Es besteht darin, daß sie alle Formen des bescheidenen und dankbaren Mitlebens mit der Natur ausschließen muß. Dies wiederum gründet in der Rastlosigkeit ihrer Dynamik. Die Folge dieser Dynamik ist, daß dem modernen Menschen die Gelassenheit verlorengeht, die Voraussetzung für Tugenden wie Bescheidenheit, Dankbarkeit und Wohlwollen ist. Um etwas zu ändern, ist es indes wenig sinnvoll, solche Tugenden zu postulieren, solange man nicht die Dynamik des modernen Lebens in der Gesellschaft und in sich selbst angeht.

Was aber sind die wesentlichen Züge dieser faustischen Dynamik? In seiner Vision direkt vor seinem Tode sagt Faust, wie er sich seine Welt wünscht:
„Im Innern hier ein paradiesisch Land,
Da rase draußen Flut bis auf zum Rand," (Verse 11569–70).

Faust will nicht einfach ein gutes Werk für seine Mitmenschen vollbringen. Vielmehr will er die ganze Welt zu einem Paradies für die Menschen umgestalten. Das Diesseits soll dem Menschen somit ein Leben bieten, wie es nach christlicher Lehre erst dem Jenseits vorbehalten ist. Die Erfüllung seines Wunsches würde Faust Gott gleich machen. Allerdings kann sein Wunsch nie vollständig erfüllt werden, sondern seine endgültige Erfüllung bleibt einer Zukunft vorbehalten, die immerfort Erfüllung verspricht, ohne sie Gegenwart werden zu lassen. Der höchste Augenblick, den Faust erleben kann, ist nichts als das Vorgefühl eines zukünftigen Glücks, das nie ein Mensch erleben wird. Außerdem ist ein Paradies, daß mit großer Anstrengung gegen Bedrohungen von außen, wie die Flut sie symbolisiert, verteidigt werden muß, kein echtes Paradies.

Daß das Paradies auf Erden nicht erreicht werden kann, zeigt sich auch an einer anderen Voraussetzung, die Faust anspricht: Erst wenn der letzte Sumpf trocken gelegt, wenn das letzte Stück unbeherrschter Natur (vgl. Vers 11559–11561) aus der Welt des Menschen verschwunden wäre, hätte Faust das Ziel seiner Wünsche erreicht:

„Zum Augenblicke dürft ich sagen:
Verweile doch, du bist so schön!
Es kann die Spur von meinen Erdetagen
Nicht in Äonen untergehen. –
Im Vorgefühl von solchem hohen Glück
Genieß, ich jetzt den höchsten Augenblick." (Verse 11581–86)

Faust drückt hier, am Ende seines Lebens, den Fortschrittsglauben der Neuzeit aus. Dabei treten zugleich dessen Wurzeln zutage. Es sind dies der Wunsch nach Allmacht und der Wunsch nach Allwissenheit: Die Allmacht erlaubt schrankenloses Begehren und Erfüllen, die Allwissenheit ermöglicht totale Kontrolle. Die Vereinigung von beidem wäre die scheinbar vollendete Form der Freiheit des Menschen im Sinne absoluter Autonomie gegenüber der Natur und gegenüber Gott. Somit würde sich für den faustischen Menschen das Versprechen der Schlange im Schöpfungsbericht des Alten Testamentes erfüllen: „Ihr werdet sein wie Gott."

8. Zeit und Natur – Grenzen der faustischen Dynamik

Aber die faustische Dynamik stößt auf Grenzen, die wir unter den Stichwörtern ‚Zeit' und ‚Natur' untersuchen wollen.
1. Die Zeit wird unter Vernachlässigung von Vergangenheit und Gegenwart auf eine Zukunft reduziert, die letztlich so unerreichbar ist wie das Jenseits der Religionen während des Lebens in dieser Welt.

Die wirkliche Gegenwart aber ist nur ein Raum rastloser Betriebsamkeit und immer neuer Begierden. Faust drückt dies so aus:
„Ich bin nur durch die Welt gerannt;
Ein jed' Gelüst ergriff ich bei den Haaren,
Was nicht genügte, ließ ich fahren,
Was mir entwischte, ließ ich ziehen.
Ich habe nur begehrt und nur vollbracht
Und abermals gewünscht und so mit Macht
Mein Leben durchgestürmt." (Verse 11433–39)

Aber die Rastlosigkeit eines Lebens, das sein Ziel nie erreichen kann, verbannt aus dem Bewußtsein Leid, Krankheit, Alter und Tod. Das gleiche gilt für alle Freude und alles Glück, das seinen Zweck in sich selbst hat. Die faustische Haltung führt also dazu, daß das wirkliche Leben immer weniger wahrgenommen wird. Denn Leben ist Gegenwart, und erfülltes Leben ist erfüllte Gegenwart. Auch Faust begehrt dieses Leben. Aber gerade in seiner Jagd nach dem höchsten Augenblick verliert er die Fähigkeit, ihn als Gegenwart zu erleben. In einem wachen Moment sieht Faust selber, wie sehr er ein solches Leben verfehlt:
„So taml, ich von Begierde zu Genuß,
Und im Genuß verschmacht' ich nach Begierde." (Teil I, Vers 3249f)

8. Zeit und Natur – Grenzen der faustischen Dynamik

2. Wir kommen nun zum zweiten der oben genannten Stichwörter, nämlich der **Natur**. Das Verhältnis der faustischen Welt zur Natur wird durch die Deiche im Drama sinnfällig gemacht. Die für sich bestehende und sich entwickelnde Natur wird aus dem Gesichtskreis der faustischen Welt herausgedrängt. Allerdings bleiben die Gefahren der verdrängten Natur halb bewußt präsent als Gegenstand ständiger Sorge: „Die Sorge, sie schleicht sich durchs Schlüsselloch ein" (Vers 11391). Denn in die faustische Welt, die eine Welt totaler Kontrolle sein soll, drohen beständig unkontrollierbare Kräfte einzubrechen, gleich der Sturmflut durch den brechenden Deich. Das Leben im faustischen Paradies ist untergründig durch die angestrengte Bemühung gekennzeichnet, bedrohliche „Lücken" durch neue Anstrengungen der Kontrolle zu verschließen.

Solange die Deiche der faustischen Welt halten, bietet sich uns ein durchaus anziehendes Bild. Bei aller rastlosen Umtriebigkeit leben die Menschen in ihr doch vergleichsweise sicher. Hungersnöte, Epidemien, Naturkatastrophen kommen kaum vor. Und die Idee des Fortschritts verspricht, daß das Leben noch besser wird. Das Wichtigste ist aber die Freiheit, die Faust dem Menschen verspricht. Die faustische Freiheit ist die Freiheit des einzelnen, der alles, was ihm begegnet, so weit wie möglich auf seine Vorstellungen, Wünsche und Begierden bezieht und diese in allem Begegnenden so weit wie möglich verwirklicht. In ihrer extremen Form scheint diese Freiheit darin zu bestehen, schrankenlos dem eigenen Begehren zu folgen.

In den modernen Gesellschaften scheinen wir Fausts Vision eines ‚freien Volkes auf freiem Grund' (Vers 11580) nahegekommen zu sein. Nun ist dieser Freiheit, wie schon die politischen Theoretiker des 18. und 19. Jahrhunderts (wie *Smith*, *Jefferson*, *Hegel*) erkannten, eine Schranke in der Freiheit der anderen gesetzt: Der erlaubte ‚Pursuit of Happiness', wie ihn die amerikanische Verfassung nennt, hat seine Grenze da, wo andere darin gehindert werden, ihr Glück zu verfolgen. Gegenüber der Natur besteht aber eine solche Grenze nicht.

Die faszinierende Freiheit des modernen Menschen hat daher ein scheinhaftes Moment. Wie Faust zeigt, soll unser Leben im irdischen Paradies frei von der Zeit und frei von der Natur sein. Und in diesem Sinne überschreitet die Verwirklichung der Freiheit das dem Menschen gegebene Maß. Während der im Alter von Blindheit betroffene, aber noch immer tatkräftige Unternehmer Faust das Klappern von Spaten für den Anfang seines letzten und größten Projektes hält, das mit der Konstruktion von Gräben beginnen soll, kommentiert Mephisto (Vers 11557f):
„Man spricht, wie man mir Nachricht gab,
Von keinem Graben, doch vom Grab."
Gerade in diesem Moment, nachdem Faust im höchsten Augenblick die Zeit für überwunden hält, ereilt ihn der Tod. Mephisto bemerkt angesichts des tot

Daniedersinkenden: „Die Zeit wird Herr" (Vers 11592). – Und Fausts Freiheit von der Natur scheint ebensowenig Bestand haben. So sagt Mephisto:
„Du bist doch nur für uns bemüht
Mit deinen Dämmen, deinen Buhnen;
Denn du bereitest schon Neptunen,
Dem Wasserteufel, großen Schmaus." (Verse 11544–47)

In Mephistos Augen ist die faustische Welt also dem Untergang geweiht. So wenig aber Faust die Gefährdung seiner Welt bemerkt, so wenig ist uns bis vor wenigen Jahren bewußt gewesen, mit welcher gefährlichen Dynamik unsere westliche Lebensform die Welt überzieht und die Natur bedroht.

9. Die moderne Lebensweise als Ausdruck der faustischen Dynamik

Nur wenige Menschen können sich mit Faust unmittelbar identifizieren. Dennoch läßt sich behaupten: Wir selber sind Faust. Denn in Faust geht es nicht um einen besonderen Charakter. Faust personifiziert vielmehr wesentliche Momente der genotypischen Struktur der modernen Wirtschaft und damit der modernen Menschheit, für die die Wirtschaft mehr und mehr der Mittelpunkt des Lebens geworden ist. Er stellt Motive und Triebkräfte unseres Lebens dar, die wir meistens gar nicht sehen. Wir mögen anders denken als Faust, aber unsere Haltung und unser Handeln werden weitgehend von faustischer Dynamik und Rastlosigkeit bestimmt. Denn wir alle partizipieren an der Wirtschaftsweise, die er repräsentiert. Wir drücken diese Dynamik durch unsere Art zu leben selbst dann aus, wenn unsere Ansichten und Vorstellungen von der Welt ganz anders sind als die von Faust. Wir erleben diese Dynamik täglich in jeder rush hour, wir erleben sie in unserer Umtriebigkeit in den Einkaufszonen, Flughäfen, Büros, den Börsen, Redaktionen, Kongressen, wir erleben sie in unserer Unfähigkeit, „abzuschalten", ebenso wie in den Therapien, Kuren und Kursen, die wir nur dazu über uns ergehen lassen, um mehr Fitness für die erneute Teilhabe an der faustischen Welt zu erlangen. Aber auch unsere regelmäßig erneuten Versuche, unser Leben zu verbessern und umzugestalten, drücken ein faustisches Ungenügen aus, das uns blind macht für das Gute, das die Gegenwart bietet. Dieses faustische Ungenügen wird von Mephisto folgendermaßen beschrieben:
„Ihn sättigt keine Lust, ihm gnügt kein Glück,
So buhlt er fort nach wechselnden Gestalten." (Vers 11587)

Die Dynamik des faustischen Ungenügens ist den Ökonomen nicht entgangen. Sie spiegelt sich in einer für die ökonomische Theorie grundlegenden Annahme wider, nämlich in der sogenannten „Annahme der Nichtsättigung". Das bedeutet, daß Individuen in der Regel immer mehr konsumieren wollen. Besonders sinnfällig wird die Unersättlichkeit bei dem Wunsch, immer mehr Geld zu erwerben und zu besitzen. So ist das Geld, das omnipotent ist in dem Sinne, daß es alle anderen Güter zu kaufen vermag, geradezu als das moderne Symbol der Unersättlichkeit anzusehen. Aufgrund dieser Unersättlichkeit neigen wir zwangsläufig dazu, immer mehr aus der Natur herauszuziehen. Da wir immer umfangreichere und wirkungsvollere Mittel dazu haben, kommen wir immer schneller an Grenzen der Belastbarkeit der Natur und überschreiten diese Grenzen immer häufiger.

10. Perspektiven des Umweltschutzes

Aufgrund unserer Diagnose der faustischen Dynamik als einer treibenden Kraft unserer Gesellschaft drängt sich die Frage auf: Welche Perspektiven hat der Umweltschutz in einer faustischen Welt? Wir möchten drei Möglichkeiten darstellen:
1. Die erste ist eine **Fortschreibung des bisherigen Vorgehens**. Umweltschutz bedeutet heute, daß man am Phänotyp der Gesellschaft einige Korrekturen vornimmt, indem man im Rahmen der üblichen (faustischen) Handlungsstrukturen ökologische Gesichtspunkte mit ins Spiel zu bringen versucht. So wird heute kein Großflughafen ohne die Ausweisung von Landschaftsschutzgebieten, keine chemische Produktion ohne den Nachweis von Maßnahmen zum Schutz von Luft, Wasser und Boden vor toxischen Einwirkungen erstellt werden können. Innerhalb dieses Aufgabenbereiches wird bisher auch das Berufsbild des Umweltmanagers bestimmt. Diese Vorgehensweise kann Erfolge vorweisen. Dennoch erscheint sie uns unzulänglich angesichts des Ausmaßes des Waldsterbens, der Altlasten und vor allem des CO_2-Problems. Nicht einmal eine Verdoppelung der bisherigen Ausgaben für den Umweltschutz im Laufe der nächsten 10 Jahre, die eine enorme gesellschaftliche Anstrengung erfordern würde, würde unseres Erachtens ausreichen, um die anstehenden Umweltprobleme auch nur annähernd zu lösen.

Das Problem der bisherigen Umweltschutzmaßnahmen ist aber nicht so sehr die Tatsache, daß wir zu wenig Geld dafür ausgeben. Es besteht vielmehr darin, daß wir in der faustischen Einseitigkeit verbleiben: Wenn wir fortfahren wie bisher, selbst mit verdoppeltem Kostenaufwand, versuchen wir weiterhin (um ein Bild aus dem „Faust" zu verwenden), die Natur jenseits der Deiche zu belassen.

Somit handeln wir noch aus der gleichen Haltung heraus, die die Umweltkrise verursacht hat. Folglich kann das Vorhaben, Umweltschutz auf der Basis des faustischen Genotyps zu betreiben, nicht bis zur Wurzel der Umweltprobleme vordringen und wird daher letztlich nicht erfolgreich sein.

2. Wenn wir der Ansicht sind, daß Umweltschutzmaßnahmen im Sinne der vorhergenden Vorgehensweise nicht ausreichen, dann erscheint eine zweite

Perspektive denkbar. Die Zielrichtung dieser Perspektive kommt in der Idee einer Ökodiktatur zum Ausdruck, die manchem als die effizienteste und verheißungsvollste Form des Umweltmanagements erscheint. Das bedeutet, daß man versucht, im Sinne eines Schutzes der Umwelt alle Einflüsse der Wirtschaft auf die Natur totaler Kontrolle zu unterwerfen. Umweltschutz wird selbst dann durchgesetzt, wenn er Arbeitslosigkeit, Inflation und Verarmung von Teilen der Bevölkerung zur Folge hat.

Man kann sich das Management der Ökodiktatur vorstellen als eine Gruppe von Menschen, die eine ähnliche Einstellung haben wie Faust angesichts des unfruchtbaren und überschwemmten Küstengebietes. Das Ziel und die Wirklichkeit, die sich dem Auge darbietet, scheinen weit auseinanderzuklaffen. Erfolgreicher Umweltschutz ist zunächst nur eine kühne, weitausgreifende Vision. Den Managern der Ökodiktatur ist jedes, auch gewaltsame Mittel recht, ihre Vision zu verwirklichen. Angesichts der drängenden Probleme der Umwelt wirkt diese Haltung sogar verführerisch.

Man könnte dieses Projekt als ein quasi „überfaustisches" charakterisieren. Gegen einen „Faust der Umwelt" spricht unseres Erachtens nicht nur, daß auch seine Vision ewige Zukunft bleiben wird. Vielmehr repräsentiert die Ökodiktatur noch ausgeprägter als die erste Perspektive die Haltung, die uns erst in die Umweltkrise geführt hat. Nur Allmacht und Allwissenheit würden den Erfolg einer Ökodiktatur garantieren. Die Aufgabe des Umweltmanagements, den Verbrauch von Rohstoffen und Energie zu begrenzen, Umweltverschmutzung zu reduzieren und die Regenerationskapazität der Erde zu erhalten sowie die Bevölkerungszahl auf ein vertretbares Maß zu bringen, würde im Zweifelsfalle nur mit despotischer Gewalt durchgeführt werden können. Dieser Weg ist in modernen Gesellschaften aber nicht gangbar; denn er würde die Freiheit aufheben und damit die Basis des Rechtsstaates in einer demokratischen Gesellschaft zerstören (*Faber, Manstetten* 1989).

Aber, so ließe sich einwenden, ist es nicht in jedem Fall, auch unabhängig vom Konzept einer Ökodiktatur, Aufgabe eines erfolgreichen Umweltmanagements, alle umweltrelevanten Prozesse zu kontrollieren und gegebenfalls so zu steuern, daß unsere Lebensgrundlagen geschont bleiben? Man fühlt sich fast gezwungen, diese Frage mit ja zu beantworten und bemerkt dabei nicht, daß man sich mit dieser Art der Fragestellung wiederum in der faustischen Dynamik verfängt: Der Wunsch nach totaler Kontrolle führt in der Realität immer zu einem geschlossenen Weltbild, in dessen Rahmen wir unfähig werden, unkontrollierbaren Phänomenen zu begegnen. Da wir Menschen aber in verschiedenen Hinsichten prinzipiell unwissend (*Faber, Manstetten, Proops* 1990) sind, kann es uns nie gelingen, unkontrollierbare Prozesse zu eliminieren. Daher kann es bei einem recht verstandenen Umweltmanagement keinesfalls um totale Kontrolle gehen, sondern nur um Formen, das Kontrollierbare tatsächlich zu kontrollieren und mit dem Unkontrollierbaren zu leben und umzugehen.

3. Eine dritte Perspektive möchten wir nur als eine Möglichkeit in Erwägung ziehen, ohne ihre Realisierbarkeit zu erörtern. Sie besteht darin, daß die faustische Dynamik, die uns in der Gesellschaft vorgelebt wird und in unserem Innern Wurzeln geschlagen hat, zum Stillstand gelangt und andere, offenere Formen der Begegnung von Mensch und Natur aufkommen. Dies würde einen Wandel im Genotyp der Gesellschaft bedeuten.

Aber mit dieser Perspektive überschreiten wir die Kompetenz jeglicher Art von Management. Die Begrenzung unserer Begierden, die Ruhigstellung unserer rastlosen Betriebsamkeit wird nicht statthaben, wenn sie von Diktatoren, Planern und Machern verordnet wird.

Genotypische Änderungen der Gesellschaft haben sich in der Geschichte kaum je aufgrund von Absichten und Plänen vollzogen. Trotz langer Vorbereitungen ereignen sie sich in gewisser Hinsicht plötzlich und unerwartet. Zwar können Anstöße für einen Bewußtseinswandel von Kirche, Wissenschaft und öffentlicher Meinung kommen, und die Gesetzgebung kann erste Schritte für eine Verhaltensänderung einleiten. Aber eine grundlegende Änderung des Genotyps unserer Gesellschaft in Richtung auf eine freiwillige Selbstbeschränkung kann nur aus dem Innern der Menschen selber, aus ihrer freiwilligen Entscheidung kommen. Von dort her könnte sich die Basis bilden für einen Konsens der Mitglieder unserer Gesellschaft, die um ihres und ihrer Kinder Leben willen und in Sorge um die Tier- und Pflanzenwelt bereit sind, der Natur nicht mehr abzufordern und zuzumuten, als was sie ohne Schäden zu geben und aufzunehmen vermag. Dieser Konsens wäre gleichsam der archimedische Punkt, von dem aus die Aufgaben des Umweltmanagements umfassend bestimmt werden könnten.

Literatur

Aristoteles (1969), Nikomachische Ethik, Stuttgart
Binswanger, H. C. (1985), Geld und Magie. Deutung und Kritik der modernen Wirtschaft anhand von Goethes Faust, Stuttgart
Binswanger, H. C., Faber, M., Manstetten, R. (1990), The dilemma of modern man and nature: an exploration of the Faustian imperative, in: Ecological Economics 2/90, S. 197–223
Ehrlich, P. R. (1989), The limits to substitution: meta-resource depletion and a new economic ecological paradigm, in: Ecological Economics 1/89, S. 9–16
Faber, M., Manstetten, R. (1988), Der Ursprung der Volkswirtschaftslehre als Bestimmung und Begrenzung ihrer Erkenntnisperspektive, in: Schweizerische Zeitschrift für Volkswirtschaft und Statistik, Heft 2/88, S. 98–121
Faber, M., Manstetten, R. (1989), Rechtsstaat und Umweltschutz aus ökonomischer Sicht, in: Zeitschrift für angewandte Umweltforschung, 2/89, S. 361–371
Faber, M., Manstetten, R., Proops, J. L. R. (1990), Towards an Open Future Ignorance, Novelty and Evolution; Invited Lecture zur Konferenz „The Ecological Economics of Sustainability: Making Local and Short-Term Goals Consistent with Global and Long-Term Goals", 21.-26. May, Weltbank, Washington, wird veröffentlicht in: *Costanza, R., Norton, B., Haskell, B.,* (Hrsg.),

Ecosystem Health: new goals for environmental management (erscheint 1992), in: Diskussionspapier Nr. 149 der Wirtschaftswissenschaftlichen Fakultät Universität Heidelberg

Faber, M., Proops, J. L. R. (1990), Evolution, Time, Production and the Environment, Berlin, Heidelberg

Faber, M., Stephan, G., Michaelis, P. (1989), Umdenken in der Abfallwirtschaft, 2. überarbeitete und ergänzte Auflage, Berlin, Heidelberg

Finley, M. I. (1963), The Ancient Greeks, Harmondsworth

Goethe, J. W. (1986), Faust, hrsg. v. E. Trunz, München

Norton, B. G. (1990), Context and hierarchy in Aldo Leopold's theory of environmental management, in: Ecological Economics 2/90, S. 119–127

Page, T. (1990), Sustainability and the problem of valuation, wird veröffentlicht in: *Costanza, R.* (Hrsg.), Ecological Economics Science and Management of Sustainability, New York

Proops, J. L. R. (1989), Ecological economics: rationale and problem areas, in: Ecological Economics 1/89, S. 59–76

Weizsäcker, C. F. von (1986), Die Zeit drängt. Eine Weltversammlung der Christen für Gerechtigkeit, Frieden und die Bewahrung der Schöpfung, München

Kapitel 3
Umweltökonomie und die Probleme ihrer politischen Umsetzung

von *Holger Bonus*

1. Der fehlende Preis von Umweltressourcen 34
2. Die Funktion von Schattenpreisen 35
3. Mengen- und Preislösungen 36
4. Die fehlende Ökonomie der Umweltpolitik 37
     4.1 Rationale Beweggründe 38
     4.2 Psychologische Beweggründe 39
     4.3 Das Problem der Vermittelbarkeit 40
5. Die Perspektive 41
Literatur 41

1. Der fehlende Preis von Umweltressourcen

Umweltökonomie hat die wirtschaftlichen Aspekte des Umweltschutzes zum Gegenstand. In ökonomischer Sicht ergibt sich das Umweltproblem daraus, daß Umweltressourcen als öffentliche Güter keine Preise haben, obwohl sie knapp und überaus wertvoll sind. Preise aber sind Lenkungssignale, deren Befolgung der Markt erzwingt. Wenn jemand aus besserer Einsicht heraus freiwillig Umweltschutz betreiben wollte, so stellte er damit gewissermaßen ein Produkt her, das unverkäuflich ist und seine Produktionskosten nicht decken kann. Die Quittung wären Verluste, was auf die Dauer niemand wirtschaftlich überleben kann. Also werden alle Beteiligten gezwungen, wider bessere Einsicht Umweltressourcen zu verschleudern, um auf diese Weise Kosten sparen und im Wettbewerb überleben zu können. Die Antwort des Staates darauf liegt nahe: Wo der Markt kollektive Unvernunft erzwingt, muß der Staat Gegendruck anwenden und durch Vorschriften und Auflagen die Beteiligten zum Wohlverhalten der Umwelt gegenüber verpflichten. Dies ist die Grundphilosophie „ordnungsrechtlicher" Lösungen, die aus der polizeirechtlichen Tradition geboren und überall recht populär sind.

Die Umweltökonomie weist nun aber mit Nachdruck darauf hin, daß ein solches Vorgehen höchst unwirtschaftlich ist. Der Grund dafür ist die erhebliche Varianz der „Grenzverhinderungskosten", jenes Aufwandes also, den man auf sich nehmen muß, um die umweltbelastenden Nebenfolgen wirtschaftlicher Aktivitäten zu mindern. Ordnungsrechtliche Regelungen nehmen von den weit divergierenden Grenzverhinderungskosten aber nur sehr begrenzt Kenntnis, da sie anderen, rechtlichen Kriterien verbunden sind. Solche Blindheit Kosten gegenüber gemahnt an einen Supermarkt, in dem die Preisschilder fehlen. Wer dort nach Lust und Laune kauft, wird an der Kasse feststellen müssen, daß er viel zu viel Geld ausgegeben hat, weil seine Entscheidungen in Kenntnis der Preise völlig anders ausgesehen hätten als ohne diese Information. Empirische Untersuchungen in den USA (*Bonus* 1984) haben gezeigt, daß man bis zu 90 Prozent der Kosten des Umweltschutzes einsparen und dann natürlich erheblich mehr Umweltschutz betreiben könnte, wenn man auf wirtschaftlich effiziente – also die volkswirtschaftlichen Kosten des Umweltschutzes minimierende – Strategien des Umweltschutzes zurückgreifen würde. Während Einsparungsmöglichkeiten dieser Größenordnung in der Praxis natürlich nicht annähernd ausgeschöpft werden könnten, bliebe doch ein gewaltiges Einsparungspotential übrig, das man bei gebührender Berücksichtigung der Kosten realisieren könnte und das bei 50 Prozent der gegenwärtigen Aufwendungen liegen dürfte.

Solche Größenordnungen lassen indessen die Umweltpolitik unbeeindruckt. Wie ist das möglich? Warum wird von dem erheblichen Kosteneinsparungspotential einer wirtschaftlich effizienten Umweltpolitik keinerlei Gebrauch gemacht?

2. Die Funktion von Schattenpreisen

Wir wollen kostenminimierende Umweltstrategien zunächst einmal kurz vorstellen. Dazu ist es zweckmäßig, den Begriff des „Schattenpreises" einzuführen. Ökonomische Restriktionen äußern sich in Knappheiten. Wenn es beispielsweise nur wenig Seegrundstücke gibt und man zur Versteigerung eines Grundstückes schreitet, werden am Ende zwei Bieter übrig bleiben, von denen einer den Zuschlag erhält. Der andere wäre zwar bereit gewesen, den gebotenen Preis ebenfalls zu zahlen, aber nicht, ihn zu überbieten. Der so ermittelte Preis ist der Schattenpreis der Knappheit von Seegrundstücken. Er räumt den Markt, denn am Ende wird das Angebot gerade ausgeschöpft. Der Schattenpreis enthält zwei wichtige Informationen. Zum einen gibt er an, welchen Wert der neue Besitzer des Seegrundstückes auf dieses legt; und zweitens signalisiert er, in welcher Höhe der leer ausgegangene Bieter den Verzicht auf das schöne Grundstück selbst einschätzt. Um es für sich selbst zu reservieren, mußte der Käufer durch Zahlen des Schattenpreises in den Verzicht des Leerausgehenden eintreten und auf diese Weise seiner wirtschaftlichen Verantwortung ihm gegenüber gerecht werden. In ordnungspolitischer Sicht ist das ein großer Vorteil, weil selbstverantwortliches Handeln das Anwenden von Zwang überflüssig macht und insofern eine Voraussetzung für Freiheit darstellt.

Die Vitalität einer Marktwirtschaft erklärt sich daraus, daß sich die (an sich unbekannten) Schattenpreise knapper Güter und Faktoren in ihr als Marktpreise niederschlagen, so daß die Märkte geräumt werden, die subjektive Wertschätzung der produzierten Güter durch die Konsumenten transparent wird und dem Aspekt der wirtschaftlichen Verantwortung dadurch Rechnung getragen wird, daß jedermann bestrebt ist, die Kosten niedrig und dadurch die unvermeidlichen Verzichte Dritter gering zu halten. Umgekehrt ist das katastrophale Ergebnis sozialistischen Wirtschaftens daraus zu erklären, daß die Schattenpreise sich nirgends niederschlagen können und deshalb weder die wirtschaftlichen Wünsche der Konsumenten noch die wirklichen Kosten transparent werden und wirtschaftlich verantwortliches Verhalten nicht mehr möglich ist.

Durch den öffentlichen Charakter von Umweltressourcen entfällt die Fähigkeit des Marktes, die Schattenpreise ökologischer Restriktionen in Marktpreise umzuwandeln. Ökologische Restriktionen schaffen Knappheiten, und zwar an Umweltnutzungsrechten. Wenn in einer Region nicht mehr als hunderttausend Tonnen eines bestimmten Schadstoffes emittiert werden dürfen, dann gibt es Umweltnutzungsrechte nur noch in dieser Höhe. Wer eines davon wahrnehmen möchte, hindert einen Dritten daran, eben dieses seinerseits wahrzunehmen. Mit dieser wirtschaftlichen Verantwortung muß er konfrontiert werden, was durch Zahlung des Schattenpreises geschehen würde. Da dieser aber nicht bekannt ist, wird selbstverantwortliches Handeln unmöglich und behördlicher Zwang unvermeidlich.

Neben der ökonomischen ist auch ökologische Effizienz von Bedeutung. Eine ökologische Marktwirtschaft ergänzt den sozialen um einen ökologischen Rahmen, der in bestimmten maximal zulässigen Immissionswerten besteht und wahrscheinlich bis auf weiteres immer enger zu ziehen sein wird. Eine Umweltstrategie ist ökologisch effizient, wenn mit ihrer Hilfe die ökologischen Rahmenwerte auch wirklich realisiert werden und nicht nur deklamatorischen Charakter haben. Wenn die Bundesregierung beispielsweise vorhat, innerhalb eines bestimmten Zeitraumes die CO_2-Emission um einen bestimmten Prozentsatz zu reduzieren, so ist ihre Politik dann ökologisch effizient zu nennen, wenn dieses proklamierte Ziel wirklich erreicht wird. Ökologisch ineffizient wäre sie dann, wenn man am Ende feststellen müßte, daß die umweltpolitischen Zielwerte tatsächlich nicht erreicht worden sind.

Umweltpolitische Instrumente sollten sowohl ökonomisch wie auch ökologisch effizient sein. Ordnungsrechtliche Umweltpolitik ist aber nach beiden Kriterien in krasser Weise ineffizient, da sie die Kosten des Umweltschutzes in unnötiger Weise aufbläht und ökologische Zielwerte in der Regel nicht einmal anstrebt.

3. Mengen- und Preislösungen

Eine ökonomisch wie ökologisch effiziente Umweltpolitik muß mit einem ökologischen Rahmen beginnen und die Urheber umweltbelastender Aktivitäten mit den daraus resultierenden Schattenpreisen ökologischer Restriktionen konfrontieren. Die ökonomische Effizienz ergibt sich dann, weil die transparent gewordenen Kosten im eigenen Interesse minimiert werden, während die ökologische Effizienz daraus folgt, daß Schattenpreise „den Markt räumen", in diesem Falle also dafür sorgen, daß die ökologischen Rahmenwerte gerade eingehalten werden.

So etwas kann nur mit marktwirtschaftlichen Instrumenten des Umweltschutzes erreicht werden, die in zwei große Klassen zerfallen. Den „Preislösungen", die in Form von Umweltabgaben oder ähnlichen Zahlungen Umweltnutzungen mit Festpreisen belegen, stehen „Mengenlösungen" gegenüber, welche die insgesamt zulässigen Emissionen mengenmäßig begrenzen und entsprechende Umweltnutzungsrechte fungibel gestalten, so daß sich regionale Marktpreise für Umweltnutzungsrechte („Lizenzen" oder „Zertifikate") herausbilden.

Sowohl Mengen- als auch Preislösungen sind ökonomisch effizient, da sie einen „Kostenfilter" enthalten: Im eigenen Interesse wägen Umweltnutzer sorgfältig ab, was für sie günstiger ist, die Umweltnutzung gegen Zahlung der entsprechenden Preise oder aber der Verzicht auf Umweltnutzung mit Hilfe von Filteranlagen oder ähnlichem. Das Ergebnis dieses Abwägens besteht in beiden Fällen darin, daß die Kosten des Umweltschutzes insgesamt minimiert werden.

Bei Preislösungen, im wesentlichen also Umweltabgaben, hapert es mit der ökologischen Effizienz. Das liegt daran, daß der Abgabensatz immer gerade dem Schattenpreis der entsprechenden Umweltnutzung entsprechen muß, wenn die ökologischen Rahmenwerte insgesamt eingehalten werden sollen. Dieser Schattenpreis ist jedoch unbekannt und ändert seine Höhe ständig in unberechenbarer Weise. Ein weiterer Nachteil von Umweltabgaben besteht darin, daß sie den Staatsanteil fast unvermeidlich in die Höhe treiben. Denn Umweltabgaben sind mit einem erheblichen Kaufkrafttransfer vom privaten an den öffentlichen Sektor verbunden. Dies könnte zwar im Prinzip durch das Senken anderer Steuern kompensiert werden. Im Falle von Umweltabgaben ist dieser Weg jedoch verschlossen, da die Erträge von Umweltabgaben zweckgebunden – d.h. wiederum im Umweltbereich – zu verwenden sind, also gerade nicht zur Finanzierung von Steuersenkungen herangezogen werden dürfen. Allein die geplante CO_2-Abgabe dürfte Jahr für Jahr Milliardenerträge in den sonst karg ausgestatteten Etat des Bundesumweltministers spülen, der sich darüber gewiß nicht sehr grämt und schon deshalb kein Gegner dieses Instrumentes sein dürfte.

Demgegenüber sind Mengenlösungen (und zwar im wesentlichen Zertifikate) nicht nur ökonomisch, sondern auch ökologisch effizient. Der Grund dafür besteht darin, daß die regionalen Marktpreise fungibler Umweltnutzungen nichts anderes sind als die gesuchten Schattenpreise. Selbst wo dies in gewissen Ausnahmesituationen nicht der Fall sein sollte, wird der ökologische Rahmen gleichwohl eingehalten, weil sich die zertifizierten Umweltnutzungsrechte insgesamt gerade zu den ökologischen Rahmenwerten aufaddieren.

Der Staatsanteil bleibt unverändert, wenn man Nutzungsrechte zunächst an die existierenden Nutzer gratis abgibt und sie dann übertragbar macht. Soll der ökologische Rahmen enger gezogen werden, so kann dies durch eine Reihe vorher bekanntzugebender Abwertungen der umlaufenden Zertifikate geschehen. Um spekulative Mißbräuche zu verhindern, sollten Zertifikate dauerhaft ausgestaltet sein, also nicht verfallen, sondern statt dessen gewissen Abwertungen unterliegen.

4. Die fehlende Ökonomie der Umweltpolitik

Die ökonomische Analyse zeigt, daß unter allen umweltpolitischen Instrumenten Zertifikate „dominieren", also in umweltökonomischer Sicht besser sind als ihre Alternativen. Dagegen werden gewisse Einwendungen geltend gemacht, die insbesondere mit der regionalen Abgrenzung von Zertifikatsmärkten zusammenhängen. Dies sind diffizile Erwägungen, die aber immer dann nicht greifen, wenn es um „globale" Schadstoffe wie Kohlendioxid und Stickoxide geht. Beschränken wir uns hier also auf diese. CO_2-Lizenzen wären in jedem Falle wirksamer als CO_2-Abgaben, und sie hätten den Staatsanteil nicht in die Höhe getrieben. Gerade die CO_2-Abgabe ist ein spektakuläres Beispiel dafür, daß in der Umweltpolitik über umweltökonomische Kriterien souverän hinweggegangen wird. Woran liegt das?

Die Gründe dafür sind vielschichtig und zerfallen in zwei Kategorien. Die einen sind in gewisser Weise rational, also mit den Mitteln der ökonomischen Analyse nachzuvollziehen. Die zweite Gruppe ist auf irrationale Gründe zurückzuführen, die im Bereich der Psychologie zu suchen sind.

4.1 Rationale Beweggründe

Beginnen wir mit den rationalen Beweggründen, von denen wir einen bereits genannt haben. Der Umweltbundesminister wird ähnlich dem Finanzminister aus verständlichen Gründen solche Instrumente vorziehen, die sich im Etat ertragreich niederschlagen. Aber weitere Gründe kommen hinzu (*Bonus* 1982).

Schärfste Gegner einer Zertifikatslösung sind die Mitglieder der Umweltbürokratie selbst. Ordnungsrechtlicher Umweltschutz ist – da er ohne die Schlüsselinformationen der Schattenpreise auskommen muß – überaus komplex. Die Bürokraten verwalten gewissermaßen ein immenses Know-how, was das Formulieren von Gesetzes- und Verordnungstexten sowie ihrer vielfältigen Revisionen, aber auch die schwierige ordnungsrechtliche Praxis angeht. Nicht selten werden sie als Experten angesehen, die unverzichtbare Kommentare verfassen und auch sonst in den Genuß der vielfältigen Vorteile gelangen, wie sie gesuchten Fachleuten zuteil werden. Ihre Expertise würde aber in dem Maße wertlos, wie Marktlösungen auf Schattenpreise statt auf Zwänge rekurrierten. Man kann es den Bürokraten nicht verdenken, daß sie eine solche Entwicklung nicht schätzen. Ihre Verbündeten sind die Umweltexperten großer Wirtschaftsunternehmen, deren Know-how für die Firma unverzichtbar ist. Auch sie müßten eine erhebliche Schmälerung ihres Wertes für das Unternehmen mitansehen, wenn es im wesentlichen nur noch darum geht, ob sich Umweltnutzungen angesichts ihrer Schattenpreise noch rechnen oder nicht mehr. Die dritte Gruppe von Begünstigten sind die Wissenschaftler, insbesondere rechts- und ingenieurwissenschaftlicher Provenienz, die sich in jahrzehntelanger Arbeit ebenfalls in eine überaus komplizierte und schwer zu durchschauende Problematik eingearbeitet haben.

Hinzu kommt ein anderer wirtschaftlicher Grund. Vorschriften und der „Stand der Technik" sind für die Wirtschaft nicht nur Ärgernis, sondern auch Schutz. Was technisch nicht machbar ist, können die Behörden der

4. Die fehlende Ökonomie der Umweltpolitik

Wirtschaft nicht abverlangen. In diesem Zusammenhang kommt es zu dem berühmt-berüchtigten „Schweigekartell der Oberingenieure", über welches sich das damals zuständige Bundesinnenministerium wiederholt beschwerte. Im übrigen muß die Wirtschaft befürchten, daß Zertifikate von einer „grün" inspirierten Administration im Übermaß abgewertet werden könnten, was wirtschaftlich wirklich gefährlich wäre. Insgesamt fühlt man sich mit dem status quo bei allem Lamentieren doch noch relativ wohl: Das herrschende System kennt man und weiß es zu praktizieren, während man schon oft miterleben mußte, wie aus leuchtenden Entwürfen im Rahmen einer bürokratisch-politischen Verunstaltung schmutziggraue und schlechtfunktionierende Instrumente wurden. Dieses Schicksal hatte die ursprünglich theoretisch elegante Idee einer Abwasserabgabe (*Hansmeyer, Schneider* 1990).

4.2 Psychologische Beweggründe

Die zweite Gruppe von Faktoren, welche eine Berücksichtigung umweltökonomischer Erkenntnisse durch die praktische Umweltpolitik behindern, ist irrationaler oder genauer sozialpsychologischer Natur. Hier sollte man als erstes das berufliche Ethos von Rechts- und Ingenieurwissenschaftlern sehen. Ein kleines Beispiel mag das verständlich machen. Wenn wir die enormen Aufwendungen, wie sie für eine weitere Verschärfung umweltpolitischer Standards in den alten Ländern der Bundesrepublik laufend entstehen, dazu verwenden würden, zunächst einmal in den neuen Bundesländern für eine Verbesserung der Umwelt zu sorgen, so hätten die umgeleiteten Gelder dort plötzlich ein Vielfaches an Wirksamkeit. Dies würde gewissermaßen zu einer Explosion umweltpolitischer Produktivität führen. Aber was sollten Rechtswissenschaftler zu einem solchen Vorschlag sagen? Ehrwürdige und bewährte Rechtsgrundsätze müßten über den Haufen geworfen werden. Kann man von einem Rechtswissenschaftler erwarten, daß er solche Vorschläge befürwortet?

Für Ingenieurwissenschaftler gilt ähnliches. Sie sehen eine hohe Tugend darin, Rückhaltetechnologien zu verfeinern und zu perfektionieren. Was technisch machbar ist, sollte doch wohl auch gemacht werden. Im wirtschaftlichen Bereich des Unternehmens lernt der Ingenieur zwar schnell, daß nicht alles Machbare auch rentabel ist. Im Umweltbereich hingegen ist ökonomisches Denken noch nicht zuhause.

Zwar ist die juristische und ingenieurwissenschaftliche Zentrierung der Umweltpolitik wiederum für Ökonomen untragbar; aber in der Tat wurde auf das Wort der Ökonomen in der Umweltpolitik bisher wenig gehört. Das liegt daran, daß sofort gehandelt werden mußte, als das Ausmaß der Umweltprobleme offenbar wurde. Man mußte gewissermaßen auf die Notbremse treten. Im Alltag ist die Notbremse nun freilich unangemessen und muß durch vorsichtig dosiertes Bremsen ersetzt werden, was Sache der Ökonomen wäre. Da aber von Anfang an rechts- und ingenieurwissenschaftliche Experten die Szene beherrschten, setzte sich ihr Berufsethos gegen das der Ökonomen einstweilen vollständig durch.

4.3 Das Problem der Vermittelbarkeit

Dies alles ist sicher bedeutsam; aber den Ausschlag gibt am Ende ein anderes Motiv. Der Mensch erfährt, daß wir Gefahr laufen, in eine ökologische Katastrophe hineinzuschliddern. Darf es in dieser Situation ein **Recht** auf Umweltbelastung geben, das dann sogar noch **handelbar** sein soll? Der Bürger ist empört und fühlt, daß hier „Mutter Natur" schamlos prostituiert werden soll. Nein: Wer die Umwelt belastet, der ist ein **Umweltsünder** und muß bestraft werden. Die Polizei (und mithin das Polizeirecht) sind völlig am Platze, wenn es um das Verhindern einer vorsätzlichen Umweltzerstörung geht. Ein Politiker, welcher sich öffentlich für Umweltzertifikate einsetzen wollte, der könnte ebensogut für die Demontage der sozialen Sicherung eintreten: Das Ergebnis wäre ebenso verheerend. Daß jedes Genehmigungsverfahren auf eine Gratisausgabe von Umweltnutzungsrechten hinausläuft, ist dem Bürger nicht einsichtig, weil zu abstrakt, und da er die Idee von Umweltnutzungsrechten nicht versteht, kann er ihren ökonomischen Einsatz nicht billigen.

Umweltabgaben haben da schon größere Chancen, obwohl in den frühen siebziger Jahren den Befürwortern solcher Instrumente die wütende Anklage entgegengeschleudert wurde, die Natur dürfe nicht käuflich werden. Es leuchtet dem Bürger ein, daß „Umweltsünder" vom Staat ähnlich zur Kasse gebeten werden wie etwa Verkehrssünder. Und daß Umweltschutz nicht zum Nulltarif zu haben ist, ist inzwischen Allgemeingut.

Nun ist es kein sehr großer Unterschied mehr, ob man für Umweltnutzungen in Form einer Abgabe einen Festpreis zahlen soll oder aber für fungible Umweltnutzungsrechte einen Marktpreis. Dieser Unterschied ist so fein, daß nur *eine* Folgerung bleibt: Am Ende ist es der Markt selbst, dem die Bürger nicht über den Weg trauen. *Ludwig Erhard* mußte sich mit ganz ähnlichen Einwänden gegen die Marktwirtschaft herumschlagen, als die Währungsreform diskutiert wurde. Eine Umweltabgabe beruht auf hoheitlichem Akt und ist insofern vertrauenswürdig. Aber schon *Jesus* vertrieb die Wechsler aus dem Tempel. Daß Umweltnutzungsrechte **käuflich** sein sollen, berührt den Bürger emotional in ähnlich schlimmer Weise wie der Tatbestand käuflicher Liebe. Die Natur – eine Hure? Mit Leidenschaft verneint der Bürger solche Anmutung. Wer immer an umweltpolitischen Diskussionen um marktwirtschaftliche Instrumente beteiligt war, lernte die schrille Emotionalität der Gegenargumente kennen und fürchten. Deshalb wird es schwer und langwierig werden, umweltökonomischen Erwägungen und marktwirtschaftlichen Instrumenten des Umweltschutzes zum Durchbruch zu verhelfen, aller umweltökonomischen Stringenz zum Trotze.

5. Die Perspektive

Allerdings werden sich diese Instrumente, und unter ihnen gerade **Zertifikate**, im Laufe der Zeit mit Sicherheit durchsetzen. Das liegt ganz einfach daran, daß Umweltschutz progressiv teurer wird und ein exportorientiertes Land wie die Bundesrepublik es sich auf die Dauer nicht leisten kann, in sinnloser Weise überzogene Kosten des Umweltschutzes hinzunehmen. Der schiere Kostendruck wird diesen Instrumenten früher oder später den Weg bahnen; und auf die Dauer wird die ökologische Ineffizienz von Abgabenlösungen auch die Umweltschützer motivieren, über die großen Vorteile fungibler Umweltnutzungsrechte genauer nachzudenken.

Literatur

Bonus, H. (1973), Über Schattenpreise von Umweltressourcen, in: Jahrbuch für Sozialwissenschaft, 23, S. 342–354

Bonus, H. (1982), Emotion und Information in der Politikberatung, in: Zeitschrift für die gesamte Staatswissenschaft, 138, S. 1–21

Bonus, H. (1984), Marktwirtschaftliche Instrumente im Umweltschutz, Stuttgart

Endres, A. (1985), Umwelt- und Ressourcenökonomie, Darmstadt

Hansmeyer, K.-H., Schneider, H. K. (1990), Umweltpolitik – Ihre Fortentwicklung unter marktsteuernden Aspekten, Göttingen

Kabelitz, K. R. (1984), Eigentumsrechte und Nutzungslizenzen als Instrumente einer ökonomisch rationalen Luftreinhaltepolitik, München

Kemper, M. (1989), Das Umweltproblem in der Marktwirtschaft, Berlin

Knüppel, H. (1989), Umweltpolitische Intrumente, Baden-Baden

Tietenberg, T. (1980), Transferable Discharge Permits and the Control of Air Pollution: A Survey and Synthesis, in: Zeitschrift für Umweltpolitik, 1, S. 477–508

Weimann, J. (1990), Umweltökonomik, Berlin u. a.

Wicke, L. (1991), Umweltökonomie, 3. Aufl., München

Kapitel 4
Vom Umweltrecht zum Umweltstaat?*

von *Michael Kloepfer*

1. Einleitung 44
2. Der Begriff „Umweltstaat" 45
3. Umweltschutz und Verfassungsstrukturen 45
   3.1 Umweltschutz als Staatsaufgabe 45
   3.2 Umweltschutz als Staatspflicht? 46
   3.3 Staatlicher Machtzuwachs durch Umweltschutz 48
   3.4 Der Umweltstaat als verfassungsrechtliche Herausforderung 49
      3.4.1 Umweltpflichtigkeit der Grundrechte? 49
      3.4.2 Sozialstaatliche Grenzen des Umweltschutzes 51
      3.4.3 Veränderung der bundesstaatlichen Ordnung 51
      3.4.4 Modifikationen rechtsstaatlich-demokratischer Anforderung? 52
4. Wie könnte der zukünftige ökologisch-orientierte Staat aussehen? ... 54
   4.1 Globale Lösungen 54
      4.1.1 Weltregierung 54
      4.1.2 Sonstige Modelle 55
   4.2 Einzelstaatliche Lösungen 56
      4.2.1 Totalitäre Staatsmodelle 56
      4.2.2 Schleichender Freiheitsverlust? 56
      4.2.3 „Vergesellschaftung" des Umweltschutzes als Gegenmaßnahme 57
         4.2.3.1 Marktwirtschaftlicher Ansatz 58
         4.2.3.2 „Alternativer" Ansatz 59
         4.2.3.3 Deregulierung etc. 60
      4.2.4 Der „kooperative" Umweltstaat 60
5. Ausblick 61
Literatur 63

---

* Meinem Assistenten, Herrn *Rüdiger Thull*, danke ich sehr für seine Mitarbeit.

1. Einleitung

Der Schutz der Umwelt ist zu einer erstrangigen Aufgabe, vielleicht zu einer „Schicksalsaufgabe" des modernen Staates geworden. Die Erhaltung der natürlichen Lebensgrundlagen sichert letztlich auch die Existenz des darauf angewiesenen Staates.

In einem Rechtsstaat bedeutet Umweltschutz notwendigerweise auch eine entsprechende Rechtssetzung und Rechtsanwendung. Wenngleich Umweltschutz nicht ausschließlich Aufgabe des Staates ist, so ist doch eine gelungene Umweltgesetzgebung eine notwendige Voraussetzung einer erfolgreichen Umweltsicherung (*Kloepfer* 1989).

Die Steuerungsfähigkeit komplexer Zusammenhänge durch Recht, wie sie in der Ökologie ebenso zu finden sind wie in den umweltrelevanten Technologien, stößt – vor allem aus praktischen Gründen – immer wieder an Grenzen. Dadurch und durch den steten Wandel von Wissenschaft und Technik gerät insbesondere das Umweltrecht unter einen ständigen Anpassungsdruck. Dabei steht zunehmend die Ausrichtung einer Neuschöpfung von Rechtsinstituten zur Bewältigung der Umweltkrise auf der Tagesordnung (*Kloepfer* 1990, 1). In der Diskussion um die (notwendige) Weiterentwicklung des Umweltrechts stehen sich dabei vor allem zwei Befürchtungen gegenüber: Zum einen wird behauptet, daß das überkommene rechtliche System zur Sicherung der natürlichen Lebensgrundlagen ungeeignet sei und daher das Festhalten an ihm zu einer ökologischen Krise führen könne, und zum anderen wird eingewandt, daß eine Effektuierung des Umweltschutzes letztlich eine (schleichende) Beseitigung des bewährten rechtsstaatlichen Instrumentariums zur Folge haben könne.

Gleichwohl schreitet die Entwicklung des Umweltrechts weiter voran. Dabei fällt zunächst das enorme quantitative Wachstum des Umweltrechts auf. Dieses Wachstum bezieht sich einerseits auf eine Verrechtlichung bisher ungeregelter Bereiche (z.B. das Gentechnikrecht), aber andererseits zunehmend auch auf eine immer weitergehende Normierungsintensivierung bereits geregelter Bereiche durch immer weiter konkretisierende Regelungen. Das Umweltrecht ist aber nicht nur durch ein derartiges äußeres und inneres Wachstum geprägt, sondern inhaltlich durch einen Trend zur permanenten Verschärfung der Umweltstandards.

Dieses immer umfangreicher und schärfer werdende Umweltrecht kann und soll nicht ohne Auswirkungen auf das Gemeinwesen bleiben. Das führt zu der schwerwiegenden Frage, wie diese Entwicklung im Hinblick auf ihre Auswirkungen für den Staat im allgemeinen und für die Verfassungsstaatlichkeit im besonderen zu beurteilen ist. Sind wir auf dem Weg in einen „Umweltstaat"?

2. Der Begriff „Umweltstaat"

Bevor nun im weiteren die Auswirkungen (umwelt-)rechtlicher Instrumente auf das politische und wirtschaftliche System untersucht werden sollen, bedarf es einer Klärung des Begriffs „Umweltstaat". Denn er kann sowohl in seinem Umfang als auch in seiner Zielrichtung recht unterschiedlich aufgefaßt werden. Unter diesem Begriff soll im folgenden ein Staatswesen verstanden werden, das die **Unversehrtheit seiner Umwelt** zu einer Aufgabe sowie zum Maßstab und zum herausgehobenen Verfahrensziel seiner Entscheidungen macht (vgl. *Denninger* 1988, 1 ff.). Dies bedeutet aber nicht, daß der gesellschaftliche, also nichtstaatliche Bereich aus der Betrachtung ausgeklammert werden soll. Ein „Umweltstaat" in dem hier zugrunde gelegten Sinne könnte auch durch einen verstärkten, nicht-staatlich getragenen Umweltschutz geprägt sein (*Kloepfer* 1979, 639 ff.; *Pernthaler* 1986, 62 f.). Insoweit wird auch dem (umweltrechtlichen) Kooperationsprinzip (*Grüter* 1990; *Rengeling* 1988) eine immer größere Bedeutung bei der Durchsetzung des Umweltrechts zukommen.

Im übrigen bleibt festzuhalten, daß der Begriff Umweltstaat inhaltlich noch nicht abschließend konturiert ist. So kann einerseits die Begriffsbildung Assoziationen an den im wesentlichen wohl (noch?) positiv besetzten Begriff des „Sozialstaats" hervorrufen und den Umweltstaat als einen Staat verstehen, der sich für den Ausgleich gesellschaftlicher Anforderungen an die Natur einerseits und die Bewahrung der natürlichen Lebensgrundlagen andererseits einsetzt und sie mitgestaltet (Umweltgestaltungsstaat nach *Wimmer* 1976, 21 ff.; *Pernthaler* 1986; *Schneider* 1990, 127 ff.)). Auf der anderen Seite kann der Terminus „Umweltstaat" auch an den negativ besetzten Begriff des „Polizeistaats" erinnern und so den Umweltstaat als einen Staat begreifen, in dem durch unlimitierte und übermäßige staatliche Umweltmaßnahmen Freiheitsrechte ganz oder weitgehend beseitigt werden (vgl. *Jungk* 1977). Derartige emotionale Begriffsbestimmungen – in welcher Richtung auch immer – können aber eine rationale Auseinandersetzung über Chancen und Risiken eines Umweltstaates erheblich erschweren. Deshalb soll im folgenden der Begriff des Umweltstaates wertneutral verwandt werden, denn der Umweltstaat birgt in Wahrheit ja auch Chancen und Risiken zugleich. Er sollte nicht als Kampfbegriff im Sinne der politischen Semantik mißbraucht werden (*Schauerhammer* 1990).

3. Umweltschutz und Verfassungsstrukturen

3.1 Umweltschutz als Staatsaufgabe

Die natürlichen Lebensgrundlagen gehören heute zu den Gemeinschaftsgütern, an deren Erhaltung und zukünftigen Nutzungsmöglichkeiten alle zu dem Gemeinwesen gehörenden Individuen ein (auch existentielles) Interesse haben. Aber auch über die Abwehr von Gefahren für Rechtsgüter von Menschen hinaus bedarf es wegen der allgemeinen Bedeutung dieser Gemeinschaftsgüter – jedenfalls insoweit, als gesellschaftliche Regelungsmechanismen zur Erreichung der genannten Zielsetzung nicht (hinreichend) tauglich sind – des Staates als einer übergeordneten Regelungsmacht. Der Staat hat das Allgemeininteresse an der Erhaltung der natürlichen Lebensgrundlagen zu konkretisieren und durchzusetzen, soweit dieses gewichtiger als andere Interessen ist. Aus der Dimension der bezeichneten Aufgabenstellung folgt die Erkenntnis, daß letztlich nur der Staat – u.a. kraft seines Gewaltmonopols – über die erforderlichen Mittel und die Macht verfügt, um zwingende Umweltschutzanliegen zu realisieren (*Rausching* 1988). Insoweit besteht im Rahmen der Gewährung elementarer Umweltschutzanforderungen ein staatliches Umweltschutzmonopol, keineswegs aber im Umweltschutz insgesamt.

Es ist allerdings zu beachten, daß staatlicher Umweltschutz grundsätzlich auf die Mitwirkung der einzelnen Bürger und der gesellschaftlichen Gruppen angewiesen bleibt. Gegen den Willen der Betroffenen ist ein effektiver Umweltschutz nur unter Anwendung repressiver Instrumente möglich. Dies würde vermehrt zu Freiheitsbeschränkungen, unter Umständen zum verstärkten Einsatz staatlicher Gewalt und eventuell dadurch zu politisch-psychologischen Realisierungshemmnissen führen. Ein wirkungsvolles Zusammenwirken von Staat und Gesellschaft im Umweltschutz setzt demnach ein entsprechendes Umweltbewußtsein bei den Betroffenen voraus. Eine diesbezügliche Informations- und Aufklärungsarbeit gehört daher zum (regelmäßig gesetzlich zu regelnden) Kernbereich staatlicher Umweltpolitik. Mit ihr hat folgerichtig auch die Umweltpolitik der Bundesrepublik Deutschland begonnen. Der **Schutz der natürlichen Lebensgrundlagen** ist nach alledem zwar grundsätzlich als eine öffentliche (im Sinne von gemeinschaftsbezogene), aber eben nicht durchgehend als eine staatliche Aufgabe zu qualifizieren.

Wenngleich nach alledem auch dem nicht-staatlich verantworteten Umweltschutz beträchtliche Bedeutung zuzumessen ist, so kommt dem Staat aufgrund der ihm überantworteten Sicherung des Gemeinwohls und der ihm vorbehaltenen Führungsaufgabe innerstaatliche Prioritätenbildung sowie aufgrund seiner Machtmittel faktisch ein deutliches Übergewicht bei der Durchsetzung von Umweltschutzzielen zu.

3.2 Umweltschutz als Staatspflicht?

Angesichts der zunehmenden Gefährdungen der natürlichen Lebensgrundlagen fragt sich, ob dieser tatsächlichen Entwicklung nicht auch ein Wandel im Hinblick auf die Rolle des Staates im Umweltschutz folgt oder doch wenigstens folgen müßte. Ist nicht längst aus der „Staatsaufgabe Umweltschutz" eine „Staatspflicht zum Umweltschutz" geworden (*Kloepfer* 1989, 4 ff.)? Aus

3. Umweltschutz und Verfassungsstrukturen

verfassungsrechtlicher Sicht bleibt freilich festzuhalten, daß sich aus dem dargelegten staatlichen Dürfen, d. h. der Kompetenz zu (staatlichen) Umweltschutzaktivitäten nicht automatisch eine Pflicht (im Sinne von verbindlichen Handlungsgeboten) zum Schutze der Umwelt folgt.

Eine solche Pflicht bedürfte einer eigenständigen Ableitung aus der Verfassung. Obwohl das Grundgesetz eine ausdrückliche Verfassungspflicht zum Umweltschutz nicht kennt, können diejenigen Grundrechte, welche (auch) umweltschutzbezogene Teilgewährleistungen enthalten (z. B. Art. 2 Abs. 2, 14 GG), den Staat zu umweltschonendem Verhalten bzw. zur unmittelbaren Wahrnehmung von Aufgaben des Umweltschutzes im Einzelfall verpflichten, wenn grundrechtlich geschützte Individualgüter auf dem „Umweltpfad" gefährdet oder beeinträchtigt werden. Auch das Sozialstaatsprinzip garantiert zumindest ein „ökologisches Existenzminimum" (*Kloepfer* 1989 a, 46 ff.; *Scholz* 1976, 232 ff.). Soweit danach verfassungsableitbare Schutzpflichten bestehen, gelten diese nicht nur gegenüber den derzeit lebenden Menschen. Denn die Garantien der Verfassung entfalten insoweit prinzipiell auch einen „Nachweltschutz" (*Birnbacher* 1988; *Henseler* 1983, 489 ff.; *Hofmann* 1986, 87 ff.; *Lawrence* 1989, 174 ff.; *Murswiek* 1985, 206 ff.; *Saladin, Zenger* 1988). Zwar stehen den zukünftigen Generationen keine subjektiven Abwehrrechte zu. Davon unabhängig besteht aber die Schutzpflicht des Staates als Ausfluß der objektivrechtlichen Wertentscheidung des Grundgesetzes.

Soweit also die faktischen Auswirkungen umweltrelevanter Handlungen hinreichend prognostizierbar sind und sich dabei nicht hinnehmbare Risiken für zukünftige Generationen ergeben, besteht eine Pflicht des Staates, diesen Risiken (heute) zu begegnen. Die verfassungsabgeleiteten (partiellen) Schutzpflichten des Staates bestehen deshalb auch im Bereich der Umweltvorsorge. Eine „Lücke" in den verfassungsrechtlich begründeten Schutzpflichten könnte aber insoweit bestehen, als es um den Schutz der Natur als solcher geht. In dem Bereich, in dem nicht der Schutz der Existenzgrundlagen (bzw. wesentlicher Grundrechte) des Menschen in Rede steht, sondern lediglich die Natur um ihrer selbst willen geschützt werden soll, fehlt es im Rahmen des anthropozentrischen Ansatzes des Grundgesetzes (bislang) an einer ausdrücklichen Schutzverpflichtung des Staates.

Zusammenfassend ist festzustellen, daß das Grundgesetz in seiner geltenden Fassung den Staat nur verpflichtet, erhebliche Gefährdungen von Leben, körperlicher Unversehrtheit und Eigentum seiner Bürger und zukünftiger Generationen abzuwehren bzw. zu verhindern. In diesem Kernbereich ist der Umweltschutz eine unmittelbar vom Staat in eigener Verantwortung zu erfüllende Aufgabe, deren Wahrnehmung er nicht den Bürgern überlassen darf. Außerhalb dieses Aufgabenkreises trifft den Staat allerdings auch dort, wo eine Risikolage jederzeit in eine Gefahrenlage umschlagen kann, eine Pflicht zur umfassenden Beobachtung und Überwachung der Umwelteinwirkungen.

Ob der Staat weitere, nicht zum Kernbereich gehörende Aufgaben in eigener Verantwortung erfüllt oder aber nicht-staatliche Formen des Umweltschutzes bevorzugt, bleibt prinzipiell der politischen, insbesondere gesetzgeberischen Gestaltungsfreiheit vorbehalten. Eine generelle Pflicht des Staates, außerhalb des oben beschriebenen Kernbereiches des Umweltschutzes Aufgaben nichtstaatlichen Trägern zu übertragen, besteht jedoch nicht. Andererseits ist jedoch nicht ausgeschlossen, daß sich im Einzelfall aus den Grundrechten potentieller Träger des Umweltschutzes (allgemeine Handlungsfreiheit, Vereinigungsfreiheit) i. V. m. dem Grundsatz der Verhältnismäßigkeit eine solche Pflicht ergeben kann. Im übrigen kann sich der Gesetzgeber auch dort, wo dies verfassungsrechtlich nicht geboten ist, für eine vorrangige Aufgabenerfüllung durch nicht-staatliche Träger entscheiden, solange er sich dadurch nicht in Aufgaben aus dem Kernbereich staatlichen Umweltschutzes begibt.

3.3 Staatlicher Machtzuwachs durch Umweltschutz

Wer die in den siebziger Jahren einsetzende rasante Entwicklung des Umweltrechts in der Bundesrepublik Deutschland und bald darauf in den Europäischen Gemeinschaften verfolgt, weiß, daß es sich dabei in aller Regel um die Schaffung staatlicher Eingriffs- und Einwirkungsbefugnisse (im Hinblick auf die Umwelt) handelte. In etwa zwei Jahrzehnten ist damit ein überaus reichhaltiges Instrumentarium geschaffen worden, das zu einem 1970 noch unvorstellbaren sektoralen Machtzuwachs des Staates bzw. supranationaler Staatlichkeit geführt hat. Dem Staat wächst dabei immer mehr die Rolle der umfassenden Umweltbewirtschaftung einschließlich der Verteilung und Umverteilung von Umweltgütern zu. Parallelen zum vergangenen Kriegs- und Notbewirtschaftungsrecht drängen sich dabei förmlich auf.

Freilich hat dies bisher keineswegs zu staatlicher Allmacht im Umweltschutz geführt, zumal heute auch Ansprüche umweltbelasteter Bürger auf einschlägiges staatliches Handeln nicht selten vorgegeben sind. Insbesondere im Bereich der Politik und Normenformulierung, aber auch bei der nicht eng gebundenen Verwaltung, sind mächtige kollektive Interessen – von Wirtschaftsverbänden bis hin zu den Bürgerinitiativen – erkennbar, die einen entscheidenden Einfluß auf die Gestaltung und die Umsetzung von Umweltpolitik und Umweltrecht haben.

Im übrigen muß der Zuwachs von umweltrechtlichen Instrumenten nicht automatisch zu einem mächtigeren Staat insgesamt führen. Wenn die Führungs- und Vollzugsressourcen des Staates begrenzt sind, kann es im Ergebnis auch zu einer sanften Staatsentmachtung durch übermäßigen Kompetenzzuwachs kommen. Durch einen Ausbau seiner Ressourcen und Bürokratien vermag der Staat sich aus diesem Widerspruch immerhin partiell zu befreien.

Schwerer noch wiegt allerdings die Überlegung, daß der Staat sich durch Schaffung eines umfassenden Umweltschutzinstrumentariums in eine Verantwortung für die Umwelt begibt, die für ihn nur zu leicht zur Last und Fessel werden kann. Entsprechende Vorgänge lassen sich in den letzten hundert Jahren trefflich bei der Entstehung des Sozialstaates und des Wirtschaftsinterventionsstaates studieren. Die staatliche Herrschaft über die Wirtschaft führt letztlich auch zur politischen Abhängigkeit des Staates von der Wirtschaft! Ein Staat nun, der die Verantwortung für die Umwelt übernimmt, wird auch für Umweltkrisen verantwortlich gemacht werden (*Gusy* 1989, 242 ff.). Gelingt ihm die Bewältigung dieser Krisen nicht, kann dies zu Legitimationskrisen des politischen und verfassungsrechtlichen Systems führen. In ausgedehnten Umweltkrisen stecken somit künftig auch stets die Keime zu Staatskrisen.

Dem kann der Staat durch Schaffung immer neuer und intensiverer Eingriffsbefugnisse zu begegnen suchen. Umweltsicherung wird so auch zur Staatssicherung. Am Ende dieses Teufelskreises könnte schließlich ein totaler Umweltstaat stehen. Die ihm dann – im Rahmen des menschlich Machbaren – zugestandene Herrschaft über Naturgewalten läßt den Staat dann letztlich leicht selbst zur Naturgewalt – möglicherweise zur entfesselten Naturgewalt – werden. So können dann schließlich nicht nur aus Umweltkatastrophen Staatskatastrophen, sondern endlich auch aus Staatskatastrophen Umweltkatastrophen werden.

Aus alledem folgt, daß zur Gewährleistung der Rechtsstaatlichkeit des Umweltschutzes Vorkehrungen zu treffen sind, die einen zu großen Machtzuwachs für den Staat verhindern.

3.4 Der Umweltstaat als verfassungsrechtliche Herausforderung

Auch jenseits derartiger eher schreckender Visionen ist festzustellen: Die sich abzeichnende Entwicklung in Richtung auf einen Umweltstaat, insbesondere die Bejahung einer (tendenziell sich ausweitenden) **Staatspflicht zum Umweltschutz**, ist verfassungsrechtlich nicht unproblematisch. Jede Ausweitung staatlicher Handlungspflichten auf dem Gebiet des Umweltschutzes kann jedenfalls zu Kollisionen mit gegenläufigen verfassungsrechtlichen Aussagen führen. Als solche Problemfelder kommen insbesondere in Betracht:
1. die Grundrechtsordnung als Grenze staatlichen Umweltschutzes,
2. die Sozialstaatlichkeit (auch) als Begrenzung des Umweltschutzes,
3. die Legitimationskrise der bundesstaatlichen Ordnung durch weiträumigere Umweltprobleme,
4. die Relativierungen rechtsstaatlich-demokratischer Strukturen durch staatliche Umweltaktivitäten.

3.4.1 Umweltpflichtigkeit der Grundrechte?

Als Grenze staatlicher Handlungspflichten sind insbesondere die Grundrechte derjenigen anzusehen, die als potentielle Umweltbelaster Adressaten staatlicher Maßnahmen des Umweltschutzes sein können. Insoweit können sich Grundrechte auch einmal als Umweltbremsen erweisen, was dann in einer ökologisch getönten Gesellschaft im Ergebnis zu einer Legitimationskrise der Grundrechtlichkeit selbst führen kann. Die Frage, inwieweit die einschlägigen Grundrechte einen Schutz gegenüber staatlichen Umweltschutzmaßnahmen vermitteln können, rückt damit in den Vordergrund (*Murswiek* 1985, 88 ff.; *Henneke* 1986, 110 ff.). Dabei fällt auf, daß Grundrechtsgefährdungen durch umweltbezogene Beschränkungen deshalb um so größer werden, weil in der Umwelt generell ein überragend wichtiges, fast jede Grundrechtsbeschränkung legitimierendes Gemeinschaftsgut gesehen wird. Trotz des Verhältnismäßigkeitsprinzips werden fast beliebige Grundrechtseinschränkungen möglich, da der Zweck „Erhaltung der natürlichen Umwelt" durch die Verknüpfung mit der „Erhaltung der menschlichen Existenz" tendenziell ein Übergewicht gegenüber privaten Belangen bekommt.

Im übrigen fehlt bisher ein hinreichendes grundrechtliches Schutzkonzept gegen die Instrumente der indirekten Steuerung, die bestimmte Verhaltensweisen nicht mehr ver- oder gebieten, sondern nur noch hemmen oder anreizen. Der **Grundrechtsschutz vor der Marktmacht** beim Einsatz marktwirtschaftlicher Instrumente gehört zu den ungelösten verfassungsrechtlichen Problemen moderner Umweltpolitik.

Vorsicht ist dabei gegenüber der pauschalen Annahme einer allgemeinen Umweltpflichtigkeit der Grundrechte jedenfalls im Sinne einer allgemeinen ökologischen Reduzierung der Grundrechtsstatbestände oder einer Per-se-Vorrangentscheidung für den Umweltschutz geboten (*Kloepfer* 1989). Eine solche allgemein formulierte Pflicht zu einem umweltverträglichen Verhalten würde den Bürger nur zu leicht nicht mehr primär als eine selbstständig und selbstverantwortlich handelnde Person, sondern letztlich nur noch als Objekt einer umweltrechtlichen Zugriffsordnung behandeln. Eine solche Konzeption wäre aber mit der bestehenden Verfassung nicht mehr zu vereinbaren. Dies gilt zumindest so lange, wie eine (verfassungsrechtlich verankerte) allgemeine individuelle Umweltpflicht nicht besteht, deren Einführung allerdings – jedenfalls in mittlerer Zukunft – kaum zu erwarten ist (*Kloepfer* 1988, 305 ff.).

Möglicherweise wird mit der Umweltkrise auch die Endlichkeit der traditionellen grundrechtlichen Ordnungsidee eines freiheitlich-demokratischen Gemeinwesens bewußt. Waldschäden, Zerstörung der Ozonschicht, Meeresverschmutzungen u.v.a.m. sind typischerweise gekennzeichnet durch eine markante Entindividualisierung der (u.a. durch Rechtsetzung zu entscheidenden) Probleme. Deshalb könnten hier Gruppen von Geschädigten zu verantwortlichen und handelnden Subjekten werden, wie z.B. Überlegungen zu Schadenfonds und Umweltgenossenschaften zeigen. Aus Individualkonflikten werden Gruppenkonflikte. Ein Verantwortungs- und Zurechnungssystem, das Kollektive und nicht Individuen in seinen Mittelpunkt stellt, kann aber von der traditionellen Sicht der Grundrechte als herausgehobenes Individualrecht nicht mehr hinreichend dirigiert und limitiert werden. Dazu ist vielmehr ein Umbau der Grundrechtsdogmatik selbst in Richtung auf eine Verstärkung objektivrechtlicher und institutioneller Grundrechtsgehalte unvermeidlich. Die Gefährdungen durch solche Tendenzen sind aber unverkennbar, wie das doch eher makabre Beispiel einer angeblich grundrechtlich begründeten Strafpflicht des Staates zeigt (Entscheidungen des Bundesverfassungsgerichts 39, 1 ff.; *Kloepfer* 1990, 47).

3.4.2 Sozialstaatliche Grenzen des Umweltschutzes

Wenngleich der Konflikt zwischen dem Sozialstaatsprinzip und dem Umweltschutz nicht so tiefgreifend erscheint, so bleiben doch auch die sozialstaatlichen Grenzen des Umweltschutzes zu beachten.

Insbesondere beim Einsatz ökonomischer Instrumente im Umweltschutz darf dies nicht dazu führen, daß sich praktisch nur die finanziell Leistungsfähigeren von Umweltschutzmaßnahmen faktisch „freikaufen" können. Auch darf es nicht dazu kommen, daß sozial Schwächere beim Umweltschutz benachteiligt werden (*Kloepfer* 1990, 48).

3.4.3 Veränderung der bundesstaatlichen Ordnung

Da viele Umweltprobleme sich nicht lokal oder regional begrenzen lassen, kann das Umweltproblem auch für den Bundesstaat mit kleinräumigen Ländern zu einer Legitimationskrise führen. Deshalb machen sich im Umweltschutz immer mehr zentralistische Tendenzen bemerkbar (z.B. durch neue Bundes- oder EG-Kompetenzen). Mit der Diskussion um die sog. Öko-Steuern gerät auch die bisherige Finanzverfassung als ein Herzstück unserer Bundesstaatlichkeit in das Veränderungsfeld ökologischer Ziele.

Im bundesstaatlichen Bereich bleibt es theoretisch nach Art. 70 GG bei der gesetzgeberischen Regelzuständigkeit der Länder. Dennoch verfügt der Bundesgesetzgeber über sehr weitgehende Einzelzuständigkeit auf dem Umweltsektor. Trotz dieses deshalb im Ergebnis unbestreitbaren Übergewichts beim Bund bestehen auch weiterhin umweltrelevante Gesetzgebungszuständigkeiten der Länder. Soweit allerdings von diesen Landesgesetzgebungskompetenzen nicht oder nicht hinreichend Gebrauch gemacht wird, wird ein weiteres Tätigwerden des Bundesgesetzgebers politisch jedoch geradezu herausgefordert, ist aber rechtlich ohne Verfassungsänderung nicht zulässig.

Die Großräumigkeit von Umweltproblemen spricht aber nicht automatisch gegen die relative Kleinräumigkeit der Kompetenzbereiche der Länder. Diese können vielmehr großräumige Umweltprobleme im Rahmen ihrer Kompetenzen regelmäßig auch durch horizontale Kooperationen untereinander lösen (*Pietzcker* 1988, 17 ff.).

3.4.4 Modifikationen rechtsstaatlich-demokratischer Anforderung?

Die Ausweitung staatlichen Umweltschutzes vor allem durch Schaffung immer neuer Umweltnormen wirft schwerwiegende rechtsstaatlich-demokratische Probleme auf. Zu nennen sind zunächst die Probleme der hinreichenden Bestimmtheit von Umweltgesetzen unter Wahrung der gebotenen Flexibilität. Gerade das in diesem Zusammenhang quasi neu konzipierte Instrument der „normkonkretisierenden Verwaltungsvorschrift" (Entscheidungen des Bundesverfassungsgerichts 72, 300ff.; *Erbguth* 1989, 473ff.; *Gerhardt* 1989, 2233ff.; *Hill* 1989, 401ff.; *Wallerrath* 1989, 153ff.) begegnet jedenfalls insoweit verfassungsrechtlichen Bedenken, als die spezifischen Zulässigkeitsvoraussetzungen außenverbindlicher Verwaltungsvorschriften ausgehöhlt werden.

Weiterhin ist zu fragen, ob und inwieweit der Gesetzgeber die in den Umweltnormen notwendigerweise zu treffenden technischen Detailregelungen selbst treffen kann oder unter Beachtung der sog. Wesentlichkeitstheorie[1] (*Kloepfer* 1984, 685ff., und 1989b, 187ff.) sogar muß. Doch auch dann, wenn der Gesetzgeber die Umweltstandards selbst bestimmt, bedarf er bei deren Formulierung des wissenschaftlich-technischen Sachverstandes, der vor allem bei den umweltbelastenden Unternehmen bzw. deren Interessenverbänden vorhanden ist. Polemisch gefragt: Entscheidet in weiten Bereichen des Umwelt- und Technikrechts nicht längst der Sachverstand statt der Mehrheit?

Die Beteiligung insbesondere von Unternehmen und Unternehmensverbänden als potentielle Normadressaten bei der Formulierung von Umweltstandards ist auch aus anderen Gründen – vom demokratischen Standpunkt aus – nicht unproblematisch: Weil die Interessen voraussichtlich betroffener Unternehmen nicht automatisch mit denen der Gesamtgesellschaft gleichzusetzen sind, ist z.B. eine faktisch mitbestimmende Unternehmensmitwirkung an der (Umwelt-)Normierung häufig kaum geeignet, das Vertrauen Dritter, für welche die Normen ebenfalls verbindlich sind, in die Umweltgesetzgebung zu stärken. Dies gilt jedenfalls solange, wie nicht durch entsprechende Regelungen „sowohl das Verfahren, in dem solche Umweltstandards entstehen, als auch die jeweiligen Bewertungsphilosophien, die ihnen zugrunde liegen, transparenter" (SRU 1987) gestaltet werden.

Weiterhin ist in diesem Zusammenhang zu fragen, in welcher Form wissenschaftlich-technischer Sachverstand in die gerichtliche Entscheidungsfindung einbezogen werden kann (*Breuer* 1988, 104ff.). Das Problem etwa der dynamischen Verweisung u.a. auf technische Normen ist noch immer verfas-

---

[1] Entscheidungen des Bundesverfassungsgerichts, Amtl. Entscheidungssammlung: 34, 165ff.; 40, 237ff. (248ff.); 41, 251ff. (259); 45, 400ff. (417); 47, 46ff. (78); 48, 210ff. (221); 49, 89ff. (126f.); 53, 30ff. (56); 57, 295ff. (326f.); 58, 257ff. (268ff.) sowie 64, 261ff. (268)

3. Umweltschutz und Verfassungsstrukturen

sungsrechtlich ungelöst (*Brugger* 1987, 1 ff.; *Clemens* 1986, 63 ff.; *Müller-Foell* 1987, 114 ff.; *Veit* 1989, 42 ff.).

Rechtsstaatliche Bedenken bestehen auch gegen die im Umweltrecht diskutierten sog. ökonomischen Instrumente (*Kloepfer* 1990 a, 241 ff.) sowie gegen umweltbezogene behördliche Informationen, Appelle und Warnungen (*Kloepfer* 1989, 150 ff.). Überhaupt muß festgestellt werden, daß die im Umweltrecht weit verbreiteten Instrumente der indirekten Verhaltenssteuerung einen Verlust rechtsstaatlicher Klarheit zur Folge haben, weil sie die Grenze zwischen Rechtmäßigkeit und Rechtswidrigkeit durch weniger konturenscharfe Zwischenkategorien zwar nicht aufheben, aber doch relativieren. Hinzu kommt, daß der verfassungsgebotene Rechtsschutz traditionellerweise auf die direkte Verhaltenssteuerung zugeschnitten ist, während er gegenüber den „bloßen" Verhaltenserwartungen indirekter Steuerungsformen nur ganz unvollkommen greift. Nur in den Fällen der eingriffsgleichen indirekten Verhaltenssteuerung kann dagegen mit herkömmlichen Mitteln Rechtschutz erlangt werden (*Kloepfer* 1989).

Ein weiterer Problembereich dürfte in der zunehmend schwieriger werdenden Realisierung staatlicher Entscheidungen mit potentiell umweltbelastenden Auswirkungen zu sehen sein (*Ronellenfitsch* 1982, 13 ff.). Der vom Staat politisch – unter Umständen auch verfassungsrechtlich – geforderte Ausgleich kollidierender Interessen im Gemeinwesen kann im Einzelfall auch zur Limitierung des Umweltschutzes bzw. zu Entscheidungen für Vorhaben mit potentiell umweltbelastenden Wirkungen führen. Das Umweltrecht sagt eben gerade auch etwas dazu aus, wann Umweltbelastungen zulässig sind. Staatliche Entscheidungen für umweltbelastende Aktivitäten treffen aber verstärkt auf Widerstand in (Teilen) der Bevölkerung. Die hierdurch bedingten Durchsetzungsschwierigkeiten stellen die in der Verfassung getroffene Entscheidung für die repräsentative Demokratie nicht selten in Frage.

Durch das Vordrängen des – im Umweltschutz prinzipiell berechtigten Präventions- bzw. Vorsorgeprinzips – werden auch traditionelle rechtsstaatliche Sicherungen individueller Freiheit gefährdet. Das Umweltrecht geht längst über das Polizeirecht hinaus, weil es nicht erst bei Gefahren, sondern weit davor, selbst bei nicht ganz fernliegenden Risiken, ansetzt. Dann ist aber nicht mehr auszuschließen, daß bloße Gefährdungsphantasien der Bürokraten als Eingriffslegitimationen dienen. Die administrative Besorgnis kann so letztlich zur Kompetenz-Kompetenz werden. Je ungewisser und ungreifbarer der Gegenstand der Vorsorge wird, desto mehr hängt auch das Übermaßverbot als klassisch rechtsstaatliche Sicherung vor maßlosen staatlichen Eingriffen in der Luft. Ohne hinreichend konkreten Zweck (wie bei der Bekämpfung unfaßbarer Risiken) läuft das Übermaßverbot aber leer. Überdies machen es ungeklärte Ursache-Wirkungs-Beziehungen sehr schwer, im konkreten Fall zu entscheiden, ob es gleich geeignete, aber geringer eingreifende Maßnahmen gibt.

4. Wie könnte der zukünftige ökologisch-orientierte Staat aussehen?

Ungeachtet dieser möglichen verfassungsrechtlichen Einwände und Hemmnisse stellt sich nun die entscheidende Frage, wie ein zukünftiger, gerade auch ökologisch orientierter Staat aussehen könnte. Denkbar sind – grob gesprochen – vielfältige Modelle künftiger Umweltstaatlichkeit, von denen hier folgende vier besprochen werden sollen:
1. globale Modelle
2. totalitäre bzw. quasi-totalitäre Modelle
3. Vergesellschaftungs-Modelle in unterschiedlichen Variationen
4. Kooperationsmodelle.

4.1 Globale Lösungen

Die globale Dimension vieler Umweltprobleme legt die Annahme nahe, daß eine Lösung der Umweltkrise nur duch eine globale Strategie erreicht werden kann. Eine solche Strategie kann aber – so die Annahme – nur durch eine zentrale Institution auf Weltebene realisiert werden. Demzufolge kann nach dieser Auffassung eine wirksame Umweltpolitik nur durch eine – wie immer auch gestaltete – Weltregierung bzw. durch multilaterale Organisationsformen der internationalen Zusammenarbeit erfolgen.

4.1.1 Weltregierung

Ihrem Anspruch nach soll eine zentrale Entscheidungsfindung durch eine Weltregierung die Bewältigung der globalen Umweltprobleme erleichtern. Doch besteht die Problematik solcher Weltregierungsmodelle einerseits in ihrer bisher äußerst geringen (politischen) Realisierungsmöglichkeit und andererseits in den mit der Realisierung verbundenen, negativ zu beurteilenden Folgewirkungen.

Was die Wahrscheinlichkeit der Voraussetzungen einer tatsächlichen Umsetzung eines Weltregierungsmodells anbelangt, so erscheint es kaum denkbar, daß in absehbarer Zeit einzel- bzw. nationalstaatliches Denken grundlegend überwunden würde und eine Basis für eine zur Realisierung des Modells notwendige, weltweite Gemeinsamkeit an Grundwerten geschaffen werden könnte; dies schließt verstärkte internationale Annäherungen insbesondere in bestimmten Weltregionen nicht aus. Darüber hinaus setzt eine Weltregierung einen weltumspannenden bürokratischen Apparat mit – wegen der sich zwangsläufig ergebenden Zuteilungsprobleme – möglicherweise tendenziell autoritären Entscheidungsstrukturen voraus. Im übrigen sind auch die allgemein politischen Vorteile der historisch gewachsenen dezentralen Willensbildung auf Weltebene unbestreitbar.

4. Der ökologisch orientierte Staat der Zukunft

Trotz der oben geschilderten Problemlage erscheint deshalb eine zentrale Weltexekutive weder wahrscheinlich noch wünschenswert. Es soll daher im weiteren davon ausgegangen werden, daß das bisherige System vieler Nationalsstaaten oder doch unierter Einzelstaaten auch in Zukunft weiterbestehen wird.

4.1.2 Sonstige Modelle

Die Ablehnung eines Weltregierungsmodells schließt jedoch die Möglichkeit einer global harmonisierenden, multilateralen Lösung der Umweltprobleme nicht aus. Unter dem Eindruck zunehmender Gefährdungen der natürlichen Umwelt und der Erkenntnis, daß bestimmte Problemstellungen nur von allen Staaten gemeinsam gelöst werden können, wird es mehr als bisher zu international abgestimmten Umweltaktivitäten kommen. Ob in diesem Zusammenhang Kompetenzverlagerungen von den Einzelstaaten auf internationale oder supranationale Organisationen stattfinden werden und, falls ja, inwieweit dies im Rahmen der geltenden bundesdeutschen Verfassung möglich ist, muß an dieser Stelle offenbleiben.

Für den west- und südeuropäischen Raum ist die Feststellung wichtig, welche Auswirkungen die (durch die Einheitliche Europäische Akte jetzt ausdrücklich zuerkannten) Kompetenzen und Handlungsbefugnisse der Europäischen Gemeinschaften auf dem Gebiet des Umweltschutzes (*Pernice* 1989, 9ff.; *Grabitz, Zacker* 1989, 297ff.) das Ende unumschränkter Bestimmungsgewalt der Einzelstaaten über ihre Umwelt längst gekommen ist (*Dörr* 1988, 289ff.; *Schröder* 1986, 83ff.), wenngleich nationale Kompetenzen und Handlungsspielräume der Mitgliedstaaten durchaus noch bestehen. Hierbei sind insbesondere die aus der Anerkennung eines grundsätzlichen Vorrangs des Gemeinschaftsrechts folgenden (im Rahmen des Art. 24 Abs. 1 GG zulässigen) Souveränitätsbeschränkungen (bzw. -verlagerungen) und die sich aus dem „Solange II"-Beschluß des BVerfG (E 73, 339) ergebenden Beschränkungen des (verfassungsrechtlich verankerten) Grundrechtsschutzes zugunsten eines auf Richterrecht basierenden Grundrechtsschutzes innerhalb der Europäischen Gemeinschaften zu nennen (*Kloepfer* 1988 a, 1089 ff.).

Von einer überwiegenden oder gar völligen Verdrängung nationalstaatlicher Kompetenzen (auf dem Gebiet des Umweltschutzes) wird man allerdings in absehbarer Zukunft wohl nicht auszugehen haben. Und eines darf bei einer bisweilen aufkommenden „Europhorie" nicht übersehen werden: Globale Umweltprobleme sind auch durch die Umweltkompetenzen der Europäischen Gemeinschaften (allein) nicht lösbar. Im übrigen läßt sich aus der Sicht der Bundesrepublik Deutschland für manchen Bereich auch feststellen: Mehr Europa bedeutet hier weniger Umweltschutz.

4.2 Einzelstaatliche Lösungen

Müssen also die bestehenden Staaten (einzeln, in Gruppen oder gemeinsam) das Umweltproblem lösen, so bleibt die Frage, wie der einzelne Staat zu strukturieren ist, um dieser Aufgabe gerecht zu werden. In diesem Zusammenhang erscheint es hilfreich, einige in diesem oder ähnlichem Zusammenhang entwickelten Denkmodelle darzustellen. Auf der Basis solcher Modelle lassen sich dann die Chancen und Risiken eines verstärkten (oder zugunsten gesellschaftlicher Aktivitäten verminderten) staatlichen Umweltschutzes besser abwägen.

4.2.1 Totalitäre Staatsmodelle

Ausgehend von der Überlegung, daß angesichts der zunehmenden Umweltbelastung ein weiteres Wachstum der Produktion in Zukunft ökologisch nicht mehr vertreten werden kann, mehren sich seit Mitte der 70er Jahre die Stimmen, die eine Lösung des Umweltproblems in der Zukunft durch eher totalitäre Systeme vorhersagen. Denn die durch sinnvoll nicht mehr steigerbare Produktion notwendig gewordene „Anpassung" der Menschen an die neuen Rahmenbedingungen kann nach dieser Ansicht nur durch einen starken, zentral geleiteten und planwirtschaftlich organisierten Staat erfolgen. Nur der mit umfassenden Kompetenzen ausgestattete Planungs- und Zuteilungsstaat könne als „Instanz der Reglementierung" der vielfältigen Anforderungen fungieren (*Gruhl* 1975, 306ff.; *Harich* 1975; *Heilbroner* 1976, 99). Damit steht die Vision eines totalen Umweltstaates, d.h. einer Art „Öko-Diktatur", im Raum. Denkbar ist dabei entweder, daß der Staat sein Entscheidungsmonopol unter Aufrechterhaltung der bisherigen Eigentumsverhältnisse durchsetzt (weshalb diese Staatsform als „Ökofaschismus" (*Ronge* 1978, 213ff.) bezeichnet werden könnte), oder daß es unter Aufhebung privater Verfügungsmacht über umweltrelevante Güter geschieht (was man totalitären „Ökosozialismus" (*Scherer*, *Vilmar* 1986, 104ff.) nennen könnte). Beide Varianten erscheinen weder politisch wünschenwert noch mit dem Grundgesetz zu vereinbaren. Ein Übergang in eine derartige Staatsform erscheint deshalb auf dem Gebiet der Bundesrepublik Deutschland praktisch ausgeschlossen, wäre – theoretisch – nur bei Annahme einer (ökologisch bedingten?) gewaltsamen Außerkraftsetzung der Verfassungsordnung denkbar und soll daher im weiteren außerhalb der – auf eine kontinuierliche Entwicklung innerhalb der (formalen) Grenzen der Verfassung beschränkten – Betrachtung bleiben.

4.2.2 Schleichender Freiheitsverlust?

Auch jenseits einer umweltbezogenen Gesamtentscheidung für einen totalitären Staat erscheint freilich ein schleichender Freiheitsverlust durch staatlichen Umweltschutz möglich. Es könnte möglich sein, daß die aus der ökolo-

4. Der ökologisch orientierte Staat der Zukunft

gischen Krise folgende Notwendigkeit, Einschränkungen in Produktion und Konsum sowie Reglementierungen von sonstigen umweltrelevanten Verhaltensweisen durchzusetzen, als fast selbsttragende Rechtfertigung für die unweigerlich zu erwartenden Freiheitseinschränkungen angeführt werden wird (*Murswiek* 1988, 985 ff.; *Mayer-Tasch* 1986, 1200 ff.).

Setzt man voraus, daß sich Staat und Gesellschaft gegen revolutionäre Entwicklungen – jedenfalls dann, wenn es nicht zu einer dramatischen Verschlechterung der Umweltsituation kommen wird – erfolgreich zur Wehr setzen können, so bedeutet dies nicht, daß es nicht zu anderen, versteckteren, leiseren Formen oder Formelementen einer Quasi-„Öko-Diktatur" kommen könnte.

Denkbar wäre z. B. ein bürokratisch-technokratisches Regime „Ökologischer Eliten", welches seine Legitimation in dem ökologischen Bewußtsein und Sachverstand der Eliten und der von diesen vertretenen, ökologisch orientierten Politik finden könnte (*Schönherr* 1985, 81). Damit etabliert sich – unter vordergründiger, eher nur noch fassadenhafter Aufrechterhaltung der geltenden verfassungsrechtlichen Staatsstrukturen – ein – jedenfalls partiell – autoritäres, zentral geführtes und organisiertes Staatswesen. Ein solches System ist entweder unter formaler Beibehaltung (wenn auch Inpflichtnahme) privaten Eigentums oder verbunden mit einer Sozialisierung umweltrelevanter Güter denkbar.

Eine derartige Entwicklung westlicher Demokratien erscheint im Zuge einer fortschreitenden Umweltzerstörung und der daraus folgenden zunehmenden Notwendigkeit staatlicher Regulierung umweltrelevanten Verhaltens eher denkbar als eine revolutionäre Umgestaltung in eine totalitäre Ökodiktatur. Dabei mag hier allerdings der Grad der Wahrscheinlichkeit einer solchen Umwandlung unbestimmt bleiben.

Die möglichen Gefahren eines allmählichen Bedeutungswandels der Verfassungsbestimmungen und insbesondere der Grundrechte unter dem Druck bestimmter (nicht umkehrbarer) Entwicklungen ist bereits in anderem Zusammenhang (Nutzung der Kernenergie) dargestellt worden (*Roßnagel* 1984). Ähnliches mag auch für eine Ausweitung des Umweltschutzes zur Abwendung einer sich verschärfenden Umweltkrise gelten. Gerade deshalb und wegen des schleichenden Charakters einer solchen Umgestaltung stellt dieses Zukunftsmodell wohl die größere Gefahr für die geltende Verfassungsordnung der Bundesrepublik Deutschland dar. Ein Freiheitsverlust durch viele kleine Schritte ist jedenfalls sehr viel realistischer als ein „Öko-Staatsumsturz".

4.2.3 „Vergesellschaftung" des Umweltschutzes als Gegenmaßnahme

Jede Diktatur setzt grundsätzlich eine „Monopolisierung der Staatsgewalt" voraus (*Heller* 1930). Der beschriebenen Entwicklung in Richtung „Ökodiktatur" könnte – bei gleichzeitiger Verbesserung der Umweltsituation – folglich dadurch vorgebeugt werden, daß man die Rolle des Staates im Umweltschutz weitgehend einschränkt und auf gesellschaftliche Kräfte setzt. Dabei sind – neben allgemeinen Deregulierungstendenzen – zwei völlig voneinander abweichende Konzeptionen erkennbar und zwar ein marktwirtschaftlicher und ein eher alternativer Ansatz.

4.2.3.1 Marktwirtschaftlicher Ansatz

Die eine – auch vom offiziellen Wohlwollen der Bundesregierung getragene – Gruppe in der Literatur sieht in marktwirtschaftlichen Instrumenten wirksame Ansatzpunkte für eine Verbesserung der Umweltqualität (*Kloepfer* 1989a, 64). Danach besteht zwischen Ökologie und Marktwirtschaft kein prinzipiell unüberwindbarer Gegensatz, da es sich bei beiden um Regelungskomplexe handelt, deren Mechanismen analog aufgebaut (oder doch analog aufbaubar) sind. Durch Verknüpfung beider Komplexe lasse sich eine marktverträgliche Ökologie verwirklichen.

Die Verknüpfung könne dadurch hergestellt werden, daß die bislang wie freie Güter genutzten Umweltgüter nunmehr als knappe Güter behandelt werden. Die Steuerung müsse demnach unter Nutzung von simulierten Marktmechanismen maßgeblich über den Preis erfolgen. Dieser könne sowohl über eine Preisfixierung, d.h. durch (staatliche) Festlegung eines Preises für die Umweltnutzung (Abgabenlösung), oder durch eine (staatlicherseits vorgenommene) Mengenfixierung, d.h. durch eine Kontingentierung von Verschmutzungsrechten (Zertifikatslösung), sowie durch Formen zwischen diesen „Ecklösungen" (z.B. durch „Flexible Auflagenlösung", „Emissionsverbund" oder „Ausgleichslösungen") konstruiert werden. Die (nach wie vor gewichtige) Rolle des Staates bestehe in der aufgrund politischer Entscheidungen festgelegten Preis- bzw. Mengenbestimmung.

Weiterhin werden Möglichkeiten zur Einbeziehung von Umweltbelangen in betriebswirtschaftliche Entscheidungsprozesse erörtert („Ökologische Buchhaltung" (*Müller-Wenk*, 1978). Auch hierdurch könnten – im Falle des Gelingens – staatliche Eingriffe in Betriebsabläufe weitgehend vermieden und eine weitere Privatisierung des Umweltschutzes erreicht werden.

Die einzelnen Lösungen bedürfen einer genaueren Überprüfung im Hinblick auf ihre rechtliche Zulässigkeit und Ausgestaltung, ihre Praktikabilität und ihre ökonomischen und umweltpolitischen Wirkungen. Nicht zu verkennen ist, daß – wie erwähnt – die bisherigen rechtsstaatlichen und verfassungsrechtlichen Schutzinstrumente gegenüber den flexiblen Instrumenten wegen der rechtlichen (wenn auch häufig nicht faktischen) Freiwilligkeit des angestrebten Verhaltens nicht oder nur schwer greifen, weil sie den ökonomischen Drucksituationen gegenüber rechtlich relativ hilflos sind.

4. Der ökologisch orientierte Staat der Zukunft

Der Abbau (oder richtiger: die Überlagerung) von direkten Eingriffen des Staates wirft u. a. die Frage auf, ob und inwieweit das Privatrecht in Zukunft (über die geplante Verschärfung des Umwelthaftungsrechts hinaus) zur weiteren Effektivierung des Umweltschutzes instrumentalisiert werden kann (*Marburger* 1986, 101 ff.; *Kloepfer* 1985, 371) und ob der Preis hierfür letztlich nicht die Entprivatisierung des Privatrechts ist.

Angesichts der oben beschriebenen verfassungsrechtlichen Schutzpflichten des Staates ist aber eine fundamentale oder gar vollständige Ersetzung staatlichen Umweltschutzes durch ein nicht-staatlich getragenes (und verantwortetes) Instrumentarium nicht möglich. Es bedarf daher mindestens einer staatlichen Festlegung der Zieldaten.

Eine weitgehende Entstaatlichung des Umweltschutzes würde keineswegs auf einheitlichen Beifall, sondern vielmehr in einem Teil der Gesellschaft auf Widerstand stoßen. Schlagworte wie „Vermarktung der Umwelt" (*Malunat* 1984, 1 ff.) oder „Privatisierung der Natur" (*Krusewitz* 1983, 1083 ff.) oder „ökologischer Kapitalismus" (*Briefs* 1988, 684 ff.) machen deutlich, daß der marktwirtschaftliche Ansatz grundsätzlicher Kritik ausgesetzt ist, welche die Umsetzung dieses Modells sicherlich erschweren würde. Die Käuflichkeit aller Dinge kann nicht das Grundprinzip einer verantwortlichen Umweltpolitik sein. Es kann in der Realität letztlich nur um die Erschließung von Flexibilitätsreserven in der staatlichen Umweltpolitik gehen.

Doch auch dann, wenn man an dem primär ordnungsrechtlich geprägten System staatlichen Umweltschutzes festhalten sollte, so bleibt zu fragen, inwieweit „gesellschaftliche" Kräfte hieran beteiligt werden sollten und, bejahendenfalls, wie dies rechtlich ausgestaltet werden kann. Insbesondere im Bereich der technischen Normung, aber auch in anderen Bereichen, erscheinen noch viele Fragen zur Beteiligung nichtstaatlicher Träger des Umweltschutzes offen.

4.2.3.2 „Alternativer" Ansatz

Einen grundsätzlich anderen Weg zur „Vergesellschaftung" des Umweltschutzes wird insbesondere von der sogenannten alternativen Bewegung vorgeschlagen (*Amery* 1980; *Briefs* 1988, 684 ff.). Danach soll der Staat zwar einerseits weiter durch Verbote und Auflagen umweltschädliche Produktionsweisen unterbinden, andererseits soll er aber durch Bereitstellung von Geldmitteln den Aufbau einer dezentral organisierten, selbstverwalteten und umweltverträglichen sogenannten **Kreislaufwirtschaft** fördern. Mit den Forderungen nach (räumlicher wie sektoraler) Dezentralisation und Selbstverwaltung verbindet sich die Annahme, daß ein System kleinster Einheiten wegen seiner hohen Flexibilität und leichteren Steuerungsfähigkeit besser an die ökologischen Anforderungen anzupassen sei als dies im derzeitigen Wirtschaftssystem der Fall ist.

Mit zunehmender Annäherung an diese Zielvorgaben verringert sich folglich die Bedeutung des Staates im Umweltschutz. Die „alternative Konzeption" setzt daher primär auf das umweltbewußte und umweltverträgliche Verhalten der Bürger. Dies setzt aber – mehr noch als in den anderen Modellen – voraus, daß ein entsprechender Wertewandel (d. h. ein gewisser Wohlstandsverzicht zugunsten einer Verbesserung der nicht-materiellen Lebensqualität) in der Bevölkerung stattgefunden hat. Der menschliche Faktor wird damit aber zugleich zur Schwachstelle solcher Modelle. Und darin verbirgt sich in einer humanen Demokratie zugleich ein schwerer Vorwurf: Solche Modelle nehmen den Menschen nicht an, wie er ist, sondern nur, wie er sein sollte.

4.2.3.3 Deregulierung etc.

Mit den vorgestellten Ansätzen hat die sogenannte Deregulierungs-Diskussion (auch) im Umweltschutzbereich in den Folgerungen gewisse Parallelen, wenngleich sie im Prinzip andere, „nicht-alternative" Denkansätze hat. Eher vom (verabsolutierten) marktwirtschaftlich-liberalen Standpunkt aus wird seit geraumer Zeit eine Debatte um die Begrenzung staatlicher Regelungsmacht zugunsten einer verstärkten gesellschaftlichen Selbstbestimmung geführt, welche unter den – nicht deckungsgleichen – Stichwörtern „Deregulierung", „Entrechtlichung", „Entbürokratisierung", „Entstaatlichung", oder „Privatisierung öffentlicher Aufgaben" auch einer breiteren Öffentlichkeit bekannt ist. Allerdings werfen solche Konzeptionen stets die Frage auf, inwieweit derartige Vorstellungen mit den oben dargestellten verfassungsgebotenen Schutzpflichten des Staates zugunsten grundrechtlich geschützter Einzelgüter der Umwelt zu vereinbaren sind (*Böhr* 1985, 117 ff.; *Denninger* 1988, 1 ff.).

4.2.4 Der „kooperative" Umweltstaat

Ein weiterer Ansatz könnte – noch unscharf – mit dem Begriff des „kooperativen Umweltstaates" bezeichnet werden. Dabei wird der Begriff „Kooperation" in mehrfacher Hinsicht gebraucht: Zunächst kommt diesem Begriff dabei die herkömmliche, vom umweltpolitischen Kooperationsprinzip umschriebene Bedeutung zu. Hiernach besteht das Kooperationsprinzip – allgemein beschrieben – im Kern im Zusammenwirken von Staat und Gesellschaft beim Schutz der Umwelt und insbesondere in der Beteiligung der gesellschaftlichen Kräfte am umweltpolitischen Willensbildungs- und Entscheidungsprozeß des Staates. Die Einbeziehung Privater stärkt zum einen das Verantwortungsbewußtsein der gesellschaftlichen Kräfte für den Schutz der Umwelt und dient darüber hinaus auch der Begrenzung der Staatsmacht, was die Gefahr einer (teilweisen) Beseitigung demokratischer Strukturen und individueller Freiheitsrechte verringert. Soweit eine Kooperation entsprechend der oben beschriebenen Abgrenzung von staatlichen und gesellschaftlichen Aufgaben möglich ist, erfüllt sie ihren Sinn im wesentlichen jedoch nur dann, wenn die aufgrund des Kooperationsprinzips begründeten Mitwirkungsbeiträge wirklich auf Freiwilligkeit beruhen. Allerdings können gesetzliche Ordnungsrahmen bereitgestellt werden. Daher können in gesetzlichen Regelungen von vornherein nur begrenzte Teilaspekte des Kooperationsprinzips deutlich werden. Darüber hinaus wird – vielleicht ein wenig idealistisch – überlegt, ob künftig ein „kooperativer Umweltstaat" auch auf einer quasi partnerschaftlichen Beziehung zwischen Mensch und Natur basieren sollte. Dieser zunächst begrifflich etwas fremdartige, naturphilosophisch inspirierte Ansatz will die bisher vorrangig anthropozentrische Ausrichtung des Umweltschutzes überwinden und deshalb der Natur eine eigene Rechtsstellung gewähren (aus ethisch-philosophischer Sicht: *Lenk* 1983, 1 ff.; *Schönherr* 1986, 687 ff.; aus rechtstheoretischer Sicht: *Lersner* 1988, 988 ff.; *Stutzin* 1980, 344 ff.; „ökologischer Rechtsauffassung": *Bosselmann* 1986, 1 ff.; *Gassner* 1984; *Langer* 1986, 270 ff.), die bei der weiteren, auch in Zukunft unvermeidlichen Nutzung der Natur zu beachten wäre. Die hiermit verbundenen Konsequenzen, z.B. die rechtliche Ausgestaltung der so begründeten „Rechtsgemeinschaft mit der Natur" (*Meyer-Abich* 1984, 162 ff.), wären – auch im Hinblick auf ihre Vereinbarkeit mit dem (primär) anthropozentrischen Ansatz der Verfassung – zu prüfen.

Realistisch scheinen hier freilich – wenn überhaupt – eher **Treuhandkonstruktionen** zu sein. Das liefe letztlich auf Kooperations- und Verhandlungslösungen zwischen Staat und Quasi-Naturanwälten hinaus. Denkbar wären derartige Kooperationen auch unter Einbeziehung der Umweltbelaster. Vielleicht ist dieser Ansatz aber auch rechtlich gar nicht realisierbar. Die in ihm liegende Tendenz zur Entstaatlichung von Umweltschutz könnte leicht durch eine Quasi-Verstaatlichung der Gesellschaft kompensiert werden.

Weiterhin könnte sich der Umweltstaat insbesondere auf die Kooperation im Bundesstaat beziehen und damit das Zusammenwirken von Gebietskörperschaften zum Zwecke eines verbesserten Umweltschutzes thematisieren. Als vierte Stufe wäre dann die bereits oben erwähnte internationale (bzw. supranationale) Kooperation zu sehen, die zur Lösung der national-staatlich nicht zu bewältigenden Probleme verstärkt instrumentalisiert werden kann.

Die Verbindung der oben genannten Bedeutungen der Kooperation im Umweltschutz könnte zu einem über Landesgrenzen hinausgehenden – primär umweltpolitisch relevanten – Verbund Mensch-Staat-Natur führen. Ob in diesem Verbund ein realistisches Modell für einen zukünftigen Umweltstaat zu sehen wäre, bedarf allerdings der weiteren Erörterung.

5. Ausblick

Die vorstehenden Ausführungen lassen den Schluß zu, daß die Entwicklung zu einem Umweltstaat in der Bundesrepublik Deutschland, aber auch anderswo, bereits im Gange ist. Aller Voraussicht nach dürfte sie in den modernen westlichen Industriestaaten nicht zu der Einführung eines der dargestellten Modelle in „Reinform" führen. Denn es handelt sich um theoretische Modelle, deren praktische Umsetzung zu Relativierungen führen würde. Es ist vielmehr zu erwarten, daß sich eine Mischform mit sowohl **staatlicher Umweltbewirtschaftung** als auch **privatrechtlich gestalteten Ausgleichsmechanismen** durchsetzen wird.

Wie sich die Gewichte im einzelnen verteilen werden, hängt vor allem davon ab, ob und gegebenenfalls wie schnell die Umweltkrise (global wie regional) bewältigt werden kann. Denn es ist zu bezweifeln, daß im Falle einer (dramatischen) Verschärfung der Umweltkrise das politische und rechtliche System in der Lage sein wird, unter den dann bestehenden Bedingungen die zur Erhaltung der natürlichen Lebensgrundlagen notwendigen Maßnahmen soweit zu limitieren, daß das erreichte allgemeine Freiheitsniveau erhalten bleibt. Der Schutz der Umwelt ist demnach auch als Schutz der geltenden freiheitlichen Verfassung aufzufassen (*Mayer-Tasch* 1986, 1200 ff.).

Dies wirft die prinzipielle Frage nach der Aufgabe des Rechts und damit auch der Rechtswissenschaft bei der Lösung der Umweltkrise und damit bei der Erhaltung der individuellen Freiheiten und Staatsstrukturprinzipien auf. Es kann nicht angehen, daß die Rechtswissenschaft gewissermaßen stets bloß als „Nachhut des gesellschaftlichen Fortschritts" (*Lersner* 1985, 196 ff.) nur noch der Entwicklung folgt und das Schlimmste zu verhüten sucht. Vielmehr muß diese Entwicklung – gerade wegen der Gefahr eines schleichenden Freiheitsverlustes infolge sogenannter Sachzwänge in der Umweltpolitik – frühzeitig mitgestaltet werden, um die individuellen Freiheiten und Staatsstrukturprinzipien wirkungsvoll schützen zu können.

Die Rechtswissenschaft muß quasi zu einer Speerspitze des Umweltschutzes werden. Wichtig ist, daß zu erwartende negative Entwicklungen rechtzeitig erkannt und entsprechende rechtliche Instrumente zu ihrer Bewältigung bereitgestellt werden. Die einschlägigen umweltschutzinduzierten Anforderungen an das Recht bzw. die Rechtswissenschaft werden somit in Zukunft steigen.

Zwar gehört die als Grundlage der gesamtgesellschaftlichen Diskussion notwendige Beurteilung zukünftiger Entwicklungen bisher nicht zum Kernbereich juristischer Tätigkeit. Je mehr jedoch tatsächliche Probleme Langzeitwirkungen entfalten, um so mehr wirken auch Problemlösungsstrategien in die Zukunft. Langfristige Strategien bedürfen aber, insbesondere wenn sie nicht oder nur schwer umkehrbare Entwicklungen in Gang setzen, bereits frühzeitig einer umfassenden rechtlichen Würdigung.

Dies gilt – wie gezeigt – auch für den Schutz der natürlichen Lebensgrundlagen. Denn es besteht Bedarf für eine (langfristig angelegte) Umweltpolitik, deren Instrumentarium effizient, d. h. sofort und nachhaltig wirkt, ohne mit den grundsätzlichen Wertentscheidungen der Verfassung in Konflikt zu geraten. Die Entwicklung dieses Instrumentariums verlangt von der Rechtswissenschaft zur Verfeinerung der hier nur angedeuteten vorausschauenden Analyse zukünftiger Wirkungen einen über das bisherige Maß hinausgehenden interdisziplinären Dialog. Sollten Wissenschaft, Wirtschaft und Politik bei Erarbeitung dieses Instrumenatriums versagen, werden sich die Zweifel daran weiter mehren, daß die moderne Gesellschaft fähig ist, sich im rechtsstaatlichen Rahmen mit den Mitteln des Rechts auf die ökologischen Gefahrenlagen einzustellen (*Luhmann* 1986, 124 ff.). Ein nicht rechtlich determinierter Umweltschutz aber würde bei umweltbezogenen Aktivitäten die Gefahr willkürlicher Entscheidungen verstärken und letztlich das politische System der freiheitlichen, rechtsstaatlichen Demokratie zerstören. Diese Entwicklung gilt es zu verhindern, denn die Qualität des Lebens wird nicht nur durch eine lebenswerte Umwelt, sondern auch durch ein humanes politisches System bestimmt.

Literatur

Amery, C. (1980), Natur als Politik, Reinbek
Birnbacher, D. (1988), Verantwortung für zukünftige Generationen, Stuttgart
Bosselmann, K. (1986), Eigene Rechte für die Natur?, in: Kritische Justiz, S. 1 ff.
Böhr, C. (1985), Liberalismus und Minimalismus, Heidelberg
Breuer, R. (1988), Gerichtliche Kontrolle der Technik, in: Neue Zeitschrift für Verwaltungsrecht, S. 104 ff.
Briefs, U. (1988), Ökologischer Kapitalismus? Oder ökologische Reformpolitik?, in: Blätter für deutsche und internationale Politik
Brugger, W. (1987), Rechtsprobleme der Verweisung im Hinblick auf Publikation, Demokratie und Rechtsstaat, in: Verwaltungungsarchiv 78, 1 ff.
Clemens, T. (1985), Die Verweisung von einer Rechtsnorm auf andere Vorschriften, in: Archiv des öffentlichen Rechts, 111, S. 63 ff.
Erbguth, W. (1989), Normkonkretisierende Verwaltungsvorschriften, in: Deutsches Verwaltungsblatt, S. 473 ff.
Denninger, E. (1988), Der Präventions-Staat, in: Kritische Justiz, S. 1 ff.
Dörr, D. (1988), Die Europäischen Gemeinschaften und die deutschen Bundesländer, in: Nordrhein-Westfälische Verwaltungsblätter, S. 289 ff.
Gassner, E. (1984), Treuhandklage zugunsten von Natur und Landschaft, Berlin
Gerhardt, M. (1989), Normkonkretisierende Verwaltungsvorschriften, in: Neue Juristische Wochenschrift, S. 2233 ff.
Grabitz, E., Zacker, C. (1989), Die neuen Umweltkompetenzen der EG, in: Neue Zeitschrift für Verwaltungsrecht, S. 297 ff.
Grüter, M. (1990), Umweltrecht und Kooperationsprinzip in der Bundesrepublik Deutschland, Düsseldorf
Gruhl, H. (1975), Ein Planet wird geplündert, Frankfurt a. M.
Gusy, C. (1989), Techniksteuerung durch Recht – Aufgaben und Grenzen, in: Donner, H., Magoulas, G., Simon, J., Wolf, R., (Hrsg.), Umweltschutz zwischen Staat und Markt, Baden-Baden, S. 241 ff.
Harich, W. (1975), Kommunismus ohne Wachstum, Reinbek

Heilbroner, R. L. (1976), Die Zukunft der Menschheit, Frankfurt a. M.
Heller, H. (1930), Rechtsstaat oder Diktatur, zitiert nach *Henning, E.*, Diktatur, in: *Görlitz, A.* (Hrsg.), Handlexikon zur Politikwissenschaft, Band 1, Reinbek, S. 75.
Henneke, H. G. (1986), Landwirtschaft und Naturschutz, Heidelberg
Henseler, P. (1983), Verfassungsrechtliche Aspekte zukunftsbelastender Parlamentsentscheidungen, in: Archiv des öffentlichen Rechts, 108, S. 489 ff.
Hill, H. (1989), Normkonkretisierende Verwaltungsvorschriften, in: Neue Zeitschrift für Verwaltungsrecht, S. 401 ff.
Hofmann, H. (1986), Nachweltschutz als Verfassungsfrage, in: Zeitschrift für Rechtspolitik, S. 87 ff.
Jungk, R. (1977), Der Atom-Staat, München
Kloepfer, M. (1979), Staatsaufgabe Umweltschutz, in: Deutsches Verwaltungsblatt, S. 639 ff.
Kloepfer, M. (1984), Der Vorbehalt des Gesetzes im Wandel, in: Juristenzeitung, S. 685 ff.
Kloepfer, M. (1985), Rechtsschutz im Umweltschutz, in: Verwaltungungsarchiv, 76
Kloepfer, M. (1988), Umweltschutz und Verfassungsrecht, in: Deutsches Verwaltungsblatt, S. 305 ff.
Kloepfer, M. (1988 a), EG-Recht und Verfassungsrecht in der Rechtsprechung des Bundesverfassungsgerichts, in: Juristenzeitung, S. 1089 ff.
Kloepfer, M. (1989), Umweltrecht, München
Kloepfer, M. (Hrsg.)(1989 a), Umweltstaat, Heidelberg
Kloepfer, M. (1989 b), Wesentlichkeitstheorie als Begründung oder Grenze des Gesetzesvorbehalts, in: *Hill, H.* (Hrsg.), Zustand und Perspektiven der Gesetzgebung, Berlin, S. 187 ff.
Kloepfer, M. (1990), Zur Rechtsumbildung durch Umweltschutz, Heidelberg
Kloepfer, M. (1990 a), Rechtsstaatliche Probleme ökonomischer Instrumente im Umweltschutz, in: *Wagner, G. R.* (Hrsg.), Unternehmung und ökologische Umwelt, München, S. 241 ff.
Krusewitz, K. (1983), Privatisierung der Natur, in: Blätter für deutsche und internationale Politik, S. 1083 ff.
Langer, S. (1986), Der Mensch im Umweltrecht, in: Natur und Recht, S. 270 ff.
Lawrence, C. (1989), Grundrechtsschutz, technischer Wandel und Generationenverantwortung
Lenk, H. (1983), Verantwortung für die Natur, in: Allgemeine Zeitschrift für Philosophie, 3, S. 1 ff.
Lersner, H. v. (1985), Rechtliche Instrumente der Umweltpolitik in: *Jänicke, M., Simonis, U. E., Weigmann, G.* (Hrsg.), Wissen für die Umwelt, Berlin, S. 196 ff.
Lersner, H. v. (1988), Gibt es Eigenrechte der Natur?, in: Neue Zeitschrift für Verwaltungsrecht, S. 988 ff.
Luhmann, N. (1986), Ökologische Kommunikation, Opladen
Malunat, B. M. (1984), Die Vermarktung der Umwelt, in: Natur und Recht, S. 1 ff.
Marburger, P. (1986), Ausbau des Individualschutzes gegen Umweltbelastungen als Aufgabe des bürgerlichen und des öffentlichen Rechts, Gutachten C zum 56. Deutschen Juristentag Berlin 1986, in: Verhandlungen des 56. Deutscher Juristentag, Bd. 1, München
Mayer-Tasch, P. C. (1986), Ökologie und Freiheit, in: Universitas, S. 1200 ff.
Meyer-Abich, K. M. (1984), Wege zum Frieden mit der Natur, München

Müller-Foell, M. (1987), Die Bedeutung technischer Normen für die Konkretisierung von Rechtsvorschriften, Heidelberg
Müller-Wenk, R. (1978), Die ökologische Buchhaltung, Frankfurt a.M.
Murswiek, D. (1985), Die staatliche Verantwortung für die Risiken der Technik, Berlin
Murswiek, D. (1988), Freiheit und Freiwilligkeit im Umweltrecht, in: Juristenzeitung, S. 985 ff.
Nozick, R., Anarchie, Staat, Utopia, o.J., München
Pernice, I. (1989), Kompetenzordnung und Handlungsbefugnisse der Europäischen Gemeinschaft auf dem Gebiet des Umwelt- und Technikrechts, in: Umwelt- und Technikrecht, Schriftenreihe 7, S. 9 ff.
Pernthaler, P. (1986), Allgemeine Staatslehre und Verfassungslehre, Wien
Pietzcker, J. (1988), Landesbericht Bundesrepublik Deutschland, in: *Starck, C.* (Hrsg.), Zusammenarbeit der Gliedstaaten im Bundesstaat, S. 17 ff.
Rauschning, D. (1980), Staatsaufgabe Umweltschutz, in: Veröffentlichungen der Vereinigungen der deutschen Staatsrechtslehrer 38, Berlin, S. 167 ff.
Rengeling, H. W. (1988), Das Kooperationsprinzip im Umweltrecht, Köln u.a.
Ronellenfitsch, M. (1982), Die Durchsetzung staatlicher Entscheidungen als Verfassungsproblem, in: *Börner, B.* (Hrsg.), Umwelt, Verfassung, Verwaltung, Baden-Baden, S. 13 ff.
Ronge, V. (1978), Staats- und Politikkonzepte in der sozio-ökologischen Diskussion, in: *Jänicke, M.* (Hrsg.), Umweltpolitik, Opladen, S. 213 ff.
Roßnagel, A. (1984), Radioaktiver Zerfall der Grundrechte, München
Saladin, P., Zenger, C. A. (1988), Rechte künftiger Generationen, Basel/Frankfurt a.M.
Schauerhammer, R. (1990), Sackgasse Ökostaat: Kein Platz für Menschen, Wiesbaden
Scherer, K.-J., Vilmar, F. (1986), Ökosozialismus?, 2. Aufl., Berlin
Schneider, H. P. (1990), Vom Wandel staatlicher Verantwortung, in: *Hesse, J.J., Zöpel, C.* (Hrsg.), Der Staat der Zukunft, Baden-Baden, S. 127 ff.
Schönherr, H. M. (1985), Philosophie und Ökologie, Essen
Schönherr, H. M. (1986), Von der Herrschaft des Menschen zum Eigenrecht der Natur, in: Universitas, S. 687 ff.
Scholz, R. (1976), Nichtraucher contra Raucher, in: JuS, S. 232 ff.
Schröder, M. (1986), Bundesstaatliche Erosionen im Prozeß der europäischen Integration, in: Jahrbuch des öffentlichen Rechts der Gegenwart, Neue Folge 35, S. 83 ff.
SRU (Hrsg.) (1987), Umweltgutachten 1987, Stuttgart 1988, Tz. 113.
Stutzin, G. (1980), Die Natur der Rechte und die Rechte der Natur, Rechtstheorie 11, S. 344 ff.
Veit, B. (1989), Die Rezeption technischer Regeln im Strafrecht und Ordnungswidrigkeitenrecht unter besonderer Berücksichtigung ihrer verfassungsrechtlichen Problematik, Düsseldorf
Wallerath, M. (1989), Normkonkretisierende Verwaltungsvorschriften, in: Nordrhein-Westfälische Verwaltungsblätter, S. 153 ff.
Wimmer, N. (1976), Raumordnung und Umweltschutz, in: Verhandlungen d. 6. Österreichischen Juristentages 1976, Wien, S. 21 ff.

Kapitel 5
Umweltschutz und Theorie der Unternehmung

von *Wolfgang H. Staehle* unter Mitarbeit von *Manuela E. Nork*

1. Unternehmungstheorie und Managerverhalten 68
2. Entwicklungslinien einer verhaltenswissenschaftlichen Theorie der Unternehmung 68
   2.1 Von der eigentümerkontrollierten Unternehmung zur managerkontrollierten Kapitalgesellschaft 69
   2.2 Von Einzelinteressen zu organisierten Koalitionen............ 72
   2.3 Vom Stockholder zum Stakeholder 73
3. Ein neues Effizienzdenken 76
4. Ein neues Zielsystem der Unternehmung? 78
Literatur 81

1. Unternehmungstheorie und Managerverhalten

„Major strategic shifts in the business environment require conceptual shifts in the minds of managers" (*Freeman* 1984, 24), dies ist der Tenor der folgenden Ausführungen über konzeptionelle Annäherungen an eine moderne Theorie der Unternehmung, die u.a. sparsamen Umgang mit natürlichen Ressourcen und umweltschonende Leistungserstellung als genuine Strategiebereiche der Unternehmung selbst (Internalisierung) und nicht primär des Staates (Externalisierung) enthält. Daß angesichts immer neuer Umweltkatastrophen und weltweit wachsender Umweltbelastungen ‚major strategic shifts' notwendig sind, ist unstrittig; strittig ist nur, auf welche Art und Weise diese initiiert und realisiert werden sollen.

Aufgabe dieses Kapitels ist es, den möglichen Beitrag einer zeitgemäßen Theorie der Unternehmung zur Veränderung der ‚minds of managers' zu diskutieren. Assoziiert man mit ‚Theorie' praxisferne, unverständliche Wissenschaftssprache und Abstraktheit der Gedanken, wird man den Erfolg eines solchen Unterfangens als äußerst gering einschätzen.

Vergegenwärtigt man sich jedoch, daß jeder Manager auf der Grundlage von durch Ausbildung und Erfahrung geformten aber letztlich doch ‚selbstgestrickten' Alltagstheorien handelt, wird deutlich, daß theorieloses Handeln faktisch unmöglich ist (*Staehle, Sydow* 1991). Solche Praktikertheorien werden jedoch via Hochschulausbildung, Managementtraining und Lektüre von Fachliteratur nicht unerheblich ‚wissenschaftlich' geprägt, wie umgekehrt diese wissenschaftlichen Theorien durch Praktikertheorien beeinflußt werden. Die herrschenden wissenschaftlichen Theorien der Unternehmung – so unsere These – vermitteln den Managern jedoch ein Bild der Unternehmung, das dem Umwelt- und Ressourcenschutz, wenn überhaupt, dann keinen zentralen Stellenwert einräumt. Eine veränderte theoretische Sicht der Unternehmung kann also sehr wohl über die Transferleistung von Lehren und Lernen ‚shifts in the minds of managers' erzielen.

2. Entwicklungslinien einer verhaltenswissenschaftlichen Theorie der Unternehmung

Von den in den Wirtschaftswissenschaften entwickelten Theorien der Unternehmung konzentrieren wir uns primär auf Ansätze einer ‚Behavioral Theory of the Firm' (*Cyert* 1963), wie sie in der verhaltenswissenschaftlichen Managementlehre (*Staehle* 1990) rezipiert werden. Im folgenden wird geprüft, inwiefern solche Theorieansätze die Interessen externer Organisationsteilnehmer (im Falle der Umweltbelastung ist dies letztlich die gesamte belebte Natur) an den Zielen der Unternehmung und/oder deren Betroffenheit durch die Zielerreichung (Leistungserstellung und -verwertung) berücksichtigen.

2.1 Von der eigentümerkontrollierten Unternehmung zur managerkontrollierten Kapitalgesellschaft

In ökonomischen Theorien der Unternehmung ist die Unternehmung eine Institution, in der Menschen unter Zuhilfenahme von weiteren Ressourcen (inputs) ein Gut oder eine Dienstleistung (output) erstellen. Unabhängig von der Größe (Ein-Mann-Unternehmung oder multinationaler Konzern) geht es um die Umwandlung von Inputs in Outputs. Inputs verursachen betriebswirtschaftliche, also von der Unternehmung zu tragende Kosten, Outputs schaffen Umsatzerlöse und verursachen sog. soziale, also von der Gesellschaft zu tragende Kosten (wie z.B. Müllbeseitigung).

Befindet sich die Unternehmung in Privateigentum, verhält sie sich gewinnmaximierend, d.h. sie strebt nach einem maximalen Überschuß der Erlöse über die Kosten. Hierbei ist *ein* Mittel die Reduzierung der betrieblichen zu Lasten der sozialen Kosten; die Privatisierung von Gewinnen und die Vergesellschaftung von (drohenden) Verlusten. Nach neoklassischer Theorie wird bei dieser unternehmerischen Verhaltensweise eine optimale Allokation der Ressourcen und damit angeblich gesamtgesellschaftliche Wohlfahrt erreicht.

De facto rechtfertigt sie aber auch Ressourcenvergeudung, da aufgrund der Möglichkeit einer Externalisierung bestimmter Kosten und der Chance einer Nutzung von für die Unternehmung z.T. kostenlosen Inputgütern keine verursachungsgerechte Ressourcenbewertung erfolgt.

Rechtlich gesehen ist eine Unternehmung (Gesellschaft) eine Institution, in der ein Arbeitgeber (Eigentümer, Unternehmer) mindestens einen Arbeitnehmer beschäftigt. Der Eigentümerunternehmer bezieht für die Übernahme des Risikos des Ausbleibens zumindest kostendeckender Erlöse aus Erstellung und Verkauf eines Outputs bei vertraglich festgelegten Kosten des Inputs (z.B. Zinsen, Löhne) eine Risikoprämie, den Unternehmerlohn. Wenn der Unternehmer den Arbeitnehmern feste Löhne (Kontrakteinkommen), den Gläubigern feste Zinsen usw. garantiert, als einziger somit Risiko eingeht, muß er auch allein über Einsatz und Verwertung des Inputs entscheiden dürfen. Ihm stehen folgende Verfügungsrechte zu (*Alchian, Demsetz* 1972):
– Nutzungsrechte an einem Gut
– Recht auf Veränderung von Form und Substanz eines Gutes
– Recht auf Aneignung des Erfolgs (Residualeinkommen)
– Recht auf Veräußerung des Gutes.

Bei Eigentümerunternehmungen mit monistischer Unternehmungsverfassung stehen alle vier Verfügungsrechte dem Eigentümer (Unternehmer) zu. Mit zunehmender Größe (Wachstum) der Unternehmungen hat sich jedoch empirisch nachweisbar eine Loslösung von Teilen der Verfügungsrechte (speziell der Kontrollrechte: Nutzung und Veränderung) vom Eigentümer eingestellt (sog. Verdünnung von Verfügungsrechten der Eigentümer). Als erste haben auf dieses als **managerial revolution** bezeichnete Phänomen *Berle* und *Means* (1931) in den USA hingewiesen. Im Zuge der Gründung von Aktiengesellschaften und der immer breiteren Streuung von Aktieneigentum emanzipierten sich die Manager von der vormals engen Überwachung und Kontrolle der Eigentümer, denen letztlich nur noch die Verfügungsrechte der Aneignung und Veräußerung blieben. Diese Entwicklung einer **Trennung von Eigentum und Verfügungsmacht** hat sich seit dem ersten empirischen Nachweis in den 30er Jahren noch weiter fortgesetzt. Der Manager ist Agent des Prinzipals ‚Eigentümer' und handelt in dessen Auftrag und an dessen Stelle.

Während der Eigentümer-Unternehmer soziale Verantwortung gegenüber Mitarbeitern und Öffentlichkeit zumindest dem Anspruch nach als seine genuine, unteilbare Aufgabe ansieht, lassen managergeleitete Unternehmungen diese Verantwortungsübernahme häufig vermissen. Aufgrund der Arbeitsteilung zwischen Eigentümern (Kapitalüberlassung) und Management (Unternehmungsführung) einerseits und innerhalb des Managements andererseits ist es zu einer entsprechenden Erosion der Eigenverantwortung, des ethischen Korrelates zur Macht gekommen. In managergeleiteten Unternehmungen dominiert – wenn überhaupt – ein Denken in Kategorien rechtlicher Verantwortlichkeit aber nicht in solchen moralischer Verantwortung.

In dem Maße, in dem sich die Einheit von Eigentum, Kontrolle und Verantwortung durch die Trennung von Eigentum und Verfügungsmacht, die heute überwiegend beim Management liegt, aufgelöst bzw. verflüssigt hat, ist auch diese Legitimationsgrundlage liberaler Wirtschaftsordnung brüchig geworden.

In der klassisch liberalen und neoliberalen Staats- und Wirtschaftsordnung kann sich der Privatunternehmer als relativ autonom handelndes Wirtschaftssubjekt begreifen, und der von ihm angestellte Manager sieht seine einzige Verantwortung dem Eigentümer (Aktionär) gegenüber, und das bedeutet, nachhaltig Gewinne zu erwirtschaften. Zu einer Berücksichtigung von Interessen neben denjenigen der Eigentümer – und im Zuge der Mitbestimmung derjenigen von Arbeitnehmern – bei der Formulierung und Durchsetzung der Unternehmungsziele sowie zu einer Berücksichtigung etwa von Umweltschutzinteressen bestand kein Anlaß. Diese Auffassung wird z.T. noch heute vertreten. So äußert *Friedman* (1971) als Antwort auf die Forderung nach gesellschaftlicher und ökologischer Verantwortung der Geschäftswelt die Auffassung, daß die Ausübung sozialer Verantwortung des

2. Entwicklungslinien einer verhaltenswissenschaftlichen Theorie

Managements zu einer Vernachlässigung seiner eigentlichen markt- und gewinnbezogenen Aufgaben verleiten könnte.

In den letzten Jahrzehnten hat sich allerdings das gesellschaftliche Umfeld, in dem die moderne Großunternehmung agiert, erheblich gewandelt (*Staehle, Stoll* 1984). Die Tatsache, daß die großen Wirtschaftsorganisationen von einer kritischen Öffentlichkeit für die meisten (wenn nicht alle) Fehlentwicklungen und Probleme in den westlichen Industrienationen verantwortlich gemacht werden, führt u. a. dazu, daß im Sinne des Verursacherprinzips eine Fülle von Auflagen, neuen Anforderungen und Ansprüchen an sie herangetragen werden. Diese sind neben der ‚klassischen' Verantwortung gegenüber Eigentümern und Gläubigern u. a.:

- Verantwortung gegenüber dem Verbraucher (bessere Aufklärung und Beratung; verbesserte Garantieleistungen; keine schädlichen Produktauswirkungen)
- Verantwortung gegenüber den Arbeitnehmern (Ausbildung, Umschulung, Beschäftigung von Arbeitslosen, Jugendlichen, Behinderten, keine Benachteiligung von ausländischen Arbeitnehmern)
- Verantwortung gegenüber der Region (Bereitstellung von Transportmöglichkeiten; Neubau und Sanierung von Stadtteilen; Bereitstellung von Erholungsgebieten)
- Verantwortung gegenüber der Gesellschaft (umweltfreundliche Beschaffungs-, Produktions- und Vertriebssysteme, Vermeidung von Luft- und Wasserverschmutzung sowie von Lärmbelästigung, Recycling von Abfallprodukten, Verantwortung für neue Technologien und deren Folgen, bessere und rechtzeitige Information der Öffentlichkeit über die strategischen Absichten der Unternehmung).

Der Einsatz von Kapital und Arbeit in Unternehmungen zum Zwecke der Leistungserstellung und -verwertung wird nicht mehr als die Privatangelegenheit einiger weniger Kapitaleigner und Manager angesehen, sondern aufgrund der dabei ausgeübten wirtschaftlichen, sozialen und politischen Macht als ein quasi-öffentlicher Vorgang (z.B. *Steinmann* 1969; *Weihe* 1976; *Ulrich* 1977; *Schröder* 1978; *Weitzig* 1979).

Während Fragen der internen Verantwortlichkeit gegenüber den Mitbestimmungsträgern und der externen Verantwortlichkeit gegenüber Eigentümern und Gläubigern seit Jahrzehnten Gegenstand betriebswirtschaftlicher Forschung und unternehmerischer Kalküle sind, finden Forderungen nach einer **ökologischen Verantwortlichkeit** erst in jüngerer Zeit die Aufmerksamkeit von Forschung und Praxis (*Strebel* 1980; *Wicke* 1991; *Kreikebaum* 1991). Allenthalben wird eine ökologische Unternehmenspolitik (*Pfriem* 1986) oder umweltorientierte Unternehmensführung gefordert und in ersten Ansätzen praktiziert (*Winter* 1987).

Wie lassen sich diese Trends in einer Theorie der Unternehmung abbilden bzw. konzeptionell aufgreifen?

2.2 Von Einzelinteressen zu organisierten Koalitionen

Wichtigste Voraussetzung für eine Änderung der Praktikertheorien über Unternehmungen ist die Einsicht, daß die Unternehmung nicht (ausschließlich) eine Veranstaltung zur Erreichung von Gewinnen für deren Eigentümer darstellt.

Die unzulässige Generalisierung der Beobachtung, daß in bestimmten Unternehmungen und bestimmten historischen Situationen die Ziele eines Organisationsteilnehmers (z.B. Eigentümer, Investor) so dominieren, daß er allein die Ziele der Organisation bestimmen kann, mag überhaupt erst zu dem theoretischen Konstrukt von den „Zielen der Organisation" geführt haben. In diesem Extremfall sind die Ziele eines Organisationsteilnehmers identisch mit den Zielen der Organisation. In der Regel werden jedoch mehrere Organisationsteilnehmer persönlich oder vertreten durch Repräsentanten (z.B. Betriebsräte, Gewerkschaften, Verbraucherverbände) Ansprüche formulieren (Ziele für die Organisation), die keineswegs mit ihren eigenen Zielen identisch sein müssen. Erst durch die formale Absegnung des im Zielbildungsprozeß erreichten Kompromisses durch dazu autorisierte Manager entstehen offizielle Ziele der Organisation. In diesen Prozessen besteht jedoch keine symmetrische Berücksichtigung aller Teilnehmer(-gruppen), sondern bestimmte Gruppen (i.d.R. nur eine) sind zur Zielbildung formell legitimiert (Kerngruppe) (*Easton* 1965). Deren Entscheidungen können aber in Abhängigkeit von den bestehenden Machtverhältnissen von anderen Anspruchsgruppen beeinflußt werden. Um überhaupt zu einem Konsens über Ziele zu kommen, werden den benachteiligten Koalitionsteilnehmern ‚side payments' angeboten, deren Höhe und Ausgestaltung einen Großteil des Bargaining-Prozesses in Anspruch nehmen (*Cyert, March* 1963).

Eng verbunden mit der Auffassung von der Unternehmung als Gesamtheit der an ihr teilnehmenden Personen oder Gruppen ist das Konzept der **Koalitionstheorie**. *Barnard* (1938) hat erstmals die Vorstellung von einem sozialen System – wie es die Unternehmung darstellt – als einer Koalition aller an ihr partizipierenden Gruppen vertreten und mit seinen Überlegungen über die Beitritts- und Beitragsentscheidungen von Organisationsteilnehmern aufgrund der vom System angebotenen Anreize den Ausgangspunkt der **Anreiz-Beitrags-Theorie** geschaffen. Diese betrachtet Organisationen als extrem offene Systeme, in die jederzeit neue Teilnehmer eintreten und aus denen alte ausscheiden können.

Cyert und *March* (1963, 27) greifen den Koalitionsgedanken auf und machen ihn zum Ausgangspunkt ihrer Überlegungen: „Let us view the organization as a coalition. It is a coalition of individuals, some of them organized into subcoalitions." Teilnehmer(-gruppen) sind die Mitarbeiter/innen, Investoren, Lieferanten, Händler und Konsumenten. Während *Barnard* in erster

2. Entwicklungslinien einer verhaltenswissenschaftlichen Theorie

Linie die Teilnahmeentscheidung der Organisationsmitglieder (decision to participate) und die Gleichgewichtsbedingungen zwischen Anreizen und Beiträgen (inducement – contribution – balance) analysierte, stellen *March* und *Simon* (1958) die Entscheidung zur produktiven Beitragsleistung (decision to produce) in den Mittelpunkt einer erweiterten Anreiz-Beitrags-Theorie. Insgesamt werden drei Entscheidungstypen von Organisationsteilnehmern analysiert:

– Entscheidung zur Teilnahme an der Organisation,
– Entscheidung zur Leistung eines Beitrags zum Erreichen der Organisationsziele,
– Entscheidung zum Verlassen der Organisation.

Zwischen den Anreizen zur Beitritts- und Beitragsentscheidung und den Beiträgen der Teilnehmer soll nun nach Vorstellungen der Anreiz-Beitrags-Theorie ein Gleichgewichtszustand hergestellt und aufrechterhalten werden. Ein individueller (partieller) Gleichgewichtszustand ist dann erreicht, wenn die dem Organisationsteilnehmer gebotenen Anreize (materieller und immaterieller Art) größer oder mindestens gleich den von ihm dafür geleisteten Beiträgen zur Aufgabenerfüllung des Systems sind. Ein organisatorischer Gleichgewichtszustand ist erreicht, wenn die gebotenen Anreize insgesamt ausreichen, um alle zur Leistungserstellung benötigten Beiträge zu erhalten. Ein nicht zu unterschätzender Beitrag, den die Öffentlichkeit als weiterer Organisationsteilnehmer zum Systemerhalt leistet, besteht in der Duldung bis hin zur Anerkennung der unternehmerischen Tätigkeit unter einer ökologischen Perspektive. Hierfür muß die Unternehmung ausreichend Anreize bereitstellen.

2.3 Vom Stockholder zum Stakeholder

Im Zuge des Aufkommens neuer Anforderungen an unternehmerisches Handeln wurde das Konzept des Organisationsteilnehmers immer mehr von seiner Beschränkung auf interne Teilnehmer (Eigentümer, Manager, MitarbeiterInnen) befreit und auf externe Teilnehmer und deren Ansprüche an die Organisation erweitert (z.B. *Pfeffer, Salancik* 1978). Die angloamerikanische Literatur spricht hier auch von Stakeholder oder Claimant, d.h. solchen Individuen oder Gruppen, die ein legitimes Interesse an der Organisation haben.

Nach *Freeman* (1984, 31) ist das Stakeholder-Konzept 1963 am Stanford Research Institute (SRI) entwickelt worden, und zwar als Generalisierung des Begriffs Stockholder (Aktionär), um die Aufmerksamkeit des Managements auch auf andere Interessengruppen neben den Anteilseignern zu lenken. Er definiert Stakeholder als „any group or individual who can affect or is affected by the achievement of the firm's objectives" (*Freeman* 1984, 25).

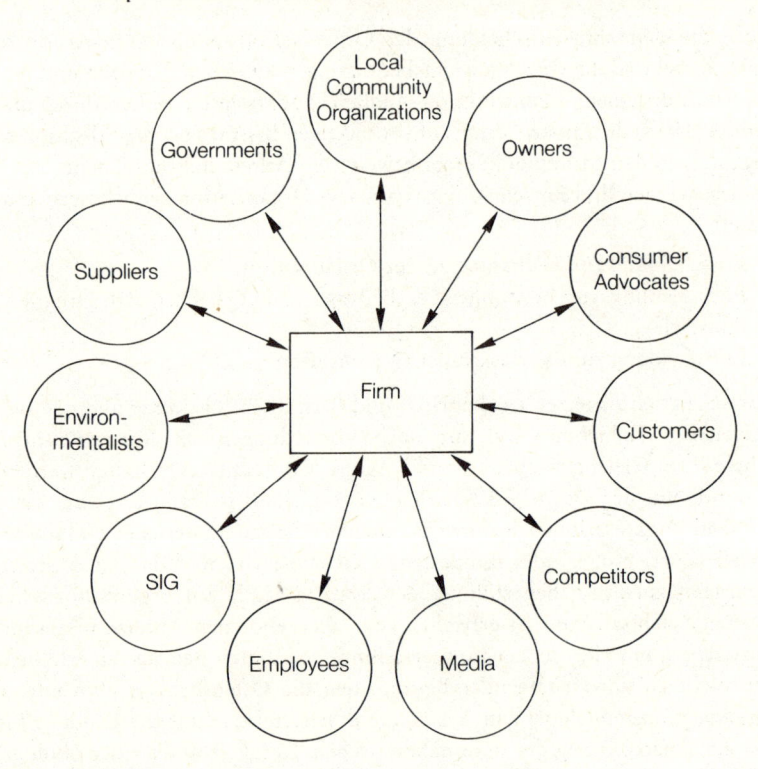

Abb. 1: Stakeholder einer Unternehmung (*Freeman* 1984, 25)

Abb. 1 gibt einen Eindruck von der Vielzahl an unterschiedlichen Gruppen, die einen ‚stake' in der Unternehmung haben. Von einer durch die Unternehmung verursachten Umweltbelastung (etwa Luftverschmutzung) sind praktisch alle Stakeholder betroffen (is affected) und nicht nur diejenigen, die auf den ersten Blick in Frage kommen, wie Consumer Advocates, Customers, Special Interest Groups (SIG), Environmentalists, Government, Local Community Organizations; aber nicht jeder Stakeholder hat die Macht, das Verhalten der Unternehmung zu beeinflussen (can affect). Ist dies gegeben, spricht *Mintzberg* (1983, 4) von Influencers. Macht wird von *Mintzberg* (1983, 4) entsprechend definiert als „capacity to effect (or affect) organizational outcomes".

In der klassischen Anreiz-Beitrags-Theorie besteht die Macht des Stakeholders darin, die Koalition ‚Unternehmung' zu verlassen bzw. in der Androhung dieses Schrittes und/oder in der Reduzierung von Beiträgen. Im Fall einer flächendeckenden Umweltbelastung führt die Entscheidung etwa eines einzelnen Kunden, nicht mehr bei einer bestimmten Unternehmung zu kau-

2. Entwicklungslinien einer verhaltenswissenschaftlichen Theorie 75

fen ('exit' im Sinne von *Hirschman* 1970), nicht zur Beendigung der Betroffenheit durch diese Unternehmung. Es müssen andere Formen des Widerstands ('voice' im Sinne von *Hirschman* 1970) gefunden werden, um Einfluß wirksam ausüben zu können. Dies ist in aller Regel nur durch solidarischen Zusammenschluß (etwa Boykottmaßnahmen) und Bildung von externen Koalitionen zwischen den betroffenen Stakeholdern möglich. In Kenntnis dieses Drohpotentials wird die aufgeklärte Unternehmung eine kooperativ-problemorientierte Strategie (*Miles* 1987) wählen (im Gegensatz zu einer individualistisch-widerstandsorientierten) und auf langfristig gute Beziehungen zu **allen** Stakeholdern Wert legen. Sie wird auf kurzfristige Gewinnchancen verzichten und zwar zugunsten langfristig gesicherter Ertragspotentiale.

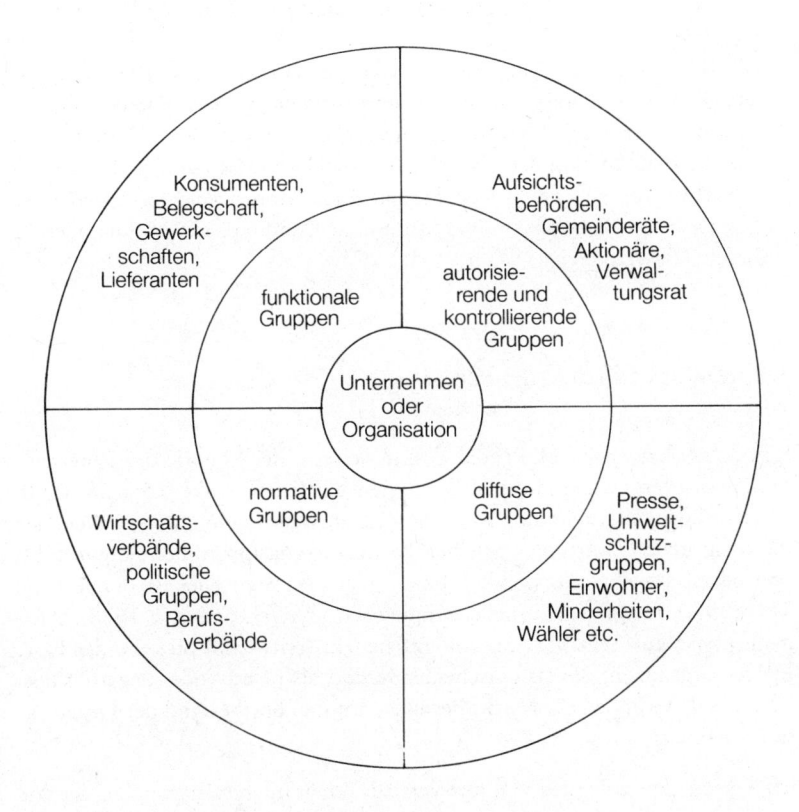

Abb. 2: Interessengruppen der Unternehmung (*Ten Berge* 1989, 81)

Unterschiedliche Ansprüche und Einflußpotentiale unterschiedlicher Stakeholder erfordern auch differenzierte unternehmerische Strategien. *Ten Berge* (1989, 80 ff.) hat vier Gruppen von Influencers unterschieden (vgl. Abb. 2):

- **Autorisierende und kontrollierende Gruppen** gewähren die gesetzliche Grundlage für die Existenz der Unternehmung. Lobbyismus, Teilnahme an Hearings und gezielte Informationspolitik stellen typische Strategien im Umgang mit diesen Gruppen dar.
- **Funktionale Gruppen** stehen im Mittelpunkt der herkömmlichen Theorie der Unternehmung; Marketingstrategien, Beschaffungsstrategien oder Personalstrategien sind klassische Beispiele für eine einseitige Orientierung an betrieblichen Input- und Outputfunktionen.
- **Normative Gruppen** dienen der überbetrieblichen Interessenvertretung und legitimatorischen Absicherung von Unternehmerinteressen in Verbänden und Kammern. Strategien der Repräsentation und Kooperation bis hin zu Absprachen und Zusammenschlüssen sind in diesem Politikbereich anzutreffen.
- **Diffuse Gruppen** sind die für das Management am schwierigsten einzuschätzenden Gruppen, denn sie sind bezüglich ihrer Interessenlagen schwer zu verorten, in ihren Aktionen schwer zu prognostizieren, entstehen plötzlich und können ebenso schnell wieder verschwinden. Solide Öffentlichkeitsarbeit (PR) sowie permanentes Monitoring der Entstehung neuer sozialer Bewegungen und Strömungen sind typische Maßnahmen in diesem Umweltbereich.

3. Ein neues Effizienzdenken

Eine solche erweiterte Stakeholder-Sichtweise in der Theorie der Unternehmung erfordert zwangsläufig auch ein neues Effizienzdenken (*Staehle* 1990, 415 ff.). Eine Unternehmung ist in dieser Sichtweise dann effizient, wenn sie die Ansprüche/Erwartungen solcher Teilnehmer(-gruppen) befriedigt/erfüllt, von denen sie lebensnotwendige Ressourcen benötigt. Dies ist die zentrale These des **strategic constituencies approach** (*Pfeffer, Salancik* 1978). Ausgangspunkt zur Spezifikation von Effizienzkriterien sind Stakeholder bzw. Interessengruppen, die als entscheidende und als positiv oder negativ sanktionierende Gruppen die Macht besitzen, auf den Fortbestand der Organisation einzuwirken.

Effizienzkriterien werden von den verschiedenen Interessengruppen, der Art und Höhe (= Anspruchsniveaus) nach, ausgehandelt und mehr oder weniger offen gegenüber der Unternehmung formuliert. Als Maßstab der Beurteilung der Unternehmung angelegt, liefern sie schließlich den Grund dafür, die Unternehmung positiv oder negativ zu sanktionieren. Das Management kann spätestens bei der Registrierung negativer Sanktionen die Verletzung von Effizienzkriterien sowie die dahinterstehenden Interessengruppen lokalisieren.

3. Ein neues Effizienzdenken

Die Aufgabe des Managements einer Unternehmung liegt nun darin, Art und Höhe der Effizienzkriterien zu ermitteln, die zu ihrer Bewertung zugrunde gelegt werden. Eine Unternehmung wird solange als effizient definiert, wie sie, warum auch immer, von den Interessengruppen akzeptiert wird.

Sind die relevanten Interessengruppen identifiziert, muß das Ausmaß der Macht bestimmt werden, über die sie verfügen, um Handlungen und Verhalten der Unternehmung zu beeinflussen. Ansprüche der mächtigsten Gruppen sind mit höchster Priorität zu befriedigen. Effizientes Verhalten der Unternehmung impliziert allerdings vor allem auch, solche Forderungen/Sanktionen, die den Fortbestand der Unternehmung bedrohen könnten, zu vermeiden. Dies erfordert erstens, Aktionsparameter, wie z.B. Produktionsprogramm und -verfahren, Technologie, Organisationsstruktur, so anzupassen, daß sie die Effizienzkriterien erfüllen, und/oder zweitens, durch Interaktion eine Änderung der Effizienzkriterien zu bewirken, die es dann zulassen, die Unternehmung als effizient zu bewerten.

Vor allem dieser letzte Aspekt, die Analyse von Verhandlungen zwischen Unternehmung und Interessengruppen, steht im Mittelpunkt des **interaktionsorientierten Effizienzansatzes** (*Staehle, Grabatin* 1979; *Grabatin* 1981; *Staehle* 1987). Die Festlegung von Effizienzkriterien erfolgt nach den Vorstellungen dieses Ansatzes nicht monologisch, sondern dialogisch, d.h. sie ist das Ergebnis eines Interaktionsprozesses zwischen dem Management und externen Gruppen, die ein nachweisliches Interesse an der Unternehmung haben. Eine solche Sichtweise entspricht den Vorstellungen von *Ulrich* (1983, 80 f.) von einem dialogischen Konsensus-Management.

Dieser Ansatz verlagert die unergiebige Diskussion über die Prioritätsverteilung etwa zwischen ökonomischer und ökologischer Effizienz aus der Unternehmung heraus auf das Feld der Interaktionsprozesse zwischen der Unternehmung und den relevanten Interessengruppen (= Analyse politischer Prozesse). Er geht davon aus, daß im Zuge von Verhandlungsprozessen Anspruchs- bzw. Zielerreichungsniveaus abhängig von der jeweiligen Machtposition ausgehandelt werden können. Potentielle Verhandlungsergebnisse liegen auf einem Kontinuum, das von zwei Extrema begrenzt wird. Im einen Extrem wird die Unternehmung mit ausschließlich passiver Anpassung an die Umwelterfordernisse – der Erfüllung aller Effizienzkriterien – reagieren, einer Strategie, die sicher nur zeitweise möglich sein wird, da nicht unterstellt werden kann, daß die Interessengruppen immer nur erfüllbare Effizienzkriterien formulieren.

Im anderen Extrem – Dominanz der Unternehmung über ihre Umwelt (etwa der klassische Monopolist) – besteht die Möglichkeit, aufgrund der Machtstellung eine Verschiebung der Anspruchsniveaus zu bewirken. Daneben können kombinierte Interaktions- und Anpassungsprozesse sowohl eine Verschiebung der Anspruchsniveaus als auch eine Strategieänderung der Unternehmung selbst induzieren.

4. Ein neues Zielsystem der Unternehmung?

Letztlich ist zu fragen, ob eine Koalitions- oder Stakeholdersicht der Unternehmung auch den Realitäten in einer kapitalistischen Wirtschaftsordnung gerecht wird.

Wenn der Zielbildungprozeß tatsächlich so verlaufen würde, wie in diesen Modellen beschrieben, müßte sich die Koalition Unternehmung aus gleichberechtigten Individuen und Gruppen zusammensetzen, die ihre individuellen Ziele, u. a. auch Umweltschutzziele, einbringen, die dann im unternehmerischen Handeln berücksichtigt werden. Damit wird die Möglichkeit einer symmetrischen Einflußnahme der Koalitionsmitglieder suggeriert. Die Annahme, daß die Ziele der Unternehmung aus den Individualzielen der einzelnen Koalitionsmitglieder gebildet werden, ist in kapitalistischen Wirtschaftssytemen völlig realitätsfremd, da u. a. keine symmetrischen Machtbeziehungen bestehen. Die Wahl des Begriffs Koalition täuscht über die realen Macht- und Herrschaftsverhältnisse in den Unternehmungen hinweg und unterstellt, daß die Interessen der übrigen Koalitionsmitglieder gleichrangig neben dem Gewinninteresse der Eigentümer bestehen könnten.

Die Interessen der Koalitionsmitglieder stehen aber nicht gleichberechtigt nebeneinander, sondern das Renditestreben der Kapitalgeber dominiert. Die Kerngruppe der Kapitalgeber ist durch gesetzliche und vertragliche Normen autorisiert, die Ziele der Unternehmung festzulegen. Die Satellitengruppen, zu denen dann die übrigen Koalitionsteilnehmer gehören, können die Entscheidungsprozesse zwar zu beeinflussen versuchen; wenn sie aber über keine ausreichenden Machtgrundlagen verfügen, sind sie von einer tatsächlichen Mitwirkung an den Entscheidungen ausgeschlossen. Ihre Ziele und Bedürfnisse werden nur insoweit berücksichtigt, als sie der Gewinnerzielung bzw. den Zielen der mit Macht ausgestatteten Kerngruppe nicht widersprechen.

Da in kapitalistischen Wirtschaftssystemen die **Gewinnerzielung** Primäreffekt unternehmerischen Handelns darstellt, dient die Leistungserstellung als Sekundäreffekt lediglich als Mittel zur maximalen Gewinnerzielung (*Gutenberg* 1983, 465). So ist zwar für die Wahl von Sachzielen ein Spielraum gegeben, das oberste Formalziel aber, die Gewinnerzielung, steht nicht zur Disposition, da die Unternehmung gezwungen ist, nachhaltig Gewinne zu erzielen, um am Markt bestehen zu können. Wenn in systemtheoretischen Analysen der Unternehmung das Überlebensstreben als primäres Ziel bezeichnet wird, wie z.B. bei *Barnard* (1938, 251): „The only measure of this economy is the survival of the organization" oder auch bei *Thompson* (1967, 6): „Survival of the system is taken to be the goal...", dann wird deutlich, wie weit diese biologistische Sichtweise von der Realität einer Unternehmung in einem kapitalistisch ausgerichteten Wirtschaftssystem entfernt ist. Denn die Kapitalgeber sind nur so lange am Überleben der Unternehmung interes-

4. Ein neues Zielsystem der Unternehmung?

siert, so lange sie auch Gewinne abwirft bzw. eine angemessene Verzinsung des eingesetzten Kapitals erbringt. Andere Ziele, wie z. B. der Umweltschutz, werden allenfalls als Nebenbedingungen aufgefaßt, die den unternehmerischen Handlungsspielraum einschränken und nicht ignoriert werden können, weil sie der Unternehmung per Gesetz und/oder durch öffentliche Aktivitäten aufgezwungen werden; eine Mißachtung dieser Forderungen würde sich langfristig negativ auf die Existenz der Unternehmung als Quelle der Gewinnerzielung auswirken (*Strebel* 1980, 48).

Die Dominanz des Gewinnziels bedeutet „jedoch nicht, daß sämtliche Unternehmensaktivitäten kurzfristig diesem Kriterium genügen müssen, vielmehr ist die Kapitalorientierung so zu interpretieren, daß alle Handlungen zur Stabilisierung und langfristigen Realisierung dieses Oberziels beitragen sollen" (*Stoll* 1979, 39). In der Regel wird sich das Unternehmensziel, höchstmögliche Gewinne zu erzielen bzw. temporäre Verluste zu minimieren, aus verschiedenen Zielkomponenten zusammensetzen, die es zumindest längerfristig in eine ausgewogene Relation zu bringen gilt, um die unternehmerische Existenz zu gewährleisten. Kurzfristig können daher durchaus Maßnahmen ergriffen werden, die zur Befriedigung der an die Unternehmung gestellten Forderungen der Koalitionsmitglieder beitragen. Derartige Konzessionen werden jedoch nur in dem Maße gemacht, als sie zur Leistungs- und Herrschaftssicherung unbedingt erforderlich sind. D. h. die Forderungen der Koalitionsmitglieder werden nur dann erfüllt, wenn der Druck des sozio-ökonomischen Umfelds entsprechend groß genug ist und das Nicht-Erfüllen negative Konsequenzen für die Unternehmung hätte.

Das Streben der Eigentümer nach Gewinnmaximierung ist so lange als unproblematisch angesehen worden, so lange das unternehmerische Handeln positive Effekte, wie z. B. Schaffung von Arbeitsplätzen, Zahlen von Steuern, Bereitstellen von nützlichen Gütern und Dienstleistungen, hervorbrachte. Legitimiert wurde die Dominanz des Eigentümers durch sein unternehmerisches Handeln, das im Rahmen einer klassisch liberalen bzw. neoliberalen Staats- und Wirtschaftsordnung dazu diente, durch das Handlungsmotiv des Eigennutzes und das Handlungsziel der Vermögensmehrung zugleich ein Optimum an gesamtgesellschaftlicher Wohlfahrt zu erreichen.

Das liberale Marktmodell ist jedoch lediglich geeignet, die ökonomischen Bedürfnisse zu befriedigen, die sich in Tauschwerten erfassen lassen und sich über die Kaufkraft der Konsumenten äußern. Alle übrigen Bedürfnisse, wie z. B. außerökonomische, die keinen Tauschwert haben, oder auch ökonomische, die sich durch mangelnde Kaufkraft keine Resonanz verschaffen können, bleiben hingegen unberücksichtigt, so daß das Teilsystem Wirtschaft nur einen Teil der Bedürfnisse erfaßt, die in einer Gesellschaft existieren. In dem Maße jedoch, in dem die negativen externen Effekte insbesondere der industriellen Produktion immer mehr zunehmen und für eine immer breitere

Öffentlichkeit sichtbar werden, verschaffen sich immer mehr nicht-ökonomische Bedürfnisse, wie z.B. nach einer intakten Umwelt, Gehör.

Rechtliche Ansprüche gegen eine Unternehmung können nur Vertragspartner geltend machen, wie z.B. ein Konsument, der gegen ein schadhaftes Produkt sein Recht auf Nachbesserung, Minderung oder Ersatz oder im Fall von erlittenen Schäden Schadenersatzforderungen eingeklagt. Doch durch die Produktion und Konsumtion werden nicht nur die Marktteilnehmer Produzent und Konsument, sondern auch unbeteiligte, aber betroffene Dritte tangiert. Die durch die externen Effekte der Produkte oder Produktionsverfahren Betroffenen können keine vergleichbaren vertraglichen Anprüche geltend machen, sondern höchstens öffentlich- und zivilrechtliche (aus Verschuldens- oder Gefährdungshaftung der Produzenten).

Da weder die externen Effekte noch die Ansprüche Dritter im liberalen Marktmodell erfaßt werden, wird in zunehmenden Maße von den Unternehmungen gefordert, eine Vielzahl weitergehender Wünsche in den Entscheidungsprozessen zu berücksichtigen, wie z.B. von den Verbrauchern Aufklärung und Beratung sowie Vermeidung schädlicher Produktauswirkungen oder von der Region und der gesamten Bevölkerung Vermeidung von Wasser-, Boden- und Luftverschmutzung, Lärmbelästigung sowie Recycling bzw. Vermeidung von Abfallprodukten. Da Umwelt ein gesellschaftliches Gut ist und der Umweltschutz damit ein gesellschaftliches Ziel darstellt, trägt eine Unternehmung, wenn sie Umweltschutzmaßnahmen ergreift, zwar zur Erfüllung des gesellschaftlichen Ziels ‚Umweltschutz' bei, Umweltschutz wird damit aber nicht zu einem Ziel der Unternehmung, wie häufig behauptet wird.

Einzelwirtschaftlich gesehen werden Unternehmungen danach beurteilt, „was ihre umweltpolitischen Maßnahmen zur Erfüllung betrieblicher Formalziele (vor allem Gewinn, Rentabilität) beisteuern" (*Strebel* 1980, 49). Die Berücksichtigung des Umweltschutzes in erwerbswirtschaftlichen Unternehmungen stellt damit faktisch eine **Restriktion des Gewinnziels** dar, wie z.B. auch die Besteuerung der Unternehmungseinkünfte (*Kudert* 1990, 569), und kein eigenständiges Ziel.

Die Behauptung von Unternehmungen, daß sie das Kundeninteresse oder den Umweltschutz als oberstes Ziel betrachten, stellt eine Verschleierung des Eigeninteresses an einer Gewinnmaximierung dar und kann daher nur als Marketingstrategie betrachtet werden (*Schneider* 1990, 883), die dazu dient, das Image der Unternehmung in Richtung des allgemeinen Trends ‚Umweltbewußtsein' zu verbessern.

Unternehmungen werden nicht gegründet, um Umweltschutzpreise zu gewinnen, sondern um nachhaltig ökonomische Erträge zu erwirtschaften. Die hier vorgestellten neueren verhaltenswissenschaftlichen Beiträge zu einer Theorie der Unternehmung können lediglich deutlich machen, daß dieses Ziel langfristig nur zu erreichen ist, wenn die Interessen aller Stakeholder als Nebenbedingungen in die unverändert ökonomisch ausgerichtete Zielfunktion der Unternehmung eingehen (*Nork* 1991).

Literatur

Alchian, A. A., Demsetz, H. (1972), Production, Information Costs, and Economic Organization, in: American Economic Review, S. 777–795
Barnard, C. I. (1938), The Functions of the Executive, Cambridge, Mass.
Berle, A. A., Means, G. C., (1932), The Modern Corporation and Private Property, New York
Cyert, R. M., March, J. G. (1963), A Behavioral Theory of the Firm, Englewood Cliffs
Easton, D. (1965), A Systems Analysis of Political Life, New York etc.
Freeman, R. E. (1984), Strategic Management. A Stakeholder Approach, Boston etc.
Friedman, M. (1971), Die soziale Verantwortung der Geschäftswelt, in: *Schmölders, G.* (Hrsg.), Der Unternehmer im Ansehen der Welt, Bergisch Gladbach, S. 198–206
Grabatin, G. (1981), Effizienz von Organisationen, Berlin/New York
Gutenberg, E. (1983), Grundlagen der Betriebswirtschaftslehre, 1. Bd.: Die Produktion, 24. Aufl., Berlin etc.
Hirschman, A. O. (1970), Exit, Voice and Loyality, Cambridge, Mass. 1970; deutsch: Abwanderung und Widerspruch, Tübingen
Kreikebaum, H. (1991), Strategische Unternehmensplanung, 4. Aufl., Stuttgart etc.
Kudert, St. (1990), Der Stellenwert des Umweltschutzes im Zielsystem einer Betriebswirtschaft, in: Wisu 10/1990, S. 569–575
March, J. G., Simon, H. A. (1958), Organizations, New York/London/Sydney
Miles, R. H. (1987), Managing the Corporate Social Environment, Englewood Cliffs
Mintzberg, H. (1983), Power in and around Organizations, Englewood Cliffs
Nork, M. E. (1991), Die Unternehmung im Spannungsfeld ökologischer Anforderungen, Diss., Berlin
Pfeffer, J., Salancik, G. R. (1978), The External Control of Organizations: A Resource Dependence Perspective, New York
Pfriem, R. (Hrsg.) (1986), Ökologische Unternehmenspolitik, Frankfurt a.M./New York
Schneider, D. (1990), Unternehmensethik und Gewinnprinzip in der Betriebswirtschaftslehre, in: ZfbF 10/1990, S. 869–891
Schröder, K. T. (1978), Soziale Verantwortung in der Führung der Unternehmung, Berlin
Staehle, W. H. (1987), Interaction with External Actors as a Guide to Business Efficiency, in: *Dorow, W.* (Hrsg.), Die Unternehmung in der demokratischen Gesellschaft, Berlin/New York, S. 153–159
Staehle, W. H. (1990), Management. Eine verhaltenswissenschaftliche Perspektive, 5. Aufl., München
Staehle, W. H., Grabatin, G. (1979), Effizienz von Organisationen, in: DBW 1B/1979, S. 89–102

Staehle, W. H., Stoll, E. (Hrsg.) (1984), Betriebswirtschaftslehre und ökonomische Krise. Kontroverse Beiträge zur betriebswirtschaftlichen Krisenbewältigung, Wiesbaden

Staehle, W. H., Sydow, J. (1991), Managementphilosophie, in: *Frese, E.* (Hrsg.), Handwörterbuch der Organisation, 3. Auflage, Stuttgart

Steinmann, H. (1969), Das Großunternehmen im Interessenkonflikt, Stuttgart

Stoll, E. (1979), Industrielle Arbeitslehre, Bd. 1: Kapital- und arbeitsorientierte Zielkonzeptionen bei der Gestaltung industrieller Arbeitsbedingungen, Köln

Strebel, H. (1980), Umwelt und Betriebswirtschaft. Die natürliche Umwelt als Gegenstand der Unternehmenspolitik, Berlin

Ten Berge, D. (1989), Crash Management, Düsseldorf/Wien/New York

Thompson, J. D. (1967), Organizations in Action, New York

Ulrich, P. (1977), Die Großunternehmung als quasi-öffentliche Institution. Eine politische Theorie der Unternehmung, Stuttgart

Ulrich, P. (1983), Konsensus-Management. Die zweite Dimension rationaler Unternehmensführung, in: BFuP 1/1983, S. 70–84

Weihe, H. J. (1976), Unternehmungsplanung und Gesellschaft, Berlin/New York

Weitzig, J. K. (1979), Gesellschaftsorientierte Unternehmenspolitik und Unternehmensverfassung, Berlin/New York

Wicke, L. (1991), Umweltökonomie: eine praxisorientierte Einführung, 3. Aufl., München

Winter, G. (1987), Das umweltbewußte Unternehmen. Ein Handbuch der Betriebsökologie mit 22 Check-Listen für die Praxis, München

Kapitel 6
Der Führungsnachwuchs und die Umwelt

von *Lutz von Rosenstiel*

Vorbemerkung 84
1. Gewinnmaximierung – ist das alles? 85
2. Diskrepanzen zwischen Ist und Soll 89
3. Führungskräfte – Führungsnachwuchs: ein Vergleich 89
   3.1 Identifikationsbereitschaft 90
   3.2 Von Mittelwerten und der Systematik der Streuung 92
4. Auf der Suche nach Veränderungen: ein Längsschnitt 94
   4.1 „Erhaltung der Umwelt" als Ist und Soll in Organisationen 95
   4.2 Wandel durch unmittelbare Erfahrung 100
   4.3 Das unmittelbare Erleben: Die qualitative Perspektive 102
5. Fazit 104
Literatur 104

Vorbemerkung

Entscheidungsträger in den Unternehmen von morgen werden heute mehrheitlich in den Universitäten und technischen Hochschulen ausgebildet. Zunehmend sind Führungskräfte bis ins mittlere Management hinein zumindest in den Großunternehmen akademisch vorgebildet. Entsprechend ist für die Unternehmen und deren Zukunftsplanung von hohem Interesse, was die Examenskandidaten in technisch, wirtschaftswissenschaftlich, juristisch oder sozialwissenschaftlich orientierten Studiengängen denken, welche Wertorientierungen sie auszeichnen, welche impliziten oder gar expliziten Vorstellungen sie vom Wirtschaftssystem insgesamt und von den Unternehmen im Spezifischen haben.

Im Rahmen einer breit angelegten Studie (*v. Rosenstiel, Stengel* 1987) hatten wir zeigen können, daß die Wertorientierungen, Karrierevorstellungen und Wirtschaftsbilder von Führungskräften aus Großunternehmen der deutschen Wirtschaft sich deutlich von denen jener unterscheiden, die als Studierende „einschlägiger" Studiengänge als deren potentielle Nachfolger angesehen werden dürfen. Insbesondere fiel dabei auf, daß die Streuung der unternehmens- und wirtschaftsrelevanten Wertorientierungen und Einstellungen bei den Führungskräften deutlich geringer war als beim Nachwuchs und daß bei diesen in starker Ausprägung Freizeitpräferenzen oder auf die Unternehmen oder die Wirtschaft bezogene Änderungswünsche festzustellen waren, die bei den „gestandenen" Führungskräften nur relativ schwach ausgeprägt oder quantitativ selten anzutreffen waren.

Werden nun die Führungskräfte von morgen freizeitorientiert oder alternativ engagiert sein? Sind die Manager von morgen grün? (*v. Rosenstiel, Stengel* 1987) Werden sie sich deutlich von ihren Vorgängern unterscheiden – u. a. auch in bezug auf ihre Einstellungen zum Umweltschutz? Werden Sie die Ökologie ins Zielsystem der Unternehmen tragen?

Diese Frage ist nicht ganz einfach zu beantworten. Es ist zwar denkbar, daß der Nachwuchs seine zum Teil deutlich ökologisch ausgeprägten Haltungen in die Organisationen trägt und in den Führungsetagen verbreitet. Es sind allerdings auch legitime Zweifel angebracht. Dadurch, daß ein wachsender Prozentsatz eines Altersjahrgangs ein akademisches Studium abschließt und andererseits die Führungspositionen in der Wirtschaft nicht proportional dazu ansteigen, bestehen zunehmend Selektionsmöglichkeiten.

Nicht jeder einschlägig ausgebildete Akademiker darf hoffen, eine Führungsposition zu erreichen. Empirische Untersuchungen sprechen dafür (*Windolf, Hohn* 1984; *Spieß, v. Rosenstiel, Nerdinger, Stengel* 1987; *v. Rosenstiel, Nerdinger, Spieß* 1991), daß keineswegs allein Indikatoren der fachlichen Qualifikation wie z. B. die Abschlußnote diesen Selektionsprozeß steuern, sondern auch Wertorientierungen und Einstellungen. Dabei muß zunächst offen bleiben, ob es sich primär um Fremd- oder Selbstselektion handelt. So ist etwa bekannt, daß in einigen Unternehmen, die der Rüstungsindustrie zuzurechnen sind, Bewerbungen von Wehrdienstverweigerern nicht berücksichtigt werden, selbst wenn diese eine hervorragende fachliche Qualifikation aufweisen. In weniger offensichtlicher Weise werden in vielen Unternehmen solche Bewerber „ausgefiltert", bei denen man „grüne" Grundüberzeugungen vermutet, um nicht Unruhe, Illoyalität oder gar „die Revolution ins Haus zu holen" (*Windolf, Hohn* 1984).

Aber auch Selbstselektionsprozesse mit ähnlichem Ausgang sind vorstellbar und zumindest kasuistisch in empirischer Weise nachgewiesen (*Lüder* 1986). So wird sich ein überzeugter Pazifist kaum bei einem Unternehmen der Rüstungsindustrie bewerben, ein Atomkraftgegner nur im Ausnahmefall bei einem Unternehmen der Energiewirtschaft, ein ökologisch Orientierter kaum in einem Chemieunternehmen, das durch Umweltskandale in die Schlagzeilen der Presse geriet. In die Unternehmen geraten dadurch mit erhöhter Wahrscheinlichkeit solche Personen, die zu ihnen passen. Wo dies nicht gelingt, ist intra- und interpersoneller Konflikt wahrscheinlich (*v. Rosenstiel* 1986, 1989).

Gerade angesichts der durch den Wertewandel stark geprägten Grundorientierung der akademisch Gebildeten (*Inglehart* 1977; *Klages* 1984) kommt es zu Spannungen zwischen den gewandelten Werten speziell des Führungsnachwuchses und den erstarrten Strukturen der Organisationen (*v. Klipstein, Strümpel* 1985), die zu Identifikationskrisen führen können (*v. Rosenstiel* 1986; *v. Rosenstiel, Stengel* 1987), was wiederum die Personalpolitik (*Bihl* 1987) oder die Organisationsentwicklung (*v. Rosenstiel, Einsiedler, Streich, Rau* 1987) herausfordert.

Durch die Maßnahmen des Unternehmens kann der einzelne im Zuge der tertiären Sozialisation verändert werden. Im Konfliktfall ist die Organisation meist stärker als der einzelne (*Argyris* 1965). Konkret könnte dies bedeuten, daß die Organisation dann künftig über im klassischen Sinne karriereorientierte Führungskräfte verfügt, die lediglich durch eine freizeitorientierte oder alternativ engagierte – und hier spezifisch ökologische – Vergangenheit ausgezeichnet sind.

Die Antwort auf derartige Fragen und Vermutungen soll nicht allein der Spekulation überlassen bleiben, sondern sie soll zumindest versuchsweise auch empirisch fundiert werden und zwar hier mit Blick auf die Einstellungen des Führungsnachwuchses der natürlichen Umwelt und deren Schutz gegenüber.

1. Gewinnmaximierung – ist das alles?

Heinen (1971) hat auf der Basis grundsätzlicher Überlegungen und empirischer Untersuchungen gezeigt, daß das Bild von der ausschließlich dem Ziel der Gewinnmaximierung verpflichteten Unternehmung zu undifferenziert ist.

Tatsächlich ist es meist ein ganzes System hierarchisch geordneter Ziele, das das Unternehmen sowie das Verhalten der in ihm tätigen Menschen steuert. Führungskräfte der Wirtschaft identifizieren sich im Regelfall mit diesen Zielen (*Witte, Kallmann, Sachs* 1981; *Ulrich, Probst, Studer* 1985). Von ihnen wird ja auch erwartet, daß sie diese Ziele expansiv nach außen und innen vertreten. Ob dies auch in Zeiten eines intensiven gesellschaftlichen Wertewandels (*Klages* 1984) den meisten konfliktfrei gelingt, war eine der Leitfragen unserer empirischen Untersuchung.

Eines dieser Konfliktfelder könnte der **Umgang mit der Umwelt** sein. Es besteht kein Zweifel daran, daß – zumindest in Mitteleuropa – in der Gesellschaft das Umweltbewußtsein nachhaltig gewachsen ist und in der Bewahrung einer unzerstörten Natur zunehmend ein primäres politisches Ziel gesehen wird. Ein derartiger Wandel der Sichtweisen setzte bereits im Zuge des vieldiskutierten Wertewandels (*Klages* 1984) ein, erreichte aber seine eigentliche Dynamik erst in der Folgezeit. Die Untersuchungen zum Wertewandel lassen ja erkennen, daß die zentralen Bewegungen, die zu einer stärkeren Betonung der Selbstentfaltungswerte führten, Mitte der 70er Jahre gebrochen schienen, ohne einen Rückschlag des Pendels einzuleiten. Dagegen setzte sich die Sensibilisierung in Fragen der Umwelt auch in den 80er Jahren ungebrochen fort, wie Abb. 1 zeigt.

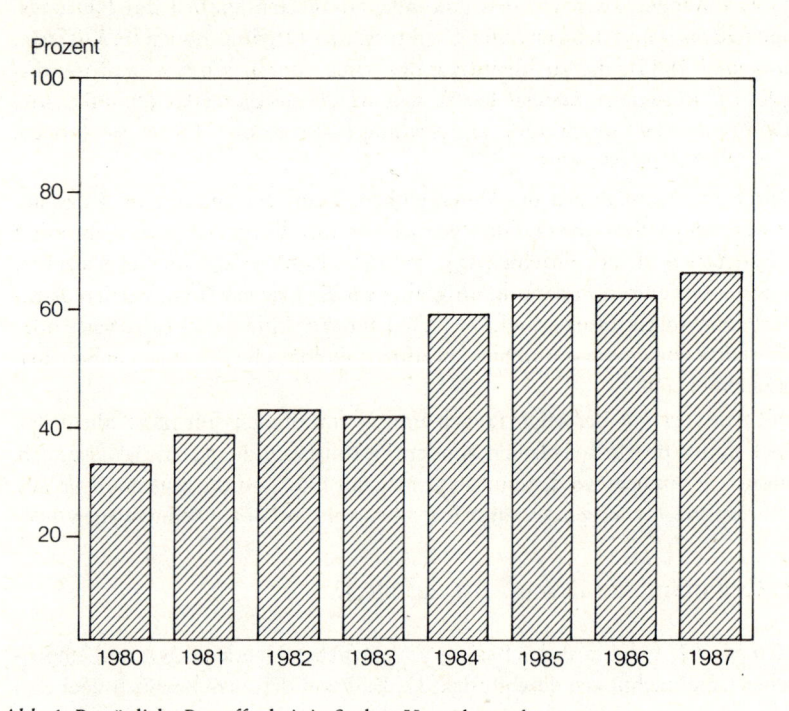

Abb. 1: Persönliche Betroffenheit in Sachen Umweltverschmutzung

1. Gewinnmaximierung – ist das alles? 87

Gestützt wird dies durch die Untersuchungen von *Inglehart,* der international vergleichend seit langem Jahr für Jahr nach politischen Zielpräferenzen fragt und dabei den vieldiskutierten Wandel vom „Materialismus" zum „Postmaterialismus" diagnostizierte (*Inglehart* 1977). Dieser Postmaterialismus ist nun auch wesentlich durch die Betonung des Umweltzieles innerhalb des politischen Zielsystems definiert. Abb. 2 läßt erkennen, in welch starkem Maße zumindest in Nordwesteuropa und in den USA die postmaterialistische Grundorientierung deutlich zugenommen hat. Sehr ausgeprägt gilt dies auch für die „alte" Bundesrepublik Deutschland.

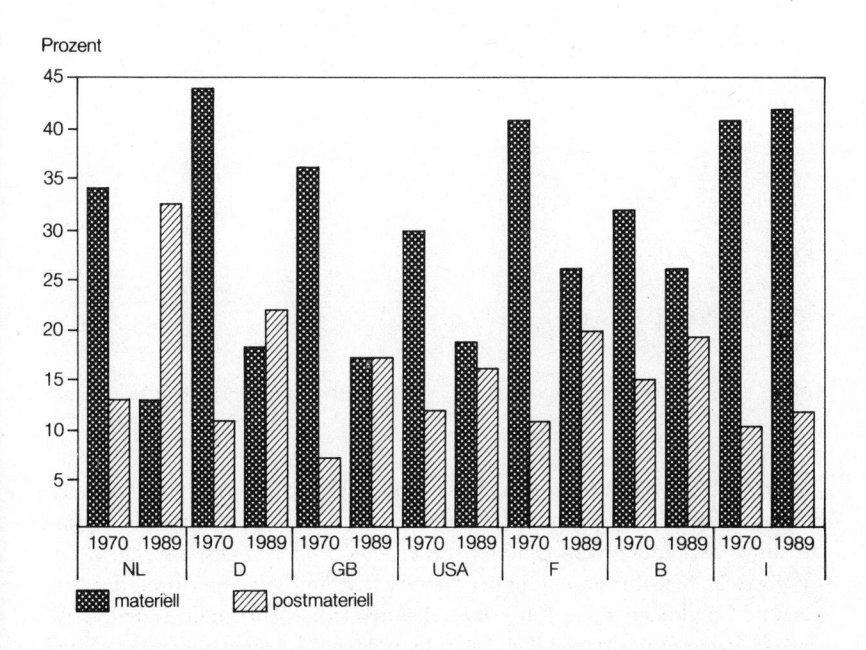

Abb. 2: Das Verhältnis von Materialisten zu Postmaterialisten in sieben werstlichen Gesellschaften 1970 und 1989

Nun wird häufig dahingehend argumentiert, daß gerade auf dem Gebiet der umweltrelevanten Einstellungen die Korrelation zwischen Einstellung und Verhalten besonders gering sei, was nicht selten damit karikaturhaft illustriert wird, daß Autobahngegner im privaten PKW zu einer Demonstration gegen den weiteren Ausbau einer Fernstraße fahren. Natürlich ist es unbestritten, daß strukturelle Gegebenheiten häufig ein Handeln im Sinne präferierter Einstellungen behindern oder gar unmöglich machen. Dennoch zeigen international vergleichende Daten von *Inglehart,* daß der Postmaterialistenanteil in verschiedenen Ländern recht gut prognostiziert, in welchem Ausmaß Bürgerinitiativen zum Schutze der Umwelt beobachtet werden können. Abb. 3 (S. 88) verdeutlicht dies.

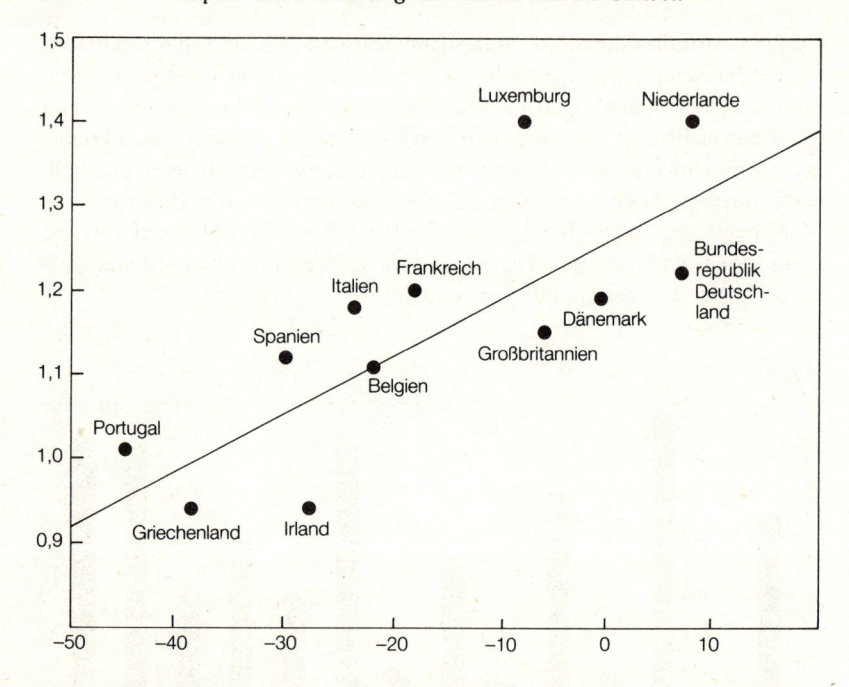

Kapitel 6: Der Führungsnachwuchs und die Umwelt

Abb. 3: Bürgerinitiativen zum Schutz der Umwelt in Relation zum Anteil der Postmaterialisten in 12 Ländern

Derartige Bürgerinitiativen richten sich häufig gegen Unternehmen der Wirtschaft, insbesondere gegen Projekte der Industrieansiedlung oder aber gegen als umweltschädlich wahrgenommene Produkte oder Dienstleistungen. Die ökologische Sensibilisierung in der Gesellschaft, und hier spezifisch der Jungen und Gebildeten in ihr, führt dazu, daß den Unternehmen unterstellt wird, daß sie wenig umweltfreundlich handeln und den Umweltschutz nicht gerade mit hoher Priorität in ihrem Zielsystem ansiedeln. *Stähler* (1991) hat kürzlich in einer theoretischen Analyse gezeigt, wie schwer es sein dürfte, die Umweltorientierung in den strategischen Konzeptionen des Unternehmens zu verankern. Tatsächlich dürften wohl gesetzliche Maßnahmen innerhalb eines marktwirtschaftlichen Systems nicht ausreichen, um hier gravierende Fortschritte zu erzielen, wenn nicht die Einstellungen und Wertorientierungen der Entscheidungsträger, und das heißt wiederum der Führungskräfte, dies stützen.

Es erscheint also relevant und angemessen danach zu fragen, wie die umweltbezogenen Einstellungen jener aussehen, die als künftige Führungskräfte der Wirtschaft und Verwaltung vorgesehen sind, und wie sich diese Einstellungen entwickeln, wenn sie erste Berufserfahrungen in Systemen gewinnen, die möglicherweise dem Umweltschutz nur nachgeordnete Bedeutung einräumen.

2. Diskrepanzen zwischen Ist und Soll

Es ist eine naheliegende Überlegung: Wer auf irgendeinem Gebiet die Ziele, die er erreichen soll, auch für erstrebenswert hält, wird sich mit den ihm übertragenen Aufgaben und der Organisation, innerhalb derer er diese Aufgaben zu erfüllen sucht, stärker identifizieren. Für verschiedene Autoren ist entsprechend die „Bindung" an die Werte und Ziele der Organisation geradezu das Bestimmungsmerkmal für die Identifikation mit der Organisation (*Stengel* 1987).

Daran orientiert hatten wir in einer Pilotstudie (*v.Rosenstiel, Stengel* 1987) acht Unternehmensziele – vier davon im Sinne von *Inglehart* (1977) eher materialistisch, vier eher postmaterialistisch, (darunter „Erhaltung der Umwelt"), orientiert – Führungs- und Führungsnachwuchskräfte mit der Bitte vorgelegt, jeweils jene drei anzukreuzen, die ihrer Meinung nach von den Organisationen der Wirtschaft angestrebt werden, und sodann – unabhängig davon – jene zu kennzeichnen, die die Unternehmen anstreben sollten. Je größer die Diskrepanz zwischen den wahrgenommenen Ist- und Soll-Zielen, desto geringer – so operationalisierten wir – ist die Identifikationsbereitschaft.

Bei den Führungsnachwuchskräften zeigte sich dann auch hypothesengemäß, daß die Karrieremotivation – operationalisiert über die Bewertung von Karriere innerhalb eines semantischen Differentials – mit der so gemessenen Identifikationsbereitschaft korreliert. Konkret: Je größer die Differenz zwischen wahrgenommenen Ist-Zielen und gewünschten Soll-Zielen der Organisation ist, desto negativer ist das Bild der Karriere beim Befragten.

3. Führungskräfte – Führungsnachwuchs: ein Vergleich

Im Rahmen einer als Pilotstudie konzipierten Querschnittsanalyse (*v. Rosenstiel, Stengel* 1987) erhoben wir eine größere Zahl von Wertorientierungen und Einstellungen bei mehr als 1000 Führungskräften aus größeren deutschen Unternehmen und bei mehr als 2000 Studenten höherer Semester aus ingenieurs-, wirtschafts- und sozialwissenschaftlichen Studiengängen. Erfragt wurden dabei mit Hilfe eines standardisierten schriftlichen Erhebungsinstrumentes – wie bereits skizziert – das Bild der Karriere, die Identifikationsbereitschaft über wahrgenommene Ist- und Soll-Ziele von Organisationen, Einstellungen zu Arbeit, Technik, Wirtschaftswachstum, Arbeitszeit, Leistungsgerechtigkeit und schließlich basale Wertorientierungen im Sinne der *Inglehart*schen Materialismus-Postmaterialismus-Dichotomie. Die Untersuchung diente einmal in deskriptiver Absicht der Beschreibung kognitiver

Welten bei Führungs- und Führungsnachwuchskräften sowie der Generierung von Hypothesen für eine Längsschnittuntersuchung.

An dieser Stelle interessiert diese Untersuchung nur unter dem Aspekt der Einstellungen der Umwelt gegenüber. Erfaßt wurden diese innerhalb des Konzeptes „Identifikationsbereitschaft" durch die Frage danach, wie es um die „Erhaltung der Umwelt" als Ist- und Sollziel der Unternehmen bestellt sei.

3.1 Identifikationsbereitschaft

Es war bereits darauf verwiesen worden, daß sich Identifikationsbereitschaft mit dem Unternehmen am ehesten dann vermuten läßt, wenn die wahrgenommenen Ist-Ziele der Organisationen mit den von der Person genannten Soll-Zielen übereinstimmen. Entsprechend prüften wir am Beispiel von acht wichtigen Zielen von Organisationen der Wirtschaft, wie ihre Bedeutung im Sinne eines Ist-Zustandes eingeschätzt wird und was im Sinne eines Soll-Zustandes erstrebt wird. Operationalisiert wurde dabei die Identifikationsbereitschaft über eine Kombination der beiden nachfolgend zitierten Fragen: „Was würden Sie persönlich vermuten – welche der nachfolgenden Ziele *werden* von den großen Organisationen unserer Wirtschaft – ausgesprochen oder unausgesprochen – mit besonderem Nachdruck verfolgt?
Bitte die drei wichtigsten ankreuzen!
o wirtschaftliches Wachstum
o Erhaltung der Umwelt
o Förderung der Persönlichkeitsentfaltung ihrer Mitarbeiter
o Entwicklung der „Dritten Welt"
o Sicherung von Arbeitsplätzen
o Steigerung des Gewinns
o Förderung des technischen Fortschritts
o Stabilisierung unserer Gesellschaftsstruktur".

„Was würden Sie persönlich sagen, welche dieser Ziele *sollten* von den großen Organisationen unserer Wirtschaft mit besonderem Nachdruck verfolgt werden?
Bitte die drei wichtigsten ankreuzen!
o Wirtschaftliches Wachstum
o Erhaltung der Umwelt
o Förderung der Persönlichkeitsentfaltung Ihrer Mitarbeiter
o Entwicklung der „Dritten Welt"
o Sicherung von Arbeitsplätzen
o Steigerung des Gewinns
o Förderung des technischen Fortschritts
o Stabilisierung unserer Gesellschaftsstruktur".

Die Ergebnisse für Führungs- und Führungsnachwuchskräfte zeigt Abb. 4.

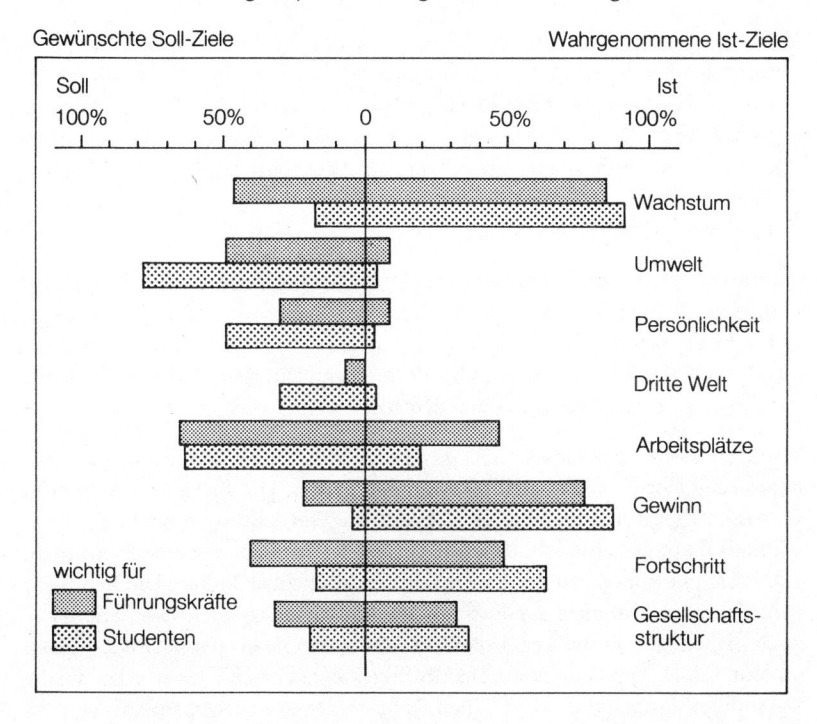

3. Führungskräfte – Führungsnachweis: ein Vergleich

Gewünschte Soll-Ziele — Wahrgenommene Ist-Ziele

Abb. 4: Ist- und Soll-Ziele von Organisationen nach Auffassung von Führungs- und Nachwuchskräften

Man erkennt: Wirtschaftliches Wachstum, Steigerung des Gewinns und Förderung des technischen Fortschritts werden von beiden Gruppen – den Führungs- und den Führungsnachwuchskräften – mehrheitlich zu den drei wichtigsten Ist-Zielen der Organisationen der Wirtschaft gezählt. Die Erhaltung der Umwelt rangiert als wahrnehmbares Ist-Ziel nach Auffassung beider Gruppen unter „ferner liefen". Generell erkennen wir, daß von beiden Gruppierungen die Ist-Ziele der Organisationen nicht sehr unterschiedlich wahrgenommen werden, die Berufserfahrung also auf diesem Feld relativ wenig bewirkt.

Anders sieht es bei den Soll-Zielen aus. Hier werden die Differenzen in den präferierten Zielen deutlich größer. Die Führungskräfte setzen auf aggregiertem Niveau die Sicherung von Arbeitsplätzen, das wirtschaftliche Wachstum, die Erhaltung der Umwelt und die Förderung des technischen Fortschritts auf die ersten vier Plätze. Auffallend ist allerdings auch hier, daß die präferierten Soll-Ziele sich wesentlich von den wahrgenommenem Ist-Zielen unterscheiden und dies gilt ganz besonders für das Ziel „Erhaltung der Umwelt". Latente Kritik und eine „angekränkelte" Identifikationsbereitschaft sind daraus zu schließen. Dies allerdings ist beim Nachwuchs sehr viel deutlicher.

Von ihm werden Erhaltung der Umwelt, Sicherung von Arbeitsplätzen, Förderung der Persönlichkeitsentfaltung der Mitarbeiter und Entwicklung der „Dritten Welt" auf die ersten Plätze gesetzt und damit Ziele, die im Sinne von *Inglehart* eher als „postmateriell" zu kennzeichnen wären. Aber auch die „gestandenen" Führungskräfte setzen als Wunschziel die „Erhaltung der Umwelt" auf Platz 2, hinter die „Sicherung der Arbeitsplätze", jedoch knapp vor „Wirtschaftliches Wachstum".

Allerdings ist bei der Interpretation Vorsicht angebracht. Die drastischen Unterschiede zwischen den Ist- und den Soll- Zielen sind zum Teil wohl als Artefakt der verwendeten Methode zu sehen. Da ja jeweils nur drei Ziele angekreuzt werden durften, werden Präferenzen einerseits, Präferenzreduzierungen andererseits überprägnant sichtbar.

Konkret: Ein Organisationsziel, das beim Individuum auf Rangplatz drei angesiedelt wird, erhält noch einen vollen Punkt, ein vielleicht fast ebenso wichtiges Ziel auf Rangplatz vier bereits die Gewichtung null. Mit der gewählten Zwangswahlmethode sollte gezielt der Tendenz vorgebeugt werden, alle Ziele mit hoher sozialer Erwünschtheit hoch zu skalieren. Die Befragten sollten in eine Situation des Entscheidungszwanges gebracht werden, der ja auch nicht selten in der Praxis besteht: Zwischen mehreren positiven Zielen im Sinne eines Appetenz-Appetenzkonfliktes muß entschieden werden, da die Ressourcen einfach nicht ausreichen, viele derartige Ziele zugleich zu berücksichtigen. Kennzeichnend hierfür ist ein Unternehmensleitsatz der Firma Hewlett Packard: „Mehr als zwei Ziele sind kein Ziel!"

3.2 Von Mittelwerten und der Systematik der Streuung

Die in Abb. 4 visualisierten Daten beziehen sich nun auf ein relativ hohes Niveau der Kollektivität (*Kaminski* 1959); d.h. es handelt sich um die Mittelwerte einer großen und vermutlich nicht sonderlich homogenen Personengruppe, die Streuungen nicht erkennen lassen. Allerdings muß man auf diesem Feld zwischen Führungs- und Führungsnachwuchskräften differenzieren. Die Datenanalysen zeigen, daß es sich bei den Führungskräften, die nahezu alle aus deutschen Großunternehmen stammten, um eine relativ homogene Population unter dem Aspekt wirtschaftsrelevanter Einstellungen handelt. Dies überrascht natürlich nicht, da sowohl Selektions- als auch langjährige Sozialisationseffekte streuungsreduzierend wirkten.

Anders sieht es bei den Führungsnachwuchskräften aus. Sie dürfen zwar unter dem Aspekt der intellektuellen Befähigung als relativ homogen gelten, d.h. Abitur und Entscheidung für ein akademisches Studium bedingten eine Streuungsreduktion, doch dürften durch den Freiraum relativ liberaler Bildungssysteme und die Wahl unterschiedlicher Studiengänge die wirtschafts-

3. Führungskräfte – Führungsnachweis: ein Vergleich

relevanten Wertorientierungen und Einstellungen deutlich streuen. Die Datenanalysen bestätigten das auch in bezug auf die wahrgenommenen Ist- und Soll-Ziele von Organisationen. Da gibt es zum Teil Personen, bei denen die gewählten Ist- und Soll-Ziele inhaltlich voll übereinstimmten, die also – im Sinne unserer Operationalisierung – eine hohe Identifikationsbereitschaft mit den Unternehmen zeigten, während andererseits auch solche Personen angetroffen werden konnten, bei denen die wahrgenommenen Ist- und Soll-Ziele gänzlich auseinanderklafften. Diese Personen unterschieden sich dann auch in bezug auf vielfältige andere Einstellungen recht deutlich voneinander, z.B. auch dadurch, daß – plausiblermaßen – die hoch Identifikationsbereiten sich als stark karrieremotiviert erwiesen, während die wenig Identifikationsbereiten durch geringe Karrieremotivation auffielen (v. Rosenstiel 1986).

Diese deutlichen Unterschiede haben uns dazu geführt, die Führungsnachwuchskräfte typologisch zu differenzieren. Die theoretische Begründung und empirische Fassung dieser Typologie ist mehrfach dargestellt worden (v. Rosenstiel 1983; v. Rosenstiel, Stengel 1987; v.Rosenstiel 1989, v. Rosenstiel, Nerdinger, Spieß 1991).

Wir unterscheiden dabei zwischen
– karriereorientierten Personen
– Personen mit einer freizeitorientierten Schonhaltung
– Personen mit alternativem Engagement
Die Typenverteilung bei Führungskräften, Führungsnachwuchskräften und einem Querschnitt der erwachsenen Bevölkerung zeigt Tab. 1.

Gruppe Typ	Nach- wuchs	Füh- rungs- kräfte	Bevöl- kerungs- quer- schnitt
Karriereorientierung	21	75	24
freizeitorientierte Schonhaltung	31	7	50
alternatives Engagement	46	17	24

Tab. 1: Typenverteilung (in %)

Grob gesagt: Bei den bereits „bestallten" Führungskräften dominiert eindeutig die Karriereorientierung, bei den Führungsnachwuchskräften – d.h. den Studenten, die noch nicht in das Beschäftigungssystem eingestiegen sind – das alternative Engagement, beim Bevölkerungsdurchschnitt die freizeitorientierte Schonhaltung.

Bezogen auf das Soll-Ziel „Erhaltung der Umwelt" läßt sich bei den Führungsnachwuchskräften festhalten, daß alle dieses Ziel entschieden betonen, am nachhaltigsten allerdings die alternativ Engagierten, gefolgt von den Freizeitorientierten und – mit deutlichem Abstand – den Karriereorientierten. Damit nähern sie sich den Sichtweisen der „gestandenen" Führungskräfte, die allerdings einen noch geringeren Wert aufweisen: Jeder zweite zählt bei dieser Gruppe die „Erhaltung der Umwelt" zu den drei wichtigsten Soll-Zielen der Organisationen.

Wird der Nachwuchs morgen ähnlich denken oder wird der Umweltgedanke, wenn diese engagierten jungen Leute in die Entscheidungspositionen der Betriebe aufrücken, in den Unternehmen Raum gewinnen?

Oder – allgemein gefragt – werden nur die Karriereorientierten eingestellt und befördert werden?

Was wird aus den anderen, den freizeitorientierten und alternativ Engagierten? Bleiben sie „draußen vor der Tür", wandeln sie – einmal im Beschäftigungssystem – ihre Einstellungen oder tragen sie ihr ökologisches Engagement in das Unternehmen hinein und wirken auf diese Weise in diesen zielverändernd? Dies prüften wir im Rahmen einer Längsschnittstudie (*v. Rosenstiel* 1989; *v. Rosenstiel, Nerdinger, Spieß, Stengel* 1989).

4. Auf der Suche nach Veränderungen: ein Längsschnitt

Im Rahmen einer von der Deutschen Forschungsgemeinschaft geförderten Längsschnittstudie untersuchten wir eine Vielzahl unterschiedlicher Werthaltungen, Instrumentalitätswahrnehmungen, Attributionsneigungen, wahrgenommener sozialer Normen, Berufsorientierungen, Einstellungs- und Aufstiegserwartungen junger Akademiker und erfaßten zudem die Art und Weise, wie sie sich auf den Berufseinstieg vorbereiten, welche Erfahrungen sie dabei machen und wie sie diese häufig als „Praxisschock" bezeichnete Phase erleben (*Spieß et al.* 1988; *Nerdinger, v. Rosenstiel, Spieß, Stengel* 1988; *v. Rosenstiel, Nerdinger, Spieß* 1991). Geachtet wurde jeweils darauf, daß die erste Befragung kurz vor Abschluß des Studiums, also noch im Bildungssystem erfolgte, während die zweite Befragung dann durchgeführt wurde, wenn die Personen bereits im Beschäftigungssystem bzw. arbeitslos waren.

Weitere Befragungen folgten in größeren Abständen, wobei die letzte – nur noch an einem Teil der Gesamtstichprobe durchgeführt – einen qualitativen Charakter hatte: Die Befragten erzählten von ihren Erfahrungen und begründeten, warum sie ihre Haltungen verändert hatten. Das Design und die Anzahl der befragten Personen lassen sich aus Tab. 2 ablesen.

4. Auf der Suche nach Veränderungen: ein Längsschnitt

Stich-probe	Studienrichtungen	Befragung 1984	1985	1986	1988
1	Technik	150	122	86	15
	Wirtschaft	230	152	96	13
	Sozial	117	91	60	0
2	Technik		145	92	19
	Wirtschaft		141	101	12
	Sozial		96	58	0
3	Technik			79	17
	Wirtschaft			120	15
	Sozial			54	0

Tab. 2: Untersuchungsdesign und Anzahl der Befragten

Auf die große Vielfalt der in dieser Studie gefundenen Daten soll hier nicht eingegangen werden (hierzu *v. Rosenstiel, Nerdinger, Spieß, Stengel* 1989; *v. Rosenstiel, Nerdinger, Spieß* 1991). Wir wollen uns – dem Thema dieses Beitrags entsprechend – auf die Einstellung zur Erhaltung der Umwelt beschränken.

4.1 „Erhaltung der Umwelt" als Ist und Soll in Organisationen

Auch in der Längsschnittstudie wurde wie in der soeben angesprochenen Querschnittstudie die Erhaltung der Umwelt als eines der Unternehmensziele thematisiert, die in ihrer Bedeutung als wahrgenommene Ist- und Soll-Ziele von Organisationen von den Befragten erhoben wurden. Auf Grund der Vorerfahrungen mit der Querschnittstudie und auf Grund zusätzlicher qualitativer Studien änderten wir die Frage allerdings ab. Die Zahl der erhobenen Ziele stieg an, und wir verzichteten auf die Zwangswahlmethode zugunsten einer Skalierung aller vorgegebenen Ziele auf einer sechsstufigen *Likert*skala. Das Aussehen der Fragen zu den Ist- und Soll-Zielen, deren Kombination wiederum zur Operationalisierung der zuvor beschriebenen Identifikationsbereitschaft führte, zeigt Abb. 5 (S. 96).

Im folgenden finden Sie eine Liste von Zielen. Kreuzen Sie bitte an, wie wichtig oder unwichtig diese Ziele nach Ihrer Meinung den Unternehmen unserer Wirtschaft sind.

	vollkommen unwichtig					sehr wichtig
Beschaffung von Arbeitsplätzen	0	1	2	3	4	5
Investitionen in der „Dritten Welt"	0	1	2	3	4	5
Persönlichkeitsentfaltung der Mitarbeiter	0	1	2	3	4	5
Förderung des technischen Fortschritts	0	1	2	3	4	5
Überleben des Unternehmens	0	1	2	3	4	5
Gutes Betriebsklima	0	1	2	3	4	5
Qualifikation der Mitarbeiter im Betrieb	0	1	2	3	4	5
Steigerung des Gewinns	0	1	2	3	4	5
Gesundheit der Mitarbeiter	0	1	2	3	4	5
Streben nach Macht	0	1	2	3	4	5
Erhaltung der Umwelt	0	1	2	3	4	5
Internationale Konkurrenzfähigkeit	0	1	2	3	4	5

Kreuzen Sie bitte an, wie wichtig oder unwichtig die folgenden Ziele den Unternehmen unserer Wirtschaft sein sollten.

	vollkommen unwichtig					sehr wichtig
Förderung des technischen Fortschritts	0	1	2	3	4	5
Internationale Konkurrenzfähigkeit	0	1	2	3	4	5
Gutes Betriebsklima	0	1	2	3	4	5
Qualifikation der Mitarbeiter im Betrieb	0	1	2	3	4	5
Überleben des Unternehmens	0	1	2	3	4	5
Gesundheit der Mitarbeiter	0	1	2	3	4	5
Steigerung des Gewinns	0	1	2	3	4	5
Beschaffung von Arbeitsplätzen	0	1	2	3	4	5
Persönlichkeitsentfaltung der Mitarbeiter	0	1	2	3	4	5
Erhaltung der Umwelt	0	1	2	3	4	5
Streben nach Macht	0	1	2	3	4	5
Investitionen in der „Dritten Welt"	0	1	2	3	4	5

Abb. 5: Fragebogen zu Ist- und Soll-Zielen

4. Auf der Suche nach Veränderungen: ein Längsschnitt

Die in Abb. 6 visualisierten Befragungsergebnisse der Stichprobe 1 zum Zeitpunkt t_1 werden graphisch konfrontiert mit den Antworten nicht akademisch ausgebildeter Personen die zu Vergleichs- und Kontrollzwecken befragt worden waren, während des Übergangs vom Bildungs- ins Beschäftigungssystem.

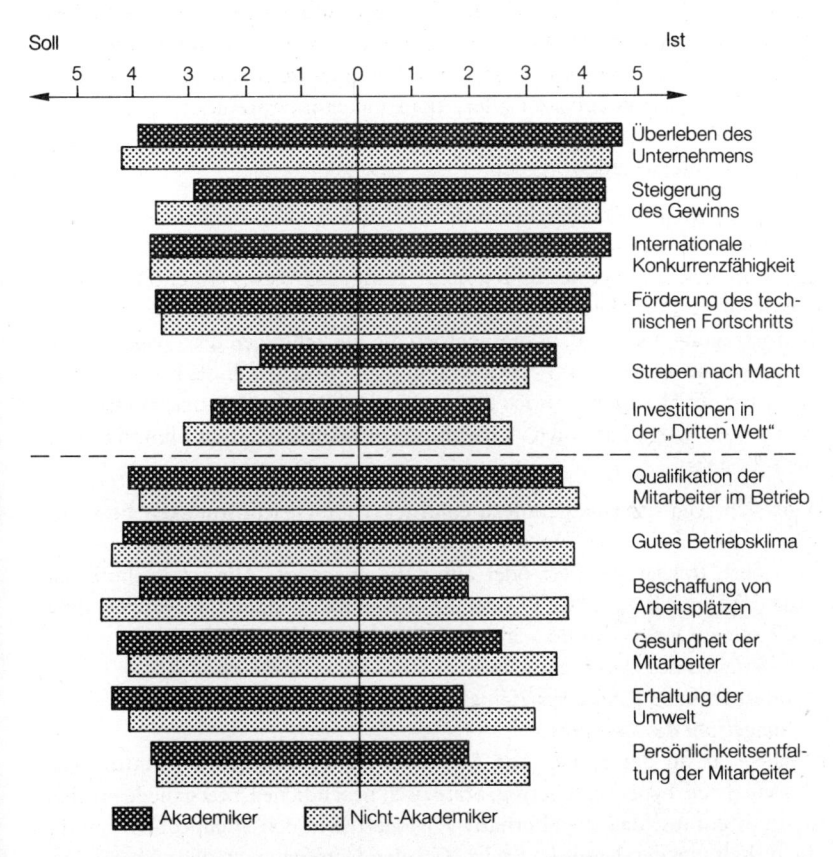

Abb. 6: Wahrgenommene Ist- und Soll-Ziele von Unternehmen bei Akademikern und Nicht-Akademikern in der Phase des Übergangs vom Bildungs- ins Beschäftigungssystem

Obwohl auf Grund des veränderten methodischen Vorgehens die Visualisierung der Ergebnisse nicht mehr jene Prägnanz besitzt, die bei der Querschnittsanalyse so imponierte, ist der Trend dennoch der gleiche: Eher – folgen wir der Terminologie von *Inglehart* (1977) – materialistische Organisationsziele werden als die primären Ist-Ziele von den Jungakademikern wahrgenommen, während die postmaterialistischen Ziele als die primären Sollziele gelten. Auch hier zeigt sich, daß – interindividuell verglichen – die Karrieremotivation der Jungakademiker um so höher ist, je geringer die Differenz zwischen den Ist- und den Sollzielen erscheint, d.h. je höher die

Identifikationsbereitschaft ausfällt. Die bei den Jungakademikern feststellbare relativ große kritische Distanz zu den wahrgenommenen Zielen der Organisationen ist bei den Nicht-Akademikern kaum zu diagnostizieren. Hier zeigt sich wiederum, daß der postmaterialistische Wertewandel im Sinne von *Inglehart* (1977) deutlich an den Grad der Bildung gebunden ist (*Klages* 1984), ein Umstand, der *Inglehart* dazu führte, den Wertewandel etwas ironisierend als „Herrensöhnchensyndrom" zu kennzeichnen. Allerdings überdeckt das Zusammenfassen aller Akademiker interpretationswürdige und deutliche Differenzen. Entsprechend soll also auch hier nach der Typenzugehörigkeit unterschieden werden.

Wie wird in den drei Stichproben 1, 2 und 3, die ja zeitversetzt befragt wurden, (wie Tab. 2 zeigt), „die Erhaltung der Umwelt" auf der sechsstufigen Ratingskala bewertet und welcher Rangplatz dieses Unternehmensziels ergibt sich daraus? Die Tab. 3 gibt für die drei Stichproben die Werte für die Erstbefragung wieder, d.h. hier werden die Einstellungen der jungen Akademiker zu einem Zeitpunkt reflektiert, in dem im Regelfall die sozialisierende Wirkung der Hochschule noch gegeben ist und Berufserfahrung in Organisationen der Wirtschaft oder Verwaltung in nennenswertem Umfange noch nicht besteht.

Was sich zeigt, ist eine geradezu eindrucksvolle Gleichförmigkeit bezüglich der Ist-Ziele bei allen Typen innerhalb der drei Stichproben. Ob karriereorientiert, freizeitorientiert oder alternativ engagiert: Alle sehen die Erhaltung der Umwelt auf Platz 11 oder 12 und geben ihr damit als wahrnehmbares Ziel der Organisationen ein sehr geringes Gewicht. Die Ziele
– Überleben des Unternehmens
– internationale Konkurrenzfähigkeit
– Steigerung des Gewinns
stehen klar an der Spitze. Die Mittelwertdifferenzen auf der Ratingskala zwischen den Typen sind gering. Statistisch beachtliche Unterschiede ergeben sich nur daraus, daß die alternativ Engagierten in den Stichproben 1 und 3 die Erhaltung der Umwelt als Ist-Ziel der Unternehmen noch skeptischer sehen als die Angehörigen der beiden anderen Typen. Die Typenzugehörigkeit wirkt sich kaum beim Gewünschten, bei den Soll-Zielen, aus. Hier zeigt sich in deutlicher Weise durchgehend die Spitzenstellung des Soll-Wertes „Erhaltung der Umwelt". Die alternativ Engagierten wünschen sich dieses Ziel durchgehend auf Platz 1, während die Freizeitorientierten und Karriereorientierten zum Teil andere Unternehmensziele als etwas bedeutungsvoller einstuften, z.B.
– Überleben des Unternehmens
– Erhaltung der Umwelt
– Gesundheit der Mitarbeiter
– gutes Betriebsklima und
– Qualifikation der Mitarbeiter im Betrieb

4. Auf der Suche nach Veränderungen: ein Längsschnitt

Stichprobe	1 (Soll)			1 (Ist)			2 (Soll)			2 (Ist)			3 (Soll)			3 (Ist)		
Typ	M	S	Rang	M	S	Rang	M	S	Rang	M	S	Rang	M	S	Rang	M	S	Rang
karriereorientiert	4.27	0.93	1	2.39	1.22	11	4.34	0.93	3	2.21	1.30	11	4.33	0.97	3	2.24	0.97	11
freizeitorientiert	4.34	0.94	1	2.31	1.44	11	4.32	1.01	3	2.36	1.64	11	4.20	1.17	4	2.45	1.73	11
alternativ engagiert	4.55	0.93	1	1.62	1.52	11	4.45	0.96	1	2.25	1.59	11	4.60	0.83	1	1.91	1.44	12
Signifikanz des Unterschieds	n.s		–	s.	n.s.	–	n.s.		–	n.s.		–	n.s.		–	s.	n.s.	–

Tab. 3: Die Erhaltung der Umwelt als Ist- und Soll-Ziel zum ersten Befragungszeitpunkt bei den Stichproben 1, 2, 3 (M = Mittelwert, S = Standardabweichung, s. = signifikant, n.s. = nicht signifikant)

Jahr	1984			Ist 1985			1986			1984			Soll 1985			1986		
Typ	M	S	Rang	M	S	Rang	M	S	Rang	M	S	Rang	M	S	Rang	M	S	Rang
karriereorientiert	2.39	1.22	11	2.60	1.21	10	2.11	1.19	11	4.27	0.93	1	3.93	0.95	7	4.09	1.01	7
freizeitorientiert	2.31	1.44	11	2.17	1.33	12	2.06	1.26	12	4.34	0.94	1	4.25	1.06	4	4.34	0.98	2
alternativ engagiert	1.62	1.52	11	1.81	1.58	11	1.65	1.27	11	4.55	0.93	1	4.43	0.95	1	4.68	1.69	1
Signifikanz des Unterschieds	s.		–	n.s.		–	n.s.		–	n.s.		–	n.s.		–	s.	n.s.	–

Tab. 4: Die Erhaltung der Umwelt als Ist- und als Soll-Ziel 1984, 1985 und 1986 bei Stichprobe 1 (M = Mittelwert, S = Standardabweichung, s. = signifikant, n.s. = nicht signifikant)

auf den – von einer Ausnahme abgesehen – ersten Plätzen, d.h. „postmaterialistische" Ziele.

Dies allerdings ist der Blick junger Akademiker vor dem Examen. Ist dies als Ergebnis von Unerfahrenheit zu interpretieren, ist eine Wandlung der Sichtweise nach dem Eintritt in das Berufsleben wahrscheinlich? Die Auswertung von Daten unserer Längsschnittstudie kann darauf Antwort geben.

4.2 Wandel durch unmittelbare Erfahrung

Das in Tab. 2 deutlich werdende Untersuchungsdesign läßt erkennen, daß die Mitglieder der Stichprobe 1 dreimal, die der Stichprobe 2 zweimal befragt wurden. Für die Mitglieder der Stichprobe 3, die Kontrollzwecken diente, fehlt – sieht man von der qualitativen Nachbefragung bei wenigen ab – die längsschnittspezifische Information. Es muß daher hier eine Beschränkung der Ergebnisdarstellungen auf die Stichproben 1 und 2 erfolgen. Für die überwiegende Mehrheit der Befragten (*v. Rosenstiel, Nerdinger, Spieß, Stengel* 1989) lag zwischen der ersten und der zweiten Befragung der Einstieg in den Beruf, der allerdings den karriereorientierten Personen leichter gelang als den freizeitorientierten und diesen wiederum leichter als den alternativ Engagierten. Was bewirkten nun erste Berufserfahrungen, was waren die Konsequenzen des Wechsels einer prägenden und sozialisierenden Umwelt? Was war die Folge davon, nicht mehr in der relativen Freiheit einer Hochschule zu leben, die es gestattet und sogar wünscht, in Utopien zu denken und Entwürfe alternativer Strukturen und Lebensformen zu entwickelen, sondern statt dessen in einer Lebenswelt zu stehen, innerhalb derer von „erstarrten Strukturen" (*v. Klipstein, Strümpel* 1985) abweichende Vorstellungen nicht selten sanktioniert werden (*Schein* 1968)? Derartige Fragen wollen wir hier nicht grundsätzlich analysieren (*v. Rosenstiel, Nerdinger, Spieß, Stengel* 1989), sondern lediglich bezogen auf das hier interessierende Ziel „Erhaltung der Umwelt".

Die Skalenwerte und Rangplätze für die drei Befragungszeitpunkte bei Stichprobe 1 unter dem Aspekt der Ist- und Soll-Ziele zeigt Tab. 4 (S. 99).

Die entsprechenden Werte für die Stichprobe 2 – hier gab es nur zwei Befragungszeitpunkte – zeigt Tab. 5.

Was läßt sich erkennen?

In der Stichprobe 1 zeigt sich über die drei Befragungszeitpunkte hinweg ein recht eindrucksvolles Ergebnis. Während der Studienzeit, kurz vor Eintritt in die Organisationen, wird in der Erhaltung der Umwelt von allen Nachwuchskräften – d.h. ohne Rücksicht auf die Typuszugehörigkeit – ein nachrangiges Ziel gesehen, d.h. es steht als Ist-Ziel auf dem vorletzten Platz von 12 vorgegebenen. Der Eintritt in die Organisationen, d.h. die Berufserfahrungen im ersten und zweiten Jahr, ändern die Urteile der jungen Akademiker kaum. Die Erhaltung der Umwelt als Ist-Ziel der Organisationen wird nach wie vor auf einem nachgeordneten Rangplatz (10, 11 oder 12) gesehen. Konkrete

4. Auf der Suche nach Veränderungen: ein Längsschnitt

Jahr	Ist						Soll					
	1985			1986			1985			1986		
Typ	M	S	Rang	M	S	Rang	M	S	Rang	M	S	Rang
karriereorientiert	2,21	1.30	11	2,26	1.19	11	4.34	0.93	3	4.27	0.93	3
freizeitorientiert	2,36	1.64	11	2,34	1.42	11	4.32	1.02	3	4.32	1.02	3
alternativ engagiert	2,25	1.59	11	2,01	1.50	11	4.45	0.96	1	4.78	0.48	1
Signifikanz des Unterschieds	n.s		–	ns.		–	n.s.		–	s.		–

Tab. 5: Die Erhaltung der Umwelt als Ist- und Soll-Ziel 1985 und 1986 bei Stichprobe 2 (M = Mittelwert, S = Standardabweichung, s. = signifikant, n. s. = nicht signifikant)

Erfahrung bestätigt also das (Vor-)Urteil, daß in Unternehmen die Erhaltung der Umwelt kein Vorrang hat.

Was aber geschieht mit den Wünschen, den Soll-Zielen? Hier erscheint es ratsam, zwischen drei Typen zu differenzieren. Die alternativ Engagierten stehen fest zu ihrer Grundorientierung: Die Erhaltung der Umwelt war ihr zentrales Ziel und bleibt dies. Rangplatz 1 wird auch durch die erste Berufserfahrung nicht tangiert. Etwas anders sieht dies bereits bei den freizeitorientierten Personen aus. Doch bleibt auch hier die Erhaltung der Umwelt auf einem der vorderen Rangplätze. Ganz anders dagegen die Karriereorientierten: Hier sinkt die Erhaltung der Umwelt nach Eintritt in den Beruf schlagartig als Ziel von Platz 1 auf Platz 7 und auch die Skalenwerte weisen auf eine beträchtliche Reduzierung entsprechender Forderungen hin. Bedenkt man weiter, daß es gerade die Karriereorientierten sind, die in den Unternehmen erhöhte Aufstiegschancen haben und rascher in Führungspositionen gelangen (v. *Rosenstiel, Nerdinger, Spieß, Stengel* 1989), so läßt dies Zweifel daran aufkommen, ob dem Umweltschutz künftig aus den Führungsetagen der Wirtschaft mehr Aufmerksamkeit als bisher zukommen wird.

Darf man diese Befunde nun verallgemeinern? Wirft man unter diesem Aspekt einen Blick auf die Daten der Stichprobe 2, so sind Einschränkungen angebracht. Dies gilt nicht für die Ist-Ziele. Wie in der Stichprobe 1 zeigt sich auch hier, daß vor dem Einstieg in den Beruf die Erhaltung der Umwelt als wahrgenommenes Ist-Ziel der Unternehmen auf dem vorletzten Rang rangierte, und so bleibt dies auch bei allen drei Typen nach dem Einstieg in den Beruf. Insofern entspricht der Befund hier jenem der Stichprobe 1.

Etwas anders sieht dies allerdings aus, wenn man sich dem Gewünschten, den Soll-Zielen, zuwendet. Die alternativ Engagierten haben zwar auch hier ihre Wunschperspektive, Erhaltung der Umwelt, auf Platz 1, bewahrt, doch lassen sich bei dieser Stichprobe Wandlungen bei den Freizeitorientierten und Karriereorientierten nicht erkennen. Sie hatten schon vor Eintritt in die Organisationen in ihrem subjektiven Soll-Ziel-System die Erhaltung der Umwelt mit Platz 3 nicht so hoch „aufgehängt" wie ihre alternativ engagierten Kommilitonen, haben dann allerdings weder in den Skalenwerten noch im Rangplatz durch die Berufserfahrung ihre Positionen verändert – ganz im Gegensatz zu den Karriereorientierten aus der Stichprobe 1.

Wir haben keine überzeugende Interpretation für die merklichen Differenzen zwischen den Stichproben 1 und 2 innerhalb dieses zuletzt angesprochenen Teilaspekts.

4.3 Das unmittelbare Erleben: die qualitative Perspektive

Wie schildern nun die akademisch qualifizierten Berufseinsteiger selbst ihren Start in den Unternehmen?

Man könnte ja vermuten, daß es unter dem Aspekt ihrer ökologischen Ansprüche und Wünsche so etwas wie einen „Praxisschock" gibt. Die Inhaltsanalyse der qualtitativen Interviews erbringt nur wenige Hinweise in dieser Richtung. Und das wiederum kam eigentlich nicht überraschend. Fast alle der befragten jungen Leute – ohne Rücksicht auf die Typzugehörigkeit – legen zwar hohen Wert auf die Beachtung der ökologischen Perspektive. Der vordere Rangplatz des Unternehmens-Soll-Zieles „Erhaltung der Umwelt" verdeutlicht dies. Aber kaum jemand macht sich in bezug auf die Realität hier irgendwelche Illusionen; der hintere Rangplatz des Ist-Zieles „Erhaltung der Umwelt" ist dafür ein Beleg. Wenn nur wenig erwartet wird, kann auch kaum Enttäuschung auftreten.

Die realen Enttäuschungserlebnisse beziehen sich daher – soweit sie mit Intensität geäußert werden – auf andere Inhalte, vor allem die hohe Fremdbestimmtheit bei der Arbeit, die Starrheit und Unflexibilität der Arbeitszeitregelung sowie das oft unfaire oder autoritäre Verhalten der Vorgesetzten (*v. Rosenstiel, Nerdinger, Spieß* 1991). Ökologische Aspekte werden nur selten thematisiert und dann gehäuft im Hinblick auf die Selbstselektion der jungen Leute, die wenig Bereitschaft zeigen, in einem Unternehmen zu arbeiten, das ihnen ein „Umweltsünder" zu sein scheint. Die nachfolgend wiedergegebenen Zitate sollen als Beispiel dafür gelten:

Frage: „Gab es auch irgendwelche Unternehmen oder Branchen, wo Sie auf keinen Fall hätten arbeiten wollen, anfangen wollen?"
Antwort: „Mit Sicherheit."
Frage: „Welche sind das?"
Antwort: „Alle Branchen, die mit Beamtentum zu tun haben, Banken, Versicherung. Was habe ich mir noch überlegt? Ja; Chemiekonzerne aus ökologischen Gründen heraus nicht, usw ... also da könnte ich Ihnen jetzt X aufzählen!"

Die Aussage einer anderen Nachwuchskraft: „... denn, wie ich sagte, kann ich also nichts ausüben, mit dem ich mich nicht identifiziere. Beispiel, wenn ich für ein Unternehmen tätig wäre ... was weiß ich ... irgend ein Chemieunternehmen ... was weiß ich ... die leiten so und soviel Abwässer oder so irgendwo ein oder die machen das oder das, damit kann ich mich nicht identifizieren und damit würde ich über kurz oder lang das nicht mehr mittragen."

Gelegentlich allerdings werden Irritationen, aber auch Handlungschancen thematisiert, die unter dem Aspekt einer ökologischen Orientierung im Unternehmen erlebt werden. Auch dafür ein Zitat als Beispiel:
„Ich habe ja gesagt, wir arbeiten auch sehr viel im Bereich Umwelt oder schauen, daß irgendwelche Sachen umweltverträglich sind. Es wird ja sehr viel Forschung betrieben in dem Bereich, die wir auch initiieren. Da kann man mit nötigem Nachdruck durchaus was bewerkstelligen. Also ich sehe das nicht unbedingt entkoppelt..., daß man das von Gesellschaft, Umwelt, sozialem Bereich überhaupt nicht trennen kann. Also da stelle ich z.B. Anforderungen auch an Vorgesetzte. Das würde ich von denen verlangen."

5. Fazit

Will man Vermutungen darüber anstellen, wie sich die Unternehmen künftig unter ökologischer Perspektive entwickeln werden, so ist es sicherlich ratsam, zunächst strukturelle Bedingungen zu untersuchen, wie z.B. politische Mehrheiten und Gesetzgebungsinitiativen im Umfeld, Ressourcenknappheiten oder technische Innovationen. Es ist aber auch wichtig, auf die Einstellungen und Wertorientierungen der Menschen zu achten und hier spezifisch auf jene, die künftig als Führungskräfte die Entscheidungsträger in den Unternehmen sein werden. Bei diesen nun zeigt sich, daß sie der Erhaltung der Umwelt hohe Priorität einräumen, jedoch zugleich davon überzeugt sind, daß dies innerhalb des Zielsystems des Unternehmens nicht der Fall ist. Man darf folgern, daß der Eintritt in die Organisation unter dieser Perspektive meist von einer resignativen Bereitschaft zur Anpassung begleitet ist, was bei karriereorientierten Personen auch so weit gehen kann, daß die vermutlich karriereförderlicheren Wertorientierungen zunehmend den Vorrang genießen, ohne deshalb grundsätzlich die Bedeutung des ökologischen Zieles in Zweifel zu ziehen.

Versucht man, diese Ergebnisse interpretierend auf den Punkt zu bringen, so kann man vermuten, daß Maßnahmen zum Schutz und zur Bewahrung der Umwelt von den jüngeren Führungskräften in den Organisationen mehrheitlich begrüßt oder doch akzeptiert werden würden. Man kann aber kaum erwarten, daß sie angesichts der von ihnen perzipierten Stukturen selbst nachhaltige Initiativen entwickeln werden, um entsprechenden Zielen nahezukommen.

Literatur

Argyris, C. (1965), Personality and organization: The conflict between system and the individual, New York

Bihl, G. (1987), Unternehmen und Wertewandel: Wie lauten die Antworten für die Personalführung?, in: *v. Rosenstiel, L., Einsiedler, H. E., Streich, R. K.* (Hrsg.), Wertewandel als Herausforderung für die Unternehmenspolitik, 53–61, Stuttgart

Heinen, E. (1971), Grundlagen betriebswirtschaftlicher Entscheidungen. Das Zielsystem der Unternehmung, Wiesbaden

Inglehart, R. (1977), The silent revolution. Changing values and political styles among western politics, Princeton (N. J.)

Kaminski, G. (1959), Das Bild vom Anderen, Berlin

Klages, H. (1984), Werteorientierungen im Wandel: Rückblick, Gegenwartsanalyse, Prognosen, Frankfurt a. M.

v. Klipstein, M., Strümpel, B. (1985), Gewandelte Werte – Erstarrte Strukturen. Wie die Bürger Wirtschaft und Arbeit erleben, Bonn

Lüder genannt *Lühr, A.* (1986), Das Branchenimage als Determinante der Organisationswahl, unveröffentlichte Diplomarbeit, München

Nerdinger, F. W., v. Rosenstiel, L., Spieß, E., Stengel, M. (1988), Selektion und Sozialisation potentieller Führungskräfte im Zeichen gesellschaftlichen Wertwandels, in: Zeitschrift für Arbeits- und Organisationspsychologie, 32, S. 22–33

v. Rosenstiel, L. (1983), Wandel der Karrierevorstellungen. Müde?, in: Uni-Berufswahlmagazin, 5, S. 67–69

v. Rosenstiel, L. (1986), Führungskräfte nach dem Wertwandel: Zielkonflikte und Identifikationskrisen?, in: Zeitschrift Führung und Organisation, 55, S. 89–96

v. Rosenstiel, L. (1989), Selektions- und Sozialisationseffekte beim Übergang vom Bildungs- ins Beschäftigungssystem: Ergebnisse einer Längsschnittstudie an jungen Akademikern, in: Zeitschrift für Arbeits- und Organisationspsychologie, 33, S. 21–32

v. Rosenstiel, L., Einsiedler, H. E., Streich, R. K., Rau, S. (1987), Motivation durch Mitwirkung, Stuttgart

v. Rosenstiel, L., Nerdinger, F., Spieß, E., Stengel, M. (1989), Führungsnachwuchs im Unternehmen, München

v. Rosenstiel, L., Nerdinger, F., Spieß, E. (1991), Was morgen alles anders läuft, Düsseldorf

v. Rosenstiel, L., Stengel, M. (1987), Identifikationskrise? Zum Engagement in betrieblichen Führungspositionen, Bern

v. Rosenstiel, L., Stengel, M. (1987), Manager von morgen: alternativ oder grün? in: Psychologie heute, 11, S. 50–55

Schein, E. (1968), Organizational socialization and the profession of management, in: Industrial Management Review, 9, S. 1–15

Spieß, E., v. Rosenstiel, L., Nerdinger, F. W., Stengel, M. (1987), Wertkonflikte und Sozialisierungseffekte. Ergebnisse einer Längsschnittstudie über den Berufseintritt von Akademikern, in: Zeitschrift für Arbeitswissenschaft, 41, S. 69–76.

Stähler, C. (1991), Strategisches Ökologiemanagement. Praktische Ansätze und theoretische Überlegungen zu einer Ökologieorientierung der Unternehmenspolitik, Diss. München

Stengel, M. (1987), Identifikationsbereitschaft, Identifikation, Verbundenheit mit der Organisation oder ihren Zielen, in: Zeitschrift für Arbeits- und Organisationspsychologie, 31, S. 152–166

Ulrich, H., Probst, G. J., Studer, H. P. (1985a), Konstanz und Wandel in den Werthaltungen Schweizerischer Führungskräfte, Bern

Ulrich, H., Probst, G. J., Studer, H. P. (1985b), Werthaltungen von Studenten in der Schweiz, Bern

Windolf, P., Hohn, H. W. (1984), Arbeitsmarktchancen in der Krise: Betriebliche Rekrutierung und soziale Schließung, Frankfurt a. M.

Witte, E., Kallmann, A., Sachs, G. (1981), Führungskräfte der Wirtschaft, Stuttgart

Teil B
Politische und marktliche Rahmenbedingungen

Kapitel 7
Strukturwandel der Wirtschaft und Entlastung der Umwelt

von *Udo Ernst Simonis*

1. Zukunftsfähige Entwicklung? 108
2. Umweltentlastender Strukturwandel 109
3. Bleibender Konflikt zwischen Ökonomie und Ökologie 113
4. Ein Fazit 115
Literatur 115

„Es herrscht ein struktureller Zwang, der ein Wachstum erzeugt, das unsere Ressourcen überfordert und uns mit Endprodukten erstickt."
Jens Reich

„Ökologische Umrüstung der Wirtschaft heißt Umsetzung des politisch definierten Ziels in marktwirtschaftlichen Prozessen."
Kurt Biedenkopf

1. Zukunftsfähige Entwicklung?

„Eine zukunftsfähige Entwicklung (**sustainable development**) ist ein Prozeß der Veränderung, in dem die Nutzung der Ressourcen, die Struktur der Investitionen, die Orientierung des technischen Fortschritts und die institutionellen Strukturen konsistent gemacht werden mit den zukünftigen und den gegenwärtigen Bedürfnissen" – so heißt es in dem Bericht der Weltkommission für Umwelt und Entwicklung (*Brundtland*-Bericht 1987). Es gibt starke Vermutungen und zahlreiche Belege dafür, daß diese Bedingungen der Zukunftsfähigkeit beim vorherrschenden „industriewirtschaftlichen Weltmodell" nicht gegeben sind. Wie anders sollte man einerseits die hohe Priorität für Umweltschutz (die ungesättigte Nachfrage nach Umweltschutzgütern) deuten, die in allen Umfragen von der Bevölkerung geäußert wird und die der Marktplatz bisher nicht zu gewährleisten in der Lage ist? Und wie muß man andererseits die langfristige Dynamik des Industriemodells (das überwältigende Angebot an Industrieprodukten) deuten, die zu immer höherem Ressourcenverbrauch und zu zusätzlicher Umweltbelastung führt?

In den neunzig Jahren dieses Jahrhunderts hat sich die Weltbevölkerung in etwa verdreifacht, auf nunmehr 5,3 Milliarden Menschen. Nach dem im Mai 1990 veröffentlichten „Weltbevölkerungsbericht" wird im nächsten Jahrhundert nicht, wie bisher erwartet, eine Verdoppelung, sondern voraussichtlich eine Verdreifachung der Weltbevölkerung eintreten. Wenn die materiellen Ansprüche dieser zukünftigen Generationen im Durchschnitt auch nur so hoch wie die der derzeit lebenden Generationen sein sollten (eine eher konservative Annahme angesichts der bestehenden Ungleichheiten in der Verteilung von Einkommen und Vermögen), müßte die Erde also mindestens eine Verdreifachung der Produktion verkraften. Kann die Erde das verkraften, wie kann sie es verkraften?

Man muß die Frage der Zukunftsfähigkeit des industriewirtschaftlichen Weltmodells nicht in dieser Form stellen, um zu der Einsicht zu gelangen, daß tiefgreifende Änderungen in der Art und Weise unseres Wirtschaftens erforderlich sind – und auch bevorstehen. Zwei Hinweise mögen genügen: Wird die Abbaurate des Verbrauchs nicht-erneuerbarer Ressourcen nicht drastisch gesenkt, so wird es in nur einer Generation (das heißt in dreißig bis vierzig

Jahren) kein Erdöl und auch keinen tropischen Regenwald mehr geben. Wird die Zuwachsrate der Belastung unserer Umwelt mit Schadstoffen nicht drastisch gesenkt – und in Minuswachstum verwandelt –, so wird die Absorptionskapazität der Natur nicht nur lokal und national („Müllnotstand" usw.), sondern auch global („Klimaveränderung" usw.) überschritten.

Soweit und soviel nur zu einer (bedingten) Status-quo-Prognose. Wie aber lassen sich – um die Frage des *Brundtland*-Berichts wieder aufzugreifen – zukünftige mit gegenwärtigen Bedürfnissen konsistent machen oder, deutlicher formuliert: Wie läßt sich die „Diktatur der Gegenwart über die Zukunft" überwinden; wie erreichen wir, daß demokratische Mehrheiten zugunsten eines zukunftsfähigen Entwicklungspfades zustandekommen?

Meine allgemeine Antwort auf diese Fragen ist, daß wir eine **ökologische Wirtschaftsweise** und einen **ökologischen Politikmodus** entwickeln müssen. Meine spezifische Antwort besteht darin, daß die Wirtschaft systematisch durch **umweltentlastenden Strukturwandel** transformiert werden muß und daß es der **konsequenten Umorientierung in den umweltrelevanten Politikbereichen** bedarf, besonders – aber nicht nur – in der Umwelt- und der Wirtschaftspolitik. Auf den ersteren Teil dieser spezifischen Antwort – so der Wunsch des Herausgebers – werde ich mich im folgenden konzentrieren.

2. Umweltentlastender Strukturwandel

Ökonomie und Ökologie sind im Laufe der Industrialisierung der Wirtschaftsweise zunehmend in Disharmonie geraten. Eine „Harmonisierung" von Ökonomie und Ökologie einzufordern, heißt letztlich auf die einfache Einsicht zu setzen, daß ein drastisch verringerter Ressourceneinsatz je Produkteinheit (**spezifischer Umweltverbrauch**) und erheblich geringere Schadstoffemissionen und Abfallmengen je Produktionseinheit (**spezifische Umweltbelastung**) grundsätzlich möglich sind.

Reduzierung des spezifischen Umweltverbrauchs und der spezifischen Umweltbelastung sind Prozesse, die sich in einer innovativen Wirtschaft aus Wettbewerbsgründen teilweise von selbst vollziehen; teilweise aber müssen sie politisch bewirkt werden – und zwar sowohl durch Preispolitik (Mindestpreise, Steuern, Abgaben) als auch durch Mengenpolitik (Kontingente, Zertifikate, Verbote).

Auf die Umwelteffekte des technischen und strukturellen Wandels der Wirtschaft – die zusätzlichen Belastungs- und Entlastungseffekte – ist in jüngster Zeit mehrfach aufmerksam gemacht worden. Bei den **positiven** Umwelteffekten des strukturellen Wandels der Wirtschaft geht es auf der Makro-Ebene insbesondere um die Entkoppelung des Bruttosozialprodukts vom Einsatz ökologisch sensibler Ressourcen (umweltrelevanter Faktoren). Auf der Mikro-Ebene geht es vor allem um die Senkung des Einsatzes erneuerbarer und insbesondere nicht-erneuerbarer Ressourcen und um die mengenmäßige Reduzierung der abbaufähigen sowie die grundsätzliche Vermeidung nicht-abbaufähiger Abfälle. Diese doppelte „Entkoppelung" ist zu erreichen durch sinkende Input-Koeffizienten dieser Faktoren und/oder durch rasche Steigerung ihrer Produktivität. „Entkoppelung"

— ist im Vergleich zum Einsatz nachgeschalteter Reinigungstechnologien (**end-of-pipe technology**) die ökonomisch effizientere Form des Umweltschutzes;
— ist ökologisch effektiv, da sich nachgeschaltete Reinigungstechnologien in der Regel nur auf einzelne („prominente") Schadstoffe erstrecken (Beispiel: Rauchgasentschwefelung von Kohlekraftwerken), während integrierte Technologien (**low emission technology**) zumeist eine größere Palette von Umweltentlastungseffekten zeitigen (Beispiel: Block-Heiz-Kraftwerke);
— eröffnet also technologische Innovationsmöglichkeiten größeren Umfangs oder ist deren Folge.

Es gibt inzwischen mehrere empirische Studien zur „Entkoppelung" bzw. zum „umweltentlastenden Strukturwandel" (*Ayres* 1989; *Herman et al.* 1989; HWWA 1987; *Jänicke et al.* 1989). Neben der Frage, welche Schadstoffemissionen mit dem Wachstum der Wirtschaft einhergehen (Output-Orientierung), interessiert dabei vor allem die Frage, wie und welche quantitative und qualitative Änderungen der Input-Faktoren der Wirtschaft zur Entlastung der Umwelt führen. Man kann dies daher auch die **„ökologischen Gratiseffekte"** ökonomischer Wandlungsprozesse nennen. „Ökologische Gratiseffekte" entstehen, wenn die Zuwachsrate der Input-Faktoren, von denen negative Effekte auf die Umwelt ausgehen, geringer ist als die des Bruttosozialprodukts (Entkoppelung) bzw. gegen null tendiert.

Es ist allgemein bekannt, daß die historisch gesehen ziemlich hohe und starre Korrelation zwischen Bruttosozialprodukt und Primärenergieverbrauch sich in den siebziger und achtziger Jahren in fast allen Industrieländern aufgelöst oder zumindest drastisch verändert hat. Dies geschah zunächst aufgrund höherer Energiepreise, aber nicht zuletzt auch dank intensiver gesellschaftlicher Diskussionen zur Energiefrage und der dadurch induzierten Bemühungen der Industrie (und auch der privaten Haushalte) um höhere Energieeffizienz. So kann heute gegenüber den sechziger Jahren eine Einheit des Bruttosozialprodukts durchweg mit weniger als der Hälfte an Energieeinsatz erwirtschaftet werden. Die Intelligenz der Energiebereitstellung und vor allem auch der Energienutzung hat also erheblich zugenommen. Kritisch läßt sich hier aber sogleich anfügen, daß Energie bei uns und anderswo weiterhin verschwendet wird und daß die Energieeffizienz in den Industrieländern sicherlich noch um den Faktor 2 erhöht werden könnte.

2. Umweltentlastender Strukturwandel

Ähnliche Entkoppelungsprozesse wie zwischen Energieverbrauch und Bruttosozialprodukt sind auch für andere Umweltbelastungsfaktoren zu verzeichnen, zum Beispiel für den Stahlverbrauch, den Zementverbrauch, zeitweilig auch für den Gütertransport. Teilweise geht es hierbei um eine **Entmaterialisierung** der Produktion, einen strukturellen Wandlungsprozeß, der von einer **Miniaturisierung** der Produkte und Technologien begleitet wird.

Eine international vergleichende Studie über 30 Industrieländer zu dieser Art des umweltentlastenden Strukturwandels der Wirtschaft hat gezeigt, daß markante Entkoppelungsprozesse stattfinden, daß aber zugleich drei deutlich unterschiedliche Entwicklungsmuster (Wachstumspfade) der Industriegesellschaft gegeben sind (*Jänicke et al.* 1989):
1. absolute strukturelle Verbesserungen mit absoluten ökologischen Gratiseffekten (Beispiel: Schweden, vgl. Abb. 1)
2. relative strukturelle Verbesserungen mit relativen ökologischen Gratiseffekten (Beispiele: Japan, vgl. Abb. 2, S. 112, und Bundesrepublik Deutschland, vgl. Abb. 3, S. 112)
3. strukturelle Verschlechterungen mit negativen Umwelteffekten des Wirtschaftswachstums (Beispiel: CSFR, vgl. Abb. 4, S. 113).

Das heißt: Strukturwandel im Sinne der Entkoppelung von materiellen Inputs und Bruttosozialprodukt ist zwar in fast allen Industrieländern zu beobachten, doch einige von ihnen sind dabei sehr viel erfolgreicher als andere.

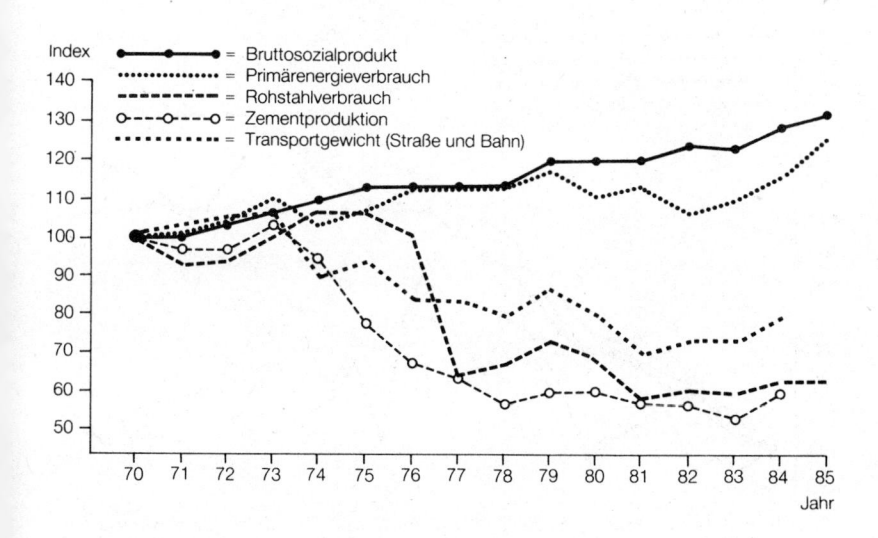

Abb. 1: Strukturwandel in Schweden 1970 bis 1985 (1970 = Index 100) (*Jänicke et al.* 1989)

112   Kapitel 7: Strukturwandel der Wirtschaft und Entlastung der Umwelt

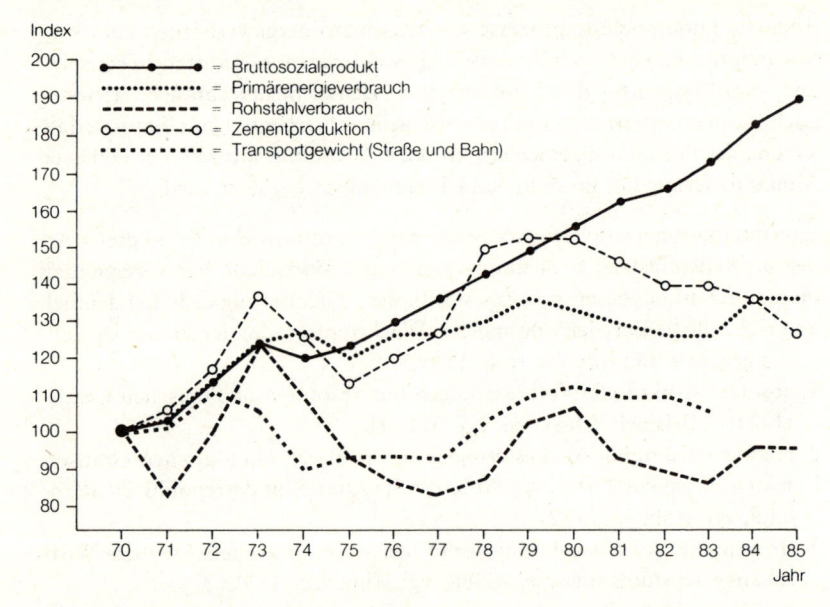

Abb. 2: Strukturwandel in Japan 1970 bis 1985 (1970 = Index 100) (*Jänicke et al.* 1989)

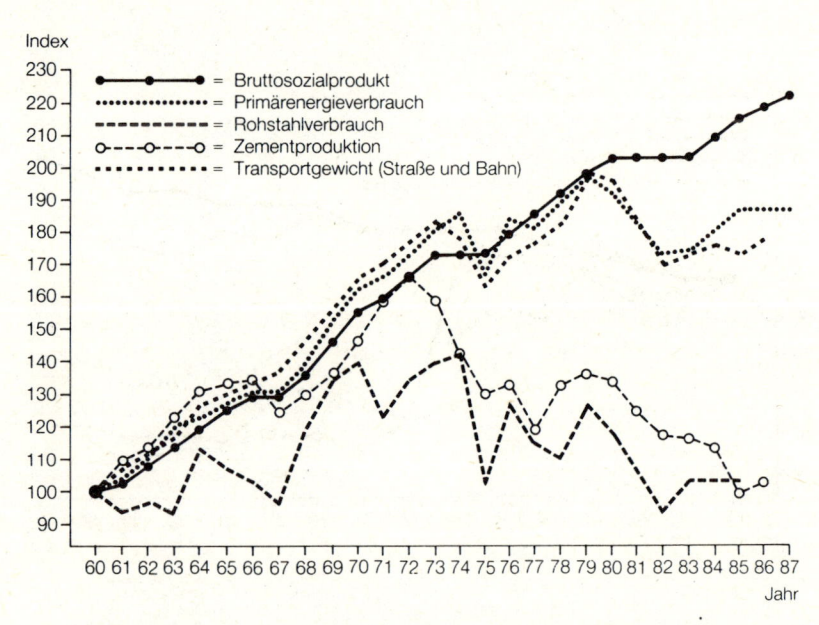

Abb. 3: Strukturwandel in der Bundesrepublik Deutschland 1970 bis 1987 (1970 = Index 100) (*Jänicke et al.* 1989)

3. Bleibender Konflikt zwischen Ökonomie und Ökologie

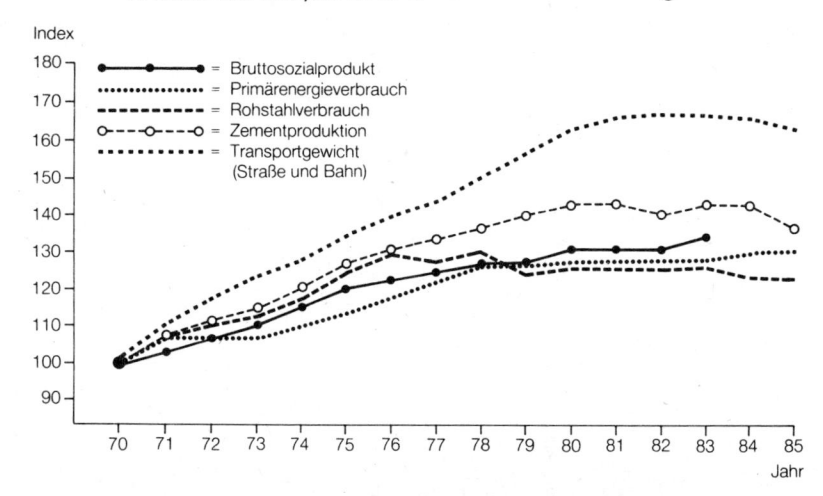

Abb. 4: Strukturwandel in der CSFR 1970 bis 1985 (1970 = Index 100) *(Jänicke et al. 1989)*

Den quantiativen Zusammenhang zwischen den genannten vier Umweltbelastungsfaktoren (Primärenergieverbrauch, Stahlverbrauch, Zementproduktion, Gütertransportgewicht) und dem erwirtschafteten Bruttosozialprodukt (hier: Bruttoinlandsprodukt pro Kopf der Bevölkerung) kann man in Form eines (ungewichteten) Komponenten-Index darstellen. Die Veränderung dieses „Index der strukturellen Umweltbelastung" in der Zeit (1970 bis 1985) ist für die untersuchten Länder in Abbildung 5 (S. 114) festgehalten.

Eine Bemerkung (bzw. eine Warnung) muß sogleich angefügt werden: Der historisch zu beobachtende Strukturwandel der Wirtschaft hat keineswegs zu einer **hinreichenden** Entlastung der natürlichen Umwelt geführt. Dazu muß ein weit höheres Maß an ökologischem Bewußtsein und ökologischem Interesse in der Wirtschaft unterstellt werden – bei Unternehmen, Konsumenten und Staat – als man angesichts der gesetzten, in aller Regel umweltschädlichen Rahmenbedingungen annehmen darf. Zum anderen sind weitere Umweltbelastungsprozesse im Gange, die von der oben zitierten Studie nicht voll erfaßt werden konnten, wie insbesondere die weltweit zunehmende „Chemisierung" der Produktion und des Konsums, der Landwirtschaft, der Verarbeitenden Industrie und selbst der Dienstleistungen.

3. Bleibender Konflikt zwischen Ökonomie und Ökologie

Der „materielle Kern" des weiterhin bestehenden Konflikts zwischen Ökonomie und Ökologie liegt darin, daß weder Umweltbelastung als Kostenfaktor noch Umweltentlastung als Erlösfaktor im Marktgeschehen systematisch

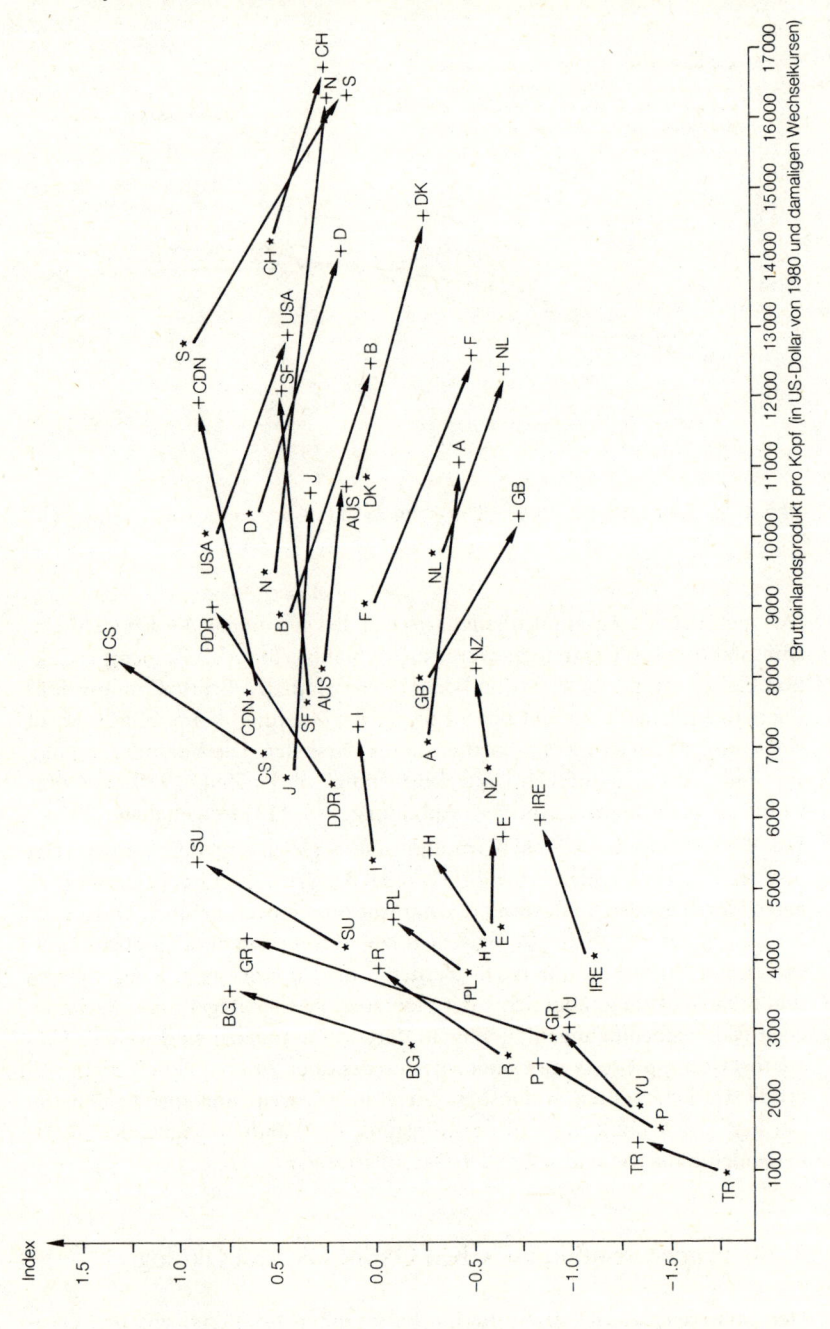

114 Kapitel 7: Strukturwandel der Wirtschaft und Entlastung der Umwelt

Abb. 5: Veränderung des Index der strukturellen Umweltbelastung von 1970 (*) bis 1985 (+) *(Jänicke et al. 1989)*

Berücksichtigung finden (vgl. DIW 1989). Die natürliche Umwelt wird daher übermäßig, nicht optimal genutzt. Der einzelne Produzent leistet freiwillig keinen ausreichenden Beitrag zum Umweltschutz, wenn und solange sich dadurch seine Kosten- und/oder Wettbewerbssituation verschlechtert. Der einzelne Konsument leistet freiwillig keinen dauerhaften Beitrag zum Umweltschutz, wenn er dafür mehr zahlen muß, ohne daß diesem „Opfer" ein spürbarer Nutzen gegenübersteht. Der Staat leistet keinen überzeugenden Beitrag zum Umweltschutz, wenn und solange er an zunehmender Umweltbelastung verdient (Einnahmeseite des Budgets) oder sein Verhalten (Ausgabeseite des Budgets) zu weiterem Ressourcenverbrauch und zunehmender Umweltbelastung führt.

Diese elementaren, aber essentiellen Zusammenhänge bedeuten (bzw. beruhen darauf), daß es bei mikro-ökonomischem Rationalverhalten bisher keine hinreichenden Anreize gibt, die Umwelt systematisch zu schützen. Statt dessen gibt es weiterhin starke Anreize, sie zu verbrauchen und zu belasten (sogenannte perverse Anreizstruktur).

Das heißt nicht, daß Umweltschutz nicht auch ohne oder gar gegen das ökonomische Kalkül – beispielsweise aus altruistischen Motiven – erwachsen kann. Es heißt vielmehr, daß die nötigen Verhaltensänderungen bei Investitions-, Konsum- und Staatsentscheidungen unter den gegebenen Rahmenbedinungen nicht die Breite, Intensität und Nachhaltigkeit erreichen können, die wegen der interregionalen und intertemporalen Dimensionen der Umweltproblematik eigentlich gefordert sind (so auch DIW 1989).

4. Ein Fazit

Strukturwandel der Wirtschaft und Entlastung der Umwelt können Hand in Hand gehen, doch Politik ist weiterhin gefragt; eine effektivere ökologische Politik allerdings, die vor allem – aber keineswegs nur – von zwei Ressorts abgestimmt, formuliert und implementiert werden muß: der Umwelt- und der Wirtschaftspolitik.

Literatur

Ayres, R. U. (1989), Industrial Metabolism, in: *Ausubel, J. H., Sladovich, H. E.* (eds.): Technology and the Environment, Washington, D. C., S. 23–49
Binswanger, H. C. et al. (1988), Arbeit ohne Umweltzerstörung. Neuauflage, Frankfurt a. M.
Chandler, W. U. et al. (1988), Energy Efficiency. A New Agenda, Washington, D. C.
Deutsches Institut für Wirtschaftsforschung (1989), Stellungnahme des DIW zu den Fragen des Wirtschaftsausschusses des Deutschen Bundestages zum Thema „Entwicklung der ökologischen und sozialen Folgekosten des Wirtschaftens in der Bundesrepublik Deutschland", Manuskript, Bonn

Herman, R., Aredkani, S. A., Ausubel, J. H. (1989), Dematerialization, in: *Ausubel, J. H., Sladovich, H. E.,* (eds.), Technology and the Environment, Washington D.C., S. 50–69

HWWA-Institut für Wirtschaftsforschung (1987), Zusammenhang zwischen Strukturwandel und Umwelt, Hamburg

Jänicke, M., Mönch, H., Ranneberg T., Simonis, U. E. (1989), Structural Change and Environmental Impact, in: Intereconomics, 24, 1, S. 24–35

Leipert, C., Simonis, U. E. (1990), Environmental Damage – Environmental Expenditure 1 (2): Statistical Evidence on the Federal Republic of Germany, in: The Environmentalist, 10, 4, S. 301–309 sowie 11, 3, 1991, S. 212–218

Nutzinger, H. G., Zahrnt, A. (Hrsg.) (1989), Öko-Steuern. Umweltsteuern und -abgaben in der Diskussion, Karlsruhe

OECD (1987), Environmental Data, Compendium 1987, Paris

Pearce, D. et al. (1989), Bluepoint for a Green Economy, London

Rheinisch-Westfälisches Institut für Wirtschaftsforschung (1987), Strukturwandel und Umweltschutz, Essen

Simonis, U. E. (Hrsg.) (1988), Präventive Umweltpolitik, Frankfurt a.M./New York

Simonis, U. E. (Hrsg.) (1991), Ökonomie und Ökologie. Auswege aus einem Konflikt, 6. Auflage, Karlsruhe

Stahlmann, V. (1988), Umweltorientierte Materialwirtschaft, Wiesbaden

Umweltbundesamt (1986, 1988), Daten zur Umwelt 1986/87, 1988/89, Berlin

United Nations, Economic Commission for Europe (ECE) (1987), Environmental Statistics in Europe and North America. An Experimental Compendium, New York

Wagner, G. R. (Hrsg.) (1990), Unternehmung und ökologische Umwelt, München

Weizsäcker, E. U. v. (1989), Erdpolitik. Ökologische Realpolitik an der Schwelle zum Jahrhundert der Umwelt, Darmstadt

World Commission on Environment and Development (1987), Our Common Future, Oxford/New York; deutsch: Weltkommission für Umwelt und Entwicklung (1987): Unsere Gemeinsame Zukunft (= *Brundtland*-Bericht), Greven

Kapitel 8
Ökologische Folgekosten des Wirtschaftens und Volkswirtschaftliche Gesamtrechnung

von *Christian Leipert*

1. Ökologische Kosten ökonomischen Wachstums 118
2. Defizite der Volkswirtschaftlichen Gesamtrechnung aus ökologischer Sicht 119
3. Dimensionen der ökologischen Folgekosten des Wirtschaftens 121
   3.1 Möglichkeiten der Klassifikation 121
   3.2 Umweltbezogene defensive Ausgaben 123
   3.3 Einkommens-, Vermögens-, Natur- und Wohlfahrtsverluste 125
   3.4 Versuche einer Gesamtabschätzung der volkswirtschaftlichen Kosten der Umweltbelastung 126
4. Auf dem Wege zur Konstruktion eines Öko-Sozialprodukts 127

Literatur 128

1. Ökologische Kosten ökonomischen Wachstums

Das Bruttosozialprodukt (BSP) war viele Jahre nicht nur in der Bundesrepublik Deutschland, sondern praktisch weltweit ein nahezu unbestrittener Wohlstandsindikator. Diese Funktion erlangte es in der Zeit der „goldenen" Wachstumsära in den 50er und den 60er Jahren, also in den beiden Jahrzehnten, in denen der Wiederaufbau der kriegszerstörten Wirtschaft und eine grundlegende Modernisierung der Wirtschaftsstrukturen, die von in- und ausländischen Kommentatoren als „Wirtschaftswunder" apostrophiert und bewundert wurden, stattfanden. Wirtschaftliches Wachstum wurde in dieser Zeit ganz selbstverständlich und unreflektiert mit wirtschaftlichem und gesellschaftlichem Fortschritt gleichgesetzt. Permanentes Wirtschaftswachstum war im damaligen Weltbild die sichere Einbahnstraße hin zu einer ständigen Steigerung des wirtschaftlichen Wohlstandes der Bevölkerung wie auch generell zu einer stetigen Erhöhung der sozialen Wohlfahrt der Menschen.

Diese völlig selbstverständliche Gleichsetzung von wirtschaftlichem Wachstum mit wirtschaftlichem und gesellschaftlichem Fortschritt ging jedoch Ende der 60er und Anfang der 70er Jahre zu Ende. In diesen Jahren war nicht mehr zu verkennen, daß die ständig steigende Produktion von Gütern und Dienstleistungen nicht nur mit positiven Wirkungen auf Wohlstand und Lebensqualität der Bevölkerung verbunden war, sondern zunehmend mit negativen Auswirkungen auf die natürliche Umwelt sowie Gesundheit und soziale Lebensbedingungen der Bevölkerung einherging. Von da an gerieten die Politik des undifferenzierten und unkontrollierten wirtschaftlichen Wachstums **und** das BSP als volkswirtschaftlicher Indikator, an dem das jährliche Wirtschaftswachstum eines Landes gemessen wird, immer stärker unter Beschuß.

Auch wenn diese Kritik zeitweise leiser wurde, so ist sie doch nie verstummt. Dies überrascht auch nicht, da sich die objektiven Änderungen in Wirtschaft und natürlicher und sozialer Umwelt, die Anlaß zur Infragestellung des BSP als Wohlstandsindikator gegeben hatten, insbesondere in den 80er Jahren dramatisch verschärft haben. Heute haben wir eine völlig andere Situation als Anfang der 70er oder noch Anfang der 80er Jahre. Damals wurden die Kritik an der Verwendung des BSP als Wohlstandsmaß und als Erfolgs- und Zielindikator der staatlichen Wirtschaftspolitik und insbesondere Forderungen nach einem konzeptionellen Umbau der BSP-Rechnung unter Berücksichtigung der ökologischen und sozialen Folgekosten des Wirtschaftens weithin nicht zur Kenntnis genommen bzw. als übertrieben und sachlich unzutreffend hingestellt.

Heute ist es kaum mehr möglich, zu bestreiten, daß eine Wirtschaftspolitik, die sich für um so erfolgreicher hält, je höher die erreichte Wachstumsrate des BSP ist, in den Industrieländern, aber vor allem auch in Ländern der

Dritten Welt bewußt oder unbewußt einen Raubbau unseres Natur„kapitals", Umweltzerstörung sowie Verluste von Ökosystemen, Arten, Wäldern, fruchtbaren Böden und sauberen Gewässern in Kauf nimmt. Dieser brisante Zusammenhang von traditioneller, weltweit vorherrschender Wirtschaftspolitik, die sich an einem aus heutiger Sicht zu engen Wachstumskonzept orientiert, und Naturzerstörung macht verständlich, daß heute auch im politischen Raum Aufnahmebereitschaft für neue Überlegungen zur ökologischen Revision und Erweiterung des BSP-Konzeptes vorhanden ist. Nicht nur in der Bundesrepublik, auch in anderen Ländern und in internationalen Organisationen sind gegenwärtig Forschungsvorhaben im Gange, die durch die Erweiterung der traditionellen ökonomischen Konzepte einen Brückenschlag von der Ökonomie zur Ökologie versuchen.

2. Defizite der Volkswirtschaftlichen Gesamtrechnung aus ökologischer Sicht

Das BSP (zu Marktpreisen) ist die wichtigste Größe, die im Rahmen der Volkswirtschaftlichen Gesamtrechnung (VGR) – dem etablierten System der umfassenden und systematischen Wirtschaftsberichterstattung in einer Volkswirtschaft – ermittelt wird. Es ist die umfassendste Kennzahl der volkswirtschaftlichen Leistung eines Landes für ein Jahr. Sie setzt sich zusammen aus der gesamten über Märkte verkauften – also zu Marktpreisen bewerteten – Produktion einer Volkswirtschaft und den vom Staat bereitgestellten Leistungen. Diese werden – da sie überwiegend unentgeltlich an die Leistungsempfänger (z.B. Verteidigung, innere Sicherheit und Bildung) abgegeben werden – zu den sog. Herstellungskosten bewertet.

In das BSP gehen also **sämtliche Käufe** von Konsum- und Investitionsgütern und **sämtliche Staatsleistungen** ein, unabhängig davon, ob und – wenn ja – in welcher Weise sie zum wirtschaftlichen Wohlstand und zur allgemeinen Lebensqualität der Bevölkerung beitragen. Gleichgültig, ob Altlasten im Umweltbereich saniert werden oder Ausgaben für kulturelle Zwecke getätigt werden, beide Aktivitäten gehen gleichrangig in die Berechnung des BSP ein. Denn sie erfüllen das einheitliche Kriterium zur Aufnahme einer wirtschaftlichen Aktivität in das BSP. Es handelt sich um laufende Produktionsaktivitäten, die über den Markt angeboten und verkauft werden.

Worin liegen nun die Hauptdefizite aus ökologischer Sicht? Hauptmangel der Volkswirtschaftlichen Gesamtrechnung (VGR) ist, daß die aus heutiger Sicht entscheidende Vermögensgröße der Gesellschaft – das **Naturvermögen,** das die Grundlage jeglicher Produktion und jeglichen Konsums heute und in der Zukunft ist – ausgeblendet bleibt. Die VGR stammt aus einer Zeit, in der der Beitrag der Natur zum Wohlstand des Menschen noch nicht (bzw. nicht mehr, wenn man beispielsweise an die Lehre der Physiokraten denkt) explizit reflektiert wurde. Wenn dies doch am Rande einmal geschah, dann ist auch die VGR wie die gesamte Ökonomie bis vor wenigen Jahrzehnten geprägt von der Auffassung der Natur als eines „free gift", eines kostenlosen Geschenkes für den Menschen, dessen sich der Mensch bedenkenlos bedienen kann. Leistungen der Natur für den Menschen waren klassische Beispiele für das, was die Ökonomie unter einem freien Gut verstand, wie z.B. die Atemluft, der Klimaausgleich oder der Schutz vor kosmischer Strahlung. Freie Güter haben keinen ökonomischen Preis, weil auch beim Preis von null die Nachfrage das Angebot nicht ausschöpft, ohne daß dabei die Qualität des Angebots beeinträchtigt wird.

Heute wissen wir dagegen: Das Leistungspotential der Natur für den Menschen ist in weitem Umfang schon ökologisch knapp, d.h. die Beanspruchung der lebenserhaltenden und die Produktion ermöglichenden Ökosystemleistungen hat zu einer Beeinträchtigung, Schädigung und partiellen Zerstörung dieser Leistungspotentiale geführt. Umweltschäden, die im Gefolge des Produktionsprozesses auftreten, und ihre diversen negativen Folgewirkungen auf Umwelt, Pflanzen, Tier, Mensch und menschliche Einrichtungen werden jedoch **nicht** als zusätzliche Kosten der Produktion erfaßt und von den Produktionserträgen abgezogen. Es handelt sich hier um die sog. **negativen externen Effekte** der Produktion. Umweltschäden, Gebäudeschäden, Waldschäden und Gesundheitsschäden treffen die Leidtragenden direkt, ohne daß sie von den Verursachern für den Wohlfahrtsverlust entschädigt werden. Ein „freies" Gut kann auch geschädigt werden, ohne daß man dafür belangt wird. So kann heute jeder noch im Zuge seiner Produktion und seines Konsums Kohlendioxid unsanktioniert in beliebigen Mengen in die Atmosphäre einbringen, obwohl jeder weiß, welche Schäden hier mittel- und langfristig drohen, deren Kostenfolgen gigantische Ausmaße annehmen werden.

Ökologische Knappheit muß auch kategorial und institutionell in **ökonomische Knappheit** transformiert werden. Dies bedeutet die Anerkennung der Tatsache, daß die ökologischen Leistungspotentiale – ökonomisch gesprochen – eine Vermögensgröße darstellen, die gehegt und gepflegt, bewirtschaftet und reproduziert werden muß.

Erst wenn die Gesellschaft mit ökonomischen Gegenmaßnahmen reagiert, z.B. mit der Reparatur immissionsgeschädigter Gebäudefassaden und Denkmäler, mit der Sanierung von Altlasten und mit der Entsorgung der weiter ansteigenden Abfallmengen, gehen diese **defensiven** oder **kompensatorischen** Ausgaben wieder in das BSP ein. Diese Praxis der VGR, alle Produktionsleistungen eines Jahres im Sozialprodukt zu summieren, unabhängig davon, ob sie einen positiven Beitrag zu Wohlstand und Lebensqualität leisten oder ob sie nur Beeinträchtigungen und Verschlechterungen der Lebens- und Umweltqualität kompensieren, die zuvor durch negative externe Effekte des Wirtschaftsprozesses hervorgerufen worden sind, ist der zweite Haupteinwand gegen die weitere Verwendung der traditionellen Wachstumsgröße als zentralen Erfolgsindikator der Wirtschaftspolitik. Mit wachsender Bedeutung der defensiven Ausgaben der Schadensbewältigung kommt es dann nämlich immer stärker zu einem Zustand, in dem das weitere Wirtschaftswachstum von der Bewältigung der Negativfolgen profitiert, die es selbst ausgelöst hat. Durch einen derartigen „perversen" Zirkel der Selbstgenerierung aus den negativen Folgen des Wachstums selbst würde der eigentlich intendierte Sinn des Wachstums i. S. einer Öffnung von mehr ökonomischen Wahlmöglichkeiten für die Gesellschaft geradezu auf den Kopf gestellt.

Beide Dimensionen der ökologischen Folgekosten des Wirtschaftens tragen in der heutigen Sozialproduktrechnung zu einer Überschätzung der echten, **ökologisch nachhaltigen Nettoproduktion** bei:
– Es gibt keinen Wertansatz für die „Abschreibungen" auf das Naturvermögen als Äquivalent für die eingetretenen Wertminderungen des Naturvermögens.
– Die defensiven Ausgaben der Schadensbewältigung werden nicht in ihrem Charakter als „Ersatzinvestitionen" in die Wiederherstellung und die Erhaltung des Naturvermögens erkannt, den sie funktionell haben.

3. Dimensionen der ökologischen Folgekosten des Wirtschaftens

An verschiedenen Stellen der Welt wird heute konkret an der Entwicklung eines operationalen Konzepts für ein „Öko-Sozialprodukt" gearbeitet (*Ahmad* u. a. 1989; *Leipert* 1989, 72 ff.). Dabei scheint sich ein Konsens dahingehend herauszubilden, daß der Übergang vom alten Nettosozialprodukt zu Marktpreisen (NSP) zu einem neuen Öko-Sozialprodukt durch zwei Hauptschritte der Erweiterung und Anpassung des alten Konzeptes zustandekommen wird:
– durch eine Abschätzung der defensiven Ausgaben, verstanden als Indikator der Ersatzinvestitionen in den Erhalt und die Wiederherstellung des produktiven und konsumtiven Naturvermögens sowie
– durch eine monetäre Bewertung des nicht verhinderten Umweltverzehrs als Indikator des ökonomischen Wertes der trotz der erfolgten „Ersatzinvestitionen" eingetretenen Nettoverluste und Wertminderungen am Naturvermögen.

3.1 Möglichkeiten der Klassifikation

In der Literatur findet man verschiedene Ansatzpunkte für eine inhaltliche Ausfüllung des ökologischen Folgekostenbegriffs und für daraus resultierende Klassifikationen. *David Pearce*, der englische Umweltökonom, hat z. B. im Zusammenhang mit der Frage, was eine vollständige Kostenrechnung unter Einbeziehung der ökologischen Knappheiten enthalten sollte, das Konzept der gesellschaftlichen Opportunitätskosten vorgeschlagen (z. B. *Pearce, Mar-*

Kapitel 8: Ökologische Folgekosten des Wirtschaftens

kandya 1988). Die Opportunitätskosten einer Nutzung von Naturressourcen und/oder von Ökosystemleistungen messen den Verzicht auf jene sonst möglichen Nutzen, der durch die gewählte Ressourcenverwendung in Kauf genommen wird. Gesellschaftliche Opportunitätskosten, die neben den privaten auch die gesellschaftlichen (Folge-)Kosten der Ressourcennutzung erfassen, bestehen bei Umweltnutzungen oft aus drei Bestandteilen:
– den direkten Kosten (einzelwirtschaftliche Kosten)
– den Zukunfts- oder Nutzungskosten, die sich daraus ergeben, daß der Verbrauch heute die Verbrauchsmöglichkeiten in der Zukunft, z.B. für zukünftige Generationen, vermindert (relevant vor allem beim Verbrauch erschöpflicher Ressourcen) und
– den negativen externen Kosten dieser Ressourcennutzung.

Pearce schlägt vor, den drei Kostenkomponenten eines nicht-nachhaltigen Ressourcengebrauchs eine weitere hinzuzufügen, und zwar einen Erwartungswert von zusätzlichen Kosten aufgrund unerwarteter katastrophaler Entwicklungen („disaster costs"), also in gewisser Weise einen Risikozuschlag aufgrund unseres geringen Wissensstandes über die ökologischen Konsequenzen unseres Handelns.

Bekanntgeworden ist eine Klassifikation der Kategorien ökologischer Folgekosten, die schon Anfang der 70er Jahre von dem amerikanischen Council on Environmental Quality (1973) vorgeschlagen worden ist:
(a) Kosten zur Verminderung der Umweltbelastungen (Umweltschutzkosten),
(b) Schadenskosten,
(c) Ausweichkosten sowie
(d) Planungs-(Regulierungs-)Kosten.

Der Autor dieses Artikels hat für seine Folgekostenuntersuchungen mit einer anderen Klassifikation gearbeitet, die direkt auf das Untersuchungsziel der Aufdeckung der Wachstumsillusion zugeschnitten war (*Leipert* 1989, 109 ff.):
(a) defensive oder kompensatorische Kosten,
(b) Produktions- und Einkommensverluste,
(c) Vermögensverluste,
(d) Naturverluste sowie
(e) Wohlfahrtsverluste.

Die Klassifikation des Council on Environmental Quality läßt sich problemlos in die obige Systematik überführen. So fallen unter die defensiven Ausgaben die gesamten Umweltschutz- und Entsorgungskosten, die staatlichen Regulierungskosten, die Ausweichkosten sowie der Teil der Schadenskosten, der sich in einem zusätzlichen ökonomischen Aufwand der betroffenen Akteure niederschlägt. Die umweltbedingten Produktions- und Einkommensverluste sowie die Vermögens-, Natur- und Wohlfahrtsverluste bilden die restlichen Kategorien der Schadenskosten.

3.2 Umweltbezogene defensive Ausgaben

Die umweltspezifischen defensiven Ausgaben sind definiert als solche Ausgaben, die zur Beseitigung, zur Reparatur, zum Ausgleich und zur vorbeugenden Vermeidung, kurz: zur Bewältigung von Schäden und Verschlechterungen der ökologischen Umweltbedingungen verwendet werden, die zuvor durch negative Folgewirkungen des Wachstums- und Entwicklungsprozesses ausgelöst worden sind. Es geht hier also nur um die wirklich gezahlten Umweltkosten, hinter denen ein ökonomischer Aufwand steht. Diese Kosten zerfallen auf zwei Hauptkategorien, und zwar
- auf die Kosten zur Vermeidung von Umweltbelastungen, d. h. auf die klassischen Umweltschutz- und Entsorgungskosten und
- auf die Folgekosten nicht-vermiedener Umweltschäden (vgl. Tab. 1).

	1970	1980	1985	1986	1988
I. Kosten zur Verminderung von Umweltbelastungen					
1. Umweltschutzkosten im Produzierenden Gewerbe	5,7	7,8	11,65	13,4	ca. 16–17
2. Privatwirtschaftliche Entsorgungsunternehmen		1,1	2,3		mindestens 2,8
3. Investitionen zur Einführung bleifreien Benzins				0.35	
4. Höhere Kosten der atomtechnischen Sicherheitsstandards			2,3	2,3	mindestens 2,3
5. Umweltschutzkosten im Staatssektor	6,0	12,75	11,8	12,9	ca. 15
6. Mehrkosten für den Einbau des Katalysators				0,5	
Summe I	11,7	21,65	28,05	31,25	37,1–39,1
II. Folgekosten nicht-vermiedener Umweltschäden					
1. Zusatzkosten der Privaten Haushalte aufgrund der Lärmbelastung		ca. 2,0	ca. 2,0	2,0	ca. 2,0
2. Kosten der Altlastensanierung		0,05	0,15	0,25	1,0
3. Kosten der Asbestsanierung					0,4
4. Kosten des Ersatzes PCB-haltiger Kondensatoren					0,1
5. Aufbereitungskosten von Wasserwerken					
a) Oberflächengewässerverschmutzung		1,6	3,3	4,8	4,8 über 5,0
b) Grundwasserverschmutzung		0,11	0,14	0,15	
c) Zusatzkosten aufgrund der CKW-Belastung				0,94	mindestens 1,0

	1970	1980	1985	1986	1988
d) Zusatzkosten aufgrund der Nitratbelastung			0,5		mindestens 1,0
6. Wassertransportkosten aufgrund der Grundwasserbelastung	1,0	ca. 1,0	ca. 1,0		mindestens 1,0
7. Kosten zur Beseitigung von Schäden von Schiffsunfällen			0,1		0,1
8. Mehraufwendungen in der Forstwirtschaft aufgrund des Waldsterbens			0,4		0,5
9. Kosten zur Sicherung der Lawinenschutzfunktionen des Waldes und für technische Ersatzmaßnahmen			0,3		0,3–0,5
10. Zusätzliche Kosten aufgrund von Material- und Gebäudeschäden	2,4	2,4	ca. 4,0		mindestens 4,0
11. Kosten zur Sanierung von Kunstwerken		0,05	0,15		0,15
12. Zusatzaufwand bei Autos aufgrund streusalzbedingter Korrosionsschäden		2,55	2,85	3,0	3,1
Summe II	5,1	11,5	17,2		19,70
Summe I und II	16,8	33,15	45,25		58,10

Tab. 1: Folgekosten der umweltbelastenden Produktions- und Konsumweise in der Bundesrepublik: Defensive Kosten, 1970–1988 (in Mrd. DM, in Preisen von 1980) (*Leipert* 1989, 218f.)

In der Beobachtungsperiode von 1970 bis 1988 zeigen beide Hauptkategorien einen absoluten und relativen Anstieg. Bezogen auf das BSP ist die gesamte umweltspezifische Defensivkostenbelastung der Gesellschaft von 1,5% im Jahre 1970 auf 3,4% im Jahre 1988 gestiegen – wobei darauf hinzuweisen ist, daß es sich aufgrund von nicht vermeidbaren Doppelzählungen um keinen echten Anteil am BSP handelt. Während das BSP in diesem Zeitraum um 50% gestiegen ist, hat sich die umweltbezogene Defensivkostenbelastung deutlich mehr als verdreifacht.

Beide Kategorien der umweltspezifischen Defensivkosten weisen seit etwa Mitte der 80er Jahre eine Beschleunigung ihres Anstiegstempos auf. Erheblich steigende Folgekosten von Umweltschäden sind das Ergebnis von langfristig sich aufbauenden, schleichenden Verschmutzungs- und Schadensentwicklungen, die in den 80er Jahren zutage getreten bzw. aufgedeckt worden sind. Der rasche Anstieg der Umweltschutz- und Entsorgungskosten – insbesondere im Unternehmenssektor – ist eine Folge der strikteren Fassung des umweltpolitischen Rahmens der Wirtschaft, die seit einigen Jahren Wirkung zeigt. Erwähnt sei hier nur das Entschwefelungs- und Entstickungsprogramm

3. Dimensionen der ökologischen Folgekosten 125

der Energiewirtschaft, das wesentlich zwischen 1985 und 1989 durchgeführt worden ist. In den 90er Jahren droht sich die Schere zwischen dringendem Handlungsbedarf in diversen Bereichen und tatsächlichem Handeln wieder gefährlich zu öffnen. Seriöse Schätzungen für den Mittelbedarf im Abwasser- und Kanalisationsbereich, im Abfallbereich, bei der Sanierung von Altlasten und Asbestschäden sowie bei der Trinkwasseraufbereitung gehen in die Hunderte von Milliarden DM, und dies lediglich für das Gebiet der „alten" Bundesrepublik (z. B. *Sprenger* 1990, 61 ff., und *Leipert* 1989, 156 ff.). Diese Leistungen müssen letztlich erbracht werden, wenn wir die Sicherung von Minimalzielen im Umweltbereich nicht gefährden wollen.

3.3 Einkommens-, Vermögens-, Natur- und Wohlfahrtsverluste

Die restlichen vier Kategorien der ökologischen Folgekosten können als Konkretionen der Nettoverluste am produktiven und konsumtiven Naturvermögen interpretiert werden. Im Prinzip lassen sich Einkommens- und Ertragsverluste sowie Vermögenseinbußen in monetären Kategorien bewerten. In diesen Bereichen bestehen jedoch große Informationslücken.

Es liegt zwar eine Fülle von einzelnen Untersuchungsergebnissen vor. So gibt es grobe Abschätzungen zu den Ertrags- und Einkommensverlusten in verschiedenen Bereichen aufgrund von Umweltbelastungen. Zu nennen sind hier Angaben zu Ertragsverlusten in der Forst-, Land- und Fischereiwirtschaft, zu Einkommenseinbußen im Fremdenverkehrsgewerbe, etwa in vom Waldsterben besonders betroffenen Regionen oder in norddeutschen Küstengebieten sowie zu Produktionseinbußen im Gefolge von Produktionseinschränkungen, die bei Smogsituationen vorgenommen werden müssen. Es gibt Hinweise und z. T. auch überschlägige Kalkulationen von ökonomischen Vermögensverlusten, etwa hinsichtlich der immissionsbedingten Schädigungen des Wald- und Gebäudevermögens oder des Rückgangs der Fischbestände in Seen, Flüssen und Meeren.

Bei den Natur- und Wohlfahrtsverlusten sind die gigantischen Dimensionen sich abzeichnender ökologischer Umbrüche, wie sie mit den Stichworten Treibhauseffekt und Ozonloch gekennzeichnet werden können, angesprochen. Es geht um das beunruhigende Ausmaß der Naturverluste, die im Artensterben, in der Zerstörung von einmaligen Ökosystemen, der Ausbreitung von Wüsten etc. zum Ausdruck kommen, und um gravierende individuelle Wohlfahrtsverluste, die sich etwa in der ästhetischen Verarmung im Gefolge der Verschandelung und Zerstörung von Landschaften, im Wegfall von Nutzungs- und Erlebnismöglichkeiten, der Beeinträchtigung des allgemeinen Wohlbefindens und der Verdunkelung der Zukunftsaussichten äußern. Zu den faktischen und zukünftig drohenden Naturverlusten gibt es eine Unmenge von Daten, Analysen sowie Trend- und Risikoabschätzungen, von einer Bilanz des Artensterbens über eine Abschätzung des Trends der Erosionsausdehnung bis hin zu Szenarien möglicher Verläufe des Treibhauseffektes. Auch zu den Wohlfahrtsverlusten der Menschen liegt eine Fülle von Angaben vor, nicht zuletzt aufgrund ausgiebiger Befragungsforschung zur individuellen Wahrnehmung des Umweltproblems und zur Entwicklung des Umweltbewußtseins.

3.4 Versuche einer Gesamtabschätzung der volkswirtschaftlichen Kosten der Umweltbelastung

Ob sich für diese Natur- und Wohlfahrtsverluste geeignete ökonomische Bewertungsverfahren finden lassen, ist eine äußerst umstrittene Frage. Bisher sind nur wenige Ansätze zu einer umfassenden Abschätzung der ökonomischen Kosten der Umweltzerstörung unternommen worden. Wir wollen im folgenden kurz auf sie eingehen.

Der erste Versuch ist 1986 von *Wicke* vorgelegt worden. Nach seinen Berechnungen lagen die „rechenbaren" Schäden bei jährlich ca. 104 Mrd. DM (*Wicke* 1986, 123). Die Einschränkung „rechenbar" verweist schon auf die gewaltigen theoretischen, methodischen und datenmäßigen Probleme, denen jede umfassende ökologische Schadensbilanz, die mit ökonomischen Kategorien arbeitet, ausgesetzt ist. Die beiden wichtigsten Posten bei *Wicke*, die knapp $^8/_{10}$ der Gesamtsumme ausmachen, sind Berechnungsansätze zu den Kosten der Luftverschmutzung (rd. 48 Mrd. DM) und zu den Wohnwertverlusten durch Lärm (ca. 30 Mrd. DM). Die Abschätzung der ökonomischen Kosten der Luftverschmutzung beruht auf einer sog. Zahlungsbereitschaftsanalyse, in der die Bürger danach befragt werden, wieviel sie – gemessen an einer vorgegebenen Skala von monatlichen Beträgen – bereit sind, für die Erlangung einer besseren Luftqualität zu bezahlen (*Wicke* 1986, 48 ff.).

Die mit einer derartigen Analysemethode erzielten Ergebnisse sind sicherlich angreifbar (vgl. zur Kritik der Zahlungsbereitschaftsanalyse *Leipert* 1989, 102 ff., sowie *Hueting, Leipert* 1990, 25 ff.). Aber diese Problematik teilen sie mehr oder weniger mit allen Ansätzen, die auf eine direkte monetäre Bewertung der Natur- und Wohlfahrtsverluste aus der Sicht der betroffenen Menschen abzielen. So erscheinen einerseits ökonomische Bewertungen gewisser ökologischer Negativentwicklungen, wie z.B. des Aussterbens von Arten, prinzipiell problematisch. Andererseits ist der Grad des Unwissens über das Ausmaß der ökologischen Zerstörung und über die ökologischen Folgen von Schadensprozessen angesichts vielfältiger Wechselwirkungszusammenhänge mit anderen Elementen des lokalen, regionalen, kontinentalen und globalen Ökosystems oft so groß, daß überhaupt nicht an eine vernünftige ökonomische Bewertung gedacht werden kann, wenn keine einigermaßen solide naturwissenschaftlich-ökologische Abschätzung vorliegt. Offene Fragen der folgenden Art sind Legion: Wieviele Arten, die z.T. noch nicht mal entdeckt sind, werden durch die Zerstörung des tropischen Regenwaldes ausgerottet und welche hochkomplexen Regenwald-Ökosysteme werden irreversibel vernichtet? Oder: Was sind die ökologischen Folgewirkungen des Waldsterbens im Geflecht der diversen ökologischen Funktionen des Waldes und wie wirken diese wiederum auf das Waldökosystem zurück?

Kürzlich sind die Ergebnisse einer Studie des UPI-Instituts (Heidelberg) zu den Kosten der Umweltverschmutzung in der Bundesrepublik bekannt geworden (*Schuster* 1990, 124 ff. und UPI-Institut 1991). Danach müssen die *Wicke*-Zahlen dramatisch nach oben revidiert werden. Die Öko-Kosten werden jetzt bei knapp 500 Mrd. DM angesiedelt. Es spricht vieles (vor allem die intuitive Gesamtschau von der insgesamt stark verschlechterten Umweltsituation) dafür, daß die aktuelle Berechnung ein besseres ökonomisches Abbild der ökologischen Schadenssituation in der Bundesrepublik vermittelt. Dennoch können diese Studien den Eindruck eines hohen Maßes an Willkür, der der Auswahl der bewerteten Gegenstände, den theoretischen und methodischen Annahmen und den gewählten Berechnungsverfahren innewohnt, nicht verwischen. Diese der komplizierten Erkenntnis- und Bewertungsmaterie inhärente und damit nicht hintergehbare „Willkür" impliziert auch, daß es gute Gründe gibt, mit einer Variation der bisher gewählten Bewertungsgegenstände, der theoretischen und methodischen Annahmen und der Berechnungsverfahren zu Bewertungsergebnissen der totalen ökonomischen Kosten der Umweltschädigung zu kommen, die bei 600 oder 1000 Mrd. DM und mehr liegen.

Der wesentliche Stellenwert derartiger umfassender, auf Verdichtung von komplexen Sachverhalten abzielender Berechnungen ist politischer Art. Sie können ein hohes Maß an Aufmerksamkeit mit Aufforderungscharakter zur raschen und verstärkten Aktion in der Politik und der medialen Öffentlichkeit auf sich ziehen. Diese Studien leisten die Arbeit der „Reduktion von Komplexität", auf die Politik und Öffentlichkeit warten. In einer griffigen Zahl kann jetzt das ganze Ausmaß der Umweltkrise zusammengefaßt werden, und das in einer Sprache, die von allen „Mitspielern" in einer Wirtschafts- und Konsumgesellschaft am besten verstanden wird, und die Vergleiche mit dem BSP, der dominierenden Größe in Politik und Öffentlichkeit überhaupt, erlaubt.

4. Auf dem Wege zur Konstruktion eines Öko-Sozialprodukts

Ein Öko-Sozialprodukt kann nicht ohne Wertansätze für die Nettoverluste am Naturvermögen konstruiert werden. Die Probleme einer direkten Bewertung dieser Verluste sind jedoch immens, wie eben deutlich geworden sein dürfte. Die wenigen internationalen und nationalen Statistischen Ämter, die über diese Frage ernsthaft nachdenken, haben deswegen einen anderen Weg eingeschlagen (*Stahmer* 1990, 27 ff. und *Hueting, Leipert* 1990, 25 ff.). Danach könnte der Umweltverbrauch entweder mit den potentiellen Vermeidungs- oder den potentiellen Restaurationskosten bewertet werden. Da viele anthropogene Naturveränderungen irreversibel sind, scheidet der **Restaurationskostenansatz** als übergreifendes Bewertungsverfahren aus.

Beim **Schadensvermeidungskostenansatz** wird gefragt, was die Gesellschaft hätte aufwenden müssen, um den Umweltzustand zu Anfang der Rechnungsperiode oder zu einem anderen Zeitpunkt in der Vergangenheit zu erhalten. Immerhin könnte die Gesellschaft durch derartige Berechnungen eine griffige Vorstellung davon gewinnen, in welcher Größenordnung sie auf andere Verwendungen des BSP, konkret: auf wieviel Konsum sie hätte verzichten müssen, wenn sie gesellschaftlich die Option der Umweltsicherung gewählt hätte. Für dessen Erreichung hätten dann ja unter den gegebenen technologischen Bedingungen die als potentielle Größe ermittelten Schadensvermeidungskosten tatsächlich eingesetzt werden müssen. Die Größenordnung dieser Kosten hängt natürlich wesentlich von den Ansprüchen, die an die Umweltstandards gelegt werden, ab. Es macht schon einen gewaltigen Unterschied aus, ob man den Umweltzustand von 1970 oder von 1989 als Norm verwendet.

Am Statistischen Bundesamt in Wiesbaden, in den Niederlanden, in Österreich, in den USA und in verschiedenen Ländern der Dritten Welt laufen in enger Kooperation mit der UNO und Umweltforschungsinstituten gegenwärtig Forschungsvorhaben zur ökologischen Anpassung des BSP-Konzeptes, die auch eine Bewertung der Nettoverluste am Naturvermögen vorsehen. Umfassendere Ergebnisse werden jedoch voraussichtlich nicht vor Ende 1992 vorliegen.

Literatur

Ahmad, Y. J. et al. (eds.) (1989), Environmental and Natural Resource Accounting and their Relevance to the Measurement of Sustainable Development, The World Bank, Washington D. C.
Council of Environmental Quality (1973), Environmental Quality. The Fourth Annual Report, Washington, D. C.
Hueting, R., Leipert, C. (1990), Economic Growth, National Income and the Blocked Choices for the Environment, in: The Environmentalist 1/90, S. 25–38
Leipert, C. (1991), Die volkswirtschaftlichen Kosten der Umweltbelastung, in: Aus Politik und Zeitgeschichte. Beilage zur Wochenzeitung Das Parlament, 11–12/91, S. 1–11
Leipert, C. (1989), Die heimlichen Kosten des Fortschritts. Wie Umweltzerstörung das Wirtschaftswachstum fördert, Frankfurt am Main
Pearce, D., Markandya, A. (1988), Marginal Opportunity Cost as a Planning Concept in Natural Resource Management, in: Annals of Regional Science
Schuster, G. (1990), Was uns die Umweltschäden kosten: 475 Milliarden Verlust im Jahr, in: Der Stern 52/90, S. 124–128
Sprenger, R.-U. (1990), Der Umweltschutzsektor: Chancen für die deutsche Wirtschaft, in: Klaus-Dieter-Arndt-Stiftung (Hrsg.), Bedrohte Natur in der Wohlstandsgesellschaft, Bonn, S. 61–77
Stahmer, C. (1990), Umweltindikatoren aus den Volkswirtschaftlichen Gesamtrechnungen?, in: Klaus-Dieter-Arndt-Stiftung (Hrsg.), Bedrohte Natur in der Wohlstandsgesellschaft, Bonn, S. 27–44

Statistisches Bundesamt (1990), Umweltökonomische Gesamtrechnung. Ein Beitrag der amtlichen Statistik, Wiesbaden

Umwelt- und Prognose-Institut Heidelberg (1991), ökologische und soziale Kosten der Umweltbelastung in der Bundesrepublik Deutschland im Jahre 1989, UPI Bericht Nr. 20, Heidelberg

Wicke, L. (1986), Die ökologischen Milliarden. Das kostet die zerstörte Umwelt. So können wir sie retten, München

Kapitel 9
Umweltpolitik und internationale Wettbewerbsfähigkeit

von *Werner Meißner* und *Ute Gräber-Seißinger*

1. Einleitung 132
2. Prinzipien und Ansatzpunkte der Umweltpolitik und ihre außenwirtschaftlichen Wirkungen 133
   2.1 Finanzierung nach dem Gemeinlastprinzip 133
   2.2 Produkt- und verfahrensbezogene Regulierung nach dem Verursacherprinzip 134
3. Umweltpolitische Einflüsse auf die internationale Wettbewerbsfähigkeit: Kosten- und Nachfrageeffekte 135
   3.1 Einflüsse der Umweltpolitik auf die Determinanten der internationalen Wettbewerbsfähigkeit 135
      3.1.1 Das umweltpolitische Anspruchsniveau 135
      3.1.2 Umweltschutzinvestitionen und ihre Produktivitätswirkung 135
      3.1.3 Nachfrageinduzierter Wandel der Produktionsstruktur: die Umweltschutzindustrie 136
   3.2 Empirische Ergebnisse zum Einfluß der Umweltpolitik auf die Determinanten der internationalen Wettbewerbsfähigkeit 137
      3.2.1 Umweltschutzinvestitionen im internationalen Vergleich .. 137
      3.2.2 Umweltschutzinvestitionen: Wirkungen auf Produktivität, Preise und Weltmarktposition 138
      3.2.3 Umweltpolitik und Standortverlagerungen 141
   3.3 Die Entwicklung der Umweltschutzindustrie und ihre Stellung auf dem Weltmarkt 141
4. Kurzes Fazit 143
Literatur 143

1. Einleitung

Die wirtschaftliche Rezession in der Bundesrepublik Mitte der siebziger Jahre brachte die Umweltpolitik unter Druck. Ihr wurden Einbußen an Wachstum, an internationaler Wettbewerbsfähigkeit, Preisniveausteigerungen und die Gefährdung von Arbeitsplätzen angelastet.[1] Daß diese Entwicklung eine ernstzunehmende Herausforderung für die Umweltpolitik darstellte, läßt sich daraus ersehen, daß die Bundesregierung es Mitte der siebziger Jahre sich zum Ziel erklärte, die umweltschutzinduzierten Belastungen der deutschen Wirtschaft nicht über diejenigen anderer hochindustrialisierter Staaten, wie etwa Japan oder die USA, hinausgehen zu lassen (*Sprenger* 1977, 4).

Daß die Kostenbelastung durch Umweltpolitik in den Brennpunkt der umweltpolitischen Diskussion rückte, lag nicht zuletzt an ihrer strategischen Konzeption. Der umweltpolitische Leitgedanke zur Durchsetzung der – in Grenzwerten der Wasser- und Luftbelastung konkretisierten – umweltpolitischen Ziele ist das **Verursacherprinzip**: Die Verursacher von Umweltbelastungen sollen die Kosten, die durch die Vermeidung bzw. Beseitigung von Umweltbelastungen entstehen, zunächst übernehmen; sie können dann versuchen, diese Kosten weiterzugeben, etwa in den Preisen.

Auf der einzelbetrieblichen Ebene führt das Verursacherprinzip zu Umweltschutzinvestitionen, die die Umweltbelastungen der Produktion im Rahmen der politisch gesetzten Belastungsgrenzwerte halten sollen. Solche Umweltschutzinvestitionen bilden einen Kostenfaktor, dem – zumindest bei unveränderter Produktionstechnik – auf der Ertragsseite nichts gegenübersteht. Kurzfristig betrachtet erfordern steigende Kosten entweder eine Zurücknahme der Gewinnansprüche und/oder steigende Preise, die im internationalen Wettbewerb die Absatzchancen der betroffenen Unternehmen mindern. Ebenfalls preissteigernd wirken – im Extremfall notwendige – Betriebsstilllegungen mit der Folge von Angebotsverknappungen. Weiterhin kann das Inland als Investitions- und Produktionsstandort an Attraktivität verlieren, was dann Standortverlagerungen heimischer Unternehmen ins Ausland mit dem Effekt sinkender Beschäftigungs- und Einkommenschancen im Inland nach sich zöge.

Inwieweit umweltpolitisch induzierte Kosten- und Preiseffekte tatsächlich die internationale Wettbewerbsposition der heimischen Industrie schwächen,

---

[1] Damals entstanden die ersten Studien, die dagegen die positiven Effekte der Umweltpolitik, insbesondere auf den Arbeitsmarkt, herausstellten. Vgl. u.a. *Meißner, W., Hödl, E.*, Positive ökonomische Aspekte des Umweltschutzes, Berlin 1977 (Umweltbundesamt), sowie *Meißner, W., Hödl, E.*, Auswirkungen der Umweltpolitik auf den Arbeitsmarkt, Bonn 1978 (Bundesminister des Innern).

2. Umweltpolitik und ihre außenwirtschaftlichen Wirkungen

hängt von einigen Bedingungen ab, die im folgenden (im Anschluß an eine Skizze der grundlegenden theoretischen Zusammenhänge zwischen Umweltpolitik und internationaler Wettbewerbsfähigkeit) dargelegt und auf ihre empirische Relevanz geprüft werden sollen.

2. Prinzipien und Ansatzpunkte der Umweltpolitik und ihre außenwirtschaftlichen Wirkungen

2.1 Finanzierung nach dem Gemeinlastprinzip

Grundsätzlich hängen die von der Wirtschaft unmittelbar zu tragenden Kostenbelastungen nicht nur vom Ausmaß der zu erfüllenden Umweltschutzanforderungen, sondern auch davon ab, wie die durchgeführten Maßnahmen finanziert werden.
Gemeinlastfinanzierter Umweltschutz kann bedeuten, daß
a) der Staat die Umweltschutzinvestitionen selbst durchführt oder daß
b) der Staat die privatwirtschaftlichen Umweltschutzinvestitionen subventioniert.

Im ersten Fall ändern sich die Produktionskosten der umweltbelastenden Branchen nicht unmittelbar. Internationale Verschiebungen der Güter- und Kapitalströme ergeben sich dann ausschließlich mittelbar – abhängig vom Beschäftigungsgrad der Wirtschaft und von der Art der Finanzierung der zusätzlichen Staatsausgaben – über makroökonomische Einkommens-, Zins- und Zahlungsbilanzeffekte. Sie sind nur schwer zu quantifizieren.

Bei der Subventionierung privatwirtschaftlicher Umweltschutzmaßnahmen werden zwar die einzelnen Unternehmen veranlaßt, ihre Produktion auf weniger emissionsintensive Verfahren umzustellen oder auch – bei einer Subventionierung vermiedener Emissionen – ihre Produktion einzuschränken. Da andererseits die Stückkosten – anders als bei einer Belastung mit den Anpassungskosten – nicht steigen, wird keine Anpassung der relativen Preise nach Maßgabe der branchenspezifisch differierenden Umweltbelastungsintensitäten erfolgen. Möglich ist sogar bei subventionsbedingt steigender Rentabilität der Produktion ein wachsendes Gewicht der umweltbelastenden Branchen, denen überdies dann, wenn die ausländischen Unternehmen nicht in gleicher Weise subventioniert werden, Wettbewerbsvorteile auf dem Weltmarkt verschafft werden, die unter Umständen Kapitalimporte (Direktinvestitionen ausländischer Unternehmen) induzieren.

In der Europäischen Gemeinschaft hat die Zulässigkeit staatlicher Umweltschutzsubventionen von Anfang an eine zentrale Rolle gespielt. Für alle staatlichen Beihilfen, die der Industrie von Behörden der Mitgliedstaaten gewährt werden, gelten die Artikel 92 ff. EWG-Vertrag. Seit 1974 hat die Kommission in einer Reihe von Memoranden (1974, 1980 und 1987) die Rahmenbedingungen festgelegt, unter denen staatliche Beihilfen an die Industrie zur Kontrolle der Verschmutzung nach Artikel 92 EWG-Vertrag zulässig sind.

2.2 Produkt- und verfahrensbezogene Regulierung nach dem Verursacherprinzip

Bei den Instrumenten des Verursacherprinzips ist im Hinblick auf internationale Wettbewerbseffekte eine Unterscheidung in produktbezogene und produktionsbezogene Regulierungsformen sinnvoll.

Produktbezogener Umweltschutz will die Senkung des Schadstoffgehalts von Vorprodukten und Konsumgütern erreichen; er kann auch Produktions- und Verbrauchsbeschränkungen umweltbelastender Güter beinhalten (z. B. Verbot bleihaltigen Benzins, Senkung der Lärmwerte von Kraftfahrzeugen). Grundsätzlich müssen in- und ausländische Anbieter solche nationalen Produktnormen gleichermaßen einhalten, so daß von daher keine direkten internationalen Wettbewerbsverschiebungen zu erwarten sind. Allerdings können sich international unterschiedliche Normen (wegen der Kosten der Informationsbeschaffung über die jeweiligen nationalen Bestimmungen und wegen der Produktdifferenzierung, d.h. dem Verlust von Kostenvorteilen hoher Stückzahlen) als handelshemmende Marktzutrittsschranken auswirken (*Jarre* 1978, 90).

Verfahrensbezogener Umweltschutz stellt auf die Minderung von Emissionen im Produktionsprozeß durch die Setzung von Emissionsgrenzwerten ab, welche die Unternehmen durch die Umstellung der Produktionstechnik und/oder der Inputs und/oder durch Produktionseinschränkungen einhalten müssen. Die Produktion der entsprechenden Güter wird dadurch verteuert und induziert bei international divergierenden Umweltpolitiken Veränderungen der Verteilung komparativer Vorteile im internationalen Handel und vielleicht auch Standortverlagerungen.

Die wesentlichen Determinanten für Verschiebungen der internationalen Wettbewerbs- und Handelsposition eines Landes durch Umweltpolitik sind also: das umweltpolitische Anspruchsniveau, die sachlichen Anknüpfungspunkte der Regulierungsmaßnahmen und die Art und Finanzierung der induzierten Anpassungsmaßnahmen. Je stärker die internationalen Unterschiede bei diesen Faktoren sind, um so stärker können diese Verschiebungen sein. Der Frage, inwieweit sich die These einer umweltpolitisch bedingten Benachteiligung der deutschen Unternehmen im internationalen Wettbewerb empirisch erhärten läßt, wollen wir uns im folgenden zuwenden.

3. Umweltpolitische Einflüsse auf die internationale Wettbewerbsfähigkeit: Kosten und Nachfrageeffekte

3.1 Einflüsse der Umweltpolitik auf die Determinanten der internationalen Wettbewerbsfähigkeit

3.1.1 Das umweltpolitische Anspruchsniveau

Wie sich umweltpolitisch bedingte Anpassungsmaßnahmen auf die internationale Wettbewerbsposition der heimischen Industrie auswirken, hängt entscheidend davon ab, wie sich das umweltpolitische Anspruchsniveau im internationalen Vergleich darstellt. Nur dann, wenn die Konkurrenten auf dem Weltmarkt einer weniger strikten umweltpolitischen Regulierung unterworfen sind – sei es, weil die Zielvorstellungen über die Umweltqualität differieren, oder sei es, weil die ausländischen Produktionsstandorte über natürliche Standortvorteile (höhere Regenerationskapazität der Umweltmedien und damit größere Kapazitäten zur ökologisch verträglichen Nutzung der natürlichen Gegebenheiten) verfügen –, ergeben sich Unterschiede in der umweltschutzinduzierten Kostenbelastung, die die Ausgangsbedingungen der inländischen Industrie im internationalen Wettbewerb verschlechtern.

Umweltpolitik induziert damit jedoch nicht à priori wohlfahrtsmindernde Wettbewerbsverzerrungen. Dieser Schluß ließe sich erst dann ziehen, wenn die weicheren Belastungsgrenzwerte im Ausland nicht durch eine überlegene Ausstattung mit natürlichen Ressourcen bzw. durch eine systematisch geringere Präferenz für Umweltqualität begründbar wären. Im übrigen erweisen sich modelltheoretisch selbst bei international gleichartigen Präferenzen hinsichtlich Umweltqualität und Marktgütern nach Maßgabe differierender ökonomischer und technischer Voraussetzungen variierende Umweltqualitätsstandards als wohlfahrtsoptimal; konkret: Je höher bei gegebener Ausstattung mit Umweltgütern die mögliche Güterproduktion, desto höher ist der wohlfahrtsoptimale Umweltqualitätsstandard (*Buhné* 1976, 19ff.).

Nun läßt sich zwar feststellen, daß seit Anfang der siebziger Jahre in nahezu allen Industrieländern eine Verschärfung umweltpolitischer Maßnahmen zu beobachten ist. Dennoch ist zu erwarten, daß sich die dadurch induzierte Kostenbelastung der Wirtschaft wegen der differierenden umweltpolitischen Einflüsse und wegen unterschiedlicher Ausprägungungen betriebs-, produktions- und technologiespezifischer Faktoren (etwa zeitlicher Ablauf der Umweltschutzaktivitäten, Emissionsintensität der eingesetzten Produktionsverfahren, Art der eingesetzten Umweltschutztechnologie, Größe der Produktions- und Umweltschutzanlagen) international sehr unterschiedlich darstellen wird (*Knödgen/Sprenger* 1981, 30).

3.1.2 Umweltschutzinvestitionen und ihre Produktivitätswirkung

Ob umweltpolitisch induzierte Anpassungsmaßnahmen zu Kostennachteilen und zur Verschlechterung der Rentabilität der Produktion der betroffenen

Branchen führen, hängt von der Art der eingesetzten Umweltschutztechnologie ab. Unmittelbar in diese Richtung wirkt nur eine spezielle Form von sog. End-of-the-pipe-Technologien, die lediglich den zur Produktion erforderlichen Kapitalstock erhöht.

Bei additiven oder **End-of-the-pipe-Technologien** handelt es sich um der Produktion nachgeschaltete Schadstoffbeseitigungsanlagen, die zunächst den Kapitaleinsatz pro Outputeinheit erhöhen bzw. die Kapitalproduktivität und -rentabilität senken. Gegebenenfalls können aber mit ihrer Hilfe aus den Reststoffen wiederverwendbare Rohstoffe (Recycling) oder weiterverwendbare, marktfähige Produkte gewonnen werden. Einsparungen beim Bezug von Primärrohstoffen bzw. zusätzliche Erträge können der Tendenz einer sinkenden Kapitalproduktivität entgegenwirken.

Integrierte Technologien stellen auf eine Änderung der Produktionsprozesse mit dem Ziel ab, Rohstoffe und Energie einzusparen. Sie zeichnen sich dadurch aus, daß sie neben ihrem Umweltentlastungseffekt zugleich die Effizienz der Ressourcennutzung steigern. Gegenüber additiven Technologien bringen sie Kostenvorteile in dem Maße, wie sie durch Vermeidung von Schadstoffemissionen den Verzicht auf nachträgliche Schadstoffentsorgung ermöglichen. Integrierte Technologien sind somit geeignet, umweltschutzbedingte Mehrbelastungen in der Innovationsphase durch spätere Produktivitätsvorteile zu kompensieren.

Ob kurzfristige Kosten- und Preissteigerungen schließlich zu Marktanteilsverlusten führen, hängt von der Preiselastizität der Nachfrage nach den betroffenen Produkten ab. Geht man davon aus, daß die Weltmarktstellung deutscher Waren wegen solcher Faktoren wie Produktqualität und Umfang der Nebenleistungen (Garantie, Service) die Preisempfindlichkeit der Exportnachfrage abschwächt, so werden – insbesondere dann, wenn die Kostennachteile aufgrund einer erwarteten belastungsnivellierenden internationalen Harmonisierung der Umweltpolitiken als nur vorübergehend eingeschätzt werden – Preiserhöhungen kaum nennenswert auf das Exportvolumen durchschlagen. Im Gegenteil: Sie können die terms of trade verbessern und so das Ausland an der Finanzierung der inländischen Umweltpolitik beteiligen.

3.1.3 Nachfrageinduzierter Wandel der Produktionsstruktur: die Umweltschutzindustrie

Umwelttechnischer Fortschritt kann für die Exportstärke einer Volkswirtschaft bedeutsam werden. Umweltpolitik schafft einen Markt für Güter und Dienstleistungen des Umweltschutzes, von dessen Nachfrage die Anbieter solcher Güter und Dienstleistungen profitieren. Solche Angebote sind nicht selten in die Produktpalette der etablierten Unternehmen integriert.

Überdies wird der Markt für Umweltschutzgüter nach Maßgabe der Umweltpolitik anderer Länder internationalisiert und eröffnet somit für die heimischen Anbieter neue Absatzmöglichkeiten auf dem Weltmarkt. Eine „vorauseilende" Umweltpolitik stattet die heimische Umweltschutzindustrie in jedem Fall mit durch Wissens-/Entwicklungsvorsprünge bei Umweltschutzinnovationen erworbenen Wettbewerbsvorteilen aus.

3.2 Empirische Ergebnisse zum Einfluß der Umweltpolitik auf die Determinanten der internationalen Wettbewerbsfähigkeit

3.2.1 Umweltschutzinvestitionen im internationalen Vergleich

Empirische Daten zu den umweltschutzinduzierten Investitionen in der (alten) Bundesrepublik und vergleichend dazu in den USA und Japan zeigen, daß die japanische Industrie im Zeitraum 1971 bis 1978 relativ am meisten für Umweltschutzzwecke investierte. Ebenso lag in den USA die Höhe der Umweltschutzinvestitionen noch deutlich über den Vergleichswerten für die gesamte westdeutsche Industrie. Auch bei einer Betrachtung der einzelnen Industriegruppen lassen sich beträchtliche Belastungsunterschiede erkennen, die allerdings in der Rangfolge im internationalen Vergleich mitunter wechseln (*Knödgen, Sprenger* 1981, 29).

Vergleichbar detaillierte Angaben für jüngere Zeiträume sind nicht verfügbar. Stellt man ersatzweise die Entwicklungstrends der Umweltschutzinvestitionen der gewerblichen Wirtschaft Japans, der USA und der Bundesrepublik Deutschland von Mitte der 70er bis Mitte der 80er Jahre gegeneinander, so ergeben sich Anhaltspunkte für die Vermutung, daß die Belastungsunterschiede geringer geworden sind. Es zeigt sich, daß in den USA der stetige Aufwärtstrend Anfang der 80er Jahre endete und daß das Investitionsvolumen bis 1985 seinen Höchstwert nicht wieder erreicht hatte. In der Bundesrepublik Deutschland läßt sich hingegen – ähnlich wie in Japan – ein Abwärtstrend feststellen, der sich ab 1979 umkehrte. 1985 betrug das Investitionsvolumen in der Bundesrepublik Deutschland annähernd das Dreifache seines tiefsten Wertes, während der Anstieg in Japan nur vorübergehend andauerte und ab 1983 einem erneuten Rückgang Platz machte (*Sprenger* 1989, 196f., Secrétariat d'état 1988, 31 ff.).

	BR Deutschland	Japan	USA
Verarb. Industrie	5,2	14,0	7,7
Eisen u. Stahl	10,4	15,9	14,7
NE-Metallindustrie	8,0	11,8	19,0
Mineralölverarb.	20,6	21,6	9,8
Chemie	11,0	17,0	9,7
Zellstoff u. Papier	9,9	17,8	15,6
Maschinenbau	1,4	5,8	2,1
Elektrotechnik	1,8	.	4,3
Textilindustrie	1,5	9,4	3,6

Tab. 1: Industrielle Umweltschutzinvestitionen in v. H. der Gesamtinvestitionen im internationalen Vergleich 1971–1978 (*Knödgen, Sprenger* 1981, 30)

Nun läßt sich vom Umfang der umweltschutzinduzierten Aufwendungen noch nicht unmittelbar auf die daraus resultierende Kostenbelastung der betroffenen Branchen schließen. Ihre Relevanz und damit ihr Einfluß auf die internationale Wettbewerbsfähigkeit hängen letztlich davon ab, wie die einzelnen durchgeführten Maßnahmen finanziert werden bzw. in welchem Verhältnis die Aufwendungen verursacher- und gemeinlastfinanziert sind. In fast allen Industrieländern existieren zahlreiche staatliche Finanzierungshilfen, die allerdings in ihren Gesamteffekten kaum zu quantifizieren sind und den Überblick über die tatsächlich den Verursachern angelasteten Umweltschutzkosten erheblich erschweren. Generell läßt dies lediglich den Schluß zu, daß die international unterschiedliche Subventionspraxis in bezug auf industrielle Umweltschutzaktivitäten die bestehenden internationalen Belastungsdifferenzen sowohl abschwächen, kompensieren als auch verstärken kann (*Knödgen, Sprenger* 1981, 31f.).

3.2.2 Umweltschutzinvestitionen: Wirkungen auf Produktivität, Preise und Weltmarktposition

Neuere empirische Untersuchungen geben Aufschluß darüber, welche Branchen innerhalb des Produzierenden Gewerbes in der Bundesrepublik Deutschland am stärksten mit Umweltkosten belastet sind.

Bereich	Belastungsindex (Anteil der Umweltschutzinvestitionen an den Gesamtinvestitionen 1975–1984)
Warenproduzierendes Gewerbe, darunter:	4,09
Energie- u. Wasservers.	3,94
Bergbau	5,39
Chemie	9,95
Mineralölverarb.	14,95
Steine und Erden	5,24
Eisenschaff. Industrie	9,58
NE-Metallindustrie	9,37
Gießereien	7,41
Holzbearbeitung	6,15
Zellstoff, Papier u. Pappe	8,75
Ernährungsgewerbe	3,26

Tab. 2: Überdurchschnittlich durch Umweltschutzaufwendungen betroffene Bereiche des Warenproduzierenden Gewerbes[1] (RWI, Schwerpunkt 1987, Tabelle 22, 141)

[1] Bereiche, die sowohl hinsichtlich ihrer Umweltbelastung als auch hinsichtlich ihrer Umweltschutzinvestitionen besonders bedeutsam sind.

3. Umweltpolitische Einflüsse: Kosten- und Nachfrageeffekte 139

Wie sich die Belastung der Branchen durch Umweltinvestitionen auf die Determinanten der internationalen Wettbewerbsfähigkeit auswirkt, hängt u. a. vom Typ der Investition ab. Empirische Untersuchungen weisen aus, daß der Anteil integrierter Technologien an den gesamten Umweltschutzinvestitionen bisher noch recht gering ist – dies aber nicht nur in der Bundesrepublik Deutschland, sondern gleichermaßen in den USA (*Zimmermann* 1985, 37 ff.).

Das Rheinisch-Westfälische Institut für Wirtschaftsforschung hat im Rahmen der jüngsten Runde der Strukturberichterstattung den Versuch einer empirischen Abschätzung der ökonomischen Auswirkungen der Umweltpolitik unternommen (vgl. RWI 1987, 143–154). Es erwies sich, daß Einflüsse der Umweltpolitik auf die relativen Preise, die Produktion, die Entwicklung der Kapitalproduktivität und -rentabilität für den Zeitraum zwischen 1975 und 1983 statistisch kaum nachweisbar sind. Soweit also die Entwicklung dieser Determinanten eine der internationalen Wettbewerbsfähigkeit abträgliche Richtung genommen hat, ist dies in den meisten Fällen anderen Faktoren wie steigende Energie-, Rohstoff- und Lohnkosten, abgeschwächtes Nachfragewachstum etc. zuzuschreiben.

Auszunehmen von dieser Aussage sind nur wenige Branchen. Für die **Elektrizitätswirtschaft** läßt sich ein Einfluß umweltpolitischer Vorgaben statistisch absichern. Sie trugen neben drastischen Preiserhöhungen bei den wichtigsten Energieträgern und der versorgungspolitisch motivierten Substitution von Öl und Gas durch Kohle zu einer deutlichen Verlangsamung des Anstiegs der Stromnachfrage mit negativen Folgen auf Kapazitätsauslastung und Kapitalproduktivität bei.

Ebenfalls zu dem Kreis der Ausnahmen ist die **Chemische Industrie** zu zählen, die überwiegend auf additive Umweltschutzmaßnahmen, die wenig Spielraum für eine Effizienzsteigerung des Kapitalstocks lassen, zurückgriff. Ihre internationale Wettbewerbsposition hat sich im betrachteten Zeitraum geringfügig verschlechtert, wobei im Vergleich zu Entwicklungsländern schärfere Umweltstandards die Einflüsse der Wechselkursveränderungen verstärkt haben dürften.[2]

Anteilsverluste auf den Auslandsmärkten mußte auch die **Eisen- und Stahlindustrie** hinnehmen. Jedoch läßt sich ein diesbezüglicher Einfluß der Umweltschutzinvestitionen statistisch nicht isolieren. Bemerkenswert ist allerdings die Tatsache, daß die in den Investitionszyklen 1974/78 und 1979/82 vorgenommene Modernisierung der Produktionskapazitäten auch Umweltschutz-

---

[2] Die internationale Wettbewerbsposition wird an Weltmarktanteilen bzw. an sog. RCA-Werten (Revealed Comparative Advantage) gemessen, die auf der Basis der Nettoaußenhandelsposition (Export- abzüglich Importwerte) der Branchen gebildet werden. Vgl. Näheres dazu in RWI, Strukturbericht 1983, Band 3: Methoden und Materialien, Gutachten im Auftrag des Bundesministers für Wirtschaft, Essen 1983, 95 ff.

aspekte beachtete, und zwar zu einem weit überdurchschnittlichen Anteil in Form integrierter Umweltschutzmaßnahmen, die den Bemühungen um Produktivitätsverbesserungen vermutlich nicht entgegenstanden.

Schließlich konnte die **NE-Metallindustrie**, die ebenfalls zu den stark betroffenen Branchen gehört, ihre Weltmarktposition sogar verbessern. Daraus ergibt sich ein weiteres Indiz für die geringe Bedeutung der Umweltpolitik für die internationale Wertbewerbsfähigkeit.

Insgesamt läßt sich der Einfluß der Umweltpolitik auf die Bestimmungsgrößen der internationalen Wettbewerbsfähigkeit nur selten statistisch absichern. Die Empirie gibt mithin keine verläßlichen Hinweise zur Bestätigung der Hypothese eines negativen Einflusses der Umweltpolitik auf die Position der Bundesrepublik im internationalen Handel.

In die gleiche Richtung weist auch eine ältere Erhebung des Ifo-Instituts, die zur Analyse tatsächlich eingetretener oder zu erwartender internationaler Wettbewerbseffekte der Umweltpolitik durchgeführt wurde. Eine Auswertung der Ergebnisse hinsichtlich der Frage, ob inländische Anbieter in Produktbereichen mit relativ hohen umweltschutzinduzierten Stückkostensteigerungen Marktanteilsverluste hinnehmen mußten, ergab, daß nur in wenigen Fällen von mehreren Betrieben in der gleichen Produktgruppe Kostenüberwälzungsschwierigkeiten und Marktanteilsverluste gemeldet wurden. In der Regel betrafen Marktanteilsverluste in den hoch belasteten Produktbereichen also nicht die gesamte Herstellergruppe und sind demnach eher als Folge einzelbetriebsspezifischer Anpassungsschwierigkeiten zu vermuten (*Knödgen, Sprenger* 1981, 35).[3]

Richtet man schließlich den Blick von den überdurchschnittlich durch Umweltschutzauflagen belasteten zu den überdurchschnittlich exportstarken Branchen, so läßt sich nur eine geringe Übereinstimmung feststellen: Von den fünfzehn Branchen, die mehr als ein Viertel ihrer Produktion exportieren, weisen nur vier – die Eisenschaffende Industrie, die Chemische Industrie, der Kohlenbergbau und der Metallerzbergbau – überdurchschnittliche Umweltkosten auf (*Wicke* 1989, 453). Ein großer Teil der traditionell exportstarken Bereiche ist demnach durch Umweltschutzauflagen überhaupt nur gering betroffen.

---

[3] Im übrigen können Anteilsverluste auf dem Weltmarkt wie auch wachsende Importanteile am inländischen Marktvolumen nicht als unmittelbare Indikatoren umweltpolitisch bedingter Wettbewerbsnachteile gelten. Denn diese werden von einer Vielzahl weiterer Faktoren determiniert, etwa von den generellen Wachstumsperspektiven der Branchen, von internationalen Wachstumsdifferenzen und von der Wechselkursentwicklung. Entsprechende Indikatoren können von daher allenfalls indirekte Hinweise zur empirischen Qualifizierung des hypothetischen Zusammenhangs zwischen Umweltpolitik und internationaler Wettbewerbsfähigkeit geben.

3.2.3 Umweltpolitik und Standortverlagerungen

Die Hypothese umweltpolitisch induzierter Standortverlagerungen von Unternehmensteilen in Länder mit weicheren Umweltschutzbestimmungen ist empirisch kaum zu stützen: In einer Befragung gaben lediglich 4% der Unternehmen strengere Umweltschutzauflagen im Inland als Motiv für Direktinvestitionen im Ausland an (*Wicke* 1989, 454). Offenbar werden zum einen – zumindest im Kreis der Industrieländer – die internationalen Unterschiede in den Umweltschutzauflagen als unwesentlich erachtet. Und zum andern wird einer ganzen Reihe anderer Faktoren der Standortwahl – Versorgung mit Rohstoffen, Lohn- und Energiekosten, Nähe zu den Absatzmärkten, Infrastruktur, wirtschaftliche und politische Stabilität – eine weit größere Bedeutung zugemessen.

3.3 Die Entwicklung der Umweltschutzindustrie und ihre Stellung auf dem Weltmarkt

Empirische Analysen zur Struktur und Entwicklung der Umweltschutzindustrie (*Sprenger, Knödgen* 1983) zeigen, daß der überwiegende Anteil der dort tätigen Unternehmen (80%) schon vor 1970 gegründet worden ist. Mehr als die Hälfte der Unternehmen hat auch schon vor 1970 Umweltschutzgüter angeboten. Andererseits ist die Zahl der Unternehmen, die ausschließlich Umweltschutzgüter anbieten, mit knapp 22% gering. Daraus läßt sich ersehen, daß die Produktion von Umweltschutzgütern überwiegend in das Programm der etablierten Unternehmen integriert ist.

Die bedeutendsten Anbieter sind im Bausektor angesiedelt. Im industriellen Bereich dominieren die Sektoren Maschinenbau, Elektrotechnik und Chemie. Es zeigt sich also, daß auch Unternehmen, die überdurchschnittlich von Umweltpolitik betroffen sind, über die Nachfrageseite begünstigt werden. Im übrigen partizipieren über die interindustriellen Lieferverflechtungen fast alle Branchen an der durch Umweltpolitik ausgelösten Nachfrage nach Gütern und Dienstleistungen für Umweltschutz.

Die Umweltschutzindustrie erweist sich bislang nicht als der erhoffte Exportmotor: Wenn auch die der Umweltschutzindustrie zugehörigen Anbieter sehr exportstark sind (38% ihres Umsatzes entfielen 1980 auf den Export), so liegt speziell die Exportrate im Umweltgüterbereich mit 26% nur unwesentlich höher als die allgemeine Exportquote des Produzierenden Gewerbes insgesamt.

Von diesem Gesamtbild heben sich Anbieter von Umweltschutzgütern in zwei Branchen, der Elektroindustrie und der Chemischen Industrie, ab (vgl. Tab. 3, S. 142): Ihre Exportquoten lagen 1980 in den Umweltbereichen höher als im Gesamtunternehmen, höher als im Branchendurchschnitt sowie schließlich höher als im Durchschnitt der gesamten Industrie. Dieser Befund sowie die Beobachtung einer mit steigendem Spezialisierungsgrad von Umweltschutzgütern zunehmenden Exportorientierung der Anbieter der Umweltschutzindustrie, schließlich die überdurchschnittliche Wachstumsstärke und Innovationsneigung[4] der Branche lassen durchaus die Vermutung zu, daß die Umweltschutzindustrie in Zukunft eine wachsende Rolle im deutschen Exportgeschäft spielen wird. Indizien hierfür liefern im übrigen neuere Befragungsergebnisse des Ifo-Instituts. Sie weisen aus, daß der überwiegende Teil der exportorientierten Anbieter von Umweltschutzgütern und -leistungen (knapp 65%) eine deutliche Zunahme des Exportgeschäfts für die kommenden Jahre erwartet, während lediglich 1,5% der Befragten mit einer Abnahme rechnen. (*Wackerbauer* u. a. 1989, 231 ff.).

Exporte Schwerpunkt d. Untern.tätigkeit	Gesamtuntern. Durchschn. Exportquote (v. H.)	Umweltschutzber. Durchschn. Exportquote (v. H.)	Nachrichtlich: Produzierendes Gewerbe[b] Exp.quote (v. H.)
Grundstoff- u. Produktionsgüter- industrien darunter:	36,3	29,5	22,8
Chemische Industrie	37,6	43,2	37,3
Investitionsgüter- industrien darunter:	37,4	28,7	34,7
Maschinenbau	38,0	26,2	43,1
Elektrotechnische Industrie	39,0	41,1	27,9
Tertiärer Sektor	47,4	4,2	.
Umwelttechnik Sonstige[c]	37,1	36,4	.
	36,9	17,3	.
Insgesamt	37,7	25,7	24,3[d]

Tab. 3: Exportquoten der Anbieter auf dem Umweltschutzmarkt nach dem Schwerpunkt der Unternehmenstätigkeit[a] (*Sprenger, Knödgen* 1983, 144)

[a] Nur Unternehmen mit Angaben zu Exporten *und* Umsatz im Gesamtunternehmen *und* in den Umweltschutzbereichen.
[b] Betriebe von Unternehmen mit im allgemeinen 20 Beschäftigten und mehr einschl. Handwerk.
[c] Darunter: Unternehmen der Verbrauchsgüter-, Nahrungs- und Genußmittelindustrien.
[d] Bergbau und Verarbeitendes Gewerbe.

---

[4] Gemessen an den auch im Ausland angemeldeten umweltschutzrelevanten Patenten zeigt sich eine auch im internationalen Vergleich hohe Innovationsneigung deutscher Anbieter. Allerdings bezieht sich der hohe deutsche Forschungs- und Entwicklungsstand im Umweltschutzbereich hauptsächlich auf die Verbesserung bekannter Technologien und ihre Anwendung auf Umweltprobleme, während in der Erforschung völlig neuer Technologien die amerikanische und japanische Konkurrenz führend sind (*Wackerbauer* u. a. 1989, 36–37).

4. Kurzes Fazit

Die Hypothese einer umweltpolitisch bedingten Beeinträchtigung der internationalen Wettbewerbsfähigkeit hält den empirischen Ergebnissen nicht stand. Umgekehrt hat sich bisher aber auch die Hoffnung nicht erfüllt, die Umweltschutzindustrie werde sich zum „Exportmotor" entwickeln. Läßt sich schon kurzfristig der ehemals behauptete Zielkonflikt zwischen Umweltpolitik und internationaler Wettbewerbsfähigkeit nicht belegen, dann entfällt nicht nur ein weiteres Argument gegen Umweltpolitik. Die weltwirtschaftliche Verflechtung läßt sich aus einem anderen Blickwinkel darüber hinaus als positives, die Umweltpolitik stärkendes Moment in die Diskussion einbringen, denn eine intakte Umwelt als Ergebnis anspruchsvoller Umweltpolitik ist zweifelsohne Voraussetzung für die dauerhafte Attraktivität der Produktionsstandorte auch in der internationalen Konkurrenz um Investitionen. Das zeigt sich u. a. an der Entwicklung im Gebiet der ehemaligen DDR, das als Investitionsstandort nicht zuletzt wegen der noch unübersehbaren Altlasten bislang sehr zurückhaltend beurteilt wird. Andererseits kommen aufgrund der dortigen Umweltprobleme gewaltige Aufgaben auf die Unternehmen der Umweltschutzindustrie zu, Aufgaben, für die sie – so kann man hoffen – aufgrund frühzeitiger umweltpolitischer Entwicklungsimpulse gut gerüstet sein dürfte.

Literatur

Buhné, R. (1976), Die internationale Verflechtung der Umweltproblematik, Göttingen

Jarre, J. (1978), Ökonomische Interdependenzen zwischen Umweltschutz und Wettbewerb, in: Zeitschrift für Umweltpolitik, 1. Jg., S. 71–94

Knödgen, G., Sprenger, R.-U. (1981), Umweltschutz und internationaler Wettbewerb, in: ifo-Schnelldienst, 34. Jg., Heft 1–2, S. 29–46

Meißner, W., Hödl, E. (1977), Positive ökonomische Aspekte des Umweltschutzes, Berlin, Umweltbundesamt

Meißner, W., Hödl, E. (1978), Auswirkungen der Umweltpolitik auf den Arbeitsmarkt, Bonn, Bundesminister des Innern

Rheinisch-Westfälisches Institut für Wirtschaftsforschung Essen (RWI) (1987), Analyse der strukturellen Entwicklung der deutschen Wirtschaft (Strukturberichterstattung 1987), Schwerpunktthema: Umweltwirkungen des Strukturwandels, Auswirkungen von Maßnahmen des Umweltschutzes auf die gesamtwirtschaftliche Produktivitätsentwicklung und das Wachstum ausgewählter Wirtschaftszweige, Essen

Secrétariat d'état auprès du Premier Ministre chargé de l'environnement, Données économiques de l'environnement, édition 1988, la Documentation francaise, DF 1812

Sprenger, R.-U. (1977), Umweltschutzaktivitäten der deutschen Industrie – Kosteneffekte und ihre Wettbewerbswirksamkeit, in: ifo-Schnelldienst, 30. Jg., Heft 8, S. 4–18

Sprenger, R.-U. (1989), Beschäftigungswirkungen der Umweltpolitik – eine nachfrageorientierte Untersuchung, Umweltbundesamt, Berichte 4/89, Berlin

Sprenger, R.-U., Knödgen, G. (1983), Struktur und Entwicklung der Umweltschutzindustrie in der Bundesrepublik Deutschland, Umweltbundesamt, Berichte 9/83, Berlin

Wackerbauer, J., Adler, U., Blau, H., Legler, H., Meimberg, R., Robinet, K., Schreyer, M. (1990), Der Umweltschutzmarkt in Niedersachsen – Eine Struktur- und Potentialanalyse –, ifo-Studien zur Umweltökonomie 14, München

Wicke, L. (1989), Umweltökonomie, 2. Aufl., München

Zimmermann, K. (1985), ‚Präventive' Umweltpolitik und technologische Anpassung, discussion paper dp 85–8 des Internationalen Instituts für Umwelt und Gesellschaft, Wissenschaftszentrum Berlin, Berlin

Kapitel 10
Umweltschutz als Standortfaktor

von *Gerhard Prätorius*

1. Einleitung 146
2. Die traditionelle Standortlehre 147
   2.1 Standortentscheidungen als fundamentale Wahlakte des Unternehmens 147
   2.2 Zur Berücksichtigung des Umweltschutzes im System der Standortfaktoren 148
3. Umweltschutz als „limitationaler Faktor" für Standortentscheidungen 151
   3.1 Umweltschutz als Ordnungsrahmen 151
   3.2 Umweltschutz als Grund für Standortverlagerungen? 153
4. Umweltschutz als „Qualitätsfaktor" für Standortentscheidungen ... 154
   4.1 Zur Bedeutungszunahme „sanfter" Standortfaktoren 154
   4.2 Empirische Befunde 156
5. Umweltschutz als „Wettbewerbsfaktor" für Wirtschaftsräume 158
6. Einbeziehung des Umweltschutzes in die Instrumente der Standortplanung 160
7. Resümee 161
Literatur 161

1. Einleitung

Umweltschutz hat für die Standortentscheidungen von Unternehmen zwei mögliche Ausprägungen. Als vorwiegend ordnungsrechtlicher Rahmen limitiert er einerseits die unternehmerischen Standortalternativen. Andererseits kann Umweltschutz – realisiert als bessere Umweltqualität im Vergleich zu anderen potentiellen Standorten – zu einem zusätzlichen, vielleicht ausschlaggebenden Attraktivitätsfaktor für Standorte avancieren. Beide Aspekte werden hier in den Abschnitten 3 und 4 behandelt, wobei das Schwergewicht der Darstellung auf den zuletzt genannten Punkt gelegt wird, weil dieser in Zukunft vermutlich noch an Bedeutung gewinnen wird, aber in der gegenwärtigen wissenschaftlichen wie öffentlichen Erörterung der Standortfragen eher eine untergeordnete Rolle spielt.

Zuvor wird in Abschnitt 2 ein kurzer Überblick über die systematische Einordnung der Standortentscheidungen im unternehmerischen Entscheidungsprozeß und den theoriegeschichtlichen Kontext der Standortlehren in den Wirtschaftswissenschaften, insbesondere der Betriebswirtschaftslehre gegeben.

In Ergänzung zu Abschnitt 4 – nur mit der gleichsam umgekehrten Perspektive städtischer oder regionaler Standortpolitik – wird in Abschnitt 5 dargelegt, wie Umweltqualität im Standortwettbewerb von Wirtschaftsräumen zu einem immer wichtigeren Faktor wird. Schließlich werden in Abschnitt 6 als Konsequenz für die Praxis der Standortplanung noch einige Instrumente für die Einbeziehung des Umweltschutzes in den Standortentscheidungsprozeß vorgestellt.

In dem begrenzten Rahmen dieses Beitrags bewegen sich die Ausführungen notwendigerweise auf einem sehr allgemeinen Niveau. Die bekanntlich unterschiedlichen Motive und Prozeduren für eine Standortentscheidung zum Beispiel im Bereich der chemischen Industrie einerseits und eines Software-Unternehmens andererseits können nicht in dem eigentlich notwendigen Grad der Differenziertheit gewürdigt werden. Hier kommt es vielmehr insbesondere auf die Darlegung eines generellen und relativ neuen Aspektes in der Standortentscheidung von Unternehmen an.

2. Die traditionelle Standortlehre

2.1 Standortentscheidungen als fundamentale Wahlakte des Unternehmens

Die Festlegung des Standortes eines Unternehmens, eines Zweigwerkes wie überhaupt die Standortverteilung gehören zu den fundamentalen Wahlakten der Unternehmensleitung und damit zu den strategischen Entscheidungen, die – meist langfristig – das Potential eines Unternehmens (mit-)bestimmen und dessen Einbettung in das lokale Wirtschaftssystem beinhalten (*Bloech* 1990, 63 u. 73). Entsprechend zahlreich und vielgestaltig sind die zu berücksichtigenden Einflußgrößen für eine Standortentscheidung. Allgemein werden die wirtschaftlich-technischen – und je nach Abgrenzung weiterzufassenden – Merkmale eines Raumelements, das als geeignetes differenzbildendes Kriterium einen Wirtschaftsraum unterteilt, als **Standortfaktoren** bezeichnet. *Alfred Weber*, der diesen Begriff prägte, definierte Standortfaktoren als „einen seiner Art nach scharf abgegrenzten Vorteil, der für eine bestimmte wirtschaftliche Tätigkeit dann eintritt, wenn sie sich an einem bestimmten Ort oder auch generell an Plätzen bestimmter Art vollzieht" (*Weber* 1909, 16). *Weber* berücksichtigte schließlich in seiner Theorie ausschließlich Kostenvorteile als die entscheidungsbildenden Kriterien. Aufbauend auf das *Weber*sche Grundmodell der Standortentscheidung wurde im Verlauf der theoriegeschichtlichen Entwicklung eine Erweiterung der Einflußgrößen vorgenommen, etwa unterschieden nach Faktoren für Absatzmärkte und Beschaffungsmärkte (*Behrens* 1971, 14ff.). Zugleich wurde ein immer weiter formal ausdifferenziertes Instrumentarium entwickelt, um den mehrstufigen Entscheidungsprozeß des Unternehmens bei der Standortwahl abzubilden (z.B. *Bloech* 1970; 1990; *Domschke, Drexle* 1985).

Zugänglich für solche Standortentscheidungsmodelle sind „harte", d.h. vor allem auch zureichend quantifizierbare Faktoren, in der Regel also Kosten- resp. Ertragsgrößen. Für eine solche quantitativ orientierte Standortplanung stehen dann die Instrumente der Investitionsrechnung, z.B. Kapitalwert- oder Annuitätenmethode, zur Verfügung, wobei als Kostengrößen die **standortabhängigen Kosten** eingehen. Als Entscheidungshilfe dienen solche Modelle sowohl bei der Standortauswahl vorwiegend nach logistischen Kriterien (Transportkostenminimierung) als auch bei vergleichenden Wirtschaftlichkeitsrechnungen alternativer Standorte. Standortfaktoren, die nur unter erheblichen Schwierigkeiten zu quantifizieren sind (z.B. die kulturellen Komponenten der Infrastruktur) und sich so einer noch überschaubaren Modellbildung weitgehend entziehen, werden in diesen Untersuchungen zwar mit als entscheidungsbeeinflussende Faktoren angeführt, aber in der quantitativen Modelldarstellung zumeist nicht mehr berücksichtigt, so daß der Erklärungsgehalt solcher Modelle zwangsläufig eingeschränkt ist.

Die Standortwahl hat als strategische Entscheidung eine langfristige Wirkung, während der sich das Umfeld beständig, wenn auch in der Regel inkremental, verändert. So besteht bei den Unternehmen eine Tendenz zur Immobilität, obwohl eine Standortveränderung sinnvoll und notwendig sein könnte, weil die Entscheidungsträger die Neigung besitzen, komplexe Probleme zu vermeiden (*Bade* 1978). Bereits *Salin* (1963) hat auf diese **Beharrungstendenz** der Unternehmen hingewiesen und auf deren Versuche, die Rationalität des alten Standortes zu bewahren: zum einen durch Anpassung der Unternehmung an die veränderten Umfeldbedingungen (Änderung der Faktorkombination, des Leistungsprogrammes), zum anderen durch eine Änderung der Umfeldbedingungen als Beeinflussung der Mikro-Bedingungen (Kommune, Region) und der Makro-Bedingungen (Verbände, Lobby).

Die Standortstruktur eines Unternehmens birgt ein beachtliches Erfolgspotential. Gelingt ihre Optimierung, so sichert sie dem Unternehmen gleichsam eine „Bequemlichkeitsrente", d.h. von zwei unter sonst gleichen Bedingungen arbeitenden Unternehmen erzielt dasjenige mit der besseren Standortstruktur den größeren Erfolg (*Nauer* 1968, 161 ff.). Es sind neben den genannten, allgemeinen Gründen einige weitere Aspekte anzuführen, warum Standortprobleme oft nur peripher oder in akuten Engpaßsituationen in Unternehmen thematisiert werden. So sind oft die Standortprobleme selbst nicht erkennbar, sondern lediglich die Symptome (z.B. Absatzrückgang). In den Unternehmen ist die Beschäftigung mit dem Thema nicht so institutionalisiert wie bei anderen Bereichen (z.B. Personal). Es gibt daher kein Konzept oder Handlungsprogramm, und mögliche Handlungsalternativen sind nur unzureichend bekannt (*Schill* 1990, 3).

Aufgrund eines sich immer dynamischer verändernden Umfelds für die Unternehmen kommt jedoch einer Überprüfung der Standortstruktur und einer systematischen Standortplanung eine wesentliche Bedeutung zu, die sich zum Teil auch in einer zunehmend professionalisierten Standortberatung widerspiegelt. Allerdings wird diese aktuell eher noch von ausländischen Unternehmen, insbesondere japanischen Firmen, wahrgenommen, während in deutschen Unternehmen Standortentscheidungen oft noch im traditionellen, auch emotional geprägten Rahmen getroffen werden (*Koch* 1991, 157).

2.2 Zur Berücksichtigung des Umweltschutzes im System der Standortfaktoren

Die umfangreiche Beschäftigung mit Standortfragen in der wirtschaftswissenschaftlichen Literatur hat zu verschiedenen Versuchen einer **Typologisierung** der unterschiedlichen Ansätze geführt (*Behrens* 1971, im Anschluß *Kaiser* 1979). Dabei wird auf der obersten Gliederungsebene zwischen ein-

2. Die traditionelle Standortlehre

zelwirtschaftlichen und gesamtwirtschaftlichen Industriestandortlehren unterschieden, wobei letztere auch als Raumwirtschaft (z.B. *Böventer* 1979) zu bezeichnen ist, deren Erkenntnisobjekt die räumliche Wirtschaftsstruktur und deren Veränderung im Sinne gesamtwirtschaftlicher Zielsetzungen ist.

Sowohl die einzel- als auch die gesamtwirtschaftlichen Standortlehren lassen sich nun wiederum im Anschluß an die genannte Literatur in **theoretische** und **technologische** Ansätze unterscheiden, wobei erstere eine **Erklärung** der Standortentscheidungen wie auch der entstandenen Standortstrukturen (z.B. Agglomerationen) anstreben, während letztere vor allem auf eine „**Hilfestellung**" der Akteure **bei der Optimierung** der Standortstrukturen zielen. In der einzelwirtschaftlichen Perspektive sind die Akteure die Unternehmen, in der gesamtwirtschaftlichen sind es die politischen Entscheidungsträger und Verwaltungsorgane.

Die weitere Untergliederung in der Typenbildung führte dann zu einer Differenzierung insbesondere nach der wissenschaftstheoretischen Provenienz der verschiedenen Ansätze (*Kaiser* 1979, 18 ff.). Eine trennscharfe Unterscheidung ist bei einer solchen Typologisierung nicht immer möglich. So werden etwa explanatorische Beiträge immer auch praktische Schlußfolgerungen enthalten oder nahelegen können. Der vorliegende Beitrag möchte sowohl einige vorfindliche Tendenzen in der Standortstruktur und der Gewichtung der Standortfaktoren erklären als auch auf einige praktische Probleme in der Standortentscheidung hinweisen.

Sein ausschließlicher thematischer Bezugsrahmen, der Umweltschutz, ist in den bisherigen Arbeiten zu Standortentscheidungen eher vernachlässigt worden. Dieses trifft insbesondere auf die einzelwirtschaftlichen Ansätze zu, während sich entsprechend ihrer Zielsetzung einer gesamtwirtschaftlichen Optimierung der Standortstrukturen die raumwirtschaftlichen Ansätze eher der Thematik des Umweltschutzes und der Umweltqualität geöffnet haben (vgl. mit einem Überblick über die einschlägige Literatur *Auf der Heide* 1988). Die Defizite in den einzelwirtschaftlich orientierten Standortlehren werden um so dringlicher zu beheben sein, als zum einen der Umweltschutz als Teil des Ordnungsrahmens im Datenkranz für die unternehmerischen Standortentscheidungen eine zunehmend wichtigere Einflußgröße darstellt und zum anderen sich aus den Forderungen nach Umweltschutz und verbesserter Umweltqualität auch Konsequenzen für die Standortprofile und damit die Gewichtung einzelner Standortfaktoren ergeben.

In der hier beispielhaft wiedergegebenen **Systematik von Standortfaktoren** (sh. Tab. 1, S. 150) taucht einerseits der Umweltschutz explizit überhaupt nicht auf, was die zuvor angesprochene bisherige Vernachlässigung des Themas in den betriebswirtschaftlichen Standortlehren zu bestätigen vermag. Andererseits läßt sich jedoch mit wenigen Hinweisen zeigen, daß auf allen hier dargestellten Ebenen der Standortfaktoren umweltschutzrelevante Aspekte von Bedeutung sind.

Standortfaktoren
Einsatzbezogene Standortfaktoren: • Grund und Boden, Raum • Werkseinrichtungen, Anlagen • Arbeitsmarktbedingungen, Personal • Material, Rohstoffe, Fremdteile • Energieversorgung, Wasser • Kredite • Fremddienste (einschl. Beratung und Ausbildung) • Verkehrseinrichtungen • Staatsleistungen • Kommunikationseinrichtungen • Zulieferunternehmen
Durchsatzbezogene Standortfaktoren: • Klimatische Bedingungen • Politische und soziale Bedingungen • Geologische Bedingungen • Technische Bedingungen
Ausstoßbezogene Standortfaktoren: • Absatzmarkt • Absatzkontakte • Konkurrenzagglomeration • Staatliche Absatzhilfen • Entsorgungsbedingungen

Tab. 1: Standortfaktoren (*Bloech* 1990, 65)

Bei den **einsatzbezogenen** Standortfaktoren sind nur beispielhaft die Faktoren **Grund und Boden** (als Frage von möglichen Altlasten und Flächenrecycling), **Personal** (als Frage der Personalrekrutierung im Kontext der Bedeutungszunahme „sanfter" Standortfaktoren, sh. Abschn. 4 des vorliegenden Beitrags) oder **Energieversorgung** zu nennen. Für die **durchsatzbezogenen** Standortfaktoren zeigt sich der thematische Bezug etwa bei den **klimatischen Bedingungen** (als Frage der Luftqualität) oder den **politischen Rahmenbedingungen** (die Bedeutung von Umweltpolitik und Umweltrecht, sh. Abschn. 3 des vorliegenden Beitrags).

Schließlich ist bei den **ausstoßbezogenen** Standortfaktoren nur auf den Aspekt der sicheren und umweltschonenden **Entsorgungsbedingungen** zu verweisen. Auch für die anderen hier aufgeführten Faktoren ließe sich ohne Willkür jeweils ein umweltschutzrelevanter Bezug herstellen. Die zwar bis zum Überdruß strapazierte Wendung vom „Umweltschutz als Querschnittsthema" erfährt auch hier ihre Bestätigung.

Dies verweist zugleich auf die Schwierigkeit, Umweltschutz als Standortfaktor in das System der traditionellen Standortfaktoren einzuordnen, weil er alle anderen Faktoren direkt oder indirekt berührt. Allerdings darf dieses kein Hinderungsgrund dafür sein, sich auch in den einzelwirtschaftlichen Standortlehren überhaupt näher auf das Thema einzulassen.

3. Umweltschutz als „limitationaler Faktor" für Standortentscheidungen

3.1 Umweltschutz als Ordnungsrahmen

Seit dem Umweltprogramm von 1971 der damaligen sozialliberalen Bundesregierung ist ein umfangreiches Regelungswerk zum Umweltschutz entstanden. In andere Bereiche sind die Belange des Umweltschutzes als Auflagen etc. integriert worden. Darüber hinaus existierten auch schon aus der Zeit davor umweltschutzbezogene Gesetze, zum Beispiel das Wasserhaushaltsgesetz (WHG) mit einer Gefährdungshaftung seit über 30 Jahren. Allein in der letzten Legislaturperiode wurden von der christlich-liberalen Bundesregierung fast alle relevanten Umweltgesetze novelliert, und es wurden neue Regulierungen hinzugefügt. Als Beispiele mögen hier nur die Umweltverträglichkeitsprüfung (UVP) und das zum 1. 1. 1991 in Kraft getretene Umwelthaftungsgesetz (UmweltHG) genügen (zu letzterem siehe auch die Beiträge von *Feess-Dörr* und *Schorlemer, Müller* im vorliegenden Band).

Nach einer – hier nicht überprüften – Darstellung existieren allein für den Bereich des Immissionsschutzes über 1300 Gesetze, Verordnungen, Erlasse etc. (*Volker* 1989, 38 ff.). Die mittlerweile erreichte **Regelungsdichte** im Umweltschutz hat auch für die Standortentscheidungen von Unternehmen insofern einschneidende Folgen, als dadurch die Alternativen der Standortwahl eingeschränkt oder sich die Standortvorteile verschieben können und somit die Potentiale der Unternehmen beeinflußt werden.

Bei den Auswirkungen der umweltschutzbezogenen Regulierungen auf die Standorte der Unternehmen sind die verschiedenen **Regelungsebenen** zu unterscheiden. Ein im EG-Raum gültiges einheitliches Gesetz verschiebt in diesem Bereich die Standortrelationen nicht und hat insofern keinen Einfluß auf die Wettbewerbssituation der Unternehmen. Hinzu kommen noch nationale Regulierungen und schließlich zum Teil sehr unterschiedliche örtliche und regionale Umweltschutz-Auflagen etc., so daß sich aus dem Zusammenwirken dieser Regulierungen durchaus die Standortbedingungen verändern können.

Allein von dieser Seite her hat eine umweltschutzbedingte Komplexitätserhöhung bei der Standortentscheidung stattgefunden, die natürlich die einzelnen Branchen in sehr unterschiedlicher Weise betrifft. Bei kleinen und mittleren Unternehmen übersteigt die Prüfung der vorhandenen Regulierungen für eine Standortentscheidung oft die unternehmensinternen Möglichkeiten. Hinzuzuziehen ist eine Standortberatung durch Kammern, Verbände, die städtische oder regionale Wirtschaftsförderung, wenngleich hier natürlich eine Interessenorientierung mitwirkt. Es ist dieses auch ein zunehmendes Betätigungsfeld für professionelle Standortberatung von Consultants.

Im Zusammenhang mit der Limitierung der Standortalternativen sind aber nicht allein die angeführten gesetzlichen und administrativen Regelungen des Umweltschutzes (zu einem Teilbereich, der Rolle von Kommunen und Behörden siehe auch den Beitrag von *Knödgen* im vorliegenden Band) anzuführen, die sich direkt auf die Aktivitäten eines Unternehmens beziehen (z.B. die Genehmigungspflicht einer Anlage nach BImSchG), sondern es sind weitere – indirekte – Auswirkungen des Umweltschutzes zu berücksichtigen. Sie können sich mitunter auf die Qualität eines Standortes noch erheblich stärker auswirken.

Ein Beispiel mag dies verdeutlichen: Der Verkehr und mit steigender Tendenz der Güterverkehr gehören insbesondere durch ihr starkes Wachstum in den vergangenen Jahren zu den Hauptverursachern von Umweltbelastungen, wobei innerhalb des Verkehrs wiederum das Gros der Belastungen auf den straßengeführten Verkehr entfällt (siehe auch den Beitrag von *Prätorius* zur Automobilindustrie und zum Verkehrswesen im vorliegenden Band). Ein Unternehmen, das nun zum Beispiel aufgrund eines Transportkostenminimierungsmodells seinen Standort oder seine Standortverteilung so auswählt, daß es ausschließlich von einem straßengeführten Gütertransport abhängig ist, kann erhebliche Einbußen seiner Standortvorteile erleiden, wenn etwa eine verursachergerechte Kostenzuweisung zu einer erheblichen Verteuerung der Transporte führen würde oder es sogar – wenn dieses politisch mehrheitsfähig würde – zu einschlägigeren Restriktionen des Straßengüterverkehrs (z.B. temporäre und/oder regionale Verbote) kommen würde.

Es zeigt sich an diesem Beispiel, wie über den unmittelbaren Regelungsbereich hinaus umweltschutzbezogene Veränderungen – etwa in wichtigen Teilen der Infrastruktur – in die Standortplanung eingreifen und die Erfolgspotentiale eines Unternehmens einschneidend beeinflussen können.

Für den Standortentscheidungsprozeß eines Unternehmens ist in jedem Fall die **Kooperation mit den Behörden** ein wichtiges Moment zur Erhöhung der Planungssicherheit. Ein weiterer, unter Standortsicherheitsaspekten wichtiger Punkt ist die **Qualität der Genehmigungen**, wenn Wahlmöglichkeiten bestehen. So sind zwar die Genehmigungen nach BImSchG oder AbfG förmliche und eher aufwendige Verfahren, sie bieten aber auch ein Höchstmaß an Rechtssicherheit (*Volker* 1989, 38 ff.). Insgesamt ist hier für Unternehmen das Ausmaß an Berechenbarkeit der Rahmenbedingungen für die Standortentscheidung von einer eminenten Bedeutung.

Die zuvor dargestellten limitationalen Auswirkungen des Umweltschutzes auf die Standortentscheidung zeigen die Notwendigkeit ihrer Einbeziehung und Abwägung mit anderen Standortfaktoren. Im nächsten Abschnitt ist der

Frage nachzugehen, inwiefern die Umweltschutzvorgaben zu Standortverlagerungen führen können bzw. inwiefern die hohe Regelungsdichte und im internationalen Vergleich eher strengen Umweltschutznormen in der Bundesrepublik Deutschland deren Standortqualität beeinflußt haben.

3.2 Umweltschutz als Grund für Standortverlagerungen?

Ob eine verschärfte Umweltschutzgesetzgebung die Unternehmen zu Standortverlagerungen veranlaßt – ins Ausland oder interregional, wenn hier unterschiedliche Auflagen existieren – ist eine empirisch kaum zuverlässig zu beantwortende Frage, weil der Umweltaspekt immer nur einen unter einer Vielzahl von Entscheidungsgründen darstellt.

Frühere Befragungen fielen dementsprechend auch recht unterschiedlich aus. Während *Kärntke* (1982) in einer Untersuchung feststellte, daß rund 20% der seinerzeit befragten Industriebetriebe Standortprobleme durch Umweltschutzauflagen bei ihrer Gründung bzw. Verlagerung hatten und fast 9% der Betriebe angaben, sie müßten in absehbarer Zeit wegen der bestehenden Umweltschutzgesetze eine Standortveränderung vornehmen, konnte *Knödgen* (1982) in einer Arbeit, die speziell auf die Frage einer Standortverlagerung ins Ausland aufgrund von Umweltschutzauflagen ausgerichtet war, keinen signifikanten Zusammenhang zwischen Verlagerung und Umweltschutz ermitteln. Bei einer ähnlichen Frage im Rahmen einer jüngeren Untersuchung zur umweltorientierten Unternehmensführung lehnten von ca. 600 Unternehmen 80,6% die Aussage ab, aufgrund der Umweltschutzgesetzgebung über Produktionsverlagerungen ins Ausland nachzudenken (*Antes, Tiebler, Steger* 1991).

Schon in der früheren Untersuchung von *Kärntke* (1982) wurde außerdem festgestellt, daß über 40% der Betriebe allgemein von Umweltschutzbestimmungen betroffen wurden (eine Zahl, die heute mit der fortschreitenden Regelungsdichte im Umweltschutz erheblich übertroffen werden dürfte), und daß immerhin auch fast jeder fünfte Industriebetrieb sich bei der Ansiedlung gegen bereits vorhandene Umweltverschmutzung schützen mußte. Nach einer Untersuchung, die *Lüder* und *Küpper* (1983) durchführten, erwarten insbesondere Unternehmen mit einer umweltbelastenden Produktion für die Zukunft eine zunehmende Relevanz administrativer Beschränkungen (insbesondere Umweltauflagen) für Standortentscheidungen.

Vor allem in Befragungen, die auf die zukünftige Bedeutung von Umweltschutzregelungen ausgerichtet sind, neigen die Unternehmen in ihren Antworten vermutlich dazu, diese als Anlaß für Standortentscheidungen überzubetonen, um so den Prozeß der Gesetz- und Auflagenbildung noch zu beeinflussen. In der konkreten Entscheidung ergibt sich zumeist noch ein erheblicher Verhandlungsspielraum zwischen ansiedlungs- oder verlagerungswilligen Betrieben und den zuständigen Behörden. So konnte denn auch *Kärntke*

(1982) in seiner Untersuchung ebenfalls ermitteln, daß relativ häufig (17,8%) standortbehindernde Umweltschutzbestimmungen zugunsten der betreffenden Betriebe ausgelegt wurden, um das Scheitern der Ansiedlung zu verhindern.

Neben den hier angeführten Befragungen, die auf einen unmittelbaren Zusammenhang zwischen Standortentscheidungen resp. -verlagerungen und Umweltschutzauflagen ausgerichtet sind, sind auch noch die Befunde aus Untersuchungen von Interesse, die die Qualität des Standortes Bundesrepublik Deutschland im internationalen Wettbewerb vergleichen und dabei den Faktor Umweltschutz zunehmend einbeziehen. Es ergibt sich hier ein überraschend einheitliches Meinungsbild, wonach insgesamt die **strengere Umweltschutzgesetzgebung in Deutschland** langfristig eher als ein **Wettbewerbsvorteil** angesehen wird. Dieses wird insbesondere mit der zu erwartenden Notwendigkeit begründet, daß andere Industriestandorte in ihrer Gesetzgebung und ihren Auflagen aufgrund der fortschreitenden Umweltbelastungen nachziehen werden müssen. Dadurch ergibt sich zum einen heute ein technologischer Vorsprung im Ausrüstungsstandard der Anlagen, zum anderen auch ein zunehmend wettbewerbsrelevantes Know-how im Bereich des Umweltschutzes (vgl. dazu auch die Beiträge von *Arras* zur Maschinenbauindustrie und von *Rohe* zur chemischen Industrie im vorliegenden Band, zu den allgemeinen Standortanalysen aus der jüngsten Zeit siehe zum Beispiel RWI 1988, ähnlich auch *Biedenkopf, Miegel* 1989 und *Dierkes, Zimmermann* 1990).

Für den Aspekt, Umweltschutz als einen limitationalen Faktor für Standortentscheidungen zu betrachten, bleibt zweierlei festzuhalten: Zum einen erhöht die zunehmende Regelungsdichte im Umweltschutz die Komplexität im Standortentscheidungsprozeß und wird damit zu einem zusätzlichen relevanten Entscheidungsparameter. Zum anderen zeigen Untersuchungen zu den Makro-Bedingungen der Standortqualität im internationalen Vergleich, daß sich aus der forcierten Umweltpolitik und Umweltschutzgesetzgebung der Bundesrepublik Deutschland langfristig eher Vor- als Nachteile im internationalen Wettbewerb erwarten lassen.

4. Umweltschutz als „Qualitätsfaktor" für Standortentscheidungen

4.1 Zur Bedeutungszunahme „sanfter" Standortfaktoren

Die folgenden Ausführungen basieren auf der Überlegung, daß der technologische und strukturelle Wandel der Industriegesellschaften sich auch auf die **Standortpräferenzen** auswirkt. Die Entwicklungsrichtung läßt sich dabei so darstellen, daß es einen dauerhaften relativen Bedeutungsverlust traditioneller Standortfaktoren und damit einen entsprechenden relativen Bedeutungszuwachs sogenannter sanfter Standortfaktoren geben wird. Der Begriff

4. Umweltschutz als „Qualitätsfaktor" 155

„sanfte Standortfaktoren" ist nicht eindeutig abgrenzbar. Im allgemeinen werden darunter Aspekte der Umweltqualität, des sozialen und kulturellen Umfeldes, des Freizeitwertes einer Region verstanden (vgl. z. B. BMR 1990, 14). Vereinzelt wurden bereits in Arbeiten aus den fünfziger Jahren Themenbereiche, z. B. der Einfluß privater Lebensverhältnisse (*Rüschenpöhler* 1958; *Greenhut* 1955), in die Betrachtungen einbezogen, die nun unter dem Begriff „sanfte Standortfaktoren" gefaßt werden.

In jedem Fall ist heute die Qualität der Umwelt als ein wesentliches Element dieser Neuausrichtung der Standortpräferenzen zu bezeichnen. Von dem Präferenzenwandel (zu dem allgemeinen Kontext eines dauerhaften **Wertewandels** in den entwickelten Industriegesellschaften siehe auch die Beiträge von *v. Rosenstiel* und *Tiebler* in dem vorliegenden Band) sind alle in einem Standortentscheidungsprozeß involvierten Akteure betroffen. Für Unternehmensleitungen und Arbeitskräfte wird Umweltqualität zu einem Nachfragefaktor bei der Standort- resp. Arbeitsplatzwahl, für die Region wird sie zu einem Angebotsfaktor.

Ausgangspunkt des Hypothesenrahmens ist die Überlegung, daß durch die **technologische Entwicklung,** insbesondere die Möglichkeiten der mikroelektronikbasierten Informations- und Kommunikationstechniken, wirtschaftliche und private Aktivitäten prinzipiell **standortunabhängiger** werden, d. h. es erhöht sich der Freiheitsgrad der Standortwahl. Durch den forcierten Strukturwandel und die Einführung neuer Technologien verlieren traditionelle Faktoren wie Distanzüberwindungskosten (Transportkosten, Reisezeiten), Raumnutzungskosten (Inanspruchnahme von Siedlungsflächen, regionale Lohndifferenzen) und economies of scale tendenziell an Bedeutung. Hiermit ist eine übergreifend-allgemeine und langfristige Tendenz skizziert, wobei für interregionale und intraregionale Verschiebungen diese traditionellen Standortfaktoren teilweise oder im ganzen durchaus noch von entscheidungsleitender Bedeutung sein können.

Als zweites Moment neben der höheren Standortunabhängigkeit wirtschaftlicher und privater Aktivitäten kommt hinzu, daß die neuen Technologien und Medien in ihrer **räumlichen Wirkung** im Prinzip offen sind, d. h. es können sich damit auch die Aufgaben und Möglichkeiten politischer und sozialer Gestaltung erhöhen (*Häußermann, Siebel* 1987, 42). Hier geht es zunächst auch wiederum lediglich um eine prinzipielle Offenheit der Raumwirkung neuer Technologien – im Unterschied etwa zu den ressourcenintensiven Technologien (z. B. Montanindustrie). Ihre faktische Wirkung, die einem ganzen Bündel weiterer Einflußfaktoren unterliegt, ist umstritten. In der Literatur lassen sich dazu im wesentlichen drei Positionen erkennen. Die **Dekonzentrationshypothese** geht von einer eher nivellierenden Wirkung in bezug auf die Standortgunst der neuen Technologien aus, während die **Konzentrationshypothese** eine verstärkende Tendenz auf die vorfindlichen Suburbanisierungs- und Polarisierungsprozesse vermutet. Schließlich gibt es noch die Hypothese einer **siedlungsstrukturellen Neutralität**, nach der sich diese verschiedenen räumlichen Wirkungen wechselseitig aufheben.

Empirische Ergebnisse zeigen eher eine Umkehrwirkung der postulierten Hypothesen. Danach hat die vorhandene Raum- und Wirtschaftsstruktur auf die räumliche Verteilung der neuen Technologien einen größeren Einfluß als umgekehrt (*Nahe-Mann* 1987). Damit haben sich Hoffnungen resp. Erwartungen einer räumlichen Dezentralisierung nicht erfüllt, sondern es sind bislang **agglomerationsverstärkende Wirkungen** zu beobachten (BMR 1990). Einige Schlußfolgerungen daraus werden noch in Abschnitt 5 des vorliegenden Beitrags behandelt. Hier kam es zunächst auf die Darlegung prinzipiell möglicher und faktischer Raumwirkung der neuen Technologien und deren Konsequenzen für die politische und soziale Gestaltbarkeit an.

Ein drittes Moment für den Wandel der Standortpräferenzen ergibt sich unmittelbar aus den zuvor erläuterten strukturellen und technologischen Entwicklungstendenzen und bezieht sich auf deren Konsequenzen für den **Arbeitsmarkt**. Zumindest in den Ballungsräumen kommt es mit den Veränderungen der **Qualifikationsanforderungen** zu einem wachsenden Bedarf an hochqualifizierten Arbeitskräften. Dieses für die Unternehmen zunehmend bedeutendere Segment des Arbeitsmarktes richtet seine Entscheidung für den Arbeitsort nicht zuletzt auch an der Qualität der Umgebung eines Unternehmens aus, d. h. an dem Profil der sanften Standortfaktoren (vgl. Abschn. 4.2). Analog zu dem bekannten „Herkunfts-Goodwill" als Standortfaktor könnte sich hier ein „**Standort-Goodwill**" für Unternehmen bilden, was sich an der Attraktivität einiger Regionen ja bereits heute zeigen läßt.

Wenn man zusätzlich zu den angeführten Gründen noch die nicht unzulässige Vermutung hinzufügt, daß sich zumindest in den hoch entwickelten Agglomerationen die Grundlagen für die wirtschaftlichen und privaten Aktivitäten immer mehr angleichen, so erhalten die spezifischen Ausprägungen der sanften Standortfaktoren und dabei insbesondere die Umweltqualität eine zunehmende, weil schließlich differenzbildende Bedeutung.

Im vorhergehenden waren einige säkulare Entwicklungstrends im technologischen und strukturellen Wandel der Industriegesellschaften und deren prospektiven Auswirkungen auf die Standortpräferenzen zu beschreiben. Damit sollte nicht die Position vertreten werden, daß die anderen, traditionellen Standortfaktoren aus dem Entscheidungskalkül herausfallen. Vielmehr ergibt sich mit den beschriebenen neuen Faktoren ein zusätzlicher Vektor in der Entscheidungsmatrix für die Standortwahl von Unternehmen.

4.2 Empirische Befunde

Die im vorhergehenden Abschnitt vermutete Bedeutungszunahme der „sanften Standortfaktoren" wurde in einer Untersuchung des Instituts für Ökologie und Unternehmensführung anhand einer Befragung von ausgewählten Unternehmen empirisch getestet (*Feess-Dörr, Prätorius, Steger* 1988). Die

4. Umweltschutz als „Qualitätsfaktor" 157

Auswahl der Unternehmen bezog sich auf vier Regionen im Bundesgebiet, die in etwa das Spektrum der Standortfaktoren abbilden sollten. Mit der Untersuchung wurden insbesondere drei Fragestellungen verfolgt: die Aspekte der Personalrekrutierung bei der Standortwahl, die Rolle der „sanften" Standortfaktoren bei dieser Wahl und die relative Bedeutung dieser Faktoren im Vergleich zu anderen.

Als wesentliches Ergebnis dieser Untersuchung konnte festgestellt werden, daß alle Unternehmensvertreter der Möglichkeit der Rekrutierung von Führungspersonal eine entscheidende Bedeutung bei der Beurteilung der Standortqualität beimessen. Eine große Zahl der Befragten sieht in den sanften Standortfaktoren einen wichtigen Bestimmungsfaktor mit sich in Zukunft verstärkender Tendenz. Dieses wird mit mehreren Argumenten begründet: dem steigenden Umweltbewußtsein, dem steigenden Bedarf an hochqualifizierten Arbeitskräften und den damit verbundenen Ansprüchen sowie einem wachsenden Anteil der Freizeit. In der Einschätzung der Unternehmensvertreter folgen dabei die sanften Standortfaktoren direkt hinter den allgemeinen Arbeitsbedingungen, d.h. der Firmenatmosphäre, der zugestandenen Verantwortung und den Aufstiegsmöglichkeiten.

Innerhalb der sanften Faktoren wird die Wohn- und Umweltqualität sehr hoch eingeschätzt. Wichtig sind weiterhin die Ausbildungsmöglichkeiten für die Kinder sowie das Kultur- und Sportangebot. Im Rahmen dieser Untersuchung wurden noch als Pendant und mögliches Korrektiv Fragebögen an Examenskandidaten dreier Hochschulen verschickt, um deren Präferenzen bei der Wahl des Arbeitsplatzes zu ermitteln. Die Auswertung ergab hier ein hohes Maß an Übereinstimmung mit den Befunden aus der Unternehmensbefragung. An erster Stelle der Wahlkriterien stehen hier die Möglichkeit der selbständigen Arbeit und die Kompetenz, gefolgt von den Aufstiegsmöglichkeiten. Schon an dritter Stelle findet sich in der Rangliste der Faktor Qualität des Wohnortes und des Umfeldes noch vor Faktoren wie Einkommen, Branche und Firmenimage. Innerhalb der sanften Standortfaktoren wird der größte Wert auf die Qualität der Wohnung vor den ökologischen Standards der Region und dem Kulturangebot gelegt.

Die hier dargestellten empirischen Befunde lassen sich durch den jüngsten **Raumordnungsbericht** der Bundesregierung bestätigen. Dort wird zu dem Themenkomplex ausgeführt: „Neben den sog. harten Standortfaktoren – wie physische Infrastruktur, Flächenpotentiale, Lage im Raum, Ausgestaltung der regionalen Arbeitsmärkte – gewinnen zunehmend Standortfaktoren wie etwa Umweltqualität, kulturelles und soziales Umfeld sowie der örtliche Freizeitwert an Bedeutung. Diese oftmals als ‚weiche' Faktoren bezeichneten regionalen und örtlichen Ausstattungen lassen sich nur schwer mit eindeutigen Indikatoren erfassen. Sie entscheiden jedoch in immer stärkerem Maße über die Attraktivität von Standorten" (BMR 1990, 14, sh. auch AS+P 1990, 97).

Exemplarisch wird dazu eine Untersuchung der Einschätzung der Lebensbedingungen am Wohnort im Zeitvergleich von 1980 und 1987 auf der Basis einer Repräsentativbefragung in der Stadt Köln angeführt. Während die „Arbeits- und Verdienstmöglichkeiten" in 1987 deutlich im Vergleich zu 1980 als „unwichtiger" eingestuft wurden, erfolgte im gleichen Zeitraum z. B. eine erhebliche Bedeutungszunahme des Faktors „saubere Luft".

Die vorhergehenden Abschnitte sollten die Bedeutungszunahme der sanften Standortfaktoren und dabei insbesondere der Umweltqualität für die Standortentscheidung von Unternehmen herausarbeiten. Daraus ergeben sich für die Wirtschaftsräume (Städte, Regionen), die um die Standorte der Unternehmen konkurrieren, ebenfalls Konsequenzen für die Ausgestaltung ihrer Standortprofile.

5. Umweltschutz als „Wettbewerbsfaktor" für Wirtschaftsräume

Empirische Untersuchungen zu den Standortentscheidungen von Unternehmen haben gezeigt, daß der Einfluß der regionalen Wirtschaftsförderung nicht überschätzt werden darf (*Lüder, Küpper* 1983, 265). Zugleich erwarten die Unternehmen von den Städten und Regionen zunehmend einen wichtigen Beitrag zur Vermeidung bzw. Verminderung von Umweltbelastungen (*Schill* 1990, 54), so daß dieser Faktor im Standortwettbewerb von Wirtschaftsräumen bedeutsam wird.

Dabei wird sich die Konkurrenz von Städten und Regionen um Unternehmensstandorte im Rahmen der angeführten strukturellen und technologischen Entwicklung – Tertiärisierung und der Einsatz von Informations- und Kommunikationstechniken führen, zumindest zunächst, zu einer weiteren Konzentration wirtschaftlicher Aktivitäten in Ballungsräumen (sh. Abschn. 4.1, auch AS+P 1990, 29f.) – weiter verschärfen. Hinzu kommen noch die Effekte des europäischen Binnenmarktes (*Siebert* 1989, 190ff.; *Cecchini et al.* 1988), in dem zum Beispiel durch größere Unternehmenseinheiten die noch national ausgerichteten Headquarter-Funktionen europäisiert werden.

Mit der Entdeckung der **Umweltqualität als Aktivposten im Standortwettbewerb** (Kommission der EG 1990, 27; AS+P 1990, 97) wird die Notwendigkeit einer Neuausrichtung der Leitbilder städtischer und regionaler Entwicklung betont. Dabei wird insbesondere eine **Abkehr vom Funktionalismus**, von der strikten Zoneneinteilung und der Trennung von Wohnen, Arbeiten, Bildung, Freizeit als Voraussetzung einer neuen urbanen Lebensqualität herausgestellt (exemplarisch Kommission der EG 1990, 26ff., 41ff.).

Die Diagnose vermag zu überzeugen. Nicht zuletzt die aufgrund der Funktionstrennung entstandenen Raum- und Siedlungsstrukturen haben zum Beispiel zu **Verkehrsströmen** geführt, die heute einen der wesentlichsten Um-

5. Umweltschutz als „Wettbewerbsfaktor" 159

weltbelastungsfaktoren in den Ballungszentren darstellen. Ein weiteres ökologisches Problemfeld, welches unmittelbar mit den zuvor genannten zusammenhängt, ist die steigende **Flächeninanspruchnahme** und damit auch größtenteils -versiegelung. Als Beispiel mag hier nur die Entwicklung in der Planungsregion Südhessen (i.e. im wesentlichen das Rhein-Main-Gebiet) dienen, in der bei praktisch stagnierenden Bevölkerungszahlen und nur einer geringfügig positiven Beschäftigtenentwicklung die Flächeninanspruchnahme für Siedlungszwecke allein in den achtziger Jahren um knapp 16% zunahm (Regierungspräsident Darmstadt 1990, 350). Hauptgründe sind die wachsende Wohnfläche pro Person – in dem angeführten Beispiel eine durchschnittliche Steigerung von 2% pro Jahr – und in ähnlicher Tendenz die Zunahme der Nutzfläche pro Beschäftigtem.

Die nur exemplarisch angeführten Problemfelder mögen verdeutlichen, daß zwischen der Forderung nach Umweltqualität als Standortfaktor, wie sie von allen relevanten Akteuren zunehmend erhoben wird, einerseits und den faktischen Entwicklungstrends andererseits eine erhebliche Lücke und damit ein **Konfliktpotential** in den Umsetzungsstrategien vorliegt. Auch hier müssen insgesamt die mit der Einführung neuer Technologien verbundenen optimistischen Erwartungen in bezug auf ökologische Entlastungseffekte relativiert werden. Während noch zu Beginn der achtziger Jahre (vgl. *Henckel et al.* 1984) erwartet wurde, daß die Zunahme von „sauberem Gewerbe" die Möglichkeiten einer teilweisen Reintegration von Arbeiten und Wohnen erlaube, werden diese Möglichkeiten mittlerweile deutlich skeptischer beurteilt. So werden durch die Ausdehnung der Produktionszeiten gravierende negative Auswirkungen (durch Lärm etc.) auf die Verträglichkeit von Wohnen und Gewerbe erwartet. Auch die Einführung neuer Logistikkonzepte mit kontinuierlichem Lieferverkehr („just in time") erfordern eher eine striktere Trennung zwischen Wohn- und Gewerbebereichen. Ebenfalls könnten sich veränderte Arbeitszeitstrukturen, zum Beispiel Blockverkürzungen der Arbeitszeit, unmittelbar auf diese Frage auswirken. Sie reduzieren nämlich die Distanzempfindlichkeit zwischen Arbeitsstätte und Wohnort und können im Extremfall zu einem dauerhaften Standortsplitting zwischen Wohn- und Arbeitsort führen.

Im Ergebnis zeigen sich hier eher zusätzliche **Belastungsfaktoren für Agglomerationen** wie erhöhte Flächeninanspruchnahme, wachsendes Verkehrsaufkommen und damit Umweltbeeinträchtigungen (vgl. *Henckel et al.* 1989). Ein weiterer Aspekt – zum Teil indirekt in den bereits angeführten Beispielen enthalten – vermag vielleicht das Konfliktpotential, das auch in der Neuausrichtung von Entwicklungskonzeptionen, d.h. in den Leitbildern von Umweltverträglichkeit und Urbanität, vorhanden ist, aber nicht genügend thematisiert wird, noch zu verdeutlichen. Es geht dabei um den Faktor **Zeit**: Zeit-Organisation, Zeit-Strukturen, Zeit-Kultur etc. (zur Diskussion dieses Themas siehe auch *Geißler* 1990; *Seifert* 1990; *Schuchardt* 1990). In der öffentlichen Auseinandersetzung wird nicht unbegründet von eine größeren Flexibilität in den Arbeits- und Betriebszeiten, in den Öffnungszeiten von Geschäften auch ein ökologischer Entlastungseffekt durch die Entzerrung der Verkehrsströme mit der Konsequenz von weniger Staus, geringeren Emissionen, niedrigerem Straßenflächenbedarf etc. erwartet. Es gibt aber zugleich die ebenfalls nicht unbegründete Befürchtung, daß eine vollständige Flexibilisierung auch eine vollständige Durchrationalisierung der Zeit bedeute und die so notwendigen individuellen wie gesellschaftlichen „**Ruhezeiten**" extrem gefährde.

Gerade die letztgenannten Erkenntnisse räumlicher und zeitlicher Auswirkungen der wirtschaftlichen und technologischen Entwicklung werden in den Forderungen nach einer Aufhebung der strikten Funktionstrennung und Neuausrichtung städtischer und regionaler Entwicklungsleitbilder vernachlässigt (z. B. Kommission der EG 1990; *Hahn* 1986) und relativieren ihre Realisierungschancen.

Die in dem vorliegenden Beitrag als zentrale Hypothese postulierte **Bedeutungszunahme von Umweltschutz als Standortfaktor** sollte mit den im vorhergehenden dargestellten Entwicklungstrends, die insbesondere auch das umweltpolitische Gefährdungspotential der Auswirkungen neuer Technologien, neuer Produktions- und Arbeitskonzepte signalisierten, nicht konterkariert werden, sondern es galt, darauf zu verweisen, daß Umweltqualität als Wettbewerbsfaktor nicht gleichsam zum Nulltarif in einem zukunftsorientierten Standortprofil zu erhalten ist.

6. Einbeziehung des Umweltschutzes in die Instrumente der Standortplanung

In den traditionellen Standortprofilen werden „sanfte" Standortfaktoren entgegen ihrer Bedeutungszunahme oft noch ignoriert oder nur am Rande verbalisiert, weil es für einige Bereiche noch an geeigneten Meßkonzepten oder Operationalisierungen mangelt. Dieses gilt in eingeschränktem Maße auch für den wichtigen Bereich des Umweltschutzes. Einerseits gibt es hier nach wie vor **Informationsdefizite**, andererseits klaffen in bezug auf die Beurteilung der Umweltqualität objektive Kriterien und subjektive Bewertung wie kaum sonst auseinander.

Es gibt zwar mittlerweile eine Reihe von Datensammlungen, ermittelt für die verschiedensten auferlegten oder freiwilligen Zwecke, zu den Umweltverhältnissen in Regionen, ihre Aufbereitung und Verfügbarkeit für Standortentscheidungen – sowohl aus der Sicht eines vielleicht ansiedlungswilligen Unternehmens als auch aus der Sicht einer ansiedlungsfördernden Behörde – bereiten jedoch noch immer erhebliche Schwierigkeiten: Es beginnt bei fehlenden oder unvollständigen Altlastenkatastern und hört z. B. bei verkehrsbezogenen Daten noch längst nicht auf. Eine auch für Standortentscheidungen umfassende ökologische Datenbasis, zum Beispiel in Form von Umweltatlanten, ist daher eine erste wesentliche Voraussetzung, um überhaupt die entscheidungsrelevanten Informationen verfügbar zu haben.

Für die **Bewertung** und **Entscheidungsfindung** eignen sich **Instrumente**, die sich auch für andere Entscheidungsprozesse bewährt haben, zum Beispiel **Checklisten, Scoringverfahren** oder **Nutzwertanalysen**. *Lutzky* (1978) hat bereits in früheren Jahren auf der Grundlage eines erweiterten Lebensqualitätskonzeptes eine **Checkliste** zur Prüfung industrieller Ansiedlungsprojekte in Verdichtungsräumen erarbeitet, in der als Umweltindikatoren i.e.S. die Kriterien Fläche, Wasser, Luft, Lärm und Abfallwirtschaft sowie verkehrs- und energiebezogene Daten der materiellen Infrastruktur enthalten sind. Außerdem gibt es Modelle für **Standort-Rangfolgen**, die gezielt auf Umweltaspekte angewandt oder in die Umweltaspekte integriert werden können. Scoringverfahren etwa fassen die für den Entscheidenden wesentlichen Merkmale zusammen, geben Regeln zur Einschätzung der Ausprägungen der Merkmale an und definieren eine Globalgröße, die mittels einer aufgestellten Verknüpfungsregel zwischen der Globalgröße und den Merkmalsausprägungen einen Standortvergleich ermöglicht (*Bloech* 1990, 74). Ein weiteres Verfahren ist die **Nutzwertanalyse** (*Zangemeister* 1976). Dabei werden die für ein Unternehmen wesentlichen Kriterien für einen Standort geordnet und mit einer spezifischen Gewichtung versehen, so daß sich der Nutzwert eines Standortes als Summe der gewichteten Zielkriterien ergibt.

7. Resümee

In diesem Kapitel sollte auf einen zunehmend an Bedeutung gewinnenden Standortfaktor aufmerksam gemacht werden. Umweltschutz wirkt als Umweltpolitik und Umweltrecht in Form von Auflagen limitational im Standortentscheidungsprozeß. Zugleich aber – und dieses war das Hauptziel der Ausführungen – spielt Umweltschutz als **Qualitäts- und Wettbewerbsfaktor** im Wandel der Standortpräferenzen eine wesentliche Rolle. Dabei zeigen allerdings die räumlichen und zeitlichen Auswirkungen der neuen Technologien auch ein nicht unbeträchtliches umweltpolitisches Risikopotential, das bei der Konzipierung zukunftsorientierter Standortprofile bislang eher vernachlässigt wird.

Literatur

Albert Speer & Partner (AS+P) (1990), Zielvorstellungen für die Gestaltung des engeren Verdichtungsraumes Rhein-Main bis zum Jahr 2000 und Handlungsstrategien zur Umsetzung (wissenschaftliches Gutachten), Frankfurt a.M.

Antes, R., Tiebler, P., Steger, U. (1991), Ergebnisse der Interviews mit Mitgliedern der Geschäftsleitung der Unternehmen zum Themenbereich „Unternehmensführung", in: Forschungsgruppe Umweltorientierte Unternehmensführung/FUUF, Bericht zu den Befragungsergebnissen des Modellversuchs „Umweltorientierte Unternehmensführung", Veröffentlichung in Vorbereitung, Kapitel 5

Bade, F. J. (1978), Die Mobilität von Industriebetrieben: Theoretische und empirische Befunde zu den sektoralen und räumlichen Besonderheiten der Neuansiedlungen in der Bundesrepublik Deutschland, Berlin

Behrens, K. Chr. (1971), Allgemeine Standortbestimmungslehre, 2. Aufl., Opladen

Biedenkopf, K., Miegel, M. (1989), Investieren in Deutschland, Landsberg a.L.

Bloech, J. (1970), Optimale Industriestandorte, Würzburg/Wien

Bloech, J. (1990), Industrieller Standort; in: *Schweitzer, M.* (Hrsg.), Industriebetriebslehre, München

v. Böventer, E. (1979), Standortentscheidung und Raumstruktur, München

Bundesministerium für Raumordnung, Bauwesen und Städtebau (BMR) (1990), Raumordnungsbericht 1990, Bonn

Cecchini, P. et al. (1988), Europa 92, Der Vorteil des Binnenmarktes, Baden-Baden

Dierkes, M., Zimmermann, D. (1990), Wirtschaftsstandort Deutschland – Leistungsfähigkeit und Zukunftsperspektiven, Frankfurt a.M./New York

Domschke, W., Drexle, A. (1985), Logistik: Standorte, 2. Aufl., München/Wien

Feess-Dörr, E., Prätorius, G., Steger, U. (1988), Der Einfluß von Umwelt- und Wohnqualitätsfaktoren auf industrielle Standortentscheidungen, Oestrich-Winkel

Geißler, K. A. (1990), Gegenbilder zur Zeitkultur; in: Jahrbuch Arbeit und Technik, Bonn

Greenhut, M. L. (1955), Plant Location in Theory and Practice, The Economics of Space, Chapel Hill

Hahn, E. (1986), Ökologischer Stadtumbau, Wendepunkt in der Stadtentwicklungsplanung, Wissenschaftszentrum Berlin, Berlin

Häußermann, H., Siebel, W. (1987), Neue Urbanität, Frankfurt a.M.

Auf der Heide, U. (1988), Strukturwandel im Wirtschaftsraum als Folge industriewirtschaftlicher Wachstums-, Stagnations- und Schrumpfungsprozesse, untersucht in ausgewählten Agglomerationen Mittel- und Westeuropas, Frankfurt a.M.

Henckel, D. et al. (1984), Produktionstechnologien und Raumentwicklung, Stuttgart

Henckel, D. et al. (1989), Zeitstrukturen und Stadtentwicklung, Stuttgart

Kaiser, K. H. (1979), Industrielle Standortfaktoren und Betriebstypenbildung, ein Beitrag zur empirischen Standortforschung, Berlin

Kärntke, K. (1982), Standortfaktor Umweltschutz, Umweltschutzmaßnahmen als Standortprobleme für Betriebe der verarbeitenden Industrie, Berlin

Knödgen, G. (1982), Umweltschutz und industrielle Standortentscheidung, Frankfurt a.M./New York

Koch, H. (1991), Standortplanung; in: Manager Magazin, 2

Kommission der Europäischen Gemeinschaft (1990), Grünbuch über die städtische Umwelt, Brüssel

Lüder, K., Küpper, W. (1983), Unternehmerische Standortplanung und regionale Wirtschaftsförderung, Göttingen

Lutzky, N. (1978), Industrieansiedlung und die Verbesserung der Lebensqualität in Verdichtungsräumen; in: Der Städtetag, 31, 11
Nahe-Mann, B. (1987), Neue Technologien und Freizeit, Bonn
Nauer, E. (1968), Praxis der Industriestandortplanung; in: Die Unternehmung, 3
Regierungspräsident Darmstadt (1990), Planungsregion Südhessen, Raumordnungsbericht 1989; Teil III, Darmstadt
Rheinisch-Westfälisches Institut für Wirtschaftsforschung (RWI) (1988), Analyse der strukturellen Entwicklung der deutschen Wirtschaft, Essen
Rüschenpühler, H. (1958), Der Standort industrieller Unternehmen als betriebswirtschaftliches Problem, Berlin
Salin, E. (1963), Standortverschiebungen der deutschen Wirtschaft im 1. Viertel des 20. Jahrhunderts, in: Lynkeus, Gestalten und Probleme aus Wirtschaft und Politik, Tübingen
Schill, C. O. (1990), Industrielle Standortplanung. Eine theoretische Konzeption und deren praktische Anwendung, Frankfurt a.M.
Schuchardt, W. (1990), Technik und Stadtentwicklung. Zeitpolitik als Feld der Zukunftsgestaltung, in: Jahrbuch Arbeit und Technik, Bonn
Seifert, E. K. (1990), Verändern Zeitutopien Wirklichkeit, in: Jahrbuch Arbeit und Technik, Bonn
Siebert, H. (1989), Perspektiven zur Vollendung des europäischen Binnenmarktes, in: Kyklos, 42
Volker, V. (1989), Bevor der Umweltschutz den Betrieb bedroht . . . ., in: Beratende Ingenieure, 3
Weber, A. (1922), Über den Standort der Industrien, I. Teil: Reine Theorie des Standorts, Tübingen
Zangemeister, Chr. (1976), Nutzwertanalyse in der Systemtechnik, 4. Aufl., München

Kapitel 11
Die Rolle von Behörden und Kommunen im Umweltschutz

von *Gabriele Knödgen*

1. Querschnittsaufgabe Umweltschutz 166
2. Organisation der Umweltverwaltung 166
      2.1 Bundesebene 166
      2.2 Landesebene 167
      2.3 Umweltschutz als Aufgabe der (kommunalen) Selbstverwaltung . 169
3. Raumplanung 170
      3.1 Allgemeine Grundlagen 170
      3.2 Bauleitplanung 172
      3.3 Baufreiheit – Bauordnung 175
4. Verfahrenskonzentration im anlagenbezogenen Umweltschutz 176
5. Auswirkungen umweltökonomischer Instrumente 177
6. Kooperationsprinzip 179

Literatur 180

1. Querschnittsaufgabe Umweltschutz

Umweltschutz wurde mit dem Umweltprogramm 1971 der Bundesregierung zu einer eigenständigen öffentlichen Aufgabe erklärt. Der Umweltschutz ist eine Querschnittsaufgabe und betrifft die Zuständigkeit sehr unterschiedlicher Verwaltungsbereiche. Historisch gewachsene Kompetenzverteilungen geraten in Widerspruch zu einer einheitlichen und wirksamen Umweltverwaltung.

Die Umweltpolitik der vergangenen Jahrzehnte veränderte einerseits die Organisation der Umweltverwaltung und entwickelte andererseits neue umweltpolitische Instrumente. Das Umweltrecht und die Wahl der Instrumente des Umweltschutzes bestimmen die jeweilige Rolle von Behörden und Kommunen.

Der Umweltschutz in der Bundesrepublik Deutschland wird bisher geprägt durch ein ordnungsrechtliches Instrumentarium. Die Rolle von Staats- und Selbstverwaltung ändert sich, wenn umweltökonomische Instrumente oder Kooperationsmodelle im Umweltschutz verstärkt eingesetzt werden.

2. Organisation der Umweltverwaltung

Innerhalb der Bundesrepublik Deutschland sind die Kompetenzen im Umweltschutz zwischen Bund, Ländern und Kommunen und auf diesen Ebenen wiederum auf verschiedene Ressorts und Behörden verteilt (*Müller* 1986; *Dittmann* 1988, 116–137).

Um den komplexen Aufgaben im Umweltschutz gerecht zu werden, werden die existierenden Organisationsformen der Umweltverwaltung durch eine stärkere **Bündelung von Zuständigkeiten** und eine zunehmende **horizontale Konzentration** angepaßt. Die vertikale Verteilung ist zwar Gegenstand von Auseinandersetzungen, eine eindeutige Steuerungstendenz oder ein „geborener" Repräsentant von Umweltbelangen, dessen Stärkung schlechthin schon einen besseren Umweltschutz verhieße, wird jedoch nicht gesehen (*Schmidt-Aßmann* 1987). Ebenfalls strittig ist oftmals der Umfang der Aufgaben der öffentlichen Hand, ob sie beispielsweise im Rahmen ihrer Beratungs- und Informationstätigkeit in den Wettbewerb eingreifen darf (*Lübbe-Wolff* 1987; *Gröschner* 1990).

2.1 Bundesebene

Auf Bundesebene wurde mit Wirkung vom 6. Juni 1986 das **Ministerium für Umwelt und Reaktorsicherheit** (BMU) errichtet, in dem neben der Umweltabteilung des Bundesministerium des Innern noch Zuständigkeiten aus wei-

2. Organisation der Umweltverwaltung

teren – wenn auch nicht allen – Ressorts zusammengefaßt wurden. Kompetenzen im Umweltschutz blieben auch bei anderen Ressorts wie beispielsweise den Bundesministerien für

- **Wirtschaft** (Harmonisierung der Umweltschutzmaßnahmen in der EG, bei der sektoralen und regionalen Strukturpolitik, der Energiepolitik und bei Wettbewerbsfragen),
- **Landwirtschaft** (Umweltschutzbelange der Land- und Forstwirtschaft sowie Fischerei),
- **Verkehr** (Umweltprobleme des Verkehrs),
- **Gesundheit** (medizinische Aspekte des Umweltschutzes),
- **Bau** (Raumordnung und Städtebau) und insbesondere im **Bundesministerium für Forschung und Technologie** (umweltbezogene Grundlagenforschung, Forschungsplanung und -koordinierung).

Zur Beratung und Unterstützung der Ministerien wurden selbständige Bundesbehörden errichtet und bestehende Behörden mit zusätzlichen Aufgaben auf dem Gebiet des Umweltschutzes betraut. Nur in wenigen Ausnahmefällen sind diese Behörden auch für den Vollzug zuständig. 1974 wurde in Berlin das **Umweltbundesamt** gegründet. Wichtigste Aufgaben sind die Umweltforschung, die Datenerfassung und Dokumentation sowie die umweltbezogene Öffentlichkeitsarbeit.

Mit dem **Institut für Wasser-, Boden- und Lufthygiene** ist das Bundesgesundheitsamt ebenfalls auf dem Gebiet des Umweltschutzes tätig. Weitere Bundesbehörden mit Zuständigkeiten im Umweltschutz sind
- die **Bundesanstalt für Materialprüfung**,
- das **Bundesamt für Ernährung und Forstwirtschaft**,
- die **Biologische Bundesanstalt für Land- und Forstwirtschaft**,
- die **Physikalisch-Technische Bundesanstalt** und
- das **Deutsche Hydrografische Institut**.

Entscheidungshilfen im Umweltrecht erhält die Ministerialverwaltung daneben durch verschiedene **Bundesforschungsanstalten** (z.B. Bundesanstalt für Gewässerkunde, Bundesforschungsanstalt für Naturschutz und Landschaftsökologie), durch **Beratungsgremien** (wie insbesondere durch den Rat von Sachverständigen für Umweltfragen in Wiesbaden) sowie durch **Kommissionen** und **Ausschüsse**.

2.2 Landesebene

Bereits vor Errichtung eines Bundesumweltministeriums haben einzelne Bundesländer die Ressortzuständigkeit für den Umweltschutz in Umweltministerien konzentriert. Die anderen Bundesländer folgten. Länderübergreifende Umweltaufgaben werden im Rahmen der regelmäßigen Konferenzen der Umweltminister von Bund und Ländern (Umweltministerkonferenzen) und auf interministerieller Ebene durch den Abteilungsleiterausschuß für Umweltfragen-Bund/Länder (StaLA Bund/Länder) koordiniert. Für die fachliche Abstimmung wurden die Länderarbeitsgemeinschaften LAGA (Abfall), LANA (Naturschutz), LAWA (Wasser), LAI (Länderausschuß Immissionschutz) und BLAU (Bund/Länder Arbeitskreis Umweltchemikalien) eingerichtet.

Der **Verwaltungsvollzug** ist fast ausschließlich eine Aufgabe der Länder und Kommunen. Die Verwaltungsorganisation innerhalb der Bundesländer ist trotz der zunehmenden horizontalen Konzentration noch sehr stark gegliedert und divergiert zudem erheblich zwischen den Bundesländern. Gemeinsam ist in den Bundesländern allein ein umfassender Verwaltungsunterbau der Ministerialebene. Mit Ausnahme der Stadtstaaten und der Länder Schleswig-Holstein und Saarland bündeln Mittelbehörden (Regierungspräsidien und (Bezirks-)Regierungen) die nicht anderweitig zugeordneten Aufgaben der Landesverwaltung. Die untere Ebene der Landesverwaltung im Bereich Luftreinhaltung und Lärmbekämpfung sind regelmäßig die Gewerbeaufsichtsämter.

Die **Landeswassergesetze** regeln sehr unterschiedliche Zuständigkeiten für die Erteilung von Erlaubnissen und Bewilligungen sowie für die Gewässerüberwachung. Wasserbehörden sind regelmäßig dreistufig gegliedert. In den meisten Bundesländern ist das Umweltministerium die oberste Wasserbehörde. Wasserwirtschaftsämter und Landesämter für Wasserwirtschaft sind die zuständigen Fachbehörden. Die Zuständigkeiten der unteren Wasserbehörden sind in den Ländern unterschiedlich geregelt. Bei der Gefahrenabwehr sind zudem auch die allgemeinen Ordnungsbehörden zuständig.

Das **Abfallgesetz des Bundes** (AbfG) regelt nicht die Zuständigkeit der Behörden bei der Ausführung des Gesetzes. Ebenso wie beim Umweltmedium Wasser regeln die Bundesländer die Zuständigkeiten sehr unterschiedlich. Einige Länder haben die Zuständigkeiten in einer Behörde konzentriert (Wasserbehörden in Baden-Württemberg und Rheinland-Pfalz, Abfallbehörden in Nordrhein-Westfalen), andere verteilen die jeweiligen Aufgabengebiete auf verschiedene Behörden. Für Genehmigungen von Abfallentsorgungsanlagen ist die Planfeststellungs- und Anhörungsbehörde die jeweils immissionsschutzrechtlich zuständige Behörde, in den meisten Fällen also das Gewerbeaufsichtsamt.

Eine Ausnahme bei der medialen Abgrenzung der Zuständigkeiten in der Umweltverwaltung bildet der Stadtstaat Hamburg. In Hamburg sind die Zuständigkeiten für Genehmigungen und die Überwachung jeweils in *einer* Behörde zusammengefaßt. Im Rahmen des international vergleichenden Forschungsprojektes „Medienübergreifender Umweltschutz in Europa und USA" wurden die Vorzüge dieser Organisationsform dokumentiert. Wegen der besseren inhaltlichen und zeitlichen Koordination dient sie der Beschleunigung von Genehmigungsverfahren (*Funke* 1988; *Bennett, von Moltke* 1988). Tatsächlich stellte der Deutsche Industrie- und Handelstag (DIHT) in einer Umfrage in der bundesdeutschen Industrie im Jahr 1988 fest, daß Genehmigungsverfahren nach dem Bundes-Immissionsschutzgesetz in Hamburg durchschnittlich am schnellsten abgewickelt werden.

Um dem Ziel einer verbesserten Umweltaufsicht und der Verkürzung der Dauer von Genehmigungsverfahren ebenfalls näherzukommen, hat die Hessische Landesregierung einen 10-Punkte-Katalog aufgestellt. Sowohl auf der Ebene der Mittelbehörden als auch bei der Neuorganisation der Hessischen Landesanstalt für Umwelt (HLfU) soll die medienspezifische zugunsten einer medienübergreifenden Organisation aufgegeben werden. Durch die organisatorische Zusammenführung will die Hessische Landesregierung die vorhandenen Kapazitäten und Erfahrungen rationeller nutzen zugunsten von Genehmigungsverfahren, die einer Öffentlichkeitsbeteiligung unterliegen (HMUR 1990).

Das am 1. August 1990 in Kraft getretene Gesetz zur Umweltverträglichkeitsprüfung sieht der Bundesverband der Deutschen Industrie als ein Anzeichen dafür, daß die Verflechtungen zwischen den traditionellen Umweltbereichen zunehmen und die Entwicklung zu medienübergreifenden Lösungen vorangeht (BDI 1990, 7).

Auf dem Gebiet der ehemaligen DDR können die Umweltbehörden erst mit der Bildung der neuen Länder ausgestaltet werden. Mit dem Umweltrahmengesetz der DDR vom 29. Juni 1990 und damit der weitestgehenden Übernahme des bundesdeutschen Umweltrechts wurde die Umweltunion mit der DDR geschaffen. Mit dem Beitritt der ehemaligen DDR zur Bundesrepublik Deutschland wurde das Bundesrecht auf das Gebiet der fünf neuen Länder auf der Grundlage und nach Maßgabe des Einigungsvertrages vom 31. August 1990 übergeleitet (*Knebel, Bellach* 1990). Den zunächst noch unzureichenden Verwaltungsstrukturen tragen besondere Regelungen – beispielsweise der Form der Öffentlichkeitsbeteiligung – und eine befristete Verwaltungshilfe der Behörden der alten Bundesländer Rechnung.

2.3 Umweltschutz als Aufgabe der (kommunalen) Selbstverwaltung

Selbstverwaltung ist vor allem – aber nicht allein – kommunale Selbstverwaltung. Neben der berufsständischen und der wirtschaftlichen Selbstverwaltung durch Kammern wird Selbstverwaltung im Umweltschutz durch die Zweckverbände sowie die Stadt-Umland-Verbände ausgeübt. Zu nennen sind insbesondere auch in einigen Bundesländern die verbandlich organisierten Träger der Regionalplanung, weil ihnen eine wichtige Mittlerfunktion zwischen staatlicher Raumplanung und gemeindlicher Bauleitplanung zukommt (*Schmidt-Aßmann* 1987).

Aufgaben der unteren Verwaltungsbehörden sind die Beseitigung von Abwasser und Abfall sowie die Bauleitplanung. Auch wenn die Regelung der räumlichen Verteilung von verschiedenen Nutzungen den Schwerpunkt des kommunalen Umweltschutzes darstellt, so haben die Kommunen auch im

Rahmen der Auftragsverwaltung als Unterbehörden der Landesverwaltung erhebliches Gewicht und aufgrund der Konkretisierungsspielräume des Umweltrechts auch in diesem Bereich vielfache eigenständige Gestaltungsmöglichkeiten (*Kloepfer* 1989, 70).

Die Umweltverwaltung der Kreise und Gemeinden umfaßt daneben auch freiwillige Aktivitäten im Rahmen der kommunalen Selbstverwaltung (*Fiebig* 1987). Als ein Verfahren zur besseren Koordination von Umweltaufgaben führen Gemeinden die **Umweltverträglichkeitsprüfung** ein. Sie messen in zunehmendem Umfang selbst die Umweltqualität, erstellen Natur- und Umweltschutzkataster, veröffentlichen Umweltberichte, informieren und beraten die Öffentlichkeit, verbessern die Infrastruktur für den freiwilligen Umweltschutz der Bürger, entwickeln Energie- und Verkehrskonzepte oder berücksichtigen Umweltgesichtspunkte bei der Beschaffung von Material und der Vergabe kommunaler Aufträge. Insbesondere das kommunale Satzungsrecht bietet viele Ansatzmöglichkeiten für eine umweltorientierte Gestaltung.

Den wachsenden Pflicht- und freiwilligen Aufgaben der Kommunen entsprechend, errichten die Kommunen eigene Umweltämter oder Umweltreferate und verstärken den Sachverstand anderer Ämter (Deutsches Institut für Urbanistik 1990).

3. Raumplanung

3.1 Allgemeine Grundlagen

Die unternehmerischen Investitionsentscheidungen werden im wesentlichen durch flächen- und anlagenbezogene Regulierungen eingeschränkt. Es gibt allerdings keine Standortplanung in dem Sinne, daß Unternehmen aus Sicht des Umweltschutzes geeignete Standorte zugewiesen werden könnten. Das klassische ordnungsrechtliche Instrument des Erlaubnisvorbehalts bindet die Errichtung und den Betrieb – ebenso wie wesentliche Änderungen – gewerblicher Anlagen an eine vorausgehende behördliche Prüfung und Erlaubnis. Die Behörde ist dabei an die Standortentscheidung des Investors gebunden und prüft nicht, ob es geeignetere Alternativstandorte gäbe.

Die Genehmigungsbehörde prüft, ob am gewählten Standort alle Genehmigungsvoraussetzungen erfüllt werden. Ist das der Fall, hat der Antragsteller einen Rechtsanspruch auf Erteilung der Genehmigung; es handelt sich also um einen „gebundenen Verwaltungsakt".

Auch wenn die Behörde demnach hierbei keine Planungsentscheidung trifft, bedeutet das nicht, daß Standortplanung hierzulande von untergeordneter Bedeutung wäre. Das entscheidende Instrument ist hierbei das Raumordnungs- und Bauplanungsrecht. Als übergeordnete, zusammenfassende Querschnittsplanung integriert die Raumplanung die konkurrierenden Raumnutzungsansprüche.

3. Raumplanung

Rechtsgrundlage der überörtlichen Gesamtplanung sind das **Raumordnungsgesetz** des Bundes vom 8. 4. 1965 (ein Rahmengesetz, das sich auf Art. 75 Nr. 4 GG stützt) und die Landesplanungsgesetze.

Bei der Novelle des Raumordnungsgesetzes vom 19. 7. 1989 standen hinsichtlich der Verbindung von Raumordnung und Umweltpolitik vor allem folgende Überlegungen im Mittelpunkt (BMBau 1990, 294): „Raumordnung zielt ab auf eine bestmögliche Nutzung der verfügbaren Ressourcen, um eine gleichwertige Entwicklung der Lebensverhältnisse der Bevölkerung in allen Teilräumen zu sichern. Zur Erreichung dieses Ziels koordiniert sie die sich im Raum konkretisierenden Nutzungsansprüche. (...) Aufgrund der begrenzten Verfügbarkeit und Belastbarkeit und der bereits bestehenden Belastungen und Gefährdungen dieser Ressourcen wird die Umweltvorsorge zu einem zentralen Kriterium der Raumordnung."

Der neugefaßte § 1 Raumordnungsgesetz (ROG) enthält zwei für die Umweltvorsorge zentrale Leitvorstellungen. Danach ist es Aufgabe der Raumordnung, daß sie

– den Schutz, die Pflege und die Entwicklung der natürlichen Lebensgrundlagen sichert,
– Gestaltungsmöglichkeiten der Raumnutzung langfristig offenhält.

Die räumliche Gesamtplanung umfaßt die Planungsebenen
– Raumordnung und Landesplanung
– Regionalplanung
– kommunale Bauleitplanung.

Das Raumordnungsgesetz umschreibt die Grundsätze der von den Ländern wahrzunehmenden Raumordnung. Die Grundsätze des Raumordnungsgesetzes gelten unmittelbar nur für Bundesbehörden, Anstalten und Stiftungen des öffentlichen Rechts sowie bundesunmittelbare Planungsträger und Körperschaften; einzelnen gegenüber haben sie keine Rechtswirkung. In den Flächenstaaten wird das Raumordnungsgesetz durch Landesplanungsgesetze ausgefüllt. In den Stadtstaaten erfüllen die Flächennutzungspläne die Funktion der Gesamtplanung.

Die **Landesplanungsgesetze** unterscheiden die Planungsinstrumente
– Raumordnungsprogramme (Landesentwicklungsprogramme)
– Raumordnungspläne (Landesentwicklungspläne) für das gesamte Bundesland
– Regionalpläne (Gebietsentwicklungspläne, Kreisentwicklungspläne).

Das Raumordnungsgesetz des Bundes bestimmt, daß Gemeinden und Gemeindeverbände an der Regionalplanung zu beteiligen sind und daß raumbedeutsame Planungen auf allen Ebenen von Bund, Ländern und Gemeinden aufeinander und untereinander abzustimmen sind (Gegenstromprinzip). Die Länder regeln dabei die Mitwirkung der für die Raumordnung zuständigen Landesbehörden bei der Abstimmung.

Mit der Novellierung des Raumordnungsgesetzes soll ein Instrument der Landesplanung zu einem solchen entwickelt werden (§ 6 a ROG), das konkret und projektbezogen eine möglichst umweltverträgliche Koordinierung der Nutzungsansprüche an den Raum gewährleistet: das **Raumordnungsverfahren**. Anders als die anschließenden Genehmigungsverfahren ist das Raumordnungsverfahren nicht darauf begrenzt zu prüfen, ob ein Vorhaben streng rechtlich zulässig ist. Es untersucht vielmehr die Eignung eines Standortes unter Abwägung der Ziele, Grundsätze und Erfordernisse der Raumordnung.

Das Raumordnungsverfahren ist in der Regel bei allen Vorhaben durchzuführen, die auch von der EG-Richtlinie zur Umweltverträglichkeitsprüfung erfaßt werden. Der § 6 a ROG ist also die bundeseinheitliche Umsetzung der EG-Richtlinie vom 27. 6. 1985 über die Umweltverträglichkeit bei bestimmten öffentlichen und privaten Projekten. Sie war erforderlich, weil nicht in allen Bundesländern (wie z. B. in Hessen) durch flächendeckende Regionalpläne eine grundsätzliche Eignung von Standorten für bestimmte Nutzungen überprüft worden ist.

Mit dem Gebot sparsamer und schonender Bodennutzung (§ 1 Abs. 5 S. 3, 4 BauGB) entwickelt das Bauplanungsrecht spezifische Umweltschutzziele. Konkretisiert wird das Gebot sparsamer und schonender Bodennutzung unter anderem durch die Hervorhebung der Erhaltung, Erneuerung und Fortentwicklung vorhandener Ortsteile als Kriterium der Bauleitplanung (§ 1 Abs. 5 S. 2 Nr. 4 BauGB).

In Verbindung mit dem grundsätzlichen Gebot des Freiraumschutzes bedeutet dies, daß anstelle einer Neuausweisung von Bauflächen zunächst die Möglichkeit der innerörtlichen Entwicklung genutzt werden muß. Bei der Inanspruchnahme unbebauter Flächen muß zudem eine flächensparende Bauweise bevorzugt werden. Dem **Flächenrecycling** sollte grundsätzlich ein Vorrang gegenüber Neuausweisungen eingeräumt werden, wobei jedoch zunächst die Problematik möglicherweise bestehender Altlasten gelöst werden muß.

3.2 Bauleitplanung

Ob Grund und Boden in umweltverträglicher Weise genutzt werden, entscheidet sich maßgeblich bei der Bauleitplanung, d.h. im vorbereitenden Flächennutzungsplan und vor allem im rechtsverbindlichen, parzellenscharfen Bebauungsplan und letztlich bei der Zulassung von einzelnen Bauvorhaben.

Mittels des Baugenehmigungsverfahrens kann die Errichtung von Gebäuden und sonstigen Anlagen, d.h. die gesamte Bautätigkeit, durch die Gemeinde kontrolliert und damit u. a. die Realisierung der Bauleitpläne überwacht werden.

Planungshoheit haben nach Art. 28 GG die Gemeinden. Danach haben die Gemeinden das Recht, Angelegenheiten der örtlichen Gemeinschaft im Rahmen der Gesetze in eigener Verantwortung zu regeln. Die lokale Flächendisposition fällt demnach eindeutig in die Zuständigkeit der Gemeinden.

Das **Baugesetzbuch** (BauGB) vom 8. 12. 1986 richtet sich durch zahlreiche Darstellungs- und Festsetzungsmöglichkeiten am Umweltschutz aus. Es beschränkt den Umweltschutz zugleich auf Schutzflächenausweisungen sowie die Möglichkeit, bauliche und technische Vorkehrungen vorzuschreiben. In der vorbereitenden Diskussion um die Novellierung des Baugesetzbuches wurde außerdem die Möglichkeit der planerischen Festlegung von Emissions- und Immissionsgrenzwerten für Geräusche und Luftschadstoffe diskutiert (*von Holleben* 1983; *Menke* 1985). Der Gesetzgeber folgte jedoch im wesentlichen der Rechtsprechung des Bundesverwaltungsgerichts. Vorkehrungen zum Schutz vor schädlichen Umweltwirkungen sollen nicht in Bebauungsplänen festgesetzt werden, sondern vielmehr mit mehr Sachkunde in einem Genehmigungsverfahren nach dem Bundes-Immissionsschutzgesetz (BImSchG) getroffen werden (*Kloepfer* 1989, 531).

Mit dieser gesetzlichen Regelung ist zugleich eine Entscheidung über die Zuständigkeit der Behörden getroffen worden. Sie begrenzt die Planungshoheit der Gemeinde auf die räumliche Planung und weist Maßnahmen der Emissions- und Immissionsbegrenzung der zuständigen Behörden für den anlagenbezogenen Umweltschutz zu. Der Einfluß der Gemeinde beschränkt sich hierbei auf die Beteiligungsrechte im Rahmen der Genehmigungsverfahren.

Im Regelfall ist die Aufstellung des **Flächennutzungsplans** förmliche Voraussetzung für die Bebauungspläne und bindet diese inhaltlich; der Bebauungsplan ist also aus dem Flächennutzungsplan abzuleiten (§ 8 Abs. 2 BauGB). Zum anderen hat der Flächennutzungsplan diejenigen Vorgaben aufzunehmen, die ihm durch die Ziele der Raumordnung und Landesplanung oder durch vorrangige Fachplanungen gesetzt werden. In dieser Hinsicht hat der Flächennutzungsplan eine Programmausführungsfunktion.

Der Flächennutzungsplan hat dabei nur die Aufgabe der Bereichs- und Entwicklungscharakterisierung, nicht aber der exakten Grenzziehung. Die zeichnerischen Darstellungen des Flächennutzungsplans werden ergänzt durch einen Erläuterungsbericht, der den Plan und die in ihm zum Ausdruck kommenden Entwicklungsabsichten der Gemeinde näher begründen und damit den Bürgern verständlich machen soll.

Bebauungspläne sind das Hauptinstrument der kommunalen Bauleitplanung, mit deren Hilfe die bauliche Nutzung eines Gebietes rechtsverbindlich festgesetzt wird. Im Gegensatz zum Flächennutzungsplan, der stets zusammenhängend für das gesamte Gemeindegebiet aufgestellt werden muß, werden Bebauungspläne immer nur für einzelne, kleinere Flächen innerhalb der Städte und Gemeinden aufgestellt.

Die wichtigsten Festsetzungen in einem Bebauungsplan betreffen
- die Art und das Maß der baulichen Nutzung (Wohngebiet, Gewerbegebiet, Industriegebiet, Zahl der Vollgeschosse, Grundflächen-, Geschoßflächen- und Baumassenzahl)
- die Bauweise (geschlossene Blockrandbebauung, Einzel- oder Doppelhäuser)
- Festsetzungen der Flächen für den Gemeinbedarf, Verkehrsflächen, die öffentlichen und privaten Grünflächen oder Flächen, die aus Umweltschutzgründen freizuhalten sind.

Der Bebauungsplan ist aus dem Flächennutzungsplan zu entwickeln. Durch die Beachtung dieser Vorschrift zum Aufstellungsverfahren für einen Bebauungsplan soll gewährleistet werden, daß der Gesamtzusammenhang der städtebaulichen Planung beachtet wird. An der Diskussion über den Inhalt eines Bebauungsplans müssen sowohl die Bürger als auch die Träger öffentlicher Belange beteiligt werden.

Ist der Bebauungsplan fertig gezeichnet, muß er erneut ausgelegt werden. In dieser Zeit kann sich jeder informieren, welche Festsetzungen vorgesehen sind. Im Anschluß an die Auslegungsfrist und sofern keine weiteren Änderungen erforderlich sind, wird der Bebauungsplan von der Gemeindevertretung als Satzung, d.h. als Ortsgesetz, beschlossen. Wenn die staatliche höhere Verwaltungsbehörde, der der Bebauungsplan vorgelegt werden muß, nichts beanstandet, wird der Bebauungsplan als rechtsverbindlich bekanntgemacht; er kann von jedermann im gemeindlichen Planungsamt eingesehen werden.

Umstritten ist dabei, ob der Genehmigungsvorbehalt als Mittel der präventiven Kommunalaufsicht die staatliche Kontrollbehörde nur zur Überprüfung der Rechtmäßigkeit des Satzungsbeschlusses berechtigt oder ob er Raum für Ermessensabwägungen (vor allem überörtliche Zweckmäßigkeitsüberlegungen) eröffnet, wenn das Gesetz eine ausdrückliche Aussage vermissen läßt (*Schoch* 1990, 805).

Jede natürliche oder juristische Person, die durch einen Bebauungsplan einen ungerechtfertigten Nachteil erleidet oder zu erwarten hat, kann den Bebauungsplan im Wege der **Normenkontrolle** anfechten. Die Plankontrolle durch die Verwaltungsgerichtsbarkeit ist dabei keine Zweckmäßigkeitsprüfung in dem Sinne, daß die Planungsentscheidung dem Gericht als die bestmögliche erscheinen muß. Die Planung der Gemeinde darf nicht durch die Planung des Gerichts ersetzt werden. Die Gemeinde hat einen Abwägungs- und Ermessensspielraum, das Gericht prüft allein, ob das Abwägungsergebnis vertretbar ist.

3.3 Baufreiheit – Bauordnung

Baufreiheit ist das Recht des Eigentümers, sein Grundstück nach Belieben zu bebauen. Bereits in der Mitte des vorigen Jahrhunderts wurden Bauordnungen erlassen, als es durch das rapide Bevölkerungswachstum, die „industrielle Revolution" und das daraus resultierende schnelle Wachstum der Städte und die intensive Ausnutzung der Grundstücke zu Katastrophen wie Epidemien oder gewaltigen Feuern kam.

Städtebauliche Rechtsinstrumente beschränkten sich deshalb auf Regelungen der Gefahrenabwehr und dienten nicht etwa der bewußten Entwicklung oder Förderung von städtebaulichen oder gar von sozialen Zielen. Das bau- und planungsrechtliche Instrumentarium war darauf ausgerichtet, privater Investitionstätigkeit einen weiten Rahmen für unternehmerisches Handeln zu setzen. Es beschränkte sich auf Abgrenzungen und Festsetzungen von Straßenflächen (Handelsblatt 1990).

Die Einführung eines Fluchtlinienplans durch Landesgesetz – so etwa in Preußen am 2. 7. 1875 – hatte vor allem das Ziel, der Öffentlichen Hand den notwendigen Zugang zu verschaffen. Das Recht der Baufreiheit ist in Deutschland heute im Interesse einer geordneten städtebaulichen und ökologischen Entwicklung weiter eingeschränkt, und zwar unterschiedlich in Baugebieten verschiedener Zweckbestimmung und im Außenbereich (*Scharmer, Hinzen* 1990).

Das **Gesetz über Naturschutz und Landschaftspflege** (Bundesnaturschutzgesetz, BNatSchG) macht es zur Pflichtaufgabe, im Baugenehmigungsverfahren die „Eingriffsregelung" zu beachten, wobei Eingriffstatbestände landesrechtlich eingeschränkt und erweitert werden können. § 8 BNatSchG regelt, daß Verursacher von Eingriffen vermeidbare Beeinträchtigungen von Natur und Landschaft zu unterlassen und unvermeidbare auszugleichen haben. Unvermeidbare und nicht ausgleichbare Eingriffe sind zu untersagen oder – wenn sie bei gebotener Interessenabwägung zu tolerieren sind – sind Ersatzmaßnahmen zu verlangen.

Bei Baugenehmigungsverfahren ist zwischen beplantem und unbeplantem Innenbereich und dem Außenbereich zu unterscheiden. Im „Außenbereich" ist die Baufreiheit auf wenige Zweckbestimmungen der baulichen Nutzung eingeschränkt. Trotzdem sind jedoch insbesondere **umweltbelastende Anlagen** baurechtlich als sogenannte **privilegierte Vorhaben im unbeplanten Außenbereich genehmigungsfähig**. Das Baugesetzbuch macht hierbei eine Ausnahme von seinem Grundsatz, den Außenbereich von jeglicher Bebauung freizuhalten. Zu dieser Kategorie gehören Versorgungsanlagen, ortsgebundene Betriebe und Vorhaben, die wegen ihrer nachteiligen Wirkung auf die Umgebung nur im Außenbereich ausgeführt werden sollen. Diese Vorschrift ist insofern als Ausdruck des Trennungsgebots, der angemessenen räumlichen Trennung von Wohnen und belastender gewerblicher Nutzung, zu verstehen (*Kloepfer* 1989, 532).

Da bei privilegierten Vorhaben eine Abwägung zwischen den für und gegen das Vorhaben sprechenden Belangen stattfindet, besteht hier die Gefahr, daß einseitig besonders umweltschädigende Bauvorhaben zugelassen werden.

4. Verfahrenskonzentration im anlagenbezogenen Umweltschutz

Das Raumordnungs- und Bauplanungsrecht schränkt die Standortplanung der Unternehmen durch wichtige raumbezogene Festsetzungen ein. Der Immissionsschutz wird dagegen im wesentlichen dem anlagenbezogenen Umweltschutz zugewiesen.

Die **Anlagengenehmigung** setzt voraus, daß mehrere Erlaubnisse nach verschieden Gesetzen erteilt werden. Aufgrund der differenzierten und regional unterschiedlichen Verwaltungsorganisation sind überdies verschiedene Behörden zuständig. In vielen – wenn auch nicht allen – Umweltgesetzen wird deshalb die Konzentrations- oder Ersetzungswirkung angeordnet. Danach ersetzt die Genehmigung einer Behörde die nach anderen Rechtsvorschriften erforderlichen behördlichen Entscheidungen.

Neben Regelungen im Abfall- und Wasserhaushaltsgesetz ist das wohl wichtigste Beispiel der § 13 BImSchG. Aber selbst hierbei handelt es sich nur um eine partielle und nicht um eine volle Entscheidungskonzentration. Die BImSchG-Genehmigung schließt andere, die Anlage betreffende behördliche Entscheidungen ein, insbesondere öffentlich-rechtliche Genehmigungen, Zulassungen, Verleihungen, Erlaubnisse und Bewilligungen. Ausgenommen sind allerdings Planfeststellungsverfahren (die wiederum selbst Konzentrationswirkung haben), Zulassungen bergrechtlicher Betriebspläne, interne behördliche Zustimmungen sowie Entscheidungen aufgrund wasserrechtlicher und atomrechtlicher Vorschriften. Auch wenn demnach im Umweltrecht noch keine formelle Konzentration der Zuständigkeiten der Anlagengenehmigung auf eine Behörde erreicht wurde, so beschleunigt und vereinfacht die partielle Konzentration die Genehmigungsverfahren für den Antragsteller.

Die Konzentrationswirkung im Umweltrecht hat insbesondere auch Auswirkungen darauf, welche Ebene der Verwaltung zuständig ist. Mit dem Anlagentyp entscheidet sich, ob von der Gemeinde eine Baugenehmigung eingeholt oder bei der nach dem Immissionsschutzrecht zuständigen Behörde ein Genehmigungsantrag gestellt werden muß.

Genehmigungsverfahren nach dem Bundes-Immissionsschutzgesetz schließen die Baugenehmigung mit ein. Die Behörde hat dabei alle Rechte und Pflichten der Baugenehmigungsbehörde und muß die Genehmigung der Anlage verweigern, wenn sie zwar nach dem BImSchG, nicht aber nach baurechtlichen Vorschriften genehmigungsfähig ist. Dabei ist sie inhaltlich nicht an Stellungnahmen der Baugenehmigungsbehörde gebunden. So kann sie beispielsweise Ausnahmen und Befreiungen aussprechen (§ 31 BauGB). Sie kann jedoch nicht das bei Vorhaben im unbeplanten Bereich erforderliche Einvernehmen der Gemeinde bzw. die Zustimmung der höheren Verwaltungsbehörde nach § 36 BauGB ersetzen.

5. Auswirkungen umweltökonomischer Instrumente

Umweltpolitische Ziele können grundsätzlich mit verschiedenen Instrumenten erreicht werden (vgl. auch die Beiträge von *Bonus* und *Meißner* im vorliegenden Band). Der Grad der Zielerfüllung sowie der ökonomische und administrative Aufwand können jedoch jeweils sehr verschieden sein. Die umweltpolitische Praxis wird aus ökonomischer Sicht kritisiert, weil die vorherrschende ordnungsrechtliche Politik ökonomisch wenig effizient sei, einen hohen administrativen Aufwand erfordere, den technischen Fortschritt bremse und überalterte Wirtschaftsstrukturen konserviere. Der ordnungsrechtlich geprägten Politik werden die Vorzüge von Umweltabgaben und -zertifikaten entgegengehalten.

Durch **Umweltabgaben** sollen Emissionen in dem Umfang gemindert werden, in dem zusätzliche Vermeidungsmaßnahmen nicht teurer als die Zahlung der Abgabe werden. Insbesondere Unternehmen mit niedrigen Vermeidungskosten leisten einen relativ großen Beitrag zum Umweltschutz.

Bei **Umweltzertifikaten** wird nicht wie bei Abgaben der Preis für die Nutzung der Umweltmedien, sondern die insgesamt „nutzbare" Menge festgelegt. Die der angestrebten Umweltqualität entsprechenden Emissionsfrachten werden beschränkt, die Bestimmung des daraus resultierenden Preises für die Zertifikate wird dem Markt überlassen.

Umweltökonomische Instrumente haben zweifellos ökonomische Effizienzvorteile. Die Möglichkeiten, Verwaltungskosten zu sparen, werden jedoch häufig überschätzt.

Umweltökonomische Instrumente überlassen die Durchsetzung neuer Technologien dem Markt. Damit wird suggeriert, daß die sehr aufwendige Ermittlung von Kenntnissen über neue Verfahren, wie sie erforderlich sind, um den „Stand der Technik" oder die „anerkannten Regeln der Technik" durchzusetzen, entbehrlich werde.

Umweltabgaben sind nur dann die wirksameren Instrumente, wenn „richtige" Abgabensätze, die sich an den durchschnittlichen Vermeidungskosten orientieren, gesetzt werden. Andernfalls werden bei zu niedrigen Abgaben Umweltqualitätsziele nicht erreicht oder bei zu hohen Abgaben zu hohe Kosten und damit „unnötige" Zielverzichte bei anderen politischen Zielen hervorgerufen. Zudem muß eine Substitution der mit Abgaben belegten Schadstoffe durch andere ebenfalls umweltbelastende Stoffe verhindert werden.

Umweltzertifikate führen zu unvorhersehbaren unternehmerischen Kostenbelastungen, wenn Vermeidungskosten und technische Möglichkeiten nicht bekannt sind.

Der vorherrschenden ordnungsrechtlichen Politik wird vorgeworfen, daß sie am Stand der Technik orientierte, konzentrationsbezogene Emissionsstandards und nur wenige Immissionsgrenzwerte festlegt, während sich Zertifikatslösungen definitionsgemäß an Umweltqualitätszielen orientieren. Der Aufwand, die Wirkung von Schadstoffen auf Gesundheit und Wohlbefinden von Menschen, Tieren, Pflanzen und auf die unbelebte Natur zu messen, ist sehr groß. Begnügt man sich angesichts der beschränkten Forschungskapazitäten mit Näherungswerten aufgrund grober Schätzungen, muß man mit späteren Korrekturen der zulässigen Emissionsfrachten rechnen. Wollte man für die Unternehmen dennoch eine größere Planbarkeit durch unveränderliche Vorgaben gewährleisten, müßten entsprechende Sicherheitsmargen gesetzt werden, die wiederum ökonomische Spielräume unnötig einschränkten.

Ähnlich problematisch wie nachträgliche Korrekturen von zulässigen Emissionsnormen sind aus administrativer Sicht Variationen der Abgabensätze zu beurteilen. Wenn die tatsächlichen durchschnittlichen betrieblichen Vermeidungskosten zu niedrig eingeschätzt werden, wird eine aufgrund der Kostenschätzung gesetzte Abgabe zu viele Unternehmen veranlassen, Abgaben zu entrichten, statt ihre Emissionen zu mindern. Eine nach volkswirtschaftlichen Optimalitätskriterien konsequente Politik würde infolgedessen die Variation der Abgabensätze erfordern. Ein solcher Prozeß setzt allerdings eine meist nicht vorhandene Flexibilität des politischen Systems voraus; er würde zumindest als unzuverlässig und inkonsequent kritisiert werden und widerspricht möglicherweise sogar dem grundgesetzlich garantierten Prinzip der Rechtssicherheit.

Der Vorteil marktorientierter Instrumente der Umweltpolitik bedeutet für das einzelne Wirtschaftssubjekt zwar eine erhöhte Flexibilität bei der Wahl geeigneter kostengünstiger Anpassungsreaktionen, für die Administration aber eine geringe Flexibilität bei der Setzung der „richtigen" Rahmendaten (*Knödgen, Uppenbrink* 1984).

Staatliche Umweltauflagen, die sich am Stand der Technik zu orientieren haben, erfordern einen hohen Aufwand der Nachweisführung der technischen Machbarkeit durch die Behörden. Vordergründig kann durch **Auflagen** eine gewünschte Umweltqualität explizit vorgeschrieben werden, in Behördenverhandlungen können aber unternehmensspezifische Ausnahmeregelungen ausgehandelt werden. Durch die in ihrer Gesamtwirkung schwer abschätzbaren Einzelentscheidungen ist die Verwirklichung eines politisch gewollten Umweltqualitätsniveaus auch bei der Auflagenlösung nur näherungsweise möglich.

Umweltabgaben und -zertifikate sind gleichfalls von der Verhandlungsmacht einzelner Interessengruppen abhängig. Die Verhandlung muß aber bereits bei der Bestimmung der anschließend für alle gültigen Abgabensätze oder der Gesamtmenge der Zertifikate einsetzen. Es ist zu bedenken, daß die politische Entscheidung der Verteilung von Umweltschutzkosten damit auch weitgehend von der behördlichen auf die politisch legitimierten Entscheidungsebenen verlagert wird.

Selbst beim Vollzug marktorientierter Instrumente verbleiben natürlich Ermessensspielräume für die Behörden im Rahmen ihrer Meß- und Kontrolltätigkeit. Der insgesamt größere – notwendige – Ermessens- und Beurteilungsspielraum der Behörden macht die Auflagenlösung im Ergebnis unsicher; der Vorteil gegenüber Abgaben, die bei zu niedriger Abgabe als nicht ausreichend ökologisch effizient einzustufen sind, wird damit zumindest relativiert.

Umweltabgaben und -zertifikate sind demnach insgesamt gesehen kaum mit dem Argument des Abbaus eines hohen Verwaltungsaufwands und der Verringerung von Vollzugsdefiziten im Umweltschutz, wohl aber mit ökonomischen Effizienzgewinnen zu begründen.

Ein ökonomisches Instrument, von dem eine Entlastung der Behörden erwartet wird, ist hingegen das **Umwelthaftungsrecht**. Wenn Umweltrisiken versichert werden sollen oder müssen, ist davon auszugehen, daß unterschiedlich hohe Umweltrisiken sich in unterschiedlichen Versicherungsprämien ausdrücken. Maßnahmen zur Minderung von Risiken müssen den Versicherungen gegenüber transparent und nachkontrollierbar gemacht werden. Tendenziell wird Behördenkontrolle also ersetzt oder zumindest ergänzt (vgl. die Beiträge *Feess-Dörr* und *Schorlemer/Müller,* in diesem Band).

6. Kooperationsprinzip

Mit der Fortschreibung des Umweltprogramms der Bundesregierung im Umweltbericht von 1976 wurden das Verursacher- und Vorsorgeprinzip um das Kooperationsprinzip ergänzt. Die gesellschaftlichen Kräfte sind frühzeitig am umweltpolitischen Willensbildungs- und Entscheidungsprozeß zu beteiligen, ohne daß damit der Grundsatz der Regierungsverantwortlichkeit in Frage gestellt wird.

Das Kooperationsprinzip formuliert hierbei ein Verhältnis aus, das sich zwischen Wirtschaft und Verwaltung in der Praxis schon längst entwickelt hat; es dokumentiert aber die große Mitverantwortung, die den Unternehmen bei der Gestaltung der Umweltpolitik zukommt (*Rengeling* 1988; *Müggenborg* 1990).

Neben vielgestaltigen Möglichkeiten der Beteiligung an der staatlichen Normsetzung wurden Formen der Kooperation von Unternehmen und Verwaltung in Genehmigungsverfahren entwickelt. Der Antragstellung und dem förmlichen Genehmigungsverfahren nach Bundes-Immissionsschutzgesetz soll beispielsweise eine Antragsberatung durch die Behörden vorangehen.

Nach § 2 Abs. 2 der 9. Durchführungsverordnung zum BImSchG (Grundsätze des Genehmigungsverfahrens) hat die Genehmigungsbehörde eine **Beratungs- und Informationspflicht**.

Die Vorberatung durch die Behörde dient einerseits der Verfahrensbeschleunigung, wenn aber dadurch Beteiligungsrechte Dritter eingeschränkt werden, kann andererseits auch das Verfahren letztlich eher verzögert werden. In der Praxis wird die Vorberatung der Unternehmen häufig als eine unzulässige Vorfestlegung auf Kosten der Umwelt wahrgenommen. Widerstände Drittbetroffener können hierdurch verstärkt werden. Wenn Interessen Drittbetroffener in Genehmigungsverfahren tatsächlich oder vermeintlich übergangen werden, sind häufig langwierige Gerichtsverfahren die Folge. Selbst wenn Gegner einer Anlage sich nicht vor Gericht durchsetzen können, bedeutet eine verzögerte Investition und damit verspätete Aufnahme der Produktion für einen wettbewerbsintensiven Markt häufig eine größere wirtschaftliche Einbuße als zusätzliche Aufwendungen für den Umweltschutz, die in einem transparenten Genehmigungsverfahren glaubhaft gemacht werden können.

In der Praxis bilden sich deshalb neue Formen „informaler" Kooperation heraus (*Bohne* 1984; *Funke* 1990). Insbesondere amerikanische Erfahrungen der mediated negotiation im Umweltrecht werden als Vorbild neuer Instrumente des Umweltschutzes gesehen (*Susskind, Cruikshank* 1988; *Holznagel* 1990; *Hoffmann-Riem, Schmidt-Aßmann* 1990). Die Konfliktbewältigung durch Verhandlungen tritt an die Stelle einseitig-hoheitlichen Verwaltungshandelns. Informelle und mittlerunterstützte Verhandlungen in Verwaltungsverfahren sind geeignet, einen Konsens zu bilden; die größere Akzeptanz von Verwaltungsentscheidungen mindert die Gefahr, daß sie gerichtlich angefochten werden. Damit wird auch der Nachteil kompensiert, daß solche Verfahren häufig einen höheren Personal- und Zeitaufwand erfordern.

Während also marktorientierte Instrumente im Umweltschutz den Einfluß von Vollzugsbehörden einschränken, wird er durch alternative Formen der Konfliktbewältigung wieder vergrößert. Der Erfolg solcher neuen Instrumente im Umweltschutz wird aber entscheidend davon abhängen, ob der Sachverstand in den Behörden durch eine entsprechende personelle Ausstattung vorhanden ist.

Literatur

Bennett, G., von Moltke, K. (1988), Integrated Permitting in the Netherlands and the Federal Republic of Germany, Fallstudie Nr. 1 zum gemeinsamen Projekt „Integrated Pollution Control in Europe and North America" des Institute for European Environmental Policy und der Conservation Foundation, Washington

Bohne, E. (1983), „Informales" Staatshandeln als Instrument des Umweltschutzes – Alternativen zu Rechtsnorm, Vertrag, Verwaltungsakt und anderen rechtlich geregelten Handlungsformen?, in: Gesellschaft für Umweltrecht

(Hrsg.), Dokumentation zur 7. wissenschaftlichen Fachtagung der Gesellschaft für Umweltrecht e. V., Berlin, S. 97–155

Bundesminister für Raumordnung, Bauwesen und Städtebau (1990), Entwurf – Raumordnungsbericht 1990 der Bundesregierung, Anlage 1 zur Kabinettsvorlage des BMBau RS III 1–75 20 04 vom 10. Juli 1990, Datenblatt – Nr. 11/ 25009, Bonn

Bundesverband der Deutschen Industrie (1990), Bericht 1988–1990, Abteilung Umweltpolitik, Köln

Deutsches Institut für Urbanistik (1990), Profildienst Kommunaler Umweltschutz, Lieferung 4, Organisation des kommunalen Umweltschutzes, Berlin

Dittmann, A. (1988), Organisation der Umweltverwaltung, in: *Kimminich, O., von Lersner, H., Storm, P.- Ch.* (Hrsg.), Handwörterbuch des Umweltrechts, Bd. II, Berlin

Fiebig, K.-H. (1987), Stadtökologie – eine Querschnittsaufgabe des kommunalen Umweltschutzes, in: Der Städtetag, 6, S. 311–318

Funke, R. (1988), Forschungsprojekt „Medienübergreifender Umweltschutz in Europa und USA", in: Landeshauptstadt Wiesbaden – Amt für Wirtschaft und Beschäftigung (Hrsg.), Umweltforum Wiesbaden, Wiesbaden, S. 11–12

Funke, R. (1990), Konfliktbewältigung aus Anlaß von Genehmigungsverfahren, in: *Hoffmann-Riem, W., Schmidt-Aßmann, E.* (Hrsg.), Konfliktbewältigung durch Verhandlungen, Bd. II, Baden-Baden

Gröschner, R. (1990), Öffentlichkeitsaufklärung als Behördenaufgabe, in: Deutsches Verwaltungsblatt, 12, S. 619–629

Handelsblatt (1990), Das Leitbild der „Urbanität durch Dichte" war eher ein Mißverständnis als eine zukunftsweisende Konzeption – Fallstudien der Stiftung Volkswagenwerk: Berlin, Bochum, Bonn, Hamburg, Köln, München, Düsseldorf 27./28.7.

Hessisches Ministerium für Umwelt und Reaktorsicherheit (1990), 10-Punkte-Katalog der Hessischen Landesregierung zur Beschleunigung von Genehmigungsverfahren und zur Verbesserung der Umweltaufsicht, Wiesbaden

Hoffmann-Riem, W., Schmidt-Aßmann, E. (Hrsg.) (1990), Konfliktbewältigung durch Verhandlungen, Bd. I, Baden- Baden

von Holleben, H. (1983), Die Festsetzung von Emissions- oder Immissionswerten in Bebauungsplänen, in: UPR 3, S. 137–145

Holznagel, B. (1990), Konfliktmittlung im Umweltrecht – Eine gangbare Alternative zur derzeitigen Praxis informeller Aushandlungen?, in: Informationsdienst Umweltrecht, 2, S. 37–42

Hucke, J. et al. (1983), Behördenführer – Zuständigkeiten im Umweltschutz, hrsg. im Auftrag des Umweltbundesamtes, Berlin

Kloepfer, M. (1989), Umweltrecht, München

Knebel, J., Bellach, Ch. (1990), Umweltrecht in den neuen Ländern, in: Umwelttechnik Berlin, 24, S. 11–12

Knödgen, G., Uppenbrink, M. (1984), Umweltpolitische Instrumente aus der Sicht der Administration, in: *Schneider, G., Sprenger, R.-U.* (Hrsg.), Mehr Umweltschutz für weniger Geld – Einsatzmöglichkeiten und Erfolgschancen ökonomischer Anreizsysteme in der Umweltpolitik, München, S. 75–93

Lübbe-Wolff, G. (1987), Rechtsprobleme der behördlichen Umweltberatung, in: Neue Juristische Wochenschrift, 43, S. 2705–2712

Menke, R., Die Festsetzung von Grenzwerten für Umweltbelastungen im Bebauungsplan als Mittel zur Konfliktbewältigung in Gemengelagen, in: Natur + Recht, 4, S. 137–145

Ministerium für Umwelt, Naturschutz, Energie und Reaktorsicherheit (1990), Hinweise für den Vollzug des Umweltrahmengesetzes bis zur Bildung von Ländern mit Vollzugsbehörde, Berlin

Müggenborg, H.-J. (1990), Formen des Kooperationsprinzips im Umweltrecht der Bundesrepublik Deutschland, in: NVwZ, 10, S. 909–917

Müller, E. (1986), Innenwelt der Umweltpolitik, Sozial-liberale Umweltpolitik – (Ohn)macht durch Organisation?, Opladen

Scharmer, E., Hinzen, A. unter Mitarbeit von *Kranefeld, A.* (1990), Umweltschutz im Baugenehmigungsverfahren, Berlin

Schmidt-Aßmann, E. (1987), Der Umweltschutz im Spannungsfeld zwischen Staat und Selbstverwaltung, in: Neue Zeitschrift für Verwaltungsrecht, 4, S. 265–275

Schoch, F. (1990), Soll das kommunale Satzungsrecht gegenüber staatlicher und gerichtlicher Kontrolle gestärkt werden?, in: Neue Zeitschrift für Verwaltungsrecht, 9, S. 802–810

Storm, P.-Chr. (1989), Umwelt-Recht, 5., neubearbeitete und erweiterte Auflage, München

Susskind, L., Cruikshank, J. (1987), Breaking the Impasse, Consensual Approaches to Resolving Public Disputes, New York

Kapitel 12
Umwelttrends im Konsumentenverhalten

von *Petra Tiebler*

1. Umweltbewußtsein und -verhalten 184
2. Arten und Ausrichtungen umweltorientierten Konsumentenverhaltens 186
3. Ansatzpunkte zur Erklärung umweltorientierten Konsumentenverhaltens 189
4. Determinanten umweltorientierten Konsumentenverhaltens aus dem Gesellschaftssystem 191
5. Determinanten umweltorientierten Konsumentenverhaltens aus gesellschaftlichen Subsystemen 192
   5.1 Einflüsse aus ökonomischen Subsystemen 192
   5.2 Einflüsse aus sozialen Subsystemen 194
6. Personale Determinanten umweltorientierten Konsumentenverhaltens 194
   6.1 Sozioökonomische und -demographische Determinanten 194
   6.2 Psychische Determinanten 195
7. Perspektiven umweltorientierten Konsumentenverhaltens 202

Literatur 203

1. Umweltbewußtsein und -verhalten

Seit Beginn der siebziger Jahre ist Umweltschutz ein vieldiskutiertes Thema. Während Umweltschutz zunächst eher als staatliche Aufgabe betrachtet wurde, erweiterte sich die Diskussion zu Beginn der achtziger Jahre auf die Rolle und Aufgaben, die Unternehmen und Konsumenten wahrnehmen können. Da Konsumenten durch bewußten Ge- oder Verbrauch von Produkten/ Dienstleistungen zur Lösung der Umweltkrise beitragen können, wurden bereits zahlreiche theoretische und empirische Untersuchungen zum Umweltbewußtsein durchgeführt. Trotz erheblicher inhaltlicher und methodischer Differenzen ergab sich ein weitgehender Konsens über die Mehrdimensionalität des Konstruktes Umweltbewußtsein.[1] Sozialpsychologische Ansätze nehmen eine Zerlegung des Umweltbewußtseins in drei Hauptkomponenten vor:
- die kognitive Dimension als Ausdruck des Wissens über die Umweltproblematik und die ökologischen Konsequenzen des Konsumverhaltens;
- die affektive Dimension als Kennzeichen umweltbewußter Werte und Einstellungen;
- die konative Dimension, die Verhaltensabsichten kennzeichnet.

Im Ergebnis verweisen die Studien auf eine generell stark ausgeprägte Sensibilisierung der Bundesbürger für Umweltprobleme (z.B. *Balderjahn* 1986; *Bruhn* 1978 u. 1985; Gruner & Jahr 1990; *Wimmer* 1988). Beispielsweise rangiert das Thema Umweltschutz an zweiter Stelle der „Sorgen der Nation" direkt hinter der Arbeitslosigkeit, seit 1986 halten 93% der Befragten die Ziele Umwelterhaltung und Umweltschutz für „sehr" bzw. „ziemlich wichtig" (*Raffée, Wiedmann* 1987, 37; *Wimmer* 1988, 55). Auch die jüngste Stern-Studie „Dialoge 3" konstatiert ein weiter gewachsenes Umweltbewußtsein (Gruner & Jahr 1990, 355). Die stetige Zunahme seit etwa Ende der siebziger Jahre deutet darauf hin, daß es sich nicht um das Phänomen eines kurzfristigen Modetrends handelt, sondern um ein Teilelement eines langfristigen gesellschaftlichen Werte- und Strukturwandels. Dieser bewirkte auch eine Änderung der umweltbezogenen Verhaltenspotentiale[2]: So hielten bereits im Jahr 1986 etwa 43% der Bundesbürger einen Kaufstopp durch Umweltskandale betroffener Produkte für nachahmenswert, 31% gaben an, entsprechend zu handeln. Die stärkste Ausprägung umweltorientierten Verhaltens war zu dieser Zeit mit 76% der Weg zum Recycling-Container für

---

[1] Einen Überblick über die vielfältigen Begriffsbestimmungen und Operationalisierungsansätze zum Umweltbewußtsein bieten z.B. *Bruhn* 1988, *Dierkes, Fietkau* 1988, *Holzmüller, Pichler* 1988. Der mehrdimensionalen Erfassung des ökologischen bzw. sozialen Bewußtseins von Konsumenten widmeten sich bisher vor allem *Bruhn* 1978 und 1985 sowie *Balderjahn* 1986.
[2] Aufgrund der mittlerweile erlangten sozialen Brisanz der Umweltthematik ist bei den durchgeführten Befragungen die Gefahr einer Beeinflussung verbal geäußerter Aussagen nicht von der Hand zu weisen.

Einwegflaschen (*Raffée, Wiedmann* 1986, 185). Einem vollkommenen Verzicht auf hochaktive, scharfe Reinigungsmittel, auch „wenn die Wäsche nicht vollkommen sauber wird", stimmten im Jahr 1987 immerhin 44% der Befragten zu (*Wimmer* 1988, 69). 1990 äußerten sogar 73% der Bevölkerung, nur phosphatfreie, schadstoffarme Putz- und Waschmittel zu verwenden, weitere 25% halten dies für nachahmenswert (Gruner & Jahr 1990, S. 216).

Die Resultate verweisen einerseits auf eine hohe Bereitschaft zu umweltorientiertem Verhalten, andererseits aber auch darauf, daß diese höher ausfällt, wenn umweltbewußtes Verhalten ohne persönliche Einschränkung und Opfer möglich erscheint.

Angesichts der Befunde eines weit fortgeschrittenen Umweltbewußtseins der Bundesbürger stellt sich die Frage, inwieweit das verbal geäußerte Umweltengagement in effektives Konsumverhalten umgesetzt wird. Empirische Untersuchungen darüber sind allerdings rar. Eine der wenigen veröffentlichten Beobachtungen wurde von der G&I durchgeführt (*Adlwarth*, Wimmer 1986)[3]: Ausgangspunkt ihrer Beobachtungen war die Hypothese, daß aufgrund der ausgeprägten öffentlichen Diskussion chemotechnischer Erzeugnisse umweltbewußte Haushalte wesentlich geringere Mengen solcher, im allgemeinen als umweltbelastend geltenden Produkte kaufen.

Die Beobachtung ergab zum einen, daß in „umweltsensiblen" Märkten umweltverträglicher konsumiert wird als in „normalen" Märkten und zum anderen, daß umweltbewußte Haushalte tatsächlich geringere Mengen umweltschädigender Produkte nachfragen. Besonders deutlich ist diese Entwicklung im Marktsegment „Deomittel" erkennbar, in dem die Umweltbewußten insgesamt zwar einen geringeren Mengenkonsum aufweisen, bei den treibgasfreien Varianten wiederum eine um ca. ein Drittel größere Menge kaufen.

Eine weitere Gegenüberstellung von verbalem und tatsächlichem Kaufverhalten ergab, daß gegenwärtig etwa die Hälfte der sich als umweltorientiert bezeichnenden Haushalte entsprechend handeln. Eine im Jahr 1985 konstatierte Verhaltenslücke (39% gaben an, umweltbewußt zu handeln, 19% setzten ihr Vorhaben um), wurde in fünf Jahren nahezu geschlossen: Umweltbewußtes Verhalten konnte im Jahr 1989 bei 34% der befragten Haushalte beobachtet werden (*Meffert, Ostmeier, Kirchgeorg* 1990, 127–128).

Auch wenn sich die „Schere" zunehmend zu schließen scheint, bestehen noch immer erhebliche Divergenzen zwischen Umweltbewußtsein und Verhalten (z. B. *Adlwarth, Wimmer* 1986; Gruner & Jahr 1990). Die praktische Relevanz des Konstrukts Umweltbewußtseins für das Verhalten scheint gegeben, über das Ausmaß der Zusammenhänge lassen sich bisher nur begrenzt Aus-

---

[3] Zur Messung des Kaufverhaltens stehen der G&I zwei Haushaltspanels zu je 5000 Haushalten zu Verfügung. Zwar kann auch diese Form der Ermittlung des Kaufverhaltens dem verzerrenden Einfluß sozialer Erwünschtheit unterliegen, doch ermöglicht ein Haushaltspanel immerhin den Gewinn **vergleichsweise** valider Ergebnisse.

sagen treffen (z.B. *Balderjahn* 1986; *Monhemius* 1990). Entsprechende Untersuchungen werden nicht zuletzt dadurch erschwert, daß umweltorientiertes Konsumentenverhalten einer Vielzahl weiterer Variablen unterliegt und ein entsprechend umfassender Erklärungsansatz noch nicht vorliegt. Gegenstand der weiteren Ausführungen ist daher eine Analyse der Einflußgrößen umweltorientierten Konsumentenverhaltens: Nachdem im 2. Abschnitt der Begriff umweltorientierten Konsumentenverhaltens unter dem Blickwinkel möglicher Verhaltensformen und Intensitäten betrachtet wird, wird versucht, für als relevant erachtete Determinanten einen ersten Bezugsrahmen zu entwickeln (Abschnitt 3) sowie diese hinsichtlich ihrer Ausrichtung und Wirksamkeit zu diskutieren (Abschnitte 4 bis 6). Soweit vorhanden, werden die Ausführungen mit empirischen Ergebnissen belegt.

2. Arten und Ausrichtungen umweltorientierten Konsumentenverhaltens

„Umweltorientiertes Konsumentenverhalten" ist ein weiter und wenig einheitlich verwendeter Begriff. In erster Linie wird damit der Kauf ökologiegerichteter Produktvarianten assoziiert (etwa eines phosphatfreien Waschmittels), das Verhaltensspektrum erweist sich jedoch als größer. Dem Konsumenten eröffnen sich dabei drei Richtungen von Interpretationsspielräumen, die Unterschiede im Konsumentenverhalten bewirken können:

1. Umweltorientiertes Konsumentenverhalten kann sich auf den **reinen Produktkauf bzw. die Inanspruchnahme von Dienstleistungen** beschränken oder aber **darüber hinaus weitere Verhaltensformen** beinhalten, beispielsweise kann im Rahmen eines umweltorientierten Verwendungsverhaltens eine sparsame Dosierung von Produkten erfolgen oder im Rahmen des Entsorgungsverhaltens Mülltrennung für Recycling vorgenommen werden.
2. Der Konsument kann sein Verständnis von umweltorientiertem Verhalten in den oben genannten Formen durch unterschiedliche „**Verhaltensintensitäten**" dokumentieren. Das Spektrum reicht etwa beim Produktkauf vom Konsumverzicht bestimmter Produkte bzw. Dienstleistungen bis hin zum Wechsel auf umweltverträglichere Substitute.
3. Schließlich kann umweltorientiertes Verhalten nach **Konsumbereichen** differieren. Alle in Abbildung 1 exemplarisch aufgeführten Bereiche wurden in den letzten Jahren von der öffentlichen Umweltdiskussion berührt, wenn auch in unterschiedlichem Ausmaß. Während etwa die Umweltbezüge von Wasch-, Reinigungs- oder Lebensmitteln bereits seit einigen Jahren intensiv behandelt werden, steht die Diskussion über Textilien oder den Urlaubs- und Freizeitmarkt erst an ihrem Beginn. Beobachtungen haben ergeben, daß die Bedeutung umweltorientierten Konsumverhaltens für die unterschiedlichen Märkte bzw. Marktsegmente streut, da der Kon-

2. Arten und Ausrichtungen

sument umweltbewußtes Verhalten selbst definiert: Er kann es auf einen einzelnen Bereich beziehen, den er als besonders umweltrelevant beurteilt, oder aber Verhaltensänderungen auf breiter Basis anstreben.

nach Branchen: Nahrungs- und Genußmittel | Wasch- und Reinigungsmittel | Körperpflege und Kosmetik | Kraftfahrzeuge und Zubehör | Haushaltsgeräte | ...

nach Verhaltensformen: Informationsverhalten | Beschwerde- und Protestverhalten | Verwendungsverhalten | Entsorgungsverhalten | Produktkauf

nach dem "Grad" des Verhaltens: Konsumverzicht | Einschränkung des Konsums | Kauf umweltverträglicherer Produktvarianten | Kauf umweltverträglicherer Substitute

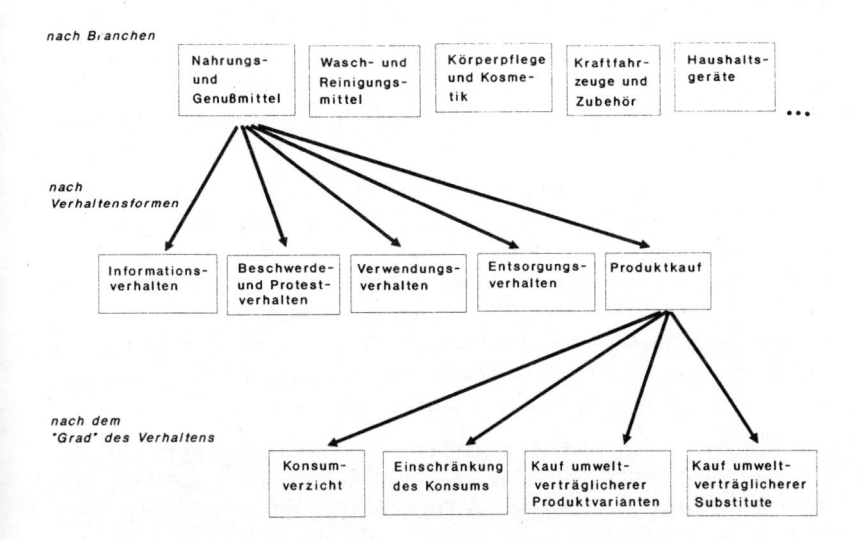

Abb. 1: Arten umweltorientierten Konsumentenverhaltens

An Produkten, deren Herstellung im Zusammenhang mit der Bedrohung von Tierarten steht, vollzogen sich die ersten merklichen Änderungen: Beispielsweise büßte die Pelzwirtschaft trotz ihrer Kommunikationsanstrengungen bezüglich der Einhaltungen von Artenschutzabkommen im Jahr 1989 fast 19% Umsatz gegenüber dem Vorjahr ein, auch der Konsum bestimmter Lebensmittel (z.B. Froschschenkel) ging zurück, die Optiker verzichten dagegen gleich vorbeugend mehr und mehr auf Brillenfassungen aus Schildpatt (*Kulke* 1989, 20).

Eine naturbezogene und gesunde Lebensweise ist eng an den Umweltgedanken gekoppelt. Natur, Umwelt und Gesundheit sind deshalb als Positionierungsgebiete weitgehend identisch (*Hopfenbeck* 1990, 184). Folgerichtig hat der Markt für Lebensmittel aus der „Biosparte" in den letzten Jahren zunehmend Anteile gewonnen (z.B. *Spieker* 1988; *Langerbein* 1988): Die Verbraucher betonen immer stärker den Wunsch nach einer gesunden Ernährungsweise, ebenfalls fördernd wirken Trends wie „Genuß- und Qualitätsorientierung" (siehe Abschnitt 4). Zwar ist der Marktanteil für Bioprodukte noch niedrig, andererseits übersteigt die Nachfrage nach naturbelassenen Produkten das gegenwärtige Angebot erheblich (*Hopfenbeck* 1990, 184).

Vor allem die Marktentwicklung im Bereich Wasch- und Reinigungsmittel wurde in den letzten Jahren stark von der Umweltdiskussion berührt (*Adl-*

warth, Wimmer 1986; *Schoenheit* 1988). Klassisches Beispiel für die allgemeine Umorientierung ist die erfolgreiche Einführung phosphatfreier Waschmittel. Eine Ursache für die Verhaltensänderungen ist darin zu sehen, daß am Beispiel des Waschmittelkonsums der persönliche Beitrag zur Lösung von Umweltproblemen (z. B. zur Gewässerentlastung) dem Konsumenten leicht ersichtlich wird bzw. gemacht werden kann. Auch bei Reinigungsmitteln und Kosmetikartikeln sind Verhaltensänderungen feststellbar. In diesem Zusammmenhang hat vor allem die Deklaration von Inhaltsstoffen an Bedeutung gewonnen.

Trotz der starken wirtschaftspolitischen Bedeutung des Automobilsektors werden seit einigen Jahren die Neben- und Folgeneffekte des Automobils immer heftiger diskutiert (siehe *Prätorius*, Kap. 37 im vorliegenden Band). Obwohl sich die „umweltfreundliche Ausgestaltung" der Automobile meist nur auf Einzelaspekte – derzeit die Katalysatortechnik – reduziert, sind erhebliche Änderungen im Kaufverhalten festzustellen. Für die Hersteller ist mit dem Absatz schadstoffreduzierter Autos mittlerweile ein nachhaltiger ökonomischer Erfolg verbunden (*Meffert* 1990, insb. 58 ff.).

Mit knapper werdendem Deponieraum und wachsenden Entsorgungsproblemen des Hausmülls ist die Verpackung von Konsumgütern gleichfalls zum aktuellen Thema geworden (*Feess-Dörr, Steger, Weihrauch* 1991; sowie *Bremme* im vorliegenden Band). Spürbar wird ein zunehmendes Mißfallen am Verpackungsüberfluß sowie eine Handlungsbereitschaft im Sinne einer „Konsumverweigerung" abfallintensiver Produkte. Tatsächlich aber üben die Konsumenten – vor allem im Bereich des persönlichen Schenkens – diesbezüglich noch starke Zurückhaltung (*o. V.* 1989a, 22–23). Als Kaufkriterium hat die umweltverträgliche Verpackung bislang nur in „umweltsensiblen" Bereichen (vor allem bei Lebens-, Wasch-, Reinigungs- und Körperpflegemitteln) Bedeutung erlangt.

Die vorangegangenen Ausführungen machen deutlich, daß „umweltsensible" Konsumbereiche vor allem durch folgende Merkmale gekennzeichnet sind:
- Die Konsumenten können beim Ver- oder Gebrauch der Produkte persönlich negativ betroffen werden (z. B. durch Gesundheitsschäden).
- Die Bereiche sind oftmals in hohem Maße von „Umweltskandalen" berührt worden.
- Die Effektivität des einzelnen Handlungsbeitrags ist für den Konsumenten relativ leicht ersichtlich.
- Es handelt sich um Märkte, in denen herkömmliche Produktvariationen weitgehend ausgeschöpft sind (z. B. bei Waschmitteln: „weißer" geht es nicht mehr), dafür aber Umweltverträglichkeit als neues und zusätzliches Qualitäts- und Differenzierungsmerkmal genutzt werden kann.

Die folgende Analyse der Variablen umweltorientierten Konsumentenverhaltens berücksichtigt nur solche Verhaltensformen, die direkt mit der Kaufhandlung von Produkten bzw. Dienstleistungen im Zusammenhang stehen.

Dagegen wird politisches Engagement in Bürgerinitiativen u. ä. außer acht gelassen. Kernfrage ist, aufgrund welcher Bestimmungsfaktoren Konsumenten sich für Alternativen entscheiden, die gegenüber herkömmlichen Produkt-/Dienstleistungsvarianten als umweltverträglicher gelten.

3. Ansatzpunkte zur Erklärung umweltorientierten Konsumentenverhaltens

Trotz zahlreicher theoretischer und empirischer Untersuchungen ist es bisher nicht gelungen, das Phänomen umweltorientierten Konsumentenverhaltens hinreichend zu erklären. Nach wie vor mangelt es an einem umfassenden theoretischen Konstrukt für die Determinanten umweltorientierten Konsumentenverhaltens. Bisher wurden i. d. R. nur einzelne oder wenige Determinanten analysiert, auch ist eine Gesamtbewertung oder die Erforschung ihrer Wechselwirkungen untereinander noch nicht erfolgt.[4] Im folgenden ist deshalb beabsichtigt, als relevant erachtete oder sich bereits als relevant erwiesene Einflußfaktoren umweltorientierten Konsumentenverhaltens zu systematisieren und auf ihre Wirksamkeit hin zu analysieren. Dabei werden einerseits **äußere Einflußfaktoren aus dem gesellschaftlichen Umsystem**, andererseits **innere Determinanten, d. h. personale Werte-, Motivations- und Bedürfnisstrukturen** berücksichtigt (sh. Abb. 2). Bei den äußeren Einflüssen aus dem Gesellschaftssystem handelt es sich z. B. um technologische, ökonomische oder politisch-rechtliche Entwicklungen.

Einflüsse aus ökonomischen Subsystemen werden vor allem durch Unternehmen oder Absatzmittler gesteuert. Zudem existiert eine Reihe situativer Einflußfaktoren, die die Anbieter nur in geringem Maße kontrollieren können (z. B. die Kaufsituation). Einflüsse aus sozialen Subsystemen, etwa in Form der „näheren" persönlichen Bezugswelt des Konsumenten, gehen in erster Linie von der Familie, vom Arbeitsplatz oder von sonstigen formalen und informalen Bezugsgrupppen aus.

Andererseits sollen die Bestimmungsfaktoren umweltorientierten Konsumentenverhaltens auf der Ebene des Individuums diskutiert werden; in diesem Zusammenhang werden sozioökonomische und -demographische sowie psychische Einflußgrößen der Konsumenten berücksichtigt.

Es kann vorweggenommen werden, daß eine dominierende Einflußgröße umweltorientierten Konsumentenverhaltens derzeit nicht erkennbar ist. Auch hinsichtlich des Ausmaßes der Wirksamkeit einzelner Determinanten oder ihrer Wechselwirkungen untereinander sind gegenwärtig keine präzisen Angaben möglich. Insofern ist bei der folgenden Darstellung der Bestim-

---

[4] Zu den Einflußfaktoren umweltorientierten Konsumverhaltens siehe z. B. *Balderjahn* 1986; *Bruhn* 1978, 103; *Dierkes, Fietkau* 1988, 135 u. 164; *Wimmer* 1988, 50–52.

mungsgrößen umweltorientierten Konsumentenverhaltens zu beachten, daß diese nicht zwingend „letzte" Verhaltensvariablen darstellen müssen, sondern eventuell auf Hintergrundvariablen zurückgeführt werden können.

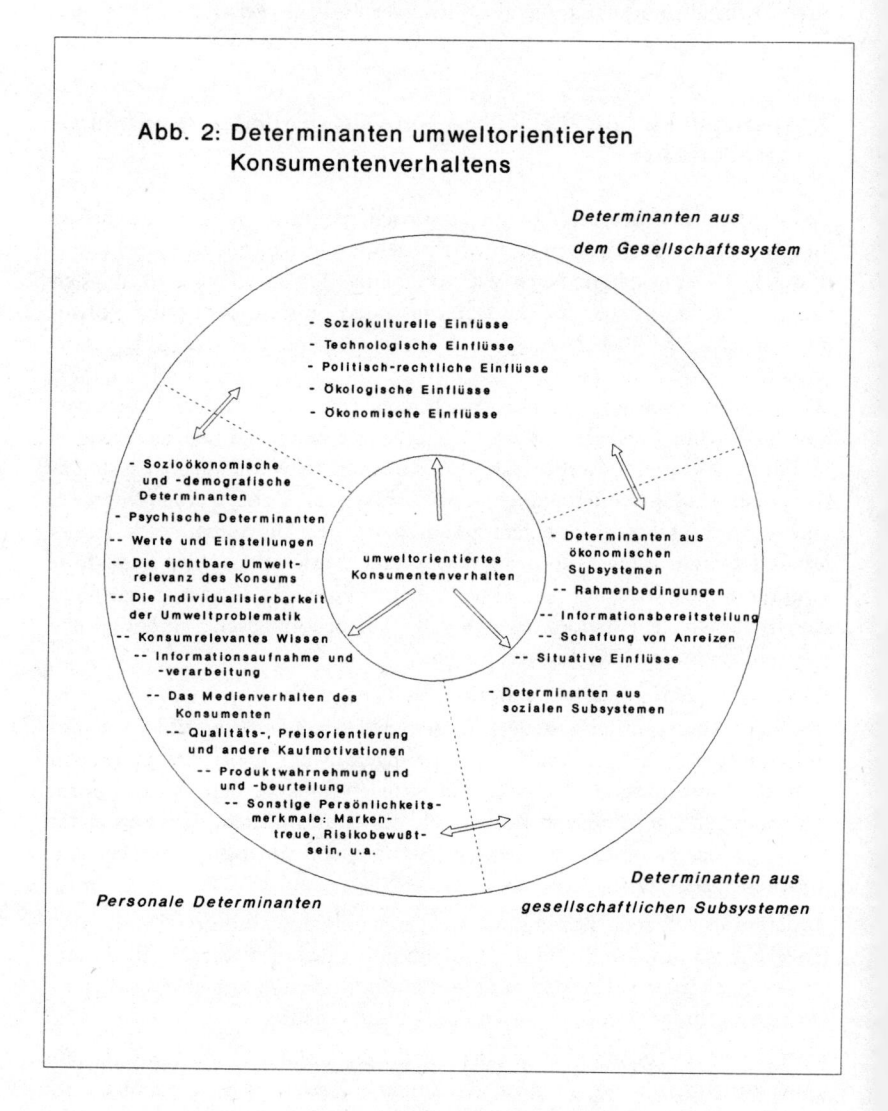

Abb. 2: Determinanten umweltorientierten Konsumentenverhaltens

Determinanten aus dem Gesellschaftssystem

- Soziokulturelle Einflüsse
- Technologische Einflüsse
- Politisch-rechtliche Einflüsse
- Ökologische Einflüsse
- Ökonomische Einflüsse

- Sozioökonomische und -demografische Determinanten
- Psychische Determinanten
-- Werte und Einstellungen
-- Die sichtbare Umweltrelevanz des Konsums
-- Die Individualisierbarkeit der Umweltproblematik
-- Konsumrelevantes Wissen
-- Informationsaufnahme und -verarbeitung
-- Das Medienverhalten des Konsumenten
-- Qualitäts-, Preisorientierung und andere Kaufmotivationen
-- Produktwahrnehmung und und -beurteilung
-- Sonstige Persönlichkeitsmerkmale: Markentreue, Risikobewußtsein, u.a.

umweltorientiertes Konsumentenverhalten

- Determinanten aus ökonomischen Subsystemen
-- Rahmenbedingungen
-- Informationsbereitstellung
-- Schaffung von Anreizen
-- Situative Einflüsse

- Determinanten aus sozialen Subsystemen

Personale Determinanten

Determinanten aus gesellschaftlichen Subsystemen

Abb. 2: Determinanten umweltorientierten Konsumentenverhaltens

4. Determinanten umweltorientierten Konsumentenverhaltens aus dem Gesellschaftssystem

Werte und Einstellungen können zwar nicht als letzte Verhaltensdeterminanten angesehen werden, doch besteht weitgehend Konsens darüber, daß diese zumindest eine potentielle Verhaltensrelevanz besitzen (z. B. *Balderjahn* 1986). Daneben wird das Konsumentenverhalten von **gesamtgesellschaftlichen Werten und Normen** beeinflußt, wie etwa dem seit den siebziger Jahren erfolgenden gesellschaftlichen „Wertewandel". Dabei haben auch Umweltfragen veränderte Prioritäten erhalten, insgesamt hat sich ein generelles „Meinungsklima" zugunsten des Umweltschutzes entwickelt, das auch durch andere gesellschaftliche Entwicklungen stabilisiert und verstärkt wird:

- Es sind deutliche Anzeichen für die Herausbildung einer **aktiven, kritischen und verantwortungsvollen Gesellschaft** sichtbar geworden. Aufgrund dessen stellen Konsumenten nicht nur erhöhte Anforderungen an Zuverlässigkeit, Sicherheit und technologischen Fortschritt der Produkte, sondern auch an Umwelt- und Gesundheitsverträglichkeitskriterien.
- **Bedürfnisse nach Selbstverwirklichung und Partizipation** tragen dazu bei, daß Verbraucher ihr Konsumverhalten als politisches Mittel sehen, ihrem Bedürfnis nach Umweltschutz Nachdruck zu verleihen.
- Auch informale Gruppen und Subkulturen wie „Bürgerinitiativen" erhalten einen stärkeren Einfluß auf die Konsumwelt und stellen Früherkennungsindikatoren für Konsumveränderungen dar (*Bruhn* 1989, 4).
- Weiterhin bestehen Tendenzen zur **Pluralisierung der individuellen Wertesysteme**, d. h. jener Konsumententyp nimmt zu, der viele unterschiedliche und divergierende Wünsche gleichzeitig für sich erfüllt sehen möchte („Multi-Options-Gesellschaft"). Beispielsweise findet derzeit eine allgemeine Verschiebung zu hedonistischen Verbraucherzielen statt, eine Gegenentwicklung stellt die Tendenz zu mehr Verantwortungsübernahme dar. Hedonismus und Umweltorientierung müssen sich nicht zwingend ausschließen, sondern werden zu kombinieren versucht. Typisches Beispiel ist der Bereich „gesunde Ernährung", wo durch den Konsum von Nahrungsmitteln ohne schädliche Rückstände oder Konservierungsmittel hedonistische mit Verantwortungszielen verbunden werden (*Steger* 1991, S. 37).

Politisch-rechtliche Vorgaben bzw. Aktivitäten können den Handlungsspielraum der Verbraucher dagegen unmittelbar beeinflussen und zudem günstige Rahmenbedingungen für umweltorientiertes Verhalten schaffen: Einerseits erlauben gesetzliche Vorgaben eine direkte Steuerung der Konsumentenhandlungen (z. B. autofreier Tag), andererseits determinieren Veränderungen im Umweltschutzrecht das Herstellerverhalten, in diesem Zusammenhang die Produktionsweise und/oder Beschaffenheit von Produkten und damit auch das Konsumverhalten. Insgesamt hat die Verschärfung der Produktkennzeichnungsvorgaben (z.B. Deklarierung von Inhaltsstoffen) den Absatz umweltverträglicherer Produkte erhöht, wenn auch das FCKW-Verbot dem Konsum von Produkten, die gleichfalls umweltschädlich sind, vom Konsumenten aber anders wahrgenommen werden, noch Spielräume läßt. Es ist jedoch zu erwarten, daß Verschärfungen in der Produkthaftung, Nutzung und Vergabe von Umweltzeichen, Produktkennzeichnung, Produkt-Rücknahmepflichten-Regelung (z.B. für alte Haushaltsgeräte) (*o.V.* 1990a, 4; *o.V.* 1990b, 377–380) die Durchsetzung umweltorientierten Konsumentenverhaltens weiter fördern.

Persönliche Konfrontationen mit Umweltproblemen (Abfallproblem) und individuelle Betroffenheiten (Allergien bei Kosmetik) tragen gleichfalls zu Verhaltensänderungen bei. Zudem wird in den Medien über **allgemeine Umweltschädigungen** sowie umweltschädigende Wirkungen des Konsums ausführlich berichtet und damit die ökologische Bewußtseinsbildung der Konsumenten gefördert (*o.V.* 1990, S. 4–5). Eine weitere Einflußgröße ist die **Verbraucherpolitik** im Rahmen der Gesellschaft, welche die Öffentlichkeit auf ökologische Wirkungen des Konsums aufmerksam machen soll (*Bruhn* 1978, 100–101). In den letzten Jahren setzen sich Verbraucherberatungsstellen oder die Stiftung Warentest zunehmend mit der Umweltproblematik auseinander (z.B. *Grothe-Senf* 1989; zur Wirkung der Aktivitäten der Stiftung Warentest siehe Abschnitt 6.2).

Die **verfügbare Technologie** übt als Voraussetzung zur Produktion umweltverträglicher Produkte Einfluß aus. Generell wird mit weiteren Fortschritten in der Entwicklung umweltverträglicherer Produkte und Verfahren gerechnet (*Bruhn* 1989, 5).

Ökonomische Einflüsse auf das Verbraucherverhalten sind in erster Linie im Rahmen von Änderungen der allgemeinen Wirtschaftslage, z.B. konjunkturelle Schwankungen oder Einkommensänderungen zu erwarten. Steigende Pro-Kopf-Einkommen, hohe Sparquoten, die Vererbung von Vermögen und der Trend zu Doppel-Verdiener-Haushalten sorgen dafür, daß sich die Konsummöglichkeiten weiter ausweiten werden. Diese Entwicklung privaten Geldvermögens schafft neue Kaufkraftkomponenten, die den Handlungsspielraum des Konsumenten erweitern und zum Aufbau von Nachfragestrukturen führen, die sich vom Regelkonsum immer mehr lösen und damit auch Verhaltensformen wie umweltorientierten Konsum begünstigen können.

5. Determinanten umweltorientierten Konsumentenverhaltens aus gesellschaftlichen Subsystemen

5.1 Einflüsse aus ökonomischen Subsystemen

Grundsätzliche Rahmenbedingung für umweltorientiertes Konsumverhalten ist die **Bereitstellung eines entsprechenden Angebots** sowie problemlose Ver-

5. Determinanten aus gesellschaftlichen Subsystemen

fügbarkeit der Produkte/Dienstleistungen. Ansonsten besteht die Möglichkeit, daß – je nach Dringlichkeit des Produktbedarfs, Bequemlichkeit oder Zeitaufwand – selbst in hohem Maße umweltbewußte Konsumenten den Aufwand scheuen, für ein umweltverträglicheres Produkt eine andere Einkaufsstätte aufzusuchen. Weiterführend müssen die erforderlichen **infrastrukturellen Rahmenbedingungen** erfüllt sein. Beispielhaft hierfür sind Einrichtungen für getrennte Abfallsammlung oder die Errichtung von Kreislauf-Systemen (Wiederverwendung oder Recycling). Tatsächlich kritisieren Konsumenten denn auch das Fehlen eines umweltverträglicheren Produktangebots in vielen Produktsparten sowie die schwach ausgeprägte Ubiquität (*Bänsch* 1990, 360–379; Umweltbundesamt 1987, 39–40).

Eine Reihe **situativer Einflußgrößen** kann die anbietende Unternehmung jedoch nicht oder nur in begrenztem Maße kontrollieren. Situative Einflüsse beziehen sich vor allem auf den „**point of purchase**" (POP): Verkäuferberatung, Begleitpersonen beim Einkauf, kommunikationspolitische Aktivitäten am POP, Zeitdruck, die Dringlichkeit des Bedarfs und die Wahl der Einkaufsstätte können sich als Hemm- oder Förderfaktoren umweltorientierten Verhaltens herausstellen (*Bruhn* 1978, 97–98). Eine situative Barriere entsteht beispielsweise, wenn der umweltorientierte Einkauf durch ungünstige Positionierung der Produkte und mangelnde Hinweise erschwert wird. Auch ein Kauf unter Zeitdruck kann zu einer weniger umweltfreundlichen Kaufentscheidung führen. Empirische Ergebnisse dazu sind rar, im wesentlichen wurde bisher die Wahl der Einkaufsstätte untersucht: Dabei werden auf Konsumentenseite einhellig „Öko-Läden" kritisiert, durch deren Imagebelastung vermutlich ein hohes Konsumpotential verloren geht (*Bänsch* 1990, 360–379).

Stärkeren Einfluß können Anbieter dagegen über die **Bereitstellung von Informationen** über umweltverträgliche Produkte/Dienstleistungen sowie die **Schaffung von Anreizen** geltend machen: Das Verhalten wird auf der kognitiven Ebene des Konsumenten in hohem Maße von der Informationsbereitstellung des Unternehmens bzw. Absatzmittlers über umweltverträglichere Produkte sowie vom Verhältnis seines Umweltbewußtseins zu anderen konsumrelevanten Motivationen wie Qualitäts- oder Preisbewußtsein mitbestimmt. Empirische Untersuchungen bestätigen, daß deshalb eine „objektiv"-informative und glaubwürdige Kommunikationspolitik sowie Public Relations an Bedeutung gewinnen (siehe dazu auch den Beitrag von *Bruhn* in Kapitel 31 des vorliegenden Bandes). Als gegensteuerndes Element im Hinblick auf qualitative Einschränkungen oder finanzielle Opfer der Konsumenten können Anreize sowohl materieller als auch immaterieller Art eingesetzt werden, wie etwa Rückkopplungen der Handlungskonsequenzen zum Konsumenten, Vermittlung persönlicher Nutzenkategorien oder sozialer Anerkennung und finanzielle Ersparnisse (siehe Abschnitt 6.2).

5.2 Einflüsse aus sozialen Subsystemen

Die Kaufentscheidungen der Konsumenten werden auch von **Normen des unmittelbaren, sozialen Umfeldes** mitbestimmt. Dieses umfaßt die **Familie, den Arbeitsplatz sowie sonstige formale und informale Bezugsgruppen des Konsumenten.** Formale Bezugsgrupppen sind beispielsweise Gewerkschaften oder Verbraucherorganisationen, informale Bezugsgruppen Bürgerinitiativen oder Nachbarschaftsgruppen. Da all diese Personen(gruppen) unterschiedliche Ziele verfolgen, die auch von der jeweiligen sozialen Schicht abhängen, lassen sich keine generellen Aussagen über die Beziehungen zu umweltorientiertem Konsumentenverhalten ableiten. Nach Untersuchungen von *Adelt* u. a. erweisen sich sozialer Druck und soziale Kontrolle u. U. gegenüber persönlichen Einstellungen als stärker ausschlaggebende Steuerungsinstrumente ökologischen Verhaltens. Insbesondere von Bezugspersonen des näheren Umfeldes und dort wiederum von Familienmitgliedern und vom Freundeskreis scheinen verhaltenswirksame, normative Einflüsse in Form geäußerter Anerkennung bzw. Mißbilligung auszugehen (*Adelt u.a.* 1990, 167–168). Es liegt die Vermutung nahe, daß die Verhaltenswirksamkeit um so stärker ausgeprägt ist, je mehr sich das Individuum mit der Bezugsperson(engruppe) identifiziert und je eher das umweltorientierte Verhalten des einzelnen für seine nähere Umwelt sichtbar wird.

Bei der Kommunikation in kleineren Gruppen hat nicht jedes Mitglied das gleiche Gewicht, einige üben einen stärkeren persönlichen Einfluß aus als andere bzw. haben eine Schlüsselstellung in der Gruppe inne. Die Rolle von **Meinungsführern** in den Bezugsgruppen ist auch für die Durchsetzung umweltorientierten Konsumentenverhaltens von Bedeutung: Aus empirischen Studien geht hervor, daß Meinungsführer gegenüber ihren „Folgern" häufig produktbezogene, soziale Aktivitäten verfolgen und generell über ein hohes Produktwissen verfügen (*Bruhn* 1978, 85).

6. Personale Determinanten umweltorientierten Konsumentenverhaltens

6.1 Sozioökonomische und -demographische Determinanten

Anfänglicher Konsens darüber, daß umweltorientierte Konsumenten einen höheren Bildungsgrad aufweisen und durchschnittlich jünger sind, verwischt sich in jüngerer Zeit immer mehr. Auch die Variablen Geschlecht, Familienstand und Zahl der Kinder können nicht eindeutig zur Unterscheidung umwelt- und nicht-umweltorientierter Konsumenten herangezogen werden. Beispielsweise wird einerseits angenommen, daß ein Einfluß auf das Konsumverhalten durch Kinder in der Form gegeben ist, daß Eltern damit verbundenen Werten (z. B. der Verbesserung des künftigen Lebensraumes der Kinder) besondere Priorität einräumen, andererseits zeichnen sich gerade Eltern

6. Personale Determinanten

durch mehr Optimismus hinsichtlich der Umweltentwicklung aus, sehen also weniger Handlungsbedarf als Singles. Oft zeigt sich sogar eine Abschottung von Familien gegenüber der Umweltproblematik, indem andere lebensnähere Probleme als vorrangig angesehen werden (*Adelt u.a.* 1990, 159–160).

Untersuchungen darüber, durch welche soziodemographischen Variablen sich umweltorientierte Personen auszeichnen, haben zwar zur Identifikation „umweltsensibler" Marktsegmente und Zielgruppen beigetragen, in der Literatur wird jedoch häufig gemutmaßt, daß diese Merkmale nur bedingt in einem ursächlichen Zusammenhang mit Umweltbewußtsein oder -verhalten stehen (*Bruhn* 1978, 81; *Adelt u.a.* 1990, 158). Ob diese Variablen tatsächlich einen nur geringen Erklärungsbeitrag leisten und letztlich durch andere erklärt werden können, ist eine zentrale Aufgabe der weiteren empirischen Forschung.

6.2 Psychische Determinanten

Zur Messung umweltbezogener Werte und Einstellungen wurden bereits zahlreiche empirische Untersuchungen durchgeführt, deren Gegenstand beispielsweise folgende Aspekte waren:
- Umweltbewußtsein als globale Werthaltung;
- Umweltbewußtsein als persönliche Betroffenheit;
- Umweltbewußtsein als konsumbezogene Werthaltung;
- Einstellungen gegenüber der allgemeinen Umweltproblematik;
- Einstellungen gegenüber Konsumgütern;
- Einstellungen gegenüber Produktmerkmalen;
- Einstellungen gegenüber Marketingmaßnahmen;
- Einstellungen gegenüber Verhaltensweisen (sh. z.B. die Ergebnisse bei *Wimmer* 1988).

Umweltbezogene Werte und Einstellungen sind weit verbreitet, stark ausgeprägt und lassen den Schluß auf bedeutende Konsumpotentiale zu. Es ist zu erwarten, daß sich dies durch die Wahrnehmung der durch Produktion und Konsum bedingten Umweltprobleme sowie die Publikation von „Umweltskandalen" in den Medien weiter verstärken wird.

Ein weiterer wesentlicher Einflußfaktor umweltorientierten Konsumverhaltens ist, daß sich **Konsumenten bei der Lösung von Umweltproblemen als maßgeblich ansehen** (*Balderjahn* 1986, S. 54). 1983 sahen sich 68,5% der Konsumenten über Bürgerinitiativen an der Lösung der Umweltkrise beteiligt, über das Kaufverhalten besteht nur für 38,4% eine „Beitragspflicht" (*Fietkau, Kessel, Tischler* 1982). Im Jahr 1983 sahen Konsumenten zwar an erster Stelle Staat und Regierung für die Lösung der Umweltprobleme als zuständig (63% der Befragten) an, aber immerhin bereits 58% eine Zuständigkeit auch bei sich selbst (*Raffée, Wiedmann* 1983). 1985 schrieben die Konsumenten die Lösung von Umweltproblemen sogar in erster Linie der Änderung ihres Kaufverhaltens zu (*Bruhn* 1985, 63–64). Das Kaufverhalten rangiert damit noch vor gesetzlichen und Herstellermaßnahmen an erster Stelle. Es folgen „bessere Informationssuche vor dem Kauf" und „Hinweise an Öffentlichkeit/Medien". Da das Konsumentenverhalten erheblich von der Einschätzung des eigenen Einflusses mitbestimmt wird, bedarf es zur Förderung bzw. Stabilisierung des Verhaltens der **Rückkopplung der Handlungseffekte** zum Verbraucher. Je direkter und verständlicher die Handlungsbezüge für den einzelnen sind, desto höher ist die Wahrscheinlichkeit, daß sich potentielle Handlungsbereitschaft in Konsumverhalten umsetzt (*Dierkes, Fietkau* 1988, 135–136). Tatsächlich ist umweltorientiertes Kaufverhalten vor allem in „umweltsensiblen" Märkten ausgeprägt, in denen die Relevanz des Konsumverhaltens leichter ersichtlich wird (Beispiel Abfall).

Insbesondere in Konsumbereichen, in denen die **Umweltproblematik individualisierbar** ist und deren Produkte/Dienstleistungen **direkte persönliche Negativwirkungen** erzeugen können, zeigt sich eine Tendenz zu umweltorientiertem Konsum. Es handelt sich dabei z. B. um Produkte aus dem Körperpflege- oder Lebensmittelbereich (Allergien oder gesundheitliche Schäden). In diesen Bereichen werden als umweltverträglich geltende Produkte nicht nur besonders häufig, sondern teils sogar bei höheren Preisen gekauft. Verstärkt wurde diese Entwicklung durch die Publikation zahlreicher Gesundheits- bzw. Umweltgefährdungen von Produkten aus den letzten Jahren (Motorenöl im Olivenöl, Glykol im Wein, Würmer in Fischen, Frischei-Skandal, Formaldehyd in Körperpflegemitteln, Hormon im Kalbfleisch). Die nach Bekanntwerden der Gefährdung einsetzende Konsumzurückhaltung ging oft so weit, daß entsprechende Produkte ganz aus dem Markt genommen werden mußten („Top Job"-Waschverstärker) oder sogar das gesamte Sortiment (Fische, Kalbfleisch) gemieden wurde.

Über den Einfluß umweltbezogenen Wissens auf das Konsumentenverhalten bestehen in der empirischen Literatur geteilte Auffassungen. **Dabei ist nach generellem Wissen über die Umweltproblematik und konkretem umweltbezogenem Produktwissen** zu differenzieren. Insbesondere die Bedeutung allgemeinen Umweltwissens für das Konsumverhalten konnte bisher nicht abschließend geklärt werden. Beispielsweise kommt eine Untersuchung des Umweltbundesamtes zu dem Ergebnis, daß die Handlungsbereitschaft auch vom Umweltwissen geprägt wird (Umweltbundesamt 1986, 34); andere Studien sind skeptischer (*Urban* 1986, 364; *Monhemius* 1990, 28–29). Dagegen besteht weitgehend Konsens darüber, daß ein stark ausgeprägtes Wissen der Konsumenten über Umwelteigenschaften von Produkten umweltorientiertes Konsumverhalten fördert (*Wimmer* 1988, 67). Empirische Untersuchungen konstatieren einerseits eine starke Zunahme des Verständnisses ökologischer Zusammenhänge innerhalb des letzten Jahrzehnts (*Bruhn* 1985, 64), andererseits ein hohes umweltbezogenes Produktwissen (*Wiedmann, Raffée* 1986, 105; *Monhemius* 1990, 28). Diese Tendenz wird sich vermutlich fortsetzen.

6. Personale Determinanten

Im Rahmen der Generierung umweltbezogenen Wissens sind auch die Nutzung und Beurteilung **herstellerbezogener** oder **„neutraler"** Informationen von Bedeutung. Herstellerbezogene Informationen entstammen vorwiegend der unternehmerischen Kommunikationspolitik und Public Relations, „neutrale" Informationsquellen sind unabhängige Verbraucherberatungsstellen, Testinstitute oder Fachzeitschriften. Die Nutzung letzterer wird in erster Linie durch individuelle Informationsdefizite beeinflußt (*Bruhn* 1978, 93). Fühlen sich Konsumenten durch den Hersteller nicht ausreichend informiert, initiieren sie zusätzliche Informationsprozesse.

Wenn auch mit umweltverträglichen Produkten ein Mehraufwand bei der Informationssuche assoziiert wird (*Adelt* u. a. 1990, 163–164), sehen die Konsumenten in einer intensiven Informationssuche vor dem Kauf einen effektiven, eigenen Beitrag zum Umweltschutz (*Wiedmann, Raffée* 1986, 102; *Meffert, Wagner* 1985, 63). Während 1977 die „bessere Informationssuche vor dem Kauf" im Rahmen einer Befragung zu umweltorientiertem Verhalten noch auf Platz 4 der Rangliste stand, rangierte sie 1985 bereits auf Platz 2 (*Bruhn* 1985, 57 u. 63). Doch trotz bestehender Handlungsbereitschaft entstehen Probleme bei der Kaufentscheidung, die deutlich auf Informationsdefizite zurückzuführen sind. Dies zeigte sich bei umweltrelevanten Themenstellungen des Waschmittelkonsums, Verpackungen und der Einweg-Mehrweg-Frage. Im Rahmen einer Befragung des Umweltbundesamtes ließ sich sogar eine durch mangelnde Informationen bedingte Abnahme der Handlungsbereitschaft feststellen (Umweltbundesamt 1987, 9–10 u. 39–40). Dabei kann die Verpackungsverordnung kontraindizierend wirken, weil der klare Unterschied zwischen umweltfreundlichen Mehrweg- und umweltbelastenden Einwegsystemen in den Augen der Verbraucher verwischt wird (*Feess-Dörr, Steger, Weihrauch* 1991).

Die Konsumenten fordern vor allem umweltbezogene Produktinformationen über Herstellung und Entsorgung. Das Informationsbedürfnis hinsichtlich der Verwendung und Wirkung chemischer Produktzusätze spielt dabei eine herausragende Rolle (*Meyn* 1983, 22): Bereits 1983 hielt etwa jeder zweite Bürger (52%) Informationen über chemische Zusätze in den Produkten und deren Wirkungsweise für „dringend erforderlich". 85% äußerten, daß gezielte Aufklärung in diesem Bereich „mindestens auch erforderlich" sei. Für die Informationsdefizite ist nach Ansicht von 70% der Bevölkerung in erster Linie die Wirtschaft verantwortlich. Mangelnde Informationsbereitschaft seitens der Unternehmen sowie zahlreiche bekanntgewordene „Umweltskandale" haben dazu beigetragen, daß sich das Blickfeld des Konsumenten von der Produktebene auf die gesamten Unternehmensaktivitäten erweitert hat und in dieser Form zunehmend die Konsumentscheidungen beeinflußt.

Aufgrund vielfältiger Unklarheiten und Irritationen in der umweltbezogenen Informationspolitik der Unternehmen gehen derzeit erhebliche Verhaltenspotentiale verloren. Als Resultat der eher defensiven Informationspolitik der

Unternehmen zeichnet sich eine zunehmende Orientierung der Verbraucher an „neutralen" Informationstätigkeiten unabhängiger verbraucherpolitischer Institutionen oder anderer gesellschaftlicher Akteure ab. Beispielsweise ziert das Umweltzeichen des Umweltbundesamtes, der „blaue Engel", inzwischen zahlreiche Produkte mit der Aufschrift „Umweltfreundlich, weil..." und weist damit darauf hin, daß die so gekennzeichneten Produkte zumindest *eine* Eigenschaft haben, die sie im Vergleich zu Konkurrenzprodukten mit sonst üblichen Eigenschaften umweltfreundlicher macht.

Das Umweltzeichen wurde von den Konsumenten als Orientierungsleitlinie zunächst positiv aufgenommen. Kritisch wird mittlerweile allerdings bewertet, daß die Vergabe des Umweltzeichens meist nur an *ein* umweltbezogenes Kriterium gebunden ist, so daß von einer umfassenden Umweltverträglichkeitsprüfung keine Rede sein kann. Zudem bleiben „echte" umweltfreundliche Alternativen (Substitute) in der Bewertung unberücksichtigt. Diese Mängel sowie die stark gestiegene Anzahl verschiedenster, von Unternehmen entworfener Umweltzeichen führten zur allgemeinen Verunsicherung des Konsumenten. Auch über kommunikationspolitische Aktivitäten wird mit Prädikaten wie „biologisch" oder „natürlich" häufig fälschlicherweise Umweltfreundlichkeit suggeriert.

Welche Produkte unter Umweltaspekten tatsächlich zu präferieren sind, wird dem Konsumenten nicht ersichtlich. Beispielsweise kann das Prädikat „biologisch" auch verwendet werden, wenn das Lebensmittel Rückstände von Pflanzenbehandlungsmitteln enthält (*Forstmann* 1985, 34). Deshalb gewinnt aus der Sicht des Konsumenten eine Verbraucherinformationspolitik an Bedeutung, die speziell ökologischen Interessen gerecht wird und als Korrekturfaktor zur anbieterseitigen Information wirkt (*Grothe-Senf* 1989, 12–13; *Fritz* 1984 u. 1985, 613).

Institutionen, die sich der „**objektiven**" **Verbraucherinformation** verschrieben haben, besitzen mittlerweile großen Einfluß. Die **Stiftung Warentest** hat ihre Satzung mit dem Ziel erweitert, die Öffentlichkeit über die objektivierbaren Merkmale des Nutz- und Gebrauchswertes sowie der Umweltverträglichkeit von Waren und privaten und individuell nutzbaren öffentlichen Leistungen zu unterrichten. Die Zahl der Tests, die ökologische Kriterien beinhalten, nahm von 1982 an kontinuierlich zu (*Grothe-Senf* 1989, 129 u. 140). Dies ist besonders beachtenswert, weil ein negatives Urteil der Stiftung Warentest über ein Produkt schwere Umsatz- und Imageeinbußen zur Folge haben kann (*o. V.* 1987, 72–76; *Fritz* 1985, 615–616). Umgekehrt kann ein Testurteil auch positiv auf die Umsatzentwicklung wirken: 66% der Hersteller gaben Umsatzsteigerungen bei Produkten mit positiven Testergebnissen an (*Silberer, Raffée* 1984, 60 ff.).

Insgesamt äußerten mehr als zwei Drittel der Bevölkerung, sich über Warentest-Ergebnisse zu informieren (*Wiedmann, Raffée* 1986, 181). Die Hälfte gab einen „ziemlich starken Einfluß" der Testergebnisse auf ihre Kaufentscheidungen an, nur 4% stellten „gar keinen Einfluß" fest. Warentestinformationen bewirken nicht nur eine stärkere Nutzung der Wareninformation beim Kauf von Konsumgütern, sondern auch eine intensivere kaufbezogene Nutzung anderer Informationsquellen (*Tölle* 1983).

Im Rahmen des Informationsverhaltens erweist sich auch die **Medienbeurteilung und -nutzung** als Determinante umweltorientierten Konsumentenverhaltens von Bedeutung. Empirische Erkenntnisse über den Einfluß der Medien auf das umweltorientierte Konsumentenverhalten sind derzeit nicht bekannt. Zunächst liegt die Vermutung nahe, daß umweltbewußte Konsumenten gegenüber den Massenmedien wie Fernsehen eine kritische Stellung einnehmen und sie weniger nutzen, da diese Medien aufgrund ihrer höheren Reichweite und der Art ihrer Programmentscheidungen auf eine Vielzahl von gesellschaftlichen Gruppen Rücksicht nehmen müssen und damit verbunden der umweltbezogene Informationsgehalt geringer eingeschätzt wird (*Bruhn* 1978, 92). Daraus ließe sich ableiten, daß umweltbewußte Konsumenten vom unternehmerischen Marketing in erster Linie über andere Informationsquellen erreicht werden müssen. Jüngere Untersuchungen haben jedoch ergeben, daß die Massenmedien von einer „breiten" Konsumentenschaft als Umweltinformationsquelle genutzt werden. Aus einer Studie der EMNID geht hervor, daß Berichte über reale und potentielle Umweltgefährdungen intensiv wahrgenommen werden: 61% der Befragten erklärten, „sehr viel" über Gefährdungen der Umwelt gesehen, gehört oder gelesen, nur jeder zehnte dagegen „wenig" oder „nichts" wahrgenommen zu haben (*o. V.* 1990, S. 5).

Über die Folgen der Umweltberichterstattung in den Medien liegen nur teilweise gesicherte Erkenntnisse vor. Bekannt ist, daß Medien durch wiederholte Beschäftigung mit Umweltthemen die Umweltbewußtseinsbildung fördern. Andererseits kann das Gefühl der eigenen Hilflosigkeit angesichts der Umweltsituation zu einem Attentismus im Konsumverhalten führen.

Da Umweltverträglichkeit i.d.R. nur eine von vielen Nutzendimensionen beim Konsum darstellt, ist das faktische Konsumverhalten letztendlich auch davon abhängig, wie sich Umweltbewußtsein im Kontext anderer konsumrelevanter Motive durchsetzt. Im 4. Abschnitt wurde bereits darauf hingewiesen, daß sich im Rahmen sozio-kultureller Entwicklungen eine **„neue Konsummoral"** herauskristallisiert. Diese führt

1. zu einer Verlagerung der **Preisorientierung auf bestimmte Produktbereiche mit Funktionalcharakter**;
2. zu einer Verlagerung der **Qualitätsorientierung auf bestimmte Produktbereiche mit Demonstrativcharakter** und damit
3. zu einer **neuen Gewichtung des Preis-Leistungs-Verhältnisses im Sinne einer steigenden Bedeutung des nicht-materiellen Nutzens**, wobei insbesondere in der Qualitätsorientierung ein Bedürfnis nach Gesundheit und Verbesserung der Lebens- und Umweltbedingungen sichtbar wird. Umweltverträglichkeit als Teilaspekt der Produktqualität kann in diesem Sinne

zum ausschlaggebenden Faktor für umweltbewußtes Verhalten werden (*Blickhäuser, Gries* 1989, 5–10; *Böcker* 1988, 40–43).

Einerseits zeichnet sich also eine generelle Tendenz zu verstärkten Qualitätsansprüchen in Konsumbereichen mit „Demonstrativcharakter" ab, während in anderen Bereichen eher der preissensible Verbraucher in den Vordergrund tritt. Umweltverträgliche Konsumgüter erweisen sich aufgrund ihrer „sozialen Auffälligkeit" und besonderer Produkteigenschaften als geeignet für eine Positionierung als hochwertiges, zu Demonstrationszwecken nutzbares Gut (z.B. Lebensmittel, Kosmetika). Eine Ansiedlung im höheren Preissegment ist dennoch nicht unproblematisch. Untersuchungergebnisse deuten zwar auf die grundsätzliche Bereitschaft der Konsumenten hin, für umweltfreundliche Produkte mehr zu zahlen, jedoch sind die Bekundungen aufgrund des verzerrenden Einflusses „sozial erwünschter" Antworten mit Zurückhaltung zu interpretieren (*Wiedmann, Raffée* 1986, 181–201; IPOS 1984, 15 u. 21):

– Nach der Chancen-Repräsentativbefragung von Anfang 1989 geben 76,4% der Befragten an, bei zwei zur Verfügung stehenden Produkten das umweltschonendere zu kaufen, auch wenn es etwas teurer sein sollte. 21,8% geben an, nur dann ein umweltschonendes Produkt zu kaufen, wenn der Wirkungsgrad genauso hoch ist wie bei normalen Produkten und es ungefähr genauso teuer ist. Nur 1,8% fühlen sich von der Thematik überhaupt nicht berührt;
– Einer Untersuchung von IPOS zufolge erklärte sich ein Großteil der Befragten bereit, für umweltschonende Produkte auch höhere Preise in Kauf zu nehmen. 88% bekundeten diese Bereitschaft für Eliminierung von „Weißmachern" in Waschmitteln, 58% für Industrieprodukte und 47% für leisere Haushaltsgeräte;
– Nach den Ergebnissen der Dialoge 2-Studie wollen die Verbraucher „nicht unnötig viel" bezahlen und informieren sich deshalb ausführlich über Preise. Dennoch: 69% der Befragten äußerten, für umweltfreundliche Produkte „gerne etwas mehr" zu zahlen. Davon stimmten insgesamt 24% „voll und ganz zu", 45% noch „eher zu".

Zwar äußert ein Großteil der Konsumenten eine höhere Zahlungsbereitschaft für umweltverträglichere Produkte, doch ist dies häufig nur dann der Fall, wenn dem „Opfer" ein entsprechender Ausgleich gegenübergestellt ist, welcher auch kommuniziert werden muß, z.B. die Verbesserung der persönlichen Lebenswelt (Lebensqualität), Gesundheit oder Bequemlichkeit (*Balderjahn* 1986, 233–242). Für die Durchsetzung umweltorientierten Kaufverhaltens reicht eine Kommunikationspolitik über ausschließlich objektiv-rationale Nutzenerwartungen häufig nicht aus: Mit dem Kauf müssen **zusätzliche persönliche Nutzenkategorien** verbunden werden, die etwaige Nachteile eventuell zu kompensieren in der Lage sind. Die Durchsetzung umweltorientierten Konsumverhaltens ist vor allem dann gefährdet, wenn für umweltfreundliche Produkte nicht nur ein höherer Preis zu entrichten ist, sondern

6. Personale Determinanten

darüber hinaus noch Beeinträchtigungen in den herkömmlichen Qualitätsmerkmalen oder der persönlichen Nutzenstiftung in Kauf zu nehmen sind (*Adlwarth, Wimmer* 1986, 174–175).

Obwohl im Rahmen einer Befragung über zukünftig relevante Aspekte unternehmenspolitischen Handelns 54% der Unternehmer eine hohe Produktqualität und 65% das Angebot umweltverträglicher Produkte als wichtig einstufen (*Stippel* 1989, 28), wird eine Verbindung beider Aspekte zumindest in der Kommunikationspolitik der Unternehmen nur unzureichend deutlich: Nur wenige Unternehmen kommunizieren die Umwelteigenschaften ihrer Produkte als qualitative Besonderheit.

Aus den vorangegangenen Ausführungen geht hervor, daß eine breite Öffentlichkeit sich über umweltverträgliche Eigenschaften von Produkten informiert und mittlerweile ein hohes umweltbezogenes Wissen existiert. Dennoch können, vor allem bei neuen Produkten mit hohem Innovationsgrad, **Wahrnehmungsverzerrungen** auftreten: Merkmale umweltverträglicher Produkte werden oftmals mit anderen negativen Produkteigenschaften assoziiert, obwohl dieser Sachverhalt nicht zwingend auf objektiv gegebene Produkteigenschaften zurückzuführen ist. Daraus kann beispielsweise die Ansicht resultieren, daß phosphatfreie Waschmittel weniger rein waschen (*Adelt u.a.* 1990, 165). Es ist aber zu erwarten, daß mit zunehmender Umweltinformation der Verbraucher und zunehmenden Erfahrungen mit umweltverträglichen Produkten sich derartige Verhaltenshemmungen mindern. Andererseits verbinden viele Konsumenten die Eigenschaften „Gesundheit" und „Umweltverträglichkeit" miteinander (z.B. Lebensmittel).

Informationsdefizite oder negative Wahrnehmungsverzerrungen führen aus Sicht des Konsumenten zu einem erhöhtem **Kaufrisiko** für umweltverträgliche Produkte/Dienstleistungen. Der Begriff des Kaufrisikos beschreibt das wahrgenommene Risiko als die vom Konsumenten nachteilig aufgefaßten Folgen seines Kaufverhaltens, die er nicht vorhersehen kann (*Kroeber-Riel* 1990, 416–417). Die vom Konsumenten erwarteten negativen Konsequenzen eines Kaufs können **finanzieller, funktioneller oder psychosozialer Art** sein. Der Konsum umweltverträglicherer Produkte hängt insofern auch von der Risikobereitschaft des Konsumenten ab. Insbesondere beim Erstkauf umweltverträglicherer Produkte ist die Wahrscheinlichkeit hoch, daß die Käufer über einen hohen Grad an Risikobewußtsein verfügen. Von seiten der Unternehmen werden deshalb **Risikoreduzierungsstrategien** notwendig. In der Regel verfolgen Konsumenten im Rahmen der Risikoherabsetzung zwei Wege: Es werden zusätzliche Informationen gesucht oder die Produkt-(Marken-)Treue ermöglicht es, einem etwaigen Kaufrisiko zu entgehen (*Kroeber-Riel* 1990, 262 u. 419).

Das Konzept des **Markenartikels** wird für die Einbeziehung von Umweltkriterien generell als geeignet beurteilt, „...gerade weil die Kompetenz zur permanenten Innovation ein wesentliches Kennzeichen des Markenartikels ist..." (*Rüschen* 1990, 283). Die Bindung der Konsumenten generell an Produktmarken kann sowohl zu einem Hemm- als auch zu einem Förderfaktor für umweltorientiertes Kaufverhalten werden. Schwierigkeiten treten dann auf, wenn nicht die vom Konsumenten verwendete Marke umweltverträgliche Eigenschaften aufweist, sondern andere (Marken-)Produkte; die Bindung an die eigene Marke kann dann stärker wirken als der durch Umwelteigenschaften gestiftete Nutzen eines anderen Produktes. Andererseits kann die Markenbindung dann zum Förderfaktor werden, wenn die vom Konsumenten seit längerem benutzte Marke an ökologischen Eigenschaften gewinnt, oft sogar dann, wenn sie Qualitätseinbußen zur Folge hat, da aufgrund der **Markenbindung** eine Hemmschwelle zum Markenwechsel besteht.

Eine deutlichere positive Beziehung ist zwischen **Prestigebewußtsein** und umweltorientiertem Konsumentenverhalten zu vermuten. Aufgrund der sozialen Brisanz der Umweltthematik sowie der im 4. Abschnitt geschilderten Tendenzen zu Hedonismus- und Verantwortungsstreben kann der Konsum umweltverträglicher Produkte zu einer Prestigesteigerung führen; empirische Erkenntnisse über die daraus folgende Nachfragebeeinflussung liegen allerdings noch nicht vor.

7. Perspektiven umweltorientierten Konsumentenverhaltens

Oftmals werden in jüngerer Zeit Bedenken darüber geäußert, daß angesichts der wirtschaftspolitischen Entwicklung in den fünf neuen Bundesländern und generell in östlichen Staaten eine Themenverschiebung stattfindet. Zumindest für die „Alt-Bundesländer" bestätigen sich diese Vermutungen nicht: Umweltschutz steht innerhalb der gesellschaftlichen Ziele nach wie vor an erster Stelle (Gruner & Jahr 1990, S. 32). Anzeichen dafür, daß umweltgerechtes Konsumverhalten langfristig an Bedeutung verliert, sind derzeit nicht erkennbar. Vielmehr wird vermutet, daß mittelfristig Tendenzen zur **Verinnerlichung umweltorientierter Verhaltensnormen** bzw. zu entsprechender **Gewohnheitsbildung** auf breiter gesellschaftlicher Ebene bestehen (*Adelt u. a.* 1990, 168–169). Zudem lassen sich in jüngerer Zeit Tendenzen hin zu einer „Intensivierung" umweltorientierten Konsumentenverhalten beobachten: Eine **Sichtweise weg von einzelnen Umwelteigenschaften der Produkte und hin zu einer Produkt-, Herstellungsprozeß- oder Unternehmensgesamtbetrachtung** weist eher auf eine künftige Verstärkung umweltorientierter Konsumverhaltenspotentiale. Insbesondere seit den bekanntgewordenen „Umweltskandalen" und dem Aufleben der Verpackungs- und Verkehrsdiskussion nehmen die Konsumenten zunehmend vertikale ökologische „Produktgesamtbetrachtungen" hinsichtlich der Lebensphasen von Produkten (Rohstoffbeschaffung, Herstellung, Vertrieb, Verwendung, Entsorgung) sowie hinsichtlich der Auswirkungen der Produkte auf Natur und Gesellschaft vor (z. B. Kritik an der Abholzung von Regenwäldern zugunsten der Rinderzüchtung für „Fast-Food"-Produkte oder Folgeeffekte des Autoverkehrs).

Da es für den Konsumenten schwierig ist, sich selbst einen Überblick über den relativen Stoff-/Energieverbrauch oder Rückstände aus den Lebensphasen eines Erzeugnisses zu schaffen, gewinnen auch hier übergeordnete Informationsinstanzen an Bedeutung. **Weithin spürbar wird zudem ein Informationsbedarf, der über die betreffenden Produkte hinausreicht und das Unternehmen insgesamt, z. B. seine wirtschaftlichen und politischen Verflechtungen betrifft** (*Kulke* 1989, 22). Einen entsprechenden Leitfaden für Konsumenten gibt es bereits in den USA, wenn auch ökologische Kriterien dort bislang fehlen (dies entspricht allerdings dem allgemeinen Stellenwert des Umweltschutzes in den USA). Sein Untertitel „Rating America's Corporate Conscience" (*Lydenberg, Tepper, Marlin, Strub* 1986) verrät den Anspruch eines provokativen Führers durch die Konzerne, die hinter den täglich gekauften Produkten stehen. Tatsächlich hat das Werk zu Konsumverschiebungen geführt. In einer jüngeren, vergleichbaren bundesdeutschen Serie der Zeitschrift „Natur" sind ökologische Kriterien enthalten: Sie informiert über Produkte/Dienstleistungen von Großunternehmen ausgewählter Branchen sowie über deren Positionen zu gesellschaftlichen Fragen, wobei ökologische Aspekte eine wesentliche Rolle spielen (z. B. o. V. 1990 c, 79–82).

Wie die vorangegangenen Ausführungen zeigen, erweisen sich die Determinanten umweltorientierten Konsumentenverhaltens insgesamt als vielfältig, in ihrer Wirkungsrichtung nicht immer eindeutig, nicht immer als unabhängig und deshalb schwer operationalisierbar. Da jedoch eine Stabilisierung bzw. Verstärkung umweltorientierten Konsumentenverhaltens erwartet werden darf, gilt es, diese zur Ableitung weiterer Konsequenzen für die Unternehmenspolitik im Rahmen weiterer theoretischer und empirischer Forschung zu berücksichtigen.

Literatur

Adelt, P., Müller, H., Zitzmann, A. (1990), Umweltbewußtsein und Konsumverhalten – Befunde und Zukunftsperspektiven, in: *Szallies, R., Wiswede, G.* (1990) (Hrsg.), Wertewandel und Konsum. Fakten, Perspektiven und Szenarien für Markt und Marketing, Landsberg a. L., S. 155–184

Adlwarth, W., Wimmer, F. (1986), Umweltbewußtsein und Kaufverhalten – Ergebnisse einer Verbraucherpanel-Studie, in: Jahrbuch der Absatz- und Verbrauchsforschung, 2, S. 166–192

Balderjahn, I. (1986), Das umweltbewußte Konsumentenverhalten. Eine empirische Studie, Berlin

Bänsch, A. (1990), Marketingfolgerungen aus Gründen für den Nichtkauf umweltfreundlicher Konsumgüter, in: Jahrbuch der Absatz- und Verbrauchsforschung, 4, S. 360–379

Blickhäuser, J., Gries, T. (1989), Individualisierung des Konsums und Polarisierung von Märkten als Herausforderung für das Konsumgütermarketing, in: Marketing · ZFP, Heft 1, S. 5–10

Böcker, F. (1988), Konsumentenverhalten, Polarisierung und Individualisierung, in: Gablers Magazin, 12, S. 40–43

Brandt, A.,Hansen, U., Schoenheit, I., Werner, K. (1988), Ökologisches Marketing, Frankfurt a.M./New York

Bruhn, M. (1978), Das soziale Bewußtsein von Konsumenten. Erklärungsansätze und Ergebnisse einer empirischen Untersuchung in der Bundesrepublik Deutschland, Wiesbaden

Bruhn, M. (1985), Das ökologische Bewußtsein der Konsumenten – Ergebnisse einer Befragung im Zeitvergleich, in: *Meffert, H., Wagner, H.* (Hrsg.), Ökologie und Unternehmensführung, Arbeitspapier Nr. 26 der Wissenschaftlichen Gesellschaft für Marketing und Unternehmensführung e.V. an der Universität Münster, Münster

Bruhn, M. (1988), Ökologie und Konsumentenverhalten – eine Bestandaufnahme der Forschung, schriftliche Fassung eines Vortrages auf dem Kongreß „Ökologie und Konsumentenverhalten" am 14.10.1988 an der European Business School, Oestrich-Winkel

Bruhn, M. (1989), Herausforderungen für das Marketing im nächsten Jahrzehnt, in: *Bruhn, M.* (Hrsg.), Handbuch des Marketing – Anforderungen an Marketingkonzeptionen aus Wissenschaft und Praxis, München, S. 1–20

Dierkes, M., Fietkau, H.-J. (1988), Umweltbewußtsein und Umweltverhalten, Karlsruhe

Feess-Dörr, E., Steger, U., Weihrauch, P. (1991), Muß Verpackung Abfall sein? Strategien zur Reduktion der Umweltbelastungen durch Einwegverpackungen, Wiesbaden

Fietkau, H.-J. (1984), Bedingungen ökologischen Handelns, Weinheim/Basel

Fietkau, H.-J., Kessel, H., Tischler, W. (1982), Umwelt im Spiegel der öffentlichen Meinung, Frankfurt a.M./New York

Forstmann, M. D. (1985), Sind Bezeichnungen wie „Bioland", „Biodyn", „biologisch-dynamisch", „auf Spritzmittelfreiheit geprüft", „biologisch kontrolliert" unzulässige Angaben im Sinne des § 17 Abs. 1, Ziff. 4 oder § 17 Abs. 1, Ziff. 5 LMBG? in: Zeitschrift für das gesamte Lebensmittelrecht (ZLR), 1, S. 16–37

Fritz, W. (1984), Warentest und Konsumgüter-Marketing – Forschungskonzeption und Ergebnisse einer empirischen Untersuchung, Wiesbaden

Fritz, W. (1985), Konsequenzen des vergleichenden Warentests für das Strategische Marketing, in: *Raffée, H., Wiedmann, K.-P.* (Hrsg.), Strategisches Marketing, Stuttgart, S. 612–636

Grothe-Senf, A. (1989), Umweltverträglichkeitsprüfung im Warentest – Chancen und Grenzen der Bürgerbeteiligung, Frankfurt a.M./Bern/New York/Paris

Gruner + Jahr (1990), Dialoge 3, Berichtsband Orientierungen in Gesellschaft, Konsum, Werbung und Lifestyle, Hamburg

Holzmüller, H. Pichler, Chr. (1988), Ansätze zur Operationalisierung des Konstruktes „Umweltbewußtsein" von Konsumenten, Nr. 4 der Arbeitspapiere des Instituts für Absatzwirtschaft an der Universität Wien, Wien

Hopfenbeck, W. (1990), Umweltorientiertes Management und Marketing, Konzepte – Instrumente – Praxisbeispiele, Landsberg a.L. 1990

Institut für Praxisorientierte Sozialforschung/IPOS (Hrsg.) (1984), Meinungen zum Umweltschutz, Mannheim

Kroeber-Riel, W. (1990), Konsumentenverhalten, 4. Auflage, München

Kulke, U. (1989), Was bringen Verbraucherboykotts? in: Natur, 8, S. 17–23
Langerbein, R. (1988), Naturkost im Supermarkt – eine Möglichkeit zur Ausweitung der Märkte für Bioprodukte? Nr. 5 der Arbeitsberichte zur Angewandten Agrarökonomie des Fachbereichs Landwirtschaft der GH Kassel-Witzenhausen, 2. Aufl., Kassel
Lydenberg, S. D., Marlin, A., Strub, S. (1986), The Council on Economic Priorities: Rating America's Corporate Conscience. A provocative guide to the companies behind the products you buy every day, Manlo Park u.a.
Meffert, H. (1990), Ökologieorientierte Marketing- und Werbestrategie der Marke Opel, Hamburg
Meffert, H., Ostmeier, H., Kirchgeorg, M. (1990), Ökologisches Marketing – Ansatzpunkte einer ökologieorientierten Unternehmensführung, in: *Burkhard, H.* (Hrsg.), Öko-Marketing, Nr. 18 der Schriftenreihe des IÖW, Berlin
Meffert, H., Wagner, H. (Hrsg.) (1985), Ökologie und Unternehmensführung, Dokumentation der 9. Münsteraner Führungsgespräche, Arbeitspapier Nr. 26 der Wissenschaftlichen Gesellschaft für Marketing und Unternehmensführung e.V. an der Universität Münster, Münster
Meyn, P. (1983), Dialoge, Der Bürger als Partner. Das Gesundheitsbewußtsein der Deutschen, Hamburg
Monhemius, K. (1990), Divergenzen zwischen Umweltbewußtsein und Kaufverhalten – Ansätze zur Operationalisierung und empirische Ergebnisse, Arbeitspapier Nr. 38 des Instituts für Marketing, Universität Münster, hrsg. von *H. Meffert*, Münster
o. V. (1987), Blick in die Firmenseele, in: Wirtschaftswoche, 17, S. 72–76
o. V. (1989), Der fatale Hang zur Hülle, in: Natur, 12, S. 22–23
o. V. (1990 a), Produkt-Rücknahme-Pflichten drohen, in: iwl-Umweltbrief, 11, S. 4
o. V. (1990 b), Das Umweltzeichen im Kontext einer vorsorgeorientierten Umweltpolitik, in: Umwelt, 8, S. 377–380
o. V. (1990 c), Mineralölkonzerne unter der Lupe, in: Natur, 9, S. 79–82
o. V. (1990 d), Medien und Umwelt. Die drei Ansätze, in: iwd, 37, S. 4–5
Raffée, H. Silberer, G. (Hrsg.) (1984), Warentest und Unternehmen. Nutzung, Wirkungen und Beurteilung des vergleichenden Warentests in Industrie und Handel, Frankfurt a.M.
Raffée, H., Wiedmann, K.-P. (1983), Dialoge, Der Bürger als Partner. Das gesellschaftliche Bewußtsein in der Bundesrepublik und seine Bedeutung für das Marketing, Hamburg
Raffée, H., Wiedmann, K.-P. (1986), Wertewandel und Marketing. Untersuchungsergebnisse der Studie Dialoge 2 und Skizze von Marketing-Konsequenzen, Arbeitspapier Nr. 49 des Instituts für Marketing, Universität Mannheim, Mannheim
Raffée, H., Wiedmann, K.-P. (1987), Dialoge 2 – Der Bürger im Spannungsfeld von Öffentlichkeit und Privatleben, Band: Marketing-Analyse – Konsequenzen und Perspektiven für das gesellschaftsorientierte Marketing, Hamburg
Rippegather, J. (1990), Schachteln sollen im Laden bleiben, in: Frankfurter Rundschau, 14. 3., S. 28
Rüschen, G. (1990), Die Definition des Markenartikels durch Kriterien des Umweltschutzes ergänzen, in: Markenartikel, 6, S. 283–284
Schoenheit, I. (1988) Der Markt für Wasch- und Reinigungsmittel als Lernfeld für ein ökologisches Marketing, in: *Brandt, A., Hansen, U., Schoenheit, I., Werner, K.* (Hrsg.), Ökologisches Marketing, Frankfurt a. M./New York, S. 276–293

Silberer, G., Raffée, H. (1984), Warentest und Konsument, Frankfurt a. M.

Spieker, H. (1988), Der Stellenwert ökologischer Aspekte für den Konsum von biologisch erzeugten Nahrungsmitteln, in: *Brandt, A., Hansen, U., Schoenheit, I., Werner, K.* (Hrsg.), Ökologisches Marketing, Frankfurt a. M./New York, S. 86–106

Steger, U. (1990), Verbraucher zwischen Begehrlichkeit und neuer Verantwortung, in: Handel Heute, 2, S. 34–38

Stippel, P. (1989), Für Marketing-Entscheider hat 1990 die Umwelt Vorrang, in: Handelsblatt, 177, 13. 9., S. 28

Szallies, R. (1990), Zwischen Luxus und kalkulierter Bescheidenheit, in: *Szallies, R., Wiswede, G.* (1990) (Hrsg.), Wertewandel und Konsum. Fakten, Perspektiven und Szenarien für Markt und Marketing, Landsberg a. L., S. 41–58

Szallies, R., Wiswede, G. (1990) (Hrsg.), Wertewandel und Konsum. Fakten, Perspektiven und Szenarien für Markt und Marketing, Landsberg a. L.

Tölle, K. (1983), Das Informationsverhalten der Konsumenten, Frankfurt a. M.

Umweltbundesamt (Hrsg.) (1987), Das ökologische Problembewußtsein umweltrelevanter Zielgruppen – Wertewandel und Verhaltensänderung, Texte 21, Berlin

Urban, D. (1986), Was ist Umweltbewußtsein? Exploration eines mehrdimensionalen Einstellungskonstruktes, in: Zeitschrift für Soziologie, 5, S. 363–377

Wiedmann, K.-P., Raffée, H. (1986), Gesellschaftsbezogene Werte, persönliche Lebenswerte. Lebens- und Konsumstile der Bundesbürger – Untersuchungsergebnisse der Studie Dialoge 2 und Skizze von Marketingkonsequenzen, Arbeitspapier Nr. 46 des Instituts für Marketing an der Universität Mannheim, Mannheim

Wimmer, F. (1988), Umweltbewußtsein und konsumrelevante Einstellungen und Verhaltensweisen, in: *Brandt, A., Hansen, U., Schoenheit, I., Werner, H.* (Hrsg.), Ökologisches Marketing, Frankfurt a. M./New York, S. 44–85

Kapitel 13
Zur Strategie von Umweltinitiativen – das Beispiel Greenpeace

von *Thilo Bode*

1. Der Einfluß von Umweltverbänden auf Entscheidungen in Politik und Wirtschaft 208
   1.1 Der generelle Einfluß von Umweltverbänden in Abgrenzung zu Wirtschaftsverbänden 208
   1.2 Einflußnahme, Strategie und Taktik von Greenpeace 210
2. Dünnsäureverklappung in der Nordsee und Island-Fischereiboykott/ Konkrete Beispiele umweltpolitischer Einflußmöglichkeiten 212
   2.1 Einflußmöglichkeiten über öffentlichen Druck 212
   2.2 Direkte Beeinflussung politischer Entscheidungsträger: Lobbyarbeit 214
3. Ausblick 215

1. Der Einfluß von Umweltverbänden auf Entscheidungen in Politik und Wirtschaft

1.1 Der generelle Einfluß von Umweltverbänden in Abgrenzung zu Wirtschaftsverbänden

Umweltpolitik beinhaltet derzeit nur wenige Maßnahmen, die für Entscheidungsträger in Politik und Wirtschaft per se interessant sind, da sie, sollen die Maßnahmen wirksam sein, langfristige Ziele anstreben müssen. Weder für Politiker noch für industrielle Führungskräfte ist es lukrativ, Wählern oder Konsumenten langfristige „Güter" zu verkaufen, die letztlich immer mehr „kosten", sei es an Geld, sei es an Komfort. Wirksame Umweltpolitik hat jedoch diese Konsequenzen zur Folge. Die Rolle der Umweltinitiativen, die als idealistische Vertretungen umweltpolitischer Anliegen weniger an kurzfristige Interessen gebunden sind, ist aus diesem Grunde bedeutend, wenn auch kaum quantifizierbar.

Die Entscheidungsprozesse, in die Umweltverbände mit einbezogen werden, spielen sich in einem komplexen Beziehungsfeld zwischen Industrie, Politik, Verbänden und Öffentlichkeit ab. Es kann sowohl zu Entscheidungen kommen, die die Politik der Industrie (in Form von Gesetzen und Verordnungen) aufzwingt, als auch zu direkten unternehmenspolitischen Entscheidungen, die entweder die Industrie oder im „nachvollziehenden Gehorsam" die Politik als umweltpolitische Großtaten feiern.

Der **zentrale Faktor** in diesem Beziehungsgeflecht ist die **Öffentlichkeit**. Umweltverbände wecken durch Informationen bzw. Öffentlichkeitsarbeit (Presse, Werbung) öffentliches Interesse. Ein Problem oder Anliegen zu einem Diskussionsgegenstand zu machen, ist Voraussetzung für weitergehende Einflußnahme auf der Ebene politischer und wirtschaftlicher Entscheidungsträger. Erfahrungsgemäß regen sich Volksvertreter, Parteien und Regierungen erst, wenn öffentlich Druck ausgeübt wird – das Vorhandensein eines Problems allein reicht noch nicht aus. Für Unternehmen wird öffentlicher Druck erst dann kritisch, wenn es um ihr Image geht. Zu einem guten Image eines Unternehmens gehört heutzutage auch Aufgeschlossenheit gegenüber Umweltfragen.

Neben dem indirekten Einfluß der Umweltverbände über die Öffentlichkeit spielt auch der direkte Einfluß eine wichtige, wenn auch weniger spektakuläre Rolle. Mit diesem direkten Einfluß ist die klassische Lobbyarbeit gemeint, also direkte Kontakte zu Parlamentariern, Ministerialbeamten und Managern. Lobbyarbeit und Öffentlichkeitsarbeit müssen, um effektiv zu sein, strategisch aufeinander abgestimmt werden.

Um die Rolle und die Bedeutung von Umweltverbänden in der Bundesrepublik Deutschland einschätzen zu können, ist es sinnvoll, einen Vergleich mit

1. Der Einfluß auf Entscheidungen in Politik und Wirtschaft

anderen Verbänden, z.B. Wirtschaftsverbänden, anzustellen. Sicherlich ist, um einen wesentlichen Unterschied zwischen der Arbeit von Umwelt- und anderen Interessenverbänden zu nennen, der direkte Einfluß auf politische Entscheidungsträger auf seiten der Umweltverbände schwächer. Vertreter von Wirtschaftsverbänden sitzen selber in Parlamenten und machen dort als Staatsvertreter Verbandsanliegen zu allgemein politischen Fragen. Verbandsarbeit ist als Bestandteil unseres parlamentarischen Systems legitimiert. Parlamentarier, die gleichzeitig Verbandsvertreter sind, müssen lediglich ihre Verbandsmitgliedschaften offenlegen. Niemand nimmt Anstoß daran, daß sie sich für ihre Verbandsinteressen einsetzen. Dagegen hat die Umwelt keine Standesvertreter im Parlament. Direkte Einflußnahme auf Entscheidungsträger in der Politik ist aus diesem Grunde für Umweltverbände weitaus schwieriger, geht ihr doch zuerst die mühsame Kontaktaufnahme mit den entscheidenden Personen mangels bestehender ‚offizieller Beziehungen' voraus, die eben nur dann erfolgreich sein kann, wenn bereits ein gewisser öffentlicher Druck vorhanden ist.

Zu erwähnen ist auch die vergleichsweise dünne rechtliche Basis, auf der sich Umweltverbände bewegen müssen. Betrachtet man die Wirtschaftsverbände als Antipoden der Umweltverbände, nämlich als Repräsentanten des Hauptverursachers der Naturzerstörung, der Industrie, dann wird die magere juristische Rückendeckung der Umweltverbände besonders deutlich.

Während der Umweltschutz (bisher noch) nicht als Staatsziel im Grundgesetz verankert ist, sind die Rechte der Industrie durch den Schutz des Privateigentums an Produktionsmitteln verfassungsmäßig garantiert und damit insbesondere über das Wettbewerbsrecht entsprechend abgesichert. Mit dieser Absicherung werden umweltpolitische Absurditäten gerechtfertigt, z.B. daß Schadstoffemissionen einzelner Firmen der Öffentlichkeit praktisch nicht zugänglich sind, mit der Begründung, deren Veröffentlichung würde das Betriebsgeheimnis verletzen. Demgegenüber haben die Umweltverbände, als Vertreter der Interessen der Natur, nichts Vergleichbares entgegenzusetzen. Ein Verbandsklagerecht existiert in der Bundesrepublik nicht, d.h. auch, die Natur hat kein Klagerecht. Von chlorierten Kohlenwasserstoffen vergiftete Robben können nicht klagen, die Nordsee als Endlager für Industrieabfälle jeglicher Art kann nicht klagen, während Unternehmen selbstverständlich gegen umweltpolitische Auflagen klagen können – eine Tatsache, die letztlich die Arbeit der Umweltverbände entscheidend schwächt, die aber Greenpeace nicht davon abgehalten hat, mit der sogenannten Robbenklage stellvertretend für die Natur gerichtlich aktiv zu werden.

Schließlich sind die finanziellen Mittel anzuführen, die den Umweltverbänden einerseits und Wirtschaftsverbänden andererseits zur Verfügung stehen. Die Einnahmen der Wirtschaftsverbände stützen sich auf regelmäßige Beiträge, die die Mitgliedsfirmen entrichten und für die diese eine entsprechende Vertretung ihrer Interessen und entsprechende Leistungen erwarten. Umweltverbände dagegen sind ausschließlich auf freiwillige Beiträge angewiesen, die nicht einforderbar sind und entsprechend der politischen und wirtschaftlichen Lage starken Schwankungen ausgesetzt sind. Abgesehen davon stehen – trotz anderweitiger öffentlicher Meinungen – den Umweltverbänden wesentlich weniger Mittel als den Wirtschaftsverbänden zur Verfügung. Allein der Verband der Chemischen Industrie Deutschlands (VCI), also nur eines Industriezweiges, schaltete im Jahr 1990 Image-Anzeigen für rd. acht Millionen DM, während Greenpeace für die gesamte Anzeigen-, Plakat- und Filmwerbung knapp zwei Millionen DM ausgab. Ganz zu schweigen von den gigantischen Summen, die z.B. die Chemiefirmen direkt für Image-Werbung aufwenden, in der heute die Unternehmen vornehmlich auf ihr, in ihren Augen vorbildliches Umweltverhalten hinzuweisen pflegen.

1.2 Einflußnahme, Strategie und Taktik von Greenpeace

Innerhalb der verschiedenen Umweltverbände gibt es Unterschiede in Vorgehensweise, Strategie und Taktik, um politische Entscheidungen zu beeinflussen. Zum Teil sind die Unterschiede von der Organisationsform der Verbände abhängig. Der B.U.N.D. etwa, als bedeutender nationaler Umweltverband, ist regional organisiert. Demzufolge greift er in der Tagesarbeit vorwiegend regionale bzw. lokale Probleme auf, während der W.W.F., ein international organisierter Verband, sich vorwiegend mit Artenschutzthemen befaßt. Seine Öffentlichkeitsarbeit ist dadurch geprägt, daß er Einnahmen aus Industriesponsoring erzielt.

Greenpeace hingegen hat keine Regionalbüros, ist national zentral organisiert (der Hauptsitz der deutschen Greenpeace-Sektion befindet sich in Hamburg, daneben gibt es ein Zweigbüro in Berlin, das ehemalige Büro von Greenpeace DDR) und greift vorwiegend internationale Themen auf. Die Ziele werden mit ähnlicher Strategie und Taktik von nationalen Greenpeace-Organisationen in weiteren 26 Ländern gleichermaßen verfolgt.

Die Greenpeace-Variante der Verbandsarbeit besteht zunächst darin, Umweltprobleme von internationaler Bedeutung sorgfältig zu recherchieren sowie einprägsam zu dokumentieren. Darüber hinaus werden auch Schädigungen der Umwelt, zumindest kurzfristig, durch persönlichen, manchmal auch riskanten körperlichen Einsatz von Greenpeace-Mitarbeitern be- oder verhindert. Bei diesen „Greenpeace-Aktionen" kommt der Dokumentation durch die Medien eine große Bedeutung zu. Die Aktion an sich muß jedoch immer ein Akt der Glaubwürdigkeit sein, d.h. darf nicht zu einem Showeffekt oder zu einem Zirkusakt verkommen. Die riskanten oder pfiffigen, immer gewaltfreien Aktionen haben Greenpeace sicherlich zu der Bekanntheit verholfen, auf die es heute aufbauen kann.

Die Aktionsformen haben sich im Verlauf der Zeit erweitert. Das liegt daran, daß die klassischen Aktionen von Greenpeace immer mit einem generellen

1. Der Einfluß auf Entscheidungen in Politik und Wirtschaft 211

„Nein" verbunden waren, z.B. „Stopp der Dünnsäureverklappung!" Inzwischen jedoch reicht den Förderern der Umweltverbände, und nicht nur von Greenpeace, das „Nein-Sagen" nicht mehr aus. Greenpeace hat durch eigene Meinungsumfragen belegt, daß die Bevölkerung auch positive Antworten, also Lösungsvorschläge, von den Umweltverbänden erwartet, eine Haltung, die sicherlich auch deshalb besteht, weil weder Politik noch Industrie umfassende Konzepte und schnelle Lösungen gegen die globale und zunehmende Umweltzerstörung anbieten. Es ist demnach auch eine Aufgabe der Umweltverbände, dem teilweise vorhandenen Pessimismus durch „positive Aktionen" zu begegnen, obwohl man sich auch darüber im klaren sein muß, daß Unterstützer von Umweltverbänden mit dieser positiven Erwartungshaltung deren Einfluß in gefährlicher Weise überschätzen könnten.

Beispiel einer positiven Aktion ist die Veröffentlichung des Greenpeace-Magazins Nr. I/1990 auf nicht-chlorgebleichtem Papier im Offset-Vierfarbendruck, ein erstmaliges Unterfangen dieser Art für eine auflagenstarke, publikumswirksame Zeitschrift. Diese „Aktion" löste ein Lawine von Anfragen, Diskussionen und Auswirkungen unter Papier- und Zellstoffherstellern, Druckern, Verlegern und Händlern aus und verstärkte sehr erfolgreich den Druck, von der umweltschädlichen Chlorbleiche von Papier endlich wegzukommen. Sinn derartiger Aktionen ist es, in den jeweiligen Wirtschaftszweigen Anstöße zu geben und so die Industrie auf die Möglichkeiten umweltfreundlicher Produktion hinzuweisen. Greenpeace kann in derartigen Fällen nur Hinweise und Anregungen geben, nicht jedoch selber als Produzent in Erscheinung treten. Traurig genug ist, daß die angeblich so umweltbewußte Industrie nicht aus sich heraus solche Entwicklungen vorantreibt.

Weniger bekannt dürfte es auch sein, daß bei Greenpeace fundierte wissenschaftliche Recherchen als Grundlage der Kampagnenarbeit eine zentrale Rolle spielen. Greenpeace arbeitet mittlerweile nicht nur mit sogenannten alternativen wissenschaftlichen Forschungsinstituten, sondern auch mit etablierten wissenschaftlichen Institutionen zusammen, um umweltpolitische Forderungen solide begründen zu können. Die Mittel, die hierfür ausgegeben werden, sind beträchtlich. Der Umfang der von Greenpeace veranlaßten anwendungsorientierten Forschung (in seltenen Fällen auch Grundlagenforschung) wird in Zukunft wahrscheinlich noch zunehmen, bedingt dadurch, daß die umweltpolitischen Sachverhalte immer komplexer werden und das Niveau der Argumentation ständig steigt. Dennoch wird die umweltpolitische Forschung vom Staat in sträflicher Hinsicht vernachlässigt. Er gibt den Großteil seiner Forschungsgelder für veraltete Großtechnologien, wie die Nukleartechnologie aus, anstatt progressiv auf dem Gebiet des Umweltschutzes zu investieren.

Eine Form der Öffentlichkeitsarbeit, mit der nicht nur Greenpeace, sondern auch andere Umweltverbände und Initiativen operieren, besteht darin, Fördermitglieder, aber auch die Bevölkerung allgemein, politisch zu aktivieren.

Beispiele sind Postkartenaktionen an Industrieunternehmen bzw. Politiker oder Verbraucheraktionen wie Kaufboykotte, aber auch Unterschriftenlisten.

Von Bedeutung ist schließlich auch das Aufzeigen von akuten Gefahren bei Umweltkatastrophen und die Berücksichtigung ökologischer Aspekte während der Bekämpfung derartiger Katastrophen. Diese Rolle wird den Umweltverbänden, insbesondere aber Greenpeace, einerseits von außen aufgedrängt, andererseits ist eine Intervention in solchen Fällen auch (ungewollt) ein strategisches Mittel, um über die Öffentlichkeit die politische Willensbildung zu beeinflussen. Ein Beispiel war die Havarie des Chemikalien-Frachtschiffes „Oostzee" im Sommer 1989 auf der Elbe vor Brunsbüttel. Die Behörden waren hoffnungslos überfordert, umsichtig mit der hochgiftigen Chemikalie Epichlorhydrin umzugehen. Die Hersteller, Verursacher dieser Katastrophe, hielten sich vornehm zurück, und die Behörden traten an Greenpeace heran, in dem von der Landesregierung Schleswig-Holstein gebildeten Krisenstab mitzuarbeiten.

Im nachhinein läßt sich sagen, daß die Hinweise von Greenpeace dazu beigetragen haben, verantwortungsvoller oder zumindest weniger verantwortungslos mit dieser Katastrophe umzugehen. Für die Organisation war dies gleichzeitig eine Gelegenheit, auf die grundsätzliche Problematik von Gefahrguttransporten zu Lande und zu Wasser hinzuweisen und ihre Forderungen publik zu machen.

Zu warnen ist davor, daß die Umweltverbände in die Rolle einer „Umweltpolizei" hineingeraten könnten oder man ähnliche Erwartungen in der Öffentlichkeit hegt. Dies wäre ein falscher Ansatz, da er die Verantwortung von der Industrie und den Behörden nehmen würde. Die Rolle eines Umweltverbandes darf es nur sein, die **Unzulänglichkeiten eines Krisenmanagements staatlicherseits aufzuzeigen** und gleichzeitig zu vermitteln, daß nicht die nachträgliche Gefahrenbeseitigung Ziel einer verantwortungsbewußten Umweltpolitik sein kann, sondern nur die **präventive Gefahrenvermeidung.**

2. Dünnsäureverklappung in der Nordsee und Island-Fischereiboykott/Konkrete Beispiele umweltpolitischer Einflußmöglichkeiten

2.1 Einflußmöglichkeiten über öffentlichen Druck

Am 13. Oktober 1980 will in Nordenham an der Pier der Firma Kronos-Titan ein Frachter die Leinen losmachen. Grund der Fahrt: Die MS „Kronos" soll auf offener See ihr Rohrventil am Heck öffnen und Dünnsäure verklappen. Pro Jahr werden so 550 000 Tonnen hochgiftiger Rückstände aus der Weißpigmentproduktion dieses Unternehmens einfach in die Nord-

2. Konkrete Beispiele umweltpolitischer Einflußmöglichkeiten 213

see gekippt. An diesem grauen Herbstmontag allerdings läuft das Schiff nicht aus. Vor dem Bug sind überraschend zwei aufblasbare Rettungsinseln aufgetaucht und haben das Ablegemanöver verhindert – die erste Aktion von Greenpeace Deutschland überhaupt. Noch viele weitere folgten gegen die Dünnsäureverklappung. Folge: eine empörte Öffentlichkeit über diese besonders dreiste und brutale Verschmutzung eines Gewässers. Fast genau neun Jahre später, nach harten Auseinandersetzungen, wird zum 31. 12. 90 die Dünnsäureverklappung offiziell eingestellt. Ohne den Druck und die Aktion von Greenpeace, das ist sicher, würde Dünnsäure noch weiter ins Meer geschüttet – ein Armutszeugnis für die offizielle Umweltpolitik.

Der Vorstandsvorsitzende der Bayer AG, *Hermann J. Strenger*, räumte in einem Interview kürzlich ein, daß das Umweltbewußtsein der Industrie durch Umweltinitiativen wie Greenpeace „beeinflußt und geschärft worden" sei: „Eigenverantwortung und ökologische Bewegung zusammen haben eine höhere Sensibilisierung und Beschleunigung unserer Maßnahmen erreicht." Aufschlußreich ist, daß der Bayer-Konzern schon 1983 freiwillig die Dünnsäureverklappung eingestellt hatte. Diese Maßnahme ist eindeutig auf die Aktivitäten von Greenpeace zurückzuführen. Denn über die schädlichen Auswirkungen der Dünnsäureverklappung wußten die Chemiker von Bayer schon vorher Bescheid. Eine weitere Verklappung hätte jedoch das Image von Bayer zu sehr angekratzt.

Die Einstellung der Dünnsäureverklappung dokumentiert sowohl den indirekten als auch den direkten Einfluß eines Umweltverbandes. Der indirekte Einfluß über die staatlichen Stellen hat sich in diesem Fall, wie leider sehr oft, erst dann eingestellt, als die übrigen, an der Verklappung beteiligten Unternehmen Möglichkeiten hatten, die Dünnsäure anderweitig zu beseitigen: staatlicher Umweltschutz als nachträgliche Absegnung unternehmerischer Reaktionen auf öffentlichen Druck.

Die Kampagne gegen die Dünnsäureverklappung ist aus weiteren Gründen ein besonders griffiges Beispiel für die Arbeit einer Umweltschutzorganisation wie Greenpeace. Mit der Dünnsäureverklappung, nur einer von sehr vielen Verschmutzungsquellen der Nordsee, hatte man ein einprägsames Symbol gefunden, mit dem man der Öffentlichkeit die Vergiftung der Nordsee dokumentieren konnte. Neben der breiten Öffentlichkeit konnten strategisch weitere Verbündete gegen die Verklappung gewonnen werden: die Küstenfischer. Am 27. Februar 1984 blockierte Greenpeace mit über 60 Fischkuttern und mehr als 100 Fischern aus Dänemark die Pier von Kronos-Titan. Derartige strategische Allianzen sind für die Greenpeace-Arbeit besonders wichtig, da sie den notwendigen öffentlichen Druck verstärken. Ebenso wichtig an dieser Kampagne waren die Überzeugungskraft und Einfachheit des Symbols. Je einfacher ein Problem dokumentiert werden kann, desto größer sind die Öffentlichkeitswirksamkeit und die Durchschlagskraft einer Kampagne.

Eine völlig anders gelagerte, aber ebenso erfolgreiche Kampagne war der Boykott isländischen Fisches, um Island zu zwingen, den (illegalen) Walfang einzustellen. Greenpeace konnte diesen Boykott insbesondere auch deshalb rechtfertigen, weil die isländische Fischereiindustrie personell, wirtschaftlich und politisch in den illegalen Walfang involviert war. Eindeutiger Schwachpunkt des „Gegners" (in diesem Fall Islands) war die wirtschaftliche Abhängigkeit des kleinen Landes vom Fischexport. Strategische Allianzen waren in dieser Kampagne ebenfalls wichtig. Verbündete waren die Verbraucher und eine bekannte Lebensmittel-Großhandelskette. Die Aktion führte schließlich zum Erfolg. Im Juli 1989 erklärte Island, 1990 keine Wale mehr zu fangen.

2.2 Direkte Beeinflussung politischer Entscheidungsträger: Lobbyarbeit

Die meisten Erfolge von Greenpeace gehen nachweislich auf die vorstehend geschilderte Greenpeace-spezifische Art der Öffentlichkeitsarbeit zurück. Die Liste der Erfolge ist lang, aber selbstverständlich nicht ausreichend. Zu den wichtigen Erfolgen gehören auch die Einstellung der Giftmüllverbrennung auf der Nordsee, das Import-Verbot von Jungrobbenfellen, das Verbot der Versenkung radioaktiven Mülls in den Weltmeeren, das von der Internationalen Walfangkomission (IWC) beschlossene Walfangmoratorium, das Verbot des internationalen Elfenbeinhandels, die Einstellung der atmosphärischen Atombombentests, die Erklärung atomwaffenfreier Häfen in Neuseeland, auch jüngst in Schweden und durch Ratsbeschluß in Kiel – die Liste läßt sich noch verlängern.

Die klassische Lobbyarbeit, d.h. das Gespräch und damit die Beeinflussung von politischen Entscheidungsträgern zu inoffiziellen und offiziellen Anlässen, hat im Gegensatz zu den Wirtschaftsverbänden bei Greenpeace, ausgehend von der Erkenntnis, daß erst öffentlicher Druck Politiker gesprächsbereit macht, oft nur eine „nachsorgende" Rolle gespielt. Das bedeutet nicht, daß Lobbyarbeit nicht wirksam und wichtig wäre, im Gegenteil: Ihre Bedeutung wird mit der wachsenden Bedeutung und Akzeptanz von Greenpeace wahrscheinlich steigen.

Nebem den direkten Gesprächen mit Politikern gewinnt die politische Lobbyarbeit in Form des Beobachterstatus, den man Greenpeace in zahlreichen internationalen und nationalen Konferenzen eingeräumt hat, an Gewicht. Greenpeace besitzt heute Beobachterstatus (d.h. ohne Stimme) u.a. in verschiedenen Arbeitsgruppen, Konferenzen und Konventionen des UN-Umweltprogrammes (UNEP), der London-Dumping-Konvention (LDC), der Internationalen Walfang-Kommission (IWC), des Washingtoner Artenschutzabkommens (CITES) und der Helsinki-Konvention über den Schutz der Meeresumwelt des Ostseegebietes.

Ein Beispiel erfolgreicher Lobbyarbeit ist die Übernahme der Greenpeace-Forderung nach einem Weltpark Antarktis inklusive eines umfassenden Verbotes des Abbaus von Rohstoffen durch wichtige Signaturstaaten des Antarktisvertrages wie z.B. Australien, Neuseeland und Frankreich. Direkte Gespräche mit der Industrie bzw. deren Top-Managern sind eine Art der Lobbyarbeit, der Greenpeace – von der Öffentlichkeit unbemerkt – Gewicht beimißt und deren Umfang größer wird. Nicht nur Greenpeace, sondern auch die Industrie ist gesprächsbereiter, Berührungsängste sind kleiner geworden: ein Indikator für den faktischen Einfluß großer Umweltschutzverbände wie Greenpeace. Greenpeace-Vertreter haben relativ leichten Zutritt zu den Vorstandsetagen der großen Unternehmen, und es ist zu hoffen, daß diese Gespräche zu einem Prozeß der Bewußtseinsveränderung bei der Industrie beitragen.

An Professionalität ist die politische Lobbyarbeit eines Umweltverbandes wie Greenpeace den klassischen Wirtschaftsverbänden sicherlich unterlegen, nicht nur auf der Ebene der nationalen Regierungen, sondern auf der Ebene internationaler Konferenzen und insbesondere auf EG-Ebene. Es ist ein offenes Geheimnis, daß Industrieverbände ihre Vertreter mit fertig formulierten Gesetzesentwürfen auf EG-Bürokraten und EG-Parlamentarier mit gutem Erfolg ansetzen. Das Einbringen eines von Greenpeace erarbeiteten Pestizid-Vorsorge-Gesetzentwurfes im deutschen Bundestag am 30.10.90 gehört eher zu den Ausnahmen. Auch wenn anzuerkennen ist, daß nicht nur Greenpeace, sondern auch andere Umweltverbände ihre Defizite in der politischen Lobbyarbeit überwinden und diese verbessern müssen, so muß ebenso vor der Illusion gewarnt werden, mit einer Verbesserung der Lobbyarbeit die Schlagkraft der Umweltverbände wesentlich erhöhen zu können. Der Druck der Öffentlichkeit in Zusammenarbeit mit den Medien bleibt das Hauptinstrument, um umweltpolitische Forderungen durchsetzen zu können.

3. Ausblick

Mit der Perfektionierung des technischen, d.h. nachsorgenden Umweltschutzes bei der Produktion, nämlich der Verminderung direkter Schadstoffeinträge in Luft und Wasser, dafür aber wachsenden Giftmüllbergen, umweltschädlichen und giftigen Produkten (z.B. Pestiziden) und einem unverändert fortschreitenden Raubbau an der Natur wird die Arbeit der Umweltverbände zunehmend schwieriger.

Die Industrie rühmt sich heute in geschickt angelegten Werbefeldzügen ihrer umweltpolitischen Erfolge, die hinsichtlich der unmittelbaren, sichtbaren Umweltverschmutzung auch nicht abzustreiten sind (man vergleiche etwa den Standard des nachsorgenden Umweltschutzes der westdeutschen Industrie mit dem der Industrie in der ehemaligen DDR). Daß die Verschmutzung damit nicht beseitigt, sondern nur verlagert wird (z.B. in Form des nicht mehr zu bewältigenden Giftmülls), daß die Produkte nichts von ihrer Gefährlichkeit eingebüßt haben (z. B. Fluor-Chlor-Kohlenwasserstoffe FCKW und die ab 1995 auf den Markt kommenden teilhalogenierten Ersatzstoffe, die gleichwohl die Ozonschicht zerstören und als Treibhausgase wirken), ist angesichts des Geschickes, mit dem „Öko" verkauft wird, nur schwer vermittelbar.

Daß die Menschheit mit einem verantwortungslosen Umgang mit fossilen Brennstoffen das Klima künstlich aufheizt und unabsehbare Folgen schon für die nächste Generation schafft, daß die Art des Wirtschaftens und des Umganges mit natürlichen Ressourcen sich radikal ändern muß, um diesen Planeten lebensfähig und lebenswert zu erhalten, ist weitaus schwieriger zu vermitteln, als die Schamlosigkeit etwa der Dünnsäureverklappung aufzuzeigen. Die Umweltverbände müssen dennoch und gerade deshalb alles in ihrer Kraft Stehende tun und alle zur Verfügung stehende Phantasie einsetzen, um diese verhängnisvolle Entwicklung aufzuhalten und umzudrehen. Eine radikale Änderung der wachstumsbesessenen Mentalität in Industrie und Politik ist aber dazu notwendig. Ohne diese werden die Bemühungen Makulatur bleiben. Solange die Politiker nur scheibchenweise auf den Druck der Öffentlichkeit reagieren, solange die Industrie nur kosmetische Umweltpolitik betreibt, wird die Menschheit ihre Zukunft nicht bewältigen.

Kapitel 14
Umweltinitiativen zur Beeinflussung des Unternehmensverhaltens aus der Sicht der Industrie

von *Eberhard Meller*

1. Das klassische „Feindbild" 218
2. Der Dialog 219
3. Der Einfluß... 220

1. Das klassische „Feindbild"

In den 60er und 70er Jahren, in denen der Umweltschutz zu einem Thema in der Bundesrepublik wurde und nicht nur die unmittelbare Bevölkerung in der Nähe von Industrieanlagen mobilisierte, wuchs die Bedeutung von Umweltinitiativen. Im Verhältnis Unternehmer/Umweltinitiativen dominierte damals das klassische Feindbild: Auf der einen Seite stand der „böse" Unternehmer, dem es geradezu eine Lust bereitet, aus Profitgier die Umwelt und Natur zu zerstören, indem er hemmungslos die Emissionen aus seinen Produktionsanlagen herausläßt und mit unnützen und giftigen Produkten den Verbraucher terrorisiert. Auf der anderen Seite standen Umweltschützer, die jeglichen Fortschritt verhindern, aber gleichzeitig die Errungenschaften des Fortschritts nutzen.

Geprägt war diese Konfrontationshaltung vor allen Dingen von der militanten Auseinandersetzung um die Kernenergie, die damals zum Kristallisationspunkt und Mobilisierungsinstrument der Bürgerinitiativen wurde. Im Vordergrund dieser Bürgerinitiativen stand die Verhinderung einer von ihnen als gefährlich angesehenen Technologie. Vorgefaßte Meinungen verhinderten den Dialog. Bei lokalen Gruppen und Bürgerinitiativen hingegen standen eher die unmittelbare Betroffenheit oder Ängste, die z.T. durch ungenügende Information seitens der Unternehmer genährt wurden, im Vordergrund. Während lokale Bürgerinitiativen von dieser unmittelbaren Betroffenheit ihre Mobilisierung erhielten, bezogen überregionale Bürgerinitiativen und Umweltverbände ihre Bedeutung von der allgemeinen Emotionalisierung eines Umweltthemas. Dies gelang bei bestimmten Unfällen (Seveso) oder allgemein mobilisierenden Themen, wie z.B. dem Thema „Neuartige Waldschäden" Anfang der 80er Jahre.

Bereits Ende der 60er und in den 70er Jahren gab es zahlreiche Fälle, in denen lokale oder überregionale Umweltinitiativen Investitionen verhinderten (z.B. bestimmte Kraftwerke) oder zu ihrer Änderung beitrugen. Zu nennen ist in diesem Zusammenhang der Bau des Kohlekraftwerkes Voerde, bei dem es dann auch zu Arrangements mit lokalen Bürgerinitiativen kam.

Entscheidend für die Durchsetzungsfähigkeit von lokalen und überregionalen Umweltinitiativen ist die **Mediatisierung eines Themas** und die Möglichkeit, mit Hilfe des Rechtsweges gegen Genehmigungen von Industrieanlagen vorzugehen. Der relativ große Einfluß von Umweltinitiativen in der Bundesrepublik ist ohne das sehr ausgefeilte Rechtsmittelsystem nicht denkbar. In vielen Fällen führt bereits die Drohung damit dazu, entweder ein Investitionsvorhaben zu modifizieren oder ganz aufzugeben. Trotz vereinzelter Versuche, zwischen dem betroffenen Unternehmer und den meist lokalen Bürgerinitiativen einen Dialog herzustellen, prägte eine Konfrontations- und

Verhinderungsstrategie das Verhältnis zwischen beiden Lagern. Das Bild von Schützengräben, in denen sich beide Seiten gegenüberliegen, drängt sich auf.

2. Der Dialog

Dieses gegenseitige Feindbild lockerte sich nur allmählich auf. Hilfreich waren institutionalisierte Gesprächskreise, wie z. B. die 1977 gegründete Arbeitsgemeinschaft für Umweltfragen, in denen sich die verschiedenen gesellschaftlichen Gruppen, wie z. b. Wirtschaft und Umweltverbände in einem formalisierten Verfahren zum Diskussionskreis von Umweltthemen treffen. Zum ersten Mal kam es auch zu offiziellen Gesprächen zwischen Umweltverbänden und Industrie, wie z. b. dem Bundesverband der Deutschen Industrie und dem Deutschen Naturschutzring 1985, zum Thema „Neuartige Waldschäden". In der Folgezeit nahmen auch immer mehr Industrievertreter Einladungen zu Podiumsdiskussionen bei Umweltverbänden an. Obwohl der Unternehmer meist einen schweren Stand hatte, da er nach wie vor als der Vertreter der „Verschmutzungsfront" angesehen wurde, gelang es mit Hilfe solcher öffentlicher und auch nicht-öffentlicher Diskussionen, die Diskussionsfähigkeit beider Seiten zu stärken.

Ein Durchbruch gelang auf dem 1. Deutschen Umwelttag der Umweltverbände in Würzburg 1986, bei dem auf Initiative und unter Federführung des BDI die Industrie und ihre Vertreter als einzige Gesprächspartner aus dem sog. konservativen Lager zur Diskussion bereitstanden. Viele Unternehmer gingen mit gemischten Gefühlen in „die Höhle des Löwen" und waren angenehm überrascht, daß bis auf Ausnahmen eine vom gegenseitigen Respekt getragene Diskussion möglich war, und dies trotz der Tatsache, daß das Reaktorunglück in Tschernobyl erst einige Wochen zurücklag. Selbst das Tabu-Thema Kernenergie konnte diskutiert werden, allerdings nicht von einem Vertreter der unmittelbar betroffenen Industrie, d. h. den EVUs, die einen solchen Schritt für zu gewagt hielten, sondern ebenfalls von einem Vertreter des BDI. Während Umweltverbände z. T. ihre Berührungsängste verloren, warben auch Industrieverbände für einen verstärkten Dialog beider Seiten. So heißt es z. B. in der sechsten These zur Umweltpolitik, die 1987 vom BDI veröffentlicht worden ist:

„Information und Transparenz führen zu kritischer Kooperation und mehr Konsens. Die Industrie ist bereit, die Kooperation mit allen Beteiligten zu verstärken; sie ist insbesondere bereit, das Mißtrauen zwischen Unternehmen und Umweltverbänden abzubauen. Der Politik kommt eine besondere Verantwortung bei der Aufklärung über Umweltprobleme zu. Kooperation in diesem Sinne erfordert eine offene Informationspolitik von Unternehmen, Verwaltung und Wissenschaft gegenüber den Bürgern. Unterschiedliche Standpunkte sollen offen dargelegt und diskutiert werden. Meinungsstreitigkeiten dieser Art dürfen sich jedoch nicht in ideologischen Grabenkämpfen erschöpfen. Kooperation statt Konfrontation darf nicht als Konspiration diffamiert werden. Zur verständnisvollen Kooperation mit Umweltverbänden sind neue Kooperationsfelder bei Wahrung der Verantwortlichkeiten zu suchen (so z. B. Aktivitäten der AGU und besondere Kooperationsgespräche).

Die Industrie ist zunehmend bereit, verfügbare umweltrelevante Daten der fachlichen Diskussion zugängig zu machen, soweit dem nicht zwingende Anliegen der im Wettbewerb stehenden Unternehmen entgegentreten. Die Industrie erwartet ihrerseits von den Medien, den Verwaltungen und den Umweltverbänden, daß sie mit den Daten verantwortlich umgehen, damit wirkliche Umweltgefährdungen beseitigt werden und nicht Jagd gemacht wird auf vermeintliche Umweltgefahren. Regelmäßige Umweltberichterstattung der Unternehmen in ihren Geschäftsberichten ist anzustreben; in Teilbereichen der Industrie ist dies bereits gängige Praxis."

Beide Seiten gewannen allmählich den Eindruck, daß man von dem jeweiligen Diskussionspartner lernen kann. Auf seiten der Umweltverbände und Umweltinitiativen wuchs das Verständnis für wirtschaftliche Zusammenhänge, z. B., daß man nicht von heute auf morgen auf eine bestimmte Produktion verzichten oder sofort eine Nachrüstung durchführen kann. Auf der anderen Seite wurde bei den Unternehmern das Gefühl für ökologische Zusammenhänge geschärft und es gab den einen oder anderen Fall, daß ursprüngliche Investitionsvorhaben nochmals überdacht wurden oder gar der Rat von Bürger- oder Umweltinitiativen in Anspruch genommen wurde. Durch die Diskussion gelang es z. B. auch, marktwirtschaftliches Gedankengut in gewisse Umweltverbände hereinzutragen, die von ihrem Selbstverständnis und in ihrer Konfrontationshaltung gegenüber der Industrie eher planwirtschaftlichem und sozialistischem Gedankengut zuneigten. Zu erwähnen ist hierbei der BBU, der zum Teil eigene oder mit Unternehmern Seminare über marktwirtschaftlich ausgerichtete Umweltpolitik veranstaltete. Ideen wie Kompensationslösungen, Zertifikate, fanden somit nicht nur bei den Unternehmern, sondern auch bei den Umweltverbänden positive Reaktionen.

3. Der Einfluß

Entscheidend für die Vergrößerung des Einflusses von Umweltinitiativen auf das Unternehmensverhalten war jedoch das seit Mitte der 80er Jahre gestiegene Umweltbewußtsein. Dieses führte nicht nur dazu, daß praktisch alle Parteien mehr oder minder „grünes Gedankengut" übernahmen und damit auch gegenüber Umweltinitiativen offener wurden, sondern daß auch die Unternehmen selbst aufgrund des geänderten gesellschaftspolitischen und politischen Umfeldes sensibler auf Forderungen von Umweltinitiativen reagierten. Konnte eine lokale oder nationale Problemstellung thematisiert und mediatisiert werden, so war der Einfluß von Umweltinitiativen bei der Politik unmittelbar wirksam, da es weder ein Landes-, Kommunal- oder Bundespolitiker wagte, die Forderungen solcher Gruppen unbeachtet zu lassen. Entscheidender Helfer waren hierbei die Medien, die aus ihrem Selbstverständnis „only bad news are good news" ein willkommenes Betätigungsfeld fanden.

3. Der Einfluß

Bei der Mediatisierung von Umweltproblemen hatte Greenpeace besonderen Erfolg. Zu nennen sind hierbei die Zumauerung der Abwasserkanäle bei PWA Waldhof sowie die Rheinwasseraktion bei der Bayer AG in Leverkusen. Obwohl solche Aktionen bei den betroffenen Unternehmen unmittelbar zunächst Ärger und Zorn hervorriefen, ist ein längerfristiger Effekt durchaus feststellbar, da jedes Unternehmen unnötige Imageverluste vermeiden will. Dieser Einfluß besteht jedoch eher in der Beschleunigung bereits angedachter oder geplanter Maßnahmen als im Auslösen neuer Maßnahmen.

Allerdings wird die „Professionalität" von Greenpeace in vielen Fällen auch von Unternehmern bewundert und mit entsprechenden Spenden honoriert, was auch zu einer neuen Form des **Ablaßhandels** führen kann. So überwies z. B. ein national bekannter Unternehmer zur selben Zeit, als er seinem Umweltbeauftragten eine von diesem beantragte Umweltschutzinvestition in Höhe von 10 Mio. DM aus Kostengründen verweigerte, an Greenpeace einen Scheck, allerdings mit einem weitaus geringeren Betrag.

Von entscheidendem wirtschaftlichen Einfluß können Aktionen von Umweltinitiativen in Verbindung mit Zeitschriften wie „Natur" und „Öko-Zeitung" sein. Zahlreiche Beispiele belegen, daß das „Vorführen" bestimmter als bedenklich eingestufter Produkte oder Produktionsverfahren in der Regel eine Reaktion der betroffenen Unternehmen hervorruft. In vielen Fällen erfolgt dann auch eine Änderung der Zusammensetzung des Produkts. Dies ist verständlich angesichts der Tatsache, daß Umweltschutz beim Verbraucher inzwischen eine solche Priorität einnimmt, daß ein an den Pranger gestelltes Unternehmen unmittelbare Umsatzeinbußen befürchten muß. Da dieser Trend in Zukunft noch zunehmen wird, ist ein besonderes Maß an Verantwortung bei der Recherche und wissenschaftlichen Analyse möglicher Umweltgefährdungen seitens der Umweltinitiativen bzw. der Zeitschriften, die sich zur Umsetzung ihrer Aktionen bedienen, erforderlich.

Zusammenfassend kann gesagt werden, daß die von den Umweltverbänden oft ins Feld geführte Dominanz der Wirtschaft und ihrer Verbände im Bereich des Umweltschutzes nicht mehr gegeben ist. Vor dem Hintergrund des geänderten gesellschaftlichen Bewußtseins ist in vielen Fällen nicht nur Waffengleichheit gegeben, sondern die Unternehmen, die sich nicht rechtzeitig hierauf einstellen, werden in die Defensive gedrängt. Unternehmen, insbesondere der Konsumgüterindustrie, sind daher gut beraten, ihre Produktionen und Produkte ständig unter Umweltgesichtspunkten zu überprüfen. Diese offensive Haltung von Unternehmen und ein verantwortungsbewußtes Vorgehen von Umweltinitiativen können dazu führen, daß Bilder aus der Waffensprache wie oben endgültig der Vergangenheit angehören, so daß trotz unterschiedlichem Selbstverständnis von Unternehmern und Umweltinitiativen eine **Dynamisierung des Umweltschutzes** im Interesse aller Beteiligten erreicht wird.

Teil C
Bausteine eines Umweltmanagements

Kapitel 15
Umweltorientierung als Teil der Unternehmenskultur

von *Meinolf Dierkes* und *Lutz Marz*

1. Die aktuelle Aufgabe: Die Umsetzung zunehmender Umweltpflichtigkeit in alltagspraktische Umweltorientierung 224
2. Ein möglicher Lösungsweg: Ansatzpunkte und Richtung leitbildzentrierter Umweltorientierung 227
   2.1 Die Ansatzpunkte: Unternehmenskulturen und Leitbilder als Fundamente unternehmensspezifischer Umweltorientierung 227
   2.2 Die Richtung: Leitbildzentrierter Wandel der Unternehmenskultur 231
3. Die praktischen Schritte: Die „Drei-Stufen"-Strategie der Leitbild-Transformation 234
Literatur 238

1. Die aktuelle Aufgabe: Die Umsetzung zunehmender Umweltpflichtigkeit in alltagspraktische Umweltorientierung

In den 50er und 60er Jahren dominierte in der Bundesrepublik Deutschland, wie in allen anderen hochindustrialisierten Ländern, sowohl in der Managementpraxis und -theorie als auch in Politik und Öffentlichkeit eine einseitige, weitgehend reduktionistische Vorstellung über die Rolle und Verantwortung der Unternehmen. Vereinfacht gesagt, galten Unternehmen als rein ökonomische Organisationen, die in einem eindimensionalen, nämlich ausschließlich wirtschaftlichen Raum, nach dem alleinigen Kriterium der Gewinnmaximierung operieren und deren Verantwortung sich darauf konzentrierte, Güter und Dienstleistungen bereitzustellen, Arbeitsplätze und Einkommen zu schaffen und damit verknüpft wirtschaftliches Wachstum wie auch technischen Fortschritt zu garantieren (*Dierkes* 1974, 27 ff.; *Dierkes* 1977, 106 ff.). Eine Sozialpflichtigkeit wurde den Unternehmen als Institutionen eingeschränkt, eine Umweltpflichtigkeit so gut wie gar nicht abverlangt. Dies änderte sich seit Anfang der 70er Jahre ebenso spürbar wie grundlegend.

Hierfür waren im wesentlichen drei Gründe ausschlaggebend: Erstens führte eine solcherart reduzierte Sozial- und Umweltpflichtigkeit von Unternehmen zu indirekten, nicht intendierten und langfristigen Sekundär- und Tertiäreffekten, die zunehmend kumulierten und von denen nicht nur immer mehr Menschen, sondern im wachsenden Maße auch die Gesellschaft als Ganzes, einschließlich der Unternehmen selbst betroffen wurden. Erinnert sei hier nur an Diskussionen um die Folgen der Technisierung im Rahmen der Institutionalisierung von Technikfolgenabschätzungen (*Dierkes* 1989; *Dierkes, Marz* 1991). Zweitens wurde diese individuelle und gemeinschaftliche Betroffenheit durch traditionelle (z. B. Gewerkschaften und Parteien) und neue soziale Bewegungen (Frauen-, Friedens- und Umweltschutzbewegungen, Bürgerinitiativen usw.) thematisch fokussiert, öffentlich immer eindringlicher artikuliert und durch eine breite Berichterstattung in den Medien verstärkt. Drittens schließlich setzte sich auch in der Managementpraxis und -theorie in wachsendem Maße die Einsicht durch, daß das Unternehmensumfeld – und folglich sowohl sein Einfluß auf die Unternehmen als auch deren Einfluß auf das Umfeld – wesentlich komplexerer Natur ist, als daß Unternehmen allein mit ökonomischen Strategien hierauf reagieren könnten.

Die verabsolutierende und vereinseitigende Vorstellung vom Unternehmen als rein wirtschaftlicher Institution wurde damit zunehmend problematisiert und wich theoretisch differenzierteren und praktisch effizienteren Konzepten (*Steiner* 1971; *Bauer, Dierkes* 1973; *Dierkes* 1976; *Plesser* 1976).

Im Ergebnis dieser drei Entwicklungstrends kam es in den letzten zwei Jahrzehnten zu einer Erweiterung, Konkretisierung und Vertiefung des Konzepts

1. Die Umsetzung zunehmender Umweltpflichtigkeit

der Sozial- und insbesondere Umweltpflichtigkeit von Unternehmen. Zu einer **Erweiterung**, weil immer mehr Themenkreise in dieses Problemfeld einbezogen wurden. Man denke etwa nur an Stichworte wie „Klimakatastrophe", „Überschuldung", „saurer Regen" – um nur einige zu nennen – oder an die ebenso thematisch breit gefächerte wie inhaltlich tief gestaffelte Diskussion über Unternehmensethik (*Dierkes, Zimmermann* 1991). Zu einer **Konkretisierung**, weil nicht nur durch den Ausbau nationaler und internationaler Gesetzeswerke den Unternehmen tendenziell eine immer detailliertere Sozial- und Umweltpflichtigkeit auferlegt wird, sondern weil sich ein Teil der Unternehmen, unabhängig von gesetzgeberischen Zwängen, derartige Pflichten in Form von konkreten Führungsgrundsätzen (*Dierkes, Hähner* 1991) und differenzierten Sozial- oder Ökobilanzen selbst auferlegt (*Dierkes* 1974; *Dierkes* 1979; *Sweeney, Siers* 1990). Eine **Vertiefung**, weil die Frage der Unternehmensverantwortung zunehmend in eskalierenden Kreisläufen von Über-, Ent- und Umlastungszwängen rotiert, deren Problematik in Anlehnung an *Ulrich Beck* wie folgt beschrieben werden kann: Moderne Gesellschaften gleichen einem weitverzweigten Labyrinth-System, „dessen Konstruktionsplan nicht etwa Unzuständigkeit oder Verantwortungslosigkeit ist, sondern die **Gleichzeitigkeit** von Zuständigkeit und Unzurechenbarkeit, genauer: Zuständigkeit **als** Unzurechenbarkeit oder: **organisierte Unverantwortlichkeit**" (*Beck* 1988, 100).

Bezieht man darüber hinaus noch *Hans Jonas'* Prinzip der Fernverantwortung (*Jonas* 1979) in die Überlegungen ein, dann ist die Frage, wie Unternehmen ihrer Sozial- und Umweltpflichtigkeit entsprechen können, alles andere als einfach zu beantworten. Das Problem besteht nicht nur darin, daß sich simple Alternativen wie, „ein Unternehmen braucht nichts oder muß alles verantworten", von selbst verbieten. Ebenso verfehlt wäre es, umstandslos zu unterstellen, Gewinnerwirtschaftung und Umweltpflichtigkeit schlössen grundsätzlich einander aus und die Wahrnehmung der Unternehmensverantwortung hinge einzig und allein davon ab, ob und inwieweit sich das Management durch gesetzgeberische oder basisdemokratische Fremd- und/oder ethische Selbstzwänge von der zentralen und systembedingten Gewinnerzielungsabsicht abbringen und für langfristige und systemerhaltende Umweltinteressen begeistern läßt.

Einer solch pauschalisierenden Annahme kann nicht gefolgt werden, denn die Auffassung, daß es sich bei der Sozial- und Umweltpflichtigkeit der Unternehmen nicht einfach um eine lästige Bürde handelt, die notgedrungen solange zu tragen ist, bis sich eine passende Gelegenheit ergibt, sich ihrer zu entledigen, sondern daß es vielmehr ein Gebot der ökonomischen Vernunft ist, sich dieser Verantwortung offensiv und nicht nur reaktiv zu stellen, scheint zunehmend Raum zu greifen (*Breitschwerdt* 1989). Nicht zuletzt deshalb, weil sich eine solche Auffassung auf eine ganze Reihe guter Gründe stützen kann: Fortgeschrittener Arbeitsschutz, gute Arbeitsbedingungen und menschenzentrierte Arbeitsplatzgestaltungen können die Fluktuationsrate verringern, die Motivation der Mitarbeiter sowie deren Einsatz- und Leistungsbereitschaft erhöhen und damit die Produktivitätsentwicklung positiv beeinflussen; ökologisch orientierte Produkte und Fertigungsverfahren dürften in Zeiten eines wachsenden Umweltbewußtseins die Markentreue der Konsumenten stimulieren und Konfliktpotential um Kapazitätserweiterungen oder Standortentscheidungen verringern; die Herausforderung, ökologisch und sozial förderliche technische Lösungen zu kreieren, könnte bei vielen Akteursgruppen innerhalb und außerhalb des Unternehmens nicht nur die oft so schwer zu thematisierenden latenten Vorbehalte oder emotionale Reservehaltungen gegenüber neuen gewinnträchtigen technischen Entwicklungswegen wirksam abschwächen, sondern darüber hinaus zusätzliche kreative Impulse auslösen und überdurchschnittliches Engagement bewirken (*Dierkes* 1989).

Kurzum, das eigentliche Kernproblem dürfte nicht so sehr in der Frage bestehen, ob Unternehmen überhaupt willens sind, ihrer Sozial- und Umweltpflichtigkeit zu entsprechen, sondern vielmehr darin, wie sie diese Verantwortung angesichts der Tatsache wahrnehmen können, daß ihr Umfeld an Dynamik gewinnt und an Komplexität zunimmt. Einerseits wird die Sozial-, insbesondere die Umweltpflichtigkeit der Unternehmen in den nächsten Jahren und Jahrzehnten weiter zunehmen, andererseits wird es immer schwieriger, diese Verantwortung in solche unternehmensinternen Umweltorientierungen umzusetzen, die nicht nur das Management und spezielle Akteure – wie etwa Umweltschutzbeauftragte –, sondern das alltagspraktische Wahrnehmen, Denken, Entscheiden und Verhalten sämtlicher Mitarbeiter in allen hierarchischen Ebenen und Funktionsbereichen grundsätzlich und nachhaltig beeinflussen.

So wichtig es ist, daß sich Manager und spezialisierte Mitarbeiter dem Problem der Umweltpflichtigkeit mit aller Konsequenz stellen, so bedenklich wäre es, anzunehmen, daß sich der wachsende Verantwortungsdruck zukünftig allein durch das überdurchschnittliche Engagement bestimmter und vergleichsweise kleiner Akteursgruppen im Unternehmen bewältigen ließe. Die Aufgabe besteht vielmehr darin, die zunehmende Umweltpflichtigkeit in alltagspraktische Umweltorientierungen umzusetzen, die ausnahmslos jeden Mitarbeiter erreichen und herausfordern. Antworten auf die „ökologische Frage" (*Hauff* 1991, 73) dürfen nicht ausschließlich in Chefetagen oder Expertengremien gesucht, sondern müssen jedem Mitarbeiter abverlangt werden – und dies nicht nur zu besonderen Anlässen, sondern tagtäglich. Einen möglichen, und wie wir meinen erfolgversprechenden Weg, um diese Aufgabe zu lösen, möchten wir im folgenden vorschlagen und stichpunktartig skizzieren.

2. Ein möglicher Lösungsweg: Ansatzpunkte und Richtung leitbildzentrierter Umweltorientierung

2.1 Die Ansatzpunkte: Unternehmenskulturen und Leitbilder als Fundamente unternehmensspezifischer Umweltorientierung

Vor die Aufgabe gestellt, die zunehmende Umweltpflichtigkeit unternehmensintern in verbindliche und wirkungsvolle Umweltorientierung umzusetzen, läge mit Blick auf das gewachsene ökologische Bewußtsein in weiten Teilen der Bevölkerung die Vermutung nahe, dieses Problem am schnellsten und effektivsten dadurch zu lösen, indem man dem gestiegenen Umweltbewußtsein der Mitarbeiter (*Dierkes, Fietkau* 1988) über formale Regelungen und Strukturen die Möglichkeit gibt, sich zweckrational zu entfalten. Anders gesagt: Wenn sich viele Mitarbeiter – vom Pförtner bis zum Vorstandsvorsitzenden – der Umwelt verpflichtet fühlen, scheint es im wesentlichen nur darauf anzukommen, diesen von allen getragenen gemeinschaftlichen Zweck in entsprechende organisatorische Bahnen zu lenken. Dieser Schein ist verlockend, aber er trügt. Er ist verlockend, denn obschon die in der Tradition von *Max Weber* (1980, 13) entwickelten zweckrationalen Organisationskonzepte bereits seit einiger Zeit aus unterschiedlichen Perspektiven problematisiert (*Mayntz* 1976, 116ff.; *Neuberger* 1984; *Küpper, Ortmann* 1988, 93ff.) und relativiert (*Hill, Fehlbaum, Ulrich* 1981, 65ff.) wurden, ist dennoch der bis heute gängige und noch weit verbreitete Organisationsbegriff im wesentlichen an formaler Zweckrationalität ausgerichtet (*Kenngott* 1990, 2). Organisationen – und damit im engeren Sinne auch Unternehmen – lassen sich jedoch ausschließlich durch formale Zweckrationalität nur beschränkt verstehen.

Ein Weg, dieser konzeptionellen Einseitigkeit theoretisch und praktisch zu entrinnen, besteht darin, Organisationen und damit auch Unternehmen systematisch und zielgerichtet als **Kulturen** aufzufassen und zu behandeln. Versuche in dieser Richtung sind nicht neu. Erinnert sei hier beispielsweise nur an Arbeiten zur Rolle von Zeremonien in Organisationen und Unternehmen (*Garfinkel* 1956; *Trice, Belasco, Alutto* 1969). Doch erst 1977 erlangte der Organisationskulturansatz in dem weitgehend unbeachtet gebliebenen Artikel von *Turner* (1977) erstmalig den Status eines Forschungsprogramms (*Helmers* 1990). Die Initialzündung für den organisations- oder unternehmenskulturellen Diskurs lieferte zwei Jahre später *Pettigrew* (1979). Seitdem entfaltet sich dieser geradezu explosionsartig und ist mittlerweile selbst zum Gegenstand wissenschaftlicher Analysen avanciert (*Barley, Meyer, Gash* 1988).

Eine Hauptschwierigkeit des Unternehmenskulturansatzes besteht darin, daß die unterschiedlichen Auffassungen darüber, was denn nun unter Kultur zu verstehen sei, bisher nicht auf einen verbindlichen Nenner gebracht werden konnten. Dies kann nicht verwundern, denn bereits in dem von *Kroeber* und *Kluckhohn* 1952 publizierten Standardwerk „Culture, a Critical Review of Concepts and Definitions" (*Kroeber, Kluckhohn* 1952) findet sich eine große Vielzahl verschiedener Kulturauffassungen. Die Anzahl der unterschiedlichen Definitionsversuche dürfte inzwischen die Grenze des Überschaubaren gesprengt haben (*Helmers* 1990).

Nun existiert zwar im unternehmenskulturellen Diskurs nicht nur dieser Diversifikationstrend, sondern es lassen sich auch unschwer Operationalisierungs- (*Schein* 1983, 14; *Schein* 1985, 19 ff.) und Systematisierungstrends (*Allaire, Firsirotu* 1984, 196) ausmachen; allein, keinem der konkurrierenden Unternehmenskulturansätze kann eine allgemeine Akzeptanz zugesprochen werden. Diese Situation der konzeptionellen Vielfalt und Offenheit mag als diffus und enttäuschend empfunden werden, kann jedoch auch als analytische Chance genutzt werden, indem man sich des Unternehmenskulturansatzes im Sinne eines „code of many colors" (*Jelinek, Smircich, Hirsch* 1983) bedient. Eine mögliche Orientierung für eine solche Nutzungsweise liefert zum Beispiel *Czarniawska-Joerges* mit ihrem Vorschlag, das Hologramm als Metapher für Organisationskultur zu nutzen (*Czarniawska-Joerges* 1989, 11): Ein Hologramm ist konsistent, es repräsentiert Realität, in jedem seiner Teile ist das Ganze enthalten und das Bild ändert sich in Abhängigkeit vom jeweiligen Beobachterstandpunkt. Die unternehmenskulturelle Perspektive zielt somit sowohl auf Ganzheitlichkeit als auch auf Spezifik: Ein Unternehmen ist kein soziales Serienprodukt, es besitzt eine eigene unverwechselbare Entwicklungsgeschichte, die das Geflecht der formellen und informellen Beziehungen zwischen den Mitarbeitern, deren habituelle beziehungsweise mentale Strukturen, ihre Kooperations- und Kommunikationsprozesse sowie ihre Wahrnehmungs-, Denk-, Entscheidungs- und Verhaltensmuster erstens in der Gesamtheit und zweitens unternehmensspezifisch prägt und ausformt.

Die Kultur eines Unternehmens stellt also weder eine Art kuriose Restgröße dar, in die man all das „Irrationale", „Unverständliche" oder „Merkwürdige" abschiebt, das übrig bleibt, nachdem man den Unternehmensorganismus nach den gängigen sozialwissenschaftlichen oder beratungspraktischen Rasterverfahren formaler Zweckrationalität durchgecheckt hat, noch ist sie eine „organisatorische Variable neben anderen" (*Ebers* 1985, 185), also eine Neben- oder Randgröße. Die Umweltorientierung eines Unternehmens hängt damit nicht „auch" von Unternehmenskultur ab, sondern sie **ist** eine spezifische unternehmenskulturelle Leistung.

Die Unternehmenskultur ist ein Fundament, in dem die Umweltorientierung verankert ist. Eine tiefgreifende und dauerhafte Veränderung der Umweltorientierung ist somit letztlich nur über einen Wandel der Unternehmenskultur zu erreichen. Von daher ist es nur folgerichtig, wenn – wie dies etwa beim MIT-Programm „Management in the 90s" der Fall ist (*DeLisi* 1990) – die

2. Ansatzpunkte leitbildzentrierter Umweltorientierung

Organisations- oder Unternehmenskultur als archimedischer Punkt von Veränderungs- und Umgestaltungsprozessen fixiert wird.

Leitbilder sind ein zweites Fundament, in dem die Umweltorientierung eines Unternehmens verankert ist. Schickt man sich an, diesen Begriff zu benutzen, stößt man auch hier sehr schnell auf eine spürbare Ambivalenz. Einerseits wird nämlich über dieses Codewort spontan ein ganzer Phänomenkosmos assoziiert, der in fast alle Bereiche des Lebens hineinreicht – man denke nur an Makro-Leitbilder wie die „Informations-", „Dienstleistungs-" und „Brütergesellschaft" oder an Meso-Leitbilder wie das „papierlose Büro", den „bargeldlosen Zahlungsverkehr" und die „menschenleere Fabrik" (*Dierkes* 1988) –, andererseits umgibt diesen Begriff eine Aura des Schillernden und Diffusen.

Aus dieser Ambivalenz speist sich ein Unbehagen gegenüber dem Leitbild, das verständlich sein mag, im Kern jedoch unbegründet ist. Nimmt man nämlich den Begriff „Leitbild" in seiner allgemeinsten Bedeutung, dann ist das „Leit-Bild" ein „Bild, das leitet". Auf den ersten Blick mutet ein solcher Zugang naiv an, er ist es aber nicht, denn ausgehend davon läßt sich die Funktion des Leitbildes wie folgt konzeptionell fixieren und differenzieren (*Dierkes, Hoffmann, Marz* 1991): Ein Leitbild hat zunächst zwei Hauptfunktionen, die **Leit-** und die **Bild-Funktion**. Die **Leitfunktion** besteht aus folgenden drei Teilfunktionen:

Erstens, die kollektive Projektion. Leitbilder bündeln die Intuitionen und das (Erfahrungs-)Wissen der Menschen darüber, was ihnen einerseits als machbar und andererseits als wünschbar erscheint (*Dierkes* 1988, 54). Sie fixieren einen gemeinsamen Fluchtpunkt im Zukunftshorizont der Menschen, und zwar jenen Punkt, wo projizierte Wünsche und projizierte Wirklichkeit fusionieren und in einer allgemein faßbaren und individuell handgreiflichen Gestalt auskristallisieren. Man hat eine konkrete Vorstellung vor Augen, die man erreichen will, weil dieser Fluchtpunkt die eigenen Träume, Visionen und Hoffnungen enthält und die man zugleich erreichen zu können meint, weil sie einem, zwar nicht umstandslos, aber prinzipiell als machbar erscheint.

Zweitens, die synchrone Voradaption. Leitbilder adaptieren die Mitarbeiter permanent an künftige Kommunikations- und Kooperationsprozesse synchron vor, noch ehe sie in diesen Prozessen aufeinandertreffen. Die je verschiedenen persönlichen Wahrnehmungsmuster, die aus der Unterschiedlichkeit individueller Dispositionen, der Verschiedenartigkeit sozialer Positionen und aus der Spezifik der jeweiligen Profession resultieren, werden aufeinander vorabgestimmt. Bildlich gesprochen sehen alle in die gleiche Richtung.

Drittens, das funktionale Äquivalent. In jedem Unternehmen existieren spezifische diskursive Regelsysteme und Entscheidungslogiken. Diese stellen für die Mitarbeiter nicht nur ein Instrument dar, mit dem sie Probleme und Konflikte lösen, sondern stets auch einen Zwangsmechanismus, denn sie schaffen dialogische Fremd- und logische Selbstzwänge, die ständig ineinander umschlagen und sich wechselseitig stützen. Besonders deutlich wird dieses Problem, wenn etwa Manager in artfremde Unternehmenskulturen, also beispielsweise von einer „Star Wars"- in eine „Biotop"-Kultur (*Dierkes, Zimmermann* 1991, 65 ff.) wechseln. Wenn nun neue Probleme – wie etwa eine tiefgreifende Veränderung der Umweltorientierung – auftauchen, die sich mit den traditionellen Regelsystemen und Entscheidungslogiken nicht oder nur unzureichend bewältigen lassen, spielen Leitbilder die Rolle von Zielpunkten, auf die Diskurse ausgerichtet, oder von Orientierungslinien, entlang derer sie entwickelt werden können. Vereinfacht gesagt: Man denkt, diskutiert und entscheidet zwar auf unterschiedlichen Wegen, aber in die gleiche Richtung.

Die **Bild-Funktion** des Leitbildes besteht aus folgenden drei Teilfunktionen:

Erstens, kognitiver Aktivator. Manche Probleme werden gedanklich leichter in einer begrifflichen, andere leichter in einer bildlichen Repräsentationsform bewältigt. Vieles spricht nun dafür, daß sich innovatives und kreatives Denken dadurch auszeichnet, erstens die für jedes Problem adäquate Repräsentationsform zu finden – also jene Form, in der es die einfachste und unkomplizierteste Gestalt annimmt – und zweitens diese beiden Repräsentationsformen wechselseitig ineinander transformieren zu können (*Klix* 1983, 268 ff.). Leitbilder stellen nun eine Art Denkzeug dar, mit der sich diese beiden Aufgaben bewältigen lassen. Erstens dienen sie nämlich selbst als bildlicher Repräsentationsrahmen, in dem sich neue, ungewohnte Probleme denken lassen, und zweitens können sie der ständigen Umwandlung von begrifflichen in bildliche Repräsentationsformen eine Richtung geben. Leitbilder motivieren und aktivieren zum kreativen Problemlösen – eine Fähigkeit, die sich gerade mit Blick auf das komplizierte Verhältnis von Gewinnerzielung und Umweltpflichtigkeit wohl kaum unterschätzen läßt.

Zweitens, individueller Mobilisator. Leitbilder sprechen die Mitarbeiter nicht nur einseitig als „Wahrnehmungsapparate" oder „Denkmaschinen", sondern als lebendige Menschen an. Sie aktivieren nicht nur die kognitiven, sondern auch die emotionalen, volitiven und affektiven Potentiale der Menschen, kurzum, sie mobilisieren die ganze Persönlichkeit. Es besteht kein Anlaß, die Bedeutung dieser Teilfunktion gering zu veranschlagen. Im Gegenteil: Eine tiefgreifende Veränderung der Umweltorientierung dürfte zu einem nicht gerade geringen Teil davon abhängen, wie viele Mitarbeiter wie tief „mit allen Fasern" in diesen Veränderungsprozeß eingebunden sind.

Drittens, interpersoneller Stabilisator. Eine grundlegende Veränderung der Umweltorientierung setzt voraus, daß die verschiedenen Akteursgruppen im Unternehmen permanent Kooperationsleistungen erbringen. Die Formen in denen dies geschieht, können sich jedoch erheblich voneinander unterscheiden. Nicht zuletzt dadurch, ob die jeweiligen Kooperationsleistungen den Mitarbeitern nur von außen durch soziale Fremdzwänge abgepreßt und abgetrotzt werden, oder ob sie auch von innen, durch die psychischen Selbstzwänge der Menschen, durch ihren Willen und ihre Fähigkeit zur Kooperation zustande kommen.

Als interpersoneller Stabilisator bewirken Leitbilder eine vergleichsweise kosten- und verlustarme alltägliche Kooperation. Eine grundlegende Veränderung der unternehmensinternen Umweltorientierung wird zwangsläufig zu psychischen Spannungen in und sozialen Spannungen zwischen den Mitarbeitern führen. Leitbilder vermögen diese unvermeidlich auftretenden Spannungen zu dämpfen. Sie verbinden Menschen, die sonst nichts aneinander bindet; Menschen, die nicht nur verschiedenen sozialen Milieus, sondern auch unterschiedlichen (Sub-)Kulturen angehören, deren Wahrnehmen, Denken, Entscheiden und Verhalten deshalb unter Umständen nicht nur einfach abweichenden, sondern geradezu gegensätzlichen Orientierungen folgen kann. Leitbilder setzen eine Veränderung der Umweltorientierung nicht primär durch äußere, sondern vor allem durch innere Zwänge in Gang.

Soweit zu einer groben Skizze jener zwei Fundamente, in denen die Umweltorientierung eines Unternehmens verankert ist. Wenn sich also ein Unternehmen die Aufgabe stellt, seine Umweltorientierung grundlegend, tiefgreifend und dauerhaft zu verändern, um damit dem aus der zunehmenden Umweltpflichtigkeit erwachsenden **Verantwortungsdruck** besser entsprechen zu können, ist diese Aufgabe letztlich dann am erfolgreichsten zu lösen, wenn die traditionellen Fundamente, in denen die bisherige Umweltorientierung verankert ist – also die Unternehmenskultur und das Leitbild –, umgestaltet werden. Daraus ergibt sich zwangsläufig die Frage, wie dies geschehen kann.

2.2 Die Richtung: Leitbildzentrierter Wandel der Unternehmenskultur

Um die Frage zu beantworten, wie sich die beiden Fundamente verändern lassen, in denen die Umweltorientierung eines Unternehmens alltagspraktisch verankert ist, kommt man nicht umhin, sich dem Zusammenhang zwischen Unternehmenskultur und Leitbild zuzuwenden. Grob vereinfacht läßt sich dieser wie folgt vorstellen (vgl. Abb. 1, S. 232): Bevor ein Unternehmen in die Welt tritt, existiert es in den Köpfen von Menschen – als Idee, Vision oder Projekt. Jedes Unternehmen hat eine Gründergeneration, jede Gründergeneration solche ideellen Projekte. Nun sind Ideen einzelner – sie mögen noch so innovativ oder genial, einleuchtend oder bestechend, faszinierend oder logisch sein – aus sich selbst heraus noch keine Leitbilder. Sie stellen höchstens das Quellgebiet oder den Pool für Leitbilder dar. Es handelt sich um Ideen mit Leitbildpotential. Erst wenn diese Ideen einzelner auch von anderen Menschen getragen werden, wenn sie sich in deren alltagsweltliche Wahrnehmungs-, Denk-, Entscheidungs- und Verhaltensmuster niederschlagen, werden sie zu Leitbildern.

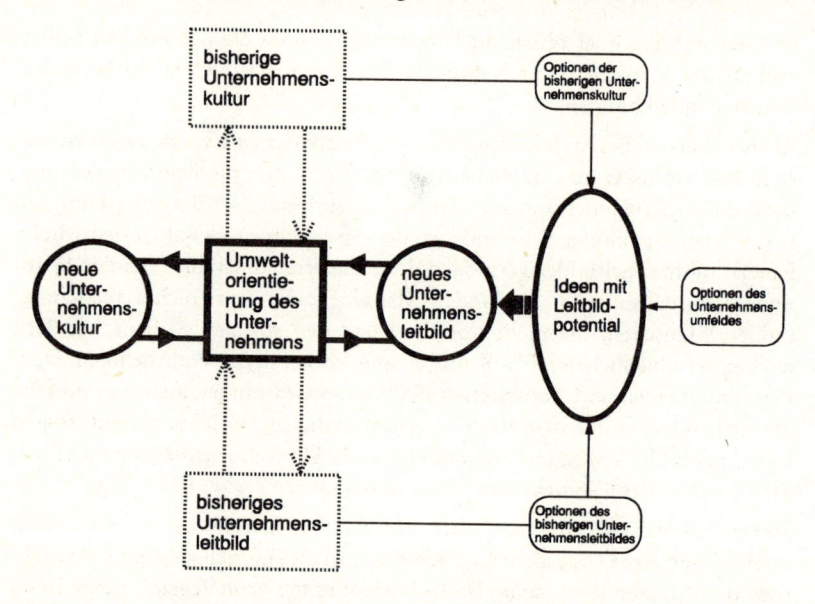

Abb. 1: Zusammenhang zwischen Leitbild und Unternehmenskultur

Ein Leitbild ist eben nicht schlechthin ein beliebiges Bild, das sich irgendein einzelner eben gerade persönlich macht und das ihn dann leitet, sondern ein Bild, das viele Menschen in ihrer Wahrnehmungs-, Denk-, Entscheidungs- und Verhaltens„optik" erzeugen und das sich dann über diese „Optik" reproduziert. Wenn ein solcher Umschlag von einer Idee mit Leitbildpotential zu einem Unternehmensleitbild stattgefunden hat, dann erfährt die Umweltorientierung des Unternehmens durch das Unternehmensleitbild eine Art Grund- oder Vorformatierung: Die Wahrnehmungsmuster und Denkraster der Menschen werden vor-, nicht ausgeformt; ihre Entscheidungskriterien und Verhaltensstile grob ab-, nicht fein durchgestimmt. Durch diese Grund- oder Vorformatierung gewinnt die Umweltorientierung ein unternehmensspezifisches Profil. Die Ausformung der Wahrnehmungsmuster und Denkraster, die Detailabstimmung der Entscheidungskriterien und Verhaltensstile, kurzum, die Ausprägung dieses Profils erfolgt nicht durch das Leitbild, sondern durch das permanente alltägliche Zusammenspiel zwischen Leitbild und Unternehmenskultur.

Leitbild und Unternehmenskultur fallen nicht beziehungslos auseinander: Erstens können nämlich Unternehmenskulturen als geronnene und durch die Umfeld-Reaktionen modifizierte Leitbilder aufgefaßt werden. Weil die Art und Weise, wie ein Unternehmensleitbild das Wahrnehmen, Denken, Entscheiden und Verhalten der Mitarbeiter vororientierte und vorkoordinierte, erfolgreich war, weil sich die schrittweise herausbildenden Kooperations- und Kommunikationsformen stabilisierten, weil sich die unternehmensspezi-

2. Ansatzpunkte leitbildzentrierter Umweltorientierung 233

fischen Handlungsnetzwerke alltagspraktisch bewährten, kristallisiert ein Unternehmensleitbild in einer spezifischen Unternehmenskultur aus. Es gewinnt in den Alltagspraxen der Mitarbeiter eine selbständige Existenz. Zweitens reproduzieren Unternehmenskulturen Leitbilder. Durch das tagtägliche Tun der in einer Unternehmenskultur involvierten Mitarbeiter wird das Unternehmensleitbild immer wieder – ganz oder teilweise – vorgeprägt und vorformatiert.

Zugleich fallen jedoch Unternehmensleitbild und Unternehmenskultur nicht umstandslos zusammen. Sie fallen beispielsweise auseinander, weil Leitbilder flexibler, dynamischer und plastischer als Unternehmenskulturen sind. Letztere besitzen eine größere Trägheit, ein ausgeprägteres Beharrungsvermögen. Von ihren Leitbildern können sich Menschen schneller lösen als von ihren Kulturen. Sie fallen auch auseinander, weil Leitbilder als „Sollvorstellungen" einer Unternehmenskultur stets noch nicht oder nicht ganz erreichte Ziele in Hinblick auf das Denken und Verhalten der Mitarbeiter enthalten. Es gibt also immer Unterschiede und Differenzen, mehr oder weniger große Nichtübereinstimmungen.

Leitbilder lösen sich nicht völlig in Unternehmenskulturen und diese nicht völlig in jene auf. Beide werden sich stets irgendwie aneinander reiben. In einem solcher Art spannungsgeladenen alltäglichen Zusammenspiel zwischen Unternehmensleitbild und Unternehmenskultur, in dieser wechselseitigen Reproduktion und Modifikation differenziert sich auch die unternehmensspezifische Umweltorientierung aus.

Es sind damit zwei Prozesse zu unterscheiden, in denen die Umweltorientierung eines Unternehmens geprägt und geformt wird. Der erste Prozeß – der **Entstehungsprozeß** – betrifft die Herausbildung, sozusagen die Genesephase der Umweltorientierung. Durch ein Unternehmensleitbild, das aus einer Idee mit Leitbildpotential hervorgegangen ist, erfolgt eine Grund- oder Vorformatierung der Umweltorientierung. Der zweite Prozeß – der **Veränderungsprozeß** – betrifft die Ausdifferenzierung der Umweltorientierung. Durch das alltägliche Zusammenspiel zwischen Unternehmensleitbild und Unternehmenskultur erfolgt eine ständige Reproduktion, Interpretation und Modifikation der Umweltorientierung.

Die unternehmensinterne Umweltorientierung ist keine Maschine, die man modernisieren kann, indem man einzelne Teile substituiert oder etwas anbaut. Sie ist einem direkten unmittelbaren Zugriff weitgehend entzogen. Um eine neue Umweltorientierung zu entwickeln, muß jener Wechselwirkungszusammenhang zwischen bisherigem Leitbild und traditioneller Unternehmenskultur, aus dem heraus sich die unternehmensspezifische Art und Weise der gewohnten Umweltorientierung immer wieder reproduziert, Schritt für Schritt aufgelöst werden. Der Ansatzpunkt ist dabei das Leitbild. Metaphorisch gesprochen, zielt die Entwicklung eines neuen Leitbildes letztlich darauf, eine neue Leitbild/Unternehmenskultur-Schleife zu erzeugen, die „quer" zum traditionellen Wechselwirkungszusammenhang zwischen bisherigem Leitbild und bisheriger Unternehmenskultur liegt und aus dem heraus sich eine neue Umweltorientierung entfalten kann (vgl. Abb. 2).

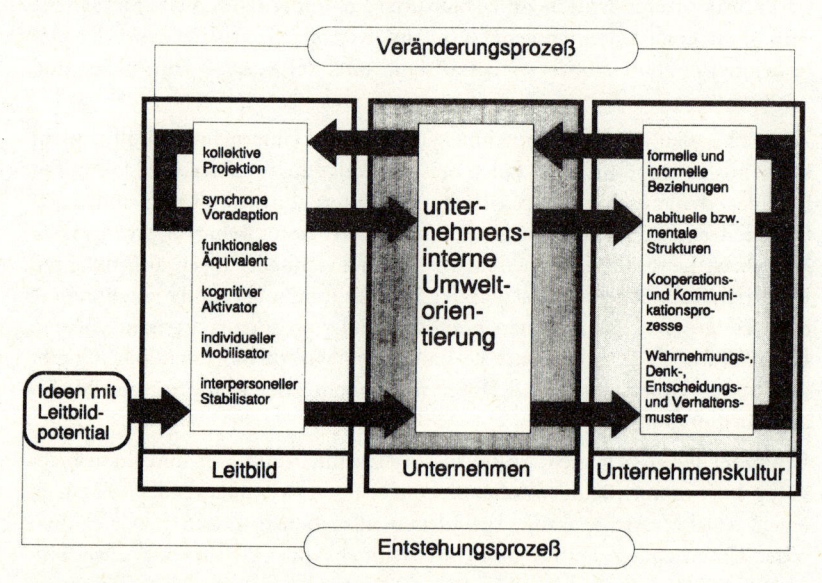

Abb. 2: Die Entwicklung eines neuen Unternehmensleitbildes

Es hieße einer Illusion aufzusitzen, wollte man annehmen, der traditionelle, in vielen Jahren, oft Jahrzehnten gewachsene Wechselwirkungszusammenhang ließe sich von einem Tag auf den anderen aus der Welt schaffen. Er kann nur systematisch und zielgerichtet abgeschwächt, aufgelöst und zersetzt werden. Es gibt zwar viele verschiedene, jedoch nicht beliebige Möglichkeiten, eine solche neue Leitbild/Unternehmenskultur-Schleife herauszubilden, denn einerseits beinhalten sowohl das bisherige Leitbild als auch die bisherige Unternehmenskultur Optionen, durch die der Pool neuer Ideen mit Leitbildpotential eingegrenzt wird, andererseits werden diese Grenzen auch durch die zu erwartenden künftigen Veränderungen des Unternehmensumfeldes bestimmt. Wie ist nun ein solcher leitbildzentrierte Unternehmenskulturwandel in der Unternehmenspraxis realisierbar?

3. Die praktischen Schritte: Die „Drei-Stufen"-Strategie der Leitbild-Transformation

Für die Transformation eines Unternehmensleitbildes schlagen wir eine „Drei-Stufen"-Strategie vor, deren einzelne Phasen zunächst stichpunktartig wie folgt beschrieben werden können: Erstens, Erzeugung eines Pools von

3. „Drei-Stufen"-Strategie der Leitbild-Transformation

Ideen mit Leitbildpotential unter Berücksichtigung der bisherigen Unternehmenskultur, des bisherigen Leitbildes und des zukünftigen Unternehmensumfeldes. Zweitens, Diskussion und Selektion dieser Ideen und Erarbeitung eines neuen Unternehmensleitbildes. Drittens, Entfaltung dieses neuen Leitbildes in der Alltagspraxis des Unternehmens.

Angesichts der Tatsache, daß einerseits die zielgerichtete und systematische Veränderung von Unternehmensleitbildern bisher vergleichsweise wenig praktisch erprobt wurde und andererseits derartige Transformationsprozesse nur ansatzweise und punktuell zum Gegenstand wissenschaftlicher Forschungen gemacht werden konnten, basiert dieser Vorschlag zu einem bestimmten Teil auf Evaluationsarbeiten zu Unternehmens- und Führungsgrundsätzen (*Dierkes, Hähner* 1991) und theoretisch-konzeptionellen beziehungsweise empirischen Untersuchungen zur Organisationsentwicklung (*Staehle* 1989), zu einem weitaus größeren Teil jedoch auf persönlichen Erfahrungen, die die Autoren bei Leitbildtransformationsprozessen sammeln konnten und die bisher nur zum geringsten Teil in der Literatur dokumentiert sind (*Dierkes, Berthoin-Antal* 1985; *Dierkes* 1985; *Marz* 1991a; *Marz* 1991b).

Die erwähnten drei Stufen der Leitbild-Transformation können im einzelnen wie folgt beschrieben werden:

Die **erste Stufe**, die **Erzeugung eines Pools von Ideen mit Leitbildpotential**, setzt zunächst bei der bestehenden Unternehmenskultur und dem vorhandenen Unternehmensleitbild an. Hier geht es darum, die entscheidenden Konturen und wesentlichen Strukturen der bisherigen Kultur und des bisherigen Leitbildes herauszuarbeiten. In aller Regel nämlich muß davon ausgegangen werden, daß diese nicht auf der Hand liegen, sondern sich vielmehr in den Katakomben der Alltagspraxen verbergen. Das Ziel besteht vor allem darin, vorhandene – und den Mitarbeitern des Unternehmens häufig nicht bewußte – Stärken und Schwächen herauszuarbeiten, zu bündeln und in anschaulichen Kurzformeln auf einen möglichst präzisen Begriff zu bringen. Der Schwerpunkt liegt dabei auf den Stärken, weil allzu häufig zu beobachten ist, daß es den Mitarbeitern relativ leicht fällt, konkrete Schwächen zu benennen, wohingegen die präzise Beschreibung der Stärken eines Unternehmens oft nicht zuletzt deshalb auf Schwierigkeiten stößt, weil diese im Alltag entweder als „selbstverständlich" oder „natürlich" angesehen oder als „unbedeutend" oder „nebensächlich" verkannt werden.

Bei der Hervorbringung und Sammlung von Ideen mit Leitbildpotential geht es also nicht einfach darum, abgehoben von der konkreten Unternehmenskultur und dem spezifischen Unternehmensleitbild, möglichst viele Vorstellungen über eventuelle, neue Unternehmensleitbilder zusammenzutragen, sondern dieser Prozeß ist vielmehr darauf gerichtet, das in den Köpfen der Mitarbeiter vorhandene Erfahrungswissen, insbesondere das darin eingeschlossene Potential alternativer Ideen, verschütteter Visionen und verdrängter Hoffnungen zu erschließen und diskursfähig zu machen. Nicht irgendwelche Ideen, die – abstrakt theoretisch – für irgend jemanden Leitbildpotential besitzen könnten, sondern solche, die durch die Optionen der bisherigen Unternehmenskultur und des bisherigen Leitbildes geprägt sind, die also folglich für das konkrete Unternehmen Leitbildpotential besitzen, gilt es zu erzeugen. Gleiches trifft auch für die Optionen des Unternehmensumfeldes zu.

So wichtig es einerseits ist, unternehmensunabhängige Szenarien über künftige Veränderungen dieses Umfeldes zu analysieren und zu diskutieren, und dabei möglichst viele alternative Perspektiven vorzustellen, so falsch wäre es, es dabei zu belassen. Bei den Optionen des Unternehmensumfeldes handelt es sich nicht nur darum, künftige Veränderungsprozesse vom Standpunkt unternehmensfremder Beobachter zu prognostizieren, sondern es geht auch und gerade darum, zu erfahren, wie die Zukunft des Unternehmensumfeldes auf der Basis der Stärken und Schwächen der existierenden Kultur zu sehen ist. Umfeldoptionen – sie mögen stimmen oder nicht –, die im Unternehmen selbst keine oder eine nur geringe Basis haben dürften, können die Ideen mit Leitbildpotential nur geringfügig prägen.

Die zweite Stufe, also die **Diskussion und Selektion der Ideen mit Leitbildpotential und die Erarbeitung eines neuen Unternehmensleitbildes**, ist ein hochgradig iterativer Prozeß. Die Vorstellung, ein kleiner Stab von Mitarbeitern könnte nach bestimmten Kriterien aus dem großen Pool der in der ersten Stufe erzeugten Ideen die beste auswählen beziehungsweise mehrere solcher Ideen in einem Leitbild aufaddieren, und die Erwartung, dieses am grünen Tisch erzeugte Leitbild würde dann im Unternehmen – wenn nicht bei allen so doch bei den meisten Mitarbeitern – akzeptiert und angenommen, weil es ja nicht aus der Luft gegriffen ist, sondern auf deren Ideen, Anregungen und Wünschen basiert, dürfte schlichtweg illusionär sein. Zwischen dem ersten vorläufigen Entwurf und dem dann schließlich offiziell verabschiedeten Leitbild liegt ein Prozeß ständiger Diskussion und Modifikation.

Ob und inwieweit sich einzelne Mitarbeiter oder Gruppen in einem Leitbildentwurf tatsächlich wiederfinden, hängt nämlich nicht davon ab, ob ihre Ideen wortgetreu in diesem Entwurf Berücksichtigung finden – ein Prinzip, das ohnehin in den seltensten Fällen Anwendung finden kann –, sondern vor allem auch davon, in welchem Kontext ihre Vorschläge eingebunden sind. Dieser iterative Präzisions- und Modifikationsprozeß, in dem anfänglich noch sehr locker nebeneinanderstehende Ideen mit Leitbildpotential über mehrere Selektions- und Diskussionsschritte allmählich miteinander integriert und zu einem Leitbild synthetisiert werden, besitzt **drei Optimierungskriterien**.

Erstens geht es darum, daß mit dem zu erarbeitenden Leitbild ein **möglichst großer Schritt** in Richtung auf eine Veränderung der praktizierten Umweltorientierung gegangen wird. Zweitens sollten die daraus erwachsenden materiellen, finanziellen und ideellen **Umstellungskosten so klein wie möglich**

3. „Drei-Stufen"-Strategie der Leitbild-Transformation

sein. Drittens schließlich kommt es darauf an, daß das neue Leitbild von Anfang an **von möglichst vielen Mitarbeitern akzeptiert** wird.

Es bedarf sicher keiner näheren Erläuterung, daß diese drei Kriterien nicht deckungsgleich sind. Nicht zuletzt deshalb, um hier ein praktikables und tragfähiges Optimum zu finden, ist es zwingend notwendig, daß diese zweite Stufe der Leitbildtransformation als ein iterativer Prozeß verstanden und auch praktisch geführt wird.

In der **dritten Stufe** kommt es schließlich darauf an, das neue Leitbild in der Alltagspraxis des Unternehmens zu entfalten, also, es mit Leben zu erfüllen und einen Prozeß in Gang zu setzen, in dem es Schritt um Schritt immer mehr wahrnehmungs-, denk-, entscheidungs- und verhaltensleitend wird. Die erste elementare Voraussetzung besteht darin, daß das neue Leitbild im gesamten Unternehmen **bekannt gemacht** wird. Dies kann unmöglich als selbstverständlich unterstellt werden, denn auch dort, wo über alle drei Stufen hinweg ein möglichst großer Kreis von Mitarbeitern in die Transformation des Unternehmensleitbildes einbezogen wurde, wird es stets Bereiche geben „wo man von nichts weiß". Und gerade in Unternehmen, deren Mitarbeiterzahlen in die Zehn- oder gar Hunderttausende gehen, ist es unmöglich, sicherzustellen, daß jeder einzelne direkt und unmittelbar in die Erarbeitung eines neuen Leitbildes involviert wird.

Die zweite Voraussetzung besteht darin, auf allen Leitungsebenen die Prinzipien und Ziele des Leitbildes zur **Grundlage der alltäglichen Entscheidungen** und Bewertungen zu machen. Dies mag leicht erscheinen, ist es jedoch nicht, denn es handelt sich hierbei nicht nur um eine Frage des guten Willens. Eine alltagspraktische Entfaltung des neuen Leitbildes heißt, daß auf allen Ebenen des Unternehmens eintrainierte Wahrnehmungs-, Denk-, Entscheidungs- und Verhaltensmuster, die nicht nur über Jahre praktiziert, sondern die abgefordert und anerkannt wurden, nun zu **verlernen** sind.

Ausgehend von diesen beiden Voraussetzungen ist eine Art Prioritätenliste oder Schrittfolge zu bestimmen, welchen Leitbildprinzipien zunächst besondere Bedeutung beigemessen und deshalb auch in der alltagspraktischen Durchsetzung Vorrang eingeräumt wird. Da realistischerweise nicht erwartet werden kann, daß sich alle Ziele und Prinzipien in gleicher Breite und Tiefe alltagspraktisch entfalten lassen, ist die Festlegung von Schwerpunkten unerläßlich. Hierbei ist zu berücksichtigen, daß möglichst auch solche Teilziele oder „Kleinigkeiten" des neuen Leitbildes berücksichtigt werden, die voraussichtlich schnell und häufig umgesetzt werden, die handgreiflich und allgemein sichtbar sind und auf die man als erste Erfolgsindikatoren verweisen kann. Schließlich ist das Augenmerk darauf zu richten, die bei der Entfaltung des neuen Leitbildes im Unternehmensalltag erreichten Ergebnisse regelmäßig zu analysieren und auch öffentlich zu dokumentieren. Anzunehmen, das Leitbild setze sich nach einer massiven Anschubphase – gewissermaßen getragen vom guten Willen aller – von selbst durch, wäre sicher verhängnisvoll.

Ausgehend von dieser „Drei-Stufen"-Strategie wird vielleicht besser verständlich, daß Leitbildgestaltung nicht schlechthin ein Spiel mit ungewöhnlichen Ideen und spektakulären Visionen ist, sondern ein handfester und für die Umweltpflichtigkeit des Unternehmens folgenreicher **Synchronisationsprozeß** von individueller und institutioneller Umweltorientierung. Es reicht nämlich nicht hin, daß die Grundwerte der Mitarbeiter und der Umwelt übereinstimmen, denn eine solche allgemeine Übereinstimmung ist keine Garantie dafür, daß diese Grundwerte automatisch in die Alltagspraxis des Unternehmens Einzug halten. Nicht die individuelle Umweltorientierung, sondern die ethischen Optionen, die in dem Unternehmensleitbild und der Unternehmenskultur verankert sind, dürften den Ausschlag dafür geben, ob und in welchem Maße ein Unternehmen Tag für Tag seiner Umwelt- und Sozialpflichtigkeit tatsächlich gerecht wird.

Individuelle Umweltorientierungen mögen noch so hoch sein, wenn die konkreten ethischen Optionen des Unternehmensleitbildes oder der Unternehmenskultur ihnen nicht entsprechen oder gar zuwiderlaufen, dann sind Mitarbeiter wie Unternehmen gleichermaßen überfordert, diese permanente Differenz in der Alltagspraxis zu überwinden. Eine leitbildorientierte Managementstrategie setzt somit nicht an den Folgen, sondern den Quellen jener Über-, Ent- und Umlastungszwänge an, in denen die Unternehmensverantwortung heute noch allzuoft zirkuliert.

Literatur

Allaire, Y., Firsirotu, M. E. (1984), Theories of Organizational Culture, in: Organization Studies, 5/4, S. 193 ff.
Barley, St. R., Meyer, G. W., Gash, D. C. (1988), Cultures of Culture: Academics, Practitioners and the Pragmatics of Normative Control, in: Administrative Science Quarterly, 33, S. 24 ff.
Bauer, R. A., Dierkes, M. (1973), Corporate Social Accounting, New York/Washington/London
Beck, U. (1988), Gegengifte, Die organisierte Unverantwortlichkeit, Frankfurt a. M.
Breitschwerdt, W. (1989), Technikbewertung und internationale Wettbewerbsfähigkeit, in: *Rapp, F., Mai, M.* (Hrsg.) (1989), Institutionen der Technikbewertung, Düsseldorf
Czarniawska-Joerges, B. (1989), Preface: Toward an Anthropology of Complex Organizations, in: International Studies of Management & Organization, 19, 3, S. 3 ff.
DeLisi, P. S. (1990), Lessons from the Steel Axe: Culture, Technology, and Organizational Change, in: Sloan Management Review, 1, S. 83–93
Dierkes, M. (1974), Die Sozialbilanz, ein gesellschaftsbezogenes Informations- und Rechnungssystem, Frankfurt a. M./New York
Dierkes, M. (Hrsg.) (1976), Künftige Beziehungen zwischen Unternehmen und Gesellschaft, Köln
Dierkes, M. (1977), Die neue Herausforderung an die Wirtschaft, Ethik als organisatorisches Problem, in: *Plesser, E. H.* (Hrsg.), Leben zwischen Wille und

Wirklichkeit, Unternehmer im Spannungsfeld von Gewinn und Ethik, Düsseldorf/Wien, S. 103–164
Dierkes, M. (1979), Wird die Offensive blockiert?, in: Manager Magazin, 7, S. 88 ff.
Dierkes, M. (1985), Mensch, Gesellschaft, Technik: Auf dem Wege zu einem neuen gesellschaftlichen Umgang mit der Technik, in: *Wildenmann, R.* (Hrsg.), Umwelt, Wirtschaft, Gesellschaft – Wege zu einem neuen Grundverständnis, Gerlingen, S. 41 ff.
Dierkes, M. (1988), Organisationskultur und Leitbilder als Einflußfaktoren der Technikgenese. Thesen zur Strukturierung eines Forschungsfeldes, in: Verbund Sozialwissenschaftliche Technikforschung, Mitteilungen 3, München, S. 49 ff.
Dierkes, M. (1989), Technikfolgenabschätzung in Unternehmen: Notwendigkeit, Möglichkeiten und Grenzen, in: *Biervert, B., Dierkes, M.* (Hrsg.), Informations- und Kommunikationstechniken im Dienstleistungssektor, Rationalisierung oder neue Qualität?, Wiesbaden, S. 59 ff.
Dierkes, M., Berthoin-Antal, A. (1985), Umweltmanagement konkret: Erfahrungen aus acht Jahren beim Migros Genossenschafts-Bund, in: GDI-Impuls, 1, S. 23 ff.
Dierkes, M, Fietkau, H.-J. (1988), Umweltbewußtsein – Umweltverhalten, Karlsruhe
Dierkes, M., Hähner, K. (1991), Sozio-ökonomischer Wandel und Unternehmensleitbilder, Ein Beitrag zur Untersuchung der Wahrnehmungsprozesse und Reaktionsweisen von Unternehmen auf Umfeldanforderungen (im Druck)
Dierkes, M., Hoffmann, U., Marz, L. (1991), Leitbild und Technik, Zur Entstehung und Steuerung technischer Innovationen (im Druck)
Dierkes, M., Marz, L. (1991), Technikakzeptanz, Technikfolgen und Technikgenese, Zur Weiterentwicklung konzeptioneller Grundlagen der sozialwissenschaftlichen Technikforschung, in: *Jaufmann, D., Kistler, E.* (Hrsg.), Einstellungen zum technischen Fortschritt, Technikakzeptanz im nationalen und internationalen Vergleich, Frankfurt a. M./New York, S. 157–187
Dierkes, M., Zimmermann, K. (Hrsg.) (1991), Ethik und Geschäft, Dimensionen und Grenzen unternehmerischer Verantwortung, Frankfurt a. M.
Ebers, M. (1985), Organisationskultur, Ein neues Forschungsprogramm?, Wiesbaden
Garfinkel, H. (1956), Conditions of Successful Degration Ceremonies, in: American Journal of Sociology, 61, S. 420 ff.
Hauff, V. (1991), Soziale und ökologische Verantwortung von Unternehmen, in: *Dierkes, M., Zimmermann, K.* (Hrsg.), Ethik und Geschäft, Dimensionen und Grenzen unternehmerischer Verantwortung, Frankfurt a. M., S. 73–86
Helmers, S. (1990), Theoretische und methodische Beiträge der Ethnologie zur Unternehmenskulturforschung, WZB-dp FS II 90–106, Berlin
Hill, W., Fehlbaum, R., Ulrich, P. (1981), Organisationslehre 1 und 2, Ziele, Instrumente und Bedingungen der Organisation sozialer Systeme, Bern/Stuttgart
Jelinek, M., Smircich, L., Hirsch, P. (1983), Introduction: A Code of many Colors, in: Administrative Science Quarterly, 28, S. 331 ff.
Jonas, H. (1979), Das Prinzip Verantwortung, Versuch einer Ethik für die technologische Zivilisation, München
Kenngott, E.-M. (1990), Der Organisationskulturansatz, Ein mögliches Programm zur Konzeption von Entscheidungsverhalten in Organisationen?, WZB-dp FS II 90–103, Berlin

Klix, F. (1983), Erwachendes Denken, Eine Entwicklungsgeschichte der menschlichen Intelligenz, (Ost-)Berlin

Kroeber, A. L., Kluckhohn, C. K. (1952), Culture, A Critical Review of Concepts and Definitions, Papers of the Peabody Museum of American Archeology and Ethnology 47/1, Cambridge/Mass.

Küpper, W., Ortmann, G. (Hrsg.) (1988), Mikropolitik, Rationalität, Macht und Spiele in Organisationen, Opladen

Marz, L. (1991a), Paralysis in Times of Upheaval, in: Journal of General Management, 16, 3, S. 1–10

Marz, L. (1991b), Der prämoderne Übergangsmanager, Die Ohnmacht des „realsozialistischen" Wirtschaftskaders, in: *Deppe, R., Dubiel, H., Rödel, U.* (Hrsg.), Demokratischer Umbruch in Osteuropa, Frankfurt a. M., S. 104- 125

Mayntz, R. (1976), Conceptual Models of Organizational Decision-Making and their Application to the Policy Process, in: *Hofstede, G.* (Hrsg.), European Contributions to Organizational Theory, Assen/Amsterdam, S. 114 ff.

Neuberger, O. (1984): Rational, irrationaler, irr rational, irrational, Über die Allgegenwart irrationalen Handelns in Organisationen, in: *Blum, R., Steiner, M.* (Hrsg.), Aktuelle Probleme der Marktwirtschaft in gesamt- und einzelwirtschaftlicher Sicht, Festgabe zum 65. Geburtstag von Louis Perridon, Berlin

Pettigrew, A. M. (1979), On Studying Organizational Cultures, in: Administrative Science Quarterly, 24, S. 570 ff.

Plesser, E. H. (1977), Leben zwischen Wille und Wirklichkeit, in: *Plesser, E. H.* (Hrsg.), Leben zwischen Wille und Wirklichkeit, Unternehmer im Spannungsfeld zwischen Gewinn und Ethik, Düsseldorf/Wien, S. 9–67

Schein, E. (1983), The Role of the Founder in Creating Organizational Culture, in: Organizational Dynamics, Summer, S. 13 ff.

Schein, E. (1985), How Culture Forms, Develops, and Changes, in: *Kilmann, R. u. a.* (Hrsg.), Gaining Control of the Corporate Culture, San Francisco, S. 17 ff.

Staehle, W. H. (1989), Funktionen des Managements, Bern/Stuttgart

Steiner, G. (1971), Business and Society, New York

Sweeney, R. S., Siers, H. L. (1990), Survey: Ethics in Corporate America, in: Management Accounting, 6, S. 34 ff.

Trice, H. M., Belasco, J., Alutto, J. A. (1969), The Role of Ceremonials in Organizational Behavior, in: Industrial and Labor Relations Review, 23, 1, S. 40 ff.

Turner, St. (1977), Complex Organizations as Savage Tribes, in: Journal for the Theory of Social Behavior, 7, S. 99 ff.

Weber, M. (1980), Wirtschaft und Gesellschaft, Grundriß der verstehenden Soziologie, Tübingen

Kapitel 16
Umweltschutz im Zielsystem von Unternehmen

von *Hans Raffée, Friedrich Förster* und *Wolfgang Fritz*

1. Umweltschutz als Gegenstand der empirischen Zielforschung 242
2. Das Unternehmensziel „Umweltschutz" im Lichte empirischer Forschungsergebnisse 243
   2.1 Die Position ökologischer Ziele im Zielsystem der Unternehmen . 243
       2.1.1 Der Rangplatz ökologischer Ziele in der Zielhierarchie.... 243
       2.1.2 Die Integration ökologischer Ziele in das unternehmerische Zielsystem 246
   2.2 Zielbeziehungen zwischen ökologischen und ökonomischen Unternehmenszielen 247
       2.2.1 Zielbeziehungen in der bisherigen Forschung 247
       2.2.2 Eine neue Analyse der Zielbeziehungen 249
3. Implikationen für eine umweltbewußte Unternehmensführung 253

Literatur 254

1. Umweltschutz als Gegenstand der empirischen Zielforschung

Die empirische Erforschung unternehmerischer Zielsysteme hat in der Betriebswirtschaftslehre eine lange Tradition. Dennoch ist diese Forschungsrichtung, die manchem schon „aus der Mode" gekommen schien, noch keineswegs abgeschlossen. Dies wird in den aktuellen Studien zum Umweltschutz als Unternehmensziel besonders deutlich (*Meffert, Kirchgeorg* 1989).

Die unternehmensbezogene **empirische Zielforschung** analysiert Zielinhalte, Zielbildungsprozesse und Zielbeziehungen auf unterschiedlichen Unternehmensebenen: einmal auf der Betrachtungsebene der Gesamtorganisation (**Unternehmensziele**), ferner auf der Ebene einzelner Geschäfts- oder Funktionsbereiche (**Bereichsziele**, z. B. Beschaffungs-, Produktions- und Absatzziele) und schließlich auf der Ebene einzelner innovativer Entscheidungsprozesse, an denen im Unternehmen in der Regel mehrere Personen beteiligt sind (sog. **Entscheidungsziele**) (*Kupsch* 1979, 137; *Hauschildt* 1986, 4; *Fritz et al.* 1988, 596 f.). Der **Umweltschutz** kann als Zielvorstellung prinzipiell auf allen diesen drei Betrachtungsebenen untersucht werden. Zahlreiche Beispiele für den Umweltschutz **als Bereichsziel** etwa in der Forschung und Entwicklung, der Beschaffung, der Produktion und des Absatzes bieten die Beiträge in Teil D dieses Handbuchs. Darüber hinaus spielt der Umweltschutz auch als sog. **Entscheidungsziel** eine immer größere Rolle, z. B. bei der Auswahl umweltverträglicher Roh-, Hilfs- und Betriebsstoffe, der Errichtung ressourcenschonender Produktionsanlagen, der Auswahl von Technologien auch unter dem Aspekt des Schadstoffanfalls und der Entsorgung (*Steger* 1990) oder bei der Entwicklung umweltgerechter Neuprodukte. So muß beispielsweise in jede Neuproduktplanung bei Procter & Gamble auch ein Entsorgungskonzept integriert werden, das die Auswirkungen der Produkte und Verpackungen auf das Abfallaufkommen zu minimieren sucht (*Raithel* 1990, 250 f.). Obwohl somit die Funktionsbereichs- wie auch die Entscheidungsprozeßebene interessante Ansatzpunkte für die Analyse des Umweltschutzziels bieten, wird der Umweltschutz im Rahmen der empirischen Zielforschung auf breiterer empirischer Basis bisher lediglich als **Unternehmensziel** untersucht (*Töpfer* 1985; *Fritz et al.* 1985; *Fritz et al.* 1988; *Raffée et al.* 1988; *Wiedmann et al.* 1988; *Meffert, Kirchgeorg* 1989; *Raffée, Fritz* 1990). Dieser Blickwinkel liegt daher auch den folgenden Ausführungen zugrunde.

Im Anschluß an die ältere betriebswirtschaftliche Terminologie wird in der Literatur der Umweltschutz vereinzelt sowohl als Sachziel als auch als Formalziel der Unternehmung diskutiert (*Strebel* 1980, 81–84; *Kloock* 1990, 108). Unternehmen, die Umweltschutzleistungen erstellen und anbieten, verfolgen demnach den **Umweltschutz als Sachziel** (z. B. *Walter* 1990). Ein solches Leistungsprogramm steht, wenn es von privaten Unternehmen erbracht wird, jedoch meist im Dienste übergeordneter Formalziele wie z. B. Gewinn,

Rentabilität oder Umsatz; denn die Situation der Formalzieldominanz ist für die privaten Unternehmen typisch, im Gegensatz etwa zu zahlreichen öffentlichen Betrieben (*Kosiol* 1972, 223 f.; *Raffée* 1974, 123). Daher steht im folgenden der **Umweltschutz als Formalziel** im Vordergrund der Überlegungen. Es geht dabei um die Fragen, inwieweit der Umweltschutz überhaupt als ein Formalziel angesehen werden darf, d. h. als ein abstraktes, übergeordnetes Ziel der Unternehmensführung, dessen Erreichung durch die Realisation unterschiedlicher Sachziele herbeigeführt werden kann (*Raffée* 1974, 123), und in welcher Beziehung der Umweltschutz zu den übrigen Formalzielen der Unternehmung steht. Diesen Fragen wird anhand der Ergebnisse der bisherigen empirischen Zielforschung sowie einiger weiterführender Analysen der Verfasser auf der Grundlage eines neuen Datensatzes nachgegangen.

2. Das Unternehmensziel „Umweltschutz" im Lichte empirischer Forschungsergebnisse

2.1 Die Position ökologischer Ziele im Zielsystem der Unternehmen

2.1.1 Der Rangplatz ökologischer Ziele in der Zielhierarchie

„Moderne Unternehmensführung ist ... nur noch denkbar, wenn wir uns gleichrangig gegenüber den Kapitalgebern, gegenüber der Belegschaft und gegenüber der Umwelt verantwortlich fühlen und danach handeln" (*Reuter* 1986, 22). *Edzard Reuter* stellt damit den Umweltschutz als Verantwortlichkeit und Zielvorstellung **gleichrangig** neben grundlegende „klassische" unternehmerische Orientierungen. *Hilger* und *Rohe* bringen für Hoechst bzw. Bayer ebenfalls zum Ausdruck, daß hohe **Qualität der Produkte** und **Wirtschaftlichkeit** auf der einen sowie **Umweltschutz** auf der anderen Seite **gleichberechtigte Unternehmensziele** darstellen (*Hilger* 1988, 40; *Rohe* 1990, 34). Auch zahlreiche andere Großunternehmen, etwa Akzo, BASF, IBM, Siemens, Südzucker, VW, Philips, FAG Kugelfischer und Procter & Gamble, haben den Umweltschutz inzwischen in den Kreis ihrer obersten **Unternehmens- und Führungsgrundsätze** aufgenommen (*Pfannschmidt* 1990, 14 f.; *Scharrer* 1990, 49; *Siegmann* 1990, 57; *Raithel* 1990, 250 f.).

Es stellt sich jedoch die Frage, ob diese von renommierten Großunternehmen bekundete Einstufung des Umweltschutzziels für die Gesamtheit der Unternehmen in der Bundesrepublik Deutschland repräsentativ ist. Bekanntlich sehen sich kleine und mittlere Unternehmen aufgrund ihrer oft unzureichenden Kenntnisse der eigenen Umweltbelastungen sowie ihrer meist weniger günstigen Personal- und Kapitaldecke vielfach größeren Schwierigkeiten bei der Realisierung von Umweltschutzmaßnahmen gegenüber (*Hermann* 1990, 96; *Strebel* 1990, 12). Ferner stehen kleine und mittlere Unternehmen in der Regel auch weniger im Mittelpunkt der öffentlichen ökologischen Diskussion. Möglicherweise spielt daher auch der Umweltschutz als Unternehmensziel bei ihnen eine vergleichsweise untergeordnete Rolle (*Raffée et al.* 1988, 23). Umfassende Hinweise auf den tatsächlichen Stellenwert des Umweltschutzziels in der Gesamtheit deutscher Unternehmen lassen sich grundsätzlich den neueren Studien der **empirischen Zielforschung** entnehmen, in denen der Umweltschutz als Unternehmensziel erhoben worden ist.

In den vergangenen Jahren haben sich **fünf empirische Untersuchungen** u. a. mit der Frage nach dem Stellenwert ökologischer Ziele im Unternehmenszielsystem befaßt (*Töpfer* 1985; *Fritz et al.* 1985; *Raffée et al.* 1988; *Meffert, Kirchgeorg* 1989 (bzw. *Kirchgeorg* 1990) sowie *Raffée, Fritz* 1990). In den beiden älteren Untersuchungen (*Töpfer* 1985; *Fritz et al.* 1985) wurde annähernd übereinstimmend festgestellt, daß ökologische Ziele wie „Umweltfreundlichkeit der Produkte" und „Schonung natürlicher Ressourcen" in der Rangordnung der Unternehmensziele die letzten Rangplätze einnahmen, d. h. in ihrer Bedeutung für die Unternehmensführung von allen anderen erhobenen Unternehmenszielen zum Teil bei weitem übertroffen wurden (*Töpfer* 1985, 245; *Fritz et al.* 1985, 380). Die **drei neueren Studien** erbringen jedoch davon abweichende Resultate. Daher sollen diese Untersuchungen im folgenden detaillierter dargestellt werden (*Raffée et al.* 1988; *Meffert, Kirchgeorg* 1989; *Raffée, Fritz* 1990).

Raffée/Förster/Krupp (1988)		Meffert/Kirchgeorg (1989)		Raffée/Fritz (1990)	
Rangordnung:	$\bar{x}$	Rangordnung:	$\bar{x}$	Rangordnung:	$\bar{x}$
1. Wettbewerbsfähigkeit	5.77	1. Sicherung der Wettbewerbsfähigkeit	1.19	1. Kundenzufriedenheit	6.12
2. Qualität des Angebots	5.72	2. Langfristige Gewinnerzielung	1.42	2. Sicherung des Unternehmensbestandes	6.08
3. Sicherung des Unternehmensbestandes	5.51	3. Produktivitätssteigerung	1.48	3. Wettbewerbsfähigkeit	6.00
4. Qualitatives Wachstum	5.40	4. Kosteneinsparungen	1.52	4. Qualität des Angebots	5.89
5. Ansehen in der Öffentlichkeit	5.25	5. Mitarbeitermotivation	1.56	5. Langfristige Gewinnerzielung	5.80
6. Verbraucherversorgung	5.13	6. Image	1.57	6. Gewinnerzielung insgesamt	5.74
7. Deckungsbeitrag	5.09	7. Erschließung neuer Märkte	1.70	7. Kosteneinsparungen	5.73
8. Gewinn	5.02	8. **Umweltschutz**	**1.88**	8. Gesundes Liquiditätspolster	5.64
9. Soziale Verantwortung	4.96	9. Erhaltung von Arbeitsplätzen	1.93	9. Kundenloyalität	5.64
10. Schonung natürlicher Ressourcen und umweltfreundliche Produkte	4.78	10. Marktanteil	2.15	10. Kapazitätsauslastung	5.57
11. Verbraucherversorgung mit besonders umweltfreundlichen Produkten	4.68	11. Kooperation mit dem Handel	2.28	11. Rentabilität des Gesamtkapitals	5.56
11. Unabhängigkeit	4.68	12. Umsatz	2.50	12. Produktivitätssteigerungen	5.54
13. Umsatz	4.64	13. Kurzfristige Gewinnerzielung	3.09	12. Finanzielle Unabhängigkeit	5.54
14. Marktanteil	4.62			14. Mitarbeiterzufriedenheit	5.42
15. Quantitatives Wachstum	4.15			15. Umsatz	5.24
16. Macht und Einfluß auf den Markt	4.04			16. Erhaltung und Schaffung von Arbeitsplätzen	5.20
				17. Wachstum des Unternehmens	5.05
				18. Marktanteil	4.92
				19. **Umweltschutz**	**4.87**
				20. Soziale Verantwortung	4.86
				21. Ansehen in der Öffentlichkeit	4.61
				22. Kurzfristige Gewinnerzielung	4.48
				23. Macht und Einfluß auf den Markt	4.46
				24. Verbraucherversorgung	4.14
n=53; Skala: 1 = wenig wichtig; 6 = äußerst wichtig		n=197; Skala: 1 = sehr viel Wert; 6 = überhaupt keinen Wert		n=144; Skala: 1 = gar keine Bedeutung; 7 = extrem hohe Bedeutung	

Tab. 1: Inhalte und Rangordnungen der Ziele von Industrieunternehmen in drei empirischen Untersuchungen ($\bar{x}$ = arithmetisches Mittel)

Tabelle 1 enthält die in den drei Studien ermittelten Rangordnungen der Unternehmensziele. Wie sich zeigt, nimmt das Umweltschutzziel in der Untersuchung von *Meffert* und *Kirchgeorg* einen höheren Rang in der Zielhierarchie ein als die in den Untersuchungen von *Raffée, Förster* und *Krupp* bzw. *Raffée* und *Fritz* erhobenen ökologischen Ziele; denn sein Abstand zum wichtigsten Unternehmensziel beträgt lediglich 0,69, während er sich in den beiden anderen Studien – gemessen auf einer einheitlichen sechsstufigen Skala – auf 0,99 bzw. 1,09 beläuft. Sowohl in der Studie von *Meffert* und *Kirchgeorg* als auch in jener von *Raffée, Förster* und *Krupp* übertreffen die ökologischen Ziele aber die Bedeutung klassischer ökonomischer Ziele wie „Marktanteil", „Umsatz", „kurzfristige Gewinnerzielung" und „quantitatives Wachstum". Die neue Studie von *Raffée* und *Fritz* (1990) vermag diese Resultate jedoch nicht uneingeschränkt zu bestätigen. Aus dem Kreis der eben genannten Ziele wird lediglich die kurzfristige Gewinnerzielung von den dort befragten Unternehmen als weniger wichtig eingestuft als das Umweltschutzziel. Dagegen nehmen Marktanteils-, Umsatz- und Wachstumsziele höhere Rangplätze ein als das Umweltschutzziel.

Der Grund für diese zum Teil divergenten Befunde ist in den **unterschiedlichen Stichproben** der einzelnen Studien zu suchen: Sowohl *Raffée, Förster* und *Krupp* als auch *Meffert* und *Kirchgeorg* haben Unternehmen aus solchen **Branchen** befragt, **die von ökologischen Problemen** mehr oder weniger **stark betroffen** sind (*Raffée et al.* 1988, 3 f.; *Meffert, Kirchgeorg* 1989, 189). In solchen Branchen – etwa der Kraftfahrzeugindustrie, der Chemischen Industrie, der Mineralölindustrie, der Kunststoff und Gummi sowie der Steine und Erden verarbeitenden Industrien – kommt dem **Umweltschutz eine vergleichsweise hohe Bedeutung als Unternehmensziel** zu (*Meffert, Kirchgeorg* 1989, 189). In der Kraftfahrzeugindustrie beispielsweise übertrifft die Bedeutung der ökologischen Ziele sogar jene der wirtschaftlichen Ziele „Gewinn" und „Deckungsbeitrag" (*Raffée et al.* 1988, 20). Dagegen beruht die Untersuchung von *Raffée* und *Fritz* auf einer für das gesamte Verarbeitende Gewerbe in der Bundesrepublik Deutschland weitgehend repräsentativen Stichprobe, in der keine Branchenschwerpunkte gebildet worden sind (*Raffée, Fritz* 1989, 9 f.). Daraus folgt, daß die vergleichsweise große Bedeutung des Umweltschutzziels, die man in ökologisch betroffenen Branchen festgestellt hat, (noch?) nicht repräsentativ für die Gesamtheit der deutschen Industrieunternehmen ist. Die große Mehrheit der deutschen Industrieunternehmen ist offenbar (noch?) weit davon entfernt, ökologische Zielsetzungen ökonomischen Zielen gleichrangig gegenüberzustellen. Die Bekundungen führender Repräsentanten renommierter Großunternehmen über die Gleichrangigkeit beider Zielkategorien sind somit (noch?) nicht verallgemeinerungsfähig. Dennoch ist nicht zu verkennen, daß der Umweltschutz, aufs Ganze gesehen, keineswegs als ein unwichtiges Unternehmensziel angesehen wird. Einem Untersuchungsergebnis von *Raffée, Förster* und *Krupp* zufolge rechnen die

2.1.2 Die Integration ökologischer Ziele in das unternehmerische Zielsystem

In der Studie von *Fritz et al.* (1985, 381f.) wurde auf der Grundlage exploratorischer und konfirmatorischer Faktorenanalysen ein **dreifaktorielles Zielsystem** in Industrieunternehmen ermittelt, das sich als **Basis- oder Kernzielsystem** in Replikationsstudien grundsätzlich bewährt hat (*Raffée et al.* 1988, 24f.; *Fritz et al.* 1988, 573f.) und in der Literatur anerkannt worden ist (*Haedrich, Tomczak* 1988, 639; *dieselben* 1990, 85; *Nieschlag, Dichtl, Hörschgen* 1991, 831). Dieses Kernsystem unterscheidet **drei Basisziele** (oder Zielfaktoren), nämlich ein **Leistungsziel**, das die Ziele „Qualität des Angebots" und „soziale Verantwortung" umfaßt, ein **Marktziel** mit den Zielen „Macht und Einfluß auf den Markt", „Umsatz" und „Marktanteil" sowie ein **Ertragsziel**, das im wesentlichen durch das Gewinnziel bestimmt ist (*Fritz et al.* 1985, 382). In dieses Kernzielsystem lassen sich auch **ökologische Ziele** einordnen, nämlich als **Bestandteile des Leistungsziels**, was durch die Studien von *Raffée, Förster* und *Krupp* sowie *Fritz et al.* empirisch belegt wird (*Raffée et al.* 1988, 25; *Fritz et al.* 1988, 574). Auch *Meffert* und *Kirchgeorg* stellen in ihrer Untersuchung eine enge Korrelation des Umweltschutzziels mit den Facetten des Leistungsziels fest (*Meffert, Kirchgeorg* 1989, 192). Die empirische Einordnung des Umweltschutzziels – hier in Gestalt des Ziels „umweltfreundliche Produkte" – in das Basiszielsystem der Unternehmen verdeutlicht Abbildung 1.

Die in Abbildung 1 ausgewiesene Zielstruktur verdeutlicht, daß nach Auffassung der befragten Unternehmen das Ziel „umweltfreundliche Produkte" in einem unmittelbaren Zusammenhang mit dem Leistungsziel steht, jedoch in geringerem Maße als die Ziele „Qualität des Angebots" und „Ansehen in der Öffentlichkeit", die enger mit dem Leistungsziel verbunden sind. Dies belegen die unterschiedlichen Ausprägungen der einzelnen Faktorladungen (0,83 bzw. 0,77 für die beiden letztgenannten, dagegen nur 0,64 für das erstgenannte Ziel). Lediglich mittelbar, d.h. über die Korrelationen des Leistungsziels mit dem Markt- bzw. Ertragsziel (0,42 bzw. 0,24), wirkt sich das Ziel „umweltfreundliche Produkte" auch auf die ökonomischen Ziele „Marktanteil", „Umsatz" und „Gewinn" aus. Somit hängt das ökologische Ziel auch indirekt über das Leistungsziel mit den ökonomischen Zielen zusammen, wenngleich dieser Zusammenhang, erkennbar an den z.T. nicht sehr hohen Korrelationen, schwächer ist.

Die in Abbildung 1 dargestellte Zielstruktur ähnelt jener, die von *Meffert* und *Kirchgeorg* festgestellt worden ist. Dort weist nämlich das Umweltschutzziel ebenfalls eine enge Beziehung mit dem Leistungsziel auf (r = 0,59) und korreliert ferner mit dem Marktziel (r = 0,36) und dem langfristigen

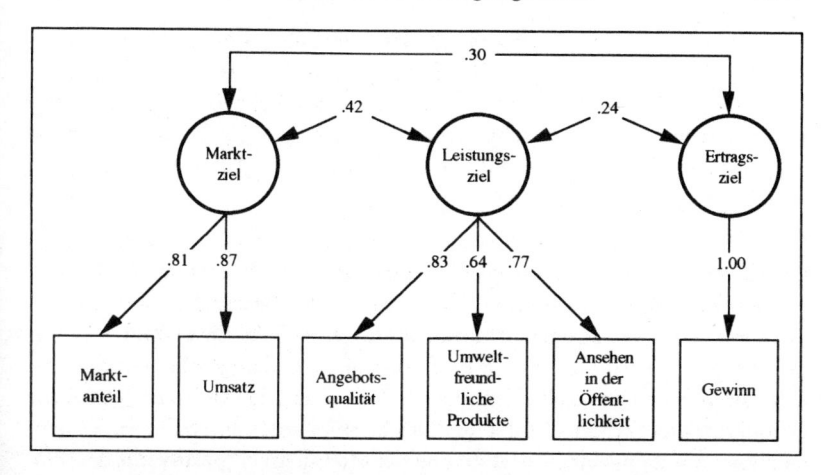

```
                           .30
              .42                      .24
        ┌─────────┐   ┌─────────┐   ┌─────────┐
        │ Markt-  │──▶│Leistungs-│──▶│ Ertrags-│
        │  ziel   │   │   ziel   │   │   ziel  │
        └─────────┘   └─────────┘   └─────────┘
         .81  .87    .83  .64  .77        1.00
```

Abb. 1: Konfirmatorisches Modell der Ziele von Industrieunternehmen (*Fritz, Förster, Wiedmann, Raffée* 1988, 574)

Gewinnziel (r = 0,29). Auch nach diesen Ergebnissen besitzt das Umweltschutzziel mit dem Leistungsziel die vergleichsweise engste Verbindung (*Meffert, Kirchgeorg* 1989, 192).

2.2 Zielbeziehungen zwischen ökologischen und ökonomischen Unternehmenszielen

2.2.1 Zielbeziehungen in der bisherigen Forschung

Die über die Zusammenhänge zwischen ökologischen und ökonomischen Unternehmenszielen herrschenden Auffassungen sind sehr unterschiedlich. Nicht selten wird die These vertreten, eine konsequente Verfolgung von Umweltschutzzielen würde zu erheblichen Kostenbelastungen führen, die nicht oder nur teilweise in Preise überwälzt werden könnten und daher mit Einbußen im Bereich der ökonomischen Ziele und insbesondere des Gewinns verbunden seien. Umweltschutz- und Gewinnziel stünden demnach in einer **Konkurrenzbeziehung**.

Dem steht aber jene Auffassung entgegen, wonach die Bemühungen im Umweltschutzbereich vielfach z. B. die Möglichkeit zu Innovationen und die Chance von Innovationsgewinnen bieten, Vorteile im Bereich des Unternehmensimages erzeugen und damit dauerhafte Wettbewerbsvorsprünge ermöglichen können. In diesen Fällen wird eine **Komplementaritätsbeziehung** zwischen ökologischen und ökonomischen Unternehmenszielen behauptet, wonach eine gleichzeitige Steigerung der Zielerreichung in beiden Bereichen möglich sein soll.

Schließlich findet sich auch noch die These einer **spezifischen (gewollten) Zielneutralität oder Zielautonomie**: Demnach wird der Umweltschutz aufgrund ethischer Überlegungen der Unternehmensführung als ein weitgehend autonomes Ziel in das Unternehmenszielsystem aufgenommen, wobei mögliche Beziehungen des Umweltschutzziels zu anderen Zielen sekundär sind. Der Umweltschutz wird bewußt als gleichrangiges Ziel neben anderen Unternehmenszielen etabliert, gleichgültig, ob dadurch die Erreichung anderer Ziele beeinflußt wird (*Strebel* 1980, 49–53; *Meffert et al.* 1986, 147f.; *Meffert, Kirchgeorg* 1989, 184; *Terhart* 1986, 402f.).

Das in Abbildung 1 dargestellte Kernzielsystem liefert erste Hinweise auf die tatsächlich existierenden Zielbeziehungen zwischen ökologischen und ökonomischen Unternehmenszielen: Die zwischen den Basiszielen nachgewiesenen positiven Korrelationen bringen zum Ausdruck, daß die befragten Unternehmen zwischen diesen Zielen keine konkurrierenden, sondern grundsätzlich **komplementäre Zielbeziehungen** sehen. Das Ziel „umweltfreundliche Produkte" wirkt sich als Bestandteil des Leistungsziels durch dessen Zusammenhang mit dem Markt- und Ertragsziel offensichtlich **positiv** auf die ökonomischen Ziele „Marktanteil", „Umsatz" und „Gewinn" aus.

Dennoch sind diese Korrelationen nicht sehr stark ausgeprägt. Dies spricht u. E. dafür, daß die Chancen, die sich aus einer hohen ökologischen Produktqualität auch für die Erzielung von Markterfolgen und Gewinn ergeben, von den Unternehmen noch nicht voll ausgeschöpft werden.

Eine detailliertere Analyse der Zielbeziehungen zwischen ökologischen und ökonomischen Unternehmenszielen haben vor kurzem *Meffert* und *Kirchgeorg* vorgenommen. In ihrer Studie, in der Manager danach befragt worden sind, inwieweit Umweltschutzziele die Erreichung anderer Unternehmensziele fördern oder beeinträchtigen könnten (*Kirchgeorg* 1990, 310), werden die soeben festgestellten komplementären Zielbeziehungen im wesentlichen bestätigt (*Meffert, Kirchgeorg* 1989, 192). Darüber hinaus werden, in erweiterter Perspektive, jedoch auch einige konkurrierende Zielbeziehungen diagnostiziert. Im einzelnen zeigen sich folgende Zielbeziehungen (*Meffert, Kirchgeorg* 1989, 190f.):

Komplementäre Beziehungen bestehen zwischen dem Umweltschutzziel und
– der langfristigen Gewinnerzielung,
– dem Umsatzziel,
– dem Marktanteilsziel,
– dem Ziel der Erschließung neuer Märkte,
– dem Ziel der Erhaltung von Arbeitsplätzen,
– dem Imageziel,
– dem Ziel der Mitarbeitermotivation,
– dem Ziel der Kooperation mit dem Handel und
– dem Ziel der Sicherung der Wettbewerbsfähigkeit.

Nach Angaben der von *Meffert* und *Kirchgeorg* befragten Manager trägt das Umweltschutzziel am stärksten zur Verbesserung des Unternehmens- und Produktimages sowie der Mitarbeitermotivation bei (*ebenda*, 191).

2. Empirische Forschungsergebnisse

Konkurrierende Beziehungen ergeben sich zwischen dem Umweltschutzziel und
- der kurzfristigen Gewinnerzielung und
- dem Ziel der Kosteneinsparungen.

Eine annähernde **Zielneutralität** wird zwischen dem Umweltschutzziel und dem Ziel der Produktivitätssteigerung ermittelt.

Aufs Ganze gesehen **überwiegen aber die komplementären Zielbeziehungen eindeutig**. Insgesamt bestätigt sich somit, daß sich ökologische und ökonomische Ziele gegenseitig häufiger fördern als beeinträchtigen. Die Unternehmen scheinen den Umweltschutz als Instrument zur Sicherung des langfristigen Unternehmenserfolges erkannt zu haben; denn nach Auskunft der von *Meffert* und *Kirchgeorg* befragten Unternehmen trägt der Umweltschutz zur **langfristigen Gewinnerzielung** bei. Auch das häufig verwendete Argument, die Berücksichtigung umweltschutzbezogener Belange beeinträchtige die **Wettbewerbsfähigkeit** der Unternehmen, ist kaum noch haltbar: Die von *Meffert* und *Kirchgeorg* festgestellte Komplementarität zwischen dem Umweltschutzziel und dem Ziel der Sicherung der Wettbewerbsfähigkeit wurde zuvor auch von *Fritz, Förster, Wiedmann* und *Raffée* kausalanalytisch nachgewiesen (*Meffert, Kirchgeorg* 1989, 191; *Fritz et al.* 1988, 575–579). Umweltschutzmaßnahmen im allgemeinen, umweltfreundliche Produkte im besonderen tragen somit auch zu einer Verbesserung der Wettbewerbsfähigkeit der Unternehmen bei.

2.2.2 Eine neue Analyse der Zielbeziehungen

Um die bisher getroffenen Aussagen zu den Zielbeziehungen einer weiteren kritischen Prüfung zu unterziehen, haben wir eine neue, hier erstmals veröffentlichte **empirische Untersuchung der Beziehungen zwischen den Erreichungsgraden des Umweltschutzziels einerseits und weiteren Unternehmenszielen andererseits** anhand der Daten der Studie von *Raffée* und *Fritz* (1990) vorgenommen. Das Ergebnis geht im einzelnen aus Tabelle 2 und Abbildung 2 hervor.

Aus Tabelle 2 (S. 250) ist ersichtlich, daß es Unternehmen, denen es gelingt, in hohem Maße ihr **Umweltschutzziel zu erreichen**, auch möglich ist,
- ihre **Wettbewerbsfähigkeit** und ihren **Unternehmensbestand zu sichern**,
- ihren **Umsatz** und ihr **Wachstum** zu steigern sowie **Macht und Einfluß auf den Markt** auszuüben,
- **langfristig Gewinn** zu erzielen, die Rentabilität des Gesamtkapitals zu verbessern sowie ein gesundes Liquiditätspolster zu erwerben,
- eine **hohe Qualität des Angebots** und ein **positives Ansehen in der Öffentlichkeit** zu erreichen,
- **Arbeitsplätze zu erhalten und zu schaffen** sowie ihre **Mitarbeiter** und ihre **Kunden zufriedenzustellen** und die **Verbraucher zu versorgen**,

Erreichungsgrad der Unternehmensziele	Erreichungsgrad des Umweltschutzziels
– Kapazitätsauslastung	.157*
– Wettbewerbsfähigkeit	.181*
– Soziale Verantwortung	.262**
– Rentabilität des Gesamtkapitals	.166*
– Kundenloyalität	.140
– Produktivitätssteigerungen	.309**
– Mitarbeiterzufriedenheit	.313**
– Verbraucherversorgung	.222*
– Wachstum des Unternehmens	.219*
– Kundenzufriedenheit	.188*
– Marktanteil	.070
– Umsatz	.272**
– Ansehen in der Öffentlichkeit	.309**
– Finanzielle Unabhängigkeit	.091
– Gesundes Liquiditätspolster	.166*
– Langfristige Gewinnerzielung	.212*
– Kurzfristige Gewinnerzielung	.056
– Gewinnerzielung insgesamt	.152*
– Erhaltung und Anschaffung von Arbeitsplätzen	.259**
– Qualität des Angebots	.249*
– Sicherung des Unternehmensbestandes	.210*
– Macht und Einfluß auf den Markt	.193*
– Kosteneinsparungen	.291**

Tab. 2: Die Korrelationen des Erreichungsgrades des Umweltschutzziels mit den Erreichungsgraden anderer Unternehmensziele

Anmerkungen: Datenquelle: *Raffée, Fritz* 1990; n=144 Industrieunternehmen; Pearson-Korrelationskoeffizienten; *: $p < .05$; **: $p < .001$. Gemessen wurde das Ausmaß der jeweiligen Zielerreichung, bezogen auf einen Zeitraum von drei Jahren, durch einpolige, siebenstellige Rating-Skalen.

– **Kapazitäten besser auszulasten, Kosteneinsparungen** und **Produktivitätssteigerungen zu erzielen** und
– **soziale Verantwortung** erfolgreich zu praktizieren.

Diese statistisch signifikanten Zusammenhänge bestätigen zunächst die bisher bereits erwähnten Komplementaritätsbeziehungen weitgehend. Darüber hinaus scheint diese Analyse aber den von *Meffert* und *Kirchgeorg* diagnostizierten konkurrierenden bzw. neutralen Zielbeziehungen zu widersprechen: Unseren Resultaten zufolge bestehen zwischen der Erreichung des Umweltschutzziels einerseits und der Erreichung der Ziele „Kosteneinsparungen" und „Produktivitätssteigerungen" andererseits hochsignifikante **positive** Korrelationen, d.h. **komplementäre** Beziehungen, während die Erreichungsgrade des Umweltschutzziels und des Ziels „kurzfristige Gewinnerzielung" schwach positiv, jedoch statistisch nicht signifikant korrelieren.

2. Empirische Forschungsergebnisse

Als Erklärung für den positiven Zusammenhang zwischen Umweltschutz auf der einen, Kosteneinsparungen und Produktivitätssteigerungen auf der anderen Seite bietet sich folgende Überlegung an: Da der Umweltschutz, wie *Meffert* und *Kirchgeorg* (1989, 191) feststellen, zu Umsatzsteigerungen und zum Unternehmenswachstum beiträgt und deshalb u. E. auch eine Verbesserung der Kapazitätsauslastung mitbewirkt, können aus diesem gesamten Wirkungsgefüge heraus Kosteneinsparungseffekte eintreten (z. B. bei Kapitalbindungskosten und Leerkosten), welche die direkten Kosten von Umweltschutzmaßnahmen (*Meffert et al.* 1990, 48) zumindest auf längere Sicht **überkompensieren**. Eine verbesserte Kapazitätsauslastung kann zugleich eine Verbesserung der effektiv erzielten Leistungsergebnisse und damit der Ergiebigkeit der Produktionsfaktoren bewirken (*Kern* 1984). Diese Annahmen lassen sich aus unseren Daten heraus belegen durch die z. T. engen und hochsignifikanten Korrelationen ($p < 0,001$) zwischen der Erreichung des Umsatzziels und der Erzielung einer hohen Kapazitätsauslastung ($r = .560$), hoher Produktivitätssteigerungen ($r = .584$) sowie hoher Kosteneinsparungen ($r = .385$). Ferner hängt die Kapazitätsauslastung positiv mit Produktivitätssteigerungen ($r = .346$) und Kosteneinsparungen zusammen ($r = .369$). Produktivitätssteigerungen und Kosteneinsparungen korrelieren ebenfalls positiv ($r = .584$).

Im Rahmen einer – hier nicht näher darstellbaren – Kausalanalyse haben sich diese Zusammenhänge ebenfalls bestätigt. Somit steht die **Erreichung des Umweltschutzziels in direkten und indirekten positiven Beziehungen auch zur Erreichung produktions- und kostenwirtschaftlicher Unternehmensziele**. Diese Zusammenhänge dürften jedoch in erster Linie **längerfristiger Art** sein; denn eine längerfristige, d. h. einen Zeitraum von drei Jahren umfassende Betrachtung der Zielerreichung liegt der hier durchgeführten Analyse zugrunde. Während kurzfristig Zielkonflikte zwischen ökonomischen und ökologischen Formalzielen durchaus in der Weise vorkommen, wie sie von *Meffert* und *Kirchgeorg* festgestellt wurden, entstehen auf längere Sicht aufgrund der Umsatz-, Kapazitäts-, Kosteneinsparungs- und Produktivitätseffekte ökologischer Zielerreichung vermutlich weitgehende komplementäre Beziehungen zwischen dem Umweltschutzziel und den ökonomischen Zielen.

Die in Tabelle 2 wiedergegebenen Korrelationen repräsentieren bivariate Zusammenhänge zwischen den Erreichungsgraden des Umweltschutzziels einerseits, der anderen Unternehmensziele andererseits. Die dort ermittelten komplementären Zielbeziehungen bestätigen sich aber auch im multivariaten Kontext des in Abbildung 2 dargestellten **Strukturgleichungsmodells**. Die mit LISREL 7 (*Jöreskog, Sörbom* 1988) durchgeführte Kausalanalyse belegt die Annahme, daß die Realisierung des Umweltschutzziels am stärksten der Erreichung von Produktivitäts- und Kosteneinsparungszielen und der Ziele „Ansehen in der Öffentlichkeit", „Mitarbeiterzufriedenheit", „soziale Verantwortung" sowie Wachstums- und Sicherheitszielen zuträglich ist. Auch

Kapitel 16: Umweltschutz im Zielsystem von Unternehmen

diese Analyse beruht auf Angaben von Unternehmen, die sich auf einen dreijährigen Zeitraum beziehen, und stützt damit ebenfalls die **Annahme einer längerfristig sehr umfassenden Komplementarität ökonomischer und ökologischer Unternehmensziele.**

An diesen Schlußfolgerungen sind jedoch **einschränkende Bemerkungen** anzubringen. Zum einen sind die von *Meffert* und *Kirchgeorg* sowie auch die von uns ermittelten **Komplementaritätsbeziehungen** zwischen dem Umweltschutzziel und den ökonomischen Zielen **nicht** immer **sehr stark** ausgeprägt (*Meffert, Kirchgeorg* 1989, 191, sowie Tabelle 2 und Abbildung 2). Zum

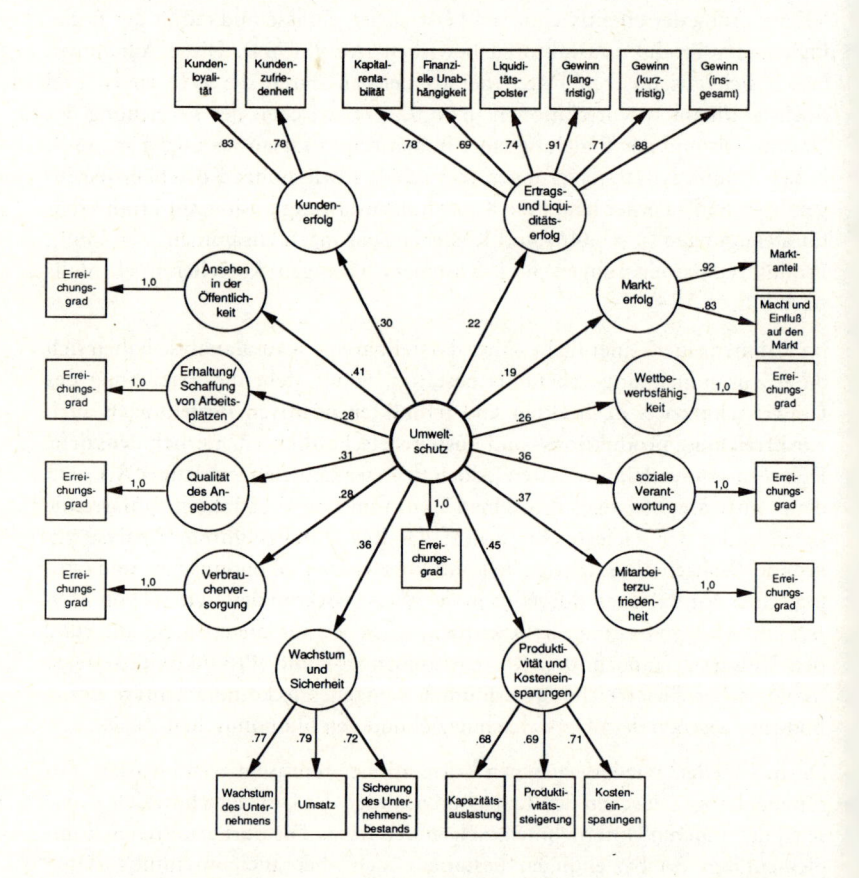

Abb. 2: Ein Strukturgleichungsmodell der Beziehungen zwischen dem Erreichungsgrad des Umweltschutzziels und den Erreichungsgraden anderer Unternehmensziele (LISREL 7 (ULS), *Jörgskog, Sörbom* 1988, Datenquelle: *Raffée, Fritz* 1990)

Anmerkung: Die Meßfehler und die Strukturgleichungsfehler wurden nicht eingezeichnet. Aufgrund der Interkorrelation der Zielerreichungsgrade wurden die Strukturgleichungsfehler korreliert. GFI = .98; AGFI = .97; RMR = .06; Chi^2 = 145,50; df = 182; p = .978.

3. Implikationen für die Unternehmensführung 253

anderen können hinter den festgestellten Komplementaritätsbeziehungen zum Teil komplexe **Wechselwirkungen** existieren: So kann der Umweltschutz zwar einerseits zur Erreichung anderer Ziele – und damit zum Unternehmenserfolg – beitragen; andererseits aber fällt es erfolgreichen Unternehmen leichter als weniger erfolgreichen, Umweltschutzmaßnahmen durchzuführen. Dann würde der Unternehmenserfolg auch auf den Umweltschutz zurückwirken. Möglicherweise verbergen sich hinter den festgestellten Komplementaritätsbeziehungen somit **Prozesse reziproker Kausalität**, die der näheren Untersuchung noch bedürfen. Schließlich existieren in einzelnen **Unternehmenssegmenten z. T. abweichende Zielbeziehungen**. Enge Komplementaritätsbeziehungen zwischen ökologischen und ökonomischen Unternehmenszielen existieren in solchen Unternehmen, die gegenüber ökologischen Fragen sehr aufgeschlossen sind bzw. ökologisch besonders betroffenen Branchen angehören. Weniger enge Komplementaritätsbeziehungen und eine größere Anzahl von Zielen, die mit dem Umweltschutzziel in einer Konkurrenzbeziehung stehen, lassen sich in Unternehmen mit einer passiven Grundhaltung zum Umweltschutz nachweisen (*Fritz et al.* 1988, 577–579; *Meffert et al.* 1990, 50, 52; *Kirchgeorg* 1990, 247–255). Diese die generelle These der Komplementarität ökologischer und ökonomischer Unternehmensziele einschränkenden Befunde verdeutlichen erneut, daß zahlreiche Unternehmen noch weit davon entfernt sind, die Chancen, welche die Einbeziehung ökologischer Ziele in das Unternehmenszielsystem bieten, in vollem Umfang zu erkennen und zu nutzen.

3. Implikationen für eine umweltbewußte Unternehmensführung

Die empirischen Forschungsergebnisse, die bisher zum Umweltschutz als Unternehmensziel vorliegen, offenbaren eine **Schwachstelle in der Führungskonzeption zahlreicher Unternehmen**: Zum einen stehen ökologische Ziele vielfach in einer längerfristig komplementären Beziehung zu den meisten ökonomischen Unternehmenszielen. Zum anderen aber messen die Unternehmen den ökologischen Zielen überwiegend eine nur untergeordnete Bedeutung im Rahmen ihrer Zielhierarchie bei. Die meisten Unternehmen erkennen somit die Chancen nicht vollständig, die sich aus den ökologischen Zielen ergeben, oder aber sie schöpfen dieses Chancenpotential noch nicht aus. Nur in ökologisch besonders betroffenen Branchen sowie in ökologisch aufgeschlossenen Unternehmen ist dies anders.

Demgegenüber sprechen die präsentierten Forschungsresultate dafür, daß es vielfach einer **Aufwertung ökologischer Ziele im Unternehmenszielsystem bedarf**; denn gerade dadurch kann die Erreichung ökonomischer und sozialer Unternehmensziele erheblich unterstützt bzw. gefördert werden, woraus sich in der Folge verbesserte Voraussetzungen für die Vornahme weiterer Umweltschutzmaßnahmen ergeben können.

Die Notwendigkeit einer solchen Aufwertung ökologischer Ziele ergibt sich auch aus dem weitreichenden gesellschaftlichen **Wertewandel**, der sich nicht zuletzt in den Werthaltungen der Nachwuchs-Führungskräfte in hohem Maße niedergeschlagen hat. Dieser Wertewandel unterstreicht die Forderung, daß die Wirtschaft ein verstärktes Verantwortungsbewußtsein gegenüber der Umwelt zu entwickeln hat, etwa durch umweltfreundlichere Produkte und Produktionsverfahren und durch einen sparsameren Energie- und Rohstoffverbrauch (*Raffée, Wiedmann* 1987, 92; *Fritz et al.* 1988, 580–582; *Wiedmann et al.* 1988, 48 f.).

Einen wesentlichen Ansatzpunkt zur Aufwertung ökologischer Ziele im Unternehmenszielsystem bietet die unternehmerische **Zielplanung** (*Kupsch* 1979, 63–112). Es ist dabei aber von großer Bedeutung, den Umweltschutz nicht nur mit dem ihm gebührenden Gewicht auf der Ebene der betrieblichen **Oberziele**, d. h. als relevantes **Unternehmensziel** zu etablieren, sondern das Umweltschutzziel auch in einer am Oberziel ausgerichteten, operationalisierten Form als **Zwischen- und Unterziel** im Unternehmen zu verankern. Es genügt somit nicht, den Umweltschutz nur als eines der obersten Unternehmensziele zu begreifen oder ihn lediglich als ein autonomes Ziel zu etablieren. Die Steuerung des Unternehmensverhaltens nach Maßgabe ökonomischer und ökologischer Ziele kann erst dann in ausreichendem Maße gewährleistet werden, wenn das Umweltschutzziel im gesamten Zielsystem verankert wird, d. h. auch auf der Ebene der **Bereichsziele** und auf der Ebene der **Entscheidungsziele** in angemessener Weise Berücksichtigung findet.

Literatur

Fritz, W., Förster, F., Raffée, H., Silberer, G. (1985), Unternehmensziele in Industrie und Handel, in: Die Betriebswirtschaft, 4, S. 375–394

Fritz, W., Förster, F., Wiedmann, K.-P., Raffée, H. (1988), Unternehmensziele und strategische Unternehmensführung, in: Die Betriebswirtschaft, 5, S. 567–586

Haedrich, G., Tomczak, T. (1988), Analyse von Konfliktpotentialen im Hersteller- und Handelsmarketing mit Hilfe des Verfahrens „Analytic Hierarchy Process (AHP)", in: Die Betriebswirtschaft, 5, S. 635–650

Haedrich, G., Tomczak, T. (1990), Strategische Markenführung, Bern, Stuttgart

Hauschildt, J. (1986), Goals and Problem Solving in Innovative Decisions, in: *Witte, E., Zimmermann, H.-J.* (Hrsg.), Empirical Research on Organizational Decision Making, Amsterdam, S. 3–19

Hermann, T. (1990), Umweltschutzaktivitäten der Kammerorganisation für die gewerbliche Wirtschaft, in: *Albach, H.* (Hrsg.), Betriebliches Umweltmanagement, Zeitschrift für Betriebswirtschaft, Ergänzungsheft 2/90, S. 95–108

Hilger, W. (1988), „Wir haben Fehler gemacht", stern-Interview, in: stern, 19, S. 38–42

Jöreskog, K. G., Sörbom, D. (1988), LISREL 7, Chicago, Ill, u. a.

Kern, W. (1984), Kapazität und Beschäftigung, in: *Grochla, E., Wittmann, W.* (Hrsg.), Handwörterbuch der Betriebswirtschaft, 4. Aufl., Studienausgabe, Stuttgart, Sp. 2083–2089

Kirchgeorg, M. (1990), Ökologieorientiertes Unternehmensverhalten, Wiesbaden
Kloock, J. (1990), Umweltschutz in der betrieblichen Abwasserwirtschaft, in: Wirtschaftsstudium, 2, S. 107–113.
Kosiol, E. (1972), Die Unternehmung als wirtschaftliches Aktionszentrum, Reinbek bei Hamburg
Kupsch, P. (1979), Unternehmungsziele, Stuttgart/New York
Meffert, H., Bruhn, M., Schubert F., Walther, T. (1986), Marketing und Ökologie, in: Die Betriebswirtschaft, 2, S. 140–159
Meffert, H., Kirchgeorg, M. (1989), Umweltschutz als Unternehmensziel, in: *Specht, G., Silberer, G., Engelhardt, W. H.* (Hrsg.), Marketing-Schnittstellen, Stuttgart, S. 179–199
Meffert, H., Kirchgeorg, M., Ostmeier, H. (1990), Der Einfluß von Ökologie und Marketing auf die Strategien, in: Absatzwirtschaft, Sondernummer Oktober, S. 42–56
Nieschlag, R., Dichtl, E., Hörschgen, H. (1991), Marketing, 16. Aufl., Berlin
Pfannschmidt, A. (1990), Praxis des Umweltmanagements in Großunternehmen, in: *Albach, H.* (Hrsg.), Betriebliches Umweltmanagement, Zeitschrift für Betriebswirtschaft, Ergänzungsheft 2/90, S. 13–21
Raffée, H. (1974), Grundprobleme der Betriebswirtschaftslehre, Göttingen
Raffée, H., Förster, F., Krupp, W. (1988), Marketing und Ökologieorientierung – Eine empirische Studie unter besonderer Berücksichtigung der Lärmminderung, Arbeitspapier Nr. 63 des Instituts für Marketing, Universität Mannheim, Mannheim
Raffée, H., Fritz, W. (1990), Unternehmensführung und Unternehmenserfolg. Grundlagen und Ergebnisse einer empirischen Untersuchung, Arbeitspapier Nr. 85 des Instituts für Marketing, Universität Mannheim, Mannheim
Raffée, H., Wiedmann, K.-P. (1987), Dialoge 2 – Der Bürger im Spannungsfeld von Öffentlichkeit und Privatleben, Band: Marketing – Analyse – Konsequenzen und Perspektiven für das gesellschaftsorientierte Marketing, Hamburg
Raithel, H. (1990), Small is Useful, in: Manager Magazin, 4, S. 246–253
Reuter, E. (1986), Vom Geist der Wirtschaft, Stuttgart
Rohe, E.-H. (1990), Unternehmensziel Umweltschutz vor dem Hintergrund internationaler Umweltpolitik, in: *Albach, H.* (Hrsg.), Betriebliches Umweltmanagement, Zeitschrift für Betriebswirtschaft, Ergänzungsheft 2/90, S. 23–40
Scharrer, E. (1990), Industrielle Umweltpolitik, in: *Albach, H.* (Hrsg.), Betriebliches Umweltmanagement, Zeitschrift für Betriebswirtschaft, Ergänzungsheft 2/90, S. 41–54
Siegmann, H. P. (1990), Umweltschutz ist Chefsache, in: *Albach, H.* (Hrsg.), Betriebliches Umweltmanagement, Zeitschrift für Betriebswirtschaft, Ergänzungsheft 2/90, S. 55–62
Steger, U. (1988), Umweltmanagement, Frankfurt a. M./Wiesbaden
Steger, U. (1990), Integrierter Umweltschutz als Gegenstand eines Umweltmanagements, in: *Kreikebaum, H.* (Hrsg.), Integrierter Umweltschutz, Wiesbaden, S. 33–43
Strebel, H. (1980), Umwelt und Betriebswirtschaft, Berlin
Strebel, H. (1990), Integrierter Umweltschutz – Merkmale, Voraussetzungen, Chancen, in: *Kreikebaum, H.* (Hrsg.), Integrierter Umweltschutz, Wiesbaden, S. 3–16
Terhart, K. (1986), Betriebswirtschaftliche Fragen des Umweltschutzes, in: Wirtschaftswissenschaftliches Studium, 8, S. 401–405

Töpfer, A. (1985), Umwelt- und Benutzerfreundlichkeit von Produkten als strategische Unternehmensziele, in: Marketing·ZFP, 4, S. 241–251

Walter, R. (1990), Schutz der Umwelt durch Gewinnung von Sekundärrohstoffen, in: *Albach, H.* (Hrsg.), Betriebliches Umweltmanagement, Zeitschrift für Betriebswirtschaft, Ergänzungsheft 2/90, S. 83–94

Wiedmann, K.-P., Fritz, W., Förster, F., Raffée, H. (1988), Die Überprüfung unternehmerischer Zielsysteme als Voraussetzung eines effizienten Öko-Marketing, in: Thexis, 3, S. 44–50, auch in: *Brandt, A., Hansen, U., Schoenheit, I., Werner, K.* (Hrsg.), Ökologisches Marketing, Frankfurt a.M./New York, S. 108–130

Kapitel 17
Integrierter Umweltschutz (IUS) durch strategische Planungs- und Controlling-Instrumente

von *Hartmut Kreikebaum*

1. Einführung und begriffliche Abgrenzung 258
2. Integrierter Umweltschutz als Gegenstand der strategischen Planung . 260
   2.1 Die Realisierung des integrierten Umweltschutzes durch strategische Planungs-Instrumente: Das Systemproblem 260
   2.2 Die Bewertung des integrierten Umweltschutzes durch strategische Controlling-Instrumente: Das methodische Problem 261
3. Darstellung ausgewählter strategischer Planungs- und Controlling-Instrumente für den integrierten Umweltschutz 261
   3.1 Die Einführung integrierter Umweltschutztechnologien als Investitionsproblem 262
      3.1.1 Der Aufbau eines Umweltinformationssystems 262
      3.1.2 Beurteilungskalküle 264
         3.1.2.1 Monetarisierung von Umwelteinwirkungen 264
         3.1.2.2 Stoff- und Energiebilanzansätze 265
   3.2 Integrierter Umweltschutz als Element einer offensiven Umweltstrategie 266
      3.2.1 Die Innovationsentscheidung 266
      3.2.2 Produktionsentscheidungen 267
      3.2.3 Marketingentscheidungen 268
Literatur 269

1. Einführung und begriffliche Abgrenzung

Im Rahmen einer präskriptiven Betrachtungsweise geht es in der strategischen Planung um die möglichst effiziente und effektive Nutzung der Chancen, die sich einem Unternehmen angesichts der gegebenen Umweltsituation bieten. Dazu gehört das Ausbauen der vorhandenen und potentiellen Stärken ebenso wie die Abwehr möglicher Bedrohungen, die sich aus vorhandenen Schwächen ergeben (*Kreikebaum* 1991, 26 f.). Auch der integrierte Umweltschutz (IUS) bietet eine solche Chance, insbesondere wenn ein Unternehmen Produkte und Verfahren des integrierten Umweltschutzes am Markt anbietet, d. h., wenn es ein offensives oder aktives Umweltmanagement praktiziert (siehe dazu *Wicke* 1987). Allerdings wird IUS auch bei defensivem Umweltmanagement strategische Überlegungen beinhalten.

Im vorliegenden Beitrag ist zu untersuchen, in welcher Weise strategische Planungs- und Controlling-Instrumente zur Durchsetzung von Strategien und Maßnahmen des IUS beitragen können. Die Formulierung des Themas ist teleologisch zu verstehen. Sie enthält folgende Einzelfragen: Worin besteht der Beitrag strategischer Planungs- und Controlling-Instrumente zur Verbesserung der Effizienz und Effektivität des IUS? Welche Instrumente bieten sich speziell für den IUS an? Welche besonderen Probleme ergeben sich bei deren Implementierung?

Zur genaueren Präzisierung und Eingrenzung des Themas sind zunächst einige begriffliche Abgrenzungen vorzunehmen.

Integrierter Umweltschutz umfaßt alle Vorstufen und Folgestufen eines Produktionsprozesses, d. h. sowohl den Input als auch die Entsorgung von Alterzeugnissen (*Strebel* 1991, 4 f.). Die umweltrelevanten Effekte von Vor- und Folgestufen werden dadurch zu beeinflussen versucht, daß an den Wurzeln der Umweltbelastung angesetzt wird. Vorsorge- und Vermeidungsstrategien treten an die Stelle von Nachsorgestrategien, bei denen Umweltschutzüberlegungen erst nach abgeschlossenem Produktionsprozeß einsetzen. Ziel des IUS ist die prozeßintegrierte Schadensvermeidung oder -verminderung durch Emissionsvermeidung und -senkung. Insbesondere geht es darum, Schadstoffe der Produktion an der Quelle selbst auszuschalten bzw. zu minimieren (siehe dazu im einzelnen *Biliteswki, Härdtle, Marck* 1990, 448–530). Die Anwendungsbereiche des IUS ergeben sich aus Abb. 1.

Für den IUS sprechen im wesentlichen folgende Gründe:
- eine wirkliche Lösung von Umweltproblemen,
- bessere Umweltverträglichkeit,
- die Internalisierung der Kosten des Umweltschutzes,
- prozeßintegrierte Schadensverminderung oder -vermeidung statt nachgeschalteter Maßnahmen,

1. Einführung und begriffliche Abgrenzung

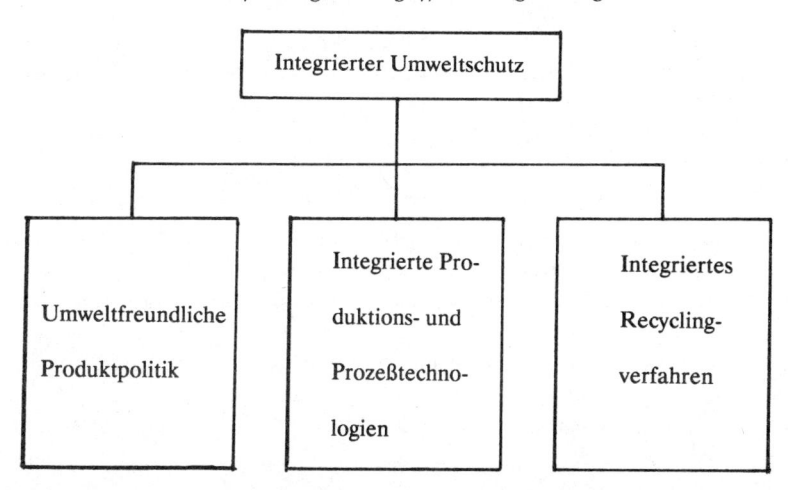

```
                    ┌─────────────────────────┐
                    │  Integrierter Umweltschutz │
                    └─────────────────────────┘
                                 │
        ┌────────────────────────┼────────────────────────┐
┌───────────────┐      ┌──────────────────┐     ┌──────────────────┐
│ Umweltfreundliche │    │ Integrierte Pro- │     │   Integriertes   │
│                   │    │ duktions- und    │     │   Recycling-     │
│ Produktpolitik    │    │ Prozeßtechno-    │     │   verfahren      │
│                   │    │ logien           │     │                  │
└───────────────┘      └──────────────────┘     └──────────────────┘
```

Abb. 1: Anwendungsbereiche des integrierten Umweltschutzes

- höhere Ressourcenschonung,
- Vermeidung von Entsorgungsproblemen und -kosten sowie
- Schonung von Deponieraum.

Dem stehen als Nachteile ein höherer Investitions- und Forschungsaufwand sowie längere Entwicklungszeiten gegenüber.

Unter **strategischen Planungs-Instrumenten** werden alle Hilfsmittel verstanden, die dem Zweck der strategischen Planung dienen und strategische Planungsaufgaben erfüllen. Wir unterscheiden dabei zwischen Instrumenten zur strategischen Analyse der Unternehmenssituation und Entscheidungshilfen zur Formulierung und Durchsetzung von Unternehmensstrategien (zum folgenden siehe *Kreikebaum* 1991, 39–102). Erstere umfassen Instrumente zur Analyse der Werte und Grundeinstellungen der Führungskräfte, die Potential- und Lückenanalyse sowie die Stärken- und Schwächenanalyse. Zu letzteren zählen die Konkurrentenanalyse und die Analyse der Branchenstruktur, die Marktanalyse (Beschaffungsmarkt und Absatzmarkt), der Produktlebenszyklus, die Erfahrungskurve, Portfoliomethoden, die Analyse der Wertschöpfungskette, die Szenario-Technik, Instrumente zur expliziten Berücksichtigung der Unsicherheit (Sensitivitäts- und Risikoanalysen sowie Entscheidungsbaumanalysen) und das PIMS-Programm. Diese Instrumente dienen vor allem dem Aufspüren und der Verwirklichung von strategischen Erfolgspotentialen im Unternehmen. Sie werden situationsbezogen und fallweise durch weitere Instrumente ergänzt, z.B. ein strategisches Frühaufklärungssystem oder eine Technologiefolgenabschätzung.

Strategische Controlling-Instrumente werden in Abhängigkeit von der Definition des strategischen Controlling abgegrenzt. Versteht man darunter die

Koordination von strategischer Planung und Kontrolle (*Horváth* 1990, 239), so sind die Instrumente des strategischen Controlling im Bereich der strategischen Planung deckungsgleich mit den dort genannten Entscheidungshilfen. Einen besonderen Schwerpunkt bilden dabei die Budgetierung, die Gemeinkostenplanung und -kontrolle, die Steuerplanung und -kontrolle sowie Instrumente der Informationserfassung, -verarbeitung und -übermittlung.

Als Informationsinstrumente, die spezifische Aufgaben der Koordination übernehmen können, werden von *Küpper* die Informationsbedarfsanalyse, die Kosten- und Leistungsrechnung, die Investitionsrechnung und Berichtssysteme genannt (*Küpper* 1988, 168–172; *Küpper* 1990, 15; vgl. dazu auch *Liedtke* 1990). Tendenziell wird man sagen können, daß Planungs-Instrumente eher mit inhaltlichen Problemen der Planung zu tun haben, während Controlling-Instrumente stärker für Zwecke der Überwachung und Bewertung verwandt werden.

2. Integrierter Umweltschutz als Gegenstand der strategischen Planung

2.1 Die Realisierung des integrierten Umweltschutzes durch strategische Planungs-Instrumente: Das Systemproblem

Im Rahmen einer strategischen Planung werden als erster Schritt die internen und externen Umweltbedingungen eines Unternehmens analysiert. In einem zweiten Schritt führen diese Analysen und Prognosen zur Ableitung von unternehmerischen Absichten, Strategien und Maßnahmen. Damit sind bereits zwei Systemaspekte angesprochen: die Gewinnung von Informationen über diejenigen Umweltbedingungen, welche Entscheidungen über Maßnahmen des integrierten Umweltschutzes auslösen, und die Einfügung integrierter Umweltschutzstrategien in die bestehende Planungskonzeption.

Strategische Entscheidungen über IUS werden inbesondere durch die gesetzlichen Umweltbedingungen geprägt. Die bestehende Umweltschutzgesetzgebung war in der Vergangenheit eindeutig auf Nachsorgestrategien durch End of Pipe-Technologien ausgerichtet und beginnt sich erst in jüngster Zeit zu wandeln. Ein Beispiel dafür bietet die Novellierung des Abfallgesetzes, aber auch die neue TA-Luft. In diese Richtung zielt auch die Verschärfung der Auflagen für Abwassereinleitungen aus Industrie und Kommunen, von denen die Chemische Industrie, die Steinkohleaufbereitung, die Pigmentherstellung und die Fischverarbeitung betroffen sind. Die Verordnung des Bundesumweltministers zum Verpackungsabfall läßt erkennen, daß ökonomische Anreize zur Beseitigung der Umweltbelastung an der Quelle durch Maßnahmen des IUS in verstärktem Maße erforderlich sind.

Bei der Betrachtung der konzeptionellen Seite des Planungsprozesses geht es vor allem darum, den IUS zum Gegenstand unternehmenspolitischer Absichtserklärungen zu machen. Das Top-Management und die zuständigen

Fachbereichsleiter müssen für den Gedanken der Vermeidungsstrategie gewonnen werden, die dafür notwendigen Investitionen bewilligen und sich grundsätzlich für den IUS als langfristigem Ziel der Unternehmenspolitik erklären. Diese Erklärungen bleiben allerdings eine verbale Pflichtübung, wenn sie nicht in entsprechende Strategien und konkrete Maßnahmen des IUS einmünden.

2.2 Die Bewertung des integrierten Umweltschutzes durch strategische Controlling-Instrumente: Das methodische Problem

Bei Entscheidungen über den Einsatz von integrierten Umweltschutztechnologien geht es um ein weitreichendes Entscheidungsproblem mit langfristigen Konsequenzen. Damit stellt sich folgendes Grundproblem der Bewertung (*Hartje, Lurie* 1984): Umweltschutzstrategien lassen sich in die beiden Alternativen Standardtechnologie mit End of Pipe-Technologie und integrierte Technologie unterteilen. Die Beschaffung integrierter Technologien verursacht höhere Investitionskosten, bei Eigenentwicklung auch einen höheren F&E-Aufwand, sowie höhere Lern- und Umstellungskosten. Für die Investitionsentscheidung gilt dann

$K_{INT} < K_{ST} + K_{EOP}$

mit K_{INT} = (Gesamt-)Kosten der integrierten Technologie

K_{ST} = Kosten der Standardtechnologie und

K_{EOP} = Kosten der Nachrüstung mit End of Pipe-Technologie.

K_{INT} müssen noch die „sunk-cost" (K_S) hinzugerechnet werden, falls die bestehende Anlage das Ende der wirtschaftlichen Lebensdauer noch nicht erreicht hat (siehe dazu auch das Beispiel bei *Steger* 1991, 38–43).

Zur Lösung der verschiedenen Bewertungsprobleme stehen als strategische Controllinginstrumente die ökologische Buchhaltung, Umweltverträglichkeitsprüfungen, die Wirtschaftlichkeitsprüfung, die Technologiefolgenabschätzung, Kosten-Nutzen-Analysen, die Nutzwertanalyse und die Verwendung von Umweltindikatoren sowie das Öko-Controlling zur Verfügung (*Strebel* 1980, 133–143; *Senn* 1986, 172 ff.).

Zum Aufgabenbereich des strategischen Controlling gehört auch die Überprüfung, ob die vorhandenen Absichten zu entsprechenden Strategien und Maßnahmen geführt haben (*Seidel, Menn* 1988, 114 ff.; *Steger* 1988, 204–211; *Coenenberg, Baum* 1987, 129; *Welge* 1988, 237–243).

3. Darstellung ausgewählter strategischer Planungs- und Controlling-Instrumente für den integrierten Umweltschutz

Bei der Entwicklung integrierter Umweltschutztechnologien stellt der Umweltschutz eine Hauptfunktion dar (*Schmidt* 1991). Dabei werden zwei Fälle unterschieden. **Erstens** kann ein Unternehmen integrierte Umweltschutztechnologien zusätzlich zu den oder anstelle der bisherigen Nachsorgetechnologien einsetzen. **Zweitens** untersuchen wir den Fall, daß integrierte Umweltschutztechnologien als „ökologisches Produkt" am Markt angeboten werden. Vorrangig sind hier Innovations-, Produktions- und Marketingüberlegungen. Die folgende Darstellung macht den unterschiedlichen Einsatz der verschiedenen Planungs- und Controlling-Instrumente für die beiden Fälle deutlich.

3.1 Die Einführung integrierter Umweltschutztechnologien als Investitionsproblem

Investitionsentscheidungen basieren hauptsächlich auf Informationen über die Umweltbedingungen des Unternehmens und deren Entwicklung. Dabei dienen die relevanten Informationen als Grundlage für die Ermittlung der Wirtschaftlichkeit einer Investition. Im Zusammenhang mit integrierten Umweltschutztechnologien kommt den Informationen über die ökologische Umwelt eine besondere Bedeutung zu.

Ebenso wie für Nachsorgetechnologien hat sich auch für integrierte Umweltschutzverfahren inzwischen ein Markt etabliert. In der Praxis wird allerdings über die mangelnde Transparenz des Umweltschutzmarktes geklagt. Vor allem ist der Informationsstand in mittelständischen Unternehmen relativ gering. So zeigt z.B. eine von der IHK Nürnberg von 1986 bis 1988 durchgeführte Untersuchung, daß nur 39% aller befragten Klein- und Mittelbetriebe sich regelmäßig über umweltfreundliche Produktionsverfahren orientierten (*Troge* 1989, 12). Die potentiellen Benutzer sind häufig auch über die Hersteller oder die geeigneten fachlichen Beratungsmöglichkeiten uninformiert (*Riesterer* 1989, 1).

Auf gesetzliche Umweltschutzanforderungen wird im allgemeinen eher defensiv reagiert. Dies hängt nicht nur mit dem ungenügenden Informationsstand, sondern auch mit vorhandenen Widerständen im Unternehmen zusammen.

3.1.1 Der Aufbau eines Umweltinformationssystems

Über die externen Umweltbedingungen hinaus sind Informationen über die eigene Umweltbelastung erforderlich. Das dazu notwendige Umweltinformationssystem soll die Funktion eines **„strategischen Radars"** für Umweltmärkte erfüllen (*Steger* 1988, 177–191). Als Checkliste eignet sich eine Informationsrelevanz-Matrix, welche die **langfristigen Trends** (z.B. in der naturwissenschaftlichen Grundlagenforschung), **Frühindikatoren** (z.B. Medienberichte), **technische Indikatoren** (z.B. Innovationspotentiale) und **„Warnlampen"** (z.B. Politiker-Statements) und deren mögliche Auswirkungen auf die verschiedenen Funktionen des Unternehmens zum Gegenstand der Beobachtung im Kontext eines Risk Managements macht.

3. Ausgewählte strategische Planungs- und Controlling-Instrumente 263

Im Rahmen der strategischen Planung werden die internen und externen Umweltbedingungen eines Unternehmens analysiert. Dazu gehören Informationen über die gesetzliche, ökonomische, technologische, sozio-kulturelle und ökologische Umwelt (vgl. *Kreikebaum* 1991, 32–39). Im Anschluß daran sind die Wirkungen der einzelnen Umweltbedingungen auf Inhalt und Prozeß der strategischen Unternehmensplanung zu ermitteln. Eine Wirkungsanalyse ist notwendig, um über den Einsatz bestimmter Planungs-Instrumente entscheiden zu können.

Alle ökologisch relevanten Informationen, Daten und Fakten sind in einem Umweltinformationssystem zusammenzustellen. Es erfüllt eine Lenkungs-, Informations- und Kontrollfunktion (vgl. *Pfriem* 1989, 43).

Grundsätzlich ist ein System der integrierten Datenverarbeitung erforderlich, das den innerbetrieblichen Informationsfluß optimiert und durch die Bereitstellung von Datenbankanschlüssen auch eine Kommunikation mit der unternehmensexternen Umwelt ermöglicht. (Zum Aufbau eines EDV-gestützten Umweltinformationssystems siehe *Stahlmann* 1989, 109.)

Die elektronische Vernetzung des Unternehmens dient der Sammlung und systematischen Erfassung von Umweltdaten, die auf ihre ökonomische Bedeutung hin überprüft, bewertet und genutzt werden können. Neben den bestehenden unternehmensinternen und -externen Umweltnormen (vgl. *Strebel* 1980, 156) ist die Gesamtheit der negativen externen Effekte zu erfassen, die
- von der unternehmerischen Tätigkeit ausgehen (Verursachungsaspekt),
- auf die ökologische Umwelt einwirken und
- die von Dritten als Umweltbelastung wahrgenommen werden (vgl. *Brenken* 1987, 196).

Umweltinformationssysteme können auch überbetrieblich angelegt sein. Allgemeines Ziel überbetrieblicher Umweltinformationssysteme ist die Zusammenführung statistischer Informationen zu einem Gesamtbild über den Zustand der Umweltmedien, so daß Prognosen über zukünftige ökologische Situationen für eine vorsorgende Schutzpolitik abgeleitet werden können (vgl. *Langer, Pohl, Winzer* 1989, 200–202). Die abschließende Erfolgskontrolle der Maßnahmen – ebenfalls im Rahmen der Umweltinformationssysteme – bewertet die durchgeführten Handlungen sowie die möglichen Alternativen und zeigt Fortentwicklungen auf.

Neben einer **Datenbank**, die alle umweltrelevanten Informationen in Form von Mengen und Werten enthält, steht eine **Methodenbank** als weitere Komponente eines Umweltinformationssystems. Diese Methodenbank umfaßt alle verfügbaren Meß- und Bewertungsverfahren, mit deren Hilfe Investitionen im Bereich des (integrierten) Umweltschutzes auf ihre Wirtschaftlichkeit hin beurteilt werden können.

Sobald bestimmte Umweltrisiken durch das Umweltinformationssystem identifiziert sind, lassen sich daraus Risikobewältigungsstrategien ableiten.

Integrierte Technologien dienen insbesondere dazu, Vermeidungs- und Verminderungsstrategien durchzusetzen.

Sobald bestimmte Umweltrisiken als solche identifiziert worden sind, lassen sich daraus Risikobewältigungsstrategien ableiten. Integrierte Technologien dienen insbesondere dazu, Vermeidungs- und Verminderungsstrategien durchzusetzen.

3.1.2 Beurteilungskalküle

Sofern die konventionellen Wirtschaftlichkeits- und Investitionsrechnungen nur auf ökonomische und technologische Werte abstellen, reichen sie zur Beurteilung der Wirtschaftlichkeit integrierter Umweltschutztechnologien nicht aus. Sie müssen durch die Berücksichtigung zusätzlicher Kriterien ergänzt werden.

Die folgenden Instrumente beziehen Kriterien mit ein, die von den traditionellen Verfahren des betriebswirtschaftlichen Informationswesens (z.B. GuV-Rechnung, Bilanz, Investitionsrechnung) nicht erfaßt werden. Einige Verfahren behalten die Perspektive des traditionellen Rechnungswesens bei, indem **eindimensional** in Geldgrößen erfaßt und bewertet wird. Darüber hinaus werden in differenzierter Form einzelne Kosten- und Leistungselemente (z.B. soziale Kosten, ökologische Kosten) erfaßt und verrechnet. Andere Verfahren sind **mehrdimensional** angelegt, d.h. sie erfassen auch Merkmale, die nicht Gelddimensionen haben.

Die Verfahren beziehen sich zum einen auf **Planungs- und Entscheidungsprozesse** (Ex-ante-Sichtweise), zum anderen auf **Ermittlungs- und Berechnungsprozesse** (Ex-post-Betrachtung). Beide Verfahrensgruppen können sowohl einem nach innen gerichteten Diagnose- und Kontrollzweck dienen als auch eine Berichterstattung nach außen beabsichtigen. Die Verfahren sollen in Anlehnung an *Hallay* in die Gruppen „**Monetarisierung von Umwelteinwirkungen**" und „**Stoff- und Energiebilanzansatz**" gegliedert werden. (*Hallay* 199; zur folgenden Aufzählung der Instrumente vgl. auch *Strebel* 1980, *Pfriem* 1986 und *Wicke* 1986.)

Ein Präferenzurteil über die Vorteilhaftigkeit einer integrierten Technologie ist unter Umweltschutzgesichtspunkten nur dann möglich, wenn die relativen ökologischen Vorteile und Nachteile vergleichbar gemacht und einander gegenübergestellt werden. Dabei wird man generell gegenüber End of Pipe-Technologien größere ökologische Vorteile ermitteln, denen nur in geringem Maße Umweltbelastungen entgegenstehen (*Senn* 1986, 109).

3.1.2.1 Monetarisierung von Umwelteinwirkungen

Diese Ansätze beschreiben Umwelteffekte aus ökonomischer Sicht, d.h. ökologische Folgewirkungen werden auf der Grundlage der mit ihnen verbundenen monetären Kosten quantifiziert. Als Maßstab dienen Kosten, die

3. Ausgewählte strategische Planungs- und Controlling-Instrumente

- zur Erhaltung natürlicher Lebensgrundlagen aufgebracht werden müssen,
- zur Reparatur von Schadenssymptomen aufzuwenden sind sowie
- durch die Schädigungen der natürlichen Lebensgrundlagen entstehen.

(a) Erweiterte Wirtschaftlichkeitsrechnungen

Die Wirtschaftlichkeitsrechnung wird dadurch erweitert, daß zusätzliche Kosten berücksichtigt werden. Es handelt sich dabei z. B. um

- Ausweichkosten
- Planungs- und Überwachungskosten
- Vermeidungs- und Beseitigungskosten (vgl. *Pfriem* 1986, 212–213).

(b) Nutzen-Kosten-Analysen

Diese Analysen können als Versuch der monetären Übersetzung von Checklisten und Merkmalsprofilen (siehe unten) verstanden werden. Für diesen Zweck sind alle nicht-ökonomischen Kriterien entsprechend zu gewichten und in Geldform auszudrücken.

3.1.2.2 Stoff- und Energiebilanzansätze

Stoff- und Energiebilanzansätze erfassen stoffliche und energetische Ströme in physikalischen Größeneinheiten. Sie übernehmen eine Koppelungsfunktion zwischen dem ökonomischen Prozeß und dessen ökologischen Wirkungen. Ansatzpunkt ist i. d. R. eine Stoff- und Energiebilanzierung bestimmter Produkte. Ziel ist es, Vergleichsmöglichkeiten unterschiedlicher Produktionslinien hinsichtlich deren ökologischen Auswirkungen zu erarbeiten. Darin zeichnet sich die **Notwendigkeit einer ganzheitlichen Betrachtung der ökologischen Folgewirkungen von Produkten** ab, die sich im Modell des ökologischen **Produktlebenszyklus** widerspiegelt.

(a) Rechnungen mit Umweltindikatoren

Umweltindikatoren sind „Kriterien ökologischen Inhalts, welche zur (qualitativen) Beschreibung der Umweltqualität dienen" (*Strebel* 1980, 136). Sie lassen sich getrennt nach Umweltmedien (Atmosphäre, Boden, Gewässer) ermitteln.

(b) Entropieansatz

Der Entropieansatz zielt darauf ab, die Anwendungen der thermodynamischen Erkenntnisse auf die Ökonomie in die Bemühungen um umweltverträgliche Investitionen einzubeziehen.

(c) Checklisten und Merkmalsprofile

Solche Listen und Profile sind nicht gegenständlich eingegrenzt, sondern prinzipiell methodisch offen für alle ökologischen Schadens- oder Nutzenbeiträge der Unternehmung. Durch die Zusammenfassung und Skalierung einzelner Beurteilungsgesichtspunkte gehen diese Informationsinstrumente über die Rechnung mit Umweltindikatoren hinaus. Es können nichtmonetarisierte oder nichtmonetarisierbare Faktoren einbezogen werden.

(d) Stoff- und Energiebilanzen

Durch Stoff- und Energiebilanzen sollen sich Unternehmungen an der verfahrenstechnisch-stofflichen Seite der betrieblichen Vorgänge orientieren können. Die Bilanzen können Problemdimensionen wie Störfälle, außerbetriebliche Abfallproduktbehandlung und auch die Stofftoxizität zum Ausdruck bringen.

(e) Ökologische Buchhaltung

Die ökologische Buchhaltung (vgl. *Müller-Wenk* 1978) ist ein Rechnungssystem, das alle vom buchführenden Unternehmen ausgehenden Umwelteinwirkungen (Ressourcenverbrauch, Abgabe von stofflichem und energetischem Abfall), differenziert nach verschiedenen Input- und Output-Arten, systematisch aufzeichnet. In Analogie zur kaufmännischen Buchhaltung werden die In- und Outputs zunächst in den jeweiligen technisch-physikalischen Maßeinheiten festgehalten. Zur Beurteilung müssen die ökologischen Folgen bewertet werden. Hierzu können Umrechnungsfaktoren („Äquivalenzkoeffizienten") herangezogen werden, um die ökologischen Wirkungen jeder umweltpolitischen Maßnahme in einer einzigen Zahl zusammenzufassen.

(f) Weitere Instrumente

Als weitere Instrumente, die ein ökologisch orientiertes Beurteilungskalkül enthalten, seien die **Produktlinienanalyse** (vgl. Projektgruppe ökologische Wirtschaft 1987) sowie die **Produktfolgematrix** (vgl. *Schreiner* 1988) genannt.

3.2 Integrierter Umweltschutz als Element einer offensiven Umweltstrategie

Im folgenden werden in jüngster Zeit entwickelte strategische Planungs- und Controlling-Instrumente behandelt, durch die der IUS als Gegenstand einer offensiven Umweltschutzstrategie gefördert wird. Wir greifen dabei drei Aspekte heraus: die Innovationsentscheidung, das Produktionsproblem und die mit der Vermarktung auftretenden Fragen.

3.2.1 Die Innovationsentscheidung

Im Rahmen der Innovationsentscheidung sind geeignete Planungs- und Controlling-Instrumente bei der Abstimmung der integrierten Umweltschutzstrategien mit Produkt-/Marktstrategien einzusetzen. Insbesondere müssen die Wettbewerbsvorteile durch integrierte Innovationen ermittelt und deren Marktchancen festgestellt werden. *Schmidt* schlägt für die Chemische Industrie den Einsatz einer Prozeß-/Produkttransformations-Portfoliomethode

3. Ausgewählte strategische Planungs- und Controlling-Instrumente

vor (*Schmidt* 1991, 194–200). Die Achsen der Matrix bezeichnen die Marktchancen des Prozesses als Produkt und den relativen Wettbewerbsvorteil durch interne Anwendung des Produktionsprozesses. Hinter den multidimensional definierten Marktchancen steht z.B. die Höhe des zum Einsatz integrierter Technologien zwingenden staatlichen Regulierungsdrucks und das schon auf dem Markt vorhandene Angebot an technologischen Alternativen. Der relative Wettbewerbsvorteil wird unter anderem durch die Umweltverträglichkeit des Verfahrens und die dadurch bedingte Verminderung des Entsorgungsaufwands charakterisiert. Die Abbildung läßt gleichzeitig Strategieempfehlungen erkennen.

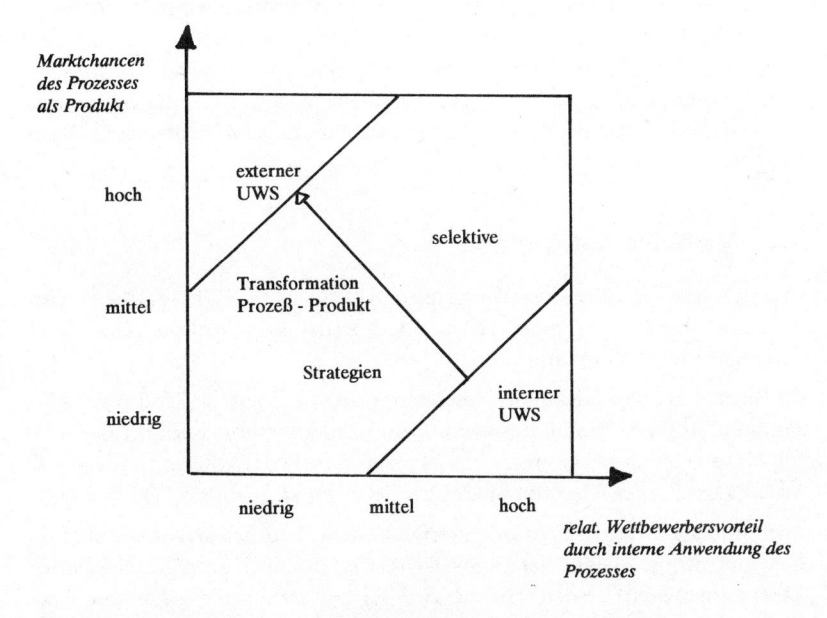

Abb. 2: Prozeß-/Produkttransformations-Portfolio (*Schmidt* 1991, 196)

Infolge der dynamischen Entwicklung von Umweltschutztechnologien und bedingt durch das Auftreten technologischer Diskontinuitäten muß die statische Analyse durch eine dynamische Betrachtung ergänzt werden. Eine Dynamisierung des Portfolios zeigt die mögliche Veränderung der Matrixpositionen entlang einer Zeitachse (*Türck* 1991, 163).

3.2.2 Produktionsentscheidungen

Die Produktion integrierter Umweltschutztechnologien wirft je nach Branche unterschiedliche Probleme auf. Dementsprechend ist auch der Einsatz strategischer Planungs- und Controlling-Instrumente zu differenzieren.

Als Beispiele seien der Anlagenbau einerseits und die Chemische Industrie andererseits einander gegenübergestellt (*Streetz* 1991 und *Katzer* 1991).

Zur Bewertung von Strategien legt *Streetz* einen Ansatz vor, der zwischen den Inhaltskomponenten und der Verhaltenskomponente der Strategie unterscheidet. Er arbeitet dazu mit ökonomischen Kennziffern und Umweltkennziffern (*Streetz* 1991, 158–162). Zu letzteren rechnet er die spezifische Abluft-, Abwasser- und Abproduktebelastung, die Lärm- und Wärmebelastung, die Arbeitsplatzbedingungen und die soziale Akzeptabilität.

Für die Chemische Industrie schlägt *Katzer* eine Ergänzung der ökologischen Checkliste vor, bei der zwischen prozeßbezogenen und anlagebezogenen Erfordernissen der Produktion unterschieden und deren jeweilige ökologische Bedeutung herausgearbeitet wird (*Katzer* 1991, 151; siehe dazu auch das praktische Beispiele bei *Garbe* 1991, 132–135). Als ein wichtiges strategisches Planungsinstrument für die Projektbewertung im Chemieanlagenbau hat sich die Feasibility-Studie unter qualitativen Aspekten entwickelt (*Bästlein* 1991).

3.2.3 Marketingentscheidungen

Die Strategie des offensiven Umweltschutzes macht eine ökologieorientierte Produkt-, Preis-, Kommunikations- und Distributionspolitik erforderlich (*Schmid* 1989, 139–148).

Im Bereich der Produktpolitik geht es um eine ökologische Produktanalyse, Produktvariation, Produktinnovation und Produkteliminierung. Als ein erfolgversprechendes Instrument zur ökologischen Produktbewertung hat sich der „Eigenschaften-Gestaltungs-Ansatz" von *Türck* erwiesen (*Türck* 1991).

Im Rahmen der ökologisch orientierten Kosten- und Erlösrechnung sind die Gewinnbeiträge integrierter Umweltschutztechnologien zu ermitteln, die am Markt angeboten werden. Hierzu wird der Einsatz einer sogenannten Pool-Rechnung angeboten, mit deren Hilfe ein Kostenausgleich zwischen verschiedenen Projekten möglich wird (*Plinke* 1985, 39–49). Nach einem Vorschlag *Wagners* sind diese Kosten-Pools durch entsprechende „Erlös"- oder „Nutzen-Pools" zu ergänzen, um auf diese Weise zu einer vollständigen „Umwelt-Budget-Rechnung" zu gelangen (*Wagner* 1991, 8–13).

Im Mittelpunkt der Kommunikationspolitik stehen Instrumente, die der Sensibilisierung der Öffentlichkeit dienen, indem sie Informationen über die ökologischen Auswirkungen der Produkte liefern. Daraus ergeben sich neue Anforderungen an ein umweltschutzbezogenes Instrument der Public Relations (*Fischer* 1991).

Hinsichtlich der Distributionspolitik von integrierten Umweltschutztechnologien wird man sich verstärkt des Instrumentariums sogenannter Retrodistributionskanäle bedienen, um die Recyclingquote zu steigern.

Literatur

Bästlein, (1991), Die Feasibility-Studie unter qualitativen Aspekten, Ludwigsburg
Bilitewski, B., Härdtle, G., Marek, K. (1990), Abfallwirtschaft. Eine Einführung, Berlin u. a.
Coenenberg, A. G., Baum, H.-G. (1987), Strategisches Controlling, Stuttgart
Fischer, G. (1991), Public Relations als strategischer Erfolgsfaktor, Ludwigsburg
Garbe, E. (1991), Ökonomische Einflußnahme auf die Herausbildung geschlossener Stoffkreisläufe, in: Kreikebaum, H. (Hrsg.), Integrierter Umweltschutz. Eine Herausforderung an das Innovationsmanagement, 2. Aufl., Wiesbaden, S. 121–136
Hartje, V. J., Lurie, R. L. (1984), Adapting rules of pollution control innovations. End-of-pipe versus integrated process, technology, Internationales Institut für Umwelt und Gesellschaft, WZB Berlin, discussion paper 1984–6
Horváth, P. (1990), Controlling, 3. Aufl., München
Katzer, W. (1991), Die Berücksichtigung ökologischer Erfordernisse im Innovationsprozeß in der chemischen Industrie, in: Kreikebaum, H. (Hrsg.), Integrierter Umweltschutz. Eine Herausforderung an das Innovationsmanagement, 2. Aufl., Wiesbaden, S. 137–152
Kreikebaum, H. (1991), Strategische Unternehmensplanung, 4. Aufl., Stuttgart/Berlin/Köln
Küpper, H.-U. (1988), Koordination und Interdependenz als Bausteine einer konzeptionellen und theoretischen Fundierung des Controlling, in: *Lücke, W.* (Hrsg.), Betriebswirtschaftliche Steuerungs- und Kontrollprobleme, Wiesbaden, S. 163–183
Küpper, H.-U. (1990), Entwicklungslinien der Kostenrechnung als Controllinginstrument, in: Kostenrechnung 1, S. 11–16
Liedtke, U. (1990), Die Auswirkungen der Informations- und Kommunikationstechnologien auf die Organisation des Controlling, Diss., Frankfurt a. M.
Pfriem, R. (1986), Ökobilanzen für Unternehmen, in: Pfriem, R. (Hrsg.), Ökologische Unternehmenspolitik, Frankfurt a. M./New York, S. 210–226
Pfriem, R. (1989), Ökologische Unternehmensführung, Berlin
Plinke, W. (1985), Erlösplanung im industriellen Anlagengeschäft, Wiesbaden
Riesterer, D. (1989), Verstärkte Berücksichtigung mittelstandspolitischer Gesichtspunkte im Rahmen der Umweltpolitik, in: VDI-Koordinierungsstelle Umwelttechnik (Hrsg.), Vorstellung des Modellversuchs durch die IHK Nürnberg, Düsseldorf, S. 1–8
Schmid, U. (1989), Umweltschutz – Eine strategische Herausforderung für das Management, Frankfurt a. M./Bern/New York/Paris
Schmidt, R. (1991), Die Entwicklung umweltgerechter Verfahren und Produkte in der chemischen Industrie als Ziel des Innovationsmanagements, Diss., Frankfurt a. M.
Seidel, E., Menn, H. (1988), Ökologisch orientierte Betriebswirtschaftslehre, Stuttgart/Berlin/Köln/Mainz
Senn, J. F. (1986), Ökologieorientierte Unternehmensführung, Frankfurt a. M./Bern/New York
Steger, U. (1988), Umweltmanagement. Erfahrungen und Instrumente einer umweltorientierten Unternehmensstrategie, Frankfurt a. M./Wiesbaden
Steger, U. (1991), Integrierter Umweltschutz als Gegenstand eines Umweltmanagements, in: Kreikebaum, H. (Hrsg.), Integrierter Umweltschutz. Eine Herausforderung an das Innovationsmanagement, 2. Aufl., Wiesbaden, S. 33–43

Strebel, H. (1980), Umwelt und Betriebswirtschaft. Die natürliche Umwelt als Gegenstand der Unternehmenspolitik, Berlin

Strebel, H. (1991), Integrierter Umweltschutz – Merkmale, Voraussetzungen, Chancen, in: *Kreikebaum, H.* (Hrsg.), Integrierter Umweltschutz. Eine Herausforderung an das Innovationsmanagement, 2. Aufl., Wiesbaden, S. 3–16

Streetz, W. (1991), Umweltschutz als integrierte Aufgabe in Betrieben des Schwermaschinen- und Anlagenbaus, in: *Kreikebaum, H.* (Hrsg.), Integrierter Umweltschutz. Eine Herausforderung an das Innovationsmanagement, 2. Aufl., Wiesbaden, S. 153–163

Troge, A. (1989), Verstärkte Berücksichtigung mittelstandspolitischer Gesichtspunkte im Rahmen der Umweltpolitik. Darstellung der fachlichen Ergebnisse des Modellversuchs der IHK Nürnberg, in: VDI-Koordinierungsstelle Umwelttechnik (Hrsg.), Mittelständische Unternehmen und Umweltschutz, Düsseldorf, S. 9–24

Türck, R. (1991), Das ökologische Produkt. Eigenschaften, Erfassung und wettbewerbsstrategische Umsetzung ökologischer Produkte, 2. Aufl., Ludwigsburg

Wagner, G. R. (1991), Ökologisches Controlling – Mehr als ein Schlagwort?, in: Controlling – Zeitschrift für erfolgsorientierte Unternehmenssteuerung, 3. Jg., im Druck

Welge, M. K. (1988), Unternehmungsführung, Bd. 3: Controlling, Stuttgart

Wicke, L. (1987), Offensiver betrieblicher Umweltschutz, in: Harvard-Manager, 3, S. 74–82

Kapitel 18
Normstrategien im Umweltmanagement

von *Ulrich Steger*

1. Normstrategien in der Theorie der Unternehmung 272
2. Theoretische Ableitung von umweltorientierten Normstrategien 274
   2.1 Das Marktchancen-Umweltrisiko-Portfolio 274
   2.2 Risikoorientierte Strategien 276
   2.3 Chancenorientierte Strategien 279
   2.4 Innovationsorientierte Strategien 281
3. Empirische Interpretation und die „Evolutionsfähigkeit" von Normstrategien 283
4. Empirisch-induktiv ermittelte Normstrategien 288
5. Fazit 292
Literatur 292

1. Normstrategien in der Theorie der Unternehmung

Seit Beginn der 80er Jahre wird die strategische Ausrichtung von Unternehmen auf ihre Wettbewerbsvorteile intensiv diskutiert. Diese Diskussion wird vor allem beeinflußt durch die Veröffentlichungen von *Michael Porter* (1980; 1985). Die von ihm entwickelte Wertschöpfungskette erlaubt es, die Unternehmung „als Ganzes" zu analysieren. Anhand der dabei gewonnenen Informationen können die Wettbewerbsvorteile identifiziert werden, die sich – vereinfacht gesagt – auf niedrigere Kosten oder Produktvorteile, die gesamte Branche oder lediglich auf kleinere Marktsegmente beziehen. Diese Wettbewerbsvorteile bilden schließlich die Basis zur Entwicklung von Normstrategien (generic strategies) (vgl. Abb. 1), die der Sicherung der Existenz und des unternehmerischen Erfolges dienen.

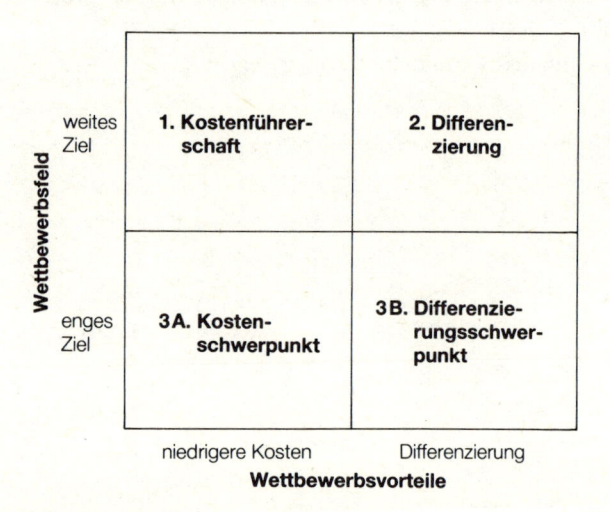

		niedrigere Kosten	Differenzierung
Wettbewerbsfeld	weites Ziel	1. Kostenführerschaft	2. Differenzierung
	enges Ziel	3A. Kostenschwerpunkt	3B. Differenzierungsschwerpunkt
		Wettbewerbsvorteile	

Abb. 1: Wettbewerbsstrategien (*Porter* 1986, 32)

Sicherlich stellt das Konzept der **Normstrategien** ein Instrument dar, um konsistent Optionen für Unternehmen zu formulieren und dabei Klarheit über Prioritäten in der Marktausrichtung des Unternehmens zu erzielen. Dabei wird jedoch die Frage ausgeblendet, inwieweit die Strategien zur Verwirklichung der vorgegebenen Ziele beitragen. Dies ist gerade für die US-amerikanische Diskussion nicht untypisch. Vereinfacht wird oft angenommen, daß „Gewinnerzielung" das einzige oder dominante Ziel der Unternehmung sei. Für marktwirtschaftliche Systeme – und vermutlich nicht nur für diese – ist Gewinn zwar ein nicht zu vernachlässigendes Unternehmensziel, da es letztlich den Erfolg des Wertschöpfungsprozesses – zu den gegebenen

1. Normstrategien in der Theorie der Unternehmung 273

Marktpreisen – verdeutlicht (daß dabei die Marktpreise oft nicht „die ökologische Wahrheit" widerspiegeln, sei hier nur am Rande vermerkt; siehe dazu *Leipert* in diesem Band). Aber schon bei Einbeziehung des Faktors Zeit ist der Zusammenhang zwischen Strategie und Gewinnziel nicht mehr eindeutig. Erst recht verliert diese „mechanistische Kopplung" von Gewinnziel und Strategie an Prägekraft, wenn Unternehmen als soziale Organisationen nicht nur ein Ziel, sondern ein „Zielbündel" verfolgen. Dies ist immer dann der Fall, wenn das Unternehmen versucht, den Interessen verschiedener Anspruchsgruppen gerecht zu werden (Stakeholder-Konzept) (vgl. auch *Raffée, Förster, Fritz* in diesem Band). Die Aufgabe der Strategie besteht in dieser Situation darin, ein befriedigendes Zielniveau zu erreichen, d.h. auch Zielkonflikte auszubalancieren. Dies erfordert, daß die Strategie aus dem Zielbündel und den Kontextfaktoren situativ abgeleitet wird.

Die Frage, ob sich das Instrumentarium des strategischen Managements und hier insbesondere das Konzept der Normstrategien auf Fragestellungen des Umweltschutzes in Unternehmen anwenden läßt, kann mittlerweile eindeutig bejaht werden (*Steger* 1988; *Kreikebaum* 1989; *Wagner* 1990). Von der Struktur der ökologischen wie betrieblichen Risiken her ist es möglich, das Instrumentarium des modernen Risk-Managements zu nutzen. Darüber hinaus stehen die Erkenntnisse des Innovationsmanagements bei der umweltorientierten Technologiewahl zur Verfügung. Schließlich gelten gerade die Faktoren, die heute strategisches Denken definieren – Langfristigkeit, Beachten von Interaktion und Vernetzung, Aufbau und Pflege von Erfolgspotentialen statt kurzfristiger Ausbeutung – auch für die Beachtung des Umweltschutzes in Unternehmensentscheidungen.

Dabei ist davon auszugehen, daß **Umweltschutz in den seltensten Fällen das dominante Unternehmensziel** darstellt. Er wird vielmehr als Leistungsziel[1] in das Zielsystem neu aufgenommen bzw. in der Prioritätensetzung höher eingestuft, ohne daß die traditionellen Markt- oder Ertragsziele damit hinfällig werden. Zur ausbalancierten Zielerreichung ist es entsprechend notwendig, den Umweltschutz in die allgemeine Unternehmensstrategie zu integrieren. Dabei sind sowohl die Rahmenbedingungen via sich ausweitender staatlicher Gesetzgebung als auch die zunehmende Bedeutung des Umweltschutzes als Marktfaktor in einer Vielzahl von Branchen zu beachten. Die Dimension dieser Probleme ist neu für die Unternehmen, die somit erst lernen müssen, damit als Teil des Management-Prozesses umzugehen. Im Sinne eines „Managements des Wandels" oder im Konzept der evolutionären Unternehmensführung ist die Überlegung bereits verankert. Es wird aber noch zu wenig erkannt, daß diese Lernprozesse auch die Strategieformulierung in der Form prägen, daß im Zeitablauf die Fähigkeit wächst, komplexere Instrumente zur

---

[1] Leistungsziele werden hier als Unternehmensziele definiert, die zwar nicht unmittelbar markt- und ertragswirksam sind, die das Unternehmen jedoch zur langfristigen Existenzsicherung erfüllen muß.

Problemlösung einzusetzen (Organisationslernen). In diesem Sinne hat **Umweltschutz** eine **Pilotfunktion** für das **Strategische Management** (ausführlicher *Steger* 1991 a).

Aus dieser Überlegung resultieren einige „Stufenmodelle" zum umweltorientierten Management (*Anninghöfer* 1991). Auf der ersten Stufe dieser Modelle steht die Einhaltung der gesetzlichen Bestimmungen im Vordergrund. Das Ausschöpfen von Markt- und Innovationschancen bestimmt den zweiten Entwicklungsschritt, während die dritte – und offenbar höchste – Stufe ethisch motiviert ist. Das Problem solcher Stufenmodelle besteht nicht nur darin, daß man je nach Abgrenzungskriterium höchst unterschiedliche Stufungen definieren kann. Zusätzlich wird auch der Eindruck erweckt, als sei der „Durchlauf" zwangsläufig vorgegeben und führe von niederen zu höheren Stufen. Dies ist aber als ähnlich problematisch anzusehen wie die Assoziierung der umweltorientierten Strategieentscheidung „offensiv" oder „defensiv" mit erfolgreich, gut und weitblickend oder kurzsichtig, erfolglos und moralisch verwerflich. Dieses oft in der politischen Diskussion zu findende Schema wurde z.B. bei *Pieroth* und *Wicke* (1988) formuliert. Defensives Verhalten kann jedoch insbesondere dann nicht negativ gewertet werden, wenn es sich rational begründen läßt, wie etwa im Fall mangelnder zahlungskräftiger Marktnachfrage.

Somit sind zur Anwendung von Normstrategien im Umweltschutz folgende Voraussetzungen zu erfüllen:
– Zum einen sind die normativen (zielbezogenen) und situativen Kontextfaktoren der um den Umweltschutz erweiterten Unternehmensstrategie hinreichend differenziert einzubeziehen
– und zum anderen ist dem Aspekt der „Entwicklungsfähigkeit" von Unternehmenszielen und Strategieanwendung Rechnung zu tragen.

In Fortführung bisheriger Überlegungen zu umweltorientierten Normstrategien (*Steger* 1988) soll daher ein weiterentwickelter Portfolio-Ansatz vorgestellt werden, der im wesentlichen auf theoretischen Überlegungen beruht, aber mit empirischen Ergebnissen (*Antes, Steger, Tiebler* in diesem Band) konfrontiert werden kann. Abschließend werden zwei empirisch-induktiv entwickelte Ansätze präsentiert, um die verschiedenen Ansatzpunkte zur Entwicklung von Normstrategien aufzuzeigen.

2. Theoretische Ableitung von umweltorientierten Normstrategien

2.1 Das Marktchancen-Umweltrisiko-Portfolio

Vorausgesetzt, ein Unternehmen sucht aufgrund einer normativen Basis-Entscheidung nach einer Integration des Umweltschutzes in seine Unternehmensstrategie, kann die Positionierung anhand eines „Umwelt-Portfolios" systematisiert werden. Die Grundüberlegung eines Strategieportfolios beruht darauf, daß auf der Ordinate externe Zukunftsfaktoren und auf der Abszisse interne Zustandsfaktoren abgetragen werden. Hier ist für erstere der Oberbegriff „Marktchancen durch Umweltschutz" und für letztere die „Risikoexponierung im Umweltschutz" gewählt.[2] Aufgrund dieser Achsenbezeichnung kann keine umfassende Unternehmensstrategie abgeleitet werden. Es geht deshalb im folgenden um die Darstellung der Elemente des Maßnahmenbündels, welche umweltschutzbezogen – aber eben nicht losgelöst von anderen Maßnahmen – in die Strategie integriert werden sollen. Um zu verdeutlichen, daß es sich hierbei um einen Teilaspekt der unternehmerischen Gesamtstrategie handelt, wird hier auch lediglich von umweltorientierten Strategien gesprochen.

Die künftigen Marktchancen im Umweltschutz müssen unternehmensindividuell identifiziert werden. Sie können einmal darin bestehen, daß durch den Wertewandel und durch die in einem „trickle-down-Prozeß" induzierten Verhaltensänderungen der Verbraucher neue Markt- oder Produktstandards entstehen (vgl. *Tiebler* in diesem Band). Typisch sind dafür Bereiche, in denen Umweltschutz individualisierbar sowie in Produkte umsetzbar ist und daher dem Verbraucher einen Zusatznutzen stiftet. Die Bereiche Lebensmittel, „Haushalts-Chemie" (Wasch- und Reinigungsmittel), Kosmetik, neuerdings auch Textilien oder Möbel beispielsweise sind in diesem Sinne betroffen. Darüber hinaus führen Gesetze zur Internalisierung „externer Effekte" und/oder Verschiebungen von Preisrelationen zu neuen Anforderungen an die Produkteigenschaften (z. B. Recyclingfähigkeit von Verpackungen).

Die „Risikoexponierung im Umweltschutz" faßt zusammen, inwieweit das Unternehmen durch die Art seiner Tätigkeit gezwungen ist, Umweltaspekte zu berücksichtigen, sei es durch Gefahrstoffe, die von den Produktionsprozessen ausgehen, oder umweltbelastende Produkte. Auch diese jeweiligen Gefährdungen müssen unternehmensindividuell ermittelt werden.

Wie Abb. 2 (S. 276) zeigt, lassen sich vier Marktchance-Risiko-Kombinationen unterscheiden. Vernachlässigbar für unsere weiteren Erörterungen ist hier die Situation, in der sowohl die Marktchancen als auch die Risikoexponierung im Umweltschutz für das Unternehmen als gering einzustufen sind. Umweltschutz ist hier keine strategische Frage, auch wenn einzelne Verbesserungen etwa im Bereich umweltfreundlicher Beschaffung erzielt werden können. Allerdings nimmt die Zahl der Unternehmen, die sich in diesem Feld positionieren können, stetig ab. So sehen auch Dienstleistungsunternehmen wie etwa Banken bereits Ansatzpunkte zur Integration des Umweltschutzes in die Geschäftspolitik (vgl. den Beitrag von *Krüger* in diesem Band).

---

[2] Dieser – in der Betriebswirtschaftslehre eingebürgerte – Sprachgebrauch ist wissenschaftlich nicht ganz korrekt, wird hier jedoch aus Verständlichkeitsgründen beibehalten.

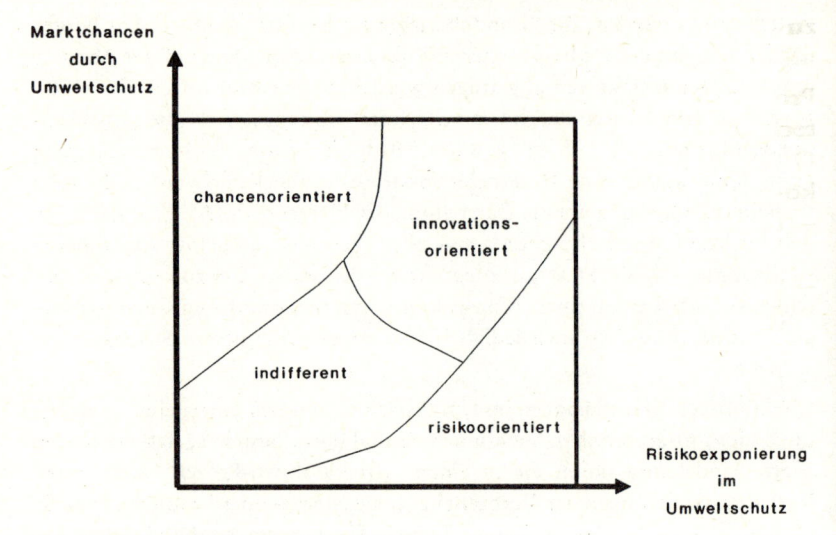

Abb. 2: Marktchance-Risiko-Kombinationen

2.2 Risikoorientierte Strategien

Der Bereich fehlender bis geringer Marktchancen und einer mittleren bis hohen Risikoexponierung ist das Anwendungsfeld für risikoorientierte Strategien. Im Vordergrund steht dabei nicht zwangsläufig ein rein passives Verhalten, sondern die Anwendung des Risiko-Managements. Unter rein passivem oder defensivem Verhalten wäre hier ein initiativloses Befolgen staatlicher Anordnungen (z.B. Auflagen) zu verstehen, während die Anwendung von risikopolitisch orientierten Unternehmensstrategien weitergehende Initiativen voraussetzen kann. Diese sind vorrangig auf die langfristige Sicherung der Existenz des Unternehmens ausgerichtet, vernachlässigen jedoch die Entwicklung neuer Märkte.

Risiko-Management setzt zunächst voraus, daß – normativ – von der Unternehmensleitung ein umweltpolitisches „Sicherheitsniveau" vorgegeben wird, denn nur im Hinblick auf ein solches Ziel kann sinnvoll über Strategien der Risikobewältigung gesprochen werden. Die bloße Einhaltung der bestehenden gesetzlichen Vorschriften dürfte dabei in den höheren Bereichen der Risikoexponierung sicherlich nicht mehr ausreichen, um langfristig die Existenz des Unternehmens zu sichern. Andererseits kann ein zu hohes Sicherheitsniveau auch davon abhalten, Chancen für das Unternehmen wahrzunehmen. Allgemein ist Risiko-Management (*Haller* 1991) darauf gerichtet, Störpotentiale, die eine Realisierung von Absichten, Erwartungen und Plänen des Unternehmens aufgrund von Störprozessen verhindern, besser zu erkennen, zu beurteilen und durch die Berücksichtigung in der Organisation und bei allen Führungsaufgaben und -entscheidungen abzubauen.

Problematisch ist dabei insbesondere im Umweltschutz das Identifizieren von technischen und marktlichen Risiken sowie der administrativen Reaktionen. Oftmals kristallisieren sich diese Störpotentiale erst durch ein bewußtes Risiko-Management klar heraus. Klassische Beispiele sind hier:
- umweltbelastende und -belastete Einsatzstoffe, die substituiert werden müssen;
- trotz additiver Umweltschutztechnik bestehende Umweltrisiken, die nur durch den Übergang zu integrierten Fertigungsverfahren von vornherein zu vermeiden sind;
- mit Zeitverzögerung auftretende Risiken, die bei der Durchführung von Technologiebewertungen im Forschungs- und Entwicklungsprozeß ermittelt werden und/oder
- die Erkenntnis, daß entsprechende Organisationsstrukturen und Entscheidungsprozesse ebenfalls zur Risikovermeidung beitragen können.

Die Ansatzpunkte der **Risiko-Bewältigungsstrategien**: Vermeiden, Vermindern, Überwälzen, Versichern, Selbsttragen finden im Umweltschutz analog Anwendung. Im Gegensatz zur völligen Ausschaltung von Belastungsquellen, was möglicherweise nur durch Produktionsstillegungen zu erreichen ist, suchen die übrigen Strategien ein als angemessen erachtetes Restrisiko zu erreichen und zu handhaben. Hier zeigt sich, daß es wichtig ist, die Art der Risiken, ihre sowohl objektiv als auch subjektiv wahrgenommene Wirkung auf Dritte und ein möglicherweise gestiegenes Sicherheitsbedürfnis im marktlichen und sozialen Umfeld des Unternehmens genau zu verstehen.

Der **Risikominderung** dienen Maßnahmen, die auf die Verminderung der Eintrittswahrscheinlichkeit des Schadens bzw. des Störfalles gerichtet sind oder aber auf die Absenkung des Schadenspotentials, was in der Regel wichtiger ist. Zur Begrenzung der Störpotentiale dienen z.B. die additive Umwelt- und Sicherheitstechnik, die Errichtung von Stoffkreisläufen und die Beachtung der Fehlerfreundlichkeit bei Konstruktion und Gestaltung.

Das **Risiko zu überwälzen**, z.B. auf Lieferanten, ist dann legitim, wenn dort die Ursache des Umweltrisikos zu lokalisieren ist. Wie aus der Qualitätssicherung bekannt ist, kann bei komplexen Produkten oder Produktionen die Einhaltung von Standards nur garantiert werden, wenn die Qualitätskriterien sich auch auf die Vorleistungen erstrecken. Werden z.B. schwer zu entsorgende Produkte an den Lieferanten zurückgegeben, wird dort der Druck erhöht, entsorgungsfreundliche und recyclingfähige Produkte zu entwickeln. Weiterhin können von den Lieferanten Umweltverträglichkeitszertifikate verlangt werden. Bei fehlenden eigenen Ressourcen (z.B. finanzielle oder Know-how) insbesondere in kleinen und mittleren Unternehmen bietet sich auch die Inanspruchnahme der Leistungen Dritter an, beispielsweise für die Fremdentsorgung von Abfällen.

Kapitel 18: Normstrategien im Umweltmanagement

Risikobewältigungsstrategie / Ursache(n)	Vermeiden	Vermindern	Überwälzen	Versichern	Selbsttragen
Markt a) Beschaffung	Substitution belastender und gefährlicher Einsatzstoffe	Absenken von Schadstoffanteilen	Rückgabe von Abfällen an den Lieferanten; Umweltverträglichkeitszertifikate	–	unbekannte Risiken
b) Absatz			Verantwortung für bestimmungsgemäßen Gebrauch	Produkthaftung	F&E-Risiken
Politik/Gesellschaft	Vorwegnahme von Umweltvorschriften	Image als ökologischer Marktführer	Haftungshöchstgrenzen	–	Politisches Stabilitätsrisiko
Unternehmensinterna	Technology-Assessment im Forschungsprogramm; Integrierte Fertigungsverfahren; Schaffung risikovermeidender Organisationsstrukturen und Entscheidungsprozesse	Erhöhen des betriebsinternen Sicherheitsstandards; Steigerung der Kapazität des betrieblichen Katastrophenschutzes; additiver Umweltschutz; Recycling; fehlerfreundliche Systeme	Fremdentsorgung von Abfällen	Störfall	Restrisiko

2. Theoretische Ableitung

Die **Versicherung von Risiken** bildet den traditionellen Kern betrieblicher Risikopolitik. Durch die Notwendigkeit der Versicherung und das technische Know-how der Versicherungsunternehmen entwickelten sich dabei hohe Sicherheitsstandards (z.B. in der Feuerversicherung). Die erweiterte Umwelthaftung dient heute schließlich dazu, diesen Prozeß auch für die umweltrelevante Anlagensicherheit zu induzieren. Unabhängig davon, wie man diesen Versuch im einzelnen beurteilt, wird dies sicherlich zu neuartigen Versicherungsverträgen (etwa „Abschreibungspolicen") führen, um die komplizierte und schwer zu kalkulierende Risikostruktur zu bewältigen. Gerade für Klein- und Mittelunternehmen werden Versicherungen wohl ein Umwelt-Audit verlangen oder selber erstellen, um die Umweltrisiken von Anlagen hinreichend beurteilen zu können.

Die **selbst zu tragenden Risiken** umfassen vor allem den nichtversicherbaren und in einer Marktwirtschaft unvermeidbaren Kernbereich von Unternehmens(existenz-)risiken.

Tab. 1 gibt einen zusammenfassenden Überblick über die Ansatzpunkte des Risiko-Managements im Umweltbereich. Die Summe der angesprochenen Maßnahmen macht dabei auch deutlich, warum hier nicht der Begriff der defensiven oder gar passiven Strategie gebraucht werden kann.

2.3 Chancenorientierte Strategien

Der zweite Bereich ist gekennzeichnet durch mittlere bis hohe Marktchancen im Umweltschutz bei gleichzeitig geringer bis mittlerer Risikoexponierung des Unternehmens. Hier geht es vorrangig um das Nutzen der Marktchancen, indem frühzeitig den sich ändernden Markt- und Produktstandards mit neuen Produkten begegnet wird, die gegenüber bisherigen Erzeugnissen den zusätzlichen Nutzen der Umweltfreundlichkeit aufweisen. Der Zeitfaktor hat hier strategische Bedeutung, da unter den heutigen Marktbedingungen nur der Innovator selbst noch mit maßgeblichen Gewinnen rechnen kann. Allerdings besteht für ihn auch die Gefahr, zu früh mit einem umweltfreundlichen Produkt auf dem Markt zu sein, etwa weil die Konsumenten das zu lösende Umweltproblem noch nicht wahrgenommen haben.

Die Eigenschaften einer chancenorientierten Unternehmensstrategie im Umweltbereich lassen sich daher wohl am ehesten anhand der Grundüberlegungen des strategischen Marketing beschreiben (vgl. auch den Beitrag von *Bruhn* in diesem Band).

Bei der Ausschöpfung des umweltsensiblen Marktes handelt es sich um eine „Nutzeninnovation". Das heißt, das Kriterium Umweltfreundlichkeit bildet für die Endverbraucher oder Nachfrager, die das Gut weiter im Produktionsprozeß einsetzen, eine zusätzliche Nutzendimension zu den bisherigen Gebrauchseigenschaften. Damit wird das Wert-Preis-Verhältnis gesteigert, auch wenn sich der Umweltnutzen erst in der Entsorgungsphase bemerkbar macht. Eine solche Strategie ist am wenigsten kompatibel mit der Wettbewerbsstrategie der „Kostenführerschaft", hingegen gut vereinbar mit einer Differenzierungs- und Nischen-Strategie.

Produkt- und kommuninikationsstrategisch bedeutet dies, daß die **ökologische Dimension des Produktes** als differenzbildender Faktor gestärkt und hervorgehoben werden muß. In aller Regel verursacht dies Umstellungskosten, gegebenenfalls auch höhere Produktionskosten, die am Markt durch höhere Erlöse mindestens kompensiert werden müssen. Dabei geht es zunächst um die Vermeidung umweltbelastender oder umweltbelasteter Inputfaktoren (etwa schädliche Lösemittel in Farben, verseuchte Nahrungsmittel), was gegebenenfalls die Erschließung neuer Bezugsquellen bedeutet. Bei Veränderungen in der Produktanwendung sind entsprechende Kundendienstschulungen vorzunehmen; gegebenenfalls ist das Produkt völlig neu zu gestalten. Aber auch das „Ambiente" muß stimmen. Verpackung sowie Logistik und die Beseitigung dürfen nicht nur für Kunden, sondern auch für Dritte keine Probleme bereiten. Dies kann durch die Wiederverwendbarkeit oder Recyclingfähigkeit der Produkte erreicht werden.

Mit der nach außen gerichteten Kommunikations-Strategie muß das Unternehmen versuchen, die positive Veränderung ihrer Produkte auch den Abnehmern zu vermitteln. Gesucht werden dabei anfangs „Anwendungs-Innovatoren", die bei ihren Kaufentscheidungen großen Wert auf den Zusatznutzen der Umweltfreundlichkeit legen und dafür zum Beispiel auch Hemmschwellen einer Umstellung, wie verändertes Aussehen oder Handhabung des Produktes, überwinden. Dies ist insofern relativ schwierig, weil die Gruppe ökologieorientierter Konsumenten durch die traditionellen Marketing-Instrumente kaum zu erreichen ist, ihnen sogar eher mißtrauisch gegenübersteht. Hier können Berichte und Tests in den Medien, die Verleihung von anerkannten Umweltzeichen („Blauer Engel"), aber auch eine allgemeine Image-Werbung als umweltfreundliches Unternehmen, zum Beispiel durch Sponsoring von Naturschutzaktionen, mehr bewirken als eine produktbezogene Werbekampagne (zumal bestimmte Begriffe dort sehr schnell verschlissen werden).

Ist in einem besonders umweltorientierten Marktsegment getestet worden, daß wirklich eine Nutzeninnovation vorliegt, kann das Produkt auch in Marktsegmente eingeführt werden, in denen annahmegemäß die Umweltfreundlichkeit zwar ein, aber nicht das dominierende Kaufkriterium darstellt. Eine erfolgreiche Einführung ist nur dann zu erwarten, wenn von den Konsumenten angenommen wird, daß das Produkt bei gleichen sonstigen Standards (Gebrauchseigenschaften, Funktionen etc.) zusätzlich noch umweltfreundlich ist (*Wimmer* 1988). Dabei hängt es von der Art der Marktsegmente und des Zusatznutzens ab, ob zunächst die Anwendungsinnovatoren höhere Preise zahlen, oder ob zur Überwindung von Markteintrittsbarrieren nicht zunächst eine interne Subventionierung des umweltfreundlichen Produkts stattfinden sollte.

2.4 Innovationsorientierte Strategien

Im oberen rechten Feld in Abb. 2 sieht sich das Unternehmen einer ambivalenten Situation gegenüber: Marktchancen durch umweltfreundliche Produkte einerseits, erhebliche Risikoexponierung durch die Umweltbelastung gegenwärtiger Produkte und Produktionsprozesse andererseits. Auf der umweltsensiblen Nachfrageseite werden die Produkte nicht mehr lange bestehen können; auf der Angebotsseite führen Umweltauflagen zum Beispiel zu höheren Kosten. In dieser instabilen Situation ohne langfristig gesichertes Erfolgspotential ist die Innovation bzw. die „Durchsetzung neuer Kombinationen", wie *Schumpeter* Innovationen nannte, die einzige Möglichkeit, eine Verbesserung der Marktposition zu erreichen. Zugleich bereitet ihre Verwirklichung erhebliche Schwierigkeiten, denn Innovationen sind weder ohne Risiko, noch sind Innovationsmöglichkeiten reichlich vorhanden. Innovationserfolge müssen daher besonders hart erarbeitet werden und kommen oft auch nur unter solchen Drucksituationen zustande (*Porter* 1990).

Die betrieblichen Probleme sind dabei meistens so strukturiert, daß es nicht um „die" Innovation geht, sondern um verschiedene **Veränderungen von Subtechnologien**, um die relative Zielgröße Umweltfreundlichkeit zu erreichen. Gerade weil in den wenigsten Fällen eine „fertige Lösung" existiert, besteht die wichtigste Aufgabe des Innovationsmanagements darin, die gesuchten technischen Lösungen zu identifizieren, zu einem neuen Produkt oder Verfahren zu optimieren und daraus auch die organisatorischen und strategischen Konsequenzen zu ziehen.

Wenn es einem Unternehmen gelingt, zuerst eine technisch-innovative Lösung zu finden, die die eigenen Umweltrisiken hinreichend absenkt, kann darauf basierend ein umweltorientiertes Erfolgspotential aufgebaut werden, indem ein neues Produkt oder möglicherweise sogar ein neuer Markt kreiert wird. Dabei müssen die Chancen einer solchen Vorreiter-Position gegen die Risiken abgewogen werden.

Als Vorteile einer ökologischen „First-Position" können unter diesen Bedingungen gelten:
- Das Unternehmen durchläuft als erstes die Erfahrungskurve und erzielt über sinkende Stückkosten frühe Gewinne, die zur Finanzierung der Innovation und des dadurch induzierten Strukturwandels dringend benötigt werden.
- Es hat die Möglichkeit der Produktdifferenzierung, gegebenenfalls nach Marktsegmenten, und damit der Erzielung höherer Erlöse durch das pricecreaming, d.h. zunächst werden die oberen Marktsegmente zu höheren Preisen abgeschöpft.
- Es setzt andere Unternehmen im Erfolgsfall in die ungünstigere „Follower-Position", da es als Innovator in der Lage ist, Eintrittsbarrieren zu schaffen und Standards gemäß seinen Zielen und Stärken zu setzen.

- Der Innovator steigert nicht nur sein Image als Technologieführer und umweltbewußtes Unternehmen, sondern auch die Produktattraktivität, die zu Nachfragesteigerungen führen kann.
- Er hat den ersten Zugriff zu Lieferanten neuer und unter Umständen knapper Vorprodukte oder Investitionsgüter, gegebenenfalls auch zu neuen Absatzwegen.
- Durch Substitution knapper Ressourcen und Energiequellen oder deren effiziente Nutzung wird der Preisauftrieb bei diesen gebremst oder wieder umgekehrt (Beispiel Erdöl).
- Schließlich vermeidet das Unternehmen beim rechtzeitigen Einleiten des Innovationsprozesses die Kosten der Umweltauflagen für alte Verfahren oder Produkte, während der Follower vielleicht gezwungen ist, zusätzlich zu den Umstrukturierungskosten auch noch Auflagen für die in der Übergangsphase benötigten alten Anlagen zu finanzieren.

Diesen nicht unerheblichen Vorteilen stehen zum Teil spiegelbildlich die zu kalkulierenden Risiken gegenüber:
- Der Pionier trägt die „Pionierkosten", d.h. möglicherweise höhere Forschungs- und Entwicklungs- (F&E) sowie Such- und Erprobungskosten als die Imitatoren.
- Die Umstellkosten können beträchtlich und angesichts des innovativen Charakters der neu eingesetzten Technologien nur schwer exakt zu kalkulieren sein.
- In der Anlaufphase gibt es oft Abweichungen von den gewohnten Qualitätsstandards oder Gebrauchseigenschaften.
- Bei rascher technischer Entwicklung kann der Innovator auf eine unausgereifte „Zwischentechnologie" setzen, die bald überholt ist, und mit der er dann negativ identifiziert wird.
- Es kann sich ein nicht unerheblicher zusätzlicher Abschreibungsbedarf („sunk costs") auf Anlagen, nicht amortisierte F&E- oder Marketinginvestitionen usw. ergeben.
- Die Nachfrage und damit der Markterfolg sind um so ungewisser, je neuartiger das Produkt ist.
- Die Kunden können ein hohes Informationsdefizit haben, das nur durch aufwendige Marketinganstrengungen oder Investitionen in den Kundendienst überwunden werden kann.
- Die staatlichen Genehmigungsverfahren können bei Präzedenzfällen besonders langwierig sein, und überholte Normen oder gesetzliche Regelungen stehen oftmals dem ökologisch wie ökonomisch Sinnvollen im Wege.

Aus dieser Gegenüberstellung von Vorteilen und Risiken ergeben sich jedoch deutliche **Anforderungen an die Innovationsstrategie:**
- Die Dauerhaftigkeit des Erfolgspotentials muß hinreichend plausibel sein, um den vermutlich sehr hohen Umfang der erforderlichen Investitionen zu

3. Empirische Interpretation

rechtfertigen; die neuen Märkte beziehungsweise Marktsegmente sind klar zu definieren und mit klaren Zielvorgaben zu versehen.

- Die technischen Alternativen müssen sorgfältig ermittelt werden, auch unter Auswertung der Erfahrungen in anderen Branchen und neuer Trends in den Schlüsseltechnologien.
- Die Umweltvorteile müssen klar erkennbar und bewertbar sein.
- Eine Stärken-Schwächen-Analyse muß ergeben, daß das Unternehmen zur Realisierung dieser Strategie klar definierbare besondere Fähigkeiten besitzt (technische Erfahrung, Vertriebswege etc.) und möglichst Synergieeffekte realisieren kann.
- In einer Konkurrenzanalyse muß geprüft werden, ob die Wettbewerber nicht an denselben Problemlösungen – eventuell sogar noch mit einem zeitlichen Vorsprung – arbeiten, so daß zum Zeitpunkt der Markteinführung kein Wettbewerbsvorteil erreicht werden kann.
- Die Implementierung der Innovationsstrategie darf nicht zu Qualitätseinbußen oder einer Minderung der Gebrauchseigenschaften führen, da nur wenige Kunden bereit sind, dies zugunsten von Umweltvorteilen zu akzeptieren. Wenn der Markt nur potentiell sensibel ist, muß mittels Marketing-Maßnahmen die latente Sensibilität in eine aktuelle Sensibilität transformiert werden, damit der Nutzen des neuen Produktes oder Verfahrens von den Kunden erkannt werden kann.

Diese hier nur stichwortartig aufgelisteten Abwägungen zeigen, warum die Innovationsstrategie nicht nur höchste Professionalitätsanforderungen an das Management stellt, sondern auch mit erheblichen Risiken behaftet ist. Viele Einflußfaktoren lassen sich nicht sicher im voraus abschätzen, und von daher wird es erklärlich, daß es meistens eines bestimmten (Leidens-)Drucks bedarf, bevor sich Unternehmen zu Innovationen wirklich entschließen.

3. Empirische Interpretation und die „Evolutionsfähigkeit" von Normstrategien

Vergleicht man die empirischen Untersuchungen zu Zielen, Strategien und Verhalten von Unternehmen im Umweltschutz (zu einem Überblick *Raffée, Förster, Fritz* und *Antes, Steger, Tiebler* in diesem Band sowie *Kirchgeorg* 1990), so lassen sich diese Ergebnisse auf die Prämissen und Ableitungen der umweltorientierten Normstrategien beziehen. Dies gilt zunächst für die Voraussetzung, daß Umweltschutz kein dominantes Ziel darstellt. Es ist eher eine Integration des Umweltschutzes in das Zielbündel der Unternehmung z.B. durch Aufnahme in die schriftlich fixierten Unternehmensgrundsätze zu beobachten. Dies ist weniger als Ursache-Wirkungszusammenhang zu interpretieren, sondern eher als ein Indikator für die Verhaltensorientierung: Die Unternehmen, die Umweltschutz über die unmittelbare Erfüllung gesetzlicher

Unternehmensziel	Rang 1	Rang 2	Rang 3	Rang 4	Rang 5
Unternehmensexistenz sichern	57,6% (283)	7,0% (32)	3,1% (13)	2,9% (9)	1,3% (3)
Unabhängigkeit des Unternehmens	1,0% (5)	12,2% (56)	4,2% (18)	5,1% (16)	4,9% (11)
Mitarbeitergewinnung Motivation/Arbeitsplatzqualität	1,4% (7)	7,6% (35)	11,1% (47)	8,9% (28)	8,9% (20)
Liquidität	1,4% (7)	5,0% (23)	4,0% (17)	4,5% (14)	3,1% (7)
Wettbewerbsfähigkeit steigern	2,2% (11)	17,2% (79)	12,2% (52)	9,6% (30)	12,1% (27)
Unternehmenswachstum	4,1% (20)	3,9% (18)	5,4% (23)	4,5% (14)	6,2% (14)
Marktanteil steigern	3,1% (15)	3,7% (17)	8,7% (37)	9,3% (29)	6,2% (14)
Umsatz steigern	1,6% (8)	4,1% (19)	2,8% (12)	4,5% (14)	6,2% (14)
Angebotsqualität steigern	5,5% (27)	7,8% (36)	7,5% (32)	7,7% (24)	9,8% (22)
Gewinn/„Return on Investment" steigern	13,6% (67)	13,1% (60)	12,2% (52)	12,5% (39)	3,1% (7)
Kunden- und Marktorientierung	3,3% (16)	6,5% (30)	11,5% (49)	8,6% (27)	10,7% (24)
Wahrnehmung sozialer Verantwortung	0,4% (2)	3,1% (14)	4,2% (18)	7,3% (23)	5,8% (13)
Ansehen in der Öffentlichkeit	0,2% (1)	1,5% (7)	2,1% (9)	3,8% (12)	5,8% (13)
Konkurrenzsituation verbessern	0,6% (3)	0,9% (4)	4,5% (19)	4,2% (13)	7,6% (17)
Umweltschutz	0,4% (2)	1,7% (8)	3,5% (15)	5,4% (17)	7,1% (16)
Sonstiges	3,5% (17)	4,6% (21)	2,9% (12)	1,3% (4)	0,9% (2)
Gesamt	100% 491	100% 459	100% 425	100% 313	100% 224
keine Angabe	101	133	167	279	368

Tab. 2: Zielsystem der interviewten Unternehmen *(Antes, Steger, Tiebler* 1990, 5/13)

Vorschriften hinaus betreiben, zeichnen sich in den Untersuchungen überproportional durch eine Integration des Umweltschutzes auf der normativen Steuerungsebene aus. Dabei ist das Zielsystem stark durch eine Sicherheits- und Wettbewerbsorientierung geprägt.

Die Sicherung der Unternehmensexistenz wurde klar dominierend von 60% der von der Forschungsgruppe Umweltorientierte Unternehmensführung (FUUF) interviewten Unternehmen als vorrangiges Ziel bewertet und rangiert somit noch weit vor dem Gewinnziel, das lediglich von 13,6% den ersten Rang unter den Zielen erhält. Die differenzierte Untersuchung von *Kirchgeorg* (1990) ergab zusätzlich, daß die langfristige Gewinnzielung – Rang 2 – gegenüber der kurzfristigen Gewinnzielung – 13. und damit letzter Rang – eindeutig wichtiger eingeschätzt wird. Umweltschutz ist als „Ziel an sich" sehr schwach ausgeprägt. Unter der Annahme, daß jede industrielle Tätigkeit in der einen oder anderen Form mit Umweltbelastungen verbunden ist, wird dies verständlich, so daß Umweltschutz eher als „Nebenbedingung" betrachtet wird, deren Beachtung gegenüber anderen Entscheidungskriterien abgewogen wird.

Diese Aussage wird eingeschränkt durch das Ergebnis der Analyse, inwieweit sich die betriebswirtschaftlichen Ziel komplementär, neutral oder konkurrierend zum Umweltschutz verhalten. Tab. 3 (S. 286) zeigt die diesbezügliche Auswertung der FUUF-Untersuchung.

Nur beim Gewinn- und Liquiditätsziel halten noch Minderheiten von etwa einem Drittel der Industriebetriebe Zielkonflikte für gegeben, vor allem dann, wenn Umweltschutz noch immer vorwiegend als Kostenfaktor wahrgenommen wird. In der Untersuchung von *Kirchgeorg* (1990) werden ähnlich schwache Zielkonflikte bei kurzfristiger Gewinnzielung und Kosteneinsparung gesehen. Überragend dagegen ist in beiden Untersuchungen die Zielkomplementarität mit „weichen Faktoren" wie Image oder soziale Verantwortung. Allerdings muß man wohl realistisch einschätzen, wieviel (besser: wie wenig) solche „weichen Faktoren" im Konfliktfall mit „harten" Umsatz- und Gewinnzielen zählen. Es ist aber plausibel anzunehmen, daß sich in der Wahrnehmung von Zielkomplementaritäten und -konflikten erhebliche Verschiebungen etwa gegenüber den siebziger Jahren ergeben haben. Dies wirkt sich sicher auch entscheidend auf das Verhalten der Unternehmen aus, da im Zielbündel heute der Umweltschutz eine höhere Priorität einnimmt als damals.

Fragt man die Motive für den Umweltschutz näher ab, werden häufig auch zunächst ökologische und soziale Verantwortung und Image-Faktoren genannt. Hier mag die soziale Erwünschtheit sicher eine Rolle spielen. Als bedeutendere Aspekte sind dagegen die Umweltschutzgesetzgebung, die Nachfrage und die Wettbewerbssituation einzuschätzen. Es ist unmittelbar einsichtig, daß bei der heutigen Regelungsdichte nicht nur in Deutschland die

Das Unternehmens-ziel steht... zu den Umweltschutzzielen	Art der Zielsetzung			Zahl der Antworten
	komplementär	neutral	konkurrierend	
Unternehmensexistenz sichern	59,9% (300)	34,1% (171)	6,0% (30)	501
Unabhängigkeit des Unternehmens	26,2% (93)	68,5% (243)	5,4% (19)	355
Mitarbeitergewinnung/ Motivation/Arbeitsplatzqualität	72,4% (297)	24,6% (101)	2,9% (12)	410
Liquidität	15,7% (56)	52,1% (186)	32,2% (115)	357
Wettbewerbsfähigkeit steigern	41,7% (232)	32,1% (143)	15,9% (71)	446
Unternehmenswachstum	46,4% (182)	41,8% (164)	11,7% (46)	392
Marktanteil steigern	44,6% (181)	43,8% (178)	11,5% (47)	406
Umsatz steigern	43,7% (162)	45,6% (169)	10,7% (40)	371
Angebotsqualität	58,2% (241)	37,4% (155)	4,3% (18)	414
Gewinn/„Return on Investment" steigern	27,8% (122)	39,2% (172)	33,1% (145)	439
Kunden- und Marktorientierung	62,6% (263)	34,8% (146)	2,6% (11)	420
Wahrnehmung sozialer Verantwortung	84,4% (329)	14,9% (58)	0,8% (3)	390
Ansehen in der Öffentlichkeit	86,8% (328)	11,9% (45)	1,3% (5)	378
Konkurrenzsituation verbessern	51,2% (160)	36,6% (138)	12,2% (46)	377

Tab. 3: Zielbeziehungen zwischen Unternehmens- und Umweltzielen (*Antes, Steger, Tiebler* 1990, 5/15)

staatlichen Maßnahmen besonders wichtige Einflußfaktoren darstellen. Hervorzuheben ist darüber hinaus, daß – entgegen manchem Eindruck in der öffentlichen Debatte – eine Vielzahl von Indikatoren darauf hinweisen, daß Kundenreaktionen oder Nachfrageverschiebungen von den Unternehmen als sehr viel relevanter eingeschätzt werden als z.B. Aktionen anderer Anspruchsgruppen (etwa Initiativen von Umweltschützern). Die ausgeprägte Wettbewerbsorientierung führt dazu, daß eine rasche Imitation der Innovationen von Wettbewerbern erfolgt, etwa bei der umweltfreundlichen Produktgestaltung. Dies heißt nichts anderes, als daß die Marktwirtschaft relativ gut funktioniert: Wenn Umweltschutz zu einem Marktfaktor geworden ist, wird er auch relativ rasch in Produkte, Strategien und Kommunikation umgesetzt. Hier liegt aber zugleich das entscheidende Problem: Unter den zahlreichen Hemmnissen für die Berücksichtigung des Umweltschutzes – wie mangelnde Information, fehlende Technologien etc. – wird das größte Hemmnis im Verbraucher gesehen, vor allem in seiner mangelnden Zahlungsbereitschaft, falls sich die Produkte aus Umweltschutzgründen verteuern.

Deshalb ist es nicht verwunderlich, wenn Unternehmen heute Umweltschutz noch vornehmlich als zu begrenzenden oder zu eliminierenden Risikofaktor (dabei mit einer starken technischen Orientierung) und in geringerem Maße als Markt- und Innovationschance sehen. Nach den FUUF-Untersuchungen können nur gut ein Drittel der befragten Unternehmen als chancenorientiert eingestuft werden, also als Unternehmen, die sich durch eine verstärkte Integration des Umweltschutzes in das Zielsystem der Unternehmung und – in einer allerdings schwächeren Ausprägung – durch Anwendung von strategischen Planungsinstrumenten bei der Entwicklung von umweltorientierten Strategien auszeichnen. Vernachlässigt wird jedoch oftmals die Anwendung des im Umweltschutz erworbenen Know-hows in anderen Bereichen oder dessen Nutzung zur Diversifizierung der Unternehmung in neuen Märkten. Die Gruppe der Unternehmen, die diese Maßnahmen zusammen mit dem Einsatz von integrierten Technologien, also Techniken, die Umweltbelastungen erst gar nicht entstehen lassen, anwenden, könnte man als innovationsorientiert bezeichnen; ihre Zahl ist bisher noch gering (*Kreikebaum* 1990).

Diese Ergebnisse lassen sich durchaus – im Sinne der zweiten, einleitend aufgeworfenen Fragestellung – „evolutionstheoretisch" interpretieren. In der ersten Hälfte der achtziger Jahre gab es eine umfassende Novellierung aller Umweltschutzgesetze, die die Anzahl der von diesen Gesetzen betroffenen Unternehmen erheblich vergrößerte und die einzuhaltenden Standards unter Vorsorgegesichtspunkten z. T. drastisch verschärfte. Die Umsetzung dieser gesetzlichen Bestimmungen prägte die zweite Hälfte der 80er Jahre, eine Phase, in der sich auch das Konsumentenverhalten zu ändern begann, und Umweltschutz langsam ein Marktfaktor wurde (vgl. dazu auch den Beitrag von *Hansen* in diesem Band).

Aus dieser zeitlichen Abfolge läßt sich auch eine gewisse „Stufung" der Norm-Strategien ableiten. Der erste Schritt – jenseits der bloßen Einhaltung gesetzlicher Auflagen – beinhaltete eine breitere Identifikation von Risiken: etwa unter Haftungsgesichtspunkten, der weiteren Verschärfung von Standards, der Eliminierung oder Verminderung von ökologischen Produktrisiken. Erst diese Risiko-Analyse und die daraus abgeleiteten Strategien des Risk-Managements bilden die Basis, auf der weitere Umweltaktivitäten der Unternehmung aufgebaut werden können. So müssen zunächst die Umweltrisiken des Unternehmens bekannt sein, ehe es Sinn macht, die „ökologische Marktführerschaft" anzustreben. Erst der Lernprozeß in Verbindung mit der risikoorientierten Strategie im Unternehmen befähigte zur nächsten „Stufe", der chancenorientierten Strategie. Ausgenommen waren jene wenigen Fälle, in denen die Risikoexponierung des Unternehmens im Umweltschutz offensichtlich war und nahe null lag. Hier führte das veränderte Verbraucherverhalten – unter dem Druck der Wettbewerbsorientierung – zu einer Identifizierung neuer Marktsegmente, zu Hinweisen für die Weiterentwicklung von Produkten und die Modernisierung des bestehenden Produkt- und Leistungsprogramms – orientiert an Umweltkriterien.

An sich wäre es im Sinne der „Stufen-Theorie" logisch, als dritte „Stufe" die Innovationsstrategie anzusehen, die erst dann zustande kommt, wenn die umweltorientierte Marktstrategie beherrscht wird und die Erfolge dazu motivieren, weitere Schritte zu tun. Aber erst bei relativ wenigen Unternehmen ist der „Leidensdruck" so groß, daß sie zu innovativen Strategien gezwungen sind (wie zum Beispiel in bestimmten Segmenten der Chemie-Industrie). Zudem wurden unter dem Druck enger zeitlicher Übergangsfristen die Einhaltung der Umweltstandards durch nachgeschaltete Reinigungstechnologien („end-of-the-pipe-technology" wie z.B. Rauchgasreinigung) gewährleistet; erst bei Neuinvestitionen haben integrierte Technologien eine Chance. Viele Branchen – wie Teile der Chemie – werden aber weder die Zeit noch die Produkte dafür haben, um diese chancenorientierte Phase zu durchlaufen. Aber auch hier ist die Beherrschung des Risk-Managements Voraussetzung für Innovationen, die ja dort ansetzen müssen, wo die größten Risiken identifiziert wurden. Insofern kann man die risikoorientierte Strategie auch als „Basisstrategie" bezeichnen, auf die andere Strategien dann oft aufbauen.

4. Empirisch-induktiv ermittelte Normstrategien

Abschließend seien noch zwei Beispiele für umweltorientierte Normstrategien vorgestellt, die aus empirischen Untersuchungen und Beobachtungen entwickelt wurden (wobei darauf hinzuweisen ist, daß natürlich keine empirische Erhebung voraussetzungslos erfolgt, sondern ihr immer bestimmte Hypothesen zugrunde liegen).

Aufgrund seiner Erhebung bei ca. 200 Unternehmen faßt *Kirchgeorg* (1990) verschiedene strategische Verhaltensweisen von Unternehmen in vier Clusters zusammen (vgl. Tab. 3 und Abb. 3, S. 290).

4. Empirisch-induktiv ermittelte Normstrategien

strategische Verhaltensweisen \ Cluster	Cl.1	Cl.2	Cl.3	Cl.4
Rückzug	+++	–	–	–
Produktionsverlagerung	++	–	0	–
sofortige Anpassung	+	– – –	+	+
präventive Umweltschutz-Investitionen	+	– – –	++	+
Flexibilitätserhaltung	++	– –	+	++
umweltorientierte Marktbearbeitung	+++	–	– – –	+++
Markterschließung	++	– –	– – –	+++
Konkurrenzorientierung	+++	– –	– –	++
Abwarten	+++	+	–	– –
Widerstand	+++	–	–	–
Clustergröße (100% =197)	19,8%	30,0%	27,4%	22,9%
Umweltschutzinvestitionen in % am Gesamtumsatz (1986)	5,9	2,4	2,9	2,4

Tab. 4: Verhaltens-Clusters zur Kennzeichnung von ökologischen Grundhaltungen der Unternehmen (*Kirchgeorg* 1990, 144)

Cluster 1 – die „ökologieorientierten Selektiven"[3] – zeichnet sich durch eine große Verhaltensvarietät aus und verfolgen dabei höchst widersprüchliche Strategien (z.B. umweltorientierte Marktbearbeitung und Widerstandsstrategien). Etwa 20% der Unternehmen fallen in diese Kategorie. Ob das Verhalten der Unternehmen jedoch situativ so widersprüchlich ist oder eine weitere Differenzierung notwendig wäre, bleibt in der Untersuchung offen. Die relativ größte Gruppe stellen die „ökologieorientierten Passiven" (Cluster 2) mit ca. 30%. Die Unternehmen, die sich vorwiegend auf die internen Umweltschutzbedingungen (z.B. in der Produktion) konzentrieren, werden als „innengerichtete Aktive" (Cluster 3) bezeichnet; ihr Anteil liegt knapp unter 30%. Nur gut ein Fünftel zählt zu den „ökologieorientierten Innovatoren" (Cluster 4).

Bei dieser Gruppenbildung läßt sich jedoch kein genereller „strategischer Fit" etwa zwischen wettbewerbsstrategischer Ausrichtung und Umweltschutz-

---

[3] Der Sprachgebrauch von *Kirchgeorg* ist etwas verwirrend; entscheidend sind die Prädikate „aktiv, selektiv" etc., die auf die Ökologieorientierung (die also auch negativ sein kann) bezogen werden.

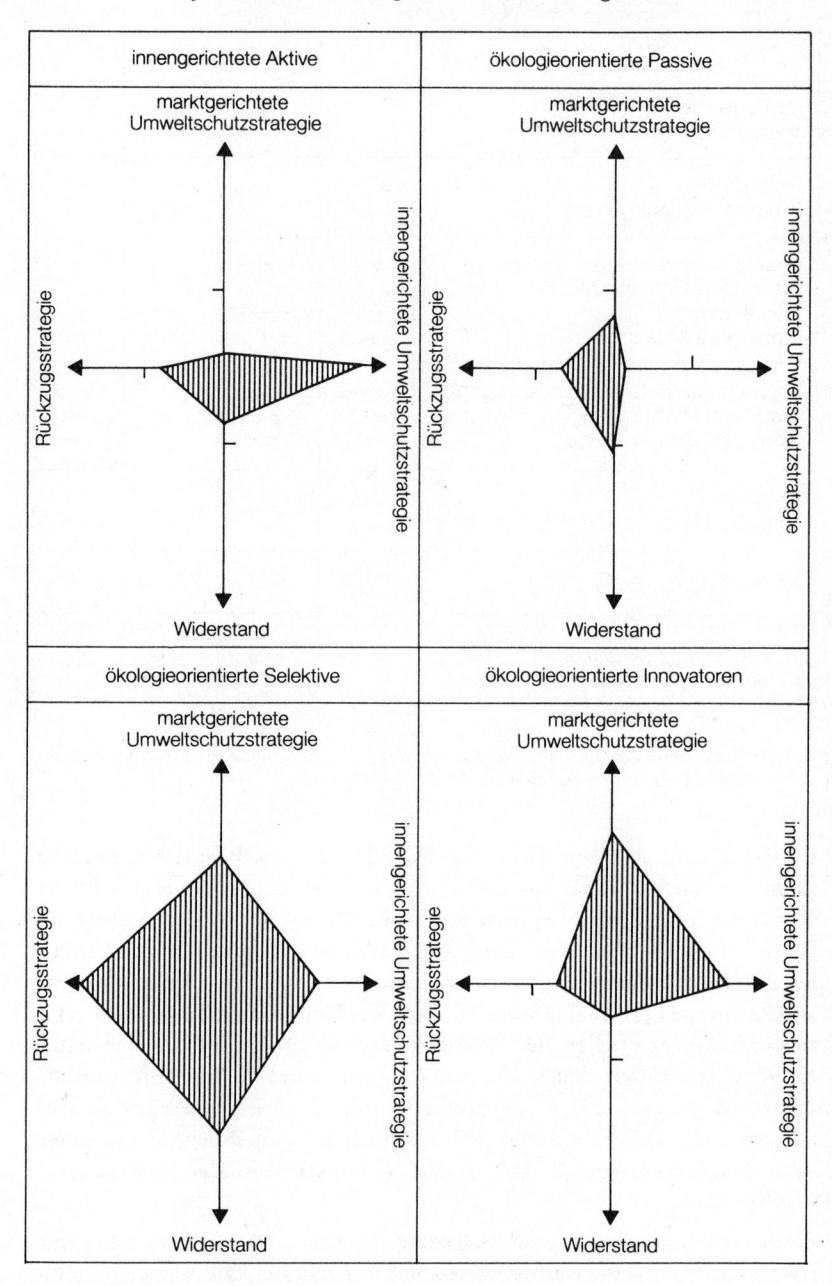

Abb. 3: Grundhaltungsspezifische Ausprägung der umweltorientierten Basisstrategien (*Kirchgeorg* 1990, 145)

4. Empirisch-induktiv ermittelte Normstrategien

strategien nachweisen; dies ist lediglich in Einzelfällen möglich. Ausschlaggebend ist vielmehr ein situativer Kontext aus Betroffenheit (durch Gesetzgebung oder Kundenreaktion), Marktbedingungen und normativen Elementen. Dabei wird das Verhalten der Verbraucher als Haupthemmnis für eine stärkere Beachtung des Umweltschutzes durch die Unternehmen eingeschätzt.

Eine weitere Systematik wurde von *Huber* (1991) entwickelt. Er geht von Beobachtungen in 10 case-studies aus, wo Unternehmen von außen unter „Druck" gerieten und in höchst unterschiedlicher Weise mit diesen Krisensituationen umgingen.

*Huber*s erste Randbedingung ergibt sich aus der Betroffenheit des Unternehmens durch die Ressourcen- und Umweltproblematik, sei es, daß die von den Unternehmen ausgehenden Umweltbelastungen von der Gesellschaft nicht länger toleriert wurden, sei es, daß die Umweltbelastungen die eigene Produktion gefährdeten (externe Rahmenbedingungen). Als interne Bedingung ergibt sich die Nach- und Vorteilhaftigkeit von Ressourcen- und Umweltschutzmaßnahmen für das Unternehmen. Verursacht der Umweltschutz nur Kosten (etwa durch Nachrüstung mit „end-of-the-pipe"-Technologien) oder muß gar eine Produkt-Linie vom Markt genommen werden, so wird das

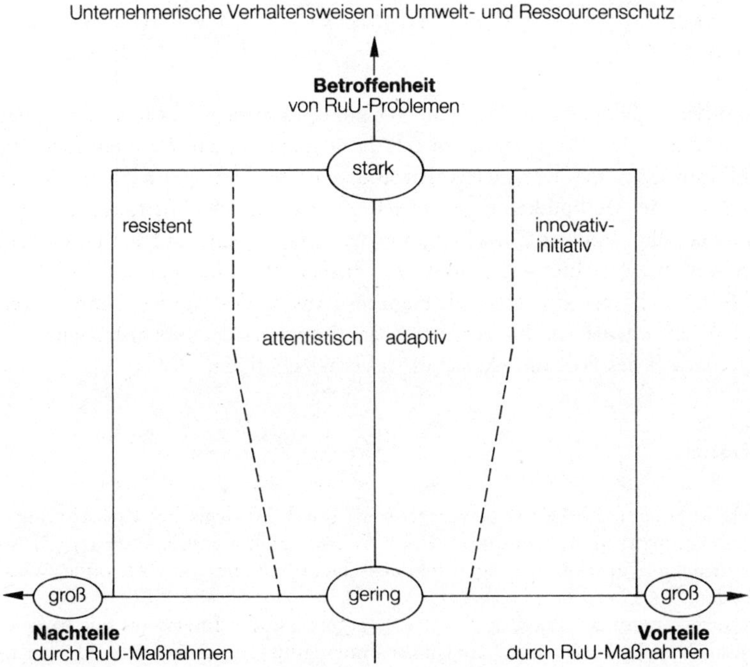

Abb. 4: Unternehmerische Verhaltensweisen im Ressourcen- und Umweltschutz (*Huber* 1991, 207)

Unternehmen eine andere Strategie wählen als wenn es zu den „Gewinnern" im Umweltschutz gehört, etwa weil neue Märkte entstehen. Aus diesen Annahmen leitet *Huber* ein Verhaltens-Portfolio ab (siehe Abb. 4), das die vier Verhaltens-Optionen von Unternehmen mit den Begriffen resistent, attentistisch, adaptiv und innovativ-initiativ belegt.

Der innovative Bereich ist hier reserviert für den unternehmerischen Pionier, wie er von *Schumpeter* definiert wird. Dieser nutzt frühzeitig Strategien zur Einsparung von Kosten und zum Aufbau von Wettbewerbsvorteilen. Adaption bedeutet die Bereitschaft, aus den bereits veränderten Markt- und Rahmenbedingungen rasch Konsequenzen zu ziehen („frühe Übernehmer"). Das Verhalten der „späten Übernehmer", die erst dann handeln, wenn es unvermeidbar geworden ist, bezeichnet *Huber* als Attentismus. Resistenz charakterisiert eine Strategie des hinhaltenden Widerstandes. Hier ist die Grundhaltung am defensivsten, und das Unternehmen versucht, Umweltschutz auf ein Minimum zu reduzieren. Diese knappe Skizzierung soll ausreichen, da hier nur gezeigt werden sollte, wie unterschiedlich Auswahlkriterien dann auch zu unterschiedlichen Belegungen – mit durchaus sprachlich normativem Hintergrund – führen. Lediglich eine Differenzierung nach dem Grad der eigenen Aktivität ist allen Normstategie-Varianten gemeinsam.

5. Fazit

Die unterschiedlichen Ansätze, die hier kurz präsentiert wurden, zeigen, daß das Konzept der Normstrategien relativ problemlos auf die Identifizierung von Umweltschutz-Strategien angewandt werden kann. Je nach gewählten Kriterien und Methodiken ergeben sich unterschiedliche Portfolios. Sie können abhängig von der Zwecksetzung der Analyse eher auf die empirische Beschreibung gerichtet sein (Ansatz von *Huber* 1991; *Kirchgeorg* 1990) oder als Instrument der strategischen Planung (Ansatz des Autors) benutzt werden. Allerdings ist zur Interpretation des Konzepts der Normstrategien die Begrenztheit des Portfolio-Ansatzes zu berücksichtigen.

Literatur

Annighöfer, F. (1991), Wettbewerbsvorteile durch Strategisches Umweltschutzmanagement, in: Organisationsforum Wirtschaftskongreß e.V. (Hrsg.), Umweltmanagement im Spannungsfeld zwischen Ökologie und Ökonomie, Wiesbaden, S. 149–165

Antes, R., Steger, U., Tiebler, P. (1990), Ergebnisse der Interviews mit Mitgliedern der Geschäftsleitung der Unternehmen zum Themenbereich „Unternehmensführung", in: Forschungsgruppe Umweltorientierte Unternehmensführung (FUUF), Bericht zu den Befragungsergebnissen des Modellversuchs „Umweltorientierte Unternehmensführung", Köln, Kapitel 5

Haller, M. (1991), Risiko-Management – zwischen Risikobeherrschung und Risiko-Dialog, in: Organisationsforum Wirtschaftskongreß e.V. (Hrsg.), Umweltmanagement im Spannungsfeld zwischen Ökologie und Ökonomie, Wiesbaden, S. 167–220

Huber, J. (1991), Unternehmen Umwelt: Weichenstellungen für eine ökologische Marktwirtschaft, Frankfurt a.M.

Kirchgeorg, M. (1990), Ökologieorientiertes Unternehmensverhalten, Typologien und Erklärungsansätze auf empirischer Grundlage, Wiesbaden

Kreikebaum, H. (1989), Strategische Unternehmensplanung, 3. Aufl., Stuttgart/Berlin/Köln

Kreikebaum, H. (1990), Innovationsmanagement bei aktivem Umweltschutz in der chemischen Industrie – Bericht aus einem Forschungsprojekt, in: *Wagner, G.-R.* (Hrsg.), Unternehmung und ökologische Umwelt, München, S. 113–121

Pieroth, E., Wicke, L. (1988), Chancen der Betriebe durch Umweltschutz: Plädoyer für ein offensives Umweltschutzmanagement, Freiburg i.Br.

Porter, M. E. (1980), Competitive Strategy: Techniques for Analyzing Industries and Competitors, New York

Porter, M. E. (1986), Competitive Advantage, New York 1985; deutsch: Wettbewerbsvorteile: Spitzenleistungen erreichen und behaupten, übersetzt von *Jaeger, A.*, Frankfurt a.M.

Porter, M. E. (1990), The Competetive Advantage of Nations, London/Basingstoke

Steger, U. (1988), Umweltmanagement: Erfahrungen und Instrumente einer umweltorientierten Unternehmensstrategie, Wiesbaden

Steger, U. (1990), Ökonomische Analyse der Umwelthaftung, in: *Wiebecke, F.* (Hrsg.), Umwelthaftung und Umwelthaftungsrecht, Wiesbaden, S. 56 ff.

Steger, U. (1991 a), Strategische Unternehmensführung und Umweltschutz, in: Organisationsforum Wirtschaftskongreß e.V. (Hrsg.), Umweltmanagement im Spannungsfeld zwischen Ökologie und Ökonomie, Wiesbaden, S. 115–131

Steger, U. (1991 b), Umwelt-Auditing. Ein neues Instrument der Risikovorsorge, Frankfurt a.M.

Wagner, G.-R. (1990), Unternehmung und ökologische Umwelt – Konflikt oder Konsens?, in: *Wagner, G.-R.* (Hrsg.), Unternehmung und ökologische Umwelt, München, S. 1–28

Wimmer, F. (1988), Umweltbewußtsein und konsumrelevante Einstellungen und Verhaltensweisen, in: *Brandt, A. u.a.*, (Hrsg.), Ökologisches Marketing, Frankfurt a.M./New York, S. 44–85

Kapitel 19

Öko-Controlling als Baustein einer innovativen Unternehmenspolitik

von *Reinhard Pfriem* und *Hendric Hallay*

1. Einleitung 296
2. Aktive ökologische Unternehmenspolitik als Herausforderung für das gesamte Unternehmen 297
3. Die Anforderungen an ein Öko-Controlling 298
4. Die zentralen Bausteine des Öko-Controlling 301
   4.1 Die Ökobilanz-Systematik als Grundlage zur Erfassung der Umweltwirkungen des Unternehmens 301
   4.2 Die ABC-Analyse als ökologisches Bewertungssystem 303
5. Die Implementation des Öko-Controlling in der betrieblichen Praxis . 305
6. Öko-Controlling als Organisationsentwicklungsprozeß von Unternehmen 307
Literatur 309

1. Einleitung

Der Begriff Öko-Controlling (oder ökologisch-orientiertes Controlling) nimmt derzeit in der entsprechenden Publizistik einen breiten Raum ein. Öko-Controlling wird zumeist als ein Instrument zur Analyse, Planung, Steuerung und Kontrolle aller umweltrelevanten Aktivitäten des Unternehmens definiert (*Hallay* 1990). Genauer betrachtet, reicht die Spannbreite der in der Fachliteratur diesem Begriff subsumierten Inhalte von Öko-Controlling vom parametrisierten Überwachungsinstrument zur Einhaltung gesetzlicher Auflagen und Grenzwerte bis hin zu einem in Kostengrößen ausgedrückten Controlling der Umweltschutzaktivitäten eines Unternehmens (*Wagner, Janzen* 1991; *Seidel* 1988; *Hopfenbeck* 1989).

Bezugnehmend auf diese Vielfalt läßt sich die Behauptung wagen, daß es sich hierbei um die auf das Instrumentarium reflektierten, unterschiedlichen Sichtweisen der strategischen Herausforderungen, denen ein Unternehmen sich in Umweltfragen stellen muß, und die entsprechenden unternehmenspolitischen Handlungsalternativen handelt.

Deutlich wird dies an der Frage, ob die ökologische Herausforderung durch eine Erweiterung des bestehenden, zumeist durch monetäre Informationen dominierten betrieblichen Informationssystems (*Schulz* 1990) angegangen werden kann, oder ob diese Herausforderung eine Aufgabenstellung beinhaltet, die nach neuen, zunächst nicht monetarisierbaren Informationen und Verarbeitungsinstrumenten verlangt. So werden je nach Sichtweise dieser Problemlage die Anforderungen und das eingesetzte Instrumentarium grundsätzlich unterschiedlich beurteilt. Aus dem Blickwinkel einer aktiven ökologischen Unternehmenspolitik sind deshalb zunächst die Aufgaben zu beschreiben, die ein betriebliches Öko-Controlling-System zukünftig erfüllen muß. Nur vor diesem Hintergrund erscheint es sinnvoll, die vom Institut für ökologische Wirtschaftsforschung, Berlin, (IÖW) entwickelte Struktur und den Aufbau eines Planungs-, Steuerungs- und Kontrollinstrumentariums darzustellen und auf die einzelnen Bausteine einzugehen. Bei der Diskussion der Anforderungen stützen wir uns auf die praktischen Erfahrungen, die das IÖW im Rahmen seiner Öko-Controlling-Projekte gewonnen hat (*Hallay* 1990; *Antes* 1988). Einschränkend gilt jedoch, daß die von uns durchgeführten Projekte auf typisch mittelständische Unternehmen des Produzierenden und Verarbeitenden Gewerbes gerichtet waren. Die gewonnenen Erkenntnisse und Aussagen sind insofern auch auf diese Bereiche begrenzt.

2. Aktive ökologische Unternehmenspoltik als Herausforderung für das gesamte Unternehmen

Aktiver betrieblicher Umweltschutz muß als Bestandteil einer erfolgreichen Unternehmensentwicklung über den additiven Charakter von „end of the pipe"-Lösungen hinausgehen und als eine innovative Aufgabe des gesamten Unternehmens verstanden werden. Mit der heute noch gängigen Zuordnung der Umweltschutzaufgaben auf lediglich eine Fachfunktion, in der Regel die Betriebsbeauftragten für Immissions- und Gewässerschutz, ist dies nicht zu verwirklichen. Nicht deshalb, weil denjenigen, die diese Positionen bekleiden, mangelndes Engagement vorzuwerfen wäre, sondern aus strukturellen Gründen:

- Sie befinden sich in Stabsfunktionen, d.h. ohne geregelte Beziehungen zu den Abteilungen und Funktionsbereichen des Unternehmens.
- Von Rekrutierung, Qualifikation und Aufgabenzuschnitt her sind sie technisch auf ein bestimmtes Umweltmedium konzentriert und damit erst recht entfernt von (möglichen) ökologischen Lernprozessen in Unternehmen.
- In immer noch zu vielen Unternehmen haben die Betriebsbeauftragten für die Unternehmensleitung eine ungünstige Entlastungsfunktion.

Die Umsetzung einer ökologisch-innovativen Unternehmenspolitik ist eine Aufgabe, die quer zur bestehenden funktionalen Struktur der Unternehmen gesehen werden muß (*Antes* 1988). Im Rahmen der Strategie, die die aktive ökologische Orientierung des Unternehmens verwirklichen soll, sind deshalb neue kommunikative und strukturelle Zusammenhänge zwischen der Leistungserstellung, der Gestaltung, Funktion und stofflichen Zusammensetzung der Produkte als auch der Infrastruktur und Logistik des Unternehmens zu schaffen. Ziel ist es, ökologische Kriterien in die Entscheidungslogik über bestehende organisatorische und hierarchische Ebenen hinweg zu integrieren. Dies ist mit Veränderungsprozessen in der typischen Aufgabenstellung aller Management- und Fachfunktionen und deren Kommunikation untereinander verbunden. Die Strategie zur ökologischen Aktivierung des gesamten Unternehmens wird damit zum zentralen Bestandteil einer auf Innovation gerichteten Unternehmenspolitik (*Dyllick* 1990; *Freimann, Pfriem* 1988).

Öko-Controlling ist im Rahmen der zu entwickelnden Gesamtstrategie das Informations-, Analyse- und Steuerungsinstrumentarium zur operativen Durchsetzung. Dies bedeutet, daß es weit in die entsprechenden Entscheidungsfindungsprozesse und die hieraus resultierenden Handlungen der Fachfunktionen integriert sein muß, um die Einbeziehung der ökologischen Anforderungen bei der alltäglichen Arbeit zu ermöglichen. Seine Implementation trifft auf eine bestehende Produktions- und Organisationstruktur. Eine wesentliche Anforderung an dieses Instrument ist deshalb die Orientierung an den bestehenden Strukturen und Strategien. Gleichzeitig muß es aber die Schwachstellen und Optimierungspotentiale der Strukturen aufzeigen und auch die gewählte Gesamtstrategie kritisch reflektieren können. Damit erhalten der eingeschlagene Weg bei der Implementation und die konkrete Ausprägung des Öko-Controlling eine strategische Bedeutung. Gleichzeitig ist das Instrumentarium im Rahmen der Aktivierungsstrategie den entsprechenden Veränderungsprozessen unterworfen. Die Konzeption des Instrumentes in der Implementationsphase bei gleichzeitig offener Gestaltung der Entwicklungsperspektiven ist eine Frage der Orientierung der Unternehmenspolitik auf langfristige Innovationsfähigkeit. Die Aussage- und Steuerungsfähigkeit des Öko-Controlling wird so zu einem bestimmenden Faktor für die Stoßrichtung des Innovationsmanagements und damit zum Bestandteil der langfristigen Unternehmensentwicklung.

Zusammenfassend läßt sich feststellen, daß die Implementationstrategie, die Funktionalität und die organisatorische Durchdringungstiefe des Öko-Controlling sich als eine gestaltende Aufgabe auf operativer, strategischer und unternehmenspolitischer Ebene darstellt. Diese Gestaltung prägt wiederum die erfolgreiche Bewältigung der operativen, strategischen und unternehmenspolitischen Aufgaben des gesamten Unternehmens, weit über den eigentlichen Umweltschutzbereich hinaus.

3. Die Anforderungen an ein Öko-Controlling

Die Konkretisierung der ökologischen Herausforderungen stellt sich, je nach Betroffenheit, für die Unternehmen unterschiedlich dar. Entsprechend differenziert müssen die Ansätze sein, um diese Aufgaben erfolgreich zu bewältigen. Die Ausprägung einzelner Komponenten und ihre Verknüpfung zu einem Gesamtkonzept hängen von der Struktur der Produktion, der Produkte, der Märkte, aber auch vom erreichten Stand der Aktivierung ab. Prinzipiell ist jedoch für die erfolgreiche Umsetzung einer ökologisch orientierten Unternehmenspolitik das den Aktivitäten zugrundeliegende Zielsystem entscheidend. Ziele können jedoch nur dann richtig bestimmt werden, wenn sich der Zielfindungsprozeß auf ein leistungsfähiges Analyseinstrumentarium stützen kann. Dieses hat verläßliche Aussagen über die Umweltsituation des Unternehmens und die durch die ökologische Herausforderung sich verändernde Unternehmensumwelt zu ermöglichen (vgl. *Coenenberg, Baum* 1987).

Die Basis für eine vernünftige Analyse bilden die zugrundeliegenden Informationen. Entsprechend ist es die Aufgabe eines Öko-Controlling, die entsprechenden Daten und Fakten zu erheben bzw. extern zu beschaffen, zu systematisieren und entscheidungsorientiert aufzubereiten. Ein Ziel der Analyse ist es, die bestehende **ökologische Relevanz des Unternehmens** zu erkennen.

3. Die Anforderungen an ein Öko-Controlling

Hierzu müssen die Problemfelder der Leistungserstellung, also sowohl der Produktion, der Produkte als auch der Infrastruktur aufbereitet und aufgaben- und funktionsorientiert geortet werden können.

Die Frage ist nun, wie die Wechselwirkungen zwischen den Veränderungsprozessen der ökologischen, politischen, gesellschaftlichen und wirtschaftlichen Umwelt einerseits und den spezifischen Umweltwirkungen der unternehmerischen Aktivitäten andererseits in diesem Sinne erfaßt und dargestellt werden können (s. Tab. 1).

Hierarchie-ebene	betriebliche Aufgabe	Funktion der Umweltbilanz	Anforderungen an die Bewertung
Management	Unternehmensstrategie	allgemeine Übersicht über die ökologische Relevanz von Produkten und Verfahren	• entscheidungsorientiert • integrierend • globalisiert
Fachfunktionsträger	Planung	Einbeziehung von Umweltaspekten	• funktionsorientiert
	Kontrolle	Kontrolle der Umweltrelevanz betrieblichen Handelns	• detailliert
Administration	Durchführung	aufgabenbezogene Hilfestellung	• aufgabenbezogen
		Motivation und Kontrolle zu umweltgerechtem Handeln	• sinnstiftend • motivierend

Tab. 1: Funktion der Umweltbilanz

Bei den für eine ökologische Analyse benötigten Informationen sind grundsätzlich drei Kategorien zu unterscheiden (vgl. *Albert* 1985; *Coenenberg, Baum* 1987; *Müller-Wenk* 1978; Projektgruppe Ökologisches Wirtschaften 1987).

Erstens ist davon auszugehen, daß das, was wir als ökologische Probleme verstehen, ursächlich immer mit Stoff- und Energieaustauschbeziehungen der menschlichen Aktivitäten mit den Umweltmedien bzw. der Flora und Fauna direkt zusammenhängt. Das Öko-Controlling muß also über ein Instrumentarium zur **Erfassung** und **Systematisierung der** relevanten **Stoff- und Energieströme** verfügen.

Gleichzeitig müssen die Informationen zur Verfügung gestellt werden, die eine zunächst rein ökologische Beurteilung dieser Stoff- und Energieaustauschbeziehungen erlauben. Diese Beurteilung unterliegt nun aber dem Dilemma, daß „Stoff- oder Energiewechselwirkung" mit der Natur immer eine Veränderung dieser Natur bedeuten. Stoffliche Produktion kann in diesem Sinne nicht „umweltneutral" sein. Umweltverträglich zu produzieren bedeutet dann aber nichts anderes, als das Maß an Umweltwirkungen nicht zu überschreiten, welches wir als Menschen der Natur zumuten können (zum Erhalt) bzw. wollen.

Die Naturwissenschaften, die Medizin und Toxikologie können hier zwar Anhaltspunkte liefern, letzendlich ist aber die Diskussion, was wir uns selbst und der Natur zumuten wollen, eine durch das sich verändernde gesellschaftliche Wertesystem geprägte Frage. Die leidige Grenzwertediskussion zeigt dies in aller Deutlichkeit (VÖI 1989; Wirtschaftforum der Führungskräfte 1988). Aus der Sicht eines Unternehmens müssen deshalb bei der ökologischen Beurteilung von eigenen aber auch fremden Aktivitäten nicht nur die wissenschaftliche Ursachen- und Wirkungsforschung miteinbezogen werden, sondern die Analyse muß die Dynamik der gesellschaftlichen, politischen und marktbezogenen ökologischen Toleranzschwellen berücksichtigen. Die ökologische Beurteilung beruht damit letzendlich auf einer Beurteilung der gesellschaftlichen und politischen Veränderungsprozesse.

Im dritten Schritt der Analyse werden Informationen benötigt, die eine betriebswirtschaftliche Folgenabschätzung der zuvor entwickelten ökologischen Beurteilung ermöglichen. Hier können Kostenrechnungen und entsprechende Kennzahlen zwar eine Unterstützung bieten, doch greift u. E. eine betriebwirtschaftliche Folgenabschätzung weiter. Die Aufgabe dieser erweiterten betriebswirtschaftlichen Analyse muß es sein, die möglichen **Folgen einzelner ökologischer Aspekte** in den Rahmen der Gesamtsituation des Unternehmens zu stellen.

Auf der Grundlage solcher Gesamtanalysen gilt es, die ökologischen Schwachstellen und Optimierungspotentiale herauszuarbeiten, Veränderungen zu planen und die entsprechenden Verbesserungsmöglichkeiten umzusetzen. Die Aufgabe des Öko-Controlling ist hierbei zunächst, eine Abschätzung der möglichen ökologischen und betriebswirtschaftlichen Folgen von Veränderungsprozessen zu ermöglichen. Ziel ist es, den jeweiligen Planungsschritt nicht als einzelne Handlung zu betrachten, sondern ihn im Lichte des Gesamtkonzepts zu sehen. Gegebenfalls sind mögliche Alternativen ebenfalls einer ökologischen und ökonomischen Prüfung zu unterziehen. Nur zu oft werden ansonsten ökologische Probleme nicht grundsätzlich beseitigt, sondern lediglich in andere Medien oder Produktionsstufen verlagert.

Gleichzeitig ist es die Aufgabe des Öko-Controlling, die **Umsetzung beschlossener Maßnahmen** und deren ökologische Wirkung kritisch zu hinterfragen. Die Komplexität der ökologischen Folgewirkungen industrieller Produktion erschwert die Einbeziehung aller ökologischen Effekte im Vorfeld einer Entscheidung. Deshalb ist oftmals erst bei der Umsetzung der Planung die ökologische Relevanz zu erkennen und genau zu beurteilen. Es empfiehlt sich deshalb, periodisch die Veränderung der Stoff- und Energiewechselwirkungen mit den gesetzten Zielen zu vergleichen. Im Rahmen der Kontrollfunktion übernimmt deshalb die Dokumentation der realen stofflichen und energetischen Veränderungen eine wichtige Rolle, denn nur so kann der Zielerreichungsgrad realistisch bestimmt werden. Zu oft übersieht ansonsten eine rein qualitative Beschreibung der eingeleiteten Verbesserungen den typischen Mengeneffekt, d.h. zum Beispiel, daß eine gleichfalls erfolgte Produktionssteigerung die vorgenommene Schadstoffreduzierung pro Produktionseinheit kompensieren oder sogar überkompensieren kann.

Hinzu kommt, daß die sich weiterentwickelnde ökologische Ursachen- und Wirkungsforschung ebenso wie politische und gesellschaftliche Veränderungsprozesse eine Korrektur der Beurteilungskriterien in der Analyse nötig erscheinen lassen. Verändert sich in diesem Sinne die Grundlage der Analyse, so kann dies ebenfalls eine Korrektur der ökologischen Ziele bedingen.

4. Die zentralen Bausteine des Öko-Controlling

Entsprechend den dargestellten Anforderungen haben wir im Rahmen unserer IÖW-Projekte zunächst die grundlegenden Bausteine der Analyse als Voraussetzung für ein Öko-Controlling-System entwickelt und praktisch erprobt. Die Basis dieser Bausteine bildet ein Verfahren zur sinnvollen Strukturierung der vom eigenen Unternehmen ausgehenden Stoff- und Energieaustauschbeziehungen mit der ökologischen Umwelt (*Hallay* 1990). Für diese Systematik wurde dann ein praxisgerechtes Beurteilungsverfahren konzipiert.

4.1 Die Ökobilanz-Systematik als Grundlage zur Erfassung der Umweltwirkungen des Unternehmens

Mit der Ökobilanz-Systematik wird ein Ansatz verfolgt, möglichst alle Stoff- und Energieaustauschbeziehungen, die im Zusammenhang mit den betrieblichen Tätigkeiten stehen, systematisch zu erfassen (*Müller-Wenk* 1978; *Pfriem* 1986; 1987 und 1989).

Die Öko-Bilanz-Systematik besteht aus vier Bilanzsystemen:
Eine **stoffliche Input-Output-Analyse** des Untersuchungsobjektes stellt den Betrieb als Black-Box dar. Auf der Input-Seite werden die eingesetzten Stoffe, Materialien und Energien erfaßt. Auf der Outputseite werden die Produkte, die stofflichen und energetischen Emissionen miteinbezogen. Die Erfassung der Stoff- und Energieströme erfolgt dabei auf verschiedenen Ebenen. Auf der Ebene 1 werden die eingekauften Materialien grob in Roh-, Hilfs-, Be-

triebsstoffe und Energie aufgeteilt. Die zweite Ebene erfaßt die Materialien und Produkte in der Form, in der sie im kommerziellen Rechnungswesen erfaßt werden können. Auf der Input-Seite sind dies z.B. die eingekauften Stoffe, Materialien, Halbfertigprodukte oder Waren. Auf der Outputseite werden in dieser Ebene die Produktdiversifikationen, die als kommerzielle Schlüssel erfaßt werden, dargestellt. Auf der dritten Ebene werden dann diese Zuordnungen weiter aufgeschlüsselt nach den Inhaltsstoffen und chemischen Zusammensetzungen der Inputmaterialien und der Produkte. Die Kenntnis der chemischen Zusammensetzung und die Aufbereitung dieser dritten Ebene stellen die Basis für die ökologische Bewertung dar.

Die **Prozeßbilanzen** strukturieren die betriebsspezifischen Abläufe und Produktionsprozesse. Die Basis hierfür bildet eine räumliche, zeitliche oder produktbedingte Abgrenzung und Beschreibung der einzelnen Prozeß- bzw. Verfahrensschritte. Für jeden dieser Schritte wird sodann wieder in der Form einer Input-Output-Matrix der Stoff- und Energiefluß zusammengetragen.

Die **Produktbilanzierung** dient der Bewertung der Umweltrelevanz der erzeugten Produkte. Dies geschieht mit Hilfe der Betrachtung über den gesamten ökologischen Produktlebenszyklus hinweg. Dieser umfaßt die Stufen Rohstoffgewinnung, Vorproduktion, Produktion, Distribution, Gebrauch, Entsorgung und Transport. Für diese Produktstufen ist soweit möglich ebenfalls eine quantitative Erfassung der Stoff- und Energieumsätze zu erstellen.

Durch eine **Substanzanalyse** werden die strukturellen Eingriffe wie Nutzung der Bodenfläche, Eingriffe in die Landschaftsstruktur, die Betrachtung von Anlagevermögen und Lagerbeständen sowie Altlasten in die Bewertung der Umweltrelevanz des Unternehmens einbezogen.

Hier tauchte nun im Rahmen der Praxisforschung ein spezielles Problem auf, denn vielfach verfügen die mittelständischen Unternehmen der fertigenden Branchen nicht über die genaue Zusammensetzung der eingesetzten Materialien und Einsatzstoffe. Hier helfen nur externe Informationen von seiten der Lieferanten. Gleiches gilt für den Verbleib bzw. die Nutzungsstruktur der gefertigten Produkte. Vor allem Lieferanten sind dazu aber oft aus Gründen des Betriebsgeheimnisses, des Arbeitsaufwandes oder der eigenen Informationslücken nicht oder nur unvollständig bereit bzw. in der Lage, die genaue Produktzusammensetzung bekanntzugeben.

Die Beschaffung solcher ökologisch relevanter Informationen ist eine Aufgabe des Kommunikationsmanagement im Rahmen des Öko-Controlling. Dabei können neue Formen überbetrieblicher Zusammenarbeit durch ökologische Themen diskutierende Arbeitsgruppen, aber auch Lieferanten- und/oder Kundenchecklisten die Kommunikation mit den externen Marktpartnern erheblich verbesssern. Zusammen mit unternehmensspezifisch ausgerichteten Bewertungskriterien bilden diese Informationen deshalb den Rahmen für eine umfassende ökologische Beurteilung des Unternehmens.

4.2 Die ABC-Analyse als ökologisches Bewertungssystem

Als Instrument zur Beurteilung der eingesetzten Stoffe, Energien, Produkte und Produktionsprozesse hat das IÖW unter maßgeblicher Mitarbeit von Prof. *Stahlmann* (1988) von der Fachhochschule Nürnberg einen Kriterienkatalog für eine Schwachstellenanalyse erarbeitet. Der Katalog baut sich analog der Bilanzsystematik auf, d. h. die Systematisierung der Stoff- und Energieströme in Form der Einzelbilanzen wird auf die Bewertung im Rahmen der Schwachstellenanalyse übertragen.

Kriterien \ Stoffe	I. INPUT/ I.2. I.2.3. Hilfsstoffe Lösemittel						
	Isopropanol	Methanol	Ethylacetat	Ethanol			
K 1 Gesetze	C	C	C	C			
K 2 Diskussion	B	B	B	B			
K 3.1 Luft	B	B	B	B			
K 3.2 Wasser	B	B	C	B			
K 3.3 Boden	?	?	?	?			
K 3.4 Toxizität	B	A	B	B			
K 4 Störfall	A	A	A	A			
K 5 Int. Kosten	?	?	?	?			
K 6.1 Vorstufen	B	A	B	B			
K 6.2 Entsorgung	A	A	A	A			
K 7 Verluste	A	A	A	A			

Tab. 2: Bewertungsmatrix

Quelle: Endbericht zum Projekt „Umwelt-Controlling – Aktive Nutzung von Umweltbilanzen für Unternehmen im Rahmen einer präventiven Umweltpolitik", 1991, unveröffentlicht

Entsprechend der gewünschten Aussagekraft der Schwachstellenanalyse werden den Stoff- und Energiebilanz-Typen die Beurteilungskriterien zugeordnet. Jeder einzelne Input- bzw. Outputstrom ist dann unter Berücksichtigung des Mengenaspektes auf der Aggregationsebene zu beurteilen, auf der er die Sytemgrenze überschreitet. Hieraus entsteht das jeweilige Beurteilungsprofil.

Welche Kriterien im Rahmen unserer Projekte in dieses Profil eingegangen sind, wird an dem Beispiel der Beurteilungkriterien der eingesetzten Materialien deutlich: Die Beurteilung selbst erfolgt mit Hilfe der Einstufung in ein A-B-C-Raster, das sowohl eine Einstufung nach der Umweltrelevanz als auch der Dringlichkeit des Handlungsbedarfs erlaubt. Dieses äußerst einfache Stufenraster entspricht zum einen dem Anliegen der Unternehmen, eine möglichst einfach nachvollziehbare und klar strukturierte Beurteilung vorzunehmen. Andererseits gibt diese Beurteilungsform wieder, daß es sich hierbei nicht um eine scheinbar exakte wissenschaftliche Beurteilung handelt, sondern um eine permanent zu hinterfragende und weitgehend subjektive Einschätzung (s. Tab. 2).

Die vorgenommenen Einzelanalysen der Stoffe, Energien, Emissionen, Produkte und Prozesse werden im Rahmen der Schwachstellenanalyse zu betrieblichen Problemfeldern zusammengefaßt und maßnahmenorientiert dargestellt. Diese problemorientierte Aufbereitung kann sowohl in verbaler Form als auch zur besseren Strukturierung graphisch erfolgen (s. Abb. 1).

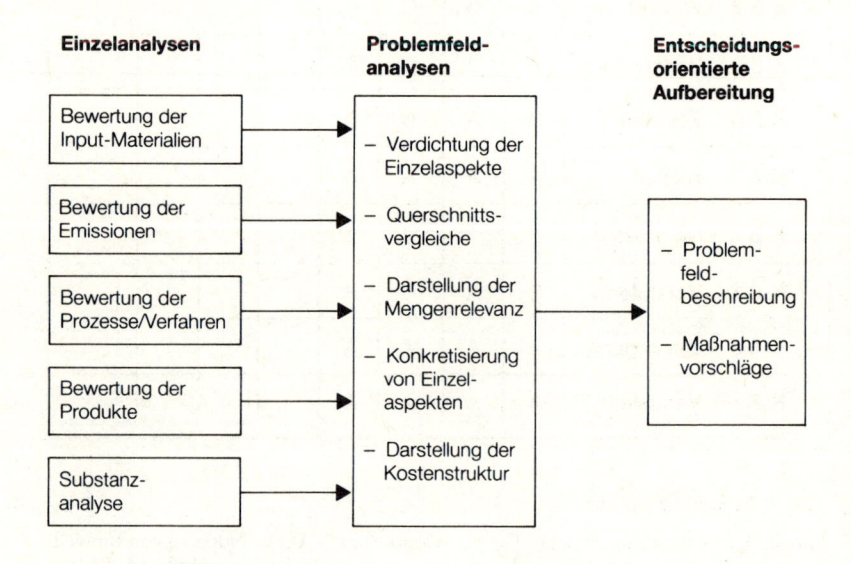

Abb. 1: Schwachstellenanalyse

5. Die Implementation des Öko-Controlling in der betrieblichen Praxis

Im Rahmen zahlreicher Praxisforschungsprojekte hat das IÖW eine Strategie für die erfolgreiche Implementation seiner Öko-Controlling-Vorstellungen entwickelt. Diese berücksichtigt, daß der Aufbau dieses Instrumentes im Unternehmen ein langfristiges Vorhaben darstellt. Die vollständige Durchdringung des Unternehmens ist hierbei das Ziel, kann jedoch im Rahmen der üblicherweise zur Verfügung stehenden Arbeitspotentiale nur Schritt für Schritt bewältigt werden. Die Implementation erfolgt dabei üblicherweise in Projektform, wobei zunächst Umsetzungsschwerpunkte gesetzt werden.

Man muß wissen, was man wissen will! Das heißt: Schon die erste inhaltliche Ausgestaltung des Öko-Controlling hat – bewußt oder unbewußt – Entscheidungen darüber zur Voraussetzung, über welche ökologisch relevanten Bedingungen und Folgen der Unternehmenstätigkeit Informationen wünschenswert sind und herbeigeschafft werden sollen. Deshalb gilt es zunächst, die grundsätzlichen **ökologischen Unternehmensziele** zu diskutieren und festzulegen. Auf der Grundlage dieser Zielfestlegung werden Schwerpunkte für die zu untersuchenden Bereiche gesetzt. Die entsprechenden Stoff- und Energieströme müssen sodann systematisiert werden. Dies geschieht mit Hilfe der oben dargestellten Öko-Bilanz-Konzeption. Im ersten periodischen Durchgang ist zunächst eine betrieblich sinnvolle funktionale, territoriale und produktbezogene Abgrenzung der Subsysteme vorzunehmen. Auf der Basis dieser Abgrenzungssystematik werden die Stoff- und Energieströme erfaßt und strukturiert dargestellt.

Hierauf erfolgt die **Bewertung der Stoff- und Energieströme** nach ihrer Umweltrelevanz. Ergebnis ist die Schwachstellenanalyse, auf deren Grundlage Ziele und zu treffende Maßnahmen konkretisiert, Alternativen gesucht und unter Berücksichtigung ökologischer und ökonomischer Aspekte ausgewählt und in die Planung aufgenommen werden können. Hier soll bei entsprechender Umweltrelevanz als Alternative auch die Nullvariante – das heißt der Verzicht auf eine Produktionslinie oder ein Produkt – als mittel- oder langfristige Strategie einbezogen werden. Das Schwachstellenanalysekonzept bietet im Rahmen der Planung die Möglichkeit, die als Alternative in Frage kommenden Produkte, Technologien, Einsatzstoffe oder Produktionsverfahren im Sinne einer szenarischen Aufbereitung ebenfalls zu beurteilen. Dies kann frühzeitig teure Fehlentwicklungen und die Konzeption falscher Rahmenplanungen verhindern.

Ebenso hilft das Instrument bei der Umsetzung, Korrektur und Validitätsprüfung der beschlossenen Maßnahmen. Vergehen etwa zwischen der Maßnahmenplanung und betrieblichen Umsetzung größere Zeiträume, so erscheint es vor der endgültigen Realisierung sinnvoll, ebenfalls mit Hilfe eines szenarischen Beurteilungsdurchganges die ökologische Relevanz der Maßnahme neu zu beurteilen. Allein der Fortschritt der ökologischen Ursachen- und Wirkungsforschung kann hier gutgemeinte Veränderungsprozesse ad absurdum führen, wenn zum Beispiel bekannt wird, daß der Einsatz des ausgewählten Alternativstoffes ebenfalls starke Umweltwirkungen befürchten läßt.

Nach der Umsetzung der Maßnahmen folgt periodisch die erneute Beurteilung des ökologischen Erfolges aller geplanten und durchgeführten Maßnahmen. Dieser Soll-Ist-Vergleich bildet wiederum die Grundlage für die erneute

Definition der ökologischen Unternehmensziele

Kontrolle

Erstellung der Stoff- und Energiebilanz
1. Abgrenzung der Systeme: betriebs-, produkt-, prozeß- und substanzbezogen
2. Erfassung der Stoff- und Energieströme

Erfassung beurteilungsrelevanter Informationen
1. Auswahl der Informationen
2. systematische Erfassung

Ökologische Schwachstellenanalyse
1. Beurteilung von
   – Materialien
   – Emissionen
   – Produkten
   – Verfahren
   – Prozessen
   durch Soll-Ist-Vergleich
2. Verdichtung der Einzelanalysen zu Problemfeldern
3. handlungsorientierte Aufbereitung

Entwicklung der Beurteilungsschärfe
Einstufung von A–B–C

Planung
Konkretisierung der Ziele
1. technische Optimierungspotentiale
2. Veränderung der Ziele
3. Verbesserung des Informationsmanagements
4. Veränderung der Kriterien

Koordination + Steuerung
Durchsetzung der Maßnahmen
1. ökologische Verbesserungen
2. Zieländerungen
3. Verbesserung des Informationsmanagements
4. Kriterienänderung

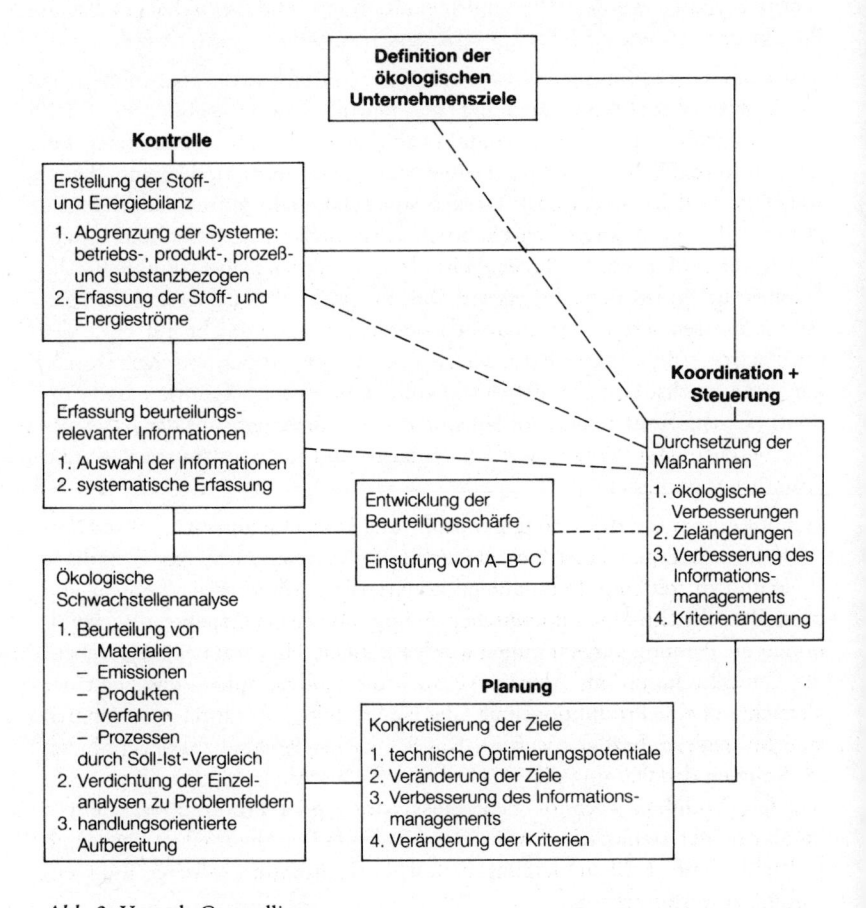

Abb. 2: Umwelt-Controlling

Quelle der Abb. 2 u. 3: Endbericht zum Projekt „Umwelt-Controlling – Aktive Nutzung von Umweltbilanzen für Unternehmen im Rahmen einer präventiven Umweltpolitik", 1991, unveröffentlicht

Planung und Steuerung. Im Rahmen dieses Prozesses gilt es, dynamisch auf der Grundlage der gemachten Erfahrungen die ökologische Zielsetzung des Unternehmens zu hinterfragen. Ebenso ist das Informationsmanagement permanent den ökologischen Anforderungen anzupassen. Gleiches gilt für die Einstufungsgrundlagen im Rahmen der einzeln zu beurteilenden Kriterien. Auch diese Einstufungen können nur dann ihre Sinnhaftigkeit behalten und eine informative und damit effektive Aussage begründen, wenn sie permanent den ökologischen und gesellschaftlichen Anforderungen angepaßt werden. Damit stellt sich die Frage, wie in einem Unternehmen die zentralen Öko-Controlling-Aufgaben wahrgenommen und in die Organisation integriert werden können (s. Abb. 2).

6. Öko-Controlling als Organisationsentwicklungsprozeß von Unternehmen

Wenn Unternehmen ökologische Informationssysteme als zusätzliches technisches Instrumentarium effizienter Unternehmensführung einführen wollen, ohne neue Wege in der Organisation des betrieblichen Umweltschutzes zu beschreiten, werden sie scheitern – so viel läßt sich aus den bisherigen Implementationsbemühungen schon lernen. Dieser Hinweis ist allein deshalb von Bedeutung, weil in der Unternehmenspraxis und noch mehr in wissenschaftlichen und journalistischen Publikationen zu Fragen ökologischer Unternehmenspolitik die organisatorischen Aspekte des Umweltschutzes im Vergleich zu den technischen viel zu kurz kommen.

Von daher ist es kein Zufall, daß eine Reihe ökologischer Pionierunternehmen damit begonnen hat, Organisationsformen des betrieblichen Umweltschutzes über die genannten gesetzlichen Vorschriften hinaus zu entwickeln. Gerade bei den IÖW-Pilotprojekten zur Implementation von Öko-Controlling-Systemen waren solche freiwilligen Organisationsformen entweder bereits zu Beginn gegeben, oder es war unabdinglich, für den erfolgreichen Projektverlauf solche Formen zu schaffen. Bei der Nordenia-Verpackungswerke AG in Steinfeld (Oldenburger Münsterland) wurde z. B. zu Beginn des IÖW-Beratungsobjektes über ABM-Mittel ein Umweltberater eingestellt, nach Projektende wurde dieser von der Firma übernommen.

Sowohl von der Informationserfassung als auch von der Informationsverarbeitung her (letzteres betrifft dann den Steuerungscharakter des Öko-Controlling) kann die Notwendigkeit von Organisationsentwicklung für erfolgreiches Öko-Controlling beschrieben werden:
(1) Gerade wenn man den in der Unternehmenspraxis nach wie vor verbreiteten Fehler einer emissionsborniertien Sichtweise des Umweltschutzes

vermeiden will, ergeben sich hohe Anforderungen an die organisatorischen Voraussetzungen angemessener Informationserfassung.
(2) Öko-Controlling im Sinne der Absicht, die ökologische Dimension im Rahmen der betrieblichen Führungs- und Steuerungssysteme angemessen und kontinuierlich zu berücksichtigen, braucht eine effiziente und differenzierende Weiterverarbeitung der erhobenen Informationen in Richtung der einzelnen betrieblichen Funktionsbereiche und Abteilungen.

Nach den bisherigen praktischen Erfahrungen lassen sich vor allem zwei organisatorische Entwicklungsschritte als für die Bedingungen eines erfolgreichen Öko-Controlling wesentlich kennzeichnen:
(1) Die **Schaffung eines betrieblichen Umweltausschusses**, für dessen Zusammensetzung es kein Patentrezept gibt. Die Geschäftsführung, ggf. die Betriebsbeauftragten für Umweltschutz, die Leiter der ökologisch besonders relevanten Abteilungen sowie ein Vertreter des Betriebsrates sollten auf jeden Fall beteiligt sein.
(2) Öko-Controlling muß als **personale Funktion im Unternehmen** ausgelegt sein. Mit dem Satz „Umweltschutz ist Chefsache" haben inzwischen viele Unternehmer auf die Notwendigkeit hingewiesen, Umweltschutz im Unternehmen nicht als bloßes Ressort zu behandeln. Damit haben sie das betriebswirtschaftliche Promotorenmodell aufgegriffen, nachdem es sowohl Fach- als auch Machtpromotoren bedarf.

Nach den vom IÖW bei seinen Projekten gemachten Erfahrungen sollte auf Dauer (ökologische Unternehmenspolitik ist für jedes Unternehmen ein lebenslanger Lernprozeß!), erst recht in der Einführungsphase eines Öko-Controlling-Systems, Öko-Controlling direkt als personale Funktion ausgelegt und damit den Fach- und Machtpromotoren wenigstens ein **Prozeßpromotor** zur Seite gestellt werden. (Personen, die im Unternehmen für umweltschutzbezogene Weiterbildungsaktivitäten verantwortlich sind, lassen sich ebenfalls als Prozeßpromotoren verstehen.)

Die hier angegebenen Schritte ökologischer Organisationsentwicklung werden helfen, den betrieblichen Umweltschutz von der bloßen Handlungsrestriktion (Kontrollfunktion) wegzuentwickeln, hin zum Feld der aktiven Suche nach strategischen Erfolgspotentialen des Unternehmens (s. Abb. 3). Auf ein strukturelles Hemmnis sei aufgrund seiner starken Verbreitung noch einmal hingewiesen: Gerade auch bei der Informationserfassung stehen sich (vorzugsweise in mittelständischen Unternehmen) Unternehmensführungen und Betriebsräte oft mit Mißtrauen gegenüber und damit im Wege. Hier existiert eine strategische Rollenarroganz auf beiden Seiten, deren realer Hintergrund vergangene Konflikte um Lohn, Arbeitszeit u.ä. sind; der Interessenkonfliktcharakter dieser Probleme soll hier nicht geleugnet werden, jedoch für gemeinsames ökologisches Engagement sollten diese Konflikte nicht länger hinderlich wirken.

```
                    ┌──────────────┐        intern │ extern
                    │ Geschäfts-   │
                    │ führung      │
                    └──────┬───────┘
                           ↕
                    ┌──────────────┐
                    │ Projekt-     │
                    │ promotor     │
                    └──────┬───────┘
                           ↕
┌──────────┐        ┌──────────────┐
│Betriebsrat│       │Umwelt-Controlling│
├──────────┤        │ Projekt-     │
│ Marketing│- - - - -│ ausschuß    │- - - - -┐
├──────────┤        └──────┬───────┘        │
│ F & E    │               │         ┌──────────────┐
├──────────┤               ↕         │ Umwelt-      │
│ Einkauf  │        ┌──────────────┐ │ beauftragter │
├──────────┤        │Umwelt-Controlling├──────────────┤
│Controlling│       │ Projektteam  │ │  Externe     │
├──────────┤        └──────────────┘ │  Berater     │
│Produktion│                         └──────────────┘
└──────────┘
```

──────── Informationsaustausch   - - - - - - Mitglied

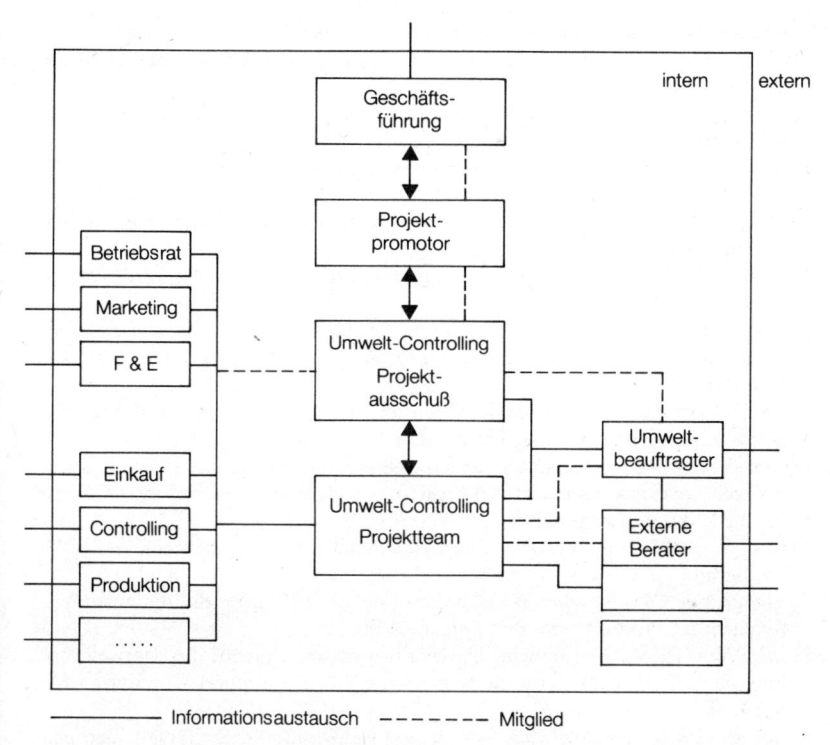

Abb. 3: Die Organisation des Öko-Controlling

Die Einbettung von Öko-Controlling in die Organisationsentwicklung fängt nicht bei null an: Zwar nicht zu ökologischen, aber zu anderen betrieblichen und unternehmenspolitischen Problemen, gibt es in den USA seit Ende der 50er Jahre, in Deutschland immerhin seit den siebziger Jahren, eine reichhaltige Praxis von organisation development bzw. Organisationsentwicklung (OE) einschließlich wissenschaftlicher Aufbereitung, woran angeknüpft werden kann. Diese Erfahrungen sollten bei der weiteren Ausgestaltung eines Konzepts ökologischer Organisationsentwicklung von Unternehmen berücksichtigt werden.

Literatur

Alber, S. (Institut für Wirtschaft und Umwelt des Österreichischen Arbeiterkammertages, Hrsg.) (1985), Ökobilanzen von Verpackungssystemen – Theoretische Grundlagen, Wien

Antes, R. (1988), Umweltschutzinnovationen als Chancen des aktiven Umweltschutzes für Unternehmen im sozialen Wandel, Schriftenreihe des IÖW, 16, Berlin

Coenenberg, A., Baum, H.-G. (1987), Strategisches Controlling, Stuttgart
Dyllick, Th. (1990), Ökologisch bewußte Unternehmensführung, Schriftenreihe der ÖBU, St. Gallen
Freimann, J., Pfriem, R. (Hrsg.) (1988), Ökologische Betriebswirtschaftslehre und -praxis ?, Schriftenreihe des IÖW, 12, Berlin
Freimann, J. (1989), Instrumente sozial-ökologischer Folgeabschätzungen im Betrieb, Wiesbaden
Hallay, H. (Hrsg.) (1990), Die Ökobilanz – ein betriebliches Informationssystem, Schriftenreihe des IÖW, 27, Berlin
Hopfenbeck, W. (1989), Allgemeine Betriebswirtschafts- und Managementlehre, Landsberg a. L.
Müller-Wenk, R. (1978), Die ökologische Buchhaltung: ein Informations- und Steuerungsinstrument für umweltkonforme Unternehmenspolitik, Frankfurt a. M./New York
Pfriem, R. (1986), Ökobilanzen für Unternehmen, in: *Pfriem, R.* (Hrsg.), Ökologische Unternehmenspolitik, Frankfurt a. M.
Pfriem, R. (1987), Ansatzpunkte für ein ökologisches Rechnungswesen in Unternehmen, in: Förderkreis Umwelt future e. V. (Hrsg.), Umweltschutz – Gewinn für die Zukunft, Lengerich
Pfriem, R. (1989), Ökologische Unternehmensführung, Schriftenreihe des IÖW, 13, Berlin
Projektgruppe Ökologisches Wirtschaften (Hrsg.) (1987), Produktlinienanalyse: Bedürfnisse, Produkte und ihre Folgen, Köln
Schulz, W. (1989), Betriebliche Umweltinformationssysteme in: Umwelt und Energie (UE), Handbuch für die betriebliche Praxis, Gruppe 12, Freiburg i. Br., S. 33–98
Seidel, E. (1988), Ökologisches Controlling in: *Wunderer, R.* (Hrsg.), Betriebswirtschaftslehre als Management- und Führungslehre, 2. Aufl., Stuttgart, S. 307–322
Stahlmann, V. (1988), Umweltorientierte Materialwirtschaft – das Optimierungskonzept für Ressourcen, Recycling, Rendite, Wiesbaden
Vereinigung Österreichischer Industrieller (VÖI) (Hrsg.) (1989), Umweltmanagement in Österreich, Schriftenreihe der VÖI, Wien
Wagner, G. R., Janzen, H. (1991), Ökologisches Controlling – Mehr als ein Schlagwort? in: Controlling – Zeitschrift für erfolgsorientierte Unternehmenssteuerung, 3, 3
Wirtschaftsforum der Führungskräfte (Hrsg.) (1988), Umweltschutz als Managementaufgabe, Graz

Kapitel 20
Umwelt-Auditing

von *Adelbert Niemeyer* und *Bodo Sartorius*

1. Zusammenfassung 312
2. Bedeutung des Umwelt-Auditing 312
3. Inhalt eines Umwelt-Audits 315
   3.1 Umfang eines Umwelt-Audits 317
   3.2 Erfahrungen in der mittelständischen Industrie . 319
   3.3 Durchführung des Audits 322
   3.4 Umwelt-Audit als regelmäßige Managementaufgabe . 324
4. Nutzen des Umwelt-Auditing 325
Literatur 326

1. Zusammenfassung

Aufgrund des zugenommenen Umweltbewußtseins und der Verschärfung des Umweltrechts ist der Umweltschutz ein zwingender Teil der Managementaufgaben geworden. Das Umwelt-Audit ist ein Instrument zur systematischen Überprüfung des betrieblichen Umwelt(risiko)potentials. Mit Hilfe dieses Instruments kann der Ist-Zustand aller auf das Umwelt(risiko)potential Einfluß nehmenden Faktoren mit Hilfe einer grob standardisierbaren Audit-Systematik analysiert und bewertet werden. Die Systematik muß jedoch so flexibel gehalten werden, daß sie den Unternehmensspezifika angepaßt werden kann.

Ein Umwelt-Audit ist nur dann für ein Unternehmen sinnvoll, wenn es in regelmäßigen Abständen durchgeführt wird. Dabei wird insbesondere die Qualität der bereits durchgeführten Umweltschutz-Maßnahmen überprüft. Durch die systematische Analyse der gesamten Umweltsituation werden Daten gesammelt und aufbereitet, die dem Management eine umweltorientierte Unternehmensführung ermöglichen.

Das Umwelt-Audit kann zudem die Grundlage für Öffentlichkeitsarbeit sein, die innerbetriebliche Kommunikation und das Umweltbewußtsein der Mitarbeiter fördern.

Gerade in mittleren Unternehmen (ca. 300 bis 1000 Mitarbeiter), in denen das Umwelt-Management aus den verschiedensten Gründen noch nicht so weit ausgestaltet ist, daß ein Umwelt-Audit mit allen wünschenswerten Elementen angewandt werden kann, hat sich die Umwelt-Risikoanalyse als Instrument bewährt, das erste strukturierte Informationen als Entscheidungsbasis für das Management zur Verfügung stellt. Die Ergebnisse eignen sich als Einstieg in dauerhafte Maßnahmen zur kontinuierlichen Umwelt-Sicherung.

2. Bedeutung des Umwelt-Auditing

Die deutsche Industrie ist sehr bemüht, Elemente einer umweltorientierten Unternehmensführung in die Managementfunktion zu integrieren. Der Einstieg in Einzelprobleme, z. B. Abwasserbehandlung oder Abfallbeseitigung, ist der häufigste Weg, mit dem unternehmensspezifische Umweltprobleme angegangen werden. Dies ist insofern auch nachvollziehbar, da solche Umwelt-Einzelprobleme direkt mit Kosten verbunden sind und zum Teil auch existentielle Probleme für Unternehmen darstellen können.

Problemlösungen dieser Art verschaffen dem Management aber nicht den notwendigen Gesamtüberblick über die umweltrelevanten Tatbestände des

Unternehmens. Weder können mit dieser Vorgehensweise die Ressourcenströme insgesamt erfaßt und bewertet werden, noch lassen sich übergreifende Konzepte zur Ressourceneinsparung entwickeln. Auch die Erfassung und Bewertung potentieller Umweltrisiken erfolgen nicht systematisch, mit der Folge, daß häufig Umwelt-(schutz-) bzw. Sicherheitsinvestitionen unvollständig oder gar falsch getätigt werden. Die Konsequenzen sind damit vorgegeben:
- Unkenntnis der tatsächlichen gesamten Umwelt-Unternehmenssituation
- Fehlentscheidungen des Managements
- Nichtausnutzung von Umweltpotentialen
- Erhöhung des Umweltrisikos.

Das wachsende Umweltbewußtsein der Bevölkerung sowie die unaufhaltsame Verschärfung des Umweltrechts verlangen eine ständige Überprüfung insbesondere des Umwelt-Risikopotentials. Dies wird künftig um so wichtiger, als die Umweltgesetzgebung in Teilbereichen die Beweislastumkehr seit dem 1. 1. 1991 eingeführt hat.

Es steht außer Frage, daß Umweltschutz, bedingt durch Umweltunfälle und Umweltzerstörung, mit Emotionen behaftet ist und von der Unternehmensleitung zumeist mit erhöhten Produktionskosten assoziiert wird. Der Zwang zur Umsetzung von Umweltschutzmaßnahmen folgt nach *Adams* (1990) aus der öffentlichen und veröffentlichten Meinung. Es gibt aber auch viele Anzeichen und praktische Beispiele, daß sich aus den Forderungen nach mehr Umweltschutz keine Bremswirkung auf die Wirtschaftsentwicklung ergibt. Verbesserte Marktchancen, z.B. durch Produktinnovation, zeigen, daß steigende Umweltanforderungen erfolgreich umgesetzt werden können (FUUF 1990). Das Umwelt-Audit kann damit auch als **Ansatzpunkt der strategischen Unternehmenssicherung** verstanden werden (*Bade* 1990).

Vorbeugender Umweltschutz, in dem bereits im Vorfeld die sich möglicherweise aus dem Betrieb heraus ergebenden Umweltrisiken bewertet werden, ist unbestritten notwendig. Die Erstellung von Gefahrenabwehrplänen, Förderung des Umwelt- und Sicherheitsbewußtseins der Führungskräfte und Mitarbeiter sind u. a. geeignete Vorsorgemaßnahmen (Gerling Konzern 1990). Die Beschränkung auf Umwelt-Krisenmanagement für die schnelle Schadensbeseitigung ist nicht ausreichend, wie viele Umweltschadenfälle gezeigt haben. Die Gesellschaft erwartet vom Management eines Unternehmens einen sorgfältigen Umgang mit der Umwelt und eine vorausschauende, systematische Prophylaxe gegen Umweltschäden. Vorausschauende unternehmerische Entscheidungen müssen demzufolge dort ansetzen, wo begründete Gefahrenverdachtsmomente bestehen. „Nichtwissen" wird als Alibi für „Nichthandeln" vor Gericht und in der Öffentlichkeit nicht akzeptiert.

Werden die gesetzlichen Anforderungen nicht oder nur unzureichend erfüllt, so muß mit Konsequenzen gerechnet werden, die von strafrechtlichen Ermittlungsverfahren gegen die Führungskräfte und die Mitarbeiter des Unternehmens bis hin zu behördlichen Auflagen und Anordnungen gehen. Sie können sogar zur vorübergehenden oder völligen Stillegung der Anlage führen.

Darum ergibt sich die Konsequenz, daß allen im Unternehmen vorhandenen Umweltrisikopotentialen frühzeitig begegnet werden muß. Das kann nur mit einer Systematik geschehen, die der Geschäftsleitung weitreichende Informationen über das Vorhandensein akuter oder möglicher Umweltgefahrenpotentiale bereitstellt.

Im Rahmen des Umweltschutz-Managements (unter Umständen als Teilgebiet des betrieblichen Risiko-Managements) können auf dieser Basis gezielte Maßnahmen zur Vermeidung von Umweltschäden bzw. zu ihrer Begrenzung im Schadenfall eingeleitet werden. Dabei beziehen sich die (Sicherheits-) Maßnahmen nicht nur auf den technischen Bereich, sondern müssen vor allem den Menschen mit berücksichtigen. Ein umsichtiges Handeln und Mitdenken aller Mitarbeiter führt schließlich zum gewünschten und angestrebten Erfolg. *Bins-Hoefnagels* und *Mohlenkamp* (1988, 3) bemerken hierzu: „Das Implantieren von Umweltschutz ins Management ist so kompliziert, wie die Computerisierung einer Firma. Die Computerisierung ist nicht nur eine technische Angelegenheit, sondern hauptsächlich ein organisatorisches Problem." Hier liegen direkte Parallelen zum Umweltschutz. Nach *Blömer* und *Maier* (1991) braucht betrieblicher Umweltschutz Informationen aus der betrieblichen Praxis: „Ohne Erkenntnis der wesentlichen unternehmerischen Parameter, ohne wirksame Kontroll- und Planungsinstrumente im Bereich des Umweltschutz-Management, kann der Faktor Umweltschutz nicht in das Unternehmen integriert werden."

Umweltschutz, als Marktchance gesehen, fordert von Unternehmern die Durchsetzung innovativer Lösungen. Neue technische Entwicklungen sind zu erkunden. Gefragt sind z.B. Kreativität zur Entwicklung neuer schadstoffarmer Produktionsmittel, umweltfreundlicher Produktionsverfahren und umweltverträglicher Produkte und, damit verbunden, eine Verringerung der Umweltbelastung. Diese Forderungen können jedoch nur erreicht werden, wenn bereits dort angesetzt wird, wo die Schadstoffe entstehen: im Produktionsprozeß. Dabei kommt es entscheidend darauf an, die Umweltrisiken und -chancen in ihrer Ganzheit zu erkennen, um sie dann mittels geeigneter technischer, organisatorischer und personeller Maßnahmen zu bewältigen bzw. zu nutzen.

Zur Aufgabe des Managements gehört auch, Störprozessen, die dem Unternehmen Schaden zufügen können, vorzubeugen und diese – wenn möglich – zu vermeiden. Störprozesse auszuschalten heißt, zumindest teilweise auch Umweltschäden zu verhindern, so daß eine direkte Parallelität zwischen Störprozeßverhinderung und ökologischem Denken des Managements existiert.

Eine Schwachstellenanalyse des Betriebes, seiner Organisation und nicht zuletzt seiner Mitarbeiter ist Ausgangspunkt derartiger Verbesserungen. Hierzu ist ein Umwelt-Audit ein brauchbares Instrument. Strukturen und Bedingungen für die Betriebs- und Umweltsicherheit sind von Grund auf zu durchleuchten. Es bedarf eines breiten Spektrums unterschiedlicher beruflicher Qualifikationen des auditierenden Teams. Hierbei drängt sich die Frage auf: Welches Unternehmen, insbesondere aus dem Mittelstand, verfügt über freie Mitarbeiterkapazität, die entsprechendes Know-how und Erfahrung hat, um ein qualifiziertes Audit durchführen zu können?

3. Inhalt eines Umwelt-Audits

Es ist sicherlich schwierig, eine vollständige Beschreibung der Umwelt-Managementaufgaben durchzuführen, zumal – wie die vielen Veröffentlichungen zeigen – eine gefestigte einheitliche Meinung nicht existiert. Gleichwohl lassen sich grundsätzliche Strukturen abbilden, die für die praktische Umsetzung bedeutsam sind (vgl. Abb. 1).

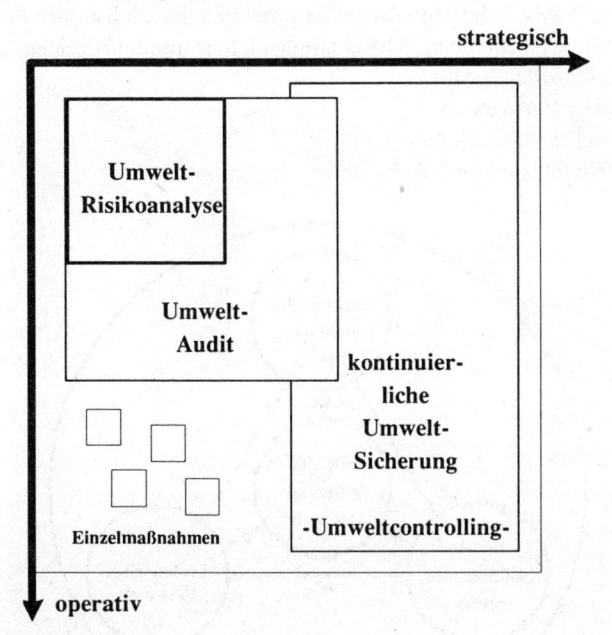

Abb. 1: Elemente des Umwelt-Managements

Das **Umwelt-Audit** ist ein Kerninstrument des betrieblichen Umwelt-Managements und beinhaltet neben ökologischen Gesichtspunkten die **Umwelt-Risikoanalyse**. Einzelmaßnahmen zur Verbesserung der ökologischen Situation (z.B. Energieeinsparung) sind außerhalb des Audits anzusiedeln. Elemente des Umwelt-Controlling sind im Audit enthalten, sollten aber nur auf die im Audit erfaßten Faktoren bezogen werden. Damit kann das Umwelt-Audit strategische und operative Elemente des Umwelt-Managements erfassen.

Die Auswertung von Schadenstatistiken und -berichten zeigt, daß die Mehrzahl der Umweltunfälle auf menschliches Versagen, Kommunikationsprobleme oder unzuverlässige Information zurückzuführen ist, und nicht, wie oft vermutet, auf technische Probleme.

Naturgemäß sind Umweltrisiken, abhängig von der Art des Unternehmens, oft gekoppelt mit verschiedensten Einflußfaktoren, die, einzeln betrachtet, zwar manche, den entsprechenden Bereich betreffende Mitarbeiter kennen, deren gesamtheitlicher Risikoaspekt aber nicht bekannt ist. Hierzu zählen z.B. fehlendes Umweltrisikobewußtsein sowie mangelnde Information, Kenntnis und Schulung.

Im Rahmen der Umwelt-Audits muß versucht werden, alle die Bereiche systematisch abzudecken, aus denen Risiken entstehen können. Die Vielfalt der möglichen Einflußfaktoren auf das betriebliche Umwelt(risiko)potential erfordert die Konzentration auf die wesentlichen Einflußgruppen. Für die systematische Analyse der Umwelt(risiko)potentiale hat sich in der Praxis gezeigt, daß die Ursachen und Wirkzusammenhänge auf die Bereiche
- umweltgefährdende Stoffe
- technisches Versagen und
- menschliches Fehlverhalten
zu konzentrieren sind (vgl. Abb. 2).

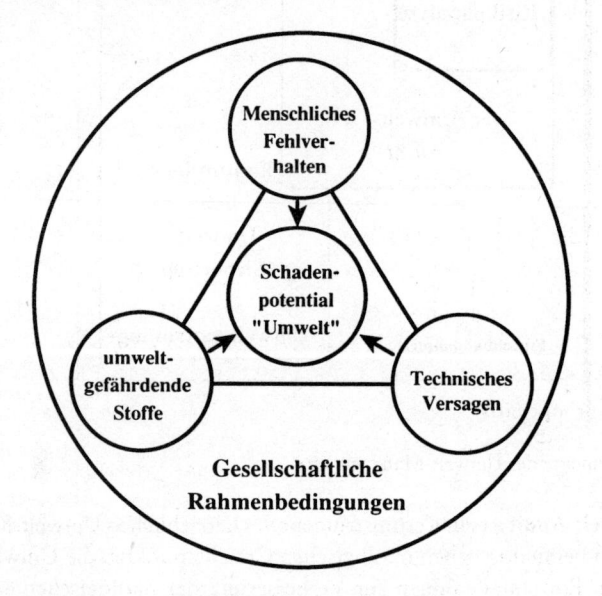

Abb. 2: Einflußgruppen des Umwelt-Risikos

Angemerkt sei hier, daß dem Aspekt des Fehlverhaltens von Mitarbeitern in der Analyse bisher sehr wenig Aufmerksamkeit gewidmet worden ist. Den

Autoren sind nur wenige Unternehmen bekannt, die in das Umwelt-Audit diese Einflußgruppe integriert hat.

Für die Bewertung des unternehmerischen Umwelt-Risikos ist es zwingend, die rechtlichen Rahmenbedingungen in die Analyse mit einzubeziehen. Dies geschieht zunehmend, natürlich vor dem Hintergrund, den Gesetzen und Verordnungen folgen zu müssen.

Gleichzeitig zeigt sich aber auch die Tendenz, das Umweltschadenpotential des Unternehmens weiter zu fassen: Viele Unternehmen beginnen damit, die vermuteten Imagefolgen mit den entsprechenden wirtschaftlichen Konsequenzen in ihre Überlegungen einzubinden. Dies erfordert auch, die gesellschaftlichen Strömungen, insbesondere die Einstellungen zu Umweltproblemen, soweit wie möglich in die Bewertung der Audit-Ergebnisse einfließen zu lassen.

Die Auseinandersetzung mit diesen wesentlichen Einflußfaktoren, in Form von detaillierteren Aufschlüsselungen und Unterteilungen, kann, bis zu einem bestimmten Punkt, mit entsprechenden bereits erprobten Vorgehensweisen (z.B. Internationale Handelskammer, ICC 1989) erfolgen. Es ist klar, daß eine weitere Untergliederung sich den unternehmensspezifischen Merkmalen anpassen muß. Trotzdem bleibt, faßt man die Ergebnisse der Analyse wieder in Form einer Managementinformation zusammen, eine standardisierbare Systematik zu erkennen.

Checklisten sind ein beliebtes und oft empfohlenes Hilfsmittel zur systematischen Erfassung der Umwelt(risiko)potentiale geworden. Diese sind aufgegliedert nach Einstiegs-, Grob- und Bereichs-Checklisten (z.B. Abfall, Abwasser, Abluft, Arbeits- und Lärmschutz, Chemikaliengesetz und Transportvorschriften, Produktionsanlagen im Normal- und Störfallbetrieb). Beispiele geben u.a. *Sietz* und *Sondermann* (1990) und *Winter* (1990).

Checklisten bergen aber die Gefahr in sich, daß die Auditoren an ihnen „kleben" und nicht aufgeführte, aber im Unternehmen existierende Umweltrisiken nur teilweise oder gar nicht erkannt werden. Zudem müssen auch diese Checklisten nach unseren Erkenntnissen persönlich ergänzt bzw. überarbeitet werden.

3.1 Umfang eines Umwelt-Audits

Über den gesamten Umfang des Inhaltes eines Umwelt-Audits gehen die Meinungen auseinander. Das Wort „Audit" bedeutet in der klassischen Übersetzung aus dem Englischen „Rechnungsprüfung". Im Begriff Umwelt-Audit spiegelt sich der Charakter der Prüfung (Fehler-Fahndung) wider, jedoch ist der zu prüfende Bereich längst nicht so eng begrenzt wie der der Rechnungsprüfung selbst. Dies liegt am weitläufigen Begriff „Umwelt".

Adams (1990) definiert den Begriff „Audit" in anderem Zusammenhang folgendermaßen: „Unter einem Audit wird hier die Überprüfung der Wirksamkeit von festgelegten organisatorischen Maßnahmen innerhalb eines Systems mittels Soll-Ist-Vergleich, die Dokumentation des entsprechenden Geschehens und die Auswertung inkl. Einbindung der gewonnenen Erfahrungen in das auditierte System verstanden."

Diese Definition, auf Umwelt-Audit übertragen, beinhaltet bereits wesentliche Punkte:
– Soll-Ist-Vergleich
– Dokumentation
– Auswertung.

Da aber Umweltprobleme immer im Zusammenhang mit Produktion (Technik) stehen, kann die um den technischen Teil erweiterte Definition von *Adams* (1990) folgendermaßen auf das Umwelt-Audit übertragen werden: „Unter einem Umwelt-Audit wird die Wirksamkeit organisatorischer und technischer Umweltschutzmaßnahmen innerhalb eines Unternehmens mittels Soll-Ist-Vergleich mit der dazugehörigen Dokumentation und der Auswertung inkl. Einbindung der gewonnenen Erfahrung in das auditierte System verstanden." Aus dieser Definition geht hervor, daß der Inhalt des Umwelt-Audits nicht nur umfangreich, sondern auch betriebsspezifisch ist.

Einige Autoren (z. B. *Sietz, Sondermann* 1990) verstehen unter dem eigentlichen „Audit" ausschließlich den „Soll-Ist-Abgleich der realisierten, betrieblichen Umweltstandards", die „Darlegung von umweltbezogenen Stärken und Schwächen des Betriebes" sowie die „Abschätzung des Einflusses anstehender gesetzlicher Maßnahmen". Hierbei werden der Abschlußbericht und angeordnete Maßnahmen ebensowenig zum „Audit" gerechnet wie die Vorbereitungsarbeiten, also die „Erhebung des umwelttechnischen Ist-Zustands". Die Internationale Handelskammer (1989) und auch *Sietz* (1991) hingegen rechnen zu den grundlegenden Schritten des Umwelt-Audits die Vorbereitungsarbeiten, die „Tätigkeiten vor Ort" und die „Aktivitäten nach der Prüfung" (*Sietz* 1991, 194 f.)

Auf der Basis dieser Definition hat sich das Umwelt-Auditing inzwischen in der Großindustrie als wirksames Instrument erwiesen, um betriebliche Umweltrisiken auf ein tragbares Minimum zu reduzieren. Je genauer das Umwelt-Audit die umweltrelevanten Tatsachen analysiert, desto besser können die notwendigen Maßnahmen definiert werden und die bestmögliche Parallelisierung von „wirtschaftlich Vernünftigem" und „umweltschützerisch Notwendigem" erreicht werden, d. h. desto besser ist das Umwelt-Auditing als Managementinstrument geeignet.

Vorbereitend müssen hierfür mindestens folgende wesentliche Bedingungen erfüllt sein:
– Aufgeschlossenheit der Geschäftsführung und Implantation des Umweltschutzgedankens in das Gesamt-Management
– Ganzheitlicher interdisziplinärer Ansatz

3. Inhalt eines Umwelt-Audits

- Systematische Vorgehensweise
- Ausführung durch ein spezialisiertes interdisziplinäres Team (externer Berater) in Kooperation mit kompetenten Betriebsangehörigen
- Neutrale Analyse, Dokumentation und Präsentation
- Regelmäßige Durchführung
- Kontrolle der Umsetzung.

Die Internationale Handelskammer (1989) zählt die „Tätigkeiten vor der Prüfung" bereits zum Umwelt-Audit. Sofern diese innerbetrieblich durchgeführt werden, ist der Gesamtaufwand relativ hoch. Die Abwälzung dieses Parts auf externe Berater hat den Vorteil, daß diese nach einem ersten ausführlichen Betriebsrundgang aufgrund ihrer Risikoerfahrung bereits gezielt die Schwerpunkte des Prüfungsprogrammes festlegen können.

Zur Durchführung sei nur bemerkt, daß laufend die interne Qualitätssicherung des Umwelt-Audits überprüft werden muß, d.h., daß sowohl vom Inhalt als auch von der Wahrung der Neutralität her strikte Gebote zur Zielerreichung eingehalten werden müssen, um das Optimum zu erreichen.

Gute Erfahrungen auf dem Bereich der Kooperation des Auditing-Teams mit dem werkseigenen Umweltbeauftragten im Sinne des Umwelt-Check-up liegen vor. Die Hilfestellung durch das Umwelt-Auditing-Team als Koordinator oder Vermittler zwischen dem Umweltbeauftragten und dem Management führt durch Neutralität und Emotionslosigkeit schneller zum gewünschten Ziel.

Den Abschluß des Umwelt-Audits bildet die Vorlage dessen Inhaltes der Geschäftsführung in Form einer Management-Information. Nach der Präsentation muß die Geschäftsführung entscheiden, ob und wie die vorgeschlagenen Maßnahmen zur Reduzierung des Umweltrisikos umgesetzt werden sollen. Da solche Maßnahmen u.a. auch mit Investitionen verbunden sein können, ist es sinnvoll, die genannten Entscheidungen vor der Erstellung des betrieblichen Jahresbudgets zu legen:

„Das Umwelt-Audit sollte auf freiwilliger Basis durchgeführt werden, denn eigenverantwortliches Handeln der Wirtschaft ist oft wirksamer als bürokratische Detailregulierungen" (*Günter* 1988, 4). Die „freiwillige Basis" ist eine der wichtigsten Voraussetzungen für die Durchführung von Umwelt-Audits, denn es macht einen großen Unterschied, ob eine erzwungene Überprüfung des Betriebes ins Haus steht, die zwangsläufig eine gewisse Angst auslöst und daher die Informationsauskunftsfreudigkeit von Mitarbeitern stark reduziert, oder aber ob die Geschäftsführung klar die Ziele bekanntgibt und ihre Mitarbeiter motiviert, das Umwelt-Audit somit als notwendiges Instrument für die Existenzsicherung des Unternehmens verstanden wird.

3.2 Erfahrungen in der mittelständischen Industrie

Aus der Praxis erscheint es allerdings sinnvoll, den Inhalt des Umwelt-Audits insoweit einzugrenzen, daß der **Umweltanalyse** und den daraus folgenden

Schritten besondere Aufmerksamkeit gewidmet wird (Abb. 3). Mit dieser Vorgehensweise können die wesentlichen Umwelt(risiko)potentiale mit vertretbarem Zeitaufwand erfaßt und beherrscht werden. Die Einbettung dieses Analyseschrittes in ein umfassendes Umwelt-Audit bleibt darüber hinaus anzustreben.

Die Erfahrungen im Bereich der mittelständigen Industrie zeigen, daß Umwelt-Audits in der dargestellen Komplexität bisher nicht angewandt werden. Teile daraus, insbesondere die Umwelt-Risikoanalyse, werden durch die Unternehmen selbst und durch diverse Beratungsunternehmen durchgeführt.

Die **Selbstanalyse** hat den Vorteil, daß relativ schnell Informationen gesammelt und ausgewertet werden können, aber vor allem auch betriebsspezifische Maßnahmen, die eine hohe Akzeptanz haben, entwickelt werden können. Dem stehen aber zwei gewichtige Nachteile gegenüber:

1. Die Selbstanalyse verführt zum einen zu einer Beschönigung der tatsächlichen Situation (bewußt oder auch unbewußt), und es werden häufig nur Teilaspekte der Risikosituation berücksichtigt (Schwerpunkte sind bei der Selbstanalyse häufig Stoffe und Technik; Organisationsaufbau und -ab-

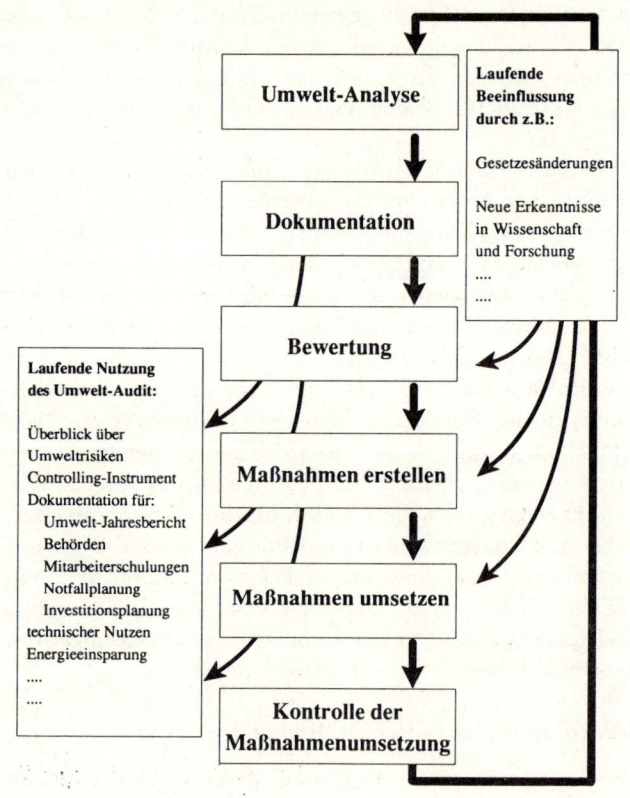

Abb. 3: Umwelt-Audit in der Praxis

3. Inhalt eines Umwelt-Audits

lauf sowie die Zusammenhänge zwischen Mensch und Maschine werden fast immer vernachlässigt).
2. Die Analyse der Risikosituation erfordert Erfahrung mit Risiken in den drei Haupteinflußgruppen „Mensch", „Technik" und „Organisation". Dies kann bei betriebsinternen Auditoren nur begrenzt und sehr spezifisch auf das Unternehmen bezogen vorliegen. Zudem fehlen meistens auch die notwendigen theoretischen Kenntnisse und die praktische Erfahrung der Risikoerkennung und -bewertung.

Mit Hilfe der Umwelt-Risikoanalyse wird bereits ein erster und wesentlicher Schritt in Richtung umweltgerechtes Management unternommen. Dieser erste Soll-Ist-Vergleich der allerwichtigsten menschlich-organisatorischen und technischen Risikobereiche ermöglicht die Aufstellung konzeptioneller und operativer Maßnahmen. Er wird damit bereits zu einem Instrument des Umweltmanagements. Die Untersuchungsschwerpunkte können in etwa wie folgt aufgegliedert werden:

Mensch/Organisation:
Aufbauorganisation:
betriebliche Beauftragte, Ausschüsse und gesetzliche Grundlagen für Immissionsschutz, Arbeitssicherheit, Abfall, Gewässerschutz, Brandschutz, etc.
Ablauforganisation:
Krisenmanagement, Gefahrenabwehrpläne, Flucht-, Notfallpläne
Risiko- und Umweltbewußtsein der Mitarbeiter:
Stichpunktartige Analyse, vor allem der Umweltschutzbeauftragten und der Mitarbeiter in den Gefahrenbereichen.

Technik:
Betriebsstätte:
umweltrelevante Standortbedingungen innerhalb des Betriebes und in der relevanten Nachbarschaft
Produktion:
störfallrelevante Bereiche und Anlagen, Informationsströme und Kontrollmechanismen
Lagerung:
Bestandsaufnahme der Läger, Lagertanks und Lagerstätten, Lagerorganisation, Lagermengen (nach Gefährdungsklassen)
Entsorgung:
Abfallbeseitigung, Zwischenlagerung und Entsorgung von umweltgefährdenden Abfallstoffen und Sondermüll, Abwassersysteme, Rückhaltevorrichtungen
Transporte:
innerbetriebliche Transportwege, Transportfahrzeuge und -behältnisse, Zwischenlagerung, Umgang mit fremden Transportunternehmen

Emissionen:
Emissionen von Schadstoffen, Reinigungs- und Filteranlagen, Überprüfung auf der Grundlage der entsprechenden technischen Anleitungen.

Diese groben Gliederungspunkte eines Audits müssen natürlich unternehmensspezifisch verfeinert werden, um die Risikoschwerpunkte und Maßnahmen so zu erarbeiten, daß das Managementinstrument zum Unternehmen paßt.

Aus über 200 durchgeführten Umwelt-Risikoanalysen der Gerling Consulting Gruppe lassen sich folgende Problemschwerpunkte erkennen:
1. Identifizierung und Bewertung von störfallrelevanten Bereichen und Anlagen
2. Erfassung und Quantifizierung des Risikopotentials der Läger und Lagertanks
3. Abwasserbehandlung und Ableitung des Oberflächenwassers
4. Dokumentation der ordnungsgemäßen Entsorgung
5. Überprüfung der Bestellung von Beauftragten
6. Ablauforganisation mit dem Schwerpunkt Gefahrenabwehrpläne
7. Verhalten der Mitarbeiter am Arbeitsplatz und im Umgang mit umweltgefährdenden Stoffen.

Die größten Lücken traten zumeist bei den beiden letztgenannten Punkten auf: Techniken, wie z.B. die Szenariotechnik zur Absicherung von Notfallplänen und Befragungen oder Beobachtungen von Mitarbeitern zur Feststellung der Umweltkenntnisse und Handlungsbereitschaft im Umweltschutz, sind kaum bekannt und werden fast nie benutzt.

Alle bereits erwähnten Vorbedingungen zur Durchführung von Umwelt-Audits in Unternehmen gelten selbstverständlich auch für Teilbereiche des Audits, also auch für die Umwelt-Risikoanalyse.

3.3 Durchführung des Audits

Grundvoraussetzungen sind die Kompetenz und Unabhängigkeit des Auditoren-Teams. Interdisziplinäres Zusammentragen von internem und externem Erfahrungsschatz ist durch die Kooperation externer Berater mit den Kompetenzträgern des Unternehmens am besten gewährleistet. Externe Berater sollten flexibel in der Zusammensetzung ihrer Teams sein und somit gezielt auf den Bedarf des zu beratenden Unternehmens eingehen können. *Steger* (1991) schreibt hierzu, daß der Rückgriff auf externe, technische und systemkontrollierende Berater dann erforderlich ist, wenn innerbetrieblich umweltrelevante „Kompetenzen (noch) nicht vorliegen oder wo ein Zugriff auf unternehmensinterne Kompetenzen die Erfolgsvoraussetzungen des Umwelt-Audits (zu stark) verletzt, z.B. aufgrund von Prozeßabhängigkeit".

Schon wegen ihrer fachübergreifenden Erfahrung und dem andauernden Umgang mit Risiken erleichtern externe Berater die Risikobewertung und

3. Inhalt eines Umwelt-Audits

-bewältigung. Die Internationale Handelskammer (1989) erwägt, eventuell einen Mitarbeiter des zu auditierenden Unternehmens zum Audit-Team hinzuzuziehen. Ein Vorteil läge darin, daß dieser Mitarbeiter bereits sehr viele Detailkenntnisse aus dem Unternehmen besitzt. Ein Nachteil jedoch ist seine mögliche Befangenheit.

Die Europäische Kommission schlägt vor, daß Firmenangehörige, die Umwelt-Audits erstellen, zumindest von firmenunabhängigen Fachleuten überprüft werden sollen (ENDS 1991, 13). Diese unabhängigen Fachleute sollen wiederum einer laufenden Überwachung eines „Auditing Professional Body" unterliegen, der wiederum nach den Richtlinien des EEC-Environmental-Auditing-Committee arbeiten soll. Hierbei ist eine vorläufige Erwägung einer Klassifizierung der Betriebe vorgenommen worden, um festzulegen, welches Unternehmen seine Umwelt-Audits von externen Umweltberatern überprüfen lassen muß und welches das Umwelt-Audit in Eigenleistung erstellen darf. Eine Kurzübersicht der betroffenen Industriebereiche mit vorläufigen Schwellenwerten ist ebenda aufgeführt.

Die besten Ergebnisse werden unserer Erfahrung nach jedoch erreicht, wenn ein unabhängiges Expertenteam die Durchführung des Umwelt-Audits übernimmt, weil die Mitarbeiter des Unternehmens in der Regel keine Auditing-Erfahrung haben. Zudem müßte die Zeit zur Durchführung eines Umwelt-Auditing „geschaffen" werden, d. h. im Normalfall zusätzliche Mitarbeiter einstellen. Die Frage, wie eine Firma ein Umwelt-Audit so implantieren kann, daß „der Betrieb noch normal weiterläuft", beschäftigt das Management erfahrungsgemäß immer wieder. Da aber eine gewisse Kontinuität sowohl

Inhalte	Arbeitsschritte
Risikoerkennung R.-Qualifizierung R.-Quantifizierung	Umwelt-Risiko-Analyse
Ursachenanalyse	
Handlungsalternativen	Maßnahmenkatalog
Entscheidungen Durchführung	Maßnahmen-durchführung
Kontrolle	Umwelt-Check-up

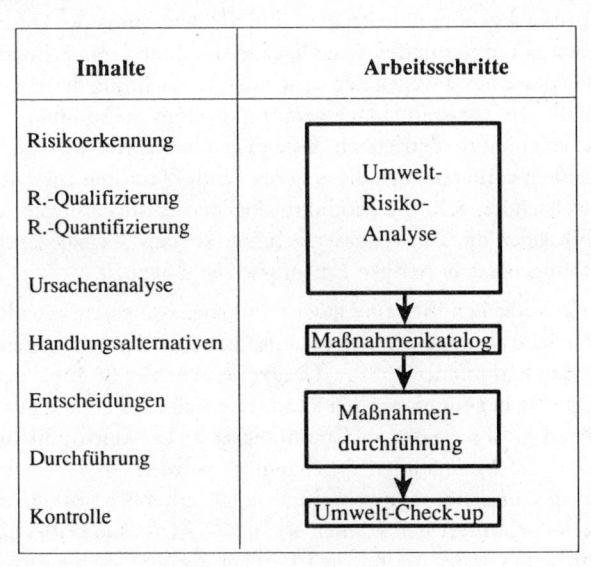

Abb. 4: Umwelt-Risikoanalyse als Teilbereich des Umwelt-Audits

bei der Datenaufnahme vor Ort als auch bei der Ausarbeitung des Audit-Berichtes nötig ist, bleibt oft nur der Zugriff auf externe Berater.

Unabhängig davon, wie das Auditing-Team zusammengesetzt wird, sind bestimmte Inhalte und Arbeitsschritte innerhalb der Risikoanalyse als Teilbereich des Umwelt-Audits einzuhalten (s. Abb. 4).

Die **Risikoanalyse** im engeren Sinne dient der Risikoerkennung und -bewertung, um wirksame Handlungsalternativen entwickeln zu können, die in einem tabellarischen Maßnahmenkatalog, mit Prioritäten und Auswirkung versehen, zusammengefaßt werden. Es ist zudem notwendig – wenn das erkannte Risiko eine definierte Bedeutung hat – die Ursache zu analysieren, damit die richtigen Handlungsalternativen entwickelt werden können. Die Entscheidung über die Maßnahmendurchführung und das Realisieren dieser Entscheidung sowie die Kontrolle der Umsetzung und der Wirksamkeit der durchgeführten Maßnahmen müssen standardisiert und nachvollziehbar in einem Check-up kontrolliert werden.

3.4 Umwelt-Audit als regelmäßige Managementaufgabe

Management ist ein Prozeß, der sich in einer ständigen Wiederholung der Analyse, Bewertung, Überarbeitung, Maßnahmenerstellung und Umsetzung der Maßnahmen befindet.

Alle Einzelschritte bedürfen eines bestimmten, betriebsabhängigen Zeitaufwands, welcher letztendlich in seiner Gesamtheit den Abstand zwischen dem vorausgegangenen und dem nachfolgenden Audit definiert.

Zur Überprüfung gehören die Analyse und die Bewertung der Durchführung bereits früher erkannter und notwendiger Maßnahmen zum Schutze der Umwelt. Infolgedessen und wegen der steigenden Gewichtung des Umweltschutzes innerhalb des Gesamtmanagements muß Umwelt-Auditing regelmäßig und nach einem innerbetrieblich festzulegenden Rhythmus durchgeführt werden. Zudem variieren auch die äußeren Einflußfaktoren auf den betrieblichen Umweltschutz, z.B. die produktbezogenen Anforderungen, der Stand der Technik oder die Umweltgesetzgebung, so daß Aktualisierungen und Fortschreibungen der bisherigen Ergebnisse nötig bleiben.

Ein Umwelt-Audit benötigt eine gewisse Vorbereitungszeit sowohl von der technischen Seite als auch von der organisatorischen Seite her gesehen (Internationale Handelskammer 1989, „Tätigkeiten vor der Prüfung"), so daß es nicht schlagartig begonnen werden kann. Hat sich aber einmal der Kreislauf geschlossen, d.h. ist das erste, meist umfangreiche Umwelt-Audit abgeschlossen und sind die Maßnahmen durchgeführt worden, so reduziert sich die Arbeit für das nächste „Umweltschutz-Jahr" erheblich. Erfahrungen und Daten liegen vor, Unterlagen können ergänzt werden usw. Dabei darf jedoch der eigentliche Inhalt des Audits, die Überprüfung der Gesamtsituation, nicht vernachlässigt werden.

Zuletzt erscheint eine Anpassung des **Auditing-Rhythmus** an das Geschäftsjahr eines Unternehmens unserer Erfahrung nach sehr sinnvoll, da Umweltschutz in seiner Gesamtheit häufig mit (Investitions-) Kosten verbunden ist, die in die Budgetplanung des Unternehmens einfließen müssen.

Innerhalb des festgelegten Rhythmus für das Gesamt-Audit sollten abweichende Perioden für Teilbereiche festgelegt werden: kurze Zeiträume für Bereiche, die einem schnellen Wandel unterliegen, längere Zeiträume z. B. für technische Anlagen, die keiner (kurzfristigen) Änderung unterliegen.

4. Nutzen des Umwelt-Auditing

Die Notwendigkeit, den Umweltschutzgedanken in das Management zu integrieren, führt zum Instrument Umwelt-Audit, das Erkenntnisse liefert, die sowohl zu einem ökologisch bewußten Management führen als auch bisher ungenutzte betriebswirtschaftliche Vorteile aufdecken.

Als Ausfluß aus dem systematisch durchgeführten Umwelt-Audit (oder bereits bei der Umwelt-Risikoanalyse) ergeben sich

– Ansätze, um Produkte und Produktionsverfahren energie- und rohstoffsparender zu produzieren
– Ansätze, um Produktionsverfahren umweltfreundlicher zu gestalten (im besonderen die Risikopotentiale zu reduzieren)
– Ansätze, um Produkte umweltverträglicher zu konzipieren.

Die Durchführung von Umwelt-Audits bewirkt zudem eine Fortbildung der Mitarbeiter, die technischer und/oder organisatorischer Natur sein kann, deren wichtigster Punkt jedoch die Anhebung des Umweltbewußtseins der Mitarbeiter bildet. Dies führt zu mehr Eigenverantwortung und Engagement der Beschäftigten für das Unternehmen.

Durch die detaillierte Analyse umweltrelevanter Bereiche wird während der Erstellung eines Umwelt-Audits eine Menge von Daten systematisch erhoben, die bisher meist noch nicht in dieser Dichte und Systematik im Betrieb themenbezogen vorlagen bzw. aufbereitet waren. Damit ist das Ergebnis des Umwelt-Audits auch eine Informationshilfe und fördert die innerbetriebliche und außerbetriebliche Kommunikation.

Die Daten können als Entscheidungshilfen oder aber auch als Hilfe beim Umwelt-Check-up weiterverwendet werden. Gleichzeitig gibt das Umwelt-Audit Auskunft darüber, wie gut z.B die Implementierung des Umweltschutzgedankens in die Unternehmensziele funktioniert.

Einzelne Beispiele zeigen, daß das Umwelt-Auditing als Basis zur Erstellung eines **Umwelt-Jahresberichtes** genutzt wird. Im Jahresbericht können so Ergebnisse des Umwelt-Audits, bereits umgesetzte Maßnahmen und positive Resultate dargestellt, neue Strategien bezüglich Umweltschutz vorgestellt und das Image des umweltbewußten Unternehmens nach außen getragen werden.

Umwelt-Auditing in Zusammenhang mit einer umfangreichen Öffentlichkeitsarbeit demonstriert die Verantwortung des Unternehmens im Umweltschutz und fördert das Vertrauen in der Bevölkerung. Das Umwelt-Audit zeigt, inwieweit bestehende Verordnungen eingehalten werden, und kann in Problemfällen als rationale Diskussionsgrundlage genutzt werden. Das setzt allerdings voraus, daß das Audit als neutral (und daher richtig) akzeptiert wird.

Sicherlich wird das Umwelt-Audit auch als Instrument des Managements dienen, das den Schritt von der Betrachtung des Umweltschutzes als Kostenfaktor zum **Umweltschutz als Marktchance** erleichtert. Verbesserte Marktchancen, geringere Risikopotentiale, gesteigerte Kreditwürdigkeit gegenüber den Banken, verbesserte Arbeitsbedingungen für die Mitarbeiter und letztlich ein zeitgemäßes, gutes Image werden auf der positiven Seite der Bilanz zu verbuchen sein (Gerling-Konzern 1990).

Literatur

Adams, H. W. (Hrsg.) (1990), Sicherheits-Management, Frankfurt a.M.
Adams, H. W., Wiegard, M. (1990), Langfristige Wettbewerbsvorteile für Umweltpioniere, FAZ, Nr. 239
Adams H. W., Wolf, G. (1990), Ein System zum wirksamen Schutz der natürlichen Ressourcen, FAZ, Nr. 234
Bade, R. (1990), A city perspective on the environmental audit. Commercial Union Environmental Exempt Pension Fund, London
BASF (1989): Denken, Planen, Handeln; Umweltbericht
Bins-Hoefnagels, I.M.J., Molenkamp G.C. (1988), Environmental Auditing, Den Haag
Blömer, G., Maier, B. (1991), Öko-Bilanz: Schlüssel zum betrieblichen Umweltschutz, Frankfurt a.M.
ENDS (1991): Brussels Takes A First Step Towards An Environmental Auditing Directive, Rep. 192, London
FUUF 1990, Forschungsgruppe „Umweltorientierte Unternehmensführung", unveröffentlichter Bericht zum UBA-Forschungsvorhaben 10901041, Modellversuch „Umweltorientierte Unternehmensführung", Köln
Gerling Konzern Vertriebs-Aktiengesellschaft (1990), Umweltunion-Auswirkungen auf Unternehmen in der DDR, Köln
Greeno, I.L. et al. (1988), The Environmental Health and Safety Auditor's Handbook, Cambridge
Günther, K. (1988), Das Konzept einer ökologisch-ökonomischen Unternehmensführung in der Praxis, in: „Wiesbadener Unternehmen klären Ihre Probleme", Symposium 21.11.1988, Wiesbaden
Haker, W., Davidsohn, M. (1990): Umweltverträglichkeitsprüfung – neues Hindernis für die Genehmigung?, Frankfurt a.M.
Internationale Handelskammer/ICC (Hrsg.) (1989), Umweltschutz-Audits, Köln
Krieshammer, G., Rademacher, H. (1991): Zertifizierung von Umweltschutzsystemen, Frankfurt a.M.

Schiegel, W.-E. (1989), Betrieblicher Umweltschutz, Landsberg a. L.
Sietz, M., Sondermann W. D. (1990), Umwelt-Audit und Umwelthaftung, Taunusstein
Steger, U. (Hrsg.) (1991), Umwelt-Auditing: Ein neues Instrument der Risikovorsorge, Frankfurt a. M.
Troge, A. (1988), Betriebliche Umweltberatung, in: „Wiesbadener Unternehmen klären Ihre Probleme", Symposium 21. 11. 1988, Wiesbaden
Winter, G. (1990), Das umweltbewußte Unternehmen, München

Kapitel 21
Umweltschutz und Innovationsmanagement

von *Erich Staudt, Bernd Kriegesmann* und *Andreas Fischer*

1. Die Bedeutung der industriellen Forschung und Entwicklung für die ökologische Umwelt 330
2. Funktionen betrieblicher Innovationen im Kontext ökologischer Nebenbedingungen 334
   2.1 Generierung technisch-naturwissenschaftlicher Problemlösungspotentiale unter Berücksichtigung ökologischer Nebenbedingungen 334
   2.2 Dynamisierung ökologischer Nebenbedingungen durch Forschung und Entwicklung 336
3. Die umweltbezogene Erweiterung der Informations- und Kommunikationsflüsse 338

Literatur 340

1. Die Bedeutung der industriellen Forschung und Entwicklung für die ökologische Umwelt

Innovationen sind sowohl auf gesamt- als auch auf einzelwirtschaftlicher Ebene zentrale Voraussetzung, sich den Veränderungen des Unternehmensumfelds und dem daraus resultierenden Wandel der Marktsituation anzupassen bzw. gestaltend mitzuwirken. Innovationserfolg hängt dabei vom erfolgreichen Vollzug zweier Phasen im Innovationsprozeß ab (*Staudt* 1985 a): In der Phase der **Invention** werden Problemlösungspotentiale generiert, die in der Phase der **Innovation** im engeren Sinne produktionsreif zu entwickeln, herzustellen und zu vermarkten bzw. im Fertigungsprozeß einzusetzen sind.

Die Bereitstellung von Problemlösungspotentialen als Grundlage von Innovationen erfolgt im Rahmen von Forschungs- und Entwicklungsaktivitäten durch die Gewinnung neuer Informationen sowie die kritische Übernahme und differenzierte Anwendung vorhandener Informationen (*Staudt* 1985 b), wobei der Gestaltung des betrieblichen Informations- und Kommunikationssystems eine besondere Bedeutung zukommt.

Forschung und Entwicklung wird in der klassischen Einteilung in die Bereiche Grundlagenforschung, angewandte Forschung sowie Entwicklung untergliedert (*Pfeiffer, Staudt* 1974). Während im Rahmen der öffentlichen Forschung und Entwicklung nicht allein die Verwertbarkeit von Forschungsergebnissen im Mittelpunkt steht, zeichnet sich betriebliche Forschung und Entwicklung durch einen in allen Phasen hohen Anwendungsbezug bzw. ausgeprägte Zweckorientierung aus.

Aktuelle Entwicklungen im Umweltbereich verändern dabei die Rahmenbedingungen betrieblicher Forschungs- und Entwicklungsaktivitäten. Globalisierung der Umweltprobleme, zunehmendes Umweltbewußtsein der Nachfrage sowie verschärfte Umweltschutzgesetzgebungen (*Staudt* 1977; *Steger* 1990) stellen sowohl Nebenbedingungen für Forschung und Entwicklung als auch eine Aufforderung zu deren Neuorientierung dar. Die Entwicklungen im Umweltbereich führen damit zu einer Einengung bzw. Verschiebung des Lösungsraums für technisch-naturwissenschaftliche Problemstellungen (vgl. Abb. 1). Um dieser Herausforderung konstruktiv zu begegnen, ist es notwendig, die komplexen materiellen Austauschbeziehungen zwischen Unternehmung und Umwelt transparent zu machen. Dieses **Beziehungsgefüge** wird dabei von der Produktionsstufe, der Branchenzugehörigkeit und anderen situativen Faktoren beeinflußt (*Kirchgeorg* 1990).

Weitgehend unberücksichtigt bleibt die Fragestellung, inwieweit bestehende Problemlösungspotentiale, die im Rahmen zurückliegender oder externer Forschungs- und Entwicklungsaktivitäten unter anderen Zielsetzungen generiert wurden, geeignet sind, **ökologische Nebenbedingungen** zu erfüllen. In

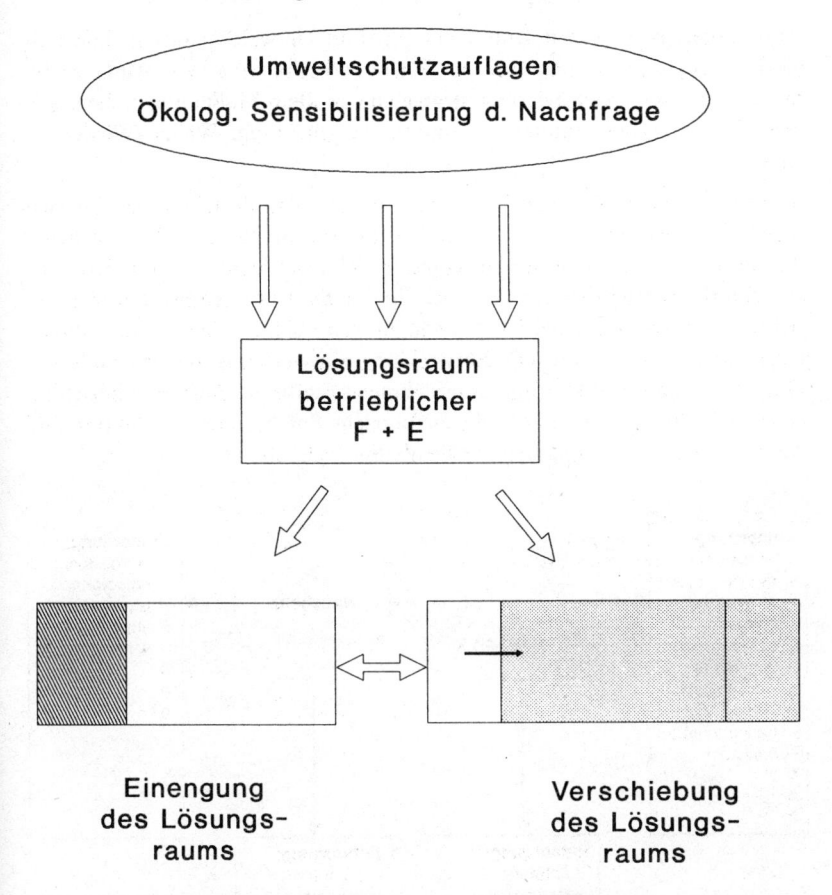

1. Die Bedeutung der F + E für die ökologische Umwelt

Abb. 1: Die Veränderung des Lösungsraums betrieblicher Forschungs- und Entwicklungsaktivitäten durch ökologische Nebenbedingungen

einem zusätzlichen Problemerkennungsprozeß sind daher bekannte Knowhow-Potentiale daraufhin zu überprüfen und in neue Anwendungsfelder zu transformieren. Dies führt – ausgehend von der ursprünglichen Problemstellung – ebenfalls zu einer Verschiebung des Lösungsraums betrieblicher Forschungs- und Entwicklungsaktivitäten.

Die „ökologischen" Nebenbedingungen, die den Lösungsraum von Forschungs- und Entwicklungsaktivitäten determinieren, stehen dabei in engem Zusammenhang mit **betrieblichen Umweltschutzstrategien**, die auf das Beziehungsgefüge zwischen Unternehmung und Umwelt abzielen (*Staudt* 1979). Grundsätzlich unterscheidet man zwischen Intensivierungs- sowie Extensivierungsstrategien (*Staudt* 1977). Während **Intensivierungsstrategien** das Beziehungsgefüge zwischen Unternehmung und Umwelt qualitativ konstant halten und lediglich quantitativ modifizierend eingreifen bzw. Auflagen erfüllen, umfassen **Extensivierungsstrategien** vor allem Maßnahmen, die bestehende Austauschbeziehungen verändern (Vermeidung, Weiter-/Wiederverwendung).

Aufgrund der Vielzahl der Determinanten, die das Beziehungsgefüge zwischen Unternehmung und Umwelt bestimmen, ist bei der Planung neuer Produkte und Verfahren der aus einzelbetrieblicher Sicht relevante Umweltausschnitt abzustecken, aus dem sich die für die Unternehmung zu berücksichtigenden ökologischen Nebenbedingungen ableiten. Bereits im Rahmen betrieblicher Forschungs- und Entwicklungsaktivitäten ist damit eine Input-Output-Bilanz für zukünftige unternehmensspezifische Austauschbeziehungen zu erstellen (*Staudt* 1977), die die Bereiche Beschaffung, Produktion und Absatz sowie Entsorgungsaspekte beinhaltet (vgl. Abb. 2).

Entsorgung:
- vermeidbar
- regenerierbar
- recyclierbar
- haltbar
- sicher
- verwertbar
- nicht-toxisch
- abbaubar
- transportierbar
- ersetzbar
- o
- o
- o

Produktion → Material → **Haushalte** → Produkt

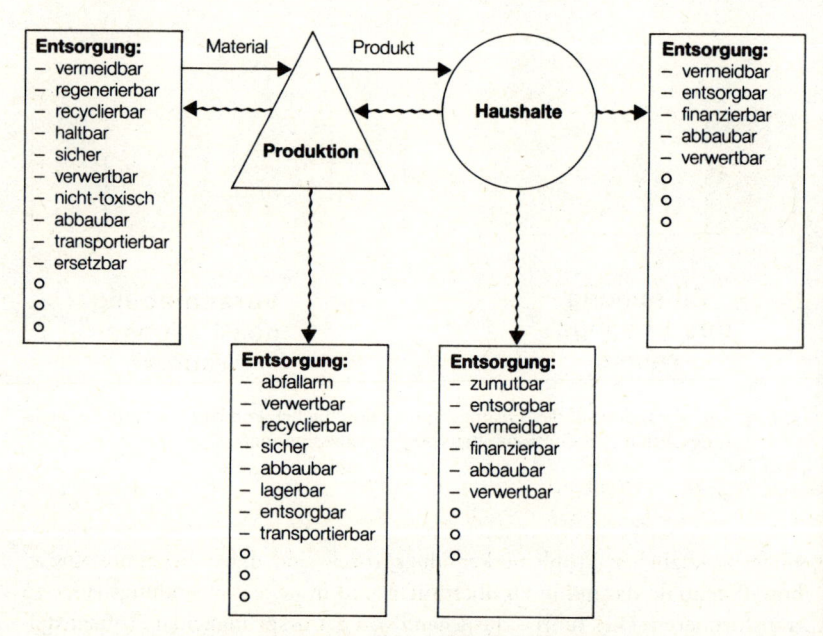

Entsorgung:
- vermeidbar
- entsorgbar
- finanzierbar
- abbaubar
- verwertbar
- o
- o
- o

Entsorgung:
- abfallarm
- verwertbar
- recyclierbar
- sicher
- abbaubar
- lagerbar
- entsorgbar
- transportierbar
- o
- o
- o

Entsorgung:
- zumutbar
- entsorgbar
- vermeidbar
- finanzierbar
- abbaubar
- verwertbar
- o
- o

Abb. 2: Erweiterung der Planung betrieblicher Forschungs- und Entwicklungsaktivitäten unter Berücksichtigung materieller Austauschbeziehungen

Bei der Ableitung „ökologiebezogener Kriterien" für betriebliche Forschungs- und Entwicklungsaktivitäten sind neben Umweltwirkungen, die sich bis zur Markteinführung ergeben, auch solche Beziehungen zwischen Unternehmung und Umwelt zu berücksichtigen, die sich auf den Ge- und Verbrauch von Produkten beziehen bzw. darauf, wie sich diese bei der Entsorgung verhalten. Traditionell war es die Unternehmung gewohnt, abgese-

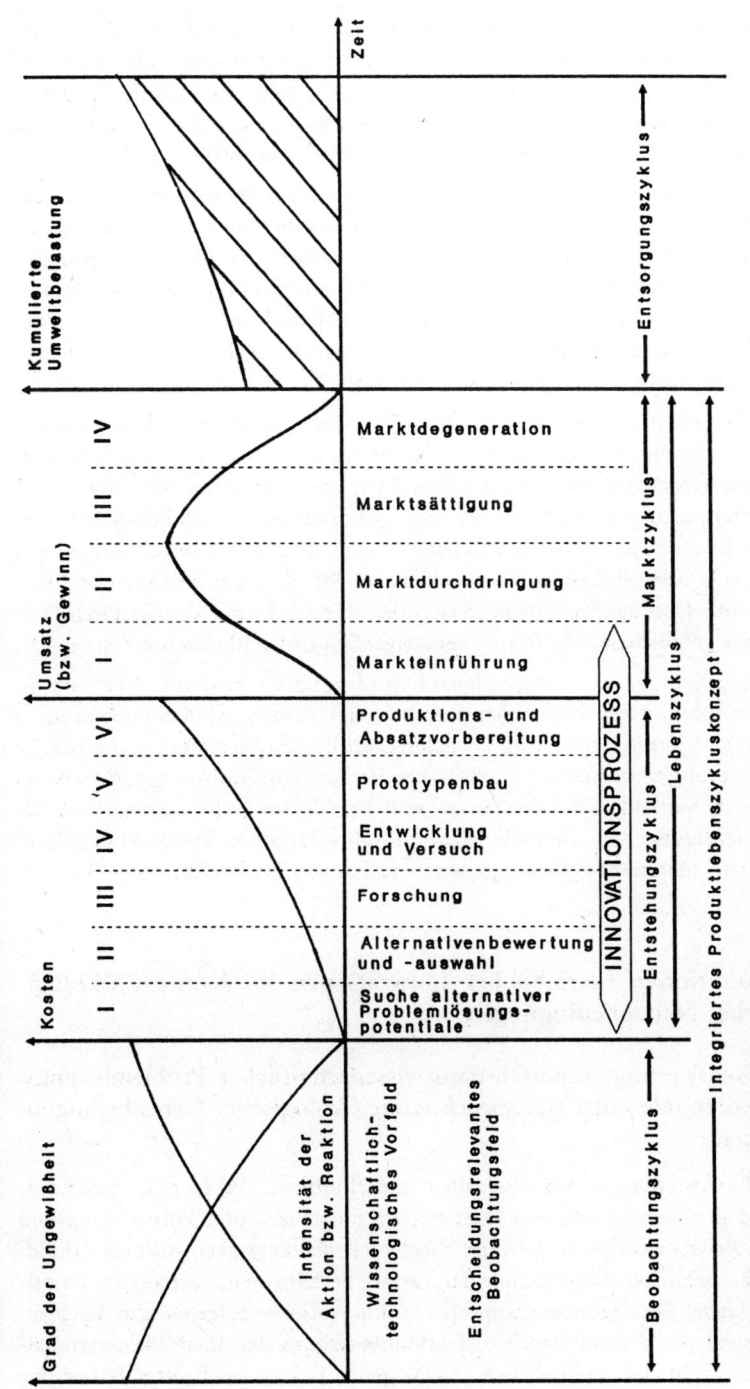

1. Die Bedeutung der F + E für die ökologische Umwelt

Abb. 3: Erweiterung des integrierten Produktlebenszyklus

hen von der reinen Gewährleistungshaftung für die Funktionsfähigkeit eines Produktes, sich von der weiteren Verantwortung für ihre Produkte beim Ge- und Verbrauch zu distanzieren. Mit dem Ge- und Verbrauch der erstellten Güter sind jedoch Folgeprobleme für die Umwelt verbunden (Beispiel Auto: Motorenlärm, Abgasbelästigung und letztlich Verschrottungsprobleme).

Der Hersteller muß dementsprechend den Vorgang des Ge- und Verbrauchs analysieren und darüber hinaus das Verhalten seines Produktes bei der Beseitigung antizipieren, da mit einem Produkt verbundene Umweltbelastungen nicht mehr dem Benutzer oder Eigentümer angelastet werden, sondern in Zukunft verstärkt auf den Hersteller zurückfallen. Damit verlängert sich der **integrierte Produktlebenszyklus** (*Pfeiffer, Bischof* 1981) als Planungsinstrument um das Entsorgungsproblem (vgl. Abb. 3).

Als Nebenbedingungen für betriebliche Forschung und Entwicklung werden dementsprechend weitere Kriterien wirksam, die zukünftige materielle Wirkungszusammenhänge zwischen Produkten bzw. Verfahren und Umwelt einbeziehen, d.h. wie sich Produkte beim Gebrauch bzw. nach dem Verbrauch verhalten: ob sie biologisch abbaubar sind und sich Umweltbelastungen dementsprechend degressiv entwickeln, ob Abfälle nicht verrotten und ihre Umweltbelastung gleichbleibend ist, oder ob sie auf der Deponie durch Freisetzung gefährlicher Stoffe zu einer steigenden Umweltbelastung führen.

In Abhängigkeit von der jeweiligen Innovationsart – Produkt-, Verfahrens-, Materialinnovation oder einer Kombination daraus (Systeminnovation) – ergibt sich damit der in Tab. 1 wiedergegebene Kriterienkatalog, der bei der Generierung technisch-naturwissenschaftlicher Problemlösungspotentiale im Rahmen betrieblicher Forschungs- und Entwicklungsaktivitäten unter Berücksichtigung der unternehmensspezifisch relevanten Austauschbeziehungen bzw. materiellen Wirkungszusammenhänge einzubeziehen ist.

2. Funktionen betrieblicher Innovationen im Kontext ökologischer Nebenbedingungen

2.1 Generierung technisch-naturwissenschaftlicher Problemlösungspotentiale unter Berücksichtigung ökologischer Nebenbedingungen

Die Bereitstellung technisch-naturwissenschaftlicher Problemlösungen aufgrund der Neuorientierung betrieblicher Forschung und Entwicklung und unter Berücksichtigung „ökologischer" Nebenbedingungen stellt die Grundlage betrieblicher Innovationen dar, die mit bestehenden, aber auch zukünftigen Umweltüberlegungen harmonieren. Innovationserfolge hängen dabei zunehmend von der aktiv/antizipativen Einbeziehung der oben skizzierten Kriterien ab. In der betrieblichen Praxis stehen jedoch noch oftmals reaktive

2. Innovationen und ökologische Nebenbedingungen

Innovationsarten	"Ökologiebezogene" Kriterien für betriebliche Forschungs- und Entwicklungsaktivitäten
Produktinnovation	- Verlängerung der Lebensdauer - Mehrfachnutzung - Recyclierbarkeit - neben- und spätwirkungsfrei - emmissionsarme Produktverwendung - abfallarm - geräuscharm - nicht toxisch - abbaubar - ...
Verfahrensinnovation	- optimale Stoffverwertung - Verminderung des Rohstoffbedarfs - Verminderung des produktionsbedingten Abfalls - Recyclierbarkeit produktionsbedingter Abfälle - emmissionsarm - ...
Materialinnovation	- Materialien, die einen geringeren Materialeinsatz erlauben - Materialien, die eine Rückführung in den Produktionsprozeß erlauben - Materialien, die die Herstellung biologisch abbaubarer Produkte erlauben - ...
Systeminnovation	- Produktion eines abfallarmen Produktes bei Verminderung des Rohstoffbedarfs - Material- und Verfahrensinnovation, die die Rückführung produktionsbedingter Abfälle in den Produktionsprozeß ermöglichen - ...

Tab. 1: Ökologiebezogener Kriterienkatalog für die Generierung technisch-naturwissenschaftlicher Problemlösungspotentiale im Rahmen betrieblicher Forschungs- und Entwicklungsaktivitäten

Maßnahmen – beispielsweise Umweltschutzinvestitionen in der Fertigung zur Erfüllung von Umweltschutzauflagen – im Mittelpunkt (*Meffert, Benkenstein, Schubert* 1987).

Dies ist darauf zurückzuführen, daß umweltfreundliche Produkte und Verfahren als teurer und umständlicher betrachtet werden, da man in der Regel nur die Änderungskosten bewertet, die additiv zum gewohnten Kostensatz auftreten (*Staudt* 1990a). Zu Umweltschutzmaßnahmen kommt es erst, wenn dies durch Regelungen oder marktseitige Sanktionen „verordnet" wird. Damit haben derartige Maßnahmen lediglich **Reparaturcharakter** und kommen chronisch verspätet. Gerade aber vorausschauende Konfliktvermeidung, indem konfliktäre Austauschbeziehungen zur Umwelt bereits im Planungsstadium von Produkten und Verfahren in Frage gestellt und ökologische Nebenbedingungen aktiv/antizipativ in der Forschung und Entwicklung berücksichtigt werden, zahlt sich oftmals in ökonomischen Vorteilen aus (*Feess-Dörr, Prätorius, Steger* 1990).

Mit Forschung und Entwicklung nimmt die Unternehmung jedoch nicht nur an der Generierung betrieblicher Innovationen teil, sondern vollzieht einen Lernprozeß, in dem an anderen Orten bzw. von anderen Personen produziertes Wissen zur Anwendung gebracht wird (**Transferfunktion**). Dementsprechend ist Forschung und Entwicklung einerseits aktives Element der Mitgestaltung als auch andererseits passives Element der Anpassung an die technische Entwicklung (*Pfeiffer, Staudt* 1974).

Entsprechend den **Induktionsmechanismen** der technischen Entwicklung (*Pfeiffer* 1971), Bedarfsinduktion und autonome Induktion, kommt der Forschung und Entwicklung eine doppelte Funktion zu: Im Fall der **Bedarfsinduktion** werden, ausgehend von Problemstellungen, die sich aus Mängeln bzw. Lücken im Bedarfsdeckungssystem ergeben, für konkrete Probleme als eine Art Dienstleistungsfunktion Problemlösungen gesucht. Zunehmende ökologische Sensibilisierung der Nachfrage sowie verschärfte Umweltschutzgesetzgebungen beeinflussen dabei den Bedarfsimpuls. Während allein durch die Nachfrage ausgelöste Forschungs- und Entwicklungsaktivitäten die Schaffung von Wettbewerbsvorteilen durch umweltgerechte Produkte, Verfahren und Materialien in den Vordergrund stellen, hat durch Umweltschutzauflagen bestimmte Forschung und Entwicklung die Erfüllung entsprechender Regelungen zum Ziel. Im Rahmen **autonom induzierter** Forschung und Entwicklung wird unabhängig von Bedarfsimpulsen als Initiativfunktion neues Wissen bereitgestellt.

Sowohl für autonom entstandene als auch für bedarfsinduzierte Know-how-Potentiale ist dabei zu klären, ob sie sich eignen, Problemstellungen, die unter ökologischen Nebenbedingungen als kritisch zu betrachten sind, bzw. Entsorgungs-, Recyclingprobleme etc. zu lösen. Damit werden Forschungs-und Entwicklungsaktivitäten induziert, die bestehende Problemlösungspotentiale den speziellen Anforderungen des jeweiligen Anwendungsfalls anpassen.

2.2 Dynamisierung ökologischer Nebenbedingungen durch Forschung und Entwicklung

Neben dem Bedarf determinieren autonom entstandene Potentiale die technische Entwicklung. Dieses neue Wissen stellt den Ausgangspunkt von Innovationen und damit einen erhöhten technisch-naturwissenschaftlichen Standard zur Erfüllung von Umweltschutzauflagen, gleichzeitig aber auch die Quelle „neuer" Umweltbelastungen dar. Darüber hinaus ermöglicht neues Wissen erst, bestimmte Tatbestände als Umweltbelastungen zu erkennen.

Gerade verbesserte bzw. neue **Meßtechniken** schaffen die Voraussetzungen, negative ökologische Auswirkungen von Produkten sowie Produktionsver-

2. Innovationen und ökologische Nebenbedingungen

fahren aufzudecken. Regelmäßig werden dabei durch die technische Entwicklung „jahrzehntelang bewährte" und als unbedenklich geltende Vorgehensweisen „ex post" als umweltbelastend qualifiziert. Aber auch die durch Forschung und Entwicklung induzierte technische Entwicklung in anderen Bereichen – beispielsweise durch die Klärung physiologischer Zusammenhänge und Reaktionen beim Menschen werden bestimmte Stoffe als gesundheitsgefährdend eingestuft – führt zu einer Zuspitzung der restriktiven Wirkung ökologischer Nebenbedingungen.

Forschung und Entwicklung dynamisiert damit die Definition von Umweltbelastungen und wirkt sich auf die Verschärfung der Umweltschutzgesetzgebung aus. Betriebliche Forschung und Entwicklung läßt sich demnach als positiv rückkoppelnder Regelkreis beschreiben, der letztlich technische Entwicklung induziert, Impulse für weitere Forschung und Entwicklung gibt, technisch-naturwissenschaftliche Problemlösungsalternativen schöpft und gleichzeitig „ökologische" Nebenbedingungen neu formuliert bzw. verschärft (vgl. Abb. 4).

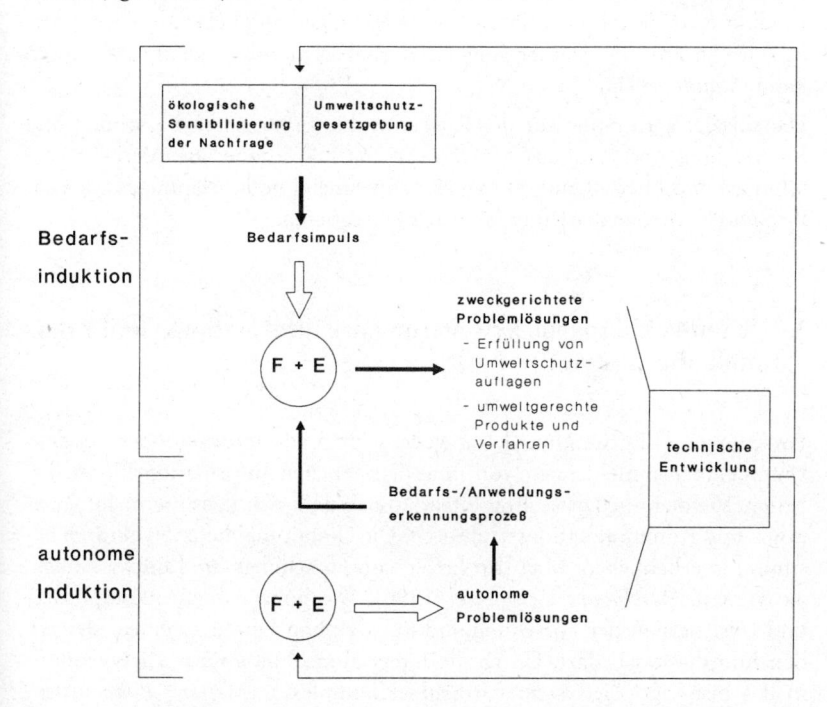

Abb. 4: Der Rückkoppelungsprozeß zwischen Forschung und Entwicklung, technischer Entwicklung und ökologischer Umwelt

Aufgrund der durch die technische Entwicklung bedingten Umweltkatastrophen wie Tschernobyl und Seveso, aber vor allem auch globalen Problemen wie dem Ozonloch, wird die **Technikfolgenabschätzung** für den Umweltbereich besonders thematisiert (*Staudt, Horst* 1989; *Staudt* 1990b). Die Grenzen werden dabei jedoch sehr schnell deutlich, wenn man bedenkt, daß die Forschung und Entwicklung bei größeren Innovationen einen Zeitraum von bis zu 10 Jahren einnimmt, ein bestimmtes Modell bis zu 10 Jahre produziert und dann beispielsweise wie ein Kühlschrank auch noch 10 Jahre genutzt wird. Dementsprechend hätten die Entwickler von Kühlschränken schon im Jahre 1960 das Ozonloch von 1990 beachten bzw. die potentiellen Auswirkungen von FCKW antizipieren müssen.

Der Forscher muß also über die Auswirkungen aktueller sowie zukünftig initiierter Regelungen im Umweltbereich informiert sein, damit er weiß, wie der Lösungsraum für betriebliche Forschungs- und Entwicklungsaktivitäten aussieht bzw. sich entwickeln wird, um aktiv/antizipativ „ökologische" Nebenbedingungen bei der Arbeit einbeziehen zu können. Dementsprechend muß Technikfolgenabschätzung durch eine **Gesetzesfolgenabschätzung** im Umweltbereich ergänzt werden, die Anhaltspunkte dafür liefert, ob ein neues Produkt oder Verfahren aufgrund von Regelungen möglicherweise gefährdet ist oder aufgrund geplanter Umweltfolgenabschätzungen gefährdet werden kann (*Staudt* 1991).

Die skizzierte Komplexität der Zusammenhänge zwischen Forschung und Entwicklung und ökologischer Umwelt macht es dabei erforderlich, Forschungs- und Entwicklungsaktivitäten zunehmend in die Planung, Organisation und Kontrolle der Unternehmen zu integrieren.

3. Die umweltbezogene Erweiterung der Informations- und Kommunikationsflüsse

Forschung und Entwicklung kann weder isoliert von Informationen aus dem Unternehmensumfeld noch von innerbetrieblichen Informationsflüssen arbeiten. Vielmehr bedarf es ihrer Integration in unternehmensinterne Informations- und Kommunikationsstrukturen. Die Gestaltung dieser Strukturen bestimmt in erheblichem Maß den Erfolg von Forschungs- und Entwicklungsaktivitäten (*Reichwald, Schmelzer* 1990). Die hohe Aufgabenkomplexität und Unsicherheit der Forschung und Entwicklung führen zu einem steigenden Informationsbedarf. Durch die Integration ökologischer Zielsetzungen in das bisherige Zielsystem wird dieses komplexer (*Meffert, Benkenstein, Schubert* 1987). Damit steigt gleichzeitig die Anzahl potentiell relevanter Informationsquellen.

Für die unmittelbare technische Bewältigung innovativer Aufgabenstellungen sind vor allem Informationen zum Stand der Technik in die Forschung und Entwicklung einzubeziehen. Neben der Beschaffung ökologieorientierter Informationen mittels Datenbanken, wie z.B. dem „Informations- und Dokumentationssystem Umwelt" (UMPLIS), kommt in diesem Zusammenhang Patentdokumenten ein besonderer Informationswert zu (*Schmoch, Grupp, Mannsbart, Schwitalla* 1988). Frühzeitige Recherchen vermeiden Doppelarbeiten sowie Fehlentwicklungen (*Staudt, Bock, Mühlemeyer* 1990).

Insbesondere bei bedarfsinduzierten Problemlösungen gewinnen Informationen aus dem umweltrelevanten Unternehmensumfeld zunehmend an Bedeutung:

- Umweltschutzregelungen stellen dabei eine zentrale Informationsquelle, vor allem aber eine **Restriktion** betrieblicher Forschungs- und Entwicklungsaktivitäten dar. Neben der Berücksichtigung bestehender Gesetze wird es für das Unternehmen zunehmend wichtig, die Entwicklung von Gesetzen zu beobachten (*Needles, Caldwell, Williams* 1972) und deren Auswirkungen zu antizipieren. Der typische Diffusionsverlauf von Informationen (*Steger* 1988), die durch ökologische Probleme induziert worden sind, erleichtert dabei die Konzeptionierung eines „ökologischen" Frühwarnsystems.
- Die zunehmende ökologische **Sensibilisierung** der Nachfrage erweitert das Spektrum des notwendigen Informationsaustausches zwischen dem Marketing und der Forschungs- und Entwicklungsabteilung. Dabei zielt diese abteilungsübergreifende Kommunikation nicht nur darauf ab, erkannte Bedarfe bzw. Probleme an den Forschungs- und Entwicklungsbereich heranzuführen, sondern auch autonom entstandene Problemlösungspotentiale auf ihre Bedarfsrelevanz zu überprüfen.

Die Zusammenarbeit an den Schnittstellen zwischen den Funktionsbereichen erweist sich jedoch oftmals als problematisch. Unterschiedliche Einstellungen, Präferenzen und Verhaltensweisen, die Ergebnis verschiedener Ausbildung, Aufgaben und Strukturen sind, erschweren die Kommunikation über Funktionsbereichsgrenzen hinweg (*Kieser* 1986).

Durch die in der betrieblichen Praxis verbreitete Implementierung einer speziellen Umweltschutzabteilung bzw. eines Umweltschutzbeauftragten als Reaktion auf die Entwicklungen im Umweltbereich erweitert sich dabei die Schnittstellenproblematik: Die Zusammenarbeit mit der Umweltschutzabteilung wird aufgrund von Vorurteilen belastet und führt zu zusätzlichen **Kommunikationsbarrieren** (*Kreikebaum* 1990). Betrachtet man jedoch die Berücksichtigung ökologieorientierter Informationen als integrales Problem und werden dementsprechend in allen am Forschungs- und Entwicklungsprozeß beteiligten Funktionsbereichen „ökologische" Nebenbedingungen einbezogen, erweisen sich derartige Abteilungen als überflüssig.

Zentraler Ansatzpunkt zur Reduktion dieser Kommunikationsbarrieren liegt in ökologische Aspekte berücksichtigenden **Qualifizierungsmaßnahmen** aller am Forschungs- und Entwicklungsprozeß beteiligten Personen. Umweltschutzseminare müssen dann über die materiellen Austauschbeziehungen zwischen Unternehmung und Umwelt unter ökologischen Gesichtspunkten bestehende abteilungsübergreifende Interdependenzen beleuchten. So muß beispielsweise der Entwickler in der Automobilindustrie Probleme antizipieren, die beim Recycling und der Entsorgung in den betroffenen Abteilungen anfallen.

Wenn ökologieorientierte Informations- und Kommunikationsflüsse in der betrieblichen Forschung und Entwicklung unzureichend berücksichtigt werden, führt dies dazu, daß an den Erfordernissen des Marktes und von Umweltschutzregelungen vorbei entwickelt wird bzw. daß Effizienzverluste hingenommen werden müssen. Längere Entwicklungszeiten aufgrund korrigierender Maßnahmen im fortgeschrittenen Projektstadium, steigende Aufwendungen und Fehlinvestitionen sind die Folge. Vor diesem Hintergrund gewinnt die Diskussion um ein **strategisches Forschungs- und Entwicklungsmanagement** zunehmend an Bedeutung.

Eine ausschließliche Zeit- und Kostenorientierung – wie heute für das Forschungs- und Entwicklungsmanagement diskutiert – wird den gestiegenen Anforderungen nicht gerecht. Vielmehr ist es erforderlich, das bisherige F+E-Controlling durch die Entwicklung und den Einsatz ökologieorientierter Informationssysteme – um eine „ökologische Buchhaltung" – zu ergänzen (*Seidel* 1988). Entwickelte Produkte und Produktionsverfahren müssen in Hinblick auf ökologische Nebenbedingungen überprüft werden. Einen Teil der Informationen kann die Produktion bereitstellen, umfassender ist jedoch die Anwendung einer Öko-Bilanz, die eine reduzierte Version des Konzeptes der ökologischen Buchhaltung (*Müller-Wenk* 1978) darstellt und Umweltbelastungen durch die Produktion und die Produkte erfassen soll (*Seidel, Menn* 1988). Aufgrund der Vergangenheitsorientierung derartiger Konzepte kommen die Informationen über das entwickelte Produkt oder Verfahren jedoch regelmäßig verspätet.

Deshalb muß die **frühzeitige Einbeziehung ökologieorientierter Informationen** und damit die Gestaltung betrieblicher Kommunikationsstrukturen Strategie des Innovationsmanagements werden (*Staudt* 1982, 1986), um auch bei zunehmender Bedeutung ökologischer Nebenbedingungen Forschungs- und Entwicklungserfolge zu erzielen.

Literatur

Feess-Dörr, E., Prätorius, G., Steger, U. (1990), Umwelthaftungsrecht, Wiesbaden
Kieser, A. (1986), Unternehmenskultur und Innovation, in: *Staudt, E.* (Hrsg.), Das Management von Innovationen, Frankfurt a.M., S. 42–50
Kirchgeorg, M. (1990), Ökologieorientiertes Unternehmensverhalten, Wiesbaden
Kreikebaum, H. (1990), Innovationsmanagement bei aktivem Umweltschutz in der chemischen Industrie, in: *Wagner, G. R.* (Hrsg.), Unternehmung und ökologische Umwelt, München, S. 113–121

Meffert, H., Benkenstein, M., Schubert, F. (1987), Umweltschutz und Unternehmensverhalten, in: Harvard Manager, 2, S. 32–39
Müller-Wenk, R. (1978), Die ökologische Buchhaltung. Ein Informations- und Steuerungsinstrument für umweltkonforme Unternehmenspolitik, Frankfurt a.M./New York
Needles, B., Caldwell, J., Williams, D. (1972), Pollution Control, A Framework for Decision Marketing and Cost Control, in: Management Adviser, 3, S. 24–31
Pfeiffer, W. (1971), Allgemeine Theorie der technischen Entwicklung, Göttingen
Pfeiffer, W., Staudt E. (1974), Forschung und Entwicklung, in: HWB, Stuttgart, Sp. 1521–1530
Pfeiffer, W., Bischof, P. (1981), Produktlebenszyklen – Instrument jeder strategischen Produktplanung, in: *Steinmann, H.* (Hrsg.), Planung und Kontrolle. Probleme der strategischen Unternehmensführung, München
Reichwald, R., Schmelzer, H. J. (Hrsg.) (1990), Durchlaufzeiten in der Entwicklung, München et al.
Schmoch, U., Grupp, H., Mannsbart, W., Schwitalla, B. (1988), Technikprognosen mit Patentindikatoren, Köln
Seidel, E. (1988), Ökologisches Controlling. Zur Konzeption einer ökologisch verpflichteten Führung von und in Unternehmen, in: *Wunderer, R.* (Hrsg.), Betriebswirtschaftslehre als Management- und Führungslehre, 2. erg. Aufl., Stuttgart, S. 307–322
Seidel, E., Menn, H. (1988), Ökologisch orientierte Betriebswirtschaft, Stuttgart et al.
Staudt, E. (1977), Produktion einschließlich Recycling, in: *Vogl, J., Heigl, A., Schäfer, K.* (Hrsg.), Handbuch des Umweltschutzes, München
Staudt, E. (1979), Recycling, betriebliches, in: Handwörterbuch der Produktionswirtschaft, Stuttgart, Sp. 1800–1810
Staudt, E. (1982), Die Produktion von Lebensqualität – Beitrag der Wirtschaft zur Füllung einer Leerformel, in: *Staudt, E., Biethahn, J.* (Hrsg.), Der Betrieb im Qualitätswettbewerb, Berlin, S. 11–19
Staudt, E. (1985a), Innovation, in: DBW, 4, S. 486–487
Staudt, E. (1985b), Innovation und Unternehmensführung, in: ZfO, 2, S. 75–79
Staudt, E. (Hrsg.) (1986), Das Management von Innovationen, Frankfurt a.M.
Staudt, E. (1990a), Binnenmarkt – Chancen und Grenzen für die Entsorgung von Reststoffen und Abfällen, in: Entsorgungs-Praxis, 5, S. 276–287
Staudt, E. (1990b), Die betriebswirtschaftlichen Folgen der Technikfolgenabschätzung, in: *Staudt, E.* (Hrsg.), Berichte aus der angewandten Innovationsforschung, Nr. 80, Bochum
Staudt, E. (1991), Gesetzesfolgenabschätzung im Umweltbereich am Beispiel der Entsorgungssituation im Ruhrgebiet, in: *Staudt, E.* (Hrsg.), Berichte aus der angewandten Innovationsforschung, Nr. 89, Bochum
Staudt, E., Horst, H. (1989), Innovation trotz Regulation, in: List Forum, 1, S. 61–82
Staudt, E., Bock, J., Mühlemeyer, P. (1990), Information und Kommunikation als Erfolgsfaktoren für die betriebliche Forschung und Entwicklung, in: DBW, 6, S. 759–773
Steger, U. (1988), Umweltmanagement, Frankfurt a.M.
Steger, U. (1990), Unternehmensführung und ökologische Herausforderung, in: *Wagner, G. R.* (Hrsg.), Unternehmung und ökologische Umwelt, München, S. 48–57

Kapitel 22
Umweltschutz und Mitbestimmung

von *Eckart Hildebrandt*

1. Einleitung 344
2. Entwicklung und Stand der gewerkschaftlichen Programmatik im Bereich Umweltschutz 344
3. Mitwirkung im Umweltschutz aufgrund bestehender Gesetze 353
   3.1 Mitbestimmung nach dem Betriebsverfassungsgesetz 354
   3.2 Die Betriebsbeauftragten nach Gesetz und Gefahrstoffverordnung 356
   3.3 Freiwillige Betriebsvereinbarungen 359
4. Ansätze zur Erweiterung von Mitbestimmungsrechten 361
   4.1 Die aktuelle Mitbestimmungsdebatte 363
   4.2 Der DGB-Vorschlag zur Novellierung des Betriebsverfassungsgesetzes 365
   4.3 Ökologie in Tarifverträgen? 366
   4.4 Produktmitbestimmung 367
5. Ausblick 368

Literatur 370

1. Einleitung

Das Konzept der Mitbestimmung ist in der Bundesrepublik Deutschland ein genuin gewerkschaftliches Instrument zur Intervention in wirtschaftliche Planungs- und Steuerungsprozesse. Es soll „zur Demokratisierung der Wirtschaft" führen. Infolgedessen ist hier die Erweiterung eines historisch gewachsenen Konzeptes angesprochen, das in seiner Entstehung nach dem zweiten Weltkrieg nicht auf die Einbeziehung von Umweltschutzaspekten ausgelegt war. Es ist den Gewerkschaften, genauer dem hierfür zuständigen Dachverband DGB, bisher nicht gelungen, eine solche Erweiterung bestehender Mitbestimmungsrechte auf irgendeiner Ebene durchzusetzen.

Da die Unternehmen über das Verursacherprinzip zunehmend in die Verantwortung genommen werden und die Gewerkschaften und die Unternehmerverbände breitere Programmatiken im neuen Themenfeld „Umweltschutz" entwickelt haben, hat sich hier ein erheblicher Problemstau aufgebaut, der in der nächsten Zeit einen Durchbruch bei der Verregelung von Umweltthemen auch im Bereich industrieller Beziehungen erwarten läßt. Daher können zum heutigen Zeitpunkt nur die Konzeptionen und Initiativen auf seiten der betrieblichen Interessenvertretungen und der Gewerkschaften beschrieben werden, die auf eine Ausweitung der Mitbestimmung drängen. Der anstehende Durchsetzungs- und Aushandlungsprozeß ist komplex, unübersichtlich und wenig vorstrukturiert, es gibt bisher nur wenig konsensuale Anknüpfungspunkte zwischen den Tarifparteien, und es ist nicht zu erwarten, daß die traditionellen Regulierungsmuster der industriellen Beziehungen umstandslos auf den Umweltschutz übertragen werden. Vielmehr ist die **Entstehung neuer, ökologisch erweiterter Arbeitsbeziehungen** anzunehmen, deren Konturen sich erst auszuprägen beginnen und kaum analysiert sind.

2. Entwicklung und Stand der gewerkschaftlichen Programmatik im Bereich Umweltschutz

Auch in den Gewerkschaften ist inzwischen anerkannt, daß die Thematisierung von Umweltproblemen, die Bewußtseinsbildung und Mobilisierung der Bevölkerung außerhalb der Betriebe stattgefunden hat. Die Bürgerinitiativen und Organisationen der Umweltbewegung haben den gesellschaftlichen Druck entfaltet, seit 1970 ist eine Aufnahme dieses Themas in die Programme der Parteien und Verbände festzustellen (ausführlich *Küppers, Lundgreen, Weingart* 1978). So bildeten sich im Sommer 1971 in einzelnen DGB-Landesbezirken erste Ausschüsse aus Vertretern der Einzelgewerkschaften **„zur Suche nach der eigenen Identität"** (*Kuhlke* 1986, 162) und machten sich

2. Stand der gewerkschaftlichen Programmatik

auf die Standortsuche für eine gewerkschaftliche Umweltschutzpolitik (vgl. auch Arbeit & Ökologie 15/1991, 4).

Eine andere Sichtweise der historischen Grundlagen gewerkschaftlicher Umweltpolitik, die durch den Anspruch „Wir waren schon vor den Grünen da" charakterisiert wird (*Götz* 1980, 17), hatte die grundlegende Konstellationsänderung nicht erkannt, vor der alle gesellschaftlichen Akteure standen. Diese Position behauptete, daß die Gewerkschaften sich schon immer um Umweltprobleme gekümmert hätten in ihrem Bemühen, „die aufgrund der Industrialisierung zu verzeichnende Gefährdung der Arbeits- und Lebensbedingungen der Arbeitnehmer und ihrer Familien abzuwehren" (ebenda). Gewerkschaftsarbeit erschöpfe sich eben nicht in der Regelung der Entlohnung und anderer Arbeitsbedingungen, ein Schwerpunkt war immer der Arbeits- und Gesundheitsschutz. Das DGB-Grundsatzprogramm von 1963 gibt die Betonung des Gesundheitsschutzes und der staatlichen Verantwortung dafür deutlich wieder; die Gewerkschaften könnten auch auf weitgehende Erfolge bei der Verbesserung der Arbeitsschutzgesetzgebung verweisen.

Dennoch läuft diese Position der faktischen Fortführung traditioneller gewerkschaftlicher Programmatik Gefahr, den Umbruch in der gesellschaftlichen Problemlage, die entsprechenden Schranken bisheriger Regelungen und den neuartigen Regulierungsbedarf zu verkennen. Die Wandlung von der Wachstums- zur Risikogesellschaft berührt schließlich fundamental die bisherigen Grundlagen gewerkschaftlicher Erfolge (*Beck* 1986, 25 ff.) und enthält das Risiko, daß ein Beharren auf diesen Erfolgsstrategien die Umweltprobleme eher vergrößert.

Im Zentrum der ersten gewerkschaftlichen Diskussionen stand weniger die gesellschaftspolitische Qualität dieser neuen Herausforderung als die Frage der **Zuständigkeit**. Auf der einen Seite war klar, daß die Arbeits- und Lebensqualität der Arbeitnehmer durch die Umweltkrise zunehmend beeinträchtigt wird und damit die gewerkschaftlichen Bemühungen um die Hebung des Lebensstandards durch Lohnsteigerungen und der Arbeitsqualität durch Qualifizierung und Gesundheitsschutz wieder zunichte gemacht werden (IGM-Kongreß „Qualität des Arbeitslebens" 1972). Auf der anderen Seite hatten andere Organisationen bereits die Zuständigkeit für Umweltfragen übernommen, so die sozial-liberale Koalition mit ihrem umfassenden Umweltprogramm sowie die wachsende Umweltbewegung, die sich distanziert-kritisch zur Gewerkschaftsbewegung stellte (*Müller* 1989, 3 ff.).

Die Suche nach der umweltpolitischen Identität war wesentlich die Suche nach der erforderlichen **Ausweitung** der gewerkschaftlichen Programmatik und gleichzeitig nach ihrer begründeten **Begrenzung** und Abgrenzung gegenüber anderen Gruppen und Organisationen. Dieser Prozeß ist bis heute nicht abgeschlossen. Er begann mit den **Leitlinien zum Umweltschutz des DGB vom Mai 1972** (*Schneider* 1986, 190–192).

In den DGB-Leitsätzen wird diese Standortbestimmung eindeutig vorgenommen:
- Der DGB betrachtet das Recht auf menschenwürdige Umwelt als ein **soziales Grundrecht**, dem der gleiche Rang zukommt wie Gesundheit, Bildung, soziale Sicherheit oder angemessene Wohnung und humaner Städtebau.
- Es ist **Aufgabe eines modernen Sozialstaates**, dafür Sorge zu tragen, daß eine menschenwürdige Umwelt gewährleistet wird. Zwischen einer humanen Arbeitswelt, einer humanen Gesellschaft und einer menschenwürdigen Umwelt besteht ein unlösbarer Zusammenhang.
- Umweltpolitik ist **Gesellschaftspolitik** und nicht nur eine technologische Aufgabe. Die allseitige Zustimmung und die allgemeine Forderung nach einer wirksamen Umweltpolitik können nicht darüber hinwegtäuschen, daß bei der Aufstellung und Durchsetzung von konkreten Programmen handfeste wirtschaftliche und gesellschaftliche Interessen zu überwinden sind.
- Der DGB fordert, daß die Gewerkschaften in allen sachverständigen Gremien, in allen Kommissionen und Ausschüssen entsprechend ihrer Bedeutung beteiligt werden. Das erstreckt sich insbesondere auf die **Mitbestimmung** an der laufenden Planung.

Die Notwendigkeit der gewerkschaftlichen Intervention im Bereich Umweltpolitik wird mehrfach begründet: Einmal wird die wirtschaftspolitische Strategie der Bundesregierung angeführt, die durch massive Umverteilung die Voraussetzungen für Investitionsbereitschaft und Wirtschaftswachstum zu schaffen sucht, aber der politische Wille mangelt, Umweltzerstörung und Massenarbeitslosigkeit zu bekämpfen. Zweitens sei der Marktmechanismus nicht in der Lage, Umweltschäden zu verhindern; im Gegenteil, er läßt sie zu, indem kurzfristige Einzelinteressen, d. h. einzelbetriebliche Kosteneinsparungen, den Vorrang vor längerfristigen Gesamtinteressen haben. „Der kostenlose Faktor Natur brauchte nicht in die wirtschaftliche Kalkulation einbezogen zu werden, da die Umweltschäden ja von der gesamten Gesellschaft, d. h. im wesentlichen von den Arbeitnehmern über Steuern und Abgaben zu bezahlen waren" (*Schneider* 1986). Drittens haben deshalb „... die Arbeitnehmer schließlich auch ein wirtschaftliches Interesse am Schutz ihrer Umwelt, denn sie müssen letztlich die Folgen und Auswirkungen von unterlassenem Umweltschutz entweder direkt oder indirekt über Steuern und Abgaben bei staatlichen Umweltreparaturen und erhöhten Krankenversicherungs- und Rentenversicherungsbeiträgen zahlen" (*Schneider* 1986, 16). Vorsorge ist in jedem Fall billiger als nachträgliche Reparatur, unabhängig von der unbilligen Kostenumverteilung.

Aus den Leitlinien von 1972 wurde dann das **DGB-Umweltprogramm vom Mai 1974** entwickelt, das das erste geschlossene Konzept des DGB zum Umweltschutz darstellte und in seinen Grundzügen die Aussagen der Gewerkschaften in den nächsten Jahren bestimmte. In ihm wurde die Grundposition von 1972 ausdifferenziert und durch das sich abzeichnende **Spannungsverhältnis zwischen Umweltschutz und Arbeitsplatzsicherung** zusätzlich konturiert:

- Die Arbeitnehmer müssen ständig befürchten, durch wirtschaftlich-technische Maßnahmen ihren Arbeitsplatz zu verlieren oder Einkommenseinbußen zu erleiden; dies gilt insbesondere auch im Hinblick auf umweltpolitisch motivierte Maßnahmen; die

2. Stand der gewerkschaftlichen Programmatik 347

Unternehmensleitungen können diese Befürchtungen häufig dazu nutzen, die Arbeitnehmer gegen berechtigte umweltpolitische Forderungen zu mobilisieren.

o Die Arbeitnehmer sind gegenwärtig weitgehend von den wirtschaftlichen Entscheidungen ausgeschlossen; sie können ihre umweltpolitischen Interessen deshalb lediglich durch öffentlichen Druck sowie Mitbestimmungsrechte geltend machen (These 13 und 12, in: *Gärtner* 1985, 65).

Die **Beteiligung des DGB an der staatlichen Umweltpolitik** wird von ihm selbst positiv beurteilt. Dafür wird die Einbeziehung in die Fachausschüsse der Arbeitsgemeinschaft für Umweltfragen und in die Umweltforen der Bundesregierung angeführt sowie die massive Einschaltung bei der Novellierung von Umweltgesetzen und Verordnungen u. a. über qualifizierte DGB-Stellungnahmen (ausführlicher *Schneider* 1986, 17f.). Realistischerweise müssen jedoch Einschränkungen der Reichweite gewerkschaftlicher Intervention berücksichtigt werden. Dazu gehört die Geheimhaltung bei vielen auf Produkte und Produktionsverfahren bezogenen Sachverhalten; dazu gehört das Fehlen eigener Forschungskapazität, mittels derer Zusammenhänge analysiert und eigene Positionen aufgebaut werden können. Weiterhin sind die Gewerkschaften in den zuständigen Gremien und Kommissionen insbesondere gegenüber den Wirtschaftsverbänden in der Regel unterrepräsentiert, ganz abgesehen davon, daß es grundsätzlich den Gewerkschaften kaum gelingt, ihre Mitglieder in der Politik dann auch für gewerkschaftliche Reformprojekte einzusetzen.

Die **Nachrangigkeit gewerkschaftlicher Programme und Initiativen** gegenüber anderen Akteuren wie Staat und Umweltschutzorganisationen ist auch in den Gewerkschaften unbestritten. Sogar eigene Protagonisten beklagen, „... daß der DGB in seiner Gesamtheit viel zu wenig getan hat, um seine Umwelt-Programmatik in die politische Öffentlichkeit oder wenigstens in die breite Mitgliedschaft zu tragen. Außerdem geschah so gut wie nichts, um die Organisierten und die Arbeitnehmerschaft für die Durchsetzung der Forderung zu mobilisieren" (*Götz* 1980, 17).

Diese Selbstkritik deckt allerdings nicht die **strukturellen Probleme** auf, die eine gewerkschaftliche Positionsbestimmung im Umweltschutz objektiv schwierig machen. Exemplarisch ließ die **Kontroverse um die Kernenergie** diese Probleme sichtbar werden und führte zu vielfältigen und neuartigen Polarisierungen.

Der DGB-Bundesvorstand verabschiedete am 5. April 1977 eine „Stellungnahme zur Energiepolitik". Der entscheidende Satz lautete: „Eine vollbeschäftigungsorientierte Wachstumspolitik erfordert ein ausreichendes Energieangebot. Trotz Energieeinsparung, verstärkter Kohleverwendung und der Entwicklung neuer Energieträger ist dieses Ziel jedoch bei völligem Verzicht auf Kernenergie nicht erreichbar.... Unersetzliche Voraussetzung für diese positive Haltung des DGB zur Anwendung der Kernenergie für friedliche Zwecke ist, daß die Sicherheit der unmittelbar betroffenen Arbeitnehmer und der Schutz der Bevölkerung beim Reaktorbau und -betrieb sowie bei der Entsorgung gewährleistet werden kann" (*Götz* 1980, 17).

Die Auseinandersetzung um die Kernenergie fiel in eine Zeit, in der die sog. euphorische Phase der Umweltpolitik bis 1974 (*Weßels* 1989, 275 ff.) mit ihren kooperativen Umgangsformen, die auf Reform und Lebensqualität zielten, ausgelaufen war. Die einsetzende Wirtschaftskrise änderte die Rahmenbedingungen der Umweltpolitik, ökonomisch dominierte Interessen der Wirtschaftsstrukturreform und Wachstumsanstöße traten in den Vordergrund und kollidierten zunehmend mit der Politisierung des Umweltschutzes und der Profilierung der Umweltbewegung, die sich exemplarisch an der Kernenergie festmachte. Auf einer Tagung der Bundesregierung wurde 1975 die umweltpolitische Wende beschlossen: „Es waren drei Argumente, die die Industrie und die Gewerkschaften vortrugen und die die Bundesregierung veranlaßten, konjunkturelle Erwägungen über umweltpolitische Gesichtspunkte zu stellen: ein angeblich 50 Mrd. DM betragender Investitionsstau aufgrund genehmigungsrechtlicher Unsicherheiten, die Gefährdung der Energieversorgung durch Luftreinhalteauflagen sowie die Gefährdung von Arbeitsplätzen aufgrund der wirtschaftlichen Überforderung der Unternehmen und Betriebe durch den Umweltschutz" (ebenda, 281).

In derselben Wachstumskoalition lehnten im Frühjahr 1977 der Bundesverband der Deutschen Arbeitgeber, das Bundeswirtschaftsministerium sowie auch der DGB ein Moratorium wegen der ungeklärten Risiken der Kernkraft mit dem Hinweis auf irreparable Schäden für die Wachstumsdynamik ab. Der IG Bergbau-Vorsitzende und SPD-Bundestagsabgeordnete *Adolf Schmidt* erklärte, daß die begonnenen Vorhaben im Interesse der Beschäftigung und des Exports zu Ende geführt werden müßten, „... denn eine Industrienation wie die Bundesrepublik konnte und kann es sich nicht leisten, für die Energieversorgung auf die Nutzung der Kernenergie zu verzichten" (zitiert nach *Dyllick, Mez, Sewing* 1978, 74). Abb. 1 zeigt im oberen Feld die Problematik der industrialisierten Produktion, im unteren die zu konstatierende Rollenschizophrenie des einzelnen.

Zusammenfassend lassen sich folgende Strukturmerkmale gewerkschaftlicher Umweltpolitik feststellen:
- In der ökonomischen Krise wurde die **enge Bindung der gewerkschaftlichen Arbeitspolitik an den ökonomischen Zyklus** deutlich. Zur Erhaltung von Vollbeschäftigungsbedingungen – der entscheidenden Grundlage bisheriger gewerkschaftlicher Erfolge – war auch von gewerkschaftlicher Seite die Unterstützung von Wachstumsimpulsen zentral. Die Kernkraftindustrie galt zu dieser Zeit als eine der wichtigsten Wachstumsbranchen und als Hebel des wirtschaftlichen Strukturwandels. Demgegenüber wurden Sicherheitsrisiken und ökologische Bedenken explizit zurückgestellt: Der DGB betonte in seinem Vorstandspapier von 1977 „die absolute Vorrangigkeit des kurzfristigen Vollbeschäftigungsziels" (*Hallerbach* 1978, 113).
- Die Vorrangigkeit des Ziels der **Arbeitsplatzsicherheit** in der Phase des Konjunkturabschwungs setzte sich auch auf der betrieblichen Ebene

2. Stand der gewerkschaftlichen Programmatik

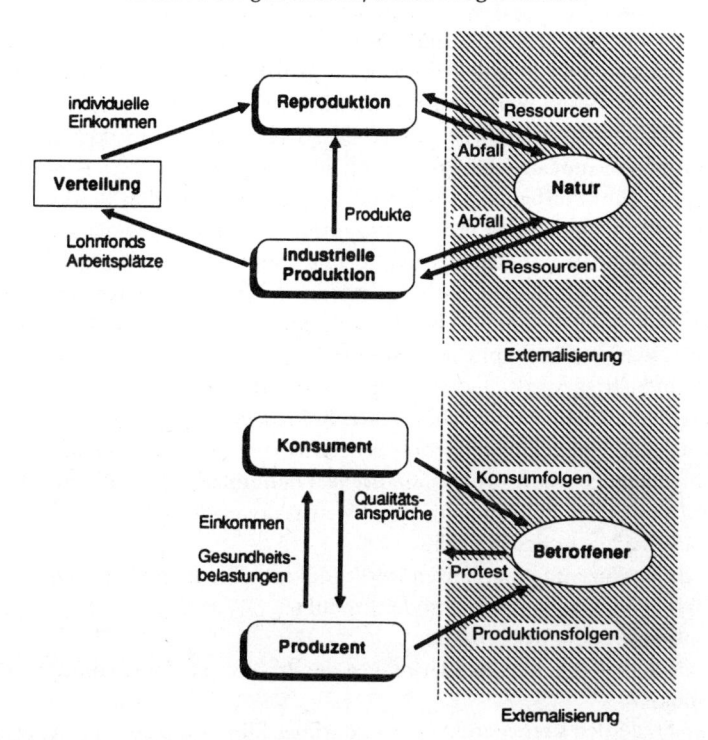

Abb. 1: Die Naturvergessenheit industrialisierter Produktion (oben) und die persönliche Rollenschizophrenie (unten)

durch. Die einzelnen Unternehmensleitungen konnten die Beschäftigten, die gewählten Interessenvertretungen und auch teilweise die zuständige Branchengewerkschaft mit dem Arbeitsplatzargument für Manifestationen zur Unterstützung einer umweltschädigenden Unternehmenspolitik einspannen. Dies erstreckte sich auf den Widerstand gegen die Verabschiedung schärferer Umweltgesetze und Verordnungen, Druckausübung für Betriebsgenehmigungen (z.B. Buschhaus, vgl. hierzu *Bachmann* 1985, 39 ff.) und Aktionen gegen umweltbedingte Betriebsschließungen (z.B. C.H. Boehringer & Sohn, vgl. hierzu *Hausmann, Schmidt* 1985, 20 ff.). Diese Aktivitäten, die die Branchengewerkschaften unter erheblichen Druck gesetzt und ihnen teilweise das Image der Umweltfeindlichkeit eingebracht haben, können als „Betriebslobbyismus von unten" charakterisiert werden. Das erste Mal fand dieses Phänomen in der Rüstungsindustrie Beachtung, in der aus der Ablehnung dieses Betriebsräte-Lobbyismus die Arbeitskreise „Alternative Produktion" entstanden sind, die sich durch ihre Vorschläge für umweltverträgliche Ersatzprodukte auszeichnen (z.B. *Hildebrandt* 1987).

- An diesen Aktivitäten ist auch deutlich geworden, daß das traditionelle Verständnis von Interessenvertretung in den Betrieben **eng auf den Arbeits- und Gesundheitsschutz konzentriert** und auf die Innenverhältnisse des Betriebs beschränkt ist. Außerbetrieblich wirksame Risiken und Schäden infolge industrieller Produktion sowie gesellschaftliche Anforderungen an Umwelterhaltung sind in der Regel nicht direkt im Betrieb erfahrbar und verbinden sich nicht umstandslos – auch wenn es sich um denselben Schadstoff handelt, der extern und intern Risiken verursacht – mit innerbetrieblichen Arbeitsschutzaktivitäten. Nur wo arbeitsplatzbezogene Gesundheitsrisiken mit Umweltrisiken direkt verbunden sind, entsteht so etwas wie **innerbetrieblicher Umweltschutz** („workplace environment").
- Das Industriegewerkschaftsprinzip bewirkt, daß die Einzelgewerkschaften entsprechend ihres **unterschiedlichen Branchenbezugs** in unterschiedlicher Weise von einem Umweltproblem berührt sind und natürlich auch unterschiedliche **politisch-programmatische Traditionen** haben. Prinzipiell sind fünf Positionen in bezug auf ein umweltriskantes Produkt denkbar:
  – als Produzent des Produkts,
  – als Produzent von ergänzenden Produkten oder Infrastrukturen,
  – als Produzent substituierender Produkte,
  – als Anwender des Produkts,
  – als Betroffener von Auswirkungen der Produktion/Anwendung des Produkts.

In der Frage der Kernenergie ging es darüber hinaus um eine grundlegende gesellschaftspolitische Festlegung, die alle Einzelgewerkschaften unabhängig von der Art ihrer direkten Betroffenheit zur Stellungnahme aufforderte. „In dem Maße, wie die Kritik der AKW-Gegner in den Einzelgewerkschaften an Boden gewann, wuchs auch das Bedürfnis der Befürworter der Kernenergie, massiv unterstützt durch die Betreiberunternehmen, nach einer gewerkschaftsoffiziellen Positionsbestimmung. Von der unverblümten Interessenidentifizierung mit der Energiewirtschaft, wie sie die IG Bergbau propagierte, reichten die positiven Stellungnahmen über die IG Bau-Steine-Erden, die auf Beschäftigungseffekte beim Bau neuer AKWs abstellte, bis hin zur ÖTV, die die größte Zahl der Beschäftigten in diesem Sektor organisiert hatte, und zur IG Chemie. In der IG Metall waren es vor allem die Betriebsräte der KWU-Siemens, die eine ungewöhnliche Aktivität entfalteten" (Großkundgebung mit 40000 gewerkschaftlichen Teilnehmern). „Die widerstrebenden Gewerkschaften, vor allem aus dem Dienstleistungsbereich (Post, Eisenbahn, GEW), aber auch IG Druck und die Gewerkschaft Holz sowie Teile der IG Metall, konnten sich mit abweichenden Positionen im DGB nicht durchsetzen" (*Schmidt* 1988, 120). Auf Grundlage des DGB-Beschlusses von 1986, den Verzicht auf Kernenergie nach einer Übergangsfrist, wird diese Kurskorrektur zunehmend energisch eingefordert (vgl. Anträge 75–78 des 14. DGB-Kongresses 1990).

Während es in der Frage der Kernenergie maßgeblich auch um den Einfluß auf die übergeordnete Programmatik des DGB ging, der nach gewerkschaftli-

2. Stand der gewerkschaftlichen Programmatik 351

chem Verständnis für die allgemeine Umweltpolitik zuständig ist, standen in anderen Fällen einzelne Gewerkschaften direkt gegeneinander: z.B. im Streit um die Inbetriebnahme des Kraftwerkes Buschhaus die Arbeiter im Braunkohleabbau gegen die Waldarbeiter (*Kuhlke* 1986, 169).

- Als eine wesentliche Ursache dafür, daß die Einzelgewerkschaften kaum eigenständige Positionen entwickeln konnten und sich letztlich die Arbeitsplatzinteressen durchsetzten, wird der Mangel an eigener Forschung genannt, die dann auch eine eigenständige Strategiefindung in den großen Umweltthemen stützen könne. Aus Mangel an „eigenen, vorausschauenden industrie- und betriebspolitischen Konzeptionen der Gewerkschaften" (*Schmidt* 1988, 124) **dominieren kurzfristige Partialinteressen die gewerkschaftliche Positionsbestimmung** auf Kosten langfristiger, grundlegender Entwicklungskonzepte für die verschiedenen Gesellschaftsbereiche.
- Diese sich in den Gewerkschaften durchsetzenden, kurzfristigen Partialinteressen sind in der Regel Bündnisse mit den Unternehmern auf Kosten der Umwelt. Die eigentliche Vertretung von „Umweltinteressen" wird der **Umweltbewegung** zugeordnet, wie sie sich seit Anfang der siebziger Jahre in der Bundesrepublik herausgebildet hat und die als Weiterentwicklung der Bürgerinitiativ-Bewegung verstanden werden kann (*Brandt, Büsser, Rucht* 1983, 85 ff.). Hier werden die Kompetenz und das Engagement gesehen, Umweltfragen grundlegender anzugehen (*Bertl, Rudat, Schneider* 1989, 87 f.). Bürgerinitiativen verstehen sich als praktizierter Ausdruck eines basisorientierten, partizipatorischen Demokratieverständnisses und gleichzeitig als Vorstufe einer neuen Lebensform der Naturnähe und der kleinen, dezentralen Lebenseinheiten. Exemplarisch für diese Phase erklären die Gewerkschaften den Bürgerinitiativen den Kampf auf Basis ihrer nahezu vorbehaltlosen Zustimmung zur Kernenergie. Neben dieser entgegengesetzt definierten Interessenorientierung sehen *Dyllick u.a.* auch ein grundverschiedenes Demokratieverständnis als Grundlage der feindseligen Abgrenzung: „Offensichtlich kollidiert die basisdemokratische Orientierung der Bürgerinitiativen mit den Demokratievorstellungen der Gewerkschaftsführung, die den Bürgerinitiativen jede demokratische Legitimation abspricht" (*Dyllick, Mez, Sewing* 1978, 68 ff.). „Dem Anspruch der Bürgerinitiativen, durch Selbstbestimmung zur Erhaltung der Umwelt beitragen zu wollen, wurde entgegengehalten, daß nur der gewerkschaftliche Weg in Richtung Mitbestimmung dauerhaft und wirkungsvoll sei" (ebenda, 77). Damit war eine klare Trennungslinie zu den Bürgerinitiativen gezogen, denen die Gewerkschaftsführungen höchstens eine Auslösefunktion zubilligten, deren „kleinbürgerliche Umweltinteressen aber nicht mit dem öffentlichen Interesse identisch sein oder den Arbeitnehmern dienen müssen" (ebenda). Die Distanzierung von der Ökologiebewegung reichte teilweise bis zu dem Vorwurf, gezielt und ursächlich Arbeitsplätze zu gefährden. Die Kernenergie-Debatte begründete einen breiten **Graben zwischen Gewerkschafts- und Ökologiebewegung**, der prinzipiell – trotz Be-

Umweltschutz im Betrieb

Zu einer umfassenden Umweltpolitik gehören umweltverträgliche Produktionsverfahren und Produkte sowie die Schaffung gesundheitsgerechter und menschenwürdiger Arbeitsbedingungen. Deshalb muß der „integrierte Umweltschutz", die Verbindung von Arbeits-, Gesundheits- und Umweltschutz, für alle den bestmöglichen Schutz gewährleisten. Häufig sind die gleichen Stoffe verantwortlich für die Zerstörung der Umwelt, die Gefährdung der Gesundheit und die gesundheitlichen Risiken am Arbeitsplatz. Für die Gewerkschaften beginnt daher der Umweltschutz im Betrieb.

Folgende Ansatzpunkte ergeben sich für einen integrierten betrieblichen Umweltschutz:

1. Das Betriebsverfassungsgesetz und das Bundespersonalvertretungsgesetz sind zu novellieren, damit die Arbeitnehmer, Betriebsräte und Personalräte dort, wo sie unmittelbar von Umwelt- und Gesundheitsbelastungen betroffen sind, informiert werden und die Möglichkeit erhalten, dafür zu sorgen, daß diese Belastungen beseitigt werden.
2. Ein eigenständiges Umweltbeauftragtengesetz ist zu erstellen, das die Rechte und Aufgaben der Umweltbeauftragten, deren Unabhängigkeit, den Kündigungsschutz, die Verpflichtung zur Information und Zusammenarbeit mit den Betriebs- und Personalräten sowie die Einführung von paritätisch besetzten Umweltausschüssen vorsieht.
3. Im Bereich umweltrelevanter Daten und Entscheidungen sind umfassende Informations- und Mitbestimmungsrechte, insbesondere für Betriebs- und Personalräte einzuführen.
4. Zur Erfüllung der Betriebsratsaufgaben beim betrieblichen Umweltschutz müssen über das bisher gesetzlich vorgeschriebene Maß hinaus zusätzliche Betriebsräte freigestellt werden.
5. Für Betriebsangehörige soll ein Beschwerderecht über innerbetriebliche Umweltschutzvorgänge gegenüber der Aufsichtsbehörde – nach Ausschöpfung der betrieblichen Möglichkeit (z. B. Betriebsrat) – rechtlich abgesichert werden.
6. Jeder Arbeitnehmer muß ein Arbeitsverweigerungsrecht haben, wenn Arbeitgeber gegen bestehende Gesetze und Verordnungen verstoßen.
7. Einführung eines betrieblichen Umweltkatasters, das alle ökologischen Daten im Betrieb dokumentiert und Maßnahmen zur Änderung beinhaltet.
8. Zur Sicherung einer vorausschauenden Umweltpolitik ist ein Umweltplan auf Ebene der Unternehmen einzuführen und zu finanzieren, der zur Sicherung der Arbeitsplätze dient, beim Ersatz umweltbelastender Stoffe und Produkte, bei Änderungen von Produktionsverfahren und bei umweltbedingten Betriebsstillegungen.
9. Einführung eines umfassenden Umweltmanagements; dies schließt ein, das ein Mitglied der Geschäftsführung für Umweltfragen verantwortlich ist.
10. Einführung einer umfassenden ökologischen Unternehmensplanung, die beispielsweise die Bewertung von Investitionen und Produkten auf deren Umweltverträglichkeit und die Einführung von ökologischen Kriterien bei der Bilanzierung und beim Controlling enthält.
11. Nutzung des Innovationspotentials der Beschäftigten durch Aufnahme des Umweltschutzes in die Betriebsvereinbarungen zum betrieblichen Vorschlagswesen.
12. Ausbildung und Einsatz von Umweltberatern im Betrieb, Aus- und Weiterbildung der Beschäftigten im Umweltschutz und Aufnahme des Umweltschutzes in die Ausbildungsverordnungen.

Abb. 2: Gewerkschaftliche Ansatzpunkte für einen betrieblichen Umweltschutz – Beschlußlage des DGB 1990

3. Mitwirkung aufgrund bestehender Gesetze

deutungszuwachs des Themas in den Gewerkschaften und punktueller Kooperationen – bis heute besteht.

Die gewerkschaftliche Programmatik hat sich auf der Grundlage dieser Standortbestimmungen ausdifferenziert. Ab 1977 dominierten die gesamtgesellschaftlichen **Beschäftigungsprogramme**, denen das Konzept zugrunde liegt, die zentralen Gesellschaftsprobleme Arbeitslosigkeit und Umweltzerstörung durch **qualitatives Wachstum** zu bekämpfen, das durch ein staatliches Umwelt-Investitionsprogramm eingeleitet wird (exemplarisch: DGB 1985 „Umweltschutz und qualitatives Wachstum"). Diese Programme, die von einer umfassenden Staatsorientierung getragen waren (Umweltschutz als Staatsaufgabe und Neokorporatismus), sind nie von Regierungen aufgegriffen worden (zu ihren rechnerischen Wirkungen DIW 1988).

Auf dem 13. DGB-Kongreß 1986 ist dann eine stärkere Betonung **ökologischer Betriebspolitik** festzustellen, mit Forderungen nach Informations- und Beteiligungsrechten der Arbeitnehmer und der Gewerkschaften. „Damit verbunden ist die zunehmende Einsicht, daß Umweltschutz immer weniger als vorrangige Veranstaltung des Staates angesehen werden kann, der sich ein Unternehmen eher widerstrebend beugt, sondern vielmehr als Aufgabe aller und der Unternehmen selbst unter Beteiligung der Arbeitnehmer an der Umweltschutzplanung begriffen werden muß" (*Sommer, Trümner* 1988, 86). Der 14. DGB-Kongreß 1990 beschloß eine breite und systematische Programmatik zur Betriebspolitik, die auf der grundsätzlich zuständigen Ebene des Dachverbandes den derzeitigen Stand wiedergibt (vgl. Abb. 2).

3. Mitwirkung im Umweltschutz aufgrund bestehender Gesetze

Die zentralen Rechtsquellen betrieblicher Interessenvertretung, die für eine Zuständigkeit im Themenfeld Umweltpolitik zu prüfen sind, sind zu Zeitpunkten konzipiert und novelliert worden, zu denen die Umweltproblematik noch nicht als zentrales gesellschaftliches Zukunftsproblem anerkannt war: die Montan-Mitbestimmung von 1951, die Novelle des Betriebsverfassungsgesetzes (BetrVG) 1972 und das Mitbestimmungs-Gesetz 1976. Von daher ist in diesen Gesetzen das Umweltthema als Regelungstatbestand überhaupt nicht erwähnt. Gleiches gilt für die geltenden Tarifverträge, auch soweit sie sich mit den Arbeitsbedingungen beschäftigen. Mitwirkungsrechte im Bereich umweltrelevanter Maßnahmen der Unternehmen sind daher bis heute **aus anderen Regelungsbereichen abgeleitete Rechte**, insbesondere aus dem Arbeits- und Gesundheitsschutz.

Auf der anderen Seite ist das heutige Umweltrecht in viele Teilgebiete zersplittert und im wesentlichen medienbezogen (Wasser, Luft, Boden, Abfall etc.). Ein Konzept für ein einheitliches Umweltrecht fehlt bisher, wird aber von einigen Gewerkschaften eingefordert. Charakteristisch für die Umwelt-Gesetze ist, daß sie sich, im Gegensatz zum BetrVG und Tarifvertragsgesetz, **nicht in erster Linie an das gewachsene System industrieller Beziehungen wenden**, sondern daneben eigene Träger in der Kommune und im Betrieb (Umweltbeauftragte) vorsehen. Noch ist die grundsätzliche Frage ungeklärt, inwieweit das Thema Umweltschutz inhaltlich mit den Arbeitsbeziehungen und Arbeitsbedingungen verkoppelt werden kann (ökologisch erweiterte Arbeitspolitik) und welche Rolle darin die traditionellen industriellen Beziehungen spielen können (neue Arbeitsbeziehungen). In den Umweltgesetzen werden Anforderungen von außen an Unternehmen herangetragen. Die Verfahren der Entscheidungsfindung enthalten teilweise Einspruchsrechte von Bürgern, z.B. beim Genehmigungsverfahren nach dem BImSchG. Beim Erörterungstermin könnten Werksangehörige, die Anwohner sind, Einwendungen erheben und der Betriebsrat angehört werden. Diese Verbindung von Arbeits- und Umweltschutz, die bei genehmigungspflichtigen Anlagen vorgesehen ist, die Zusammenarbeit von Arbeitnehmern und Umweltschützern, ist allerdings bislang kaum entwickelt (vgl. *Führ* 1991).

Als Rechtsquellen für betriebliche Umweltaktivitäten spielen eine Rolle:
– das Betriebsverfassungsgesetz
– die Gefahrstoffverordnung
– die freiwilligen Betriebsvereinbarungen nach § 88 BetrVG
– die Umweltgesetze.

3.1 Mitbestimmung nach dem Betriebsverfassungsgesetz

Die Betriebs- und Personalräte haben gegenüber allen im Betrieb Tätigen darauf hinzuwirken, daß die Arbeitnehmer vor Gefahren für Leben und Gesundheit soweit wie irgend möglich geschützt werden. Die in Tab. 1 angesprochenen Mitbestimmungsrechte beziehen sich nur auf das Betriebsverfassungsgesetz und die entsprechenden Paragraphen des Bundespersonalvertretungsgesetzes.

Betriebsverfassungsgesetz	Bundespersonalvertretungsgesetz
§ 80 – Allgemeine Aufgaben	§ 68 – Allgemeine Aufgaben und Informationsrecht des Personalrates
§ 89 – Arbeitsschutz	§ 75 – Fälle der uneingeschränkten Mitbestimmung
§ 87 (1) Nr. 7 Mitbestimmung im Arbeitsschutz und der betrieblichen Gesundheitsvorsorge	§ 75 (3) Nr. 11 Mitbestimmung bei Maßnahmen zur Verhütung von Dienst- und Arbeitsunfällen und sonstigen Gesundheitsschädigungen

Tab. 1: Mitbestimmungsrechte

3. Mitwirkung aufgrund bestehender Gesetze

o Nach § 80 – Allgemeine Aufgaben – des Betriebsverfassungsgesetzes hat der Betriebsrat darüber zu wachen, daß die zugunsten der Arbeitnehmer geltenden Gesetze, Verordnungen, Unfallverhütungsvorschriften, Tarifverträge und Betriebsvereinbarungen durchgeführt werden. Des weiteren hat er die Aufgabe, Maßnahmen, die dem Betrieb und der Belegschaft dienen, beim Arbeitgeber zu beantragen. Diese Überwachungsaufgabe und evtl. daraus folgende Initiativen kann der Betriebsrat nur wahrnehmen, wenn die notwendigen Kenntnisse über die zugunsten der Arbeitnehmer geltenden Vorschriften vorhanden sind. Die Grundlage für dieses Wissen wird in den Schulungen der Gewerkschaften bzw. der Arbeitskammer gelegt. Darüber hinaus ist es jedoch notwendig, daß sich die Betriebsratsmitglieder selbständig weiterbilden (*Nitschki* 1989).

Für die Überwachungspflicht des Betriebsrates nach § 80 Abs. 1 Nr. 1 BetrVG gelten allerdings zwei gravierende, systematische Einschränkungen. Erstens erstreckt sich die Überwachungspflicht nur auf solche Gesetze und Verordnungen, die sich zugunsten der Arbeitnehmer auswirken und einen spezifischen Bezug zum Arbeitsverhältnis aufweisen (*Sommer, Trümner* 1988, 195). Eine Reihe von Umweltgesetzen wirkt sich zugunsten der Arbeitnehmer aus, insbesondere wenn man den Arbeits- und Gesundheitsschutz als Teil eines umfassenden Umweltschutzes begreift. Außerhalb des klassischen Arbeitsschutzes wird dieser Bezug grundsätzlich eher verneint, es gibt also eine **breite inhaltliche Einschränkung**. Zweitens gibt es eine **gravierende Einschränkung des Geltungsbereichs**: Nach der Grundstruktur der Betriebsverfassung greifen die Mitbestimmungsrechte dort nicht, „wo der Arbeitgeber Maßnahmen zu treffen hat, die ausschließlich zum Schutz Dritter, d.h. nicht zum Betrieb gehörender Personen oder Sachen dienen. Die ausschließlich dem Drittschutz (Allgemeinheit, Anlieger) dienenden Umweltvorschriften sind daher der betriebsrätlichen Kompetenz entzogen" (ebenda).

o § 89 – Arbeitsschutz – stellt fest, daß der Betriebsrat bei der Bekämpfung von Unfall- und Gesundheitsgefahren die für den Arbeitsschutz zuständigen Behörden (z.B. Gewerbeaufsichtsamt), Träger der gesetzlichen Unfallversicherung (Berufsgenossenschaften) und die sonst in Betracht kommenden Stellen (z.B. Arbeitsbehörden oder Gewerkschaften) durch Anregung, Beratung und Auskunft zu unterstützen hat. Wird der Betriebsrat darüber informiert oder stellt der Betriebsrat selbst fest, daß Vorschriften nicht eingehalten werden, so hat er als erstes die Aufgabe, sich über das Problem inhaltlich zu informieren und den Arbeitgeber wegen Abhilfe dieses Problems anzugehen.

o Nach § 87 Abs. 1 Nr. 7 steht dem Betriebsrat eine Mitbestimmung bei der Regelung über die Verhütung von Arbeitsunfällen und Berufskrankheiten sowie über den Gesundheitsschutz im Rahmen der gesetzlichen Vorschriften oder der Unfallverhütungsvorschriften zu. Mitbestimmung innherhalb des Betriebsverfassungsgesetzes bedeutet, daß sich Betriebsrat und Arbeitgeber über die notwendigen Maßnahmen einigen und diese Maßnahmen gemeinsam befürworten müssen. Dies schließt grundsätzlich auch das Initiativrecht des Betriebsrates ein, weil die Mitbestimmung schon begrifflich beiden Teilen gleiche Rechte einräumt (Leitsatz des Bundesarbeitsgerichtsurteils 1 ABR 65/73 vom 14. November 1974). Nach entsprechender Beschlußfassung kann der Betriebsrat auch das Gewerbeaufsichtsamt bzw. die Berufsgenossenschaften heranziehen, um sich informieren zu lassen, und um entsprechende Abhilfe bitten. Ist der Arbeitgeber nicht der Meinung der Arbeitnehmervertretung, so kann der Betriebs-/Personalrat die Einigungsstelle/Vermittlungsstelle anrufen.

○ In § 90 BetrVG werden die Unterrichtungs- und Beratungsrechte bei der Planung von Neu-, Um- und Erweiterungsmaßnahmen, bei technischen Anlagen, von Arbeitsverfahren und -abläufen sowie der Einrichtung von Arbeitsplätzen geregelt. Allerdings gilt auch hier wieder die Einschränkung des Gültigkeitsbereiches, „... rechtzeitig zu unterrichten und die vorgesehenen Maßnahmen insbesondere im Hinblick auf ihre Auswirkungen auf die Art der Arbeit und die Anforderungen an die Arbeitnehmer mit ihm zu beraten" (*Küppers* 1989, 8).
○ Ein **Unterrichtungsrecht des Wirtschaftsausschusses** besteht nach § 106 Abs. 3 Ziff. 3, 5, 6, 9 und 10 BetrVG in Betrieben mit mehr als 100 ständig beschäftigten Arbeitnehmern für das Produktions- und Investitionsprogramm, die Fabrikations- und Arbeitsmethoden, die Betriebseinschränkung oder -stillegung, Organisations- und Betriebszweckänderungen und für die Arbeitnehmerinteressen in ähnlich schwerwiegender Weise berührende Vorgänge und Vorhaben. Wirken sich diese Veränderungen als **Betriebsänderung** aus, so enthält § 111 BetrVG ein in einen Sozialplan (§ 112 BetrVG) mündendes Unterrichtungs- und Beratungsrecht des Betriebsrates und § 113 BetrVG das Recht auf Nachteilsausgleich.

Festzuhalten ist somit, daß schon nach geltendem Betriebsverfassungsrecht eine Fülle von Möglichkeiten bestehen, Betriebsrat, Wirtschaftsausschuß und Arbeitnehmer selbst hinsichtlich solcher Vorhaben zu beteiligen, die *auch* Umweltschutzauswirkungen haben; dagegen ist eine unmittelbar Umweltschutzzwecken dienende Mitwirkung oder Mitbestimmung nicht vorgesehen. Alle diese Beteiligungsrechte erreichen zumindest das Niveau eines Informationsrechtes und umfassen neben Arbeitsschutz und Unfallverhütung alle Veränderungen in bezug auf Betriebszweck oder -organisation, Baulichkeiten und Anlagen bzw. Produktionsprogramm. Zumindest als Reflex wird durch die Wahrnehmung solcher Beteiligungsrechte die Bevölkerung mitgeschützt (*Salje* 1988, 14).

3.2 Die Betriebsbeauftragten nach Gesetz und Gefahrstoffverordnung

Die Tab. 2 gibt einen Überblick über die zur Zeit gültigen Regeln. Die Einschaltung der Betriebsräte in den Umweltgesetzen ist gering, im Gegensatz zum **Arbeitssicherheitsgesetz** (ArbSichG). Dort bestimmt § 9 Abs. 1 ArbSichG, daß die Betriebsräte und die Fachkräfte für Arbeitssicherheit bei der Erfüllung ihrer Aufgaben zusammenzuarbeiten haben. Dementsprechend ist auch bei der Bestellung und Abberufung dieser Beauftragten die Zustimmung des Betriebsrates erforderlich (§ 9 Abs. 3), ebenfalls bei der Veränderung ihrer Aufgaben. Auch in der Bildung betrieblicher Ausschüsse geht das Arbeitsschutzgesetz weiter als z.B. das Bundesimmissionsschutz-Gesetz (BImSchG) und das Wasserhaushaltsgesetz, die die Koordinierung der Betriebsbeauftragten durch den Unternehmer vorsehen. Nach § 11 ArbSichG wird die Bildung eines Arbeitsschutzausschusses vorgegeben, dem auch zwei Vertreter/innen des Betriebsrates angehören (*Küppers* 1989, 5, sowie *Partikel* 1986, 367ff.). Allerdings wurden bei der Novellierung des BImSchG 1990 einige Arbeitnehmerrechte eingeräumt: Der Beauftragte hat auch die Arbeitnehmer zu beraten, der Betriebs- und Personalrat ist von der Bestellung des Beauftragten zu unterrichten (vgl. ausführlicher *Höhn* 1991 und *Stahlmann, Beschorner u. a.* 1989).

Ein deutliches Indiz für die schwache Position von Gewerkschaften und Betriebsräten in Sachen Information sind die gesetzlich vorgeschriebenen Umweltberichte. Nach Umfragen der IG Metall war es für die Gewerkschaft unmöglich, an die Umweltberichte größerer Unternehmen heranzukommen, und das Gleiche gilt weitgehend auch für die Betriebsräte (metall 1988, 21).

Bezeichnung	Rechtsgrundlage	Funktionen	Betriebl. Stellung, Kompetenz	Verantwortlichkeit	Absicherung
Betriebsarzt 1	§§ 2 ff. Arbeitssicherheitsgesetz	Unterstützungsfunktion durch Beratung, Untersuchung, Empfehlungen	Unmittelbar unter Betriebsleiter (*)	Keine Eigenverantwortung für den Gesundheitsschutz	Weisungsfreiheit in Fachkundeanwendung, abstraktes Benachteiligungsverbot
Betriebsbeauftragter für Abfall 2	§§ 11a – 11 g Abfallbeseitigungsgesetz	Überwachung, Beratung und Empfehlungen	Stellungnahme zu Investitionsentscheidungen, unmittelbares Vortragsrecht gegenüber Entscheidungsträgern	Keine Eigenverantwortlichkeit für Abfallbeseitigung	Abstraktes Benachteiligungsverbot
Betriebsbeauftragter für Gewässerschutz 3	§§ 21 a – 21 g Wasserhaushaltsgesetz	Überwachung Beratung und Empfehlungen	Wie unter 2)	Keine Eigenverantwortlichkeit für Gewässerschutz	Abstraktes Benachteiligungsverbot
Betriebsbeauftragter für Immissionsschutz 4	§§ 53 – 58 Bundes-Immissionsschutzgesetz	Überwachung, Beratung und Empfehlungen	Wie unter 2)	Keine Eigenverantwortlichkeit für Immissionsschutz	Abstraktes Benachteiligungsverbot
Fachkraft für Arbeitssicherheit 5	§§ 5 ff. ASiG	Beratung, Überprüfung, Überwachung und Empfehlungen	Unmittelbar unter Betriebsleiter (*)	Keine Eigenverantwortung für den Arbeits- und Unfallschutz	Weisungsfreiheit in Fachkundeanwendung, abstraktes Benachteiligungsverbot
Sicherheitsbeauftragter 6	§ 719 Reichsversicherungsordnung	Beratung, Überwachung	Keine besondere betriebliche Stellung	Keine Eigenverantwortlichkeit für den Arbeits- und Unfallschutz	Abstraktes Benachteiligungsverbot
Strahlenschutzbeauftragter (bzw. -verantwortlicher) 7	§§ 29 – 31 Strahlenschutzverordnung (bzw. Röntgenverordnung)	Aufsicht oder Leitung der genehmigungspflichtigen Tätigkeiten	Ausreichende Stellung und Befugnisse für die Strahlenschutzaufgaben	Eigenverantwortung für die Schutzvorschriften i. R. seiner Bestellung	Abstraktes Behinderungs- und Benachteiligungsverbot
Störfallbeauftragter 8	§ 5 Abs. 2 Störfallverordnung	Nur im Falle eines Störfalles Koordinationsaufgaben	Ausreichende Stellung und Befugnisse für Koordinationsaufgaben	Nur für die Koordination, soweit die Befugnisse reichen	Keine, auch keine Notwendigkeit, da kein Interessenkonflikt aufkommen kann

* Bei Bestellung, Abberufung und Aufgabenänderung besteht ein obligatorisches Mitbestimmungsrecht des Betriebsrates.

Tab. 2: Die Betriebsbeauftragten – Funktionen, Verantwortlichkeiten und Kompetenzen

Zu den klassischen Aufgaben des Arbeitsschutzes gehört der Schutz vor Gefahrstoffen. Im Zuge der „Chemisierung der Technik" (*Köhler, Richter* 1985) haben die Anzahl und die Anwendungen von Stoffen exponentiell zugenommen, dementsprechend ist die Verbreitung stoffbedingter Krankheiten erheblich angestiegen. Zum Beispiel hat sich die Zahl der anerkannten berufsbedingten Allergien zwischen 1978 und 1989 verdreifacht; ein Gewerkschaftsfachmann geht von 400 000 bis 500 000 Allergieerkrankungen westdeutscher Arbeitnehmer aus (*Willeke* 1991, 12). Eine solche Aufgabenerweiterung für die Sicherheitsfachkräfte und Werksärzte erfordert eine Verbesserung der rechtlichen, zeitlichen und fachlichen Voraussetzungen des Arbeitsschutzes.

Die **Gefahrstoffverordnung** soll den Schutz vor Gefahren durch chemische Stoffe sichern, wobei neben den Schutz der Beschäftigten und den innerbetrieblichen Umweltschutz auch der allgemeine Gesundheitsschutz und der Verbraucherschutz getreten sind. „Ziel der Gefahrstoffverordnung ist es, den Menschen vor arbeitsbedingten und sonstigen Gesundheitsgefahren sowie die Umwelt vor stoffbedingten Schädigungen zu schützen, indem das Inverkehrbringen von gefährlichen Stoffen und Zubereitungen sowie der Umgang mit Gefahrstoffen – einschließlich Aufbewahrung, Lagerung und Vernichtung – geregelt wird" (*Meyer* 1987, 21).

Die Verordnung gibt in § 21 Abs. 4 den Betriebs- und Personalräten ein Vorschlagsrecht für zusätzliche Schutzmaßnahmen.

Das Vorschlagsrecht der Arbeitnehmervertretung beinhaltet zumindest folgende Problemfelder, in denen zusätzliche Schutzmaßnahmen oder Aktivitäten gefordert werden können:
– im Bereich der Ermittlungspflicht nach § 16 Abs. 1, ob es sich überhaupt um einen Gefahrstoff handelt,
– im Bereich der Ermittlungspflicht nach § 16 Abs. 2, ob Ersatzstoffe verwendet werden können,
– im Bereich der Ermittlungspflicht nach § 16 Abs. 4, ob besondere Gefahrenabwehrmaßnahmen durchgeführt werden sollen,
– im Bereich der allgemeinen Schutzpflicht nach § 17,
– im Bereich der Überwachungspflicht nach § 18, insbesondere bei der Bewertung der Gesamtwirkungen verschiedener gefährlicher Stoffe in der Atemluft,
– im Bereich der Rangfolge der Schutzmaßnahmen nach § 19 und
– bei der Erstellung der Betriebsanweisung nach § 20 Abs. 1 sowie der mündlichen und arbeitsplatzbezogenen jährlichen Unterweisung der Arbeitnehmer.
Der § 21 Abs. 3 sieht vor, daß den Betriebs- und Personalräten die Meßprotokolle von Untersuchungen über das Arbeitsumfeld einschließlich der Erläuterungen auf Verlangen der Arbeitnehmervertretung überlassen werden (*Nitschki* 1989).
Nach § 26 Abs. 6 der Gefahrstoffverordnung sind auch Schutz- und Abwehrrechte für einzelne Arbeitnehmer vorgesehen. Das Beschwerde- und Arbeitsverweigerungsrecht ist an den Tatbestand der Nichteinhaltung von Grenzwerten gekoppelt und damit nur begrenzt einsetzbar. Entsprechendes gilt für das Beschwerderecht gegenüber den überbetrieblichen Kontrollorganen (*Meyer* 1987, 23 f.).
Durch die dritte Novellierung ist im § 1 Abs. 2 die „Kann"-Bestimmung zur Prüfung der Erhältlichkeit von Ersatzstoffen mit geringerem gesundheitlichen Risiko in eine „Muß"-Bestimmung umgewandelt worden (Arbeit & Ökologie 16/91, 4).

Die Bereitschaft der Beschäftigten zu größerem persönlichen Engagement im Umweltschutz hat die IG Chemie ermitteln lassen. Im Rahmen des HdA-Projektes „Stoffe und Gesundheit" wurde durch die Befragung von Beschäftigten zum betrieblichen Gefahrstoffschutz festgestellt, „daß die Beschäftigten selbst den Wunsch äußern, ihre Objektrolle im Arbeitsschutz aufzugeben: Zur Verbesserung über Informationen über Gefahrstoffe werden am dritthäufigsten regelmäßige Abteilungsbesprechungen als optimale Form genannt, nach der Kennzeichnung und Unterweisung, beides gesetzlich vorgeschriebene Informationspflichten des Arbeitgebers" (*Schultze* 1989, 644). Die Verallgemeinerung solcher Kataster gehört zu den aktuellen Forderungen u. a. der IG Metall.

Zentrale Bedeutung für die Aufklärung der Beschäftigten hat die schriftliche Betriebsanweisung. Da diese selten korrekt sind, sind hier Aktivitäten der Betriebsräte notwendig (vgl. Arbeit & Ökologie 11/1991, 7 f.).

Insgesamt wichtig ist, daß die GefStoffV, um die Risiken beim Umgang mit Gefahrstoffen abschätzen zu können, eine umfassende Informationserhebung über alle im Betrieb benutzen Chemikalien vorschreibt. Die Zusammenstellung in einem **Gefahrstoffkataster** kann die Grundlage für ein **betriebliches Umweltinformationssystem (UIS)** bilden. Das Gefahrstoffkataster muß insbesondere den in Tab. 3 wiedergegebenen Informationsanforderungen genügen.

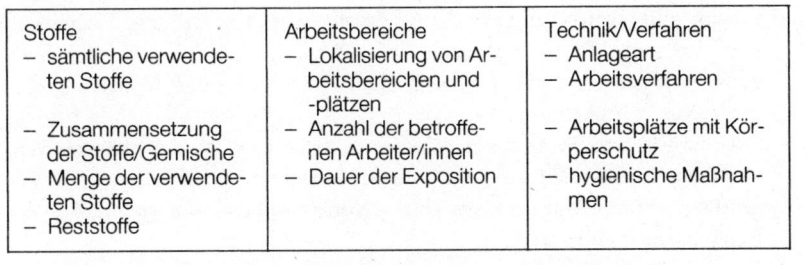

Stoffe	Arbeitsbereiche	Technik/Verfahren
– sämtliche verwendeten Stoffe	– Lokalisierung von Arbeitsbereichen und -plätzen	– Anlageart – Arbeitsverfahren
– Zusammensetzung der Stoffe/Gemische – Menge der verwendeten Stoffe – Reststoffe	– Anzahl der betroffenen Arbeiter/innen – Dauer der Exposition	– Arbeitsplätze mit Körperschutz – hygienische Maßnahmen

Tab. 3: Gefahrstoffkataster über alle im Unternehmen benutzten Chemikalien

3.3 Freiwillige Betriebsvereinbarungen

Solange bzw. soweit keine weitergehenden Kompetenzen für die Beschäftigten, ihre betrieblichen Interessenvertreter und evtl. Anwohner und Kommunen vorgesehen und rechtlich abgesichert sind, können nach § 88 BetrVG freiwillige Betriebsvereinbarungen (BVs) abgeschlossen werden. Normalerweise geschieht dies aber kampagnenartig im Anschluß an gesetzliche oder tarifvertragliche Bestimmungen; ein wichtiges Beispiel war die betriebliche Konkretisierung von tariflichen Arbeitszeitverkürzungen. Für den Umweltbereich sind nur vereinzelte BVs bekannt, wie z. B. eine BV zum „Einsatz und Umgang mit Gefahrenstoffen" (Die Mitbestimmung 11, 12/90, 732 f.) bei einem süddeutschen Automobilzulieferer, die im Zuge der IG Metall-Kampagne „Tatort Betrieb" abgeschlossen wurde (z. B. *Eberhardt* 1990, 36 f.).

Eine Ausnahme bildet die Chemische Industrie, in der als Reaktion auf den Sandoz-Störfall ein gemeinsames Kommuniqué vereinbart wurde zwischen der IG Chemie-Papier-Keramik, dem Verband der chemischen Industrie und dem Bundesarbeitgeberverband Chemie. Es sieht vor:
- die Intensivierung der Altstoffüberprüfung,
- Umweltschutz als Thema der Wirtschafts- und Arbeitsschutzausschüsse,
- gemeinsame Informationsveranstaltungen für Betriebsräte,
- Arbeitsschutzkonferenzen,
- Altlastensanierung,
- Maßnahmenkatalog der Industrie.

Ein solches Spitzenabkommen ist in der Bundesrepublik bisher einmalig und ist Ausdruck der zentral-kooperativen Konfliktregulierung in dieser Branche (Pressedienst der IG Chemie vom 20. 8. 1987 und *Schulze* 1987, 12 ff.). Es ist in den folgenden Jahren in einer zunehmenden Anzahl von Betriebsvereinbarungen abgesichert worden (im Sommer 1991 waren es 42). Eine erste Auswertung von 28 bis zum Mai 1990 abgeschlossenen Betriebsvereinbarungen ergab folgende Resultate:

- Von insgesamt 24 Themenschwerpunkten der Information und Beratung haben neun generelle Bedeutung: beabsichtigte Umweltinvestitionen, Lagerung und Transport gefährlicher Stoffe, Abfallentsorgung, Einhaltung von Auflagen, Betriebsstörungen mit Umweltauswirkungen, Genehmigungsverfahren, Umwelt-Jahresberichte, Fortbildung und Umweltaspekte bei neuen Produktionslinien.
- Information und Beratung erfolgen in der Regel im Wirtschaftsausschuß, sonst im Arbeitsschutzausschuß. Eigene Umweltausschüsse bzw. Arbeitsgruppen wurden nur in neun Unternehmen eingerichtet, sie sind in der Regel paritätisch besetzt.
- Die Regelungen zur Fortbildung verweisen auf die Teilnahme am dafür gegründeten Träger GIBUCI sowie Absprachen zwischen Management und Betriebsrat.
- Als Beispiel erweiterter Mitbestimmung wird die BV bei Procter & Gamble genannt, die die Information und Anhörung des Betriebsrats bei der Einstellung und Entlassung des Umweltbeauftragten vorsieht (*Teichert, Küppers* 1990a, 755 ff.).

Mit ihrer Forderung nach einer tarifvertraglichen Festlegung und der generellen Einrichtung von paritätischen Umweltausschüssen konnte sich die IG Chemie allerdings nicht durchsetzen. Insgesamt ergibt sich der Eindruck, daß auch nur solche Betriebsräte diese Vereinbarungen nutzen können, die auch sonst über eine starke Position im Betrieb verfügen. In einer Fallstudie über die Continental AG wurde festgestellt, daß sich die Unternehmensleitung in allen drei strittigen Punkten bei der von einer Betriebsrats-Kommission vorgelegten Betriebsvereinbarung durchsetzen konnte: Die Behandlung umweltrelevanter Themen findet nur im Wirtschaftsausschuß statt, Informationen über Störfälle gehen nur an den Betriebsratsvorsitzenden, das Fortbildungsangebot gilt nur für zuständige Betriebsratsmitglieder und nicht für alle Mitarbeiter (*Teichert, Küppers* 1990b, 695 ff., ebenso für die Braun Melsungen AG *Sommer, Trümner* 1988, 88 ff.). Die ersten Erfahrungen mit diesen Betriebsvereinbarungen verweisen darauf, daß die Beschäftigten und insbesondere die Angestellten noch stärker mobilisiert werden müssen und die Nutzung externer Experten nicht mehr die Ausnahme bleibt. Auch die IG Chemie sieht, daß derartige „Insellösungen" nur eine begrenzte Reichweite haben, da sie sich nur auf einige Unternehmen einer Branche beziehen. „Es wäre illusionär anzunehmen, daß in anderen Branchen vergleichbare Verbesserungen beim betrieblichen Umweltschutz allein kraft autonomer Rechtsetzung der Tarif- oder Betriebsparteien auf freiwilliger Basis erzielt werden können. Um flächendeckende Verbesserungen des betrieblichen Umweltschutzes durch obligatorische Beteiligungsrechte der Betriebsräte zu erreichen, ist der Gesetzgeber gefordert, das Betriebsverfassungsgesetz um erzwingbare Rechte der Betriebsräte in diesem Bereich zu ergänzen" (*Sommer, Trümner* 1988, 87 f.).

Ende 1990 ist es der IG Chemie gelungen, die erste Umweltschutz-Betriebsvereinbarung in den neuen Bundesländern abzuschließen. Weitergehende Regelungen sind die periodische Information und Beratung des Umweltausschusses des Betriebsrates einschließlich Fragen der Umweltverträglichkeit neuer Produkte (vgl. Arbeit & Ökologie 14/91, 16).

Im Februar 1991 hat die Deutsche Angestellten-Gewerkschaft DAG die Aktion „Betrieblicher Umweltschutz" gestartet. Ein Element ist die Vorlage einer Muster-Betriebsvereinbarung, die einen betrieblichen Umweltschutzbeauftragten mit starker Einbindung in einen paritätischen Umweltausschuß, Qualifizierungsmaßnahmen und weitergehende Informations- und Beteiligungsrechte des Betriebsrates beinhaltet (DAG 1991).

4. Ansätze zur Erweiterung von Mitbestimmungsrechten

Die Mitbestimmung der Arbeitnehmer im Betrieb, im Unternehmen und in der Gesellschaft wurde von den bundesdeutschen Gewerkschaften seit dem Grundsatzprogramm von 1949 das entscheidende Instrument zur demokratischen Umgestaltung von Wirtschaft und Gesellschaft angesehen. „Die Montan-Mitbestimmung als isolierte Pragmatisierung einiger Grundgedanken der Wirtschaftsdemokratie für die Kräftekonstellation der Nachkriegszeit blieb im Verständnis des DGB... das Faustpfand für eine gesellschaftspolitische Weiterentwicklung im Sinne dieses Reformkonzepts... Unbeschadet des Nachvollzugs der keynesianischen Wende der SPD von Godesberg im DGB-Grundsatzprogramm von 1963 behielten insbesondere zwei Elemente dieses Demokratisierungskonzepts einen herausgehobenen Stellenwert:

- die starke Akzentuierung repräsentativer Mitbestimmungsstrukturen mit einer nachhaltigen Betonung gewerkschaftlicher Anleitungsfunktionen (und damit verbundenem Mißtrauen gegenüber dem Syndikalismus der Betriebsräte) und
- die Hervorhebung der Bedeutung gesamtwirtschaftlicher Steuerungs- und Lenkungsfunktionen für das erst zu realisierende Gesamtkonzept" (*Martens* 1990, 482).

Programmatisch, zuletzt in der Mitbestimmungsinitiative ab 1982, erstreckt sich das Konzept auf fünf **Mitbestimmungsebenen:**

- **Mitbestimmung am Arbeitsplatz:** Mehr Rechte des einzelnen, Bildung von Arbeitsgruppen für humane Arbeits- und Technikgestaltung, Gruppenarbeit, gezielte Höherqualifizierung für alle.
- **Mitbestimmung im Betrieb:** Erweiterung der Rechte der Betriebsräte insbesondere beim Einsatz neuer Technik und zu einer sozialverträglichen Personalanpassung (mehr personelle Mitbestimmung).
- **Mitbestimmung im Unternehmen:** Übertragung der Grundsätze des Montanmodells gleichberechtigter wirtschaftlicher Mitbestimmung auf alle Unternehmen ab 1000 Beschäftigte.
- **Mitbestimmung in öffentlichen Unternehmen und im öffentlichen Dienst:** Analoge Anwendung der Grundsätze der Mitbestimmung, wie sie auch für die private Wirtschaft gelten (unter Berücksichtigung von Sonderfaktoren).
- **Mitbestimmung in Branche und Gesamtwirtschaft:** Gleichberechtigte Beteiligung der Arbeitnehmer bei der auszubauenden Wirtschaftsförderung und Struktursteuerung (Branchenausschüsse, Wirtschafts- und Sozialräte) (DGB 1990, 12f.).

Gemessen am Anspruch der Demokratisierung der Wirtschaft, blieb die Mitbestimmungspraxis auf der Ebene von Beteiligungsrechten stecken:

Die immer noch als Leitmodell dienende Montan-Mitbestimmung von 1951 gilt eher als „alt-ehrwürdige Ruine" (*Martens* 1990, 485); das Mitbestimmungsgesetz 1976 gilt „wenig mehr als ein Informationsgesetz" (*Martens* 1986, 149ff.) und die Drittelbeteiligung der Arbeitnehmervertreter im Aufsichtsrat nach dem Betriebsverfassungsgesetz 1952 „spielt eine untergeordnete Rolle" (DGB 1990, 9; vgl. auch HBS o.J.).

Andererseits ist die bundesdeutsche Mitbestimmung – gerade im internationalen Vergleich – ein erfolgreiches Modell der Institutionalisierung der Beteiligung von Arbeitnehmervertretern an unternehmerischen Entscheidungsprozessen geworden. Die Leistungen der Mitbestimmung sind – obwohl als gesellschaftspolitisches Veränderungkonzept einer Tarifpartei eingebracht – für die Wettbewerbsfähigkeit der bundesdeutschen Wirtschaft auf den Weltmärkten inzwischen kaum noch umstritten. Gerade in Zeiten turbulenter Märkte und massiver arbeitspolitischer Umbrüche hat sie ein hohes Niveau an Stabilität, Flexibilität und sozialer Besitzstandssicherung ermöglicht. Be-

4. Ansätze zur Erweiterung von Mitbestimmungsrechten

triebsverfassung und Unternehmensmitbestimmung sind tragende Säulen der bundesdeutschen Arbeitsverfassung geworden mit der Folge, daß sie von allen Akteursgruppen im Unternehmen mitgetragen werden. Jedoch haben die Unzufriedenheit mit dem Realisierungsgrad der Mitbestimmung, die Infragestellungen des Regelungsbestandes und insbesondere neue ökonomische Entwicklungen 1990 in den Gewerkschaften die Debatte um das Mitbestimmungskonzept wieder aufleben lassen.

4.1 Die aktuelle Mitbestimmungsdebatte

Im Vorfeld des 14. DGB-Gewerkschaftstages 1990 kam es zu einer mitbestimmungspolitischen Initiative der Gewerkschaft HBV, die eine Bilanzierung der bisherigen Mitbestimmungspraxis unter folgenden Gesichtspunkten anpeilte:

„(erstens) daß die bisherige Arbeit auf der Basis des Mitbestimmungsgesetzes von '76 – nach dem Prinzip: Nachteile vermeiden und das Beste daraus machen – fortgesetzt werden muß. Allerdings gehört nach unserer Auffassung eine öffentliche Verdeutlichung von Sein und Schein der Aufsichtsratsarbeit dazu. Wir meinen zweitens, daß die bloße Fortsetzung der bisherigen Mitbestimmungspolitik nicht der Weisheit letzter Schluß sein kann. Wir halten eine Umsteuerung der gewerkschaftlichen Reformpolitik zur Mitbestimmung auf den vorrangigen Ausbau der Betriebsverfassung für erforderlich, und zwar in Richtung sowohl auf verstärkte Beteiligungsrechte in wirtschaftlichen Angelegenheiten als auch auf arbeitsplatznahe Mitbestimmungsformen. Drittens gehört nach unserer Überzeugung dazu die Überpüfung der rechtlichen und praktischen Grundlagen des Zusammenwirkens zwischen den Organen der Betriebsverfassung und der gewerkschaftlichen Organisation. Und wir meinen viertens, daß wir die Diskussion über praktizierbare und mittelfristig realisierbare Formen der überbetrieblichen Mitbestimmung, vor allem unter Berücksichtigung praktischer Erfahrungen mit regionalen Ansätzen, verstärkt fortführen müssen" (*Schwegler* 1990, 324).

Den Hintergrund der Debatte bildeten nicht nur spezifische Umsetzungsprobleme der HBV oder Effektivitätsmängel der bestehenden Gremien. Grundlegender Hintergrund ist der Wandel unternehmenspolitischer Strategien unter folgenden Bedingungen: verschärfte Konkurrenz auf dem Weltmarkt; neue Produktionskonzepte unter Anwendung der Informationstechnologien; neue Managementstrategien einschließlich neuer Beteiligungskonzepte (HBS-Autorenteam 1990, 315 ff., ausführlich z.B. *Pries, Schmidt, Trinczek* 1990).

Dieser Wandel bewirkt eine **Verschiebung in den Mitbestimmungsebenen**. Im Strukturwandel werden
- erstens die regionale Planung und Abstimmung sowie die betriebliche Gestaltung wichtiger;
- zweitens treten neue Themen wie Technikgestaltung und Ökologie in den Vordergrund;
- drittens verschiebt sich die Bedeutung der Mitbestimmungsformen von der partiellen Kontrolle von oben (Gewährleistung von Arbeitnehmerinteressen über den Aufsichtsrat) zu Gestaltungsinitiativen von unten (z.B. Beschäftigungspläne).

Der aktuell brisanteste Punkt dürfte in der These liegen, daß mehr Mitbestimmung über den Ausbau der Betriebsverfassung größere Durchsetzungschancen hat als der Versuch einer Stärkung der Aufsichtsrats-Mitbestimmung. Wenn wir die Debatte auf die Umweltproblematik beziehen, lautet die Frage, ob und in welchem Maße Ökologie ein gewichtiges Thema in den Aufsichtsräten ist bzw. unter welchen Umständen es dazu werden könnte. Die Nachrangigkeit des Themas wird allein schon daraus deutlich, daß die zentrale Studie über das MitbestG 76 dazu keine Aussagen enthält (*Bamberg et al.* 1987). Eine breite Befragung von Arbeitnehmervertreter/innen in Aufsichtsräten ergab, „daß die Themen ‚Entlassungen‘, ‚Stillegung‘, ‚Produktionsverlagerung‘, ‚Produktkonversion‘ sowie der ‚Einsatz ökologischer Techniken‘ in größeren Unternehmen (mehr als 20 000 Beschäftigte) von höherer Bedeutung sind als in Kleinunternehmen. Die Bereiche ‚Produktkonversion‘ und ‚Einsatz ökologischer Techniken‘ weisen neben dem vergleichsweise niedrigen Beantwortungsgrad auch mit die niedrigsten Anteile der Nennung ‚sehr hohe Beteiligung‘ auf" (DGB-Bildungswerk o.J., 19). Ebenso die zuständige IG Metall-Referentin: „Bisher spielten Fragen des Umweltschutzes auf dieser Ebene nur eine untergeordnete Rolle. Meist wurde über den Umweltschutz nur dann beraten, wenn durch die Produktion verursachte, öffentlich bekannt gewordene Umweltskandale oder durch staatliche Auflagen initiierte Umweltinvestitionen schnelle Unternehmensentscheidungen anstanden" (*Roth* 1990, 693).

Gerade wenn man eine **vorausschauende und integrierte ökologische Unternehmenspolitik** fordert, kommt den Lenkungsinstanzen der Unternehmen entscheidende Bedeutung zu (z.B. *Wendeling-Schröder* 1990, 513). Dementsprechend hat die IG Metall in ihrem Umweltpolitischen Programm 1988 die Notwendigkeit der „Ernennung eines für Umweltpolitik zuständigen Mitglieds der Geschäftsführung" hervorgehoben (IGM 1988, 4). Hochgreve sieht dies als ersten Schritt zur Vertretung des Faktors Natur in einer neuen Unternehmensverfassung: „Als langfristige Perspektive sollten demnach Arbeit, Natur und Kapital in allen Unternehmensorganen gleichgewichtig, also in Drittelparität vertreten sein" (*Hochgreve* 1989, 466). Diese Sichtweise geht über die gewerkschaftlichen Positionen prinzipiell hinaus, weil sie Naturschutzverbände und Kommunen in die Unternehmensmitbestimmung als Vertreter der Natur einbezieht.

Einen ähnlichen Ansatz vertritt der Gesetzentwurf der Grünen „Zum Ausbau der Mitbestimmung und zur ökologischen Mitbestimmung im Unternehmen" von 1988; danach sind im paritätischen Aufsichtsrat auch jeweils zwei „Sachverwalter des Umweltinteresses" auf Anteilseigner- und Unternehmerseite vertreten, die auch von Umweltverbänden, Parteien und Wählervereinigungen vorgeschlagen werden können. Der DGB hat wegen der Gefahr der Zersplitterung und Bevorzugung von Minderheitspositionen Bedenken angemeldet. Im neuen Entwurf eines Umwelt-Gesetzbuches ist ebenfalls die Pflicht zur Berufung eines Umweltschutzdirektors vorgesehen (Ökologische Briefe 50/1990, 8). In der 3. Novelle des BImSchG ist ab September 1990 die Unternehmensleitung verpflichtet, einen Verantwortlichen zu benennen, der auf der obersten Leitungsebene die Pflichten des Betreibers genehmigungspflichtiger Anlagen wahrnimmt (§ 52 a, vgl. Arbeit & Ökologie 16/91, 3).

4.2 Der DGB-Vorschlag zur Novellierung des Betriebsverfassungsgesetzes

Das 1972 novellierte BetrVG war wohl das wichtigste Instrument betrieblicher Mitbestimmung, die Instanz Betriebsrat der wichtigste Träger. Aus durchaus ähnlichen Gründen wie bei der Unternehmensmitbestimmung (s. o.) haben sich auch hier alte Schwächen verstärkt und neue Defizite herausgebildet (z. B. *Klaus* 1988, 12 ff.). Im Mittelpunkt standen dabei die durch neue Rationalisierungsstrategien auftretenden Probleme: Arbeitseinsparung, Vernetzung, Umqualifikation, neue Arbeitsformen, Kontrolle, prekäre Arbeitsverhältnisse, aber auch die damit gesetzten Kompetenzprobleme betrieblicher Interessenvertretung (exemplarisch *Hildebrandt, Seltz* 1989). Aber auch aufgrund des gestiegenen ökologischen Problemdrucks wurden diesbezügliche Forderungen in den Novellierungsvorschlag aufgenommen:

- eine **Überwachungskompetenz** des Betriebsrats bezüglich aller dem Umweltschutz dienenden Gesetze, soweit sie einen Betriebsbezug haben (§ 85 Abs. 1 Nr. 2 des Novellierungsvorschlags);
- ein **Informationsrecht** über alle behördlichen Umweltanordnungen oder -auflagen;
- ein Recht auf die Hinzuziehung **externer Sachverständiger**;
- ein erzwingbares **Mitbestimmungsrecht** des Betriebsrats bei direkten und mittelbaren Maßnahmen des Umweltschutzes (§ 94 Abs. 1 Nr. 10); damit kann der Betriebsrat auch Betriebsvereinbarungen abschließen, die z. B. über behördliche Auflagen hinausgehen;
- eine **Kooperationspflicht** zwischen Umweltschutzbehörde und Betriebsrat (§ 96 Abs. 1) sowie die **Hinzuziehungspflicht** bei Vorgängen zwischen Unternehmensleitung und Behörde;
- eine **Unterrichtungspflicht** hinsichtlich aller Umweltbelastungen;
- ein **Mitbestimmungsrecht** bei der Bestellung und Abberufung von Betriebsbeauftragten für Umweltschutz (§ 102 Abs. 6) (*Sommer, Trümner* 1988, 96 ff.).

In der jetzt auch im DGB in Gang gekommenen Zukunftsdiskussion dürfte das Umweltthema ebenfalls einen höheren Stellenwert erhalten (*Hoffmann et al.* 1990).

4.3 Ökologie in Tarifverträgen?

Der Tarifvertrag ist das originäre gewerkschaftliche Handlungsfeld und die Verhandlungsebene, auf der bisher die Marksteine von Gewerkschaftspolitik gesetzt werden (Lohn- und Leistungspolitik, Arbeitszeitregulierung, neuerdings Qualifizierung und Leistungsbedingungen). Die Gewerkschaften nähern sich, u.a. aus Angst vor einer Überforderung dieses Instruments (bzw. der Streikfähigkeit zur Durchsetzung einer solchen Forderung), dem Umweltthema nur sehr zögerlich; die Unternehmerverbände bestreiten in der Regel sogar einen diesbezüglichen Regelungsbedarf (zu den tarifrechtlichen Problemen vgl. *Weyand* 1989). Eine neuere Studie zu den Möglichkeiten ökologischer Tarifpolitik belegt, daß es sowohl bei Unternehmensverbänden wie bei Gewerkschaften starke Argumente gegen die Regelung von Umweltschutzfragen in Tarifverträgen gibt und eher die betriebliche Ebene bevorzugt wird. Allerdings sind die Möglichkeiten freiwilliger Vereinbarungen zwischen den Tarifparteien kaum angedacht (vgl. IÖW 1991). Anknüpfungspunkte sind auch hier Regelungen der Reklamation zum Gesundheitsschutz am Arbeitsplatz (für die IG Medien vgl. *Altenburg, Kehrl* 1990 sowie *Zwingmann* 1989, für IG Metall Anlage 6 des LRTV I Nordwürttemberg/Nordbaden von 1988).

Erste Überlegungen zielen auf eine Erweiterung **prozeduraler Rechte** in vier Stufen (*Schmidt* 1989, 672ff.):
- Die Beschaffung von Informationen über die Umweltbelastung der Produktion,
- Qualifizierungsmaßnahmen,
- Reklamations- und Kontrollrechte,
- Einflußnahmen auf die Produktentwicklung.

In der Kampagne „Tarifreform 2000" der IG Metall werden solche Anregungen zumindest am Rande aufgenommen (Der Gewerkschafter 1/91). Auch hier werden die Grenzen bestehender Tarifverträge reflektiert, deren Grundkonzeption aus den fünfziger und sechziger Jahren stammt und die insbesondere nicht „den Bedürfnissen qualifizierter und sebstbewußter Arbeitnehmer/innen von heute gerecht (werden), ihren Arbeitsalltag mitzugestalten" (ebenda, 12). Neu ist, daß das Tarifkonzept nicht von Experten in der Zentrale entwickelt werden soll, sondern in einem Diskussionsprozeß insbesondere der gewerkschaftlichen Vertrauensleute. Es reflektiert den generellen Bedeutungszuwachs von Betriebspolitik („beteiligungsorientierte Betriebspolitik", *Hindrichs* 1990, 14f., und „tarifvertraglich flankierte Betriebspolitik", *Hildebrandt* 1988, 549ff.) und die Erweiterung der Trägerschaft auf die Vertrauensleute und die Arbeitnehmer. Die Tarifreform enthält auch Anknüpfungspunkte an das liegengebliebene Konzept „Mitbestimmung am Arbeitsplatz" (DGB 1985).

4. Ansätze zur Erweiterung von Mitbestimmungsrechten

„Ökologieverträgliche Produktion und Produkte" sind ein Handlungsschwerpunkt gewerkschaftlicher Betriebspolitik der neunziger Jahre (IG Metall 1990, 24 f.), in der Tarifreform 2000 steht ein noch engeres Konzept der „Arbeitsökologie" im Mittelpunkt, die auch vom einzelnen Arbeitnehmer reklamiert, im Rahmen von Beteiligungsgesprächen und Planungsgruppen behandelt werden kann. Ansätze zu einer ökologisch orientierten Tarifpolitik gibt es auch bei der Gewerkschaft Nahrung-Gaststätten-Genußmittel. Im angenommenen Antrag 93 des letzten Gewerkschaftstages ist die Vereinbarung von Umweltschutzbeauftragten und Umweltausschüssen, von Kennziffernsystemen sowie von Umweltverträglichkeitsprüfungen vorgesehen.

4.4 Produktmitbestimmung

Dieses Konzept stellt die anspruchsvollste, aber auch unausgereifteste Erweiterungsperspektive der IG Metall dar, Mitbestimmung auf der Betriebsverfassungsebene anzusiedeln. Inzwischen wird diesem Ansatz auch von der Zentrale wachsende Bedeutung zugemessen: Mitbestimmung bei den Produkten „ist ein wichtiges Element der weiteren Demokratisierung und gleichzeitig Ansatzpunkt für ein verändertes Politikverständnis im Betrieb und über den Betrieb hinaus. Wenn Arbeitnehmer sich mit den Folgewirkungen ihrer Produktion und ihrer Produkte auseinandersetzen, wenn sie nicht mehr bereit sind, ihre arbeitsteilige Funktion im Produktionsprozeß auszuüben, ohne die Auswirkung ihrer Tätigkeit und der Produkte zu hinterfragen, dann kommen wir damit einem neuen Wachstumsmodell einen guten Schritt näher. Im Produktionsprozeß würde damit ein Maß an Selbstentfaltung realisiert, das unserem Menschenbild entspricht" (*Steinkühler* 1988, 10 ff., und *Steinkühler* 1989, 510 ff.). Die Ursprünge liegen in den Branchenkrisen Werften und Stahl, den Versuchen von Beschäftigteninitiativen, durch neue, „sozial nützliche und ökologisch verträgliche Produkte" Beschäftigung zu sichern (*Hildebrandt* 1989). Diese Problematik hat inzwischen ein umfassendes, branchenspezifisches Ensemble von Forderungen und Maßnahmen angestoßen (Abb. 3, S. 368), das sich um das Ziel der Beschäftigungssicherung aufbaut (*Bosch* 1990 und *Bosch et al.* 1987).

Das Grundkonzept der Konversion überschreitet einige systematische Grenzen traditionellen Politikverständnisses und wird es daher schwer haben, sich ohne einschneidende Reduktionen durchzusetzen: Arbeiter als Experten, Öffnung von betrieblicher Interessenvertretung für externe Experten und Initiativen, individuelle Verantwortung in der Arbeit für gesellschaftliche Folgen, Intervention in das Entscheidungsfeld Produktwahl, -entwicklung und -marketing (vgl. z. B. Die Mitbestimmung 1990, 337 ff.; zur Verkehrsproblematik vgl. neuerdings *Muster, Richter* 1990).

I. Nationale Ebene

Beschäftigungsprogramme (z. B. DGB 1985 „Umweltschutz und qualitatives Wachstum") und Zukunfts-Investitions-Programme, die eine Umverteilung der Staatsausgaben auf sozial und ökologisch notwendige, verträgliche Produkte und Dienstleistungen einfordern.

II. Branchenebene

Mitarbeit an branchenpolitischen Initiativen zur Analyse von Krisenursachen und Durchsetzung branchenspezifischer Forderungen in Krisenlösungs-Kartellen (z. B. die IG Metall im Werftenbereich 1983, in der Automobilindustrie 1984, in der Unterhaltungselektronik 1985, in der Stahlindustrie 1985).

III. Betriebsebene

a) Unterstützung der betrieblichen Arbeitskreise „Alternative Produktion", Vernetzung, Aufnahme in die Bildungsarbeit.
b) Aufbau lokaler Beratungskapazität (Innovations-Beratungs-Stellen der IGM, Technologie-Beratungsstellen des DGB).
c) Erweiterung von Sozialplänen mit den Funktionen:
  o Qualifizierung
  o Produktsuche
  o Humanisierung der Arbeit
  o Frühverrentung und Abfindungszahlungen,
  wobei Qualifizierung ohne Anschlußbeschäftigung und Abfindungen z. Zt. dominieren.

IV. Regionalebene

Anknüpfend an Branchen- und Regionalkrisen, d. h. Entwicklung einzelbetrieblicher Sanierung in wirtschaftspolitischen Rahmenkonzepten:
a) Regionalprogramme (z. B. DGB-Beschäftigungs- und Strukturprogramm Küste, IGM-Zukunftsinvestitionsprogramm für die Montanregion.
b) Regionale Forschungs-, Koordinations- und Qualifizierungs-Institutionen (z. B. ZATU Nürnberg, EWZ Dortmund)
c) Kooperative regionale Kampagnen unter Beteiligung verschiedener Akteure wie Kommunen, Unternehmen, Gewerkschaften, Verbände und Forschungsinstitute (z. B. das Augsburger Projekt „Umwelt- und Ressourcenschutz", Ernährungsforen der NGG)
d) Kooperative Unternehmensgründungen (z. B. Beschäftigungsgesellschaft Stahl, Entwicklungsgesellschaften Werften der IGM)
e) Programme ökologischer Regionalplanung und ökologischer Kommunalpolitik (Gew. ÖTV)
f) Produktbezogene Zukunftskonzepte (z. B. Verkehr der IGM 1990)

Abb. 3: Elemente aktiver Strukturpolitik der DGB-Gewerkschaften

5. Ausblick

Umweltpolitik erweist sich auch im Bereich industrieller Beziehungen als ein Ferment, das eingefahrene Positionen, Strategien, Regulierungsmechanismen und Frontstellungen in Bewegung bringt oder zersetzt. Die Beobachtung der Regulierung von Umweltkonflikten in der Gesellschaft weist darauf hin, daß staatliche Vorgaben in zunehmendem Maße durch Verhandlungslösungen zwischen verschiedenen Interessengruppierungen ergänzt werden (exemplarisch *Hoffmann-Riem* 1990 und *Striegnitz* 1990). In diesen kooperativen Verfahren gilt inzwischen Bürgerbeteiligung zumindest als unvermeidlich zur Akzeptanz z. B. einer kommunalen Großanlage, seitdem sich die Fälle häufen, in denen Investitionsplanungen „politisch nicht durchsetzbar" waren. Die klassischen industriellen Beziehungen spielen in diesen Verfahren allerdings kaum eine Rolle, sie finden wesentlich zwischen Betreiber – Behörde – Bürgerinitiative statt. Indikator hierfür ist die Vielzahl von freiwilligen Branchenabkommen bzw. Selbstverpflichtungen, die als „vertrauensbildende Maßnahmen" versuchen, gesetzlichen Regelungen zuvorzukommen (*Vennen* 1991).

Auf der anderen Seite beobachten wir in den innerbetrieblichen Regulierungsmechanismen ebenfalls einen Bedeutungszuwachs kooperativer Problembewältigungsstrategien und die Einbeziehung qualifizierter Beschäftigtengruppen, die auf der teilweisen Abkehr von tayloristischen Gestaltungsprinzipien beruht (z.B. *Düll, Lutz* 1989). Auffällig ist daher, daß es – bis auf die eher passive Einbeziehung von Beschäftigten durch einige ökologisch aktive Unternehmensleitungen (vgl. die Berichte der entsprechenden Vereinigungen BAUM und future) – keine Konzepte und Praktiken einer dezentralen, personengetragenen Umweltpolitik im Betrieb gibt (im Gegensatz zu einer zentral-technologiezentrierten Umweltpolitik), obwohl bei den Beschäftigten durchaus hohe Motivationspotentiale festgestellt wurden (*Heine, Mautz* 1989 und *Bogun, Warsewa* 1990).

Eine der Ursachen für die Differenz zwischen Umweltbewußtsein und betrieblichem Alltagshandeln ist neben den rigiden Zuständigkeitsregeln die Tatsache, daß eine Vielzahl indirekt umweltschädlicher Regelungen existiert (Arbeitsbewertung, Arbeitszeitregelungen, Arbeitsteilung und Arbeitsorganisation etc.), die bisher nicht angetastet wurden. Eine nur additive Umweltpolitik ist zur weitgehenden Unwirksamkeit verurteilt.

Zusammenfassend stellen sich also für die Zukunft folgende Fragen:
1. Welche Rolle die industriellen Beziehungen in der Umweltpolitik spielen können;
2. welche Bedeutung der Beteiligung der Beschäftigten an einer ökologischen Unternehmenspolitik zugemessen wird, insbesondere unter dem Aspekt integrierter und präventiver Umweltpolitik;
3. wieweit konsensuale Maßnahmen zwischen Unternehmerverbänden/Unternehmen und Gewerkschaften/Betriebsräten möglich sind und wo sich alte Frontstellungen reproduzieren. Dies enthält für die Gewerkschaften das Spannungsverhältnis zwischen Co-Management und Gegenmacht;
4. über welche Formen die Betriebsgrenze im Sinne einer Verbindung von gesellschaftlichem und betrieblichem Umweltschutz durchlässig wird.

Bei der Beantwortung dieser Fragen ist zu berücksichtigen, daß die ökologische Problemlage in den einzelnen Branchen und dementsprechend auch die einzelgewerkschaftlichen Umweltprogrammatiken sehr unterschiedlich sind

(*Schmidt* 1989), und daß diese unter dem Aspekt der Beschäftigungssicherung und Qualifizierung in ein strukturpolitisches Konzept integriert sind.

Literatur

Altenburg, D., Kehrl, K. (1990), Gesundheitsschutz per Tarifvertrag, in: Kooperationsstelle Hamburg, Damit Arbeit menschlicher wird, S. 108–111
Autorenteam der HBS (1990), Mitbestimmung in der Dynamik des Strukturwandels, in: Die Mitbestimmung 5/1990, S. 315 ff.
Bachmann, G. (1985), Der Schlot muß rauchen – Zum Konflikt um das Braunkohlekraftwerk Buschhaus, in: *Hildebrandt, E., Schmidt, E., Sperling, H.-J.* (Hrsg.), Arbeit zwischen Gift und Grün, Berlin, S. 39–48
Bamberg, U., Bürger, M., Mahnkopf, M., Martens, H., Tiemann, J. (1987), Aber ob die Karten voll ausgereizt sind – 10 Jahre Mitbestimmungsgesetz 1976 in der Bilanz, Köln
Beck, U. (1986), Risikogesellschaft – Auf dem Weg in eine andere Moderne, Frankfurt a. M.
Beck, U. (1990), Der ökologische Gesellschaftskonflikt, in: WSI-Mitteilungen 12/1990, S. 750–755
Bertl, W., Rudat, R., Schneider, R. (1989), Arbeitnehmerbewußtsein im Wandel, Frankfurt a. M./New York
Bogun, R., Osterland, M., Warsewa, G. (1990), Was ist überhaupt noch sicher auf der Welt? – Arbeit und Umwelt im Risikobewußtsein von Industriearbeitern, Berlin
Bosch, G. (1989), Qualifizieren statt entlassen – Beschäftigungspläne in der Praxis, Opladen
Bosch, G., Gabriel, H., Seifert, H., Welsch, J. (1987), Beschäftigungspolitik in der Region, Köln
Brandt, K.-W., Büsser, D., Rucht, D. (1986), Aufbruch in eine andere Gesellschaft – Neue soziale Bewegungen in der Bundesrepublik, Frankfurt a. M./New York
DGB-Bildungswerk, Zuviel Theorie, zu wenig Praxis? Ergebnisse einer Umfrage unter Arbeitnehmervertreterinnen in Aufsichtsräten, o. J.
DGB-Bundesvorstand (1985), Konzeption zur Mitbestimmung am Arbeitsplatz, Düsseldorf
DGB-Bundesvorstand (1985), Umweltschutz und qualitatives Wachstum, Düsseldorf
DGB-Bundesvorstand (Hrsg.) (1990), Angenommene Anträge, 14. ordentlicher Bundeskongreß Hamburg, 20.–26. 5. 1990, Düsseldorf
DGB-Bundesvorstand (1990), Mitbestimmung – DGB-Informationen 8, Düsseldorf
DGB-Bundesvorstand (1990), Angenommene Anträge – 14. ordentlicher Bundeskongreß Hamburg 20.–26. 5. 90, Düsseldorf
DIW, Gesamtwirtschaftliche Effekte vermehrter Investitionsaktivitäten des Staates, Berlin, o. J.
Düll, K., Lutz, B. (1989), Technikentwicklung und Arbeitsteilung im internationalen Vergleich, Frankfurt a. M./New York
Dyllick, J., Mez, L., Sewing, W. (1987), Gewerkschaften contra Bürgerinitiativbewegung – Mißverständnisse oder Unvereinbarkeiten in der Atompolitik?, in: *Hallerbach, J.* (Hrsg.), Die eigentliche Kernspaltung, Darmstadt, S. 68–94

Eberhardt, U. (1990), Keiner weiß, was drin ist – Tatort Betrieb – Erfolge und Probleme einer Aktion, in: Der Gewerkschafter 12/1990, S. 36f.
Fuhr, M. (1991), Beteiligungsrechte für Arbeitnehmerinnen im Umweltrecht, Manuskript, Darmstadt
Gärtner, E. (1985), Gewerkschaften und Ökologie, Frankfurt a. M.
G. A. U. (1990), Rechtsgrundlagen für die Beauftragten auf dem Gebiet des Umweltschutzes, Berlin
Der Gewerkschafter (1989), Produkte mitgestalten, Mitbestimmung am Arbeitsplatz, Heft 9/1989
Der Gewerkschafter (1991), Tarifreform 2000, Heft 1/1991
Götz, Ch. (1980), Wir waren schon vor den Grünen da, in: Frankfurter Rundschau vom 2. 2. 1980, S. 17
Gerholt, L. (Hrsg.)(1990), Rettungsversuche – Der ökologische Umbau der Industriegesellschaft, Marburg
Hallerbach, J. (1978), Das Arbeitnehmerinteresse an der Atomkraft, in: *Hallerbach, J.* (Hrsg.), Die eigentliche Kernspaltung – Gewerkschaften und Bürgerinitiativen im Streit um die Atomkraft, Darmstadt/Neuwied, S. 95–116
Hans-Böckler-Stiftung, Mitbestimmung in der aktuellen Diskussion, Düsseldorf o. J.
Hans-Böckler-Stiftung, (Hrsg.) (1990), Ökologie und Mitbestimmung – Handlungshilfe für Betriebsräte, Düsseldorf
Hausmann, R., Schmidt, E. (1985), Fürchtet euch nicht – macht Boehringer dicht, in: *Hildebrandt, E., Schmidt, E., Sperling, H.-J.* (Hrsg.), Arbeit zwischen Gift und Grün, Berlin, S. 20–28
Heine, H., Mautz, R. (1989), Industriearbeiter contra Umweltschutz, Frankfurt a. M./New York
Hien, W. (1990), Erfolge im schützenden Klima gewerkschaftlicher Kampagnen, in: Die Mitbestimmung 11 und 12/1990, S. 715–717
Hiesinger, K. (1990), Umweltschutz muß Schwerpunkt der Berufsausbildung werden, vervielf. Manuskript, Stuttgart
Hildebrandt, E. (1987), Rüstungskonversion, alternative Produktion und Gewerkschaften in der Bundesrepublik Deutschland. Wissenschaftszentrum Berlin, Berlin
Hildebrandt, E. (1988), Für eine tarifvertraglich flankierte Betriebspolitik, in: Die Mitbestimmung 10/1988, S. 549 ff.
Hildebrandt, E. (1989), Plädoyer für eine ökologisch erweiterte Mitbestimmung, in: Die Mitbestimmung 11/1989, S. 638–641
Hildebrandt, E., Seltz, R. (1989), Wandel betrieblicher Sozialverfassung durch systemische Kontrolle, Berlin
Hindrichs, W. (1990), Mitbestimmung der Mitglieder, in: Der Gewerkschafter 10/1990, S. 14–15
Hochgreve, H. (1989), Integration des ökologischen Interesses in die Unternehmensverfassung, in: WSI-Mitteilungen 8/1989, S. 462–467
Höhn, R. (1991), Betriebsbeauftragte im Umweltrecht – Gutachten im Auftrag der IG Metall, Frankfurt a. M.
Hoffmann, J., Hoffmann, R., Mückenberger, U., Lange, H. (Hrsg.)(1990), Jenseits der Beschlußlage – Gewerkschaft als Zukunftswerkstatt, Köln
Hoffmann-Riem, W. (1990), Interessenausgleich durch Verhandlungslösungen, in: ZAU, Heft 1/1990, S. 19–35
IG Metall (Hrsg.) (1972), Aufgabe Zukunft: Qualität des Lebens, Bd. 4 Umwelt, Frankfurt a. M.

IG Metall (1988), Mit uns für sinnvolle Arbeit und bessere Umwelt, Fachkonferenz Januar 1988 in Frankfurt a.M.
IG Metall (Hrsg.) (1990), Gewerkschaftliche Betriebspolitik: Die andere Zukunft gemeinsam gestalten, Frankfurt a.M.
IÖW (1991), Umweltschutz und Arbeitsbeziehungen – Auf dem Weg zu einer ökologischen Tarifpolitik, Berlin
Klaus, H. (1988), Eine neue Betriebsverfassung zur Lösung der ‚Gewerkschaftsfrage'? in: *Apitzsch, W., Klebe, T., Schumann, M.* (Hrsg.), BetrVG '90, Köln, S. 12ff.
Köhler, B., Richter, R. (1985), Chemisierung der Technik als Rationalisierungsstrategie, in: *Naschold, F.* (Hrsg.), Arbeit und Politik, Frankfurt a.M., S. 179–200
Küppers, G., Lundgreen, P., Weingart, P. (1978), Umweltforschung – die gesteuerte Wissenschaft?, Frankfurt a.M.
Kulke, W. (1986), Entwicklung und Standort des gewerkschaftlichen Umweltschutzes, in: *Schneider, W.* (Hrsg.), Arbeit und Umwelt, Hamburg, S. 159–170
Lukersdörfer, M. (1988), Umweltberichte als Geheimsache, in: metall 3/1988, S. 21
Martens, H. (1986), Das Mitbestimmungsgesetz 1976: wenig mehr als ein Informationsgesetz, in: Die Mitbestimmung 4/1986, S. 149–153
Martens, H. (1990), Mitbestimmung und Demokratisierung, in: Gewerkschaftliche Monatshefte 8/1990, S. 481–493
Müller, E., Sozial-liberale Umweltpolitik – Von der Karriere eines neuen Politikbereichs, in: Aus Politik und Zeitgeschichte B 47–48/49, S. 3–15
Muster, M., Richter, U. (Hrsg.)(1990), Mit Vollgas in den Stau, Hamburg
Meyer, G. (1987), Gefahrstoffverordnung, in: Gewerkschaftliche Umschau, Nr. 2/3 1987, S. 21–24
Partikel, H. (1986), Mitbestimmung des Betriebsrates im Arbeitsschutz, in: Die Mitbestimmung 7/1986, S. 367–371
Pries, L., Schmidt, R., Trinczek, R. (1990), Entwicklungspfade von Industriearbeit, Opladen
Roth, K. (1990), Ökologisches Mandat im Aufsichtsrat..., in: Die Mitbestimmung 11 und 12/1990, S. 692–694
Salje, P. (1988), Betriebsvereinbarungen als Mittel zur Verbesserung des Umweltschutzes, in: Betriebs-Berater 2/1988, S. 73–77
Schmidt, E. (1988), Zukunftswerkstatt oder Branchenlobby – Die Gewerkschaften vor den Herausforderungen der Risikoproduktion, in: *Hildebrandt, E., Schmidt, E., Sperling, H.-J.* (Hrsg.), Zweidrittelgesellschaft – Eindrittelgewerkschaft, Berlin 1988, S. 119–126
Schmidt, E. (1989), Bedingungen und Perspektiven einer ökologisch erweiterten Tarifpolitik, in: Gewerkschaftliche Monatshefte 11, 1989, S. 672ff.
Schneider, W. (1986), Umweltschutz und qualitatives Wachstum, in: *Schneider, W.* (Hrsg.), Arbeit und Umwelt, Hamburg, S. 7–39
Schütt, B. (1990), Gewerkschaftliche Umweltpolitik – ein kurzer historischer Rückblick, vervielf. Manuskript, Bad Kreuznach
Schultze, W. (1989), Gefahrstoffe, Arbeitssicherheit und betrieblicher Umweltschutz, in: Die Mitbestimmung 11/1989, S. 642–647
Schultze, W. (1987), Umweltschutz-Vereinbarung: Bessere Information – Mehr Mitwirkung, in: Gewerkschaftliche Umschau 4/1987, S. 12ff.
Sommer, R., Trümner, G. (1988), Betrieblicher Umweltschutz: Mehr Rechte für den Betriebsrat – mehr Schutz für Arbeitnehmer und Bevölkerung, in: *Apitzsch, W. u.a.* (Hrsg.), BetrVG '90, Köln, S. 86–101

Stahlmann, V., Beschorner, D. u. a. (1989), Betriebliche Umweltschutzbeauftragte, Berlin
Steinkühler, F. (1988), Mitbestimmung als Zukunftsaufgabe, in: *Apitzsch, W. u. a.* (Hrsg.), BetrVG '90, Köln 1988, S. 7–11
Steinkühler, F. (1989), Die andere Zukunft gestalten, in: IG Metall (Hrsg.), Solidarität und Freiheit – Internationaler Zukunftskongreß 1988, Köln, S. 510–534
Stölzle, W., Grimm, S., Noll, R. (1990), Organisation des Umweltschutzes in der Unternehmung, in: Unternehmen & Umwelt, Hefte 4, 5 und 6/1990
Striegnitz, M. (1990), Mediation: Lösung von Umweltkonflikten durch Vermittlung, in: ZAU Heft 1/1990, S. 51–62
Teichert, V., Küppers, F. (1990), Umweltpolitik im Betrieb – Betriebsvereinbarungen zum Umweltschutz in der chemischen Industrie, in: WSI-Mitteilungen 12/1990, S. 755–761
Trümner, R. (1988), Betriebsverfassung und Umweltschutz, in: Die Mitbestimmung 6/1988, S. 356–360
Vennen, H. (1991), Freier Wille kontra starre Vorschrift – Branchenabkommen erleichtern den Abschied von umweltgefährdenden Produkten, in: VDI-Nachrichten v. 29. 3. 91
Wendeling-Schröder, U. (1990), Arbeitnehmervertreter im Aufsichtsrat und Unternehmensrisiken, in: Arbeitsrecht im Betrieb, Nr. 12/1990, S. 511–514
Weßels, B. (1989), Politik, Industrie und Umweltschutz in der Bundesrepublik: Konsens und Politik in einem Politikfeld 1960–1986, in: *Herzog, D., Weßels, B.* (Hrsg.), Konfliktpotentiale und Konsensstrategien, Opladen, S. 269–306
Weyand, J. (1989), Die tarifliche Mitbestimmung unternehmerischer Personal- und Sachentscheidungen, Baden-Baden
Willeke, St. (1991), Die Industrie ignoriert die Gesundheit der Mitarbeiter, in: VDI-Nachrichten 4/1991, S. 12
Zwingmann, B. (1989), Gesundheitsschutz am Arbeitsplatz durch neue Arbeitnehmerrechte, in: Soziale Sicherheit 5/1989, S. 135–143

Kapitel 23
Umweltorientiertes Unternehmensverhalten – Ergebnisse aus einem Forschungsprojekt*

von *Ralf Antes, Ulrich Steger* und *Petra Tiebler*

1. Ausgangssituation und Design des FUUF-Projekts 376
2. Ergebnisse zur Unternehmensführung 378
3. Ergebnisse zu betrieblichen Kernfunktionen 381
   3.1 Materialwirtschaft 382
   3.2 Produktion 383
   3.3 Forschung und Entwicklung (F&E) 384
   3.4 Marketing 386
4. Ergebnisse zu betrieblichen Querschnittsfunktionen 387
   4.1 Organisation 387
   4.2 Information 389
   4.3 Personalwesen 390
5. Zusammenfassung 392
Literatur 392

---

* Wir danken dem Umweltbundesamt für die Genehmigung zum Vorabdruck von Teilergebnissen. Die Gesamtstudie befindet sich in der Veröffentlichung (FUUF 1991).

1. Ausgangssituation und Design des FUUF-Projekts

Die zweite Hälfte der 80er Jahre brachte einen neuen Aufschwung in der Umweltdebatte. In den Wirtschaftswissenschaften kristallisierten sich dabei vor allem zwei Entwicklungslinien heraus. Neben der neu entfachten Diskussion über marktorientierte Instrumente im Umweltschutz (zu einer Übersicht vgl. *Wicke* 1989, OECD 1989 oder *Bonus* 1989) wurden zunehmend betriebswirtschaftliche Fragestellungen thematisiert, insbesondere die Rolle und Aufgaben von Unternehmen im Umweltschutz und die Wirkung eines wachsenden Umweltbewußtseins der Verbraucher auf Konsumverhalten und Absatzmärkte. Im Gegensatz zur sonstigen Situation in der Betriebswirtschaftslehre, wo neuere Themen oft von den USA ausgehen, dominieren in diesem Fall die deutschsprachigen Publikationen sowohl vom zeitlichen Vorlauf wie vom Umfang her deutlich (zu einer ersten US-Bestandsaufnahme vgl. Business and Society Review 4/1990).

Empirische Untersuchungen haben dieser Öffnung der Betriebswirtschaftslehre wesentliche Impulse verliehen, konzentrierten sich bisher jedoch auf einige wenige Bereiche (v. a. Produktion und Marketing) bzw. einzelne Aktivitäten (z.B. Recycling, Produktentwicklungen, zum Umweltbewußtsein vgl. den Beitrag von *Tiebler* in diesem Band). Den gesamten Aktivitätenraum von Unternehmen einschließende Analysen wurden dagegen zunächst weitgehend vernachlässigt (zu den zeitlichen und inhaltlichen Entwicklungslinien der betrieblichen Umweltökonomie vgl. *Feess-Dörr u.a.* 1991, 58–72). Ausnahmen hiervon bilden die Studie von *Pinter* (1984) zu Umweltschutzproblemen mittelständischer Unternehmen, die Studien des BJU (1984) und von *Meffert u.a.* (1986) zum Umweltschutzverhalten von Unternehmen allgemein sowie aktuell die Studie von *Kirchgeorg* (1990) über „Ökologieorientiertes Unternehmensverhalten".

Diese Situation war 1989 für den Umweltminister Anlaß, über das Umweltbundesamt die bislang umfangreichste empirische Untersuchung zum Unternehmensverhalten im Umweltschutz in Auftrag zu geben, in der durch Interviews normative wie verhaltensorientierte Aspekte von Unternehmen in ihrem Umgang mit dem Thema Umweltschutz erfaßt wurden (vgl. FUUF 1991). Durchgeführt wurde die Untersuchung von der „Forschungsgruppe Umweltorientierte Unternehmensführung" (FUUF), zu deren Kern das Institut für gewerbliche Wasserwirtschaft und Luftreinhaltung e. V. (IWL), das Gerling Welt Institut für Risiko-Beratung Plus Sicherheits-Management GmbH (GRIPS), der Bundesdeutsche Arbeitskreis für umweltbewußtes Management e. V. (B.A.U.M.), der Förderkreis future e. V. sowie das Institut für Ökologie und Unternehmensführung an der European Business School zählen. Weitere Spezialfragen, z.B. aus dem Bankenbereich oder zur Wertanalyse wurden von Consultants untersucht.

1. Ausgangssituation und Design des FUUF-Projekts

Die Untersuchung verfolgte zunächst zwei Ziele:
1. eine umfassende Bestandsaufnahme der umweltorientierten Unternehmensführung in bundesdeutschen Industrie-, Dienstleistungs- und Handelsunternehmen sowie bei Finanzdienstleistern;
2. gleichermaßen umweltschutzbezogene und wertschöpfungssteigernde, d. h. kostensenkende oder erlössteigernde Erfolgspotentiale sowie Voraussetzungen ihrer systematischen Realisierung zu identifizieren.

Die Untersuchung umfaßte:
- die Durchführung und Auswertung von Befragungen bei 592 Unternehmen des Verarbeitenden Gewerbes und Dienstleistungsunternehmen, 19 Handelsunternehmen und 15 Finanzdienstleistern;
- die Darstellung von zehn umweltbewußt geführten Unternehmen und
- die Auswertung von 80 Fällen des Investitionsprogramms zur Verminderung von Umweltbelastungen im Bereich des Immissionsschutzes bei Altanlagen.

Der Kern der FUUF-Studie, die Erhebung im verarbeitenden Gewerbe und bei den Dienstleistungsunternehmen, setzt sich selbst wiederum aus einer Vielzahl von Teilbefragungen zusammen:
- direkte, eineinhalb bis zweistündige Interviews mit Mitgliedern der Geschäftsführung der 592 Unternehmen (Mantelbogen);
- je nach Betroffenheit die selbständige Beantwortung von insgesamt neun funktionsbereichsspezifischen Fragebögen durch die jeweils zuständigen Mitarbeiter des Unternehmens (Produktion, Materialwirtschaft, Forschung und Entwicklung, Marketing, Rechnungswesen, Controlling, Organisation, Personalwesen, Public Relations);
- speziell für kleinere und mittlere Unternehmen (< 500 Mitarbeiter) wurde der bereichsspezifische Frageteil erheblich reduziert. Der Mittelstandsbogen setzt sich aus ausgewählten Fragen der einzelnen Funktionsbereichsbögen zusammen.

Die zehn Fragebögen beinhalten zusammen 204 Fragen, z.T. mit Unterfragen. Der jeweiligen empfundenen Betroffenheit und Teilnahmebereitschaft entsprechend lagen die Rücklaufquoten der Funktionsbögen zwischen 19,4 Prozent (Produktion) und 15,2 Prozent (Organisation) der Grundgesamtheit von 592 Unternehmen, die den Mantelbogen beantworteten.

Die vorgenannten Studien wie auch die FUUF-Untersuchung – eine Ausnahme bildet der als begleitende Beratung angelegte Modellversuch der IHK Nürnberg – wurden weitgehend als standardisierte Befragungen durchgeführt. Gegenüber qualitativen Verfahren weist dieses Vorgehen eine Reihe von Vorzügen auf, andererseits sind aufgrund der spezifischen Erhebungsmethodik auch Einschränkungen verstärkt zu beachten:
- Antworten zu politisierten Themen wie Umweltschutz werden oft an der „sozialen Erwünschtheit" ausgerichtet – wer möchte heute noch den Eindruck erwecken, er sei „gegen Umweltschutz"? Statements, wonach Um-

weltschutz von Unternehmen z.B. aus „sozialer Verantwortung" betrieben wird, sind daher sehr vorsichtig zu interpretieren.

- Die Begriffswelten der Praktiker und der Wissenschaft liegen teilweise weit auseinander, was zu Verzerrungen führen kann.
- Die Ergebnisse bewegen sich im Rahmen vorgegebener Frage- und Antwortmöglichkeiten.

Generell gilt, daß die in den Interviews abgefragten Einschätzungen Veränderungen unterliegen und deshalb Zeitreihen aussagefähiger wären als einmalige Aufnahmen des status quo.

Angesichts des Umfangs der FUUF-Studie werden im folgenden ausgewählte Ergebnisse sehr komprimiert präsentiert (ausführlich hierzu FUUF 1991). Relevant ist hier vor allem die Auswertung der Befragung der Unternehmensführung (Abschn. 2), ergänzt durch Aspekte aus den Funktionsfragebögen (Abschn. 3: Kernfunktionen und 4: Querschnittsfunktionen).

2. Ergebnisse zur Unternehmensführung

Die Ergebnisdarstellung zur Unternehmensführung berücksichtigt insbesondere die Einstellungen der befragten Mitglieder der Geschäftsleitungen zum Umweltschutz und zu Wettbewerbsfaktoren, die Stellung des Umweltschutzes im Zielsystem der Unternehmen, Motive für den Stellenwert des Umweltschutzes, den Einsatz von Planungsinstrumenten, die wahrgenommene Umweltschutzbetroffenheit der einzelnen Funktionen und die Art der Umweltschutzmaßnahmen auf Gesamtunternehmensebene.

1. Die Mitglieder der Geschäftsleitungen messen dem **Umweltschutz** für ihr eigenes Unternehmen eine **hohe Bedeutung** zu. Die Motive hierfür liegen allerdings stärker in einer längerfristigen **Risikoperspektive** begründet (Sicherung der Unternehmensexistenz, speziell des Standortes) und erst in zweiter Linie darin, Chancen zur Kostensenkung und/oder zur Erlössteigerung zu nutzen.
2. Von den **Erfolgsfaktoren** einer umweltfreundlichen Unternehmensführung gelten externe Faktoren (Marktbeziehungen bzw. -partner) gegenüber internen als in geringerem Ausmaß erfüllt. Von den Marktpartnern wiederum wird gegenwärtig die Haltung von Konsumenten als Haupthemmnis einer stärkeren Diffusion umweltverträglicher Produkte gesehen (s. auch Ziffer 33). Immerhin beobachten noch 56,2 Prozent der Unternehmen ein wachsendes Marktsegment umweltorientierter Konsumenten.
3. Umweltschutz ist nur ausnahmsweise als **selbständiges Unternehmensziel** formuliert. Wie die von den befragten Mitgliedern der Geschäftsleitung gesehenen **Zielbeziehungen** zwischen Unternehmens- und Umweltschutzzielen aufzeigen, geht dies jedoch nicht notwendigerweise mit einer Unterordnung des Ziels selbst einher. Von den Befragten wird eher eine komple-

mentäre oder neutrale denn konkurrierende Stellung des Umweltschutzziels zu anderen, wichtigen Unternehmenszielen betont. Vor allem gilt dies für die mit Abstand als wichtigstes Unternehmensziel deklarierte „Sicherung der Unternehmensexistenz" (wichtigstes Ziel bei 57,6% der Befragten): 59,9 Prozent sehen hier komplementäre, 34,1 Prozent neutrale und lediglich 6,0 Prozent konkurrierende Beziehungen. Zielkonkurrenz in nennenswerten Umfang wird lediglich bei Gewinn- (33,1%) und Liquiditätszielen (32,2%) gesehen. Überragend ist dagegen die Komplementarität mit „weichen Faktoren", wie „Ansehen in der Öffentlichkeit" (86,8%), „Wahrnehmung sozialer Verantwortung" (84,4%) oder „Mitarbeitergewinnung und -motivation" (72,4%). Allerdings muß man wohl realistisch einschätzen, wieviel (besser: wie wenig) solche „weichen Faktoren" im Konfliktfall mit „harten" Umsatz- und Gewinnzielen zählen. Es ist aber plausibel anzunehmen, daß sich in der Wahrnehmung von Zielkomplementaritäten und -konflikten erhebliche Verschiebungen etwa gegenüber den siebziger Jahren ergeben haben, was sich sicher auch entscheidend auf das Verhalten der Unternehmen auswirkt.

4. Fragt man die **Motive** für den Stellenwert des Umweltschutzes näher ab, werden häufig zunächst ökologische und soziale Verantwortung genannt. Hier mag die soziale Erwünschtheit eine Rolle spielen. Eine detaillierte Aufschlüsselung enthält Tab. 1 (S. 380). Es fällt auf, daß Wertschöpfungspotentiale bislang kaum ein Motiv für betrieblichen Umweltschutz darstellen.

5. Das Schwergewicht bei den **Planungsinstrumenten** liegt deutlich auf den hergebrachten analytischen Konzepten (Markt-, Stärken/Schwächen-, Konkurrenten- und Branchenstrukturanalysen). Neuere Planungsinstrumente (Diffusionskurvenkonzept, Cross-Impact- und Umwelt-Szenario-Analysen) haben dagegen eine eher nachgeordnete Bedeutung. Etwa jeweils ein Drittel der Unternehmen gibt an, in die genannten traditionellen Instrumente bereits auch Umweltschutzaspekte zu integrieren bzw. konkrete ökologiebezogene Planungsinstrumente (Öko-Bilanzen) zu nutzen. Im Vergleich zum status quo zeichnet sich zukünftig insgesamt eine wachsende Aufgeschlossenheit gegenüber ökologiebezogenen Planungsinstrumenten ab, wobei die Erweiterung herkömmlicher Instrumente um ökologische Aspekte (38,3%) gegenüber dem Einsatz spezieller ökologischer Planungsinstrumente (25,5%) bevorzugt wird.

6. Die **Umweltschutzbetroffenheit** der einzelnen Funktionen und Bereiche wird von den Unternehmensführungen sehr unterschiedlich eingeschätzt. Als hauptsächlich betroffen („sehr stark"/„stark") gelten die überwiegend technisch geprägten Bereiche Produktion und – bereits mit einigem Abstand – Forschung und Entwicklung sowie Materialwirtschaft. Dementsprechend wird Umweltrisiken in den meisten Fällen prioritär durch technische Maßnahmen begegnet (77,5%); vergleichsweise unbedeutend sind organisatorische (14,5%) oder personelle Maßnahmen (8,0%).

Kapitel 23: Umweltorientiertes Unternehmensverhalten

Welche Gründe bzw. Motive sind Ihrer Meinung nach für den heutigen Stellenwert des Umweltschutzes in Ihrem Unternehmen von Bedeutung?

Grund/Motiv*	1. Grund	2. Grund	3. Grund	Gesamt-maßzahl**
ökologische/soziale Verantwortung	30,5% (172)	23,3% (100)	12,6% (25)	1./741
Gesetzgebung/staatliche Vorschriften	22,5% (127)	13,1% (56)	12,6% (25)	2./314
Unternehmenssicherung/ Risikoaspekte	12,1% (68)	8,9% (38)	11,1% (22)	3./302
Image/Öffentlichkeitsaspekte	9,2% (52)	11,9% (51)	18,6% (37)	4./295
Mitarbeiter/Personalschutz	8,3% (47)	14,0% (60)	13,6% (27)	5./288
Marktdruck/Markpotentiale/ Absatzmöglichkeiten	7,8% (44)	13,5% (58)	16,6% (33)	6./281
Schonung der Umwelt/ Lebensqualität	8,2% (46)	10,7% (46)	10,6% (21)	7./251
Wertschöpfungspotentiale/ Gewinn	1,4% (8)	4,7% (20)	4,5% (9)	8./ 73
Gesamt	100,0% (564)	100,0% (429)	100,0% (199)	
keine Angaben/keine Relevanz	(28)	(163)	(393)	803

* Im Rahmen der Auswertung wurden die selbstdeklarierten Gründe bzw. Motive in homogene Gruppen zusammengefaßt.
** Die Gesamtzahl wurde ermittelt, indem der wichtigste Grund mit drei Punkten, der zweitwichtigste mit zwei Punkten und der drittwichtigste mit einem Punkt gewichtet wurden.

Tab. 1: Motive für den Stellenwert des Umweltschutzes in Unternehmen

Eine gewisse Sensibilisierung für den integrativen bzw. Querschnittscharakter des betrieblichen Umweltschutzes wird vor dem Hintergrund deutlich, daß die Hälfte der Befragten eine sehr große/große Umweltschutzbetroffenheit der strategischen Planung sieht. Insgesamt gelten Querschnittsfunktionen wie Organisation, Personalwirtschaft oder Controlling/Rechnungswesen jedoch in deutlich geringerem Umfang als die Grundfunktionen als Ansatzpunkte einer betrieblichen Umweltpolitik. Interessant ist, daß von letzteren das Marketing relativ am geringsten als umweltbetroffen gilt. Mit Ausnahme des Rechnungswesens wird die in Abbildung 1 enthaltene Reihenfolge bemerkenswert durch die Reihenfolge der Rücklaufquoten der Funktionsfragebögen bestätigt.

3. Ergebnisse zu betrieblichen Kernfunktionen

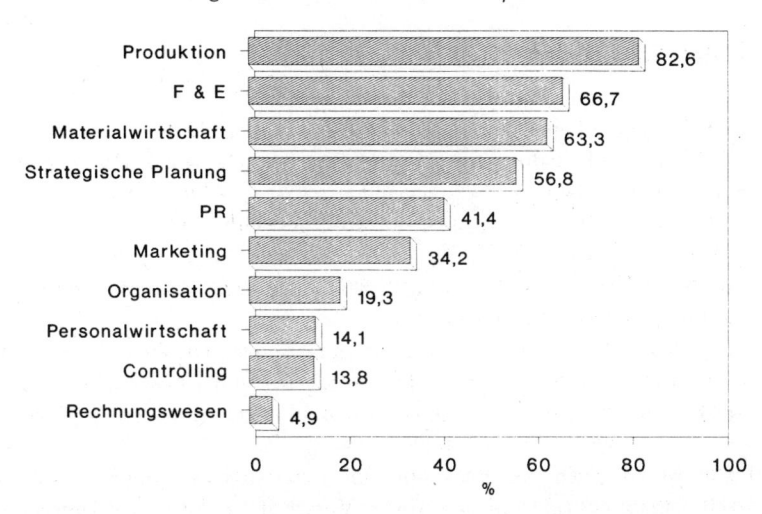

Funktion	%
Produktion	82,6
F & E	66,7
Materialwirtschaft	63,3
Strategische Planung	56,8
PR	41,4
Marketing	34,2
Organisation	19,3
Personalwirtschaft	14,1
Controlling	13,8
Rechnungswesen	4,9

Abb. 1: Die wahrgenommene Umweltschutzbetroffenheit (sehr groß/groß) betrieblicher Funktionen durch Mitglieder der Geschäftsführung

7. Im betrieblichen Umweltschutz überwiegen bislang defensive und reparative **Maßnahmen**. Bei der Beschreibung vergangener und gegenwärtiger Umweltschutzmaßnahmen weisen die Aussagen „Umweltschutz war bisher das Erfüllen gesetzlicher Auflagen" (57,4%) und „die Beseitigung bestehender Umweltbelastungen" (60,6%) die höchste Zustimmung auf. Den Angaben der Befragten zufolge dürften diese zukünftig gegenüber eher innovativen und präventiven Maßnahmen allerdings an Bedeutung verlieren. So erwarten 61,5 Prozent eine zunehmende und lediglich 2,2 Prozent (=13 von 592) eine abnehmende Bedeutung der Vermeidung. Ebenfalls stark zunehmen wird danach die Verminderung, es zeigen sich ähnliche Antwortstrukturen wie bei der Vermeidung (53,4% zunehmende/ 3,9% abnehmende Bedeutung). Deutlich wird dagegen ein Bruch gegenüber der Erwartungshaltung hinsichtlich der Beseitigung. Nur noch 31,1 Prozent der Unternehmen gehen hier von einem Bedeutungszuwachs aus, aber bereits 19,8 Prozent von einem Bedeutungsverlust.

3. Ergebnisse zu betrieblichen Kernfunktionen

Im folgenden Abschnitt werden die wichtigsten Ergebnisse zu den originären betrieblichen Funktionen Materialwirtschaft, Produktion, Forschung und Entwicklung und Marketing vorgestellt.

3.1 Materialwirtschaft

8. Die befragten Leiter materialwirtschaftlicher Bereiche bewerten die Umweltbetroffenheit ihres eigenen Funktionsbereiches noch höher als die Unternehmensleitung (74% gegenüber 63%; (s. Abb. 1). Dies wird vor allem am Zielkatalog deutlich: Obwohl umweltbezogene Zielsetzungen nicht an vorderster Stelle rangieren, reicht ihre Bedeutung an die der traditionellen materialwirtschaftlichen Ziele (z.B. Materialkostensenkungen, Lieferbereitschaft) heran.
9. Daneben ergeben sich ausgeprägte Zielkomplementaritäten zwischen traditionellen materialwirtschaftlichen Zielen und Umweltschutzzielen, insbesondere zwischen Materialkostensenkungen und dem Ziel einer sparsamen Verwertung der Inputstoffe.
10. Die wesentlichen Antriebskräfte für materialwirtschaftliche Umweltschutzmaßnahmen sind gesetzliche Vorschriften (83% der Unternehmen). Absatzpolitische Erwägungen (37%) sowie Kostenersparnisse (22%) gewinnen demgegenüber erst langsam an Bedeutung (am Beispiel der Substitution umweltbelastender Materialien s. Abb. 2)

Gründe der Substitution "wichtig", "sehr wichtig"

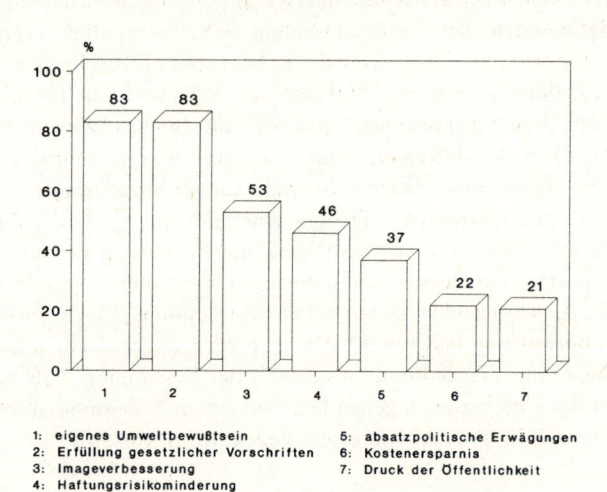

1: eigenes Umweltbewußtsein
2: Erfüllung gesetzlicher Vorschriften
3: Imageverbesserung
4: Haftungsrisikominderung
5: absatzpolitische Erwägungen
6: Kostenersparnis
7: Druck der Öffentlichkeit

Abb. 2: Gründe der Substitution umweltbelastender Materialien

11. Der hohe Stellenwert des Umweltschutzes in der Materialwirtschaft läßt sich unter anderem darauf zurückführen, daß von den Mitarbeitern materialwirtschaftlicher Bereiche relativ häufig Weiterbildungsmaßnahmen in Anspruch genommen werden.

3. Ergebnisse zu betrieblichen Kernfunktionen

12. Die Aufbereitung von Umweltschutz-Informationen für materialwirtschaftliche Entscheidungen stellt sich gegenwärtig noch als defizitär dar.
13. Differenziert man die Materialwirtschaft in vier Sub-Bereiche (Einkauf, Logistik, Lager, Bestandscontrolling), so konzentrieren sich umweltgerichtete Maßnahmen der Unternehmen bisher auf den Einkauf, dem auch die meisten Innovationschancen zuerkannt werden. Generell wird diesen Bereichen jedoch noch geringe Bedeutung dahingehend zugemessen, Umweltschutz als erlössteigernde oder kostensenkende Kraft zu aktivieren.
14. Der vermutete Zusammenhang, daß durch eine **zentrale** Zusammenfassung der materialwirtschaftlichen Teilaufgaben Umweltschutzziele deutlich stärker in den Vordergrund rücken, findet keinen Rückhalt in den Befragungsergebnissen.
15. Die günstigen Ausgangsbedingungen für eine integrierte, umweltorientierte Kooperation auf der gesamten logistischen Strecke werden noch nicht ausgeschöpft. Derzeit herrscht in materialwirtschaftlichen Bereichen noch immer ein ordnungsrechtlich-technisch orientierter Umweltschutz mit dem Schwerpunkt eines Entsorgungsdenkens vor. Die Inputseite der Beschaffungslogistik sowie die Distributionslogistik werden nur untergeordnet als Umweltproblem wahrgenommen.
16. Weiterführend bedeutet dies, daß Umweltschutzaspekte in der Materialwirtschaft zwar mittlerweile stoffbezogen berücksichtigt werden, ein Denken in Stoffkreisläufen und Präventivmaßnahmen jedoch noch unterentwickelt ist. Letztere zeichnen sich bisher nur für das Beschaffungsmarketing (Lieferantenkooperationen) ab.

3.2 Produktion

17. Da die Produktion als Quelle betrieblicher Emissionen in besonderem Maße mit Umweltschutzfragen konfrontiert ist, empfinden die Produktions-Bereichsleiter eine besondere Verantwortung für den Umweltschutz. Dies tritt bereits in der bereichsbezogenen Zielfindung zutage: Zwar stellt der Umweltschutz in der Regel kein eigenständiges Produktionsziel dar, doch sind – im Gegensatz zu anderen betrieblichen Funktionen – Umweltaspekte in die ranghöchsten Ziele der Produktionsbereiche (Fertigungs- und Materialkostenminierung) bereits integriert.
18. Bei allen Umweltmedien (Abwasser, Abluft, Abwärme, Lärm und Abfall) geben nur 11 Prozent der Befragten an, daß von ihren Produktgruppen Emissionen ausgehen, die das nach dem Stand der Technik vermeidbare Maß übersteigen. Dieses Ergebnis wird allerdings durch die auffallend hohe Zahl fehlender Angaben zu dieser Frage relativiert. Auch bei der Benennung der Ursachen für das Überschreiten äußerten sich die Produktions-Bereichsleiter zurückhaltend.
19. Im Rahmen grundsätzlicher Entscheidungsprozesse zum Produktionsprogramm und -prozeß sehen sich die Produktions-Bereiche selbst in

einer herausragend initiativen Rolle. Betriebsbeauftragten für Umweltschutz oder anderen Umweltschutz-Institutionen kommt dabei eine nur geringe, Forschung- und Entwicklungs-Bereichen dagegen eine starke Einflußnahme zu.
20. Auch bei grundsätzlichen Investitionsentscheidungen besitzen die Produktionsbereiche den stärksten Einfluß. Allerdings treten Umweltschutzkriterien hierbei weit hinter Kosten- und Qualitätsgesichtspunkte zurück.
21. Beim Vergleich additiver und integrierter Umweltschutz-Technologien erreichen die integrierten Technologien mittlerweile eine außerordentlich hohe Akzeptanz. Unter dem Kostenaspekt sehen 88 Prozent der Befragten Vorteile im Einsatz integrierter Technologien. In erster Linie sind dabei Energie- und Materialeinsparungen ausschlaggebend. Bei den Gründen für den Einsatz additiver Technologien geben 54 Prozent der Bereichsleiter an, daß integrierte Technologien nicht bekannt seien. Hingegen spielt die Skepsis gegenüber dem technischen Reifegrad nur eine untergeordnete Rolle (28%).
22. Kostensenkende Wirkungen von Umweltschutzmaßnahmen können bereits in zahlreichen Produktionsbereichen verzeichnet werden: In 65 Prozent aller Produktionsbereiche wurden durch entsprechende Umstellungen in den Fertigungsprozessen Kostensenkungen erzielt, Herstellkostensenkungen in 49 Prozent, Energie- und Materialkostensenkungen immerhin noch in etwa einem Drittel der Unternehmen (36% bzw. 33%).

3.3 Forschung und Entwicklung (F&E)

23. In der Befragung der F&E-Bereichsleiter kommt die Einschätzung der Unternehmensleitung, betriebliche F&E sei in starkem Maße von Umweltfragen betroffen, nur teilweise zum Ausdruck. Zwar sind Umweltschutzaspekte generell in die F&E-Philosophien/-grundsätze integriert, als ausdrückliches Bereichsziel wird der Umweltschutz jedoch nur selten formuliert. So spielt die Entwicklung umweltverträglicherer Produkte/Stoffe/Verfahren oder die Verbesserung der Energiegewinnung/-ausnutzung im F&E-Zielkatalog eine nur untergeordnete Rolle.
24. Die von den befragten Bereichsleitern gesehenen Beziehungen zwischen F&E-Zielen und Umweltschutzzielen weisen nicht notwendigerweise auf eine vollständige Unterordnung des Umweltschutzziels hin: Insgesamt lassen sich eher komplementäre bzw. neutrale denn konkurrierende Zielbeziehungen zum Umweltschutzziel feststellen. Dabei werden die stärksten positiven Wirkungen des Umweltschutzes aber gerade zu solchen F&E-Zielen hergestellt, die am Ende der Zielhierarchie angesiedelt sind. Zu den wichtigsten Bereichszielen (z.B. Qualitätssteigerung, Erschließung neuer Marktpotentiale) bestehen dagegen in deutlich geringerem Maße Zielkomplementaritäten (s. dazu Tab. 2).

3. Ergebnisse zu betrieblichen Kernfunktionen

Rang der Wichtigkeit des F&E-Ziels aus Sicht der F&E-Bereichsleiter	Das F&E-Ziel .. steht zu den Umweltschutzzielen	Art der Zielbeziehung			Antwortgesamtheit (=100%)
		komplementär*	neutral	konkurrierend**	
1.	Qualitätssteigerung	55,2 % (90)	39,3 % (64)	5,5 % (9)	141
2.	Kundenbedürfnisse	58,3 % (94)	36,2 % (58)	5,0 % (8)	160
3.	Erschließung neuer Marktpotentiale	61,2 % (93)	36,2 % (55)	2,6 % (4)	152
4.	Technologievorsprung	67,6 % (100)	31,1 % (46)	1,4 % (2)	148
5.	Kostensenkung	34,5 % (52)	41,7 % (63)	23,8 % (36)	151
6.	Materialeinsparung	62,2 % (84)	31,9 % (43)	5,9 % (8)	135
7.	Entwicklung umweltfreundlicher Produkte/Stoffe/Verfahren	91,1 % (113)	8,1 % (10)	0,8 % (1)	124
8.	Beseitigung von Mißständen durch Stoffe oder Prozesse	79,5 % (93)	15,4 % (18)	5,1 % (6)	117
9.	Imageverbesserung	73,2 % (82)	25,9 % (29)	0,9 % (1)	112
10.	F & E als Erlösquelle (Lizenzen)	30,1 % (31)	63,1 % (65)	6,8 % (7)	103
11.	Energiegewinnung/-ausnutzung	76,9 % (90)	19,7 % (23)	3,4 % (4)	117

* stark fördernde und fördernde Zielbeziehungen sind hier zusammengefaßt
** stark hemmende und hemmende Zielbeziehungen sind hier zusammengefaßt

Tab. 2: Zielbeziehungen zwischen F&E-Zielen und dem Umweltschutzziel aus der Sicht von F&E-Bereichsleitern

25. Die Einbeziehung des Umweltschutzes in das F&E-Zielsystem führen die befragten Bereichsleiter überwiegend auf die Berücksichtigung des Umweltschutzes in den Unternehmenszielen zurück (79,7%). Damit treten die Ausstrahlungseffekte übergeordneter Zielhierarchien und deren Bedeutung als Ansatzpunkt einer umweltorientierten Bereichspolitik zutage.
26. Die mit Umweltschutzaufgaben im Unternehmen betrauten Stellen wie etwa der Betriebsbeauftragte für Umweltschutz, besitzen nur gering ausgeprägte Mitwirkungsrechte in der betrieblichen Forschung und Entwicklung: Lediglich in Ausnahmefällen lassen sich für diese mitbestimmende oder weisende Mitwirkungsmöglichkeiten an den F&E-Zielen verzeichnen. In beratender Form sind dagegen knapp zwei Drittel der Umweltschutzinstitutionen beteiligt. Auch im Rahmen der F&E-Ideengenerierung werden Anregungen der Umweltschutzinstitutionen relativ selten aufgegriffen.
27. Im Rahmen der Bewertung von F&E-Projekten wird eine Erweiterung traditioneller Bewertungsmethoden (wie etwa kalkulatorische Verfahren) um Umweltschutzaspekte als nicht geeignet befunden. Dagegen wendet bereits eine größere Anzahl von Unternehmen spezielle umweltbezogene Bewertungsmethoden wie die Technologiewirkungsanalyse oder die Umweltverträglichkeitsprüfung an.

28. Bei den umweltschutzbezogenen F&E-Aktivitäten dominiert deutlich die Generierung und Umsetzung neuer Produktideen (in 82,9% der Unternehmen), es folgen Verfahrensentwicklung (75,1%), Einsatzstoffe (55,2%), Materialentwicklung (49,4%) und Entsorgungslösungen (48,4%). Umweltschutzbezogene Problemlösungen für Verpackungsgestaltung sind deutlich weniger häufig Gegenstand der Forschung (23,8%).

3.4 Marketing

29. Angesichts des in den letzten Jahren stark angestiegenen gesellschaftlichen Umweltbewußtseins verwundert es, daß lediglich ein Drittel aller befragten Mitglieder der Geschäftsleitung den Bereich Marketing als umweltbetroffen befinden (34,2%). Entsprechend ist eine Einbindung des Umweltschutzgedankens in die Marketing-Ziele und -Strategien bislang nur geringfügig erfolgt. So wird etwa eine Berücksichtigung von Umweltschutzaspekten in den Marketing-Grundsätzen von nur 7,9 Prozent der befragten Unternehmen vorgenommen.
30. Im Rahmen der Anwendung absatzpolitischer Instrumente sind insbesondere kommunikationspolitische Umweltaktivitäten festzustellen. Beispielsweise geben 41,2 Prozent der Unternehmen in ihrer Werbung detailliertere umweltbezogene Produktinformationen und 41,7 Prozent betreiben entsprechende Public Relations-Aktivitäten (etwa „Tage der offenen Tür"). Daraus resultierten für sie überwiegend positive Effekte im Sinne von Imageverbesserungen. Beispielsweise erzielten 61,4 Prozent der Unternehmen eine Verbesserung des Unternehmensbildes in den Medien.
31. Generell ist bei den Befragten Marketing-Leitern zwar ein Wissen um die Relevanz des Umweltschutzes vorhanden, eine Berücksichtigung in größerem Maße aber noch nicht vollzogen. Die gesellschaftliche Dimension des Umweltschutzes wird erkannt, doch erst die Hälfte der Unternehmen sieht darin auch ein wachsendes Marktsegment (56,2%). Dies verdeutlicht vor allem die Dominanz umweltorientierter Public Relations gegenüber anderen marketingpolitischen Instrumenten.
32. Die bisher eher gering ausgeprägte Berücksichtigung von Umweltaspekten mag unter anderem auch auf die Ausrichtung der Marktforschung zurückzuführen sein: 64 Prozent der Marketing-Bereiche erfassen umweltschutzbezogene Informationen, der Schwerpunkt liegt dabei auf Daten zur Technologieentwicklung und zu Konkurrenzaktivitäten. Dagegen wird der Analyse des Umweltbewußtseins, den Bedürfnisänderungen und den Änderungen im Kaufverhalten bisher erst von einem Fünftel der Unternehmen Aufmerksamkeit geschenkt.
33. Dennoch sehen die befragten Mitglieder der Geschäftsleitung die Gründe für den geringen Stellenwert des Umweltschutzes vorwiegend beim Kon-

sumenten: Wichtigste Diffusionshemmnisse bei der Durchsetzung umweltverträglicher Produkte stellen aus ihrer Sicht die geringe finanzielle „Opferbereitschaft" der Konsumenten dar (48%), als weitere Hemmfaktoren werden eine zu geringe Markttransparenz (45,1%) sowie eine geringe Kenntnis der Konsumenten über ökologische Zusammenhänge (42,4%) genannt.

4. Ergebnisse zu betrieblichen Querschnittsfunktionen

Mit der Unternehmensführung wurden bereits im zweiten Abschnitt Ergebnisse einer wesentlichen koordinierenden Funktion vorgestellt. Als weitere Querschnittsfunktionen folgen in diesem Abschnitt die Organisation, die Information sowie das Personalwesen.

4.1 Organisation

34. Insgesamt haben mehr Unternehmen Umweltschutzgedanken in ihre Unternehmensphilosophie als in die Organisationsgrundsätze integriert. In genau der Hälfte der Unternehmen sind Umweltschutzgedanken sowohl Bestandteil der Unternehmens- als auch der Organisationsgrundsätze. Ein weiteres Fünftel plant die Aufnahme in die Organisationsgrundsätze.

35. Im Gegensatz zur Wahrnehmung einer relativ geringen Umweltschutzbetroffenheit durch die Unternehmensführungen werden den Angaben der Bereichsverantwortlichen zufolge Umweltschutzbelange in großem Ausmaß bei der organisatorischen Gestaltung berücksichtigt: von 91,5 Prozent bei der Gestaltung von Arbeits- und Produktionsprozessen, von 81,7 Prozent bei der Betriebsausstattung und von 71,8 Prozent bei der Arbeitsplatzgestaltung. Die Auslöser sind in Tab. 3 (S. 380) aufgeführt. Herausragend ist die Bedeutung der Umweltschutzgesetzgebung (43,3%). Die Bearbeitung von Umweltschutzmärkten ist dagegen von relativ geringer Bedeutung. Insgesamt sind umweltschutzbezogene Änderungen der Organisationsstruktur bisher eher partieller Natur. Funktionsbereichsübergreifende Konzepte sind dagegen die Ausnahme.

36. Die Betriebsbeauftragten für Umweltschutz stellen die am weitesten verbreitete Organisationseinheit dar, die sich im besonderen Maße mit umweltschutzrelevanten Fragen befaßt (62,2%). Deutlich weniger genutzt werden Stabstellen (34,4%), Projektteams (24,4%) oder Umweltausschüsse (21,1%). Gegenüber der gleichen Frage im Mantelbogen fällt die erhebliche und aus den Auswertungsergebnissen nicht erklärbare Diskrepanz bei den Projektteams auf (dort 52,9%). Die nahezu völlige Identifikation betrieblichen Umweltschutzes mit technischen Kategorien, die bereits im Mantel-Fragebogen deutlich wurde (Ziff. 6), bestätigt sich hier erneut. Demnach sind Umweltschutzinstitutionen bzw. mit Umwelt-

gesetzliche Notwendigkeiten	43,3% (39)
bessere Effizienz des Umweltschutz- managements	37,8% (34)
Ausnutzung von Marktchancen	17,8% (16)
bessere Motivation und Identifi- kation der Mitarbeiter	32,2% (29)
besseres Umweltimage in der Öffentlichkeit	34,4% (31)
umweltorientierte Änderung einzelner Funktionsbereichpolitiken	27,8% (25)
umweltorientierte Änderung von Geschäftsbereichpolitiken	7,8% (7)
(Mehrfachnennungen waren möglich)	

Tab. 3: Gründe für umweltschutzbezogene Änderungen der Organisationsstruktur (N=90)

schutzaufgaben betraute Institutionen fast ausnahmslos dem technischen Bereich zugeordnet.

37. Umweltschutzinstitutionen kommt in erster Linie eine Initiativfunktion zu. Verbreitet sind auch Vetorechte und Weisungskompetenzen gegenüber der Linie. Im Kontext mit weiteren Auswertungsergebnissen lassen sich letztere vor allem im Sicherheitsbereich vermuten.

Eine institutionenbezogene Analyse zeigt eine relativ klare Kompetenzverteilung: Risiko-Management- und Sicherheitsfunktionen sind bisher eher in Form von Betriebsbeauftragten institutionalisiert, chancenorientierte Innovationsfunktionen dagegen eher in Form von Projektteams und Ausschüssen/Gremien.

38. Betriebsbeauftragte stammen zu 91,2 Prozent aus dem Unternehmen selbst. Nahezu zwei Drittel (64,3%) gaben an, den Betriebsbeauftragten aufgrund gesetzlicher Vorschriften installiert zu haben. Ist diese Institution allerdings erst einmal geschaffen, so wird sie in der Regel mit über das gesetzlich geforderte Maß hinausgehenden Kompetenzen ausgestattet. In nur einem Fünftel der Unternehmen (20,2%) ist dies nicht der Fall. Über ein eigenes Budget verfügen Betriebsbeauftragte dagegen lediglich in einem Viertel der Unternehmen (25,5%). Dennoch nimmt der Betriebsbeauftragte bei umweltschutzrelevanten Entscheidungen den Angaben zufolge eine starke Position ein. In jeweils rund 80 Prozent der Unternehmen erhalten Betriebsbeauftragte bei den meisten solcher Ent-

4. Ergebnisse zu betrieblichen Querschnittsfunktionen

scheidungen die Gelegenheit für eine rechtzeitige Stellungnahme, und deren Empfehlungen fließen in den meisten Fällen in die Entscheidungsfindung der Unternehmensleitungen mit ein. Schließlich sind in 58,9 Prozent der Unternehmen die Betriebsbeauftragten direkt der Unternehmensleitung unterstellt; andererseits trifft diese Feststellung auf eine starke Minderheit von rund einem Drittel (33,9%) nicht zu.

39. Von einer Durchdringung der Organisation mit einer Umweltorientierung kann für die Mehrzahl der Unternehmen nicht gesprochen werden. So ist bei 56,2 Prozent der Unternehmen der Umweltschutz bisher in keiner Form Bestandteil von Stellenbeschreibungen. Dagegen stellt das betriebliche Vorschlagswesen auch im Rahmen einer umweltorientierten Unternehmensführung ein weit verbreitetes Instrument dar, Know-how der Mitarbeiter einzubinden.

4.2 Information

40. Die herausragende Funktion, die die betriebliche Umweltökonomie Umweltschutzinformationen (vgl. hierzu auch den Beitrag von *Pfriem/Hallay* in diesem Band) für ein Umweltmanagement zuweist, schlägt sich in der Unternehmenspraxis noch nicht in entsprechendem Maß nieder. So konstatieren die Controlling-Verantwortlichen selbst eine insgesamt nur geringe ökologische Betroffenheit ihres eigenen Aufgabenfeldes („kaum"/„nicht": Controlling 57,2% bzw. Rechnungswesen 40,3%). Immerhin sehen drei Viertel die Möglichkeit, bei einer Integration von Umweltschutzaspekten in das Controlling umweltschutzrelevante Entwicklungen frühzeitig zu identifizieren.

41. Die gegenwärtig wichtigsten Umweltschutz-Informationsquellen stellen den übereinstimmenden Angaben im Mantel-, Organisations- und Controllingbogen zufolge bei den Medien die Tagespresse, Fachliteratur und Verbandsschriften dar. Amtsblätter, Wochenzeitschriften, Seminare/Kongresse und Messen/Ausstellungen sind nachrangig, Umweltschutz-Datenbanken nahezu unbedeutend. Bei Institutionen dominiert der Betriebsbeauftragte deutlich. Knapp die Hälfte der Unternehmen greift auf weitere interne Institutionen zurück. Weiterhin bedeutsam sind die IHK sowie fallweise externe Berater.

42. Im Gegensatz zu einer Minderheit von Unternehmen, die ökologisch modifizierte bzw. ökologiespezifische Planungsinstrumente einsetzt (vgl. Ziffer 5) werden Risikoanalysen von etwa zwei Dritteln (64,7%) der befragten Unternehmen durchgeführt, wobei diese zum ganz überwiegenden Teil auch umweltschutzbezogen sind (86,2% der Risikoanalysen). Dieses Ergebnis harmoniert mit der hohen Bedeutung, die dem Umweltschutz für die Sicherung der Unternehmensexistenz beigemessen wird und der damit verbundenen vorherrschenden Perspektive der Gefahrenabwehr.

43. Eine umweltschutzbezogene Kosten- und Erlösrechnung wird nur bei einer Minderheit der befragten Unternehmen eingesetzt. Führen den Angaben der Unternehmensleitungen zufolge 36,0 Prozent der Unternehmen Kosten- und Erlösbetrachtungen im Umweltschutz durch, so erlaubt nach Angaben der Bereichsverantwortlichen (102) das Rechnungswesen von 37,5 Prozent die Zurechnung umweltschutzbedingter Erlösausfälle bzw. Mehrkosten; häufigster Anwendungsfall ist die Behebung von Umweltschäden (25,5%). Grundsätzlich erfolgt der Ausweis um so häufiger, je eindeutiger die Umweltschutzkosten als solche identifizierbar sind. Objektbezogene Zurechnungen umweltschutzbedingter Erlös- und Kostenentwicklungen sind noch am häufigsten nach Umweltschutzbereichen (z.B. Gewässerschutz, Luftreinhaltung, Abfall) möglich (30,5%), in sehr viel geringerem Ausmaß nach Investitionsobjekten (18,6%), organisatorischen Einheiten (16,8%) oder Produktlinien (10,2%). Die Angabe von 64,7 Prozent der Unternehmen (383 von 592), erlössteigernde oder kostensenkende Umweltschutzmaßnahmen realisiert zu haben, sind deshalb insgesamt eher vorsichtig zu interpretieren. Genannt wurden die in Tab. 4 bezeichneten Maßnahmen.

4.3 Personalwesen

44. Das Management, insbesondere das Top-Management, sowie noch die Betriebsbeauftragten initiieren am häufigsten Umweltschutz-Maßnahmen. Allen anderen Akteuren kommt hierbei nur fallweise Bedeutung zu.
45. Als wichtigste Anreize zur Förderung des Umweltbewußtseins gelten ein leichter Zugriff auf umweltschutzbezogene Informationen (59,5%) sowie die Nutzung des betrieblichen Vorschlagwesens (55,4%). Das Anerkennen besonderer Leistungen und Ideen im Umweltschutz (29,1%), erhöhte Prämien für Umweltschutzvorschläge im Rahmen des Vorschlagswesens (19,2%), Belohnungssysteme für Umweltschutzideen (16,9%) und Anreizsysteme zur Vermeidung umweltschädlicher Verhaltensweisen (15,1%) sind weitere Maßnahmen.
46. Knapp die Hälfte der befragten Bereichsverantwortlichen (46,9%) gibt an, Umweltschutzaspekte stark oder sehr stark mit in die betriebliche Weiterbildung einzubeziehen. Bemerkenswert ist, daß die Personalverantwortlichen (N=102) beim Zuspruch zu den umweltschutzbezogenen Weiterbildungsmöglichkeiten nahezu die gleiche Rangfolge der Funktionsbereiche benennen wie die Unternehmensleitungen bei der wahrgenommenen Umweltschutzbetroffenheit. Noch deutlicher als deren Angaben drückt das Weiterbildungsverhalten die Techniklastigkeit betrieblichen Umweltschutzes aus. Produktion (77,5%), Forschung und Entwicklung (67,3%) und Materialwirtschaft (45,9%) bilden eindeutig die Schwerpunkte. Marketing (20,4%), strategische Planung (19,4%), Per-

4. Ergebnisse zu betrieblichen Querschnittsfunktionen

a) Haben Sie in den letzten Jahren konkrete Maßnahmen oder Aktionen realisiert, die Kostensenkungen oder Ertragssteigerungen erbracht und dem Umweltschutz gedient haben?

b) Welche Maßnahmen dieser Art planen Sie für die Zukunft?

N = 592	realisiert	geplant
keine Angabe	11 (1,9%)	239 (40,3%)
NEIN/KEINE	198 (33,4%)	1 (0,2%)
JA, und zwar	383 (64,7%)	352 (59,5%)
1. Einsparungen (Energie, Wasser, Roh-/Hilfs- und Betriebsstoffe)	270 (45,6%)	150 (25,3%)
2. Substitution (Stoffe, Verfahren)	161 (27,2%)	157 (26,5%)
3. Emissionsminderungen (Abluft, Abwasser, feste Abfälle, Lärm)	131 (22,1%)	156 (26,4%)
4. Recycling/Rohstoffrückgewinnung	90 (15,2%)	72 (12,1%)
5. Neue Märkte (Diversifikationen)/ Neue Nutzungsanwendungen (Marktentwicklungen)	41 (6,9%)	47 (7,9%)
6. Arbeitsplatzverbesserungen (z.B. Lärmminderung, Absauganlagen, Arbeitserleichterungen)	8 (1,4%)	19 (3,2%)
Gesamtzahl der Nennungen (Mehrfachnennungen waren möglich)	702	602

Tab. 4: Durchgeführte und geplante erlössteigernde oder kostensenkende Umweltschutzmaßnahmen (N = 592)

sonalwesen (13,3%), Organisation (10,2%), Controlling (4,1%) und Rechnungswesen 2,0%) sind dagegen nachrangig.

47. Dem Zuspruch entsprechend dominieren technische Inhalte die Weiterbildungsangebote. Einzige Ausnahme bildet die Umweltschutzgesetzgebung auf dem zweiten Rang (28,4%). Die Substitution gefährlicher Stoffe nimmt klar die Spitzenposition ein (36,3%). Von sonstigen Inhalten hebt sich auch noch die Minimierung des Energieverbrauchs ab. Die Reihenfolge ändert sich, sobald Mitglieder der Führungsebene angespro-

chen werden. Herausragend sind dann die Entwicklung umweltfreundlicher Verfahren sowie erneut die Umweltschutzgesetzgebung.

5. Zusammenfassung

Im vorliegenden Beitrag wurden erste Ergebnisse aus der bislang umfassendsten Untersuchung zur umweltorientierten Unternehmensführung vorgestellt. Befragt wurden u. a. Mitglieder der Geschäftsführung von 592 Unternehmen des Verarbeitenden Gewerbes. Etwa jeweils ein Fünftel beantwortete darüber hinaus die Fragebögen zu den Funktionen Forschung und Entwicklung, Materialwirtschaft, Produktion, Marketing, PR, Personalwesen, Rechnungswesen und Controlling.

Während für das Gesamtunternehmen dem Umweltschutz bereits eine hohe Bedeutung zugemessen wird, stellt sich dies für die einzelnen Funktionsbereiche sehr unterschiedlich dar. Die strategische Unternehmensplanung ausgenommen, werden ausschließlich die Kernfunktionen, und hier vor allem die Produktion, als ökologisch stark bzw. relativ stark betroffen wahrgenommen.

Querschnittsfunktionen, d.h. Information, Organisation und Personalwirtschaft, fallen in der Wahrnehmung dagegen deutlich ab. Insgesamt legen die Ergebnisse die Schlußfolgerung einer **Techniklastigkeit** betrieblichen Umweltschutzes nahe. Darüber hinaus dominiert offensichtlich die Perspektive einer **Gefahrenabwehr** gegenüber einer **Chancenorientierung**. Eine stärkere Realisierung **präventiven Umweltschutzes** wird gerade hier Organisations-, d.h. Struktur- und Personalentwicklungen erfordern.

Literatur

Antes, R. (1991), Ergebnisse des Fragebogens „Organisation", in: FUUF/Forschungsgruppe Umweltorientierte Unternehmensführung, Bericht zu den Befragungsergebnissen des Modellversuchs „Umweltorientierte Unternehmensführung", Berlin, Veröffentlichung in Vorbereitung, Kapitel 6
BJU/Bundesverband Junger Unternehmer (Hrsg.) (1984), BJU-Ökologie-Umfrage, o. O.
Bonus, H. (1989), Preis- und Mengenlösungen in der Bundesrepublik, Manuskript, Münster
Business and Society Review (1990), No. 4
Feess-Dörr, E., Antes, R., Tiebler, P., Anthes, A., Steger, U. (1991), Entwicklung und Erprobung eines Curriculums zur Integration der Ökologie in die wirtschaftswissenschaftliche Ausbildung, Erster Zwischenbericht zum Forschungsprojekt, Oestrich-Winkel (Arbeitsberichte des Instituts für Ökologie und Unternehmensführung e. V. Nr. 15)
FUUF/Forschungsgruppe Umweltorientierte Unternehmensführung (Hrsg.) (1991), Bericht zu den Befragungsergebnissen des Modellversuchs „Umwelt-

orientierte Unternehmensführung", UBA-Forschungsvorhaben 10901041, Berlin, Veröffentlichung in Vorbereitung

Kirchgeorg, M. (1990), Ökologieorientiertes Unternehmensverhalten – Typologien und Erklärungsansätze auf empirischer Grundlage, Wiesbaden

Meffert, H., Benkenstein, M., Schubert, F., Walther, Th. (1986), Unternehmensverhalten und Umweltschutz – Ergebnisse einer empirischen Untersuchung in der Bundesrepublik Deutschland, Münster (Arbeitspapier Nr. 31 der Wissenschaftlichen Gesellschaft für Marketing und Unternehmensführung)

OECD (1989), Economic instruments for environmental protection, Paris

Pinter, J. (1984), Umweltpolitische Probleme und Lösungsmöglichkeiten bei Klein- und Mittelbetrieben und des Handwerks, Berlin

Wicke, L. (1989), Umweltökonomie. Eine praxisorientierte Einführung, 2. Aufl., München

Teil D
Integration des Umweltschutzes in die Funktionsbereiche

Kapitel 24
Umweltorientiertes Management von Forschung und Entwicklung

von *Alexander Gerybadze*

1. Einleitung 396
2. Umweltorientierte F&E: Durchsetzung eines neuartigen Management-Konzepts 397
3. Die technologische Wertschöpfungskette als Verfahren zur Implementierung integrierter Umwelttechnologie 402
4. Ein Fallbeispiel: Entwicklung und Anwendung umweltgerechter Verfahren der Oberflächentechnologie 406
5. Erfolgsvoraussetzungen und Strategien für die Implementierung integrierter umweltorientierter F&E-Strategien 409
6. Umwelt- und forschungspolitische Implikationen 412

Literatur 414

1. Einleitung

Der Bereich Forschung und Entwicklung (F&E) ist ein elementarer Bestandteil des integrierten Umweltschutzes, der eine zunehmende unternehmensstrategische und umweltpolitische Relevanz erlangt. Umweltorientierte F&E kann jedoch nur in dem Maße wirksam sein, wie sich in der Industrie und in der Forschungslandschaft integrierter Umweltschutz auch tatsächlich als umfassendes Managementprinzip auf allen relevanten Entscheidungsebenen durchsetzt. Bislang zumindest wirkt sich die zögerliche Durchsetzung dieses Managementprinzips noch recht hemmend auf die Zielrichtung von F&E und auf die Art der Technologie-Entwicklung aus.

– Lange Zeit überwog die Mißachtung wichtiger Prinzipien des Umweltschutzes in der Industrie; dies hat eine entsprechende Schwerpunktsetzung auf ökologisch inadäquate **Standardtechnologien** zur Folge gehabt, die aufgrund langer Nutzungszeiten und/oder weiterhin unzureichender Regulierung auch heute noch eine starke Verbreitung aufweisen.

– In den vergangenen Jahren hat die Umweltgesetzgebung ebenso wie eine erhöhte ökologische Aufmerksamkeit in der Bevölkerung zu einer gewissen Anpassung der Technologie beigetragen; die dadurch induzierten Veränderungen blieben jedoch vielfach auf schlichte Kombinationen von Standardtechnologie mit nachträglich vermeidender **„End-of-Pipe (EOP)"-Technologie** beschränkt (*Hartje, Lurie* 1988; *Steger* 1988).

– Erst langsam und in starker Konkurrenz zu den beiden vorgenannten Technologietypen setzt sich die Entwicklung einer konsequenten **Integrierten Umwelttechnologie** durch.

Durch integrierte Umwelttechnologie und durch F&E, die sich an Prinzipien des integrierten Umweltschutzes ausrichten, müssen möglichst frühzeitig im Innovationsprozeß die Weichen für die spätere Umweltverträglichkeit von Produkten, Produktionsverfahren und Dienstleistungen gestellt werden. Integrierter Umweltschutz wirkt um so effizienter und nachhaltiger, je frühzeitiger die entsprechenden „Konstruktionsprinzipien" angedacht und implementiert werden.

Ungeachtet dieser Erfordernisse integrierten Umweltschutzes vollzieht sich umweltorientierte F&E jedoch keineswegs „im luftleeren Raum" und kann aufgrund politisch-institutioneller Restriktionen nur selten in der erforderlichen ganzheitlichen Weise implementiert werden. Die Entwicklung integrierter Umwelttechnologie ist stets eingebunden in ein engmaschiges institutionelles Wirkungsgefüge und muß sich in harten Konkurrenzbeziehungen gegenüber Standardtechnologien und EOP-Technologien behaupten. Die Verbreitung integrierter Umwelttechnologie muß somit als **Durchsetzung einer neuen technologischen Trajektorie** gegenüber einem etablierten dominanten Design (*Arthur* 1988; *David* 1987; *Teece* 1989) interpretiert werden.

2. Ein neuartiges Management-Konzept

Ökonomische Restriktionen wirken zunächst in hohem Maße **gegen** die neue technologische Trajektorie; umweltorientierte F&E kann sich infolgedessen nur sehr langsam und gegen beträchtliche Widerstände die ihr zustehende Rolle erkämpfen. Abschnitt 2 beschreibt das vorherrschende institutionelle Wirkungsgefüge innerhalb des industriellen F&E-Systems und den langsamen Anpassungsprozeß bei der Realisierung umweltorientierter F&E. Die Durchsetzung des integrierten Umweltschutzes ist im Verlauf dieses Transformationsprozesses primär von Kostenüberlegungen geprägt, und relative Preise und Kosten für die drei genannten Technologievarianten stellen zumeist **nicht** die erforderliche Begünstigung umweltorientierter F&E sicher.

Die Vorteilhaftigkeit von integrierten Umwelttechnologien kann jedoch begünstigt werden, wenn bei Entscheidungen über Investitionen und F&E langfristige Markterfordernisse berücksichtigt werden und wenn gezielt ökologische Nischen für umweltorientierte Technologien gesucht werden. Abschnitt 3 zeigt ein neuartiges Planungs- und Bewertungsverfahren auf, die **technologische Wertschöpfungskette**, die es ermöglicht, F&E gezielt an Markterfordernissen von Lead-Kunden auszurichten, die bereits heute in verläßlicher Weise Prioritätensetzungen für integrierte Umwelttechnologie beeinflussen. Zur Illustration für die dabei zu verfolgende Vorgehensweise wird in Abschnitt 4 ein Fallbeispiel dargestellt. Aufbauend auf der Methodik der technologischen Wertschöpfungskette und unter Verwendung von Ergebnissen aus dem Fallbeispiel werden in Abschnitt 5 Schlußfolgerungen für die effiziente Organisation eines umweltorientierten F&E-Systems gezogen. Abschnitt 6 stellt abschließend die Implikationen für eine auf integrierte Umwelttechnologie ausgerichtete Umwelt- und Forschungspolitik dar.

2. Umweltorientierte F&E: Durchsetzung eines neuartigen Management-Konzepts

Forschung und Entwicklung (F&E) wird im folgenden als betrieblich organisierte Aktivität verstanden, die auf die Gewinnung neuen Wissens und die Anwendung nützlicher neuer Produkte, Produktionsverfahren und Dienstleistungen ausgerichtet ist (*Brockhoff* 1988, 18 ff.). Häufig sind die entsprechenden Aktivitäten innerhalb eines betrieblichen **Funktionsbereiches F&E** organisiert, sie finden jedoch nicht selten auch in anderen betrieblichen Bereichen (Beschaffung, Produktion, Marketing etc.) statt und müssen in der Regel auch funktionsübergreifend koordiniert werden.

Gerade für umweltorientierte F&E, die an Prinzipien des integrierten Umweltschutzes ausgerichtet ist, erweist sich eine zu frühzeitige und zu strenge Eingrenzung auf einzelne Kompetenz- und Hierarchiebereiche als besonders nachteilig. Integrierter Umweltschutz erzwingt geradezu eine integrative, bereichsübergreifende Sichtweise des Innovationsprozesses, die bewußt abrückt von einer zu eng verstandenen Spezialisierung und Institutionalisierung von F&E (vgl. *Brockhoff* 1990, Arthur D. Little 1991).

Die Erweiterung betrieblicher Wissensbasen durch zielgerichtete F&E-Aktivitäten vollzieht sich im Spannungsfeld zwischen betrieblichen Ressourcen, unternehmerischen Zielsetzungen und bestimmten Restriktionen und Vorgaben, die durch die natürliche Umwelt, zugleich aber auch durch das vorherrschende regulatorische System (staatliche Auflagen, Gesetzgebung, Verhaltensnormen) gesetzt werden (vgl. dazu die Übersicht in Abb. 1).

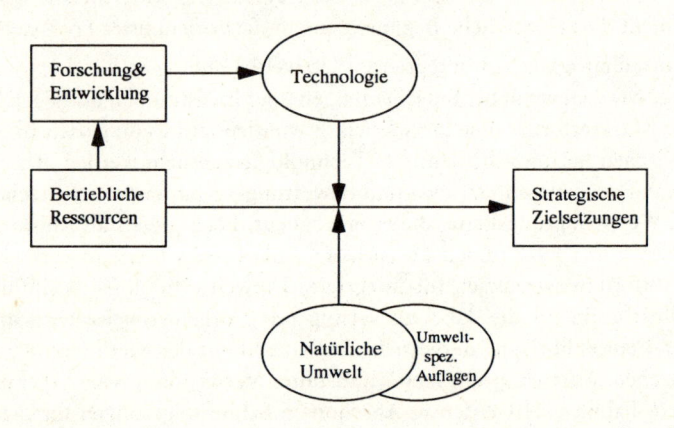

Abb. 1: Das Konfliktmodell im Verhältnis zwischen Technikgestaltung und Umwelt

Ein bestimmter Teil der betrieblichen Ressourcen kann bzw. muß für F&E-Aktivitäten abgezweigt werden. In der betrieblichen Praxis vollzieht sich dies häufig nach Verhaltensregeln, die pro Jahr eine bestimmte F&E-Quote als %-Anteil am Umsatz vorsehen (für eine empirische Übersicht siehe *Brockhoff* 1988, 55).

Die Ergebnisse betrieblicher F&E-Aktivität tragen ihrerseits zu einer Erweiterung der Technologie bei. Erweiterungen der Technologie können jedoch gleichermaßen auf die Weiterentwicklung von **Standardtechnologien**, auf die Entwicklung von **EOP-Technologien**, wie auch auf **integrierte Umwelttechnologien** ausgerichtet sein. Die Art der Auswahl und Schwerpunktsetzung ist prinzipiell offen. Aufgrund von Rentabilitätsüberlegungen und geprägt durch die Tatsache, daß industrielle F&E-Aktivitäten entlang bestimmter Trajektorien und als „Suche in der Nachbarschaft" etablierter Wissensbasen (*Nelson, Winter* 1982) ablaufen, vollzieht sich jedoch eine Aufteilung derart, daß ein sehr hoher Prozentsatz in die Weiterentwicklung von Standardtechnologien, ein kleinerer Teil für EOP-Technologien und nur ein verbleibendes Residuum in integrierte Umwelttechnologien investiert wird.

Diese einseitige Schwerpunktsetzung wird beeinflußt durch die etablierte industrielle Organisation des F&E-Prozesses, die die Kumulierung von Wissensbasen entlang bestimmter Trajektorien begünstigt; sie folgt nicht etwa aus einem allgemeinen Technikbegriff, der strenggenommen eine angemessene Berücksichtigung der natürlichen Umwelt fordert. Beispielsweise definiert das *Meyer*-Universallexikon (1985) **Technik** als die „Gesamtheit der Objekte, Maßnahmen und Verfahren, die vom Menschen durch sinnvolle, zielgerichtete Ausnutzung der Naturgesetze und -prozesse sowie geeigneter Stoffe hergestellt bzw. entwickelt werden und sich – als Erweiterung der (begrenzten) menschlichen Fähigkeiten – zweckmäßig... anwenden lassen". Gemäß dieser Definition umschreibt die Technik eine bestimmte Art der Interaktion zwischen Mensch und Natur bzw. zwischen Unternehmen und ihrer natürlichen Umwelt, die gleichermaßen komplementär-kooperativ wie auch konfliktorientiert angelegt sein kann. Es ist Aufgabe der **Technikgestaltung**, eine ganz bestimmte, partnerschaftliche Form der Zusammenarbeit zwischen Mensch und Natur in die Wege zu leiten.

Forschung und Entwicklung ist ein ganz entscheidendes Instrument der Technikgestaltung und kann daher nachhaltig zu einer vorausschauenden Berücksichtigung ökologischer Prinzipien beitragen. Die Vorgabe von F&E-Zielen, die Auswahl von F&E-Programmen und -Projekten wie auch die Festlegung auf ganz bestimmte F&E-Planungs-, -Budgetierungs- und -Controlling-Verfahren prägen ganz entscheidend die Art der Auseinandersetzung mit der natürlichen Umwelt und nicht zuletzt auch, ob und in welchem Ausmaß ökologische Prinzipien bei der Technikgestaltung Berücksichtigung finden. Obwohl das Potential für eine konsequente Technikgestaltung und für die umfassende ökologische Vorsorge gerade im F&E-Bereich am allergrößten ist, hat sich die Leitidee integrativen Umweltschutzes in der industriellen Forschung und Entwicklung bislang noch vergleichsweise wenig durchgesetzt. Einer konsequenteren Berücksichtigung stehen vielfach F&E-Ziele und Forschungsprioritäten entgegen, die in der Regel nach folgender Rangordnung verfolgt werden:

1. Von primärer Bedeutung sind **Formal- und Sachziele**, die mit der laufenden Geschäftstätigkeit verknüpft sind (Gewinn, Rentabilität, die Erfüllung bestimmter Geschäftsfeld-Strategien).
2. Nahezu ebenso bedeutsam für den Forschungssektor (und im Bereich der Grundlagenforschung oft von größerer Priorität) ist die Zielsetzung der **Erweiterung der technologischen Wissensbasis** und der Erfüllung intellektueller Ziele der am F&E-Prozeß Beteiligten.
3. Erst mit dritter oder gar nachrangiger Priorität setzen sich in einzelnen Bereichen **umweltorientierte F&E-Ziele** durch (zumindest was die wirksame Erforschung integrierter Umwelttechnologien anbetrifft).

Diese Prioritätensetzung führt bislang noch in weiten Bereichen zu einer Vernachlässigung ökologischer Prinzipien bei der Schwerpunktsetzung und Steuerung von F&E. Im Vergleich zu anderen Funktionsbereichen (Produktion, Marketing, Personal, Entsorgungslogistik) ist der Bereich F&E oftmals durch ein besonderes Ausmaß an ökologischer Rückständigkeit geprägt. In den ersteren Funktionsbereichen, die unmittelbar in Transaktionen mit Marktpartnern und Behörden eingebunden sind, sind umweltpolitische Imperative am frühesten spürbar geworden; dies hat hier auch zu einer vergleichsweise stärker ausgeprägten Kongruenz von Funktionsbereichs- und Umweltzielen geführt. Vorschnelle Zielkongruenz in den eher operativen Funktionsbereichen hat aber häufig auch zu einer Suche nach einfachen, kostengünstigen Lösungen geführt, die in der Regel eher mit marginalen Verbesserungen der Standardtechnologie und der End-of-Pipe-Technologien einhergingen. Solche „Nachbesserungslösungen" machten nur selten ehrgeizige F&E-Anstrengungen erforderlich und waren zudem häufig durch extremen Kostendruck und kurzfristige Anpassungszwänge geprägt, die ohnehin nicht das Engagement und die Phantasie der F&E-Abteilungen beflügelt hätten. Eine konsequente Rückübersetzung umweltpolitischer Prioritäten in den F&E-Bereich blieb aus, und umweltorientierte Technologie-Entwicklungen blieben auf das Notwendigste beschränkt (vgl. dazu die Darstellung in Abb. 2).

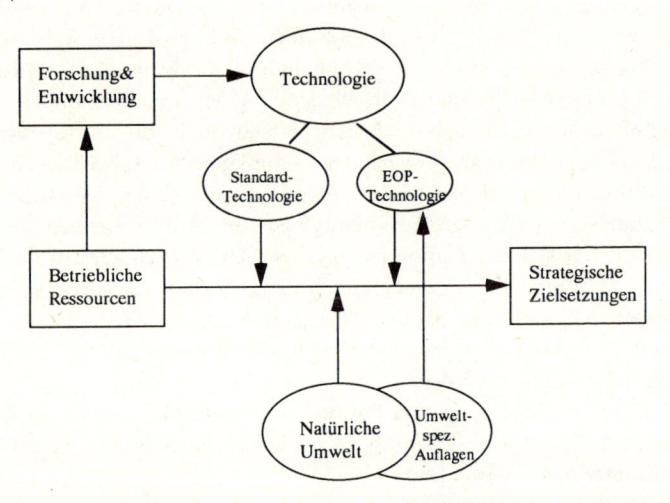

Abb. 2: Berücksichtigung von Umweltaspekten als Restriktion: Entwicklung von End-of-Pipe-(EOP-)Technologien

Eine konsequente Berücksichtigung integrierter Umwelttechnologie bei der Technikgestaltung und bei der Ausrichtung von F&E wird erst dann gelingen, wenn Entscheidungsträger abrücken von der Strategie der Kosten- und Konfliktvermeidung. Solange ökologische Ziele als drittrangig angesehen werden und Technikentwicklung und -gestaltung primär als „Spiel gegen die Natur" oder als „Spiel gegen Behörden" angesehen wird, kann sich eine integrative, umweltorientierte F&E nicht durchsetzen und wird bestenfalls in altruistischer, zumeist aber untergeordneter Weise verfolgt. Voraussetzung

2. Ein neuartiges Management-Konzept

ist, daß eine umfassende ökologische Vorsorge selbst zu einem elementaren Bestandteil strategischer Zielsetzungen der Unternehmung wird und zu einer entsprechenden Prioritätensetzung und Ressourcenallokation führt, durch die sukzessive alle Funktionsbereiche ihre bereichsspezifischen Zielsetzungen und Anreizstrukturen „einnorden" können.

Der Übergang zu einer solchen Neuausrichtung der Unternehmung ist in Abb. 3 veranschaulicht: Die Leitidee integrativen Umweltschutzes muß in den strategischen Zielsetzungen und Statuten verankert werden. Die Bewertung und der Ausbau betrieblicher Ressourcen und strategischer Erfolgspotentiale vollziehen sich unter expliziter Berücksichtigung von Prinzipien des integrierten Umweltschutzes. F&E bleibt davon keineswegs unberührt; im Gegenteil: Die Formulierung von F&E-Zielen, die Festlegung von F&E-Programmen, die Auswahl von F&E-Projekten und die Ausrichtung F&E-spezifischer Budgetierungsverfahren und Anreizstrukturen erfolgen in Einklang mit Zielsetzungen des integrierten Umweltschutzes.

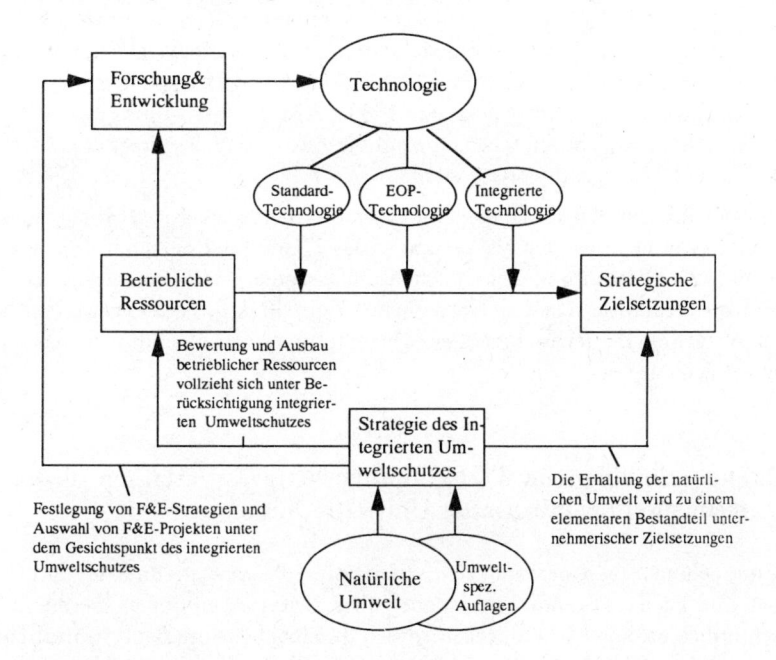

Abb. 3: Herausbildung des Integrierten Umweltschutzes als unternehmerische Strategie

Gemäß einer solchen Kopplung von F&E-Entscheidungen mit der Leitidee des integrativen Umweltschutzes wird von vornherein in strategischer Weise berücksichtigt, welchen Einfluß grundlegende Entwicklungen integrierter Umwelttechnologien auf die Verbesserung der Markt- und Wettbewerbsposition der Unternehmung nehmen, und welche Gefährdung von ökologischen

Schäden auf die betriebliche Ressourcenbasis und den Unternehmenswert ausgehen können. Ein vergleichsweise hoher Prozentsatz des gesamten F&E-Budgets wird entsprechend für integrative Vorsorge- und Vermeidungsinvestitionen abgezweigt, da diese eine hohe Wertsteigerung versprechen.

Einzelne Unternehmen in Bereichen mit hohen prospektiven Innovatorenrenten und Betriebe in sensitiven Tätigkeitsbereichen, in denen die Gefährdung der eigenen Ressourcenbasis durch die Umwelt stark ausgeprägt ist, verfolgen daher bereits heute entsprechende Regeln bei der Allokation ihres F&E-Budgets und bei der Ausrichtung ihrer F&E-Aktivitäten. Wenige „gleichgesinnte" Akteure, für die ökologische Ziele in ihrer betrieblichen Zielhierarchie bereits heute einen sehr hohen Stellenwert einnehmen, gehen enge Interaktionsbeziehungen innerhalb von spezialisierten **„ökologischen Nischen" des integrierten Umweltschutzes** ein. In jedem Unternehmen als Teilnehmer eines eng eingegrenzten Netzwerks sind ökologie-orientierte Zielvorgaben präzise genug und operational formuliert, und es gelingt, F&E-Anstrengungen und betriebliche Investitionen über alle Funktionsbereiche hinweg wirksam zu bündeln und zu koordinieren. Die enge überbetriebliche Zusammenarbeit zwischen „Gleichgesinnten" verstärkt die Wirksamkeit des Neuerungsprozesses (vgl. u.a. *Gerybadze* 1991). Alle am Innovationsprozeß Beteiligten können dadurch rechtzeitig auf die Zielsetzung des integrierten Umweltschutzes „eingeschworen" werden.

In Analogie zum Verfahren des Total Quality Management (TQM) mag dies auch beschrieben werden als Verfahren des „Total Environmental Management". Zur Einführung eines solchen umfassenden Management-Konzepts und zur Strukturierung des erforderlichen Umstellungsprozesses erweist sich das Verfahren der technologischen Wertschöpfungskette als hilfreich, das im folgenden dargestellt wird.

3. Die technologische Wertschöpfungskette als Verfahren zur Implementierung integrierter Umwelttechnologie

Unternehmen, die einen vergleichsweise hohen Prozentsatz ihrer Investitionen für F&E aufwenden und dabei über längere Zeiträume überdurchschnittlich erfolgreich sind, zeichnen sich durch ein entsprechend strategisch ausgerichtetes F&E-Management aus (vgl. Arthur D. Little 1991, 3. Kapitel). Betriebliche Aktivitäten, die auf Neuerungen ausgerichtet sind, werden unter Berücksichtigung einer **technologischen Wertschöpfungskette** strukturiert. Diese wird in Abb. 4 dargestellt: Primäre Zielvorgaben werden durch den Markt und die Nachfrage beeinflußt, die ihrerseits stark von Umweltbeziehungen und Rahmenbedingungen geprägt werden (vgl. die rechte Seite in Abb. 4). Das F&E-betreibende Unternehmen muß seine F&E-Projekte und Programme in Abstimmung mit (exogenen) wissenschaftlich-technischen

3. Die technologische Wertschöpfungskette 403

Entwicklungen so zielgerecht anlegen, daß eine möglichst geringe Streuwirkung verzeichnet werden muß. Die eingesetzten F&E-Mittel können dadurch möglichst effizient in geeignete Produkte, Verfahren und Dienstleistungen transformiert werden, denen ein entsprechender Kundenbedarf unter Berücksichtigung der verbindlich gültigen ökologischen Prinzipien gegenübersteht.

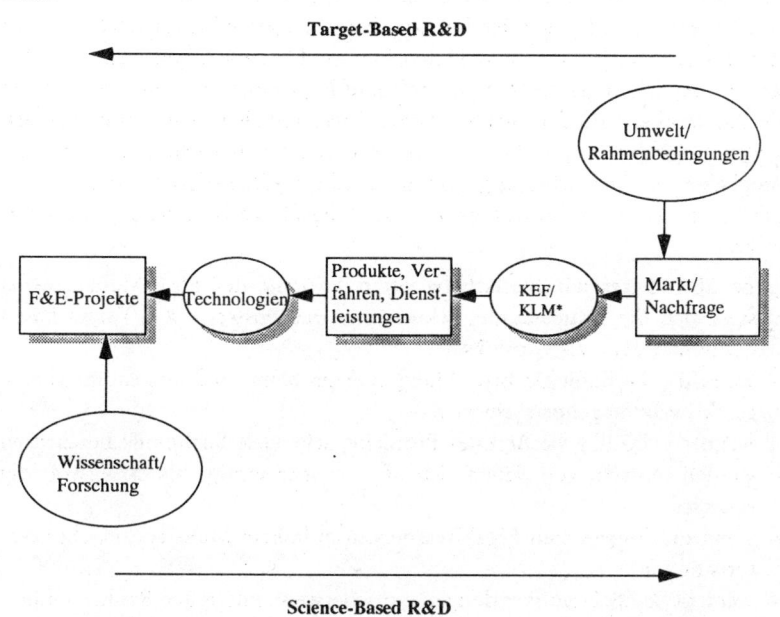

Target-Based R&D

```
F&E-Projekte → Technologien → Produkte, Verfahren, Dienstleistungen → KEF/KLM* → Markt/Nachfrage
                                                                          ↑
                                                              Umwelt/Rahmenbedingungen
        ↑
Wissenschaft/
Forschung
```

Science-Based R&D

* KEF   Kritische Erfolgsfaktoren im Wettbewerb
  KLM   Kritische Leistungsmerkmale der Produkte/Serviceleistungen

Abb. 4: Die technologische Wertschöpfungskette

Hohe F&E-Effizienz geht dabei in der Regel mit der Verfolgung eines rekursiven Verfahrens des **Target-based R&D** einher, bei dem die technologische Wertschöpfungskette in Abb. 4 von rechts nach links „abgearbeitet" wird: Die vorauschauende Analyse der Markt- und Bedarfsanforderungen legt die kritischen Erfolgsfaktoren und kritischen Leistungsmerkmale offen. Daraus leiten sich klare Vorgaben für die eigenen Produkte, Dienstleistungen und Verfahren ab. Diese wiederum bestimmen, welche Technologien eine Unternehmung beherrschen muß, um im Wettbewerb erfolgreich bestehen zu können. Ist diese Prioritätensetzung für technologische Kompetenzbereiche bekannt, kann entsprechend eine darauf abgestimmte Auswahl und Unterstützung von F&E-Projekten vorgenommen werden.

Diesem rekursiven Verfahren des Target-based R&D steht in der Praxis vielfach eher die umgekehrte Vorgehensweise gegenüber. Gerade in wissenschaftsbasierten Industriezweigen, in denen beispielsweise die Biotechnologie, die Materialtechnologie und die Mikroelektronik eine große Rolle spielen, werden Technologieschübe nicht selten durch exogene Entwicklungen der Wissenschaft und Forschung induziert; dies verleitet die beteiligten Firmen und Forschungseinrichtungen zur Verfolgung einer anderen Variante des F&E-Managements, die im folgenden als **Science-based R&D** bezeichnet werden soll; die Sequenz der Entscheidungsfindung wird für letztere durch den unteren, nach rechts gerichteten Pfeil in Abb. 4 symbolisiert: Grundlegende Entwicklungen in Wissenschaft und Forschung beeinflussen zunächst die Auswahl von F&E-Projekten. Diese führen mit einer bestimmten Erfolgswahrscheinlichkeit zu industriell verwertbaren neuen Technologien und ermöglichen die Entwicklung geeigneter Produkte, Dienstleistungen und Verfahren, denen dann hoffentlich eine zahlungsfähige Nachfrage gegenübersteht.

Gegenüber dieser wissenschaftsbasierten Variante des F&E-Managements erweist sich die erstgenannte, rekursive Vorgehensweise des Target-based R&D immer dann als vorteilhaft,
– wenn die Technologieentwicklung eher problem- und anwendungsbezogen als grundlagenorientiert ist,
– wenn zur Lösung bestimmter Probleme sehr viele Suchpfade beschritten werden müssen, von denen sich oft nur sehr wenige als erfolgsträchtig erweisen,
– wenn die eingesetzten F&E-Ressourcen in hohem Maße spezifischer Natur sind und
– wenn hohe F&E-Aufwendungen typischerweise mit hohen Risiken einhergehen.

Gerade im Bereich der Umwelttechnologie sind diese Kriterien besonders stark ausgeprägt und beeinträchtigen die Wirksamkeit einer wissenschaftsbasierten Herangehensweise. Umwelttechnologische Lösungen müssen für jedes Problemfeld gesondert erarbeiten werden; dabei müssen häufig sehr viele technologische Varianten und Lösungspfade gleichzeitig berücksichtigt werden. Jeder der möglichen Lösungsansätze (z. B. UV-Behandlung vs. Ozonbehandlung vs. Mikrofiltration von Wasser) erfordert jeweils spezifische Investitionen in Anlagen, Meß- und Prüfeinrichtungen und in Humankapital. Die Investitionsaufwendungen sind beträchtlich und mit hohen Risiken der Fehlinvestition für den Fall einer zu frühzeitigen Festlegung auf eine bestimmte technische Entwicklungslinie behaftet. Aus diesen Gründen erweist es sich in den meisten Fällen geradezu als unvermeidlich, F&E und die Entwicklung neuer umwelttechnischer Verfahren von vornherein nach dem beschriebenen rekursiven Verfahren auszurichten.

Target-based R&D, das an dem Leitbild integrierten Umweltschutzes ausgerichtet ist, unterscheidet sich z. T beträchtlich von den am häufigsten verbreiteten Methoden des F&E-Managements im Umweltsektor. Im Vordergrund

3. Die technologische Wertschöpfungskette

sollte nicht so sehr die inkrementale Verbesserung vorhandener Produkte und Fertigungsverfahren stehen, um diese nur auflagengerecht „sauber" zu machen, sondern vielmehr ein grundsätzliches Überdenken der gesamten betrieblichen Wertschöpfungskette. Diese muß bewußt ansetzen an Kundenbedürfnissen und Marktanforderungen, vorzugsweise an Kundengruppen, die künftig relevante Anforderungen repräsentieren und die Möglichkeit eines dahinterliegenden großen Marktpotentials eröffnen. **Lead-Kunden** für integrierte Umwelttechnologie mit hohen Anforderungen, die bereits heute künftige Marktbedürfnisse artikulieren und für umweltgerechte Produkte und Dienstleistungen angemessene Preise bezahlen, übermitteln verbindlichere Signale als Kunden, die Anstöße zur Kostenvermeidung oder zur Umgehung von Umweltauflagen liefern.

Gemeinsam mit Lead-Kunden, die heute bereits hohe, längerfristig verbindliche Anforderungen an die Entwicklung integrierter Umwelttechnologie stellen, muß eine Rekonfiguration von Produkten, Verfahren und Dienstleistungen vorgenommen werden. Es reicht gerade **nicht** aus, dieselben Produkte und Leistungen mit verbesserter Standardtechnologie und „angeflanschten" EOP-Technologien sauberer zu machen, sondern die gesamte Wertschöpfungskette muß in rekursiver Weise unter Einbindung aller Stufen des F&E-Prozesses grundlegend neu überdacht werden. Die Ausrichtung aller F&E-Bereiche, -Projekte und des unternehmensspezifischen Technologie-Portfolios muß innerhalb eines solchen umweltorientierten Gesamtkonzepts stehen, bei dem wichtige Lead-Kunden einen nachhaltigen Einfluß ausüben.

Der beschriebene Ansatz der Entwicklung integrierter Umwelttechnologien unter Verwendung der technologischen Wertschöpfungskette unterscheidet sich noch deutlich von den in der Industrie verbreiteten Verfahren umweltorientierten F&E- und Produkt-Managements. Letztere folgen in der überwiegenden Mehrzahl einem inkrementalen, wissenschafts- oder produktionsbasierten Handlungsmuster. Zukunftsorientierte Marktfelder und Kundengruppen werden weitgehend ausgeblendet. Für die vorhandenen Produkte, Verfahren und Dienstleistungen werden inkrementale Verbesserungen innerhalb einer weitgehend bestehenden organisatorischen Struktur angestrebt. Die vorhandenen Abläufe und Strukturen des F&E-Prozesses werden weitgehend unverändert gelassen, und es werden nur zusätzliche Evaluierungsschleifen, Prüfverfahren und Checklisten „angeflanscht". Die Problematik, die sich dadurch häufig einstellt, ist, daß der Produktentwicklungs- und Innovationsprozeß dadurch eher verlangsamt und die Beteiligten tendenziell demotiviert werden. Gerade in großen Unternehmen der Chemieindustrie ist in den letzten Jahren sehr viel unternommen worden, Kriterien und Prüfverfahren des Umweltschutzes auf allen Stufen des F&E-Prozesses und an allen organisatorischen Schnittstellen einzubinden (vgl. beispielsweise Holoubek, Geywitz 1991). Dies geschieht jedoch zu häufig im Rahmen einer eher auf andere Zielsetzungen hin optimierten Struktur- und Ablauforganisation; infolgedessen können solche Bemühungen noch nicht den Anforderungen des integrierten Umweltschutzes gerecht werden, der zu einem umfassenden Überdenken der technologischen Wertschöpfungskette zwingt und mit nachhaltigen Änderungen der Ablauf- und Strukturorganisation einhergehen muß.

4. Ein Fallbeispiel: Entwicklung und Anwendung umweltgerechter Verfahren der Oberflächentechnologie

Ein Anbieter von Anlagen für die Oberflächenbehandlung von Metallen verfügt über drei Verfahrenstechnologien:
- T1: Tauchlack
- T2: Sprühlack
- T3: Pulverbeschichtung.

Von diesen drei Verfahren befinden sich die ersten beiden in der breiten industriellen Anwendung; der Anbieter vermutet jedoch, daß die Pulverbeschichtung als umweltfreundlichstes der drei Verfahren mittelfristig stark an Bedeutung zunehmen wird und hat daher in den letzten Jahren stark in die Entwicklung dieses Verfahrens investiert.

Das Verfahren und die dafür erforderlichen Anlagen sind mittlerweile technisch weitgehend ausgereift und der Hersteller ist auf der Suche nach Pilotkunden, mit denen er gemeinsam das neue Verfahren einführen und weiterentwickeln kann und die ihm später als Referenz dienen. Zu diesem Zweck segmentiert er den Markt in produktspezifische Anwendungsbereiche (z.B. Automobile, Maschinenbau, Haushaltsgeräte etc.) und in Ländergruppen. Für jedes Segment, z.B. den Werkzeugmaschinenbau in der Bundesrepublik Deutschland, werden gesondert die kritischen Erfolgsfaktoren und Leistungsmerkmale der Produkte ermittelt, die Einfluß auf die mögliche Wahl einer bestimmten Oberflächentechnologie haben. Dabei wird nach solchen Primäranwendungen gesucht, die folgendes Ranking aufweisen:
1. Umweltverträglichkeit,
2. Qualität und
3. Wirtschaftlichkeit.

Nur für diese Primäranwendungen ist damit zu rechnen, daß das Verfahren der Pulverbeschichtung, das vergleichsweise umweltfreundlich ist, dafür aber einzelne Nachteile bzgl. Materialqualität und Verarbeitungskosten aufweist, relativ schnell zum Zuge kommen kann. Gemäß dieser Bewertung nimmt der Hersteller ein Ranking von Anwendungsbereichen und Ländergruppen vor, das in der Matrix in Abb. 5 dargestellt wird. Im linken oberen Bereich befinden sich diejenigen Marktsegmente, für die am ehesten mit der Gewinnung von Pilotkunden für den Einsatz der Pulverbeschichtung gerechnet werden kann. Ausgewählt wird die Haushaltsgeräteindustrie in Schweden und in der

Bundesrepublik Deutschland. Für diese Produkt- und Anwendergruppe sind die Materialqualität und Kostenstruktur, die bei Einsatz der Pulverbeschichtung erreicht werden können, zufriedenstellend. Wichtige Käuferschichten in beiden Ländern präferieren Geräte, die mit dem Argument der Umweltfreundlichkeit verkauft werden; zudem gibt es strenge Auflagen in Hinblick auf Emissionen bei den Herstellern. Im Vergleich zum Marktsegment der Haushaltsgeräteindustrie erweist sich beispielsweise der Automobilbau **nicht** als geeigneter Primäranwenderbereich, da spezifische Anforderungen (Hochglanz der Farbbeschichtung, gute Reparierfähigkeit) den Einsatz der Pulverbeschichtung bislang verhindern.

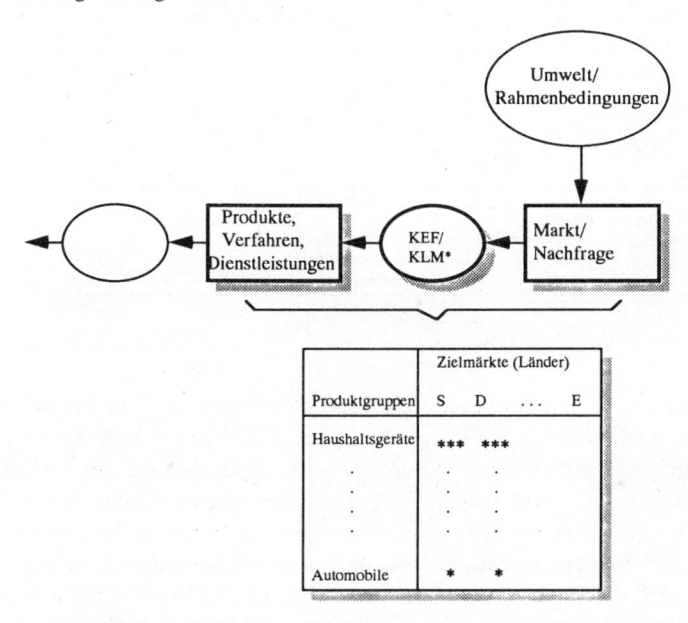

	Zielmärkte (Länder)		
Produktgruppen	S	D	... E
Haushaltsgeräte	***	***	
.	.	.	
.	.	.	
.	.	.	
Automobile	*	*	

Abb. 5: Die Ermittlung kritischer Erfolgsfaktoren und Produkte/Verfahren für bestimmte Gruppen von Primäranwendern

Als Ergebnis dieses Screening-Prozesses beginnt der Hersteller zwei Pilotprojekte mit Haushaltsgeräteherstellern in Deutschland und Schweden. Mit beiden Pilotkunden werden für verschiedene Produktlinien die zur Verfügung stehenden Verfahrenstechniken und die gangbaren technischen Entwicklungslinien überprüft (vgl. dazu Abb. 6, S. 408). Aus dem Vergleich bestimmter Verfahrenstechnologien für bestimmte Anwendungs- und Problemfelder lassen sich Prioritäten für die weitere Technologieentwicklung ableiten. Für bestimmte Engpaßbereiche werden durch die beteiligten Firmen weitere F&E-Projekte eingeleitet.

Als problematisch erweisen sich für das beschriebene Fallbeispiel insbesondere die Materialqualität der verwendeten Pulversorten und bestimmte Verfahren der elektrostatischen Beschichtung. Ersteres führt zu einer vertraglichen Vereinbarung mit einem großen Chemiehersteller. Für verbesserte Verfahren der elektrostatischen Beschichtung fühlt sich der Anlagenhersteller selbst verantwortlich und beginnt ein entsprechend angelegtes F&E-Projekt im eigenen Haus.

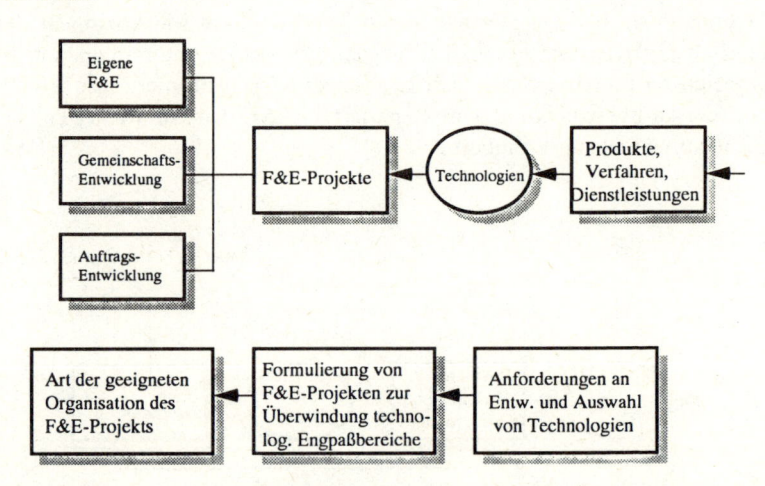

Abb. 6: Die Herausarbeitung geeigneter F&E-Projekte und deren Organisation

Stärker auf spezifische Aufwendungsprobleme und die Qualitätskontrolle hin ausgerichtete Entwicklungen werden später unter Federführung des Haushaltsgeräteherstellers, wenngleich unter Hinzuziehung von Spezialisten des Anlagenanbieters, fortgeführt. Jeder der beteiligten Akteure hat im Verlauf der gemeinsamen Entwicklungen erhebliche Mittel in die Fortentwicklung der Pulverbeschichtung investiert, wodurch mittelfristig sichergestellt wird, daß dieses vergleichsweise umweltfreundliche Verfahren ein entsprechendes Momentum gegenüber den bislang im Markt etablierten Verfahren erlangen kann.

Insgesamt wird es in dem beschriebenen Fallbeispiel ca. fünf bis acht Jahre dauern, bis sich das neue Verfahren der Pulverbeschichtung innerhalb einer hinreichend großen Gruppe von industriellen Anwendern etablieren wird. Zu stark verbreitet sind Standardtechnologien und kompensatorische EOP-Technologien. Das „dominante Design" traditioneller Verfahren der Oberflächentechnologie wird favorisiert durch eine breite Phalanx von Engineering-Firmen, Anlagenherstellern und industriellen Nutzern, die in langlebige Kapitalgüter investiert haben. Z. T. wirkt sich die Umweltpolitik aufgrund von Auflagen, Prüf- und Zulassungsverfahren selbst als stark behindernd für die neue Technologie der Pulverbeschichtung aus.

Promotoren des neuen, umweltfreudlichen Verfahrens können erst langsam die geeigneten vertraglichen Beziehungen aufbauen und die erforderlichen

Erfahrungs- und Mindestgrößenvorteile erlangen. Erst im Zuge eines aufwendigen Versuch-Irrtum-Prozesses finden die beteiligten Firmen und Forschungseinrichtungen die geeignete Form der Arbeitsteilung und Spezialisierung.

Um diese Vorteile auch frühzeitig gegen eine Phalanx von Promotoren der etablierten Technologien erlangen zu können, begründen die Beteiligten ein Netzwerk in einer „ökologischen Nische" der Pulverbeschichtung. Sobald hier genügend Erfahrungen gesammelt und hinreichend viele Vorteile der neuen Technologie unter Beweis gestellt werden können, wird es gelingen, nach und nach weitere Anwendergruppen zu erschließen. In dem Maße wie der Durchdringungsgrad im breiten Markt gesteigert werden kann, gelingt es den frühen Promotoren, aus ihrer „ökologischen Nische" heraus entsprechende Erfolgspositionen aufzubauen.

5. Erfolgsvoraussetzungen und Strategien für die Implementierung integrierter, umweltorientierter F&E-Strategien

Die Auswertung ausgewählter Projektbeispiele und die Analyse der Strategien von Unternehmen, die bereits heute in gewissem Umfang integrierte Umweltschutzstrategien verfolgen, weisen auf folgende Erfolgsvoraussetzungen hin:

1. Unternehmen müssen in ihren Bemühungen um integrierten Umweltschutz durch **klare und verbindliche Vorgaben** von der Marktseite und durch ein umweltorientiertes regulatorisches Regime unterstützt werden.
2. Diese Marktanforderungen und regulatorischen Vorgaben müssen durch ein **wirksames Such- und Auswahlverfahren** in Prioritäten für künftige Produkte, Verfahren und Technologien rückübersetzt werden.
3. Das **unternehmensinterne F&E-System** muß hinreichend effizient gemanagt und organisiert werden und muß gerade für die Durchsetzung integrierter Umwelttechnologie genügend Spielraum schaffen.
4. Einzelbetriebliche umwelttechnische Strategien müssen eingebunden werden in ein effizientes Netzwerk von Akteuren in **stabilen, ausbaufähigen ökologischen Nischen.**

Klare und verbindliche Vorgaben von der Marktseite und durch ein umweltorientiertes regulatorisches Regime sind von höchster Priorität für die Ausrichtung und den Durchsetzungserfolg integrierter umwelttechnischer Strategien. Dabei kommt es vor allem auf die Eindeutigkeit, Verbindlichkeit und Stetigkeit der Vorgaben an, durch die allein sichergestellt werden kann, daß grundlegend neue, integrierte Umwelttechnologien mit dem entsprechenden Vorlauf und ohne allzu große Risiken realisiert werden können. Die einzelne Unternehmung kann die Marktanforderungen und das regulatorische System nicht unmittelbar beeinflussen. Sie kann aber durch selektive Strategien ihr Marktumfeld und das jeweils gültige regulatorische Regime bewußt so auswählen, daß ihr die benötigten Marktsignale und Vorgaben in verbindlicher Weise übermittelt werden.

Marktseitig wird sie bestimmte **Lead-Kunden** vor allem auch unter dem Gesichtspunkt auswählen, welche Gruppe ihr für Belange der integrierten Umwelttechnologie die besten Informationen über Käuferwünsche, Umweltkompatibilität und langfristiges Nutzerverhalten übermittelt (vgl. zum Konzept des Lead-Kunden v. *Hippel* 1988; *Gerybadze* 1988 b; *Geschka, Herstatt* 1991). Die bewußte Suche desjenigen Umfelds, das die integrierte Umwelttechnik am ehesten ermöglicht, impliziert insbesondere auch die Auswahl der Zielmärkte nach dem Kriterium, welches jeweilige regulatorische System das Lernen mit den Kunden am ehesten ermöglicht. Integrierte Umwelttechnik wird von daher in denjenigen Ländern mit den härtesten, aber verbindlichsten ökologischen Anforderungen zuerst exploriert, um anschließend mit Erfahrungsvorteilen auf andere Zielmärkte übertragen werden zu können.

Die Rückübersetzung dieser harten, aber zukunftsgerichteten Marktanforderungen und regulatorischen Vorgaben in geeignete Produkte, Verfahren und Technologien, die den Prinzipien des integrierten Umweltschutzes gerecht werden, gelingt nur, wenn sie durch geeignete **Such- und Auswahlalgorithmen** unterstützt werden. Marktanforderungen von Lead-Kunden und regulatorische Vorgaben können zumindest in kurzfristiger Sicht durch intergrierte Umwelttechnik und End-of-Pipe-Technologien gleichermaßen, wenn nicht gar einfacher und schneller „befriedigt" werden. Disparate Interessen von Repräsentanten verschiedener Funktionsbereiche (F&E, Marketing, Produktion, Entsorgung), kurzfristige Kostenüberlegungen und der Wunsch nach Risiko- und Konfliktvermeidung führen dann häufig dazu, daß die längerfristig suboptimale EOP-Technologie gegenüber der integrierten Umwelttechnologie die Oberhand behält.

In das Such- und Auswahlverfahren für die Rückübersetzung in technologische Anforderungen müssen daher bewußt Suchschleifen und Anreizmechanismen eingebaut werden, die eine stärkere Favorisierung der integrierten Umwelttechnik ermöglichen. Auswahlentscheidungen für integrierte Umwelttechnologien, die sich deutlich von Standard- und EOP-Technologien unterscheiden, können nur durch ein geeignetes Anreizsystem und durch die Zusicherung von Aufmerksamkeit seitens der obersten Managementebene unterstützt werden.

Integrierte Umwelttechnologie kostet zunächst einmal Geld, ist mit anfänglichen Risiken verbunden und muß angemessen gemanagt werden. Vorhandene Systeme des **Managements**, der **Budgetallokation** und der **Organisation des F&E-Bereichs** tragen häufig nur unzureichend den Erfordernissen der integrierten Umwelttechnologie Rechnung. Bisherige F&E-Schwerpunkte, Bereichszuordnungen und die F&E-Budgetallokation drängen maßgebliche Neuerungen im Bereich der integrierten Umwelttechnologie oft von vornherein ins Abseits. Dies kann nur geändert werden, wenn die Unternehmung über eine Strategie des integrierten Umweltschutzes verfügt, für die ein zielgerichtetes F&E-Konzept eine zentrale Rolle spielt. Umgekehrt muß die Zielrichtung des integrierten Umweltschutzes explizit und mit entsprechendem Stellenwert innerhalb der F&E-Strategie verankert sein (vgl. dazu u.a. *Holoubek, Geywitz* 1991 für eine Beschreibung integrierten Umweltschutzes bei der Hoechst AG).

Diese Prioritätensetzung darf jedoch nicht auf die Formulierung von Leitlinien und hehren Strategien beschränkt bleiben, sondern muß sich vor allem auch in einer entsprechenden Mittelzuweisung und in angemessenen Weisungsbefugnissen widerspiegeln. Ein erheblicher Prozentsatz des F&E-Budgets (bspw. 10%) sollte von vornherein für die Entwicklung integrierter Umwelttechnologien reserviert sein. Gleichzeitig muß die Prioritätensetzung durch entsprechend hochrangige personelle und weisungsmäßige Unterstützung hervorgehoben werden, beipielsweise durch die Betreuung der Leitidee des integrierten Umweltschutzes durch ein Vorstandsmitglied.

Eine geeignete F&E-Organisation erfordert zudem vor allem die Implementierung eines funktions- und bereichsübergreifenden Projektmanagements, das speziell der Zielsetzung des integrierten Umweltschutzes verschrieben ist (vgl. Arthur D. Little 1991, Kap. 7 und 8).

F&E-Projekte ← Technologien ← Produkte, Verfahren, Dienstleistungen ← KEF/KLM* ← Markt/Nachfrage

Erfolgsvoraussetzungen:

| Herausbildung eines effizienten Netzwerks von Akteuren in einer ökologischen Nische | Effizientes F&E-Management und eine für integrierte Umwelttechnologie geeignete F&E-Organisation | Zielgerichtete "Rückübersetzung" von KEF/KLM in geeignete Produkte, Verfahren und Technologien | Klare, verbindliche Vorgaben von Marktseite und durch das regulatorische Regime |

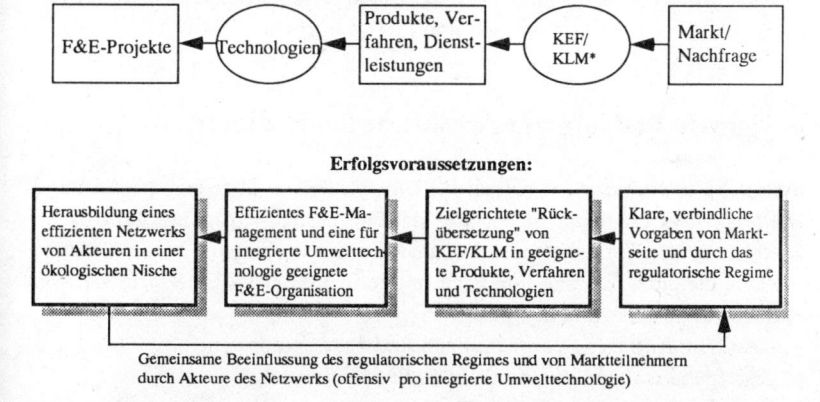

Gemeinsame Beeinflussung des regulatorischen Regimes und von Marktteilnehmern durch Akteure des Netzwerks (offensiv pro integrierte Umwelttechnologie)

Abb. 7: Erfolgsvoraussetzungen und Strategien bei der Implementierung des Integrierten Umweltschutzes

Abb. 7 gibt eine Übersicht über die genannten Erfolgsvoraussetzungen und ordnet diese bestimmten Stufen der technologischen Wertschöpfungskette zu. Am Ende des rekursiven Planungs- und Auswahlprozesses muß die Frage der institutionellen Zuordnung von F&E stehen. Im Sinne des F&E-spezifischen „Make or Buy" (*Schneider, Zieringer* 1991) bzw. der analogen Frage nach „Keep or Sell" (*Tschirky* 1991) muß für jedes Vorhaben der integrierten Umwelttechnik überprüft werden, welches die geeignete Form der Arbeitsteilung und Zusammenarbeit ist. Viele umwelttechnische F&E-Vorha-

ben scheitern daran, daß jede einzelne Firma versucht, „das Rad neu zu erfinden". Wichtige Vorhaben versanden, weil angesichts unzureichender Arbeitsteilung und Spezialisierung keine wettbewerbsadäquate Kostenstruktur erlangt werden kann. Wichtig ist gerade im umwelttechnischen Sektor die konsequente Zusammenarbeit zwischen produzierenden Unternehmen, Engineering- und Beratungsfirmen, Forschungsinstituten, Hochschulen, Anlagelieferanten u. a., die im F&E-Bereich ihren Anfang nehmen kann.

Gemeinschaftliche Projekte begründen nachgelagerte Formen der Zusammenarbeit und tragen zur Herausbildung **effizienter Netzwerke integrierter Umwelttechnik** bei. Mehrere Firmen und Forschungseinrichtungen müssen gemeinsam geeignete ökologische Nischen aufspüren, die genügend Potential für die Ausschöpfung von Mengendegressionsvorteilen und von Lern- und Spezialisierungseffekten aufweisen.

Durch die Besetzung solcher ökologischer Nischen erlangt die integrierte Umwelttechnik innerhalb einzelner Entwicklungslinien das nötige Momentum. Sie verliert den Charakter isolierter Einzelprojekte, die sich infolge handwerklicher und unterkritischer Organisation nur mit geringem Erfolg gegen etablierte technologische Trajektorien (Standardtechnologien und EOP-Technologien) durchsetzen können, und erlangt den Status einer auch wirtschaftlich überzeugenden Form der „sauberen" Auseinandersetzung zwischen industriellen Unternehmen und ihrer natürlichen Umwelt.

6. Umwelt- und forschungspolitische Implikationen

Staatliche Institutionen verfügen im Umweltbereich über eine große Bandbreite an Instrumenten, um auf die stärkere Berücksichtigung ökologischer Kriterien in der Wirtschaft hinzuwirken. Zu den wichtigsten Maßnahmenbereichen, die auch Ausmaß und Richtung industrieller F&E beeinflussen (vgl. *Antes* 1988, 58 f.), zählen:
– staatliche Auflagen, Verordnungen und Produktnormen,
– gesetzgeberische Maßnahmen (z. B. Produkthaftung),
– umweltpolitische Abgaben und Steuern,
– die Förderung umweltorientierter F&E,
– Investitionshilfen und Abschreibungsregelungen sowie
– die umweltorientierte Ausrichtung der öffentlichen Beschaffung.

Unter diesen Maßnahmen nimmt die Förderung umweltorientierter F&E eine nicht gerade unbedeutende Rolle ein. Im Jahre 1990 betrugen die F&E-Ausgaben des Bundesministers für Forschung und Technologie (BMFT) für das Programm Umwelt- und Klimaforschung 930 Mio. DM und für erneuerbare Energiequellen 284 Mio. DM. Der Bundesminister für Umwelt und Reaktorsicherheit (BMU) stellte im selben Jahr zusätzlich 396 Mio. DM für F&E-Vorhaben zur Verfügung. Beide Ressorts zusammengenommen entfie-

6. Umwelt- und forschungspolitische Implikationen 413

len damit rund 1,6 Mrd. DM auf umweltorientierte F&E; hinzu kommen beschränkte umweltorientierte F&E-Mittel anderer Ressorts (z.B. BMWi, BMI, BMZ etc.). Auch im internationalen Vergleich nimmt die Bundesrepublik einen vorderen Rang ein, was die absolute und relative Bedeutung umweltorientierter F&E-Förderung anbetrifft.

Die schiere Addition der F&E-Inputs auf nationaler Ebene erlaubt jedoch noch keine Rückschlüsse auf die Wirksamkeit und Effizienz der eingesetzten Mittel. Probleme der Koordinierung zwischen verschiedenen Ressorts und umweltpolitischen Instrumenten ebenso wie die hinlänglich bekannten Vollzugsdefizite und bürokratischen Hemmnisse wirken häufig äußerst kontraproduktiv. Suboptimale technische Lösungen und unberücksichtigte Spillover-Effekte zwischen verschiedenen Bereichen (z.B. die Verlagerung von Umweltproblemen von einem Medium zu einem anderen) beeinträchtigen die Effizienz der Maßnahmen. Durch zu frühzeitige Festschreibung des Standes der Technik werden nicht selten Innovationen und unternehmerische Aktivitäten gehemmt. Bei der Auswahl und Implementierung verschiedener umweltpolitischer Maßnahmen wird sehr häufig das erforderliche Effizienzkalkül vernachlässigt (vgl. *Antes* 1988, 39 f.).

Die staatlich-regulatorische Ebene ist in der Regel von der industriell-ausführenden Ebene getrennt, und die dynamischen Wechselwirkungen zwischen beiden werden entsprechend zu wenig berücksichtigt. So wird häufig die umweltorientierte, F&E-betreibende Unternehmung als „Black-box" und ihr technologisches Repertoire als zu statisch angesehen. Gerade die komplexen innerbetrieblichen Informations-, Entscheidungs-, Innovations- und Organisationsprozesse werden in der Regel vernachlässigt, und dies führt dazu, daß staatliche Umweltpolitik „vor den Werktoren Halt macht". Nur langsam findet ein Umdenkungsprozeß statt, durch den auch die dynamische Allokationsfunktion der Umweltpolitik deutlicher in den Vordergrund gerückt wird, wodurch der Unternehmer viel eher als Entdecker neuer Lösungen gesehen und eine stärkere Betonung auf effiziente privat-öffentliche Anreizsysteme gelegt werden kann (vgl. *Steger* 1988, 49 f.).

Im Kontext der bisherigen Umweltpolitik wird auch der anfangs genannte Bias zugunsten der status-erhaltenden Standardtechnologie und der EOP-Technologien weiter verstärkt. Ein vergleichsweise hoher Teil staatlicher Maßnahmen wie z.B. Verordnungen, Auflagen, Investitionsbeihilfen und Abschreibungen begünstigen eindeutig die Entwicklung von End-of-Pipe-Technologien (vgl. *Maas, Ewers* 1983; *Pinter* 1984). Der temporäre Wettbewerbsnachteil integrativer Umwelttechnik gegenüber der etablierten technologischen Trajektorie wird damit durch tradierte umweltpolitische Maßnahmen noch weiter verfestigt.

In dem Maße, wie ein beträchtlicher Teil nationaler Ressourcen für den Umweltsektor stark durch umweltpolitische Maßnahmen tangiert und über Transferprozesse vermittelt ist, kann integrativer Umweltschutz nur erfolgversprechend sein, wenn auch die Umweltpolitik einem ganzheitlichen Handlungsmuster folgt. Staatliche Maßnahmen und das Wirtschafts- und Forschungssystem müssen stärker in ihren dynamischen Vernetzungswirkungen gesehen werden.

Integrative Umweltpolitik erfordert vor allem auch, die Gesamtwirkung **aller** politisch-regulativen Instrumente gleichzeitig zu sehen. Staatliche Auflagen und Verordnungen müssen hart, aber konsistent genug angelegt sein, um in den typischen Planungs- und Investitionszyklen privater Akteure angemessen Berücksichtigung zu finden. Verschiedene förderpolitische Instrumente (F&E-Projektförderung, Verbundforschung, umweltorientierte Beschaffungspolitik) gilt es, in ein kohärentes, integratives umweltpolitisches Förderkonzept einzubinden. Das in Abschnitt 3 skizzierte Verfahren der technologischen Wertschöpfungskette kann dabei für die Strukturierung und Implementierung einer integrativen Umweltpolitik gleichermaßen verwendet werden.

Literatur

Antes, R. (1988), Umweltschutzinnovationen als Chancen des aktiven Umweltschutzes für Unternehmen im sozialen Wandel, Schriftenreihe des Instituts für Ökologische Wirtschaftsforschung, 16, Berlin

Arthur D. Little (1988), Management des geordneten Wandels, Wiesbaden

Arthur D. Little (1991), Management der F&E-Strategie, Wiesbaden

Arthur, W. B. (1988), Competing Technologies: An Overview, in: *Dosi, C. et al.* (Eds.), Technical Change and Economic Theory, London

Beschorner, D. (1991), Ökologische Umwelt: Herausforderung für innovatives Unternehmertum, in: *Laub, U., Schneider, D.* (Hrsg.), Innovation und Unternehmertum, Wiesbaden, S. 299–324

BMFT (1990), Faktenbericht 1990 zum Bundesbericht Forschung, Der Bundesminister für Forschung und Technologie, Bonn

Brockhoff, K. (1988), Forschung und Entwicklung. Planung und Kontrolle, München

David, P. A. (1987), Some New Standards for the Economics of Standardization in the Information Age, in: *Dasgupta, P., Stoneman, P.* (Eds.), Economic Policy and Technological Performance, Cambridge, pp. 206–239

Dyllik, T. (1990), Ökologisch bewußtes Management, in: Die Orientierung, Schriftenreihe der Schweizerischen Volksbank, 96, Bern

Gerybadze, A. (1988 a), Strategisches Management und Controlling von Technologien, in: *Lücke, W., Dietz J. W.* (Hrsg.), Innovation und Controlling, Wiesbaden

Gerybadze, A. (1988 b), Innovationswettbewerb: der Hase und Igel in den Märkten von Morgen, in: Arthur D. Little (Hrsg.), Management des geordneten Wandels, Wiesbaden

Gerybadze, A. (1991), The Implementation of Industrial Policy in an Evolutionary Perspective, in: *Witt, U.* (Ed.), Explaining Process and Change: Approaches to Evolutionary Economics, Ann Arbor

Geschka, H., Herstatt, C. (1991), Kundennahe Produktinnovation, in: Die Unternehmung, Schweizerische Zeitschrift für betriebswirtschaftliche Forschung und Praxis, 3, S. 207–219

Hartje, V.J, Lurie, R. L. (1984), Adopting Rules for Pollution Control Innovations: End-of-Pipe versus Integrated Process Technology, Internationales Institut für Umwelt und Gesellschaft, Discussion Paper 1984-6, Berlin

Hippel, E. von (1988), The Sources of Innovation, Oxford

Holoubek, K., Geywitz, J. (1991), Die Integration des Umweltschutzes in das operative Betriebsgeschehen, in: *Steger* (1991 b), S. 97–119

Kreikebaum, H. (Hrsg.) (1991), Integrierter Umweltschutz. Eine Herausforderung an das Innovationsmanagement, 2.Aufl., Wiesbaden

Maas, C., Ewers, H.-J. (1983), Wirkungen umweltpolitischer Maßnahmen auf das Innovationsverhalten von Galvanik-Betrieben. Ergebnisse explorativer Fallstudien, Internationales Institut für Umwelt und Gesellschaft, Discussion Paper 1983-12, Berlin

Nelson, R. R., Winter, S. G. (1982), An Evolutionary Theory of Economic Change, Cambridge/Mass.

Pinter, J. (1984), Umweltpolitische Probleme und Lösungsmöglichkeiten bei Klein- und Mittelbetrieben und des Handwerks, Berichte des Umweltbundesamts 84/1, Berlin

Schneider, D., Zieringer, C. (1991), Interorganisatorisches F&E-Management und F&E-Integration als Herausforderung innovativen Unternehmertums: F&E zwischen E&F, in: *Laub, U., Schneider, D.* (Hrsg.), Innovation und Unternehmertum, Wiesbaden, S. 53–78

Steger, U. (1988), Umweltmanagement. Erfahrungen und Instrumente einer umweltorientierten Unternehmensstrategie, Frankfurt a. M./Wiesbaden

Steger, U. (1991a), Integrierter Umweltschutz als Gegenstand eines Umweltmanagements, in: *Kreikebaum* (Hrsg.), S. 33–44

Steger, U. (Hrsg.) (1991b), Umwelt-Auditing. Ein neues Instrument der Risikovorsorge, Frankfurt a. M.

Strunz, H. (1990), Ökologieorientierte Unternehmensführung, in: io Management Zeitschrift, 59, 7/8, S. 54–58

Teece, D.J. (1989), Technological Development and the Organization of Industry, Paper prepared for the International Seminar on the Contributions of Science and Technology to Economic Growth at the OECD, Paris, June

Tschirky, H. (1991), Technology Management. An Integrating Function of General Management, Paper presented at the Portland International Conference on Management of Engineering and Technology, Portland/Oregon, October

Kapitel 25
Umweltschutz „Begin-of-the-Pipe" durch aktives Einkaufsmanagement

von *Volker Stahlmann*

1. Zur Umweltrelevanz des Einkaufs 418
   1.1 Allgemein 418
   1.2 In der Privatwirtschaft 418
   1.3 In der Öffentlichen Verwaltung 419
   1.4 In Privathaushalten 419
2. Entfaltung von Umweltaktivitäten in einzelnen Unternehmensbereichen 420
   2.1 Beschaffung von Büromaterial/Eigenbedarf 420
   2.2 Beschaffung von Werkstoffen 420
   2.3 Beschaffung von Betriebsmitteln 421
   2.4 Beschaffungslogistik 421
   2.5 Abfallvermeidung/-verwertung 422
3. Organisatorische Voraussetzungen 422
4. Strategisches Instrumentarium eines umweltorientierten Einkaufs ... 423
   4.1 Einbindung in die globale Umweltstrategie 423
   4.2 Ökologische Schwachstellenanalyse 426
   4.3 Aufbau eines Frühwarnsystems 429
   4.4 Beschaffungsmarktpotentialanalyse 429
   4.5 Lieferantenbeurteilung und -auswahl 430
   4.6 Make or buy 431
   4.7 Vormarktanalyse 432
   4.8 Wertanalysen 432
   4.9 Beschaffungswerbung 432
5. Ausblick 433
Literatur 434

1. Zur Umweltrelevanz des Einkaufs

1.1 Allgemein

Die allgemein erhobene Forderung nach einer Verstärkung des präventiven Umweltschutzes hat für ein Unternehmen strategische, organisatorische und bereichsspezifische Konsequenzen: Umwelteinwirkungen müssen **am Anfang** des Entscheidungsprozesses bedacht werden und werden damit zum Gegenstand echter Führungsentscheidungen. Aufgrund systematischer ökologischer Schwachstellenanalysen müssen strategische Entscheidungen (Änderung der Sachziele, neue Gewichtung von Geschäftsfeldern) abgeleitet werden, die insbesondere über F&E, Konstruktion, Marketing und/oder Materialwirtschaft in operative Maßnahmen umzusetzen sind. Umweltschutz verliert damit seinen rein technischen und nachsorgenden End-of-the-Pipe-Charakter und wird zu einer zumindest technischen **und** betriebswirtschaftlichen Herausforderung, wobei Ingenieure u.a. aufgerufen sind, Kreislaufverfahren und recyclingfähige, umweltverträgliche Produkte zu entwickeln; aber ebenso an „Nullalternativen" zu denken, die auch nicht-technische Problemlösungen einschließen (*Stahlmann* 1990, 1 ff.).

Der Einkauf spielt eine Schlüsselrolle für vorbeugendes Verhalten von Wirtschaftseinheiten, weil er das Einlaßtor für Stoffströme verschiedener Konsistenz ist und damit gleichzeitig Umweltprobleme der Vorstufen verstärkt oder reduziert. Durch Einschleußen von „Umweltbazillen" der Lieferanten (*Jetter* 1990, 123) können sowohl der eigene Fertigungsprozeß als auch die Produktlinie der Nachstufen (Handel, Konsum, Entsorgung) negativ berührt werden.

1.2 In der Privatwirtschaft

Im Durchschnitt der Industrie werden heute ca. 50% der Gesamtkosten vom Einkauf beeinflußt (Materialkosten und Abschreibungen der Betriebsmittel). Im Handel erreicht der Wareneinsatzwert sogar etwa 80% der Gesamtkosten. Die Einkaufstätigkeit richtet sich auf Roh-, Hilfs- und Betriebsstoffe, Kaufteile, Handelswaren, Waren, Dienstleistungen, Betriebsmittel und Werkzeuge. Betroffen sind der Produktions- und der Verwaltungsbereich. Über den Einkauf werden aber auch Abfälle entsorgt bzw. Wertstoffe (über Abfallbörsen oder direkt an andere Betriebe) verkauft.

Durch allgemein sinkende Fertigungstiefen wird der Einkauf im Rahmen einer integrierten, logistischen Materialwirtschaft zu einem wichtigen Bindeglied der Wertschöpfungskette zwischen Lieferanten, Fertigung und Absatzmärkten. Die umweltschonende Veränderung von Produkten, Verfahrenstechniken und Materialflüssen verlangt zudem von einem „aktiv" gestalten-

1. Zur Umweltrelevanz des Einkaufs

den Einkauf eine Verknüpfung der Beschaffungspolitik mit der stategischen Unternehmensplanung, die intensive Zusammenarbeit mit anderen Abteilungen, die Mitwirkung am Aufbau eines Umweltinformationssystems und den ökologiebezogenen Einsatz von Entscheidungshilfen/Analyseinstrumenten. Das Schlagwort „Im Einkauf liegt der Gewinn" erfährt durch die Herausforderung ‚Umweltschutz' eine beschaffungsstrategische Ergänzung dergestalt, daß **Marktchancen** und **Kosteneinsparpotentiale** neu bewertet und realisiert werden müssen. Angesichts zunehmender Rohstofferschöpfung und -ausbeutung sowie der Überlastung von Umweltmedien müssen **Versorgungs-** und **Stoffrisiken** vorbeugend eliminiert werden. Die ursprüngliche Anforderung an den Einkauf „wer beschafft, entsorgt" ist umzuwandeln in die Verpflichtung zur Mitwirkung bei der **Abfallvermeidung** und einer **integrierten Abfallwirtschaft**.

1.3 In der öffentlichen Verwaltung

Mit einem jährlichen umweltrelevanten Beschaffungsvolumen von ca. 170 Mrd. DM (Sachinvestitionen und Sachaufwand von Bund, Ländern, Gemeinden, Lastenausgleichsfonds, ERP-Sondervermögen, EG 1989)(IW 1990, 42) vermag der Staat in nicht unerheblichem Umfang einen „Ökologie-Pull" (*Kirchgeorg* 1990, 180ff.) nach umweltverträglichen Gütern und Dienstleistungen auszulösen, was sowohl zur glaubwürdigen Unterstützung seiner Umweltpolitik als auch der Vorbildfunktion dient. Nach der Novellierung der Verdingungsordnung für Leistungen (VOL) im Jahre 1984 sind bei umweltbedeutsamen Beschaffungen von den Vergabestellen bei der Markterkundung auch Ermittlungen darüber anzustellen, welche umweltfreundlichen Lösungen angeboten werden (siehe z.B. §§ 4, 8 VOL/A). Mittels verschiedener Behördenrundschreiben und Richtlinien wird die öffentliche Verwaltung bereits grundlegend über umweltfreundliche Beschaffungsalternativen und Bezugsadressen informiert (z.B. bei Produkten mit dem „Blauen Engel"), z.T. werden auch externe Beratungen über umweltfreundliche Behördenführung und Beschaffung in Anspruch genommen (z.B. über B.A.U.M. und future).

1.4 In Privathaushalten

Den entscheidenden Hebel in einer Marktwirtschaft für die Umstellung auf umweltfreundliche Produkte und Dienstleistungen haben die privaten Haushalte mit ihrer Einkaufstätigkeit (der private Verbrauch in der BRD betrug 1989 1,2 Bio. DM) (IW 1990, 24). Über Sparmaßnahmen, gezielte Nachfrage nach umwelfreundlichen Verbrauchs-, langlebigen Gebrauchsgütern, Dienstleistungen, Häusern etc., aber auch über Kaufverzicht oder Konsumboykott können private Haushalte erhebliche Umweltentlastungen bewirken. Informationen über umweltfreundliche Alternativen liegen mittlerweile zahlreich vor (z.B. Broschüren des Umweltbundesamts über „Blaue Engel-

Produkte"; Empfehlungen der Stiftung Warentest oder Ökotest; Informationsschriften von Verbraucherverbänden wie A.U.G.E.).

2. Entfaltung von Umweltaktivitäten in einzelnen Unternehmensbereichen

2.1 Beschaffung von Büromaterial/Eigenbedarf

Umweltorientierte Unternehmensführung drückt sich nicht nur in Produkt- oder Verfahrensaktivitäten aus, sondern auch in der Unternehmenskultur, zu deren Bestandteilen die umweltgerechte Gestaltung und Ausstattung der Büroräume, Kantine, Pausenzonen, Pforte, Gebäude, Höfe etc. gehört. Die Motivation aller Mitarbeiter, Umweltziele des Unternehmens mitzutragen, wird nicht unerheblich stimuliert durch eine Arbeitsumgebung, die dieses Ziel auch in Holzschreibtischen, Recyclingtapeten und -papier, Baumwollvorhängen, Energiesparleuchten etc. in Erscheinung treten läßt. Der Einkauf kann hier mit einer gezielten Lieferantenauswahl und -anfrage Akzente setzen und der Geschäftsleitung Alternativen empfehlen, die in Innenräumen weniger gesundheitliche Belastungen erzeugen (z.B. geräuscharme Schreibgeräte, Kopierer mit Ozonfiltern), bei der Herstellung weniger Umweltbelastung (z.B. UWS-Papier) und weniger Entsorgungsprobleme auslösen (z.B. wiederfüllbare Tonerkartuschen) oder aus nachhaltig nachwachsenden Materialien bestehen (z.B. Fichtenholzregale). Auch Jubiläums- und Werbegeschenke sollten unter diesen Gesichtspunkten ausgewählt werden.

Die Sortierung von Abfallfraktionen im Bürobereich sollte auch unter dem Hinweis auf Einsparung von Müllgebühren erfolgen. Weitere umweltrelevante Beschaffungsvorgänge für den Eigenbedarf betreffen den
– Fuhrpark (z.B. 3-Wege-Katalysator, asbestfreie Bremsen)
– Streumittel (Verzicht auf Salz),
– Reinigungsmittel (chlorfrei).

Entsprechende Ge- und Verbote sind in einem Einkaufs-Handbuch festzulegen.

Da viele Dienstleistungsverträge über den Einkauf ausgehandelt werden (Sondereinkaufsgüter), ist auch hier die Möglichkeit der Beeinflussung gegeben (z.B. Kantinenbetriebe zum Angebot von Vollwertkost bewegen oder Architekturbüros auswählen, die nach baubiologischen Grundsätzen planen). Durch **Mieten** von Bürogeräten, Fahrzeugen, Computern u.ä. können Hersteller unterstützt werden, die ein „Flottenmanagement" betreiben und eine Strategie der Dauerhaftigkeit anstreben (*Börlin, Stahel* 1987).

2.2 Beschaffung von Werkstoffen

Allein im Wasser- und Energiebereich sind im Durchschnitt der Industrie 20–40% an Einsparpotential zu vermuten (*Gege* 1988, 92, und *Jochem, Schäfer*

1991, 207 ff.). Geprüft werden sollten bei der Beschaffung von Betriebsmitteln z. B.

- Möglichkeiten der Wärmerückgewinnung und der Kreislaufführung von Brauchwasser
- Einsatz regenerativer Energiequellen (Solar-, Wind-, Wasserkraft)
- Einspeisung überschüssiger Energie aus eigenen Generatoren in das öffentliche Netz (Retrobeschaffungslogistik)
- Einbau von Rundsteueranlagen zur Abschaltung von Verbrauchseinheiten in Spitzenzeiten.

Mit höheren Kosten und schärferen Anforderungen ist aus dem Abwasserabgabengesetz und der Indirekteinleiter-VO zu rechnen. Sauberes Wasser ist bereits eine akute Engpaßressource der Industriegesellschaften. Fossile Brennstoffe und Atomstrom tellen erhebliche ökologische Risikopotentiale dar (CO_2, Radioaktivität). Da mit dem Energieeinsatz die Umweltbeanspruchung in vielfacher Hinsicht eng korreliert (*Binswanger, Frisch, Nutzinger u. a.* 1983, 269), wird diesbezüglich der Druck einer stärkeren Internalisierung sozialer Kosten zunehmen (siehe Energiesteuerdebatte).

Für umweltgefährdende Betriebs- und Hilfsstoffe, sowohl im Verwaltungs- (Reiniger) als auch im Produktionsbereich (z. B. Schmier- und Kühlmittel) sollten Alternativen ausfindig gemacht werden.

Nach einer Kennzeichnung umweltbelastender Materialien (z. B. über interne Umweltinformationssysteme oder Öko-Bilanzen) sind (teilweise in Kooperation mit Lieferanten) Alternativstoffe, -baugruppen, -teile zu suchen. Ebenso sind nichtregenerative Stoffe möglichst durch regenerative (nicht vom Aussterben bedrohte und nicht in Monokulturen gezüchtete) Stoffe bzw. Sekundärrohstoffe zu ersetzen.

2.3 Beschaffung von Betriebsmitteln

In enger Abstimmung mit der Fertigung ist darauf zu achten, möglichst Verfahren einzusetzen, die
- stoffliche und nichtstoffliche Emissionen vermeiden,
- einen hohen Energiewirkungsgrad aufweisen,
- langlebig, wenig reparaturanfällig und wartungsfreundlich sind,
- Betriebs-/Reststoffe im Kreislauf führen,
- Nebenprodukte in Form von verwertbaren, ökologisch verträglichen Kuppelprodukten erzeugen,
- nicht überdimensioniert sind („Sicherheitszuschläge" von Ingenieuren überprüfen!).

2.4 Beschaffungslogistik

In der Beschaffungslogistik sind Möglichkeiten der Tourenoptimierung, der Verlagerung von Gütertransporten auf die Bahn (Beispiel: MIGROS, VW,

ALNO) sowie der Einsatz emissionsarmer LKWs zu überprüfen. Wie in den anderen Logistikbereichen sind auch hier Maßnahmen der Retrologistik zu verstärken (*Stahlmann* 1989, 15), z.B. die Verwendung von Mehrwegcontainern, Rücklieferung von Reststoffen und Produktbestandteilen an den Lieferanten.

Bei der Einbindung des Einkaufs in Strategien der lagerlosen und flexiblen Fertigung (z.B. JIT, KANBAN) dürfen volkswirtschaftliche Logistikkosten (erhöhte Emissionen und Flächenbedarf durch steigenden LKW-Verkehr) sowie die Versorgungssicherheit (Gefährdung durch Staus, Streiks etc.) nicht außer acht gelassen werden.

Umweltrelevanten Vorteilen fertigungssynchroner Lieferungen (Vermeidung antizipierter Bestandsbindung, vermindertes Verwertungsrisiko der Bestände, Einsparung von Lagerfläche beim Abnehmer) können neue Umweltbelastungen entgegenstehen (z.B. steigender Individualverkehr, erhöhter Flächenbedarf durch neues fließgerechtes Werkstatt-Layout, Neubau von Auslieferungslägern in unmittelbarer Nähe zum Abnehmer, quantitativer Wachstumsdruck durch ansteigende Fixkostenbelastung aus Maschinen und Anlagen) (*Stahlmann* 1989, 17).

2.7 Abfallvermeidung und -verwertung

Wachsende Abfallberge und die Betonung des Vermeidungs- und Verwertungsprinzips in der Abfallgesetzgebung (*Stahlmann* 1991) verpflichten den Einkauf, bereits bei der Bestellung zu achten auf:
– Verschnittminimierung durch optimale Bestellmaße (z.B. bei Blechen, Stangen)
– abfallarme Rohstoffqualitäten
– Mehrweg-, recyclinggerechte Verpackungen,
– integrierte Fertigungstechnologien (zur Förderung des internen Recycling)
– integrierte Abfallwirtschaft mit Recyclingfirmen und Lieferanten (z.B. Fa. Edelhoff mit Fa. DESOWAG, McDonald's mit R&T Viersen).

3. Organisatorische Voraussetzungen

Es leuchtet ein, daß ein Umweltengagement des Einkaufs nicht aus der Abteilung allein heraus entwickelt und zur Entfaltung gebracht werden kann. Entscheidend sind vielmehr eine Reihe organisatorischer und personalwirtschaftlicher Voraussetzungen. Dazu gehört, daß über die ausdrückliche Aufnahme von Umweltzielen in den Zielkatalog des Unternehmens die Geschäftsleitung die Linienverantwortung betont und über Umweltausschüsse strategische Vorgaben in operative Entscheidungen umgesetzt werden (siehe z.B. die Umweltorganisation der Elida Gibbs, *Hopfenbeck* 1990, 394). Der Einkauf sollte über die Materialwirtschafts-Leitung sowohl in der Top-Management-Ebene als auch über Abteilungsvertreter in Umweltausschüssen,

Wertanalyse-Teams, quality circles etc. mitarbeiten, um nicht zuletzt ein vernetztes Denken zu fördern, das zur Lösung von Umweltproblemen unverzichtbar ist. Über die Organisation einer integrierten Materialwirtschaft (*Stahlmann* 1988, 47 ff.) ist der Einkauf in eine abteilungsübergreifende, logistische Querschnittsfunktion einzubinden. Dabei müssen der **gestaltende Einkauf** mit einem entsprechenden **Beschaffungsmarketing** verstärkt, der operative Einkauf (Verfolgung der Bestellabwicklung, Standardbestellungen) weitgehend EDV-Programmen übertragen werden. Ein „offener Führungsstil" der Einkaufsleitung sollte dabei Spielräume für kreative Vorschläge ermöglichen. Der Einkäufer selbst muß in internen oder externen Beschaffungs-Seminaren umweltorientiert geschult werden, so daß ein qualifizierter Facheinkäufer neben Sprachen, Verhandlungsgeschick, technisch/kaufmännischem Verständnis (*Becker, Weber* 1988, 54 ff.) auch Umweltprobleme beurteilen und lösen kann.

Eine umfassende ökologische Schwachstellenanalyse kann oft nur über externe Beratung aufgestellt werden. Die Einbeziehung von Umweltinformationen in die Einkaufstätigkeit sollte in größeren Unternehmen durch ein Umweltreferat (z. B. als Stabstelle der Geschäftsleitung, der Materialwirtschaft oder innerhalb einer Controlling-Abteilung) unterstützt werden, das gleichzeitig wieder von der Beschaffungsmarktforschung der Einkaufsabteilung profitiert. Damit erhält der Einkauf sowohl als Informationsempfänger als auch als -quelle eine wichtige Position im Rahmen eines Öko-Controlling, das führungsunterstützend und -stilbildend den Prozeß der Zielsetzung, Kontrolle und Steuerung um ökologische Problemstellungen erweitert.

Die interne und externe Kooperation der Einkaufsabteilung zur Vermeidung bzw. Entlastung von Umwelteinwirkungen läßt sich (auszugsweise) wie in Abb. 1 (S. 424) darstellen.

4. Strategisches Instrumentarium eines umweltorientierten Einkaufs

4.1 Einbindung in die globale Umweltstrategie

Die strategische Materialbeschaffung verfolgt unter einem offensiven Umweltmanagement das Ziel, umweltbezogene Risiken (soweit sie aus Beschaffungsmärkten resultieren) auszuschalten und Handlungsspielräume für präventive Maßnahmen zu eröffnen, die auf Produkte, Maschinen, Verfahren sowie die gesamte Logistik des Materialflusses gerichtet sind. Die traditionelle Zielsetzung einer reibungslosen und kostenoptimalen Versorgung der Bedarfsträger im Betrieb, die Erschließung von Ertragspotentialen auf der Beschaffungsmarktseite (*Berger* 1988) wird insofern erweitert durch die ökologie-orientierten Ziele: Ressourcenschonung sowie Einsatz umweltverträglicher Inputstoffe und Betriebsmittel.

Kapitel 25: Umweltschutz durch aktives Einkaufsmanagement

Geschäftsleitung

Umweltreferat

Materialwirtschaft

Ökolog. Schwachstellen (Stoffe, Verfahren, Lagerung, Logistik) – Öko-Bilanz
Teilnahme an WA-Teams, quality-circles, Umweltausschüssen etc.
Planung, Analyse, Kontrolle, Koordination von Umweltaktivitäten

Ausdrückliche Festlegung von Umweltzielen Einbeziehung in die strategische Unternehmensplanung und Beschaffungsstrategie

Umweltinstitute Verbraucherverbände Fachverbände (BME, BMM, EC)

Sachinformationen, Seminare Frühaufklärung (riskante Stoffe, gesellschaftl. Akzeptanz)

Marketing

Ökologieorientiertes Marketing-Mix, Portfolioanalysen

EINKAUF

Beschaffungsmarktforschung
ABC-Klassifizierung von Verfahren und Material nach Umwelteinwirkungen
Einkaufsportfolio
Lieferantenbewertung
strat. Entscheidung: Stoffsubstitution, Lieferantenwechsel
operative Entscheidung: Beschaffung umweltfreundl. Büroartikel, Reiniger

Lieferanten

Spezifizierung der Inhaltsstoffe, umweltfreundliche Produktgestaltung, Transportmittel und Beschaffungsmethoden, Mehrwegverpackung, Recycling, Einbindung in bestandssenkende Fertigungsstrategien

Fertigung

Energiesparende, emissionsarme Maschinen
Integrierte Verfahren
Make or buy

Qualitätssicherung

Materialfehlerverhütung
Überprüfung von QS-Standards
Reklamationen, Reparaturen

F & E/Konstruktion

Innovative Impulse aus Beschaffungsmärkten
CAD mit Umweltinfos

Entsorgungsfirmen, -lieferanten

Aufbau von Recycling und einer integrierten Abfallwirtschaft

Finanzierung

Öffentliche Fördermittel

IHK, VCI

Abfallbörsen
Austausch von Wertstoffen
Sachinformationen

Personalwirtschaft

Qualifizierte Facheinkäufer mit ökologischem Zusatzwissen

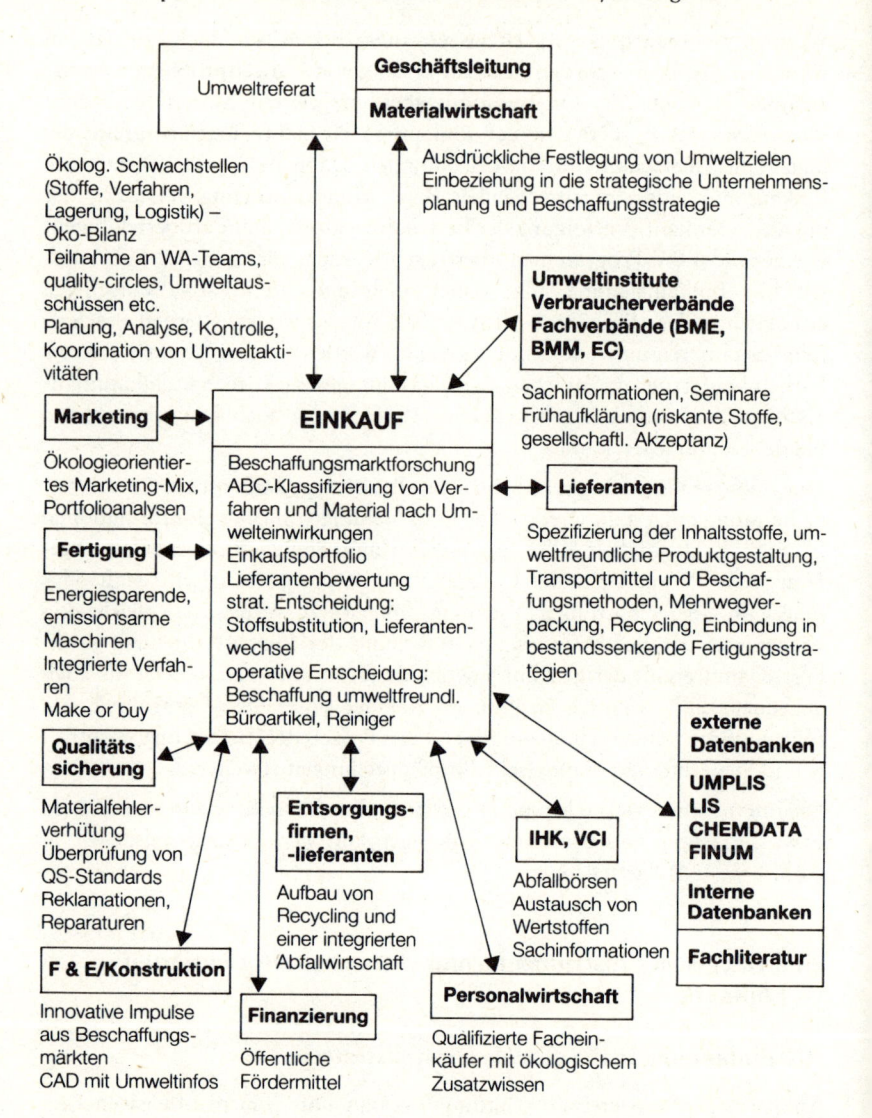

externe Datenbanken

UMPLIS
LIS
CHEMDATA
FINUM

Interne Datenbanken

Fachliteratur

Abb. 1: Umweltrelevante Kooperationen des Einkaufs

4. Strategisches Instrumentarium

In Berücksichtigung der allgemeinen Umweltstrategie des Unternehmens und der analysierten ökologischen Schwachstellen kann eine gezielte Beschaffungsmarktforschung durchgeführt werden, etwa mittels Anfrageaktionen bei Lieferanten, Messebesuchen, Marktanalysen (Primärforschung) oder durch Auswertung von Lieferantenveröffentlichungen, Branchenhandbüchern etc. (Sekundärforschung). Mit Hilfe des beschaffungspolitischen Instrumentariums erfolgt eine Aufbereitung der Informationen, so daß der Einkäufer mit operativen Entscheidungen eine möglichst große „Überschneidungsmenge" zwischen ökologischen und ökonomischen Zielsetzungen realisieren kann. Komplementaritäten zu klassischen betriebswirtschaftlichen Zielen sind dabei v. a. aus folgenden Aspekten zu erwarten:

Durch die Auswahl umweltverträglicher Einsatzmaterialien
- gewinnen die eigenen Erzeugnisse an Qualität und sichern damit entscheidend das Erfolgspotential der Unternehmung (*Welters, Winand* 1980),
- werden betriebsinterne Emissionen, Lagerungsprobleme vermieden (und damit auch die Arbeitsbedingungen verbessert),
- werden Entsorgungs-, Reinigungs-, Produkthaftungs-, Umwelthaftungs-Kontrollkosten eingespart,
- können Marktanteile bei umweltsensibler Nachfrage erweitert werden.

Durch frühzeitiges Erkennen möglicher Versorgungsengpässe oder risikoreicher Verfahren/Stoffe
- können F&E-Aktivitäten und Marketingstrategien rechtzeitig geändert werden,
- werden Mittel in ökologisch verträgliche Geschäftsfelder, Produktprogramme (mit entsprechend angepaßter Investitionsplanung) gelenkt,
- wird die Unternehmensexistenz durch ständige Innovation und Diversifizierung gesichert.

Durch Maßnahmen der Materialrationalisierung (produktspezifische Materialersparnis, ausschußminimierende Stoffauswahl, immaterielle Leistungsangebote etc.) werden Materialkosten gespart und u. U. auch der absolute Materialinput gesenkt. Eine bedarfsorientierte Beschaffung kann (in Abstimmung mit der Disposition) die Kapitalbindung in den Beständen senken und eine antizipierte Ressourcenbindung mit Verwertungsrisiken verhindern.

Welche beschaffungsstrategischen Gestaltungselemente zur Unterstützung einer umweltorientierten Unternehmensführung letztlich herangezogen und kombiniert werden, hängt davon ab
- in welchem „Stadium" der Umweltorientierung sich ein Unternehmen befindet (z.B. Einstiegsphase: Eliminierung von Gesetzesvollzugsdefiziten, Fortschrittsstadium: vorbeugende Risikoanalysen),
- welche Stellung das Unternehmen am Beschaffungsmarkt hat (kann das Unternehmen eigene Akzente setzen oder ist es nur „verlängerte Werkbank"?),
- welche Stärken und Schwächen das eigene Ressourcenpotential aufweist.

4.2 Ökologische Schwachstellenanalyse

Sowohl über Checklisten, Input-Output-Analysen (*Jetter* 1977) oder Produktbilanzen (*Beschorner* 1990) können dem Einkauf Umwelt-Schwachstellen des Unternehmens in Form risikoreicher Verfahren, Maschinen oder toxischer Stoffe mitgeteilt werden. In der Regel geschieht dies über ein Umweltreferat, das in manchen Unternehmen (z.B. IBM, Siemens) bereits über aufwendige Umweltinformationssysteme unterstützt wird. Eine systematische und managementgerechte Erfassung ökologischer Schwachstellen kann über eine Öko-Bilanz (*Hallay* 1990) erfolgen. In fünf Teilbilanzen werden hierbei sämtliche Umwelteinwirkungen eines Unternehmens analysiert und über ein ABC-Klassifizierungsschema bewertet und verdichtet:

a) In einer **Betriebsbilanz** werden alle Stoffe und Energiemengen, die in den betrieblichen Leistungserstellungsprozeß einfließen (Input) sowie alle Emissionen (Abluft, Abwasser, Abfall, Lärm) und Endprodukte (mit Kuppelprodukten) erfaßt; der Betrieb erscheint hier als „black box".

b) In einer **Produktlinienbilanz** werden die Umwelteinwirkungen sowohl der Rohstoffentnahme als auch der Umweltbelastung jedes Produkts ermittelt.

c) In einer **Prozeßbilanz** werden die im Unternehmen eingesetzten Produktionsverfahren nach Fertigungsschritten/-bereichen auf Input-/Outputströme des Materials und der Energie untersucht.

d) In einer **Materialbilanz** werden alle Sachnummern nach Inhaltsstoffen/ Stoffgruppen und deren Umwelteinwirkungen analysiert.

e) In einer **Standortbilanz** werden alle sonstigen ökologisch relevanten Faktoren des Unternehmens aufgelistet und analysiert wie z.B. Flächennutzung, Bebauung, Altlasten, Bestandssituation, Infrastrukturbelastung, Betriebsstoffe und Inventar im Verwaltungsbereich.

Über diese fünf Bilanztypen können Umweltprobleme auf Maschinen, Anlagen, Verfahren, Produkte, Stoffe, Gebäude, ja den gesamten Betriebsstandort bezogen werden. Den Einkauf interessieren dabei in erster Linie folgende Aussagen:

a) Aus der Produktlinien-/Materialbilanz: Welche Stoffe (aus welchen Produkten) erzeugen auf der gesamten Produktlinie besonders gravierende Umweltprobleme (i.e. welche Rohstoffe werden innerhalb kurzer Zeit erschöpft sein, welche Inhaltsstoffe erzeugen Umweltbelastungen/-risiken auf den Vorstufen der eigenen Produktion incl. Transporte, innerhalb der eigenen Verarbeitung, der Konsum- und der Nachkonsumphase)?
Überlegung: Gibt es Alternativstoffe, welche die Umwelt geringer belasten? Sollen Endprodukte, in denen sich umweltbelastende Stoffe konzentrieren, noch angeboten werden? Welche Marktattraktivität bzw. welches Marktwachstum haben diese Produkte? Lohnt ein zusätzlicher F&E-Aufwand? Kooperation mit: Umweltreferat, Marketing, F&E, Konstruktion.

4. Strategisches Instrumentarium

b) Aus der Prozeßbilanz: Welche Maschinen bzw. Verfahren arbeiten mit den höchsten Emissionen/Abfällen, mit hohen Produktivitätsverlusten und hohen (internalisierten) Umweltkosten? Welche Verfahren haben ein hohes Risikopotential beim Betrieb?

Überlegung: Gibt es Alternativverfahren mit geringeren Umweltbelastungen und Rohstoff-, Überwachungs-, Meß-, Entsorgungskosten?

Kooperation mit: Umweltreferat, Fertigung, Qualitätssicherung, Betriebsingenieuren, Arbeitssicherheit, Maschinenherstellern.

c) Aus der Standortbilanz: Treten lagerungsbedingte Umweltrisiken auf (z.B. durch große Bestellose), entstehen Verwurfsrisiken durch zu hohe Bestandsreichweiten? Wird die Umwelt durch Haus- und Hofdienste, Reinigungspersonal, Kantinenbetrieb etc. unnötig belastet? Ist der Fuhrpark mit relativ umweltfreundlichen Fahrzeugen ausgerüstet?

Überlegung: Gibt es Alternativstoffe, die nicht wassergefährdend, brennbar, explosiv, giftig sind? Können Lager- und Bestandsverwertungsrisiken durch Verkleinerung der Bestellmengen verringert werden? Sind die beauftragten Dienstleistungsunternehmen (Reinigungsfirmen) bereit, Umweltgesichtspunkte zu berücksichtigen, wenn nein, welche Alternativfirmen gibt es? Welche LKWs verursachen die geringsten Lärm- und Abgasemissionen?

Kooperation mit: Umweltreferat, Sicherheitsingenieuren, Disposition, Logistik, Lager, Dienstleistungsfirmen.

Roh-, Hilfs- und Betriebsstoffe, Kaufteile, Handelswaren, Betriebsmittel sollten gemäß Öko-Bilanzierung eine Kennzeichnung nach ABC-Kriterien erhalten, die vom Umweltreferat möglichst in bestehende Dateien einzufügen sind.

Für die Umwelt-Kennzeichnung der Betriebsmittel bietet sich die Betriebsmitteldatei bzw. Inventarliste an. Umweltkritische Sachnummern können entweder in Stücklisten- oder Rezepturdateien bzw. Einkaufsschlüsselnummernverzeichnissen (ESN) gekennzeichnet werden. Pflege und Aktualisierung obliegen dem Umweltreferat. Produkten lassen sich über Teileverwendungsnachweise kritische Sachnummern zuordnen, über Arbeitsplanverzeichnisse umweltkritische Verfahren. Über Zugriffscodes (Autorisierung) können unterschiedliche Anwender auf die ABC-Kennzeichnung zugreifen, so daß verschiedene Abteilungen bzw. Umweltausschüsse bei ihren Entscheidungen/ Analysen die auf das Unternehmen relativierte Umweltbedeutung von Produkten, Materialien, Verfahren etc. erkennen können. Das ABC-Klassifizierungsschema erlaubt dabei eine Gewichtung von Umweltproblemen nach verschiedenen Kriterien und bezieht in die Bewertung sowohl bestehende Umweltbelastungen als auch zukünftige Risiken mit ein. Auf diese Weise werden Unternehmen Reaktionsspielräume eröffnet, die auf ihre jeweilige Markt-Situation (Stärken, Schwächen) sowie auf das Fortschrittsstadium der Umweltorientierung Rücksicht nehmen (vgl. Tab. 1, S. 428).

ABC / Kriterien	A	B	C
Umweltrechtliche/-politische Kriterien: ABC 1 Anforderungen aus dem Umweltrecht Grenzwerte, Verordnungen etc.	gesetzliche Grenzwerte eines Stoffes werden überschritten, Vorschriften der Lagerung werden mißachtet	vom Gesetzgeber sind Grenzwertverschärfungen, Anwendungsverbote u.ä. vorgesehen; momentan gültige Grenzwerte werden kurzfristig überschritten, „announcement effects"	Stoffe werden vorschriftsmäßig eingesetzt, keine Auflagen bzw. Auflagenverschärfungen zu erwarten
Gesellschaftliche Anforderungen ABC 2 (Kritik von Bürgerinitiativen, Akzeptanz u.ä.)	Stoff steht unter nachhaltiger Kritik (obwohl gesetzliche Vorschriften befolgt), lokale „hot spots", Medienkritik, Bürgerinitiativen	neutrale Institute warnen vor Verharmlosung und fordern schärfere Bestimmungen, „Frühwarnfunktion"	Stoff steht außerhalb jeglicher gesellschaftlicher Kritik
Einzelwirtschaftliche Kriterien: ABC 3 Produktivitätsverluste (Abwärme, Abfälle etc.)	Stoff wird mit großen Material-/Energieverlusten eingesetzt	mittlere Materialverluste	kaum Materialverluste
ABC 4 internalisierte Umweltkosten	Kontroll-/Handlingaufwand hoch, hohe Abschreibungen	mittlerer Kontrollaufwand	kein/kaum Kontrollaufwand
Ökologische Kriterien: ABC 5 Erschöpfung nicht regenerativer Ressourcen bzw. regenerativer (von Ausbeutung bedroht)	kurzfristig erschöpft RW < 30 Jahre	Ressource mittelfristig erschöpft RW 30 – 100 Jahre	Primärrohstoffe langfristig verfügbar RW > 100 Jahre
ABC 6 Beeinträchtigung von Umweltmedien, Arten (Stofflinienbetrachtung)	Stoff, der auf der gesamten Produktpalette zu Umweltbelastungen führt	Umweltbelastung in Teilbereichen der Stoff-Logistik	kaum Umweltbeeinträchtigungen bekannt
XYZ / Kriterien	X	Y	Z
XYZ Einsatzrelevanz (Volumenseffekt der Inputstoffe)	hoher Verbrauch/Jahr	mittlerer Verbrauch/Jahr	untergeordnete Bedeutung im Verbrauch

Tab. 1: ABC-Bewertungsschema ökologischer Schwachstellen

4.3 Aufbau eines Frühwarnsystems

Obwohl auch eine Öko-Bilanz über das Bewertungsschema von ABC-Klassifizierungen eine Differenzierung nach „akuten" und „potentiellen" Umweltrisiken erlaubt (s. Tab. 1) können spezielle Untersuchungen zur „strategischen Frühaufklärung" (*Müller* 1986, 248 ff.) stattfinden. Diese Aufgabe wird von der Strategischen Planung, dem Controlling i. V. m. Umweltreferenten wahrgenommen. Zu den Instrumenten gehören z. B. die Szenario-Technik, Cross-Impact-Analysen bzw. Risikoanalysen. Aufgrund oft langwieriger Beschaffungsmarktforschung und Vorlaufzeiten der Produktentwicklung sind gerade auch „schwache Signale" (Außenseitermeinungen, Umweltinstitute etc.) für den strategischen Einkauf von Bedeutung. Typische Verbreitungsmuster von technologischen, sozio-kulturellen und rechtlich-politischen Veränderungen in den Medien, sog. Diffusionskurven (*Steger* 1988, 180 ff.), ermöglichen die Beurteilung von Entwicklungstendenzen z. B. bei gefährlichen Einsatzstoffen.

4.4 Beschaffungsmarktpotentialanalyse

Für Kaufteile mit geringer Umweltverträglichkeit (A-Teile) sollte der Einkauf (in enger Absprache mit der Konstruktion und dem Marketing) Alternativlösungen eruieren. Dazu empfiehlt sich eine Analyse des Beschaffungsmarktpotentials (*Heege* 1987; *Stark* 1980, 82 ff.). Dieses ist generell niedrig, wenn der Lieferant ein spezielles Know-how besitzt, kein technischer Fortschritt zu erwarten ist und wenige Anbieter am Markt sind (große Lieferantenmacht). Dagegen gibt es für Produkte/Baugruppen/Teile mit internationalen Normen auf polypolistischen Beschaffungsmärkten und steigender Nachfrage des eigenen Erzeugnisses mit Marktführerschaft ein großes Beschaffungsmarktpotential. Im ersten Fall wird sich die Anfragestrategie des Einkäufers eher darauf richten, in Kooperation mit dem Lieferanten problematische Inhaltstoffe zu eliminieren oder durch eigene konstruktive Änderungen umweltkritische Teile überflüssig zu machen. Im zweiten Fall (zumal wenn es sich um Kaufteile mit hohem Einkaufswert handelt) ist das Beschaffungsmarktpotential voll auszuschöpfen d. h. Lieferanten werden verpflichtet, (nachweislich) umweltverträgliche Stoffe einzusetzen, oder es findet ein Lieferantenwechsel (bei vertretbaren Umstellkosten) statt.

Ein Einkaufsmarktportfolio für A-Materialien mit beschaffungsmarkt- und absatzmarktspezifischen Schlüsselfaktoren (Dimensionen) zeigt Abb. 2 (S. 430). Dem Beschaffungsmarktpotential werden hier produktspezifische Kriterien gegenübergestellt. Je nach Produktlebenszyklus und Marktsegmentierung ergeben sich unterschiedliche Beschaffungsstrategien: Befinden sich z. B. die betroffenen Endprodukte ohne Umweltprofil/-sensibilität in der Sättigungs- bzw. Degenerationsphase, so sind Anstrengungen der Substitution weniger angezeigt als bei Produkten, die maßgeblich den Umsatz tragen und in ein umweltsensibles Marktsegment eindringen sollen.

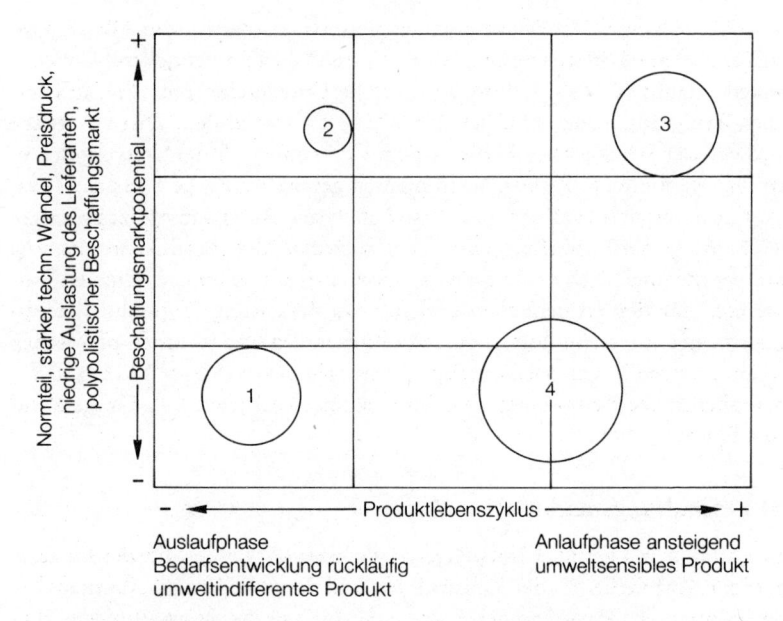

Abb. 2: Einkaufsportfolio für A-Teile

strategische Stoßrichtung:
1) Schaden minimieren, mit Marketing Sortimentsbereinigung beschleunigen
2) Abwägen, ob Substitution/Nachbesserung mit geringem Aufwand möglich
3) Mit Nachdruck umweltfreundliche Substitution fördern, Beschaffungsmarktpotential voll ausschöpfen
4) Diversifizierung, evtl. Eigenfertigung statt Kauf

4.5 Lieferantenbeurteilung und -auswahl

Die Lieferantenbeurteilung ist ein wichtiges Hilfsmittel für die Verhandlungsführung und Preisfindung und muß für eine Beschaffungsstrategie nach Umweltgesichtspunkten speziell erweitert werden. So ist bei der Beurteilung des Gesamtunternehmens (*Budde* 1983, 238 ff.) z. B. neben dem Alterungs- oder Auslastungsgrad der Maschinen auch die Umweltfreundlichkeit der Fertigungsverfahren sowie die Kooperationsbereitschaft zur Lösung von Umweltproblemen zu testen. Letzteres sollte ebenfalls Gegenstand einer Verkäuferanalyse sein, so daß der Einkäufer Hinweise für die Gesprächsführung erhält und auch Umweltbeauftragte bei der Analyse umweltkritischer Inhaltstoffe gezielte Lieferantenanfragen starten können. Darüber hinaus sollten in

4. Strategisches Instrumentarium

die ständige Leistungsbeurteilung des Lieferanten (z. B. über ein vendor-rating-system in Einkaufsprogrammen der PPS-Standardsoftware) neben Kriterien der Beschaffungszeit, Termintreue, Qualität, Service auch Umweltkriterien laufend überprüft werden, wie z. B. Einsatz umweltfreundlicher Transportmittel, umweltschonender minimaler Verpackungsaufwand, Mehrwegverpackungen (*Stahlmann* 1988, 77).

Mit Hilfe der Lieferantenbeurteilung können nicht nur Umweltdefizite mit den Lieferanten geklärt werden, sie dient auch als Unterlage für Lieferantenanfragen bei neuen Teilen. Wenn umweltverträgliche Produkte entwickelt werden sollen, ist den Umweltkriterien hohe Aufmerksamkeit zu schenken. In den Anfragebogen sind dabei neben den üblichen Informationen über den „äußersten Preis" und die „kürzeste Lieferzeit", „Standzeit der Werkzeuge", „Auslegung" etc. auch Zusagen über die ökologische Unbedenklichkeit der (möglichst genau spezifizierten) Inhaltsstoffe einzuholen. Somit kann die **Kontraktpolitik** mit einer Einbeziehung des Lieferanten in die Umwelthaftung eine umweltorientierte Beschaffungsstrategie wirksam unterstützen (und damit Folgekosten und -risiken aus dem Produkthaftungs- bzw. Umwelthaftungsgesetz vorbeugen). Eine gezielte Auswahl umweltbewußter Lieferanten kann z. T. durch Informationen von B. A. U. M., future oder den Umweltreferaten der IHK getroffen werden.

Ist der **Preis** für umweltfreundliche Substitute hoch, so ist zu bedenken, ob sich der Hersteller nicht erst am Anfang der Erfahrungskurve befindet und deshalb langfristig erfahrungskurvenbedingte Preiszugeständnisse (vor allem bei langfristigen Lieferbeziehungen) zu erwarten sind. Beim Bezug vom Handel ist darauf zu achten, ob Kostenvorteile des Herstellers weitergegeben werden (z. B. bei Recyclingpapier).

4.6 Make or Buy

Das Ziel einer Optimierung der Fertigungstiefe bzw. -auslastung ist eng verbunden mit der Untersuchung, ob bestimmte Fertigungsschritte selbst oder in Fremdvergabe durchgeführt werden sollten (*Männel* 1981). Zusätzlich zu einem Vergleich der relevanten Kosten ist bei Entlastungen/Verlagerungen von Fertigungsgängen zu überprüfen, welche Emissionen bei Fremdvergabe gegenüber dem eigenen Verfahren zu erwarten sind. Hierfür können (in erster Linie für die Eigenfertigung) Prozeßbilanzen zugrunde gelegt werden. Gerade in der Oberflächenveredelung stellt sich häufig die Frage nach möglichst umweltfreundlichen (integrierten) Verfahren, so daß auch unter dem Aspekt vermiedener Umweltkosten (durch Absauganlagen, Filter etc.) und fehlendem Know-how (mit der Folge erhöhten Ausschusses) die Fremdfertigung eine Verringerung der eigenen Umweltbelastung bewirken kann (z. B. Auslagerung der Lackierung der Gerätebleche bei der AEG-Hausgeräte Nürnberg).

4.7 Vormarktanalysen

Sind die Rohstoffbestandteile eines Produktes bekannt, so können Vormarktanalysen durchgeführt werden mit dem Ziel
- der Abschätzung materialkostenbedingter Preissteigerungen (Voraussetzung: Kenntnis über die Kostenstruktur des Lieferanten)
- der Beurteilung der Versorgungssicherheit (voraussichtliche politische Unruhen, Transportrisiken, Reichweite der Rohstoffvorräte).

Zusammen mit Risiken der Umweltgefährdung sollten auch die o. g. Beschaffungsrisiken in eine Risikoliste für Kaufteile und RHB Eingang finden, wobei Informationen der Rohstofferschöpfung und Umweltbelastung einer Produktlinien- bzw. Materialbilanz (siehe oben) entnommen werden können.

4.8 Wertanalysen

Wertanalytische Untersuchungen von Produkten, Verpackungen, Verfahren u. ä. betrachten den „Wert" eines Produktes einerseits unter dem Aspekt des niedrigst möglichen Kostenbeitrags, andererseits unter dem Aspekt eines möglichst hohen Absatzwertes. Für eine Umweltorientierung des Unternehmens bedeutsam ist außerdem die hier im Team geübte **funktionale** Denkweise. So ist durchaus denkbar, daß die (marktkonforme) Funktion, die ein Produkt erbringt, auch auf völlig andere Art realisiert werden kann (eventuell auch in Form von Dienstleistungen).

Die Aufgaben des Einkäufers in einem Wertanalyse-Team sind vor allem:
- an Maßnahmen der Materialeinsparung („Ballast abwerfen") mitzuwirken,
- alternative Materialien mit weniger Ausschuß, Verschnitt, Fehlerhaftigkeit ausfindig zu machen,
- den Lieferanten in die Problemlösung mit einzubeziehen (bzw. für mehrere Lieferanten Anfragen mit offenen technischen Bedingungen zu stellen),
- ökotoxische Stoffe zu substituieren bzw. eliminieren.

Wertanalysen sind in erster Linie im Stadium der Produkt**gestaltung** wichtig, da eine umweltverträgliche Konstruktion erhebliche Folgelasten (durch Festlegung der Inhaltsstoffe, der angewandten Verfahren, der Recyclingfreundlichkeit) vermeiden kann.

4.9 Beschaffungswerbung

Durch Beschaffungswerbung werden Lieferanten informiert über die eigenen Produkte und Strategien sowie über Geschäftsdaten (Bilanzen, Geschäftsberichte, Bedarfsabschätzungen), um insbesondere in Verkäufermärkten „aus dem Kollektiv der Nachfrage herauszutreten" und mit dem Lieferanten in eine engere Beziehung zu treten bzw. bessere Konditionen zu erlangen.

5. Ausblick

Unter Umweltgesichtspunkten ist es wichtig, daß der Einkäufer den Lieferanten einerseits auf Beschaffungs- und Umweltbelastungsrisiken von Rohstoffen und Teilen hinweist, andererseits aber auch die Chancen aufzeigt, die durch umweltverträgliche Produktangebote auf der Absatzseite entstehen. Auf diese Weise kann es zu einer organisierten Zusammenarbeit mit Lieferanten kommen, die sich in finanzieller Unterstützung (speziell für F&E-Aktivitäten), in der Übertragung von Know-how in gemeinsamen Wertanalyse-Teams etc. ausdrückt. Werden neue Lieferanten gezielt für spezifische Problemlösungen gewonnen, so spricht man auch von „Lieferantenentwicklung".

5. Ausblick

Selbst wenn Alltagsprobleme (EDV-Einführung, unzuverlässige Lieferanten, technischer Wandel etc.) dem Einkäufer vielfach den Blick für Umweltprobleme verstellen, ist unverkennbar, daß diese immer unmittelbarer die Wettbewerbsfähigkeit, Rendite und Existenzsicherung eines Unternehmens beeinflussen. Internationaler Wettbewerb, Wachstumseuphorien durch den EG-Binnenmarkt und die Öffnung Osteuropas sowie langfristig gesunkene reale Rohstoffpreise lassen derzeit noch eine starke Marketing- und Outputorientierung vieler Unternehmer erkennen mit dem Anschein, der Minimumsektor der Planung läge im Absatzbereich: in der absoluten Ausdehnung von Märkten, der Ausweitung relativer Marktanteile, der Weckung neuer Konsumbedürfnisse mit quantitativen „Mehrkonzepten" (*Goeudevert* 1989, 103) und dem Ziel einer weltweiten Übertragung von „Dallas"- und „Denver"-Idealen.

Dies alles geschieht, obwohl sich die ökologischen Rahmenbedingungen (nicht die umweltpolitischen) drastisch verändert haben, die Spezies Mensch längst von der Substanz zehrt und weltweit keine Ökonomie der Nachhaltigkeit betreibt. Da die volkswirtschaftlichen Kosten heutiger und späterer Generationen in den Marktpreisen nur fragmentarisch und von den herrschenden Zeitpräferenzen her gesehen mit einer starken Tendenz gegen null enthalten sind, gleicht Unternehmensführung, die sich allein auf das herrschende Rechnungswesen stützt, einem von der Stoff- und Biosphäre abgehobenen Blindflug, aus dem es ein unsanftes Erwachen geben kann. Die zukünftigen Engpässe werden nicht in der x-ten technisch machbaren Variante eines Luxus- oder Liebhabermodells liegen, sondern in der sich (seit langem abzeichnenden) Erschöpfung von nichtregenerativen und potentiell regenerativen (aber ausgebeuteten) Rohstoffe sowie in einer für Menschen, Tiere und Pflanzen unerträglichen Umweltbelastung.

Unternehmen, die nicht nur den Marktpreisen vertrauen, sondern in ihre strategischen und operativen Entscheidungen ökologische Defizite einbeziehen, verschaffen sich und uns allen die Chance des Überlebens. Dies wird auch zu einer Neugewichtung von Managementfunktionen in Lehre und Praxis führen. Die Beschaffung wird dabei im Rahmen der logistischen Querschnittsfunktion Materialwirtschaft speziell aus ökologischen Restriktionen eine wachsende Bedeutung gewinnen. Durch kurzfristig wirkende Maßnahmen sowie durch umweltbezogene Strategien kann ein aktives Einkaufsmanagement bereits heute maßgeblich ein ressourcenschonendes, qualitatives Wachstum fördern.

Literatur

Becker, W., Weber, J. (1988), Strategische Beschaffung als Schlüssel zum Einkäufermarkt, in: Beschaffung aktuell (Special), S. 54 ff.
Berger, R. (1988), Materialwirtschaft und Logistik, in: Beschaffung aktuell (Special), S. 69 ff.
Beschorner, D. (1990), Öko-Bilanz: Entscheidungshilfe für eine umweltfreundliche Wirtschaftsweise, in: *Freimann, J.* (Hrsg.), Ökologische Herausforderung der Betriebswirtschaftslehre, Wiesbaden, S. 163 ff.
Börlin, M., Stahel, W. R. (1987), Wirtschaftliche Strategie der Dauerhaftigkeit, in: Schweizerischer Bankverein, Heft Nr. 32
Budde, R. (1983), Lieferantenbeurteilung mit dem Computer, in: Industrielle Organisation, 52. Jg., S. 238 ff.
Goeudevert, D. (1989), Interview, in: Der SPIEGEL, Nr. 6, S. 99 ff.
Hallay, H. (Hrsg.) (1990), Die Öko-Bilanz, Ein betriebliches Informationssystem, in: Schriftenreihe des IÖW, 27/89, Berlin
Heege, F. (1987), Lieferantenportfolio – Ganzheitliches Beurteilungsmodell für Lieferanten und Beschaffungssegmente, Nürnberg
Hopfenbeck, W. (1990), Allgemeine Betriebswirtschafts- und Managementlehre, Landsberg a. L.
Institut der Deutschen Wirtschaft (IW), Zahlen zur wirtschaftlichen Entwicklung der Bundesrepublik Deutschland, Ausgabe 1990
Jetter, O. (1990), Einkaufsmanagement, Landsberg a. L.
Jetter, U. (1977), Anleitung zum Erstellen von Material- und Energiebilanzen im Produktionsbetrieb, RKW-Veröffentlichungen, Frankfurt a. M.
Jochem, E., Schaefer, H. (1991), Emissionsminderung durch rationelle Energieverwendung, in: Energiewirtschaftliche Tagesfragen, Heft 4, S. 207 ff.
Kirchgeorg, M. (1990), Ökologieorientiertes Unternehmerverhalten, Wiesbaden
Männel, W. (1981), Eigenfertigung und Fremdbezug, 2. Aufl., Stuttgart
Müller, G. (1986), Strategische Frühaufklärung, in: Marketing · ZFP, Heft 4, S. 248 ff.
Stahlmann, V. (1988), Umweltorientierte Materialwirtschaft, Wiesbaden
Stahlmann, V. (1989), Ökologisierung der Unternehmenspolitik durch umweltorientierte Materialwirtschaft, in: *Vogl, Heigl, Schäfer,* (Hrsg.), Handbuch des Umweltschutzes, 46. Lfg. 12/89, III.3.2, Landsberg a. L.
Stahlmann, V. (1990), Notwendigkeit und Chancen einer umweltorientierten Unternehmensführung, in: *v. Donkelaar, P.* (Hrsg.), Naturverträgliche Technologien, Ehningen, S. 1 ff.
Stahlmann, V. (1991), Zur Ausgestaltung des Abfallwirtschaftsrechts aus betriebswirtschaftlicher Sicht – präventives Umweltmanagement, in: Wirtschaftsverwaltungs- und Umweltrecht, Juli

Stark, H. (1980), Zur Entwicklung von Beschaffungsstrategien, in: Beschaffung aktuell, S. 82 ff.
Steger, U. (1988), Umweltmanagement, Wiesbaden
Welters, K., Winand, U. (1982), Beschaffung und strategische Unternehmensführung – Ergebnisse einer Delphi-Studie, in: *Szyperski, N., Roth, P.* (Hrsg.), Beschaffung und Unternehmensführung, Stuttgart, S. 5 ff.

Gezielte Auswahl von Informationsquellen
zur Beschaffung von **Büromaterial und Eigenbedarf**:
ALTOP, Alternatives Branchenbuch (jährliche Ausgabe)
B.A.U.M./IGL, Ökologie im Büro, Hamburg 1990
Fischer, C., Fischer, R. (1988), Chemie im Büro, Hamburg
UMPLIS (Datenbank: Blaue Engel-Produkte)
Umweltbundesamt, Handbuch umweltfreundliche Beschaffung, Wiesbaden/Berlin, 2. Aufl., 1989

zur Beschaffung von **Werkstoffen**:
BME-Loseblattsammlung „Umweltgerechte Materialbeschaffung" (AG umweltbewußter Einkauf, R. Kolar, B&K, Postfach 1160, 4540 Lengerich)
Umwelt und Energie, Loseblattsammlung, Freiburg i. Br.
Katalyse, BUND, Öko-Institut, ULF, Chemie am Arbeitsplatz, Hamburg 1987
Sommer, Schmidt, Neue Datenblätter für gefährliche Arbeitsstoffe nach der Gefahrstoffverordnung, Loseblattsammlung, Kissingen
Winter, G. (1988), Das umweltbewußte Unternehmen, 2. Aufl., München

Lieferantenanfragen, Auswertung der Sicherheitsdatenblätter, eigene/fremde Laboranalysen (z.B. über Katalyse Köln, Institut Fresenius)
Schadstoffinformationssysteme (Software) z.B. von SIEMENS (SIGEDA), Gesellschaft für Prozeßsteuerungs- und Informationssysteme mbH (INFUD)

Datenbanken:
CHEMDATA (Verband der Chemischen Industrie)
DORIS (Dornier Informationssystem)
IGS (Informations- und Kommunikationssystem gefährlicher und umweltrelevanter Stoffe (Bundesanstalt für Arbeitsschutz, Dortmund)
INFUCHS (Informationssystem für Umweltchemikalien, Chemieanlagen und Störfälle, Umweltbundesamt (UBA)
LIS Stoff-Datenbank (Nordrhein-Westfälische Landesanstalt für Immissionsschutz)

zur Beschaffung von **Betriebsmitteln**:
db-data und db-select (Datenbankrecherchen der Deutschen Bank nach Umwelttechniken und Förderprogrammen)
Technologieberatungsprogramme der IHK
UMPLIS Recycling-/Verwerter-Emissionsminderungstechniken (UBA)

Messen:
z.B. ENVITEC, ENTSORGA, ENKON

zur **Abfallwirtschaft**:
Datenbank: AWIDAT (Abfallwirtschaftsdatenbank) (UBA)
Sander, Troge, IWL Praxishandbuch Abfall/Altlasten, Loseblattsammlung, Köln
Recycling- und Verwerterhandbuch (UBA)

Kapitel 26
Produktion und Umweltschutz

von *Heinz Strebel*

1. Natürliche Umwelt als Produktivfaktor 438
2. Umweltschutz als Ziel und Restriktion industrieller Produktionswirtschaft 439
3. Konzeptionen und Instrumente des Umweltschutzes in der Produktionswirtschaft 443
Literatur 449

1. Natürliche Umwelt als Produktivfaktor

Die Güterproduktion wird in der Betriebswirtschaftslehre traditionell mit dem von *Gutenberg* eingeführten Paradigma als Kombination von Produktivfaktoren beschrieben. Produktivfaktoren nennt *Gutenberg* alle Einsatzgüter, ohne deren Mitwirkung „die betriebliche Leistungserstellung nicht vollziehbar erscheint" (*Gutenberg* 1983, 2). Obwohl die natürliche Umwelt explizit erst später unter den betrieblichen Produktivfaktoren vorkommt (etwa *Kern, Fallaschinski* 1978), gehört auch die natürliche Umwelt nach der *Gutenberg*schen Definition zu den betrieblichen Produktivfaktoren. In ihren beiden ökonomischen Funktionen Lieferant von Einsatzgütern für Produktion und Konsum und Aufnahmemedium für Rückstände aus Produktion und Konsum (*Siebert* 1978, 8 ff.) ist die natürliche Umwelt unabdingbare Voraussetzung jeder Produktion.

Bei Produktivfaktoren und Faktorkombinationen (Input der Produktion) findet man die natürliche Umwelt als impliziten Bestandteil traditionell innerhalb der Produktivfaktoren Werkstoff und Betriebsmittel. Nicht explizit genannt, aber dem Sinne nach zugeordnet, werden auch entsprechende Energiearten. Stoffliche und energetische Inputarten sind aber in Faktorsystemen und Produktionstheorie ursprünglich nur insoweit berücksichtigt worden, als es dabei um wirtschaftlich knappe Güter (mit positiven Preisen) geht. Technisch unabdingbare Inputarten, wie Luftsauerstoff, ohne den z.B. Verbrennungsvorgänge unmöglich sind, galten als freie Güter und waren daher in einer letztlich auf Kostentheorie und Kostenrechnung orientierten betriebswirtschaftlichen Produktionsfaktoren- und Produktionstheorie nicht zu finden.

Integration des Umweltschutzes in die Produktion bedeutet zunächst eine erweiterte Sichtweise, welche die Sätze der Erhaltung der Masse und Energie beachtet und – etwa nach dem Prinzip chemischer Reaktionsgleichungen bzw. der Stoff- und Energiebilanz – keinen stofflichen und energetischen Output der Produktion vernachlässigt.

Dies führt zur zweiten ökonomischen Funktion der natürlichen Umwelt. Jeder Produktionsvorgang bringt neben den erwünschten Resultaten (Produktzielen) auch unerwünschte, aber im Interesse der Produktziele in Kauf genommene stoffliche und energetische Rückstände hervor, weil aus naturwissenschaftlichen Gründen nicht der gesamte stoffliche und energetische Output in die angestrebten Produkte eingeht.

Zumindest ein Teil dieser Rückstände wird an die natürliche Umwelt abgegeben, weil es aus der Sicht der Produzenten vorteilhaft erscheint, rechtlich noch bestehende Emissionsspielräume auszunutzen und/oder weil es in der Regel technisch unmöglich ist, alle entstandenen Rückstandsmengen rück-

2. Umweltschutz als Ziel und Restriktion

standsfrei zu recyclieren bzw. in unschädliche Rückstände umzuwandeln. Verbliebene bzw. bei diesen Entsorgungsmaßnahmen neu entstandene Rückstände müssen dann an die natürliche Umwelt abgegeben werden. Dadurch erscheint die natürliche Umwelt auch in ihrer zweiten Funktion (Aufnahmemedium für Rückstände) als Produktivfaktor.

Diese Interpretation mag zunächst überraschen, da Produktivfaktoren ansonsten stets als Inputs der Produktion fungieren, Rückstand aber als Output der Produktion erscheint. Es kommt jedoch darauf an, deutlich zwischen dem Rückstand und der im Falle seiner Emission folgenden Umweltbelastung zu unterscheiden. Rückstände sind zwar Output der Produktion, die durch Rückstände ausgelöste Umweltbelastung ist hingegen notwendiger Input, da ohne diese nicht produziert werden kann. Das Ausmaß dieser Umweltbelastung äußert sich bei festen Rückständen im Bedarf an Deponievolumen, bei flüssigen und gasförmigen Emissionen in der Menge der notwendigen Verdünnungsmedien Wasser und Luft, die bei noch zulässiger Konzentration beansprucht werden müssen, z. B. auf Basis Maximaler Arbeitsplatz-Konzentrationen und Biologischer Arbeitsstofftoleranzwerte (MAK-Werte), Maximaler Immissions-Konzentrationen (MIK-Werte), Wirkungsbezogener maximal zulässiger Emissions-Konzentrationen der Weltgesundheitsbehörde (WIK-Werte) (*Haas* u. a. 1991).

2. Umweltschutz als Ziel und Restriktion industrieller Produktionswirtschaft

Da eine Produktion ohne Umweltbelastung nicht denkbar ist, kann Umweltschutz nur im Sinne einer relativen Umweltschonung praktiziert werden. Dies bedeutet, daß bei Entscheidungen zwischen verschiedenen Ausführungsformen einer Produktart bzw. bei verschiedenen Produktionsverfahren für diese Produktart (allgemein: bei verschiedenen umweltpolitischen Aktivitäten) stets die umweltschonendste Alternative zu wählen ist (*Strebel* 1980, 81 ff.). Damit ist zwar der Begriff „Umweltschutz" (relative Umweltschonung) definiert, er ist aber so zur Beurteilung umweltpolitischer Alternativen noch nicht operational. Beim Versuch einer Operationalisierung stößt man auf folgende Probleme:

1. Über die **ökologischen Wirkungen** von bestimmten Substanzen und Energiearten besteht **unvollkommene Information**. Selbst der Schadstoffcharakter bestimmter Substanzen ist vielfach nicht erwiesen, weshalb z.B. neben den Obergrenzen oder der TA Luft (für Schadstoffe) technische Richtkonzentrationen für Stoffe existieren, bei denen noch kein sicherer Schädlichkeitsbeweis vorliegt, wohl aber erhärtete Hinweise auf diese Eigenschaft.
2. Selbst bei **vollkommener Information** über die ökologische Schädlichkeit von Substanzen besteht für die Alternativenbewertung ein **formales Pro-**

blem. Die Schadwirkung eines Stoffes bzw. einer umweltpolitischen Alternative läßt sich zunächst anhand eines Vektors darstellen, der alle Schadstoffarten und -mengen enthält, die das Beurteilungsobjekt kennzeichnen. Hat man dabei n Schadstoffarten, so gibt es eine eindeutige Präferenzordnung zwischen zwei Vergleichsalternativen A_1 und A_2 nur dann, wenn A_1 bei mindestens einer Schadstoffart weniger emittiert als A_2 und bei allen anderen Schadstoffarten nicht mehr als A_2 ($Pareto$-Optimum).

Die so skizzierte Beurteilungssituation findet man in der Realität allerdings selten. Vielfach wechselt die Präferenzordnung zweier Alternativen, je nachdem, welche Schadstoffart man betrachtet. So reduziert das Wirbelschichtverfahren bei Kohlekraftwerken zwar die SO_2-Produktion, ist aber hinsichtlich adsorbierbarer organischer Halogenverbindungen (AOX) und Staubauswurf ungünstiger zu beurteilen (BMFT 1982, 15). Dabei kommt hinzu, daß bei den Vergleichsalternativen zum Teil unterschiedliche Schadstoffarten auftreten, deren ökologische Wirkungen dann miteinander verglichen werden müssen.

Man benötigt also in diesen Fällen eine **Amalgamierungsregel**, die es gestattet, Urteile hinsichtlich verschiedener Rückstands- oder Schadstoffarten (partielle Präferenzordnungen) zu einem Gesamturteil über die ökologische Vorteilhaftigkeit umweltpolitischer Alternativen zu verschmelzen.

Die Urteile hinsichtlich einzelner Schadstoffarten und die für das Gesamturteil über umweltpolitische Alternativen erforderlichen Amalgamierungsregeln verlangen Wertungen. Da die natürliche Umwelt ein gesellschaftliches Gut (öffentliches Gut) ist, müssen diese Wertungen einem gesellschaftlichen Wertsystem entstammen. Ein solches zu entwickeln, ist eine politische Aufgabe. Dies folgt bereits aus dem Umweltprogramm der Bundesregierung von 1971, wonach „... der Staat ... eindeutig zu erkennen geben (muß), welches Maß an Umweltqualität ... erreicht werden soll" (BMI 1976, 18).

Fehlt ein solches Wertsystem, so sind Entscheidungsträger gar nicht imstande, planmäßig durch Einführung „umweltschonender" Verfahren und Erzeugnisse („Umweltschutzinnovationen") zum Umweltschutz beizutragen, weil sie nicht wissen, ob Maßnahmen insgesamt als umweltfreundlich, umweltneutral oder umweltschädlich einzuschätzen sind.

Ein solches **Wertsystem** besteht in Deutschland nur in Bruchstücken, so in Form der Schadeinheiten pro Mengeneinheit für bestimmte Abwasserinhaltsstoffe gemäß Anlage zu § 3 AbwAG, weil diese einen ökologischen Vergleich verschiedener Schadstoffe zulassen (dagegen sind z.B. die zulässigen Massenkonzentrationen der TA Luft ausdrücklich nicht für solche Vergleiche vorgesehen).

Wenn ein umfassendes ökologisches Wertsystem nicht existiert, so erhalten die Entscheidungsträger durch Systeme von Emissionsgrenzwerten verschiedenartiger Schadstoffe Entscheidungshilfe, weil solche Systeme alle innerhalb

2. Umweltschutz als Ziel und Restriktion

der fixierten Restriktionen verbleibenden umweltpolitischen Alternativen (z.B. Produkte und Verfahren) als umweltneutral oder umweltfreundlich und damit umweltrechtlich als zulässig deklarieren, während alle Alternativen, die mindestens eine dieser Restriktionen verletzen, als umweltschädlich (umweltrechtlich unzulässig) gelten. Diesem Weg folgt etwa das deutsche Umweltrecht.

„Umweltschutz" erscheint hier zugleich als Restriktion für unternehmerische Aktivitäten, damit auch als von außen gesetztes Ziel für Unternehmen. Solche Vorgaben erzeugen Konflikte zwischen ökonomischen Zielen von Unternehmen (Erfolgszielen) und ökologischen Zielen der Gesellschaft, soweit gesellschaftliche Zielvorgaben die erreichbaren Zielausmaße unternehmerischer Erfolgsziele beschränken. Betroffene Unternehmen neigen dann oft dazu, sich solchen Vorgaben aus bestehender Rechtsordnung und daraus erlassenen behördlichen Auflagen bloß anzupassen, aber für den Umweltschutz auch nicht mehr zu tun, als dadurch notwendig erscheint.

Dabei spielt allerdings mit, daß die Genehmigungsverfahren für neue Anlagen nach §§ 4ff. BImSch sehr aufwendig und langwierig sind und schon von daher die Tendenz aufkommt, lieber die bestehenden und genehmigten Anlagen „nachzubessern". Dieses Verhalten bezeichnet man auch als „defensives" oder „reaktives" Umweltschutzkonzept (z.B. *Wicke* 1987).

Jedoch stehen Umweltschutzziele und betriebliche Erfolgsziele nicht immer miteinander in Konkurrenz. Betriebliche Umweltschutzmaßnahmen führen nämlich oft auch zu Kosten- und Erlösverbesserungen und damit zum Gewinnzuwachs. In diesem Fall erscheinen Umweltschutzmaßnahmen aus einzelwirtschaftlicher Sicht nicht mehr als lästiger und oft kostspieliger Zwang, sondern als unternehmerische Chance. Die aus solchen Aktivitäten resultierenden Erfolgsverbesserungen wirken dann auch als Anreiz zum Einsatz neuer Umweltschutztechnologien. Dies wiederum kann als Anstoß für eigene Forschungs- und Entwicklungsprojekte dienen, sofern solche Technologien noch nicht am Markt verfügbar sind. So ist die unternehmerische Forschung und Entwicklung inzwischen in beachtlichem Maße nicht nur auf neuartige Produkte und Verfahren gerichtet, sondern auch auf Vermeidung und Reduktion umweltbelastender Begleiterscheinungen der Erzeugnisproduktion, -verwendung und -entsorgung (*Strebel* 1988b). Forschung und Entwicklung münden insoweit in Umweltschutzinnovationen, die bei den aktuellen umweltrechtlichen Ansprüchen an Produkte und Verfahren zum großen Teil deckungsgleich mit Produkt-, Verfahrens- und Anwendungsinnovationen sind.

Im Gegensatz zum bloßen Anpassungsverhalten wird diese Orientierung betriebswirtschaftlicher Umweltpolitik als „offensives" Umweltschutzkonzept bezeichnet.

Die Vorteile dieses Konzeptes werden nicht mehr bezweifelt, und es sind inzwischen hierzu zahlreiche Beispiele aus der Praxis veröffentlicht worden

(z. B. BJU 1989; *Hopfenbeck* 1990; *Steger* 1988, 259 ff.; *Wicke, Schafhausen* 1989; *Wicke u. a.* 1990; *Winter* 1989). Besonders eindrucksvoll ist in diesem Kontext die Entwicklung neuer Verfahren zur Zellstoffproduktion, die mit ihren traditionellen Technologien extrem umweltbelastend ist (zum folgenden *Dahlmann* 1990).

Das in Deutschland bisher eingesetzte Sulfitverfahren kann erst bei einer Jahreskapazität von 250 000–300 000 t wirtschaftlich arbeiten, verursacht dabei aber Schadstoffemissionen, die in Mitteleuropa nicht mehr zugelassen werden. Die restriktiven Tendenzen im Umweltrecht haben daher frühzeitig zur Entwicklung neuartiger Verfahren zur Zellstoffproduktion geführt.

Das neue Organocell-Verfahren arbeitet im Gegensatz zu traditionellen Methoden völlig schwefelfrei, damit auch ohne SO_2-Emissionen. Wiederaufbereitung und Rückführung (Recycling) bzw. energetische Verwertung von Lösungsmitteln und Kochereiablauge und Verzicht auf Chlorbleiche reduzieren Abwasserbelastung und Abwasserabgaben beträchtlich. Weitere Kostensenkungen folgen aus einem höheren Nutzungsgrad des Hauptrohstoffs Holz (90 statt 45%) und aus der Möglichkeit, nicht nur Fichtenholz, sondern ganz verschiedenartige, auch recht geringwertige Rohstoffe (u. a. Stroh, Bambus) zu verarbeiten – und dies auch wirtschaftlich in kleineren Produktionsanlagen.

Andererseits wird dabei ein sehr hochwertiger Zellstoff gewonnen, der zur Herstellung von Windeln, Hygienepapier und -material, Papiertaschentüchern u. a. besonders geeignet ist. Dadurch wird er von bestimmten Abnehmergruppen bevorzugt verlangt, was gegenüber den Konkurrenten mit traditionellen Technologien einen bedeutenden Wettbewerbsvorteil verschafft. Mit diesem Verfahren verbinden sich somit verbesserter Umweltschutz, geringere Material- und Entsorgungskosten und höhere Erträge.

Allerdings ist das Organocell-Verfahren immer noch recht abwasserintensiv. Die Abwasserabgaben entsprechen immerhin noch 10% des Umsatzes. Speziell das Abwasserproblem versucht das sog. ASAM-Verfahren zu bewältigen, bei dem das Abwasser nicht mehr abgeleitet, sondern mit Stützfeuerung verbrannt wird (o. V. 1986). Dies vermeidet Ableitungskosten und Abwasserabgaben, verlangt allerdings beträchtlichen Energieeinsatz auch zur Abwasserbehandlung.

Gerade das Organocell-Verfahren zeigt in mehrfacher Hinsicht die bei offensiven umweltpolitischen Konzeptionen genutzte Komplementarität von Umweltschutzzielen und betrieblichen Erfolgszielen. Die Ausgangsüberlegungen zur Entwicklung dieses Verfahrens verweisen auch auf den Umstand, daß eng und kurzfristig angelegte Kalküle eher defensive Konzeptionen begünstigen.

Offensive Konzeptionen verlangen eine umfassende Sicht umweltwirksamer Konsequenzen von Produkten und Verfahren und der dagegen einsetzenden öffentlichen Umweltpolitik, wobei auch die zunehmende Aversion der Bevöl-

3. Konzeptionen und Instrumente des Umweltschutzes

kerung gegenüber umweltbelastenden Industriestandorten angemessen beachtet werden muß. Im unternehmerischen Kalkül muß man also erkennen, daß viele Produkte künftig in unveränderter Gestalt nicht mehr hergestellt und viele aktuelle Produktions- und Entsorgungsanlagen nicht mehr betrieben werden können. Berücksichtigt man daraus resultierende langfristige Kostenmehrungen und Ertragseinbußen, so sind umweltschonende Produktions- und Entsorgungstechnologien oft im Vorteil, zumal sie auch bis auf weiteres nicht von Produktionseinschränkungen und -verboten (mit Gewinnverzicht) bedroht werden.

Nicht zu vergessen ist hier, daß vor allem bei Herstellern von Investitionsgütern Umweltschutzinnovationen im Rahmen der eigenen Produktion oft den Einstieg in neue Märkte bedeuten, weil auch andere Unternehmen mit ähnlichen Umweltproblemen für solche Lösungen Interesse zeigen.

3. Konzeptionen und Instrumente des Umweltschutzes in der Produktionswirtschaft

In dichtbesiedelten Industrieländern mit fühlbarer Umweltbelastung und daraus folgender zunehmender restriktiver gesellschaftlicher Umweltpolitik muß jeder Produktionsbetrieb ökologische Gesichtspunkte bei Wahl und Gestaltung von Produkten und Verfahren berücksichtigen.

Grundlage hierfür ist eine betriebliche Umweltpolitik mit auch ökologisch orientierten Zielen, Entscheidungen und Maßnahmen. Dabei sind ökologische Zielsetzungen entweder durch Gesetz und Auflagen als Restriktionen bestimmt oder sie werden – über solche externen Vorgaben hinaus – durch betriebsinterne Entscheidungen determiniert, insbesondere wenn daraus auch ökonomische Vorteile erwachsen.

Die Konzeption „Umweltschutz" (im Sinne einer relativen Umweltschonung) als umweltpolitisches Leitprogramm umfaßt ihrerseits mehrere untergeordnete umweltpolitische Konzeptionen. Zu diesen Umweltschutzkonzeptionen gehören: Ressourcenschonung, Rückstandsvermeidung und -minderung, Rückstandsumwandlung und Rückstandsnutzung (*Strebel* 1990, 722ff.).

Solche Umweltschutzkonzeptionen äußern sich in umweltpolitischen Zielsystemen, d.h. geordneten Mengen ökologischer Sachziele. Sind solche Sachziele auf Ressourcenschonung gerichtet, so lassen sie sich als maximal zulässige Produktionskoeffizienten formulieren. Für entstehende Rückstandsarten können sie als maximal zulässige Rückstandskoeffizienten, im übrigen als erwünschte Mindestumwandlungs- und Wiedereinsatz-(Recycling-)Koeffizienten bzw. als maximal zulässige Emissionskoeffizienten vorgegeben werden (*Strebel* 1990, 726).

Die Umweltschutzkonzeptionen stützen sich auf bestimmte umweltpolitische Instrumente. Diese sind Bündel von Maßnahmen, die zur Realisation ökologischer Sachziele geeignet sind. Zu den umweltpolitischen Instrumenten gehören: Produkt- und Erzeugnisprogrammgestaltung, Produktionsmengen- und Fertigungsprogrammgestaltung, Gestaltung der Produktlebensdauer, Verfahrensgestaltung und Verfahrenswahl, Wahl der Einsatzstoffe und Recycling. Solche Instrumente können grundsätzlich mehreren umweltpolitischen Konzeptionen innerhalb des Umweltschutzes dienen, was in Tab. 1 angedeutet ist (*Strebel* 1990, 728).

Konzeptionen (innerhalb von „Umweltschutz")	Ressourcen- schonung	Rückstands- vermeidung und -minderung	Rückstands- umwandlung	Rückstands- nutzung
Instrumente				
Erzeugnis- und Erzeugnis- programmgestaltung	×	×		×
Fertigungsgrogramm- gestaltung (insbesondere Produktionsmengen- gestaltung)	×	×		
Gestaltung der Produktlebens- dauer	×	×		
Verfahrensgestaltung und Verfahrenswahl	×	×	×	
Wahl der Einsatzstoffe	×	×		×
Recycling	×			×

Tab. 1: Umweltschutzkonzeptionen und ihre Instrumente

Dabei betont die gesellschaftliche Umweltpolitik die Priorität der Rückstandsvermeidung und nennt die Rückstandsnutzung (Abfallverwertung) erst in zweiter Linie (vgl. §§ 1a, 3 Abfallgesetz). Während das Abfallgesetz (§ 3) keine Rangfolge zwischen stofflicher Abfallverwertung (stofflicher Rückführung) und energetischer Nutzung (Verbrennung mit Freisetzung von Energie) angibt, zeigt die neue Verordnung zur Festlegung von Wiederverwendungsquoten (o.V. 1990) die eindeutige Tendenz zugunsten einer Priorität der stofflichen Wiederverwertung mit teilweisem Verbrennungsverbot. Dies bedeutet für eine längerfristig angelegte betriebswirtschaftliche Umweltpolitik die Sorge um hierfür geeignete Recyclingverfahren. Für manche Prozesse ist inzwischen offensichtlich, daß Rückstandsvermeidung (Vorsorge) durch Clean-Technology auch wirtschaftlich günstiger ist als die spätere Rückstandsbehandlung (Nachsorge mit End-of-pipe-Technology). So meint der

3. Konzeptionen und Instrumente des Umweltschutzes

BDI zur Entstehung von Stickoxyden bei Kraftwerksfeuerungen, daß es „wirtschaftlich viel aufwendiger" sei, diese nachträglich aus den Abgasen zu entfernen (BDI 1980, 24). Speziell bei Abwässern lassen sich unangenehme Rückstände vermeiden, indem man auf Vermischung verzichtet. Da diese aufgrund von § 7 a Wasserhaushaltsgesetz verboten werden kann, ist ein Verzicht auf Vermischung ohnehin die auf längere Sicht unvermeidliche Maßnahme.

Rückstandsumwandlung (End-of-pipe-Technology) ist aus naturwissenschaftlichen Gründen oft nicht zu 100% realisierbar (*Hopp* 1984, 114 ff.). Ökonomische Grenzen hierfür liegen in den mit wachsendem Reinigungsgrad progressiv steigenden Kosten. Diese sind auch aus ökologischer Sicht nicht sinnvoll, wenn man z.B. vor der Wahl steht, mit gleichen Kosten die Abgase eines Kraftwerks von 95% auf 99% zu entschwefeln oder die Abgase von drei älteren Kraftwerken mit höherer SO_2-Emission erst einmal auf einen Entschwefelungsgrad von 95% zu bringen und damit ein Mehrfaches an SO_2-Emission zu vermeiden (*Wicke* 1985, 303 ff.).

Rückstandsumwandlung bleibt aber insoweit eine wichtige umweltpolitische Alternative, als Rückstandsvermeidung technisch nicht möglich ist oder insgesamt betrachtet aus ökonomischen Gründen die ungünstigere Alternative darstellt.

Rückstandsnutzung ist Rückführen stofflicher und energetischer Kuppelprodukte in Produktion oder Konsum. Bei Stoffen sind hierfür in der Regel Aufbereitungsvorgänge erforderlich, da Rückstände oft Stoffgemische sind, zumindest aber Verunreinigungen enthalten.

Stoffe können nach Aufbereitung auch im Prozeß ihrer ursprünglichen Herkunft wieder eingesetzt werden (Wiederverwendung). Aus physikalischen Gründen ist dies bei Energie so nicht möglich. Energie – definiert als Fähigkeit, physikalische Arbeit zu leisten – ist stets in einem physikalischen System gespeichert und kann nach Überschreiten der Systemgrenze im System nicht mehr genutzt werden (z.B. die in Abgas oder Abdampf enthaltene Wärme).

Rückstandsnutzung schont die natürliche Umwelt durch geringere Entnahme an Primärstoffen und Energie und durch verminderte Abgabe von Rückständen. Allerdings sind die Aufbereitungsvorgänge ihrerseits Produktionsprozesse mit stofflichen und energetischen Rückständen, so daß aus ökologischer Sicht nur die Nettoentlastung der Umwelt ein geeignetes Beurteilungskriterium für die Rückstandsnutzung darstellt.

Rückstandsnutzung verlangt schließlich die Verfügbarkeit nutzungsgeeigneter Rückstände am Einsatzort. Voraussetzung dafür ist der erfolgreiche Einsatz des umweltpolitischen Instruments „Recycling", das bereits mit der Ermittlung wiedereinsatzfähiger Rückstandsarten als Output von Produktions- und Konsumprozessen beginnt. Dies gelingt umfassend nur mit differenzierten Material- und Energiebilanzen, deren Eingabedaten u.a. aus chemischen

Analysen und stöchiometrischen Berechnungen, aus Angaben der Materialbuchhaltung oder aus Abrechnungen kommunaler Ver- und Entsorgungseinrichtungen stammen. Dabei müssen Rückstandsarten physisch erfaßt, ausreichend genau identifiziert, beschrieben, klassifiziert und dokumentiert werden, bevor möglichst getrenntes Aufbewahren und Aufbereiten (gegebenenfalls vor oder nach Transportvorgängen) geschehen kann.

Wiedereinsatz stofflicher Rückstände (als Sekundärstoffe) führt zu geringeren Materialkosten, soweit die hierfür anfallenden Einstandskosten, gegebenenfalls vermehrt um weitere Aufbereitungskosten, unter den Einstandskosten für entsprechende Primärstoffe liegen. Für ein wirtschaftliches Gesamturteil sind aber auch die Produktionskosten zu bedenken, weil der Einsatz von Sekundärstoffen oft zu erheblicher Reduktion des Energiebedarfs führt, so bei Aluminium 95%, bei Kupfer 13% gegenüber der Herstellung aus Primärstoffen. Aber auch Stahlschrott, Altglas und Altpapier gehören zu den Energiesparern (*Kirchner* 1986; *Pautz, Pietrzeniuk* 1984).

Schließlich vermeidet die Rückstandsnutzung die dazu alternative Entsorgung mit wachsenden Entsorgungskosten. Produktion aus Sekundärstoffen unterbindet auch die Umweltbelastung, welche bei der Produktion aus Primärstoffen entsteht, so etwa bei Aluminium und Glas, und befreit das produzierende Unternehmen auch insoweit von Entsorgungsproblemen und -kosten.

Die genannten Voraussetzungen der Rückstandsnutzung müssen durch entsprechende organisatorische Regelungen geschaffen und aufrechterhalten werden. Nur so ist es möglich, Erfassung, Identifikation, Klassifikation, Kennzeichnung und Dokumentation der Rückstände sicherzustellen. Ferner muß die zuständige Instanz Grundsätze zur Rückstandsnutzung formulieren und vorgeben und dem Entscheidungsprozeß zur Rückstandsnutzung einen Rahmen setzen.

Um auch die Möglichkeiten zur vorteilhaften Verarbeitung fremder Rückstände und zur Abgabe eigener Rückstände an fremde Verarbeiter nutzen zu können, ist der Betrieb auf laufenden Informationsaustausch mit anderen Betrieben, auch kommerziellen Entsorgern, Abfallbörsen und Datenbanken angewiesen. Ein auch in dieser Richtung ausgebautes betriebliches Umweltinformationssystem bietet also die Chance, systematisch Rückstandsquellen (-produzenten) und Rückstandssenken (-verwerter) zu erkennen und den eigenen Betrieb umfassend als Rückstandsquelle und -senke in vorhandene Beziehungen einzubringen. Daraus erwachsende Kooperationsmöglichkeiten sind der mögliche Einstieg in die Bildung ganzer Ketten bzw. Netze aus Rückstandserzeuger und -verwender, die ihre Rückstände weitgehend wieder zur Güterproduktion verarbeiten und insgesamt geringere Emissionen verursachen (*Strebel* 1988 a, 136 ff.).

Hervorragendes Instrument der Rückstandsvermeidung und -nutzung ist die Produktgestaltung. Art und Umfang der Inanspruchnahme natürlicher Res-

3. Konzeptionen und Instrumente des Umweltschutzes 447

sourcen, des Entstehens produktions- und gebrauchsbedingter Rückstände, von Entsorgungsrückstand sowie die Recyclingfähigkeit des Altproduktes werden nämlich durch die gewählte Produktgestalt weitgehend vorherbestimmt. Umweltschonung beim Produktgebrauch und bei der Entsorgung des Altproduktes haben danach nur noch einen engen Spielraum. Objekt der Produktgestaltung sind auch Verpackungen. Sie sind einerseits ebenfalls Produkte bestimmter Hersteller; andererseits bilden die von Verpackungen umhüllten (anderen) Produkte mit ihrer Verpackung eine wirtschaftliche Einheit und werden auch bei Entsorgungsproblemen in einem Zug mit dem verpackten Produkt genannt, wie z. B. die gesamten Produktionsprogramme der verpackungsintensiven Konsumgüterindustrie.

Gerade bei der Produktgestaltung bietet sich auch die Möglichkeit, in vermehrtem Umfang Rückstände zu verarbeiten, wie z. B. bei Kunststofferzeugnissen und bei Erzeugnissen aus Metall, Papier und Glas. Solche Chancen zeigen sich insbesondere dann, wenn man die vom Unternehmen zur Produktion vorgesehenen Erzeugnisarten insgesamt, also das sog. Erzeugnisprogramm betrachtet.

Arten und Ausmaße der tatsächlichen Umweltbelastungen werden allerdings nicht durch Produktgestaltung und Erzeugnisprogramm, sondern durch die Auswahl der tatsächlich in der Planungsperiode erzeugten Produktarten und -mengen bestimmt, also durch das kurzfristige Produktionsprogramm (Fertigungsprogramm). Ein Erzeugnis mit bestimmten Rückstandskoeffizienten trägt dann je nach Ausmaß der tatsächlichen Rückstandsbehandlung und -nutzung in Abhängigkeit von der produzierten Menge zur Umweltbelastung bei. Gegenüber der Produkt- und Erzeugnisprogrammgestaltung kann durch Fertigungsprogrammgestaltung kurzfristig, aber eben nur im Rahmen der produkt- und verfahrensgestalterischen Vorgaben, reagiert werden. Besteht die Gefahr, durch ein geplantes Fertigungsprogramm gesetzlich oder behördlich fixierte Emissionsgrenzen zu verletzen, so muß man in weiterer Planung versuchen, Fertigungsmengen zu reduzieren oder zeitlich zu verlagern sowie Umwandlungs- und Wiederverwendungsraten für Rückstände zu erhöhen. Auch der Übergang zum Fremdbezug kann zumindest die eigene Umweltbelastung vermindern.

Großen Einfluß auf die Umweltbelastung hat die Lebensdauer (tatsächliche Gebrauchsdauer) eines Erzeugnisses. Je langlebiger ein individuelles Produkt ist, desto seltener entsteht Umweltbelastung aus Produktion und Entsorgung des Altproduktes. Dies spricht z. B. für alle langlebigen, mehrfach verwendbaren Verpackungen, bei denen allerdings auch Wiederaufbereitungs-(Reinigungs-) und Rücktransportaufwand nicht vernachlässigt werden dürfen. Allerdings gibt es auch Werkstoffe, die extrem langlebig, aber überhaupt nicht wiederverwendbar sind, nämlich viele Verbundwerkstoffe.

Modellrechnungen zeigen, daß die **Erhöhung der Produktlebensdauer** die Verfügbarkeitsdauer nicht reproduzierbarer Rohstoffe wesentlich stärker erhöht als das ursprünglich so favorisierte Recycling (*Schmitt-Tegge* 1984). Mit Verlängerung der Produktlebensdauer veraltet jedoch möglicherweise die Produkttechnologie, was bei manchen älteren Erzeugnissen schließlich beim Gebrauch gegenüber einem Erzeugnis mit moderner Produkttechnologie zu stärkerer Umweltbelastung führt (z.B. KFZ-Motoren, Elektrogeräte, Waschmaschinen). Unabhängig davon besteht aber nach wie vor die Tendenz zur Verkürzung der wirtschaftlichen Lebensdauer durch Einsatz absatzpolitischer Instrumente, die letztlich auch einen höheren Umweltverzehr bewirken.

Verfahrenswahl und Verfahrensgestaltung haben sich neuerdings gerade durch verbesserte Technologien der Prozeßsteuerung auf Basis der Mikroelektronik als wesentliche Instrumente zur Umweltentlastung erwiesen, wozu auch die regelungstechnischen Möglichkeiten, Stoff- und Energieverluste zu vermeiden, einen wesentlichen Beitrag leisten. Durch Verfahrensänderung kann auch der Wasserverbrauch und folglich das Ausmaß an Abwasser deutlich reduziert werden, wobei geschlossene Kreisläufe und kaskadenartige Mehrfachnutzung von Wasser (etwa zur Vorreinigung von Früchten bei Konservenfabriken oder von Flaschen) immer mehr zum Einsatz kommen (*Röhl* 1985).

Bei chemischer Stoffumwandlung sind die Verfahrensbedingungen allerdings oft wenig variabel, weil die verfahrenstechnische Projektierung der Produktionsanlage nur noch wenig Spielraum läßt. So bleibt das mit Quecksilberkathode arbeitende Amalgamverfahren und das mit Asbest ausgerüstete Diaphragmaverfahren der Chlor-Alkali-Elektrolyse (Chlor-Herstellung) bis zur Ersatzinvestition im Gebrauch, obwohl inzwischen das umweltfreundliche Membran-Verfahren existiert.

Umweltschutz läßt sich auch durch Wahl der Einsatzstoffe erreichen. Bei chemischen Stoffumwandlungsprozessen kann ein bestimmter Stoff oft aus recht unterschiedlichen Ausgangssubstanzen hergestellt werden. Allerdings setzt auch hier die oft geringe Flexibilität der angewandten Verfahren manchmal enge Grenzen, so daß umweltfreundliche Einsatzstoffe nur bei Installation neuer Verfahren eingesetzt werden können. Immerhin lassen sich z.B. bei der Glasherstellung fluorarme Rohstoffe und bei Verbrennungsvorgängen Brennstoffe mit geringem Schwefelgehalt zur Umweltentlastung verwenden.

Das Instrument „Wahl der Einsatzstoffe" erhält unter dem Aspekt der Wiederverwendung aufbereiteter Rückstände besonderes Gewicht und trifft sich hier mit dem Recycling, das mit dem Wiedereinsatz von Sekundärstoffen abschließt, wodurch beide Instrumente der Rückstandsnutzung dienen. Allerdings stoßen auch die Möglichkeiten des Recycling bei nicht reproduzierbaren Stoffen auf Grenzen, da ein vollständiges Recycling schon aus technischen und organisatorischen Gründen unmöglich ist. Bei den üblichen Recyclingquoten reduziert sich bei mehrfachem Recycling der Anteil des im ersten

Durchlauf eingesetzten Sekundärstoffes schnell, so daß man nachher weitgehend auf Zufuhr von neuem Sekundärstoff oder von Primärstoff angewiesen ist (*Strebel* 1991). Auch verlieren stoffliche Rückstände bei mehrfachem Recycling oft an Qualität und damit an Eignung für den Einsatz als Sekundärwerkstoff, z. B. durch Verunreinigung oder durch Zerstörung der Struktur, wie bei Altpapier („Recyclingkollaps").

Literatur

Der Bundesminister des Innern (BMI) (Hrsg.) (1976), Abfallwirtschaftsprogramm der Bundesregierung

Der Bundesminister für Forschung und Technologie (BMFT) (1982), Umweltforschungsbericht der Bundesregierung, Bonn

Bundesverband der deutschen Industrie e. V. (BDI) (1980), Industrie forscht für den Umweltschutz, o. O., o. J.

Bundesverband junger Unternehmer der ASU e. V. (BJU) (1989), Umweltschutz als Teil der Unternehmensstrategie, Bonn

Dahlmann, G. (1990), Wahrnehmung neuer Marktnischen – Wachstumschancen im Arbeitsgebiet Umwelttechnik, Fallbeispiel, als Manuskript gedruckt, o. O., o. J.

Gutenberg, E. (1983), Grundlagen der Betriebswirtschaftslehre, Bd. 1, Die Produktion, 24. Aufl., Berlin/Heidelberg/New York

Haas, R., Jansen, P., Pumberger, R., Wagner, E. (1991), Fern- und Nahwärme verdienen eindeutig den Vorzug, Versorgung und Prioritäten zur Emissionsreduktion, Die Presse v. 26./27. 1. 1991 Nr. 12.867, S. XIII

Hopfenbeck, W. (1990), Umweltorientiertes Management und Marketing, Landsberg a. L.

Hopp, V. (1984), Grundlagen der chemischen Technologie für die betriebliche Ausbildung, 2. Aufl., Weinheim

Kern, W., Fallaschinski, K. (1978), Betriebswirtschaftliche Produktionsfaktoren (I), in: Das Wirtschaftsstudium 7/78, S. 580–584, (II), Das Wirtschaftsstudium 8/79, S. 15–18

Kirchner, G. (1986), Aluminium-Rückgewinnung, in: Handbuch Müll- und Abfallbeseitigung, KZ 8579, Berlin, S. 1–11

o. V. (1986), Methanol im Kochtopf, Wirtschaftswoche, 40. Jg. Nr. 28 v. 4. 7. 1986, S. 81–82

o. V. (1990), Töpfer legt Wiederverwertungsquoten fest, Frankfurter Allgemeine Zeitung Nr. 92 v. 20. 4. 1990, S. 22

Pautz, D., Pierzeniuk, H. J. (1984), Abfall und Energie, Berlin

Röhl, R. (1985), Emissionen vermeiden statt zurückhalten. Technologiebedarf im Nahrungs- und Genußmittelgewerbe, Handbuch Umwelt und Energie, Freiburg i. Br., Gr. 12, S. 365–370 (Loseblattsammlung)

Schmitt-Tegge, J. (1984), Ressourcenschonung durch neue Technologien, in: Die Umschau 24/84, S. 727–729

Siebert, H. (1978), Ökonomische Theorie der Umwelt, Tübingen

Steger, U. (1988), Umweltmanagement, Frankfurt a. M./Wiesbaden

Strebel, H. (1980), Umwelt und Betriebswirtschaft, Berlin

Strebel, H. (1988a), Rückstandsverwertung durch Kooperation, Ein neuer Ansatz zur ressourcenschonenden Produktion, Handbuch Umwelt und Energie, Freiburg i. Br., Gr. 12, S. 301–340 (Loseblattsammlung)

Strebel, H. (1988b), Rückstand und Rückstandsverwertung in der betriebswirtschaftlichen Forschung und Entwicklung, in: Die Betriebswirtschaft 1/88, S. 97–107

Strebel, H. (1990), Industrie und Umwelt, in: *Schweitzer, M.* (Hrsg.), Industriebetriebslehre, München, S. 699–779

Strebel, H. (1991), Offensives Umweltschutzmanagement – Eine Chance für Unternehmen, in: *Seidel, E.* (Hrsg.), Betriebliches Umweltschutzmanagement, Wiesbaden

Wicke, L. (1987), Chancen der Betriebe durch offensives Umweltschutz-Management, in: *Potthoff, E.* (Hrsg.), RKW-Handbuch Führungstechnik und Organisation, KZ 2812, Berlin

Wicke, L., Haasis, H.-D., Schafhausen, F., Schulz, W. (1990), Betriebliche Umweltökonomie, München

Wicke, L., Schafhausen, F. (1989), Chancen der Betriebe durch Umweltschutz – dargestellt an Beispielen aus der Praxis, Handbuch Umwelt und Energie, Freiburg i. Br., Gr. 12, S. 167–267 (Loseblattsammlung)

Winter, G. (1989), Das umweltbewußte Unternehmen, 2. Aufl., München

Kapitel 27
Investition und Finanzierung

von *Dieter Rückle*

1. Grundlagen 452
   1.1 Charakterisierung des Funktionsbereiches „Investition und Finanzierung" und Grundprobleme der Integration des Umweltschutzes 452
   1.2 Investitionsbegriff und Investitionswirkungen 453
   1.3 Begriff und Arten der Finanzierung 455
   1.4 Zur Verbindung von Investitions- und Finanzierungsentscheidungen 455
2. Erleichterungen der Finanzierung von Umweltschutzmaßnahmen durch den Staat 457
   2.1 Systematisierung der Maßnahmen und Wirkungsweise 457
   2.2 Steuervergünstigungen 458
   2.3 Finanzierungshilfen 459
3. Integration des Umweltschutzes in Investitionskalküle 462
   3.1 Datenbasis: Erfassung ökologischer Wirkungen von Investionsobjekten 462
   3.2 Kalküle der strategischen Planung 463
   3.3 Kalküle der operativen Planung 464

Literatur 465

1. Grundlagen

1.1 Charakterisierung des Funktionsbereiches „Investition und Finanzierung" und Grundprobleme der Integration des Umweltschutzes

Die Investitions- und Finanzierungspolitik von Unternehmen wird in der Literatur ganz überwiegend dem Bereich „Finanzwirtschaft" oder „Kapitalwirtschaft" zugeordnet (vgl. u.a. *Franke, Hax* 1988, V, 1–8). Zwar werden in den folgenden Unterabschnitten die Begriffe „Investition" und „Finanzierung" noch erörtert, doch ist es angebracht, bereits an dieser Stelle aufzuzeigen, daß eine häufig vertretene Definition dieser Begriffe zu gewissen Schwierigkeiten führt, Umweltschutzaspekte in die Investitions- und Finanzierungspolitik bzw. -theorie einzubeziehen; dies gilt insbesondere für die Investitionen.

Investition und Finanzierung werden vielfach als „Inbegriff für den Zahlungsaspekt von Handlungsabläufen" (*Schneider* 1990, 25) aufgefaßt. Aktionen, die (schwerpunktmäßig) zunächst mit Auszahlungen und erst später mit Einzahlungen verbunden sind, werden als **Investitionen** bezeichnet, Aktionen mit umgekehrter Struktur der Zahlungen als **Finanzierungsmaßnahmen**. Die Vertreter des oben skizzierten „monetären" Investitions- und Finanzierungsbegriffes weisen z.T. ausdrücklich darauf hin, daß mit den betrachteten Maßnahmen neben den Zahlungsaspekten weitere wichtige Konsequenzen verbunden sind, insbesondere können Investitionen einen „leistungswirtschaftlichen" Aspekt aufweisen: Durch (Real-) Investitionen wird Leistungsbereitschaft geschaffen, es werden Faktorkapazitäten bereitgestellt, die leistungswirtschaftliche Prozesse ermöglichen; dies sei aber aus der Investitions- und Finanzierungstheorie auszuklammern und anderen Gebieten, so der Produktions- oder Organisationslehre, zuzuordnen (*Schneider* 1990, 24f.).

Finanzwirtschaftliche Planung ist nicht Planung für einen abgegrenzten Finanzbereich eines Unternehmens, sondern Planung für das Gesamtunternehmen unter den Aspekten der gegenseitigen Abstimmung von Einzahlungen und Auszahlungen sowie der Ziele Ausschüttung, Vermögenswachstum und Risikobegrenzung (vgl. *Franke, Hax* 1988, 7f., 17f.).

Ökologische Eigenschaften von Aktionen (z.B. Reduktion der Abfallproduktion, der Belastung von Gewässern oder der Luft) können ersichtlicherweise in einer derart verstandenen Finanz- oder Kapitalwirtschaft nur indirekt ihren Niederschlag finden, und zwar insoweit, als sie mit Auswirkungen auf Zahlungen verbunden sind. Z.B. gehen Haftungen aus gefährlichen Produk-

1. Grundlagen

ten oder Zahlungen für die Beseitigung von Abfall in die finanzwirtschaftlichen Zielgrößen ein.

Die Einschränkung auf finanzwirtschaftliche Aspekte kann speziell bei eher kurzfristiger Betrachtung eine recht unvollständige Abbildung und Beurteilung der umweltrelevanten Maßnahmen ergeben.

Im Rahmen der strategischen Planung ist hingegen davon auszugehen, daß die ökologischen Wirkungen auch eine wichtige Determinante für die Erreichung angestrebter finanzwirtschaftlicher Ziele sind. Speziell auf längere Sicht kann der Gegensatz zwischen ökologischer und finanzwirtschaftlicher Zielsetzung wegfallen (vgl. etwa *Kreikebaum* 1988, 153 f.); dies gilt wohl vor allem auf Märkten, die mit Differenzierungsstrategien bearbeitet werden, nicht auf solchen, auf denen die Kostenführerschaft angestrebt wird (vgl. *Steger* 1990, 56). Falls kein Konflikt zwischen ökologischer und finanzwirtschaftlicher Zielsetzung besteht, kann der Rückgriff auf die Unternehmensethik als Begründung für eine verstärkte Verankerung des Umweltschutzes im Zielsystem des Unternehmens entfallen (zur Bedeutung ethischer Fundierung ökologischer Zielsetzungen vgl. *Wagner* 1990). Für die strategische Planung werden daher ökologische Wirkungen im Vergleich zur operativtaktischen Ebene auch dann erhöhte Bedeutung erlangen, wenn die Oberziele ausschließlich finanzwirtschaftlicher Art sind.

1.2 Investitionsbegriff und Investitionswirkungen

Sowohl in der betriebswirtschaftlichen Theorie als auch in der Wirtschaftspraxis finden sich grundlegend verschiedene Fassungen des Investitionsbegriffs (zum Überblick vgl. *Rückle* 1992), auf die speziell unter dem Aspekt der Erfassung von Umweltschutzinvestitionen bzw. der ökologischen Wirkungen von Investitionen einzugehen ist.

Generell versteht man unter „Investition" sowohl einen Vorgang (Prozeß) als auch dessen Ergebnis. Als zentrale Aufgabe der Investitionstheorie wird es angesehen, für Handlungsalternativen, deren positive und negative Konsequenzen zu verschiedenen Zeitpunkten anfallen, Entscheidungshilfen zur Verfügung zu stellen (vgl. *Laux* 1982, 102; *Bamberg, Coenenberg* 1989, 27). Stark vereinfachende („statische") Investitionskalküle (vgl. *Kruschwitz* 1990, 32 ff.; *Schierenbeck* 1976) kommen allerdings ohne explizite Zeitpräferenz aus.

Werden die zeitpunktverschiedenen Konsequenzen auf Ein- und Auszahlungen eingeschränkt, so kommt man zum oben bereits eingeführten **monetären** Investitonsbegriff. Es erscheint aber problematisch, bereits die Definition einer Investition in Abhängigkeit von den verfolgten Zielen und den verwendeten Rechenelementen vorzunehmen. „Statische Investitionskalküle", die bekanntlich nicht mit Ein- und Auszahlungen, sondern mit periodisierten Größen (Kosten, Leistungen) rechnen, dürfte es dann definitionsgemäß gar nicht geben. Im besonderen wäre für umweltschutzrelevante Maßnahmen eine Einbeziehung externer Effekte sowie die Berücksichtigung von Zielsetzungen, die unmittelbar an den ökologischen Folgen ausgerichtet sind, ausgeschlossen. Daher sollen Investitionen in verallgemeinerter Form durch einen Strom zeitpunktverschiedener positiver und negativer – auch nicht-monetärer – Konsequenzen charakterisiert werden (vgl. *Lüder* 1977, 1; *Altrogge* 1988, 4f.). Dies läßt zu, über Zahlungen und finanzwirtschaftliche Risiken hinaus unter den Konsequenzen der Investitionen auch Mengengrößen, die umweltrelevante Emissionen messen, ohne Bewertung oder nicht-monetär bewertet zu erfassen.

Zur Definition von Investitionen betont eine andere Richtung gerade den leistungswirtschaftlichen Aspekt und charakterisiert Investitionsentscheidungen als Entscheidungen über die Kapitalverwendung und damit über die (langfristige) Festlegung von Umfang und/oder Struktur des Vermögens einer Unternehmung (vgl. *Swoboda* 1986, 15). Der Kreis der Vermögensarten, die als Gegenstand der Investitionsentscheidung angesehen werden, wird bei dieser **vermögens- oder bestandsorientierten Betrachtung** unterschiedlich weit gezogen. Als Investitionsobjekte kommen in fortlaufender Ausweitung des Begriffsinhalts in Betracht:
– nur Sachanlagen,
– das gesamte Anlagevermögen,
– die gesamte Sollseite der Bilanz,
– darüber hinaus auch nicht bilanzierungsfähige Zugänge oder Werterhöhungen von Faktorbeständen (unter dem Aspekt innovativen Umweltschutzes wären hier insbesondere auch nicht aktivierungsfähige Forschungs- und Entwicklungsausgaben oder Werbefeldzüge zu nennen).

Der bestandsorientierte Investitionsbegriff dürfte dem Denken der Praxis besonders entsprechen; dementsprechend sind organisatorische Regelungen über Investitionsanträge, Investitionsbewilligungen u. dgl. gestaltet. Im Vordergrund des Interesses stehen dabei die Sachanlagen (zur Verbindung von Investitionsproblemen und der Anlagenwirtschaft vgl. *Seicht* 1990).

Ein vermögensorientierter Investitonsbegriff – vielfach mit Einschränkung auf Sachanlagen – liegt auch bilanzanalytischen Untersuchungen zugrunde (vgl. *Coenenberg* 1990, 580ff.). Auch Rechtsnormen wie die auslaufende Bestimmung des § 7d EStG oder des § 11 des Gesetzes über Umweltstatistiken stellen auf Zugänge an Sachanlagen ab. Für eine umfassende Integration von Umweltschutzaspekten in die betrieblichen Planungsprozesse (beginnend mit der Investitionsanregung) ist daher zu bedenken, daß mit „Investitionen" vielfach eine gedankliche Einschränkung auf (bestimmte) Sachanlagebeschaffungen verbunden wird; über den engen Investitionsbegriff und die ihm entsprechenden organisatorischen Regelungen sollte bei der Abgrenzung des Problemfeldes hinausgegangen werden (vgl. auch *Frese, Kloock* 1989, 10f.).

1.3 Begriff und Arten der Finanzierung

Zwar existieren auch zum Finanzierungsbegriff in der Betriebswirtschaftslehre mehrere Auffassungen; während aber die Begriffsvielfalt bei den Investitionen Probleme für die Integration des Umweltschutzes ergibt, stellt sich die Situation beim Finanzierungsbegriff relativ einfach dar. Unter „Finanzierung" sollen nachstehend alle Maßnahmen verstanden werden, „die der Versorgung des Betriebes mit ... Kapital, der optimalen Strukturierung des Kapitals sowie der Kapitalherabsetzung dienen" (*Vormbaum* 1990, 26). Von diesem „kapitalwirtschaftlichen" Finanzierungsbegriff abweichend wird vielfach ein „monetärer" Finanzierungsbegriff vertreten, der auf den Zugang disponibler liquider Mittel abstellt (zu Quellen und Kritik vgl. *Swoboda* 1991, 1–3).

An Finanzierungsarten werden u.a. unterschieden (vgl. *Perridon, Steiner* 1988, 196 ff.):

– Innen- und Außenfinanzierung: Erstere ist Finanzierung aus Umsatzerlösen, letztere geht auf eine Zuführung finanzieller Mittel durch Kapitalgeber zurück.

– Eigen- und Fremdfinanzierung: Die Unterscheidung erfolgt nach der Rechtsstellung der Kapitalgeber und der Kapitalhaftung.

Zwar grundsätzlich in diese Kategorien einordenbar sind die finanziellen Beziehungen zum Staat; bei besonderem Gewicht dieser Beziehungen kann man aber Steuern, Subventionen u. dgl. als spezielle negative und positive Finanzbewegungen herausgreifen (vgl. *Wöhe* 1990, 11). In diesem Sinne werden staatliche Finanzierungshilfen und Steuervergünstigungen zusammengefaßt und in Abschnitt 2 gesondert behandelt. Diese Förderungen besitzen trotz Reduktionen im Rahmen des Subventionsabbaus nach wie vor für den Umweltschutzbereich große Bedeutung.

Im übrigen gehen Umweltschutzaspekte in den Finanzierungsbereich ganz überwiegend indirekt ein: Umweltrisiken werden etwa über die Gefahr von Nachfragerückgängen oder Betriebsstillegungen für die finanzwirtschaftlichen Ziele relevant; Altlasten auf Grundstücken können deren Eignung als Kreditsicherheiten entscheidend beeinträchtigen (vgl. *Steger* 1988, 216).

1.4 Zur Verbindung von Investitions- und Finanzierungsentscheidungen

Von der Investitions- und Finanzierungstheorie wurden Bedingungen herausgearbeitet, unter denen die Investitions- und die Finanzierungsentscheidung separiert werden können, ohne daß das Totaloptimum verfehlt wird. Existiert ein vollkommener Kapitalmarkt, d.h. können zu einem festen einheitlichen Zinsfuß beliebig hohe Kapitalbeträge angelegt oder aufgenommen werden, so ist es jedenfalls bei Abstraktion von unsicheren Erwartungen möglich, die Investitionen von den Finanzierungsentscheidungen isoliert zu planen (vgl. *Fisher* 1930, 269 ff.). Unter gewissen Voraussetzungen können auch bei Risiko die Investitions- und Finanzierungsentscheidungen sowie zusätzlich die Entscheidungen über das Ausmaß der Risikoübernahme isoliert getroffen werden (vgl. *Rudolph* 1983). Es läßt sich also theoretisch rechtfertigen, Investitionsrechnungen über isolierte Projekte durchzuführen.

Für die Praxis der Investitionsplanung ist wesentlich, daß bei Vorgabe eines geeigneten Kalkulationszinsfußes die Investitionsplanung auch dezentralisiert erfolgen kann. Die Bestimmung des richtigen Kalkulationszinsfußes ist für die Anwendbarkeit der klassischen finanzmathematischen Kalküle in realistischen Situationen eine wesentliche Voraussetzung. Dem Kalkulationszinsfuß werden dabei folgende Aufgaben übertragen (vgl. *Rückle* 1970, 58):
- Er soll die Minderschätzung weiter in der Zukunft liegender Zahlungen ausdrücken.
- Er soll die Alternativrendite von Kapital (einschließlich der Verzinsung von Kapitaldifferenzen zwischen unterschiedlichen Projekten) wiedergeben.
- Er soll die Finanzierungskosten widerspiegeln.
- Er soll das Risiko berücksichtigen.

Von diesen vier Funktionen weisen die dritte und vierte besonderen Bezug zu umweltrelevanten Maßnahmen auf.

Die Finanzierungskosten werden als Mischsatz aus Eigen- und Fremdkapitalkosten bestimmt. Wegen des Ganzheitscharakters der Finanzierung ist zunächst von einem einheitlichen Kapitalkostensatz auszugehen. Hiervon kann abzuweichen sein, wenn einem Investitionsprojekt eine spezielle, besonders günstige Finanzierung zuzurechnen ist. Für die noch darzustellenden Finanzierungshilfen für Umweltschutzmaßnahmen liegt es nahe, z. B. im Falle einer Zinsverbilligung eines Kredits, mit einem reduzierten Kalkulationszinsfuß zu rechnen. Dies kann aber – wegen unterschiedlicher Laufzeiten von Krediten und Investitionen sowie im Hinblick auf die zweite Aufgabe des Kalkulationszinsfußes – methodisch ungenau sein. Im allgemeinen ist es vorzuziehen, projektabhängige Vergünstigungen (so auch Zinsverbilligungen) als fiktive Einzahlungen dem Investitionsprojekt zuzurechnen und im übrigen den Kalkulationszinsfuß unverändert zu belassen.

Die Risikoanpassung des Kalkulationszinsfußes konnte erst mit Hilfe des **Capital-Asset-Pricing-Modells** theoretisch befriedigend begründet werden (vgl. *Schmidt* 1986, 243 ff.; *Busse v. Colbe, Laßmann* 1990, 233 ff.). Der Grundgedanke besteht darin, daß der Beitrag einer Investition zum Gesamtrisiko des Unternehmens davon abhängt, wie sich diese Investition in das bisherige Investitionsprogramm einpaßt. Eine Investition, die durch Diversifikation das Unternehmensrisiko stark reduziert, ist mit einem besonders niedrigen Kalkulationszinsfuß zu beurteilen. Mit Hilfe einer Risikoanpassung des Kalkulationszinsfußes können wenigstens näherungsweise Überlegungen der strategischen Planung in die Investitionskalküle einfließen. Entgegen einem Teil der Literatur, der für die strategische Planung Kapitalwertrechnungen und ähnliche Investitionskalküle ablehnt, könnte man je nach Ausrichtung auf die gewünschten Entwicklungen der Geschäftsfelder der Investitionsplanung differenzierte Kalkulationszinsfüße vorgeben.

Speziell bei umweltschutzrelevanten Maßnahmen, die der langfristigen Unternehmenssicherung dienen, könnte ebenso vorgegangen werden: Für solche Projekte wäre der Kalkulationszinsfuß herabzusetzen. Zwar liegen noch keine exakten Aussagen zur Festlegung des Kalkulationszinsfußes in diesem Falle vor; ehe man aber auf die Rechnung überhaupt verzichtet, ist es wohl vorzuziehen, in den Entscheidungsgremien über eine Reduktion des Kalkulationszinsfußes für Investitionen der gewünschten strategischen Ausrichtung zu verhandeln.

Die klassischen Investitionskalküle (Kapitalwert-, Annuitäten-, Interner-Zinsfuß-Methode) werden dann methodisch schwer beherrschbar, wenn zahlreiche Sondereinflüsse (wie Steuervergünstigungen, Finanzierungshilfen) nur einzelne Projekte betreffen. Auf Umweltschutzinvestitionen trifft dies vielfach zu. Für die Investitions- und Finanzplanung kann dann die Methode „vollständiger Finanzpläne" vorzuziehen sein: Bis zu einem Planungshorizont werden sämtliche Ein- und Auszahlungen – ohne Kalkulationszinsfuß, aber i. a. mit Pauschalannahmen über Ergänzungsinvestitionen und Ergänzungsfinanzierungen – erfaßt (vgl. *Kruschwitz* 1990, 46 ff. und 177 ff.).

2. Erleichterungen der Finanzierung von Umweltschutzmaßnahmen durch den Staat

2.1 Systematisierung der Maßnahmen und Wirkungsweise

Die unmittelbaren finanziellen Beziehungen zwischen Unternehmen und Staat schlagen sich vorrangig in Abgaben und Subventionen nieder. Von den Abgaben kann hier nur auf Steuern, nicht aber auf Gebühren, Beiträge und Sonderabgaben eingegangen werden (zur Abgrenzung vgl. *Tipke, Lang* 1989, 71 ff.).

Wählt man ein bestimmtes Steuersystem, in dessen Ausgestaltung die Förderung erwünschten Verhaltens (hier: des Umweltschutzes) noch nicht eingegangen ist, als gedanklichen Bezugspunkt, so kann man jede staatliche Maßnahme, die eine Verhaltensweise des Steuerpflichtigen gegenüber der vorausgesetzten „Normalbehandlung" niedriger besteuert, als „Steuervergünstigung" bezeichnen. Nicht nur gesetzliche Vorschriften, sondern auch die Verwaltungspraxis bei der Auslegung von Normen haben Einfluß auf die tatsächliche Steuerbelastung; man denke etwa an eine durch verändertes Umweltbewußtsein hervorgerufene großzügigere Anerkennung von Rückstellungen für Abfallbeseitigung, Rekultivierung von Mülldeponien u. dgl. Ob eine veränderte Verwaltungspraxis eine Steuervergünstigung oder nur eine dem aktualisierten Stand des Wissens angepaßte korrekte Gesetzesauslegung darstellt, ist nur im Einzelfall entscheidbar, für die Unternehmen aber auch von nachrangiger Bedeutung.

Wirtschaftslenkende Steuervergünstigungen, die in Gesetzen enthalten sind, haben die gleiche Wirkung wie Subventionen, werden daher auch als „indirekte Subventionen" bezeichnet. „Direkte Subventionen" hingegen sind Zuwendungen des Staates; soweit sie in Geldform erfolgen, können sie als „Finanzierungshilfen" bezeichnet werden (zu weiteren öffentlichen Leistungen für den Umweltschutz vgl. *Zimmermann, Benkert* 1989; zur Systematisierung und Beurteilung von Subventionen für umweltbezogene Maßnahmen vgl. *Kötzle* 1985).

2.2 Steuervergünstigungen

Grundsätzlich können umweltschonende Aktionen auch dadurch gefördert werden, daß die mit ihnen konkurrierenden umweltschädlichen Aktionen durch eine erhöhte Steuerbelastung verteuert, ggf. sogar „erdrosselt" werden. Zahlreiche Steuern weisen umweltschützende Bezüge (Nebenwirkungen) auf; vor allem aber gibt es eine Reihe von Steuern mit expliziter umweltschützender Zielsetzung (vgl. zu beiden Typen von Steuern *Dickertmann* 1988, 100ff., mit ausführlichen Nachweisen). Vom zweiten Steuertyp erlangten die Abwasserabgabe, die Mineralölsteuer und die Kraftfahrzeugsteuer besondere Aufmerksamkeit.

Die direkten Begünstigungen des vom Gesetzgeber erwünschten umweltschützenden Verhaltens wurden mit der Anfang 1991 in Kraft getretenen Steuerreform in wesentlichen Teilen geändert, einschlägige Spezialregelungen sind weggefallen (z.T. aber ähnlich in regionalen Sondervorschriften erhalten). Gleichwohl sollen in der nachstehenden kurzen Zusammenstellung (die weitgehend *Dickertmann* 1988, 138ff., folgt) auch derzeit nicht mehr anwendbare Maßnahmen – unter Kennzeichnung des Auslaufens – angeführt werden. Hierfür sprechen mehrere Gründe:
– Die Steuergesetze werden in rascher Folge geändert.
– Für die neuen Bundesländer mit ihren besonders großen Altlasten im Umweltbereich werden wohl Sonderförderungen eingeführt werden müssen, die sich an bisherigen Vergünstigungsmodellen orientieren können.
– Über die Wirkungsweise gerade auch der weggefallenen Instrumente liegen eingehende Untersuchungen vor.

Im Bereich der Einkommensteuer (großteils mit Auswirkungen auf die Körperschaft- und Gewerbesteuer) sind bzw. waren folgende Vergünstigungen für den Umweltschutz bedeutsam:
– § 10b EStG (noch gültig) begünstigt u.a. Ausgaben zur Unterstützung der als besonders förderungswürdig anerkannten **gemeinnützigen Zwecke**; hierunter fällt auch der Umweltschutz. Dieser Typ von Steuervergünstigung bringt eine endgültige Steuerersparnis.

2. Finanzierung von Umweltschutzmaßnahmen

- § 7d EStG (ausgelaufen) war die wohl wichtigste einkommensteuerliche Förderung des Umweltschutzes. Sie erlaubte eine Sonderabschreibung („erhöhte Absetzung") von Umweltschutzinvestitionen bis zu 60% der Anschaffungs- oder Herstellungskosten im ersten Jahr. Dieser Typ von Steuervergünstigung zielt auf die vorübergehende Reduktion der Steuerbemessungsgrundlagen. In späteren Jahren fehlen diese vorgezogenen Abschreibungen, und die erfolgsabhängigen Steuern sind – unter bestimmten Voraussetzungen – entsprechend höher. Die Literatur spricht daher z.T. von „Steuerkrediten"; dieser Begriff ist allerdings problematisch, denn nur dann, wenn das Unternehmen in späteren Perioden in der Gewinnzone bleibt und wenn die später anzuwendenden Steuersätze nicht niedriger sind als die jetzigen, muß dieser „Kredit" des Fiskus voll zurückgezahlt werden. Die Auswirkungen solcher Vergünstigungen wurden eingehend untersucht (vgl. u.a. *Heigl* 1989; *Schneider* 1990, 220ff., 292ff., letzterer auch hinsichtlich der unten besprochenen Investitionszulagen).
- § 82a EStDV, der sich auf § 51 Abs. 1 Nr. 2 Buchst. q EStG stützt (noch gültig), erlaubt für energiesparende Investitionen erhöhte Absetzungen.

Darüber hinaus förderte § 4a Investitionszulagegesetz 1986 bestimmte energiewirtschaftliche Investitionen durch einen 7,5%igen Zuschuß zu den Anschaffungs- oder Herstellungskosten, der nicht steuerpflichtig war und auch nicht die Abschreibungsbasis verminderte. Investitionszulagen werden traditionellerweise im Rahmen der Steuervergünstigungen erfaßt. Systematisch sind sie eher zu den Finanzierungshilfen zu rechnen; für die Einordnung unter Steuervergünstigungen spricht allerdings, daß auf Investitionszulagen ein **Rechtsanspruch** besteht. In den Gesamtwirkungen war die Investitionszulage eine recht massive Förderung.

Umweltschutzbezogene Steuervergünstigungen sind auch in Einzelregelungen bei der Mineralöl- und bei der Kfz-Steuer enthalten, ferner in den Bestimmungen über die Substanzsteuern. Innerhalb der zusätzlichen regionalen steuerlichen Förderungen (insbesondere Zonenrand, Berlin, neue Bundesländer) sind Umweltschutzmaßnahmen miterfaßt.

Auf Förderungen durch Steuervergünstigungen hat grundsätzlich jedermann Anspruch, der die gesetzlichen Bedingungen erfüllt; einen gewissen Spielraum haben die Behörden lediglich bei der Sachverhaltsbeurteilung, insbesondere im Zusammmenhang mit teilweise erforderlichen Bescheinigungen der Förderungswürdigkeit.

2.3 Finanzierungshilfen

Auf Finanzierungshilfen besteht zum Unterschied von der Gewährung von Steuervergünstigungen **kein Rechtsanspruch**. Vielmehr kann trotz Vorliegens der jeweiligen Förderungsvoraussetzungen des Projektes bzw. des Antragstellers die Finanzierungshilfe verweigert werden. Der Grund hierfür liegt häufig in der Erschöpfung der budgetär für die jeweilige Maßnahme vorgesehenen Mittel; die begrenzten Ressourcen führen vielfach zu einem „**Windhundverfahren**" bei der Mittelvergabe.

Öffentliche Finanzierungshilfen für umweltschützende Maßnahmen werden in außerordentlich zersplitterter Weise von einer Vielzahl von Instanzen vergeben. An die Seite von bundeseinheitlichen Maßnahmen treten bundesländerspezifische Regelungen, darüber hinaus auch Finanzierungshilfen internationaler Institutionen (insbesondere der Europäischen Gemeinschaften und ihrer Spezialinstitutionen). Insbesondere zu nennen sind:
- ERP-Umweltprogramme,
- das Ergänzungsprogramm III der Deutschen Ausgleichsbank (Bonn),
- das Umweltprogramm der Kreditanstalt für Wiederaufbau (Frankfurt a. M.),
- das Kreditprogramm der Kreditanstalt für Wiederaufbau zur Förderung kommunaler Investitionen auf dem Gebiete der neuen Bundesländer und
- die Förderung nach dem Gesetz über die Gemeinschaftsaufgabe „Verbesserung der regionalen Wirtschaftsstruktur".

Bei den örtlichen Industrie- und Handelskammern bzw. Handwerkskammern, den zuständigen Ministerien, Bezirksregierungen bzw. Regierungspräsidenten, bei Fachverbänden der Industrie und bei regionalen Wirtschaftsförderungsgesellschaften werden zweckmäßigerweise Auskünfte über die jeweils möglichen, insbesondere nach ihrer tatsächlichen Verfügbarkeit stark wechselnden Finanzierungshilfen einzuholen sein.

In die Abwicklung vieler Förderungen sind auch die „Hausbanken" eingeschaltet; als Hausbank werden insbesondere auch die Industriekreditbank AG – Deutsche Industriebank (Düsseldorf und Berlin) und die Berliner Industriekreditbank AG tätig. Über wichtige Adressen und Telefonnummern informiert *Grünberg* (1991). Wegen der Undurchsichtigkeit der Materie und der teilweise erforderlichen technischen Spezialkenntnisse ist bei bedeutenderen Projekten die Einschaltung von Unternehmensberatungen mit Ausrichtung auf Umweltschutz empfehlenswert.

Auf die systematische Übersicht über die öffentlichen Finanzierungshilfen für Umweltschutzmaßnahmen (unter besonderer Berücksichtigung Bayerns) von *Riesterer*, *Czerney* (1985) sei – trotz im einzelnen teilweise überholter Angaben – hingewiesen. Sie stellt auch (besonders 16 ff.) typische **Vergabevoraussetzungen** zusammen und gibt Anregungen für empfehlenswerte Argumentationsweisen des Antragstellers. Jährlich informiert ein Sonderheft der Zeitschrift für das gesamte Kreditwesen über die Finanzierungshilfen des Bundes und der Länder an die gewerbliche Wirtschaft, nun auch über Finanzierungshilfen internationaler Institutionen und Programme für die neuen Bundesländer (zuletzt *Grünberg* 1991). Speziell für Investitionshilfen im Umweltschutz wurde Ende 1991 ein Praxisleitfaden (mit Vorwort des Bundesumweltmini-

2. Finanzierung von Umweltschutzmaßnahmen

sters) vorgelegt (*Langer, Ligendza* 1991); er enthält auch zahlreiche Adressen und Telefonnummern.

Die Finanzierungshilfen werden in folgender Form gewährt: Investitionszuschuß, Zinszuschuß, Kredit, Bürgschaft oder Rückbürgschaft.

Investitionszuschüsse werden als prozentualer Zuschuß zu den Investitionskosten gewährt. **Zinszuschüsse** setzen voraus, daß ein Kredit zu marktüblichen Bedingungen erlangt wurde. Speziell gewährte Kredite können niedrige Zinsen, hohe Auszahlung, lange Laufzeit oder tilgungsfreie Anfangsjahre als Förderungselemente enthalten.

Die Finanzierungshilfen werden unterschiedlich besteuert: Zinsverbilligungszuschüsse sind Betriebseinnahmen und erhöhen dadurch die Bemessungsgrundlage der Einkommen- bzw. Körperschaftsteuer sowie der Gewerbeertragsteuer. Investitionszuschüsse können gemäß Abschn. 34 Abs. 3 EStR 1990 nach Wahl des Steuerpflichtigen entweder als Betriebseinnahmen oder als Minderung der Anschaffungs- oder Herstellungskosten verrechnet werden. Im letzteren Falle kann die Abschreibung (Absetzung für Abnutzung) nur von der reduzierten Basis vorgenommen werden (Abschn. 43 Abs. 3 EStR); bei dieser Verrechnungsart wird die Besteuerung der Zuschüsse hinausgeschoben.

Die Förderungen schließen einander z.T. aus, z.T. ist eine kumulative Inanspruchnahme verschiedener Förderungen möglich. Die schriftlichen Förderungsbedingungen (Merkblätter u.dgl.) geben hierüber nicht vollständig Auskunft, so daß Nachfragen erforderlich sind. Z. T. nach Bundesländern differenziert werden manche Förderungen bereits für Maßnahmen gewährt, die die Einhaltung von Vorschriften erlauben, während für andere Förderungen erforderlich ist, daß die Umweltschutzinvestitionen über das jeweils rechtlich gebotene Anforderungsniveau hinausführen. Die Entscheidung, ob eine Förderung gegeben wird, hängt von einer Vielzahl von Beurteilungskriterien ab, die z.T. nicht explizit in den schriftlichen Informationen genannt sind. In den meisten Programmen wird verlangt, daß das Projekt ohne diese Förderung nicht oder erst später durchgeführt werden kann; diese **wirtschaftliche Bedürftigkeit** des Antragstellers wird vorrangig für Klein- und Mittelbetriebe vermutet, weshalb zahlreiche Programme für die Größe der antragsberechtigten Betriebe Obergrenzen enthalten. Andererseits wird eine gesicherte Gesamtfinanzierung mit Eigenbeteiligung verlangt, und das Fortbestehen des Unternehmens muß gesichert erscheinen. Wegen der Vielfalt der Beurteilungskriterien sind entsprechend ausführlich begründete Anträge zu empfehlen.

Umweltschutzinvestitionen können verschiedenartige Maßnahmen betreffen (vgl. *Riesterer, Czerney* 1985, 8f.). Im Vordergrund der Förderungen steht bisher die Reduktion von Umweltbelastungen in bestehenden Betrieben. Betriebsverlagerungen im Interesse des Umweltschutzes treten demgegenüber zurück, können aber grundsätzlich auch dann gefördert werden, wenn die Betriebsverlagerung in einem Förderungsprogramm nicht ausdrücklich genannt wird; der Umweltschutzaspekt kann Anträge im Rahmen von Regionalförderungsprogrammen unterstützen. Für umweltfreundliche neue Technologien und Produkte kommen in erster Linie Förderungen des Bundesministeriums für Forschung und Technologie sowie – häufig übersehen – Förderungen der Europäischen Gemeinschaften in Betracht (vgl. Bundesminister für Forschung und Technologie 1991).

3. Integration des Umweltschutzes in Investitionskalküle

3.1 Datenbasis: Erfassung ökologischer Wirkungen von Investitionsobjekten

Bereits die Erfassung technischer Größen (z. B. Emission an Stickoxid je Stunde Betriebszeit) für vorhandene Anlagen bereitet Schwierigkeiten. Das „betrieblich-ökologische Rechnungswesen" (vgl. *Seidel* 1991) muß vielfach selbst auf dieser elementaren Ebene erst entwickelt werden. Für neue Investitionsobjekte müssen Umweltauswirkungen i.d.R. aus Angaben potentieller Lieferanten entnommen werden; man sollte auf rechtsverbindliche Zusicherungen der betreffenden Eigenschaften in den Verträgen dringen.

Einem Investitionsobjekt können nicht nur jene Schadstoffmehrungen und -minderungen zugerechnet werden, welche mit seinem Einsatz im jeweiligen Unternehmen verbunden sind, sondern auch jene, welche in **vor- oder nachgelagerten Stufen** entstehen. Zu derart umfassender ökologischer Ausrichtung werden nach heutigem Stande viele Unternehmen von der Rechtsordnung nicht gezwungen; vielfach besteht daher ein Interesse an der Erfassung nur jener ökologischen Wirkungen (z.B. der Emissionen aus Produktionsanlagen), für welche das Unternehmen verantwortlich gemacht wird und für welche i.d.R. auch zu beachtende Begrenzungen, etwa durch Auflagen, existieren. Bei längerfristiger Planung kann eine derartige Betrachtungsweise aber zu kurz greifen, wie die wachsenden Verpflichtungen zur Rücknahme von Materialien zeigen; man vergleiche etwa die Diskussion um Altbatterien oder Verpackungen.

Nur in extrem einfachen Situationen kommt die Messung umweltrelevanter Wirkungen ohne Bewertung aus (vgl. *Rückle* 1989, 55 ff.). Wenn z.B. als „Zielsetzung einer ökologischen Materialwirtschaft ... die Minimierung der dabei auftretenden Stoff- und Energieeinsätze" angesehen wird (*Stevens* 1991, 40), so ist dies wegen der Verschiedenartigkeit (und damit Nichtaddierbarkeit) der verschiedenen Stoff- und Energiearten nicht operational. Betrachtet man z.B. als Investitionsprojekte alternative absatzlogistische Systeme, so werden sie sich etwa durch unterschiedlichen Kraftstoffverbrauch, eventuell aber auch durch unterschiedliche Verpackungsarten und -mengen

3. Integration des Umweltschutzes in Investitionskalküle

der ausgelieferten Güter unterscheiden. Eine Bewertung der verschiedenartigen Verbräuche ist daher erforderlich.

Diese Bewertung muß nicht notwendigerweise monetär erfolgen, sie erfordert aber jedenfalls, daß technisch unterschiedliche Größen „gleichnamig" gemacht werden. So kann man verschiedenen Arten von Umweltbelastungen je nach spezifischer „ökologischer Knappheit" Äquivalenzkoeffizienten zuordnen (*Müller-Wenk* 1978, 35 ff.). Z. T. lehnen Vertreter einer „Realökonomie" dies ebenso wie die monetäre Bewertung ab (vgl. *Freimann* 1984), lassen allerdings offen, wie die Bewertung konkret geleistet werden soll (vgl. den kritischen Überblick bei *Strebel* 1991, 15 f.). Bis in die jüngste Zeit wird die elementare Meßproblematik außer acht gelassen oder übergangen. So wollen *Schaltegger, Sturm* (1990, besonders 282 f., 287) die „ökologisch-ökonomische Effizienz einer Umweltschutzinvestition" mit Hilfe eines an sich geeigneten Quotienten „Nettoverminderung ökologischer Schäden/monetärer Input" beurteilen: Während der Nenner (relativ problemlos) die Dimension „Geldeinheiten" besitzt, soll der Zähler die Summe an beseitigten Schadschöpfungseinheiten angeben, ohne daß das Zustandekommen dieser Summe erklärt wird; die Aggregationsproblematik wird allerdings erkannt. (Unter „Schadschöpfung" sind – in Analogie zur Wertschöpfung – die vom jeweiligen Betrieb verursachten Schäden zu verstehen.)

Ohne Bewertung artverschiedener Umweltbelastungen kommt man nur in folgenden Fällen aus:
– Für jede Art von Belastungen wird eine einzuhaltende Nebenbedingung formuliert; dann sind alle Investitionen, die diese Bedingungen erfüllen oder übererfüllen, insofern gleichwertig, alle anderen unzulässig. Dies ist ein sehr grober Ansatz.
– Es existiert eine Investition, die bezüglich aller Arten von Umweltbelastungen besser als die übrigen Investitionsobjekte ist. Dies ist ein sehr seltener Fall.

Für die strategische Planung und für einfache Modelle der operativen Planung genügt es, die ökologischen Wirkungen als repräsentative (durchschnittliche) Größen zu erfassen. Für exaktere Modelle muß zeitlich differenziert erfaßt werden; dann ergibt sich zusätzlich das Problem, artgleiche, aber zeitverschiedene Belastungen gegeneinander abzuwägen.

3.2 Kalküle der strategischen Planung

Soweit die strategische Planung überhaupt auf Kalküle zurückgreift, werden regelmäßig einfach strukturierte Verfahren (überschlägige statische Wirtschaftlichkeitsrechnungen) oder **Scoring-Verfahren** (etwa Nutzwertanalysen) benutzt; speziell letztere gelten als besonders geeignet für die Beurteilung von Investitionen, bei denen die – kurzfristige – Rendite keine oder nur eine nachgeordnete Rolle spielt (vgl. *Blohm, Lüder* 1983, 164 ff.). In solche Modelle, u. a. auch in die Bestimmung der Marktattraktivität im McKinsey-Schema der strategischen Portfolioplanung, gehen Umweltschutzaspekte vielfach ausdrücklich ein.

3.3 Kalküle der operativen Planung

Für diese Kalküle ist der Stellenwert der ökologischen Ziele im Zielsystem des Unternehmens von Bedeutung (vgl. *Rückle* 1989, besonders 63 ff.).

Fall 1: Umweltschutzziele haben **keinen eigenständigen Wert** für das planende Unternehmen: Dann werden lediglich **gesetzlich angeordnete Obergrenzen** der Umweltbeeinträchtigung beachtet. Besteht für mehrere Projekte gemeinsam eine derartige Grenze, so kann eine Nebenbedingung für die Umweltbelastung aus allen (möglicherweise) realisierten Projekten formuliert und im übrigen ein finanzwirtschaftliches Zielbündel optimiert werden; z. B. kann der Kapitalwert aus dem Investitionsprogramm maximiert oder, falls nur „notwendige" Investitionen ohne zuordenbare positive finanzwirtschaftliche Konsequenzen vorliegen, der Barwert der Auszahlungen aller Investitionen minimiert werden. Kommt nur ein einziges Investitionsprojekt bei der anstehenden Entscheidung in Frage, kann man einfacher im Wege einer Vorauswahl zulässige von unzulässigen Investitionen trennen und anschließend über erstere ausschließlich finanzwirtschaftlich entscheiden. Falls die Entscheidungsträger gegenüber den Umweltnormen nicht völlig loyal sind und relativ niedrige Sanktionen für die Verletzung der Vorschriften existieren, kommt eine ausschließliche Orientierung an finanzwirtschaftlichen Regeln für die Entscheidung unter Risiko bzw. Ungewißheit in Betracht (vgl. *Rückle, Terhart* 1986); ähnlich kann das Risiko aus Haftungen berücksichtigt werden. Im übrigen gehen in die „üblichen" Verfahren der kapitalorientierten Investitionskalküle ökologische Wirkungen genau in dem Ausmaß ein, in dem sie „internalisiert" sind, also das planende Unternehmen mit Zahlungen für die Beseitigung dieser Schäden belastet ist.

Fall 2: Es existieren **eigenständige ökologische Ziele:** Ökologische Ziele können freiwillig auf **höherem Niveau** verfolgt werden, als dies von der Rechtsordnung gefordert wird. In diesem Falle kann die Investitionsentscheidung methodisch dennoch grundsätzlich wie oben beschrieben durchgeführt werden. Insbesondere können in Nebenbedingungen strengere Schranken als die rechtsverbindlichen formuliert werden, und **externe Effekte** können **fiktiv internalisiert** werden. Diese Vorgehensweisen können übrigens auch verwendet werden, wenn die ökologischen Ziele keinen Eigenwert haben, jedoch Verschärfungen der umweltrelevanten Rechtsnormen und/oder eine verminderte gesellschaftliche Akzeptanz von Umweltschädigungen prognostiziert werden. Das angestrebte Niveau der Erreichung ökologischer Ziele wird in jenen Fällen, in welchen ökologische und ökonomische Ziele konfligieren, i. d. R. vom Ausmaß der Erreichung finanzwirtschaftlicher Ziele abhängen.

Als relativ einfaches Planungsverfahren kommt z. B. in Frage: Für freiwillige Umweltschutzinvestitionen wird ein gewisses **Budget** zur Verfügung gestellt. Dieses wird nach abnehmenden Werten der „ökologisch-ökonomischen Effizienz" (i. S. v. *Schaltegger, Sturm* 1990) aufgeteilt, wobei eine brauchbare Aggregierung der Schadschöpfungseinheiten im Zähler vorauszusetzen ist. Als Nenner kann der benötigte Kapitalbetrag verwendet werden. Aus finanzwirtschaftlicher Sicht erhält man freilich nur eine näherungsweise Lösung, weil bei mehrperiodischer Kapitalbudgetierung auch die Kapitalknappheit und die Kapitalverwendung in den Folgeperioden im Kalkül berücksichtigt werden müßten.

Anspruchsvollere **umweltorientierte Investitionsplanung** wird an die mittlerweile recht zahlreich vorliegenden Verfahren anknüpfen, in denen Problemstellungen mit Mehrfachzielsetzung, teilweise in Verbindung mit der Unterstützung von Gruppenentscheidungsprozessen, behandelt werden. Besonders sei auf die computergestützte interaktive Entscheidungsfindung hingewiesen, bei der abwechselnd Lösungsvorschläge berechnet und lokale Präferenzen der Entscheidungsträger – etwa über Austauschraten zwischen finanzwirtschaftlichen Zielbeiträgen und (differenziert oder auch aggregiert gemessenen) ökologischen Zielbeiträgen – abgefragt werden (vgl. zur Übersicht *Vetschera* 1990; 1991).

Literatur

Altrogge, G. (1988), Investition, München/Wien
Bamberg, G., Coenenberg, A. G. (1989), Betriebswirtschaftliche Entscheidungslehre, 5. Aufl., München
Blohm, H., Lüder, K. (1983), Investition, München
Bundesminister für Forschung und Technologie (1991) – Referat Öffentlichkeitsarbeit – (Hrsg.), Umweltforschung und Umwelttechnologie. Programm 1989 bis 1994, 4. unveränd. Aufl., Bonn
Busse v. Colbe, W., Laßmann, G. (1990), Betriebswirtschaftstheorie. Band 3: Investitionstheorie, 3. Aufl., Berlin u. a.
Coenenberg, A. G. (1990), Jahresabschluß und Jahresabschlußanalyse, 11. Aufl., Landsberg a. L.
Dickertmann, D. (1988), Maßnahmen für den Umweltschutz im Rahmen des bestehenden Steuersystems. Eine Bestandsaufnahme, in: *Schmidt, K.* (Hrsg.), Öffentliche Finanzen und Umweltpolitik I, Schriften des Vereins für Socialpolitik, Neue Folge, Band 176/I, Berlin, S. 91–227
Fisher, I. (1930), The Theory of Interest, New York
Franke, G., Hax, H. (1988), Finanzwirtschaft des Unternehmens und Kapitalmarkt, Berlin u. a.
Freimann, J. (1984), Geldökonomie und Realökonomie. Bemerkungen zum Gegenstand der Wirtschaftswissenschaften, in: *Schanz, G.* (Hrsg.), Betriebswirtschaftslehre und Nationalökonomie, Wiesbaden, S. 39–72

Frese, E., Kloock, J. (1989), Internes Rechnungswesen und Organisation aus der Sicht des Umweltschutzes, in: Betriebswirtschaftliche Forschung und Praxis, S. 1–29

Grünberg, B. (1991) (Bearbeiter), Die Finanzierungshilfen des Bundes und der Länder an die gewerbliche Wirtschaft (Stand: Juli 1991), in: Zeitschrift für das gesamte Kreditwesen, Sonderausgabe 1991/92, Heft 1

Heigl, A. (1989), Ertragsteuerliche Anreize für Investitionen in den Umweltschutz, in: Betriebswirtschaftliche Forschung und Praxis, S. 66–81

Kötzle, A. (1985), Subventionen als Instrument der Umweltschutzpolitik, in: *Vogl, J., Heigl, A., Schäfer, K.* (Hrsg.), Handbuch des Umweltschutzes, Loseblattwerk, München 1977 ff.; 2. Aufl., Landsberg a. L. 1987 ff., Band III–8, 19. Erg.-Lfg. 3/85

Kreikebaum, H. (1988), Die Steuerung von Innovationsinitiativen am Beispiel des betriebswirtschaftlichen Umweltschutzes, in: *Lücke, W.* (Hrsg.), Betriebswirtschaftliche Steuerungs- und Kontrollprobleme, Wiesbaden, S. 153 ff.

Kruschwitz, L. (1990), Investitionsrechnung, 4. Aufl., Berlin/New York

Langer, H., Ligendza, E. (1991), Investitionshilfen im Umweltschutz. Ein Praxisleitfaden mit Gesetzes-, Verordnungs- und Richtliniensammlung, Köln

Laux, H. (1982), Entscheidungstheorie. Grundlagen, Berlin/Heidelberg/New York

Lüder, K. (1977), Einführung. Entwicklung und Stand der Investitionsplanung, in: *Lüder, K.* (Hrsg.), Investitionsplanung, München, S. 1 ff.

Müller-Wenk, R. (1978), Die ökologische Buchhaltung. Ein Informations- und Steuerungsinstrument für umweltkonforme Unternehmenspolitik, Frankfurt a. M./New York

Perridon, L., Steiner, M. (1988), Finanzwirtschaft der Unternehmung, 5. Aufl., München

Riesterer, D., Czerney, H.-J. (1985), Finanzierung von Umweltschutzmaßnahmen, in: *Vogl, J., Heigl, A., Schäfer, K.* (Hrsg.), Handbuch des Umweltschutzes, Loseblattwerk, München 1977 ff.; 2. Aufl., Landsberg a. L. 1987 ff., Band III–5, 19. Erg.-Lfg. 3/85

Rückle, D. (1970), Zielfunktion und Rechengrößen der Investitionsrechnung, in: Der Österreichische Betriebswirt, S. 39–76

Rückle, D. (1989), Investitionskalküle für Umweltschutzinvestitionen, in: Betriebswirtschaftliche Forschung und Praxis, S. 51–65

Rückle, D. (1992), Investition, in: *Wittmann, W. u. a.* (Hrsg.), Handwörterbuch der Betriebswirtschaft, 5. Aufl., Stuttgart

Rückle, D., Terhart, K. (1986), Die Befolgung von Umweltschutzauflagen als betriebswirtschaftliches Entscheidungsproblem, in: Zeitschrift für betriebswirtschaftliche Forschung, S. 393 ff.

Rudolph, B. (1983), Zur Bedeutung der kapitalmarkttheoretischen Separationstheoreme für die Investitionsplanung, in: Zeitschrift für Betriebswirtschaft, S. 261–287

Schaltegger, St., Sturm, A. (1990), Ökologische Rationalität. Ansatzpunkte zur Ausgestaltung von ökologieorientierten Managementinstrumenten, in: Die Unternehmung, S. 273–290

Schierenbeck, H. (1976), Methodik und Aussagewert statischer Investitionskalküle, in: Wirtschaftswissenschaftliches Studium, S. 217–223

Schmidt, R. H. (1986), Grundzüge der Investitions- und Finanzierungstheorie, 2. Aufl., Wiesbaden

Schneider, D. (1990), Investition, Finanzierung und Besteuerung, 6. Aufl., Wiesbaden

Seicht, G. (1990), Industrielle Anlagenwirtschaft, in: *Schweitzer, M.* (Hrsg.), Industriebetriebslehre. Das Wirtschaften in Industrieunternehmungen, München, S. 331–437

Seidel, E. (1991), Die Entwicklung eines betrieblich-ökologischen Rechnungswesens als Schlüssel zu einer tatsächlichen Ökologisierung des Wirtschaftens, in: Forschungsinformationsdienst Ökologisch orientierte Betriebswirtschaftslehre, 7. Ausgabe, Januar/Februar, S. 8

Steger, U. (1988), Umweltmanagement. Erfahrungen und Instrumente einer umweltorientierten Unternehmensstrategie, Frankfurt a. M./Wiesbaden

Steger, U. (1990), Unternehmensführung und ökologische Herausforderung, in: *Wagner, G. R.* (Hrsg.), Unternehmung und ökologische Umwelt, München, S. 48–57

Stevens, M. (1991), Integration des Umweltschutzes in die Betriebswirtschaft, in: Das Wirtschaftsstudium, S. 38–42

Strebel, H. (1991), Konzepte betriebswirtschaftlicher Umweltökonomie vor dem Hintergrund des Rückstandsproblems, in: Forschungsinformationsdienst Ökologisch orientierte Betriebswirtschaftslehre, 8. Ausgabe, März/April, S. 13–18

Swoboda, P. (1986), Investition und Finanzierung, 3. Aufl., Göttingen

Swoboda, P. (1991), Betriebliche Finanzierung, 2. Aufl., Heidelberg

Tipke, K., Lang, J. (1989), Steuerrecht. Ein systematischer Grundriß, 12. Aufl., Köln

Vetschera, R. (1990), Group Decision and Negotiation Support. A Methodological Survey, in: OR Spektrum, S. 67–77

Vetschera, R. (1991), Investitionsplanung als Mehrziel-Mehrpersonen-Entscheidungsproblem, in: *Rückle, D.* (Hrsg.), Aktuelle Fragen der Finanzwirtschaft und der Unternehmensbesteuerung, Festschrift für E. Loitlsberger zum 70. Geburtstag, Wien, S. 711–730

Vormbaum, H. (1990), Finanzierung der Betriebe, 8. Aufl., Wiesbaden

Wagner, G. R. (1990), „Unternehmensethik" im Lichte der ökologischen Herausforderung, in: *Czap, H.* (Hrsg.), Unternehmensstrategien im sozio-ökonomischen Wandel, Berlin, S. 295–316

Wöhe, G. (1990), Einführung in die Allgemeine Betriebswirtschaftslehre, 17. Aufl., München

Zimmermann, H., Benkert, W. (1989), Öffentliche Finanzen im Rahmen einer gemeinlastorientierten Umweltpolitik, in: *Schmidt, K.* (Hrsg.), Öffentliche Finanzen und Umweltpolitik II, Schriften des Vereins für Socialpolitik, Neue Folge, Band 176/II, Berlin, S. 9–46

Kapitel 28
Betriebliches Rechnungswesen bei umweltorientierter Unternehmensführung

von *Manfred Schreiner*

1. Der monetäre Charakter der einzelwirtschaftlichen Rechnungslegung 470
   1.1 Aufgaben des Rechnungswesens bei umweltorientierter Unternehmensführung 470
   1.2 Aufwand und Kosten aus finanzwirtschaftlicher und ökologischer Sicht 472
   1.3 Zur Internalisierung von Umweltkosten 474
2. Ziele und Aufgaben einer umweltorientierten Differenzierung des betrieblichen Rechnungswesens 475
3. Probleme einer umweltbezogenen Ausgestaltung des Rechnungswesens 477
   3.1 Sachliche und zeitliche Abgrenzung von Umweltschutzkosten ... 477
   3.2 Abgrenzung umweltinduzierter Erlösveränderungen 478
   3.3 Bewertungs- und Aggregationsprobleme 478
4. Konsequenzen für die Kosten- und Leistungsrechnung 479
   4.1 Kostenartenrechnung 479
   4.2 Kostenstellenrechnung 479
   4.3 Kostenträgerrechnung 479
5. Konsequenzen für Buchhaltung und Jahresabschluß 481
6. Bedeutung für das Umweltmanagement 483
Literatur 484

1. Der monetäre Charakter der einzelwirtschaftlichen Rechnungslegung

1.1 Aufgaben des Rechnungswesens bei umweltorientierter Unternehmensführung

Ausgehend von der Unternehmung als einem Instrument einer Vielfalt von Interessengruppen (von den Anteilseignern über die Geschäftsführung, die Mitarbeiter, die Lieferanten und Kunden bis zum Fiskus und zur Öffentlichkeit) zur Erreichung einer im Grunde unbegrenzten Anzahl individueller Ziele (von Rendite über Einkommen, Bedarfsdeckung und Steuereinnahmen bis zu Macht, Prestige, sozialer Sicherheit, Gerechtigkeit und Schutz der Umwelt) zu verhelfen, hat das betriebliche Rechnungswesen in seiner Gesamtheit die Aufgabe, Informationen für diese verschiedenen Interessengruppen bereitzustellen, um deren heterogene Zielhierarchien und Zielerreichungsprozesse zu dokumentieren sowie planend, steuernd und kontrollierend (Controlling) zu forcieren.

Den unterschiedlichen Aufgaben des Rechnungswesens entsprechend, hat sich in der Vergangenheit eine Differenzierung in verschiedene Teilgebiete des Rechnungswesens herausgebildet: Finanzbuchhaltung und Bilanzierung, Finanzierungs- und Liquiditätsrechnung, Kosten- und Leistungsrechnung. Da der Bestand des Unternehmens, seine erfolgreiche Weiterentwicklung im Sinne des Erhaltes seiner Wettbewerbsfähigkeit in marktwirtschaftlichen Ordnungen von einer dauerhaften Rentabilität und jederzeitigen Liquidität abhängig ist, dominiert die monetäre Ausrichtung aller Zweige des Rechnungswesens. Bei aller Unterschiedlichkeit der Aufgaben sind letztlich alle Zweige des betrieblichen Rechnungswesens doch auf das Rentabilitäts- und Liquiditätsziel ausgerichtet.

Die Aufnahme des Umweltschutzzieles in das unternehmerische Zielsystem (auf welcher Zielebene auch immer) verlangt nun seinerseits ein adäquates Informationssystem. Dabei geht es zum einen darum, die Interdependenz zwischen den finanzwirtschaftlichen Zielen einerseits und dem Umweltschutzziel andererseits transparent zu machen, zum anderen ist ein Instrumentarium zu entwickeln, das die Zielerreichungsprozesse hinsichtlich des Umweltschutzzieles unterstützt. Methodisch bieten sich zwei Strategien an:
- Entwicklung eines integrierten Rechnungssystems, das neben den finanzwirtschaftlichen Zielen gleichzeitig und gleichrangig auch das Umweltschutzziel unterstützt, wobei Probleme der Bewertung, der Aggregation und der Umwandlung „weicher" Daten in „harte" Daten noch zu lösen sind,
- Beibehaltung des ausschließlich monetären Charakters des betrieblichen Rechnungswesens mit differenzierter Datenaufbereitung zur Abbildung

1. Der monetäre Charakter der Rechnungslegung

umweltschutzbedingter Einflüsse auf die Finanzsphäre des Unternehmens bei additiver Entwicklung eines eigenständigen Informationssystems zur Unterstützung des Umweltschutzzieles.

Für beide Strategien ist zudem die Frage zu erörtern, inwieweit die bisher eingesetzten Instrumente *auch* zur Unterstützung einer umweltorientierten Unternehmensführung eingesetzt werden können. Dabei kommt der Kosten- und Leistungsrechnung aufgrund ihrer ausgeprägten Bezüge zu stofflichen und energetischen Mengendaten besondere Aufmerksamkeit zu.

In der ersten Strategie kann die Verfolgung eines Fernzieles derzeitiger Bemühungen gesehen werden. Hinsichtlich der Konzeption vorwiegend auf das Umweltschutzziel bezogener betrieblicher Informationssysteme (ob integriert oder additiv) sei auf diverse Beiträge im Teil C dieses Handbuches verwiesen (*Raffée et al.*; *Kreikebaum*; *Pfriem*; *Hallay, Sartorius, Niemeyer*). Im folgenden sollen in diesem Beitrag die Auswirkungen umweltorientierter Unternehmensführung auf die traditionelle, monetär orientierte Rechnungslegung im Mittelpunkt stehen. Den Zusammenhang soll die Abb. 1 verdeutlichen.

Abb. 1: Gegenstand der Umweltrechnungslegung

1.2 Aufwand und Kosten aus finanzwirtschaftlicher und ökologischer Sicht

Aus gesamtgesellschaftlicher Sicht stellt *jede* Umweltbeanspruchung einen „Verzehr an Gütern und Diensten" und damit Aufwand bzw. Kosten dar. Gesamtwirtschaftlich relevant ist allerdings nur jener Teil, der zu gesamtwirtschaftlich zu tragenden Kosten oder zu Nutzenentgang innerhalb üblicher, in der Regel relativ kurzfristiger Planungshorizonte führt, sich also in den wirtschaftlichen Kalkülen irgendeines Wirtschaftssubjektes niederschlägt. Insbesondere **intertemporale Effekte** der Umweltbeanspruchung werden sich daher nur sehr unvollständig niederschlagen. So werden die heutigen Faktorpreise aufgrund intertemporaler Verlagerungen der Umweltbeanspruchung durch frühere Generationen (Ressourcenverknappungen, Altlasten, reduzierte natürliche Regenerationsfähigkeit) bereits grundlegend beeinflußt (zeitverzögerte Kosteninternalisierung), gleichzeitig verlagert die heutige Generation in einem nicht näher bestimmbaren Ausmaß Kosten auf zukünftige Generationen. Eine Bestimmung des Verlagerungsausmaßes scheitert an zwei Ursachen: Erstens ist eine Quantifizierung wegen der ungelösten Bewertungs- und Aggregationsproblematik unterschiedlichster Arten von Umweltbelastungen unmöglich, zweitens ist ohne Annahmen über zukünftige Technologie-, Rohstoff- und Konsumszenarien nicht bestimmbar, in welchem Ausmaß heutige Umweltbeanspruchungen zukünftige Generationen wirtschaftlich belasten werden.

Wiederum nur ein Teil der gesamtwirtschaftlich relevanten Kosten geht in die Rechnungslegung der einzelnen Unternehmen ein. Nur wenn die Umweltbeanspruchung von dem Unternehmen auch wirtschaftlich zu tragen ist (Internalisierung), stellt sie in der traditionellen Rechnungslegung einen relevanten Vorgang dar. Die Interpretation des Kostenbegriffes als „wertmäßiger Kostenbegriff" weist zwar zunächst in die Richtung, daß Kosten eben nicht unbedingt zahlungsbegleitet sind und sich sehr deutlich von den finanzwirtschaftlichen Größen „Ausgaben" und „Aufwand" unterscheiden, doch der prinzipiell fundamentale Unterschied zwischen „Kosten" und „Aufwand" wird vor dem Hintergrund der Kosten für Umweltbeanspruchung durch den Betrieb eher marginal.

Kosten als bewerteter Verzehr von Gütern und Diensten zur Erstellung und Verwertung betrieblicher Leistungen sowie zur Aufrechterhaltung der Betriebsbereitschaft umfassen von der Definition her *alle* Güterverzehre, ganz gleich, ob sich daraus Ausgaben ergeben oder nicht. Damit müßte auch jeglicher Verzehr an Umweltgütern eingeschlossen sein. Da dies aber nicht der Fall ist, müßte umgekehrt die Definition des Kostenbegriffes mit einer Einschränkung versehen werden, etwa durch den Zusatz: „..., soweit eine finanzielle Belastung durch den Betrieb wirtschaftlich zu tragen ist."

Güterverzehr, der keinen Einfluß auf die finanzwirtschaftliche Sphäre des Unternehmens hat, bleibt in der traditionellen Rechnungslegung außer Betracht. Daran ändern weder der Ansatz von Zusatzkosten noch die abweichende Bewertung der Kosten gegenüber dem Aufwand in Form der Anderskosten etwas. Beide Begriffe sind eng an der Finanzsphäre des Unternehmens orientiert. Der Kostenbegriff trägt gegenüber dem Aufwandsbegriff dem Opportunitätskostenaspekt Rechnung, keinesfalls aber dem ökologischen Wert der verzehrten Güter und Dienste, soweit dieser vom aktuellen Marktpreis bzw. dem kostenrechnerisch relevanten Wert abweicht.

Mit einer veränderten Interpretation des Kostenbegriffes, die mengen- und wertbezogen um die ökologische Dimension erweitert ist, verliert der Kostenbegriff seine finanzwirtschaftliche Ausschließlichkeit und wird zur ökologisch orientierten Planungs- und Steuerungsgröße. Ein Ansatz in dieser Richtung ist in der „Ökologischen Buchhaltung" unter Verwendung von Äquivalenzkoeffizienten zu sehen (*Müller-Wenk* 1978). Wegen der Unverzichtbarkeit auf einen Kostenbegriff mit *ausschließlich* finanzwirtschaftlichem Charakter (Controlling zu Leistungs- und Rentabilitätszielen) bedarf es eines zusätzlichen Kostenbegriffes, der parallel zum herkömmlichen Kostenbegriff Verwendung findet, um als Planungs-, Steuerungs- und Kontrollgröße für das betriebliche Umweltschutzziel zu fungieren.

Vereinfachend lassen sich die in Abb. 2 dargestellten Kostenbegriffe unterscheiden. Danach sind die Grundkosten als „pagatorischer Kostenbegriff" zu interpretieren und für Kapitalerhaltungs- und Liquiditätskalküle geeignet. Die um Zusatz- und Anderskosten zum Zweck der Substanzerhaltung erweiterten Kosten sind als „substantieller Kostenbegriff" für rentabilitäts- und

AUFWAND			
NEUTRALER AUFWAND	ZWECKAUFWAND	Ⓐ	UMWELTKOSTEN
	GRUNDKOSTEN	ZUSATZ- UND ANDERSKOSTEN	Ⓑ
		finanzwirtschaftlich relevant	durch Umweltbeanspruchung
	pagatorische KOSTEN		
	substantielle KOSTEN		
	ökologische KOSTEN		

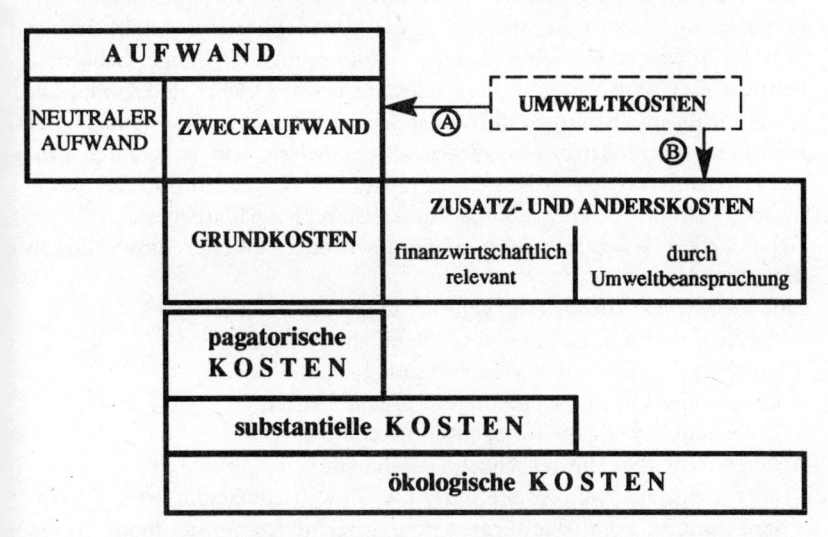

Abb. 2: Aufwands- und Kostenbegriffe (A = periodengerecht internalisierte Umweltkosten und solche aus früheren Perioden; B = externalisierte Kosten, die von anderen Wirtschaftssubjekten zu tragen sind oder intertemporal verlagert werden)

leistungszielorientiertes Controlling unverzichtbar, und der „ökologische Kostenbegriff", der in Umfang und Bewertung ökologische Knappheiten berücksichtigt, dient dem **Umweltcontrolling.** Letzteres setzt jedoch voraus, daß sich die Bewertungsproblematik als lösbar erweist.

1.3 Zur Internalisierung von Umweltkosten

Als bisher nicht genügend beachtet erscheint dabei die komplexe Internalisierungsproblematik. Aufgrund unterschiedlicher Wirkmechanismen und komplexer Überwälzungsprozesse drücken sich in zunehmendem Maße ökologische Knappheiten in den finanzwirtschaftlich relevanten Kosten bereits aus. Selbst die im Prinzip nicht über Preismechanismen funktionierende Auflagenpolitik des Staates führt über Verknappungs- und Kostenüberwälzungseffekte zu einer Internalisierung der Umweltbeanspruchung bzw. der Kosten für Belastungsvermeidung. Ein nicht näher bestimmbarer Anteil dieser internalisierten Kosten sind intertemporal verlagerte „Umweltkosten" früherer Perioden.

Dies ist „versteckt" der Fall, wenn infolge von Überwälzungsprozessen Faktorkosten steigen, oder „offen", wenn Umweltbeanspruchungen mit konkreten Zahlungspflichten verbunden sind, wie dies beispielsweise bei der Abwasserabgabe der Fall ist. Aus Umweltbeanspruchungen resultierende Kosten lassen sich dabei relativ problemlos erfassen, wenn sie ausschließlich an konkrete Vorgänge anknüpfen. Dazu zählen alle aus Umweltschutzinvestitionen resultierenden Rechengrößen wie Abschreibungen, Betriebskosten (z.B. für Abwasserbehandlungsanlagen, Abluftreinigung), Löhne, Gebühren, Beiträge und Abgaben. Aufgrund teilweise umfangreicher und komplexer Überwälzungsmechanismen dürfte der separate Ausweis umweltinduzierter Faktorkostenveränderungen dagegen sehr schwierig sein (z.B. durch Umweltbelastungen steigende Kosten für Energie, Wasser, Rohstoffe, Transporte, aber auch durch evtl. erhöhten Krankenstand der Mitarbeiter).
Grundsätzlich lassen sich folgende Gruppen internalisierter Umweltkosten unterscheiden:
Eine tendenziell verursachungsgerechte Internalisierung erfolgt:
– durch umweltpolitisch fundierte öffentliche Abgaben,
– durch Erfüllung von Umweltschutzauflagen,
– durch umweltbedingte Haftungsansprüche Dritter,
– durch umweltbedingte Kompensationszahlungen,
– durch freiwillige Umweltschutzmaßnahmen,
– über steigende Faktorpreise aufgrund umweltschutzinduzierter Kostensteigerungen, wenn eine verursachungsgerechte Kostenzuordnung erfolgt und Kostensteigerungen tatsächlich über den Marktpreis weitergegeben werden können. Das Ausmaß der Preissteigerung durch umweltschutzbedingte Mehrkosten bleibt dabei unbekannt.

2. Ziele einer umweltorientierten Differenzierung

Eine tendenziell nicht verursachungsgerechte Internalisierung erfolgt:
- über steigende Faktorpreise aufgrund allgemeiner Umweltbelastungen (Folge der Kostenexternalisierung anderer Wirtschaftssubjekte),
- durch umweltbedingte, allgemeine Steuer- und Abgabenerhöhungen,
- durch steigende Versicherungsbeiträge, soweit sie nicht an konkrete Einzelrisiken geknüpft sind.

2. Ziele und Aufgaben einer umweltorientierten Differenzierung des betrieblichen Rechnungswesens

In der Beschränkung auf den einzelwirtschaftlich relevanten Kosten- bzw. Aufwandbegriff, die gleichbedeutend ist mit der grundlegenden Ausrichtung des Rechnungswesens auf das betriebliche Rentabilitäts- und Liquiditätsziel, könnte zunächst die Aufgabenzuordnung gesehen werden, Aufwendungen bzw. Kosten für Umweltschutzmaßnahmen transparent zu machen, Ergebnisse extern und mit werblicher Absicht zu verwenden oder im Sinne einer defensiven betrieblichen Umweltpolitik Umweltschutzkosten zu minimieren oder als „Abwehrargument" gegen weitergehende Auflagen zu verwenden.

Wichtiger im ökonomischen Bezug erscheinen die Aufgaben,
- gegenwärtige und zukünftige Erfolgspotentiale zu erkennen, zu erhalten und zu entwickeln (Portfolio-Management) und
- gegenwärtige und zukünftige Gefahrenpotentiale zu erkennen, zu vermindern und zu vermeiden (Krisen- und Risikomanagement; *Seidl, Menn* 1988, 119f.)

Im Sinne einer aktiven Umweltpolitik könnten so gewonnene Informationen auch dazu beitragen, die Umweltschutzziele des Unternehmens zu unterstützen. Sie könnten u.a. Verwendung finden für:
- **Preisfindungsprozesse**, wobei gewährleistet sein müßte, daß umweltschutzbedingte Kosten soweit als möglich **verursachungsgerecht** auf die Produkte verrechnet werden. Nur dann könnten die Produktpreise in ihrer Relation zueinander jenen Teil der Umweltbelastung widerspiegeln, der sich bereits kostenmäßig einzelwirtschaftlich niederschlägt. Der Preis könnte damit als umweltbezogenes Lenkungsinstrument wirken, auch wenn ökologische Knappheiten nur unvollständig abgebildet werden;
- **Investitions- und Verfahrensentscheidungen**, um die **finanzwirtschaftlichen Auswirkungen** mit anderweitig ermittelten Umweltbe- und -entlastungswirkungen von Investitonsobjekten abzugleichen. In erster Linie werden diese Entscheidungen im Rahmen der heute vorwiegenden Umweltpolitik an gesetzlichen Vorgaben (z.B. Grenzwerte) orientiert sein. Bei Entscheidungsspielräumen jenseits gesetzlicher Vorgaben sind heterogene

Umweltwirkungen von Investitions- und Verfahrensentscheidungen nur mit Hilfe unternehmenspolitisch fixierter Zielvorstellungen für einzelne Belastungsarten (Abfall, Abwasser, Abwärme, Abstrahlung usw.) und Belastungsbereiche (Luft, Boden Wasser usw.) zu beurteilen. Die Problematik fehlender allgemein anerkannter Bewertungsmaßstäbe für unterschiedliche Umweltbelastungen wird damit auf die detaillierte Umweltschutzzielformulierung jedes einzelnen Unternehmens verlagert und individualisiert;

- Fragen der **Sortimentsgestaltung**, um eine nach ökologischen Kriterien gestaltete Sortimentspolitik zu unterstützen. Hierbei werden Deckungsbeitragspotentiale aus ökologisch ausgerichteten Marktsegmenten ebenso Gegenstand der Rechnung sein wie umgekehrt die Erkenntnis über Verzicht auf Deckungsbeiträge aus umweltorientierter Sortimentsbereinigung;

- **Substitutionsprozesse**, um umweltorientierte Material- und Verfahrenssubstitution zu beurteilen;

- **Make-or-Buy-Entscheidungen**, um in umweltbelastenden Produktionsteilen entweder umweltschützende Vorkehrungen zu treffen oder kostengünstigere Fremdfertigung zu veranlassen. Dies dürfte insbesondere für Klein- und Mittelbetriebe von besonderer Bedeutung sein, da Umweltschutztechnologien oft gleichbedeutend sind mit Großtechnologie.

Am Beispiel der Aufgabe „Preisfindung" sollen einige Aspekte einer umweltorientierten Differenzierung der Rechnungslegung angedeutet werden. Ein neues Element im Rahmen der Preisfindung ist möglicherweise darin zu sehen, daß Preise auch ein Ausdruck der Umweltbelastung durch das Produkt und seinen Herstellungsprozeß sein sollten (Rechnen mit „ökologischen Kosten"). Dies wäre ein Weg, um über die Produktpreise eine Nachfragelenkung in Richtung auf umweltfreundlichere Produkte zu betreiben. Jenseits der Problematik der Preiselastizität setzt dies auch voraus, daß Kosten der Umweltbeanspruchung über eine verursachungsgerechte Kostenzuordnung auch tatsächlich ihren Niederschlag in der Selbstkostenermittlung für das einzelne Produkt und anschließend auch im Marktpreis finden. Dies wiederum setzt voraus, daß sich Preise als eine Funktion der Kosten erweisen, was wohl nur unter Einschränkungen, auf längere Sicht und bei globaler Betrachtung gilt. Kurzfristig und artikelbezogen treten Kosten als preisbestimmende Faktoren in der Regel hinter Marktmechanismen zurück.

Ohne differenzierte Erfassung und zieladäquate weitere Verrechnung umweltschutzbedingter Kosten wird der preisbeeinflussende Effekt nicht eintreten. Beispielsweise werden umweltschutzbedingte Kosten bei einer Teilkostenrechnung in starkem Maße im Fixkostenblock „verschwinden". Ebenso ist anzunehmen, daß bedeutende Teile umweltschutzbedingter Kosten im Bereich innerbetrieblicher Leistungen bzw. allgemeiner Kostenstellen entstehen (z. B. die Bereiche Wasser und Abwasser, Energieversorgung, Grundstücke und Gebäude, Abfallentsorgung). Hier ist davon auszugehen, daß durch umfangreiche Überwälzungsrechnungen umweltschutzbedingte Kostenwirkungen nicht mehr erkennbar sind. Solange das Rechnungssystem nicht auf das Gestaltungskriterium „Umweltschutz" ausgerichtet ist, werden relevante Informationen hierzu auch nicht geliefert und möglicherweise vorhandene Informationen „verschüttet".

3. Probleme einer umweltbezogenen Ausgestaltung des Rechnungswesens

3.1 Sachliche und zeitliche Abgrenzung von Umweltschutzkosten

Zur Ermittlung von „Umweltschutzkosten" sind sachliche Abgrenzungen insbesondere bei solchen Investitionen erforderlich, die auch anderen betrieblichen Zwecken dienen. Gleiches gilt für Forschungs- und Entwicklungskosten, Kosten der Produktentwicklung und der Verfahrensvariation. Da ökonomische und umweltschützende Motive ineinander übergehen, dürfte eine klare Abgrenzung in vielen Fällen kaum möglich sein. Andererseits erfordern Umweltschutzmaßnahmen oft Folgeinvestitionen in anderen Betriebsbereichen sowie laufende Betriebs- und Verwaltungskosten, deren Zuordnung zur auslösenden Maßnahme nicht mehr möglich ist. Hier sind noch Arbeiten zu leisten, um Kriterien zu entwickeln, die eine näherungsweise Abgrenzung ermöglichen. Um unlautere Absichten in diesem Zusammenhang zu unterbinden, insbesondere im Rahmen extern orientierter Rechnungslegung, sei hier die Testatfähigkeit umweltorientierter Investitionen und Aufwendungen „... in einer am betriebswirtschaftlichen Prüfungswesen orientierten Strenge..." als Fernziel anzustreben (*Seidel, Menn* 1988, 117).

Eine grundlegende Frage ist die Beurteilung der oft reklamierten Kosteneinsparungen im Zuge von Umweltschutzmaßnahmen. Da Kostenminimierung ureigenstes Anliegen einer erfolgsorientierten Unternehmensführung ist, kann im betrieblichen Umweltschutz zwar das auslösende Element für Kosteneinsparungen gesehen werden, nicht unbedingt aber das eigentliche Ziel. Daß durch die Verfolgung von Umweltschutzzielen auch Kosteneinsparungen realisiert werden können, weist also im Grunde auf einen Mangel der bisherigen Unternehmensführung hin, bzw. darauf, daß die implementierte Kosten- und Leistungsrechnung nicht geeignet war, Kosteneinsparpotentiale aufzuzeigen. Insofern ist es grundsätzlich problematisch, von Kosteneinsparungen durch Umweltschutz zu sprechen.

Ein Problem der **zeitlichen Abgrenzung** ergibt sich, wenn beispielsweise aus Umweltschutzgründen Produkte aus dem Programm eliminiert oder Produktionsanlagen stillgelegt werden. Hier ist die Frage, über welchen Zeitraum dann Leerkosten oder Erlöseinbußen durch Produktionseinstellung als Umweltschutzkosten zu gelten haben. Generell ist die Frage zu beantworten, über welchen Zeitraum umweltschutzbedingte Mehrkosten als solche anzusehen sind.

3.2 Abgrenzung umweltinduzierter Erlösveränderungen

Parallel zur Problematik der Kostenabgrenzung stellt sich die Frage der Erlösabgrenzung. Dies betrifft sowohl Mehr- als auch Mindererlöse, z.B. aufgrund höherer Erlöschancen für „umweltfreundliche Artikel" bzw. Erlöseinbußen aufgrund von Marktverlusten bei umweltschädlichen Produkten. So stellt die umweltschutzbedingte ersatzlose Einstellung eines Produktes zunächst einen Verlust von Deckungsbeiträgen dar, der im Rahmen von entgangenen Normal- oder Plandeckungsbeiträgen in der Planperiode näherungsweise zu beziffern ist. Es muß jedoch offen bleiben, ob überhaupt und in welcher Höhe in den Folgeperioden nicht realisierte Deckungsbeiträge angesetzt werden können. Eine Beurteilung anhand eines prognostizierten Lebenszyklus des eingestellten Produktes könnte eine Hilfestellung sein, doch spielt eine derartige Fülle anderer Einflußgrößen jenseits von Umweltschutzüberlegungen für die Marktstellung (und damit die erzielbaren Deckungsbeiträge) dieses Produktes eine Rolle, daß es unzulässig wäre, unter Ceterisparibus-Bedingungen die (diskontierten) Deckungsbeitragsverluste für den gesamten prognostizierten Lebenszyklus des eingestellten Produktes als umweltschutzbedingte Erlöseinbuße zu beziffern.

Gänzlich unmöglich erscheint eine Abgrenzung von Umsatzveränderungen, die allgemein auf das „Umweltimage" des Unternehmens zurückzuführen sind. Dies gilt sowohl für die oft reklamierten neuen Erlöschancen durch ein verbessertes Umweltimage wie umgekehrt für Erlöseinbußen bei schlechtem Umweltimage.

3.3 Bewertungs- und Aggregationsprobleme

Die Bewertung der Umweltschutzwirkungen auf **die erfolgs- und finanzwirtschaftliche Sphäre** des Unternehmens wirft keine über die allgemeinen Bewertungsprobleme des Rechnungswesens hinausgehenden Fragen auf, da ausschließlich mit bekannten Rechengrößen operiert wird. Auch die Aggregierbarkeit ist gegeben, da in Währungseinheiten gerechnet wird.

Als weitgehend ungelöst muß dieses Problem jedoch bei einer Ausweitung der Rechnungslegung als Umweltbe- und Entlastungsrechnung gelten. Schon die Bezifferung des gesellschaftlichen Nutzens einer umweltentlastenden Maßnahme allein scheitert an Meß- und Bewertungsproblemen. „Nach der heute herrschenden Meinung können kardinale Meßziffern, die einen interpersonellen und intertemporalen Nutzenvergleich gestatten, nicht ermittelt werden" (*Froneck, Uecker* 1987, 12).

4. Konsequenzen für die Kosten- und Leistungsrechnung

4.1 Kostenartenrechnung

Im Rahmen der Kostenartenrechnung bieten sich Anhaltspunkte zur Separierung umweltinduzierter Kosten (z.B. bestimmte Gebühren und Abgaben, kalkulatorische Abschreibungen und Zinsen auf umweltbezogene Investitionen, Versicherungen und kalkulatorische Wagnisse, spezielle Fremdleistungen wie beispielsweise im Entsorgungsbereich, Instandhaltungskosten an Umweltschutzanlagen usw.). Eine separate Erfassung über die Kostenartenrechnung ist insofern erforderlich, als in der nachfolgend beschriebenen Kostenstellenrechnung umweltschutzbedingte Kosten erkennbar bleiben müssen, auch wenn die betroffene Kostenstelle keine Umweltschutzfunktion erfüllt.

4.2 Kostenstellenrechnung

Kostenstellen als abgegrenzte Orte der Kostenverursachung im Betrieb können gänzlich umweltschutzbedingt sein. Dazu zählen beispielsweise Abfall- und Abwasserbehandlungsanlagen. Hier sind alle in der Kostenstelle anfallenden Kostenarten als Umweltschutzkosten zu interpretieren. In vielen Fällen werden jedoch auch hier Abgrenzungsprobleme auftreten, da Teilfunktionen solcher Kostenstellen auch ohne Umweltschutzgründe durchgeführt würden. Dies verlangt dann Techniken der Kostentrennung innerhalb der Kostenstelle. Neben den bereits als Umweltkosten definierten Kostenarten kommen alle anderen Kostenarten dann mit bestimmten, meßbaren oder auch nur zu schätzenden Anteilen in Betracht.

4.3 Kostenträgerrechnung

Soweit im Bereich der Einzelkosten (Material, auftragsbezogene Sondereinzelkosten der Fertigung und des Vertriebs) umweltinduzierte Kosten auftreten, sind diese direkt dem Kostenträger zuzurechnen und können separat ausgewiesen werden. Eine kostenträgerweise detaillierte Darstellung von Umweltschutzkosten verlangt eine Trennung der Gemeinkostensätze (bzw. Zuschlagsätze) je Kostenstelle. Allerdings wird sich bei der in der Kostenstellenrechnung durchzuführenden „Innerbetrieblichen Leistungsverrechnung" nicht vermeiden lassen, daß infolge mehrfacher Überwälzungsvorgänge (insbesondere bei gegenseitigem Leistungsaustausch) Vermischungen stattfinden werden.

Bei Anwendung der **Teilkostenrechnung** wird sich ein hoher Anteil beschäftigungsunabhängiger Umweltschutzkosten ergeben. Dies führt zumindest in der einstufigen Deckungsbeitragsrechnung dazu, daß eine kostenträgerweise

Zuordnung dieser Umweltschutzkosten nicht eintritt, sondern daß das Periodenergebnis belastet wird. **Mehrstufige Formen** der Teilkostenrechnung bieten die Möglichkeit der **erzeugnisgruppenweisen Zuordnung** von Fixkosten. Grundsätzlich erscheinen diese Rechensysteme besonders geeignet, Umweltschutzkosten transparent zu machen, planend und zielvorgebend einzusetzen und einer aussagefähigen Kontrolle zu unterziehen. Den schematischen Ablauf mit einer nach Umweltkosten differenzierten Kostenarten-, -stellen-, und -trägerrechnung zeigt die Abb. 3.

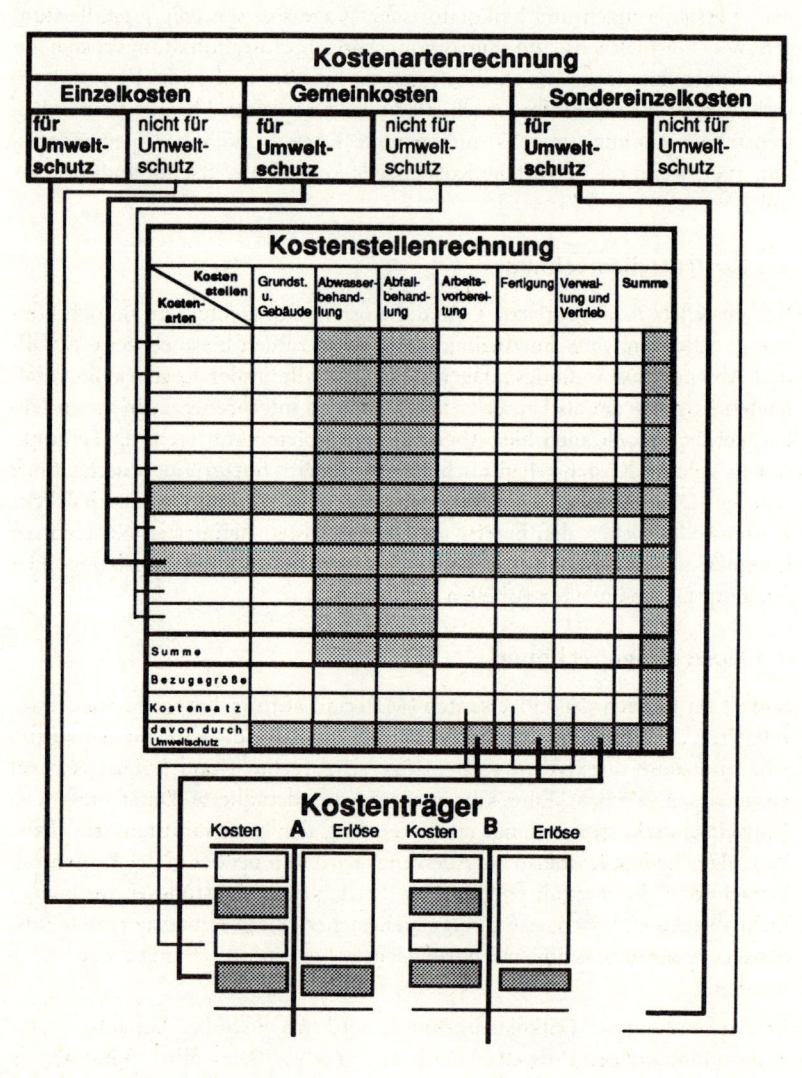

Abb. 3: Kostendurchlaufschema

5. Konsequenzen für Buchhaltung und Jahresabschluß

Grundsätzlich enthalten Bilanz und GuV, die den Mindestanforderungen des Handelsrechts entsprechen, keine gesonderten Umweltinformationen. Allerdings lassen sich einige Folgewirkungen der betrieblichen Umweltbeziehungen teilweise im Jahresabschluß erkennen. Neben einigen Positionen des Sachanlagevermögens (z. B. Abwasser- und Abfallbehandlungsanlagen, Abgasreinigungsanlagen usw.) sind möglicherweise entgeltlich erworbene Nutzungsrechte mit Umweltbezug zu erkennen. Ebenso können unter bestimmten Bedingungen Abschreibungen, vor allem Sonderabschreibungen, erkenntlich sein. Auch die Passivseite zeigt einige Anhaltspunkte, beispielsweise die Rückstellungen für:
- Schadensersatzverpflichtungen aufgrund verursachter Umweltschäden,
- Umweltabgaben,
- Rekultivierungsverpflichtungen,
- Abraumbeseitigung,
- unterlassene Instandhaltung.

Auf der Basis einer freiwilligen tieferen Untergliederung können (in Anlehnung an *Froneck, Uecker* 1987, 4 f.) folgende Bilanzpositionen genannt werden, die verbesserte Hinweise auf die Umweltbeziehungen des Unternehmens geben könnten:

Aktivseite
C Anlagevermögen
  I Immaterielle Vermögensgegenstände:
    1.a Mitbenutzungsrechte an Umweltschutzanlagen
  II Sachanlagen
    2.a Technische Anlagen und Maschinen, die dem Umweltschutz dienen
    3.a andere Anlagen, Betriebs- und Geschäftsausstattung, die dem Umweltschutz dienen
    4.a geleistete Anzahlungen und Anlagen im Bau, die dem Umweltschutz dienen
D Umlaufvermögen
  I Vorräte
    1.a umweltfreundliche Rohstoffe
    3.a umweltfreundliche Erzeugnisse

Passivseite
A Eigenkapital:
  III. Gewinnrücklagen
    4. Rücklagen für Umweltschutzinvestitionen
C Rückstellungen
  4.a Rückstellungen für ungewisse Verbindlichkeiten aus Umweltbelastungen

4.b Rückstellungen für Bergschäden
4.c Rückstellungen für Rekultivierung
4.d Rückstellungen für Abraumbeseitigung
D Verbindlichkeiten
2.a Verbindlichkeiten gegenüber Kreditinstituten aus Krediten für Umweltschutzzwecke
8.a Verbindlichkeiten gegenüber Kreditinstituten aus Verbindlichkeiten aufgrund verursachter Umweltschäden

Für die Gewinn- und Verlustrechnung bieten sich grundsätzlich alle Aufwands- und Ertragspositionen an, aus umweltorientierter Unternehmenspolitik resultierende Beträge separat auszuweisen. Konkret schlagen *Froneck, Uecker* folgende Positionen vor:
1. davon Erlöse aus dem Verkauf von Abfallstoffen
5. davon Aufwendungen für umweltfreundliche Rohstoffe
6. davon Löhne und Gehälter für Zwecke des Umweltschutzes
7. davon Abschreibungen für umweltschützende Sachanlagen
8. davon sonstige Aufwendungen für Zwecke des Umweltschutzes.

Als Grenzen einer tieferen Untergliederung verweisen *Fronek* und *Uecker* auf *Adler, Düring, Schmaltz* (1987), Rechnungslegung und Prüfung der Aktiengesellschaft, Tz. 9 zu § 151 AktG. „Einwände gegen eine tiefere Untergliederung lassen sich vielmehr aus dem Ziel des Jahresabschlusses – dem möglichst sicheren Einblick in die Vermögens-, Finanz- und Ertragslage – herleiten, sofern eine tiefere Untergliederung der Übersichtlichkeit des Jahresabschlusses schadet ... oder zu falschen Schlußfolgerungen führt". Die Konsequenz daraus ist, daß eine tiefere Untergliederung nur für vertretbar gehalten wird, wenn
– betragsmäßig wesentliche Positionen betroffen sind (Übersichtlichkeit),
– eindeutig abgrenzbare, dem Umweltschutz bzw. den Umweltbelastungen zuzuordnende Aufwendungen vorliegen (Bilanzwahrheit),
– unproduktive Aufwendungen vorliegen (entsprechend den Aufwendungen des § 7d EStG – Amortisationsverbot).

Größere Möglichkeiten zur umweltbezogenen Information bieten der Lage- und der Sozialbericht im Rahmen des Geschäftsberichtes. Als mögliche Berichtsgegenstände kommen in Betracht (*Froneck, Uecker* 1987, 8):
– produktions- und produktbezogene Auflagen, wenn sie zu starken Kostensteigerungen oder zur Stillegung von Produktionsstätten führten,
– umweltbedingte Verlagerungen von Produktionsstätten,
– finanzielle Mehrbelastungen durch veränderte Anforderungen an die Umweltverträglichkeit bestimmter Rohstoffe,
– zwangsweise oder freiwillig vorgenommene größere Umweltschutzinvestitionen,
– Kooperationen im Bereich des Umweltschutzes,
– zu erwartende Schadensersatzansprüche aufgrund von Umweltbelastungen.

Insgesamt bietet der Jahresabschluß im Rahmen bestehender rechtlicher Vorschriften nur einen ungenügenden Ansatzpunkt zur umweltorientierten Rechnungslegung. Dennoch könnte als erster Schritt auch diese bescheidene Möglichkeit genutzt werden, wenn auch bezweifelt werden darf, ob eine Bereitschaft zu freiwilligen Informationen in diesem Sinne vorhanden ist. Außerdem gilt hier die gleiche Problematik wie sie auch für die weit umfassenderen Ansätze bei Umwelt- und Sozialbilanzen konstatiert werden muß, wonach diese weitgehend als ein Instrument euphemistischer Selbstdarstellung benutzt werden. Ferner stellen sich prüfungsrechtliche Fragen im Zusammenhang mit der Abgrenzung der separat auszuweisenden Teilpositionen von den nicht-umweltbedingten Grundpositionen in Bilanz und Gewinn- und Verlustrechnung.

Solange an umweltbezogene Tatbestände im Jahresabschluß keine konkreten ökonomischen Folgen geknüpft sind, können aufgrund der externen Orientierung dieses Teils der Rechnungslegung keine Anforderungen gestellt werden. Eine Änderung wäre nur zu erwarten, wenn beispielsweise eine Unternehmensbesteuerung nicht mehr an der finanzwirtschaftlichen Größe „Gewinn" ansetzen würde, sondern etwa an der von *Müller-Wenk* (1978) vorgeschlagenen Differenz der Umweltbelastungs- und -entlastungs-Rechnungseinheiten. Zu denken wäre (realistischerweise) auch an einen modifizierten Gewinn, wobei obengenannte Jahresabschlußpositionen den zu versteuernden Gewinn erhöhend oder senkend beeinflussen könnten.

6. Bedeutung für das Umweltmanagement

Diese Art der Rechnungslegung zeigt auch bei umweltorientierter Ausgestaltung lediglich die kosten- und erlösmäßigen Auswirkungen ergriffener Umweltschutzmaßnahmen. Ohne die Struktur des Rechnungssystems prinzipiell zu verlassen (etwa durch Einbeziehung von externen Effekten) können jedoch in zweierlei Hinsicht Verbesserungen im Hinblick auf ein offensives Umweltschutzmanagement erreicht werden:

a) Im Rahmen von Planungsrechnungen können **umweltorientierte Zielvorgaben als Steuerungsgrößen** in das System eingebracht werden. Der anschließende Plan-Ist-Vergleich zeigt bestehende Divergenzen auf. Insofern läßt sich in begrenztem Umfang mit Hilfe der Plan- und Vorgabekostenrechnung bei hinreichend genauer Differenzierung der umweltbezogenen Daten ein umweltorientiertes Steuerungsinstrument schaffen. Dies kann noch ergänzt werden durch ein Kennzahlensystem, wie z.B.

– Anteil der Umweltschutzkosten an den Gesamtkosten,
– Verhältnis von Umweltschutz-Investitionsausgaben zu laufenden Umweltschutzkosten,
– Relation bestimmter Umweltschutzkosten zueinander (Abfall, Abwasser, Emissionsminderung usw.).

b) Die Verwendung der in der Kostenrechnung erfaßten und genutzten Mengen- und Leistungsdaten eröffnet die Möglichkeit zur Ermittlung **stofflich-energetischer Maßgrößen und Kennzahlen**. Diese eignen sich ihrerseits für Planungs- und Vorgabezwecke im Dienste einer umweltorientierten Unternehmensführung. Im Zeit-, Betriebs- oder Plan-Ist-Vergleich können diese Kennzahlen dann analysiert werden.

Beispiele:
− Kosten je Einheit vermiedener Umweltbelastung (z.B. gegenüber der Ausgangssituation je Tonne Fertigprodukt vermiedener Abfall, Staub- und Gasemission bei Substitution und Verfahrensvariation),
− Anteil umweltorientiert substituierter Produkte,
− eingesetzte Stoff- und Energiemengen je Outputeinheit,
− Abfall-, Abwasser- und Emissionsmengen je Outputeinheit,
− Recyclingquoten,
− Energiekennzahlen.

Eine umweltorientierte Ausgestaltung der Kosten- und Leistungsrechnung ist zur Gewinnung von Informationen über betriebsspezifische Zusammenhänge und Abhängigkeiten zwischen Kosten, Erlösen, Stoff- und Energieströmen sowie Umweltschutzmaßnahmen dringend erforderlich. Die praktische Erfahrung gerade im Zusammenhang mit der Umweltschutzdiskussion hat gezeigt, daß oft in Unkenntnis kostenmäßiger Zusammenhänge Umweltschutzmaßnahmen nicht ergriffen wurden, obwohl sie mit teilweise erheblichen Kosteneinsparungen verbunden und im Grunde aus rein ökonomischen Überlegungen geboten sind. Häufig verdecken routinemäßige Handlungen den Blick für zwischenzeitlich eingetretene Änderungen der ökonomischen Rahmendaten. Die Umweltschutzdiskussion erweist sich hier oft als Anlaß innovativer und kostensenkender Prozesse.

Ein Instrument zur Erfassung von Umweltbelastungs- und Umweltentlastungswirkungen ist diese Art der Rechnungslegung nicht. Dazu bedarf es einer grundlegenden Erweiterung der Rechnungslegung. Für die Ansätze in dieser Richtung (Ökologische Buchhaltung, Stoff- und Energiebilanzen, Produktfolgematrix, Kosten-Nutzen-Analysen, Scoring-Verfahren u.a.) wird auf andere Beiträge in diesem Handbuch sowie auf die einschlägige Literatur verwiesen. Eine umfassende Darstellung umweltorientierter Informationstechniken enthält insbesondere *Senn* (1986).

Literatur

Adler, H., Düring, W., Schmaltz, K. (1987), Rechnungslegung und Prüfung der Aktiengesellschaft, 5. Aufl., Stuttgart, im Erscheinen seit 1987
Fronek, R. Uecker, P., Umweltrechnungslegung − Jahresabschluß − Social Accounting, in: *Vogl, J., Heigl, A., Schäfer, K.* (Hrsg.), Handbuch des Umweltschutzes, Teil M, Betriebswirtschaftliches Umweltschutzmanagement, Landsberg a.L., 2. Aufl., III−8, S. 1−29

Freese, E., Kloock, J. (1989), Internes Rechnungswesen und Organisation aus der Sicht des Umweltschutzes, in: Betriebswirtschaftliche Forschung und Praxis, 1/89

Freimann, J. (1989), Instrumente sozial-ökologischer Folgeabschätzung im Betrieb, Wiesbaden

Haufe Verlag (Hrsg.) Umwelt und Energie, Handbuch für die betriebliche Praxis, insbes. Gr. 3, Lexikon

Held, M. (1986), Ökologisch rechnen im Betrieb, Tutzinger Materialien 33/1986

Müller-Wenk, R. (1978), Die ökologische Buchhaltung, Frankfurt a.M./New York

Pfriem, R. (1986), Ökobilanzen für Unternehmen, in: *Pfriem, R.* (Hrsg.), Ökologische Unternehmenspolitik, Frankfurt a.M./New York, S. 210–226

Schreiner, M. (1988), Umweltmanagement in 22 Lektionen, Wiesbaden 1988, insbes. Lektionen 18 und 19, S. 250–275

Schreiner, M. (1990), Ökologische Herausforderungen an die Kosten- und Leistungsrechnung, in: *Freimann, J.* (Hrsg.), Ökologische Herausforderung der Betriebswirtschaftslehre, Wiesbaden, S. 197–214

Seidel, E., Menn, H. (1988), Ökologisch orientierte Betriebswirtschaft, Stuttgart

Senn, J. F. (1986), Ökologie-orientierte Unternehmensführung, Frankfurt a.M.

Simonis, U. E. (Hrsg.)(1985), Ökonomie und Ökologie, Karlsruhe

Steger, U. (1988), Umweltmanagement, Wiesbaden

Strebel, H. (1980), Umwelt und Betriebswirtschaft, Die natürliche Umwelt als Gegenstand der Unternehmenspolitik; Berlin, S. 128–166

Winter, G. (1987), Das umweltbewußte Unternehmen: ein Handbuch der Betriebsökologie mit 22 Check-Listen für die Praxis, München

Kapitel 29
Die Organisation des betrieblichen Umweltschutzes

von *Ralf Antes*

1. Betrieblicher Umweltschutz als sozial-organisatorische Innovation .. 488
2. Einflüsse auf die Organisation des betrieblichen Umweltschutzes 489
   2.1 Organisatorische und ökologische Anforderungen 489
   2.2 Fremdbestimmte Einflüsse 491
   2.3 Unternehmensinterne Einflüsse 493
3. Verteilung und Koordination betrieblicher Umweltschutzaufgaben .. 494
   3.1 Umweltschutz als Führungsaufgabe 494
   3.2 Unternehmensleitbild und Zielsystem 497
   3.3 Stellenbildung, Abteilungsbildung und Weisungssystem 499
      3.3.1 Gesetzliche Gestaltungsbedingung: Organverantwortlichkeit und Betriebsbeauftragte für Umweltschutz 499
      3.3.2 Funktional-additive Organisation und Integration als unterschiedliche Gestaltungskonzepte 500
4. Ökologische Organisationsentwicklung 504
Literatur 507

1. Betrieblicher Umweltschutz als sozial-organisatorische Innovation

Der Erfolg betrieblicher Umweltschutzstrategien und -maßnahmen ist neben deren Effektivität und Effizienz selbst immer auch an die Effektivität und Effizienz ihrer Suche, Entwicklung und Umsetzung gekoppelt. Über ein objektbezogenes und häufig sogar noch rein (fertigungs-)technisch reduziertes Verständnis betrieblichen Umweltschutzes hinaus schließt dies strukturelle und individuelle Perspektiven mit ein.

Bereits der Minimalzuschnitt betrieblichen Umweltschutzes, d.h. die Beschränkung auf die Erfüllung zwingender Anforderungen ökologischer Anspruchsgruppen, also vor allem des Gesetzgebers und der Aufsichtsbehörden, beläßt den Unternehmen Gestaltungsspielräume der Selbstorganisation. Die vollständige Normierung von Problemdefinition, -lösung und -umsetzung bildet den Extremfall der Fremdorganisation und stellt eher die Ausnahme dar. Von Bedeutung, v.a. weil sich die betriebliche Praxis häufig noch an dem Minimalzuschnitt orientiert oder darauf aufbaut, ist allerdings der explizite organisatorische Eingriff des Gesetzgebers (potentiell auch der Aufsichtsbehörde), der die Unternehmen unter bestimmten Voraussetzungen verpflichtet, Betriebsbeauftragte zu bestellen (Abschn. 3.3.1). Nicht zuletzt die unterschiedliche Handhabung dieses Instituts in der betrieblichen Praxis zeigt aber, daß selbst hier, wenn auch eingeschränkte, Gestaltungsspielräume bestehen. Alle über den Minimalzuschnitt hinausgehenden Such-, Findungs- und Umsetzungsprozesse unterliegen selbstverständlich ebenfalls der Selbstorganisation.

Neben diesen umweltschutzspezifischen Gestaltungsspielräumen auf Gesamtunternehmensebene bestehen allgemein Entscheidungs- und Handlungsspielräume für Teilaufgaben auf allen Hierarchiestufen – auch auf der operativen Ebene ist zumindest immer die Alternative gegeben, eine bestimmte Handlung zu unterlassen. Betrieblicher Umweltschutz ist damit wesentlich auch das Ergebnis des Verhaltens von Menschen in Organisationen, konkret ihrer Motivation und Qualifikation für ökologisch verträgliches Entscheiden und Handeln.

Sowohl bei der Fremd- als auch der Selbstorganisation betrieblicher Umweltschutzstrategien und -maßnahmen sehen sich Unternehmen darüber hinaus vor der Notwendigkeit, Struktur- und Prozeßänderungen vorzunehmen. Soweit nicht bereits explizit vorgegeben (s.o.), leitet sich diese Notwendigkeit aus der Überlegung ab, daß sich Strukturen und Prozesse, auf deren Grundlage Problemlösungsbedarf entstanden ist, unverändert kaum eignen, eben diesen zu beheben oder gar einem zukünftigen Entstehen vorzubeugen. Es stellt sich somit die Frage nach geeigneten organisatorischen Anpassungsmaßnah-

2. Einflüsse auf die Organisation

men beziehungsweise danach, wie tief diese in bestehende Strukturen und Prozesse eingreifen.

Die individuellen und strukturellen Einflüsse verdeutlichen, daß betrieblicher Umweltschutz neben technischen auch **sozialorganisatorische Innovationen** erfordert. Angesichts der Komplexität und Variabilität ökologischer Anforderungen einerseits und dem „Beharrungsvermögen etablierter Verhaltensweisen und Strukturen gegenüber sozialorganisatorischen Innovationserfordernissen" (*Naschold* 1990, 8) andererseits wird die Lernfähigkeit von und in Organisationen zu einem zentralen Ansatzpunkt organisatorischer Maßnahmen und verleiht einer ökologisch orientierten Personal- und Organisationsentwicklung besonderes Gewicht.

Die nachfolgenden Abschnitte zeigen die Einflüsse auf die Organisation des betrieblichen Umweltschutzes auf (Abschn. 2) und behandeln die Gestaltung von Strukturen und Prozessen (Abschn. 3). Abschließend werden Notwendigkeit und Ansätze ökologischer Personal- und Organisationsentwicklung diskutiert.

2. Einflüsse auf die Organisation des betrieblichen Umweltschutzes

2.1 Organisatorische und ökologische Anforderungen

Für die Organisation betrieblicher Umweltschutzaufgaben gelten zunächst analog allgemeine Anforderungen organisatorischer Gestaltung: **Effektivität, Effizienz, Flexibilität** sowie die **Berücksichtigung und Befriedigung der Erwartungen und Bedürfnisse der Mitarbeiter** (u. a. *Schanz* 1982, 49 f.; *Grochla* 1982, 92–95). Umgekehrt sind Umweltschutzdefizite auch auf die Verletzung dieser Organisationsziele rückführbar. Eine zu gering ausgeprägte Flexibilität gegenüber ökologischen Anforderungen begünstigt beispielsweise ein verspätetes, wenig effektives und/oder ineffizientes Entscheiden und Handeln. Das Auseinanderklaffen zwischen privatem und beruflichem Umwelthandeln ist ein Hinweis auf eine die Motivation und Qualifikation der Mitarbeiter zu ökologisch verträglichem Verhalten nicht (ausreichend) nutzende oder gar fördernde Arbeitsorganisation. Unabhängig vom spezifischen Thema Umweltschutz kennzeichnen solche Erscheinungsformen generelle organisatorische Defizite.

Organisatorische Anforderungen an betrieblichen Umweltschutz zugrunde legend bleibt allerdings zu berücksichtigen, daß sich diese nicht nur unterstützen, sondern auch untereinander konkurrieren können (z. B. Effizienz und Flexibilität). Zweitens ist deren jeweilige Bedeutung nicht unabhängig von der unternehmens- und aufgabenspezifischen Situation. Zu letzterer zählt das Stadium des Entscheidungsprozesses, in dem ökologische Anforderungen berücksichtigt werden sollen. Die Alternativensuche und -umsetzung sind hinsichtlich Flexibilität und Effizienz z. B. unterschiedlich zu beurteilen (*Kreikebaum* 1988, 56 f.).

Neben den formalen organisatorischen Anforderungen sind bei der organisatorischen Gestaltung des betrieblichen Umweltschutzes per se **ökologische Anforderungen** zu berücksichtigen. Bezüglich der Anforderung, die **natürliche Umwelt möglichst effektiv zu entlasten**, ergibt sich eine klare Prioritätenfolge von präventiv zu reparativ wirkenden Strategien und Maßnahmen:
1. Vermeidung
2. Minderung
3. Beseitigung.

Vorrang haben danach organisatorische Strukturen und Regelungen, die eine Vermeidung – hier im engeren Sinne als das Nichtentstehenlassen von Belastungen verstanden – bewirken oder begünstigen. Vermeidung erfordert die möglichst frühzeitige Berücksichtigung ökologischer Kriterien in Entscheidungsprozessen und Arbeitsabläufen. Besondere Bedeutung haben dabei gerade solche Entscheidungen und Handlungen, die die Entscheidungen und Handlungen (organisationsinterner) Dritter beeinflussen (s. u.). Von den drei Varianten greift demnach die Vermeidung am gravierendsten in bestehende Strukturen, Prozesse und Verhaltensweisen ein. Gerade präventiver Umweltschutz gerät deshalb häufig in Konflikt mit dem Beharrungsvermögen gegenüber sozialorganisatorischen Veränderungen.

Ökologische Anforderungen werden abhängig vom Grad der ökologischen **Betroffenheit,** hier unterschieden nach inhaltlicher und zeitlicher Dimension, wirksam. Ökologische Betroffenheit kann zum einen durch Naturnutzung selbsterzeugt und zum andern durch ökologische Anspruchsgruppen erzeugt und/oder vermittelt sein. Ökologische Anspruchsgruppen sind im wesentlichen der Staat, die Öffentlichkeit, Marktpartner und zunehmend Tarifpartner sowie betriebliche Akteure (vgl. Abschn. 2.2 und 2.3).

Grundsätzlich sind alle organisatorischen Einheiten und Aufgabenstellungen mittel- oder unmittelbar ökologisch betroffen. Trennkriterium ist die mittel- oder unmittelbare Beteiligung an der die Natur direkt beanspruchenden betrieblichen Leistungserstellung. Mittelbar können alle Strukturen und Aufgabenerfüllungsprozesse, aber auch einzelne Entscheidungen und Handlungen, den ökologisch verträglichen Entscheidungsraum Dritter beeinflussen. Beispiele für solche Querverbindungen sind
- die Produktentwicklung/Konstruktion – Produktanwendung/-recycling/-entsorgung,
- Einsatz/Substitution von Werkstoffen – Wahl alternativer Betriebsmittel (z. B. integrierte Technologien)
- Produktions-/Logistikkonzepte (regionale Arbeitsteilung, Verringerung der Fertigungstiefen, just-in-time) – Transportmittelwahl (Lkw, Schiene).

Mittelbare ökologische Betroffenheit wird bei der Gestaltung des betrieblichen Umweltschutzes häufig unterschätzt. Organisatorisch hier anzusetzen, wird aber um so bedeutsamer, je mehr sich Unternehmen an der o.g. Prioritätenliste, also vor allem der Vermeidung, orientieren.

Ökologische Anforderungen an die Organisation resultieren weiterhin aus **zeitlich unterschiedlichen Entscheidungs- und Handlungsdrücken**. Unterschieden werden kann in potentiellen, latenten und akuten Problemdruck (in anderem Zusammenhang *Krystek* 1987, 29–31). Die Übergänge sind fließend, jedoch ist aufgrund der erhöhten öffentlichen Aufmerksamkeit gerade bei Umweltschutzthemen häufig ein abrupter Übergang zum akuten Krisenstadium beobachtbar (u.a. *Steger* 1988, 188 f.). Auch hier hat Organisation zuallererst auf Vermeidung hinzuwirken. Daneben sind ökologische Risiken frühzeitig, d.h. im potentiellen und latenten Stadium, zu identifizieren (Frühaufklärung und Umweltschutz-Audits) sowie für das Auftreten akuter ökologischer Krisen Vorsorge zu treffen (Risikodialog und Notfall-/Alarmpläne). Die Zusammenhänge ökologischer Anforderungen und Betroffenheit sind noch einmal in Abb. 1 dargestellt.

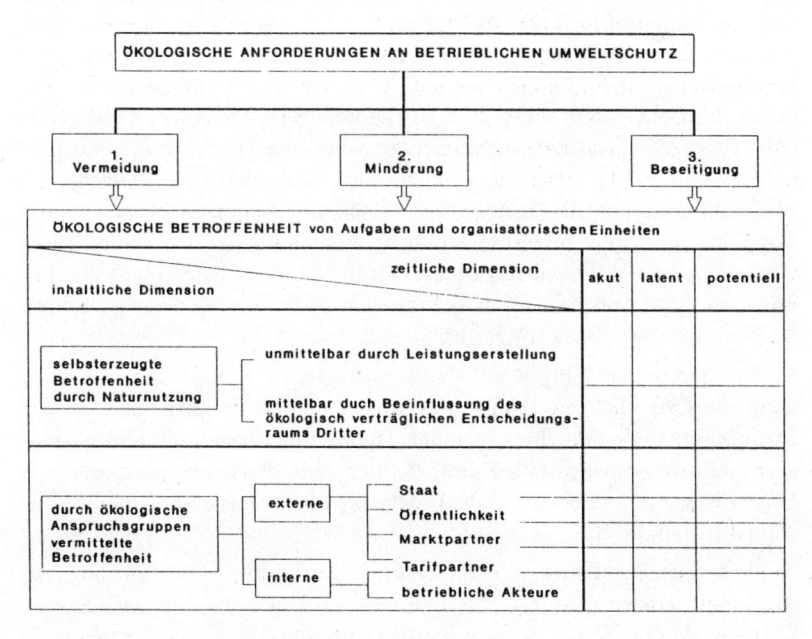

Abb. 1: Ökologische Anforderungen an und Betroffenheit von Unternehmen

2.2 Fremdbestimmte Einflüsse

Eingangs wurde auf die Bedeutung der Selbstorganisation im betrieblichen Umweltschutz verwiesen. Gestalterischen Einfluß nehmen ökologische Anspruchsgruppen demnach insbesondere durch das Setzen wettbewerblicher

Anreize und Sanktionen sowie durch die Vergabe mehr oder minder präzise definierter Umweltschutzziele und -aufgabenstellungen; teilweise wird auch direkt in die Organisationsstruktur eingegriffen.

Ökologische Betroffenheit kann durch alle externen Bezugsgruppen des Unternehmens erzeugt oder vermittelt werden. Organisatorisch besonders bedeutsam ist jedoch die Einflußnahme durch den **Staat**, der im wesentlichen den Minimalzuschnitt betrieblichen Umweltschutzes definiert. Da sich die betriebliche Praxis häufig noch an diesem Minimalzuschnitt orientiert, wird die ökologische Betroffenheit von Unternehmen, erstens in der Rolle als Verursacher von Belastungen und/oder zweitens in der Rolle als potentielle Anbieter auf Märkten für Umweltschutztechnik (teilweise auch für Konsumgüter, z. B. Katalysator-Kfz), überwiegend durch die Umweltschutzgesetzgebung, die Arbeit der Aufsichtsbehörden sowie die Rechtsprechung hergestellt (vgl. die Untersuchungen von *Terhart* 1986; *Kirchgeorg* 1990, 180–183 und *Sprenger, Knödgen* 1983, 164–169). Drittens sind direkte Eingriffe in die Organisationsstruktur ebenfalls überwiegend auf staatliche Umweltpolitik zurückzuführen. Bedeutenden Einfluß übt zum einen die Institutionalisierung von Umweltschutzfunktionen durch die nach dem Bundes-Immissionsschutzgesetz (BImSchG), dem Wasserhaushaltsgesetz (WHG) und dem Abfallgesetz (AbfG) vorgesehenen Betriebsbeauftragten für Umweltschutz aus (ausführlich Abschn. 3.3.1). Nachhaltig dürfte sich auch die dritte Novelle des BImSchG zum 1. 9. 1990 auswirken. Nach § 52a müssen Personen- und Kapitalgesellschaften zukünftig ein für die Einhaltung der Betreiberpflichten verantwortliches Mitglied des Unternehmensorgans benennen und den Immissionsschutz organisatorisch sicherstellen sowie beides der zuständigen Behörde anzeigen (ausführlich Abschn. 3.1).

Starken indirekten Einfluß auf die betriebliche Umweltschutzorganisation kann die **Öffentlichkeit** ausüben. Aktionen und Reaktionen von Medien, Naturschutz-, Verbraucherverbänden, Bürgerinitiativen und Firmenanliegern decken Schwachstellen auf bis hin zur Formulierung konkreter Forderungen und zielen so auf die Ergänzung oder Veränderung bestehender Aufgabenstellungen.

Ähnlich, bislang allerdings noch deutlich geringer, ist die Wirkung von **Marktpartnern** einzustufen. Das ökologische Aktivitätsniveau der Hauptwettbewerber hat Signalfunktion für die Definition eigener Umweltschutzziele und deren strategischer und operativer Umsetzung (vgl. die Ergebnisse von *Meffert, Ostmeier* 1990, 53). Dies gilt ebenfalls für die (verstärkte) Nachfrage von Konsumenten, Handel, aber auch gewerblichen Abnehmern nach umweltverträglichen Produkten und Leistungen. Der Einfluß beschränkt sich nicht mehr nur auf konsumnahe Märkte. So verlangen gewerbliche und öffentliche Abnehmer zunehmend ökologische „Unbedenklichkeitsnachweise" oder Stofflisten und fördern damit gleichzeitig die Rückwärtsintegration ökologischer Ansprüche. Konkret greifen auch Kapitalgeber und Versicherer in das Betriebsgeschehen ein. Angesichts der Altlastenproblematik (Unternehmensbewertung) und verschärftem Umwelthaftungsrecht werden zunehmend Umweltschutz-Audits gefordert oder sogar selbst durchgeführt (zu deren Organisation vgl. *Steger* 1991 sowie *Niemeyer* und *Sartorius* in diesem Band).

Auf **gewerkschaftlicher Ebene** zeigen sich schließlich Ansätze, die Mitbestimmung auf den betrieblichen Umweltschutz auszuweiten (vgl. *Hildebrandt* in diesem Band sowie *Schmidt* 1989). Diskutiert werden verbesserte Informations- und Mitbestimmungsrechte für Betriebs- und Personalräte, Beschwerde- oder Verweigerungsrechte für den einzelnen Arbeitnehmer, Qualifizierungsmaßnahmen sowie die Institutionalisierung von Umweltausschüssen, -arbeitskreisen oder Qualitätszirkeln. Neben tarifvertraglichen Regelungen wird in Betriebsvereinbarungen zwischen Betriebsrat und Unternehmensleitung ein zentrales Instrument zur Realisierung dieser Forderungen gesehen. Eine Sonderstellung nimmt hierbei bislang die chemische Industrie ein. Zweieinhalb Jahre nach einem Abkommen der Tarifparteien waren bereits 28 Betriebsvereinbarungen abgeschlossen (Stand Mai 1990). Geregelt sind v. a.:

- die Fortbildung von Betriebsräten (26), in geringerem Umfang von weiteren Betriebsmitgliedern (11),
- Informations- und Beratungsrechte (alle 28, zu teilweise unterschiedlichen Themen),
- deren Behandlung im Wirtschaftsausschuß (17) oder im Arbeitssicherheitsausschuß (4) und
- nur bei einer Minderheit (9) in, i.d.R. (8) paritätisch besetzten, Umweltausschüssen und Arbeitsgruppen.

Mit einer Ausnahme (Information und Anhörung bei der Einstellung und Entlassung des Betriebsbeauftragten) fehlen dagegen Mitbestimmungsrechte. Die Qualität der Weitergabe von Umweltschutzinformationen in den Ausschüssen sehen *Teichert* und *Küppers* von der generellen Position des jeweiligen Betriebsrates abhängig (1990, 758–761).

2.3 Unternehmensinterne Einflüsse

Innerbetriebliche Faktoren nehmen bei der Organisation betrieblichen Umweltschutzes eine Doppelrolle ein. Zum einen bilden vorhandene Ausprägungen die Ausgangslage, auf die die neue Aufgabe Umweltschutz trifft, und damit den internen Gestaltungsrahmen. Zum anderen sind
- das **Unternehmensleitbild**,
- das **Zielsystem**,
- die **Organisationsstruktur** und **Arbeitsabläufe** sowie
- die **Motivation** und **Qualifikation** der Mitarbeiter

selbst Gegenstand umweltschutzbezogener Gestaltungsmaßnahmen. In den nachfolgenden Abschnitten werden sie deshalb eingehend behandelt.

Die **Unternehmenskultur** ist in dieser Doppelfunktion dagegen eher kritisch zu beurteilen. Der funktionalistisch orientierten (und dominierenden) Forschungsrichtung gilt die Unternehmenskultur als wichtige neue organisatorische Variable im Kontingenzansatz und als relativ beliebig gestaltbar (zur ausführlichen Kritik vgl. *Prätorius, Tiebler* 1990, v.a. 30–38). Damit begibt sie sich aber in ein eigentümliches Dilemma.

„Einerseits legitimiert sie ihren eigenen Ansatz fundamental aus der konzeptionellen Kritik überschießender Instrumentalisierungsversuche im Sinne einer sozialtechnischen Beherrschbarkeit sämtlicher unternehmensrelevanten Erfolgsfaktoren, andererseits erweitert sie gerade selbst die technokratischen Gestaltungsphantasien auch auf ethisch-kulturelle Faktoren und steigert sie damit aufs äußerste" (*Prätorius, Tiebler* 1990, 56f.; vgl. ausführlich *Ulrich* 1989).

Kulturbildende Überzeugungen, Normen und Werte werden hier deshalb eher als gestaltungsprägend angesehen, d.h. sie können sozialorganisatorische Umweltschutzinnovationen sehr wohl transportieren helfen, im ungünstigen Fall andererseits auch hemmen (ausführlich zur Unternehmenskultur *Dierkes* in diesem Band; zu einem „ökologischen Kulturmanagement" *Seidel* 1989, 77).

Die **umweltschutz- und wettbewerbsstrategische Ausrichtung** wird hier ebenfalls nicht als Organisationsaufgabe aufgefaßt. Ähnlich der Unternehmenskultur beeinflußt sie die Ausrichtung des betrieblichen Umweltschutzes und damit auch deren Organisation jedoch erheblich. So lassen sich aus der ökologischen Positionierung z.B. von Unternehmen oder Geschäftsfeldern unterschiedliche Normstrategien ableiten (vgl. *Steger* in diesem Band). Die Wahl der jeweiligen Strategien (ebenda) impliziert jedoch bestimmte Umweltschutzaufgaben und gestalterische, z.T. sogar gegenläufige Maßnahmen. Umgekehrt beeinflussen die praktizierte Form und Organisation betrieblichen Umweltschutzes wiederum die Strategiewahl. Empirische Untersuchungen zeigen, daß in den Unternehmen derzeit sowohl bei der strategischen Ausrichtung als auch der Auslegung der Umweltschutzorganisation die Perspektive der Gefahrenabwehr gegenüber einer Chancenorientierung vorherrscht (u.a. *Antes, Steger, Tiebler* in diesem Band und *Antes* 1991b). Über das Ausmaß der Wechselwirkungen lassen die bisherigen Untersuchungsergebnisse allerdings keine Aussagen zu.

3. Verteilung und Koordination betrieblicher Umweltschutzaufgaben

3.1 Umweltschutz als Führungsaufgabe

Ökologische Anforderungen, so wurde oben dargelegt, betreffen mittel- oder unmittelbar grundsätzlich alle organisatorischen Einheiten und Aufgaben-

3. Verteilung und Koordination

stellungen. Noch recht allgemein schließt dies auch – jedoch nicht allein, wie die Aussage „Umweltschutz ist Chefsache" bisweilen mißverständlich interpretiert wird, – die Aktivitäten der Unternehmensführung mit ein. Bestandteil der Aktivitäten der Unternehmensführung sind nach *Gutenberg* vor allem (aber nicht nur) **echte Führungsentscheidungen** (zu der Herleitung vgl. *Kreikebaum* 1987, 1899f., und 1988, 155, sowie *Steger* 1988, 232f.). *Gutenberg* arbeitet drei Merkmale heraus (wobei er das dritte aus den ersten beiden ableitet):

– das Maß an Bedeutung, das eine Entscheidung für den Bestand eines Unternehmens hat (→ qualitatives Gefälle zwischen Entscheidungen);
– Entscheidungen, die nur aus dem Unternehmen als Ganzem getroffen werden können (im Gegensatz zu Ressortentscheidungen);
– solche Entscheidungen können – im Interesse des Unternehmens – nicht an andere Personen delegiert werden (*Gutenberg* 1983, 134f.)

Echte Führungsentscheidungen müssen alle drei Merkmale aufweisen. Zweifellos lassen sich auch im betrieblichen Umweltschutz solche echten Führungsentscheidungen (objektiv) identifizieren. Dagegen scheint bei Entscheidungsträgern die (subjektive) Wahrnehmung ökologischer Betroffenheit teilweise eher unterentwickelt (bezogen auf die Branche und Unternehmensgröße vgl. *Kirchgeorg* 1990, 184–188; bezogen auf betriebliche Funktionen *Antes, Tiebler, Steger* 1991).

Die von *Gutenberg* beschriebenen fünf Arten solcher echter Führungsentscheidungen untermauern die Bedeutung des Umweltschutzes als Führungsaufgabe:

– Bestimmung und Festlegung der Unternehmenspolitik auf weite Sicht,
– Koordinierung der großen betrieblichen Teilbereiche,
– Beseitigung von Störungen außergewöhnlicher Art im laufenden Betrieb,
– geschäftliche Maßnahmen von außerordentlicher betrieblicher Bedeutung,
– Besetzung der Führungsstellen in Unternehmen (*Gutenberg* 1983, 135–140).

Aufgrund seiner zeitlichen Dimension ist Umweltschutz Bestandteil der langfristigen Unternehmenspolitik. Als Querschnittsfunktion und bedingt durch die Vielfalt ökologischer Anforderungen und Betroffenheit weist Umweltschutz einen hohen Koordinationsbedarf auf. Außergewöhnliche Störfälle begründen (u.a.) gerade die Forderung nach betrieblichem Umweltschutz. Die materiellen und immateriellen Schadenspotentiale verweisen diese ebenfalls in den Bereich echter Führungsentscheidungen. Gleiches gilt auch für die Erschließung von Geschäftsfeldern in Umweltschutzmärkten sowie die aus der Bedeutung des Umweltschutzes für die Unternehmen resultierenden Anforderungen, Führungsstellen mit ökologisch qualifizierten und motivierten Mitarbeitern zu besetzen. Für die Organisation betrieblicher Umweltschutzaufgaben folgt daraus zweierlei:

1. Umweltschutzaufgaben außerhalb des Bereichs echter Führungsentscheidungen **können** unternehmensindividuell, soweit dies als sinnvoll erachtet wird und die Leitungsspanne dies zuläßt, von der Unternehmensführung wahrgenommen werden.
2. Die echten Führungsentscheidungen betrieblichen Umweltschutzes sind – sollen die Interessen und der Bestand des Unternehmens gewahrt werden – **zwingend** von der Unternehmensführung wahrzunehmen.

Explizit zur Führungsaufgabe wird betrieblicher Umweltschutz im Bereich der Luftreinhaltung durch die dritte Novelle des Bundes-Immissionsschutzgesetzes (BImSchG) zum 1.9.1990 erklärt. Bereits die alte Fassung des BImSchG unterstellte durch das unmittelbare Vortragsrecht des Betriebsbeauftragten für Immissionsschutz bei der Geschäftsleitung (§ 57 alt) implizit eine Zuständigkeit der obersten Führungsebene für Umweltschutzfragen. Nunmehr hat der Betreiber dieses Vortragsrecht „durch innerbetriebliche Organisationsmaßnahmen sicherzustellen" (§ 57,1), bei Ablehnung vorgeschlagener Maßnahmen hat die Geschäftsleitung den Immissionsschutzbeauftragten umfassend über die Gründe der Ablehnung zu unterrichten (§ 57, 2) (vgl. den Kommentar bei *Adams u.a.* 1990 zu § 57).

Nach Absatz 1 des neu aufgenommenen § 52 a muß der Behörde darüber hinaus ein für die Einhaltung der Betreiberpflichten zuständiges Mitglied des Unternehmensorgans angezeigt werden. Dessen Gesamtverantwortung für die Einhaltung der Immissionsschutzvorschriften bleibt hiervon unberührt. Für den Fall der Nichteinhaltung ist dadurch jedoch ausdrücklich eine verantwortliche Person benannt, die im Wege des Ordnungswidrigkeitenrechts belangt werden kann. „Umweltschutz (wird) damit automatisch zur Chefsache" (*Adams u.a.* 1990, § 52 a, Kommentar 8). Erst recht zur Führungsaufgabe wird betrieblicher Umweltschutz bzw. dessen Organisation durch Absatz 2, nach dem diese verantwortliche Person „... der zuständigen Behörde mitzuteilen (hat), auf welche Weise sichergestellt ist, daß die dem Schutz ... dienenden Vorschriften und Anordnungen beim Betrieb beachtet werden".

In ersten Gesetzeskommentaren wird die Auffassung vertreten, daß eine bloße Mitteilung an die Behörde, daß der Schutz sichergestellt ist, ggf. i.V. mit Einzelfallanweisungen an die Mitarbeiter, dieser Anforderung des Gesetzgebers kaum gerecht werde. Die Neuregelung weise vielmehr auf die Notwendigkeit hin, eine Umweltschutzorganisation aufzubauen, in der die Verteilung der Umweltschutzaufgaben, -kompetenzen und -verantwortlichkeiten definiert und dokumentiert sind (*Adams u.a.* 1990, § 52 a, Kommentare 16–19). Eine derart umfassende und ausdifferenzierte Organisation ist bislang, wenn überhaupt, vorwiegend in größeren Unternehmen verwirklicht, insgesamt jedoch noch eher die Ausnahme (*Antes* 1991b). In solchen Fällen wird nicht nur der Umweltschutz selbst, sondern auch der Aufbau von Strukturen und Prozessen, die diesen gewährleisten, zur Führungsaufgabe.

3.2 Unternehmensleitbild und Zielsystem

Unternehmensleitbilder und Zielsystem beziehen ihre Bedeutung für die organisatorische Gestaltung – mithin auch für die des Umweltschutzes – aus ihrer Steuerungs- und Bewertungsfunktion (vgl. u.a. *Senn* 1986, 300f., und *Hopfenbeck* 1989, 459f.).

Allgemein beschreibt ein Unternehmensleitbild – fixiert als Unternehmensleitlinien oder Führungsgrundsätze – den Unternehmenszweck sowie die Grundeinstellung und die geplanten Verhaltensweisen eines Unternehmens gegenüber seinen Mitarbeitern und der Umwelt bzw. Umweltveränderungen. Es kann auch die die Entscheidungen, Handlungen und Aktivitäten der Organisationsmitglieder prägende Grundgesamtheit gemeinsamer Normen- und Wertvorstellungen sowie geteilter Denk- und Verhaltensmuster (Unternehmenskultur) abbilden.

Der hier vertretenen Position zufolge sind Unternehmenskulturen nicht beliebig gestaltbar (sh. Abschn. 2.3). Ebenso sind Entscheidungen, Handlungen und Aktivitäten der Mitarbeiter nicht beliebig normierbar. Allerdings können Leitbilder einen Orientierungsrahmen dort abstecken, wo Handlungsspielräume die verantwortungsbewußte Wahl bestimmter Alternativen erfordern. Dies gilt vor allem – aber nicht nur – für Entscheidungssituationen, die komplex und durch dynamisch sich verändernde Aufgabeninhalte und -umwelten gekennzeichnet sind. Beide Voraussetzungen sind im betrieblichen Umweltschutz in besonderem Maße erfüllt.

Die Effektivität von Leitbildern hängt davon ab, daß sie von der Mehrheit der Unternehmensangehörigen mitgetragen werden. Sachbezogen bekundet die Mehrzahl der Mitarbeiter in ihrem Privatbereich ein ausgeprägtes Umweltschutzbewußtsein. Über die Notwendigkeit von Natur- und Umweltschutz besteht ein breiter gesellschaftlicher Konsens. D.h. ein Unternehmensleitbild, das ein aktives, innovatives und offenes Auseinandersetzen mit Fragen des betrieblichen Umweltschutzes postuliert, dürfte grundsätzlich auf Zustimmung durch die Mitarbeiter hoffen. Somit können Umweltschutzleitbilder einen effektiven Orientierungsrahmen für betrieblichen Umweltschutz darstellen (vgl. *Paul* 1989; vgl. auch das ökologieorientierte Leitbild bei *Senn* 1986, 301–306, sowie zum Leitbild ‚integrierter Umweltschutz' *Strümpel, Longolius* 1990). Wichtig sind weiterhin, daß das Leitbild von der Unternehmensführung nicht oktroyiert wird, daß es schriftlich dokumentiert und den Mitarbeitern bekannt ist sowie das vorbildhafte, leitbildkonforme Verhalten des Managements. Zu berücksichtigen bleibt jedoch, daß sich die prägende Kraft eines Leitbildes für Neuerungen auch als hemmend erweisen kann, da solchermaßen verfestigte Vorstellungen Anpassungen erschweren bzw. verzögern können (*Dierkes* 1989, 16, und *Koolmann* 1991, 10).

Ähnlich Unternehmensleitbildern, durch ihre Konkretisierung jedoch verbindlicher als diese, steuern und koordinieren **Unternehmensziele**, Entschei-

dungen und Handlungen der Mitarbeiter sowie verantwortlicher organisatorischer Einheiten. Umweltschutz wird demnach durch Zielsysteme stimuliert und abgesichert, die
1. Umweltschutzziele explizit und vorrangig beinhalten und
2. deren sonstige vorrangige Ziele mit Umweltschutzzielen kompatibel sind (bzw. als solches gelten).

Eine Ausgestaltung der Zielsysteme, wie sie empirische Studien, so unterschiedlich die Untersuchungsdesigns auch sind, für die betriebliche Praxis in den grundlegenden Tendenzen übereinstimmend aufzeigen (vgl. *Raffée, Förster, Fritz* sowie *Antes, Steger, Tiebler* in diesem Band), ist dagegen ökologisch nur bedingt zielführend. So ist Umweltschutz bei einem Großteil der Unternehmen zwar mittlerweile fester Bestandteil des Zielsystems, im Zeitverlauf ist jedoch eine gleichbleibend nachrangige Bedeutung in der Zielhierarchie feststellbar (vgl. die Übersicht bei *Kirchgeorg* 1990, 255). Im Vergleich mit konkurrierenden Bewertungsdimensionen unterliegt damit die ökologische. Gerade auch für den organisatorischen Gestaltungsprozeß selbst sind solche konfligierenden Konstellationen vorstellbar, dort nämlich, wo z. B. das Umweltschutzziel „Vermeidung" mit dem Ziel „Effizienz" kollidiert. Dieses Manko wird teilweise – aber auch nicht mehr – dadurch ausgeglichen, daß, folgt man den Antworten der Befragten, zum Umweltschutz konkurrierende Ziele an Bedeutung verloren haben. Vor allem gilt dies für kurzfristige Erfolgsziele. Ein Großteil der Unternehmen sieht dagegen fördernde oder zumindest neutrale Zielbeziehungen zu den erklärtermaßen wichtigsten Unternehmenszielen: der Existenzsicherung und Wettbewerbsfähigkeit (vgl. *Antes, Steger, Tiebler* in diesem Band und *Meffert, Kirchgeorg* 1989, 19). Diese offenbar nachhaltige Bedeutungsverschiebung zu Langfristzielen ist auch objektiv bedeutsam, da ökologische Orientierung einer Langfristperspektive bedarf.

Trotz tendenziell ähnlicher Prioritätenfolgen in den verschiedenen Studien sind jedoch Zweifel angebracht an der relativ niedrigen Positionierung kurzfristiger Erfolgsziele. Da die Untersuchungen als Befragungen durchgeführt wurden, sind Verzerrungen aufgrund sozial erwünschter Antworten nicht auszuschließen. Selbstverständlich kann dies auch für alle anderen Angaben zutreffen, beispielsweise die z. T. hohen positiven Zielbeziehungen, die darüber hinaus in einer konkreten Situation durchaus abweichend beurteilt werden können. Insgesamt ist eine Aufwertung der positiven Beziehungen zwischen Umweltschutz und traditionellen Zielen somit zwar notwendig, kann die Aufnahme von Umweltschutzzielen an exponierter Stelle aber nicht ersetzen.

„Die weite Auslage (des Umweltschutzes, Anm. d. V.) verlangt nicht weniger, als das Umweltschutzziel als eigenständiges Oberziel in die betriebliche Zielkonzeption aufzunehmen; von daher leiten sich dann mühelos alle – schlußendlich organisatorischen – Folgerungen ab" (*Seidel* 1990, 335, ähnlich die Forderung von *Kreikebaum* 1990, 117).

3.3 Stellenbildung, Abteilungsbildung und Weisungssystem

3.3.1 Gesetzliche Gestaltungsbedingung: Organverantwortlichkeit und Betriebsbeauftragte für Umweltschutz

Die Verteilung und teilweise die Koordination betrieblicher Umweltschutzaufgaben werden erheblich durch die Umweltschutzgesetzgebung beeinflußt. In der Luftreinhaltung erklärt die dritte Novelle des Bundes-Immissionsschutzgesetzes Umweltschutz explizit zur Führungsaufgabe (§§ 52a und 57, s.o.). Zuvor waren bereits Umweltschutzfunktionen durch die nach dem Bundes-Immissionsschutzgesetz (BImSchG, § 53), dem Wasserhaushaltsgesetz (WHG, § 21a) und dem Abfallgesetz (AbfG, § 11a) vorgesehenen **Betriebsbeauftragten** institutionalisiert (zu den Voraussetzungen sh. dort); zum 1. 10. 1991 trat schießlich die Gefahrgutbeauftragten-Verordnung (GbV) in Kraft (*Pregl* 1991). Daneben können Betreiber von den Genehmigungsbehörden zur Benennung von Betriebsbeauftragten verpflichtet werden. Auf diesen Gestaltungsbedingungen aufbauend, entwickeln Unternehmen häufig auch ihre Umweltschutzorganisation fort.

Den Betriebsbeauftragten sind folgende Kontroll-, Informations- und Innovationsfunktionen zugewiesen: (§§ 54, 56 BImSchG, § 11 b u. d AbfG, § 21 b u. d WHG sowie *Specht* 1988, 19–21, und *Schreiner* 1988, 88–90):

- die **innerbetriebliche Kontrolle** der Anlagen auf Einhaltung von Vorschriften, Rechtsverordnungen, Bedingungen und Auflagen;
- die **Aufklärung der Betriebsangehörigen** über die von den Anlagen ausgehenden schädlichen Umwelteinwirkungen sowie über Einrichtungen und Maßnahmen zu ihrer Verhinderung;
- die **jährliche Berichtspflicht** gegenüber dem Anlagenbetreiber über die im Rahmen der Aufgaben getroffenen und beabsichtigten Maßnahmen;
- die **Initiative** zur Entwicklung und Einführung umweltfreundlicher Verfahren und Erzeugnisse sowie
- die **Stellungnahme zu Investitionsentscheidungen**, die für den Gewässerschutz, den Immissionsschutz und die Abfallversorgung bedeutsam sein können.

Sind die Aufgaben schon teilweise unscharf definiert, so gilt dies erst recht für die Positionierung der Betriebsbeauftragten in der Unternehmensorganisation. Horizontal entsteht mit dem Betriebsbeauftragten eine zu vorhandenen betrieblichen Funktionen additive Funktion und damit auch Organisationseinheit. Über die vertikale Einordnung enthalten die Gesetze nur insoweit Anhaltspunkte, daß die Betriebsbeauftragten zur Durchsetzung ihrer Aufgaben mit Vortragsrechten bei der Geschäftsführung (BImSchG) oder einer entscheidenden Stelle oberhalb des zuständigen Betriebsleiters (WHG, AbfG) ausgestattet sind. Weisungsbefugnisse gegenüber den anderen Funktionen und Bereichen sehen die Gesetze nicht vor, innerhalb der Funktion Umweltschutz selbst kann durch Abteilungsbildung allerdings Linienkompetenz entstehen.

Insgesamt überwiegen Beratungskompetenzen. Betriebsbeauftragte weisen damit typische Merkmale von Stäben auf. Als Ansprechpartner für alle Betriebsangehörigen ist der Betriebsbeauftragte darüber hinaus auch Dienstleistungsstelle mit Querschnitts- und Koordinationsfunktion (*Theißen* 1990, 82).

3.3.2 Funktional-additive Organisation und Integration als unterschiedliche Gestaltungskonzepte

Von der Annahme ausgehend, daß alle Funktionen und organisatorischen Einheiten ökologisch betroffen sind, wird der Gestaltungsraum betrieblichen Umweltschutzes durch die gesamte Horizontale und Vertikale einer Unternehmensorganisation abgesteckt, einschließlich möglicher Erweiterungen. Horizontal sind Umweltschutzaufgaben und -kompetenzen auf einzelne Bereiche, d.h. Sparten oder/und Funktionen, zu verteilen (Diffusion) oder in einem eigenen Bereich (z.B. Umweltschutzabteilung) bzw. in eigenen Einheiten (z.B. Teams) zusammenzufassen (Konzentration). Vertikal können die Aufgaben in Teilaufgaben zerlegt und Kompetenzen delegiert werden, d.h. es wird der Zentralisationsgrad bestimmt (*Frese, Kloock* 1989, 21–23). Damit lassen sich zwei unterschiedliche Gestaltungskonzepte betrieblichen Umweltschutzes unterscheiden (*Antes* 1991a):
– die additiv-funktionale Organisation von Umweltschutzaufgaben und
– die Integration ökologischer Aspekte in Entscheidungsprozesse und Aufgabenzusammenhänge (*Seidel* unterscheidet in Umweltschutz als Gestaltungsobjekt und -subjekt, *Seidel* 1990, 334f.).

Zum einen kann der Umweltschutz als eigene Funktion organisiert werden, d.h. zusätzlich zu bestehenden Organisationseinheiten, die dabei kaum verändert werden. Von wenigen Schnittstellen, bislang v.a. im Produktionsbereich, abgesehen, werden Umweltschutzaufgaben weitgehend parallel zu anderen betrieblichen Aufgaben wahrgenommen. Die additiv-funktionale Organisation stellt den Extremfall der Konzentration dar.

Die Integration erweitert dagegen vorhandene Entscheidungs- und Aufgabenbereiche, d.h. ökologische Kriterien werden sowohl dort berücksichtigt, wo ökologisch negative Auswirkungen direkt entstehen können (z.B. im Herstellungsprozeß) als auch vorbestimmt werden (F&E/Konstruktion, Einkauf, Servicefunktionen). Im Extremfall entspricht die Integration einer Diffusion auf allen Hierarchieebenen.

Auf die einzelnen Aufgabenmerkmale wirkt sich die Integration ökologischer Aspekte folgendermaßen aus (*Antes* 1991a, 152):
1. Erhöhung der Komplexität,
2. Erhöhung der Variabilität und
3. geringere Ähnlichkeit.

3. Verteilung und Koordination

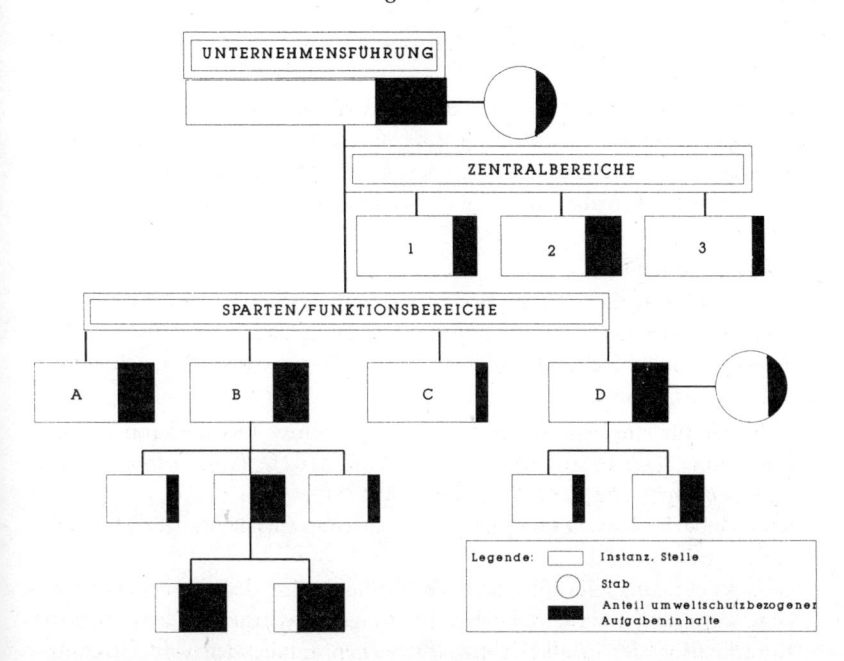

Abb. 2: Grundstruktur der Integration ökologischer Aspekte in die Organisation

Erhöhung der Komplexität:
Umweltverträglichkeit ersetzt keine traditionellen Kriterien, sondern stellt ein zusätzliches Kriterium dar. Die Zahl der Variablen erhöht sich und damit die Komplexität von Entscheidungsprozessen und Arbeitsabläufen. Zudem ist das Kriterium Umweltverträglichkeit selbst sehr komplex. Es setzt sich aus unterschiedlichen Eigenschaften zusammen (z. B. Energie-/Materialverbrauch, Emissionen), erfordert neue Informationskategorien (über ökologische Wirkungen) und interdisziplinäres Arbeiten.

Erhöhung der Variabilität/Veränderlichkeit in der Zeit:
Ökologisches Wissen, z. B. über Toxizitäten einzelner Stoffe oder das Zusammenwirken unterschiedlicher Stoffe auf Ökosysteme, ist insgesamt noch relativ gering entwickelt. Es erweitert sich zunehmend; aktuelles Wissen wird überholt oder widerlegt (Bsp. Eternit).

Darüber hinaus ist Umweltverträglichkeit eine relative Eigenschaft, d. h. im Vergleich zu anderen Alternativen zu sehen. Die Diskussion um das Gütesiegel „Blauer Engel" des Umweltbundesamtes macht deutlich, wie problematisch dabei die Beachtung eines einzigen Kriteriums ist. Bei der Produktentwicklung wäre beispielsweise eine ökologische Gesamtschau („Produktlinienanalyse") erforderlich, die die Vorleistungen, die Herstellung, den Ge-/

Verbrauch, das Recycling bzw. die Entsorgung sowie alle Transportvorgänge einschließt.

Die Vielzahl möglicher Ansatzpunkte und deren Veränderlichkeit stellen an die umweltverträgliche Gestaltung z.B. auch eines Entscheidungsprozesses oder Arbeitsablaufs dauerhaft zumindest latente Innovationsanforderungen. Für betriebliche Aufgabenstellungen bewirkt dies eine erhöhte Veränderlichkeit in der Zeit.

Geringere Ähnlichkeit:
Ökologische Aufgabenstellungen sind auf betrieblicher Ebene, vor allem in den Hauptfunktionen z.T. sehr unterschiedlich (vgl. auch *Seidel* 1990, 337). D.h. es gibt nur beschränkt allanwendbares Wissen oder allgemeingültige Problemlösungsraster.

Als Gründe für eine zentrale und funktional-additive Organisation werden v.a. genannt (*Senn* 1986, 309; *Thomas* 1988, 2162f.; *Frese, Kloock* 1989, 22–24; *Schulz, Wicke* 1989, 9f.; *Paul* 1989, 290):
– mangelnde Teilbarkeit komplexer Umweltschutzentscheidungen (Tendenz zur Zentralisation),
– Berücksichtigung relevanter oder Vermeidung störender Interdependenzen (z.B. aufgrund innerbetrieblicher Leistungsverflechtungen) bzw. bessere Koordination der in allen Umweltbereichen anfallenden Umweltschutzaufgaben (Tendenz zur Konzentration),
– erforderliches Know-how und Professionalität,
– kurzfristige Reaktionsfähigkeit und
– verbesserte Möglichkeiten der Selbstüberwachung.

Hinzu kommt, daß der gesetzliche Minimalzuschnitt den Unternehmen funktional-additive Strukturen vorgibt. Empirische Untersuchungen zeigen dann auch, daß dieses Gestaltungskonzept in der betrieblichen Praxis überwiegt – in Form der Betriebsbeauftragten oder, mit zunehmender Unternehmensgröße, von zu Umweltschutzabteilungen zusammengefaßten Beauftragtenstellen. Über den Minimalzuschnitt hinausgehender Umweltschutz orientiert sich i.d.R. an den so vorgezeichneten Strukturen. Sind Umweltschutzinstitutionen erst einmal geschaffen, werden sie dann auch mit über das gesetzlich geforderte Maß hinausgehenden Kompetenzen ausgestattet (*Antes* 1991b, 1.5.4; *Theißen* 1990, 165–175).

Die Diffusion beschränkt sich i.d.R. ebenfalls auf institutionelle Formen, die Integration ökologischer Kriterien in einzelne Stellen ist eher die Ausnahme (*Antes* 1991b, 1.4). D.h. einzelnen Bereichen oder Werken, bei funktionaler Organisation überdies häufig ausschließlich der Fertigung, werden gesonderte Umweltschutzeinheiten mit Stab- und Servicefunktionen zugewiesen, z.T. werden diese an die bereits etablierte und i.d.R. ebenfalls institutionalisierte Funktion Arbeitssicherheit angebunden. Tendenziell entstehen somit Organisationsstrukturen, wie in Abb. 3 dargestellt (vgl. auch die Beispiele in ZFO 1989 sowie *Frese, Kloock* 1989, 24f.).

3. Verteilung und Koordination

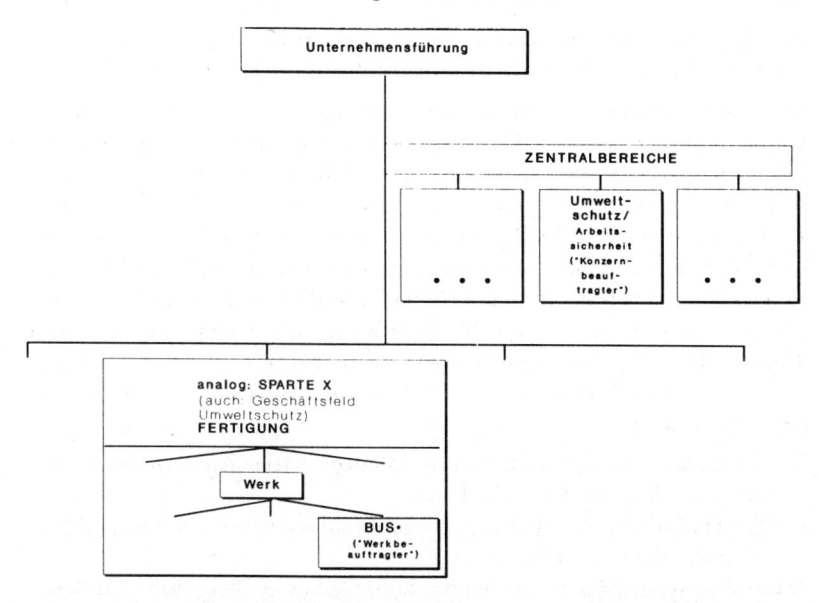

```
                    Unternehmensführung
                           │
                    ZENTRALBEREICHE
        ┌──────────────┬──────────────────┬──────────────┐
        │ ...          │ Umwelt-          │ ...          │
        │              │ schutz/          │              │
        │              │ Arbeits-         │              │
        │              │ sicherheit       │              │
        │              │ ("Konzern-       │              │
        │              │ beauf-           │              │
        │              │ tragter")        │              │
```

analog: SPARTE X
(auch: Geschäftsfeld
Umweltschutz)
FERTIGUNG

Werk

BUS•
("Werkbe-
auftragter")

• Betriebsbeauftragter für Umweltschutz

Abb. 3: Grundstruktur funktional-additiver Umweltschutzorganisation

Ökologischen Anforderungen (sh. Abschn. 2.) werden solche Strukturen jedoch nur bedingt gerecht. Als sinnvoll haben sie sich erwiesen

1. in der Aufbauphase betrieblichen Umweltschutzes, da hier ohne größere Eingriffe in bestehende Strukturen die noch geringen Ressourcen konzentriert und gezielt eingesetzt werden können, beispielsweise zur Behebung akuter Problemlagen, bereits entstandener Altlasten oder zur Beseitigung/ Entsorgung von im (gegeben) Herstellungsprozeß entstehenden Emissionen und Abfällen;
2. für die Wahrnehmung prozeßunabhängiger Umweltschutzaufgaben, wie Kontrolle/Überwachung/Schwachstellenanalyse oder die Vertretung des Unternehmens nach außen, z.B. gegenüber Genehmigungsbehörden.

Diese Auswahl von Umweltschutzaufgaben weist andererseits auf ökologisch gravierende Defizite hin. Die empirischen Untersuchungen zeigen nämlich auch, daß Innovationsfunktionen, z.B. die Entwicklung umweltverträglicher Produkte und Verfahren, von funktional-additiven Organisationsformen stark vernachlässigt werden (Deutsche BP 1986, 15 f., und *Ullmann* 1981, 1003–1007), der Einsatz von – ebenfalls funktional-additiven Projektteams – hilft hier nur partiell. Auch gehen von solchen Organisationsformen offenbar kaum Impulse aus für die Einbeziehung ökologischer Aspekte an den Quellen möglicher Umweltbelastungen – der Gesamtheit betrieblicher Entscheidungsprozesse und Arbeitsabläufe. Betrieblicher Umweltschutz findet bis heute weitgehend als Reparaturbetrieb statt, der sich darüber hinaus häufig noch auf den Herstellungsprozeß, d.h. die Beseitigung von Emissionen beschränkt und diese technisch zu optimieren sucht.

Es ist deshalb fraglich, ob die alleinige oder weitgehend funktional-additive Organisation betrieblicher Umweltschutzaufgaben überhaupt geeignet ist, den qualitativen Sprung vom reparativen zum präventiven Umweltschutz zu schaffen. Daß der reparative Umweltschutz – über seine wichtige Funktion zur Lösung akuter Problemlagen hinaus – dauerhaft nicht befriedigen kann, ist mittlerweile allgemein anerkannt. Im Sinne des ökologischen Ziels der Vermeidung ist neben der **Wahrnehmung spezifischer Umweltschutzaufgaben** vor allem **umweltverträgliches Entscheiden und Handeln** erforderlich, d.h. eine frühzeitige Berücksichtigung ökologischer Belange. Genau hier liegt jedoch die Schwachstelle funktionaler Konzepte: Funktionalisierung bedeutet Entkoppelung.

Die Gestaltung des organisatorischen Rahmens betrieblichen Umweltschutzes hat somit fünf Aspekte zu beachten:

1. Umweltschutz ist auch Führungsaufgabe und damit auf der obersten Entscheidungsebene zu verankern.
2. Der gesetzliche Minimalzuschnitt gibt in Gestalt der Betriebsbeauftragten für bestimmte, auf Stabs- und Servicefunktionen abstellende, z.T. aber unscharf abgegrenzte Aufgaben eine funktional-additive Strukturierung vor.
3. Funktional-additive Strukturen begünstigen reparativen Umweltschutz und vernachlässigen tendenziell die Innovationsfunktion – Projekt-Teams können partiell Abhilfe schaffen. Andererseits eignen sich diese Strukturen für die Wahrnehmung prozeßunabhängiger Aufgaben, für den Aufbau von Expertenkompetenz, aufgrund der Möglichkeit der schnellen Reaktion auf neu erkannte Belastungen und Gefahren und der Erkenntnis, daß eine hundertprozentige Vermeidung nicht immer möglich ist.
4. Prävention erfordert darüber hinaus die Integration ökologischer Kriterien in die Entscheidungsprozesse und Arbeitsabläufe, d.h. deren frühzeitiger Berücksichtigung an möglichen Be- und Entlastungsquellen.
5. Umweltschutzinnovationen bedürfen flexibler Organisationsstrukturen, die Selbstorganisationsprozesse ermöglichen, der Partizipation der Beteiligten, einer störungsfreien Information und Kommunikation, verstärkter Dezentralisierung und – aufgrund ihres bereichs- und disziplinarübergreifenden Querschnittscharakters – Gruppenentscheidungen (*Kreikebaum* 1988, 36, und 1990, 117 f., sowie *Steger* 1988, 221).

4. Ökologische Organisationsentwicklung

Die Umsetzung neuer oder veränderter ökologischer Anforderungen und, daraus abgeleitet, Aufgaben bedeutet grundsätzlich Struktur- und Prozeßveränderung. Abhängig von den oben aufgezeigten Einflußnahmen, insbesondere dem gesetzlich vorgegebenen Minimalzuschnitt sowie darüber hinausgehenden eigenen ökologischen Zielsetzungen, bewegen sich diese zwischen einer funktional-additiven Organisation betrieblicher Umweltschutzaufgaben und der Integration ökologischer Aspekte in sämtliche betriebliche Entscheidungsprozesse und Arbeitsabläufe.

Der organisatorische Anpassungsbedarf ist entsprechend unterschiedlich. Noch am geringsten sind die Eingriffe bei rein funktional-additiver Gestaltung. Die Gesamtorganisation wird erweitert, indem parallel zu bestehenden zusätzliche Einheiten geschaffen werden. Zusammen mit der Tendenz, Schnittstellen zu minimieren (s.o.), bleiben etablierte Verhaltensweisen und Strukturen somit weitgehend unberührt. Integration verändert dagegen das Aufgabenprofil jeder Stelle. Gemäß der jeweiligen ökologischen Betroffenheit können diese Änderungen nur punktuell oder umfassend erforderlich sein. Gerade präventiver Umweltschutz bewirkt somit Struktur- und Verhaltensänderungen bzw. macht diese notwendig.

Trotz der unterschiedlichen Reichweite der beiden Gestaltungsprozesse resultiert aus beiden ein kontinuierlicher Bedarf an Struktur- und Personalentwicklung. Angesichts der erhöhten Komplexität und Variabilität ökologischer Aufgabenstellungen sowie dem Beharrungsvermögen gegenüber sozialorganisatorischen Innovationen kann nämlich kaum von einmaligen und abgeschlossenen Maßnahmen ausgegangen werden (vgl. auch *Seidel* 1990, 336).

Strukturelle Entwicklungslinien wurden bereits im vorangegangenen Abschnitt aufgezeigt. Besondere Bedeutung erlangt die Schaffung innovationsfördernder Strukturen (*Kreikebaum* 1988, 56, und 1990, 117f., sowie *Steger* 1988, 221). Hierzu zählt auch die Initiierung von Lernprozessen, beispielsweise mit Hilfe des Lernstatt-Konzepts oder durch Qualitätszirkel (*Seidel* 1990, 338). Entscheidend ist weiterhin die gleichrangige Aufnahme ökologischer Kriterien in das unternehmerische Zielsystem und die Bereichsziele (s.o.) sowie das Verhalten der Mitarbeiter.

Ökologische Personalentwicklung hat zwei Aufgaben (*Antes* 1991a): erstens die Mitarbeiter zu ökologisch verträglichem Entscheiden und Handeln durch Aus- und Weiterbildung zu befähigen (vgl. auch *Remer, Sandholzer* in diesem Band) und zweitens die Bereitschaft zu fördern, diese Kompetenz auch einzusetzen. Für die Erforschung verhaltensprägender Determinanten beruflichen Umwelthandelns gelten die Defizite der Erforschung privaten Umwelthandelns (vgl. *Tiebler* in diesem Band) noch verstärkt. Wichtige Ansatzpunkte bzw. Instrumente einer ökologischen Personalentwicklung können deshalb nur vorläufig genannt werden:
1. Erzeugen einer ökologischen Betroffenheit,
2. Monetäre Anreize, Leistungsbeurteilung und Karriereplanung.

1. Umweltverträgliches Entscheiden und Handeln, d.h. vor allem auch präventiver Umweltschutz, setzt das **Wahrnehmen einer ökologischen Betrof-**

fenheit voraus. Folgt man den Ergebnissen von Untersuchungen zum Umweltbewußtsein von Industriefacharbeitern, so ist die Relativierung ökologischer Probleme und Risiken im Vergleich zur Problemwahrnehmung allgemein um so stärker, je unmittelbarer diese den eigenen Aktionsraum betreffen (zusammenfassend *Hildebrandt* 1990). Die Fähigkeit und die Bereitschaft, tradierte Verhaltensmuster in Frage zu stellen, zählen ebenfalls hierzu.

Inwiefern diese Beobachtungen auf das Management übertragen werden können, liefert die empirische Forschung nur wenige Anhaltspunkte. Interessant erscheint vor allem zweierlei:

Bereits etwas zurückliegende Untersuchungen (1980 und 1982) ergaben, daß sich betriebliche Entscheidungsträger selbst eine hohe ökologische Problemlösungskompetenz zuweisen, dies aber diametral zu der Einschätzung aller anderen befragten gesellschaftlichen Akteure steht (*Kessel, Tischler* 1984, 190–197, und *Fietkau* 1985, 8).

Zweitens wird, allerdings auf der noch wenig konkretisierten Betrachtungsebene einzelner Funktionen und Bereiche, selektiv eine hohe ökologische Betroffenheit wahrgenommen. Als besonders betroffen gelten technisch geprägte und/oder mit der Leistungserstellung direkt verknüpfte Funktionen (Produktion, F&E, Materialwirtschaft, Marketing), im Gegensatz zu den gerade für eine Vermeidung ebenfalls erforderlichen Service- und indirekt greifenden Funktionen (Organisation, Personal- und Rechnungswesen/Controlling). Die relativ hohe Bedeutung, die neben der Forschung und Entwicklung auch noch der strategischen Unternehmensplanung zugewiesen wird, weist allerdings auf eine gewisse Sensibilisierung für den integrativen und Querschnittscharakter betrieblichen Umweltschutzes hin (*Antes, Steger, Tiebler* in diesem Band und *Esch, Müller, Remer* 1991).

2. Die Ausführungen zur Integration zeigten, daß diese häufig strukturverändernd wirkt. Innovateure können deshalb in Konflikt mit den bestehenden (Macht-)Strukturen geraten. In solchen Situationen erweist sich ökologieorientiertes Verhalten noch wenig karriereförderlich, oft bestenfalls als laufbahnneutral, zumal dann, wenn das Umweltbewußtsein der vorgesetzten Instanz noch wenig ausgeprägt ist. Mit Ausnahme von Umweltschutzinstitutionen, z.B. der Betriebsbeauftragten, fehlt darüber hinaus ökologisch verträgliches Verhalten als Aufgabenmerkmal in den **Stellenbeschreibungen** der meisten Unternehmen, sowohl für dispositive als auch für operative Einheiten. Damit ist es i.d.R. auch – oder gerade – für vorgesetzte Instanzen kein Kriterium, das die eigene Aufgabenstellung beschreibt und als eigenes **Leistungskriterium** herangezogen wird. Ebensowenig sind i.d.R. die **monetären Anreize** auf ein ökologisch verträgliches Verhalten ausgelegt. Die Berücksichtigung ökologischer Kriterien in der Karriereplanung einerseits sowie der ökologischen Wirkungen monetärer Anreize andererseits könnte deshalb erheblich zu ökologisch verträglichem Entscheiden und Handeln motivieren.

Literatur

Adams, H. W. (Hrsg.) (1990), Konsequenzen für den Umweltschutz, Die 3. Novelle zum Bundes-Immissionschutzgesetz und ihre Umsetzung im Unternehmen, Ein Praxiskommentar, Frankfurt a. M.

Antes, R. (1991a), Organisation des Umweltschutzes, Aufgaben des Personalwesens, in: Personalführung, 3, S. 148–154

Antes, R. (1991b), Ergebnisse des Fragebogens „Organisation", in: FUUF/Forschungsgruppe Umweltorientierte Unternehmensführung (Hrsg.), Bericht zu den Befragungsergebnissen des Modellversuchs „Umweltorientierte Unternehmensführung", Veröffentlichung in Vorbereitung, Kapitel 6

Antes, R., Tiebler, P., Steger, U. (1991), Ergebnisse der Interviews mit Mitgliedern der Geschäftsleitung der Unternehmen zum Themenbereich „Unternehmensführung", in: FUUF/Forschungsgruppe Umweltorientierte Unternehmensführung (Hrsg.), Bericht zu den Befragungsergebnissen des Modellversuchs „Umweltorientierte Unternehmensführung", Veröffentlichung in Vorbereitung, Kapitel 5

Deutsche BP-Aktiengesellschaft (Hrsg.) (1986), BP Umweltschutz-Enquête 1986, Hamburg 1986

Dierkes, M. (1989), Technikgenese in organisatorischen Kontexten, Berlin

Esch, M., Müller, G. N., Remer, A. (1991), Ökologie in der Betriebswirtschaftslehre – Empirische Vorarbeiten, in: *Remer A., Esch, M., Müller, G. N.* (Hrsg.), Ökologie in der Betriebswirtschaftslehre – Modethema oder Notstand? Beiträge zur gleichnamigen Tagung an der Universität Bayreuth am 27. 9. 1990, Hummeltal

H.-J. Fietkau, (1985), Psychologische Aspekte umweltpolitischen Handelns, Berlin (IIUG preprint 85–17)

Frese, E., Kloock, J. (1988), Internes Rechungswesen und Organisation aus der Sicht des Umweltschutzes, in: BFuP, 1, S. 1–30

Grochla, E. (1982), Grundlagen der organisatorischen Gestaltung, Stuttgart

Gutenberg, E. (1983), Grundlagen der Betriebswirtschaftslehre, Erster Band, Die Produktion, 24. Aufl., Berlin/Heidelberg/New York

Hildebrandt, E. (1990), Wenn man wirklich verzweifelt ist, dann ist die Meinung etwas sehr flexibles, Zum Umweltbewußtsein von Industriefacharbeitern, in: IÖW/VÖW Informationsdienst, 2, S. 18 f.

Hopfenbeck, W. (1989), Allgemeine Betriebswirtschafts- und Managementlehre, Das Unternehmen im Spannungsfeld zwischen ökonomischen, sozialen und ökologischen Interessen, Landsberg a. L.

Kessel, H., Tischler, W. (1984), Umweltbewußtsein: Ökologische Wertvorstellungen in westlichen Industrienationen, Berlin

Kirchgeorg, M. (1990), Ökologieorientiertes Unternehmensverhalten, Typologien und Erklärungsansätze auf empirischer Grundlage, Wiesbaden

Koolmann, S. (1991), Leitbilder der Technikentwicklung – Das Beispiel des Automobils, Frankfurt a. M.

Kreikebaum, H. (1987), Strategische Führung, in: *Kieser, A., Reber, G., Wunderer, R.* (Hrsg.), Handwörterbuch der Führung, Stuttgart, Sp. 1898–1906

Kreikebaum, H. (1988), Die Steuerung von Innovationsinitiativen am Beispiel des betrieblichen Umweltschutzes, in: *Lücke, W.* (Hrsg.), Betriebswirtschaftliche Steuerungs- und Kontrollprobleme, Wiesbaden, S. 153–162

Kreikebaum, H. (1990), Innovationsmanagement bei aktivem Umweltschutz in der chemischen Industrie, Bericht aus einem Forschungsprojekt, in: *Wagner, G. R.* (Hrsg.), Unternehmung und ökologische Umwelt, München, S. 113–121

Krystek, U. (1987), Unternehmungskrisen, Beschreibung, Vermeidung und Bewältigung überlebenskritischer Prozesse in Unternehmungen, Wiesbaden

Meffert, H., Kirchgeorg, M. (1989), Umweltschutz als Unternehmensziel, Münster (Arbeitspapier der WGMU Nr. 50)

Meffert, H., Ostmeier, H. (1990), Umweltschutz und Marketing, Möglichkeiten der Verbesserung der betriebswirtschaftlichen Situation von Unternehmen durch umweltorientierte Absatzmaßnahmen, Berlin

Naschold, F. (1990), Sozialer Konservatismus, Arbeit und Technik – Die Bedeutung von Innovationen, in: WZB-Mitteilungen, 48, S. 7–11

Paul, H. J. (1989), Die natürliche Umwelt als Gegenstand der Unternehmungsführung und Unternehmungsorganisation im Rahmen des evolutionären Managementansatzes, in: *Seidel, E., Wagner, D.* (Hrsg.), Organisation, Evolutionäre Interdependenzen von Kultur und Struktur der Unternehmung, Knut Bleicher zum 60. Geburtstag, Wiesbaden

Prätorius, G., Tiebler, P. (1990), Ökonomische Literatur zum Thema „Unternehmenskultur", Ein Forschungsüberblick, Oestrich-Winkel (Arbeitspapier des Instituts für Ökologie und Unternehmensführung Nr. 14)

Pregl, Th. (1991), Aufpasser zwischen den Stühlen, Ab Oktober verlangt der Gesetzgeber einen Gefahrgutbeauftragten, in: VDI nachrichten, 24, S. 24

Schanz, G. (1982), Organisationsgestaltung, Struktur und Verhalten, München

Schmidt, E. (1989), Bedingungen und Perspektiven einer ökologisch erweiterten Tarifpolitik, in: Gewerkschaftliche Monatshefte, 11, S. 672–683

Schreiner, M. (1988), Umweltmanagement in 22 Lektionen, Ein ökonomischer Weg in eine ökologische Wirtschaft, Wiesbaden

Schulz, W., Wicke, L. (1989), Organisation des Umweltschutzes im Betrieb, in: RKW-Handbuch Führungstechnik und Organisation, 23. Erg.Lfg., Berlin, Abschnitt 6142

Seidel, E. (1989), „Wollen" und „Können", Auf dem Wege zu einer ökologisch verpflichteten Unternehmensführung, in: ZFO, 2, S. 75–83

Seidel, E. (1990), Zur Organisation des betrieblichen Umweltschutzes, Die kommenden Aufgaben gehen über die Einordnung der Betriebsbeauftragten weit hinaus, in: ZFO, 5, S. 334–341

Senn, J. F. (1986), Ökologieorientierte Unternehmensführung: Theoretische Grundlagen, empirische Fallanalysen und mögliche Basisstrategien, Frankfurt a. M.

Specht, M. (1988), Die Organisation von Umweltschutzaufgaben in der Industrie, Oestrich-Winkel (Arbeitspapiere des Instituts für Ökologie und Unternehmensführung Nr. 2)

Sprenger, R.-U., Knödgen, G. (1983), Struktur und Entwicklung der Umweltschutzindustrie in der Bundesrepublik Deutschland, Berlin

Steger, U. (1988), Umweltmanagement, Erfahrungen und Instrumente einer umweltorientierten Unternehmensstrategie, Wiesbaden

Steger, U. (Hrsg.) (1991), Umwelt-Auditing, Ein neues Instrument der Risikovorsorge, Frankfurt a. M.

Strümpel, B., Longolius, S. (1990), Leitbilder des integrierten Umweltschutzes zwischen Handlungsprogramm und Leerformel, in: *Kreikebaum, H.* (Hrsg.), Integrierter Umweltschutz, Eine Herausforderung für das Innovationsmanagement, Wiesbaden, S. 73–85

Teichert, V., Küppers, F. (1990), Umweltpolitik im Betrieb, Betriebsvereinbarungen zum Umweltschutz in der Chemischen Industrie, in: WSI-Mitteilungen, 12, S. 755–761

Terhart, K. (1986), Die Befolgung von Umweltschutzauflagen als betriebswirtschaftliches Entscheidungsproblem, Berlin

Theißen, A. (1990), Betriebliche Umweltschutzbeauftragte, Determinanten ihres Wirkungsgrades, Wiesbaden

Thomas, J. (1988), Die Organisation des industriellen Umweltschutzes – Ein Praxisbeitrag zur betrieblichen Organisationslehre, in: Der Betrieb, 43, S. 2161–2166

Ullmann, A. A. (1981), Der Betriebsbeauftragte für Umweltschutz aus betriebswirtschaftlicher Perspektive, Umweltpolitische Notwendigkeit oder gesetzgeberischer Perfektionismus?, in: ZfbF, 11, S. 992–1013

Ulrich, P. (1989), „Symbolisches Management"?, Ethisch-kritische Anmerkungen zur gegenwärtigen Diskussion über Unternehmenskultur, St. Gallen (Beiträge der Forschungsstelle für Wirtschaftsethik Nr. 30)

ZFO (1989), Zeitschrift Führung + Organisation, 58 (1989), 2, Schwerpunktheft „Organisation des betrieblichen Umweltschutzes"

Kapitel 30
Ökologisches Management und Personalarbeit

von *Andreas Remer* und *Ulrich Sandholzer*

Vorbemerkung 512
1. Begriffliche Grundlagen 512
   1.1 Personalarbeit 512
   1.2 Ökologie 515
2. Personalarbeit als Ansatzpunkt für ökologisches Management 518
3. Instrumentelles Personalwesen und Naturschutz 519
   3.1 Gestaltungsmöglichkeiten 519
   3.2 Voraussetzungen und Grenzen 526
4. Politisches Personalmanagement und Umweltmanagement 529
Literatur 533

Vorbemerkung

In der Betriebswirtschaftslehre stellt sich neuerdings die Frage, wie sich die grundsätzliche Bereitschaft, ökologische Normen anzuerkennen, in konkretes Handeln innerhalb der Unternehmen umsetzen läßt. Dies nämlich erscheint notwendig, damit das Bekenntnis zum umweltorientierten Handeln nicht nur ein reines Lippenbekenntnis (zur Beruhigung der Öffentlichkeit) und ohne jegliche Verbindlichkeit für das Management bleibt. Während die Betriebswirtschaftslehre für die Bereiche Produktion, Beschaffung/Logistik, Forschung und Entwicklung, Marketing, Steuerwesen sowie insbesondere auch für das Rechnungswesen z.T. schon konkrete Vorschläge für ökologisch orientiertes Handeln zur Verfügung stellt (vgl. zu einem relativ ausführlichen Überblick *Hopfenbeck*, 1989, 855–930 sowie 945–949), wird das Thema Ökologie und Personalarbeit mit Ausnahme einiger Vorschläge zur Anreizgestaltung eher stiefmütterlich behandelt (vgl. z.B. *Strebel* 1980; *Pfriem* 1986; *Senn* 1986; *Winter* 1987; *Steger* 1988; *Schreiner* 1988; *Brenken* 1988; *Seidel, Menn* 1988; *Seidel* 1989; *Strunz* 1990; *Steven* 1991). Dies verwundert um so mehr, als ja gerade den Mitarbeitern als wichtigsten Trägern des Unternehmensgeschehens eine zentrale Rolle im Zusammenhang mit einem umweltbewußten Unternehmensverhalten zukommt. Für den vorliegenden Beitrag stellt sich somit die Frage, welche Möglichkeiten der Personalarbeit potentiell zur Verfügung stehen, der Ökologie im täglichen Unternehmensgeschehen entsprechende Geltung zu verschaffen. Bevor jedoch auf diese Fragen eingegangen werden kann, müssen noch einige Bemerkungen zum hier zugrunde gelegten Verständnis von Personalarbeit und Ökologie vorangestellt werden.

1. Begriffliche Grundlagen

1.1 Personalarbeit

Kaum ein anderes Aktionsfeld im Unternehmen hat im Laufe der Zeit einen solchen Bedeutungswandel erfahren wie die Personalarbeit. Solange der Mensch im Unternehmen als einer von mehreren Produktionsfaktoren betrachtet wurde, kam der Personalarbeit lediglich die Aufgabe zu, eben diesen Faktor Arbeit wie Material oder Betriebsmittel möglichst kostengünstig zu beschaffen sowie nach der Einstellung unter ausschließlich wirtschaftlichen und rechtlichen Vorgaben zu verwalten. Hierfür erscheinen Begriffe wie **Personalverwaltung** und **Personalwirtschaft** (z.B. *Hentze* 1981, 17 ff.) durchaus als geeignet (*Staehle* 1990, 718). Im Laufe verschiedener unternehmensinterner und -externer Entwicklungen hat sich das Personalwesen von dieser aus-

1. Begriffliche Grundlagen

schließlich „dienenden" (Neben-)Rolle innerhalb des Unternehmens zu lösen begonnen und teilweise den Status einer mehr oder weniger eigenständigen Managementaufgabe erworben, die anderen Managementbereichen des Unternehmens (z.B. strategische Planung, Organisation) in ihrer Bedeutung gleichgestellt wird. Dies drückt sich immerhin schon andeutungsweise darin aus, daß der Personalarbeit inzwischen auch ein „strategischer" Rang zuerkannt wird (z.B. *Scholz* 1982; *Ackermann* 1986; *Steinmann, Schreyögg, Thiem* 1989; *Atteslander* 1989) sowie darin, daß seit einigen Jahren auch von **Personalmanagement** anstatt von Personalarbeit gesprochen wird (z.B. *Remer* 1978; *Berthel* 1979; *Staffelbach* 1986; *Scholz* 1989).

Betrachtet man jedoch diese Bedeutungszunahme vor dem theoretischen Hintergrund des gesamten Managementprozesses, so stellt man ernüchtert fest, daß sich die Personalarbeit zwar einen höheren Stellenwert innerhalb des Unternehmens erarbeitet hat, letztendlich aber vielfach noch in einer Anpasserfunktion steht (*Remer* 1978, 17; *Steinmann, Schreyögg, Thiem* 1989, 398 ff.). Dies liegt v.a. am vorherrschenden und häufig unhinterfragten Primat der strategischen (Produkt-Markt-)Planung (*Koontz, Weihrich* 1988, 58 f.; *Hahn* 1986, 70 ff.), also darin, daß auch unter „strategischen" Gesichtspunkten der Personalarbeit die Aufgabe zugewiesen wird, die personellen Voraussetzungen für die **Realisierung** des Marketing zu schaffen. Die Personalarbeit bleibt dadurch ein **Instrument zur Umsetzung der (strategischen) Pläne und Programme**, jetzt allerdings auf einer anderen Ebene, da es nicht mehr nur um die reine Beschaffung bzw. Verwaltung der personellen Bestände geht, sondern auch darum, zumindest **langfristige** Perspektiven und Maßnahmen (wie z.B. Weiterbildungsprogramme) zu entwickeln.

Bei genauer Betrachtung stellt sich also heraus, daß die vielzitierte Bedeutungszunahme der Personalarbeit vorwiegend auf einer lediglich zeitlichen Ausweitung des Planungshorizontes basiert. Hinsichtlich seiner Eigenständigkeit bleibt das Personalmanagement damit jedoch noch hinter den Möglichkeiten zurück. Der entscheidende Sprung wird erst dann vollzogen, wenn sich das Personalmanagement über diese einseitige Abhängigkeit von der (strategischen) Unternehmensplanung hinweghebt und sich als eigenständiges Subsystem innerhalb des Unternehmens definiert und etabliert.

Als eigenständiges Subsystem hat das Personalmanagement zwar nach wie vor die Aufgabe, personelle Voraussetzungen für das System zu schaffen. Im Unterschied zu vorher geht es jedoch jetzt nicht mehr darum, diese Voraussetzungen auf fest definierte und unumstrittene (Gewinn-)Zwecke zu beziehen. Vielmehr muß dafür gesorgt werden, daß das Unternehmen für diejenigen personellen Ressourcen attraktiv wird, die für das Überleben und die generelle Problemlösungsfähigkeit des Unternehmens unabdinglich sind.

Dies erfordert ein völlig neues Selbstverständnis, das auch in der gewandelten Funktion des Personalmanagements zum Ausdruck kommt: Es hat jetzt nicht mehr so sehr die auf festen Zweckvorstellungen aufbauenden Unternehmensinteressen zu vertreten, sondern muß sich umgekehrt zusehends als eine Institution begreifen, die die „Ressource Mensch" (*Kübel* 1990) zu einem **gleichrangigen** Ausgangspunkt aller strategischen Pläne, d. h. **politisch** macht. Dies impliziert z. B., daß das Personal selbst, d. h. seine langfristige Entwicklung, Zufriedenheit und Teilnahmebereitschaft zum (Teil-)Zweck erhoben wird – auch wenn dies kurzfristig unwirtschaftlich erscheint. Erst durch diesen Schritt erhält die Charakterisierung des Personalmanagements als „genuine Managementaufgabe" (*Staehle* 1990, 719) ihre eigentliche Berechtigung. Und erst dann wird es in die Lage versetzt, den komplexen Überlebensproblemen eines modernen Unternehmens langfristig auf eigenständige und professionelle Weise Rechnung zu tragen.

Betrachtet man diesen Bedeutungswandel als Entwicklungsprozeß, so lassen sich für die weitere Vorgehensweise dessen logischer Anfangs- und Endpunkt herausgreifen, um ein einfacheres Beurteilungsraster zu schaffen. Da die Personalarbeit in ihrer traditionellen Interpretation ausschließlich als Instrument zur Umsetzung der Unternehmenszwecke betrachtet wird, soll diesbezüglich vom **(zweck-)instrumentellen Personalwesen** gesprochen werden. Im Gegensatz dazu wird die vom Primat der Zweckprogrammplanung emanzipierte Personalarbeit aufgrund ihres für die gesamte Unternehmenspolitik grundsätzlicheren Charakters als **(system-)politisches Personalmanagement** bezeichnet. Beide Ansätze sollen daher als logisch alternative Perspektiven weiter verfolgt werden (vgl. auch Tab. 2, S. 518).

Um demonstrieren zu können, welche Konsequenzen diese beiden Konzepte der Personalarbeit für die Einbeziehung der Ökologie haben, muß noch gezeigt werden, worum es in beiden Fällen eigentlich geht. Gleichgültig, welche Auffassung von Personalarbeit vorherrscht, ist der Gegenstand der Bemühungen das menschliche Potential eines sozialen Systems. Dieses Potential tritt einerseits als **Bestandsgröße** (Fähigkeiten, Begabungen, Mengen etc.), andererseits als **Beitragsgröße** (Leistungen, Verhaltensweisen etc.) in Erscheinung (*Remer* 1988, 560).

Beim Personalmanagement geht es mithin um die Konzipierung und Realisierung sowohl der menschlichen „Bestände" als auch deren Beiträge für ein soziales System, wobei erstere i. d. R. die grundlegende Ebene und letztere mehr die flexiblere Oberfläche darstellen. Beide Gestaltungsobjekte der Personalarbeit müssen zunächst konzipiert (Personalplanung) werden, bevor sie mit Hilfe verschiedener Maßnahmen realisiert werden können. Im Zuge der Realisierung werden die Bestände direkt durch Beschaffung/Freisetzung, Entwicklung und Einsatz gestaltet, Beiträge hingegen durch die auf notwendige Nachbesserungen zielende Rückkoppelung (Beurteilung und Controlling; vgl. Abb. 1). Dies bietet, wie sich zeigen wird, zusätzlichen Spielraum für eine ökologische Orientierung des Personalwesens.

1. Begriffliche Grundlagen

| Personalarbeit | Personalbestand | Personalbeiträge |

| Personalplanung | → | Beschaffung Freisetzung Entwicklung Einsatz ↑——↑ Beurteilungsgespräch Controlling | → | z.B. Fähigkeiten, Fertigkeiten, Bedürfnisse, Einstellungen | → | soziales System Unternehmung (als Handlungssystem) | ← | andere Determinanten (z.B. Entgelt, Rollen) |

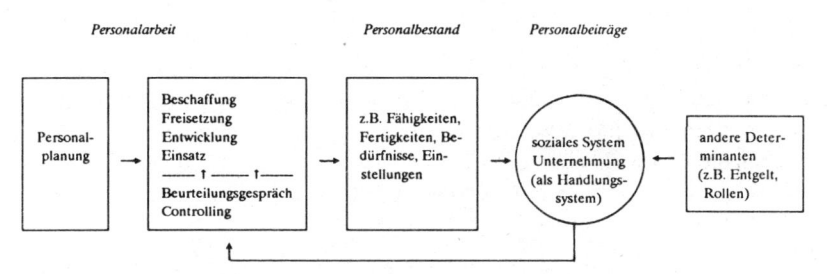

Abb. 1: Gestaltungsbereiche und Instrumente der Personalarbeit

1.2 Ökologie

Aufgrund einer in Wissenschaft und Praxis sehr unterschiedlichen Verwendung des Ökologiebegriffs ist es im Sinne einer besseren Verständigung notwendig, das diesem Beitrag zugrundeliegende Verständnis von Ökologie zu präzisieren. Wie bei der Personalarbeit, so lassen sich auch hier bestimmte Entwicklungen nachzeichnen, die zu inhaltlich unterschiedlichen Auslegungen führen und damit Einfluß auf eine ökologisch ausgerichtete Personalarbeit haben.

Da die natürlichen Ressourcen lange Zeit als beliebig nutzbarer und nahezu unerschöpflicher Produktionsfaktor betrachtet wurden, bestand für die Unternehmen keinerlei Anlaß, auf diesen Faktor in besonderer Weise Rücksicht zu nehmen. Erst als sich die Vorstellung nie versiegender Rohstoffquellen als unrealistisch herausstellte, begann auch die Wirtschaft, sich um die natürlichen Ressourcen zu kümmern. Dies geschah zunächst noch nahezu ausschließlich aus der Perspektive des Unternehmenszwecks, wodurch v. a. Kosten- und Versorgungsgesichtspunkte in den Mittelpunkt der Betrachtung rückten. Die Berücksichtigung der natürlichen Umwelt durch die Unternehmen stand dadurch vorwiegend unter dem Aspekt, die **Natur als wichtigen Rohstofflieferanten des Unternehmens** zu betrachten. Diese sehr materielle Interpretation der Umwelt konzentrierte sich somit vor allem auf den Schutz des von der Natur zur Verfügung gestellten Inputs (Rohstoffe, Energie) der Unternehmen, sofern sich dieser Input als wichtige Grundlage der Unternehmensaktivitäten darstellt. Die Beziehungen zwischen dem Unternehmen und seiner natürlichen (Ressourcen-)Umwelt wurden somit **einseitig** aus der Zweckperspektive heraus betrachtet. Eine hieraus resultierende Konzeption des Umweltschutzes kümmerte sich ausschließlich um die **natürlichen Ressourcen der Unternehmen** und kann deshalb auch als **Ressourcensicherung** bezeichnet werden.

Diese materielle (unternehmens-)zweckbezogene Betrachtung des Umweltschutzes als Ressourcenschutz erweist sich jedoch immer häufiger als nicht mehr ausreichend, wenn man den drängenden Umweltproblemen der heutigen Zeit gerecht werden will. Die z.T. dramatischen Belastungen der Natur durch die Unternehmen zeigen immer deutlicher, daß es auch dann zu gravierenden Schäden in der natürlichen Umwelt kommt, wenn die Wirtschaft längst die Konsequenz für ihre eigene Versorgung mitberücksichtigt. Die allgemeine Beeinträchtigung der Natur verletzt zunehmend auch die Interessen und Belange anderer Betroffener wie z.B. der Gesellschaft oder des einzelnen Bürgers.

Angesichts der Zerstörung von Natur durch die Wirtschaft muß daher auch nach den Folgen für andere gesellschaftliche Subsysteme wie Gesundheit, Freizeit oder Wissenschaft gefragt werden, ganz zu schweigen von der Achtung vor der Schöpfung an sich. Zusätzlich zu den Inputs rücken damit auch die von den Unternehmen produzierten Outputs in den Vordergrund der Betrachtung. Ökologiebewußtes Unternehmensverhalten kann sich deshalb nicht auf den Ressourcenschutz beschränken, sondern muß wesentlich weiter gefaßt und allgemeiner als **Naturschutz** im umfassenden Sinne begriffen werden. Dies impliziert auch eine Abkehr von der rein materiellen Interpretation des Umweltschutzes hin zu immateriellen Aspekten, indem nun mit der Anerkennung einer prinzipiellen Verantwortung des Menschen (hier: des Managers) für die Natur auch moralisch-ethischen Standards eine wesentliche Bedeutung beigemessen wird. Der Umwelt- bzw. Naturschutz wird durch diese Perspektivenerweiterung aus seiner einseitigen Abhängigkeit von rein ökonomischen Zwecküberlegungen gelöst und erhält einen eigenen Stellenwert, wodurch der verantwortungsvolle Umgang mit der Natur **gleichberechtigt** neben die klassischen Unternehmenszwecke rückt. Dies erfordert gleichzeitig auch die grundsätzliche Bereitschaft, die System-/Naturbeziehungen unter dem Aspekt der Gegenseitigkeit zu betrachten.

Den dargestellten Interpretationen ökologisch orientierten Handelns sowohl als Ressourcenschutz als auch als Naturschutz liegt ein Umweltverständnis zugrunde, das ausschließlich auf die Natur (im naturwissenschaftlichen Sinne) fixiert ist. Es ist aber schon begriffsgeschichtlich sehr fraglich, inwieweit das griechische „oikos" überhaupt naturwissenschaftlich gemeint war (*Benseler* 1896, 589).

Um so unverständlicher erscheint heute in den Wirtschaftswissenschaften seine Reduktion auf Natur im Sinne von Biologie, Chemie oder Physik, wo doch klar auf der Hand liegt, daß eine Unternehmung *kein* „natürliches" System in diesem Sinne ist und seine „Umwelt" deshalb auch nicht auf naturwissenschaftliche Aspekte beschränkt werden darf. Daß dies auch nicht zwangsläufig so sein muß, zeigt das Ökologieverständnis, das häufig im sozialwissenschaftlichen Kontext zu entdecken ist (z.B. *Hannan, Freeman* 1989; *Kieser* 1988). „Ökologie" muß letztlich aus ihrer rein naturwissenschaftlichen Klammer befreit werden, indem sie allgemein als **Wissenschaft von den gegenseitigen „Lebens"beziehungen zwischen einem System und seiner Umwelt** aufgefaßt wird.

1. Begriffliche Grundlagen

Für das Management hat dies zur Konsequenz, daß die Frage nach einem ökologiebewußten Verhalten von Unternehmen nicht mehr allein auf den Naturschutz bezogen werden kann, sondern allgemein eine Berücksichtigung *aller* Umwelten erfordert, denen sich ein Unternehmen gegenübersieht. Dann könnte Ökologie auch die Erkenntnisse der modernen Systemtheorie besser nutzen (vgl. *Luhmann* 1973; *Trist* 1980). Ökologisches Denken muß sich dann neben der natürlichen auch mit sozialen, gesellschaftlichen, rechtlichen, wirtschaftlichen oder technischen Umwelten beschäftigen, um die Überlebensfähigkeit und -berechtigung des Unternehmens zu sichern, wobei nicht ausgeschlossen ist, daß gegenwärtig der Naturschutz höchste Priorität verdient. Aber wer wollte leugnen, daß es heute auch so etwas wie eine „soziale Umweltverschmutzung" gibt, wenn man z. B. die gesellschaftlichen und familiären Auswirkungen der Schichtarbeit oder auch der traditionellen Karrierezwänge betrachtet?

Als wesentliches Prinzip gilt neben dieser quantitativen Erweiterung der zu berücksichtigenden Umwelten auch die veränderte Qualität der Beziehungen zwischen System und Umwelt, indem an die Stelle von einseitigen Zweckbeziehungen nun das **Prinzip der Gegenseitigkeit** tritt, das sowohl die Bestands- als auch die Legitimationsgrundlage eines Unternehmens betrifft.

Diese wirtschafts- und sozialwissenschaftliche Erweiterung des Ökologiebegriffs setzt somit die Entwicklung von der Ressourcensicherung zum Naturschutz um die weiterreichende Sicht des **Umweltmanagements** fort. Tab. 1 zeigt die beschriebene Entwicklung des ökologischen Gedankens, wobei am Ende die kulturwissenschaftliche Sicht (Wirtschaft, Politik, Recht, Gesellschaft etc.) überwiegt.

	System		Umwelt		Gegenstandsbereich der Ökologie:
(1. Stufe:	natürlich	↔	natürlich	→	biologische Beziehungen)
2. Stufe:	natürlich wirtschaftlich	↔	natürlich	→	**Ressourcensicherung**
3. Stufe:	natürlich wirtschaftlich	↔	natürlich (kulturell)	→	**Naturschutz**
4. Stufe:	kulturell natürlich	↔	kulturell natürlich	→	**Umweltmanagement**

Tab. 1: Stufen des Ökologiebegriffs

Zusammenfassend kann auch hier von einem Bedeutungswandel des ökologischen Verständnisses gesprochen werden, der eine inhaltliche Entwicklung zum Ausdruck bringt. Der für die Betriebswirtschaftslehre wohl gravierendste Sprung dieser Entwicklung liegt dabei zwischen der 3. und der 4. Stufe, wenn die rein naturwissenschaftlich-materielle Perspektive sowohl bei der System- als auch bei der Umweltbetrachtung zugunsten einer stärker geistigen Orientierung überwunden wird. Insofern lassen sich zwei prinzipiell unterschiedliche Auffassungen von Ökologie bzw. von ökologischem Verhalten gegenüberstellen: Während im Hinblick auf das dargelegte traditionelle Ökologieverständnis vom **Naturschutz** (inclusive Ressourcenschutz) als Zielgröße für das unternehmerische Handeln gesprochen werden kann, soll die umfassendere ökologische Perspektive als vom **Prinzip der Gegenseitigkeit getragenes Umweltmanagement** bezeichnet werden.

2. Personalarbeit als Ansatzpunkt für ökologisches Management

Die bisherigen Ausführungen zur Personalarbeit einerseits und zum ökologischen Verständnis andererseits ermöglichen nun eine differenzierte Betrachtung der Frage, was im Rahmen der betrieblichen Personalarbeit getan werden kann, um auch von dieser Seite aus einen Beitrag zu einem ökologischen Verhalten eines Unternehmens zu leisten. Hierzu sollen die jeweiligen Entwicklungsstufen von Personalarbeit und Ökologie miteinander kombiniert werden (Tab. 2).

Konzepte des ökologischen Managements \ Konzepte der Personalarbeit	PERSONALWESEN (instrumentell-passiv)	PERSONALMANAGEMENT (politisch-aktiv)
	I	II
NATURSCHUTZ- MANAGEMENT (Ökologie i.e.S.)	Passive Umsetzung vorgegebener **Naturschutz**ziele →	Aktive Vertretung von **Naturschutz**interessen der Mitarbeiter
	↓	↓
	III	IV
UMWELT- MANAGEMENT (Ökologie i.w.S.)	Passive Umsetzung vorgegebener **umwelt**bezogener Ziele →	Aktive Vertretung von **umwelt**bezogenen Interessen der Mitarbeiter

Tab. 2: Personalarbeit als Ansatzpunkt für ökologisches Management

Als Ausgangspunkt wird im folgenden die Frage gewählt, an welchen und wessen Kriterien (Zielen) sich eine rein **instrumentell** verstandene Personalarbeit ausrichten muß, um ein am **Naturschutz** orientiertes Unternehmensverhalten zu fördern. Ausgehend von diesen Kriterien soll dann auf die Realisierungsmöglichkeiten eingegangen werden, indem die daraus resultierenden Konsequenzen für die einzelnen Instrumente der Personalarbeit aufgezeigt werden.

Da – wie unter Punkt 1 bereits angedeutet – sowohl das instrumentelle Verständnis der Personalarbeit als auch die naturhafte Sichtweise des Umweltschutzes nur *eine* Möglichkeit darstellt, das Problem „Personalarbeit und Ökologie" anzugehen, soll geprüft werden, welche *Voraussetzungen* für eine solche Beschränkung erfüllt sein müssen. Ein Vergleich mit den vorherrschenden und insbesondere den sich abzeichnenden Bedingungen, denen sich ein Unternehmen (zukünftig) ausgesetzt sieht, soll zeigen, daß die Annahme der Gültigkeit der dargestellten Voraussetzungen problematisch und nicht immer realistisch ist.

Konkret geht es darum, vor dem Hintergrund der realen Bedingungen die **Grenzen** eines lediglich am Naturschutz orientierten und bloß instrumentellen Personalwesens aufzuzeigen. Darauf aufbauend können dann gleichzeitig die Möglichkeiten und der Nutzen einer den heutigen und zukünftigen Gegebenheiten angemesseneren Vorgehensweise dargestellt werden, indem durch die Überwindung der zweckbezogenen Instrumentarisierung sowohl des Personals als auch der Umwelt ein komplexerer Ansatz entworfen wird. Auch hier sollen sowohl die Kriterien als auch die Realisierungsmöglichkeiten der Personalarbeit dargelegt werden.

3. Instrumentelles Personalwesen und Naturschutz

3.1 Gestaltungsmöglichkeiten

Um seine Funktion erfüllen zu können, bedarf ein rein instrumentell verstandenes Personalwesen klarer organisatorischer Vorgaben (Stellen- und Arbeitsbeschreibungen), die aus den Unternehmensplänen abgeleitet wurden. Es muß eine Struktur an personellen Beständen schaffen, die der Unternehmensplanung möglichst in jeglicher Hinsicht gerecht wird, wobei es sich jedoch weder um die Strukturierung der Aufgaben (Organisation) noch um die der Abläufe (Planung) zu kümmern hat. Dem Personalwesen obliegt jedoch die Verantwortung, alle **personellen Voraussetzungen** dafür zu schaffen, daß die Rollen planmäßig gespielt, d.h. **zweckmäßige Beiträge** erbracht werden. Dies geschieht, indem zuerst die zweckmäßigen Merkmale der Personalstruktur konzipiert und diese sodann planmäßig realisiert werden.

Unter klassischen, d.h. einfachen und stabilen Verhältnissen ist es relativ leicht festzustellen, (a) welche Beiträge zweckmäßig sind und (b) welche Bestandsmerkmale (z.B. Ausbildung) gerade diese Beiträge erwarten lassen. Außerdem sind solche zweckmäßigen Bestände in wenig komplexen Situationen leicht verfügbar und somit die geplante Personalstruktur mittels Beschaffung, Ausbildung und Verteilung von Personen problemlos realisierbar. Im Ergebnis entsteht so ein „Personalkörper", der für ganz bestimmte Zwecke (und nur für diese) tauglich ist. Das Personal wird dabei weniger als „Ressource" denn als „Faktor" betrachtet (*Remer* 1985), und es erscheint ebenso sinnvoll wie machbar, seine Eigenschaften möglichst genau zu definieren.

Die Planung personaler Naturschutzpotentiale

Überträgt man nun diese noch sehr allgemein gehaltene Charakterisierung des Personals auf das Unternehmensziel „Naturschutz", so bedarf es logischerweise auch in dieser Hinsicht klarer Vorgaben von der Unternehmensplanung bzw. den daraus abgeleiteten Stellenbildern. Konkret bedeutet dies, daß genaue Vorstellungen über die unter Gesichtspunkten des (zweckmäßigen bzw. erwünschten) Naturschutzes erforderlichen Qualifikationsmerkmale entwickelt werden müssen, die den neuen Gesamtpersonalbestand des Unternehmens ausmachen sollen.

Als denkbare Kriterien für den qualitativen (Erweiterungs-)Bedarf an ökologisch orientierten personellen Beständen wären dann vor allem fachliche Anforderungen wie beispielsweise spezifische Kenntnisse über biologische, chemische, physikalische oder technische Zusammenhänge und Wirkungen in natürlichen Öko-Systemen zu nennen (vgl. z.B. die im Studienführer Umweltschutz aufgeführten Curricula in *Peglau, Kayser* 1988). Hier geht es vor allem darum, die bisherigen Anforderungen für die einzelnen Berufsgruppen (Kaufleute, Techniker, Juristen) um die Dimension „Naturschutz" zu *erweitern*. So muß beispielsweise auf Unternehmensebene neben das verfahrenstechnische Know-how im üblichen Sinne nun auch **verfahrenstechnikbezogenes Fachwissen** treten, das sich auf die jeweiligen (schädlichen) Auswirkungen der im Unternehmen angewandten Verfahrenstechniken auf die Qualität von Luft, Wasser, Boden, Flora und Fauna bezieht. Genausowenig reicht es aus, „herkömmliches" juristisches Know-how zu besitzen, sondern auch hier muß das im Unternehmen verfügbare Fachwissen um Komponenten erweitert werden, die sich auf die **Umwelt-** bzw. **Naturschutzgesetzgebung** bzw. auf diesbezügliche verwaltungstechnische Verfahrensfragen beziehen. Für den Bereich der Betriebswirtschaftslehre müßten beispielsweise das Kostenrechnungs- oder Bilanzierungs-Know-how ausgebaut werden (hierzu *Seidel* 1991), um auf diese Weise auf spezifische Kenntnisse für eine ressourcen- bzw. naturschutzbezogene Rechnungslegung zurückgreifen zu können.

Für den Personalbestand des Gesamtunternehmens bedeutet dies insgesamt eine **Ergänzung** der zur Erfüllung des Unternehmensprogramms (strategische Pläne) erforderlichen Wissenskomponenten um naturschutzbezogene Kriterien. Tab. 3 zeigt beispielhaft auf, an welche Disziplinen bzw. Teilaspekte naturschutzbezogenen Fachwissens hier im einzelnen zu denken wäre (vgl. hierzu auch die Ergebnisse der empirischen Untersuchungen zu Inhalten der ökologischen Problematik bei *Schreiner* 1989; *Esch, Müller, Remer* 1991

3. Instrumentelles Personalwesen und Naturschutz

sowie die Übersicht über naturschutzbezogene Komponenten bereits existierender Curricula im Bereich Volks- und Betriebswirtschaftslehre bei *Feess-Dörr, Antes, Tiebler, Anthes, Steger* 1990).

Disziplinen:	erforderliches Know-how (Fachwissen) in:
Naturwissenschaft, z.B.	• Klimatologie • Limnologie • Geoökologie • Pflanzenökologie • Tierökologie
Technik, z.B.	• Schallschutztechniken • Abwasserreinigungstechniken • Techniken der Luftreinhaltung (Immissionen, Meßtechnik) • Verfahren der Abfallverwertung/-beseitigung • Sanierungstechniken • Energietechnik
Betriebswirtschaft, z.B.	• Öko-Bilanzierung/-Besteuerung • Produktionsökologie • Organisation des Umweltschutzes • Öko-Kostenrechnung • Öko-Marketing • Umwelt-Auditing (Controlling) • Versorgungslogistik (Rohstoff-/Energiewirtschaft) • Entsorgungslogistik (Abfall, Abwasser, Emissionen)
Volkswirtschaft, z.B.	• Theorie der Verfügungsrechte • Theorie der öffentlichen Güter • Theorie der intertemporalen Allokation • Mikroökonomie der externen Effekte • Wohlfahrtsökonomie
Sozialwissenschaft, z.B.	• Psychologische Fragen des Naturschutzes • Soziologische Fragen des Naturschutzes • Infrastrukturplanung
Recht, z.B.	• Umwelt-Strafrecht • Öffentliches Umweltrecht • Privates Umweltrecht • Umweltverfahrensrecht • Umweltverwaltungsrecht
Philosophie, z.B.	• Unternehmensethik • Normative Grundlagen der Umweltpolitik • Umweltethik

Tab. 3: Fachliche Komponenten des personalen Naturschutzpotentials

Neben solchen Wissenskomponenten muß jedoch auch berücksichtigt werden, daß eine rein sachliche Befähigung der Mitarbeiter nur eine notwendige, aber noch keine hinreichende Voraussetzung für naturschutzbezogenes Verhalten darstellt. Vielmehr erscheint es ebenso erforderlich, bei der Planung des Personalbestandes auch Qualifikationsmerkmale miteinzubeziehen, die, wie Einstellungen (z.B. positive Einstellung zum Naturschutz) oder Wertvorstellungen (z.B. Ehrfurcht vor der Schöpfung), auf die prinzipielle Handlungsbereitschaft zielen und damit zumindest bessere (individuelle) Voraussetzungen für ein zweckmäßiges Naturschutzverhalten schaffen (hierzu auch *Seidel* 1989).

Unter klassischen Bedingungen kann davon ausgegangen werden, daß man schon weiß, was ökologisch sinnvolles Handeln innerhalb des Unternehmens ist und auf dieser Basis auch Kenntnis darüber besitzt, welche Qualifikationen (Fachwissen, Einstellungen) benötigt werden und welche nicht. Die Planung personaler Ressourcen- und Naturschutzpotentiale muß also zu einem **Anforderungsprofil des Personalbestandes** führen, das neben Einstellungs- und Wertkomponenten vor allem konkrete Angaben über das insgesamt erforderliche ökologiebezogene Fachwissen enthält.

Die Realisierung personaler Naturschutzpotentiale

Wie lassen sich nun die in den einzelnen Dimensionen geplanten Personalanforderungen mit Hilfe der Instrumente der Personalarbeit umsetzen? Wie aus den bisherigen Ausführungen zu erkennen ist, müssen für die klassische Personalarbeit klare Rollenbilder und daraus abgeleitete Anforderungsprofile zur Verfügung stehen, auf die man bei Personalbeschaffung, -entwicklung und -einsatz zurückgreifen kann. Aus den **Anforderungsprofilen** müssen **Personenprofile** gemacht werden, mit denen man sich sodann dem internen und externen Arbeitskräfteangebot zuwenden kann. Unter idealen Bedingungen bestünde dann nicht nur vollkommene Information über das notwendige Naturschutzpotential, sondern es ließe sich durch Personalarbeit auch genau jenes Handlungssystem produzieren (vgl. Abb. 1, S. 515), das zweckmäßigen(!) Naturschutz garantiert.

Bei der **Personalbeschaffung** würde dies voraussetzen, daß auf dem Arbeitsmarkt überhaupt Einheiten (Berufsgruppen, Personen etc.) mit zweckmäßigen Naturschutzprofilen existieren, also z.B. der Diplomkaufmann mit den notwendigen ökologischen Zusatzkenntnissen. Wenn das Berufsbildungssystem die verlangten „Misch"-Profile nicht bereitstellt, würde die Personalbeschaffung entweder scheitern oder aber Überkapazitäten schaffen müssen, um den erforderlichen Mindestbedarf an Naturschutzpotentialen zu decken. Sofern jedoch die Voraussetzungen auf dem Arbeitsmarkt gegeben sind, besteht die Hauptschwierigkeit in der Wahl der richtigen Indikatoren und Ausleseverfahren. Tab. 4 stellt einen Versuch dar, beispielhaft aufzuzeigen, an welchen Indikatoren sich naturschutzbezogene Qualifikationsmerkmale erkennen lassen und mit welchen Verfahren diese Indikatoren ermittelt bzw. offengelegt werden können.

3. Instrumentelles Personalwesen und Naturschutz

Auswahlkriterien (Beispiele)	Indikatoren (Beispiele)	Verfahren (Beispiele)
Fachwissen: - naturwissenschaftlich - technisch - betriebswirtschaftlich - volkswirtschaftlich - sozialwissenschaftlich - juristisch - philosophisch Einstellungen: - Überzeugungen - Werte - Gefühle	• *Ausbildungszeugnisse* (z.B. Biologie, Chemie) • *berufliche Laufbahn/Stationen* (z.B. Tätigkeit in Naturschutzorganisation, Öko-Institut) • *Praktika* (z.B. in Öko-Institut) • *Seminarteilnahmen* (z.B. Fortbildung Umweltrecht) • *Patente* (z.B. für Entwicklung eines Schadstofffilters) • *Engagement in Umweltgruppen* (z.B. Greenpeace, Robin Wood) • *Interessen* (z.B. Bezug zur Natur) • *Erwartungen* (z.B. bzgl. ökologischem Verhalten des Unternehmens) • *Neigungen/Tendenzen* (z.B. Verantwortungsgefühl für intakte Umwelt; Sendungsbewußtsein) • *Zufriedenheit mit der Ausbildung* (z.B. mit dem Fehlen/Vorliegen von Naturschutzbezügen) • *Grundlagen für Berufsentscheidung* (z.B. Möglichkeit, etwas für den Naturschutz tun zu können) • *Zukunftsperspektiven* (z.B. Umweltberater, Umweltschutzbeauftragter)	• *Lebenslaufanalyse*: Welche Stationen im Bereich Naturschutz? • *Computerinterviews*: Fragen zum Umweltrecht • *Fähigkeitstests*: Aufgabenstellung zur ökologischen Bilanzierung • *Assessment-Center*: Übungen mit Problemstellung im Bereich Naturschutz • *biographischer Fragebogen*: Welche Lebensstationen weisen auf Naturinteresse hin? • *Interview*: Fragen zum Verhältnis zur Natur • *Persönlichkeitstest*: Neigungstest im Hinblick auf Wertschätzung von Natur • *Assessment-Center*: Management-Spiel zur Durchsetzung von Naturschutzinteressen

Tab. 4: Indikatoren und Verfahren zur Beschaffung von naturschutzorientierten Potentialen

Als Vorteil der Personalbeschaffung gilt ihre rasche Wirksamkeit zur gezielten Veränderung der Personalstruktur sowie ihre breite und flexibel handhabbare Auswahlbasis, die eben auch neuartige Qualifikationen relativ leicht erreichbar macht.

Auch beim Instrument der **Personalentwicklung** muß zunächst die Frage beantwortet werden, welche Entwicklungsinhalte und -verfahren eine Abdeckung der ökologischen Anforderungen versprechen. Dabei müssen die Entwicklungsinhalte wiederum aus den Kriterien des geplanten Personalbestandes abgeleitet werden und in Berufsgruppen bzw. besser: Personenprofile übersetzt werden. Tab. 5 (S. 524) zeigt ein Beispiel für ein auf Naturschutzkomponenten bezogenes Berufsgrupppenprofil (*Schreiner* 1991).

Darauf aufbauend stellt dann die Entscheidung, welche Verfahren zur Anwendung kommen sollen, ein zusätzliches Problem dar. Grundsätzlich lassen sich dabei eher kurzfristig orientierte und auf spezifische Aspekte begrenzte Maßnahmen zur Wissensvermittlung von längerfristig angelegten und umfassenderen Konzepten unterscheiden, die etwas allgemeiner eine generelle Naturschutz-Sensibilisierung der Mitarbeiter zum Ziel haben.

Kapitel 30: Ökologisches Management und Personalarbeit

naturschutzbezogene Aufgaben bei kaufmännischen Tätigkeiten (Beispiele)	Beispiel: Ausbildungsinhalte "Umweltwirtschaft für BWL-Studenten"
	Der Studienschwerpunkt "Umweltwirtschaft" umfaßt folgende *Pflichtfächer*:
• Recycling	**Umweltpolitik**, z.B.:
	• Umweltpolitik als Wirtschafts- und Gesellschaftspolitik
• Sanierung	• Prinzipien der Umweltpolitik
	• Instrumente der Umweltpolitik
• Entsorgung	
	Umweltrecht, z.B.:
• Immissionen	• Wasserrecht
	• Abfallrecht
• Gewässerschutz	• Immissionsschutzrecht
• Luftreinhaltung	**Umweltmanagement**, z.B.:
	• Grundlagen der Kreislaufwirtschaft
• Bodenschutz	• Öko-Marketing
	• Öko-Bilanzierung/-Besteuerung
• Abfallwirtschaft	• Organisation des Naturschutzes
• Lärmschutz	**Grundlagen der Umwelttechnik**, z.B.:
	• Grundlagen der Verfahrens-, Meß- und Regelungstechnik
• Umwelthaftung	• Techniken der Luftreinhaltung
	• Techniken der Abfallbehandlung
• Energieeinsparung	• Techniken der (Ab-)Wasserwirtschaft
• Umweltschutzkosten	Zusätzlich können folgende vertiefende *Wahlpflichtfächer* gewählt werden:
• Umweltbewußtsein	
	• Spezielles Umweltrecht
• umweltgerechtes Verbraucherverhalten	• Versorgungslogistik (Rohstoff-, Energiewirtschaft)
	• Entsorgungslogistik (Abfall, Abwasser, Emissionen)
	• Meß- und Regelungstechnik
	• Sonderprobleme der Umweltwirtschaft

Tab. 5: Naturschutzbezogene Aufgabenstellungen und Inhalte einer ökologischen Aus- bzw. Weiterbildung für Diplomkaufleute (Beispiele)

Kurzfristig verstandene Personalentwicklung stellt sich dann als rein fachlich ausgerichtete Weiterbildung dar, mit deren Hilfe die in bezug auf ein ressourcen- bzw. naturschutzbezogenes Unternehmensverhalten festgestellten Wissensdefizite der Mitarbeiter ausgeglichen werden sollen. Personalentwicklung präsentiert sich damit lediglich als vom Unternehmen initiierte, zweckbezogene fachliche Weiterbildung der Mitarbeiter.

Im Gegensatz dazu kann Personalentwicklung aber auch langfristiger und grundsätzlicher angelegt sein, indem sie nicht nur dazu benutzt wird, Fertigkeiten und Kenntnisse zu vermitteln. Vielmehr wird hierin eine Möglichkeit gesehen, neben der fachlichen Seite auch die generellen Einstellungen und Werthaltungen der Mitarbeiter in Entwicklungsmaßnahmen miteinzubeziehen und im Sinne eines zweckmäßigen Naturschutzes zu beeinflussen. Je nach Intention können durch eine entsprechende Ausrichtung der Entwicklungsinhalte sowohl Maßnahmen „off the job" (z.B. Seminare, Lehrgänge, Inhouse-Schulungen, programmierte Unterweisung, Planspiele), „near the

3. Instrumentelles Personalwesen und Naturschutz

job" (Lernstatt, Quality Circle) als auch „on the job" (z.B. planmäßiger Arbeitsplatzwechsel, Urlaubsvertretung, Sonderaufgaben, Mitarbeit in Naturschutzprojekten) ergriffen werden. Während bei der Vermittlung fachlichen Wissens insgesamt weniger Schwierigkeiten zu erwarten sind, muß man sich jedoch der Problematik einer gezielten Einstellungsänderung bewußt sein.

Vorteilhaft an der Personalentwicklung ist, daß, anders als bei der Personalbeschaffung, nicht ganze Personen, sondern nur deren Merkmale geändert werden müssen. Dies läßt die Personalentwicklung auch bei komplexen und dynamischen Anforderungsverhältnissen noch als relativ elastisches Instrument zur Anpassung an eine ökologische Bedarfslage erscheinen. Die verzögerte Wirksamkeit jedoch verlangt praktisch ein **permanentes und vorgreifendes Entwicklungsprogramm**.

Die **Personalbeurteilung** schließlich kann hier als eine Art Kontroll- und „Nachbesserungs"-Instrument Verwendung finden. Im Idealfall müßten ja schon die Auslese- und Entwicklungsmaßnahmen ein zweckmäßiges Naturschutzverhalten garantieren. Jedoch bestehen selbst unter einfachen Verhältnissen diesbezüglich Restrisiken, die durch eine entsprechende **Verwendungsbeurteilung** und Mitarbeitergespräche weitgehend aufgefangen werden. Eine solche Beurteilung müßte konsequenterweise bei der Frage anknüpfen, ob das Personal seinen Beitrag (Output) zum Zweck tatsächlich geleistet, d.h. z.B. unnötige Kosten durch Verletzung von Naturschutzprinzipien vermieden hat (Tab. 6).

Kostensenkung durch
- Energieeinsparung
- Reduktion/Substitution/Vermeidung naturschädigender Materialien
- Unterschreitung gesetzlicher Normen bei Schadstoffemissionen
- Wiederverwendbarkeit von Abfällen/Ausschußmaterial

Erlössteigerung durch
- externe Verwertung von Abfällen
- umweltverträgliche Produktgestaltung
- lizenzfähige umweltschonende Verfahrensentwicklungen

Tab. 6: Beurteilungsbeispiele für Naturschutzleistungen des Personals

Der Gewinn dieses Vorgehens besteht darin, daß damit auch **nachträgliche Korrekturen** durch Besetzungs- und Karriereentscheidungen möglich werden, so daß man bei der Personalbeschaffung großzügiger verfahren kann. Außerdem liefert die Personalbeurteilung wichtige Informationen für die *zukünftige* Beschaffung und Entwicklung. Eine nicht unerhebliche Schwäche der ausschließlich zweckorientierten Personalbeurteilung liegt in dem Zwang, die **Beurteilung an Endergebnissen** (Outputs) zu orientieren, auch wenn diese Ergebnisse vom Beurteiler nicht immer exakt gemessen, bewertet und zugerechnet werden können.

3.2 Voraussetzungen und Grenzen

Die im vorhergehenden Absatz dargestellten Möglichkeiten eines rein instrumentell verstandenen Personalwesens werfen die Frage nach den Erfolgsaussichten dieser Art von Personalarbeit auf. Hierzu muß zunächst darauf eingegangen werden, welche **Voraussetzungen** denn vorliegen müssen, damit eine auf ökologische Potentiale zielende Personalarbeit in der dargestellten Form überhaupt durchgeführt werden kann. Die grundlegende Prämisse lautet in jedem Falle, daß das Unternehmen sich und seine (Um-)Welt kennt und daher in der Lage ist, die richtigen Personalentscheidungen zu treffen. Darüber hinaus darf das Personalwesen auch auf keine nennenswerten Schwierigkeiten bei der Realisierung (z. B. kein hinreichendes Angebot an entsprechenden Arbeitskräften) treffen. In der Regel lassen sich solche Vorstellungen nur dann entwickeln, wenn die internen und externen Bedingungen weitgehend überschaubar und vom Unternehmen prinzipiell gestalt- bzw. beeinflußbar sind. Diese Voraussetzungen können jedoch nur bei einfachen und wenig dynamischen Unternehmens- und Arbeitsmarktbedingungen als erfüllt angesehen werden. Insgesamt ist gezielte Personalarbeit im Sinne eines zweckmäßigen Naturschutzes also nur dann möglich, wenn die allgemeinen Umweltverhältnisse, in denen sich ein Unternehmen bewegt, stabil und von so geringer Komplexität sind, daß sie von diesem zumindest in ihren relevanten Teilen prinzipiell durchschaut, prognostiziert und beherrscht werden können.

Bei einem Blick auf obige Voraussetzungen stellt sich nun sofort die Frage, inwieweit diese für die heutige bzw. zukünftige Problemlage vieler Unternehmen als realistisch angenommen werden können (*Simon* 1957; *Luhmann* 1973, 61 f. und 155 f.). Bereits eine oberflächliche Betrachtung der komplexen und dynamischen Bedingungen zeigt, daß die Annahmen des traditionellen Personalwesens und des begrenzten Ökologieverständnisses faktisch nicht haltbar sind. Dies ergibt sich aus der Feststellung, daß es für ein Unternehmen aufgrund einer wachsenden Anzahl potentiell zu berücksichtigender Einflußfaktoren immer schwieriger wird, die Beziehungen und Wechselwirkungen zwischen den Bedingungsfaktoren zu *erkennen* und in ihrer Bedeutung zu bewerten.

Gerade im Zusammenhang mit der Naturzerstörung durch die Wirtschaft werden die (Erkenntnis-)Grenzen des Menschen häufig sehr deutlich aufgezeigt, indem man immer wieder mehr oder weniger ratlos vor dem Problem steht, bestimmte negative Wirkungen wie z. B. das Waldsterben oder den Treibhauseffekt auf ihre Ursachen zurückzuführen. In der gleichen Weise zeigen die Erfahrungen bei sozialen bzw. gesellschaftlichen Entwicklungen, daß die Prämisse einer prinzipiellen Durchschaubarkeit des Geschehens weit-

3. Instrumentelles Personalwesen und Naturschutz

gehend unhaltbar ist. Somit muß allein schon aufgrund der hohen Komplexität die Annahme aufgegeben werden, daß sowohl die Umwelt als auch das Unternehmen durch seine Manager zuverlässig strukturierbar sind.

Ähnliche Feststellungen lassen sich für die unterstellte Stabilität der Bedingungen anführen. Auch hier sieht man sich damit konfrontiert, daß aufgrund der Vielfalt der Aspekte sowie deren Beziehungen zueinander weder zuverlässige Prognosen noch eine prinzipielle Beherrschbarkeit (die ja eine zuverlässige Abschätzung der Entwicklung ermöglichen würde) vorausgesetzt werden können.

Daneben zeigt sich, daß Unternehmen aufgrund diverser Entwicklungen in Wirtschaft und Gesellschaft schon längst keine „privaten" Veranstaltungen mehr sind, sondern zunehmend einem **starken Druck öffentlicher Einflüsse** ausgesetzt sind. Die Brisanz dieser Entwicklung liegt jedoch auch darin, daß die Unternehmen dabei zunehmend mit **außerökonomischen Werten** wie z. B. einem **zweckfreien Naturschutzdenken** konfrontiert werden. Hinzu kommt, daß es angesichts zunehmender Verknüpfungen zwischen den zahlreichen und vielfältigen Umwelten für ein Unternehmen immer schwieriger wird, (Teil-)Umwelten zu segmentieren und isoliert voneinander zu behandeln. So behindern bereits die oben angedeuteten Erkenntnisbarrieren des Menschen eine exakte Abgrenzung verschiedener Umweltsektoren. Gleichzeitig läuft man jedoch auch Gefahr, wesentliche Faktoren auszublenden und damit möglicherweise das Überleben des Unternehmens zu gefährden, wenn man sich ausschließlich auf eine spezifische Umwelt (z. B. die Natur) konzentriert, ohne auf die Wirkungen der getroffenen Maßnahmen in anderen Bereichen zu achten.

Beispiele aus der Unternehmenspraxis zeigen immer wieder, daß es zur Sicherung des Systemüberlebens eben nicht mehr ausreicht, sich ausschließlich auf den Gewinn (und damit auf die ökonomische Umwelt) zu konzentrieren, da die ein Unternehmen legitimierende Systemumwelt auch andere Maßstäbe (z. B. Eingehen auf Interessen der Natur, auf kommunale Anliegen, auf Normen der Weltgemeinschaft oder auf Gesundheitsinteressen der Menschen) an das Verhalten der Unternehmen anlegt. Ebenso birgt eine ausschließliche Konzentration auf Aspekte des Naturschutzes das Risiko, andere Umweltinteressen zu vernachlässigen, etwa dann, wenn mit einer rigorosen Naturschutzpolitik das Prinzip der Naturerhaltung so stark dominiert, daß gleichzeitig die kulturellen, emotionalen und sozialen Aspekte des menschlichen Lebens in den Hintergrund geraten. So kann es geschehen, daß, gerade weil man an die Natur denkt, kulturelle Gefahren (z. B. Einkommensverteilung) unbeachtet bleiben oder daß die scheinbar lohnende Naturvernachlässigung (z. B. bei der Produktion) das Image beim Käufer gefährlich schädigt.

Unternehmen sehen sich also zunehmend „ihren" Umwelten ausgesetzt, wobei entscheidend ist, daß Veränderungen in diesen Unternehmensumwelten immer häufiger zu erheblichen Konsequenzen *im* System führen. Der Erfolg und damit letzten Endes auch der Bestand eines Unternehmens werden dadurch sehr stark von seinen Grenzen her und damit von außen definiert. Dies impliziert eine Abhängigkeit von unsicheren, undurchschaubaren und komplexen Umwelten, die nun eine weitgehende Öffnung der Unternehmen für ihre Umwelten erfordert. Die Bewältigung der mit dem starken Umweltbezug einhergehenden Unsicherheit setzt somit ein prinzipiell offeneres Verständnis des Unternehmens als System voraus, das nun nicht mehr eindeutige und einseitig definierte Zwecke zu verfolgen hat, sondern permanent in der Lage sein muß, komplexe und i.d.R. sehr unbestimmte Probleme für seine verschiedenen Teilumwelten zu lösen. Das Unternehmen, ja die Wirtschaft schlechthin, müssen sich als generelle Problemlöser für eine komplexe Umwelt begreifen. Erst diese abstrakt-funktionale Definition eines Systems schafft auch die Voraussetzung für eine adäquate Lösung seines Überlebensproblems.

Hieraus folgt, daß die Formel vom „zweckmäßigen Naturschutz" unter heutigen Bedingungen keine tragfähige Basis für ein ökologisch orientiertes Personalwesen mehr bietet. Sie würde nämlich implizieren, daß es für das Unternehmen und die Wirtschaft auch eine „zweckmäßige Naturvernachlässigung" gibt, und gerade dies erscheint angesichts der komplexen Zusammenhänge fragwürdig.

Der ökologisch motivierte Personalleiter kann sich also nicht mehr recht darauf verlassen, daß bestimmte Qualifikationen und Einstellungen besser und andere schlechter sind, wenn es um das Wohl des Unternehmens und der Umwelt geht. Und überdies ist es auch sehr fraglich, ob er überhaupt noch in der Lage ist, entsprechendes Personal gezielt und mit vertretbarem Aufwand bereitzustellen. Vielmehr wird das Unternehmen mehr und mehr selber zum „Ausleseobjekt" am Arbeitsmarkt, da junge Führungskräfte immer deutlichere Vorstellungen davon entwickeln, welche Unternehmen zu ihnen passen und welche nicht (z.B. *Stehr* 1991 oder die jüngst veröffentlichte Untersuchung von *Böckenholt, Homburg* 1990). Dies dürfte, wie neueste Befragungen bei Studenten der Betriebswirtschaftslehre ergaben, auch für die ökologische Orientierung der kaufmännischen Nachwuchskräfte gelten (*Esch, Müller, Remer* 1991).

Zusammenfassend kann also davon ausgegangen werden, daß die instrumentelle Handhabung der Personalarbeit bei gleichzeitig enger Auslegung des ökologischen Verständnisses im Ergebnis zu einer Personalstruktur führt, mit der ein Unternehmen den vielfältigen und auch widersprüchlichen Anforderungen aus der Umwelt nur sehr schwer gerecht werden kann. Um ein Unternehmen auf komplexere und dynamische Bedingungen einzustellen, stehen die bereits unter Punkt 1 angedeuteten Alternativen zur Verfügung: Zum einen müßte über einen anderen Personalmanagement-Ansatz versucht werden, den personellen Bedarfslagen mehr Rechnung zu tragen, um sich auf diese Weise die zur Lösung der Überlebensproblematik erforderlichen personellen Ressourcen zu sichern (vgl. Tab. 2, S. 518, Quadrant II). Zum anderen müßte im Hinblick auf die problematische Umweltfrage aber auch die Fixierung auf bestimmte Teilumwelten aufgegeben und mit einem breiteren Ökologie- und Umweltbegriff eine Basis dafür geschaffen werden, daß bereits von der konzeptionellen Seite her allen überlebensrelevanten Umwelten eine Chance gegeben wird, in die Managemententscheidungen miteinbezogen zu werden (Quadrant III). Als möglicher Lösungsansatz kann dann ein **politisch verstandenes Personalmanagement** angestrebt werden, das auf ein generelles, auf dem Gegenseitigkeitsprinzip beruhenden **Umweltmanagement** ausgerichtet ist (Quadrant IV). Unbenommen bleibt dabei die Möglichkeit, bestimmten Fragen wie z.B. dem **Naturschutz eine befristete und begrenzte Prioriät** einzuräumen.

4. Politisches Personalmanagement und Umweltmanagement

Während dem Personalmanagement unter klassischen Bedingungen der Rahmen von der Unternehmensplanung vorgegeben wurde, ist es nun am Personalmanagement selbst, sich Gedanken zur Überlebensfähigkeit des Unternehmens zu machen. Denn dem Personalmanagement obliegt unter den neuen Bedingungen die Aufgabe, *ohne* feste Vorgaben von der Unternehmensplanung bzw. der Organisation für diejenigen personellen Bestände zu sorgen, die zur langfristigen Problemlösungsfähigkeit und zur Bewältigung der Überlebensproblematik eines Systems benötigt werden. Somit geht es darum, personelle Potentiale für eine ungewisse und komplexe Zukunft aufzubauen. Wie bereits unter Punkt 1.1 angedeutet, muß dabei die Funktion des Personalmanagements als Vermittler zwischen dem Unternehmen und den personellen Ressourcen am Arbeitsmarkt neu interpretiert werden, indem die Personalarbeit wesentlich stärker unter dem Gesichtspunkt betrachtet wird, im Unternehmen die Gegebenheiten und Interessen der am Arbeitsmarkt vorhandenen Ressourcen *aktiv* zu vertreten. Dies stellt an das Personalmanagement die Anforderung, notfalls auch auf eine Änderung des Unternehmensprogramms hin zu drängen, wenn dieses keine guten Voraussetzungen zur Gewinnung und Nutzung langfristiger Ressourcen bietet. Die Frage, was gute Ressourcen sind, kann aufgrund des starken Umweltbezugs nicht mehr allein vom Unternehmen beantwortet werden.

Es liegt auf der Hand, daß eine so verstandene Personalarbeit nicht mehr ausschließlich auf eindeutigen Vorstellungen über spezifische Detailkenntnisse und Fähigkeiten der potentiellen Mitarbeiter (insbes. der Führungskräfte) setzen kann. Statt dessen wird menschliches Potential benötigt, das aus eigener Kraft in der Lage ist, bestimmte Organisations- und Planungslücken zu schließen. Es wird mehr „Selbstmanagement"-Potential gebraucht.

Außerdem muß auch Platz geschaffen werden für entsprechende Erwartungen der Führungskräfte bzw. des Arbeitsmarktes. Um die vielfältigen und sich häufig verändernden Anforderungen aus der Umwelt bewältigen zu können, müssen Potentiale aufgebaut werden, die sich nicht nur durch Spezialistentum auszeichnen, sondern die aufgrund generellen Wissens auch für noch unklare Problemstellungen geeignet sind. Diese Mitarbeiter müssen in der Lage sein, abstrakter zu denken, sich in neue Probleme einarbeiten können sowie auch prinzipielle Entwicklungsfähigkeiten aufweisen. In diesem Sinne ist hier die Rede von „Ressourcen".

Die Planung ökologisch orientierter Potentiale

Der breite Umweltbegriff wirkt sich nun auch auf die Kriterien aus, die im Rahmen der Planung des Personalbedarfs entwickelt werden müssen. Hierbei geht es zunächst darum, die für das langfristige Überleben des Systems wichtigsten Umwelten wie Absatzmarkt, natürliche Ressourcen, Bürger, Staat oder Arbeitsmarkt zu identifizieren. In einem zweiten Schritt müßten spezifische Qualifikationen für die einzelnen Umweltbereiche definiert und gewichtet werden, wobei der Naturschutzqualifikation (vgl. Tab. 3 S. 521 und 5 S. 524) in unserer Zeit sicher ein besonderes Gewicht zukäme. Auf dieser Basis könnte man seinen Bestand an Führungspotential kritisch durchleuchten und durch diverse Gestaltungsmaßnahmen dafür sorgen, daß *insgesamt* im Unternehmen die wichtigsten Umweltbereiche personell vertreten sind. Insofern muß also im Unternehmen ein „personelles Umweltportfolio" aufgebaut werden, um auf diese Weise sicherzustellen, daß alle überlebensrelevanten Umweltbereiche *gleichrangig* im Unternehmen vertreten sind.

So müssen beispielsweise dem Naturschützer, dem Bürgerbeauftragten, dem Konsumentenvertreter oder dem Personalleiter die gleichen Rechte eingeräumt werden wie den herkömmlichen Managern. Nur so kann die Grundlage dafür geschaffen werden, daß sich die einzelnen Berufs- bzw. Qualifikationsgruppen „ihren" Umwelten gegenüber ökologisch, d.h. nach dem Gegenseitigkeitsprinzip, verhalten können.

Die Qualifikationsprofile sind zwar nach wie vor zunächst durch ein Fachwissen gekennzeichnet, das auf einen bestimmten Umweltbereich spezialisiert ist. Es geht nicht darum, fachspezifische Qualifikationen zu verdammen und statt dessen insgesamt auf einen „Umweltdilettantismus" zu setzen. Aufgrund der abnehmenden Differenzierbarkeit sowie der vielfältigen Verknüpfungen zwischen den Umwelten reicht es aber nicht mehr aus, Qualifikationen ausschließlich auf einen speziellen Umweltbereich (z.B. Absatzmarkt) auszurichten. Vielmehr wird von den Mitarbeitern zunehmend verlangt, daß sie *zusätzlich* auch fachliche Kenntnisse in bezug auf die zumindest angrenzenden Umwelten besitzen. Nur so kann für eine interne und externe Kommunikationsfähigkeit gesorgt werden, indem durch Kenntnis der Sprache und der Perspektive des anderen zumindest die Basis für eine grundsätzliche Verständigungsfähigkeit angestrebt wird.

4. Politisches Personalmanagement

Dies bedeutet jedoch nichts anderes, als daß die Qualifikationsprofile inhaltlich breiter und allgemeiner werden müssen, indem z.B. dem Ökonomen auch technische und dem Techniker auch ökonomische Grundkenntnisse vermittelt werden. Diese Integration kann aufgrund der enormen Wissensvermehrung jedoch nur durch eine Hinwendung zu *abstrakterem* Wissen und zu allgemeineren Fähigkeiten erfolgen. Die Unternehmen wären deshalb schlecht beraten, wenn sie ihre aktive Arbeitsmarktpolitik nur auf das Ziel kürzerer Studienzeiten und besserer konkreter Berufsfertigkeiten lenken würden. Neben die fachlichen Qualifikationen rücken zukünftig insbesondere die sogenannten **Schlüsselqualifikationen** (*Steger* 1991) in den Vordergrund der Personalbestandsplanung (Tab. 7).

- Fähigkeit, komplexe Probleme strukturieren zu können
- Kreativität
- Kritikfähigkeit und -bereitschaft
- Ambiguitätstoleranz
- Soziale Intelligenz
- Zukunftsorientierung
- Kommunikationsfähigkeit
- Lernbereitschaft
- Verständnis und Sensibilität für System/Umwelt-Beziehungen
- Einarbeitungsfähigkeit in neue Probleme

Tab. 7: Schlüsselqualifikationen (Beispiele)

Da es jedoch auf große Schwierigkeiten stoßen wird, den umweltnotwendigen Personalbestand auf logischem Wege „abzuleiten", muß auch das Verfahren der Personalplanung selbst z.T. auf eine mehr faktische Grundlage gestellt werden, um auf diese Weise Anhaltspunkte für überlebenstaugliche Muster bei der Strukturierung der Personalbestände zu gewinnen. Hierfür werden zunehmend empirische Forschungsergebnisse zu der Frage benötigt, welche Personalstrukturen (in der Branche, Größenklasse, Region etc.) tatsächlich „überlebt" haben (vgl. hierzu ansatzweise z.B. *Ackermann* 1986). Die Personalforschung liegt diesbezüglich noch weit hinter der empirischen Organisationsforschung zurück, und die Wissenschaft ist aufgefordert, diese Lücke zu schließen.

Zusammenfassend ist zu sagen, daß ein Personalbestand aufgebaut werden muß, der nicht nur mit spezifischen Detailkenntnissen ausgestattet ist, sondern zusätzlich ein hohes Maß an „ökologischer Kompetenz" im umfassendsten Sinne aufweist.

Die Realisierung ökologisch orientierter Potentiale

Die oben dargestellten neuartigen Ansätze zur Personalplanung sind sicherlich noch keine komfortable und operationale Grundlage für die konkrete

Personalgestaltung. Für die **Personalbeschaffung** stellt sich daher die Frage, wo und anhand welcher Indikatoren Mitarbeiter gefunden werden können, die sowohl einen bestimmten Umweltstandpunkt (Markt, Natur etc.) vertreten können als auch den für das Überleben des Unternehmens notwendigen Systembezug (z.B. Identifikation) versprechen. Einerseits verlangt dies bei der gegebenen starken Segmentierung der Berufsgruppen, daß man sich auf neue Arbeitsmärkte (z.B. Biologen und Soziologen als Manager) einlassen und auch deren Qualitätsindikatoren übernehmen muß. Andererseits muß sichergestellt werden, daß nur solche Personen ausgewählt werden, die einen innerlichen Bezug zu den Eigenheiten und Normen des Systems aufweisen und sich mit anderen arrangieren können.

Ersteres ließe sich dadurch erreichen, daß man die Umweltexperten (z.B. Natur-Ökologen) wenigstens teilweise selber entscheiden ließe, welche Auslesekriterien zur Anwendung kommen sollten. Letzteres würde verlangen, daß man den Arbeitsmarkt mit ausführlichen Informationen über das Unternehmen versorgt, so daß auf dem Wege der „Selbstselektion" nur solche Experten ins Unternehmen gelangen, denen am „Produkt" gelegen ist und die nicht nur Standfestigkeit, sondern auch Toleranz und Kooperationsbereitschaft mitbringen. Insgesamt geht es also um eine aktivere Rolle des Personals bei der Personalbeschaffung.

Auch das Instrument der **Personalentwicklung** erhält im Zuge des auf ein breites Ökologieverständnis ausgelegten politischen Personalmanagements einen anderen Charakter. In dem Maße, wie die klassischen Qualifikationsmerkmale (Fachkenntnisse und Fertigkeiten) ihre Bedeutung für das Unternehmen verlieren, muß auch eine auf diese Merkmale zielende Personalentwicklung scheitern. Zum einen muß dem Personal mehr Gelegenheit gegeben werden, sich unabhängig von Zweckinhalten auf bestimmten Umweltbereichen fortzubilden. Hierzu gehört sicher auch eine Erhöhung der **Allgemeinbildungsanteile.** Zum anderen geht es auch um eine Verbesserung des **Selbstmanagements,** indem sowohl Planungs- und Organisations- als auch Gruppen- und Konfliktfähigkeiten trainiert werden.

All dies ist aber nur möglich, wenn **das Personal selbst die Entwicklung mitplant und -trägt,** da eine zentrale Entwicklungsabteilung zweifellos damit überfordert wäre, die komplexen Anforderungen zu definieren und entsprechende Entwicklungsmaßnahmen gezielt anzubieten. Gefordert sind mithin insgesamt mehr Eigendynamik und -verantwortung bei der Personalentwicklung, womit freilich die alte Idee zweckbezogener Berufsbildung zumindest auf der gehobenen Führungskräfteebene teilweise fallengelassen werden müßte. Personalentwicklung präsentiert sich damit immer mehr als **Persönlichkeitsentwicklung** und aufgrund der engen Verknüpfung zwischen personellen Ressourcen und Unternehmensgeschehen zunehmend auch als Systementwicklung.

Die Veränderung der Kriterien, die der Personalbedarfsplanung zugrunde liegen, zeigt auch ihre Wirkungen für die **Personalbeurteilung**. Auch hier muß erkannt werden, daß der klassischen Outputbetrachtung (Arbeitsergebnisse) die Grundlage entzogen wird, da aufgrund der komplexen Verhältnisse niemand mehr ernsthaft beanspruchen kann, im voraus genau zu wissen, welche konkreten Leistungen denn notwendig sind und welche nicht.

Insofern erscheint es allein unter diesem Gesichtspunkt nicht mehr möglich, die Beiträge der Mitarbeiter *allein* auf der Basis von Endergebnissen beurteilen zu wollen. Die große Bedeutung der allgemeinen Fähigkeiten (Schlüsselqualifikationen) legt es vielmehr nahe, die Qualität der personellen Beiträge verstärkt auch daran zu messen, was denn der einzelne an Input gegeben hat. Dies führt dazu, daß Personalbeurteilungsmaßnahmen immer häufiger auch als **Verhaltens-,** denn ausschließlich als Leistungsbeurteilung gesehen werden müssen. Eine so verstandene Personalbeurteilung entspricht dann auch eher den Tendenzen, den Unternehmenserfolg mehr und mehr als Produkt solcher Inputs wie Engagement, Sorgfalt, Kreativität, Kollegialität oder Lernbereitschaft zu sehen.

Eine Beurteilung von (aus dem Zweck abgeleiteten) Outputs wie Erlös und Kosteneffekte würde es den Teilnehmern schwer machen, auf „legale" Weise ihren Umweltstandpunkt ins Spiel zu bringen. Besonders deutlich wird dies heute bei der Naturschutzfrage, denn im Zweifelsfalle zählt für die Karriere der Beitrag zum Unternehmensgewinn sicher mehr als umweltbewußtes Verhalten bei der Fertigung etc.

Immerhin mehren sich die Anzeichen dafür, daß hier ein Wandel einsetzt, wie die jüngsten Äußerungen von verschiedenen Wirtschaftsführern, wie z.B. *Louis R. Hughes*, Vorstandsvorsitzender der Adam Opel AG, zeigen: „Trotz aller bisherigen Erfolge wird Umweltschutz eine unserer wichtigsten Zukunftsaufgaben sein. Zu deren Bewältigung brauchen wir umweltbewußte Mitarbeiter auf allen Managementebenen. Deshalb ist zusätzliches Umweltwissen heutzutage auch unbedingt karriereförderlich" (*Lepper, Seyfried* 1990, 84; vgl. zu einer ähnlichen Äußerung auch *Dürr* 1991). Ebenso hat die Befragung der „Bayreuther Initiative" ergeben, daß in der Wirtschaft zunehmend auch umweltbewußtes Verhalten honoriert werden wird. So waren z.B. zwei Drittel der befragten Unternehmen der Meinung, daß die generellen Einstellungschancen für ökologisch ausgebildete Betriebswirte steigen (*Esch, Müller, Remer* 1991).

Literatur

Ackermann, K.-F. (1986), A Contingency Model of HRM-Strategy, Empirical Research Findings Reconsidered, in: Management Forum, 6/1986, S. 65–83
Atteslander, P. (1989), Personalpolitik wird zur Unternehmenspolitik, in: io Management Zeitschrift 9/89, S. 32–34
Benseler, G.E. (1896), Griechisch-Deutsches Schulwörterbuch, Leipzig

Berthel, J. (1979), Personal-Management, Grundzüge für Konzeptionen betrieblicher Personalarbeit, Stuttgart

Böckenholt, I., Homburg, Ch. (1990), Ansehen, Karriere oder Sicherheit? Entscheidungskriterien bei der Stellenwahl von Führungsnachwuchs in Großunternehmen, in: Zeitschrift für Betriebswirtschaft 11/90, S. 1159–1181

Brenken, D. (1988), Strategische Unternehmensführung und Ökologie, Rekonstruktion eines ausgewählten Denkmodells und die Analyse seiner Anwendung am Beispiel ökonomisch-ökologischer Problemkomplexe, Bergisch-Gladbach und Köln

Dürr, H. (1991), Ökologie als Unternehmensziel, in: *Remer, A., Esch, M., Müller, G.* (Hrsg.), Ökologie in der Betriebswirtschaftslehre. Modethema oder Notstand? Beiträge zur gleichnamigen Tagung an der Universität Bayreuth am 27. 9. 1990, Hummeltal, S. 50–54

Esch, M., Müller, N., Remer, A., (1991), Befragungsergebnisse zur Ökologie in der Betriebswirtschaftslehre, in: *Remer, A., Esch, M., Müller, G. N.* (Hrsg.), Ökologie in der Betriebswirtschaftslehre. Modethema oder Notstand? Beiträge zur gleichnamigen Tagung an der Universität Bayreuth am 27. 9. 1990, Hummeltal, S. 11–49

Feess-Dörr, E., Antes, R., Tiebler, P., Anthes, A., Steger, U. (1990), Entwicklung und Erprobung eines Curriculums zur Integration der Ökologie in die wirtschaftswissenschaftliche Ausbildung, Erster Zwischenbericht, in: *Steger, U.* (Hrsg.), Nr. 15 der Arbeitspapiere des Instituts für Ökologie und Unternehmensführung e. V., Oestrich-Winkel

Hahn, D. (1986), Planungs- und Kontrollrechnung – PuK. Integrierte ergebnis- und liquiditätsorientierte Planungs- und Kontrollrechnung als Führungsinstrument in Industrieunternehmungen mit Massen- und Serienproduktion, 3., völlig überarb. Auflage, Wiesbaden

Hannan, M. T., Freeman, J. (1989), Organizational Ecology. Cambridge, Mass. und London

Hentze, J. (1981), Personalwirtschaftslehre 1. Grundlagen, Personalbedarfsermittlung, -beschaffung, -entwicklung, -bildung und -einsatz, 2., neubearb. Auflage, Bern und Stuttgart

Hopfenbeck, W. (1989), Allgemeine Betriebswirtschafts- und Managementlehre, Das Unternehmen im Spannungsfeld zwischen ökonomischen, sozialen und ökologischen Interessen, Landsberg a. L.

Kieser, A. (1988), Darwin und die Folgen für die Organisationstheorie: Darstellung und Kritik des Population Ecology-Ansatzes, in: Die Betriebswirtschaft 5/88, S. 603–620

Koontz, H., Weihrich, H. (1988), Management, 9. Auflage, New York u. a.

Kübel, R. (1990), Ressource Mensch, Erfolg durch Individualität, München

Lepper, R., Seyfried, K.-H. (1990), Schneller höher mit Ökologie, in: Capital 9/90, S. 83–98

Luhmann, N. (1973), Zweckbegriff und Systemrationalität, Über die Funktion von Zwecken in sozialen Systemen, Frankfurt a. M.

Peglau, R., Kayser, B. (1988), Studienführer Umweltschutz, Ausbildungsmöglichkeiten mit umweltspezifischer Schwerpunktbildung an den Hochschulen der Bundesrepublik Deutschland, hrsg. vom Umweltbundesamt, Fachgebiet „Sozialwissenschaftliche Umweltfragen", 4. Auflage, Berlin

Pfriem, R. (Hrsg.) (1986), Ökologische Unternehmenspolitik, Frankfurt a.M./New York

Remer, A. (1978), Personalmanagement, Mitarbeiterorientierte Organisation und Führung von Unternehmen, Berlin/New York

Remer, A. (1985), Vom Produktionsfaktor zum Unternehmensmitglied – Grundlagen einer situations- und entwicklungsbewußten Personallehre, in: *Bühler, W., Hofmann, M., Malinsky, A. H., Reber, G., Pernsteiner, A. W.* (Hrsg.), Die ganzheitlich-verstehende Betrachtung der sozialen Leistungsordnung, Ein Beitrag zur Ganzheitsforschung und -lehre, Festschrift Josef Kolbinger, Wien/New York, S. 375–391.

Remer, A. (1988), Das Managementsystem als Entscheidungsgegenstand, Möglichkeiten, Bedingungen und Tendenzen der Gestaltung, in: Wirtschaftswissenschaftliches Studium 11/88, S. 559–563

Scholz, Chr. (1982), Zur Konzeption einer Strategischen Personalplanung, in: Zeitschrift für betriebwirtschaftliche Forschung 11/82, S. 979–994

Scholz, Chr. (1989), Personalmanagement, München

Schreiner, M. (1988), Umweltmanagement in 22 Lektionen, Ein ökonomischer Weg in eine ökologische Wirtschaft, Wiesbaden

Schreiner, M. (1989), Umweltökonomie als Bestandteil des Studiums an Fachhochschulen, Konzeptionelle Entwicklung einer berufsfeldbezogenen Qualifizierungsstrategie, Abschlußbericht zum Forschungsprojekt, Fulda

Schreiner, M. (1991), Wie sollte sich die ökologische Problematik in der wirtschaftswissenschaftlichen Lehre niederschlagen?, in: *Remer, A., Esch, M., Müller, G. N.* (Hrsg.), Ökologie in der Betriebswirtschaftslehre, Modethema oder Notstand? Beiträge zur gleichnamigen Tagung an der Universität Bayreuth am 27. 9. 1990, Hummeltal, S. 89–115

Seidel, E. (1989), „Wollen" und „Können" – Auf dem Weg zu einer ökologisch verpflichteten Unternehmensführung, in: Zeitschrift Führung und Organisation 2/89, S. 75–83

Seidel, E. (1991), Was trägt die wirtschaftswissenschaftliche Forschung zur Lösung ökologischer Probleme bei?, in: *Remer, A., Esch, M., Müller, G. N.* (Hrsg.), Ökologie in der Betriebswirtschaftslehre, Modethema oder Notstand? Beiträge zur gleichnamigen Tagung an der Universität Bayreuth am 27. 9. 1990, Hummeltal, S. 66–88

Seidel, E., Menn, H. (1988), Ökologisch orientierte Betriebswirtschaft, Stuttgart u. a.

Senn, J.F. (1986), Ökologie-orientierte Unternehmensführung, Theoretische Grundlagen, empirische Fallanalysen und mögliche Basisstrategien, Frankfurt a. M./Bern/New York

Simon, H.A. (1957), Adminstrative Behavior, A Study of Decision-Making in Administrative Organizations, New York

Staehle, W. H. (1990), Management, Eine verhaltenswissenschaftliche Perspektive, München

Staffelbach, B. (1986), Strategisches Personalmanagement, Bern

Steger, U. (1988), Umweltmanagement, Erfahrungen und Instrumente einer umweltorientierten Unternehmensstrategie, Wiesbaden

Steger, U. (1991), Qualifikationsanforderungen im Umweltschutz, in: *Remer, A., Esch, M., Müller, G. N.* (Hrsg.), Ökologie in der Betriebswirtschaftslehre, Modethema oder Notstand? Beiträge zur gleichnamigen Tagung an der Universität Bayreuth am 27. 9. 1990, Hummeltal, S. 55–64

Stehr, Ch. (1991), Naturwissenschaftler in Gewissensnöten, Ethische Kriterien bei der Arbeitsplatzwahl, in: UNI Berufswahl-Magazin 2/91, S. 12–14

Steinmann, H., Schreyögg, G., Thiem, J. (1989), Strategische Personalführung – Inhaltliche Ansatzpunkte zu einem konzeptionellen Bezugsrahmen, in: Mitteilungen aus der Arbeitsmarkt- und Berufsforschung 3/89, S. 397–407

Steven, M. (1991), Integration des Umweltschutzes in die Betriebswirtschaft, in: Das Wirtschaftsstudium 1/91, S. 38–42

Strebel, H. (1980), Umwelt und Betriebswirtschaft, Die natürliche Umwelt als Gegenstand der Unternehmenspolitik, Berlin

Strunz, H. (1990), Ökologieorientierte Unternehmensführung, in: io Management Zeitschrift 7–8/90, S. 54–58

Trist, E. L. (1980), The environment and systems response capability, in: Futures 2/80, S. 113–127

Winter, G. (1987), Das umweltbewußte Unternehmen, Ein Handbuch der Betriebsökologie mit 22 Check-Listen für die Praxis, München

Kapitel 31
Integration des Umweltschutzes in den Funktionsbereich Marketing

von *Manfred Bruhn*

1. Einführung und Problemstellung 538
2. Ökologische Basisstrategien im Marketing 540
   2.1 Marktwahlstrategien 540
   2.2 Produktstrategien 542
   2.3 Absatzmittlerstrategien 543
   2.4 Konkurrenzstrategien 544
3. Instrumentelle Ausprägungen eines Ökologischen Marketing 545
   3.1 Ökologiegerichtete Produkt- und Servicepolitik 545
   3.2 Ökologiegerichtete Preispolitik 547
   3.3 Ökologiegerichtete Kommunikationspolitik 547
   3.4 Ökologiegerichtete Vertriebspolitik 550
4. Voraussetzungen für ein Ökologisches Marketing 552
Literatur 553

1. Einführung und Problemstellung

Ein Umweltmanagement hat die Aufgabe, das gesamte Unternehmen strategisch auf Umweltbelange auszurichten. Eine in diesem Sinne verstandene **umweltorientierte Unternehmensführung** bezieht sich auf sämtliche betriebswirtschaftliche Funktionsbereiche und Märkte. Im Mittelpunkt steht dabei ein auf den Absatzmarkt ausgerichtetes Leistungsprogramm (Strategisches Marketing), das den Anforderungen des Umweltschutzes und den Unternehmenszielen gleichermaßen gerecht wird (*Raffée* 1979). Die Analyseinstrumente im Rahmen der strategischen Unternehmensplanung zielen darauf ab, Unternehmensstrategien zu entwickeln, die im zukünftigen Wettbewerb den Anforderungen ökologischer Belange entsprechen (vgl. dazu auch die Beiträge von *Kreikebaum* im Kapitel 17 und *Steger* im Kapitel 18 dieses Handbuches). Bei der Umsetzung der Methoden des strategischen und operativen Marketing für den Umweltschutz kann man auch von einem **marktorientierten Umweltmanagement** sprechen (*Steger* 1988; *Meffert et al.* 1991).

Sind Strategien für ein unternehmensindividuelles Umweltmanagement entwickelt worden, erfolgt die Einbeziehung der einzelnen Strategieelemente in die betriebswirtschaftlichen Funktionsbereiche. Bezogen auf das Marketing bedeutet dies, daß die Vermarktung von Leistungsprogrammen den ökologischen Anforderungen zu entsprechen hat. Hier haben sich Begriffe wie **Ökologisches Marketing** bzw. **Ökologiemarketing** („Ökomarketing") durchgesetzt, um Strategien und Maßnahmen zu kennzeichnen, die Umweltschutzbelange im Marketing berücksichtigen (vgl. etwa die Ansätze von *Henion, Kinnear* 1975; *Henion* 1976; *Ruppen* 1978; *Bruhn* 1978; *Burghold* 1988; *Brand et al.* 1988; *Burkhard* 1988; *Heinz* 1988; *Wimmer, Schuster* 1990 sowie den Überblick bei *Hopfenbeck* 1990).

Die Ausprägungen des Ökologiemarketing hängen von der spezifischen Situation des jeweiligen Unternehmens ab. Es ist deshalb erforderlich, eine **ökologiegerichtete Marketingsituationsanalyse** vorzunehmen, um die Betroffenheit des Unternehmens von ökologischen Fragen festzustellen. Die Situationsanalyse bezieht sich insbesondere auf die Markt-, Kunden-, Handels-, Konkurrenz-, Umfeld- und Unternehmenssituation (*Bruhn* 1990a, 24). Folgende Informationen sind beispielsweise von besonderer Relevanz:

(1) Marktsituation
- Marktaufteilung der ökologisch relevanten Teilmärkte,
- Marktentwicklung von Teilmärkten mit Umweltproblemen (Wachstumsraten, Volumen und Ausschöpfungsgrad),
- Marktentwicklung von Märkten mit ökologischen Produktvorteilen.

1. Einführung und Problemstellung

(2) Kundensituation

- Einstellung der Kunden zu Umweltthemen,
- Kundenverhalten bei Produkten mit Umweltproblemen,
- Kundenakzeptanz von ökologisch verbesserten Produkten und ökologischen Produktinnovationen,
- Preiselastizität bei Produkten mit ökologischen Vorteilen,
- Merkmale ökologischer Kundensegmente.

(3) Handelssituation

- Forderungen des Handels nach ökologisch verbesserten Produkten,
- Akzeptanz bzw. Ablehnung von ökologischen Produktinnovationen,
- Forderungen des Handels nach umweltfreundlichen Verpackungen,
- Bereitschaft des Handels zum Aufbau von Retrodistributionssystemen,
- Profilierung von Handelskonzernen als umweltfreundliche Handelsbetriebe.

(4) Konkurrenzsituation

- Ökologieorientierung des Hauptkonkurrenten,
- Konkurrenzintensität in ökologischen Teilmärkten,
- Markteintrittsbarrieren in ökologischen Teilmärkten,
- Marktaustrittsbarrieren in Teilmärkten mit Umweltproblemen,
- ausländischer Konkurrenzdruck durch ökologische Produktinnovationen,
- Bereitschaft der Konkurrenz zur gemeinschaftlichen Lösung von Umweltproblemen.

(5) Umfeldsituation

- Staatliche Auflagen zur Berücksichtigung ökologischer Aspekte bei Produkten und Verpackungen (Umweltschutzgesetzgebung),
- Normendruck der Bevölkerung zum ökologischen Unternehmensverhalten,
- Stand und Entwicklung der Umweltschutztechnologie,
- Reaktion der Medien und Öffentlichkeit auf ökologisch relevante Ereignisse (neue Erfindungen, Skandale).

(6) Unternehmenssituation

- Grad der Betroffenheit von ökologischen Problemen bei den vorhandenen Produkten und Verpackungen,
- bisherige ökologische Ausrichtung des Leistungsprogramms nach ökologischen Aspekten,
- Verankerung des Umweltschutzes in den Unternehmensgrundsätzen oder anderen Richtlinien des Unternehmens,
- Stand der Umweltschutztechnik im Unternehmen,

- Image bei den Konsumenten und im Handel als umweltfreundliches Unternehmen,
- Bewußtsein der Mitarbeiter für Umweltschutzthemen.

Die verschiedenen Informationen der Marketingsituationsanalyse müssen durch weitere Analyseinstrumente verdichtet werden (z.B. ökologieorientierte Chancen-Risiken-Analyse/Stärken-Schwächen-Analyse, Branchenanalysen von Umweltschutzmärkten, Ökologieportfolios), um relevante Marketingstrategien entwickeln zu können und Hinweise auf einen ökologiegerechten Einsatz der Marketinginstrumente zu erhalten (*Meffert et al.* 1986 b).

Dabei ergibt sich für jedes Unternehmen bei unterschiedlichem Grad an Betroffenheit von Umweltschutzproblemen die grundsätzliche Frage, ob das Unternehmens- und Marketingverhalten von einer aktiven oder passiven Ökologiestrategie geprägt sein soll (*Meffert et al.* 1986 a, 148 ff.; *Wicke* 1987; *Kirchgeorg* 1990, 35 ff.):

- Eine **aktive Ökologiestrategie** ist eine offensive Umweltschutzstrategie, bei der das Unternehmen aktive und innovative Beiträge zur ökologischen Verbesserung des Leistungsprogramms leistet.
- Bei einer **passiven Ökologiestrategie** im Sinne einer defensiven Reaktion kann ein Unternehmen durch Anpassung, Passivität, Widerstand oder Rückzug auf Umweltprobleme reagieren.

Die verschiedenen Typen von umweltorientierten Unternehmensstrategien finden sich auch in den Beiträgen von *Kreikebaum* im Kapitel 17, *Steger* im Kapitel 18 sowie *Antes/Steger/Tiebler* im Kapitel 23 dieses Handbuches.

Auf der Grundlage des grundsätzlich **ökologieorientierten Unternehmensverhaltens** ist die relevante ökologische Basisstrategie im Marketing zu entwickeln.

2. Ökologische Basisstrategien im Marketing

Ausgangspunkt für ein Ökologisches Marketing sind **Basisstrategien**, die die Art und Richtung der Geschäftsfeldbearbeitung vorzeichnen. Basisstrategien im Strategischen Marketing geben an, mit welcher Schwerpunktsetzung ein Unternehmen in der Lage ist bzw. anstrebt, Wettbewerbsvorteile im Markt zu erhalten (vgl. etwa *Brenken* 1987; *Meffert, Kirchgeorg, Ostmeier* 1989). In Anlehnung an die im Marketing üblichen Marketingbasisstrategien soll hier zwischen Marktwahl-, Produkt-, Absatzmittler-, Konkurrenz- und Marketinginstrumente-Strategien unterschieden werden (*Bruhn* 1990 a, 54 f.).

2.1 Marktwahlstrategien

Die Marktwahlstrategie legt fest, in welchen Märkten ein Unternehmen tätig sein will bzw. welche Teilmärkte es nicht bearbeiten wird. Die Festlegung des

2. Ökologische Basisstrategien im Marketing

für eine Unternehmung „relevanten Marktes" gilt also analog für die Abgrenzung des „relevanten Ökologiemarktes" eines Unternehmens. Hierbei kann die Produkt-Markt-Matrix nach *Ansoff* bzw. das Konzept der Bildung strategischer Geschäftseinheiten (SGE) nach *Abell* (mit den Dimensionen Funktionserfüllung/Kundengruppen/Technologie) herangezogen werden (vgl. dazu den Beitrag von *Kreikebaum* im Kapitel 17 dieses Handbuches). Im Sinne einer ökologieorientierten Auswahl der Märkte können die Umweltschutzmärkte dann durch eine Gesamtmarkt-, Teilmarkt- sowie Diversifikationsstrategie bearbeitet werden.

Hat sich ein Unternehmen mit einer bisher vollständigen Marktabdeckung einer konsequenten umweltorientierten Unternehmensstrategie verschrieben und wird diese Strategie konsequent bei allen Produkten durchgesetzt, so liegt die **Strategie der Gesamtmarktabdeckung** vor. Hierbei ist ein Unternehmen als „Vollsortimenter" mit verschiedenen ökologischen Produkten für unterschiedliche Kundengruppen tätig.

Die meisten Unternehmen werden nicht in der Lage sein, den Gesamtmarkt generell bzw. ökologieorientiert abzudecken. Sie werden mit einer **Teilmarktstrategie** darauf abzielen, ausgewählte Marktsegmente mit ökologischen Produkten zu bearbeiten. Diese Marketingstrategie ist am häufigsten zu beobachten. Die Selektion von Teilmärkten kann dabei in vier Varianten erfolgen:

(1) **Nischenspezialisierung:** Ein Unternehmen ist mit nur einem ökologischen Produkt im Markt vertreten, um das entsprechende umweltbewußte Kundensegment anzusprechen, etwa durch eine Produktdifferenzierung (Beispiel: Marke Frosch).

(2) **Produktspezialiserung:** Innerhalb einer Produktsparte werden für verschiedene Kundengruppen umweltfreundliche Produkte angeboten (Beispiel: verschiedene Öko-Biersorten des Neumarkter Lammsbräu).

(3) **Marktspezialisierung:** Hierbei konzentriert sich ein Unternehmen auf ökologisch bewußte Kundengruppen und bietet ihnen unterschiedliche Umweltprodukte an (Beispiel: Bio-Läden).

(4) **Selektive Spezialisierung:** Schließlich kann sich ein Unternehmen mehrere ökologisch relevante Nischen heraussuchen und durch umweltfreundliche Produkte verschiedene Kundengruppen ansprechen.

Zur Bearbeitung ökologisch relevanter Märkte kann auch eine **Diversifikationsstrategie** geeignet sein. Dabei bearbeitet ein Unternehmen Umweltschutzmärkte in verschiedenen Branchen, indem es systematisch neue Produkte in neuen Märkten anbietet. In der Regel wird es sich dabei um eine **mediale Diversifikation** handeln, indem noch ein gewisser Zusammenhang – beispielsweise bedingt durch die Technologie oder Beschaffung – zwischen den verschiedenen Produkten besteht.

2.2 Produktstrategien

Im Rahmen des Strategischen Marketing wird durch Produktstrategien festgelegt, bei welchen Produkten bzw. Produktgruppen ein Unternehmen Schwerpunkte setzt und durch welche Art von Produktstrategie die Kundengruppen angesprochen werden sollen. Die Schwerpunkte dieser Marktbearbeitung werden beispielsweise durch Portfolioanalysen ermittelt. In Tab. 1 ist ein Beispiel für ein **Ökologieportfolio** wiedergegeben. Je nach Stellung der Produkte im Portfolio kann zwischen Investitions-, Selektions- und Desinvestitionsstrategien unterschieden werden.

Attraktivität des ökologisch relevanten Marktes		Niedrig	Mittel	Hoch
	Hoch	Investition oder Rückzug	Investition	Marktführerschaft halten
	Mittel	Abschöpfung und stufenweise Desinvestition	Übergang	Wachstum
	Niedrig	Desinvestition	Abschöpfung und stufenweise Desinvestition	Abschöpfung
		\multicolumn{3}{c}{Relative Wettbewerbsvorteile durch Ökologieorientierung}		

Tab. 1: Beispiel für ein Ökologieportfolio

Sollen ökologisch relevante Märkte durch **Investitions- und Wachstumsstrategien** bearbeitet werden, dann kann dies in Form einer Strategie der **Produktdifferenzierung** erfolgen, etwa durch die Einführung einer umweltfreundlichen Produktvariante neben dem bisherigen Produkt. Diese Strategie wurde beispielsweise von einigen Waschmittelherstellern bei der Markteinführung phosphatfreier Waschmittel praktiziert. Weiterhin kann eine Wachstumsstrategie durch eine ökologische **Produktinnovation** umgesetzt werden, indem neue Produktkonzepte systematisch entwickelt und in den Markt eingeführt werden.

Im Rahmen von **Selektionsstrategien** soll die Marktattraktivität von Produkten erhöht werden. Hierbei ist zunächst an Maßnahmen der gezielten **Produktverbesserung** zu denken, das heißt der Verringerung und Beseitigung von Umweltbelastungen durch Produkte (z.B. Verzicht auf FCKW in Spraydosen, serienmäßiger Einbau von Katalysatoren in Autos, Verwendung umweltfreundlicherer Verpackungen). Ferner ist eine Steigerung der Marktattraktivität durch **Qualitäts- und Markenstrategien** möglich. Hierbei werden durch ökologisch verbesserte Produkte bewußt höhere Qualitätsklassen angesprochen, gegebenenfalls auch durch ein spezielles Markenzeichen. Der Aufbau spezieller umweltfreundlicher Marken ist besonders im Reinigungs- und Körperpflegemarkt zu beobachten.

Ein dritter Typ von Normstrategie besteht in **Abschöpfungs- und Desinvestitionsstrategien**. Ein Unternehmen kommt dabei zu dem Ergebnis, daß umweltschädliche Produkte aus dem Sortiment eliminiert werden müssen. Dies kann durch eine totale oder partielle **Programmbereinigung** erfolgen, die sofort oder als sukzessive Rückzugsstrategie durchgeführt wird.

2.3 Absatzmittlerstrategien

Aus Sicht eines Herstellers ist eine Marketingbasisstrategie dafür zu entwickeln, wie die eingeschalteten Absatzmittler im Rahmen des Ökologiemarketing (z. B. Einführung einer ökologischen Produktinnovation) anzusprechen und einzubeziehen sind. Diese handelsgerichtete Strategie konzentriert sich auf die Auswahl und Bearbeitung der relevanten Absatzmittler. Hierbei sind insbesondere Möglichkeiten der Akquisitions- und Selektionsstrategien zu diskutieren.

Die Gewinnung von Absatzmittlern zum Weiterverkauf der ökologischen Produkte steht im Mittelpunkt von **Akquisitionsstrategien**. Agiert ein Hersteller in Form einer unmittelbaren und intensiven Ansprache der zentralen Handelsgruppen, um diese zur Listung der ökologischen Produkte zu bewegen, dann kann man von einer **Push-Strategie** sprechen. Durch eine direkte Ansprache und unterschiedliche Überzeugungsleistungen (z. B. Handelswerbung, Werbekostenzuschüsse, Point-of-sale-Marketing) wird der Handel zur Aufnahme der Produkte gewonnen. Parallel dazu kann durch Verbraucherwerbung, Verkaufsförderung usw. beim Endabnehmer (Konsumenten) ein Nachfragesog erzeugt werden, der den Handel überzeugt, die umweltfreundlichen Produkte zu listen. Im letzteren Fall, der **Pull-Strategie**, liegt der Schwerpunkt in der Überzeugung von Konsumenten über die Attraktivität der ökologischen Produktinnovation.

Gewinnen Vertrieb und Logistik zur Durchsetzung der ökologisch orientierten Marketingstrategie eine besondere Bedeutung, dann kommt den **Selektionsstrategien** eine dominante Rolle zu. Hierbei wird sich der Anbieter auf ausgewählte Absatzmittler oder bestimmte Betriebsformen konzentrieren. Als Selektionskriterien kommen in diesem Zusammenhang die Umweltorientierung der Handelsgruppe, die Bereitschaft zur Listung des gesamten Öko-Sortiments, die Bereitschaft zur Mitwirkung an einem Retrodistributionssystem u. a. in Frage. Selektionsstrategien werden vor allem praktiziert, wenn

Verpackungen in Recyclingsysteme zurückgeführt werden sollen und dies besondere Anstrengungen der Händler notwendig macht.

2.4 Konkurrenzstrategien

Neben der Ansprache der Konsumenten und Absatzmittler werden Hersteller strategische Überlegungen darüber anstellen, wie sie sich gegenüber der Konkurrenz abgrenzen wollen. Im Rahmen des Ökologiemarketing zielen **konkurrenzorientierte Marketingstrategien** darauf ab, sich in der Realisierung des umweltfreundlichen Kundennutzens deutlich gegenüber den Hauptkonkurrenten abzuheben. Je nach Stellung des Unternehmens kann dabei zwischen Marktführerschafts-, Marktfolger- und Nischenanbieterstrategien unterschieden werden.

Der größte Anbieter im Markt wird besondere Überlegungen anstellen, bevor er ein aktives Ökologiemarketing betreibt. Aufgrund seiner herausragenden Stellung als Marktführer kann er durch umweltfreundliche Produkte seine Position weiter ausbauen, aber auch gefährden. Grundsätzlich stehen ihm zwei Möglichkeiten von **Marktführerschaftsstrategien** zur Verfügung, unabhängig davon, ob sich die Marktführerschaft als eine Qualitäts- oder Kostenführerschaft darstellt. Zunächst kann der Marktführer im Rahmen einer **Volumenstrategie** versuchen, durch eine Umweltorientierung den Gesamtmarkt zu vergrößern. Dies kann durch die Erschließung neuer Verwenderkreise, bisheriger Produktverweigerer oder auch durch Erhöhung der Verwenderrate (z. B. Veränderung der Dosierungen bei umweltfreundlichen Produkten) geschehen. Darüber hinaus ist eine **Marktanteilsstrategie** darauf ausgerichtet, durch die Einführung ökologischer Produktinnovationen den Marktanteil des Marktführers zu erhalten bzw. weiter zu vergrößern. Diese Strategie geht einher mit dem Risiko, durch eine Umweltorientierung die Stellung des Marktführers zu verlieren, wenn die Produkte vom Handel und von den Konsumenten nicht akzeptiert werden.

Die Marktfolger stehen strategisch in einer weniger riskanten Position. Jedoch müssen auch sie ihre **Marktfolgerstrategie** festlegen, wenn sie aktives Ökologiemarketing betreiben wollen. Bei einer **Herausforderungsstrategie** werden die Schwächen des Marktführers – wie etwa wenig umweltfreundliche Produkte oder Verpackungen – genutzt, um ihn durch ökologisch verbesserte Leistungsangebote anzugreifen und seine Stellung einzunehmen (z. B. Einführung von serienmäßigen Katalysatoren bei Automobilen). Von der Marktakzeptanz, der Markenloyalität und der Schnelligkeit der Reaktion des Marktführers wird es abhängen, ob diese Strategie erfolgreich ist. Weniger risikoreich ist eine **Imitationsstrategie**, bei der die umweltorientierten Maßnahmen zunächst beim Marktführer beobachtet und dann nach positiven Konsumentenreaktionen vom Marktfolger imitiert werden. Diese Strategie von Marktfolgern ist in den meisten oligopolistisch strukturierten Märkten mit ökologischer Betroffenheit zu beobachten gewesen (z. B. Wasch- und Reinigungsmittelmarkt).

Die **Strategie des Marktnischenanbieters** wird sich darauf konzentrieren, ökologisch bedeutsame und lukrative Nischen zu finden, die von anderen Unternehmen vernachlässigt werden. Der Erfolg dieser Strategie wird von der Größe des Teilsegmentes, der Reaktion der Konkurrenten sowie der Fähigkeit des Marktnischenanbieters abhängen, durch besonders umweltfreundliche Leistungen auch Markteintrittsbarrieren aufzubauen.

Einen zusammenfassenden Überblick über die verschiedenen ökologisch orientierten Basisstrategien im Marketing vermittelt Tab. 2.

Marktwahlstrategien	Produktstrategien	Absatzmittlerstrategien	Konkurrenzstrategien

• Gesamtmarktabdeckung
• Teilmarktabdeckung
  – Nischenspezialisierung
  – Produktspezialsierung
  – Marktspezialisierung
  – selektive Spezialisierung
• Diversifikation
  – mediale Diversifikation
	• Investitions- und Wachstumsstrategien
	  – Produktinnovation
	  – Produktdifferenzierung
	• Selektionsstrategien
	  – Produktverbesserung
	  – Qualitäts-/Markenstrategie
	• Abschöpfungs- und Desinvestitionsstrategie
	  – Programmbereinigung
		• Akquisationsstrategien
		  – Push-Strategie
		  – Pull-Strategie
		• Selektionsstrategie
			• Marktführerschaftsstrategien
			  – Volumenstrategie
			  – Marktanteilsstrategie
			• Marktfolgerstrategien
			  – Herausfordererstrategie
			  – Imitationsstrategie
			• Nischenstrategie

Tab. 2: Ökologische Basisstrategien im Marketing

3. Instrumentelle Ausprägungen eines Ökologischen Marketing

Auf der Grundlage der relevanten Basis- bzw. Normstrategie im Marketing sind in einer weiteren Konkretisierungsstufe die einzelnen Ausprägungen im **ökologischen Marketingmix** zu entwickeln, um die Normstrategie inhaltlich ökologieorientiert umzusetzen. Dazu sollen im folgenden Möglichkeiten in der Produkt-, Preis-, Kommunikations- und Vertriebspolitik aufgezeigt werden.

3.1 Ökologiegerichtete Produkt- und Servicepolitik

Ausgangspunkt einer ökologiegerichteten Produktpolitik sind **Umweltverträglichkeitsprüfungen** für das bestehende Leistungsprogramm (vgl. den Beitrag von *Pfriem/Hallay* im Kapitel 19 dieses Handbuches sowie *Buchtele* 1988; *Grothe-Senf* 1989). Sie können nach verschiedenen Kriterien festlegen, in welchen Bereichen und durch welche Faktoren die Produkte eine ökologische Betroffenheit aufweisen. Auf der Basis dieser Informationen können Ansatzpunkte für eine Verbesserung der Leistungsprogramme erfolgen.

Für die **Produktentscheidungen** ist zunächst die umweltfreundliche Herstellung der Produkte von Bedeutung (vgl. dazu den Beitrag von *Strebel* im Kapitel 26 dieses Handbuchs sowie Kommission der Europäischen Gemeinschaften 1978; *Thomé* 1981; *Beitz, Meyer* 1982; *Oertel* 1982; *Meyer* 1983; *Müller* 1984; Öko-Institut Freiburg 1987; *Pourshirazi* 1987; Gottlieb Duttweiler Institut 1988; *Ringeisen* 1988; *Ostmeier* 1990; ebenso die weiterführenden Literaturhinweise bei *Antes, Tiebler* 1990). Hierbei sind Aspekte wie die sparsame Verwendung von Rohstoffen und Energien, die Benutzung recyclingfähiger Materialien usw. angesprochen. Ziel der Produktpolitik muß es sein, die Produkte nach dem Stand der Umweltschutztechnologie zu verbessern, um die Grenzwerte der Schadstoffbelastung durch die Produkte zu unterbieten oder um „echte" ökologische Produktinnovationen in den Markt einzuführen.

Zum weiteren Bereich des Leistungsprogramms zählt auch die **Verpackungspolitik**, die im Rahmen des Ökologischen Marketing umweltgerecht zu gestalten ist (vgl. *Reuther* 1977; Bundesamt für Umweltschutz Schweiz 1984). Ziel einer umweltfreundlichen Verpackungspolitik kann es im einzelnen sein – je nach Verpackungsanforderungen und Stand der Verpackungstechnologie –, Verpackungen und Verpackungsmaterialien zu verwenden, die sich nach Kriterien wie Sparsamkeit, Recyclingfähigkeit, Mehrfachnutzung, Abbaufähigkeit usw. richten. In den letzten Jahren wurde dabei in der Diskussion ein Schwerpunkt auf die **Primärverpackung** gelegt, das heißt die Verpackung für den Endverbraucher bzw. den Konsum. Allerdings muß berücksichtigt werden, daß vielfach umfangreichere Umweltprobleme bei der **Sekundärverpackung** auftreten, das heißt bei der Verpackung für die einzelnen Phasen in der Logistikkette. Sekundärverpackungen sind ebenfalls in eine umweltfreundliche Verpackungspolitik zu integrieren.

Sowohl die umweltorientierte Produkt- als auch Verpackungspolitik beeinflussen den **Kundennutzen**, der vom Kunden mit dem Leistungsprogramm wahrgenommen wird. Häufig werden durch eine ökologiegerichtete Produkt- und Verpackungspolitik der Grund- und Zusatznutzen der Leistungen beeinträchtigt (z.B. Bequemlichkeit, Sauberkeit, Schnelligkeit, Sicherheit). Diese Betrachtungsweise ist allerdings rein funktional am Produkt- und Verpackungsnutzen orientiert. Der Kundennutzen kann auch darin liegen, daß sich Unternehmen oder Marken als umweltfreundlich positionieren und Konsumenten durch den Kauf der Produkte unter Beweis stellen, daß sie sich umweltfreundlich verhalten (**„ökologischer Kundennutzen"**). Damit ist teilweise auch ein demonstrativer ökologischer Konsum verbunden (vgl. auch den Beitrag von *Tiebler* im Kapitel 12 dieses Handbuches).

Über das Produktprogramm hinausgehend, sind Möglichkeiten im Rahmen der **Servicepolitik** gegeben, das Ökologische Marketing aktiv umzusetzen. Dies gilt für Serviceleistungen, die sowohl für Konsumenten als auch Absatzmittler gleichermaßen angeboten werden können. Als Beispiele seien hier die

3. Instrumentelle Ausprägungen eines Ökologischen Marketing 547

Entsorgung nicht mehr funktionsfähiger Produkte, die Beratung über umweltfreundliches Konsumverhalten oder der Umtausch umweltschädlicher Produkte bei Einführung umweltfreundlicher Produkte genannt.

3.2 Ökologiegerichtete Preispolitik

Maßnahmen der ökologieorientierten Preispolitik können zunächst im Hinblick auf **Kosten-Nutzen-Aspekte** überprüft werden. Formal gesehen wird man die zusätzlichen Kosten der Umweltorientierung den zusätzlichen Umsätzen der ökologisch verbesserten Produkte (durch höhere Mengen oder höhere Preise) gegenüberstellen. Aufgrund dieser preistheoretischen Überlegung wird man zur Entscheidung kommen, ob sich die Markteinführung der umweltfreundlichen Produkte lohnt oder nicht.

Diese Frage stellt sich für die Marketingpraxis vereinfacht in Form einer **Kosten-Preis-Kontrolle**. Jedes Unternehmen muß zunächst analysieren, inwieweit die Umweltorientierung des Leistungsprogramms zu höheren Kosten führt, sei es durch neue Umweltschutzinvestitionen oder durch direkt zurechenbare variable Kosten. Diese müssen dann mit der Preisbereitschaft der Kunden in Übereinstimmung gebracht werden. Bei **Preiserhöhungen** für ökologische Produkte muß die Preiselastizität der angesprochenen Kundensegmente abgeschätzt werden. Dies gilt sowohl für spezielle ökologische Produkte oder für Produkte mit ökologischen Zusatzleistungen, die dem Kernsegment der umweltbewußten Konsumenten angeboten werden (höhere Preisbereitschaft), als auch für ökologische Produktverbesserungen, die allen Kundengruppen offeriert werden (geringere Preisbereitschaft). In beiden Fällen besteht eine bestimmte **Preisschwelle**, ab der die Kunden nicht mehr bereit sind, den höheren Preis trotz der Umweltvorteile zu akzeptieren, und die Marke wechseln.

Im Zusammenhang mit einer ökologischen Produktdifferenzierung ist zu prüfen, ob sich eine ökologisch bedingte Preisdifferenzierung oder eine Mischkalkulation anbietet. Bei einer hohen Preisbereitschaft für die umweltfreundliche Produktvariante wird sich eine **Preisdifferenzierung** empfehlen. Ist dagegen die kritische Preisschwelle für die Abwanderung der Kunden relativ gering, wird man eine **Mischkalkulation** vornehmen und die Preise für die Produktvarianten angleichen.

Eine preisliche Komponente ist ebenfalls bei der Verwendung von Verpackungen in Retrodistributionssystemen enthalten (z.B. Bier-, Milchflaschen). Hierbei ist die Höhe der **Pfandgebühren** vielfach ein „politischer" Preis und kann von einzelnen Anbietern nicht beeinflußt werden, auch wenn sich Faktoren wie der Umlauf von Pfandflaschen, die Material- und Energiekosten usw. verändern.

3.3 Ökologiegerichtete Kommunikationspolitik

Neben einer Umweltorientierung der Leistungsprogramme sind im Rahmen des Ökologischen Marketing die Möglichkeiten der kommunikativen Umsetzung zu nutzen. Durch die Kommunikationspolitik soll auf Kenntnisse, Einstellungen und Verhaltensweisen von Kunden gegenüber den ökologisch orientierten Unternehmensleistungen eingewirkt werden. Ausgangspunkt sind dabei die Kommunikationsziele und insbesondere die **Umweltpositionierung** des Unternehmens bzw. der Marke, die in der Corporate Identity oder anderen kommunikativen Leitkonzepten zu verankern ist. Die speziellen Eigenschaften der Umweltorientierung durch das Leistungsprogramm („ökologischer Kundennutzen") sind darüber hinaus zu konkretisieren (z.B. weniger Energieverbrauch, Verwendung von Altpapier, abbaubare Verpackung, keine Verwendung bestimmter umweltschädlicher Rohstoffe wie Phosphat oder FCKW, Verwendung von Nachfüllpacks) und durch den Einsatz der Kommunikationsinstrumente darzustellen.

Diese Umsetzung kann zunächst im Rahmen der **Mediawerbung** erfolgen. Als Produkt- oder Unternehmenswerbung wird die Umweltorientierung durch Anzeigen, Spots usw. vermittelt. Meistens handelt es sich dabei um **Imagekampagnen,** die durch die Verwendung von umweltfreundlichen Begriffen (z.B. Bio, Öko, Natur), die Aufklärung über Zusammenhänge zwischen Produktkonsum und Umweltbelastung, die Darstellung des umweltfreundlichen Zusatznutzens des angebotenen Produktes usw. die Umweltfreundlichkeit in den Vordergrund stellen.

In diesem Zusammenhang sind nicht nur die rechtlichen Bedingungen für die Verwendung von Umweltbegriffen zu berücksichtigen, sondern auch die Nutzung von **Umweltschutzzeichen** zu prüfen (z.B. Blauer Umweltengel, Grünes Herzblatt). Jedoch muß darauf hingewiesen werden, daß bei zunehmender Vergabe dieser Zeichen (zur Zeit werden mehr als 3600 Produkte in 67 Produktgruppen mit dem blauen Engel gekennzeichnet; vgl. *Kessler* 1988; RAL 1989; Umweltbundesamt 1989) eine Profilierungsmöglichkeit für Unternehmen kaum noch gegeben ist.

Neben der Mediawerbung ist in der **Verkaufsförderung** eine weitere Möglichkeit zu sehen, gezielt auf die Umweltfreundlichkeit von Produkten hinzuweisen. Dies kann beispielsweise durch Preisausschreiben oder andere Wettbewerbe mit Konsumenten geschehen. Aktionen der Verkaufsförderung haben den Vorteil, daß man mit ihnen einen besseren Response auf die Umweltaktionen ermöglicht.

Weiterhin ist die **Direktwerbung** zu erwähnen, die sich auf Umweltthemen konzentrieren kann. Durch spezielle Direct Mailing-Aktionen, Telefonwerbung, Btx-Werbung und andere Medien der Direktwerbung kann gezielt der Verkauf von umweltfreundlichen Produkten gefördert werden. Auf diese Maßnahmen greifen vor allem Handelsbetriebe zurück, die sich mit einem umweltfreundlichen Sortiment auf das Kernsegment der umweltbewußten Konsumenten konzentrieren und ihren Abverkauf durch Direct Marketing forcieren (vgl. dazu auch den Beitrag von *Hansen* im Kapitel 46 dieses Handbuches).

3. Instrumentelle Ausprägungen eines Ökologischen Marketing 549

Ferner ist auf Maßnahmen der **Öffentlichkeitsarbeit** und **Public Relations** zu verweisen, die sich im Rahmen ihrer Möglichkeiten mit Umweltthemen beschäftigen können. Als Medien stehen hierbei Presseberichte über Umweltverbesserungen, Umweltveranstaltungen, Umweltbilanzen, Umwelttelefone zur Information und Beratung, Gründung von Umweltstiftungen usw. zur Verfügung. Die Öffentlichkeitsarbeit unterstützt begleitend die Umweltpositionierung des Unternehmens.

Dies gilt auch für das **Umweltsponsoring**, das sich der Förderung von Umweltaktionen und Umweltorganisationen widmet. Bei einer gezielten Umweltförderung soll mit den Umweltprojekten durch die damit verbundene werbliche Wirkung die Umweltfreundlichkeit des Unternehmens dargestellt werden. Dies kann im einzelnen durch die Ausschreibung eigener Umweltpreise, die Förderung von Umweltorganisationen (z.B. A.U.G.E., BAUM, B.U.N.D., ORO VERDE, WWF) oder die Unterstützung von Umweltprojekten (z.B. Aktionen zum Schutz von Biotopen, Erhaltung von Naturparks, Entwicklung von Umweltinformationssystemen) geschehen (*Bruhn* 1990b, 1990c). Umweltsponsoring ist ein ergänzendes Instrument zur Darstellung der Umweltfreundlichkeit von Unternehmen.

In engem Zusammenhang mit dem Einsatz der Kommunikationsinstrumente ist eine Festlegung der **ökologiegerichteten Markenpolitik** vorzunehmen. Stellt die Umweltfreundlichkeit der eigenen Produkte ein zentrales Leistungsmerkmal dar, dann muß sie Bestandteil der Markenstrategie sein. Hierbei stehen zwei Möglichkeiten des **Aufbaus einer Umweltmarke** zur Verfügung:

(1) Zunächst kann bei einer Produktdifferenzierung eine **Zweitmarke** geschaffen werden. Dabei wird die umweltfreundliche Variante im Marktauftritt getrennt von den anderen Produkten des Unternehmens (Beispiele: Umweltmarke Frosch von Werner & Mertz – Erstmarke: Erdal-Rex; die Körperpflegereihe Sanara von Wella). Der Grund für diese Trennung ist vor allem darin zu sehen, daß der Absatz der Erstmarke nicht gefährdet werden soll und neue (umweltfreundliche) Teilmärkte erschlossen werden sollen.

(2) In aller Regel wird man sich allerdings darauf konzentrieren, die Umweltfreundlichkeit von Produkten mit einer **Dachmarke** in Verbindung zu bringen. Diese Marke steht für das gesamte Leistungsspektrum des Unternehmens. Der Vorteil einer umweltorientierten Dachmarkenstrategie ist darin zu sehen, daß Glaubwürdigkeit und Nutzung kommunikativer Synergieeffekte am ehesten gegeben sind.

Das **Konzept des Markenartikels** steht u.a. für konstant hohe Produktqualität, Sicherheit und Kontinuität. Dabei ist der Markenartikel in den letzten Jahren in den Mittelpunkt der Kritik geraten, so etwa aufgrund nicht umweltfreundlicher Produktbestandteile oder des hohen Verpackungsaufwandes. Den verstärkten ökologischen Anforderungen hat die Markenartikelindustrie zwischenzeitlich Rechnung getragen, indem die Definition des Markenartikels durch Kriterien des Umweltschutzes ergänzt werden soll (*Rüschen* 1990).

Die gesamte ökologiegerichtete Kommunikationspolitik von Unternehmen steht generell vor einer **Glaubwürdigkeitsproblematik**. Diese tritt auf, wenn zwischen dem tatsächlichen Unternehmensverhalten (z.B. ökologische Produkte, Verpackungen) und den durch die Werbung und anderen Instrumenten vermittelten Ansprüchen Divergenzen bestehen. Um dem Verdacht einer „Alibifunktion" durch umweltfreundliche Werbung zu entgehen, empfiehlt es sich, nachweisbare und unangreifbare Umweltschutzvorteile mit einem tatsächlichen ökologischen Kundennutzen zu entwickeln und diesen dann deutlich in den Mittelpunkt der Kommunikation zu stellen.

3.4 Ökologiegerichtete Vertriebspolitik

Im Rahmen des Marketingmix kommt der Vertriebspolitik die Aufgabe zu, die Versorgung nachgelagerter Vertriebsstufen mit den Unternehmensleistungen sicherzustellen. Hierbei wird man sich mit der Einbeziehung ökologischer Fragestellungen bei der Außendienstschulung, der Einschaltung von Absatzmittlern sowie der Logistik beschäftigen.

In der **Außendienstschulung** kommt es darauf an, das ökologisch orientierte Sortiment wirksam durch die Außendienstmitarbeiter zu verkaufen. Entsprechend ist die **Verkaufsargumentation** ökologisch auszurichten und zu schulen.

Im Rahmen **ökologiegerichteter Vertriebssysteme** muß sichergestellt werden, daß durch die einzelnen Vertriebssysteme auch ein Rückfluß von (gebrauchten) Produkten und Verpackungen erfolgen kann (vgl. zur Umweltproblematik im vertikalen Marketing Gottlieb Duttweiler Institut 1990). Diese Form der **Retrodistribution** wird besonders seit 1990 durch politische Forderungen und Maßnahmen des Bundesumweltministers forciert. Die Forderungen gehen dahin, daß die Hersteller (z.B. Automobil-, Computerhersteller) verpflichtet werden sollen, die verschlissenen bzw. veralteten Gebrauchsgüter wieder zurückzunehmen (vgl. dazu genauer den Beitrag von *Kloepfer* im Kapitel 4 dieses Handbuches). Die deutsche Industrie arbeitet zur Zeit daran, eine sinnvolle und effiziente Form der Retrodistribution aufzubauen (Beispiel: Aktion Grüner Punkt).

Bei der Zwischenschaltung von Absatzmittlern stellt sich für den Hersteller zusätzlich das Problem der **Einbeziehung von Händlern** in das Retrodistributionssystem (z.B. Recyclingcenter). Für den Handel bedeutet die Mitwirkung an diesen Systemen zusätzlichen Aufwand mit höheren Kosten. Deshalb sind mit den Handelsbetrieben Vereinbarungen über die Rückführung von Produkten zu treffen. Derzeit stellen die Handelsunternehmen intensive Forderungen an die Industrie zur Vermeidung unnötiger Verpackungsmittel, um die Regalfläche besser ausnutzen zu können und weniger Verpackungsabfall im Einzelhandelsgeschäft zu haben.

3. Instrumentelle Ausprägungen eines Ökologischen Marketing 551

Im Zusammenhang mit der Vertriebspolitik ist auch eine **ökologieorientierte Logistik** anzustreben. Dies betrifft Fragestellungen wie die Vermeidung bestimmter Formen von Sekundärverpackungen, die Reduzierung von Verpackungsmaterialien beim Transport, die Benutzung umweltfreundlicher Transportmittel (Beispiel: Bahn), die ökologiegerechte Ausstattung des eigenen Fuhrparks (Beispiel: Katalysatoren) u. a. m. Auch hierbei muß berücksichtigt werden, daß umweltfreundliche Logistik- und Verpackungskonzepte häufig im Konflikt mit den Logistik- und Verpackungsfunktionen (z. b. Schnelligkeit, Sicherheit, Wirtschaftlichkeit) stehen (vgl. auch den Beitrag von *Pfohl, Stölzle* im Kapitel 33 dieses Handbuches).

Einen Überblick über die verschiedenen Ansatzpunkte eines **ökologischen Marketingmix** vermittelt zusammenfassend Abb. 1.

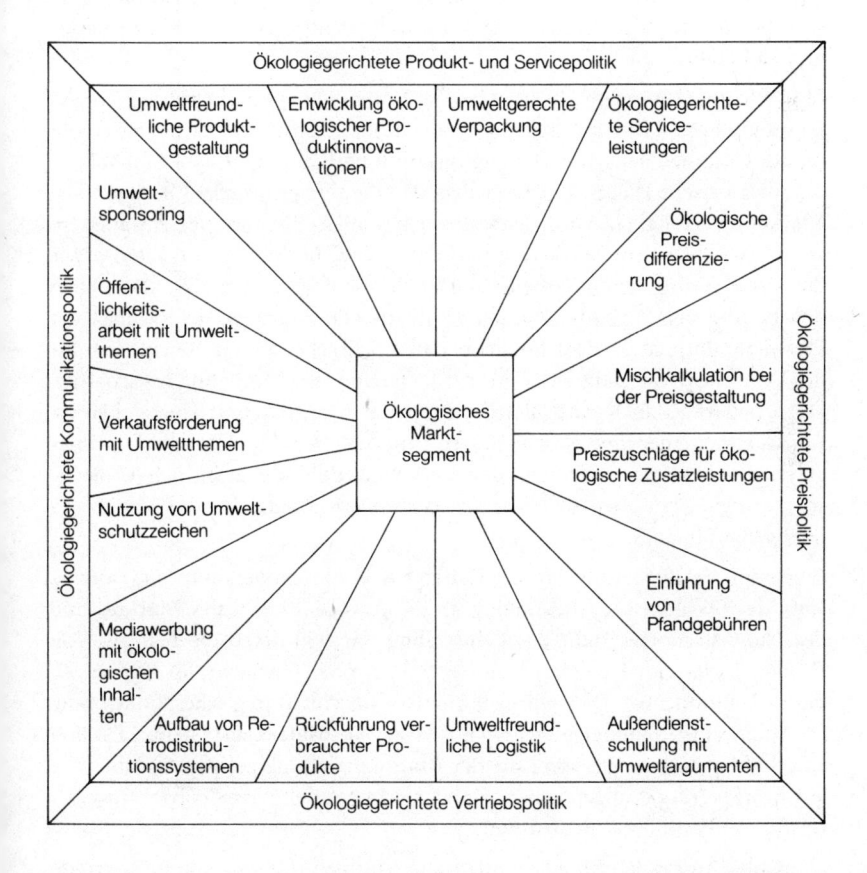

Abb. 1: Ansatzpunkte für ein ökologisches Marketing-Mix (in Anlehnung an *Meffert, Bruhn, Schubert, Walther* 1986 b, 154)

4. Voraussetzungen für ein Ökologisches Marketing

Die Realisierung der dargestellten Marketingbasisstrategien durch den Einsatz ökologiegerichteter Marketinginstrumente ist an Voraussetzungen und **Rahmenbedingungen** gebunden, die notwendigerweise mit der Analyse, Planung, Organisation und Kontrolle von neuen Marketingkonzepten verbunden sind.

Zunächst ist darauf hinzuweisen, daß der Grundgedanke des Marketingmix auch für ein marktorientiertes Umweltmanagement gilt. Nur wenn eine sinnvolle Verknüpfung der einzelnen Marketinginstrumente zu einem **integrierten ökologischen Marketingmix** erfolgt, können sich die beabsichtigten Synergiewirkungen für den Markterfolg einstellen. Dabei sind auch die anzusprechenden Kundensegmente nach umweltorientierten Kriterien zu bilden und zu beschreiben.

Eine wichtige Rahmenbedingung bei der Entwicklung und Durchsetzung des Ökologischen Marketing stellen Organisationsstruktur und die Personalpolitik des Unternehmens dar. Die **Organisation** muß durch aufbau- und ablauforganisatorische Prozesse sicherstellen, daß die Integration des Ökologischen Marketing ermöglicht wird. Dies gilt insbesondere für die enge Zusammenarbeit zwischen dem Marketing und dem Umweltschutzbeauftragten sowie die Verankerung des innerbetrieblichen Vorschlagswesens (vgl. dazu auch den Beitrag von *Antes* im Kapitel 29 dieses Handbuches). Im Rahmen der **Personalpolitik** ist darüber hinaus bei allen Mitarbeitern ein Bewußtsein für die Umweltorientierung des Unternehmens und des Marketing zu schaffen. Dazu bedarf es auch einer Partizipation der Marketingmitarbeiter bei der Entwicklung einer umweltorientierten Unternehmens- und Marketingstrategie sowie einer permanenten Aus- und Weiterbildung in Sachen Umweltschutz (vgl. dazu auch den Beitrag von *Remer, Sandholzer* im Kapitel 30 dieses Handbuches).

Eine zentrale Bedeutung bei der laufenden Weiterentwicklung und Anpassung des Ökologischen Marketing an die Anforderungen des Marktes und des Umweltschutzes stellt das **Controlling** dar (vgl. dazu die Beiträge von *Pfriem, Hallay* im Kapitel 19 und von *Sartorius, Niemeyer* im Kapitel 20 dieses Handbuches). Dies gilt insbesondere für ein strategisches Controlling im Sinne eines **ökologiegerichteten Marketingaufklärungssystems**. Es sind jene Indikatoren zu erfassen, die der Marketingleitung rechtzeitig Hinweise auf Marktveränderungen geben. Dabei sind vor allem vier **Beobachtungsbereiche** von besonderer Bedeutung:

(1) Beobachtungsbereich **Konsument und Markt**: Erfassung von umweltrelevantem Kaufverhalten, Veränderung von Einstellungen, Akzeptanz umweltfreundlicher Marken, Aufspüren neuer Umweltschutzsegmente u. a. m.

(2) Beobachtungsbereich **Wettbewerb**: Erfassung bzw. Antizipation der Maßnahmen und Reaktionen der Konkurrenz im Sinne eines marktorientierten Umweltmanagements, Stärken und Schwächen der Hauptkonkurrenten im Hinblick auf den Umweltschutz, Verhalten von ökologiegerichteten Marktnischenanbietern, Verhalten umweltfreundlicher Unternehmen im Ausland u. a. m.

(3) Beobachtungsbereich **Gesellschaft und Politik**: Beobachtung des Wertewandels, des öffentlichen Drucks bei Umweltthemen, der Reaktion der Medien, der Maßnahmen des Gesetzgebers, der nationalen Rechtsprechung bei ökologischen Sachverhalten, der Initiativen europäischer Verordnungen und Verfügungen u. a. m.

(4) Beobachtungsbereich **Technologie**: Erfassung umweltfreundlicher Verfahrens-, Produkt- und Verpackungstechnologien, Fortschritte bei ökologisch relevanten Schrittmacher- und Schlüsseltechnologien u. a. m.

Ein Ökologisches Marketing im Rahmen eines **marktorientierten Umweltmanagements** kann im Unternehmen nur dann erfolgreich geplant und durchgesetzt werden, wenn es als eine Herausforderung des gesamten Unternehmens verstanden wird. Hierbei kann das Marketing einen Beitrag leisten, indem die ökologisch relevanten Marktveränderungen richtig eingeschätzt und in schlüssige Marketingkonzepte umgesetzt werden.

Literatur

Antes, R., Tiebler, P. (1990), Bibliographie „Öko-Marketing", Stand Juni 1990, in: *Steger, U.* (Hrsg.), Arbeitspapier Nr. 11/12 des Instituts für Ökologie und Unternehmensführung e. V., Schloß Reichartshausen am Rhein

Beitz, W., Meyer, H. (1982), Recyclingfreundliche Gestaltung von Gebrauchsgütern, Berlin

Burghold, J. A. (1988), Ökologisch orientiertes Marketing, Augsburg

Brandt, A., Hansen, U., Schoenheit, I., Werner, K. (Hrsg.) (1988), Ökologisches Marketing, Frankfurt a. M.

Brenken D. (1987), Strategische Unternehmensführung und Ökologie. Rekonstruktion eines ausgewählten Denkmodells und die Analyse seiner Anwendung am Beispiel ökonomisch-ökologischer Problemkomplexe, Dissertation Universität Münster

Bruhn, M. (1978), Das soziale Bewußtsein von Konsumenten, Erklärungsansätze und Ergebnisse einer empirischen Untersuchung in der Bundesrepublik Deutschland, Wiesbaden

Bruhn, M. (1990a), Marketing. Grundlagen für Studium und Praxis, Wiesbaden

Bruhn, M. (1990b), Sozio- und Umweltsponsoring. Engagements von Unternehmen für soziale und ökologische Aufgaben, München

Bruhn, M. (1990c), Sozio- und Umweltsponsoring in der Bundesrepublik. Ergebnisse einer Unternehmensbefragung, in: *Bruhn, M.* (Hrsg.), Arbeitspapier des Instituts für Marketing an der European Business School, Nr. 11, Schloß Reichartshausen am Rhein

Buchtele, F. (1988), Die Umweltverträglichkeit von Produkten als wesentliche Determinante des produktpolitischen Aktionsrahmens, Dissertation Wirtschaftsuniversität Wien

Bundesamt für Umweltschutz Schweiz (Hrsg.)(1984), Ökobilanzen von Packstoffen, Bern

Gottlieb Duttweiler Institut für wirtschaftliche und soziale Fragen/GDI (Hrsg.) (1988), Verpackung im Spannungsfeld zwischen Marketing und Ökologie, Rüschlikon

Gottlieb Duttweiler Institut für wirtschaftliche und soziale Fragen/GDI (Hrsg.) (1990), Ökologie im vertikalen Marketing, Rüschlikon

Hopfenbeck, W. (1990), Umweltorientiertes Management und Marketing. Konzepte – Instrumente – Praxisbeispiele, München

Grothe-Senf, A. (1989), Umweltverträglichkeitsprüfung im Warentest. Chancen und Grenzen der Bürgerbeteiligung, Frankfurt a.M. u.a.

Heinz, B. (Hrsg.)(1988), Ökomarketing, Berlin

Henion, K.E. (1976), Ecological Marketing, Ohio

Henion, K.E., Kinnear, Th.C. (Hrsg.)(1975), Ecological Marketing, Austin, Texas

Kessler, J. (1988), Das ökologische Argument in der Konsumgüterwerbung – zur dogmatischen und rechtstatsächlichen Struktur des wettbewerblichen Irreführungsverbots, Berlin

Kirchgeorg, M. (1990), Ökologieorientiertes Unternehmensverhalten. Typologien und Erklärungsansätze auf empirischer Grundlage, Wiesbaden

Kommission der Europäischen Gemeinschaften (Hrsg.) (1978), Product Planning. The Relationship between Product Characteristics and Environmental Impact, Luxemburg

Meffert, H., Benkenstein, M., Schubert, F., Walters, Th. (1986), Unternehmensverhalten und Umweltschutz. Ergebnisse einer empirischen Untersuchung in der Bundesrepublik Deutschland, Arbeitspapier Nr. 31 der Wissenschaftlichen Gesellschaft für Marketing und Unternehmensführung, Münster

Meffert, H., Bruhn, M., Schubert, F., Walther, Th. (1986b), Marketing und Ökologie. Chancen und Risiken umweltorientierter Absatzstrategien der Unternehmungen, in: Die Betriebswirtschaft, 2/86, S. 140–159

Meffert, H., Kirchgeorg, M., Ostmeier, H. (1989), Strategisches Marketing und Umweltschutz. Empirische Analyse von Einflußfaktoren und Erfolgseinschätzungen des ökologieorientierten Unternehmensverhaltens, Arbeitspapier Nr. 53 der Wissenschaftlichen Gesellschaft für Marketing und Unternehmensführung, Münster

Meffert, H., Kirchgeorg, M., Ostmeier, H. (1991), Marktorientiertes Umweltmanagement, Stuttgart

Meyer, H. (1983), Recyclingorientierte Produktgestaltung, Düsseldorf

Müller, E. (1984), Umweltgerechte Produkte. Chancen und Schwierigkeiten der Durchsetzung am Markt und Auswirkungen auf Zahl und Qualität der Arbeitsplätze, Berlin

Öko-Institut Freiburg/Projektgruppe Ökologische Wirtschaft (Hrsg.)(1987), Produktlinienanalyse: Bedürfnisse, Produkte und ihre Folgen, Köln

Oertel, B. (1982), Die Planung des Produktes unter Berücksichtigung der Humanisierungs- und Umweltschutzproblematik, Frankfurt a.M./Bern

Ostmeier, H. (1990), Ökologieorientierte Produktinnovationen. Eine empirische Analyse unter besonderer Berücksichtigung ihrer Erfolgseinschätzung, Frankfurt a.M./Bern

Pourshirazi, M. (1987), Recycling und Werkstoffsubstitution bei technischen Produkten als Beitrag zur Ressourcenschonung, Berlin
Raffée, H. (1979), Marketing und Umwelt, Stuttgart
RAL Deutsches Institut für Gütesicherung und Kennzeichnung e.V. (Hrsg.)(1989), Umweltzeichen: Produktanforderungen, Zeichenanwender und Produkte, Stand Juni 1989, Bonn
Reuther, B. (1977), Der Substitutionswettbewerb zwischen Konsum-Verpackungen aus unterschiedlichen Packstoffen. Eine Analyse unter besonderer Berücksichtigung der verschiedenartigen ökologischen Belastungen, Wien
Ringeisen, P. (1988), Möglichkeiten und Grenzen der Berücksichtigung ökologischer Gesichtspunkte bei der Produktgestaltung. Theoretische Analyse und Darstellung anhand eines konkreten Beispiels aus der Lebensmittelindustrie, Bern u.a.
Rüschen, G. (1990): Die Definition des Markenartikels durch Kriterien des Umweltschutzes ergänzen, in: Markenartikel, 6/90, S. 283–285
Ruppen, L. (1978), Marketing und Umweltschutz. Umweltprobleme und die Notwendigkeit eines ökokonformen Marketing, Fribourg, Schweiz
Steger, U. (1988), Umweltmanagement. Erfahrungen und Instrumente für eine umweltorientierte Unternehmensstrategie, Frankfurt a.M./Wiesbaden
Thomé, G.G. (1981), Produktgestaltung und Ökologie, München
Umweltbundesamt (Hrsg.)(1986), Das Umweltzeichen: Ziele, Hintergründe, Produktgruppen, Berlin
Wicke, L. (1987), Offensiver betrieblicher Umweltschutz, in: Harvard Manager, 3/87, S. 74–82
Wimmer, F., Schuster, R. (1990), Ökologisches Marketing, Berlin

Kapitel 32
Unternehmerische Abfallwirtschaft

von *Gerd Rainer Wagner* und *Sabine Fichtner*

1. Der Objektbereich der unternehmerischen Abfallwirtschaft 558
2. Der rechtliche Rahmen der unternehmerischen Abfallwirtschaft 560
3. Die Abfallwirtschaft als unternehmerische Querschnittsfunktion.... 563
4. Ansatzpunkte betriebswirtschaftlicher Steuerung der unternehmerischen Abfallwirtschaft 566
5. Resümee und Ausblick 568
Literatur 569

1. Der Objektbereich der unternehmerischen Abfallwirtschaft

Unternehmerische Leistungserstellung ist in der Regel – von wenigen Fällen rein geistiger Produktion abgesehen – unvermeidbar mit der Entstehung von Gütern verbunden, die nicht das eigentliche Produktionsziel darstellen, die also zunächst, d.h. vom eigentlichen Produktionszweck her, weder absatzmarktbezogene Erzeugnisse noch innerbetriebliche Zwischenprodukte sind. Insofern trägt jegliche Leistungserstellung zumindest in ihrem Kern den Charakter einer Kuppelproduktion in sich.

Diese unvermeidbaren, bei Kuppelproduktion im engeren Sinne (*Riebel* 1971) zwangsläufig anfallenden zusätzlichen Güter können entweder wirtschaftlichen Verwertungen zugeführt werden, sei es als absatzfähige Nebenprodukte oder als recyclierfähige Wiedereinsatzstoffe, oder sie sind als nicht verwertbare Reststoffe zu handhaben. Je nach Substanz und Aggregatzustand läßt sich dann von Abfällen, Abwässern, Abgasen oder Abstrahlungen sprechen. Abfälle sind dabei feste oder verfestigte Stoffe, im weiteren Sinne Nebenprodukte, Wiedereinsatzstoffe und nicht verwertbare Reststoffe, im engeren Sinne dagegen (ausschließlich) nicht verwertbare Reststoffe. Abfälle lassen sich einteilen in solche (subjektiver Abfallbegriff), deren sich ihr Besitzer entledigen will, sowie – bei Möglichkeit der Identität – in solche (objektiver Abfallbegriff), deren geordnete Entsorgung zum Schutze der Allgemeinheit angezeigt ist (*Tettinger* 1990, 513 f., in Entsprechung von § 1 Abs. 1 Abfallgesetz 1986).

Abfälle treten gemäß Abb. 1 (nach *Dyckhoff* 1991, 290) einerseits als Outputelemente des Produktionssystems in Form entsorgungsbedürftiger Ausbringungsgüter sowie zum anderen als Inputelemente in Form spezifischer Einsatzgüter auf. Damit stellt sich das Abfallproblem bereits hier als ein die drei realen Funktionsbereiche Beschaffung, Produktion und Absatz gleichermaßen tangierendes Phänomen dar.

Abfallbewältigung wird zu einer unternehmerischen, also einzelwirtschaftlichen Aufgabe, sobald entsprechende Kosten und Erlöse sowie ökonomische Risiken und Chancen ins Kalkül zu ziehen sind. Die unternehmerische Abfallwirtschaft umfaßt dann in diesem Sinne sämtliche wirtschaftlich wirksamen Maßnahmen eines Unternehmens zur Bewältigung bereits angefallener, aktuell anfallender sowie in Zukunft zu erwartender Abfallmengen und Abfallarten. Maßnahmen dieser Art können auf die Beseitigung, die Verwertung und/oder die Vermeidung von Abfällen gerichtet sein. Nimmt man den gesetzlich fixierten Begriff der Entsorgung hinzu (§ 1 Abs. 2 AbfG; *Faber, Stephan, Michaelis* 1989, 28), so bezieht sich die „geordnete Entsorgung" auf die Verwertung sowie auf die sonstige Entsorgung, die ihrerseits die Verbrennung ohne erhebliche Energiegewinnung sowie die Deponierung umfaßt.

1. Der Objektbereich

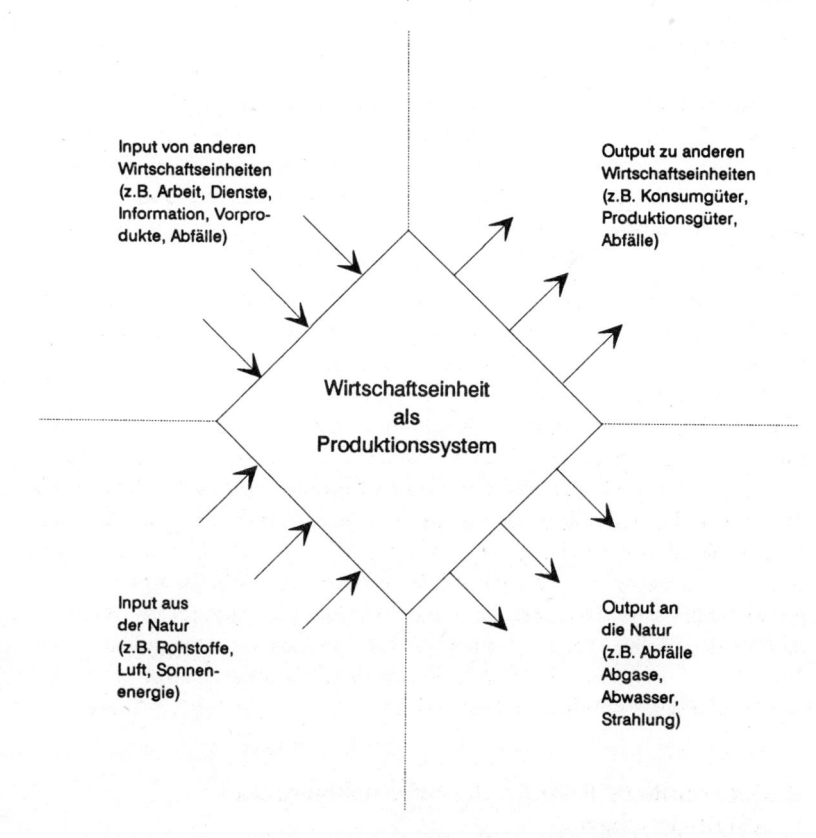

```
Input von anderen                           Output zu anderen
Wirtschaftseinheiten                        Wirtschaftseinheiten
(z.B. Arbeit, Dienste,                      (z.B. Konsumgüter,
Information, Vorpro-                        Produktionsgüter,
dukte, Abfälle)                             Abfälle)


                    Wirtschaftseinheit
                           als
                    Produktionssystem


Input aus                                   Output an
der Natur                                   die Natur
(z.B. Rohstoffe,                            (z.B. Abfälle
Luft, Sonnen-                               Abgase,
energie)                                    Abwasser,
                                            Strahlung)
```

Abb. 1: Abfall im Transformationsprozeß eines Produktionssystems

Als Entsorgungsformen im Sinne der Abb. 1 stehen entweder als reine Beseitigung die unmittelbare Verbringung in die Ökosphäre (insbes. Deponierung) oder aber die Weiterreichung an andere Wirtschaftseinheiten zum Zwecke der mittelbaren Zuführung in die Natur (z.B. durch dortige thermische Behandlung i.S.v. Verbrennung mit anschließender Deponierung der verbleibenden Reststoffe) im Raume. Im weiteren Sinne zählt letzteres bereits zur Abfallverwertung, sofern mit der Verbrennung eine erhebliche Energiegewinnung einhergeht. Im engeren Sinne dagegen ist mit Verwertung die Zuführung von Abfällen zu solchen Wirtschaftseinheiten angesprochen, die diese Stoffe als Faktoren in ihren Produktionsprozeß einbringen. Geschieht eine solche Einbringung im eigenen Betrieb des Abfallerzeugers, dann treten Formen betrieblicher Wieder- und Weiterverwertung vor Augen, im idealen Falle fertigungstechnisch als geschlossene Stoffkreisläufe organisiert (*Kleinaltenkamp* 1985, 17–22).

Vermeidungsaktivitäten schließlich setzen entweder an Veränderungen von Verfahren und Verfahrensbedingungen oder an (partiellen) Substitutionen von Einsatzstoffen an, beides zum Zwecke entweder einer Reduzierung des Mengenaufkommens an produziertem Abfall oder aber der Absenkung des substanzbedingten ökologischen Gefährdungspotentials im Abfall (*Hammann* 1988, 467f.). Zu den Vermeidungsaktivitäten zählen darüber hinaus Maßnahmen der Erzeugniseliminierung und Produktionseinstellung, sofern allein dadurch der Anfall hochschädlicher Nebenprodukte vermieden werden kann (man denke z. B. an die Einstellung carbonchemischer Produktionen zur Vermeidung des Anfalls von Quecksilberabfällen).

Einen Eindruck von der Gesamtdimension des Abfallproblems liefert die Abfallbilanz der Bundesrepublik Deutschland. Sie weist in den aktuellsten verfügbaren Zahlen für das Jahr 1987, also für die Zeit vor dem Beitritt der DDR zum Grundgesetz, eine Abfallmenge von ca. 243 Millionen Tonnen aus (Statistisches Bundesamt 1991, 10). Neben dem Hausmüll mit einem Volumen von ca. 24 Mio. t sind darin in einem Gesamtumfang von ca. 219 Mio. t (also ca. 90%) Abfälle des Produzierenden Gewerbes enthalten, und zwar ca. 108 Mio. t Bodenaushub, Bauschutt und Straßenaufbruch, ca. 70 Mio. t Bergematerial aus dem Bergbau, ferner 5,6 Mio. t hausmüllähnliche Gewerbeabfälle sowie ca. 35 Mio. t produktionsspezifische Abfälle mit zum Teil hoher bis höchster Toxizität. Dominierende Entsorgungsform für sämtliche Abfälle des Produzierenden Gewerbes war 1987 die Deponie, auf der rund 100 Mio. t, zumeist nach vorausgehender Vorbehandlung, abgelagert wurden (Statistisches Bundesamt 1991, 44f.).

2. Der rechtliche Rahmen der unternehmerischen Abfallwirtschaft

Diese Dimension des Abfallaufkommens bei sich gleichzeitig abzeichnenden Engpässen speziell für die Verbringung stark kontaminierter Stoffe bewirkte eine Intensivierung gesetzgeberischer Aktivitäten, insbesondere mit Bezug auf das Umweltmedium Boden.

Historisch hat sich das Abfallrecht „von einem Recht der Ordnung der Abfallbeseitigung zu einem Abfallwirtschaftsrecht entwickelt" (Der Rat von Sachverständigen für Umweltfragen 1990, 9), in dessen Mittelpunkt das Vermeidungs- und Verwertungsgebot für Abfälle steht. Institutionell verankert ist diese Handlungsmaxime im Gesetz über die Vermeidung und Entsorgung von Abfällen (AbfG) vom 27. August 1986 (*Hösel, v. Lersner* 1990, 1–21). Danach sind Abfälle zunächst zu vermeiden oder zu verwerten (§ 1a i.V.m. § 3 Abs. 2 AbfG), und erst dann sind die noch verbleibenden Stoffe einer das Wohl der Allgemeinheit nicht beeinträchtigenden sonstigen Entsorgung, die ihrerseits grundsätzlich am Ort der Abfallentstehung stattfinden soll, zuzuführen (§ 2 Abs. 1 AbfG).

Vom Prinzip her ist das komplette mengen- und stoffbezogene Abfallrecht durch das Abfallgesetz geregelt. Daneben existiert jedoch eine – teilweise

2. Der rechtliche Rahmen

unübersichtliche – Vielzahl relevanter weiterer Vorschriften in anderen Gesetzen, wie beispielsweise im Tierseuchen-, im Pflanzenschutz- oder im Atomgesetz. Von besonderer Bedeutung für den unternehmerischen Abfallbereich ist neben dem Abfallgesetz das Bundes-Immissionsschutzgesetz, welches jenen Teil abfallrechtlicher Vorschriften enthält, die sich auf den Bau und den Betrieb genehmigungsbedürftiger Anlagen wie etwa betriebseigene Verbrennungs- und Deponieanlagen beziehen.

Die o. g. besondere Belastung und Gefährdung des Umweltmediums Boden, gerade resultierend aus der Abfallentsorgung, insbesondere der Abfallbeseitigung, veranlaßte die Bundesregierung zur Verabschiedung der Bodenschutzkonzeption vom 6. Februar 1985. Die dahinter stehende „Philosophie" kann als Leitkonzeption des gesamten gegenwärtigen Abfallrechts gelten (*Fichtner* 1991, 62–68). Die Abb. 2 gibt einen globalen Überblick über diese aktuell geltenden Regelungen.

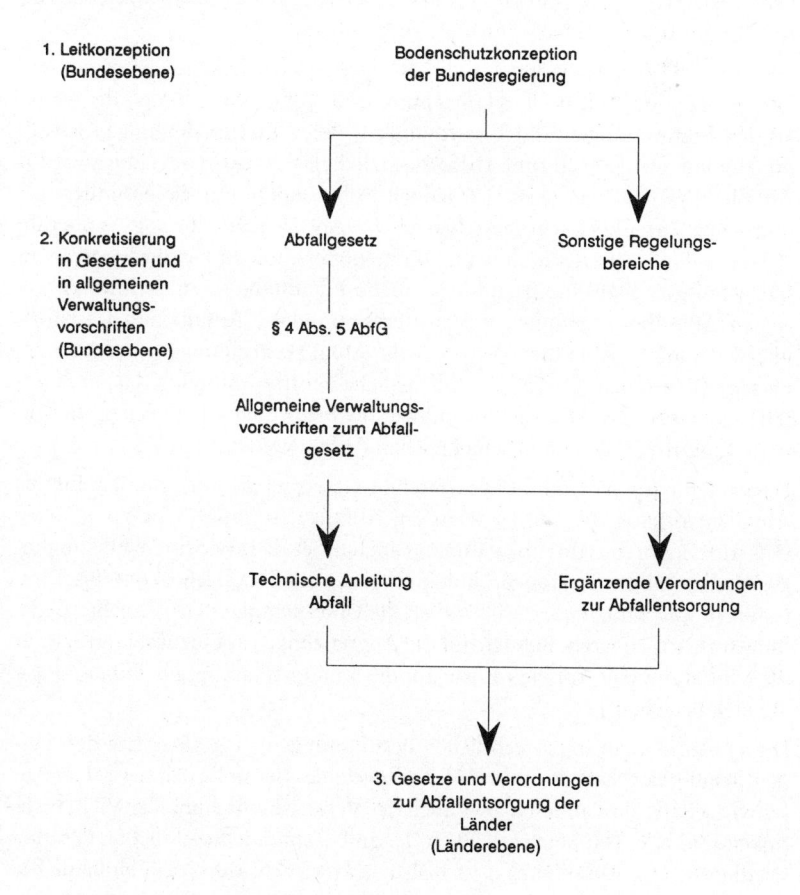

Abb. 2: Systematik abfallrechtlicher Regelungen

In Einklang mit den Ideen der Bodenschutzkonzeption ist seit 1985 eine Reihe abfallbezogener Gesetze, Verordnungen, Bestimmungen und Technischer Anleitungen verfaßt und novelliert worden. Leitgesetz der Abfallwirtschaft stellt das Abfallgesetz von 1986 dar, das den Bund ermächtigt, wesentliche Handlungsfelder im Abfallbereich bundeseinheitlich zu regeln (§ 4 Abs. 5 AbfG). Dieses geschieht durch die Vorgabe Allgemeiner Verwaltungsvorschriften für die Vollzugsbehörden der Länder. Die wichtigste Vorschrift dieser Art ist hier die Technische Anleitung Abfall, von der bisher Teil 1 „Sonderabfall" in Kraft getreten ist und die später um einen entsprechenden Teil für den Hausmüllbereich ergänzt werden soll. Im Rahmen der Technischen Anleitung Abfall werden einheitliche Kriterien zum „Stand der Technik" genehmigungsbedürftiger Entsorgungsanlagen und -verfahren festgelegt, und hinsichtlich der vielfältigen Abfallstoffe wird eine Klassifikation und Zuordnung zu bestimmten Entsorgungsformen vorgenommen (*Tettinger* 1990, 519f.). Die Einhaltung der dabei vorgeschriebenen Entsorgungsformen gilt für die Unternehmen als verbindlich.

Wesentliche Voraussetzung für die erfolgreiche Umsetzung der Ziele und Grundsätze von Bodenschutzkonzeption und Abfallgesetz bilden die ergänzenden Bestimmungen und Verordnungen, deren Erlaßbedingungen jeweils im Abfallgesetz geregelt sind. Diese zusätzlichen Vorschriften gelten zwar für Abfälle allgemein, beziehen sich jedoch insbesondere auf die besonders gefährlichen Produktionsrückstände nach § 2 Abs. 2 AbfG, die sog. Sonderabfälle, um damit speziell in diesem, von besonders hohem Gefährdungspotential geprägten Bereich eine unsachgemäße Handhabung zu verhindern. So stellen Abfallbestimmungs-, Reststoffbestimmungs-, Abfall- und Reststoffüberwachungs-, Abfallnachweis- sowie Abfallverbringungsverordnung einerseits Richtlinien für die betriebliche Schadstoffbewältigung dar; andererseits dienen sie als Anspruchsgrundlage für behördliche Kontrollen und direkte Eingriffe in den unternehmerischen Abfallbereich.

Darüber hinaus hält die konkurrierende Gesetzgebung des Bundes für die Abfallentsorgung die Länder dazu an, Abfallentsorgungspläne zu erstellen (§ 6 AbfG), um die Abfallbewältigung auch unter den spezifischen Bedingungen der jeweiligen Regionen ökologiebezogen und zugleich ökonomisch rational zu koordinieren. Hierbei haben die Unternehmen beispielsweise Regelungen zu antizipieren, die sich auf die Abgrenzung von Einzugsbereichen für die Sammlung von Abfällen sowie auf die Standortplanung für Entsorgungsanlagen beziehen.

Dieser Abriß relevanter rechtlicher Bestimmungen mag einerseits der Verdeutlichung des institutionellen Handlungsfeldes der unternehmerischen Abfallwirtschaft, zum anderen aber auch der Veranschaulichung der Vielschichtigkeit und z.T. Unübersichtlichkeit der zu beachtenden rechtlichen Parameter dienen. Der Abfallbereich ist bisher gerade nicht durch ein einheitliches Gesetzeswerk gekennzeichnet, sondern durch unverbunden und nebeneinander existierende Teilbestimmungen sowie durch teilweise sich überschneidende Regelungen von Bund und Ländern (Der Rat von Sachverständigen für Umweltfragen 1990, 9). Im Rahmen dieses Vorschriften-„Dschungels" gilt es für das einzelne Unternehmen, seine individuelle Abfallwirtschaft in Ergänzung zu den traditionellen Unternehmensfunktionen einzurichten sowie Ansatzpunkte zur ökologieorientierten und zugleich ökonomisch rationalen Gestaltung dieses Bereichs zu erschließen und zu nutzen.

3. Die Abfallwirtschaft als unternehmerische Querschnittsfunktion

Abfallwirtschaftliche Fragestellungen stehen auf jeder Hierarchiestufe sowie, anknüpfend an die Darlegungen zu Abb. 1, in sämtlichen Funktionsbereichen eines Unternehmens zur Lösung an. Das Führungssystem hat die dispositive Steuerung der Abfallwirtschaft zu leisten, indem die Komplexität der betrieblichen Abfallprobleme systematisch durchdrungen und Vorgaben zur Umsetzung abfallwirtschaftlicher Konzepte entwickelt und weitergeleitet werden. Das Leistungssystem ist dann mit der praktischen Handhabung der Abfallströme befaßt.

Die Abb. 3 (S. 564) veranschaulicht die hier relevanten Informations- und Stoffströme zwischen dem Unternehmen und seiner institutionellen und ökologischen Umwelt. Die Betrachtung des Leistungssystems macht dabei erneut deutlich, daß abfallstoff- und entsorgungsbezogene Aufgaben in allen drei Kernbereichen Beschaffung, Produktion und Absatz – und damit auch in dem verbindenden Funktionsbereich Logistik – auftreten und mithin nach Möglichkeit ganzheitlich zu bewältigen sind. Abfallwirtschaftliches Management stellt sich somit stets als eine die verschiedenen Unternehmensbereiche umfassende Aufgabe dar; das Schlagwort vom „Integrierten betrieblichen Umweltschutz" findet damit hier seine besondere Begründung.

Geht man die einzelnen Positionen in Abb. 3 Schritt für Schritt durch, dann sind bereits im Beschaffungsbereich die Grundlagen für eine konsequente betriebliche Abfallvermeidungs- und Abfallverwertungspolitik zu legen (*Fleischer* 1989, 18–21). Beim Bezug von Einsatzgütern wird der Aspekt der Lebensdauer jener Betriebsstoffe, die – wie Werkzeuge – nicht substantiell in die Produkte eingehen, virulent, ebenso wie die Frage des Schadstoffgehalts der zu verarbeitenden Güter sowie auch der ökologieverträglichen Entsorgungsmöglichkeiten (*Bahnmüller* 1987, 46f.). Schließlich sind Möglichkeiten der Übernahme von Abfällen anderer Unternehmen als eigene Produktionseinsatzstoffe zu prüfen. Die amtliche Statistik weist für das Jahr 1987 immerhin knapp 14 Mio. t Abfälle aus, die in diesem Sinne von nicht dem Entsorgungssektor zuordenbaren Betrieben übernommen wurden (Statistisches Bundesamt 1991, 44f.).

Kapitel 32: Unternehmerische Abfallwirtschaft

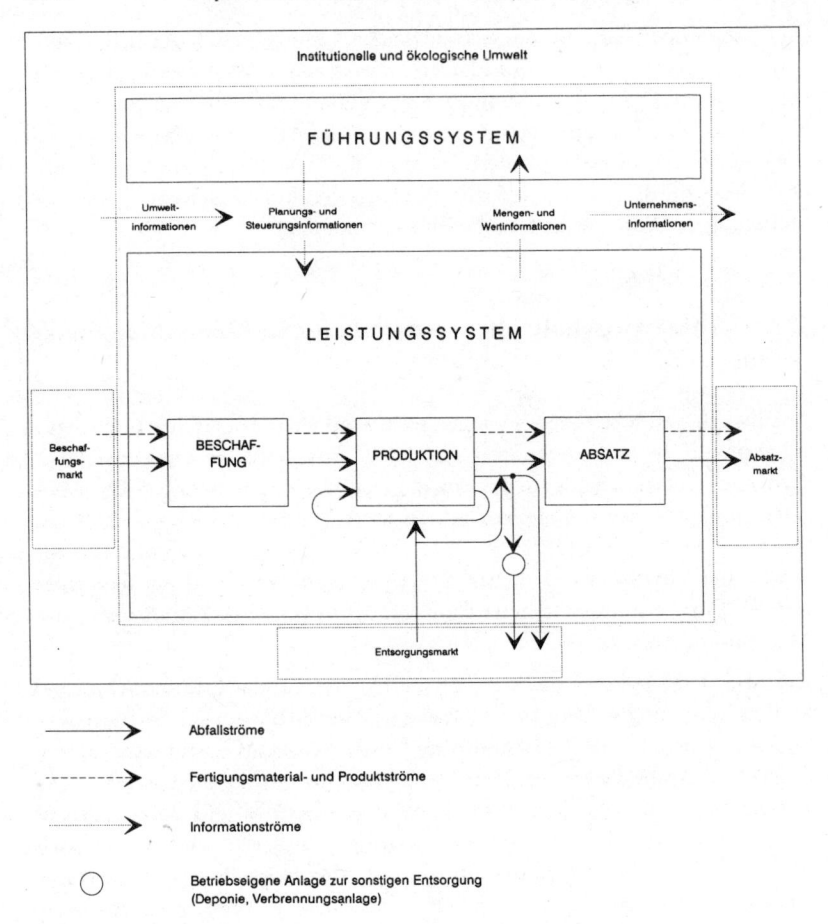

Abb. 3: Informations- sowie Güter- und Abfallströme im Unternehmen

Im Bereich der Produktion strebt die Abfallwirtschaft den Aufbau von Verwertungskaskaden und geschlossenen Systemen für die Roh- und Betriebsstoffe an (*Sutter* 1989, 18 f.). Verbesserung der Materialausnutzung sowie Überführung von Rückständen einer Produktionsstufe in Einsatzstoffe einer nächsten (bis hin zu entsprechenden überbetrieblichen Maßnahmen, etwa im Sinne von *Strebel* 1988, 102–106) tragen zur Verwertung und damit zur Verminderung von Abfällen bei. Im Bereich der strategischen Produktions- und Produkteplanung stützen die entsorgungsgerechte Forschung, Entwicklung und Konstruktion, beispielsweise im Automobilbau, Bemühungen um die Erhöhung von Recyclingraten. Und schließt man in die Betrachtung der Produktion im weiteren Sinne auch bestimmte betriebseigene Entsorgungsanlagen ein (vgl. Abb. 3), dann lassen sich speziell dort u. U. durch geeignete

3. Die Abfallwirtschaft als Querschnittsfunktion

technologische Verknüpfungen zusätzlich erhebliche Abfallverwertungspotentiale erschließen (*Knoch* 1990).

Aus der Aufbereitung von Abfällen können sich zum einen vermarktungsfähige Güter entwickeln, die über den Absatzbereich der Unternehmen gegen Entgelt zu veräußern sind. Dabei handelt es sich spiegelbildlich um genau jene oben erwähnten Stoffe, die von anderen Unternehmen als Einsatzgüter für ihre Produktion beschafft werden. Zum anderen sind Abfälle aus der Produktion, die keiner weiteren Verwertung im Unternehmen zugeführt werden können und für die kein Absatz gegen Entgelt möglich erscheint, zu entsorgen. Dies kann direkt an den Entsorgungsmarkt, d. h. an spezialisierte Entsorgungsunternehmen, oder über den Umweg einer sonstigen, betriebseigenen Entsorgungsanlage geschehen.

Vom Entsorgungsmarkt laufen jedoch auch Stoffströme in die Unternehmen zurück, insbesondere in Form jener „Abfälle", zu deren Rücknahme die Unternehmen aufgrund gesetzlicher Vorgaben verpflichtet und um deren wirtschaftliche Handhabung sie infolgedessen bemüht sind. Hierunter fallen insbesondere Materialien wie Transport-, Um- und Verkaufsverpackungen im Sinne der aktuell diskutierten Verordnung über die Vermeidung von Verpackungsabfällen (Der Bundesminister für Umwelt, Naturschutz und Reaktorsicherheit 1991). Diese Stoffe werden dann entweder dem Produktionsprozeß erneut zugeführt oder aber – dann jedoch kaum im Sinne des Verordnungsgebers – sogleich wieder direkt an Entsorgungsunternehmen weitergeleitet.

Zur Bewältigung der abfallwirtschaftlichen Anforderungen im Geflecht der miteinander verwobenen unternehmerischen Bereiche sind die relevanten materiellen und immateriellen Potentiale des gesamten Führungs- und Leistungssystems koordiniert auf die Leitidee der Vermeidung und Verwertung von Abfall hin auszurichten. Volumen und Toxizität der Abfälle bestimmen dabei den internen Betroffenheitsgrad, von dem sich dann u. U. die Notwendigkeit herleitet, eine spezifische organisatorische Einheit „Abfallvermeidung und Abfallentsorgung" einzurichten (*Thomas* 1988, 2162–2164). Seine integrierende Aufgabe wird dieser Bereich dann i. d. R. um so wirksamer erfüllen können, je besser es gelingt, ihn nach den Prinzipien der Matrixorganisation in das Beziehungsgeflecht des Unternehmens einzubinden.

Eine formale Etablierung der Abfallwirtschaft im Unternehmen kann zudem über die Position des Betriebsbeauftragten für Abfall erfolgen. So sind Betreiber von Produktionsanlagen, in denen regelmäßig besonders gefährliche Abfälle (Sonderabfälle) im Sinne des § 2 Abs. 2 AbfG entstehen, sowie Betreiber von Entsorgungsanlagen ohnehin gesetzlich zur Bestellung eines Betriebsbeauftragten für Abfall verpflichtet (*Sander* 1990, 3–9). Dieser hat gemäß § 11a AbfG auf die Einhaltung einer gesicherten Handhabung von Schadstoffen sowie auf die Vornahme von Vermeidungs- und Verwertungsinvestitionen im Abfallbereich hinzuwirken. Damit ist dann auch mit dieser (Stabs-)

Stelle eine Möglichkeit der institutionellen Etablierung benötigter Sachkenntnis und Kompetenz zur integrierenden Koordination und Steuerung aller abfallwirtschaftlichen Maßnahmen im Unternehmen angelegt.

4. Ansatzpunkte betriebswirtschaftlicher Steuerung der unternehmerischen Abfallwirtschaft

Die betriebswirtschaftliche Steuerung des Unternehmens geschieht durch Reaktion auf sowie durch Setzen von ökonomischen Anreizen. Ökonomische Anreize resultieren im Abfallbereich insbesondere aus den sich verschärfenden, kosten- und risikowirksamen gesetzlichen Vorgaben zur Abfallentsorgung sowie aus der zunehmenden Verknappung von Verbrennungs- und Deponierungskapazitäten. Das Streben nach Handhabung der Kosten- und Risikowirkungen dieser Entwicklungen, allerdings auch nach Wahrnehmung der in diesen Entwicklungen ebenfalls angelegten Erlös- und Chancenwirkungen, verstärkt dann gerade das unternehmerische Engagement zu vermeidungs- und verwertungsorientierter Ausrichtung der Abfallwirtschaft.

Knüpft man an den grundsätzlichen Feststellungen zur Kuppelproduktion zu Beginn dieses Beitrags an, dann drängen sich methodisch zunächst die bekannten betriebswirtschaftlichen Verfahren der Programmplanung und Kalkulation bei Kuppelproduktion auf (vgl. insbes. *Riebel* 1971, ders. 1970, sowie *Kruschwitz* 1974). Dieses gilt insbesondere dann, wenn es um mögliche marktliche oder betriebliche Verwertungen von gegebenen, d. h. bei üblicher Produktion auftretenden Abfällen geht. Denn Prämissen dieser Verfahren sind zumeist gegebene Technologien und damit auch gegebene (allenfalls durch Variation von Verfahrensbedingungen partiell veränderbare) Produkt-Abfall-Verhältnisse. Diese Verfahren sind daher insofern noch recht stark einem Denken im Sinne von „End-of-the-Pipe" (*Kreikebaum* 1990, 114 u. 120) verhaftet, welches jedoch in modernen abfallwirtschaftlichen Konzepten immer mehr in den Hintergrund tritt.

Je stärker hingegen das Vermeidungsgebot und damit der Aspekt des „Integrierten Umweltschutzes" (*Kreikebaum* 1990, 114 u. 120) Bedeutung erlangt, um so mehr rücken dann auch die bereits zuvor angesprochenen Möglichkeiten durchgreifender Technologie- und Verfahrensänderungen sowie weitgehender Substitution bestimmter Einsatzgüter in das Zentrum. Dann aber ist auch die ökonomische Durchdringung des Abfallproblems weitaus umfassender gefordert.

Nimmt man Forderungen dieser Art ernst, dann gilt es, Planungs- und Steuerungskonzepte zu entwickeln und zu nutzen, die besonders dem Gesichtspunkt des Integrativen Rechnung tragen. Bezeichnet man die verschiedenen Funktionsbereiche in Abb. 3 als die relevanten Subsysteme eines Unternehmens, dann ist damit der Aspekt der systemverbindenden Koordination an-

4. Ansatzpunkte betriebswirtschaftlicher Steuerung

gesprochen. Dieser Aspekt steht – neben jenem der systembildenden Koordination – im Mittelpunkt des betriebswirtschaftlichen Controlling-Ansatzes (*Wagner, Janzen* 1991, 122–124).

Betriebswirtschaftliches Controlling wird damit zum entscheidenden Träger speziell der vielfältigen vermeidungs- und entsorgungsbezogenen abfallwirtschaftlichen Koordinationsaufgaben im Unternehmen. Es erfüllt diese Aufgabe im Sinne eines gerade auf das interne Rechnungswesen reflektierenden ökologiebezogenen Controlling (siehe *Wagner, Janzen* 1991) durch konsequentes, zumeist projektmäßiges Abstellen auf die möglichen Kosten und Risiken sowie Erlöse und Chancen relevanter abfallwirtschaftlicher Vorgänge. Darin eingeschlossen sind Aufgaben der überbetrieblichen Koordination, etwa zur Unterstützung des abfallwirtschaftlichen Schnittstellenmanagements im Verhältnis von abfallerzeugenden zu abfallentsorgenden Unternehmen oder auch in der Beziehung zwischen Abfallproduzent und überwachender öffentlicher Instanz.

Die Einbeziehung abfallwirtschaftlicher Aufgabenstellungen in das Controlling setzt allerdings, um die unternehmerische Abfallwirtschaft überhaupt erfolgsorientiert steuern zu können, Modifizierungen des betrieblichen Informationssystems zur Verdichtung der Mengen- und Wertinformationen aus dem Abfallbereich voraus. Über die Handhabung traditioneller Rechengrößen im Rahmen der Unternehmensrechnung hinaus hat eine spezifische Erfassung und Bewertung abfallstoff- und entsorgungsrelevanter Mengen- sowie Kosten- und Erlösinformationen zu erfolgen (*Wagner* 1991, Kap. D). Erst die Nutzung dieser Informationen für die Erstellung vergleichender Investitionsrechnungen ermöglicht dann wirklich fundierte Entscheidungen über den Einsatz bestimmter Vermeidungs- oder Entsorgungstechnologien zur Abfallbewältigung (*Bloech* 1987, 36; *Sutter* 1989, 19–21).

Allerdings unterliegt die Bewertung gerade von Informationen aus dem Abfallbereich spezifischen Problemen, die aus der besonderen Dynamik dieses Sektors, dessen juristische, technologische und ökonomische Entwicklungen in aller Regel nur schwer prognostizierbar sind, resultieren. Und gerade die Abschätzung betriebswirtschaftlicher Kostenrisiken, wie sie beispielsweise aus Verpflichtungen zur Behebung der Folgen früherer Abfallbeseitigungen entstehen können (hier ist speziell an Aspekte der Altlastensanierung gedacht), vermag sich als besonders schwierig herauszustellen. Dies gilt insbesondere dann, wenn zum Beispiel im Rahmen aktueller Sanierungsmaßnahmen die Aufgabe ansteht, auch mögliche Spätwirkungen solcher Sanierungen in die Kostenkalkulation der aktuellen Maßnahmen einzubeziehen (vgl. dazu insbes. *Wagner, Fichtner* 1989, 39–43).

Um einer aus Problemen dieser Art generell resultierbaren zu niedrigen Kostenbewertung abfallwirtschaftlicher Maßnahmen vorzubeugen, empfiehlt deshalb der Rat von Sachverständigen für Umweltfragen die Anwendung des Konzepts der „Lastpakete", d.h. eines Ansatzes, der „die Gesamtheit der mit der jeweiligen abfallwirtschaftlichen Maßnahme verbundenen Umweltbelastungen wie Emissionen, Immissionen, Schädigung von Ökosystemen usw. im Sinne einer vergleichenden Risikobewertung" berücksichtigt (Der Rat von Sachverständigen für Umweltfragen 1990, 9). Dieser sehr weitreichende Ansatz strebt eine Vereinheitlichung der Bewertungsansätze für abfallwirtschaftliche Investitionen an und soll einen Beitrag zur Fortentwicklung der Internalisierung von Umweltschutzkosten in das ökonomische Kalkül der Unternehmen leisten.

Ob und inwieweit dieser Ansatz allerdings tatsächlich seine praktische Umsetzung bei der unternehmerischen Steuerung der Abfallwirtschaft finden wird, bleibe hier dahingestellt (*Mayer* 1991, 14). Und ob beispielsweise Betreiber von Kernkraftwerken (die allerdings den atomrechtlichen anstelle der abfallrechtlichen Regelungen unterliegen) dann in Ansehung dieses Ansatzes Bereitschaft finden, jene bisher von ihnen externalisierten Kosten und Risiken der Entsorgung nuklearer Abfälle (einschließlich sämtlicher, z. T. generationenübergreifender Folgekosten und Folgerisiken) in die interne Wirtschaftlichkeitsrechnung ihrer Anlagen zu integrieren, mag erhebliche Zweifel begründen.

5. Resümee und Ausblick

Die ökonomische und ökologiebezogene Gestaltung der unternehmerischen Abfallwirtschaft stellt keine originär neue Unternehmensaufgabe dar, sondern sie ist in der jüngeren Vergangenheit nur verstärkt in den Mittelpunkt der Betrachtungen gerückt. Anlaß dazu gaben hauptsächlich eine Reihe abfallbezogener Umweltskandale sowie Sachverhalte objektiv drohender Entsorgungsengpässe, mit der Folge gestiegenen öffentlichen Interesses an verstärkter Vermeidung und geordneter Entsorgung sowie dann verschärfter abfallrechtlicher Vorgaben durch Gesetzgeber und Behörden.

Zur Lösung der Abfallprobleme existiert eine Palette verschiedenster Handlungsmöglichkeiten, ausgehend von eher rudimentären Maßnahmen wie Verzicht auf umfangreiche Verpackungen, über Substitution abfallbewirkender Produktionsfaktoren bis hin zu weitreichenden Prozeßvariationen zur Verminderung und Verwertung von Abfall sowie zur Umsetzung innovativer Vermeidungstechnologien. Die jeweilige Maßnahmenwahl wird dabei durch die im Einzelfall vorherrschende interne und externe Betroffenheit des einzelnen Unternehmens bestimmt.

Eine wesentliche Determinante für den Erfolg der unternehmerischen Abfallwirtschaft ist die Integration der Aufgabe „Vermeidung und Entsorgung von Abfall" in sämtliche Funktionen des Führungs- und Leistungssystems. Das Hauptziel, auf das sich sämtliche abfallbezogenen Aktivitäten auszurichten haben, ist das gesetzlich fixierte Vermeidungs- und Verwertungsgebot. Die

Koordination der betreffenden Maßnahmen über Institutionen wie etwa den Betriebsbeauftragten für Abfall bewirkt dann die Bildung einer formalen Querschnittsfunktion „Abfallbewältigung", die gestalterisch in die Organisation der Abfallvermeidung und -entsorgung im Unternehmen eingreifen und somit wesentliche Beiträge zur ökologisch orientierten und zugleich ökonomisch rationalen Steuerung des unternehmerischen Abfallbereichs leisten kann.

Insgesamt dürften im übrigen alle jene Aspekte, die im vorliegenden Beitrag erörtert wurden, unternehmenspolitisch in Zukunft noch weitaus relevanter werden. Denn speziell die externe Betroffenheit der Unternehmen wird sich in dem Maße verschärfen, in dem − was aktuell absehbar ist − der Aspekt unternehmerischer Haftung für Risiken und Schäden aus Abfällen national (*Blankart* 1988) wie auch im Rechtsrahmen der Europäischen Gemeinschaft (*Nicklisch* 1992) an Verbindlichkeit gewinnt.

Literatur

Bahnmüller, H. (1987), Abfallbeseitigung bei der Bayer AG, in: Beschaffung aktuell, 11/87, S. 43–53

Blankart, C. B. (1988), Besteuerung und Haftung im Sondermüllbereich. Eine ökonomische Analyse, in: *Schmidt, K.* (Hrsg.), Öffentliche Finanzen und Umweltpolitik I, Berlin, S. 67–89

Bloech, J. (1987), Die Abfallwirtschaft im Blickpunkt des Material-Managements − Eine neue Herausforderung, in: Beschaffung aktuell, 11/87, S. 34–36

Der Bundesminister für Umwelt, Naturschutz und Reaktorsicherheit (Hrsg.)(1991), Verordnung über die Vermeidung von Verpackungsabfällen (Verpackungsverordnung − VerpackVO), Entwurf, Stand: 6. 11. 1990 (WA II4–530 114–1/7), Bonn

Der Rat von Sachverständigen für Umweltfragen (1990), Kurzfassung des Sondergutachtens Abfallwirtschaft, Bonn

Dyckhoff, H. (1991), Berücksichtigung des Umweltschutzes in der betriebswirtschaftlichen Produktionstheorie, in: *Ordelheide, D., Rudolph, B., Büsselmann, E.* (Hrsg.), Betriebswirtschaftslehre und Ökonomische Theorie, Stuttgart, S. 275–309

Faber, M., Stephan, G., Michaelis, P. (1989), Umdenken in der Abfallwirtschaft − Vermeiden, Verwerten, Beseitigen, 2. Aufl., Berlin/Heidelberg etc.

Fichtner, S. (1991), Die Sonderabfallwirtschaft als Handlungsfeld des Ökonomen − Theoretische und praktische Erwägungen, Diss. Essen

Fleischer, G. (1989), Elemente der Vorsorgenden Abfallwirtschaft, in: Abfallwirtschaftsjournal 1/89, S. 18–23

Hammann, P. (1988), Betriebswirtschaftliche Aspekte des Abfallproblems, in: Die Betriebswirtschaft 4/88, S. 465–476

Hösel, G., Lersner, H. v. (Hrsg.)(1990), Recht der Abfallbeseitigung des Bundes und der Länder, Loseblattsammlung, Berlin 1972, 34. Erg.-Lfg. Dezember

Kleinaltenkamp, M. (1985), Recycling-Strategien − Wege zur wirtschaftlichen Verwertung von Rückständen aus absatz- und beschaffungswirtschaftlicher Sicht, Berlin

Knoch, J. (1990), Zur Wirtschaftlichkeit abfalltechnischer Verbundanlagen, in: *Wagner, G. R.* (Hrsg.), Unternehmung und ökologische Umwelt, München, S. 192–199

Kreikebaum, H. (1990), Innovationsmanagement bei aktivem Umweltschutz in der chemischen Industrie – Bericht aus einem Forschungsprojekt, in: *Wagner, G.R.* (Hrsg.): Unternehmung und ökologische Umwelt, München, S. 113–121

Kruschwitz, L. (1974), Zur Programmplanung bei Kuppelproduktion, in: Zeitschrift für betriebswirtschaftliche Forschung 2/74, S. 96–109

Mayer, L. (1991), Stand der Abfallwirtschaft aus der Sicht der Industrie, in: Abfallwirtschaftsjournal 1/2/91, S. 9–15

Nicklisch, F. (1992), Umweltschutz und Haftungsrisiken – Rechtsfragen der Umwelt-, Gentechnik- und Abfallhaftung, in: *Wagner, G. R.* (Hrsg.), Ökonomische Risiken und Umweltschutz, München (in Vorbereitung)

Riebel, P. (14970), Kalkulation der Kuppelprodukte, in: *Kosiol, E.* (Hrsg.), Handwörterbuch des Rechnungswesens, 1. Aufl., Stuttgart, Sp. 994–1006

Riebel, P. (1971), Zur Programmplanung bei Kuppelproduktion, in: Zeitschrift für betriebswirtschaftliche Forschung 10/11/12//71, S. 733–775

Sander, H. P. (1990), Betriebsbeauftragte für Abfall, in: *Sander, H. P., Troge, A.* (Hrsg.), Praxishandbuch Abfall/Altlasten, Loseblattwerk, Köln 1987, 11. Erg.-Lfg. Oktober 1990, Kap. 3.6.3, S. 1–34

Statistisches Bundesamt (Hrsg.) (1991), Abfallbeseitigung im Produzierenden Gewerbe und in Krankenhäusern 1987, Fachserie 19 (Umweltschutz), Reihe 1.2, Stuttgart

Strebel, H. (1988), Rückstand und Rückstandsverwertung in der unternehmerischen Forschung und Entwicklung, in: Die Betriebswirtschaft 1/88, S. 97–107

Sutter, H. (1989), Technische, wirtschaftliche und rechtliche Aspekte der industriellen Abfallvermeidung und Abfallverwertung, in: Abfallwirtschaftsjournal 11/89, S. 17–22

Tettinger, P. J. (1990), Recht der Abfallwirtschaft (Problemzonen), in: Müll und Abfall 8/90, S. 513–522

Thomas, J. (1988), Die Organisation des industriellen Umweltschutzes, in: Der Betrieb 43/88, S. 2161–2166

Wagner, G. R. (1991), Kosten der Umwelterhaltung in ihrer Bedeutung für die Unternehmenspolitik. In: *Männel, W.* (Hrsg.), Handbuch der Kostenrechnung, Wiesbaden (im Druck)

Wagner, G. R., Fichtner, S. (1989), Kosten und Kostenrisiken der Altlastensanierung, in: Zeitschrift für angewandte Umweltforschung 1/89, S. 35–44

Wagner, G. R., Janzen, H. (1991), Ökologisches Controlling – Mehr als ein Schlagwort?, in: Controlling – Zeitschrift für erfolgsorientierte Unternehmenssteuerung 3/91, S. 120–129

Kapitel 33
Entsorgungslogistik

von *Hans-Christian Pfohl* und *Wolfgang Stölzle**

1. Entsorgungslogistik – Die Anwendung der Logistikkonzeption im Bereich der Entsorgung 572
2. Objekte der Entsorgungslogistik 573
3. Zielsystem der Entsorgungslogistik 575
4. Konzeption der Entsorgungslogistik 576
5. Entsorgungslogistik im logistischen System 579
6. Aufgaben der Entsorgungslogistik 580
   6.1 Lagerung 581
   6.2 Transport 583
   6.3 Umschlag 585
   6.4 Sammlung und Trennung 586
   6.5 Behälterwahl 587
   6.6 Auftragsabwicklung 588
Literatur 589

---

* Der Beitrag bezieht sich auf das von der Volkswagen-Stiftung geförderte Forschungsprojekt „Entsorgungslogistik – Ein Instrument zur Reduzierung der Aufnahmeknappheit der natürlichen Umwelt", das in Kooperation von Prof. Dr.-Ing. Dr. h.c. R. *Jünemann*, Fraunhofer-Institut für Materialfluß und Logistik, Dortmund, und Prof. Dr. *H.-Chr. Pfohl*, Institut für Betriebswirtschaftslehre an der Technischen Hochschule Darmstadt, geleitet wird.

1. Entsorgungslogistik – Die Anwendung der Logistikkonzeption im Bereich der Entsorgung

Die Spannweite des Begriffes „**Entsorgung**" wandelte sich mit der Verbreitung des Umweltschutzgedankens in der Politik und in den Unternehmen. Noch in den 70er Jahren umfaßte die Entsorgung lediglich die „Summe aller Tätigkeiten und Maßnahmen zur kontrollierten Abgabe von Residuen an die Umwelt sowie die Verminderung bzw. Beseitigung von Lärm" (*Domschke* 1979, 515). Kontrollierte Abgabe meint hierbei, daß die Beeinträchtigung des Lebensraumes und der Gesundheit von Mensch, Tier und Pflanzen so gering wie möglich bleibt. Ein Umdenken dokumentiert sich im Abfallgesetz von 1986, mit dem durch die Erweiterung um das Vermeidungs- und Verwertungsgebot für Abfälle das Abfallbeseitigungsgesetz zum Abfallwirtschaftsgesetz entwickelt wurde. Die Entsorgung bezieht sich demnach auf das Gewinnen von Stoffen oder Energie aus Abfällen (Abfallverwertung) und das Ablagern von Abfällen sowie die hierzu erforderlichen Maßnahmen des Einsammelns, Beförderns, Behandelns und Lagerns (Abfallgesetz 1986, § 1 Abs. 2), während die Vermeidung das Entstehen von Abfall verhindert und deshalb nicht mehr der Entsorgung selbst zugerechnet wird.

Aus betrieblicher Sicht zählen zum Bereich der Entsorgung
- die Einstufung von Stoffen nach Verwertbarkeit und Gefährlichkeit,
- das Erfassen, Sammeln, Umformen, Selektieren, Aufbereiten, Regenerieren, Vernichten, Verwerten und Verkaufen der zu entsorgenden Stoffe sowie
- die Durchführung aller übrigen zur Entsorgung notwendigen Aktivitäten, wie z.B. der Abtransport nicht mehr benötigter Güter oder die Verschrottung ausgedienter Anlagen, Ersatz- und Reserveteile gemäß den gesetzlichen und behördlichen Auflagen sowie den technischen Gegebenheiten (*Werner, Stark* 1989, 49f.).

Der Lärmschutz wird hierbei aus dem Bereich der Entsorgung ausgenommen.

In einem derart weit interpretierten Aufgabenspektrum der Entsorgung fallen auch vielfältige logistische Aktivitäten an, so daß es naheliegt, die Logistikkonzeption auf das Feld der Entsorgung anzuwenden. Zur **Logistik** gehören alle operativen und dispositiven Tätigkeiten, die raum-zeitliche Gütertransformationen einschließlich der damit verbundenen Änderungen der Gütermengen und -sorten mit dem Ziel, eine bedarfsgerechte und kosteneffektive Güterbereitstellung zu bewirken (*Pfohl* 1990, 12). Für den Bereich der Entsorgung müssen Spezifizierungen bzgl. der logistischen Ziele, Objekte und Aufgaben vorgenommen werden. So ist neben der wirtschaftlichen auch eine umweltorientierte Zieldimension zu berücksichtigen. Ferner treten als Objekt der Entsorgungslogistik Reststoffe an die Stelle von Roh-, Hilfs- und Betriebsstoffen, Halbfertig- und Fertigprodukten. Letztlich weichen die bei der Entsorgung wahrzunehmenden logistischen Aufgaben zumindest teilweise von denjenigen im Versorgungsbereich ab. Unter Berücksichtigung dieser Besonderheiten soll **Entsorgungslogistik** verstanden werden als die Anwendung der Logistikkonzeption auf Reststoffe, um mit allen Tätigkeiten der raumzeitlichen Transformation, einschließlich der Mengen- und Sortenänderung, einen ökonomisch und ökologisch effizienten Reststoff-Fluß zu gestalten.

2. Objekte der Entsorgungslogistik

In Anlehnung an die Theorie der Kuppelproduktion (*Riebel* 1955, 60f.) lassen sich betriebliche Leistungen (betrieblicher Output) bei Produktions- und Distributionsprozessen nach dem Sachzielbezug unterteilen in die beabsichtigten Leistungen, d.h. die Zielprodukte einerseits und die unerwünschten Nebenprodukte andererseits.

Zu den Nebenprodukten gehören zum einen Produkte, die zur Realisierung der Zielprodukte verwendet werden, aber aus dem eigentlichen Leistungs- und Versorgungsprozeß zumindest vorübergehend ausgeschieden werden. Als Beispiel hierfür können Leergüter angeführt werden. Zum anderen handelt es sich um Kuppelprodukte, die beim Prozeß der Herstellung der Zielprodukte zwangsläufig entstehen. Werden aus den Nebenprodukten die gasförmigen Komponenten und der Lärm ausgegrenzt, so können die rein stofflichen Nebenprodukte als **Reststoffe** bezeichnet und als Objekte der Entsorgungslogistik aufgefaßt werden. Diese Vorgehensweise erscheint sinnvoll, da die energetischen Nebenprodukte, gasförmigen Stoffverluste und Lärm aufgrund der fehlenden Stofflichkeit und Faßbarkeit keine Bestandteile der Entsorgung und somit auch kein Gegenstand der Entsorgungslogistik sein können.

Zu den Reststoffen zählen demnach sowohl Retouren, Verpackungen, Leergut, unverkäufliche Lagerhüter, nicht absetzbare Produkte, Austauschaggregate und nicht mehr benötigte Ausrüstungen (*Pfohl* 1990, 16f.) als auch alle mit der Produktion verbundenen stofflichen Kuppelprodukte. Letztere umfassen ebenfalls diejenigen Stoffkomponenten, die z.B. über Filteranlagen am Entweichen in die Luft gehindert werden und im Filtermaterial gebunden Gegenstand der Entsorgung werden.

Die Verwendbarkeit/Verwertbarkeit von Reststoffen stellt das Unterscheidungskriterium auf der nächsten Differenzierungsebene der in Abb. 1 (S. 574) zusammengefaßten Begriffshierarchie dar. Hier werden die Reststoffe in Rückstände und Wertstoffe unterteilt. **Rückstände** werden dabei als diejenigen Reststoffe aufgefaßt, die weder beim Besitzer noch in einem anderen Unternehmen einer weiteren Verwendung oder Verwertung zugänglich gemacht werden können und demzufolge einer geordneten Beseitigung zuzuführen sind. **Wertstoffe** dagegen sind für ihren Besitzer und/oder einen Dritten mit einem Wert behaftet und können, gegebenenfalls nach einer Aufbereitung oder Behandlung, als Wirtschaftsgüter weiter genutzt werden. Der Besitzer kann den Wertstoff selbst nutzen oder ihn einem Dritten zur Verwertung oder Verwendung überlassen (*Müller* 1978, 10; BME 1987, 11).

Auf der dritten Differenzierungsebene sind die Rückstände ihrem Aggregatzustand gemäß in **feste Abfälle, Abwässer und** (feste Bestandteile der) **Abluft** aufzugliedern. Eine Beseitigung der Rückstände erfolgt einmal durch das Ablagern fester Abfälle auf oder in dafür vorgesehenen Deponien. Dabei kann ein Teil der Abfälle aus Unternehmen mehr oder weniger unbedenklich zusammen mit dem Hausmüll aus privaten Haushaltungen deponiert werden. Gefährliche feste Abfälle, Abwässer und Abluft sind in dafür vorgesehenen Anlagen solange zu behandeln, bis sie in gefahrlos ablagerungsfähige, feste Bestandteile einerseits und solche Komponenten andererseits getrennt sind, die nicht mehr weiterbehandelt werden können und an die Umwelt abgegeben werden müssen. Abwässer werden bislang z.B. in Flüsse, Seen oder das Meer eingeleitet. Sonderabfälle in Form fester Bestandteile bedürfen einer Ablagerungsart, die ihrem Gefährdungsgrad gerecht wird. Dies kann z.B. die Untertage-Ablagerung von Abfällen sein. Aus ökologieorientierter Sicht ist dieses Vorgehen jedoch bedenklich, da es lediglich eine Verlagerung von Gefahren in die Zukunft bewirkt. Eine endgültige Lösung könnten, abgesehen von Vermeidungsansätzen, hier nur Verfahren bieten, die es ermöglichen, Sonderabfälle in solche Rückstände umzuwandeln, die nicht mehr umweltschädigend wirken.

	Betrieblicher Output		
Sachzielbezug	(Ziel-) Produkte	Reststoffe / Abfall i.w.S.	
Verwendbarkeit / Verwertbarkeit		Rückstände	Wertstoffe
Aggregatzustand	Abwasser	Abfall i.e.S.	Abluft (Feste Bestandteile)

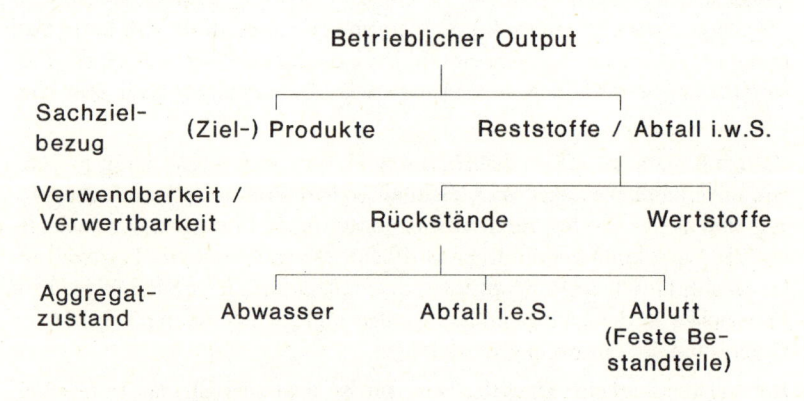

Abb. 1: Die Objekte der Entsorgungslogistik

Keine Verwendung findet demnach in dieser Systematik der Terminus „**Schadstoff**". Nach dem Umweltgutachten von 1978 sind Schadstoffe „solche in der Umwelt vorkommenden Stoffe..., die das Potential haben, auf den Menschen, auf andere Lebewesen, auf Ökosysteme oder auch auf Sachgüter schädlich zu wirken" (SVR 1978, 18). Charakteristisch für den Schadstoffbegriff ist dabei, daß er im Gegensatz zum Terminus „Rückstand" auf die Wirkung bzgl. der Umwelt abstellt. Da solche Auswirkungen stark von den Rahmenbedingungen des jeweiligen Einzelfalls abhängen, wird bei obiger genereller Klassifizierung von einer Verwendung des Schadstoffbegriffs abgesehen.

Einer Erläuterung bedarf schließlich der Terminus „**Abfall**". Nach dem Abfallgesetz von 1986 sind Abfälle zunächst „bewegliche Sachen, deren sich der Besitzer entledigen will..." (Abfallgesetz 1986, § 1 Abs. 1). Der Entledigungswille entspringt bei diesem subjektiven Abfallbegriff dem einzelwirtschaftlichen Interesse des Besitzers. Weiterhin gelten als Abfälle nach diesem Gesetz bewegliche Sachen, „deren geordnete Entsorgung zur Wahrung des Wohls der Allgemeinheit, insbesondere des Schutzes der Umwelt, geboten ist" (Abfallgesetz 1986, § 1 Abs. 1). Dieser sogenannte objektive Abfallbegriff wird als Ausdruck gesellschaftlicher Werte interpretiert (*Lersner* 1981, 42). Das Abfallgesetz umgeht somit eine explizite Definition der mit „Abfall" gemeinten Objekte. Es nimmt lediglich für seinen Geltungsbereich Ausgrenzungen vor, beispielsweise für nicht faßbare gasförmige Stoffe und für Stoffe, die in Gewässer oder Abwasseranlagen eingebracht werden (Abfallgesetz 1986, § 1 Abs. 3).

Der juristische Abfallbegriff umfaßt sowohl verwend-/verwertbare als auch nicht verwend-/verwertbare Stoffe (Abfallgesetz 1986, §1 Abs. 2). Infolgedessen bezieht sich der Begriff „Entsorgung" dann auf die Verwendung/Verwertung und auf die geordnete Beseitigung. Diese weite Begriffsauffassung des Abfallgesetzes geht mit dem oben umrissenen Inhalt des Reststoffbegriffs konform. Allerdings verbindet der Sprachgebrauch mit dem Wort „Abfall" oft eine negative Vorstellung, die auf die festen Komponenten von Rückständen abstellt. Aus diesen Überlegungen resultiert die in Abb. 1 vorgenommene Zuordnung von „Reststoff" und „Abfall i.w.S.", während als „Abfall i.e.S." die festen Bestandteile von Rückständen verstanden werden.

3. Zielsystem der Entsorgungslogistik

Entsprechend der in Abschnitt 1 vorgestellten Begriffsdefinition verfolgt die Entsorgungslogistik sowohl **ökonomische** als auch **ökologieorientierte Ziele**. Zu der erstgenannten Zieldimension gehört die Erhöhung der Wirtschaftlichkeit entsorgungslogistischer Abläufe, um so die Wettbewerbsfähigkeit eines damit befaßten Unternehmens zu sichern und auszubauen. Das Formalziel Verbesserung der Rentabilität kann sachzielbezogen über einen Ausbau logistischer Dienstleistungen oder über eine Reduzierung von Kosten durch Rationalisierungsmaßnahmen gelingen, beispielsweise durch eine systemübergreifende Verbesserung der Technik im Bereich der Informationsverarbeitung (*Pfohl, Stölzle* 1991).

Als Orientierungsrahmen für die ökologieorientierten Ziele der Entsorgungslogistik kann das Verwertungsgebot des Abfallgesetzes von 1986 interpretiert werden. So kann die Entsorgungslogistik auf der Sachzielebene inputseitig durch eine Förderung des Reststoffrecycling die Inanspruchnahme natürlicher Ressourcen vermindern und zu Einsparungen beim Einsatz von knappen (und teuren) Primärrohstoffen beitragen. Outputseitig kann wiederum das Recycling von Reststoffen eine Verminderung der Aufnahmeknappheit der natürlichen Umwelt bewirken.

Über die **Beziehungen der einzelnen Ziele** zueinander lassen sich keine allgemeingültigen Aussagen ableiten, wenn die Ziele aufgrund strategischer Überlegungen längerfristig orientiert sind und verläßliche Prognosen über zukünftige Umweltzustände fehlen. In der Vergangenheit haben ökonomische Ziele die ökologieorientierten Ziele häufig dominiert. Ökonomische Ziele wie z.B. die Gewinnerzielung sind aber nur als ein Mittel zum Zweck zu betrachten, wenn als oberstes Ziel aller Aktivitäten in einem Unternehmen die langfristige Existenzsicherung gesehen wird (*Steinmann, Gerum* 1988, 254).

Unter Berücksichtigung der Umweltsituation und der gewachsenen Ansprüche großer Teile der Gesellschaft sind ökonomische Ziele weiterhin die Voraussetzung für die wirtschaftliche Existenzfähigkeit eines Unternehmens. Langfristig stehen ökologieorientierte Ziele aber nicht zwingend in Konkurrenz zu ökonomischen Zielen, sondern stellen eher eine Ergänzung derselben dar. Die Verbesserung der Leistungen und die Reduzierung der Kosten in Systemen der Entsorgungslogistik können langfristig nur Erfolg haben, wenn sie gesellschaftlich geforderte, gegebenenfalls gesetzlich manifestierte, umweltschutzbezogene Anforderungen erfüllen und zur Verwendung/Verwertung von Reststoffen und damit zur Verminderung von Rückständen beitragen. Dies macht auch kurzfristig entsprechende Investitionen sinnvoll, soweit die ökonomische, insbesondere die finanzielle Situation eines Unternehmens nicht gefährdet wird.

Die ökonomischen und ökologieorientierten Ziele der Entsorgungslogistik sind unter Berücksichtigung der Ausgestaltung der unternehmensspezifischen Logistikkonzeption zu einem System zu entwickeln, in dem sich die einzelnen Ziele nicht widersprechen, sondern ergänzen und fördern. Welche Besonderheiten eine Konzeption der Entsorgungslogistik gegenüber einer Logistikkonzeption im Versorgungsbereich aufweist, wird Gegenstand der folgenden Ausführungen sein.

4. Konzeption der Entsorgungslogistik

Eine Konzeption nimmt einerseits Bezug auf das entsorgungslogistische Zielsystem und orientiert sich andererseits an der Logistikkonzeption des Versor-

4. Konzeption der Entsorgungslogistik

gungsbereiches (*Pfohl* 1990, 19f.), die als Handlungsmaximen das System-, Gesamtkosten-, Service- und Effizienzdenken unterscheidet.

Das **Systemdenken** setzt eine ganzheitliche Betrachtung von komplexen, vernetzten Zusammenhängen voraus. In der Entsorgungslogistik können Entstehung, Erfassung, Sammlung, Lagerung, Umschlag, Transport und Behandlung von Reststoffen als Vorgänge eines unternehmens- oder funktions- bzw. bereichsübergreifenden Systems betrachtet werden. Beispielsweise werden demnach in einem Unternehmen schon bei der Beschaffung von Materialien, Waren und Anlagen umweltschutzbezogene Anforderungen der Entsorgungslogistik bedacht und mit den Lieferanten besprochen (BME 1987, 3). Umgekehrt kann ein Unternehmen neue Aufgaben der Entsorgungslogistik übernehmen, die Teil von Kooperationsvereinbarungen zwischen Lieferanten und Abnehmern sind (*Hammann* 1988, 471). Im Rahmen bereichsübergreifender Konzepte können z.b. geschlossene innerbetriebliche Stoffkreisläufe installiert werden. Dabei sind Verbesserungsmöglichkeiten nicht bereichsbezogen isoliert voneinander zu betrachten. Vielmehr sollte eine optimale Gesamtlösung erreicht werden. So ist bei einer Analyse der Technik in der Entsorgungslogistik festzustellen, daß im Augenblick überwiegend manuell bediente und nicht aufeinander abgestimmte Systeme bzw. Teilsysteme eingesetzt werden (*Wehking* 1989, 592). Automatisierte Systeme in den Bereichen der Sammlung, des Transports, des Umschlags und der Lagerung sowie Sicherheitssysteme können nach dem neuesten Stand der Technik bereichsübergreifend ausgelegt werden. Zur Gestaltung der logistischen Abläufe bedarf es eines entsorgungslogistischen Informationssystems, das zeitkritisch alle relevanten Informationen erfaßt, verarbeitet und weitergibt (*Pfohl, Stölzle* 1991). Eine wirtschaftliche und umweltschonende Entsorgung von Reststoffen wird in diesem Sinne auch erleichtert, wenn die am Logistikkanal beteiligten Institutionen miteinander unternehmensübergreifend in Verbindung stehen und über vernetzte Informationssysteme Daten bzgl. der Erfassung und logistischen Handhabung von Reststoffen austauschen können. Solche entsorgungslogistischen Informationssysteme stellen die Voraussetzung für den Aufbau von effizienten und kostensparenden Logistikkanälen und Behandlungssystemen dar (*Raith* 1989, 29).

Das **Gesamt- oder Totalkostendenken** der Logistikkonzeption ist für den Entsorgungsbereich auf das **Umweltschutzziel** auszudehnen. Zunächst müssen rein ökonomische Zielkonflikte berücksichtigt werden. Beispielsweise verursacht die Reduktion des Volumens von Reststoffen einerseits direkt beim Sammelvorgang aufgrund der Preßeinrichtungen an Sammelfahrzeugen und den aufwendigen Behältersystemen höhere Kosten, andererseits kann aber der Transport wegen des besseren Volumen-Gewichts-Verhältnisses der Reststoffe kostengünstiger durchgeführt werden. Ein Konflikt zwischen ökonomischer und ökologieorientierter Zielausrichtung kann bei Fragen der Verwertung von Reststoffen entstehen. Aus ökonomischer Sicht ist das Recycling von Reststoffen sinnvoll, wenn letztere in größeren Mengen auftreten und die Kosten für die Verwertung der Reststoffe und den Einsatz von Sekundärrohstoffen geringer sind als die Kosten für den Einsatz von Primärrohstoffen und die Beseitigung der Reststoffe. Weiterhin ist in diesen Kostenvergleich miteinzubeziehen, daß Reststoffe, die von ihrem Besitzer nicht verwendet oder verwertet werden können, möglicherweise zu verkaufen sind und damit Erlöse erwirtschaftet werden (*Strebel, Hildebrandt* 1989, 102).

Eine Aussage über eine wirtschaftliche Vorteilhaftigkeit des Verzichts auf ein Reststoffrecycling wird aber dadurch relativiert, daß bestimmte Rückstände, z.B. im nuklearen Bereich, noch nicht absehbare Umweltwirkungen hervorrufen können. Diese Beispiele verdeutlichen die Notwendigkeit, bei entsorgungslogistischen Entscheidungen sowohl alle ökonomischen als auch sämtliche umweltschutzbezogenen Einflußgrößen zu berücksichtigen.

Das **Servicedenken** der Logistik war im Bereich der Entsorgung bislang von eher geringer Bedeutung, da Reststoffe überwiegend als nicht zeitkritische „Massengüter" eingestuft wurden. In einer entsorgungslogistischen Konzeption kann sich das Servicedenken sowohl auf die Abnahme der Reststoffe am Ort ihres Auftretens im Unternehmen als auch auf die Belieferung von Behandlungs-, Aufbereitungs- und Produktionsanlagen (bei einem Wiedereinsatz der Reststoffe) beziehen. In beiden Fällen gilt es, den richtigen Reststoff in Art und Menge zu der richtigen Zeit am richtigen Ort sowie im richtigen Zustand (dazu zählt insbesondere der sichere Zustand) abzunehmen bzw. anzuliefern. Dabei sind die wesentlichen Servicekomponenten Zeit, Zuverlässigkeit, Beschaffenheit und Flexibilität der logistischen Leistungen zu beachten. Der Zeitbedarf für einen Entsorgungsauftrag sowie die Zuverlässigkeit und Genauigkeit der Entsorgungsaktivitäten spielen insofern eine Rolle, als die Reststoffabgabe mit den Kapazitäten zur Verwendung/Verwertung von Reststoffen abgestimmt werden muß. Denn die Behandlungs- und Aufbereitungsanlagen sind nur wirtschaftlich zu betreiben, wenn sie in den richtigen Zeitabständen zuverlässig mit Reststoffen versorgt werden.

Bezüglich der Beschaffenheit der Reststoffe müssen Besonderheiten, wie z.B. die Gefährlichkeit, bei allen Vorgängen im Rahmen der Entsorgungslogistik berücksichtigt werden. Ein ständiger Informationsaustausch zwischen den am entsorgungslogistischen Kanal beteiligten Institutionen soll die notwendige Flexibilität bei unerwarteten Engpässen oder Störungen gewährleisten.

Die Bedeutung des technisch-wirtschaftlichen **Effizienzdenkens** ergibt sich aus der besonderen Beziehung von technischen und ökonomischen Einflußgrößen in der Entsorgungslogistik. So hängt einerseits die Ausgestaltung von entsorgungslogistischen Abläufen wesentlich vom Stand der Umwelttechnik ab, andererseits entscheiden wirtschaftliche Überlegungen über die Realisierung technischer Neuerungen. Ein Maß für die Beurteilung der ökonomischen Effizienz bildet das Verhältnis des Outputs einer Leistung zu dem für die Leistung erforderlichen Input. Neben die technologische und die ökonomische Dimension des Effizienzdenkens tritt im Rahmen der Entsorgungslogistik zusätzlich eine ökologieorientierte Dimension. Die umweltschutzbezogene Effizienz kann sich dabei aus dem Quotienten eines erwünschten Outputs und rechenbarer positiver externer Effekte zu den entstandenen Umweltbelastungen ermitteln lassen (*Schaltegger, Sturm* 1990, 280–283). Problematisch erscheint dabei allerdings noch die Quantifizierung der positiven und negativen Externalitäten.

Als wesentliches Ergebnis dieser konzeptionellen Analyse kann festgehalten werden, daß die Entsorgungslogistik aufgrund ihres übergreifenden Ansatzes ausgeprägte Schnittstellen zu anderen betrieblichen Funktionsbereichen aufweist. Diese Erkenntnis verlangt eine Abgrenzung des Subsystems Entsorgungslogistik von den traditionellen logistischen Subsystemen.

5. Entsorgungslogistik im logistischen System

Die Charakterisierung der Entsorgungslogistik als logistisches Subsystem gelingt über eine Abgrenzung der anderen Subsysteme Beschaffungs-, Produktions-, Distributions- und Ersatzteillogistik. Als Unterscheidungskriterien für eine solche Aufgliederung der Subsysteme (*Pfohl* 1990, 16) dienen die zeitliche Reihenfolge der Aktivitäten in den Phasen des Produkt- bzw. Stoff-Flusses sowie die fließenden Objekte (Arten von Produkten und Stoffen). Die **Beschaffungslogistik** befaßt sich demnach mit dem Bezug von Roh-, Hilfs- und Betriebsstoffen sowie Kaufteilen und Handelsware. Gegenstand der **Produktionslogistik** sind insbesondere Halb- und Fertigfabrikate im innerbetrieblichen Bereich. Die Aufgabe der **Distributionslogistik** ist die physische Verteilung von Fertigfabrikaten und Handelswaren. Die Belieferung mit Ersatzteilen erfolgt zeitlich gesehen nach der primären Versorgung der Abnehmer, so daß die **Ersatzteillogistik** zusammen mit der **Entsorgungslogistik** in der Literatur als Logistik in der Nachkaufphase und somit als Teil einer vierten Phase bezeichnet wird (*Hallbauer, Knödel* 1980, 3 f.).

Die Zusammenfassung von Ersatzteil- und Entsorgungslogistik erscheint aus folgenden Gründen jedoch nicht sinnvoll: Den vier traditionellen logistischen Subsystemen ist gemeinsam, daß sie darauf ausgelegt sind, Hersteller und Verbraucher nach ihren jeweiligen Bedürfnissen mit Materialien, Halb- und Fertigprodukten zu versorgen. Die Entsorgungslogistik unterscheidet sich von dieser Ausrichtung durch die Art der Objekte, die Flußrichtung der Objekte sowie die Zielorientierung. Bei den Objekten handelt es sich nicht um Versorgungsgüter, sondern um Reststoffe, die als Nebenprodukte bei Produktions- und Distributionsprozessen entstehen. Der Reststoff-Fluß beginnt am Ort der Reststoffentstehung und endet am Ort des Wiedereinsatzes bzw. der Beseitigung. Zumindest im Falle des innerbetrieblichen Reststoffrecycling liegt damit eine entgegengesetzte Flußrichtung vor. Als weiterer zentraler Zweck der Entsorgungslogistik tritt neben der rein ökonomischen Ausrichtung die Orientierung an Umweltschutzzielen.

Aufbauend auf den Zielen, den Anforderungen der Konzeption und der Systemabgrenzung der Entsorgungslogistik müssen Aufgaben formuliert werden, die im Rahmen der Entsorgungslogistik zu erfüllen sind.

6. Aufgaben der Entsorgungslogistik

Die Aufgaben der Entsorgungslogistik lassen sich zunächst aus den Aufgaben der Logistik im Versorgungsbereich ableiten. Die spezifischen Eigenschaften der Objekte der Entsorgungslogistik verlangen jedoch, teilweise andere Schwerpunkte bei der Aufgabenerfüllung zu setzen und neue Aufgabenbereiche zu beschreiben. In Abb. 2 werden den Logistikprozessen, aus denen sich die Aufgaben der Entsorgungslogistik herleiten lassen, die durch sie verursachten Reststofftransformationen zugeordnet. Die Reststofftransformationen weisen eine zeitliche, räumliche und mengenmäßige Dimension auf. Weiterhin finden Änderungen in den Transport-, Umschlag- und Lagereigenschaften sowie in der logistischen Determiniertheit von Reststoffen statt. Als logistische Prozesse werden das Lagern, Transportieren und Umschlagen von Reststoffen unterschieden. Weiterhin kommen das Sammeln und Trennen, die Behälterwahl sowie die Auftragsabwicklung hinzu. Wie der Abb. 2 zu entnehmen ist, wird von den entsorgungslogistischen Aufgaben die Aufbereitung bzw. die Behandlung von Reststoffen ausgenommen, soweit sie sich nicht auf die innerbetriebliche Logistik innerhalb von Verwertungsanlagen bezieht. Denn die Aufbereitung und die Behandlung bewirken ähnlich wie die Fertigung eine qualitative Veränderung der Stoffe, die nicht mehr zum Aufgabenbereich der Logistik zählt.

Die Reststofftransformationen hängen insofern zusammen, als jede Transformationsstufe die jeweils vorherige(n) miteinschließt. Beispielsweise nimmt eine Raumänderung auch Zeit in Anspruch, oder eine Mengenänderung kann sowohl eine zeitliche als auch eine räumliche Änderung der Reststoffe umfassen. Ebenso sind die Logistikprozesse nicht streng voneinander zu trennen. Das Transportieren enthält z.B. auch Lagerprozesse in Form von sogenannten pipeline inventories, wie auch der Umschlag von Reststoffen mit Transportvorgängen verbunden ist. Weiterhin können Sammlung und Trennung von Reststoffen mit dem Umschlag kombiniert werden, und die Behälterwahl kann zur getrennten Sammlung beitragen. Die Zuordnung zwischen Prozessen und Transformationsstufen erfolgt deshalb nach den Schwerpunkten der Prozesse.

6. *Aufgaben der Entsorgungslogistik*

Reststoff-transformation \ Logistikprozesse	Lagerung	Transport	Umschlag	Sammlung/ Trennung	Behälterwahl	Auftragsabwicklung
Zeitänderung	X					
Raumänderung		X				
Mengenänderung			X			
Sortenänderung				X		
Änderung der Lager-, Transport- und Umschlageigenschaften					X	
Änderung in der logistischen Determiniertheit von Reststoffen						X
	← Reststofffluß →				← Informationsfluß →	

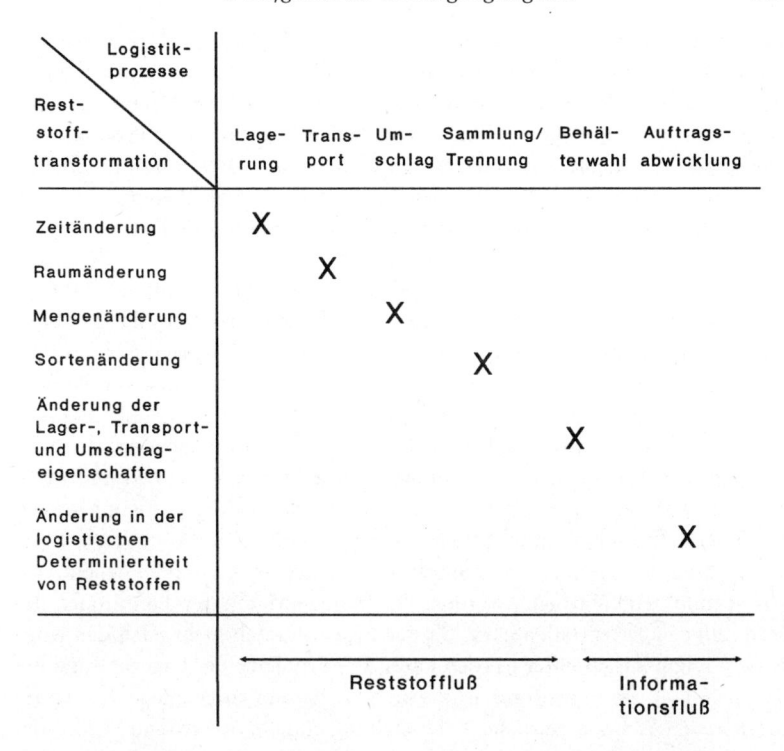

Abb. 2: Prozesse der Entsorgungslogistik und die durch sie bewirkten Reststofftransformationen (veränderte und ergänzte Abbildung in Anlehnung an *Pfohl* 1990, 8)

6.1 Lagerung

Lagerbestände an Reststoffen können als Puffer zwischen verschiedenen Reststoff-Flüssen interpretiert werden, z.B. als Puffer zwischen dem Zeitpunkt der Entstehung und dem Zeitpunkt des Abtransports zu Verwertungsanlagen. Lagerprozesse dienen dazu, bei der Sammlung und beim Umladen von Reststoffen wirtschaftliche Transporteinheiten zu schaffen oder die Reststoffe für Verwertungsanlagen in solchen Mengen zur Verfügung zu stellen, daß eine fortlaufende Aufbereitung bzw. Behandlung bei kontinuierlich ausgelasteten Kapazitäten möglich wird.

Reststoffe können zur Zeitüberbrückung am Anfallort, in Umlade- und Umschlagstationen, im Bereich von Verwertungsanlagen oder am Ort der geordneten Beseitigung gelagert werden. Des weiteren kann auch der Transport von Reststoffen insofern als Lagerprozeß verstanden werden, als dabei Zeit überbrückt wird.

Ein prinzipieller Unterschied zwischen logistischen Anforderungen in der Ver- und der Entsorgung besteht darin, daß bzgl. der Reststoffe kein Käufermarkt existiert, bei dem autonome Kundenwünsche das Angebot an Produkten stark beeinflussen. Vielmehr wird das Angebot an Reststoffen durch Produktions- und Distributionsprozesse vorgegeben. Die Nachfrage nach Reststoffen wird im Falle des innerbetrieblichen Recycling vom Produktionsprogramm des Reststofferzeugers selbst bestimmt. Bei interindustriellen Kreisläufen richtet sie sich nach den Kapazitäten der Aufbereitungs- bzw. Behandlungsanlagen und dem Bedarf an Wertstoffen bei anderen Unternehmen.

Reststofflagerbestände dienen zur Spezialisierung, zur Spekulation und als Schutz vor Unsicherheit, z. B. bei einem Belieferungsausfall. Einige Funktionen der versorgungsorientierten Lagerhaltung können hingegen nicht auf die Lagerung von Reststoffen übertragen werden. Vergleicht man etwa die Aufbereitung/Behandlung mit der Produktion in Industrieunternehmen, so sind die produktionsorientierten Aufgaben eines Produktionslagers bei der Verwertung von Reststoffen nur bedingt zu beachten, da nicht komplizierte Produkte aus verschiedenen Bestandteilen in gekoppelten Fertigungsstationen hergestellt und zusammengesetzt werden, sondern aus komplexen Reststoffen homogenisierte, sortenreine Reststoffe gewonnen und zu neuen Ausgangsprodukten verarbeitet werden. Die kundenorientierten Funktionen der Produktionsläger entfallen ganz, da der Reststoffanteil nicht nach den Kundenwünschen ausgerichtet werden kann. Die Probleme der Lagerhaltung beziehen sich in der Entsorgungslogistik v. a. darauf, angefallene Reststoffe durch deren richtige zeitliche Bereitstellung möglichst effizient verwerten bzw. beseitigen zu können. Probleme der Vorratsergänzung und Vorratssicherung sind insoweit relevant, als Aufbereitungs- bzw. Behandlungsanlagen wirtschaftlich auszulasten sind und die Nachfrage von Abnehmern der Wertstoffe zu befriedigen ist. Zum Ausgleich von zeitlichen Schwankungen in der Auslastung von Verwertungsanlagen besteht die Möglichkeit, die Bestände regionaler Läger überregional auszugleichen und so die Effizienz von Anlagen national oder international gesehen zu steigern. Die Entsorgungslogistik der Unternehmen verlangt somit eine Planung beim Umgang mit Reststoffen, die im Zusammenhang mit der Ablagerung hausmüllähnlicher Reststoffe in dieser Form nicht gegeben ist.

Das **Lagerhaus** als Knoten im logistischen Netzwerk muß teilweise die aus dem Versorgungsbereich bekannten Funktionen des Lagerhauses, bezogen auf Reststoffe, erfüllen. Vorratsläger können dazu dienen, Reststoffe für Verwertungsanlagen zu den richtigen Zeitpunkten in den richtigen Mengen bereitzustellen und aufbereitete Wertstoffe aufzunehmen. Umschlagläger spielen im Rahmen der Verkehrsträgerwahl eine wichtige Rolle. Sie können dabei gleichzeitig die Funktion von Verteilungslägern übernehmen, da in ihnen die Ladungen aus verschiedenen Sammelregionen sowohl konzentriert als auch an spezifische Verwertungsanlagen wieder verteilt werden können. Ein reststoffspezifisches Sammellager hat die Funktion, die Reststoffe am Ort ihres Entstehens bis zu ihrem Abtransport aufzunehmen.

6. Aufgaben der Entsorgungslogistik

Die Aufgabe der Standortwahl von Reststofflägern ist in besonderem Maße gebunden an die Anfallstelle der Reststoffe, den kostengünstigsten Punkt von Umschlagplätzen in bezug auf Verkehrswege und -träger sowie an den Standort von Verwertungsanlagen. Hierbei sind im Sinne einer Gesamtkostenbetrachtung Transport- und Lagerhauskosten gegeneinander abzuwägen und die kostenminimalen Standorte zu ermitteln. Restriktionen bzgl. der Lagerplatzzuordnung innerhalb eines Lagers sind nur beim Umgang mit gefährlichen Reststoffen zu beachten. Da Reststoffe überwiegend in flüssigem Zustand oder als Schüttgüter vorliegen, sind die Techniken im Lager im allgemeinen an der Handhabung loser Güter und der entsprechenden Behältersysteme auszurichten.

6.2 Transport

Unter **Transport** wird die Raumüberbrückung oder Ortsveränderung von Transportgütern mit Hilfe von Transportmitteln verstanden. Die primäre Funktion des Transports ist somit die Beförderungsfunktion, die auch Beförderungsvorgänge beim Umschlag von Reststoffen umfaßt und sich auf den inner- und außerbetrieblichen Transport bezieht.

Beim **innerbetrieblichen Transport** sind die Reststoffe zum einen vom Ort ihres Entstehens zum Standplatz von Behältern zu transportieren, in denen sie für den Weitertransport zu Verwertungs- oder Beseitigungsanlagen bereitgehalten werden. Zum anderen trägt der innerbetriebliche Transport dazu bei, innerhalb von Aufbereitungs- und Behandlungsanlagen den Reststoff-Fluß zu übernehmen und die Reststoffe den verschiedenen Verwertungsverfahren zuzuführen. Bei dieser Aufgabe stellt der Transport von Reststoffen insofern keine Besonderheit dar, als auch beim innerbetrieblichen Transport von Gütern die jeweilige stoffliche Zusammensetzung berücksichtigt und bei gefährlichen Stoffen entsprechende Sicherheitsmaßnahmen ergriffen werden müssen. Ganzheitliche Systemlösungen und spezielles Know-how scheinen für die innerbetriebliche Entsorgungslogistik aber insoweit von besonderer Bedeutung zu sein, als die Inhomogenität beim Reststoff-Fluß und die Komplexität von Reststoffarten verhältnismäßig größer sind als bei entsprechenden Prozessen im Versorgungsbereich (*Wehking* 1989, 597).

Neue Aufgaben beim Transport von Reststoffen ergeben sich, wenn im Rahmen von Recyclingmaßnahmen wiedereinsetzbare Reststoffe einem Kreislauf zugeführt werden. Für die Wiederverwertung oder Weiterverwendung von Reststoffen müssen u. U. zusätzliche Transportwege und -mittel bereitgestellt werden. Als Transportmittel bieten sich Förderbänder und im Zusammenhang mit Behältern Stapler und Kraneinrichtungen an.

Soweit die Verwertung oder Beseitigung von Reststoffen nicht innerbetrieblich durchgeführt werden, gehören der sichere und umweltschonende Sammel-, Nah- und Ferntransport von Reststoffen sowie die damit verbundenen

Umschlagaktivitäten zum **außerbetrieblichen Transport**. Als Sammeltransport wird dabei der Transport im Sammelgebiet verstanden, während der Nahtransport den Transport mit Sammelfahrzeugen von der Sammlung entweder direkt in nahegelegene Verwertungs- oder Beseitigungsstätten sowie zu Umschlagplätzen umfaßt. Mit Ferntransport wird der Transport in Großraumfahrzeugen von Unternehmen, in denen die Reststoffe in großen Mengen entstehen, oder von Umschlagplätzen zu weiter entfernten, zentralen Einrichtungen bezeichnet (*Knorr* 1977, 4). Beim außerbetrieblichen Transport von Reststoffen bestehen besondere Anforderungen an die eingesetzten Fahrzeug- und Transportsysteme, da Reststoffe von ihrer Form und Zusammensetzung sowie der Art ihres Entstehens her im allgemeinen nicht mit anderen Materialien und Produkten vergleichbar sind.

Die Heterogenität der Reststoffe verschärft beim außerbetrieblichen Transport im Vergleich zum Versorgungsbereich das Problem der Suche nach Rückfrachten zur Vermeidung von Leerfahrten. Beispielsweise können für Rückstände und Wertstoffe aus hygienischen Gründen meist nicht dieselben Behälter verwendet werden.

Die Abstimmung einzelner Transportprozesse erfolgt über den Aufbau von **Transportketten**. Es bestehen dabei im Bereich der Entsorgungslogistik Besonderheiten im Zusammenhang mit den Phasen des Vor-, Haupt- und Nachlaufs und mit der Verkehrsträgerwahl.

Wird der Sammel- und Nahtransport von Reststoffen als Vorlauf und der Ferntransport als Hauptlauf bezeichnet, so entfällt in der Entsorgungslogistik im Normalfall der Nachlauf, da Verwertungs- und Beseitigungsstätten ein zentraler Empfangspunkt sind. Dies gilt allerdings nicht für den Fall, bei dem die Reststoffe von einem zentralen Empfangspunkt aus an verschiedene, im Verbund als Einheit zu sehende, jeweils spezialisierte Verwertungs- oder Beseitigungsanlagen in einem Gebiet verteilt werden. Als Argument für eine solche Struktur kann angeführt werden, daß zentrale Sortieranlagen wirtschaftlicher zu betreiben sind als kleinere, dezentrale Anlagen. Das häufige Fehlen eines Nachlaufs in der Entsorgungslogistik legt aufgrund der großen Transportmengen die Forderung nahe, Verwertungs- und Beseitigungsanlagen mit einer Verkehrsanbindung für geeignete Verkehrsträger, insbesondere für Schiene und Binnenschiffahrt, auszustatten.

Die zweite Besonderheit beim Aufbau von Transportketten liegt in den Eigenschaften der Reststoffe begründet, die sich auf die Verkehrsträgerwahl im Streckenverkehr und die Kombination von Transportmitteln auswirken. Im Gegensatz zum Versorgungsbereich, bei dem der Anteil der Massengüter am gesamten Transportaufkommen zugunsten hochwertiger und zeitkritischer Stückgüter abnimmt, fallen bei der Entsorgungslogistik Reststoffe an, die zeitunkritischer Natur sind und zumindest in Teilbereichen ein großes und regelmäßiges Transportmengenaufkommen darstellen. Große Transportmengen können auch bei kleineren Anfallmengen angenommen werden, da

Reststoffe aufgrund des Fehlens zeitlicher Restriktionen angesammelt werden können. Eine gewisse Regelmäßigkeit wird dadurch sichergestellt, daß der Anfall der Reststoffe hauptsächlich an Produktionsvorgänge gebunden ist und nicht an den Absatz von Produkten, der größeren zeitlichen Schwankungen unterworfen sein kann.

Werden die verschiedenen Verkehrsträger vor diesem Hintergrund auf ihre Verkehrswertigkeit (*Pfohl* 1990, 235) hin überprüft, so bietet sich aufgrund der Massenleistungsfähigkeit und Sicherheit die Eisenbahn an. Durch den Einsatz der Eisenbahn könnte gleichzeitig v. a. im Umkreis von zentralen Verwertungs- und Beseitigungsanlagen die Straße entlastet werden (*Michaelsen* 1989, 770). Die Binnenschiffahrt weist zwar geringe Transportkosten auf, ist aber an das bestehende Netz von Wasserstraßen gebunden, das ihren Einsatz beim Transport von Reststoffen nur begrenzt erlaubt. Zum Straßenverkehr gibt es beim inner- und außerbetrieblichen Sammeltransport wohl keine Alternative. Der Luftverkehr spielt beim Transport von Reststoffen nur eine untergeordnete Rolle, da er mit hohen Kosten verbunden ist und seine Schnelligkeit bei Reststoffen nur unwesentliche Vorteile aufweist.

Auch im Entsorgungsbereich bietet es sich an, durch den **kombinierten Verkehr** die Vorteile verschiedener Verkehrsträger und Transportmittel zu nutzen und dabei Transport- und Transporthilfsmittel so aufeinander abzustimmen, daß Verladung und Umschlagoperationen vereinfacht und verringert werden. Entstehen am Anfallort große Reststoffmengen und ist ein Unternehmen an die Schiene oder einen Wasserweg angebunden, so sind die Kosten des Direkttransportes jeweils bei den verschiedenen Verkehrsträgern abzuwägen. Fallen dagegen kleinere Mengen an Reststoffen an, kommt für den Sammelverkehr nur der Lastkraftwagen in Frage. In diesem Fall sind die Entfernungen zu ermitteln, ab denen aus Kostensicht ein Wechsel des Transportmittels günstig und angebracht sein kann. In diesem Zusammenhang spricht für die Bahn und das Binnenschiff die Tatsache, daß die Kosten für den Transport mit Sraßensammelfahrzeugen bei längeren Entfernungen stark ansteigen und somit ein Wechsel des Transportmittels angebracht ist. Hierbei kann auch der Verkehrsträger gewechselt werden, wenn ein Umschlagplatz an die Schiene oder einen Wasserweg angebunden ist und entsprechende Umschlaganlagen vorhanden sind. Ein Vergleich von Schiene und Straße ergibt, daß die Eisenbahn schon ab mittleren Entfernungen wettbewerbsfähige Preise bieten kann (*Michaelsen* nennt als Grenzwert 30 Kilometer: *Michaelsen* 1989, 769; *Rethmann* 1989, 67–71).

6.3 Umschlag

Der **Umschlag** bedeutet eine Änderung der Menge durch das Zusammenfassen und Auflösen von Reststoffen im Rahmen von Verlade-, Umlade- und Entladeprozessen. Umschlagvorgänge können am Ort der Entstehung von Reststoffen, beim Wechsel von Transportmitteln auf Umschlagplätzen oder bei bzw. in Aufbereitungs- und Beseitigungsanlagen durchgeführt werden. Bei der direkten Umladung werden Reststoffe unmittelbar z.B. von einem Behälter in ein Sammelfahrzeug umgeschüttet oder Sammelfahrzeuge in einen großvolumigen Transportbehälter entleert. Bei der indirekten Umladung wird beispielsweise ein Trichter verwendet oder es werden Reststoffe in einem Bunker zwischengelagert. Von dort können die Reststoffe mit einem Band, Schubschild, Kran etc. in einen Pressenschacht und weiter in einen geschlossenen Transportbehälter befördert werden (*Dewey, Gladbach, Neuhaus* 1978, 252). Beim Wechselverfahren werden nicht die Reststoffe an sich, sondern die Behälter umgeschlagen.

Rationalisierungspotentiale können bei neueren Techniken realisiert werden, wenn die Sammelbehälter gleichzeitig als Einheiten für den Nah- und Ferntransport benutzt werden, so daß auf den Umschlagplätzen nur noch die Behälter selbst umgeladen werden müssen. Die Umschlagstation bekommt dann den Charakter einer reinen Umladestation. Bei getrennter Sammlung enthält jeder Behälter Reststoffe in einer Zusammensetzung, in der sie verwertet werden können oder in der sie beseitigungsfähig sind. Auf dem Gelände einer Umladestation sind die Behälter je nach Art des Inhalts und somit je nach Bestimmungsort schon beim Entladen der Sammelfahrzeuge an vorgeplanten Standorten zu größeren Transporteinheiten zusammenzustellen und zu kommissionieren (*Kerstan* 1989, 134).

Die Einrichtung von Umschlagstationen ist zum einen abhängig von den Entfernungen zu Verwertungsanlagen und zum anderen von den umzuschlagenden Reststoffmengen. Kostenvergleichsrechnungen lassen Aussagen darüber zu, in welcher Entfernung von Sammelgebieten und ab welchen umzuschlagenden Mengen die Einrichtung von Umschlagplätzen im Vergleich zum Direkttransport zu Anlagen wirtschaftlich sinnvoll ist.

6.4 Sammlung und Trennung

Sammlung und Trennung sind Vorgänge, bei denen die Sortenreinheit von Reststoffen erhöht werden soll. Obwohl die **Sammlung** im wesentlichen eine Mengenänderung von Reststoffen bewirkt, hat die getrennte Sammlung eine so große Bedeutung erlangt, daß die Sammlung und Trennung sinnvollerweise zusammen betrachtet werden sollen. Reststoffe werden in speziellen Behältern gesammelt, die in bestimmten Abständen entleert oder zu einer Umschlagstation bzw. direkt zu einer Verwertungs- oder Beseitigungsanlage abtransportiert werden. Die Sammelzyklen richten sich dabei nach dem Anfallrhythmus der Reststoffe und nach dem Behältervolumen.

Die **Trennung** von Reststoffen ist nötig, um Reststoffgemische in ihre Bestandteile aufzulösen. Dabei sind Wertstoffe, die wieder zu Wirtschaftsgütern verarbeitet werden, von Rückständen, die keiner Verwertung mehr zugeführt werden können, zu separieren. Dieser Trennvorgang erscheint zum einen aus Umweltschutzzielen heraus angebracht, wenn durch den Wiedereinsatz von Reststoffen natürliche Ressourcen geschont werden können. Zum anderen sprechen ökonomische Überlegungen v. a. dann für eine Trennung, wenn gefährliche Reststoffe vorliegen. Denn die Kosten der Entsorgung von Reststoffen steigen mit deren Gefährlichkeit an, da aufgrund gesetzlicher Anforderungen an die Modalitäten der Entsorgung gefährlicher Reststoffarten die einzusetzenden Verfahren aufwendiger werden (*Rethmann* 1989, 48). Da die Behandlung eines Reststoffgemisches nach dem Inhaltsstoff mit dem größten Gefährdungspotential ausgerichtet werden muß (*Dekker* 1987, 176), können durch die Trennung von Reststoffgemischen bzw. durch die getrennte Sammlung von Reststoffen die Entsorgungskosten verringert werden.

Reststoffe können auf verschiedenen Stufen des Entsorgungslogistikkanals getrennt werden. Zunächst bietet sich eine **getrennte Sammlung** am Anfallort an. Die dadurch erzielte Sortenreinheit der Reststoffe stellt die beste Voraussetzung für die Verwendung bzw. Verwertung und damit eine Erhöhung der Recyclingquote dar. Mehrkosten können hierbei durch einen größeren Platzbedarf für Sammelbehälter und evtl. höhere Kosten für den Sammeltransport entstehen. Des weiteren können Reststoffgemische bei Umschlagvorgängen oder direkt in Aufbereitungs- und Behandlungsanlagen getrennt werden. Auf diesen Stufen sind jedoch spezielle Trennverfahren und Anlagen zur Trennung von Reststoffen erforderlich.

6.5 Behälterwahl

Behälter spielen für die Entsorgungslogistik in zweierlei Hinsicht eine bedeutende Rolle. Einerseits können sie selbst als Reststoffe aufgefaßt werden und gehören deshalb zum entsorgungslogistischen Objektbereich. In diesem Zusammenhang interessieren Konzepte, die einen möglichst häufigen Wiedereinsatz der Behälter erlauben. Andererseits üben Behälter einen wesentlichen Einfluß auf die Lager-, Transport- und Umschlageigenschaften von Reststoffen aus. Hier wird auf den letztgenannten Aspekt Bezug genommen.

Behälter lassen sich untergliedern in offene und geschlossene Behälter, Einweg- und Mehrwegbehälter sowie Pipelines. Dabei werden offene Behälter als Mulden und geschlossene Behälter als Container bezeichnet, wobei zu der Gruppe der Container auch alle Formen von Tanks für Flüssigkeiten gehören. Ein Beispiel für Einwegbehälter sind Müllsäcke. Beim Transport von Reststoffen in Pipelines stellen diese gleichzeitig Behälter und Transportmittel dar.

Logistische Funktionen erfüllen die Behälter, wenn sie als Lager-, Transport- und Umschlageinheiten für Reststoffe dienen. Ferner übernehmen sie eine **Umweltschutzfunktion**, wenn sie verhindern, daß Reststoffe am Anfallort oder beim Transport in die natürliche Umwelt gelangen und diese belasten.

Speziell Container können zusätzlich der **Informationsfunktion** dienen, wenn an ihnen Hinweise über die Art der enthaltenen Reststoffe, deren Gefährdungsgrad, den Versand- und den Bestimmungsort angebracht werden.

Entscheidend für die logistische Eignung von Behältern ist die **Manipulationsfunktion** derselben. Demnach verlangt ein durchgehender entsorgungslogistischer Kanal Behälter, die als logistische Einheiten bei Sammlung, Transport, Umschlag und Lagerung verwendet werden können. In Verbindung mit speziell konstruierten Fahrzeugen eröffnen diese Systeme zahlreiche Rationalisierungsmöglichkeiten durch eine verbesserte Ausgestaltung der Schnittstellen des Entsorgungskanals (*Kirchhoff* 1987, 87–95; *Kerstan* 1989, 129–135). So wurde bei einer exemplarischen Untersuchung ermittelt, daß trotz höherer Kosten für den Einsatz neuer Fahrzeugsysteme die Abfuhrkosten für Reststoffe insgesamt reduziert werden konnten, da die Sammelgeschwindigkeit der neuen Fahrzeuge deutlich höher lag als bei konventionellen Fahrzeugen (*Kirchhoff* 1987, 99).

Container, die im Rahmen neuer **Verbundsysteme** in der Entsorgungslogistik zur Anwendung kommen, sollten demnach
- standardisiert,
- automatisch handhabbar,
- zur Deklarierung der Inhaltsstoffe codierbar,
- auf Straße, Schiene und Schiff universell transportierbar und
- als Zwischenlager nutzbar sein (*Jünemann, Müller, Holzhauer* 1989, 767).

Im Zusammenhang mit gefährlichen Reststoffen sind zusätzliche Anforderungen an die Sicherheit und Beständigkeit der Behälter zu stellen.

Im Rahmen eines Pilotprojektes, das eine Verbindung von Ver- und Entsorgungsströmen beim Filialbetrieb im Lebensmittelbereich vorsieht, wurde ein „Mehrwegtableau" in Form eines Kleincontainers entwickelt. Jeder Container für sich eignet sich aus hygienischen Gründen zwar nicht für den Transport von Versorgungsprodukten und Reststoffen. Durch die Verwendung von Lkw-Aufsätzen kann mit diesen Kleincontainern aber der Transport von Versorgungsgütern und Reststoffen in verschiedenen Behältern gleichzeitig und mit demselben Transportmittel durchgeführt werden (*Gremm* 1990, 24–26).

6.6 Auftragsabwicklung

Das langfristige Ziel eines entsorgungslogistischen Informationssystems, das mit der Bearbeitung und Übermittlung von Aufträgen betraut ist, besteht im Aufbau eines Informationsverbundes, an den alle am Reststoff-Fluß Beteiligten angeschlossen sind. Eine Besonderheit im Bereich des **vorauseilenden Informationsflusses** in der Entsorgungslogistik stellt die Identifizierung, Klassifizierung und Kennzeichnung von Reststoffen dar, so daß spezifische Informationen über den Reststoffanfall zu einem sehr frühen Zeitpunkt vorliegen und geeignete Maßnahmen geplant werden können (*Pfohl, Stölzle* 1991). Ferner sind im voraus behördliche Genehmigungen einzuholen, die z.B. bei Abfällen nach dem Abfallgesetz für deren Sammlung und Beförderung sowie beim grenzüberschreitenden Verkehr notwendig sind (Abfallgesetz 1986, § 12 und § 13). Auf der Grundlage vorauseilender Informationen sind im Rahmen des **begleitenden Informationsflusses** die Straßenfahrzeuge bei der Beförderung von Abfällen nach dem Abfallgesetz zu kennzeichnen. Beim Transport von gefährlichen Reststoffen sind nach der Gefahrgutverordnung Straße zusätzlich zur üblichen Kennzeichnungspflicht Warntafeln anzubringen. Außerdem müssen Unfallmerkblätter und Begleitscheine zur Dokumentation der Vorgänge mitgeführt werden.

Zusammenfassend sind für einen Reststofftransport
- die nach § 12 Abs. 1 Abfallgesetz vorgeschriebene Einsammlungs- und Transportgenehmigung,
- die in § 11 Abs. 3 Abfallgesetz und nach § 2 Abfallnachweisverordnung verlangten Begleitscheine für Sonderabfälle,
- Unfallmerkblätter, abhängig von der Art des zu transportierenden Reststoffes,
- eine Bescheinigung der besonderen Zulassung,
- ein Erlaubnisbescheid für die Beförderung bestimmter gefährlicher Güter und
- eventuell erteilte Ausnahmegenehmigungen

erforderlich (*Rethmann* 1978, 85).

Als Ergebnis des vorstehenden Überblicks über die entsorgungslogistischen Aufgaben kann somit festgehalten werden, daß mit der Lagerung, dem Transport, dem Umschlag, der Behälterwahl und der Auftragsabwicklung Aufgaben angesprochen werden, die auch Gegenstand der Logistik im Versorgungsbereich sind, wenn auch mit anderen Schwerpunkten. Bei der Sammlung und Trennung handelt es sich indessen um eine Aufgabe, die in der beschriebenen Form eine spezifisch entsorgungslogistische Funktion darstellt.

Literatur

Abfallgesetz (1986), Gesetz über die Vermeidung und Entsorgung von Abfällen vom 27. August 1986, Bundesgesetzblatt 1986, Teil I, S. 1410–1420

BME (1987), Arbeitsgruppe Entsorgung BME-AK Essen, Abfallwirtschaft, Eine Aufgabe der Materialwirtschaft, Frankfurt a.M.

Decker, K. H. (1987), Entsorgung von mittelständischen Betrieben, in: VDI-Gesellschaft Energietechnik (Hrsg.), Sondermüll, Thermische Behandlung und Alternativen, Bd. 664, Düsseldorf

Dewey, W. J., Gladbach, D., Neuhaus, N. (1978), Wirtschaftlichkeitsberechnung in der Abfallbeseitigung für die Bereiche Umwelt und Transport, in: Müll und Abfall 8/78, S. 251–261

Domschke, W. (1979), Entsorgung, in: *Kern, W.* (Hrsg.), Handwörterbuch der Produktionswirtschaft, Stuttgart, Sp. 514–519

Gremm, F. (1990), Handels- und Entsorgungslogistik, Systemlösungen für ganzheitliche Ablaufstrukturen, in: Distribution 3/90, S. 24–26

Hallbauer, A., Knödel, W. (1980), Logistische Prozesse in der Nachkaufphase, in: *Poth, L. G.* (Hrsg.), Marketing, Neuwied, Kennziffer 3.2.4.5.

Hammann, P. (1988), Betriebswirtschaftliche Aspekte des Abfallproblems, in: Die Betriebswirtschaft 4/88, S. 465–476

Hirschberger, D., Reher, I. (1991), Entsorgungslogistik als unternehmensübergreifendes Konzept, in: *Baumgarten, H. u.a.* (Hrsg.), RKW-Handbuch Logistik, Berlin ab 1981, Nr. 5760, 16. Lieferung V/1991.

Jünemann, R., Müller, M., Holzhauer, R. (1989), Die Rolle des Schienengüterverkehrs bei der Bewältigung der Entsorgungsaufgaben der Zukunft, in: Die Bundesbahn 9/89, S. 763–767

Kerstan, H.-G. (1989), Innovative Ideen für die Entsorgungswirtschaft, in: *Jünemann, R.* (Hrsg.), Logistik in Europa, Innovationsstrategien für Wirtschaft und Dienstleistungen, Köln, S. 123–138

Kirchhoff, J. F. (1987), M.S.T.S., Ein innovatives Konzept zur Logistik und Arbeitsplatzgestaltung in der Abfallwirtschaft, in: *Wagner, G. R.* (Hrsg.), Altlasten und Entsorgungsökonomie, VDI-Forschungsberichte, Reihe 16, Nr. 37, Düsseldorf, S. 83–102

Knorr, W. (1977), Sammlung und Transport von Abfällen, in: *Vogl, J., Heigl, A., Schäfer, K.* (Hrsg.), Handbuch des Umweltschutzes, München ab 1977

v. Lersner, H. (1981), Abfall als Wirtschaftsgut, Zur rechtlichen Problematik des Abfallbegriffs, in: Gesellschaft für Umweltrecht (Hrsg.), Dokumentation zur 4. wissenschaftlichen Fachtagung der Gesellschaft für Umweltrecht e. V. Berlin, 7. und 8. 11. 1980, Berlin

Michaelsen, S. (1989), Der Abfalltransport, Herausforderung auch für die Schiene, in: Die Bundesbahn 9/89, S. 768–770

Müller, I. (1978), Abgrenzung Abfall und Wirtschaftsgut, in: Umwelt VDI 3/78, S. 209–210

Pfohl, H.-Chr. (1990), Logistiksysteme, Betriebswirtschaftliche Grundlagen, 4. erw. und korr. Auflage, Berlin u.a.

Pfohl, H.-Chr., Stölzle, W. (1991), Das Informationssystem der Entsorgungslogistik, Bericht aus einem Forschungsprojekt, in: *Wagner, G. R.* (Hrsg.), Ökonomische Risiken und Umweltschutz, München

Raith, M. (1989), Einkaufsmarkt, Entsorgungswirtschaft, in: Beschaffung aktuell 10/89, S. 26–29

Rethmann, L. (1989), Transport von Sondermüll, Ein Vergleich Schiene/Straße aus abfallwirtschaftlicher und gefahrgutrechtlicher Sicht, Berlin

Rethmann, N. (1978), Transport von Sonderabfällen, in: Umwelt VDI 2/78, S. 80–86

Riebel, P. (1955), Die Kuppelproduktion, Betriebs- und Marktprobleme, Köln/Opladen

Schaltegger, S., Sturm, A. (1990), Ökologische Rationalität, in: Die Unternehmung 4/90, S. 273–290

Steinmann, H., Gerum, E. (1988), Unternehmensordnung, in: *Bea, F. X., Dichtl, E., Schweitzer, M.* (Hrsg.), Allgemeine Betriebswirtschaftslehre, Grundfragen, 4. Auflage, Bd. 1, Stuttgart/New York, S. 179–267

Strebel, H., Hildebrandt, T. (1989), Produktlebenszyklus und Rückstandszyklen, Konzept eines erweiterten Lebenszyklusmodells, in: Zeitschrift für Führung und Organisation 2/89, S. 101–106

SVR (1978), Der Rat von Sachverständigen für Umweltfragen (Hrsg.), Umweltgutachten 1978, Stuttgart/Mainz

Wehking, K.-H. (1989), Entsorgungslogistik am Beispiel Sonderabfall, in: Müll und Abfall 11/89, S. 592–597

Werner, W., Stark, H. (1989), Bestandteil der Materialwirtschaft, Abfallwirtschaft, in: Beschaffung aktuell 5/89, S. 46–54

Teil E
Umweltschutzstrategien in ausgewählten Branchen

Kapitel 34
Umweltschutz in der chemischen Industrie

von *Ernst-Heinrich Rohe*

1. Das gesellschaftspolitische Umfeld 594
2. Die Leistungen der achtziger Jahre 594
3. Aktuelle Tendenzen der Umweltpolitik 600
4. Die Herausforderungen der neunziger Jahre 601
5. Zusammenfassung und Ausblick 605
Literatur 606

1. Das gesellschaftspolitische Umfeld

Die chemische Industrie stellt eine Vielzahl von Produkten für Ernährung, Gesundheit, Umwelt und Sicherheit her und leistet einen wesentlichen Beitrag zur Qualität menschlichen Lebens. Sie ist in ihren Aktivitäten mit ihrem Umfeld und der Umwelt durch die Nutzung vielfältiger Rohstoff- und Energieressourcen, durch die Herstellung und den Verkauf einer breiten Produktpalette, durch die Emission von Stoffen in Luft und Wasser und die Entsorgung von Abfällen in mannigfacher Weise verbunden. Dabei sind ihre Produkte, Produktionsanlagen und Entsorgungseinrichtungen dem Verdacht ausgesetzt, die Umwelt zu beeinträchtigen und die Menschen zu gefährden.

Die beinahe täglich stattfindende Berichterstattung über Umweltbedrohungen und als „Umweltkatastrophen" apostrophierte Ereignisse führten in Deutschland und auch in anderen Industrienationen zu einer Unzufriedenheit von breiten Kreisen der Bevölkerung mit den umweltpolitischen Maßnahmen ihrer Regierungen. Im Juli 1979 legte der Bundesverband Bürgerinitiativen Umweltschutz erstmals einen Forderungskatalog zu einer ökologischen Politik vor. Im März 1980 wurden die Grünen als Bundespartei konstituiert und kandidierten erstmals für den Bundestag. Der Umweltschutz bekam damit ein deutliches politisches Gewicht. Man sprach sogar von einer „ökologischen Wende" (*Hartkopf* 1980, 1).

Auch die anderen im Bundestag vertretenen Parteien haben in den 80er Jahren den Schutz der Umwelt in ihre Parteiprogramme aufgenommen und in Wahlstrategien und Koalitionsvereinbarungen integriert. Die beiden letzten Legislaturperioden brachten die Verabschiedung einer Vielzahl von umweltbezogenen Gesetzen, Verordnungen und Verwaltungsvorschriften, und alles spricht dafür, daß auch in Zukunft der Weg der Normengebung durch den Staat eine wichtige Rolle spielen wird.

2. Die Leistungen der achtziger Jahre

Vor diesem Hintergrund wurden 1986 vom Verband der Chemischen Industrie (VCI) wie auch von vielen der angeschlossenen Firmen Umwelt-Leitlinien erarbeitet. Damit wurde auf die Forderung nach einer neuen „Chemiepolitik" nicht nur reagiert, sondern ihr mit eigenen Grundsatzerklärungen aktiv entgegengetreten. Die Leitlinien des VCI gliedern sich in drei Grundsätze mit Unterabschnitten, aus denen sich präzise Handlungsweisen ableiten (VCI 1986). Die Grundsätze heißen im Wortlaut:
1. „Die chemische Industrie sieht es als ihre Aufgabe an, ihre Produkte sicher herzustellen und dafür zu sorgen, daß sie sicher zu handhaben, sicher anzuwenden und sicher zu entsorgen sind."

2. Die Leistungen der achtziger Jahre 595

2. „Die chemische Industrie betreibt Umweltschutz aus eigener Initiative und eigener Verantwortung. Auch ohne gesetzliche und behördliche Auflagen ergreift sie die notwendigen Maßnahmen."

3. „Die chemische Industrie sieht im sachlichen Dialog mit der Öffentlichkeit ein wichtiges Instrument, um die Kenntnisse über Umweltschutz und Produktionssicherheit zu vermitteln und zu verbessern."

Der erste Grundsatz betrifft die sichere Produktion wie auch die Produkte der chemischen Industrie und kann für die Produktpalette weitreichende Folgen haben. Dazu heißt es ausdrücklich: „Wenn es die Vorsorge für Gesundheit und Umwelt erfordert, wird sie ungeachtet der wirtschaftlichen Interessen auch die Vermarktung von Produkten einschränken oder die Produktion einstellen."

Von besonderer Wichtigkeit ist der zweite Grundsatz. Er enthält die verpflichtende Aussage, daß die chemische Industrie sich dem Umweltschutz mit dem notwendigen Verantwortungsbewußtsein widmet. Der dritte Grundsatz bringt zum Ausdruck, daß die chemische Industrie den offenen Dialog über den Schutz der Umwelt sucht und zum Gespräch über die zukünftigen Entwicklungen bereit ist.

Die Leitlinien des Verbands der chemischen Industrie sind grundsätzliche Regeln, denen die Unternehmen – unabhängig von einzuhaltenden gesetzlichen Vorschriften – freiwillig folgen. In vielen Unternehmen wurden die allgemeinen Leitlinien noch durch eigene Richtlinien oder andere detaillierte Handlungsanweisungen ergänzt. Damit wurden Rahmen geschaffen, denen jeder Mitarbeiter unterworfen ist. Ferner stellen die Leitlinien öffentlich bekundete Selbstverpflichtungen dar, an denen die Unternehmen sich in ihren Aktivitäten messen lassen müssen.

Zur Erfüllung der hohen Anforderungen mußten in den Unternehmensorganisationen bis in die Vorstandsebenen hinein die Umweltschutzbelange besonders berücksichtigt werden. Daher wurden in den Unternehmen der chemischen Industrie Abteilungen oder Ressorts installiert, die die zentralen Entsorgungsanlagen betreiben, die aber auch interne Dienstleistungen und Beratungen ausführen und die mit Koordinationsaufgaben – zum Teil weltweit – für die Geschäftsbereiche befaßt sind. In den operativen Bereichen nehmen Fachleute die produktions- und produktspezifischen Umweltanforderungen wahr. Abstimmungsfragen werden in regelmäßig tagenden Kommissionen und Ausschüssen oder in Arbeitsgruppen, die nach Bedarf gebildet werden, behandelt. Die spezielle Organisationsform wurde in den einzelnen Unternehmen unterschiedlich entwickelt. Der Umweltschutz – und das ist allen gemeinsam – ist jedoch derart organisiert, daß die zentralen Abteilungen zu allen Bereichen des Unternehmens Zugang haben und alle Hierarchieebenen eingebunden sind. Im Selbstverständnis der Unternehmen zählen Umweltschutzaspekte heute zu den Führungsaufgaben. Nur so sind sie systematisch im Bewußtsein aller Mitarbeiter zu verankern.

Kapitel 34: Umweltschutz in der chemischen Industrie

Im vergangenen Jahrzehnt hat die chemische Industrie enorme Anstrengungen unternommen, um den Schutz der Umwelt zu verbessern. Die finanziellen Mittel für Investitionen und für den Betrieb der Umweltschutzanlagen sind von 1980 bis 1989 ständig gestiegen (s. Abb. 1). Sie erreichten in diesen Jahren ein Gesamtvolumen von fast 9,1 Mrd. DM für Investitionen und 36,4 Mrd. DM an Betriebskosten (VCI 1990). Sie machten in 1989 etwa 18 % der gesamten im Inland getätigten Anlageninvestitionen der chemischen Industrie aus. Die jährlichen Betriebskosten haben jetzt ein Niveau erreicht, das zum Beispiel in der Bayer AG bei etwa 20 % der gesamten Fertigungskosten liegt.

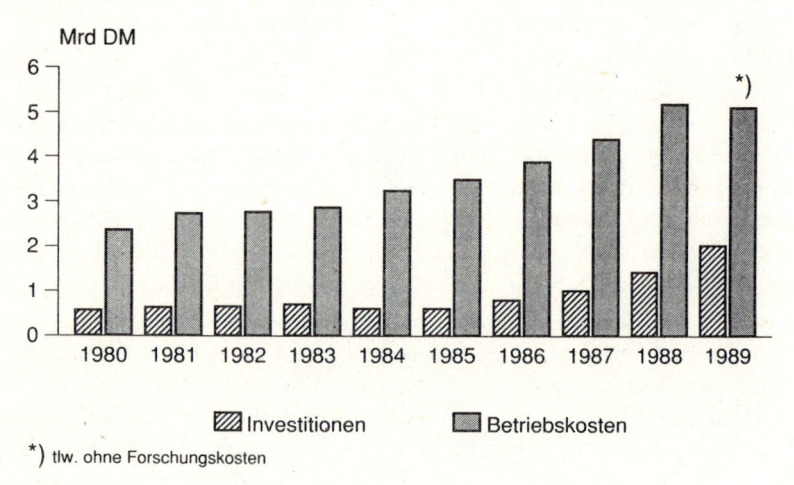

*) tlw. ohne Forschungskosten

Abb. 1: Aufwendungen für den Umweltschutz in der chemischen Industrie

Die Aufwendungen zum **Schutz der Gewässer** wurden vor allem für den Bau von zentralen biologischen Abwasserbehandlungsanlagen sowie für die Entwicklung und Installation von ergänzenden Abwasserreinigungsverfahren zur Eliminierung von biologisch schlecht abbaubaren Stoffen geleistet. Vergleicht man die Einleitungen der chemischen Industrie in die Gewässer im Jahre 1980 mit dem Stand von 1987, so sind bemerkenswerte Fortschritte zu erkennen. Gemessen an den Summenparametern konnte die Belastung des Rheins beim „chemischen Sauerstoff-Bedarf (CSB)" um über 80% und beim „biologischen Sauerstoff-Bedarf (BSB_5)" um 60% verringert werden. Unter CSB versteht man dabei den Gesamtgehalt an chemisch oxidierbaren Stoffen, im wesentlichen an organischen Stoffen, während der BSB_5 ein Maß für die Summe aller biologisch abbaubaren Stoffe im Abwasser ist. Noch deutlicher wird die Leistung, wenn man die Einleitungen der chemischen Industrie mit den gesamten Einleitungen aus Kommunen und anderen Industrie- und Gewerbebereichen vergleicht (s. Abb. 2).

2. Die Leistungen der achtziger Jahre

%-Anteil an der Gesamtbelastung

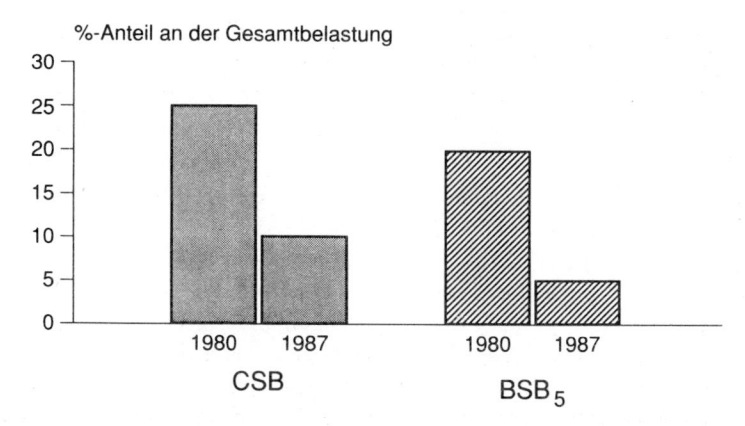

Abb. 2: Anteil der Schadstoffeinleitung durch die chemische Industrie an der Gesamtbelastung der Gewässer

Schwerpunkte der **Luftreinhaltung** waren die Reduzierung der Schadstoffemissionen in der Produktion und bei der Energieerzeugung. Wichtige Maßnahmen waren die Entwicklung und Installation von Anlagen zur thermischen Abluftreinigung und von Feinstaubfiltern in den Betrieben und von Rauchgasreinigungsanlagen in den Kraftwerken. Auch hierbei sind aus den Anstrengungen der vergangenen zehn Jahre beachtliche Verbesserungen zu verzeichnen (s. Abb. 3). Diese Maßnahmen wurden in Form von Zusatzeinrichtungen zu den Produktionsanlagen getroffen. Sie werden als „additiver Umweltschutz" bezeichnet. Obwohl im betrachteten Zeitraum 1979–1989 die Produktion um 14 % gesteigert wurde, konnten so die Schadstoffemissionen in erheblichem Maße verringert werden.

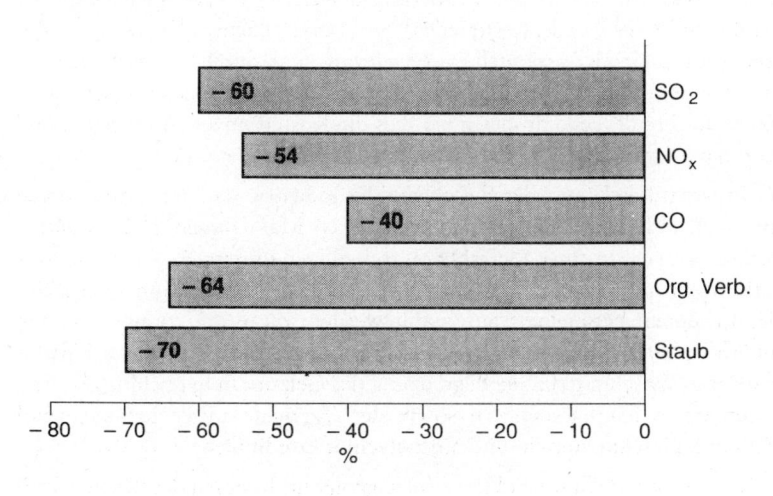

Abb. 3: Verringerung von Schadstoffemissionen in die Luft 1979–1989

Auf jeden Fall sind in beiden Bereichen ganz erhebliche Fortschritte erreicht worden. Jede weitere Reduzierung von Abluftemissionen oder Abwassereinleitungen durch Verbesserung der „end of the pipe"-Technologien ist nun mit unverhältnismäßig hohen Kosten und enormem technischen Aufwand verbunden.

Einen wichtigen Beitrag zu einer umweltgerechteren **Abfall-Entsorgungswirtschaft** leistete die chemische Industrie mit der Errichtung von Abfallverbrennungsanlagen. Bei der Verbrennung von organischen Abfällen kann zu einem erheblichen Teil deren Energieinhalt wiedergewonnen werden; sie werden damit „thermisch verwertet". Auch Klärschlämme werden in zunehmendem Maße verbrannt. Die entstehenden Aschen besitzen ein deutlich vermindertes Volumen und können als inertes anorganisches Material ökologisch verträglich deponiert werden. Des weiteren konnte durch die Inbetriebnahme von Verbrennungsanlagen auch die Verbrennung chlorhaltiger Abfälle auf See eingestellt werden. Außerdem wurden Verbesserungen zum sicheren Einschluß der abgelagerten Abfälle erzielt. Dazu wurden neue Basis- und Oberflächenabdichtungen der Deponien entwickelt. Als weitere wichtige Maßnahme ist die Entwicklung und Einführung von Verfahrensverbesserungen oder Verfahrenstechniken zu nennen, mit denen schon bei der Produktion das Abfallaufkommen verringert oder in Einzelfällen sogar gänzlich vermieden werden konnte.

Auch zur **Lärmminderung** wurden erhebliche Mittel verwendet. Zu den Geräuschquellen in der chemischen Produktion gehören Kühltürme, Ventilatoren, Rohrleitungen und Lüftungsanlagen. Gezielte Einzelmaßnahmen an den singulären Lärmquellen wie der Einsatz geräuscharmer Ventilatoren, die Errichtung von Schallschutzwänden oder die Einhausung von Anlagen haben zu einer deutlich merkbaren Minderung der Lärmemission geführt. Heute bestimmen in der Regel „Restquellen" wie Fensterflächen, Ventile und Motoren, die einzeln als Lärmquelle nicht relevant sind, durch ihre große Anzahl den Lärmpegel der Werke. Wirksame weitere Verbesserungen müssen daher nahezu flächendeckend ansetzen, so daß die Kosten unverhältnismäßig und zwar exponentiell mit dem Ziel-Pegel ansteigen.

Die Ernsthaftigkeit, mit der die chemische Industrie die Umwelt-Leitlinien anwendet, läßt sich auch aus den getroffenen Maßnahmen zur **Produktsicherheit** ersehen. In einer Vielzahl von freiwilligen Initiativen wurde die Vermarktung von Produkten eingeschränkt oder die Produktion eingestellt. Hierzu können beispielhaft aufgezählt werden: die Produktionseinstellung von Alkylphenolethoxylaten, die Einschränkung des Einsatzes von Nitrilotriacetat in Waschmitteln, die Begrenzung des Gehalts an hypochlorigen Verbindungen in Sanitätsreinigern sowie der Verzicht auf Pentachlorphenol (PCP) in Holzschutzmitteln und auf polychlorierte Biphenyle (PCB).

Ein sehr breites und aufwendiges Arbeitsgebiet im Rahmen des Themas Produktsicherheit ist die Erarbeitung der toxischen und ökotoxischen Eigenschaften der sogenannten Altstoffe, nämlich solcher chemischer Produkte, die bereits vor 1981 – d. h. vor Inkrafttreten des Chemikaliengesetzes – in der EG auf dem Markt waren. Sie sind in der „European Inventory of Existing Commercial Chemical Substances" (EINECS)-Liste zusammengefaßt, die 100 000 Altstoffe enthält.

Eine Erhebung in der chemischen Industrie in der Bundesrepublik Deutschland zeigt auf, daß etwa 4500 Altstoffe in Mengen von mehr als 10 jato produziert oder importiert werden. Von diesen wirtschaftlich bedeutsamen Stoffen werden zur Beurteilung ihrer Gesundheits- und Umweltrelevanz die notwendigen Grunddatensätze in einer freiwilligen Initiative von der chemischen Industrie erarbeitet und den Behörden zur Verfügung gestellt. Mit einer vertieften Betrachtung befassen sich die herstellenden Firmen und zwei Gremien, nämlich das der Berufsgenossenschaft der chemischen Industrie angegliederte „Beratergremium zum Stoffprogramm der chemischen Industrie", das sich vornehmlich mit der Belastungssituation an den Arbeitsplätzen befaßt, und das „Beratergremium für umweltrelevante Altstoffe (BUA)" der Gesellschaft Deutscher Chemiker, das generell das toxische und ökotoxische Verhalten von Substanzen in der Umwelt untersucht. In beiden Beratergremien arbeiten Wissenschaft, Behörden, chemische Industrie und Gewerkschaften eng zusammen.

Da nicht alle genannten 4500 Stoffe gleichzeitig umfassend wissenschaftlich untersucht werden können, müssen anhand verschiedener Auswahlkriterien Prioritäten gesetzt werden. So entstand eine erste Liste mit 512 Stoffen, die ein erhöhtes Risikopotential aufweisen und daher einer eingehenden Überprüfung unterzogen werden müssen. In Stoffberichten werden die für die Bewertung der Substanzen erforderlichen Daten zur Umweltrelevanz sowie zu den toxischen und ökotoxischen Wirkungen zusammengestellt. Hierzu gehören insbesondere:
– die chemischen und physikalischen Stoffdaten,
– die Beschreibung der Methoden zum analytischen Nachweis,
– der Umfang des Eintrages in die Umwelt bei Herstellung, Verarbeitung, Verwendung und Abfallbeseitigung,
– das Vorkommen in der Umwelt, d. h. in der Atmosphäre, Hydrosphäre, Geosphäre und Biosphäre sowie die Erfassung von natürlichen Quellen,
– das Umweltverhalten hinsichtlich Abbau, Akkumulation, Verteilung und längerfristigem Verbleib,
– die Daten zur Ökotoxikologie,
– die Toxizität auf Warmblüter,
– eine Auflistung der stoffspezifischen Regelungen, Gesetze und Verordnungen.

Nach den vorliegenden Erfahrungen dauert die Erarbeitung eines derartigen Stoffberichts ein bis zwei Jahre. Kommen die Gremien zu dem Schluß, daß zusätzliche Arbeiten und Prüfungen, z. B. zur Kanzerogenität, Gentoxizität oder Reproduktionstoxizität durchzuführen sind, so kann sich der Zeitraum bis zur abschließenden Bewertung der Umweltrelevanz des untersuchten Stoffes weiter verlängern.

Um beide Gremien zu unterstützen, koordinierte Zuarbeit zu leisten und die Bearbeitung der Altstoffproblematik zu beschleunigen, hat der Verband der chemischen Industrie 1989 die „Initiative umweltrelevanter Altstoffe" (IUA) gegründet.

3. Aktuelle Tendenzen der Umweltpolitik

In der Umweltpolitik ist eine zunehmende Internationalisierung zu beobachten mit Konferenzen und Übereinkommen zwischen den Staaten, beispielsweise zum Schutz der Meere und der Ozonschicht. Eine geradezu historische Dimension erfuhr die umweltpolitische Diskussion auf den Weltwirtschaftsgipfeln in Paris (1989) und Houston (1990). Hier wurde die Thematik „Internationaler Umweltschutz" erstmals als ein zentrales Anliegen von den Staats- und Regierungschefs behandelt. Aus unserer Sicht ist die weitere Harmonisierung der internationalen Umweltpolitik dringend geboten, um einerseits den Umweltschutz weiter voranzutreiben und andererseits die internationale Wettbewerbsfähigkeit der Unternehmen zu gewährleisten.

Schon heute ist für die Praxis des Umweltrechtes in der Bundesrepublik die Normensetzung der Europäischen Gemeinschaft zunehmend wichtig. Sie behandelt derzeit schwerpunktmäßig die Gebiete Produktsicherheit, Abfallwirtschaft und Klimavorsorge. Dennoch spielt für die deutsche chemische Industrie die nationale Umweltpolitik die zentrale Rolle. So wurde mit wachsender Intensität die Umweltgesetzgebung in den letzten Jahren gestaltet und fortgeschrieben.

In der 1990 abgelaufenen Legislaturperiode wurden unter anderem das Bundesimmissionsschutzgesetz, das Chemikaliengesetz und das Abwasserabgabengesetz novelliert. Neue Gesetze wie das über die Umweltverträglichkeitsprüfung und das Umwelthaftungsgesetz wurden erlassen. Neufassungen und Verschärfungen von Verwaltungsvorschriften kommen hinzu. Dabei zeichnet sich ein Trend zur **Überreglementierung** ab. Die ordnungsrechtlichen Regelungen werden immer detaillierter und reduzieren den unternehmerischen wie auch den behördlichen Entscheidungsspielraum auf ein Minimum, von auftretenden Vollzugsdefiziten ganz abgesehen. Das kann dazu führen, daß Finanzmittel oder Personalkapazitäten zur Erfüllung einer einzelnen stringent festgesetzten Detailauflage konzentriert werden müssen, die jedoch bei anderweitiger Verwendung einen höheren Beitrag zum Schutz der Umwelt leisten könnten.

Neben ordnungsrechtlichen Maßnahmen sollte daher vermehrt die Anwendung ökonomischer Instrumente diskutiert werden. Hierzu gehören Steuervergünstigungen, der Einsatz von Zertifikats- und Kompensationslösungen und die Vereinbarung freiwilliger Selbstverpflichtungen zwischen Industrie und Handel einerseits und Regierungsstellen andererseits. Der punktuelle Einsatz dieser „flexiblen Instrumente" im Bereich des vorsorgenden Umweltschutzes würde es – im Gegensatz zum Ordnungsrecht – der Industrie wie auch den Kommunen erlauben, Handlungsfreiräume zu schaffen und damit Umweltziele wirkungsvoll und auch effizienter zu verfolgen.

Auch der Vollzug der Umweltschutzgesetzgebung in der Bundesrepublik unterliegt einer fortschreitenden extensiven Ausgestaltung. Die zum Beispiel in der Störfallverordnung und anderen Verordnungen zum Bundesimmissionsschutzgesetz sowie den Verordnungen zum Wasserhaushaltsgesetz festgelegten Anforderungen haben dazu geführt, daß der Arbeits- und Zeitaufwand für die Erstellung und Prüfung der Genehmigungsanträge von Chemieanlagen sich von 1980 bis 1989 vervielfacht hat. Neue Regelungen, wie die Umweltverträglichkeitsprüfung, tragen zur Fortsetzung dieses Trends bei. Dies führt aber auch dazu, daß der Zeitraum zwischen der unternehmerischen Projektentscheidung und der Genehmigung einer Anlage sich immer mehr verlängert. Die zügige Abwicklung von Genehmigungsverfahren wäre jedoch nicht nur aus wirtschaftlichen Gründen zu wünschen, sondern würde auch die zielstrebige Umsetzung von Maßnahmen zum Schutz der Umwelt ermöglichen.

4. Die Herausforderungen der neunziger Jahre

Die beschriebenen Tendenzen zur Globalisierung des Umweltschutzgedankens und zur weiteren Entwicklung des Umweltrechts geben in vielerlei Hinsicht die wichtigsten Elemente des Rahmens wieder, in dem das Umweltmanagement der chemischen Industrie in den neunziger Jahren zu agieren hat. Haupttätigkeitsfelder werden dabei die Optimierung der Abfallwirtschaft, die Bewältigung der Altlastensanierung, die weitere Verbesserung des Gewässerschutzes und der Luftreinhaltung sowie die weitgehende Abklärung aller die Produktsicherheit berührenden Fragen sein.

Das **Abfallgeschehen** vollzieht sich zur Zeit vor dem Hintergrund immer knapper werdenden Deponieraumes und der angespannten Kapazitäten von Müll- und Sondermüllverbrennungsanlagen. Neue Deponietechnologien, mit denen der Abfall in geeigneter Weise vorsortiert, kompaktiert und grundwassersicher gelagert wird, sind erarbeitet. Sie können aber letztlich den Deponieverbrauch nur verlangsamen. Verbrennungsanlagen haben einen so hohen Stand der technischen Entwicklung erreicht, daß Gesundheitsschädigungen im Umfeld nicht zu befürchten sind. Trotzdem läßt die mangelnde Akzeptanz der Errichtung derartiger neuer Entsorgungseinrichtungen besorgniserregende Engpässe befürchten.

Auch für die chemische Industrie ist es daher erforderlich, die zu entsorgenden Abfallmengen deutlich zu verringern. Das Ziel der weiteren Arbeiten muß somit sein, Abfälle zu vermeiden und die Reststoffe, die bei der Produktion zwangsläufig anfallen, soweit wie möglich zu verwerten.

Dieses Ziel kann nicht mehr mit „additiven" Umweltschutzmaßnahmen erreicht werden. Vielmehr sind hier Maßnahmen zu ergreifen, die direkt in den Produktionsbetrieben ansetzen. Sie werden als „produktionsintegrierter Umweltschutz" bezeichnet. Darunter versteht man eine systematische Vorgehensweise, mit der alle chemischen und prozeßtechnischen Möglichkeiten eines Produktionsverbundes genutzt werden, um die bei der Herstellung entstehenden Umweltbelastungen auf ein Minimum zu reduzieren. Hauptsächlich bedeutet dies:

– mit neuen Synthesewegen nicht verwertbare Koppelprodukte zu vermeiden,
– in vermehrtem Maße umweltverträgliche Roh- und Hilfsstoffe einzusetzen und
– nicht umgesetzte Einsatzstoffe und Nebenprodukte wieder zu verwerten.

Die Behandlung dieser Problemstellungen verlangt von den beteiligten Mitarbeitern aus den verschiedensten Fach-Disziplinen eine enge, innovative Zusammenarbeit. Zu beachten ist jedoch, daß es eine letztlich abfallfreie Produktion nicht geben kann. Denn naturgesetzlich bedingt, führen chemische Reaktionen stets zu Gleichgewichtszuständen, in denen Hin- und Rückreaktionen sowie Nebenreaktionen der beteiligten Stoffe miteinander konkurrieren.

Zu den Aufgaben im Rahmen der Abfallvermeidung wird in Zukunft auch mehr und mehr die Sorge um den **Verbleib von Produkten** nach Beendigung ihrer Verwendung gehören. Bereits heute liegen vereinzelt positive Erfahrungen zur stofflichen Verwertung bestimmter gebrauchter Kunststoff-Typen vor. So wurde für das Recycling von vernetzten Polyurethanen, zum Beispiel aus Autokarosserien, ein Verfahren entwickelt, das die Herstellung von Formteilen erlaubt, die den Qualitätsanforderungen von Batterieabdeckungen oder Radkästen genügen (Bayer 1990). Für Polyamid-Polyethylen-Verbundstoffe aus Verpackungen wurden Rezepturen erarbeitet, mit denen sie bei der Herstellung von Faßdeckeln oder Platten für Industriefußböden wiederverwendet werden können (BASF 1990). Dies sind Beispiele, die das Bemühen der chemischen Industrie widerspiegeln, das vielschichtige Problem anzugehen und neue Anwendungsgebiete für recyclierte Kunststoffe zu finden sowie geeignete Verfahren zu ihrer Wiederaufarbeitung bereitzustellen.

Ein besonderes Problem der Abfallwirtschaft ist das Thema **Altlasten**. Das Erkennen und das Sanieren von Altlasten gehören zu den Aufgaben im Umweltschutz, die Industrie und Kommunen in den nächsten Jahren beschäftigen werden. Durch die Vielfalt der Einflußgrößen – wie Geologie, Hydrogeologie, Chemie, Bodeneigenschaften und Sanierungsmaßstäbe – stellt jede Alt-

4. Die Herausforderungen der neunziger Jahre

last ein Unikat dar. Erfahrungen lassen sich nur sehr begrenzt auf andere Fälle übertragen. Die zügige Bearbeitung von Altlastenfällen erfordert die Bereitschaft zu einer kompetenten und interdisziplinären Zusammenarbeit verschiedener Fachrichtungen und eine enge Kooperation zwischen der Industrie, den Kommunen und den Bundesländern. Bereits abgewickelte Projekte sind ermutigende Beispiele für die zukünftige Entwicklung.

Beim **Gewässerschutz** ist zum rechtlichen Instrumentarium das Wasserhaushaltsgesetz (WHG) mit seinen über fünfzig Verwaltungsvorschriften zu zählen. Von besonderer Bedeutung für die chemische Industrie wird die 22. Verwaltungsvorschrift werden, deren Neufassung durch die Bundesregierung 1991 erfolgt ist. Sie betrifft die Mischabwässer aus der chemischen Produktion und erfordert Teilstrombetrachtungen und Teilstrommaßnahmen, die nicht an den Auslässen der zentralen Kläranlagen, sondern bereits unmittelbar an den Auslässen der einzelnen Betriebe ansetzen.

Ein weiteres Instrument des Staates zur Verbesserung des Schutzes der Gewässer ist die Abwasserabgabe, die für die Einleitung bestimmter Schadstoffe erhoben wird. Sie soll wirtschaftliche Anreize geben, durch geeignete Maßnahmen die Belastung des Abwassers zu senken. Doch lassen die bisherigen Erfahrungen einige Defizite dieses Instrumentariums erkennen. So wird die Höhe der Abgabe auf der Basis von Werten ermittelt, die in Einleitebescheiden festgelegt sind, und nicht anhand der tatsächlich eingeleiteten Frachten. Nach den Neuregelungen der 3. Novelle des Abwasserabgabengesetzes (1990) können Aufwendungen für Investitionen nur dann gegen die Abwasserabgabe aufgerechnet werden, wenn sie zur Verringerung eines Parameters um mindestens 20% an der Einleitungsstelle führen. Selbst bei Einhaltung des Standes der Technik ist für eine nicht vermeidbare Restfracht eine Abgabe mit steigender Tendenz zu zahlen. Eine Abgabefreiheit kann außer bei Unterschreitung von äußerst niedrig angesetzten Schwellenwerten nicht erreicht werden.

Beide Regelungen geben den Rahmen vor, in dem in den nächsten Jahren – unbeschadet bisheriger Erfolge – größere Maßnahmen zum Schutz der Gewässer ergriffen werden müssen. Neben weiteren Senkungen der allgemeinen Belastungen, die durch CSB-Werte definiert werden, ist eine Reduzierung der Einleitungen von speziellen Substanzen, wie von chlor-organischen Verbindungen, von Nährstoffen, d.h. stickstoff- und phosphorenthaltenden Substanzen, sowie von Schwermetallen geboten. Der Trend zur Ergänzung der zentralen Abwasserbehandlungsanlagen durch dezentrale Maßnahmen bis hin zum produktionsintegrierten Umweltschutz wird sich dabei verstärken.

Auch der Schutz der Gewässer vor Kontaminationen durch unbeabsichtigte Einleitungen, die etwa durch Betriebsstörungen oder durch Löschwassereinsatz verursacht sind, erfordert weitere technische Umrüstungen. Von den Unternehmen der chemischen Industrie wurden in den letzten Jahren vielfältige Konzepte entwickelt, mit denen eine weitgehende Sicherung erzielt werden kann. Bei diesen „Barrieren"-Systemen sind als wesentliche Bausteine die Installation von Primär/Sekundär-Kühlkreisläufen, von weit verzweigten analytischen „on-line"-Kontrollstationen und von Auffangbehältern vorgesehen. Die betriebsseitige Reduzierung von Abwässern, die Bildung absperrbarer Teilnetze und die geordnete Entsorgung von Abwässern nach der Absperrung von Teilströmen ergänzen die Bemühungen.

Unter dem Gesichtspunkt der **Produktsicherheit** wird sich die chemische Industrie in Zukunft unter anderem vermehrt mit den Eigenschaften von chlorhaltigen Chemikalien befassen. Die Umwelt-Auswirkungen beispielsweise von Halogenkohlenwasserstoffen werden heute breit in der öffentlichen Meinung diskutiert. Eine pauschale Verdächtigung und Verurteilung ist jedoch nicht berechtigt. Vielmehr sind auch hier Einzelbetrachtungen unter Berücksichtigung aller toxikologischen und ökotoxikologischen Aspekte unabdingbar.

Auch das Thema „Ozonloch" ist unter dem Gesichtspunkt der Umweltverträglichkeit von Produkten zu erwähnen. Ein Beispiel ist der Einfluß von Fluor-Chlor-Kohlenwasserstoffen (FCKW) auf den Ozongehalt der Stratosphäre. Seit 1985 wurden zu diesem Thema mehrere internationale Konferenzen abgehalten und 1987 das „Montreal-Protokoll" sowie 1990 das „London-Protokoll" über Stoffe, die zu einem Abbau der Ozonschicht führen, verabschiedet.

In Deutschland wurden die Vereinbarungen in verschärfter Form in nationales Recht umgesetzt. Die chemische Industrie ist aus eigener Initiative noch über die gesetzlichen Forderungen hinausgegangen. Sie wird unter anderem die Herstellung von FCKW in den nächsten Jahren stufenweise reduzieren und ab 1995 gänzlich einstellen. Aerosol-Sprays sind schon heute in der Regel FCKW-frei. Zum Ersatz von FCKW in Polyurethan-Schaumstoffen konnten Entwicklungsarbeiten bei einigen Produkt-Typen erfolgreich abgeschlossen werden (BASF 1989; Bayer 1989). Das Ziel der weiteren Arbeiten bleibt, Rohstoffsysteme und Verfahrenstechniken zu entwickeln, die das hohe Qualitätsniveau von PUR-Hartschäumen beibehalten, die die Verwendung von FCKW aber vollständig überflüssig machen.

Bei der **Luftreinhaltung** sind umfangreiche gesetzliche Forderungen zu erfüllen, die im Bundesimmissionsschutzgesetz, zuletzt 1990 novelliert, mit seinen zahlreichen Verordnungen vorgegeben sind. Vor diesem Hintergrund sind auch in den kommenden Jahren weitere erhebliche Anstrengungen zur Verminderung der Schadstoffemissionen zu unternehmen. Insbesondere sind Entwicklungen einzuleiten, um die Forderungen der 17. Verordnung zum Bundesimmissionsschutzgesetz zu erfüllen. Die Verordnung befaßt sich mit der Errichtung, der Beschaffenheit und dem Betrieb von Anlagen, die entweder nach dem Abfallgesetz für die Verbrennung von festen oder flüssigen Abfällen zu genehmigen sind oder die genehmigungspflichtig im Sinne des Bundesimmissionsschutzgesetzes sind und in denen anteilmäßig Abfälle verbrannt werden. Der u.a. darin festgelegte Grenzwert von 0,1 ng/m^3 für die Dioxin-Emissionen wird zum heutigen Zeitpunkt, d.h. Herbst 1990, von keiner bekannten, großtechnisch im Dauerzustand betriebenen Abfallverbrennungsanlage mit Sicherheit erfüllt. Arbeiten zur Verfahrensentwicklung und Pilotierung wurden mit dem Ziel aufgenommen, noch im Jahre 1991 die Versuche erfolgreich abzuschließen, damit nach Ablauf der Übergangsfristen bis 1996 die geforderten Grenzwerte eingehalten werden.

Nach dem derzeitigen Kenntnisstand ist CO_2 für etwa 50% der Klimabeeinflussung verantwortlich, die durch gasförmige anthropogene Emissionen verursacht wird (Deutscher Bundestag 1990b). Wesentlichste anthropogene CO_2-Quelle ist die Verbrennung fossiler Energieträger, so daß der Energieverbrauch auf Basis fossiler Brennstoffe mit einer Belastung der Luft verbunden ist. Die Bundesregierung hat als Minderungsziele bis zum Jahre 2005 einen Wert von 25% gegenüber 1987 vorgegeben. In diesem Umfeld haben in Zukunft energiebezogene Verbesserungsmaßnahmen für die chemische Industrie die Bedeutung von Umweltschutzmaßnahmen. Produktionsintegrierte Verbesserungen, wie Energieeinsparung, Abwärmenutzung und rationeller und ressourcenschonender Energieeinsatz sind somit Aufgaben, denen sich die chemische Industrie auch in Zukunft intensiv widmen muß. Dabei darf jedoch nicht übersehen werden, daß z.B. in der Bundesrepublik die chemische Industrie nur mit ca. 4% und die Bundesrepublik ihrerseits insgesamt nur mit ca. 3,7% an der Gesamtemission an CO_2 beteiligt ist (*Hennikke, Müller* 1990, 417).

Die angestrebten Ziele zur CO_2-Verringerung können daher nachhaltig nur durch ein gemeinsames Handeln aller und durch weltweit abgestimmte Maßnahmen erreicht werden.

5. Zusammenfassung und Ausblick

Am Beginn des letzten Jahrzehnts dieses Jahrhunderts ist die Menschheit aufgrund ihres Wachstums und der damit verbundenen anhaltenden Nutzung der natürlichen Ressourcen zur Deckung des Energie-, Nahrungs- und sonstigen Konsumbedarfs mit regionalen, aber auch mit globalen Umweltproblemen konfrontiert. Den Industrienationen kommt bei der Bewältigung der daraus resultierenden Aufgaben eine besondere Bedeutung zu. Die Chemie, die sich in Wissenschaft und Praxis mit der Umwandlung von Stoffen befaßt, wird auch in Zukunft ihren Beitrag leisten, um die wachsende Zahl der Menschen mit Kleidung, Nahrung, Heilmitteln und auch anderen Gütern zu versorgen. Dabei ist sie sich der Verpflichtung bewußt, die aus den eigenen vielfältigen Aktivitäten resultierenden Umweltbelastungen so gering wie möglich zu halten. Das bedeutet, daß für Produkte und Problemlösungen von den ersten Entwicklungsarbeiten an die Umweltrelevanz des gesamten vorhersehbaren Lebenszyklus und Einsatzmusters zu erfassen und zu bewerten ist. Der Schutz der Umwelt verlangt daher immer das Denken in „Netzwerken". Dem ständigen Dialog mit der Öffentlichkeit ist in einer offenen Gesellschaft große Bedeutung beizumessen. Dabei ist es wichtig, in Wort und Tat zu vermitteln, daß die chemische Wissenschaft und die chemische Industrie die Sorgen und Ängste der Menschen ernst nehmen und sich mit fachlicher Kompetenz und dem nötigen Verantwortungsbewußtsein der Probleme annehmen, um die noch vorhandenen Belastungen, soweit es technisch und wirtschaftlich machbar ist, zu verringern.

Konkret wird es darauf ankommen, die Produktionsverfahren durch Integrierung von Maßnahmen zum Schutz der Umwelt so umweltverträglich wie möglich zu gestalten, neue Recycling- und Entsorgungsverfahren zu erarbeiten und alles daran zu setzen, die toxikologischen und ökotoxikologischen Eigenschaften neuer und alter Substanzen zu erkunden und zu bewerten.

Voraussetzung hierfür sind verläßliche, wirtschaftspolitische Rahmenbedingungen und eine vorsorgende Umweltpolitik, die sich mehr an konkreten Gefährdungstatbeständen für Mensch und Umwelt orientiert als an Ergebnissen eines politischen Überbietungswettbewerbes. Um die sensible Balance zwischen ökonomischen und ökologischen Erfordernissen nicht zu gefährden, ist eine weitgehende Harmonisierung der umweltrechtlichen Rahmenbedingungen in den Industrieländern erforderlich.

Literatur

BASF (1990), Pressemitteilung der BASF AG, Ludwigshafen
BASF, FCKW – ein geordneter Ausstieg, Ludwigshafen o. J.
Bayer (1989), Polyurethane – Blähmittel und die Ozonschicht, Leverkusen
Bayer (1990), Pressemitteilung der Bayer AG, Leverkusen
Deutscher Bundestag (1990a), Sondergutachten „Altlasten" des Rates von Sachverständigen für Umweltfragen, Bonn, S. 22, 184
Deutscher Bundestag (1990b), Enquête-Kommission „Vorsorge zum Schutz der Erdatmosphäre" des Deutschen Bundestages (Hrsg.), Schutz der Erdatmosphäre, Bonn
Hartkopf, H. (1979), in: Umwelt, 69, S. 1
Hennicke, P., Müller, M. (1990), Klimaänderung und Treibhauseffekt, in: WSI Mitteilungen, 7, S. 417
VCI (1986), Umweltleitlinien, Frankfurt a. M.
VCI (1990), Chemiewirtschaft in Zahlen, Frankfurt a. M.

Kapitel 35
Umweltschutzstrategien der chemischen Industrie

von *Wolf von Osten*

1. Vorbemerkung: Die heutige Wirtschaftsweise ist ökologiefeindlich .. 608
2. Problembeschreibung: Die Reaktion der Natur 609
3. Ökologische Marktwirtschaft und Ökosysteme 611
4. Voraussetzung für das Umdenken: Wissen über Ökologie 612
5. Ökologische Verantwortung: Vom Rohstoff zum Abfall 613
6. Klassischer Umweltschutz: Anlagenschutz reicht nicht............ 614
7. Alte Aufgaben in neuem Kleid: Der Weg in der Stoffwirtschaft 616
8. Die Produkte: Die eigentlichen Emissionen der Chemie 617
9. Das neue Leitbild: Die Natur............................... 619
Literatur 620

1. Vorbemerkung: Die heutige Wirtschaftsweise ist ökologiefeindlich

Die entwickelten Industrieländer, und mit ihnen die von ihnen dominierte restliche Welt, stehen vor entscheidenden Weichenstellungen. Eine Überprüfung der bisherigen Wirtschafts- und Verhaltensweisen wird aus ökologischen Gründen unausweichlich. Ein Wandel, eine grundsätzliche Wende, muß innerhalb der nächsten 10 bis 15 Jahre erfolgen, sollen uns nicht irreversible Veränderungen ökologischer Funktionen mit unüberwindlichen, ja katastrophenartigen Zuständen konfrontieren.

Dies hat nichts mit Kassandra-Rufen zu tun. Vielmehr ergibt eine nüchterne Analyse, daß der durch verhältnismäßig wenige Menschen der Industrieländer und ihre Wirtschaften bewirkte Energie- und Stoffumsatz, global, regional und lokal betrachtet, Größenordnungen erreicht hat, die sich den Größenordnungen der in natürlichen ökologischen und biologischen Systemen beobachteten Energie- und Stoffumsätze nähert. Damit beginnt der Mensch massiv auf die ökologischen Kreisläufe einzuwirken, sie zu stören und sie zu verändern. Dies hat er bereits in vergangenen Zeiten getan, mit lokalen und nicht selten auch regionalen Auswirkungen, denkt man dabei z.B. an die Entwaldung des Mittelmeerraumes in der Antike.

Den in der vorindustriellen Zeit verursachten ökologischen Veränderungen konnte der Mensch bislang jedoch durch die Verlagerung seiner wirtschaftlichen Tätigkeiten ausweichen: Die Erde war groß genug.

Auch in der ersten Zeit der industriellen Entwicklung wurde nach diesem bewährten Muster verfahren. Wurden die ökologischen Zerstörungen zu offensichtlich, so offensichtlich z.B., daß die menschliche Gesundheit unmittelbar und nicht nur über den Umweg der Verschlechterung der Lebensqualität generell beeinträchtigt wurde, so verlegte man entweder den Ort des menschlichen Wohnens und Lebens in attraktivere, d.h. noch nicht in ihren natürlichen Funktionen gestörte Gebiete, oder man verlegte die Produktion in weit davon entfernte Räume. Die Auslagerung besonders gefährlicher Produktion in Länder der Dritten Welt, die bis in die jüngste Zeit vorherrscht, steht in dieser Tradition. Mit ihr sind die klassischen Industriegebiete entstanden, mit ihren spezifischen Problemen und den ungelösten Altlasten (*Amery* 1990).

Bei dieser Verhaltensweise konnte man sich lange Zeit auf ein Prinzip verlassen, mit dem man die Warnzeichen ökologischer Zerstörung im lokalen und regionalen Bereich ignorieren konnte: **das Verdünnungsprinzip**. Giftige Stoffe oder große Abwärmemengen aus dem Produktionsprozeß wurden und werden über hohe Schornsteine oder große Flußwassermengen in die Umwelt abgeleitet. Dies geschah in der Hoffnung, daß sie, in der Atmosphäre oder den Ozeanen verdünnt, die belebte Umwelt nicht beeinträchtigen oder von den biologischen Systemen so verarbeitet werden, daß sie zu problemlosen Stoffen abgebaut und in die natürlichen Kreisläufe zurückgeführt werden können.

Abfälle wurden nach dem gleichen Prinzip der Verdünnung, wenn sie am Ort des Anfalls zu problematische Störungen erzeugten, auf hoher See verklappt oder verbrannt oder in entlegenen Deponien in der Erwartung abgelagert, daß dort ein Abschluß von biologischen Kreisläufen gewährleistet werde, die mit der menschlichen Nahrungskette in Berührung kommen könnten.

Diese an sich schon unverantwortliche Wirtschaftsweise blieb so lange ohne wesentliche ökologische Auswirkungen, jedenfalls im globalen Maßstab, wie der gesamte menschlich bewirkte Energie- und Stoffumsatz sich weit unterhalb des Promille-Bereiches des Energie- und Stoffumsatzes der Natur bewegte.

Die mit dem wissenschaftlichen und technischen Fortschritt der vergangenen 150 Jahre Industriegeschichte und dem Antriebsmoment der Marktwirtschaft entfesselten Produktivkräfte haben die Erschließung neuer konzentrierter Energiequellen in Form der fossilen Brennstoffe und der Kernenergie und damit eine ungeheure Steigerung der Ausbeutung anderer natürlicher Ressourcen ermöglicht. Die **Energie- und Stoffumsätze** haben – anders als früher – Größenordnungen erreicht, die sich im Prozentbereich der entsprechenden Umsätze der Natur bewegen, und wurden damit zu einem **Störfaktor erster Ordnung** für natürliche Ökosysteme.

2. Problembeschreibung: Die Reaktion der Natur

Ein hoher zusätzlicher Energie- und Stoffumsatz wäre an sich noch nicht so bedrohlich, solange er zwar zu Veränderungen der Funktionsweise natürlicher Ökosysteme führt, nicht jedoch zu ernsthaften Beeinträchtigungen ihrer Funktion.

Solange die natürlichen Ökosysteme die vom Menschen in seiner Wirtschaft umgesetzten Stoffmengen problemlos mit Hilfe der biologischen Abbauprozesse „verdauen" können, wird prinzipiell die Funktionsfähigkeit der Ökosysteme nicht in Frage gestellt. Das Prinzip Hoffnung, daß die Abfälle und Produkte der Industriegesellschaft von der Natur ohne Störungen absorbiert werden können, ist angesichts ihrer Menge nunmehr am Ende. Der kritische Punkt scheint inzwischen aus zweierlei Gründen überschritten.

Zum einen werden einige Stoffe und Verbindungen, die nicht naturfremd sind, inzwischen in solchen Mengen produziert, daß sie über natürliche Prozesse nicht wieder in biologische Kreisläufe zurückgeführt bzw. an unschädlichen Stellen deponiert werden können. Kohlendioxid wird durch energetische Prozesse und Verbrennungsvorgänge in solchem Umfang in der Atmosphäre deponiert, daß Kohlendioxid-Verwertungsprozesse der pflanzlichen Assimilation durch Land- und Wasserpflanzen den Anstieg des CO_2-Gehalts der Atmosphäre und damit klimatische Veränderungen nicht verhindern können.

Ähnliches gilt für die Deposition des bei Verbrennungsprozessen erzeugten Schwefeldioxids und von Stickoxiden in Böden und Gewässern. Gleiches gilt aber auch für den durch eine industrialisierte Intensiv-Landwirtschaft und durch Haushalte verursachten übermäßigen Eintrag von Nährstoffen wie Stickstoffverbindungen und Phosphate in biologische Kreisläufe. Sie führen zu einer **Überfütterung** (Eutrophierung) und damit zu einer funktionalen Störung in Ökosystemen.

Darüber hinaus führen bestimmte Produktionsweisen der heutigen entwickelten Industriegesellschaften zur **Mobilisierung** von in der Natur vorhandenen **Stoffen** und Verbindungen und zu ihrer Einschleusung in biologische Kreisläufe und Nahrungsketten, die normalerweise wegen ihres hohen **ökotoxischen Charakters** in der Natur als schwerstlösliche Verbindungen fern von biologischen Kreisläufen deponiert werden. Beispiele hierfür sind **Schwermetalle** wie Quecksilber, Blei, Cadmium und Arsen, die über ihre Verwendung in Produkten (Pestizide, Benzin, Stabilisator in Kunststoffen usw.) weit verteilt und in eine bioverfügbare Form gebracht werden.

Verschärft wird diese an Grenzen stoßende Aufnahmefähigkeit natürlicher Ökosysteme durch bestimmte, vom Menschen in die Natur eingebrachte Stoffe, mit denen biologische und ökologische Systeme im Verlauf ihrer Evolutionsgeschichte nicht umzugehen gelernt haben. Für diese nicht nach **ökologischem Design** geschneiderten Stoffe, die über Produkte Eingang in biologische Prozesse finden, zeichnet die rasante Entwicklung der Chemie-Wissenschaft und der chemischen Industrie direkt und ursächlich verantwortlich.

Es sind also im wesentlichen **drei Problembereiche**, die ein rasches Umdenken gerade der chemischen Industrie als Lieferant von Ausgangsstoffen für Produkte mit breiter Verteilung fordern:

1. Die **Quantität** des Energie- und **Stoffumsatzes** der **menschlichen Gesellschaft** korrespondiert nicht mehr zu der relativen Langsamkeit natürlicher Energie- und Stoffumsätze. **Funktionsüberforderungen** der **natürlichen Ökosysteme** sind die Folge.

2. Die **Mobilisierung** in der Natur deponierter **ökotoxischer Stoffe** vergiftet natürliche Ökosysteme an entscheidenden biologischen Schaltstellen und beeinträchtigt dadurch ihre Funktionstätigkeit.

3. Die Erzeugung **evolutionsunerprobter neuer Materialien** stellt vorhandene natürliche Ökosysteme vor häufig unlösbare oder zu ökotoxischen Metaboliten führende „Verarbeitungsprobleme". Beispiele hierfür sind viele chlororganische Verbindungen. Wir zählen heute mehr als 100 000 syn-

thetische Verbindungen, von denen viele, im 100 000 t-Maßstab produziert, Eingang in biologische Ketten finden und dort Störungen auslösen (*Henning, Claus* 1988).

Zu diesen **drei** Problembereichen gesellt sich ein **vierter**, der ebenfalls die Funktionsfähigkeit ökologischer Systeme heute zunehmend beeinträchtigt. Es ist der mit dem wirtschaftlichen Wachstum der Industriegesellschaften, aber auch mit dem Wachstum der Bevölkerung in den Ländern der Dritten Welt verbundene wachsende **Flächen- und Raumanspruch des Menschen** in **Konkurrenz zur Natur.** Der Mensch drängt Natur auf wenige zersplitterte Reservate, Naturschutzgebiete genannt, zurück, in denen das hochkomplexe und vernetzte Funktionsgefüge natürlicher Ökosysteme sich nicht mehr ausreichend entfalten kann. Rückgang der Artenvielfalt, dokumentiert in Roten Listen, und Einengungen des vorhandenen natürlichen, für eine dauerhafte Entwicklung notwendigen genetischen Potentials, auch bei den sog. Kulturpflanzen, stellen eine längerfristige Bedrohung der menschlichen Existenz dar, die wir jetzt bei der Zerstörung des tropischen Regenwaldes als größter genetischer Reserve zum ersten Mal in ihrer vollen Bedeutung zu begreifen beginnen. Aber auch in unseren Breiten spielt die durch **Versiegelung, Zerschneidung, Bebauung** und **Besiedelung** der **Natur entrissene Fläche** eine wesentliche Rolle für die verminderte Fähigkeit natürlicher Ökosysteme – zu denen das bodenbiologische System in besonderer Weise gehört. Forderungen nach Biotopverbundsystemen mit einem Flächenanteil von mindestens 15% der Gesamtfläche sind aus dieser Sicht nicht als Marotten kauziger Naturschützer zu werten, sondern als existentielle Bedingungen für unser eigenes Überleben (Bundesminister des Innern 1983).

3. Ökologische Marktwirtschaft und Ökosysteme

Ansätze zu einer dauerhaften Entwicklung der menschlichen Gesellschaft werden sich daher in Zukunft daran messen lassen müssen, ob sie die **Funktionsfähigkeit natürlicher Ökosysteme erhalten,** oder wo diese gestört sind, sie wieder herstellen können.

Die **ökologischen Gesetzmäßigkeiten** werden also in Zukunft der Maßstab sein, an dem sich wirtschaftliche Aktivitäten messen lassen müssen. Der Übergang zu einer **ökologisch orientierten Marktwirtschaft** ist unausweichlich. Die ökologische Überprüfung unserer Lebens- und Wirtschaftsformen muß umgehend beginnen.

Die **stofflichen Probleme,** d.h. die Bewertung, in welchem Umfang welche Stoffe biologischen und ökologischen Kreisläufen noch zugemutet werden können, sind dabei der eine **Schlüsselpunkt** für die weitere Entwicklung. Für ihn und für die Aufzeigung von Entwicklungsperspektiven, die im Einklang – und nicht im Widerspruch – mit der Natur stehen, trägt die **chemische Indu-**

strie eine **besondere Verantwortung.** Der andere Schlüsselpunkt ist der des **Flächen- und Raumbedarfs für menschliche Ansprüche,** die Schaffung ausreichend und zusammenhängender **Rückzugsräume für die Natur,** in denen sie über die Entfaltung ihrer Vielfalt sich regenerieren und ihre auch für den Menschen unerläßliche Dienstleistungsfunktion wiedergewinnen kann. Er ist vermutlich ungleich schwieriger zu bewältigen und setzt einen **Konsensprozeß** der gesamten Gesellschaft voraus.

Führende Vertreter der chemischen Industrie haben in den vergangenen Jahren zu erkennen gegeben, daß sie sich ihrer **ökologischen Verantwortung** bewußt werden. Stichworte wie ökologische Marktwirtschaft tauchen immer häufiger in Reden von Vorstandsmitgliedern auf. Insbesondere die großen chemischen Firmen, die gewohnt sind, strategisch über längere Zeiträume zu denken, beginnen sich mit den ökologischen Grenzen zu befassen, die weiterem quantitativen Wachstum ihrer Branche entgegenstehen. Entgegen dem Ansatz des Club of Rome vor fast 20 Jahren ist es **nicht** der **Mangel an Ressourcen,** sondern die **Ökologie,** die das **Ende der Wachstumsära** einläutet.

Umweltschutz ist in vielen Unternehmen zur **Chefsache** geworden. Eigene Vorstandsbereiche für den Umweltschutz, in denen auch ein Großteil der Forschung investiert wird, wurden geschaffen. Das ist ein guter Anfang, doch er reicht nicht. Das eigentliche Umdenken, das Denken in ökologischen Dimensionen, nicht nur in ökonomischen, hat noch nicht begonnen. Hierfür ist es notwendig, den Begriff Umweltschutz zu erweitern zu ökologischer Verantwortung. **Ökologische Verantwortung** muß **Sache** des ganzen Unternehmens werden, **jedes einzelnen Mitarbeiters,** auf **allen Ebenen.** Ökologische Verantwortung muß Leitmotiv werden für alle Unternehmensentscheidungen genauso wie für das tägliche Handeln im Betrieb. Gerade das mittlere Management, das die tägliche Produktion am Laufen hält, ist noch immer fast ausschließlich den ökonomischen Kriterien des Wettbewerbs und des Termindrucks unterworfen, hat in der Regel keine Zeit und keine Vorkenntnisse für ökologische Überlegungen.

4. Voraussetzung für das Umdenken: Wissen über Ökologie

Das notwendige Umdenken muß zwei wesentliche Konsequenzen haben: Ökologische Verantwortung kann nur der ausüben, der ökologische Zusammenhänge in ihrer Komplexität und Vernetzung kennt, der über ein solides **ökologisches Grundwissen** verfügt.

Dies ist zuallererst eine **Bildungs- und Fortbildungsaufgabe** für die Mitarbeiter in der chemischen Industrie. Ökologie ist noch immer weitgehend Fremdwort in den Ausbildungsgängen vom Chemielaboranten bis zum Chemiker in Produktion und Forschung. Es reicht nicht, von ethischer und ökologischer

Verantwortung in Feierstunden auf Vorstandsebene zu reden, die tägliche Praxis in Betrieb und Vertrieb aber nach altem Muster ablaufen zu lassen.

Ökologische Grundkenntnisse müssen integraler **Bestandteil** aller **Ausbildungsgänge** werden. Fortbildung sollte sich schwerpunktmäßig mit der notwendigen Ergänzung der Kenntnisse der Mitarbeiter von ökologischen Zusammenhängen befassen. Gerade das mittlere Management, das heute Verantwortung im täglichen Produktionsprozeß trägt, hat seine Ausbildung zu Zeiten erhalten, in denen Ökologie noch ein exotisches Fremdwort war. Hier gilt es, lange Versäumtes nachzuholen.

5. Ökologische Verantwortung: Vom Rohstoff zum Abfall

Aufbauend auf einem soliden Wissen um ökologische Zusammenhänge darf sich – dies ist die zweite wichtige Aufgabe der Zukunft – die Frage des **Umweltschutzes** und der **ökologischen Verantwortung** in der chemischen Industrie **nicht auf die Produktionsanlagen beschränken.**

Es gibt bereits gute Ansätze dafür, das **Schicksal von Produkten** von der Rohstoffgewinnung über den chemischen Umwandlungsprozeß, über das Produkt bis hin zu anfallenden, möglicherweise wiederverwertbaren Reststoffen und Abfällen und ihrer Entsorgung, über **Ökobilanzen** und **Produktlinienanalysen** auf seine ökologischen Konsequenzen hin zu untersuchen und zu bewerten. Diese Instrumente müssen ausgebaut und methodisch verfeinert werden. Dies ist vor allem Aufgabe der Unternehmen, weniger der staatlichen Umweltadministration oder der Umweltverbände, die hier Pionierarbeit geleistet haben.

Die Methoden und Kriterien müssen dabei nachvollziehbar und transparent sein, die Informationen so vollständig wie möglich. Hier liegt eine Schwachstelle der chemischen Industrie, auf die Umweltverbände und Mitarbeiter der Umweltverwaltungen seit Jahren hinweisen. Die staatlichen Vorgaben für die **Bereitstellung von Informationen** über **Stoffqualitäten** und **Stoffquantitäten** ökologisch potentiell gefährlicher Stoffgruppen sind **unzureichend.** Manche Kenner der Materie vermuten, daß hieran die chemische Industrie nicht ganz unschuldig ist. Eine freiwillige Verpflichtung zu mehr Informationen über Produkte und Produktionsmengen erfolgt nur zögernd, daran haben verschiedene Apelle und auch große Unfälle nichts wesentlich ändern können. Der beschlossenen EG-Richtlinie „zu freiem Zugang zu Informationen über die Umwelt" und ihrer bevorstehenden Umsetzung in deutsches Recht kommt in diesem Zusammenhang eine ähnlich herausragende Bedeutung zu wie 1990 der Einführung der Umweltverträglichkeitsprüfung an technischen Anlagen und Projekten. Sie wird zusammen mit einem noch zu verbessernden Haftungsrecht erlauben, das Verursacherprinzip konsequenter als bisher auch bei Produkten anzuwenden. Verursacher müssen in Zukunft für die ökologischen Folgekosten ihrer Produkte stärker zur Verantwortung gezogen werden.

Die chemische Industrie wird diesen Herausforderungen der Zukunft nur gewachsen sein, wenn sie als **Unternehmensstrategie** auf allen Ebenen das Schicksal eines **Produktes „von der Wiege bis zur Bahre"** konsequent durchdenkt und auf seine ökologischen Folgekosten hin untersucht.

6. Klassischer Umweltschutz: Anlagenschutz reicht nicht

Bisher haben sich die Anstrengungen der chemischen Industrie beim Umweltschutz weitgehend auf die Vermeidung schädlicher Emissionen und Kontaminationen aus Produktionsanlagen konzentriert. Gewiß, die Bilanz bisheriger Aufwendungen ist in Geld und technischer Leistung beeindruckend, wie Verlautbarungen des VCI und der großen Firmen deutlich machen (Verband der Chemischen Industrie 1990). Ob es im mittelständischen Bereich der Chemieindustrie und bei Kleinbetrieben, die oft höchst gefährliche Mengen von Stoffen handhaben, genauso positiv aussieht, muß eher bezweifelt werden.

Die Umweltschutzstrategien der chemischen Industrie, die ihrer ökologischen Verantwortung gerecht werden sollen, werden sich deshalb in Zukunft auf die folgenden drei Bereiche richten müssen:
1. Weitere Verbesserungen des Umweltschutzes bei Produktionsanlagen,
2. die Wiederverwertung von Reststoffen, die Entsorgung von Abfällen,
3. Produkte: die eigentlichen Emissionen der Chemieindustrie.

Der Umweltschutz in der chemischen Industrie war in der Vergangenheit immer eine Reaktion auf bereits eingetretene Schäden durch Emissionen im Normalbetrieb oder aufgrund von Störfällen. Sie haben in der Phase des Umweltschutzes der ersten Stunde zu in der Regel **nachgeschalteten Anlagen** zur Reinigung von **Abluft** und **Abwasser** (End-of-pipe-Technologie) geführt, die in der innerbetrieblichen Kostenrechnung immer als lästiger Kostenfaktor empfunden wurde und nur aufgrund staatlicher Gebote durchsetzbar war.

Das **ordnungsrechtliche** Instrumentarium der Umweltpolitik hat, wenn auch häufig mit erheblicher Verzögerung, zu **beachtlichen Schadstoffeliminationsleistungen** in den chemischen Anlagen geführt.

Wurde eine Reinigungstechnologie in einem bestimmten technologischen oder chemischen Prozeß aufgrund weiterentwickelter staatlicher Grenzwertvorgaben als unzumutbarer Kostenfaktor angesehen, der die Wettbewerbsfähigkeit der Produkte gefährdete, begann das Nachdenken über Veränderungen des Produktionsprozesses, der Prozeßführung und der eingesetzten Stoffe. Dieses war die Geburtsstunde des **integrierten Umweltschutzes,** der sich häufig sogar als innovationsfördernder Impuls zur Verbesserung der Wettbewerbsfähigkeit herausstellte.

Heute sind in vielen Fällen optimale Eliminationsleistungen erreicht, das Problem der Gefahrenabwehr bei chemischen Produktionsanlagen in der Bundesrepublik Deutschland jedenfalls scheint weitgehend bewältigt.

Das Instrument ordnungsrechtlicher Vorgaben von Grenzwerten, die technologisch und wirtschaftlich noch hinnehmbar sind, erscheint weitgehend ausgereizt. Die staatliche Umweltpolitik setzt deshalb zunehmend auf marktwirtschaftliche Instrumente, die die realen ökologischen Kosten in die Preise umweltbebelastender Produktionsverfahren und Dienstleistungen internalisieren. Dieses wird durch an der Gefährlichkeit der Inhaltsstoffe orientierte stoffliche Abgaben wie die Abfallabgabe eine Investitionswelle der dritten Stufe im Umweltschutz auslösen, so hoffen die Optimisten des Umweltschutzes. Skeptiker dagegen sehen gerade im Produktbereich die Gefahr der Überwälzung dieser Abgaben.

Wenn die technisch noch gerade machbaren Emissionen nicht weiter heruntergedrückt werden können, so stellt sich das Problem von der anderen Seite. Sind die erlaubten Immissionen überhaupt ökologisch tragbar, insbesondere wenn die Zahl der Emissionsquellen, bezogen auf einen ökologischen Raum, infolge wirtschaftlichen Wachstums immer weiter zunimmt?

Bestimmte „erlaubte" Emissionen werden eines Tages ökologisch nicht mehr tolerierbar sein, insbesondere wenn daran Stoffe mit hoher Toxizität, großer Langlebigkeit und hohem Anreicherungspotential in Nahrungsketten und anderen biologischen Kreisläufen beteiligt sind. Zu ihnen zählen toxische Schwermetalle mit praktisch unendlicher Persistenz, aber auch zahlreiche organische und halogenorganische Verbindungen wie polychlorierte Biphenyle und dioxane Furane. Hier wird eine Unternehmensstrategie den Verzicht auf Verwendung bestimmter Stoffe oder auch bestimmter Prozesse mit einschließen müssen. Strategien für geschlossene Kreisläufe werden nur begrenzt bei einigermaßen ökologisch unbedenklichen Stoffen anwendbar sein.

Von allen Überlegungen zur Reduzierung schädlicher Emissionen und zur vollständigen Eliminierung bestimmter anderer, ökologisch nicht akzeptabler Emissionen wird nicht nur die chemische Industrie betroffen sein. Gerade auch neue technologische Entwicklungen z. B. der elektronischen Industrie werden sich, sofern sie mit ökologisch problematischen Stoffen in großen Mengen umgehen, den gleichen Herausforderungen stellen müssen. Ein besonderes Problem stellt sich bei allen Verbrennungsprozessen, bei denen chlororganische Verbindungen beteiligt sind bzw. ihre Bildung im Verbrennungsprozeß durch Metallkatalysatoren begünstigt wird. Sie deponieren ökologisch besonders toxische Stoffe von hoher Lebensdauer in der Atmosphäre und machen sie biologisch verfügbar. Allen voran sind hierbei die hochtoxischen Dioxine und Furane zu nennen, die, wenn auch in geringsten Mengen, über die Atmosphäre in biologische Kreisläufe gelangen und dort über organspezifische Anreicherungen aufgrund ihrer langen Lebensdauer über Jahrhunderte im Biosystem verbleiben, zirkulieren und ihre toxische Wirkung ausüben können (*v. Osten* 1991). In ähnlicher Weise gilt dies für die seit 1982 nicht mehr produzierten polychlorierten Biphenyle, deren gesamte Produktionsmenge praktisch irreversibel für Jahrhunderte im Biosystem ihre schädigende Wirkung entfalten kann. Um solche Ökozide nicht permanent in die biologischen Kreisläufe nachzuspeisen, wird wohl längerfristig der Verzicht auf solche Verbrennungsprozesse anzustreben sein.

7. Alte Aufgaben in neuem Kleid: Der Weg in der Stoffwirtschaft

Die Wiederverwertung von Reststoffen ist für die chemische Industrie an sich nichts Neues. Die Suche nach der Weiterverwendung von Kuppelprodukten war schon in den Anfängen der chemischen Industrie lebenswichtig für die wirtschaftliche Überlebensfähigkeit der Branche.

Aus der Not einer Chlorüberproduktion bei der Kochsalz-Elektrolyse wurde die Geburtsstunde einer Vielzahl von chlororganischen Produkten. Heute (noch) sind viele chemische Prozesse an Zwischenstufen chlorierter Verbindungen gebunden. Das Denken in Kuppelprodukten ist also der chemischen Industrie nicht fremd. Neu wird sein, die Wiederverwertung von Reststoffen nicht nur unter rein wirtschaftlichen und markttechnischen Gesichtspunkten zu betrachten, sondern sie an ökologischen Verträglichkeitskriterien zu messen. Dann dürften auch nicht solche Flops wie die Verwendung von Dichlorbenzol in den sog. Pinkelsteinen entstehen, die von Anfang an als ökologisch in höchstem Umfang bedenklich hätten erkannt werden müssen. In Zukunft wird ein ungleich höherer Anteil der Innovationskraft der Unternehmen, des Könnens, der Phantasie und der Intelligenz der Mitarbeiter in die ökologisch verantwortbare Wiederverwertung von Reststoffen einfließen müssen. Bisher wurde dieses intellektuelle Potential fast ausschließlich in die Produktherstellung und den Vertrieb investiert.

Gleiches gilt für die Entsorgung von nicht wiederverwertbaren Abfällen. In dem Maße, wie frühere, bequeme, aber ökologisch nicht zu verantwortende Entsorgungswege, wie die Hohe-Seeverklappung und -verbrennung oder der Müllexport verstopft werden, müssen sich Unternehmen intelligentere Wege einfallen lassen. Dabei kann die Verbrennung bei hohen Temperaturen oder die thermische Verwertung, wie heute oft verschleiernd angesichts der schwindenden öffentlichen Akzeptanz dieser Technologie gesagt wird, nur als Notbehelf für eine Übergangszeit angesehen werden. Bei Verbrennungsprozessen wird eine Vielzahl z.T. heute noch unbekannter Substanzen mit hohem toxischen Potential in der Atmosphäre deponiert. Von dort können sie aufgrund der leichten Beweglichkeit der Atmosphäre auch in entlegene geographische Regionen transportiert und in empfindliche biologische Kreisläufe eingeschleust werden.

Deshalb muß der stofflichen Wiederverwertung und, wo dies nicht möglich ist, der ökologisch sauberen Deponierung auf dem Boden der Vorzug gegeben werden. Hierfür werden Deponien neuen Typs, mit getrennter Erfassung und getrennter wiederholbarer Lagerung der Abfallfraktionen benötigt. Die Deponien müssen zum Grundwasser hin abgedichtet und gegen Auswaschung geschützt sein. Die gemischte Deponie mit ihren schädlichen ökologischen Auswirkungen auf Boden und Grundwasser sollte baldmöglichst der Vergangenheit angehören. Daß hierbei über Abfallabgaben die Verursacher von Abfällen in Zukunft stärker zur Kasse gebeten werden, liegt in der Logik der Abgaben als ökologischen Steuerungsinstrumenten. Zugleich werden Abfallabgaben über einen längeren Zeitraum auch ihre Funktion als Finanzierungsinstrument erfüllen, mit dem die Altlasten der Vergangenheit, Deponien und Altstandorte, saniert werden können, insbesondere dort, wo Verursacher der Vergangenheit heute nicht mehr zur Verantwortung gezogen werden können.

8. Die Produkte: Die eigentlichen Emissionen der Chemie

Neue Aufgaben erwarten die chemische Industrie im besonderen jedoch beim Nachdenken über ihre Produkte.

Bisher haben sich die innerbetrieblichen Überlegungen bei Produkten der chemischen Industrie, die als Zwischenprodukte in anderen Wirtschaftsbereichen weiterverarbeitet, umgewandelt oder als Endprodukte direkt den Weg zum Konsumenten finden, überwiegend auf die (verkaufsfördernde) Qualität des Produktes und auf (verkaufsfördernde) Marketing-Aktivitäten bis hin zur Werbung konzentriert. Hinzugekommen sind in den letzten Jahren zunehmend durch staatliche Auflagen erzwungene Überlegungen zum anlagenbezogenen Umweltschutz einschließlich der sich in letzter Zeit zuspitzenden Entsorgungsfragen.

Nur in Einzelbereichen wie Arzneimitteln oder Pestiziden wurden – auch wegen ihrer überragenden gesundheitlichen und ökologischen Folgewirkungen – von Anfang an Überlegungen über die gesundheitliche und ökologische Wirkung der Produkte bei Gebrauch, seltener nach Gebrauch, angestellt. Auch hier erfolgte dies nicht selten erst aufgrund gesetzlicher Vorgaben. Die Tatsache, daß mit dem Chemikaliengesetz von 1982 alle bereits bis zu diesem Zeitpunkt in Gebrauch befindlichen Chemikalien von einer Nachweispflicht befreit wurden, hat die Verantwortung der chemischen Industrie, ihren Chemikaliengebrauch in dieser Hinsicht zu überprüfen, nicht gefördert. Erst eine mit wachsender Intensität öffentlich geführte Altstoffdiskussion hat die chemische Industrie davon überzeugen können, dieser Verantwortung mit einem beschleunigten Untersuchungstempo für wenigstens einige unter besonderen Verdacht geratene Chemikalien nachzukommen. Die im „Beratergremium

Umweltrelevante Altstoffe" (BUA) bisher bewerteten mehreren Dutzend Stoffe haben bislang seitens des Gesetzgebers nur in wenigen Fällen zu Stoffverboten geführt (BUA 1986).

In Zukunft wird bei Produktinnovationen innerbetrieblich erheblich mehr Aufwand für die Bewertung ökologischer und gesundheitlicher Wirkungen betrieben werden müssen. Die bisher in Produktqualität und Marketing gesteckten Innovationen werden sich zunehmend in den Bereich der ökologischen Bewertung verlagern. Die Aufwendungen hierfür werden sich ökonomisch rechtfertigen lassen, da nur Produkte eine Zukunft haben, die ökologisch und gesundheitlich tolerabel sind.

Vorhandene Instrumente wie Ökobilanzen oder Produktlinienanalysen und das Denken in Stoffgruppen statt in Einzelstoffen stellen geeignete Ansätze dar, die der methodischen Ausarbeitung bedürfen. Aber auch neue organisatorische Maßnahmen können die stärkere Berücksichtigung ökologischer Kriterien bei der Produktgestaltung erleichtern. Dieses können z.B. die zur Zeit vieldiskutierten Leasingsysteme sein, bei denen mit umweltgefährlichen Chemikalien ausgestattete Produkte wie Fernseher oder Automobile im Eigentum des Herstellers verbleiben. Nach Nutzung durch den Verbraucher werden diese Produkte dem Hersteller zur Entsorgung zurückgegeben oder ihre Entsorgung vom Hersteller überwacht. Die Vorteile einer solchen Regelung liegen auf der Hand: Der Anreiz für den Hersteller, ein entsorgungs- und umweltfreundliches Produkt zu schaffen, wird erhöht, zugleich die Versuchung des Nutzers vermindert, sich des Produktes nach Nutzung auf umweltschädliche Weise, z.B. durch Verbringung in den Hausmüll, zu entledigen. Beides sind Anreize zugunsten der Umwelt.

Für die Bewertung, ob ein chemischer Stoff überhaupt oder bis zu bestimmten Mengen in biologische Kreisläufe eingebracht werden darf, kommen also letzten Endes nur ökologische bzw. ökotoxische Kriterien in Frage. Die Frage nach dem gesellschaftlichen Nutzen eines Stoffes oder eines Produktes kann erst gestellt – und in einem politischen Konsensprozeß entschieden – werden, wenn ein Stoff zumindest seine ökologische Verträglichkeit oder Neutralität erwiesen hat. Die Entscheidung über den sozialen Nettonutzen bedarf politischer, sozialer, wirtschaftlicher und kultureller Kriterien, die an die jeweils gültigen gesellschaftspolitischen Einstellungen einer Gesellschaft angepaßt werden müssen.

Häufig wird eingewendet, solche Überlegungen würden die Wettbewerbsfähigkeit der chemischen Industrie gefährden. Daraus wird die Forderung abgeleitet, solche Überlegungen müßten international harmonisiert werden, um Wettbewerbsgleichheit zu gewährleisten. Dieses Argument verwundert, ist doch der Erfolg der chemischen Industrie Deutschlands wesentlich durch mit neuen wissenschaftlichen Erkenntnissen errungene Wettbewerbsvorteile erreicht worden. Wettbewerbsvorteile werden jedoch, das haben führende Vertreter der Wirtschaft längst erkannt, in Zukunft nur durch den errungen, der frühzeitig umweltfreundliche Produkte auf den Markt bringt. Statt abwehrend erst nach internationaler Harmonisierung zu rufen, bevor neues getan wird, sollte sich die chemische Industrie deshalb auf ihre alten Tugenden besinnen und sich einen Vorsprung sichern durch intelligentere, d. h. auch ökologisch unbedenkliche Produkte.

9. Das neue Leitbild: Die Natur

Dem Chemiker im Labor, den Technikern und Ingenieuren in der chemischen Industrie sollten durch den Umweltschutz nicht nur Beschränkungen ihrer künftigen Arbeit auferlegt werden. Es müssen ihnen positive Entwicklungsperspektiven vermittelt werden, aus denen sie neue Motivationen für ihre Arbeit gewinnen. Eine dieser **positiven Entwicklungsperspektiven**, eine neue große Herausforderung für Innovationsfähigkeit und Bewältigung neuartiger Probleme kann sein, ein Leitbild zu entwickeln, Stoffe und Probleme nach **Strategien und Wirtschaftsprinzipien** zu entwickeln, wie sie die **belebte Natur** in ihren 200 Millionen Jahren Evolutionsgeschichte optimiert hat. Ein solches Leitbild setzt ein Umdenken voraus und eine Neuordnung der Wertskala: Nicht der Mensch hat es danach in der Hand, mit seinem Erfindungsgeist die Welt nach seinen Vorstellungen zu gestalten, nein, die Natur hat einen großen Erfahrungsvorsprung, von dem wir bei der Gestaltung unserer engeren Umwelt noch lange lernen können und vor allem lernen müssen, uns mit unseren wirtschaftlichen Aktivitäten in die Naturkreisläufe wieder einzupassen (*Heydemann* 1990).

Dies ist in der Tat eine gewaltige Herausforderung, aber einiges, was sich in den vergangenen Jahren in der Wirtschaft neu bewegt hat, läßt vermuten, daß die Sensibilität für diese Herausforderung gewachsen ist. Dies wird deutlich von veränderten, dezentralen Managementformen bis zu der Einsicht, daß nicht nur die Produktion, der Aufbau von Strukturen, die Herstellung von Produkten, sondern gleichermaßen ihr Abbau, die Rückführung der Stoffe in Kreisläufe Angelegenheit menschlichen Erfindungsgeistes sein müssen.

Die ökologische Erneuerung kann nur gelingen, wenn Großindustrie und Mittelstand, Wissenschaft und Forschung, Gewerkschaften, Verbraucher und Umweltverbände als Partner einer solchen Bewegung gewonnen werden. Die Phantasie, das Können und die Intelligenz der in Wissenschaft und Wirtschaft arbeitenden Menschen müssen für die zur ökologischen Erneuerung notwendigen wissenschaftlichen und technologischen Innovationen genutzt werden.

Literatur

Amery, C. (1990), Die ökologische Chance, München
Beratergremium für umweltrelevante Stoffe (BUA) (1986), Umweltrelevante Alte Stoffe, Auswahlkriterien und Stoffliste, Weinheim
Bundesminister des Innern (1983), Aktionsprogramm Ökologie, Bonn
Friege, H., Claus, F. (1988) (Hrsg.), Chemie für wen? Chemiepolitik statt Chemieskandale, Reinbek
Heydemann, B. (1990), Die nächsten 40 Jahre, in: Zeitgeist, Winter 90/91, S. 37 ff.
v. Osten, W. (1991) Chlororganika – Überlegungen aus der Sicht der Umweltpolitik, in: Steger, U. (Hrsg.), Chemie und Umwelt. Das Beispiel chlorchemischer Verbindungen, Berlin, S. 57–73
Verband der Chemischen Industrie (1990), Umweltbericht 1989/90, Frankfurt a. M.

Kapitel 36
Umweltschutzstrategien der Automobilindustrie am Beispiel der Volkswagen AG

von *Horst Klingenberg* und *Gerhard Wagner*

1. Das Auto im Spannungsfeld zwischen individueller Mobilität und Umweltschutz... 622
2. Ansatzpunkte für eine Umweltschutzstrategie 622
3. Beispiele von Aktivitäten und Maßnahmen der Volkswagen AG zum Umweltschutz... 623
   3.1 Produktionsbereich..................................... 623
   3.2 Betrieb des Fahrzeugs 624
   3.3 Verwertung von Altautos 627
   3.4 Verkehrsleitsysteme 629
4. Verknüpfung der verschiedenen Verkehrsträger als Voraussetzung für einen umweltverträglichen Verkehr 630

1. Das Auto im Spannungsfeld zwischen individueller Mobilität und Umweltschutz

Im heutigen Leben nimmt das Auto einen bedeutenden Platz ein. Dementsprechend finden auch die von ihm ausgehenden Einflüsse und Wirkungen auf die verschiedenen Bereiche des Lebens in der Öffentlichkeit starke Beachtung.

Das Auto ermöglicht eine weitgehende individuelle Mobilität, der jedoch auch Nachteile für die Umwelt insbesondere durch Abgas, Lärm und Flächenbedarf gegenüberstehen.

Die Volkswagen AG als ein Unternehmen mit Verantwortungsbewußtsein für Menschen und seine Produkte ist mit dem Anspruch angetreten, ihren Beitrag zur Lösung der mit dem Auto verbundenen Probleme zu leisten und hat Umweltschutz zu einem Unternehmensziel erklärt.

2. Ansatzpunkte für eine Umweltschutzstrategie

Für die Volkswagen AG umfaßt Umweltschutz u. a. folgende Bereiche, die Ansatzpunkte für eine Umweltschutzstrategie darstellen:

Entstehungsprozeß des Autos:
- Definitionsphase und konzeptionelle Gestaltung
- Werkstoffauswahl
- Zusammenarbeit mit Zulieferern
- Fertigungsprozesse mit Planung, Aufbau, Modernisierung und Automatisierung sowie Versorgung und Entsorgung.

Nutzung als Verkehrsmittel in der Hand des Kunden für im Mittel 10 bis 20 Jahre:
- Kraftstoffverbrauch, Abgas- und Geräuschemissionen sowie ihre Wirkungen
- Sicherheitsaspekte
- Flächenbedarf an Verkehrswegen und Parkflächen
- Verkehrsgeschehen.

Verbleib nach Ende der Nutzungszeit:
- Rücknahme
- Aufbereitung
- Recycling.

Verkehrsbezogenes Umfeld:
- Infrastruktur
- Verkehrsmanagement
- Koordinierte Nutzung verschiedener Verkehrsträger.

Zahl und Vielfältigkeit der angeführten Themenkreise deuten bereits an, welches Potential insgesamt zur Bewältigung der verkehrsbedingten Umweltprobleme vorhanden ist. Es wird aber auch erkennbar, in welch komplexen und ineinandergreifenden Beziehungen die Themen teilweise zueinander stehen. Das bedeutet, daß eine ausschließlich isolierte oder in eine Richtung zielende Betrachtungsweise keine Gewähr für eine allgemein tragfähige, in die Zukunft gerichtete Lösung der durch den Automobilverkehr bedingten Umweltprobleme bietet.

Aus dieser Sicht heraus bekennt sich die Volkswagen AG zu ihrer Verantwortung im Hinblick auf ihre Einbindung in eine gesamtheitlich orientierte, verkehrsbezogene Umweltschutzstrategie und konzipiert, entwickelt und realisiert Lösungsansätze.

3. Beispiele von Aktivitäten und Maßnahmen der Volkswagen AG zum Umweltschutz

Ziel ist die Umweltverträglichkeit des Autos schlechthin, d.h. von der Produktion über den Gebrauch in Kundenhand bis zur Wiederverwertung der Bestandteile des Fahrzeugs am Ende seiner Nutzungszeit. Die Entscheidungen dafür sind bereits während der ca. 6–7 Jahre dauernden Phasen der Definition und konzeptionellen Gestaltung eines Modells zu treffen. Während die Umweltverträglichkeit der Produktionsprozesse direkt – oder indirekt durch Vorgaben an die Zulieferer – von der Volkswagen AG gesteuert werden kann, unterliegen Fahrzeuggebrauch durch den Kunden und Wiederverwertung nicht mehr der alleinigen Einflußnahme und Verantwortung des Automobilherstellers.

3.1 Produktionsbereich

Als Beispiel für die Verringerung der Umweltbelastung durch den Produktionsbereich zeigt Abb. 1 die Abnahme der Emissionen des Kraftwerkes Wolfsburg.

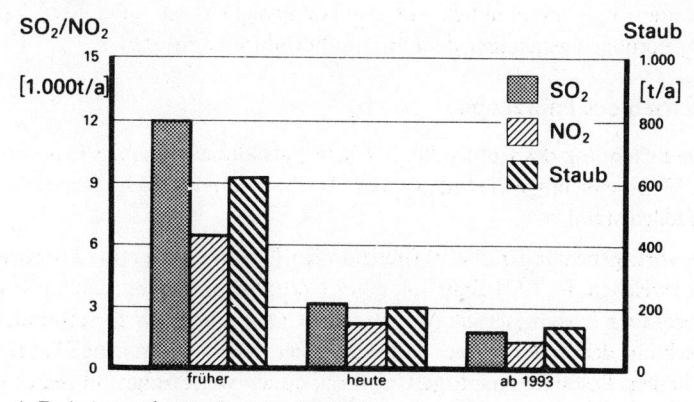

Abb. 1: Emissionen des Kraftwerkes Wolfsburg

Kapitel 36: Umweltschutzstrategien der Autoindustrie

Für die Minderung der Emissionen von flüchtigen Kohlenwasserstoffen aus der Lackiererei stellt der z.Z. in der Vorbereitung befindliche Übergang zu Lacksystemen auf Basis wässriger Dispersionen einen wesentlichen Fortschritt dar, wie aus Abb. 2 zu ersehen ist.

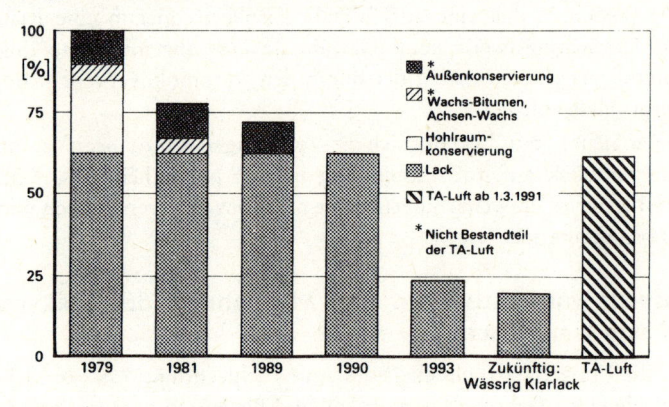

Abb. 2: Lösemittelemissionen der Lackiererei Wolfsburg

Ein weiteres Beispiel ist die Eliminierung von Fluorchlorkohlenwasserstoffen (FCKW) aus den Produktionsprozessen. So wurde, als sich erste Verdachtsmomente für eine Schädigung der stratosphärischen Ozonschicht durch diese Substanzen ergaben, im VW-Konzern mit erheblichem Untersuchungsaufwand die Einführung FCKW-freier weich-elastischer Polyurethan-Schaumstoffsysteme für Vollschaumsitze betrieben. Dabei galt es, Ersatz für Sitzkissen-Werkstoffe zu entwickeln, die in Verbindung mit der Verwendung von Fluorchlorkohlenwasserstoffen als Treibmittel ein spezifisch strukturiertes Schaumstoff-Zellgefüge aufwiesen. Dieses Zellgefüge ist u.a. eine Voraussetzung dafür, daß auch bei Erschütterungen und längeren Fahrten ein komfortables, ermüdungsfreies Sitzen ermöglicht wird. Darüber hinaus war zu gewährleisten, daß im Hinblick auf die Langlebigkeit der Sitzpolster keine Einschränkungen gegenüber dem bislang Bewährten auftraten.

3.2 Betrieb des Fahrzeugs

Auf die Bedeutung des Kohlendioxids (CO_2) als klimawirksames Gas wurde von VW bereits hingewiesen, als der Treibhauseffekt noch nicht in den Schlagzeilen stand.

Da bei vorgegebenem Kraftstoff (Benzin oder Diesel) eine direkte Proportionalität zwischen der CO_2-Emission eines Kraftfahrzeuges und seinem Kraftstoffverbrauch besteht, ist die Aufgabe, die CO_2-Emissionen zu vermindern, identisch mit dem schon immer verfolgten Ziel, verbrauchsgünstige Fahrzeuge zu bauen. Besonders niedrige CO_2-Emissionen weist aufgrund seines guten Wirkungsgrades der Dieselmotor auf, wie der Vergleich in Abb. 3 zeigt.

3. Beispiele von Aktivitäten und Maßnahmen 625

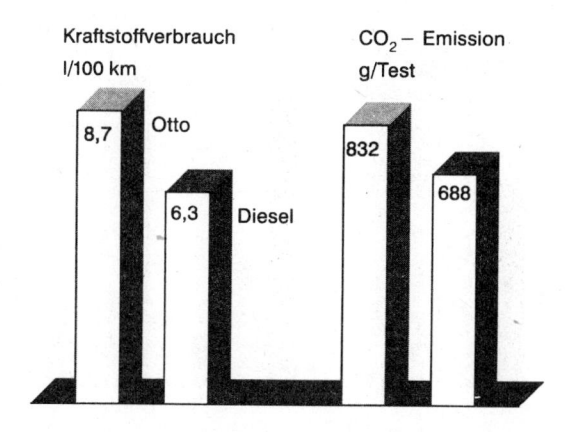

Abb. 3: Vergleich des Kraftstoffverbrauchs und der CO_2-Emissionen von Ottomotor und Dieselmotor beim Golf im ECE-Stadtzyklus

Der Nachteil der Partikelemission kann durch Verwendung eines Oxidationskatalysators in Verbindung mit einer „sanften" Auflading weitgehend eliminiert werden. Weitere Verbrauchsminderungen sind mit direkteinspritzenden Dieselmotoren zu erreichen. Übrigens ist es auch mit einem Ottomotor grundsätzlich möglich, ähnlich niedrige Verbrauchs- und CO_2-Emissionswerte zu erreichen. Dies konnte mit dem Motor des VW-Forschungsautos IRVW Futura nachgewiesen werden. Bei diesem Motor kommen hohe Verdichtung, Direkteinspritzung, Verdampfungskühlung sowie Auflading mittels G-Lader zur Anwendung.

Steht Energie aus nicht fossilen Energieträgern zur Verfügung, ist die Kombination von Verbrennungsmotor und Elektroantrieb eine Möglichkeit (vgl. Abb. 4a u. b).

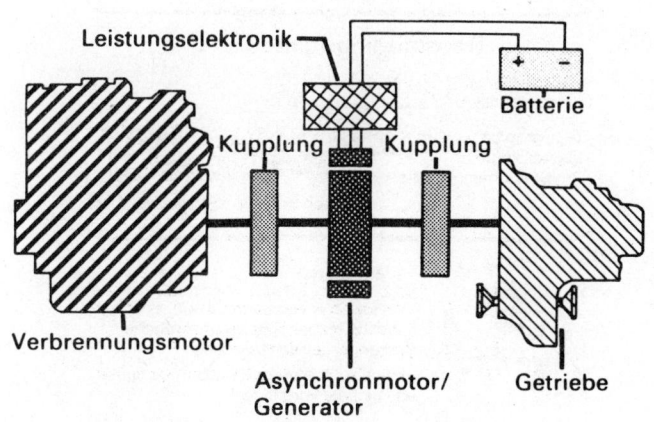

Abb. 4a: Golf mit Diesel/Elektrohybridantrieb, Funktionsschema

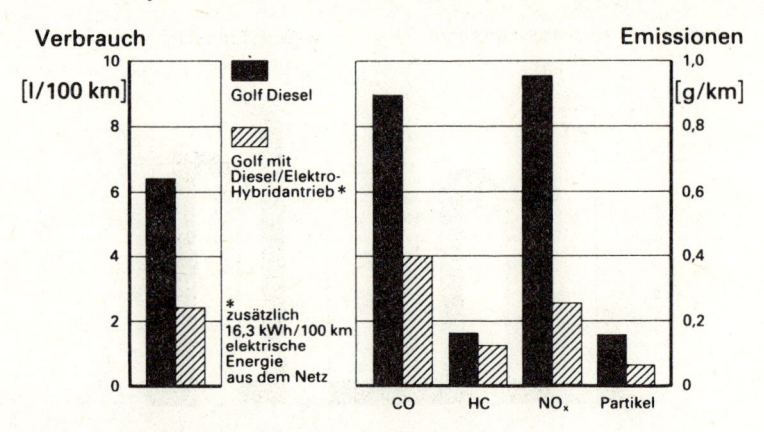

Abb. 4b: Golf mit Diesel/Elektro-Hybridantrieb, Kraftstoffverbrauch und Emissionen im ECE-Test

Andere mögliche Wege zur Verringerung der CO_2-Emission sind die Verwendung von Kraftstoffen bzw. Energieträgern mit geringerem Kohlenstoff(C)-Gehalt, wie z.B. Methanol; die Verwendung von C-freien Energieträgern, wie Wasserstoff oder Elektrizität, sowie die Verwendung von Kraftstoffen aus Biomasse, bei denen das CO_2 vorher durch Photosynthese aus der Atmosphäre entnommen wurde. Bei all diesen Lösungen ist im Einzelfall zu prüfen, ob die CO_2-Emissionen nicht vom Fahrzeug auf die Kraftstofferzeugung verlagert werden, weil dabei Energie verbraucht wird.

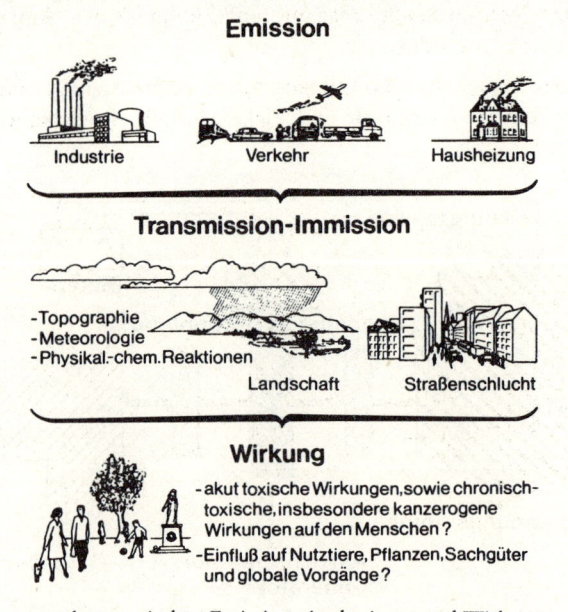

Abb. 5: Zusammenhang zwischen Emission, Ausbreitung und Wirkung

3. Beispiele von Aktivitäten und Maßnahmen

In der Öffentlichkeit wird das Auto vielfach wegen seiner Abgasemissionen kritisiert. Abb. 5 verdeutlicht in seinen drei Abschnitten das Zusammenwirken von verschiedenen Emissionsquellen, deren Abgase nach Ausbreitung auf Menschen, Tiere, Pflanzen und Gebäude einwirken. Jedes dieser Phänomene Emission, Ausbreitung und Wirkung ist Gegenstand eingehender Untersuchungen.

Mit Hilfe von mathematischen Ausbreitungsmodellen können Abgaskonzentrationen in Straßen und in der Umgebung von Straßen näherungsweise berechnet werden. Da die Ausbreitungsmodelle jeweils nur bestimmte Situationen behandeln können, werden unterschiedliche spezifische Modelle eingesetzt. Als Beispiel zeigt Abb. 6 berechnete Partikelkonzentrationen für eine Straßenschlucht mit vier Fahrbahnen in einer europäischen Großstadt.

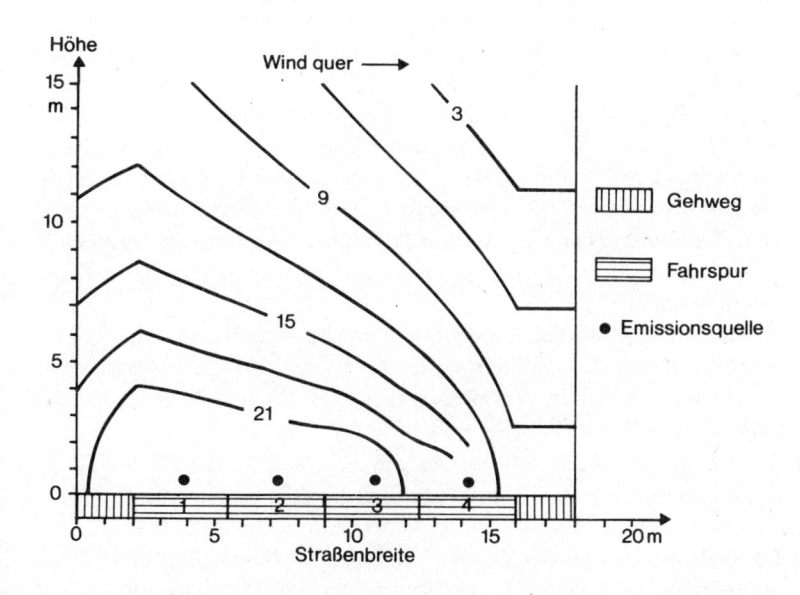

Abb. 6: Linien gleicher Partikelkonzentrationen ($\mu g/m^3$) in einer quer angeströmten Straßenschlucht

Die Wirkung von Autoabgasen auf den lebenden Organismus ist seit Jahren Gegenstand zahlreicher Forschungsaufträge, die von der Automobilindustrie an geeignete Institute vergeben werden.

3.3 Verwertung von Altautos

Als Beispiel für das Ineinandergreifen von Themenkomplexen mag die „Verschrottung" von Altautos dienen. Für den herkömmlichen Auto-Schrottplatz werden sich in nächster Zukunft Änderungen ergeben. Auch die in Altautos bzw. nicht mehr verkehrsfähigen Fahrzeugen enthaltenen nicht-metallischen Materialien sollen nicht auf Sondermülldeponien gelangen, sondern in mehrfachen Nutzungskreisläufen wiederverwendet werden. Dazu sind jedoch entsprechende Voraussetzungen zu schaffen:

- Die Fahrzeuge sind konstruktiv so zu gestalten, daß ohne Abstriche an Funktion, Fahrsicherheit und Diebstahlschutz eine rationelle Demontage möglich ist.
- Die Demontageverfahren müssen ohne erheblichen Aufwand eine Sortierung der Werkstoffe erlauben.
- Besser recyclingfähige Kunststoffe müssen entwickelt werden.
- Bisherige kostengünstige Werkstoffe müssen ggf. durch hochwertigere und teurere Ausführungen ersetzt werden.
- Werkstoffsysteme dürfen keine Substanzen enthalten, die bei der Aufarbeitung im Zuge einer Wiederverwertung oder im Falle einer Entsorgung gesundheitliche oder Umweltrisiken in sich bergen.
So hat die Volkswagen AG unmittelbar nach Bekanntwerden von Verdachtsmomenten hinsichtlich gesundheitlicher und umweltgefährdender Wirkungen des Cadmiums seinen gezielten Einsatz bei Polymerwerkstoffen grundsätzlich verboten. Sie hat darüber hinaus erhebliche Anstrengungen unternommen, ein chemisch-analytisches Bestimmungsverfahren zu entwickeln mit dem Ziel, Cadmium bis hin in den Spurenbereich nachweisen zu können.
Da Cadmium als Metall, Pigment und Stabilisator in Form seiner organischen Verbindungen qualitätsverbessernde Eigenschaften aufweist, mußten für seine Substitution andere Systeme gesucht und in bezug auf ihre Leistungsfähigkeit untersucht werden.
- Bei der werkstofflichen Auslegung von Fahrzeugbauteilen während der Entwicklungsphase muß Umweltverträglichkeit bereits ein gleichrangiges Kriterium zu Materialqualität und Materialpreis sein.
Das bedeutet, daß bei der Entwicklung neuer Produkte oder bei der Wahl von Materialien bereits mit einer konsequenten Vermeidung von umweltbelastenden Abfällen begonnen werden muß. Insbesondere im Bereich der organischen Polymerwerkstoffe ist deshalb der Recyclingfähigkeit höchster Stellenwert einzuräumen.
- Unter dem Gesichtspunkt einer gesamtheitlichen Umweltstrategie, die Ressourcen-Schonung einschließt, sind im Hinblick auf das Materialkonzept auch Gesamtenergie-Bilanzen zu berücksichtigen, die den Energiebedarf sowohl für die Herstellung und die Verarbeitung des Werkstoffes als auch für das Recycling oder die Entsorgung mit einbeziehen.
Außerdem sollten die Art der jeweils aufgewendeten Energie sowie Gesichtspunkte der Umweltschonung bei Einsatz entsprechender Verfahren in die Bewertung eingehen. Die gleichen Maßstäbe müssen dabei sowohl für die Volkswagen AG als auch für ihre Zulieferer gelten.

3. *Beispiele von Aktivitäten und Maßnahmen* 629

Die Volkswagen AG hat diese Aktivitäten zu einem Schwerpunkt ihrer Umweltschutzstrategie gemacht. Als begleitende Maßnahme hat sie in Leer/Ostfriesland ein Recycling-Pilot-Projekt in Gang gesetzt. Dieser Einstieg in die Entwicklung praktikabler Demontagetechniken ermöglicht gleichzeitig Hinweise für unterstützende Konstruktionsausführungen, leistungsfähige Sortiertechniken, Aufarbeitung bzw. umweltschonende Entsorgung von Betriebsmitteln und Verwertbarkeit bzw. Wiederverwendung der gewonnenen Stoffe im Sinne von Rohstoffen in Zusammenarbeit mit den Zulieferern.

3.4 Verkehrsleitsysteme

Ein Gebiet, das sich der direkten Einwirkung des Automobilherstellers entzieht, ist der Verkehr auf der Straße.

Um den Folgen des „stockenden Verkehrs", wie unnötig hoher Kraftstoffverbrauch, zusätzliche Umweltbelastung durch Abgase und Verkehrslärm sowie Zunahme von Unfällen durch gestreßte Fahrer gezielt zu begegnen, müssen neue Wege beschritten werden. Hier kann die Automobilindustrie durch Mitarbeit bei der Entwicklung von Verkehrsleitsystemen und durch Studien zur effektiveren Gestaltung des Verkehrsablaufes einen Beitrag zur Senkung der Umweltbelastung durch den Verkehr liefern.

Die Volkswagen AG beteiligt sich z.B. am Projekt LISB (Leit- und Informationssystem Berlin), aus dem sich ein Instrument für ein wirksames Verkehrsmanagement ableiten lassen soll.

Fahrzeugseitig wird ein Bordgerät installiert, das auch den nicht ortskundigen Fahrer ohne Irrwege zu seinem Ziel bzw. dem nächstgelegenen freien Parkhaus leitet; dabei werden z.B. verkehrsberuhigte Wohngebiete, Baustellen und Strecken mit Staugefahr berücksichtigt (Abb. 7).

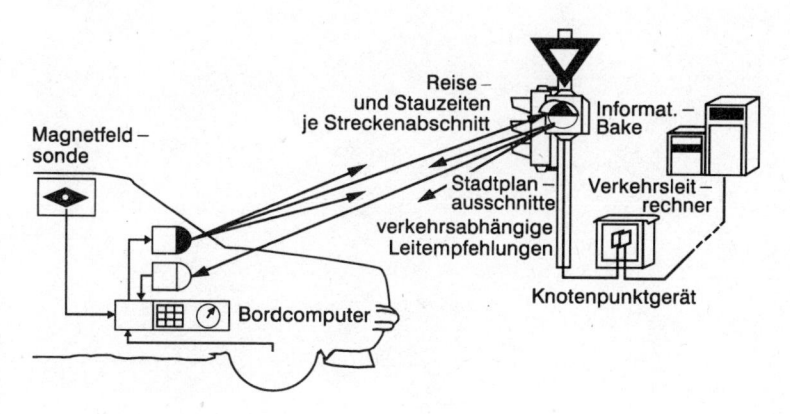

Abb. 7: Die Komponenten von LISB

4. Verknüpfung der verschiedenen Verkehrsträger als Voraussetzung für einen umweltverträglichen Verkehr

Das Umweltmanagement der Volkswagen AG ist nicht allein darauf gerichtet, das Auto vom Entwurf über Produktion und Nutzung in der Hand des Kunden bis hin zur möglichst weitgehenden Wiederverwertung umweltverträglich zu gestalten. Die heute und in Zukunft anstehenden Verkehrsprobleme erfordern darüber hinaus ein Zusammenwirken aller Verkehrsträger, sowohl der Individual- als auch der öffentlichen Verkehrsmittel. Insbesondere im Bereich der Verknüpfung der verschiedenen Verkehrsträger, z.B. durch Park-and-Ride-Systeme im Personenverkehr oder „Rollende Landstraße" im Güterverkehr, können noch Reserven mobilisiert werden.

Bei einer Verwirklichung der genannten Möglichkeiten wird man dem Ziel eines umweltverträglichen Verkehrs unter Erhalt individueller Mobilität ein großes Stück näher kommen.

Kapitel 37
Automobilindustrie und Verkehrswesen

von *Gerhard Prätorius*

1. Einleitung 632
2. Das Automobil als technische und soziale Innovation 632
3. Das Auto für jedermann: Die automobile Gesellschaft 633
4. Automobil und Umwelt: Die sozialen Kosten des Verkehrs 634
5. Die Automobilindustrie als eine volkswirtschaftliche Schlüsselindustrie 637
6. Die Notwendigkeit von Systeminnovationen 638
7. Mobilitätsleitbilder – Möglichkeiten eines „sustainable development" im Verkehrswesen 640
8. Resümee 641
Literatur 641

1. Einleitung

Es werden zunächst die Gründe für die massenhafte Verbreitung des Automobils und die individualverkehrszentrierte Ausgestaltung des Verkehrssystems aufgezeigt (Abschn. 2 und 3). Danach werden die negativen Umweltwirkungen des Autoverkehrs dargestellt (Abschn. 4). Ausgehend von der Automobilindustrie als einer volkswirtschaftlichen Schlüsselindustrie (Abschn. 5) werden die Innovationen der Branche auf ihre Angemessenheit für ein umweltverträgliches Verkehrssystem geprüft (Abschn. 6). Abschließend werden noch kurz alternative, insbesondere auf eine Verkehrsvermeidung zielende Mobilitätsleitbilder diskutiert (Abschn. 7).

2. Das Automobil als technische und soziale Innovation

Das Automobil ist eine Basisinnovation des ausgehenden 19. Jahrhunderts. Es hat zu Anfang dieses Jahrhunderts seine „Schließung" (*Pinch, Bijker* 1987) in dem Sinne erfahren, daß seine damals gewonnene technische Gestalt als ein Wagen mit luftgefüllten Reifen, der von einem Verbrennungsmotor angetrieben, von einem Fahrer mittels Gas- und Bremspedal beschleunigt beziehungsweise verzögert und eines Lenkrads gesteuert wird, in ihrem Kern bis heute gültig geblieben ist. Trotz erheblicher technischer Fortschritte im Detail sind hier im Vergleich zu anderen Industrien wirklich revolutionäre Schübe ausgeblieben (*Altshuler et al.* 1984).

Zugleich hat das Automobil wie kein anderes Produkt – ausgenommen vielleicht noch das Fernsehgerät – in der Zeit seiner Entwicklung vom herrschaftlichen Statussymbol zum Massenverkehrsmittel das Gesicht der Gesellschaft geprägt. So konnte schon *Schumpeter* (1939) vor 50 Jahren, als das Auto gerade die Hälfte seiner bisherigen Existenz als Produkt hinter sich gebracht hatte, davon sprechen, daß es den Lebensstil und die Lebensanschauung nachhaltiger verändert hat als je ein Prophet. Das Automobil konnte sich als Transportmittel positiv abgrenzen sowohl von der Eisenbahn, indem der Benutzer die verlorene zeitliche und räumliche Souveränität wiedergewann, als auch von dem Fahrrad, da ihm nicht der Makel körperlicher Anstrengung bei der Fortbewegung anhaftete, von dem Gewinn an Komfort und Geschwindigkeit ganz zu schweigen. Es vereinte im Wortsinne seines Namens die Vorzüge von Eisenbahn und Kutsche, nämlich Maschinenkraft und Selbstbeweglichkeit, ohne die Nachteile dieser Transportmittel teilen zu müssen (*Sachs* 1984). So bot es alle Voraussetzungen für eine erfolgreiche Produktgeschichte.

3. Das Auto für jedermann: Die automobile Gesellschaft

In Deutschland gab es im Jahre 1910 ganze 24000 Automobile, 1981 waren es in der Bundesrepublik Deutschland bereits 24 Mio. und mittlerweile sind es über 30 Mio. Stück (BMV 1990). Weltweit gibt es ca. 500 Mio. Kraftfahrzeuge, davon über 425 Mio. Personenwagen. Allerdings sind diese höchst ungleichmäßig über den Globus verteilt (MVMA 1989). So beträgt die PKW-Dichte zum Beispiel in den USA und in der Bundesrepublik rund 500 (auf je 1000 Einwohner), hingegen in Indien 1,4 und in China gar nur 0,1 (VDA 1990). Eine Hochrechnung des PKW-Bestandes in den entwickelten Industrieländern – auf 750 Mio. Einwohner kommen ca. 310 Mio. PKW – auf die übrige Welt mit ihren 4,2 Mrd. Einwohnern bedeutete dort nicht weniger als 1,75 Mrd. PKW – gegenüber einem faktischen Bestand von 90 Mio. Stück (MVMA 1989).

Allein in den Industriegesellschaften dominiert das Automobil das Verkehrsgeschehen in überragender Weise, wie ein exemplarischer Blick auf die Situation in der Bundesrepublik verdeutlichen mag. Mit einer Verkehrsleistung von über 560 Mrd. Personenkilometern (i. e. das Produkt aus der Anzahl der beförderten Personen und der von ihnen zurückgelegten Entfernung) werden in den alten Bundesländern über vier Fünftel der Gesamtleistung durch den motorisierten Individualverkehr erbracht; während damit der Individualverkehr seit 1960 um fast das Dreieinhalbfache gestiegen ist, stagnierte die Personenverkehrsleistung der Eisenbahn in dem selben Zeitraum bei ca. 41 Mrd. pkm; beim Gütertransport entfallen auf den Straßennah- und -fernverkehr mit über 160 Mrd. tkm über 55% der Güterverkehrsleistung, während es 1960 noch lediglich knapp ein Drittel war (BMV 1990).

Für diese Verbreitung des Automobils und die signifikanten Veränderungen des „modal split" sind neben den Vorzügen des Automobils in bezug auf Flexibilität, Unabhängigkeit und Komfort gegenüber anderen Verkehrsträgern als wesentliche Einflußfaktoren noch ökonomische Gründe und die politischen Rahmenbedingungen anzuführen:
- Die Relation von Einkommensentwicklung zur Entwicklung der Anschaffungs- und Benutzungskosten des Automobils:
Kostete zum Beispiel um die Jahrhundertwende ein „Benz 18" 12500 Goldmark, was nach aktueller Kaufkraft etwa 89000 DM entspricht, so investiert ein PKW-Käufer heute im Durchschnitt 28000 DM in ein neues Fahrzeug. Trotz eines Trends zum anspruchsvolleren Fahrzeug mit höherem Preis haben sich in der langfristigen Betrachtung die Kosten für ein Automobil im Vergleich zur Entwicklung der Haushaltseinkommen drastisch verringert. So ist allein im vergangenen Jahrzehnt der Anteil der Kfz-Kosten in Relation zum ausgabefähigen Einkommen der Haushalte um zwei Prozentpunkte auf rund 10% gesunken (Deutsche Bank 1990).

- Die verkehrspolitische Privilegierung des Automobils:
Der nach dem zweiten Weltkrieg notwendige Wiederaufbau und im Zuge der wirtschaftlichen Expansion erfolgende Ausbau der Verkehrsinfrastruktur stand im Zeichen der Straße und begünstigte damit den motorisierten Individualverkehr. So wuchs das Straßennetz zwischen 1960 und 1980 um 100 000 km und allein die besonders leistungsfähigen Autobahnen wurden von 2100 km in 1950 auf 8822 km ausgebaut (BMV 1990). Entsprechend dominierten die Straßeninvestitionen in ihrem Anteil an den Verkehrswegeinvestitionen eindeutig bis in die 80er Jahre. Als Ergebnis dieser verkehrspolitischen Grundausrichtung verfügt die Bundesrepublik Deutschland – ohne die neuen Bundesländer – heute über ein auch im Vergleich zu anderen entwickelten Industrienationen überaus leistungsfähiges Straßennetz. Demgegenüber stammt das Eisenbahnnetz größtenteils noch aus dem vergangenen Jahrhundert, und es wurde auch in der Aufbauperiode der Nachkriegszeit weder grundlegend erneuert noch ergänzt, wenn man einmal von der Leistungssteigerung durch die Elektrifizierung absieht. Zudem wurde das Schienennetz im Unterschied zu dem Straßennetz seit 1965 um rund 15% verkleinert (BMV 1990).
- Die Entwicklung der Siedlungs- und Gewerbestrukturen:
Der in allen entwickelten Industriegesellschaften beobachtbare Trend der Agglomeration von Industrie und Bevölkerung ist zugleich immer von einem Prozeß der Suburbanisierung begleitet. Eine entsprechende Siedlungs- und Gewerbepolitik mit einer forcierten Funktionstrennung der Standorte (Trennung von Arbeits-, Wohn-, Einkaufs-, Ausbildungsstätten etc.) fördert die individuellen Verkehrsträger, die in der Erschließung der Fläche unbestreitbare Vorteile besitzen, wohingegen Massenverkehrsträger wie die Bahn benachteiligt sind. Die so entstandene Raumstruktur mit ihrer spezifischen Kombination von Streuung und Verdichtung hat Verkehrsströme in einem früher nicht bekannten Ausmaß entstehen lassen (*Willeke, Heinemann* 1989). So existiert zwischen der Expansion des Individualverkehrs und den Folgen dieser städtebaulichen und raumordnerischen Entwicklung ein wechselseitiger Zusammenhang. Selbst wenn mittlerweile die Leitbilder der „autogerechten Stadt" von neuen Raum- und Stadtentwicklungskonzepten abgelöst wurden, weisen doch das Verkehrswesen und die Raumordnung als je eigene und zugleich verbundene komplexe Systeme eine immanente Trägheit auf, die die Überwindung dieser verkehrserzeugenden Raumstrukturen erschwert.

4. Automobil und Umwelt: Die sozialen Kosten des Verkehrs

Bis vor etwa 25 Jahren tauchte der Begriff „Risiko" im Zusammenhang mit dem Automobil lediglich als „Sicherheitsrisiko" auf, dem mit entsprechenden technischen und ordnungsrechtlichen Maßnahmen zu begegnen war.

4. Automobil und Umwelt: Die sozialen Kosten des Verkehrs

Erst mit dem Phänomen der Massenmotorisierung in den hochentwickelten Industrieländern wurde deutlich, daß die Verbrennung von Kraftstoff im Motor nicht nur – wie gewünscht – Energie freisetzt, sondern daß bei der chemischen Reaktion des Kraftstoffs mit Luft auch Schadstoffe entstehen und in die Umwelt emittiert werden (*Waldeyer* 1987). Das Automobil wurde durch seine massenhafte Verbreitung zu einem Risikofaktor für die Umwelt.

Die wesentlichsten negativen Umweltwirkungen des Automobils sind:

- Belastung der Luft mit Schadstoffen:
  Auf den Straßenverkehr entfallen bei den Kohlenmonoxidemissionen über 70%, bei den Stickoxiden – die insbesondere für das Waldsterben verantwortlich gemacht werden – über 50% und bei den organischen Verbindungen nahezu die Hälfte. Hinzu kommt ein Anteil an den Staubemissionen von rund 10%. Die Anteile des Automobilverkehrs an den Gesamtemissionen sind in den vergangenen Jahren aufgrund des starken Verkehrswachstums stark angestiegen (BMV 1990). Durch die vermehrte Ausstattung der Fahrzeuge mit Katalysatoren – 1989 waren zum Beispiel drei Viertel aller neuen Fahrzeuge mit Ottomotor aus der deutschen Produktion mit einem Katalysator ausgerüstet (VDA 1990) – und die Einführung von Rußfiltern sind hier für die Zukunft allerdings signifikante Verbesserungen zu erwarten.

- Lärmemissionen:
  Nach einer Repräsentativbefragung des Umweltbundesamtes fühlten sich 1986 rund 65% aller Bundesbürger durch den Straßenlärm belästigt, durch Fluglärm waren es 50% und durch Schienenverkehrslärm – bei einem ensprechend kleineren Schienennetz – lediglich 5% (nach BMV 1989). Auch wenn hier die fahrzeugseitigen Geräuschemissionen verringert werden konnten, blieben doch entscheidende Verbesserungen bei einer wichtigen Lärmquelle, dem Rollgeräusch, aus. Zudem erhöhten das Verkehrswachstum und insbesondere der stark gestiegene LKW-Verkehr die Lärmbelästigung.

- Landschaftsverbrauch, Trennwirkungen, Fauna und Flora:
  Zwar bedecken für sich genommen die Straßen gerade 1,3% der Gesamtfläche der alten Bundesrepublik, berücksichtigt man aber auch die immer stärker eingeschränkte Nutzung der Umgebung, die Trennwirkungen von Verkehrsadern und deren Auswirkungen auf Fauna und Flora sowie das Ausmaß an „Flächenversiegelung" und die Beeinträchtigung des Landschafts- und Stadtbildes gerade in Ballungsräumen, so scheinen hier die Grenzen des ökologisch Verträglichen und des sozial Zumutbaren erreicht zu sein. Auch ist dabei ein fataler Kreislauf zu beobachten: Die Natur rückt durch die zunehmende Flächenversiegelung immer weiter weg von den Städten und Ballungsräumen und verstärkt dadurch z.B. den Freizeitverkehr in das noch „naturnahe" Umland, was wiederum einen zusätzlichen Straßenausbau fördert.

- Energieverbrauch:
  Obwohl es in der Vergangenheit erhebliche Fortschritte in der motortechnischen und aerodynamischen Entwicklung der Fahrzeuge gegeben hat, die sich benzinsparend auswirkten, wurden doch diese Fortschritte durch das enorme Verkehrswachstum, den Trend zu höheren Hubraumklassen und eine höhere Reisegeschwindigkeit wieder aufgezehrt. So hat der Verkehr mittlerweile einen Anteil von über 25% am Endenergieverbrauch der Bundesrepublik (im Vergleich zu 17% im Jahre 1970), wovon wiederum über 86% auf den motorisierten Individualverkehr entfallen (BMV 1990). Der PKW-Verkehr liegt mit einem spezifischen Energieverbrauch von 2,1 PJ/Mrd. Pkm immer über dem anderer Verkehrsträger mit Ausnahme des Luftverkehrs. So wird im Straßenverkehr 3,5-mal soviel Energie je Verkehrsleistungseinheit verbraucht wie im Schienenverkehr mit 0,6 PJ/Mrd. Pkm (Prognos 1987; SRU 1987).

Mit dem Energieverbrauch, d.h. dem Verbrauch von Mineralöl als einem fossilen Energieträger, ist ein weiteres, für die Zukunft wohl das gravierendste Umweltproblem des Verkehrs angesprochen. Der mit dem Verbrennungsvorgang verbundene Ausstoß von **Kohlendioxid** ist für sich genommen nicht gesundheitsgefährdend. Jedoch führt der mit dem Kohlendioxid-Anstieg in der Atmosphäre verbundene „**Treibhauseffekt**" zu einer Gefährdung des Klimas. Auch wenn die konkreten Auswirkungen und Prognosen durchaus noch umstritten sind, warnt doch die Mehrzahl der Klimaforscher eindringlich vor einem weiteren ungebremsten Anstieg der CO_2-Emissionen. Da die Emission von Kohlendioxid aus dem Verkehr in erster Näherung dem Verbrauch fossilen Kraftstoffs direkt proportional ist, stellt sich aus dieser Sicht die drängende Notwendigkeit einer Verbrauchsreduktion (resp. höherer Energieeffizienz) des motorisierten Individualverkehrs sowie weitergehend die Frage nach den Möglichkeiten alternativer Kraftstoffe und Antriebe.

Auch wenn die zuvor genannten negativen Umwelteinwirkungen des Automobilverkehrs als externe Effekte nicht exakt zu quantifizieren und zu bewerten sind, besteht doch mittlerweile eine Übereinstimmung, daß der Straßenverkehr hinsichtlich seiner sozialen Kosten im Vergleich zu den anderen Landverkehrsträgern am ungünstigsten abschneidet, wobei die jährlichen **Unfallschäden** (alleine im Raum der EG sind es jährlich fast 50 000 Tote und 1,6 Mio. Verletzte) diese Bilanz noch erheblich verschlechtern. Hinzuzufügen wären ebenfalls noch die durch die temporären Überlastungen des Verkehrsnetzes entstehenden **Staukosten**, die allerdings lediglich die Verkehrsteilnehmer selbst treffen und insofern keine externen Kosten darstellen.

Die steigenden Umwelt- und Sozialkosten, hervorgerufen vor allem durch ein enormes Wachstum des Verkehrs in den beiden letzten Jahrzehnten, haben zu einem starken Problemdruck auf das Individualverkehrssystem geführt, der sich in den neunziger Jahren zu einem zentralen gesellschaftspolitischen Konfliktpotential entfalten kann. Auch wenn die Absatzzahlen der Automobilindustrie in den vergangenen Jahren Rekordhöhen erreichten (VDA 1990), zeigen Ergebnisse der Marktforschung, daß die Konsumenten zunehmend von der Automobilindustrie einen „umwelttechnischen Durchbruch" erwarten. Insbesondere zielen diese Erwartungen auf eine erhebliche Steigerung der Umweltverträglichkeit des Verkehrs bei Gewährleistung des Grundnutzens des Automobils (Mobilitätsgarantie).

5. Die Automobilindustrie als eine volkswirtschaftliche Schlüsselindustrie

Nicht nur aus dem eigenen Interesse einer langfristigen Zukunftssicherung, sondern auch aufgrund ihrer Stellung als einer volkswirtschaftlichen Schlüsselindustrie kommt der Automobilindustrie eine entscheidende Rolle bei der Aufgabe zu, das industrielle Wirtschaften und das damit verbundene Verkehrssystem in umweltverträgliche Strukturen zu überführen.

In der alten Bundesrepublik ist nahezu jeder sechste Arbeitsplatz in direkter oder indirekter Weise vom Automobil resp. der Automobilindustrie abhängig; rund ein Fünftel des Sozialprodukts wird durch Produktion, Vertrieb und Nutzung des Automobils erwirtschaftet; mit knapp 120 Mrd. DM ist die Automobilindustrie der größte bundesdeutsche Exporteur; mit rund 14 Mrd. DM werden in der Automobilindustrie die höchsten Investitionen getätigt (Zahlen bezogen auf 1989, VDA 1990).

Wie jede Branche ist die Automobilindustrie in der Umweltpolitik Betroffene und Ermöglichende in einem: Sie ist betroffen von den politischen und gesetzlichen Auflagen, und sie ermöglicht aufgrund ihres Technologiepotentials umweltwirksame Innovationen. Allerdings kommt ihr aufgrund ihrer starken volkswirtschaftlichen Stellung dabei eine besondere Bedeutung zu. Zum einen haben umweltpolitische Maßnahmen ein hohes Eigengewicht, das entsprechende gesamtwirtschaftliche Folgewirkungen (z.B. auf das Beschäftigungsniveau, die internationale Wettbewerbsfähigkeit) hervorrufen kann. Zum anderen wirkt hier wegen der vielfältigen Verflechtungen der Industrie ein Multiplikatoreffekt, der sie als einen bevorzugten Adressaten der Umweltpolitik auszeichnet.

Unter Wettbewerbsgesichtspunkten hat die bundesdeutsche Automobilindustrie seit Mitte der siebziger Jahre eine insgesamt erfolgreiche Anpassungsstrategie an die veränderten Weltmarktbedingungen verfolgt, wie etwa die hohen Investitionsquoten und deren positiven Auswirkungen auf die Beschäftigung zeigen (*Albach* 1987). Die hohe Exportquote dokumentiert die starke internationale Wettbewerbsposition, wenngleich hier eine zukünftig sich noch verstärkende Konkurrenz vor allem der japanischen Hersteller abzusehen ist. Im Produktivitätswettbewerb der „Triade-Märkte", der für die Automobilindustrie paradigmatische Bedeutung hat, herrscht der Eindruck vor, daß die zunehmenden Wettbewerbsvorteile der japanischen Unternehmen vor allem einem „technischen Modell der Produktivität" geschuldet seien. Eine umfangreiche Studie, in der 90 Automobilfabriken in 15 Ländern untersucht wurden, kommt jedoch zu dem Ergebnis, daß für den Produktivitäts- und Qualitätsvorsprung die Technik selbst eine relativ geringe Rolle spielt (*Womack, Jones, Roos* 1990, auch *Naschold* 1989). Es ist vielmehr ein Bündel von technischen und sozialorganisatorischen Faktoren, von den Autoren als schlanke oder agile Fertigung („lean production") bezeichnet, die das Produktionsparadigma der Massenfertigung abgelöst hat und als ein wesentlicher Erklärungsgrund für die Stärke der japanischen Unternehmen angeführt wird.

Die Sicherung und Verbesserung der Wettbewerbsposition der europäischen Hersteller wird insbesondere durch einen Abbau der Fertigungstiefe („outsourcing") und den Aufbau strategischer Partnerschaften angestrebt. Für ein Unternehmen bedeutet outsourcing unter Umweltgesichtspunkten zunächst, die eigene Risikoexponierung auf Zulieferer zu übertragen und so die unternehmensbezogenen Umweltbelastungen zu reduzieren. Demgegenüber entstehen Risiken der Verengung des eigenen Handlungsspielraums, der möglichen technologischen Abhängigkeit. Strategische Partnerschaften bieten gerade für den Bereich umweltwirksamer Systeminnovationen im Verkehrsbereich Voraussetzungen für die zur Realisierung notwendigen Kooperationen, sie können jedoch die Möglichkeiten individueller Wettbewerbsvorstöße mindern.

6. Die Notwendigkeit von Systeminnovationen

Alleine mit den in der Vergangenheit dominierenden Prozeß- und Produktinnovationen lassen sich die (Umwelt-)Anforderungen an die Automobilindustrie nicht mehr bewältigen, für ein zukunftsfähiges Verkehrsytem mit einer signifikanten Reduktion seiner ökologischen und sozialen Folgekosten sind vielmehr Systeminnovationen notwendig.

Am sichtbarsten war der technische Fortschritt im vergangenen Jahrzehnt im Bereich der **Prozeßinnovationen**. Der Einsatz von neuen und hochentwickelten Technologien wie Roboter und CAD/CAM-Systeme, umfassende Veränderungen in der Organisation der Fertigung sowie in der Beziehung zu der Zuliefererindustrie (Just-in-time-Logistik) verweisen auf eine im gesamtwirtschaftlichen Maßstab führende Rolle der Automobilindustrie. Die flexible Automatisierung ermöglicht eine zunehmende Produktdifferenzierung und verminderte Losgrößen, um den Anforderungen eines sich beständig wandelnden und diversifizierten Marktes gerecht zu werden.

Von den Automobilunternehmen wurden in der Herstellung erhebliche Anstrengungen unternommen, die negativen Umweltwirkungen zu reduzieren.

6. Die Notwendigkeit von Systeminnovationen

Durch verminderten Ressourcenverbrauch, den Einsatz wiederverwendbarer Materialien, die Substitution von Schadstoffen sowie energiesparende und emissionsreduzierende Kreislaufprozesse konnten die Umweltbelastungen gesenkt werden (Beispiele bei *Klingenberg, Wagner* in diesem Band). Allerdings gibt es hier noch weitere Bereiche, um umwelt- und gesundheitsgefährdende Stoffe und Verfahren (Eliminierung und/oder Substitution von Asbest, Schwermetallen, chlorierten Kohlenwasserstoffen) im Herstellungsprozeß zu vermeiden. Eine zentrale, Produktion wie Produkt gleichermaßen betreffende Aufgabe ist die recycling-gerechte Konstruktion der Fahrzeuge und die Etablierung entsprechender **Entsorgungskonzepte**.

Auch im Bereich der **Produktinnovationen** wurden in der Vergangenheit erhebliche technische Fortschritte erzielt, z.B. ABS, Katalysator, Allradantrieb, neue Werkstoffe (*Seiffert, Walzer* 1989). Sie betreffen jedoch insbesondere die Einzelkomponenten der Fahrzeuge, während die Fahrzeugkonzeption im wesentlichen unverändert blieb (*Vester* 1990). Eine signifikante Reduktion der produktbezogenen Umweltbelastungen hat neben der Verbesserung der bestehenden Antriebstechnik durch höhere Energieeffizienz die Entwicklung und breite Einführung alternativer Antriebstechniken zur Voraussetzung, wenngleich hier noch erhebliche Forschungsaufgaben bestehen (z.B. Sicherheitsgewährleistung bei Wasserstofftechnik). Zu den produktbezogenen Entwicklungsfeldern gehört auch die Einführung bedarfsorientierter Fahrzeuge (z.B. Citycars auf Elektro- oder Hybridantriebsbasis).

Neben die genannten klassischen Innovationsfelder der Automobilindustrie tritt die Aufgabe der **Systeminnovation**, die auf eine ganzheitliche Sicht des Verkehrssystems ausgerichtet ist und die in der Vergangenheit nicht unbedingt zu den originären Aufgabenfeldern der Automobilhersteller gezählt wurde. Für die Zukunft wird damit das Problemlösungspotential der mikroelektronisch basierten Informations- und Kommunikationstechnologien vor allem auch im Verkehrswesen eine wesentliche Bedeutung erlangen.

Die Umweltbelastungen des Verkehrssystems gehen über die produktions- und produktbezogenen Schädigungen hinaus (s. Abschn. 3). Das enorme Anwachsen insbesondere des motorisierten Individualverkehrs hat in einer „Umweltbilanz" die Entlastung durch technischen Fortschritt in der Herstellung und im Produkt überkompensiert. Zudem ist das Verkehrssystem durch das Wachstum in seiner Grundfunktion selbst gefährdet, wie die temporäre (Spitzenzeiten) und dauerhafte (Agglomerationsräume) Überlastung der Infrastruktur-Kapazitäten zeigen.

Eine Lösung der Verkehrsprobleme durch einen quantitativen Ausbau der Infrastruktur scheidet weitgehend aus, weil sie mit den Umweltzielen kollidiert. Zielkonforme Lösungsansätze können sich hingegen in einer Herangehensweise ergeben, die auf eine **Verkehrsoptimierung** ausgerichtet ist. Dazu gehört die Optimierung der Infrastruktur durch einen qualitativen Ausbau (Informations- und Leitsysteme vermindern z.B. den Suchverkehr, der in

Städten einen erheblichen Teil des Aufkommens stellt) sowie die Vernetzung der Fahrzeuge untereinander und mit ihrem Umfeld, wie sie mit dem PROMETHEUS-Projekt der europäischen Automobilindustrie entwickelt werden soll. In einer erweiterten Perspektive gehört dazu vor allem auch eine verkehrsträgerübergreifende Organisation (integrierte Verkehrskonzeptionen), in der die je systemspezifischen Stärken der Verkehrsmittel koordiniert werden. Individualverkehr und öffentlicher Verkehr stehen im Kontext einer solchen Gesamtstrategie nicht primär in einer Konkurrenzbeziehung, sondern verhalten sich komplementär.

Die Aufgabe einer Systeminnovation des Verkehrs bricht mit einigen tradierten Vorstellungen in der Automobilindustrie sowohl in bezug auf die Definition der eigenen Unternehmensaufgabe als auch hinsichtlich der Beziehungen der Verkehrsträger zueinander. Im Rahmen der Notwendigkeit einer verkehrsseitigen Reduktion der Umweltbelastungen ist sie jedoch ein entscheidender Ansatz, da es auch für ein umweltverträglicheres Produkt „Auto" in einem weiterhin umweltbelastenden Verkehrssystem keine Zukunft geben würde.

7. Mobilitätsleitbilder – Möglichkeiten eines „sustainable development" im Verkehrswesen

Verkehrsoptimierung als Systemaufgabe in einem Verständnis, wie es in dem vorhergehenden Abschnitt kurz dargestellt wurde, zielt auf **Verkehrsbewältigung**, ohne grundsätzlich das vorhandene und prognostizierte Verkehrsaufkommen in Frage zu stellen. Verkehrsreduktion und Verkehrsvermeidung haben dabei insbesondere eine technische Dimension, indem durch Informations- und Kommunikationstechniken die Verkehrsströme so gesteuert werden sollen, daß „unnötiger" Verkehr vermieden und durch Homogenisierung der Verkehrsabläufe eine höhere Kapazität der bestehenden Verkehrsinfrastruktur erzielt werden kann.

Ein erweiterter „Vermeidungsansatz" versucht hingegen die **verkehrserzeugenden Strukturen und Mobilitätszwänge** einzubeziehen, die durch die zeitliche und räumliche Trennung von Produktions-, Konsum- und Freizeitaktivitäten, durch die immer differenziertere sektorale, regionale und internationale Arbeitsteilung entstanden sind. Er knüpft an die Vorstellungen einer Reintegration dieser Funktionen und einer partiellen Rücknahme der Arbeitsteilung an.

Einem solchen Optimierungsansatz für das Verkehrswesen liegt auch ein anderes **Mobilitätsverständnis** zugrunde. Während im allgemeinen Mobilität als die Fähigkeit verstanden wird, sich möglichst schnell und weit zu bewegen, wird sie danach definiert als Fähigkeit, möglichst viele Einrichtungen in möglichst kurzer Zeit zu erreichen. Mobilität ist dergestalt nicht „Selbstzweck", sondern „Mittel zum Zweck" (*Kutter* 1974; *Holzapfel* 1987). Die

Orientierung an einem solchen Mobilitätsleitbild greift tief in die bestehenden Strukturen und Verhaltensweisen ein. Sie setzt auf die Möglichkeiten einer Entkoppelung von Wirtschaftswachstum und Verkehrswachstum und erfordert für das Verkehrssystem eine Entwicklungskonzeption, wie sie etwa im umfassenderen Sinne als „sustainable development"-Konzepte diskutiert werden. „Dauerhafte Entwicklung ist Entwicklung, die die Bedürfnisse der Gegenwart befriedigt, ohne zu riskieren, daß künftige Generationen ihre eigenen Bedürfnisse nicht befriedigen können" (*Brundtlandt*-Bericht 1987; *Harborth* 1989; vgl. auch den Beitrag von *Simonis* in diesem Handbuch).

Über die Realisierungschancen eines solchen Ansatzes im Verkehrswesen ist damit noch nichts ausgesagt. Prognosen, die von dem technologischen und strukturellen Wandel der Industriegesellschaften einen verkehrsentlastenden Effekt erwarteten – zum einen durch veränderte Raumstrukturen mit einer höheren Verträglichkeit von Wohnen und Arbeiten, zum anderen durch die Möglichkeiten der Substitution physischen Verkehrs durch Telekommunikation – konnten bislang empirisch nicht bestätigt werden (BMR 1990; *Henckel et al.* 1989; *Nake-Mann* 1987; *Prätorius* 1991). Kurz- und mittelfristig ist eine signifikante Reduktion der Verkehrsströme nicht zu erwarten, so daß eine möglichst umweltverträgliche Bewältigung des Verkehrs zu den Hauptaufgaben aller beteiligten gesellschaftlichen Akteure gehört.

8. Resümee

Der Automobilindustrie und dem Verkehrswesen kommt bei der Überführung des industriellen Wirtschaftens in umweltverträglichere Strukturen eine bedeutende Rolle zu. Um die negativen Umweltwirkungen des Verkehrs zu reduzieren, sind Maßnahmen auf drei Ebenen erforderlich:
1. Umweltverträglichere **Produktion** durch integrierten Umweltschutz und umweltverträglichere **Produkte** durch technische Optimierung der Fahrzeuge
2. Optimierung der **Verkehrsorganisation** durch Vernetzung der Verkehrsträger und einen ihre jeweiligen Systemstärken widerspiegelnden modal split (**integrierte Verkehrskonzepte**)
3. **Verkehrsreduktion** und **Verkehrsvermeidung** durch kommunikationstechnische Steuerung der Verkehrssysteme und langfristige Überwindung verkehrserzeugender Strukturen.

Literatur

Albach, H. (1987), Das Automobil zwischen High-Tech und Commodity – Strategien zur Anpassung an die veränderte wirtschaftliche Umwelt, in: Gesellschaft und Automobil (Schriftenreihe des Verbandes der Automobilindustrie 53), Frankfurt a.M.

Altshuler, A. et al. (1984), The Future of the Automobile. The Report of MITs International Automobile Programme, Cambridge/Mass.

Brundtland-Bericht (1987), Weltkommission für Umwelt und Entwicklung, Unsere gemeinsame Zukunft. Deutsche Ausgabe herausgegeben von V. *Hauff*, Greven

BMR Bundesminister für Raumordnung, Bauwesen und Städtebau (1990): Raumordnungsbericht 1990, Bonn

BMV Bundesminister für Verkehr (Hrsg.)(1990), Verkehr in Zahlen (verantwortlich für den Inhalt: Deutsches Institut für Wirtschaftsforschung), Bonn

Deutsche Bank (Hrsg.) (1990), Verkehr 2000. Europa vor dem Verkehrsinfarkt?, Frankfurt a. M.

Harborth, H. J. (1989), Dauerhafte Entwicklung (Sustainable Development). Zur Entstehung eines neuen ökologischen Konzepts, WZB-papers, Berlin

Henckel, D. et al. (1989), Zeitstrukturen und Stadtentwicklung, Stuttgart

Holzapfel, H. (1987), Steigende Mobilität – Raumgewinn oder Raumvernichtung?, in: *Kraus, J., Sachstetter, H., Wentsch, W.* (Hrsg.), Auto, Auto über alles ?, Freiburg

Kutter, E. (1974), Mobilität als Determinante städtischer Lebensqualität, in: Beiträge zu „Verkehr in Ballungsräumen" (Jahrestagung der Deutschen Verkehrswissenschaftlichen Gesellschaft), Berlin/Köln

MVMA (1989), Motor Vehicle Manufacturers Association of the United States

Nake-Mann, B. (1987), Neue Technologien und Freizeit, Bonn

Naschold, F. (1989), Technische Innovation und sozialer Konservatismus, in: *Fricke, W.* et al. (Hrsg.), Jahrbuch Arbeit und Technik in Nordrhein-Westfalen, Bonn

Pinch, T. J., Bijker, W. E. (1987), The Social Construction of Facts and Artifacts: Or How the Sociology of Science and the Sociology of Technology Might Benefit Each Other, in: *Bijker, W. E., Hughes, Th. P., Pinch, T.* (eds.), The Social Construction of Technological Systems, Cambridge/Mass./London

Prätorius, G. (1991), Bedeutung der sanften Standortfaktoren im Regionswettbewerb des europäischen Binnenmarktes, in: *Seidel, E.* (Hrsg.), Betriebliches Umweltschutzmanagement, Wiesbaden

Prognos (1987), Umweltwirkungen des Eisenbahnverkehrs unter besonderer Berücksichtigung des Hochgeschwindigkeitsverkehrs – Ein Vergleich der einzelnen Verkehrsträger, Basel

Sachs, W. (1984), Die Liebe zum Automobil. Ein Rückblick in die Geschichte unserer Wünsche, Reinbek

Schumpeter, J. A. (1939), Business Cycles. A Theoretical, Historical, and Statistical Analysis of the Capitalist Process, 2 Bde., New York/London

SRU Sachverständigenrat für Umweltfragen (1987): Umweltgutachten 1987, Stuttgart/Mainz

Seiffert, U., Walzer, P. (1989), Automobiltechnik der Zukunft, Düsseldorf

VDA Verband der Automobilindustrie (Hrsg.)(1990), Auto 89/90 (Jahresbericht) Frankfurt a. M.

Vester, F. (1990), Ausfahrt Zukunft, Strategien für den Verkehr von morgen. Eine Systemuntersuchung, München

Waldeyer, H. (1987), Automobil und Umwelt – Risikopotentiale und Handlungserfordernisse; in: Gesellschaft und Automobil (Schriftenreihe des Verbandes der Automobilindustrie 53), Frankfurt a. M.

Willeke, R., Heinemann, R. (1989), Die Stadt und das Auto (Schriftenreihe des Verbandes der Automobilindustrie 56), Frankfurt a. M.

Womack, J. P., Jones, D. T., Roos, D. (1990), The Machine that Changed the World, New York

Kapitel 38
Umweltschutzstrategien in der Ernährungsindustrie

von *Hellmut Kachel*

1. Einführung 644
2. Zielsysteme 645
3. Maßnahmenbereiche 649
   3.1 Roh- und Packmaterialien 649
   3.2 Prozeßbedingungen und Produktkonzepte 651
   3.3 Verpackungsmaterialien und Verpackungssysteme .. 654
   3.4 Logistik 657
   3.5 Administration und Marketing 659
4. Organisatorische Verankerung von Umweltschutzstrategien 660
5. Schlußbemerkung 661
Literatur 662

1. Einführung

Die überragende Bedeutung, die 118 Marketing- und Verkaufsleiter der Markenartikelindustrie umweltorientierten Fragestellungen in einer Befragung der Zeitschrift ‚Absatzwirtschaft' beimessen, wird derzeit lediglich übertroffen von der weiteren Entwicklung der Märkte in den neuen Bundesländern (s. Tab. 1).

DDR als Markt	92%
Verpackung und Umwelt	87%
Umweltfreundliche Produkte	79%
Recycling-Konzepte	69%
Austausch von Verpackungsmaterial	68%
Produktinnovationen	56%
Telefax	50%
Premium-Produkte	47%
Mobile Datenerfassung	44%
Produktqualität	39%

Tab. 1: Bedeutung verschiedener Themenkomplexe in der Markenartikelindustrie, Mehrfachnennungen (*o. V.* 1990a, 44)

Die Auseinandersetzung mit spezifischen Umweltschutz-Strategien weist im Bereich der Ernährungsindustrie jedoch insofern eine besondere Eigenart auf, als die hergestellten Produkte definitionsgemäß unter hygienischen und ernährungswissenschaftlichen Gesichtspunkten eine hohe bzw. optimale Verträglichkeit mit den physiologischen Erfordernissen der jeweiligen Endverbraucher aufweisen. Häufig ist es ja gerade die Aufgabe der Ernährungsindustrie, besser vor negativen Umwelteinflüssen geschützte Nahrungsmittel zur Verfügung zu stellen als dies der einzelne subsistenzwirtschaftliche Haushalt zu tun in der Lage wäre. Mineralwässer sind hierfür nur ein Beispiel.

Auch die Entsorgung der Produkte selbst stellt insofern kein Problem dar, als sie in der Regel im Rahmen der organischen Verwertung entweder voll oder zum überwiegenden Teil wieder in den ökologischen Kreislauf integrierbar sind.

Es sind also häufig nicht so sehr die Produkte selbst als vielmehr die Beschaffenheit und die (Vor-)Produktionsbedingungen der eingesetzten **Roh- und Packmaterialien**, die Prozeßbedingungen und deren **Residualien**, die Verpackungen der Fertigprodukte, die gesamten logistischen Prozesse in der supply chain sowie die begleitenden administrativen Erfordernisse zur Produktion und Vermarktung der Erzeugnisse der Nahrungsmittelindustrie, die im Mittelpunkt der einzelwirtschaftlichen Umweltschutzstrategien in diesem Wirtschaftszweig stehen.

Selbstverständlich steht das Produkt und seine Rezeptur nicht außen vor; doch ob die Einführung von Müsli-Riegeln, von Frühstücks-Cerealien mit hohem Ballaststoffanteil, von Tiernahrung ohne Farbstoff, von Frische-Produkten ohne Konservierungsstoffe und von fett-reduzierten Wurstprodukten wirklich ein Akt des Umweltschutzes ist, ist zu bezweifeln. Hier handelt es sich m. E. weit eher um Erscheinungsformen eines gestiegenen Gesundheitsbewußtseins der Verbraucher in Fragen der Ernährung, was zwar Assoziationen mit einem steigenden Umweltzschutzverhalten aufweist, die jedoch nicht per se verknüpft sein müssen.

Anders ist jedoch die Situation zu sehen, wenn ein Produkt auf einem nicht substituierbaren Rohmaterial beruht (vgl. das berühmte Beispiel Schildkrötensuppe) und die Beschaffung des Materials als umweltschädlich, weil artenreduzierend, eingeschätzt wird. In solchen und ähnlichen Fällen greifen Wertvorstellungen im Bereich Umweltschutz direkt auf das Produktportfolio von Nahrungsmittelherstellern ein.

Aufgabe dieses Beitrages ist es somit, Umweltschutzstrategien in der Nahrungsmittelindustrie in den wichtigsten Maßnahmenbereichen beispielhaft darzustellen. Besonderes Augenmerk soll dabei auf die Herausarbeitung generalisierbarer Problembereiche und potentieller Lösungsalternativen gelegt werden.

Umweltschutz ist darauf gerichtet, „die die Entwicklung der Natur beeinflussenden Faktoren so zu gestalten, daß eine Umwelt entsteht, die ein menschenwürdiges Dasein für uns alle nicht nur heute, sondern... auch in Zukunft ermöglicht" (*Ahlheim u.a.* 1989, 585). Diese an einem ökologischen Fließgleichgewicht orientierte Betrachtungsweise macht deutlich, daß die Frage, welche Maßnahmen als Umweltschutzstrategien gekennzeichnet werden können, letztlich meist nur auf dem Hintergrund der ethisch-normativen Frage einer „menschenwürdigen" Umwelt zu beantworten ist.
Hinzu kommen die Komplexität ökologischer Zusammenhänge, die beispielsweise umfangreiche Ökobilanzen zur Bewertung der Vorteilhaftigkeit bestimmter Packmaterial-Alternativen (*Bischoff* 1991, 106–111) erforderlich machen, sowie die Dynamik in der Erforschung ökologischer Zusammenhänge und der daraus resultierenden Unsicherheit in Entscheidungssituationen (*o. V.* 1990b, 96).

Die Erstellung und Implementierung von Umweltstrategien in Unternehmungen ist somit Entscheidungshandeln. Die Struktur dieses Beitrages orientiert sich daher an einem entscheidungstheoretischen Bezugsrahmen.

2. Zielsysteme

Bereits ein Blick in die Geschäftsberichte und Firmenbroschüren wichtiger Nahrungsmittelhersteller zeigt, daß in der überwiegenden Zahl von Einzelwirtschaften der Ernährungsindustrie **umweltschutzgerichtete Zielsetzungen** explizit Eingang in das sanktionierte Zielsystem der Unternehmung gefunden haben.

Trotz unterschiedlichster Anläße für eine solche Erweiterung des Zielsystems von Unternehmungen ist davon auszugehen, daß Umweltschutz als ein **Leistungsziel** (*Steger* 1988, 139 f.) anerkannt wird, dessen Erfüllung zur Sicherung der langfristigen Unterstützung beider Umsysteme (*Raffée* 1979, 4–9) erforderlich ist. Daß dabei Leistungs- und Marktziele als strategische Zielbündel gerade auch im Bereich von Umweltschutzstrategien in einem bestimmten zeitlichen und inhaltlichen Zusammenhang stehen, zeigt beispielsweise eine Studie der Universität Osnabrück über den Verlust von Marktanteilen für deutsches Schweinefleisch. „Eindeutig festzustellen ist eine verstärkte Nachfrage nach qualitativ höherwertigem Fleisch. Neben ernährungsphysiologischen Kriterien und Fragen der Rückstandsfreiheit spielt darüber hinaus die Umweltverträglichkeit der Schweinefleischerzeugung eine zunehmend wichtige Rolle für bestimmte, wachsende Käuferschichten" (*o. V.* 1990 c, 77).

Diese enge Beziehung von Leistungs- und Marktzielen erklärt auch die zu beobachtende Erweiterung der strategischen Zielsysteme in den Einzelwirtschaften der Nahrungsmittelindustrie. Umweltschutzzielsetzungen vor zehn Jahren waren noch fast ausschließlich auf die Emissionen in den Bereichen Luft und Wasser, auf die Verwertung oder Entsorgung von Produktionsabfällen sowie auf den Energieeinsatz gerichtet. Diese dominant produktionsorientierte Ausrichtung ist heute weiterentwickelt und großenteils abgelöst worden von umfassenderen Zielsystemen, die als integriertes Subsystem der Marketing-Politik dieser Unternehmungen zu betrachten ist. Aufgrund der wachsenden Bedeutung, die dem Umweltschutz von den beiden Abnehmergruppen Handel und Endverbraucher bei der Bewertung von Marketing- bzw. von Produkt-Konzepten beigemessen wird, werden Umweltschutz-Ziele nicht nur als „autonome" Leistungsziele von Nahrungsmittelherstellern, sondern auch in ihrer Funktion als Subziele für die jeweiligen Marktziele relevant. Beispiele hierfür sind Kartoffelprodukte aus kontrolliertem Anbau, Bier mit Rohmaterialien aus organischer Pflanzenproduktion, die Vermeidung von in der öffentlichen Umweltdiskussion problematisierten PVC-Packstoffen bei Milchprodukten oder bei Speiseeis sowie die geplante Erhöhung des Mehrweganteils bei Fruchtsäften um 7% auf 42% im Jahr 1991 (*o.V.* 1990 d, 16).

Von hoher Bedeutung sind die Beziehungen zwischen Umweltschutzzielen und anderen Zielen der Unternehmung – allen voran Ertrags-, Rentabilitäts- und Absatzzielen. **Zielkomplementarität** ist dabei weit häufiger anzutreffen als oft angenommen wird. So ist die Reihenfolge ‚Vermeiden – Vermindern – Verwerten' keine Erfindung der *Töpfer*schen Verpackungs-Verordnung, sondern stellte immer schon eine Leitlinie der Produktion dar, wenn es um nicht

2. Zielsysteme

spezifikationsgerechte Ware geht. Beispielsweise hat die gesamte Entwicklung einer aufwendigen statistischen Prozeßkontrolle, wie sie in vielen Betrieben der Ernährungsindustrie anzutreffen ist, letztlich primär die Aufgabe, ausschließlich 1A-Qualität zu produzieren und damit nachzuarbeitende oder gar als Abfall zu entsorgende Produktionsergebnisse zu vermeiden. Und wenn doch einmal außerhalb der Spezifikation produziert wurde, ist es in aller Regel sowohl unter wirtschaftlichen als auch unter Umweltgesichtspunkten vorteilhafter, die Ware in einem anderen Prozeß nochmals zu verwerten als in Form von Abfall zu steigenden Kosten zu entsorgen, d.h. zu deponieren oder thermisch zu behandeln.

Ganz ähnlich ist die Situation beim Einsatz von Packstoffen: Die Beispiele sind Legion, wo ohne Beeinträchtigung der Funktionalität von Verpackungen durch Eliminieren oder Reduzieren von Packstoffen sowohl ökonomische als auch ökologische Zielsetzungen erreicht wurden. Die Reduzierung der Blechstärke bei Dosen (so konnte allein bei einem Tiernahrungshersteller 10–15% Weißblech durch diese Maßnahme eingespart werden) oder die Verminderung in der Verwendung von Kartonagen bei der Transportverpackung eines Kaffee-Herstellers sind hier nur zwei Beispiele. Derartige Zielkomplementaritäten werden genutzt und sichern schnelle Umsetzung bei der Verfolgung von Umweltschutz-Zielen in der Nahrungsmittelindustrie. Ein typisches Beispiel für **indifferente Zielbeziehungen** stellt die Kennzeichnung von Kunststoffen z.B. bei Verpackungen für Molkereiprodukte dar, die – als Voraussetzung für Sortierung und Recycling – von den meisten Anbietern inzwischen zügig eingeführt wurde bzw. wird.

Die Situation stellt sich jedoch etwas anders dar in den Fällen **konfligierender Ziele**. Problematisch ist dies meist dann, wenn Ziele kategorial oder unbegrenzt formuliert werden, wie gerade zu Beginn der Umweltdiskussion häufig geschehen. Zielsetzungen wie „kein Einsatz von Verbundfolien" oder „Einstofflichkeit der Gesamtverpackung" werden als Leitlinien für die Entwicklung von Produkten und Konzepten in der Mehrzahl der großen Lebensmittelhersteller (sowohl Markenhersteller als auch Handelsbetriebe bei der Spezifikation ihrer eigenen Produkte) als Grundlage der Produkt-/Konzeptentwicklung herangezogen; ihre Verwendung im Rahmen der konkreten Produktgestaltung kann natürlich nicht ohne die gleichzeitige Berücksichtigung konfliktärer Leistungs-, Markt- und Ertragsziele erfolgen. Aus der möglichen Vielfalt konkurrierender Zielbeziehungen sollen hier lediglich drei Bereiche beispielhaft herausgegriffen werden:
- Technologisch-ökologische Interaktionen sind in der Regel komplex und teilweise nicht vollständig modellierbar. So ist zwar unter Entropie-Aspekten eine einstoffliche Verpackung einer Verbundfolie vorzuziehen, eine Gesamt-Ökobilanz für einen sortenreinen Kunststoff – sofern eine solche Alternative unter den Anforderungen des Produktschutzes, der Logistik und des Marketing technisch überhaupt zur Verfügung steht – könnte sich

aufgrund der dann erforderlichen Volumina an Packmaterial deutlich negativer ausnehmen.

- Da Kapital ein knappes Gut ist, wird es bei Investitionsentscheidungen in der Regel auf diejenigen Projektvorschläge, die die vorteilhafteste Wirtschaftlichkeitsberechnung bei gleichem Risiko versprechen, alloziert. In weitgehend gesättigten Märkten, wie sie im Nahrungsmittelsektor bis zur Öffnung der Grenzen zu Osteuropa und zur Vereinigung Deutschlands eher typisch waren, lassen sich Investitionsprojekte nicht mehr häufig über Umsatzzuwächse durch Kapazitätserweiterung rechnen. Um sich auf dem Hintergrund der ertragswirtschaftlichen Zielsetzungen des Unternehmens bei Investitionsentscheidungen durchsetzen zu können, muß ein Umweltschutzprojekt entweder vom Markt (mehr Volumen, höhere Preise, höherer Marktanteil etc.) oder von der Allgemeinheit, d.h. insbesondere vom Gesetzgeber sanktioniert werden. (Oder die Einzelwirtschaft ist bereit – wie im Falle der MIGROS (o. V. 1989d, J 6) – bei Umweltschutzprojekten längerdauernde Amortisationsfristen als üblich in Kauf zu nehmen.) Aufgrund der geringeren Dynamik des Marktes und einer verzögerten Reaktionsgeschwindigkeit des Verbraucherverhaltens im Hinblick auf umweltfreundliche Lösungen kommt m.E. daher auch in diesem Bereich den wettbewerbsneutralen bzw. -neutralisierenden Vorgaben von Rahmenbedingungen durch den Staat eine besondere Bedeutung zu.

- Das einfachste und schnellste Regulativ in marktwirtschaftlichen Systemen ist der Markt selbst, das heißt die Endverbraucher und – auf dem Wege dorthin – der Handel als selbständiger Marktpartner und Entscheidungsträger. Wo sich aufgrund der Reaktion der Marktpartner Umweltschutzziele auch in einer Erfüllung der Marktziele niederschlagen, ist eine weitere Stärkung entsprechender Zielsetzungen im Gesamtkontext des unternehmerischen Zielsystemes zu erwarten. Hierfür gibt es Beispiele; zu nennen sind die Wiedereinführung der Glas-Milchflasche, der Übergang zu phosphatfreien Waschmitteln, der Erfolg der „Frosch"-Reiniger-Serie (Lebensmittel Zeitung 1989, Nr. 41, 74) sowie die Einführung eines ganzen Sortiments von „Green"-Produkten bei Loblaws, einem der größten Lebensmittelhändler in Kanada (Lebensmittel Zeitung 1991, Nr. 19, J 24). Als Resultat der Einführung eines als umweltfreundlich ausgelobten Sortimentes (ca. 100 Artikel von der Erdnußbutter (ohne Konservierungsstoffe, Füllstoffe, Salz-, Zucker- und Fettzusätze) über speziell gefiltertes Wasser in Flaschen bis zu säure-reduziertem Kaffee und „low-ash" Tiernahrung reicht das Angebot) verzeichnet Loblaws angeblich einen Marktanteilzuwachs von zwei Prozentpunkten. In jedem dieser Fälle sollte man zwei Dinge jedoch nicht übersehen: Es wurde professionelles, klassisches Marketing mit vergleichsweise hohem Mitteleinsatz betrieben, und die Preise für die als umweltfreundlich ausgelobten Produkte liegen nicht deutlich höher als für vergleichbare Markenartikel.

Auch die GfK dokumentiert in ihren Zeitreihenbefragungen von Panelteilnehmern eine immer stärkere Öko-Orientierung. Danach ist die Gruppe der Umweltbewußten von 42% (1985) auf bereits 62% im Jahr 1989 angewachsen (*o. V.* 1990e, 107). Obwohl davon auszugehen ist, daß der Konsument der neunziger Jahre mehr zu gesundheitlich wertvollen Nahrungsmitteln übergehen wird (die „Umweltbewußten" kaufen deutlich mehr in den Warengruppen, die als „gesund und umweltverträglich" eingestuft werden, wie z. b. Müsli, Cerealien, Haferflocken, Essig-Reiniger, Deo-Roller), klafft nach wie vor eine Lücke zwischen Einstellung und tatsächlichem Verhalten der Umweltbewußten (vgl. ebenda). Die Verbraucher sind sehr häufig nicht ohne weiteres bereit, Zugeständnisse bei Convenience oder Preis für als umweltfreundlich deklarierte Produkte zu machen.

Im letzteren Punkt – gemeinsam mit dem o. a. Erfordernis einer teilweise erheblichen Investition von Marketing-Mitteln – liegt die Erklärung für das schlechte Anlaufen mancher Initiativen und Produkt-Launches im Bereich ökologisch ausgerichteter Angebote. Wie eine Pilot-Abteilung der Rewe West e. G. zeigt, in der unter der Überschrift „Natur & Reform" ca. 120 Produkte aus kontrolliert biologischem Anbau angeboten werden, bleibt die Ware „... ohne Ansprache, ohne intensive Pflege der Abteilung und ohne Verkaufsförderungs-Aktionen..." (*o. V.* 1989a, J 6) im Regal liegen. Und selbst innerhalb der Kundschaft von Naturkostläden gibt es, wie eine Studie der Technischen Universität München-Weihenstephan aus dem Jahr 1989 zeigt (*Halk* 1989, 170), wichtige Sortimentsteile wie Fleisch/Wurst oder Konserven, die von mehr als 85% der Befragten noch nie gekauft wurden.

Dem richtigen Timing, d.h. dem profunden Verständnis der Dynamik der Zielbeziehungen zwischen Umweltschutzzielen als Leistungs- und Marktzielen kommt daher eine gewichtige Rolle in einer Branche zu, in der die Produktlebenszyklen kürzer und die Investitionen in die Entwicklung und Vermarktung eines Produktkonzeptes höher werden.

3. Maßnahmenbereiche

3.1 Roh- und Packmaterialien

Die Qualität eines Lebensmittels aus industrieller Produktion beginnt beim Rohmaterial. Die meisten Lebensmittel„skandale" der Vergangenheit hatten entweder mit der Lebensmittelhygiene bzw. der Haltbarkeit der Produkte (z.B. Listeriose-Bakterien bei französischem Käse 1986, verdorbenes Flüssigei in Nudeln 1987, verdorbene Fleischimporte aus Holland 1988, Larven in Fischen 1987) oder mit Rückstands- bzw. Schadstoffbelastungen (z.B. Hormone im Kalbfleisch 1988, Nitrit in Salatmischungen 1987, Perchloräthylen in Olivenöl und Schokolade 1988, Schadstoffe in Mineralwässern 1987) zu tun.

Nicht zuletzt die gewachsene Sensibilität in bezug auf die Belastung von Lebensmitteln mit Schadstoffen (z.B. Schwermetalle und Pestizide) oder mit Rückständen aus Vor-Produktions-Stufen hatte zur Folge, daß die Spezifikationen für die eingesetzten Rohmaterialien in vielen Betrieben der Ernährungsindustrie nicht nur stringenter sind als die gesetzlichen Normen (o. V. 1989b, J 14), sondern daß auch die Überwachung der Einhaltung dieser Werte durch eigene Kontrollen und Analysen sowie durch gemeinsame Programme zur Qualitätssicherung mit den Rohmateriallieferanten noch enger gezogen wurde. Daß hier teilweise mit sehr hohem Aufwand gearbeitet wird, zeigt das Beispiel eines Fleischverarbeiters, der jeden Lieferanten bzw. jede Lieferregion einem kontinuierlichen Schadstoff-Monitoring bei den Rohmaterialien mit der höchsten Sensitivität in bezug auf mögliche Anreicherungen mit Schadstoffen unterzieht, um sowohl Zeitreihen-Entwicklungen zu beobachten als auch kleinste Abweichungen bestimmter Lieferanten und Regionen frühzeitig aufzudecken.

Alle Maßnahmen zur Erhöhung der Sicherheit in der Einhaltung der Spezifikationen der Materialeigenschaften sowie vor allem der gesetzlichen Grenzwerte für Schadstoffe und Zusatzstoffe bei den eingesetzten Rohmaterialien – von Obst und Gemüse über Cerealien aller Art, fleischliche Materialien usw. – dienen letztlich auch dem Umweltschutz auf dem Wege einer besseren Kontrolle der Anbau- und Produktionsbedingungen dieser Materialien.

Dieser eher mittelbare Einfluß auf die Umweltfreundlichkeit der Produktionsbedingungen der verwendeten Rohmaterialien (z.B. Vermeidung von Überdosierungen im Pflanzenschutz) wird dort zu einem unmittelbaren, wo die gesetzlichen Standards unterschritten werden sollen oder wo das Endprodukt explizit mit dem Prädikat „kontrolliert biologischer Anbau" versehen wird. Ob es sich dabei um Weine, Biere, Mehle („Urweizenmehl"), Cerealien, Nüsse, Gemüsekonserven oder ganze Fertigmenüs aus biologisch-organischem Anbau handelt, hier wird immer auch direkt das Produktversprechen umweltfreundlicher Anbau- bzw. Aufzuchtmethoden gemacht. Um zu einer klaren Operationalisierbarkeit des Produktversprechens „Bio" zu kommen, gilt bei Neuform – wie bei vielen anderen Anbietern entsprechender Produkte auch – die Faustregel: maximal ein Zehntel der Höchstmengenverordnung für Schadstoffe.

Ein Blick durch den bundesrepublikanischen Anzeigenwald sowie ein Gang durch einen Supermarkt zeigen, daß die Zahl der Angebote aus biologisch-organischem Anbau zwar zunimmt, daß aber die Verbraucherakzeptanz vor allem dort sich nur sehr langsam entwickelt, wo umweltfreundlicher erzeugte Produkte auch mit einem höheren Preis verbunden sind. Die über Jahrzehnte gelaufene Erziehung der deutschen Verbraucher zu Niedrigpreisen beim Lebensmittelkauf steht einer raschen Umorientierung in diesem Bereich klar entgegen (o. V. 1989c, J 12). Doch wenn richtig ist, was die GfK Nürnberg im Rahmen ihrer Verbraucherbefragung über Food Trends 1989 ermittelt hat, dann dürfte irgendwann in der Zukunft auch das tatsächliche Einkaufsverhalten den Einstellungen folgen (s. Tab. 2).

Was stört Sie am Lebensmittelangebot?	
Womit sind Sie unzufrieden?	
Zuviel Verpackung	26%
Zuviel Chemie	25%
Zuviel Konservierungsstoffe	13%
Mehr Aufklärung über enthaltene Stoffe	11%
Mehr auf Schadstoffe achten	5%
Mehr Kontrolle	6%

Tab. 2: Einstellungen von Verbrauchern gegenüber dem Lebensmittelangebot (GfK 1989, 10)

3.2 Prozeßbedingungen und Produktkonzepte

Nach Meinung von *Wirner* unterliegen Konversionsprozesse in der Ernährungsindustrie im wesentlichen dem Optimierungsansatz
- möglichst viel Geschmack bei wenig Kalorien,
- hohe Stabilität bei möglichst geringem Denaturierungsgrad und
- das Ganze gewonnen aus unbelasteten Rohstoffen aus einer faktisch belasteten Umwelt (*Wirner* 1989, J 6).

Zweifellos gewinnen im Rahmen dieses Optimierungsansatzes Gesichtspunkte des Umweltschutzes weiterhin an Gewicht. Wenn ein Brauereiunternehmen ankündigt, ein Projekt „Brauerei 2000" in seinen Investitionsplan aufzunehmen und die erste abwasserfreie Brauerei Deutschlands plant (o. V. 1991b, 15), oder wenn es durch die Entwicklung einer neuen Etikettentechnologie möglich wird, die Etiketten von Mehrweg-Bierflaschen mittels Wasserstrahl vor der Flaschenreinigungsmaschine abzulösen und damit den Eintrag von Schmutzfrachten (Etikettenfarbe, Papierstrich etc.) in die Lauge deutlich zu verringern (*Töpfer* 1990, 98), so macht dies beispielhaft deutlich, welch zentrale Rolle Umweltschutzaspekte bei Investitionsentscheidungen in diesem Industriezweig einnehmen. Zumindest in den Großunternehmen der Nahrungsmittelindustrie wird keine wichtige Entscheidung über neue Anlagen oder über den Einsatz von neuen Prozessen und Technologien ohne entsprechende Umweltverträglichkeitsüberprüfungen mehr getroffen.

Die systematische Vermeidung bzw. Reduktion von Emissionen (Abwasser, Abluft, Lärm) sowie von Produktionsabfällen ist bereits unter wirtschaftlichen Gesichtspunkten ein Gebot dort, wo Kosten nicht mehr bzw. in geringer werdendem Umfang externalisierbar sind, wie dies z.B. bei verschärften kommunalen Abgaben zur Einleitung von Abwässern bestimmter Verschmutzungsgrade der Fall ist (*Wicke* 1989, 366) und/oder wo sich ein wirtschaftlicher Nutzen aus der Umweltschutzmaßnahme ableiten läßt. Beispiele für derartige Projekte lassen sich in fast allen Betrieben der Nahrungsmittelindustrie finden. Diese reichen vom Bau einer Kläranlage über die Einrichtung von Prozeßkontroll- und Qualitätssicherungssystemen zur Vermeidung von Fehlchargen aufgrund unzureichender Qualität über spezielle Verfahren zur Weiterverwertung von nicht spezifikationsgemäßen Zwischen- oder Endprodukten, über die Wiedergewinnung von wertvollen Feststoffen aus den Wasserkreisläufen der Produktion bis zum Recycling von Packmaterialabfällen. In die gleiche Richtung zielen Maßnahmen im Bereich der Einsparung oder der besseren Nutzung von Energie (z.B. Wärmerückgewinnung, Isolierung, Abschaltung unnötiger Motoren), die einen direkt ableitbaren wirtschaftlichen Nutzen nach sich ziehen. Wirtschaftliche und umweltstrategische Zielsetzungen gehen hier Hand in Hand und es dürfte im Einzelfall schwierig sein zu überprüfen, welches die eigentlichen Motive für bestimmte Aktivitäten sind.

Anders liegen die Fälle, in denen bestimmte Maßnahmen Ausfluß einer aktiven Umweltschutzstrategie sind und andere Zielsetzungen in den Hintergrund treten oder sogar konfliktär sind. Beispiele hierfür sind die Einrichtung eines Biobeetes zur Behandlung der Abluft aus Fritierprozessen, die Einstellung eines Blanchierprozesses bei der Fleischverarbeitung aufgrund des hohen Feststoffanteils im Abwasser, die Einrichtung von Lärmschutzkabinen in der Produktion oder die Erhöhung des Wirkungsgrades von Abscheide-Einrichtungen für Fette im Abwasser über das erforderliche Limit. Auch Abfallvermeidung bzw. -verwertung im Rahmen des Produktionsprozesses fällt darunter, wenn – wie beispielsweise im Falle eines Tiernahrungsherstellers – die zusätzlichen Kosten für Sortierung von Packmaterialabfällen und Zuführung zum Recycling nicht voll durch Ersparnisse im Entsorgungsbereich bzw. Erlöse für das Recyclingmaterial abgedeckt werden. Einige Unternehmen der Nahrungsmittelindustrie verfolgen im Rahmen einer proaktiven Umweltstrategie das Ziel, alle Prozesse im Betrieb auf potentielle Umwelt-Impacts zu untersuchen und auf dem Hintergrund von Alternativen zu bewerten sowie für jedes hergestellte Produkt eine Energiebilanz (Energieinhalt des Produkts im Vergleich zum Energieaufwand vom Rohmaterial bis zum Fertigprodukt) zu erstellen.

Rezeptur, Verpackung und Prozeß sind die wesentlichen Elemente des Produktkonzeptes. Im Rahmen der Rezepturen sind es vor allem die – vermuteten oder tatsächlichen – Zusatzstoffe, womit die Verbraucher am Lebensmittelangebot unzufrieden sind (GfK 1989, 10). Nach einer empirischen Untersuchung über die Bewertung von Nahrungsmitteln vom Verbraucher wird „... die Belastung mit chemischen Stoffen höher eingestuft (...) als der Gehalt an wertgebenden Inhaltsstoffen..." (*Spieker* 1988, 98). Dabei sind für den Verbraucher umwelt- und gesundheitsbezogene Eigenschaften lediglich

3. Maßnahmenbereiche

Facetten einer Dimension, d.h. Umweltverträglichkeit und Gesundheit von Lebensmitteln sind in den Augen der Verbraucher hoch korrelierende Eigenschaften.

Die „Belastung" von Nahrungsmitteln umfaßt hier zum einen die über die Rohmaterialien in das Produkt eingetragenen Rückstände von Schadstoffen, die ihren Ursprung in der landwirtschaftlichen Produktion (Agrarchemikalien wie Insektizide und Fungizide, Schadstoffe aus Luft und Wasser, chemische Dünger etc.) oder in Stufen der Vorproduktion haben. So hat beispielsweise eine Untersuchung des Gesundheitsamtes Frankfurt a. M. ergeben, daß Milch von Kühen, die in industriellen Ballungsgebieten gehalten werden, doppelt so hoch mit giftigen Dioxinen und Furanen belastet ist wie Milch aus ländlichen Regionen (o. V. 1991c, 12). Zum anderen fallen darunter die zur Erfüllung des Produktkonzeptes erforderlichen Zusatzstoffe (Vitamine, Mineralien, Spurenelemente, Emulgatoren, Farbstoffe, Konservierungsstoffe etc.), die vom jeweiligen nahrungsmittel-verarbeitenden Betrieb im Rahmen der Gesamtrezeptur verwandt werden.

Wie eine Studie des Bundesgesundheitsministeriums auf der Grundlage eines bundesweiten Lebensmittel-Monitoring ergab, bewegt sich die Belastung der Lebensmittel aus deutscher Produktion weit unterhalb der lebens- und futtermittelrechtlichen Grenzwerte (o. V. 1990f, 23). Qualitätssicherungssysteme der Nahrungsmittelindustrie, die über entsprechende Spezifikationen teilweise bereits in die Anbau- bzw. Aufzuchtmethoden eingreifen (siehe Abschnitt 3.1) und die die Komposition und Beschaffenheit eines Produktes vom Rohmateriallieferanten über den Wareneingang sowie über alle weiteren Prozeßschritte hinweg analytisch erfassen und kontrollieren, tragen hierzu in besonderem Maße bei.

Gerade aus dem bereits erwähnten Gesichtspunkt, daß für den Konsumenten Umweltschutz und Gesundheit oft gegenseitige „Statthalterattribute" von Produktkonzepten darstellen, sind zwei Entwicklungen als offensichtliche Antwort auf das Entstehen eines Marktsegmentes mit Produktpräferenzen im Öko/Bio-Bereich zu verzeichnen:

– Während anfangs nur Spezialanbieter Produktkonzepte anboten, deren Rohmaterialien im ökologischen Landbau gewonnen werden und die unter völligem Verzicht synthetischer Zussatzstoffe produziert werden (z.B. Neumarkter Lammsbräu, vgl. o. V. 1990g, J 12), steigt die Zahl der „konventionellen" Lebensmittelproduzenten, die derartige Produkte zusätzlich in ihr Sortiment aufgenommen haben.

– Der völlige oder weitestmögliche Verzicht auf chemische Zusatzstoffe, vor allem im Bereich der Farbstoffe, Konservierungsstoffe und Bindemittel, ist klare Zielsetzung einer großen Zahl von Nahrungsmittelherstellern. So hat z.B. ein großer Hersteller von Weingummi-Konfekt alle synthetischen Farbstoffe durch natürliche Fruchtkonzentrate bzw. -extrakte ersetzt, ein bedeutender Hersteller von Trockensuppen und Salatdressings vermarktet ausschließlich Produktkonzepte, die ohne Konservierungsstoffe, ohne Farbstoffe, nur mit natürlichen Bindemitteln und ohne chemische Zutaten oder Zusätze auskommen (o. V. 1989b, J 14), und ein großer Tiernahrungshersteller hat bereits vor Jahren alle künstlichen Farbstoffe aus seinen mittels Sterilisation oder Trocknung haltbar gemachten Produkten eliminiert.

Beide Entwicklungen stellen insofern **Umweltschutzstrategien** dar, als sie Ressourcen und Nachfrage in Produktkonzepte lenken, die eine höhere Umweltverträglichkeit im Gesamtkreislauf landwirtschaftlicher und gewerblicher Produktion sowie Verbrauch und Entsorgung aufweisen.

3.3 Verpackungsmaterialien und Verpackungssysteme

Nach einem Branchenreport der AIK Krefeld ist die Nahrungsmittelindustrie der wichtigste Verwender von Verpackungsmaterial (s. Tab. 3).

Ernährungsindustrie	47,2%
Chemische Industrie	22,4%
Elektrotechnik	4,6%
Maschinenbau	2,8%
Steine und Erden	2,3%
Kunststoffwaren	2,0%
Sonst. verarb. Gewerbe	18,7%

Tab. 3: Verwender von Verpackungsmaterial im verarbeitenden Gewerbe (AIK Krefeld 1990, 16)

Sowohl dieser Befund wie auch die Tatsache, daß die Verpackungsintensität mit 6,8% des Umsatzes in der Nahrungsmittelindustrie am höchsten liegt, erklärt die hohe Aufmerksamkeit, die den eingesetzten Verpackungsmaterialien und -systemen für Nahrungsmittel sowohl auf seiten der Wirtschaft wie auch auf seiten der Öffentlichkeit und der Politik im Hinblick auf ihre Umweltverträglichkeit (vom Verbraucher wird Verpackung klar als Müllproduzent eingeschätzt, vgl. o. V. 1989e, 64) entgegengebracht wird. Die am 19. April 1991 verabschiedete „Verordnung über die Vermeidung von Verpackungsabfällen (**Verpackungsverordnung**)" hat mit ihren klaren umweltpolitischen Vorgaben und Rücknahmegeboten die angesprochene Problematik durch die Änderung wirtschaftlich relevanter Rahmenbedingungen weiter in den Vordergrund geschoben. Kein Anbieter von Nahrungsmittelprodukten kann es sich noch erlauben, seine Verpackungsmaterialien und -systeme nicht auf Umweltverträglichkeit hin zu untersuchen und diesen Aspekt in das Anforderungsprofil zukünftiger Lösungen zu integrieren.

Die in den europäischen Supermärkten anzutreffenden Verpackungen sind vielfältig. „Richtige" Entscheidungen im Hinblick auf umweltfreundliche Verpackungen sind auf diesem Hintergrund derzeit vor allem deshalb schwierig, weil keine allgemein anerkannte und wissenschaftlich fundierte

3. Maßnahmenbereiche

Ökobilanz für unterschiedliche Verpackungsmaterialien und **Verpackungssysteme** vorliegt. Das Bundesumweltministerium hat zwar eine solche Studie in Auftrag gegeben, doch vor Ende 1992 ist mit entscheidungsunterstützenden Ergebnissen aus diesem Bereich nicht zu rechnen.

Da die betriebliche Praxis jedoch täglich zukunftsgerichtete Entscheidungen – vor allem im Kontext mit anstehenden Investitionsprojekten – über die zu präferierenden Verpackungen fordert, sind in der Nahrungsmittelindustrie eine Reihe von Verpackungs-Umweltschutzstrategien anzutreffen, die nicht immer widerspruchsfrei sind. Zu nennen wäre hier u.a.: – „Vermeiden – Verringern – Verwerten – Sicher entsorgen". Nach dieser Prioritätenliste werden in vielen Unternehmen die Verpackungssysteme auf ihre Umweltfreundlichkeit hin überprüft und überarbeitet. Eine besondere Problematik ergibt sich dabei nicht selten aus der Multi-Funktionalität von Verpackungen, die u.a. Transportfunktionen, Produkt-Schutzfunktionen, Portionierfunktionen, Displayfunktionen, Informationsfunktionen, Lagerhaltungsfunktionen und Diebstahlsicherungsfunktionen zu erfüllen haben. Eindimensionale ‚Patentlösungen' sind daher meist nicht möglich, Suboptimierungen notwendig.

Einzelne Aktivitäten bzw. Entwicklungslinien, die unter dem Gesichtspunkt eines pragmatischen Voranschreitens bei einer Mehrzahl der Nahrungsmittelhersteller in der einen oder anderen Form anzutreffen sind, umfassen folgende Bereiche:

1. Eliminierung von Überverpackungen sowohl bei Transport-, Um- und Primärverpackungen, z.B. Ersatz von Paletten-Stretchfolien durch Noppen-Sicherungssysteme am einzelnen Umkarton, Beseitigung von Schrumpffolien um Umkartons, offene Umkartons statt geschlossener, Weglassen zusätzlicher Deckel auf gesiegelten Behältnissen, Reduzierung von Plastikfolien und Einsätzen bei Pralinen, unverpackte Auslieferung von Brot, Obst und Gemüse in Mehrwegkästen, Verzicht auf Alu-Halsfolien bei Bierflaschen.
2. Einsatz von Mehrwegsystemen, Einsatz von Mehrwegpaletten, Erhöhung des Mehrweganteils bei Getränkeverpackungen.
3. Eliminierung bestimmter Packstoffe, vor allem PVC und Folien mit stark migrierenden Kunststoffen.
4. Verwendung von monostrukturierten, gut recycelbaren bzw. thermisch zu entsorgenden Kunststoffen, z.B. PP und PE.
5. Kennzeichnung von Kunststoffen.
6. Substitution von verwendeten Verpackungsmaterialien durch ökologisch besser verträgliche Verpackungen, wobei der Gesamtkreislauf der Verpackung betrachtet wird, z.B. Eier-Verpackungen aus kompostierbarem Material, „Umwelt-Teebeutel" aus naturbraunem, ungebleichtem Filterpapier mit Faden aus ungebleichter Baumwolle, biologisch abbaubare Verpackungsstoffe anstelle von Kunststoffen (o.V. 1990h, J 4).

7. Verwendung von schwermetallfreien Druckfarben sowie von umweltfreundlicheren Klebern.
8. Verzicht auf Verbundmaterialien (wo aufgrund anderweitiger Lösung der Produktschutzfunktion möglich).
9. Verbesserung der Sortierbarkeit bei Verwendung mehrerer Materialien durch Vereinfachung der Materialtrennung.
10. Verpackungsaufdrucke mit Entsorgungshinweisen.
11. Verwendung von Recycling-Material für Faltschachteln sowie von Testliner für Kartonagen.
12. Ermöglichung bzw. Unterstützung von Zweitnutzen-Verwendung von Primärpackungen.
13. Einschränkung von Material für die Transportsicherung.

Daß teilweise auch der Verbraucher bestimmte Problemlösungen im Bereich der Verpackung nicht akzeptiert, auch wenn diese u. U. umweltfreundlicher wäre, zeigt das Beispiel einer Molkerei in Westfalen. Diese hatte einen 500 g-Joghurtbecher aus 80% Pappe nach mangelnder Verbraucherakzeptanz wieder vom Markt genommen und durch den alten Kunststoffbecher ersetzt (o. V. 1991d, 63).

Auch ein Konfitürenhersteller muß beispielsweise seine Erdbeerkonfitüre mit Pappe ummanteln, weil vor Licht schützendes braunes Glas vom Verbraucher derzeit nicht angenommen wird (o. V. 1991e, 64).

Ganz entscheidenden Einfluß auf die Dynamisierung der Diskussion und Entwicklung von umweltgerechteren Verpackungslösungen in den Unternehmen der Lebensmittelindustrie hat die im April 1991 verabschiedete **Verpackungsverordnung** (s. o.). Wesentlicher Inhalt dieser gesetzlichen Regelung ist die Rücknahmepflicht für Verpackungen durch die Lieferanten der Vorstufe(n), die für Transportverpackungen (z. B. Paletten, Umkartons) bereits am 1. 12. 1991, für Umverpackungen (z. B. Pappschachteln um Zahnpasta, Umschrumpfungen zur Diebstahlsicherung) am 1. 4. 1992 und für alle Verkaufsverpackungen am 1. 1. 1993 in Kraft treten wird. Da die Rücknahmepflicht für Verkaufsverpackungen ausgesetzt werden kann, wenn ein flächendeckendes privatwirtschaftliches System zur Sammlung, Sortierung, Rückführung und Verwertung der Verpackungen existiert, ist die Nahrungsmittelindustrie ein wichtiger Partner beim Aufbau einer Gesellschaft zur Rückführung und Sortierung solcher Verpackungen, der Gesellschaft **Duales System Deutschland GmbH**. Im Rahmen dieses Ansatzes wird die Industrie wohl überwiegend diejenige Wirtschaftsstufe sein, die die Gebühren pro Einheit Verbrauchsverpackung abführt und an den Verbraucher über den Handel überwälzen wird. Die Kennzeichnung derjenigen Artikel, für die der Verbraucher indirekt eine Gebühr an das ‚Duale System' für die Entsorgung entrichtet, erfolgt mit einem „Grünen Punkt". Genauso drängend wie die Frage des Recycling der Verkaufsverpackungen ist die **Problematik der Transportverpackungen**.

Die Möglichkeit der Nutzung von Mehrwegsystemen für Transportverpackungen wird derzeit in vielen Betrieben der Nahrungsmittelindustrie nicht nur aktiv untersucht, sondern es existiert eine Arbeitsgruppe zwischen Herstellern und Handelsunternehmen, in der dieses Thema praktisch angegangen wird. Dabei reicht das Spektrum der offenen Fragestellungen von der Bewertung in einer Ökobilanz der vorgeschlagenen Mehrweg-Systeme im Vergleich zu Recyclinglösungen über technische Fragen wie der Problematik des Reinigens, Sortierens und Lagerns der Kästen sowie ihrer Maschinengängigkeit in der Produktion bis zu organisatorischen (Dienstleister oder eigene Logistik) und Investitionsfragen. Doch auch einzelne Firmen und andere Organisationen befassen sich mit der Einsetzbarkeit von Mehrwegsystemen im Bereich der Transportverpackungen. So berät der Bundesverband der Deutschen Fleischwarenindustrie (BVDF) über den Ersatz von Kartonverpackungen durch Kunststoff-Mehrweg-Kästen (o. V. 1991 f, 23), die Centrale für Coorganisation (CCG, ein Normierungsinstitut zwischen Handel und Industrie) arbeitet an Lösungen zur technischen und organisatorischen Abwicklung der Logistik zwischen Handel und Industrie im Bereich der entstehenden Mehrweg-Ladehilfs- und Transportsysteme, und ein Hersteller von Dosen-Konserven entwickelt Mehrweg-Transportverpackungen unter spezifischer Nutzung der typischen Eigenschaften der Dose als Primärverpackung.

3.4 Logistik

Die Ernährungsindustrie zählt – vor allem auch aufgrund der schnellen Umschlagsgeschwindigkeit ihrer Produkte – zu den größten Nachfragern nach **Transportleistungen** in der Bundesrepublik Deutschland. Aufgrund der teilweise sogar international zentralisierten Produktionsstandorte für bestimmte Produkte haben logistische Prozesse sowohl im Bereich des Wareneingangs für die Produktion als auch im Bereich der Fertigwarenverteilung einen hohen Stellenwert, der sich auch in entsprechenden Kostenbelastungen im Rahmen der Gesamtwertschöpfung niederschlägt. Bei einer Belastung, die je nach Unternehmen und Produktsegment zwischen 4 und 20% vom Gesamtwert des Produktes allein für Frachten ausmachen kann, ist dieser Kostenblock ein sensitiver Bereich für die Gesamtrentabilität des Unternehmens. Beim zweiten wichtigen Steuerungsparameter für logistische Leistungen, dem geforderten Servicegrad, haben sich die Anforderungen tendenziell erhöht. Just-in-time-Ansätze in der Produktion, abnehmende Lagerbestände in der Fertigwaren-Verteilung, kurzfristigere Bestellvorläufe sowie die geforderte Flexibilität zur Versorgung der Großhandelsläger und der einzelnen Ladengeschäfte in den neuen Bundesländern sind hierfür nur einige Beispiele. Auch in der Logistik dienen Umweltschutzstrategien der antizipativen Internalisierung relevanter externer Kosten. Da die relative Schadstoffbelastung pro Tonnen-Kilometer beim Lkw als höher eingeschätzt wird als bei der Bahn und da bei einer weiteren Verschärfung der Verkehrsproblematik im Straßenverkehr

mittelfristig eine zusätzliche Lkw-Abgabe wahrscheinlich ist, sind derzeit zwei wesentliche Umweltschutzstrategien in einigen Betrieben der Ernährungsindustrie anzutreffen:
- Wo auch immer dies die vorhandenen Vorlaufzeiten erlauben, wird bewußt die Bahn als Frachtführer gewählt, sofern sie nur unwesentlich teurer oder gleichpreisig mit dem Lkw anbietet. Diese Situation ergibt sich häufiger im Export sowie bei der Grobverteilung der Ware auf die Außenläger.
- Es wird aktiv an der Entwicklung geeigneter kombinierter Bahn/Lkw-Systeme gearbeitet bzw. bestehende Systeme werden genutzt.

Ansätze im Bereich der Transporthilfsmittel (vor allem Paletten) gehen in Richtung problemloses Recycling oder Mehrweg. So bieten derzeit fast alle Markenartikelfirmen ihre Display-Paletten im Format ½ Euro-Palette nur noch als Mehrwegpalette an. Auch die Formate kleiner als ½ Euro-Palette werden zumeist nur in Form von recycelbaren bzw. problemlos zu entsorgenden Paletten-Trägern oder in Form von Mehrweg-Paletten (Kunststoff oder Holz) am Markt vertrieben. Wie immer beim Einsatz von Mehrwegsystemen, bestimmt die Umlaufhäufigkeit auch hier über die wirtschaftliche und ökologische Sinnhaftigkeit einer solchen Vorgehensweise.

Auch im Bereich der Logistik des Wareneinganges können Packmaterial und Einwegpaletten-Schrott durch den Einsatz intelligenter Mehrwegsysteme eingespart werden. So werden beispielsweise in einem Betrieb die benötigten Wellpappe-Trays nicht mehr wie früher in Wellpappe-Boxen verpackt angeliefert, sondern es wurde gemeinsam mit dem Lieferanten ein paßgenaues und maschinengängiges Mehrweg-Anlieferungssystem entwickelt. Ähnliches gilt für den Übergang von Einweg-Holz-Warenträgern zu Kunststoffpaletten, die gereinigt und erneut eingesetzt werden können.

Generell wird bei Umweltschutzstrategien im Wareneingangsbereich darauf geachtet, daß u.U. eliminierbare Unterverpackungen bestimmter Rohmaterialien wegfallen bzw. durch andere, teilweise pozeßtechnische Lösungen unnötig gemacht werden. Manchmal erfordert eine solche Zielsetzung auch Änderungen in der Prozeßtechnologie des Lieferanten, die sich jedoch meist über Packmaterialeinsparungen auf seiner Seite wieder rechnen. Die Möglichkeit oder Notwendigkeit von Veränderungen auf beiden Seiten – Nahrungsmittelhersteller und Rohmateriallieferant – zeigt, daß Umweltschutzstrategien sehr häufig **Gesamtsystemoptimierungen** und keine Einzelwirtschaftsoptimierungen voraussetzen. Trotz der damit verbundenen Schwierigkeiten des Interessenausgleiches bei der Übernahme der Kosten – Erträge bzw. Einsparungen zeigen sich bei reinen Umwelt-Schutzmaßnahmen oft erst langfristig – sind derartige Gesamtsystemoptimierungen sowohl in der Beschaffungs- als auch in der Absatzlogistik erforderlich, um umweltverträglichere Transport- und Transportschutzsysteme zu entwickeln und zu betreiben.

3.5 Administration und Marketing

Umweltschutzstrategien im Bereich der administrativen Prozesse einer Betriebswirtschaft sind in den Unternehmen der Nahrungsmittelindustrie m. E. nicht weiter, aber auch nicht weniger weit verbreitet als in den anderen Branchen des verarbeitenden Gewerbes ebenfalls. Radikale Strategien, nach denen beispielsweise Büros und Fabrikgebäude nur nach baubiologischen Erkenntnissen mit natürlichen Materialien errichtet bzw. ausgestattet werden oder anhand derer energieintensive Reisetätigkeiten auf ein absolutes Minimum reduziert werden, sind selten anzutreffen. Anders als in Nordamerika ist es auch nach wie vor in vielen großen Unternehmen bereits ein Problem, ein Großraumbüro „rauchfrei" zu machen.

Andererseits ist in vielen Unternehmen eine ganze Liste von einzelnen Maßnahmen anzutreffen, die dann zu einer Umweltstrategie des Unternehmens gebündelt werden. Unter Verweis auf die umfassende Darstellung praktischer Ansätze, die sich bei *Winter* (1988, 123–175) findet, soll an dieser Stelle nicht näher auf diesen Bereich eingegangen werden.

Marketing als „... planvolle, an Unternehmenszielen und Rahmenfaktoren ausgerichtete und koordinierte Tätigkeit der Marktbildung und -beeinflussung" (*Hansen* 1976, VI) zielt im wesentlichen darauf ab, Verbraucherwünsche zu ermitteln und – in der Wahrnehmung der Verbraucher – bestmöglich zu befriedigen. In einer Studie über die Konsumentenakzeptanz ihrer Produkte und Verpackungen fand Procter & Gamble heraus, „... many consumers feel wrong about tossing out countless plastic containers. P & G concluded: ,We have identified a new consumer need to not feel guilty'" (*Nichols* 1990, 7). Zum Abbau dieser psychologischen Schuldgefühle – oder zur Nutzung des Bedarfs an umweltgerechten Produkten und Verpackungen – wird nach Meinung vieler Kritiker viel „Marketing" ohne echte Einlösung der Werbeaussagen durch das Produkt bzw. die Verpackung betrieben (vgl. *Adler, Mackwitz* 1990, 65).

Hierfür ein Beispiel:
„Der mißbräuchliche Umgang mit dem Begriff ‚bio' erreicht ungeahnte Ausmaße. So finden sich auf den Etiketten Formulierungen wie ‚das andere Vollkornbrot aus biologisch angebautem und kontrolliertem Bi-O-Korn-Getreide', ‚Biobest-Joghurt mit Biogerm, Weizenflocken und Vollkorn, Frucht und Korn aus biologischem Anbau' oder ‚von ausgesuchten Kartoffeln aus kontrolliertem Anbau' – biologischer geht's kaum. Aber mit ökologischem Landbau hat dies alles nichts zu tun!" (Verbraucher-Telegramm 1990)

Das Zitat macht deutlich, daß die Unschärfe und die mangelnde Legaldefinition des Begriffes „Bio" dem Etikettenschwindel mit „Pseudo-Bio" Vorschub leisten. So werden „in der Bundesrepublik weit mehr ‚biologische Lebensmittel und Naturkostprodukte' angeboten, als erzeugt, also ein großer

Teil ganz normaler Agrarerzeugnisse schlicht ‚heilig gesprochen' und dann zu einem höheren Preis verkauft" (*Stutzer* 1990, 86).

Durch die Einführung einer Richtlinie zum **Schutz des Begriffs „Bio"** bei Nahrungsmitteln will die EG-Kommission letzterem Mißstand begegnen. Eine solche Richtlinie, die im vorliegenden Entwurf sehr stringente Anforderungen ökologischen Landbaus für die erlaubte Verwendung der Bio-Kennzeichnung vorschreibt (*Stutzer* 1990, 86), würde die Grenzen in der Vermarktung biologisch-organisch erzeugter Lebensmittel wieder klarer ziehen.

Die konzeptionell führende und Umweltschutz proaktiv umsetzende Rolle der Marketing-Funktion in den Unternehmen der Ernährungsindustie (unabhängig von ihrer internen organisatorischen Ansiedlung) sollte hier jedoch nicht unterschätzt werden. Direkt oder indirekt sind sehr viele der in der Ernährungsindustrie anzutreffenden Umweltschutzstrategien (z.B. kontrollierter Anbau, Vermeidung künstlicher Farbstoffe, Verzicht auf Konservierungsstoffe durch Verwendung anderer Technologien) auf die Sensorfunktion von Marketing in bezug auf die relevanten Unternehmensumwelten zurückzuführen.

Das Beispiel der Verpackungsdiskussion zeigt jedoch auch, daß es gerade in einem Geschäftsumfeld, in dem Umweltthemen immer stärker die Diskussionen – auch zwischen Industrie und Handel – bestimmen, nicht ausreicht, Umweltschutzstrategien zu planen und zu implementieren. Diese müssen auch in das Marketing-Konzept des Unternehmens integriert und am Markt entsprechend kommuniziert werden, um über die Einwirkung der Umsysteme auch tatsächlich einen positiven Beitrag zur Erfüllung der Leistungs- und Absatzziele zu erbringen.

4. Organisatorische Verankerung von Umweltschutzstrategien

Noch 1988 waren **Umweltschutzbeauftragte** oder -abteilungen nur in einigen wenigen Betrieben anzutreffen. Diese Situation hat sich nicht zuletzt aufgrund der Aktualität, die die Diskussion um die Verpackungsverordnung sowohl beim Handel als auch bei der Industrie und bei den Packmaterialherstellern in bezug auf das Thema Umweltschutz erzeugt hat, grundlegend gewandelt. Die Mehrzahl der mittleren und großen Unternehmen der Ernährungsindustrie verfügt über einen – haupt- oder nebenamtlichen – Umweltschutzbeauftragten, dessen Aufgabe in der fachübergreifenden Sicherstellung der Berücksichtigung von Umweltaspekten bei betrieblichen Entscheidungen sowie in der Planung, Durchsetzung und Kontrolle der Umweltschutzstrategie besteht. Der Umweltschutzbeauftragte berichtet entweder direkt an die Geschäftsleitung oder hat – über eine „dotted line" oder über die Vertretung in entsprechenden Gremien – direkten Zugang zum Top-Management. Dies dokumentiert die Tatsache, daß Umweltschutz heute weitgehend als „Chefsache", als Aufgabe und Verantwortung des Top-Managements in den Unternehmen der Ernährungsindustrie gesehen und dort – unter Hinzuziehung des Umweltschutzbeauftragen – auch wahrgenommen wird.

Typischerweise rekrutiert sich der Umweltschutzbeauftragte aus den Ingenieuren, Technikern oder Naturwissenschaftlern eines Unternehmens, wodurch sich auch die häufig anzutreffende Nähe zu den Abteilungen ‚Entwicklung und Forschung' und ‚Produktion' erklärt. Über die Höhe der Budgets, über die dieser Umweltbeauftragte direkt oder indirekt mitverfügt, ist derzeit noch wenig veröffentlicht. Daß teilweise sehr hohe Beträge in Umweltprojekte gingen und gehen, zeigt nicht nur das Beispiel einer Schnellrestaurant-Kette in Deutschland, die bis 1990 allein 2,4 Mio sFr zur Entwicklung eines wasserlöslichen Kunststoffes ausgegeben hat (o. V. 1990i, 4). Es wird auch deutlich, wenn man sich die hohen Aufwendungen vergegenwärtigt, die beispielsweise für die Reduktion von Emissionen (z.B. Kläranlagen, Abluftfilter), für die Vermeidung und Verwertung von fehlerhaften Produktionschargen (z.B. Sortierung von Verpackungsfraktionen und Zuführung zum Recycling) oder für die Forschung und Entwicklung im Bereich umweltfreundlicher Packstoffe sowie von Mehrwegsystemen in vielen Betrieben geleistet werden.

5. Schlußbemerkung

Es konnte eine ganze Reihe von Aktivitäten identifiziert werden, die implizit oder explizit auf eine Erhöhung der Umweltverträglichkeit der Güterversorgungskette im Nahrungsmittelgewerbe gerichtet sind. Allein bereits die sich verschärfende Problematik der Entsorgung von Verpackungsmüll hat wesentlich dazu beigetragen, daß wohl kaum ein Unternehmen dieser Branche an der bewußten Entwicklung umweltstrategischer Maßnahmen vorbeigeht. Auch unter dem Gesichtspunkt der Minimierung von Umweltrisiken (*Steger* 1988, 242) sind die deutlich erweiterten, praktischen und bereits bei den Vorprodukten anzusetzenden Elemente von Umweltschutzstrategien in der Nahrungsmittelindustrie von Bedeutung.

Darüber hinaus ist festzustellen, daß auch große „konventionelle" Markenartikelhersteller im Rahmen von Marktsegmentierungs-Ansätzen Produkte aus kontrolliertem oder kontrolliert ökologischem Anbau zusätzlich zu ihrem etablierten Sortiment am Markt einführen. Daß ein solches Vorgehen nach wie vor mit einem hohen Marktrisiko verbunden ist, belegen die vielen gescheiterten oder wenig erfolgreichen Versuche dieser Art von kleineren Anbietern (*Hamm* 1990, J 8). Beispielhaft sei hier der Fall eines Herstellers von Kartoffelsalat mit Kartoffeln aus ökologischem Landbau angeführt (o. V. 1990k, J 9), dessen Produkte zugunsten der billigeren aus konventioneller Produktion in den Regalen des Handels stehenblieben.

Wie kann jedoch das augenblicklich geringe endogene Absatzpotential für Nahrungsmittel, deren Rohmaterialien aus einer ökologisch produzierenden Landwirtschaft stammen und denen keine ernährungsphysiologisch nicht zwingend erforderlichen Zusatzstoffe beigefügt wurden, gesteigert werden? Ist es die Nahrungsmittelwirtschaft, d.h. Handel und Industrie selbst, die hier im Rahmen „umweltorientierter Unternehmensstrategien" (*Steger* 1988, 243) durch entsprechende Marketinginvestitionen in Vorlage treten muß, oder ist es der Gesetzgeber, der gegenwärtig ohnehin den landwirtschaftlichen Sektor im Rahmen eines engen gesetzlichen Regelwerkes steuert? Da entsprechende Impulse vom Verbraucher auf breiter Ebene nur langsam und eher reaktiv als proaktiv zu erwarten sind (*Spieker* 1988, 103), kommt man um die Beantwortung dieser Frage letztlich nicht herum, sofern man aus ethischen, gesamtwirtschaftlichen, ökologischen oder politischen Gründen einer umfassenden umweltorientierten Unternehmensstrategie in der Ernährungsindustrie Priorität einräumen möchte.

Literatur

Adler, A., Mackwitz, H. (1990), Öko-Tricks und Bio-Schwindel, Wien/Frankfurt a.M./Bern
Ahlheim, K.-H. u.a. (1989), Wie funktioniert das? Die Umwelt des Menschen, 3. Aufl., Mannheim/Wien/Zürich
AIK Krefeld (Hrsg.) (1990), Branchenreport „Verpackungen", Krefeld
Bischoff, E. (1991), Öko-Bilanzen von Packungen, Le Mont-Pelerin
GfK (Hrsg.) (1989), GfK Food Trends, Nürnberg
Halk, K. (1989), Keine kurzfristige Modeerscheinung, in: Lebensmittel-Zeitung, 41, S. 170–172
Hamm, U. (1990), Die Kritikfähigkeit der Kunden wird unterschätzt, in: Lebensmittel-Zeitung, 32, S. J 8
Hansen, U. (1976), Absatz- und Beschaffungsmarketing des Einzelhandels, Teil 1, Göttingen
Möller, E. (1989), Unternehmen pro Umwelt, München
Nichols, A. E. (1990), U. S. Plastic-Bottle Maker May Change Industry's Image as Environmental Villain, in: Wall Street Journal, Europe, 15/16 December
o. V. (1989a), Bio – mustergültig, in: Lebensmittel-Zeitung, 51, S. J 6
o. V. (1989b), Fallbeispiel Knorr-Maizena: Sicherheit durch hohe Hürden, in: Lebensmittel-Zeitung, 10, S. J 14
o. V. (1989c), Lebensmittelqualität: „Alle müssen mehr Verständnis entwickeln", in: Lebensmittel-Zeitung, 10, S. J 10-J 12
o. V. (1989d), Was ist eigentlich Produkt-Qualität, in: Lebensmittel-Zeitung, 10, S. J 4-J 7
o. V. (1989e), Verpackung gilt als Müllproduzent, in: Lebensmittel-Zeitung, 46, S. 64
o. V. (1990a), Marketing: Hart an der Grenze, in: Lebensmittel-Zeitung, 9, S. 44–50
o. V. (1990b), Ökobilanzen für Verpackungen, in: Lebensmittel-Zeitung, 44, S. 96

o. V. (1990c), Marktanteilsverluste bei Schweinefleisch, in: Lebensmittel-Zeitung, 41, S. 77

o. V. (1990d), Fruchtsaftindustrie auf Erfolgskurs, in: Lebensmittel-Zeitung, 35, S. 16

o. V. (1990e), Der neue Konsument will „Wellness", in: Lebensmittel-Zeitung, 43, S. 107

o. V. (1990f), Gesundheitsgefahr besteht nicht, in: Lebensmittel-Zeitung, 33, S. 23

o. V. (1990g), Marketing für Ökobier, in: Lebensmittel-Zeitung, 11, S. J 12

o. V. (1990h), Nicht von Pappe: Alternativen vom Acker, in: Lebensmittel-Zeitung, 38, S. J 4-J 6

o. V. (1990i), Das McDonald's Umweltprogramm: Wertstoffrückgewinnung, München

o. V. (1990k), „Naturkost braucht Marketing", in: Lebensmittel-Zeitung, 32, S. J 9-J 10

o. V. (1991a), Profit mit grünen Produkten, in: Lebensmittel-Zeitung, 19, S. J 22-J 24

o. V. (1991b), Abwasserfreie Brauerei geplant, in: Lebensmittel-Zeitung, 22, S. 15

o. V. (1991c), Dioxin im Milchfett, in: Lebensmittel-Zeitung, 1, S. 12

o. V. (1991d), Der Joghurt im Pappbecher war einfach nicht gefragt, in: Lebensmittel-Zeitung, 22, S. 63

o. V. (1991e), Bald eine neue Produktionsstätte?, in: Lebensmittel-Zeitung, 22, S. 64

o. V. (1991f), Hygiene wird zum Erfolgsfaktor, in: Lebensmittel-Zeitung, 22, S. 23

Spieker, H. (1988), Der Stellenwert ökologischer Aspekte für den Konsum von biologisch erzeugten Nahrungsmitteln, in: *Brandt, A. u.a.* (Hrsg.), Ökologisches Marketing, Frankfurt a.M./New York, S. 85–106

Steger, U. (1988), Umweltmanagement – Erfahrungen und Instrumente einer umweltorientierten Unternehmensstrategie, Frankfurt a.M./Wiesbaden

Stutzer, D. (1990), Was laut EG ein Bio-Produkt ist, in: Lebensmittel-Zeitung, 36, S. 86

Töpfer, H.-H. (1990), Etiketten umweltgemäß ablösen, in: Lebensmittel-Zeitung, 44, S. 98

Verbraucher-Telegramm 7/1990, zitiert nach: *Adler, A., Mackwitz, H.*, Öko-Tricks und Bio-Schwindel, Wien/Frankfurt a.M./Bern 1990, S. 245

Wicke, L. (1989), Umweltökonomie, 2. Aufl., München

Wiezorek, H. (1989), Zwangspfand: Ein Alarmsignal, in: Lebensmittel-Zeitung, 5, S. 100

Winter, G. (1988), Das umweltbewußte Unternehmen, 2. Aufl., München

Wirner, H. (1989), Barrieren abbauen, in: Lebensmittel-Zeitung, 10, S. J 6

Kapitel 39
Umweltschutzstrategien in der Bauwirtschaft

von *Volkmar Gossow*

1. Einführung 666
2. Umweltschutz im klassischen Baubereich 666
3. Entsorgung von Baustellenabfällen 667
4. Recycling von Bodenaushub und Baustellenabfällen 667
5. Aufgaben im technischen Umweltschutz 669
6. Privatisierung öffentlicher Aufgaben 670
7. Sanierung von kontaminierten Standorten 671
8. Zusammenfassung 672

1. Einführung

Die Bauwirtschaft wird im wesentlichen in zwei Bereichen von den Problemen des Umweltschutzes direkt tangiert. Zum einen im klassischen Baubereich, in dem die Bauwirtschaft im Grunde genommen eine Rolle als Bereitstellungsgewerbe wahrnimmt. Die erstellten Baumaßnahmen, seien es Brückenbauwerke, Tunnelbauwerke, Bürohäuser, sind in aller Regel Unikate, die eine Einzelfertigung darstellen. Das Bauverfahren und die Baumaschinen sind dabei in einer solchen Art und Weise einzusetzen, daß die Beeinträchtigungen der Umwelt, wie etwa durch Lärm oder Erschütterungen, auf ein erträgliches Maß reduziert werden. Der zweite Bereich betrifft neue Marktsegmente. Das können beispielsweise eigeninitiierte Bauvorhaben sein, bei denen die Bauindustrie die komplette Lösung für ein Gesamtprojekt – beginnend bei der Planung, über die Finanzierung, den Bau und den Verkauf – aus einer Hand abwickelt. Das sind aber auch Baumaßnahmen, die sich aus der Privatisierung öffentlicher Aufgaben ergeben.

2. Umweltschutz im klassischen Baubereich

Im klassischen Baubereich mit der öffentlichen Hand als maßgeblichem Auftraggeber ist die Bauwirtschaft bei der Erbringung ihrer Leistungen schon seit vielen Jahren mit der Einhaltung von Umweltschutzzielen befaßt. Verstärkt hat sich diese Tendenz in der letzten Zeit maßgeblich durch ein gestiegenes Umweltbewußtsein, die mangelnde Akzeptanz von Lärmbelästigungen vor allem in Ballungsgebieten und ähnliches mehr.

Eine Reihe von gesetzgeberischen Vorgaben fordert beispielsweise den **Einsatz lärmarmer Baumaschinen,** damit die Wohnbevölkerung nur in zumutbarem Umfang durch Baumaßnahmen belästigt wird. Eine weitere Maßnahme zur Minimierung der Umweltbelastung besteht in der Entwicklung und Realisierung **erschütterungsarmer Baumethoden**. Letzten Endes ist die Fülle der mittlerweile zur Verfügung stehenden unterirdischen Bauverfahren auch unter umweltschutztechnischen Gesichtspunkten konzipiert und realisiert worden. Dabei geht es zum einen um Reparaturen an Ver- und Entsorgungsleitungen in städtischen Ballungsgebieten und deren Neuverlegung. Zum anderen betrifft dies den unterirdischen Verkehrswegebau, bei dem etwa durch Deckelbauweisen Baumaßnahmen für den öffentlichen Nahverkehr erstellt werden, die den Individualverkehr während der gesamten Bauphase praktisch ungehindert weiterfließen lassen und dadurch Verkehrsstaus mit ihrem erheblich erhöhten Schadstoffausstoß vermieden werden.

Eine allgemein gestiegene Sensibilität und auch das Bewußtsein einer möglicherweise langfristigen Gefährdung des Grundwassers haben in der Bauwirtschaft zur Entwicklung von Baumethoden geführt, die man am besten dem Begriff „grundwasserschonend" subsumieren kann. Das bedeutet, daß wiederum vorrangig in Ballungsgebieten Bauverfahren unter der Anwendung von Schlitzwänden, Dichtwänden, Injektionen und auch Vereisungstechniken Verwendung finden, die entweder keine nennenswerte Beeinträchtigung des Grundwasserspiegels oder keine nachteilige Veränderung der chemischen Beschaffenheit des Grundwassers mit sich bringen.

3. Entsorgung von Baustellenabfällen

Ein weiterer Bereich, in dem die Bauwirtschaft aus Gründen des Umweltschutzes zu konzeptionellen Überlegungen gezwungen ist und teilweise sogar eigene Marktstrategien entwickeln muß, ist der gesamte Bereich der **Entsorgung von Baustellen**.

Knapper werdender Deponieraum und – damit verbunden – steigende Deponiegebühren sowie mögliche Umweltgefahren durch schädliche Beimengungen in Baustoffen oder Bauhilfsstoffen führen zwangsläufig zu Überlegungen, wiederverwertbare Baustoffe in den Wirtschaftskreislauf zurückzuführen sowie eventuell vorhandene Schadstoffe auszusondern und einer geordneten Entsorgung zuzuführen.

4. Recycling von Bodenaushub und Baustellenabfällen

Das Recycling, sprich die Wiederverwertung von unbelastetem Bodenaushub, wird seit vielen Jahren von im Straßen- und Tiefbau tätigen Baufirmen durchgeführt. Gleiches gilt für die Wiederverwendung von Altasphalt im bituminösen Straßenbau. Dabei ist besonders zu betonen, daß es sich bei diesen Materialien um Wertstoffe und nicht um Abfallstoffe im engeren Sinne handelt.

Gestützt auf § 14 des Abfallgesetzes beabsichtigt die Bundesregierung, Zielfestlegungen zur „Vermeidung, Verringerung oder Verwertung von Bauschutt, Baustellenabfällen, Erdaushub und Straßenaufbruch" zu formulieren. Derzeit liegt hierzu eine Entwurfsfassung vor. Die wesentlichen Ziele sind folgende:
– Reduzierung der anfallenden Mengen an Bauschutt, Baustellenabfällen, Erdaushub und Straßenaufbruch – im wesentlichen durch Wiederverwertung der Materialien,

- getrennte Erfassung von Bauschutt, Baustellenabfällen, Erdaushub und Straßenaufbruch in verwertbaren Fraktionen und eine entsprechende Vermarktung oder Entsorgung,
- die Verwertung der genannten Reststoffe hat Vorrang vor der Ablagerung. Durch die Verwertung kann wertvolles Deponievolumen eingespart werden.

Die Verwertungsziele für nicht mit Schadstoffen belastete Reststoffe sind in der Entwurfsfassung, wie in Tab. 1 dargestellt, formuliert. Die dort angegebenen Zahlen basieren lediglich auf Hochrechnungen. Gesichertes Datenmaterial liegt nicht vor. So sind die aufgeführten Verwertungsziele zwar im Grundsatz akzeptabel – sie müssen aber auf das tatsächliche Aufkommen bezogen werden.

	Aufkommen derzeit	Verwertung derzeit		1991	1992	1993	1994
Bauschutt	22,6	3,7	16	30	40	50	60
Baustellenabfälle	10	–	–	10	20	30	40
Erdaushub	167,9	53,3	32	40	40	60	70
Straßenaufbruch	20,4	11,2	55	60	70	80	90
Summe	**220,9**	**68,2**	**31**	\multicolumn{4}{c}{153,45 t/a = 69%}

Tab. 1: Verwertungsziele (in %) für unbelastete Reststoffe in der Bauindustrie

Während diese Reststoffverwertung mit entsprechendem technischem Aufwand und begleitenden gesetzgeberischen Maßnahmen, etwa durch den vermehrten Einsatz von aufbereiteten Stoffen bei Ausschreibungen der öffentlichen Hand, relativ einfach beherrschbar erscheint, ist die Problematik der Entsorgung von Abfällen im eigentlichen Sinne schon wesentlich schwieriger. Erkennbar wird dies beispielsweise bei Verpackungsmaterialien, wie sie bei Armaturen und Kleinteilen für den Innenausbau anfallen, sowie nicht verbrauchten Hilfsstoffen, wie Farb- und Lackreste, Kleber für Teppichböden usw. Die Separierung solcher Materialien und die vorzunehmende Vermarktung können wohl kaum Angelegenheit einer Baustelle oder der Bauwirtschaft insgesamt sein. Hier sollten viel eher Überlegungen Platz greifen, Lieferanten oder Hersteller mittels **Rücknahmeverpflichtungen** in den Entsorgungsprozeß mit einzubinden.

Ähnlich problematisch wird es, die Zielsetzung der Bundesregierung bezüglich der Verwertbarkeit von Reststoffen aus Abbruchmaßnahmen einschließlich der Vermarktung wirtschaftlich zu gestalten. Der Entwurf sieht zwar vor, daß die Vorgabe „... wie und in welcher Reihenfolge die verschiedenen Abbrucharbeiten durchgeführt werden mit dem Ziel, die im Zuge der Ab-

bruchmaßnahmen anfallenden unterschiedlichen Stoffe getrennt zu erfassen..." Angelegenheit der den Abbruch genehmigenden Behörde oder des Auftraggebers ist. In der Praxis wird sich die Wiederverwertbarkeit allerdings schwierig gestalten, weil
– speziell im Hochbau eine Fülle von sehr unterschiedlichen Baumaterialien, teilweise Kompositprodukte, Verwendung finden, wie Stahlbeton-Traggerüste, Mauerwerks- und Gipskartonwände, Elektroinstallationen, Sänitärbereiche, Holzeinbauschränke, Textilbeläge etc.,
– die Vermarktbarkeit der separierten Stoffe von der Produktreinheit abhängt. Diese müßte von der Behörde oder dem Auftraggeber schon vor Auftragsvergabe ermittelt und garantiert werden können, damit die Vermarktbarkeit gesichert ist. Begleitend dazu müßten auf dem Verordnungswege Richt- bzw. Grenzwerte über die zulässigen Schadstoffgehalte in den wiederzuverwertenden Reststoffen fixiert werden.

Ganz unzweifelhaft ist sicher, daß die Bauwirtschaft gehalten ist, besonders überwachungsbedürftige Abfälle, also Sonderabfälle, ordnungsgemäß zu entsorgen. Voraussetzung hierfür ist allerdings, daß diese Materialien einschließlich der vorgeschriebenen Verwertungs- und Entsorgungswege gemäß VOB/A § 9 innerhalb des Leistungsverzeichnisses eindeutig beschrieben sind.

Während die Belange des Umweltschutzes im konventionellen Baugeschehen und auch in großen Teilen der Entsorgung der Baustellen von einem Reagieren der Bauindustrie geprägt sind, hat sie einige andere Themen im Umweltschutzmarkt als agierender Partner aufgegriffen. An zwei neuen Marktsegmenten soll dies im folgenden beispielhaft erläutert werden; dies sind die neuen Marktsegmente
– die Privatisierung öffentlicher Aufgaben und
– die Altlastensanierung.

5. Aufgaben im technischen Umweltschutz

Ausgehend von Tätigkeiten im konventionellen Bauen, wie dem Bau von Schlitzwänden oder dem Kläranlagenbau, hat sich die Bauwirtschaft frühzeitig mit den Aufgaben des sogenannten technischen Umweltschutzes befaßt. Die Bauwirtschaft ist hier in der Lage, Komplettlösungen von der Planung über die Finanzierung bis zum schlüsselfertigen Bau und Betrieb anzubieten, die, wie eine Vielzahl von ausgeführten Maßnahmen beweist, schneller und effektiver sind als Maßnahmen der öffentlichen Hand.

Die öffentliche Hand bzw. die Körperschaften des öffentlichen Rechts sind schon in den alten Bundesländern wegen der allseits bekannten Finanznot kaum in der Lage, in großem Stil in Umweltschutzmaßnahmen zu investieren. Dies gilt um so mehr für die neuen Bundesländer. Hier könnten also privatwirtschaftliche Lösungen in weit stärkerem Umfang zum Tragen kommen, um die Beseitigung der vorhandenen Umweltschäden zügig in Angriff zu nehmen und neue Investitionen auf dem Gebiet des technischen Umweltschutzes zu realisieren.

6. Privatisierung öffentlicher Aufgaben

Aufgaben des technischen Umweltschutzes, die auf privatwirtschaftlicher Basis realisiert werden können, sind im wesentlichen folgende:
- Recycling von Erdaushub und Straßenaufbruch,
- Kompostierung von Biomüll,
- Entsorgung von Hausmüll, hausmüllähnlichem Gewerbeabfall und Sonderabfall einschließlich des dazu notwendigen Deponiebaus oder des Baus von Verbrennungsanlagen
- Kläranlagenbau
- Bau von Entsorgungszentren für die Sanierung kontaminierter Böden.

Das **Recycling von Wertstoffen** wie Sand, Kies usw., die beim Aushub von Boden oder bei der Fahrbahndecken-Erneuerung anfallen, ist im wesentlichen aus zwei umwelttechnischen Gesichtspunkten sinnvoll:
- Schonung der Natursteinvorkommen
- Schonung des verfügbaren Deponievolumens.

In diesem Bereich gibt es bereits seit einer Reihe von Jahren Aktivitäten vor allem des Mittelstandes. Aber auch im Bereich der Hausmüllentsorgung und Kompostierung bieten sich privatwirtschaftliche Lösungen, die von der Bauwirtschaft getragen werden können, an. Nach den vorliegenden statistischen Daten ist davon auszugehen, daß sich rund 30% des Hausmülls für die Kompostierung eignen. In den alten Bundesländern hat man seit einiger Zeit entsprechende Versuche unternommen, wie etwa mit der Grünen Tonne und ähnlichem mehr. Gerade für die neuen Bundesländer ließen sich seitens der Bauwirtschaft in Kooperation mit kompetenten Partnern sehr effektive Lösungen für die separate Sammlung der im Hausmüll enthaltenen wiederverwertbaren Stoffe wie Glas, Altpapier, Pappe, Metalle usw. einführen.

Neben der Bauwirtschaft haben auch große Energieversorgungs-Unternehmen Strategien für die komplette Entsorgung von Hausmüll und hausmüllähnlichem Gewerbeabfall bis hin zum Sonderabfall entwickelt. Diese sogenannten **Betreibermodelle** sehen vor, daß von der Planung, der Sammlung, dem Transport, der Separierung und der stofflichen Vermarktung bis hin zum Deponiebau für die nicht verwertbaren Reststoffe und der Bau von Verbrennungsanlagen für die thermische Verwertung von Abfällen alles aus einer Hand angeboten, finanziert, schlüsselfertig gebaut und betrieben werden kann.

Die Abwasserreinigung bei Industrieanlagen sowie der Kläranlagenbau im kommunalen Bereich sind in den neuen Bundesländern diejenigen Bereiche, die aus Gründen des Umweltschutzes unbedingt kurzfristig in Angriff genommen werden müssen, um weitere Gesundheitsgefährdungen und eine noch weitergehende Kontamination von Boden und Grundwasser nachhaltig zu unterbinden. Auch hier ist die Bauwirtschaft in der Lage, etwa mittels des in Niedersachsen bereits in einigen Fällen praktizierten Betreibermodells „Kläranlage" Komplettlösungen anzubieten, die eine rasche Realisierung der von der Bundesregierung gesetzten Umweltschutzziele ermöglichen. Hier ist der Staat gefordert, gerade in den neuen Bundesländern durch die Gestaltung der Landeswassergesetze Rahmenbedingungen zu schaffen, die es den Kommunen erlauben, sich zur Erfüllung ihrer Abwasserbeseitigungspflicht privater Firmen zu bedienen. Die Verpflichtung zur Abwasserbeseitigung verbleibt dabei generell bei der Kommune. Der Gebühreneinzug erfolgt durch die Kommunalverwaltung. Der Betreiber der Kläranlage selbst erhält über ein jährliches Entgelt die von ihm eingebrachten Aufwendungen vergütet.

7. Sanierung von kontaminierten Standorten

Ein letzter Bereich, der noch angesprochen werden soll, ist die **Altlastensanierung**. Auch hier hat die Bauindustrie, ausgehend von konventionellen Bauverfahren wie dem Bau von Schlitzwänden, Oberflächenabdichtungen, Grundwasserfassungen mit nachfolgender Abwasserreinigung, bereits entsprechende Bauleistungen erbracht. Darauf basierend haben insbesondere die großen Baufirmen unter Hinzuziehung kompetenten Sachverstands auch mikrobiologische, naßmechanische und thermische Sanierungsmethoden in Angriff genommen und sind jetzt in der Lage, komplette Entsorgungszentren für kontaminierte Böden, sprich Altlasten, anzubieten.

Die **mikrobiologische Reinigungsmethode** eignet sich hauptsächlich für Böden, die mit Mineralölen verunreinigt sind. Diese Böden werden in Mieten aufgeschichtet. Die Mikroorganismen übernehmen bei entsprechender Sauerstoffzufuhr den Abbau der Mineralölverbindungen. Der so gereinigte Boden kann anschließend für Abdeckarbeiten im Landschafts- und Gartenbau Verwendung finden.

Naßmechanische Verfahren oder auch Bodenwaschverfahren genannte Methoden gestatten es, eine ganze Palette von Schadstoffverbindungen wie Schwermetalle, Phenole, Cyanide, polycyclische aromatische Kohlenwasserstoff-Verbindungen etc. herauszuholen. Ziel ist es, etwa 90 bis 95% des so behandelten Bodens wieder in den Wirtschaftskreislauf zurückzuführen und wertvollen Deponieraum für Sonderabfall zu schonen. Für besonders gefährliche Stoffverbindungen eignen sich thermische Verfahren. Diese sind wegen der notwendigen Verfahrenstechnik und des hohen Energiebedarfs jedoch sehr teuer und lassen sich aus wirtschaftlichen, aber auch aus genehmigungsrechtlichen Gründen nur schwer durchsetzen.

Bodenrückgewinnungszentren auf privatwirtschaftlicher Basis werden sich wahrscheinlich auf die Mikrobiologie und auf die naßmechanischen Verfahren konzentrieren. Der Gesetzgeber ist allerdings auch hier gefordert, tolerierbare Restbelastungen im Boden nach der erfolgten Sanierung festzulegen. Es macht keinen erkennbaren Sinn, daß gesondert für jedes Bundesland und teilweise sogar in das Ermessen einer einzelnen Behörde fallend unterschiedliche Grenz-, Richt- und Schwellenwerte festgelegt werden. In den neuen Bundesländern spielt gerade die Altlastenproblematik, wie hinlänglich bekannt, eine mitentscheidende Rolle für die Wiederansiedelung von Industrieunternehmen. Auch hier kann die Bauwirtschaft mit strategischen Konzeptionen aufwarten, wie man mittels eigeninitiierter Bauvorhaben Industrie- und Gewerbeparks errichten kann. Dabei werden die Planung, die Finanzierung und der Bau aus einer Hand ausgeführt, wobei unmittelbar nach oder schon während der Bauphase die sofortige Vermarktung des Projekts erfolgt.

Bei dieser Projektentwicklung spielen aus verständlichen Gründen die Altlasten eine nicht zu unterschätzende Rolle. Hier können nämlich die Entsorgungskosten in ganz erheblichem Umfang zu Buche schlagen und unter Umständen die Wirtschaftlichkeit, das heißt die Investition selbst, in Frage stellen. Die schon genannten Entsorgungszentren für kontaminierte Böden könnten eine wirkungsvolle Entlastung für den Entsorgungsmarkt bringen. Allerdings muß auch hier durch flankierende Maßnahmen der Gesetzgebung sichergestellt werden, daß solche verunreinigten Böden nicht – mehr oder weniger illegal – außerhalb der Landesgrenzen verbracht werden. Die Einführung und die anschließende wirkungsvolle Überwachung eines Anschluß- und Benutzungszwanges können wirksame Abhilfe schaffen und den Investoren und den Unternehmen, die die Projektentwicklung betreiben, eine entsprechend kalkulierbare Basis für ihre Investitionsentscheidungen liefern.

8. Zusammenfassung

Anhand der vorangestellten Überlegungen sollte beispielhaft gezeigt werden, daß die Bauwirtschaft gerade auch im Hinblick auf die neuen Bundesländer Strategien und Konzeptionen entwickelt hat, in neuen Marktsegmenten im Umweltschutz einen aktiven Part zu übernehmen.

Zur Umsetzung dieser Umweltschutzstrategien ist es erforderlich, daß der Staat investitionsfeindliche Hemmnisse abbaut und insbesondere politische und gesetzliche Rahmenbedingungen schafft, die ein privatwirtschaftliches Engagement mit kalkulierbaren Risiken möglich machen.

Kapitel 40
Der Anlagenbau als Problemlöser

von *Karlheinz Arras*

1. Vorbemerkung 674
2. Die Entwicklung des Anlagenbaus 674
3. Ökologie und unternehmerisches Risiko 675
4. Ökologie als Hauptaufgabe im Anlagenbau 676
   4.1 Energiewirtschaft 676
   4.2 Abfallwirtschaft 677
   4.3 Stahlindustrie 678
   4.4 Chemische Industrie 679
5. Zusammenfassung 680

1. Vorbemerkung

Die Entwicklung der Technik zeigt, daß sie nicht als eigener Wissenszweig, sondern eher als angewandte Naturwissenschaft zu betrachten ist.

Historisch begann die Veränderung der Lebenswelt wohl mit der Entdeckung des Feuers durch den Menschen und der mit Hilfe dieser Energiequelle möglichen Be- und Verarbeitung von Werkstoffen. Sie setzte sich im Laufe der Menschheitsgeschichte durch die individuelle Schöpferkraft fort. Aus handwerklichen Anfängen und durch Nachahmung natürlicher Vorgänge wurde immer intensiver Technik oder Technologie entwickelt. Durch die Technik entwickelten sich dann mit der Zeit bestimmte Bedarfsforderungen.

Eine allgemein anerkannte Definition des Begriffes Technik postuliert: „Im engeren Sinne ist Technik heute schöpferisches Schaffen von Erzeugnissen, Vorrichtungen und Verfahren unter Benutzung der Stoffe und Kräfte der Natur und unter Berücksichtigung der Naturgesetze. Für das technische Schaffen sind so wesentlich: die schöpferische Idee, die Kenntnis der Naturgesetze, der Materialien und ihrer Eigenschaften sowie der Möglichkeiten ihrer Bearbeitung und schließlich das wirtschaftliche und gesellschaftliche Bedürfnis" (Der große Brockhaus, 11. Bd. 1980, 292).

2. Die Entwicklung des Anlagenbaus

Das forcierte industrielle und das damit verknüpfte wirtschaftliche Wachstum erzeugt immer mehr Prozesse und Verfahren und damit Produkte, die unmittelbar auf die Ökologie und damit auf die Lebensqualität Einfluß nehmen.

Mitte des 19. Jahrhunderts begann die Verzahnung von Schwerindustrie, Maschinenbau und mit zeitlichem Abstand der Chemie- und Elektroindustrie, sowie eine wissenschaftliche Betreuung unter Berücksichtigung von Theorie und experimenteller Forschung. Dies war letztlich die Geburtsstunde der Verfahrensingenieure, die bedingt durch den Anstieg der Weltbevölkerung und der damit einhergehenden Nachfrage nach Verbrauchsgütern für die nun zu entwickelnden Techniken und Verfahren und den damit vorgegebenen Problemstellungen ihr Wissen und ihre Kreativität einbringen konnten. Die Konzeption des Chemical Engineering – ein im Angelsächsischen den Anlagenbau allgemein beschreibender Fachausdruck – beruht im übrigen auf einer Formulierung von *Arthur D. Little* (1915), der darunter die Übertragung eines chemischen Umwandlungsprozesses in den Großbetrieb durch Anwendung einer erforderlichen Anzahl von Grundoperationen (unit operations) verstand. Historisch ist die Geschichte des Ingenieurwesens in

Richtung des Anlagenbaues in heutiger Bedeutung nicht kontinuierlich zu verfolgen. Die ersten „Chemietechnologien" versuchten, entsprechend dem Bedarf und der Möglichkeiten der damaligen Zeit, Konsumgüter wie z.B. Salze, Säuren, Farben, Gläser zu produzieren.

Die Zeit des ausgehenden 18. und ganzen 19. Jahrhundert gilt als Pionierzeit für die Entwicklung technischer Prozesse, und als Beispiele werden in der einschlägigen Literatur gerne die Alkoholdestillation, der Übergang vom *Leblanc-* zum *Solvay-*Verfahren und die Teerchemie angeführt. Mit Beginn des 20. Jahrhunderts wurde dann das Wagnis unternommen, sich der Hochdrucktechnologie zuzuwenden. Auch Entwicklungen, die aus Autarkiegründen im Rahmen von Kriegen durchgeführt wurden, gaben den Verfahrenstechnikern ausreichend Gelegenheit, ihre Intelligenz und Kreativität bei der Entwicklung und Erstellung von Anlagen unter Beweis zu stellen. Hochdruckverfahren, wie Kohleverflüssigung (Kohlehydrierung) und Kohlevergasung sind Resultate, die weltweit für Aufsehen sorgten.

3. Ökologie und unternehmerisches Risiko

Im Zusammenhang mit den nicht zu übersehenden Leistungen der Anlagenbauer muß aber auch auf die **Risikobelastung** verwiesen werden. Speziell auf dem breiten Sektor der Umweltschutztechnik hat sich sehr schnell gezeigt, daß u.a. durch die strengen Auflagen, die häufig dem Stand der Technik vorauseilen, die Anlagenbauer zu Risiken gedrängt werden, die weit größer sind als im allgemeinen Geschäftsleben. Üblicherweise werden Anlagen erst nach Versuchen im Labor und anschließend in einer Pilotanlage, die dann das Scale-up erlauben, erstellt. Dadurch können mögliche Risiken minimiert werden oder sind zumindest kalkulierbar. Im Umweltschutz, und als Beispiel darf die Rauchgasentschwefelung angeführt werden, mußte der Anlagenbauer den Schritt direkt in die Großanlagen wagen. Eine Minderleistung war oder ist nur in einem engen Rahmen kompensierbar, d.h., das Risiko liegt ganz auf der Seite der Anlagenbauer.

In der heutigen Zeit muß der Verfahrensingenieur Aufgaben einer Lösung zuführen, die bedingt durch die Grundstimmung der Öffentlichkeit fast ausnahmslos mit Ökologie im weitesten Sinne in Verbindung gebracht werden müssen. Der Anlagenbau hat, wie die Praxis zeigt, die Herausforderung angenommen, und ein wachsendes Potential von Umwelttechnologien ist als Beleg anführbar.

Das interdisziplinäre „Teamwork" von Verfahrensingenieuren, Maschinenbauern, Chemikern und Physikern hat die Erfolge ermöglicht. Die qualifizierte Ausbildung, die Kenntnis der Einheit von Reaktionskinetik, Prozeßbedingungen und Verfahrensablauf, der energetischen Zusammenhänge der Grundoperationen und Stoffsysteme, der Werkstoffauswahl und der Apparatekonstruktionen sind Grundlagen, die den Verfahrensingenieur befähigen, die gestellten Aufgaben zu bewältigen.

4. Ökologie als Hauptaufgabe im Anlagenbau

In Zukunft wird auf dem Gebiet des Umweltschutzes nicht mehr so sehr die ökologische Sanierung der Anlagen, sondern die Entwicklung von Verfahren unter ökologischen Gesichtspunkten das Hauptaufgabenfeld des Anlagenbauers sein. Die deutschen Anlagenbauer haben sich international eine führende Position beim Bau von ressourcenschonenden, umweltfreundlichen Anlagen erworben.

4.1 Energiewirtschaft

Besonders eindrucksvoll läßt sich das Leistungsvermögen der Ingenieure als Problemlöser am Beispiel der Energiewirtschaft zeigen. Die zunehmende Bedrohung der Umwelt durch kohlegefeuerte Energieerzeugungsanlagen kennzeichnet die Situation. Kohlendioxid ist nach heutigem Erkenntnisstand maßgeblich für den sogenannten Treibhauseffekt verantwortlich. Die Verringerung des Ausstoßes dieses umweltschädigenden Gases ist aber nur durch Reduzierung des Einsatzes fossiler Brennstoffe, hauptsächlich Kohle, zu erreichen. Bereits heute machen die CO_2-Emissionen jährlich 21 Mrd. Tonnen aus und sind ständig im Wachsen begriffen.

In den letzten Jahrzehnten wurde der **Wirkungsgrad** von kohlegefeuerten Kraftwerken von ca. 22% im Jahre 1950 auf heute etwa 36% gesteigert. Durch Auskopplung von Fernwärme und Prozeßdampf kann der Wirkungsgrad ganz erheblich erhöht werden. Das bei der Verbrennung von Kohle entstehende Abgas enthält im wesentlichen Staub, Schwefeldioxid, Stickoxide und Kohlendioxid. Als erstes wurde dem Staub der Kampf angesagt. In der konventionellen Kraftwerkstechnik reduzieren heute hochwertige Entstaubungsanlagen diese Emission um weit mehr als 99%.

Das Waldsterben anfangs der achtziger Jahre führte dazu, daß der Gesetzgeber zusätzlich auch die Entschwefelung und Entstickung der Kraftwerksabgase forderte. Einige Anlagenbauer hatten zu diesem Zeitpunkt die erforderlichen Technologien bereits zur Verfügung, um die Werte der Großfeuerungsanlagenverordnung (GFAVo) einhalten zu können. Die sekundären oder additiven Technologien können aber nicht die Lösung für den Bau zukünftiger Kraftwerke sein. Die Energieversorgungsunternehmen müssen daher im nächsten Jahrzehnt alte Kraftwerke durch Anlagen mit höherem Wirkungsgrad und integrierten Umweltschutzmaßnahmen ersetzen. In Frage kommen **Wirbelschichtkraftwerke** und kombinierte Gas- und Dampfturbinenkraftwerke (**Kombi-Kraftwerke**).

4. Ökologie als Hauptaufgabe im Anlagenbau

Beim Kombi-Kraftwerk kann die Gasturbine sowohl mit sauberem Erdgas betrieben werden, was zu Wirkungsgraden von ungefähr 52% führt, als auch mit vorher gereinigtem Brenngas aus einer Kohlevergasungsanlage mit einem Wirkungsgrad von bis zu 46%. Selbst modernste konventionelle Kraftwerke erreichen auf Basis der Staubfeuerung mit nachgeschalteter Entstaubung, Entschwefelung und Entstickung kaum 40% (vgl. Abb. 1).

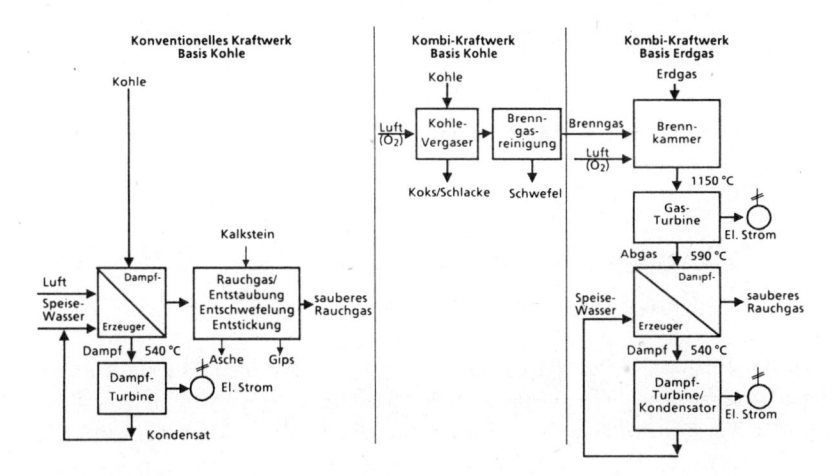

Abb. 1: Kraftwerks-Technologien

Bezüglich der Schadstoffemissionen ist das kohlegefeuerte Kombi-Kraftwerk aufgrund der effizienten Brenngasreinigung dem konventionellen Kraftwerk ebenfalls deutlich überlegen. Aufgrund des höheren Wirkungsgrades emittiert ersteres nicht nur weniger Schadstoffe pro erzeugter Leistung, sondern es fällt statt des Gipses aus den Rauchgasentschwefelungsanlagen herkömmlicher Kraftwerke Schwefel und die Asche in verglaster, inerter Form an.

4.2 Abfallwirtschaft

In der Abfallwirtschaft versucht der Anlagenbau ebenfalls zur Lösung der Umweltprobleme beizutragen und damit die Akzeptanz für die Abfallverbrennung zu verbessern. Dies geschieht mittlerweile bei bestehenden Verbrennungsanlagen für häusliche Abfälle, Klärschlämme sowie Sonderabfälle durch mehrstufige Abgasreinigungssysteme. Hierdurch ist es möglich geworden, neben Staub – inklusive der Schwermetalle – SO_2, Chlor- und Fluorwasserstoff auch Stickoxide, organische Verbindungen sowie die besonders toxischen Dioxine und Furane weitgehend zu reduzieren. Die Tab. 1 (S. 678) zeigt die Entwicklung der behördlich zulässigen Grenzwerte der TA-Luft von 1974, 1986 und der seit 1990 gültigen neuen 17. Bundesimmissionsschutzverordnung.

	Angegeben als (mg/m³)	TA-Luft 1974	TA-Luft 1986	17. BImSch V 1990
Gesamtstaub		100	30	10
Gasf. anorg. Chlorverb.	HCl	100	50	10
Gasf. anorg. Fluorverb.	HF	5	2	1
Schwefeldioxid und Schwefeltrioxid	SO_2	–	100	50
Kohlenmonoxid	CO	1000	100	50
Stickstoffmonoxid und Stickstoffdioxid	NO_2	–	500	200
Organ. Stoffe	C Gesamt	–	20	10
Dioxine und Furane	Summenwert	–	0,1 ng	0,1 ng
Σ Schwermetalle		20-75	0,2-5	0,5
Σ Hg, Cd, Tl		20	0,2	–
Σ Cd + Tl		–	–	0,05
Hg		–	–	0,05

Tab. 1: Die Entwicklung der zulässigen Emissionsgrenzwerte

In Zukunft wird neben der von der Industrie und jedem einzelnen erwarteten Abfallvermeidung eine möglichst hohe **Wiederverwertung** der im Abfall befindlichen Rohstoffe wie Glas, Papier, Metall und Kunststoff vorgeschrieben. Alle organischen Stoffe werden kompostiert werden. Der dann noch verbleibende Rest ist am umweltverträglichsten zu verbrennen, wobei andere Verbrennungsprozesse als heute zum Einsatz gelangen werden, die sich bereits in der Entwicklung befinden.

Selbstverständlich werden die Emissionen auf nahezu null gebracht und die staubförmigen Reststoffe in eine Form überführt, die eine umweltverträgliche Verwendung oder Ablagerung sicherstellt.

Aber auch im Bereich der Großindustrie tritt der Anlagenbau als Problemlöser auf. In der Zementindustrie, in Glaswerken, in metallurgischen Betrieben ist heute die Einhaltung niedriger Grenzwerte für staub- und gasförmige Schadstoffe eine Selbstverständlichkeit, da die hierzu notwendigen Technologien in Form von Elektrofiltern, Staubfiltern, absorptiven und katalytischen Verfahren vorhanden und erprobt sind.

4.3 Stahlindustrie

Auch am Beispiel der Stahlindustrie kann aufgezeigt werden, daß ein Problem – wie die Konvertergasreinigung – zu einer nutzvollen Lösung geführt werden kann, wenn nur die richtige Anlagentechnologie zur Anwendung kommt.

Jedermann kann sich noch an die Zeit der späten 50er und frühen 60er Jahre erinnern. Der braune Rauch war weithin sichtbares Zeichen für die Standorte von Oxygenstahlwerken.

4. Ökologie als Hauptaufgabe im Anlagenbau

Die ersten Anlagen, die aufgrund der neuen Vorschriften gebaut wurden, hatten nur das Ziel, die geforderte Abgasreinigung im Auge zu behalten. Abgasnutzung stand nicht zur Diskussion, obwohl das bei der Umwandlung von Roheisen zu Stahl anfallende Konvertergas zu etwa 90% aus brennbarem Kohlenmonoxid (CO) besteht.

Erst nach einer geraumen Zeit mit immer größer werdenden Konvertereinheiten entwickelte sich eine Technologie zur Reinigung des unverbrannten Konvertergases. Schrittmacher dieser Technologie waren die Japaner, die wegen der Energieknappheit im eigenen Lande die Vermeidung von Abgasverlusten und die Nutzung von Abfallenergie ingenieurmäßig verfolgten. Nachteil der in Japan entwickelten Anlagentechnik ist ein nasses Entstaubungsverfahren. Dabei entsteht ein hoher Eigenenergiebedarf und ein Teil des Problems wird von der Luft ins Wasser verlagert.

Eine wesentlich höhere Effizienz erreicht dagegen das trocken arbeitende LT-Stahlgas-Verfahren, bei dem die Vorteile des mit niedrigem Energiebedarf und hohem Entstaubungsgrad arbeitenden Elektrofilters mit der Möglichkeit verbunden wird, ein Höchstmaß an Konvertergasausbeute zu erzielen. Als Ergebnis kann festgehalten werden, daß durch modernen Anlagenbau bei der Abgasreinigung von Oxygenstahlwerken ein Höchstmaß an Brenngas zurückgewonnen werden kann.

4.4 Chemische Industrie

Die chemische Industrie hat mit ihren Chlorprodukten wie PVC (Kunststoff) oder den Fluorchlorkohlenwasserstoffen (FCKW) erheblich zur Umweltdiskussion beigetragen. Dabei ist Chlor, von dem bei uns jährlich 3,5 Millionen Tonnen verbraucht werden, einer der wichtigsten Ausgangsstoffe der chemischen Industrie. Chlor und Natronlauge, die bei der Elektrolyse gemeinsam anfallen, können nach drei verschiedenen Verfahren hergestellt werden: der Quecksilberelektrolyse, der Diaphragmaelektrolyse und der Membranelektrolyse.

Als Anodenmaterial stehen Graphitanoden oder Titananoden zur Verfügung, die mit Edelmetallen oder Edelmetalloxiden beschichtet sind. Nur Titananoden, die seit etwa 20 Jahren eingesetzt werden, können in allen drei Verfahren benutzt werden. Dieses Anodenmaterial hat den Wechsel in der Technologie von Quecksilber über Diaphragma zur Membranelektrolyse möglich gemacht.

Durch die Entwicklung der Titananoden hat die Diaphragmazelle in der Wirtschaftlichkeit gleichgezogen mit der Quecksilberzelle, was dazu geführt hat, daß, zur Vermeidung von Quecksilberemissionen, über einen Zeitraum von 10 Jahren (1970–1980) fast ausschließlich Diaphragmaelektrolyse-Anlagen gebaut wurden. Heute ist bekannt, daß Asbest, das als Diaphragma für die Elektrolysezellen verwendet wird, langfristig Krebs erzeugen kann.

Das Membranverfahren stellt daher die umweltschonendste und wirtschaftlichste Methode zur Chlorherstellung dar. Aufgrund dieser Vorteile wird beim Bau neuer Anlagen weltweit ausschließlich diese Technologie eingesetzt. Vorhandene Produktionsanlagen lassen sich jedoch nicht ohne weiteres umrüsten, da besondere Ansprüche an die Salzlösung zu stellen ist, um die Funktion der Membran nicht zu beeinträchtigen.

5. Zusammenfassung

Zusammenfassend ist festzustellen, daß der Anlagenbau seiner Aufgabe als Problemlöser im Umweltschutzbereich gerecht geworden ist. Es waren zugegebenermaßen oft politische Zwänge, die den Anlagenbauer mit Aufgabenstellungen konfrontierten und entsprechende Lösungen suchen ließen, was aber keine Abwertung der erbrachten Leistungen bedeuten kann.

Künftig werden die Anlagenbauer gefordert sein, noch stärker innovativ auf Gebieten tätig zu sein, die nicht nur der notwendigen Regeneration von Umweltschäden dienen, sondern auch im Hinblick auf die Belastung der Umwelt noch effizientere Techniken mit möglichst geringen Emissionen zu entwickeln, die die Akzeptanz in der Gesellschaft sicherstellen.

Kapitel 41
Kommunales Umweltmanagement

von *Willy Leonhardt*

1. Zur Umweltverantwortung der Energiewirtschaft 682
   1.1 Gefahren des Gewinnstrebens 682
   1.2 Die Forderung nach qualitativem Wachstum 682
   1.3 Kommunale Unternehmen als Schrittmacher 683
   1.4 Umweltschutz fängt auf Gemeindeebene an 684
2. Das Saarbrücker Zukunftskonzept Energie 685
   2.1 Zur Entstehung des Konzepts 686
   2.2 Die Umsetzung des Konzepts 686
   2.3 Die Mobilisierung von Einspar-Energie 687
      2.3.1 Beratungs-, Service- und Finanzierungshilfen 687
      2.3.2 Die Mobilisierung verbesserter Energie-Produktivität 690
      2.3.3 Die Mobilisierung unerschöpflicher Energien 690
   2.4 Eine Zwischenbilanz 691

1. Zur Umweltverantwortung der Energiewirtschaft

„Die Zukunft liegt nicht in immer mehr Größe und Macht – die verantwortbare Zukunft wird vor Ort entschieden." Mit dieser Botschaft haben unlängst 700 kommunale Versorgungsunternehmen der Bundesrepublik Deutschland in einer bundesweiten Anzeigenkampagne ihr Verständnis von Unternehmenspolitik definiert: Gesamtverantwortung anstelle von individuellen einzelwirtschaftlichen Wachstums-Zielen, Absage an „allzu einfaches Wachstumsdenken", an rein quantitatives Wachstum mit seiner gigantischen Vermehrung des Rohstoff- und Energieeinsatzes, mit der Inanspruchnahme von Wasser, Boden und Luft, mit der Produktion von Abfall und Abwasser. Statt dessen: qualitatives Wachstum mit einer Rückführung der Energieumwandlung und damit weitestgehender Schonung der natürlichen Ressourcen. Kurz: Das Plädoyer für eine verantwortbare Energiezukunft war zugleich das Bekenntnis zu einer ökologisch orientierten Versorgungswirtschaft.

„Wie gut haben wir unsere öffentliche Aufgabe erfüllt, wie intensiv unsere öffentliche Verantwortung wahrgenommen?" Diese an ökologischen Kriterien orientierten Fragen treten zunehmend neben rein betriebswirtschaftliches Denken, werden zur Meßlatte für Unternehmenserfolg und Unternehmenskultur. Nicht mehr nur die Verantwortung gegenüber Kunden, Geschäftspartnern und Mitarbeitern determinieren Politik und Ansehen eines Unternehmens, sondern auch seine Bereitschaft zur Übernahme öffentlicher Verantwortung, insbesondere gegenüber der Umwelt.

1.1 Gefahren des Gewinnstrebens

Solch übergreifendes Denken freilich greift bei den Versorgungsunternehmen nur schrittweise Platz. Noch immer ist wirtschaftliches Wachstumsdenken in den Köpfen, wird es verteidigt mit der Begründung: „Wir haben anständig unsere Arbeit getan, seit jeher im Interesse der Allgemeinheit, wir haben unsere Produkte gut und gewinnträchtig verkauft und dabei ganz gut gelebt – was soll dabei plötzlich falsch sein?" Zunehmend jedoch werden diese Positionen aufgegeben angesichts der Erkenntnis, daß die wechselseitigen Beziehungen – insbesondere auch zwischen Energie-Umwandlung und Umwelt-Belastung – so eng und so vielschichtig sind, daß Träume von der Gewinnmaximierung einzelner Sparten nur mit dem bitteren Erwachen aller in der Umweltkatastrophe erkauft werden können.

1.2 Die Forderung nach qualitativem Wachstum

Noch Mitte des letzten Jahrzehnts wurde mit 7% jährlichem Wachstum in der Stromwirtschaft gerechnet. Aber selbst 3–4% quantitatives Wachstum Jahr für Jahr bedeuten in 20 Jahren eine Verdoppelung unseres Wirtschaftsvolumens – und in 200 Jahren eine Vertausendfachung. Was mit der Zielvorstellung von 3-4% jährlichem Wachstum so vernünftig klingen mag, wird zu einer schier unvorstellbaren Vertausendfachung des Rohstoff- und Energieeinsatzes: Konstant hohe Wachstumsraten sind in einer endlichen Welt unmöglich. Die OECD hat vorgerechnet: Unser jährlicher Wohlstandsverlust durch Umweltzerstörung liegt bei 5% unseres Bruttosozialproduktes – und er wird weiter steigen, wenn wir unser Verhalten nicht konsequent ändern. Was wir brauchen, ist ein qualitatives Wachstum, ist eine ökologisch orientierte Volkswirtschaft. Wir müssen Rohstoffe und Energie substituieren und vor allem insgesamt sehr viel sparsamer einsetzen. Wir dürfen unseren Drang zur Rationalisierung nicht auf den Einsatz menschlicher Arbeit konzentrieren, sondern in erster Linie auf den Einsatz unserer natürlichen Ressourcen. An die Stelle traditioneller Rationalisierungs-Investitionen – z.B. in neue Maschinen, mit denen dann neue Produkte hergestellt und neue Abfallmengen verursacht werden – müssen ökologische Rationalisierungs-Investitionen treten.

1.3 Kommunale Unternehmen als Schrittmacher

Es scheint, als seien die kommunalen Unternehmen auf dem Weg, diese Zeichen der Zeit richtig zu deuten:
„Wir sind die einzigen Unternehmen, die sich über weniger Konsum freuen", bekannten die 700 kommunalen Versorger in einer ihrer Anzeigen und signalisierten damit gleichzeitig ihren Aufbruch zur Wandlung vom Versorger mit seinem alleinigen Patentrezept der Abgabesteigerung zum Dienstleister, für den „die Umwelt-Bilanz die größere Bedeutung" hat.

Späte Einsicht in die Weisheiten des Indianer-Häuptlings Seattle vom Stamm der Duwamish, der dem weißen Mann schon vor fast 140 Jahren prophezeite: „Sein Hunger wird die Erde verschlingen und nichts zurücklassen als eine Wüste"? Oder ganz einfach die Erkenntnis, daß steigendem Wohlstandsverlust durch Umweltzerstörung und wachsenden Folgekosten unterlassenen Umweltschutzes nur mit einer ökologisch orientierten Volkswirtschaft begegnet werden kann?

Letzteres trifft sicher zu für die wachsende Zahl kommunaler Unternehmen, die sich in den alten Bundesländern auf den Weg machen vom EVU zum EDU, vom Energie-Versorgungs- zum Energie-Dienstleistungsunternehmen. Es trifft aber auch zu für die Städte und Gemeinden in der ehemaligen DDR, die der Übermacht der großen westdeutschen Verbundunternehmen kommunale Eigenständigkeit entgegensetzen wollen.

Während sich also die kommunalen Unternehmen zunehmend auf Aufgaben und Möglichkeiten besinnen, Umwelt-Probleme sinnvoll vor Ort zu lösen, verharren die großen Verbundunternehmen – wie gerade das Beispiel der Energieversorgung in den östlichen Bundesländern wieder zeigt – weiterhin fast trotzig bei ihrer Politik des „immer größer, immer schneller, immer weiter" und verkünden: „Für Energiepolitik einzelner Kommunen ist kein Platz mehr. Provinzialismus geht nicht mehr." Dabei stünde es angesichts der überwältigenden Probleme in den neuen Bundesländern allen – also den Verbundunternehmen, den Regionalunternehmen und den kommunalen Unternehmen – gut an, partnerschaftliche Lösungen zu erarbeiten. Durch das Ausschalten der Kommunen wird ja nicht nur auf einen wesentlichen bürgerschaftlichen Beitrag zur Lösung drängender Probleme verzichtet. Die Ausschaltung der Gemeinden aus der Energieversorgung würde auch eine wesentliche Schwächung kommunaler Finanzen bedeuten. Vor allem aber würde damit auf ein wichtiges Instrument zum Management von Umweltproblemen von vornherein verzichtet.

1.4 Umweltschutz fängt auf Gemeindeebene an

Umweltschutz nämlich ist am wirksamsten an der Basis zu leisten – und das sind nun einmal die Gemeinden. Denn die mit der Energie-Erzeugung zusammenhängenden Probleme sind sinnvoll nur dort zu lösen, wo sie entstehen. Wer Strom vom Kraftwerk auf der grünen Wiese über hunderte von Kilometern heranführt, darf sich nicht über Desinteresse und Ablehnung der Bürgerinnen und Bürger als Folge einer mit solcher Energiepolitik produzierten massiven Entfremdung wundern. Der Ausdruck „Bei uns kommt der Strom aus der Steckdose" ist ein Synonym für eine solche Energiewirtschaft.

Kommunale Energie-Erzeugung hingegen heißt **Einbeziehung der Bürgerinnen und Bürger** in alle Energie-Entscheidungen und damit jeweils auch in Entscheidungen von vitaler Bedeutung für die Umwelt. Die so erreichte Akzeptanz der Entscheidungen ist eben nicht ein resigniertes Ja, das im Nachhinein wohl oder übel zu nicht mehr revidierbaren Entwicklungen gegeben wird, sie ist vielmehr aktive und kreative Beteiligung der Bürgerinnen und Bürger, und das heißt Mitbestimmung jedes einzelnen über die eigene Energie-Zukunft und über die von Kindern und Enkelkindern. Zudem haben die Kommunen durchaus eigene, unverwechselbare Angebote – als da sind Energie-Dienstleistung, rationelle Energie-Ausnutzung, Nutzung unerschöpflicher Energien – in die Waagschale zu werfen, gewissermaßen als Gegengewicht zu den unbeschäftigten Kraftwerksblocks in Megawatt-Dimensionen der großen Verbundunternehmen.

Diese typisch kommunalen Angebote sind Pfunde, mit denen die Gemeinden nach Kräften wuchern sollten. Denn die wichtige Aufgabe einer örtlichen Berücksichtigung ökologischer Bezüge der Energieversorgung läßt sich nicht durch „Verdrahten der Landschaft" wahrnehmen, sondern nur über den kurzen Draht bürgernaher kommunaler Elemente. Eine demokratische, bürgereigene und bürgernahe Energiepolitik kann nicht über die Köpfe der Bürgerinnen und Bürger hinweg gemacht werden, sie ist vielmehr stets das Ergebnis solidarischen Handelns von Gemeindebürgern und ständiger Rückkopplung zwischen kommunalem Unternehmen und Bürgerinnen und Bürgern.

Unverzichtbares Element einer **umweltverträglichen Energieversorgung** mit den Schwerpunkten **Sparsamkeit** und **Rationalität** bei der Energieanwendung ist folglich das kommunale Unternehmen, das seinen Bürgern immer wieder Rechenschaft darüber ablegen muß, welcher Beitrag vor Ort z.B. zur Ressourcenschonung, zur Klimaverbesserung und zur Luftreinhaltung geleistet wurde.

Bei alledem muß darauf hingewiesen werden, daß ökologisch orientierte Energieversorgung und ökonomische Effizienz einander keineswegs ausschließen. Obwohl die kommunalen Versorgungsunternehmen in ihren Anzeigen darauf hinweisen, daß sie eben „kein Konzern sind, der mit dem Verkauf von immer mehr Strom seinen Aktionären nur eine schöne Dividende auszahlt", so brauchen sie ihre Bilanzen dennoch nicht zu verstecken.

2. Das Saarbrücker Zukunftskonzept Energie

Als Beispiel für die Vereinbarkeit von Ökologie und Ökonomie sind die Saarbrücker Stadtwerke mittlerweile weit über die saarländischen Landesgrenzen hinaus bekannt. Auch wenn sich das Unternehmen in seiner Satzung ausdrücklich zu weitestgehender Schonung der natürlichen Umwelt und der vorhandenen Ressourcen verpflichtet und eben nicht zu einer Gewinnmaximierung, so geht diese Politik nicht auf Kosten der Wirtschaftlichkeit. Basis dieser erfolgreichen Entwicklung und Handlungsanleitung seit mehr als einem Jahrzehnt ist das „Saarbrücker Zukunftskonzept Energie".

Die ursprüngliche Zielsetzung, das „Weg vom Öl", wurde unter dem Eindruck eines eskalierenden Raubbaues an unseren Ressourcen, angesichts von wachsender Umweltbelastung, von Waldsterben und nicht zuletzt der Katastrophe von Tschernobyl fortgeschrieben zur übergeordneten Zielsetzung Umwelt- und Ressourcenschonung und Energieversorgung ohne Atomstrom.

Dieses Konzept erweist sich gerade jetzt wieder als roter Faden durch das Dickicht der vielerorts widersprüchlich diskutierten Maßnahmen zur CO_2-Reduktion. Unter anderem zusammen mit dem Öko-Institut Freiburg, der DLR und der OECD planen die Saarbrücker Stadtwerke derzeit ein „Kommunales Untersuchungsprogramm zur Realisierung der Empfehlungen der Enquête-Kommission zu Klimasituation". Dabei besteht von vornherein Klarheit, daß dieses Konzept weder in neue Abhängigkeiten noch gar in die alte Abhängigkeit von der Kernenergie führen darf, die freilich in Saarbrücken seit der Inbetriebnahme dreier neuer Kohle-Heizkraftwerke überwunden ist. Und wiederum sind die Bausteine dieses CO_2-Reduktions-Konzeptes die gleichen, die schon in den späten siebziger Jahren dem Saarbrücker Konzept einer vom Öl weitgehend unabhängigen Energieversorgung zugrunde lagen.

Wie muß ein solches Konzept beschaffen sein, das – ohne die Züge eines Chamäleons zu tragen – 1980 in erster Linie dem Anspruch an eine krisensichere Energieversorgung genügt und 1992 konkrete Antworten auf die drohende Klimakatastrophe als die neben der Gefahr der Kernenergie „größte Herausforderung der Menschheitsgeschichte" bietet?

2.1 Zur Entstehung des Konzepts

Vor der Beschreibung dieses „Saarbrücker Zukunftskonzeptes Energie" ein kurzer Blick zurück auf die Entstehung des Konzeptes, das sich für die Saarbrücker Stadtwerke mittlerweile auch als praktikables „Handbuch für das Umweltmanagement" erwiesen hat:

Als die Bundesregierung in ihrem ersten Energieprogramm die Städte und Gemeinden aufforderte, örtliche Energieversorgungskonzepte zu entwickeln, war Saarbrücken eine der ersten bundesdeutschen Städte, die Ende der siebziger Jahre dieser Aufforderung folgten.

Erster Schritt der Saarbrücker Konzeptentwicklung war die Aufstellung eines detaillierten **Wärme-Atlasses**. Die Planer machten sich so ein Bild, wie hoch der Raumwärmebedarf insgesamt war und wie er im einzelnen gedeckt wurde. Zweiter Schritt war dann die **Prognose** des Raumwärmebedarfs und seine Entwicklung bis zum Jahr 1995, dem damaligen Planungshorizont des Konzeptes. Dritter Schritt schließlich war die **Integration des Abwärmepotentials** sowohl innerhalb des Versorgungsgebietes als auch im unmittelbaren Umfeld. In diesem dritten Schritt wurde das vorab ermittelte Bedarfspotential den Dienstleistungspotentialen zugeordnet. Zugrunde gelegt wurde dabei eine „ökologische Prioritätenliste": An erster Stelle stand die Ausschöpfung des Einspar-Potentials, gefolgt von der besseren Energie-Ausnutzung durch Kraft-Wärme-Kopplung und Fernwärme und der Nutzung der unerschöpflichen Energien als Energie-Brücke ins neue Jahrtausend.

Vierter Schritt schließlich war die **Ausweisung von Vorranggebieten** für die einzelnen leitungsgebundenen Energiearten.

2.2 Die Umsetzung des Konzepts

Der konzeptionellen folgte die operative Phase, d. h. die Umsetzung des Konzeptes in den Teilbereichen Beschaffung, Distribution und Kommunikation. Bei der Strategiebildung entschieden sich die Saarbrücker Stadtwerke für einen integrativen Weg im Sinne von Überzeugungsarbeit mit Marktmitteln.

Im ersten Drittel der Umsetzung kristallisierte sich immer mehr die Notwendigkeit heraus, umfassende Verträglichkeitssysteme zu entwickeln, wenn eine solche integrative Strategie Aussicht auf Erfolg haben sollte. Konkrete Anwendungsbereiche für Verträglichkeitssysteme wurden gesehen bei der **ökologischen**, der **ökonomischen** und der **sozialen Verträglichkeit**.

2. Das Saarbrücker Zukunftskonzept Energie

Aber auch Instrumente, die in anderen Wirtschaftsbereichen längst Standard waren, wurden bei der Umsetzung des Konzeptes eingesetzt. Mit Unterstützung des Bundesministers für Forschung und Technologie und der Projektleitung Energieforschung der Kernforschungsanlage Jülich wurde ein Modellprojekt „Methodische Untersuchung zur marktgerechten Umsetzung örtlicher Energieversorgungskonzepte" realisiert. Ziel dieser Untersuchung war es, eine Systematik zur Umsetzung öffentlicher Dienstleistungskonzepte in Marketingkonzepte zu entwickeln, diese Systematik modellhaft zu erproben, die Ergebnisse zu analysieren und schließlich einen generellen Handlungsrahmen zu liefern, der es insbesondere kleinen und mittleren Unternehmen ermöglicht, eigene örtliche Energieversorgungskonzepte zu entwickeln.

Prämisse dieser Umsetzung: Das Ziel einer möglichst 100%igen Anschlußdichte und damit Auslastung der Investitionen darf nicht mit Anschluß- und Benutzungszwang, sondern ausschließlich aufgrund der freien Kunden-Entscheidung erreicht werden. Bei der Umsetzung des Konzeptes wurden die nachfolgenden Schritte unternommen:

2.3 Die Mobilisierung von Einspar-Energie

Im Lauf der letzten 10 Jahre haben die Saarbrücker Stadtwerke eine ganze Reihe von Energie-Diensten entwickelt – Marketing-Anreize für die Kundinnen und Kunden, die gleiche Energie-Dienstleistung (z.B. warme Wohnung oder funktionierende Elektro-Geräte) mit einem deutlich geringeren Energie-Einsatz zu erreichen. Diese Energie-Dienste reichen vom individuellen Computer-Programm für Haus und Heizung über umfassende Finanzierungshilfen oder den Wärme-Direkt-Service für linearen Wärmepreis und Direkt-Abrechnung mit den Mietern bis zum Wärmepaß mit Energieverbrauchskennwert.
Hier die aktuellen Energie-Dienste im Überblick:

2.3.1 Beratungs-, Service- und Finanzierungshilfen

- Die Saarbrücker Energie-Beratung „Guter Umwelt-Rat zum Null-Tarif".
- Das INFO-CENTER E: die richtige Adresse für alle Fragen zum Energie- und Wassersparen.
- Der Info-Bus LINIE E: die mobile Beratung vor Ort.
- Das Saarbrücker Energie-Spar-Programm: computerexakte Verbrauchsdiagnose und individuelle Einspar-Therapie.
- Die Kunden-Seminare: regelmäßige Vorträge mit Beratung zu vielen Umwelt-Themen.
- Das Saarbrücker Mitmach-Programm: umfassende Förderung aller sinnvollen Privatinvestitionen zum Energie- und Wassersparen.

- Die Saarbrücker Mitmach-Schecks: acht Finanzierungs- und Beratungsangebote.
- Das Mitmach-Darlehen: bis zu 20 000 DM Darlehen zu günstigen Konditionen.
- Die Energie-Spar-Prämie: bis zu 2000 DM Prämie fürs Energiesparen.
- Die Anschlußkosten-Angebote: besonders günstige Pauschalen für Fernwärme und Gaswärme.
- Das Programm „1000 kW Sonnenstrom von Saarbrücker Dächern": 25 Pfennig pro kWh Sonnenstrom als Starthilfe für die „Regenerativen".
- Der Wärme-Direkt-Service: linearer Wärme-Tarif, Direkt-Verbrauchsmessung und -Abrechnung mit den Mietern.
- Das Saarbrücker Strom-Spar-Buch: praktische Tips für gleichen Strom-Komfort bei geringeren Kosten.
- Der Rundum-Vertrag: ein Komplett-Paket für die Heizung – mit Baubetreuung und Finanzierung sowie „Umsteige-Gutschein" für Fernwärme.
- Der Saarbrücker Strom-Detektiv: Meßgerät zur Ermittlung von Energie-Verschwendern.
- Der Wärme-Paß mit Energieverbrauchskennwert: Ermittlung einer Normzahl zum spezifischen Energieverbrauch pro Quadratmeter Nutzfläche und damit Transparenz des Energieverbrauchs.

Erfahrungsgemäß ist eine Erfolgskontrolle sehr schwierig, weil sie voraussetzen würde, daß von jedem Haus eine exakte Wärmebedarfsberechnung vorliegt und alle Veränderungen gemeldet werden. Aufgrund einer Vielzahl von Indizien wird jedoch die Einspar-Quote seit Beginn der Konzept-Umsetzung auf 15 bis 20% geschätzt.

Ein weiterer Vorstoß zur Mobilisierung von Einspar-Energie ist das Modellvorhaben „Zeitvariabler linearer Stromtarif", das die Saarbrücker Stadtwerke derzeit mit Unterstützung des saarländischen Wirtschaftsministeriums, mit den Stadtwerken Saarlouis und Sulzbach sowie dem regionalen Stromversorger VSE durchführen. Dieses Modellvorhaben, das inzwischen zu einer zügigen Reform der BTO Elektrizität wesentlich beigetragen und damit letztlich die Einführung eines linearen Stromtarifs für alle Saarbrücker Haushalts- und Gewerbekunden zum Abrechnungsjahr 1991 ermöglicht hat, untersucht die Frage, ob über die Linearität elektrische Arbeit eingespart und über die Zeitvariabilität Kraftwerksleistung aus Spitzenzeiten verlagert werden kann. Konkret heißt dies: Bietet ein Strom-Tarif, bei dem nur noch berechnet wird, was tatsächlich verbraucht wurde – und keine hohen Grundgebühren mehr – einen größeren Anreiz zum Stromsparen? Und bietet ein Tarif mit verschiedenen Zeitzonen einen Anreiz, aus „teuren" Zeiten mit hoher Nachfrage in „billige" Zeiten mit niedriger Nachfrage auszuweichen – gelingt es also, Stromspitzen abzubauen und damit langfristig den Zubau von Kraftwerken zu vermeiden? Zusätzlich wird im Rahmen dieses Modellvorhabens SESAM (System für Energie-Spar-Management) erprobt. Erwartet wird eine Antwort auf die Frage, ob ein solcher intelligenter Strom-Computer, über den eine Reihe von Zusatzinformationen zum Stromverbrauch von der Wohnung aus abzufragen sind, einen weiteren Spar-Anreiz bietet.

Das INFO-CENTER E im Herzen der Saarbrücker Fußgängerzone, das die Saarbrücker Stadtwerke 1983 eröffnet haben, war seither Anlaufstelle für rund 65 000 Bürgerinnen und Bürger, die sich mit allen Fragen zum Energie- und Wassersparen, aber z. B. auch mit Fragen zur Verbrauchsabrechnung an ihr Dienstleistungsunternehmen wandten. Gerade hier dokumentiert sich besonders eindrucksvoll die Möglichkeit des direkten Kontaktes und der Rückkopplung zwischen kommunalem Unternehmen und Bürgerinnen/Bürgern. Gleichgültig, ob es sich bei allen diesen Angeboten um Energiedienste im „klassischen" Sinne oder um die neuen Strom-Tarife handelt, immer ist die Energiedienstleistung Konsequenz des Energiekonzeptes. Dabei muß der Begriff der Energiedienstleistung sowohl im Hinblick auf das Ziel („warme Wohnung") als auch im Hinblick auf den Weg (im Sinn einer Serviceleistung) verstanden werden.

Energiedienstleistung bedeutet damit, Pakete zu schnüren und dabei jeweils auf die individuelle Bedürfnislage der Kunden einzugehen. Jüngstes Beispiel für eine solche angepaßte Paket-Lösung ist das Saarbrücker Strom-Spar-Paket, das die Stadtwerke quasi als „flankierende Maßnahme zur Dienstleistung neuer Strom-Tarif" geschnürt haben. Dieses Paket verdeutlicht noch die Signalwirkung, die die neuen linearen und linearzeitvariablen Strom-Tarife beim Stromsparen haben: Indem mit diesem Tarif der gesamte Preis für jede eingesparte Kilowattstunde „voll" in der Haushaltskasse bleibt – und eben nicht, wie früher, nur der Arbeitspreisanteil –, wächst der Sparanreiz, und es verkürzen sich die Amortisationszeiten für energiesparende Geräte ganz erheblich.

Einen zusätzlichen Anreiz zur Anschaffung solcher Geräte gaben die Saarbrücker Stadtwerke begleitend zur Einführung der neuen Tarife mit ihrem Strom-Spar-Paket im „Gesamtwert" von einer Million DM. Es enthielt Prämien von 50 DM für die Anschaffung besonders energiesparender Geräte, Zuschüsse von 100 DM u. a. für die Umstellung von Warmwasserbereitung und Kochen mit Strom auf Gas, zusätzliche günstige Darlehen und schließlich als Geschenk an alle bedürftigen Saarbrücker Familien eine Strom-Spar-Lampe. Darüber hinaus konnten aus dem „Saarbrücker Mitmach-Programm", einem 30-Millionen-Finanzierungsprogramm von Stadtwerken und Sparkasse für alle sinnvollen Privatinvestitionen zum Energie- und Wassersparen, Darlehen zum günstigen Zinssatz in Anspruch genommen werden. Angestrebtes Ziel dieser Maßnahmen, also der Tarifänderung wie des flankierenden Paketes, ist eine Reduzierung des Stromverbrauchs ohne Erhöhung der Strom-Rechnung. Denn nicht „à la Pfennigspaß" über eine Strompreissenkung läßt sich eine ökologisch verantwortbare und langfristig ökonomisch schlüssige Energie-Politik betreiben, sondern nur über den in Saarbrücken praktizierten Weg einer verbesserten Energie-Effizienz.

2.3.2 Die Mobilisierung verbesserter Energie-Produktivität

Hier sind einmal zu nennen die Projekte zur besseren Energie-Ausnutzung durch

— **Kraft-Wärme-Kopplung und Fernwärme:**
Keine andere Maßnahme hat in den letzten 25 Jahren mehr zur Emissionsminderung in der Region beigetragen als der Ausbau der Fernwärme mit Kraft-Wärme-Kopplung. Kraft-Wärme-Kopplung, die den Primärenergie-Ausnutzungsgrad gegenüber herkömmlichen Kondensations-Kraftwerken mit „nur" Stromerzeugung von maximal 40% auf maximal 80% erhöht und entsprechende Emissionsminderungen bringt, betreiben die Saarbrükker Stadtwerke in ihrem eigenen Heizkraftwerk Römerbrücke und den beiden Beteiligungskraftwerken Heizkraftwerk und Modellkraftwerk Völklingen.

Der Fernwärme-Anschlußwert konnte auf über 400 MW erhöht werden – das entspricht etwa 60 000 Wohnungen, die nicht mehr über Einzelfeuerstätten, sondern – fast zum ökologischen Nulltarif – mit Fernwärme versorgt werden. Gaswärme, nach Fernwärme unter Emissionsgesichtspunkten der zweitgünstigste Energieträger, komplettiert in Saarbrücken das Angebot leitungsgebundener Energien, die mehr als zwei Drittel des Raumwärmebedarfs decken (Status 1979 = 30%, Planziel 1995 = 70%).

— **Innovative Technik:**
Die Wirbelschichtfeuerung, die sich durch niedrige Emissionen und hohe Brennstoffausnutzung auszeichnet, wird in drei „Generationen" realisiert: die 1. Generation der stationären Wirbelschichtfeuerung im Stadtwerke-Beteiligungskraftwerk MKV der Saarbergwerke, die 2. Generation der zirkulierenden Wirbelschichtfeuerung im stadtwerkeeigenen Heizkraftwerk Römerbrücke, für die 3. Generation der druckaufgeladenen Wirbelschichtfeuerung (DAWID Saar) wird derzeit nach dem erfolgreichen Abschluß der Durchführbarkeitsstudie das Basic-Engineering erarbeitet. Erstmals wird dabei in dieser Größenordnung (30 MW Strom, 40 MW Wärme) der Gas-Dampfturbinen-Kombiprozeß auf Kohlebasis geplant. Das bedeutet zur Erzeugung der gleichen Menge Strom und Wärme gegenüber bisherigen Techniken nochmals 20% weniger Kohle – und damit entsprechend weniger Umweltbelastung.

2.3.3 Die Mobilisierung unerschöpflicher Energien

Einen wachsenden Stellenwert in der aktiven Beschaffung nehmen zum anderen die unerschöpflichen Energien ein. Die sogenannte Umwelt-Energie, die verstärkte Nutzung erneuerbarer Energiequellen also, war von Anfang an ein wichtiger Faktor im Saarbrücker Energiekonzept. Realisiert wurden Projekte

2. Das Saarbrücker Zukunftskonzept Energie

zur Verwertung von Kaufhaus-Abwärme und zur Nutzung von Erdwärme mit Hilfe von Gas-Wärmepumpen.

Mit ihrem von der EG und dem Bundesministerium für Forschung und Technologie (BMFT) geförderten Photovoltaikprojekt „Sonnenhaus Ensheim" erstellten die Saarbrücker Stadtwerke die bislang größte privat genutzte Photovoltaikanlage Europas.

Die Erfahrungen zur Nutzung von Photovoltaik im Netzverbund brachte das Unternehmen Ende 1989 ein in ein Starthilfeprogramm „1000 kW Sonnenstrom von Saarbrücker Dächern". Im Sinn eines **Least Cost Planning** wurde dabei die Lieferung von 1000 kW Sonnenstrom öffentlich ausgeschrieben. Die Stadtwerke bieten ihren Kundinnen und Kunden an, den „Spieß" umzudrehen und Strom-Lieferanten ihres Versorgungsunternehmens zu werden. Für die kWh Sonnenstrom zahlen die Stadtwerke 25 Pfennig. 500 Interessenten haben sich bereits im ersten Jahr nach dem Start gemeldet. Mit der in dieser Höhe erstmals angebotenen Einspeisevergütung honorieren die Saarbrücker Stadtwerke zum einen – entsprechend der neuen BTO – die langfristig vermiedenen Kosten des Unternehmens, sie tragen aber ebenso den langfristig vermiedenen volkswirtschaftlichen Kosten Rechnung.

Noch im Jahr 1991 wurde das Tandem „Photovoltaik + Gasmotor-Blockheizkraftwerk" realisiert, übrigens wie das Projekt in Ensheim von der EG und vom BMFT gefördert. Damit liegen die beiden größten von der EG geförderten Solarprojekte in Saarbrücken. Das Tandem soll eine Photovoltaik-Anlage mit 50 kW elektrischer Leistung sowie ein Gasmotor-Blockheizkraftwerk mit einer Leistung von 110 kW elektrisch bzw. 200 kW thermisch beinhalten. Besonderheit der neuen Anlage wird neben dem Einsatz der Photovoltaik im großtechnischen Maßstab die Verarbeitung von Koksgas in einem Gasmotor sein. Da Koksgas zu 52% aus Wasserstoff besteht, sehen die Saarbrücker Stadtwerke sowohl in diesem Projekt als auch in dem im April 1989 eingeweihten Methangas-Blockheizkraftwerk, das als Redundanzbrennstoff gleichfalls Koksgas vorsieht, einen Einstieg in die Wasserstofftechnologie.

2.4 Eine Zwischenbilanz

Die Bilanz des kommunalen Umweltmanagements der letzten 10 Jahre geht in Saarbrücken unter ökologischen Gesichtspunkten ebenso auf wie unter ökonomischen.

Stichwort Ökologie: Seit 1980 wurden als Folge des gesamten beschlossenen und mittlerweile zu einem großen Teil bereits umgesetzten Maßnahmenpaketes beträchtliche Emissionsminderungen erreicht, allein beim NO_x 34%, SO_2 76%, CO_2 15%.

Stichwort Ökonomie: Zusätzlich zu der 120-Millionen-Investition für ihr eigenes Heizkraftwerk haben die Saarbrücker Stadtwerke rund 100 Millionen für den Ausbau der Fernwärme investiert. Mit dem finanziellen Beitrag zum Modellkraftwerk Völklingen und zum Heizkraftwerk Völklingen bedeuten das Stadtwerke-Investitionen von rund 500 Millionen DM, wobei insgesamt mehr als eine Milliarde DM bewegt wurden. Damit hat das kommunale Dienstleistungsunternehmen der saarländischen Landeshauptstadt einen nicht unbedeutenden strukturpolitischen Beitrag für das Saarland geleistet. Allein mit dem Kohle-Engagement der Saarbrücker Stadtwerke können gut 500 Arbeitsplätze bei den Saarbergwerken erhalten werden.

Besonders wichtig erscheint bei alledem, daß die Stadtwerke ihre Strom-Erzeugung in die eigene Hand genommen haben: 95% des Stroms für Saarbrücken erzeugen die Stadtwerke selbst – fast 100% des in Saarbrücken verbrauchten Stroms sind somit atomstromfrei. Trotzdem ist dank Fernwärme und der vielen damit überflüssig gewordenen Einzelheizungen die CO_2-Belastung, wie bereits erwähnt, um 15% gesunken.

Die oben beschriebenen Beispiele machen deutlich: Gerade wegen ihrer grundsätzlichen Bedeutung für die Umwelt-Bilanz braucht die Energie-Versorgung der Zukunft die kommunale Ebene mehr denn je. Sie braucht Vielfalt statt Verflechtung, braucht Mithilfe und Mitbestimmung der Bürgerinnen und Bürger. Kurz: Sie braucht Gemeinsinn und Verantwortung und damit die kommunale Energiedienstleistung.

Kapitel 42
Energiepolitik muß Klimaschutzpolitik werden

von *Reinhard Störmer*

1. Die Energiewirtschaft steht vor einer Zäsur 694
2. Vorrang für die Klimaschutzpolitik 695
3. Strategiemix für den Klimaschutz 696
   3.1 Strategie rationelle Energienutzung 696
       3.1.1 Verschärfung des energiewirtschaftlichen Ordnungsrahmens 697
       3.1.2 Marktwirtschaftliche Instrumente in der Energieversorgung 699
   3.2 Den erneuerbaren Energien zum Durchbruch verhelfen 701
Literatur 702

1. Die Energiewirtschaft steht vor einer Zäsur

Energiewirtschaft und Energiepolitik stehen in den Industrieländern vor ihrer größten Zäsur in diesem Jahrhundert.

Ging es vor dreißig Jahren darum, die fossilen Energierohstoffe möglichst kostengünstig und schnell in die Zentren der Industrieländer zu bringen, so hat sich die Lage zu Beginn der 90er Jahre radikal geändert. Die Ölpreiskrisen der Jahre 73/74 und 79/80 machten erstmals deutlich, daß die Verfügbarkeit des Öls begrenzt ist. Heute schätzen die Experten die Reichweite noch auf 60 Jahre.

Die Reaktorunfälle von Harrisburg 1979 und von Tschernobyl 1986 führten zu der Erkenntnis: Die Kernenergie wird auf Dauer – auch wegen ihrer Risiken – die fossilen Energieträger, wenn überhaupt, nur partiell ersetzen können. Die wirkliche Herausforderung für Energiewirtschaft und Energiepolitik liegt in einer umfassenden Klimaschutzpolitik für die kommenden Jahrzehnte.

Für Energiewirtschaft und Energiepolitik kann es in der Zukunft deshalb nicht mehr nur darum gehen, Energie möglichst preiswert und in ausreichenden Mengen zur Verfügung zu stellen. Die Hauptaufgabe der Energiewirtschaft lautet für die Zukunft: Die Energiedienstleistungen möglichst rationell und umweltfreundlich – aber auch zu angemessenen Preisen – zu erbringen.

Heute schon haben sich die Temperaturen auf unserer Erde durch die von Menschen verursachte Nutzung von fossilen Energierohstoffen und anderen Treibhausgasen nachweisbar im zurückliegenden Jahrhundert um 0,7 °C erhöht.

Der Mensch dreht am Thermostat der Natur. In den letzten 200 Jahren ist der CO_2-Gehalt in der Atmosphäre kontinuierlich gestiegen. Mit 350 ppm pro cbm war er noch nie so hoch wie in den letzten 100 Millionen Jahren. (Berichte der Enquête-Kommission „Vorsorge zum Schutz der Erdatmosphäre" des Deutschen Bundestages Band 1–3/II, Bonn, 1988–1991).

In diesem Jahrhundert hat die Menschheit soviel Energie verbraucht wie insgesamt zuvor in der gesamten Menschheitsgeschichte. Seit 1970 hat sich der Weltenergieverbrauch von 4 Mrd. auf 8 Mrd. Tonnen Rohöleinheiten verdoppelt. Dieser Trend ist immer noch ungebrochen. Die Hauptverursacher für den Treibhauseffekt sind die Industrieländer. Obwohl sie nur 25% der Weltbevölkerung stellen, verbrauchen sie 75% der Weltenergierohstoffe.

Der Pro-Kopf-Verbrauch an Energie in den Industrieländern liegt im Durchschnitt um das 10-fache höher als in den Entwicklungsländern. Die vier Industrieländer USA, GUS, Deutschland und Japan sowie das Entwicklungsland China verbrauchen über 50% der Energierohstoffe dieser Erde.

Diese globalen Daten machen deutlich, daß eine Anpassung der Entwicklungsländer in ihren Produktions- und Konsumstrukturen und damit auch Energieversorgungsstrukturen an die Industrieländer im nächsten Jahrhundert zum ökologischen Kollaps auf der Erde führen würde.

Dabei sind die ökologischen Schäden der Energieproduktion und Nutzung in den Industrieländern gewaltig. In den alten Ländern der Bundesrepublik sind die durch Energieproduktion und -nutzung bedingten volkswirtschaftlichen Schäden mit mindestens 50 Mrd. DM zu veranschlagen (*Leipert, Simonis* 1987, 300 ff.). In dieser Summe sind die nicht-quantifizierbaren volkswirtschaftlichen Kosten der Gefahren des Treibhauseffektes nicht berücksichtigt.

2. Vorrang für die Klimaschutzpolitik

Wenn die Prognosen, die auf der Weltenergiekonferenz von 1989 gestellt wurden, eintreffen sollten, so müßten wir damit rechnen, daß der Weltenergieverbrauch in den nächsten 20 Jahren von 11 Mrd. Tonnen SKE auf 20 Mrd. Tonnen Steinkohleeinheiten (SKE) ansteigen – also fast verdoppelt – würde.

Ein solches Szenario führte zu globalen Umweltproblemen. Die Weltklima-Konferenz hat dagegen 1988 gefordert, den Weltenergieverbrauch auf etwa 10 Mrd. Tonnen SKE zu stabilisieren und dabei bis zur Mitte des nächsten Jahrhunderts den Einsatz fossiler Energieträger auf die Hälfte zu reduzieren, um so die drohende Klimakatastrophe zu verhindern. Dies würde für die Industrieländer bedeuten, den Einsatz der fossilen Energieträger sogar auf ein Drittel des heutigen Einsatzes zu reduzieren.

Zwischen der Prognose der Weltklima-Konferenz und der Weltenergiekonferenz liegt eine Spannweite von 10 Mrd. Tonnen SKE. Diese Zahl verdeutlicht die Herausforderung, vor der die Energiepolitik und auch Energiewirtschaft insbesondere in den Industrieländern in Zukunft stehen. Ohne grundlegende Änderungen der Energiewirtschaftsstrukturen in den Industrieländern dürfte der Schutz unseres Klimas schwer erreichbar sein. Es geht also darum, den heutigen Energieträgereinsatz langfristig „einzusparen" und durch CO_2-freie Energieträger zu ersetzen.

Wir wissen dabei, daß ein forcierter Ausbau der Kernenergie hier keine Lösung sein kann. Auch bei einer Erhöhung des Angebotes an Energie aus der Kernenergienutzung sind nur wenige Prozentpunkte an Kohlendioxidemissionen einzusparen.

Die Enquête-Kommission des Deutschen Bundestages „Vorsorge zum Schutz der Erdatmosphäre" hat deutlich gemacht, daß es beim Klimaschutz prioritär nicht um die Frage des Ausbaus der Kernenergie geht (Bericht der Enquête-Kommission Band 3/II, 78). Die Bundesregierung hat in ihrer Koali-

tionsvereinbarung vom Januar 1991 für die Klimaschutzpolitik einen Strategiemix beschlossen (Energie Dialog Nr. 1/2/1991, Hamburg, 56f.). Danach sollen
- die CO_2-Emissionen bis zum Jahre 2005 um 25–30% gemindert werden;
- eine CO_2-Abgabe eingeführt werden, deren Aufkommen für Klimaschutzinvestitionen zweckgerichtet aufzuwenden ist. Dabei soll diese CO_2-Abgabe in einer europäischen Konzeption für eine Klimaschutzabgabe oder Steuer eingebunden werden;
- das Energiewirtschaftsgesetz mit Einführung einer Umweltschutz- und Ressourcenschutzklausel novelliert werden;
- die Wärmeschutzverordnung, Heizungsanlagenverordnung, das Energieeinspargesetz und die Kleinfeuerungsanlagenverordnung verschärft werden.

3. Strategiemix für den Klimaschutz

Die Enquête-Kommission des Deutschen Bundestages „Vorsorge zum Schutz der Erdatmosphäre" hat sich einvernehmlich darauf verständigt, eine Reduktion der Kohlendioxidemissionen um 30% in allen wirtschaftsstarken Industrieländern sowie um 20% im Durchschnitt der Industrieländer jeweils bis zum Jahr 2005 zu verlangen.

Dieses Ziel bedeutet für das vereinte Deutschland die Reduktion der CO_2-Emissionen um ca. 300 Mio. Tonnen auf 750 Mio. Tonnen. Gleichzeitig sollen – bis zum Jahre 2005 – Methan um 30%, Stickoxid um 50% und Kohlenmonoxid um 60% verringert werden.

Priorität beim Klimaschutz haben Maßnahmen zur
- Verbesserung der Energieeffizienz,
- rationellen Energienutzung und Umwandlung,
- Energieeinsparung sowie
- zum Ausbau der Nutzung erneuerbarer Energien.

Aus der Tab. 1 ergibt sich für die einzelnen Energiesektoren aufgeschlüsselt das Gesamtpotential der Minderung, der CO_2-Emissionen in den alten Ländern der Bundesrepublik (vgl. Tab. 1, Enquête-Kommission „Vorsorge zum Schutz der Erdatmosphäre", Band 3/II, Bonn 1991, 89).

3.1 Strategie rationeller Energienutzung

Die Energiepolitik hat hier prinzipiell zwei Ansatzpunkte:
- ordnungsrechtliche Regelungen;
- marktwirtschaftliche Lösungsansätze.

Beide Ansätze sind zu kombinieren, um ein Maximum an rationeller Energieerzeugung und -verwendung durchsetzen zu können.

	Basisjahr 1987	Reduktionsszenarien im Jahr 2005		
		Energie-politik	Kern-energie-Ausstieg	Kern-energie-Ausbau
Endenergiesektoren:				
Haushalte	113	52	41	62
Kleinverbrauch	60	36	24	40
Industrie[2])	131	127	113	144
Verkehr	143	129	120	144
nicht behandelte Sektoren	6	9	5	5
Substitution durch Kraft-Wärme-Kopplung		–20	–29	–12
Summe Endenergiesektoren	453	333	274	383
Umwandlungssektoren:				
Kraft-Wärme-Kopplung und Heizwerke	45	71	82	16
Sonstige Stromerzeugung	189	94	140	82
Sonstige Umwandlungssektoren und statistische Differenzen	28	12	14	14
Summe Umwandlungssektoren	262	177	236	112
Zwischensumme Endenergiesektoren und Umwandlungsbereich	715	510	510	495
Reduktion in %[3]		*–28,7*	*–28,7*	*–30,8*
Reduktion durch energiebewußtes Verhalten in % gegenüber 1987[3]		5	5	5
Gesamtsumme	715	474	474	459
Gesamtreduktion in %		*–33,7*	*–33,7*	*–35,8*

[1] Endenergieseitig berechnet, inklusive bundesdeutschem Anteil am internationalen Flugverkehr
[2] Inklusive Brennstoffeinsatz für eigenerzeugten und selbstverbrauchten Strom
[3] Die Kommision verzichtet auf eine szenariospezifische Differenzierung des Beitrags durch energiebewußtes Verhalten und setzt bei allen Szenarien pauschal 5 Prozent des jeweiligen Wertes des Jah-res 1987 an.

Tab. 1: CO_2-Emissionen in Millionen Tonnen, unterteilt nach Sektoren, in den drei Reduktionsszenarien für die Bundesrepublik Deutschland (ohne ehemalige DDR) (Enquête-Kommission „Vorsorge zum Schutz der Erdatmosphäre", Band 3/II, 89)

3.1.1 Verschärfung des energiewirtschaftlichen Ordnungsrahmens

Die Umwandlungsverluste bei der Energieerzeugung – beispielsweise bei Strom – liegen bei konventionellen Kraftwerken noch bei ca. 65%. Die Verluste erhöhen sich durch Übertragungsverluste und durch Verluste bei der Anwendung der Nutzung der Energieträger. Auch im Raum-Wärmebereich und beim Warmwasserangebot sind noch Energieeinsparpotentiale von über 50% zu erzielen (*Jochem* 1989).

Am ungünstigsten ist die Energieausbeute im Verkehrsbereich – und hier beim Massenfahrzeug Automobil. Lediglich 18–20% der eingesetzten Energie wird in Antriebsenergie und Verkehrsdienstleistungen umgesetzt.

Um also das 30%-Ziel der Reduktion von CO_2-Emissionen zu erreichen, müssen verschärfte ordnungsrechtliche Rahmenbedingungen in den Bereichen
- Stromerzeugung und -verteilung
- Wärmenutzung
- Verkehrsdienstleistungen

durchgesetzt werden.

Die Novellierung des energiewirtschaftlichen Ordnungsrahmens wie z.B. des Energiewirtschaftsgesetzes aus dem Jahre 1935 wird seit Beginn der 70er Jahre gefordert. Einen konkreten Novellierungsentwurf dieses Gesetzes hat bisher nur die SPD im Deutschen Bundestag im Herbst 1990 eingebracht (Entwurf eines Energiegesetzes – Drucksache 11/7322 vom 1. 6. 1990). Nach diesem Gesetzentwurf sind die wichtigsten Eckpunkte:

- Aus Energieversorgungsunternehmen sollen Energiedienstleistungsunternehmen werden, die zunächst Möglichkeiten der Energieeinsparung beim Verbraucher und bei der Energieumwandlung ausnutzen müssen, bevor sie neue Versorgungsanlagen errichten. Die optimale Mischung von Einspartätigkeit und Versorgungstätigkeit wird die Hauptaufgabe der künftigen Energiewirtschaft sein.
- Der Einsatz der umweltfreundlichen Kraft-Wärme-Kopplung mit Nah- und Fernwärmeausbau und die Förderung der erneuerbaren Energien sollen zur Regel werden. Vor der Zulassung des Ausbaus umweltbelastender, konventioneller Kraftwerke müssen besonders energie- und umweltfreundliche Versorgungsmöglichkeiten – soweit sie wirtschaftlich sind – ausgeschöpft werden.
- Die Energieunternehmen und Kommunen werden verpflichtet, systematisch Energie und Strom zu sparen.
- Alle Preise, Tarife und Verträge unterliegen der Preisaufsicht, um sie auf ihre Energieeffizienz und Einsparungen hin überprüfen zu können.
- Die Einführung linearer Stromtarife sowie entsprechender Einsparkomponenten bei Einzelverträgen soll dazu beitragen, Strom rationeller bereitzustellen und Stromsparen zu belohnen. Das Verhältnis bei den Stromtarifen von Grund- zu Arbeitspreisen soll neu gestaltet werden.

Darüber hinaus sollen:
- erneuerbare Energien über gesetzliche Einspeisevergütungen verstärkte Marktchancen bekommen und
- schärfere Wärmeschutzstandards für Gebäude vorgeschrieben werden.

Für den Bereich der Energieeinsparung bei der Raumheizung und Warmwasserbereitung lassen sich zudem weitere technisch-wirtschaftliche Einsparpotentiale erschließen – z.B. durch den Einbau von
- modernen Heizungsanlagen
- Anlagen zur Wärmespeicherung und Wärmerückgewinnung
- brennstoffbetriebenen Wärmepumpen mit Abgasrückführung.

Hier sind für Neu- oder Ersatzinvestitionen die jeweiligen gesetzlichen Vorschriften anzupassen oder zu verschärfen sowie über Investitionsanreize und Steuervergünstigungen der Einsatz dieser Techniken zu fördern.

3.1.2 Marktwirtschaftliche Instrumente in der Energieversorgung

Das energiewirtschaftliche Ordnungsrecht bedarf der Ergänzung, damit das CO_2-Minderungsziel erreicht werden kann. Verbote, Gebote und Grenzwerte gehören sicher weiterhin zu einer modernen Umweltpolitik, aber sie haben Grenzen insbesondere deshalb, da der Verursacher keinen wirtschaftlichen Anreiz darin sieht, Grenzwerte von sich aus zu unterschreiten – auch wenn dies aufgrund des technischen Fortschritts möglich ist (*v. Weizsäcker* 1989, 435 ff.). Die ökologische Wirksamkeit von Grenzwerten insbesondere in der Energieversorgung erlaubt es nicht, ein bestimmtes ökologisches Ziel, wie beispielsweise die Reduzierung eines Schadstoffs um 70%, schnell mit den geringsten volkswirtschaftlichen Kosten durchzusetzen. Denn Grenzwerte müssen alle einhalten, unabhängig davon, wieviel für die entsprechende Vermeidungsmaßnahme aufgewandt werden muß. Deshalb sind das Energiewirtschaftsrecht und Umweltordnungsrecht durch marktwirtschaftliche Instrumente (Umweltsteuern und -abgaben) zu flankieren, um den Nutzer oder Betreiber von Anlagen (Automobilen) in die Lage zu versetzen, unter wirtschaftlichen Gesichtspunkten selbst zu entscheiden, ob er in moderne Energie- und Umwelttechnologien und neue Verfahren (oder Fahrzeuge) investiert oder die Steuer oder Abgabe voll bezahlt.

Insbesondere in der Energieversorgung können Energie- und Umweltsteuern und Abgaben wichtige ökologische Lenkungsfunktionen übernehmen.

Die Enquête-Kommission „Schutz der Erdatmosphäre" hat neben ordnungsrechtlichen Rahmenbedingungen auch Energie- und Umweltsteuern sowie Abgaben angesprochen, um das ehrgeizige CO_2-Minderungsziel zu erreichen.

Auch wenn auf der politischen Ebene bisher keine Einigkeit erkennbar ist für eine einheitliche Ausgestaltung der Energie- und Umweltsteuern sowie Abgaben, so halten doch die Bundesregierung und alle Parteien die Einführung von Energie- und Umweltsteuern sowie Abgaben grundsätzlich für notwendig. Auch die EG-Kommission tritt dafür ein, EG-weit Energie- und Umweltsteuern einzuführen.

Energie und Umweltsteuern sowie Abgaben sind kein Allheilmittel. Um sie für die Wirtschaft und den Verbraucher verkraftbar zu machen, müssen sie schrittweise eingeführt werden und möglichst aufkommensneutral sein. Für den einzelnen Bürger sollte die Verfügbarkeit seines Einkommens nicht wesentlich geringer sein als vor Einführung der Energie- und Umweltsteuer. Durch seine Entscheidung für die Nutzung energieeffizienter und umweltfreundlicher Produkte mit niedrigen Energie- und Umweltsteuern entscheidet der Bürger mittelfristig mit über die Veränderung in der Angebotsstruktur der Energiewirtschaft und der Industrie beispielsweise beim Automobil. D.h. Energie- und Umweltsteuern sowie Abgaben sind Instrumente zur mittel- und langfristigen Strukturveränderung insbesondere in der Energiewirtschaft und den Industriezweigen mit hohen spezifischen Energieverbräuchen (Chemie, Eisen-Stahl-Aluminium-NE-Metallverarbeitung). Derzeit geben die Energiemärkte keinerlei Anreiz, den nach den Ölpreiskrisen eingesetzten Entkopplungsprozeß von Energieverbrauchsanstieg und Wirtschaftswachstum verstärkt fortzuführen. Diese Entwicklung behindert auch den verstärkten Einsatz der erneuerbaren Energien. Die Wettbewerbsschwelle dieser Energien liegt bei höheren Ölpreisen, als wie wir sie zur Zeit haben.

Energiesteuern, ob nun CO_2-Steuern oder Klimaschutzsteuern, müssen so ausgestaltet sein, daß sie ökologische Lenkungseffekte erzielen. Sie sind keine Fiskalsteuern, sie müssen leicht erhebbar sein, auch sozial abgefedert werden. Ab 1993 können sie nur noch EG-weit eingeführt werden (*v. Weizsäcker* 1989, 437).

Wirken Energie und Umweltsteuern über die gesamte Wirtschaftsstruktur und dabei eher mittel- bis langfristig, so setzen Umweltabgaben gezielt in *einem* Bereich an (z.B. Abwasserabgabe, Abfallabgabe). Abgaben, die auf Emissionen erhoben werden und die unterhalb vorhandener Grenzwerte ansetzen, führen dabei teilweise zur Integration der volkswirtschaftlichen Kosten (Schäden) der Umweltbelastung in den Produktionsprozeß und damit auch in die Produkte und Produktpreise. Abgaben, auf knappe Ressourcen und Rohstoffe erhoben, berücksichtigen dagegen diese Knappheiten schon in den heutigen Marktpreisen und führen so zu effizienterem Einsatz der Rohstoffe.

Im Energiebereich werden insbesondere emissionsbedingte Abgaben diskutiert. Hervorzuheben sind hier die Luftschadstoffabgabe (*Schäfer* 1990, 140) und die CO_2-Abgabe.

Bei der **Luftschadstoffabgabe** sollen bei allen nach dem Bundesimmissionsschutzgesetz genehmigungspflichtigen Anlagen die Restemissionen (SO_2, NO_X, CO_2 und Staub) abgabepflichtig werden. Diese Abgabe soll dazu dienen, den Schadstoffausstoß aus Kraftwerken und Feuerungsanlagen weiter abzusenken. Anlagen, die die gesetzlichen Grenzwerte deutlich unterschreiten, erhalten eine Ermäßigung oder völlige Befreiung von der Abgabe.

Mit dem Aufkommen aus dieser Abgabe sollen neue Verfahren der Abgasreinigung, neue umweltfreundliche Kohletechnologien und Technologien zur Energieeinsparung und erneuerbarer Energien gefördert werden.

Die **CO_2-Abgabe** soll bei den CO_2-Emissionen aus Kraftwerken, Industrieanlagen, Feuerungsanlagen und Fahrzeugen ansetzen. Eine genaue Ausgestaltung dieser Abgabe liegt bisher noch nicht vor. Die Vorstellungen über einen ökologisch wirksamen Abgabesatz sind bisher noch nicht ausdiskutiert.

3.2 Den erneuerbaren Energien zum Durchbruch verhelfen

Als *Dahlberg* Anfang der 80er Jahre die Sonnenenergienutzung als globales Energiekonzept vorstellte, wurde er – wie andere damals auch – als Utopist abgetan (*Dahlberg* 1980, 49ff.).

Heute stellen die Energiepolitiker und Energiewissenschaftler zunehmend fest, daß die erneuerbaren Energien einen beträchtlichen Beitrag leisten können, um den Gefahren der Klimakatastrophe entgehen zu können. Die Wasserkraft spielt vor allem in den Entwicklungsländern eine wichtige Rolle. Die Windenergie hat die Wirtschaftlichkeitsschwelle erreicht, Solarstrom aus Solarfarmen in Kalifornien ist dort schon wettbewerbsfähig. Für die Länder der Dritten Welt, die weder Öl- noch Gasvorräte haben und für die die Kernenergie unbezahlbar und auch technisch-wissenschaftlich schwer beherrschbar ist, sind die erneuerbaren Energien die wichtigste Zukunftshoffnung in der Energieversorgung.

Aber auch in Europa, insbesondere in Süd- und Südosteuropa, sowie in den südlichen Teilen der GUS liegen gute Entwicklungschancen für die erneuerbaren Energien, insbesondere für Solarfarmen und die Photovoltaik. Die Energiewirtschaft hat sich bisher zu wenig den Herausforderungen gestellt, die mit dem breiten Einsatz der erneuerbaren Energien verbunden sind. Sicher, es gibt viele Demonstrationsprojekte in Deutschland, aber es gibt keine europäische Gesamtstrategie. Die Chancen der erneuerbaren Energien liegen im europäischen Markt. Aber der europäische Energiemarkt ist ein regulierter – oft national – abgeschotteter Markt.

Solange es keine europäischen Gesamtstrukturen der Forschung und Entwicklung, der Markteinführung, der Tarife und Einspeisebedingungen von Solarstrom in ein europäisches Netz gibt, werden die Solarfarmtechnologie und die Photovoltaik auf Insellösungen beschränkt bleiben und nur eine beschränkte Marktausweitung erfahren können.

Bei der europäischen Forschungsförderung wird immer noch die Kernfusion mit höheren Mitteln bedacht als die erneuerbaren Energien. Wie schon gesagt: Es dominieren Einzelprojekte, die die technische Machbarkeit aufzeigen. Es fehlt die Umsetzung dieser Technologien im europäischen Rahmen. Ohne diesen Rahmen wird es nicht gelingen, den erneuerbaren Energien einen größeren Anteil an der Energieversorgung zu verschaffen.

Unter dem Aspekt, daß zukünftige Energiepolitik vor allem Klimaschutzpolitik in den Industrieländern sein muß, ist in diesem Feld vor allem die Europäische Gemeinschaft, aber auch die Kooperation – zumindest der westeuropäischen – Energiewirtschaft gefordert.

Die Entwicklung der erneuerbaren Energien erfordert ein hohes Maß an neuen Technologien. Diese Technologien sind nicht extrem kapitalintensiv wie die Kernenergie, sie können Zug um Zug vernetzt, dezentral und flexibel aufgebaut werden. Sie bieten einen risikoärmeren Weg, den ökologischen Druck, der auf der Erde lastet, zurückzunehmen und damit eine Entwicklung zu fördern, die die *Brundtland*-Kommission als dauerhafte Entwicklung bezeichnet hat.

Literatur

Antwort der Bundesregierung (1989), Der EG-Binnenmarkt und die nationale Energiepolitik, Bundestagsdrucksache 11/4523 vom 10. 5., Bonn

Arbeitsbericht der AG Fortschritt 90 (1990) (Hrsg.), Fortschritt 90: Das ökologische Umbaukonzept der SPD, in: Sozialdemokratischer Informationsdienst, 3, Bonn

Bericht der Enquête-Kommission „Gestaltung der technischen Entwicklung; Technikfolgenabschätzung" (1990), Bedingungen und Folgen von Aufbaustrategien für eine solare Wasserstoffwirtschaft, Bundestagsdrucksache 11/7993 vom 24. 9., Bonn

Berichte der Enquête-Kommission „Vorsorge zum Schutz der Erdatmosphäre" des Deutschen Bundestages (Hrsg.) (1988–1991) Bände 1, 3/II, Bonn

Bundesminister für Umwelt Naturschutz und Reaktorsicherheit (Hrsg.) (1990), Bericht an das Bundeskabinett zur Reduzierung der CO_2-Emissionen in der Bundesrepublik Deutschland bis zum Jahre 2005 vom 30. 10., Bonn

Dahlberg, R. (1980), Sonnenenergie als globales Energiekonzept, in: Elektronik, 24, S. 49–56

Dreßler, R. u.a. (Hrsg.) (1990), Fortschritt 90 – Fortschritt für Deutschland, München

Energiegesetz (1990), Gesetzentwurf der SPD-Fraktion, Drucksache 11/7322 vom 1. 6.

Energie-Dialog (1991), Zeitschrift zum Energie Forum Hamburg Nr. 1/2, 9. April

Jochem, E. (1989), Langfristige Potentiale rationeller Energienutzung in den Industrieländern, Manuskript, Karlsruhe

Leipert Chr., Simonis U. E. (1987), Umweltschäden – Umweltschutz, in: Geografische Rundschau, 6, S. 300–306

Meyer-Abich, K., Schefold, B. (1986), Die Grenzen der Atomwirtschaft, München

Nutzinger H. G., Zahruf, A. (Hrsg.) (1990), Für eine ökologische Steuerreform, Energiesteuern als Instrumente der Umweltpolitik, Frankfurt a. M.

Scheer, H. (Hrsg.)(1989), Das Solarzeitalter, Karlsruhe/Freiburg

Schmid, J. (1988), Photovoltaik, Köln

v. Weizsäcker, E. (1989), Umweltsteuern sind unverzichtbar, in: Wirtschaftsdienst, 9, S. 435–438

Kapitel 43
Umweltschutz und Banken

von *Ralf Krüger*

1. Einführung 704
2. Gesellschaftspolitische Rolle der Banken 704
3. Einbeziehung des Umweltschutzes in die Geschäftspolitik 705
   3.1 Ökologisch bedingte Risiken für die Banken 705
   3.2 Ökologisch bedingte Chancen für die Banken 707
4. Herausforderungen an die Banken........................... 709
5. Zusammenfassung 710
Literatur 710

1. Einführung

Kaum ein Thema beschäftigt die öffentliche Diskussion und nahezu alle Bereiche der Gesellschaft so stark wie der Umweltschutz. Die umweltorientierte Thematik wird sich weiterentwickeln und weiterhin an Bedeutung gewinnen. Das wachsende Umweltbewußtsein führt nicht nur zu einem generellen Problembewußtsein, sondern auch zu umweltfreundlichem Handeln. Daraus entstehen veränderte Rahmenbedingungen, und diese stellen Unternehmen vor neue Aufgaben und Herausforderungen. Die umweltpolitische Auseinandersetzung, vor allem unter dem Aspekt der Verantwortung, konzentriert sich im wesentlichen auf die produzierenden Unternehmen.

Was haben Finanzdienstleistungssektor und insbesondere Banken mit Umweltschutz zu tun? Sie zählen doch nicht zu den maßgeblichen Verursachern von Umweltbelastungen. Diese Antwort scheint, oberflächlich betrachtet, einleuchtend zu sein. Aber ist damit die Frage erledigt? Die Antwort lautet: nein. Umweltschutz wird als „Querschnittsaufgabe" bezeichnet. Umweltschutz betrifft alle Unternehmen und geht durch alle Branchen. Banken nehmen eine Schlüsselstellung in der Wirtschaft ein.

Im folgenden sollen Rolle und Möglichkeiten der Banken bei der Mitwirkung der Gestaltung des Umweltschutzes einerseits und das Sich-Einstellen der Banken in ihrer eigenen Geschäftspolitik auf die durch Umweltschutz veränderten Rahmenbedingungen andererseits untersucht werden.

2. Gesellschaftspolitische Rolle der Banken

Die Banken nehmen eine zentrale Stellung im Wirtschaftsleben ein. Sie sind sich ihrer gesamtwirtschaftlichen Funktion und ihrer gesellschaftlichen Verantwortung bewußt und auch gewillt, im Rahmen ihrer Möglichkeiten ihren Beitrag zu einer umweltverträglichen Wirtschaft zu leisten.
Was bedeutet im Rahmen ihrer Möglichkeiten? Es ist sicherlich richtig, daß die Banken das offensichtlich umweltbelastende Wachstum mitfinanziert und davon profitiert haben. Das belegt die positive Korrelation von Wirtschaftswachstum und Geschäftsvolumenwachstum der Banken. Aber hier Ursachen und Verantwortungen einseitig zu verteilen oder Einflüsse prinzipieller Art für die Rolle der Banken bei der Gestaltung des Umweltschutzes zu konstruieren, wäre überschätzt und falsch. Die Rahmenbedingungen für den Umweltschutz schaffen nicht die Banken. Sie können nur eine Hilfsfunktion übernehmen, indem sie mitgestalten, informieren, beraten, aufklären und unterstützen z.B. bei der Umsetzung von Förderungsmaßnahmen und -programmen für den Umweltschutz. Die positive Einflußnahme der Banken

3. Einbeziehung des Umweltschutzes in die Geschäftspolitik

auf den Umweltschutz liegt in ihrer Geschäftstätigkeit, das Problembewußtsein und die sich daraus veränderten Rahmenbedingungen in ihre Entscheidungsprozesse einfließen zu lassen.

3. Einbeziehung des Umweltschutzes in die Geschäftspolitik der Banken

3.1 Ökologisch bedingte Risiken für die Banken

Das zentrale Risiko im Bankgeschäft liegt im Kreditrisiko. Um das Kreditrisiko zu begrenzen, müssen alle die Faktoren berücksichtigt werden, die die Bonität des Kreditnehmers und die Qualität der Sicherheiten betreffen. Zu den bisherigen Risikofaktoren sind zweifelsohne ökologische Risiken hinzugekommen.

Zunehmendes Umweltbewußtsein und vor allem Umweltschutzgesetze vom Umwelthaftungsrecht bis zur Produkthaftung und zu Emissionsauflagen verändern die Unternehmenssituation. Umweltschädliches Verhalten kann bis zur Existenzgefährdung des Unternehmens führen. Risiken eines umweltgefährdenden Verhaltens liegen in zusätzlichen Kosten, Imageverlusten und damit verbundenen Umsatzrückgängen. Das unterstreichen die bekannten Fälle der Flüssig-Ei-Nudeln, des Glykol-Weins und des hormonbehandelten Kalbfleisches. Durch umweltschutzwidriges Verhalten werden die Haftungsfälle und die Haftungssummen zunehmen. Grundstückssicherheiten können mit großen Risiken in Form von mit Altlasten verseuchtem Boden behaftet sein und sich im Falle einer Verwertung als wertlos erweisen. Die wenigen Beispiele zeigen bereits, daß bei der **Kreditprüfung** zusätzliche Kriterien, die **das ökologische Risiko** mitberücksichtigen, anzulegen sind, um aus Eigeninteresse Kreditrisiken und -ausfälle zu vermeiden.

Die klassische Kreditwürdigkeitsprüfung konzentriert sich auf die Prüfung der wirtschaftlichen Verhältnisse. Wesentliche Grundlage der Prüfung ist die Bilanzanalyse des Jahresabschlusses. Da es sich dabei um eine statische Vergangenheitsbetrachtung handelt, wird sie um die Analyse der Ertragsprognosen und Finanzpläne ergänzt. Die Praxis zeigt, daß die Prüfung der finanziellen Situation nicht ausreicht, in erster Linie, weil der Erkenntniswert der Analysen zu spät kommt. Diese Erfahrung wird durch zahlreiche Insolvenzursachenanalysen bestätigt. Deshalb werden nicht nur in der Literatur, sondern auch in der Bankpraxis neue verbesserte Kreditwürdigkeitsprüfungsansätze vorgeschlagen und ausgeführt, die stärker die **qualitativen Kriterien** wie Management, Markt- und Branchenbeurteilung neben der quantitativen, auf Kennziffern aufbauenden Finanzanalyse in den Vordergrund stellen. Diese Betrachtung ist zweifelsohne richtig und sollte um Umweltgesichtspunkte ergänzt werden.

Die ökologische Risikobeurteilung eines Unternehmens ist heute sicherlich nur ein Nebenaspekt, weil einfach die Erfahrung fehlt und ein Unternehmensanalyst im Kreditgeschäft einer Bank zur Zeit noch überfordert ist. Das wird sich aber in der Zukunft ändern. Hier sollen Ansätze aufgezeigt werden, die diese Entwicklung beschleunigen helfen.

Ökologische Risiken sind betriebliche Risiken. Somit müßte das Unternehmen zunächst einmal selbst prüfen, inwieweit ökologische Einflüsse Risikopotentiale aufbauen. Für diese Forderung gibt es in der Literatur und in der Praxis Anregungen. Die Banken können hier wegen ihrer großen Markt- und Branchenkenntnisse mithelfen. Das zeigt das Beispiel der Deutschen Bank. Für die umweltorientierte Eigenanalyse des Unternehmens müssen Fragen nach Risiken, aber auch nach Chancen gestellt werden. Auf letztere wird später eingegangen. Die Fragen werden in einer Checkliste zusammengestellt, systematisiert und unterliegen einer regelmäßigen Kontrolle. Denkbar ist, in einer späteren Stufe ein **Umweltschutz-Controlling** aufzubauen, soweit Unternehmen in einem Markt oder in einer Branche tätig sind oder Waren produzieren, die ein hohes Risiko an möglicher Umweltgefährdung beinhalten.

Die ökologische Analyse ist eine Markt- und Branchenanalyse, die um die ökologische Komponente erweitert wird. Das setzt allerdings auch eine Neuqualifizierung des Bankpersonals voraus. Über normales Sach- und Fachwissen der Kreditwürdigkeitsprüfung hinaus sind spezielle Erkenntnisse und Erfahrungen gefragt, die in einer Stabstelle konzentriert werden können und auch nicht-kaufmännische Spezialisten wie Ingenieure, Physiker, Chemiker usw. umfassen.

Wie wird sich die Bank nach einer **ökologischen Kreditwürdigkeitsprüfung** in ihrer Kreditentscheidung verhalten? Bei einer Kreditgefährdung durch ökologische Risiken wird sie negativ votieren. Ist die Bank stark an dem Kunden interessiert und sind die ökologischen Risiken abgrenzbar und lösbar, so wird sie durch aktives Risiko-Management in Form von Anregungen, Vorschlägen und Informationen das Unternehmen beeinflussen mit dem Ziel der Risikobewältigung. Sie wird das Risiko dem Unternehmen nicht abnehmen, sondern Auflagen als Voraussetzung für die Kreditgewährung machen. Eine solche Auflage kann z.B. der Abschluß einer Umwelthaftungsversicherung sein.

Generell kann gesagt werden, daß die Einbeziehung ökologischer Aspekte in die Kreditwürdigkeitsprüfung – sieht man von der politischen Zielsetzung der Ökobank ab, Kreditvergaben einer obligatorischen, ökologisch ausgerichteten Prüfung zu unterziehen – bei Banken erst am Anfang steht. Ein Grund dafür dürfte das fehlende „Know-how" des Bankpersonals sein. Ein weiterer Grund ist sicherlich auch die bislang geringe Zahl von Kreditausfällen bei Banken, deren Primärursache ökologische Risiken waren, so daß die Berücksichtigung ökologischer Kreditgefährdungspotentiale bislang nur

3. Einbeziehung des Umweltschutzes in die Geschäftspolitik 707

marginale Bedeutung hat. Das kann und wird sich ändern. Am stärksten findet gegenwärtig die Einbeziehung ökologischer Risiken bei der Prüfung von Grundstückssicherheiten auf **Altlasten** Berücksichtigung.

Die Banken sind gut beraten, intensiv in die Grundstückssicherheitenprüfung einzusteigen, und zwar sowohl bei Kreditneuanträgen als auch bei bestehenden Krediten. Die Bescheinigung einer Altlastfreiheit schützt vor Überraschungen, die bis zur völligen Wertlosigkeit der Sicherheit führen können. Die Behandlung der Altlastproblematik wird eine große Bedeutung in der Kreditvergabepolitik in den neuen Bundesländern bekommen.

3.2 Ökologisch bedingte Chancen für die Banken

Spricht man von Umweltproblematik, so denkt man an Risiken. Der Umweltschutzbereich bietet den Banken aber vor allem große Chancen. Er ist ein Markt mit überdurchschnittlich hohen Wachstumsraten für die Zukunft geworden. Das verdeutlichen folgende Zahlen: In der Zeit von 1975 bis 1986 wurden von der öffentlichen Hand 75,8 Mrd. DM und von dem produzierenden Gewerbe 40,6 Mrd. investiert. Investitionen und Betriebsausgaben stiegen von 1980 bis 1986, bezogen auf die Bruttowertschöpfung, von 1,7% auf 2%. Durch Umweltschutz entstanden bis 1985 Bruttoanlagevermögen von ca. 200 Mrd. DM, von 1975 bis 1985 jährliche Investitionen von 9 Mrd. DM und laufende Aufwendungen für Erhaltung und Unterhalt von 10 Mrd. DM. Für die folgenden Jahre werden für Investitionen und Unterhalt im Umweltschutz Ausgaben von über 20 Mrd. DM p.a. prognostiziert. Dieser Trend wird sich noch verstärken und es werden zusätzliche Chancen durch den Export von Umweltschutzgütern hinzukommen.

Die gewaltigen Investitionen im Umweltschutz werden die Branchen unterschiedlich tangieren. Das wird zu einer Verlagerung von Investitionsschwerpunkten führen und neue Schlüsseltechnologien entstehen lassen. Der Gesetzgeber wird hier die Prioritäten setzen und die Rahmenbedingungen vorgeben. Lag der Schwerpunkt bis 1986 bei Investitionsmaßnahmen für die Luftreinhaltung (50%), so wird in der ersten Hälfte der 90er Jahre der Schwerpunkt im Bereich des Gewässer- und Bodenschutzes sowie in der Entsorgung von Altlasten und der Abfallbeseitigung liegen. Bei den derzeitigen Schätzungen sind die Dimensionen, die durch die neuen Bundesländer zusätzlich entstehen, nur erahnbar.

Die Verlagerungen innerhalb der Umweltbereiche werden weitere Branchen und Firmen betreffen, bei letzteren nicht nur die großen, sondern auch die mittleren und kleineren Unternehmen.

Die Investitionen erfordern einen riesigen Finanzbedarf. Auch wenn man davon ausgeht, daß ein erheblicher Teil durch öffentliche Förderprogramme gedeckt wird, wird ein großer Finanzbedarf durch die Banken befriedigt werden müssen.

Wo liegen die Chancen der Banken im einzelnen und wie leisten die Banken ihren Beitrag zum Umweltschutz?

Die Chancen liegen natürlich in der Geschäftsbeziehung zu den Unternehmen, die umweltverträgliche Fertigungsverfahren nutzen oder herstellen und/oder ökologisch verträgliche Produkte herstellen. Diese Unternehmen dürften kreativ, innovativ und dynamisch neue Verfahren entwickeln und mit neuen Produkten in attraktive Märkte eindringen, neue Schlüsseltechnologien besetzen und ihre Zukunft sichern. Beispielhaft seien hier genannt die B.U.S. Berzelius Umwelt-Service AG, die bereits auf ein erstes erfolgreiches Geschäftsjahr zurückblicken kann, und die Biotest AG, das einzige börsennotierte reine Biotechnologie-Unternehmen in der Bundesrepublik, welchem Börsenanalysten eine starke Gewinnwachstumsphase vorhersagen. Solche Unternehmen genießen aufgrund des hohen Umweltbewußtseins in der Bevölkerung ein positives Image, welches sich in guter Marktstellung und überdurchschnittlichen Absatzchancen niederschlägt. Diese Unternehmen sind für das Firmenkundengeschäft einer Bank die gesuchte Zielgruppe. Banken, die umweltfreundliche Unternehmen auf ihrem Weg als Partner begleiten, werden von dem positiven Image ebenfalls profitieren. Es wird eine Wechselwirkung entstehen. Dabei fällt der Bank eine aktive Rolle zu. Will sie sich in Umweltschutzangelegenheiten als kompetenter Partner präsentieren, so muß sie Überzeugung und Know-how im Umweltschutz offerieren, um ihr Ziel, Hausbankverbindung zu sein, zu erreichen.

Das geht über die reine Produktpolitik hinaus. In der Produktpolitik sind die Grenzen durch die Uniformität der Produkte und der schnellen Reaktionsmöglichkeit der Konkurrenz vorgegeben. Hinzu kommt, daß bei einer ökologisch orientierten Produktpolitik staatliche Förderprogramme, zinsgünstige Kredite usw. die Produktpalette der Banken einschränken und sie nur noch in marginale Bereiche abdrängen. Die staatlichen Fördermittel begrenzen zweifelsohne die Produktgestaltung im Aktivgeschäft der Banken. Dennoch bieten z.B. die Commerzbank AG und die Bank für Gemeinwirtschaft AG **Umweltschutzkredite** an, erstere in Verbindung mit staatlichen Fördermitteln (Commerzbank – Mittelstands-Umweltkredit (CBM-Umweltkredit), letztere ohne Bindung an öffentliche Mittel (BfG-Umweltschutzkredit)). Beide sind de facto Ergänzungskredite. Eine fortschrittliche Bank wird nicht nur das Produkt sehen, sondern durch Informations-Wissen und Erfahrungsvorsprung ein Paket schnüren, in das sie auch ihren Kredit einbringt. Für sie ist ihr **Umweltschutzprofil** der Wettbewerbsvorteil. Wie erreicht sie das?

Das wird zunächst erreicht durch ein Angebot an Beratungsleistungen. Im Gegensatz zur Produktpolitik gibt es hier bessere Differenzierungsmöglichkeiten und damit bessere Voraussetzungen von Wettbewerbsvorteilen im Firmenkundengeschäft. Kundenberatung ist inzwischen der entscheidende Imagefaktor der Banken zur profitträchtigen Absetzung von Wettbewerbern.

Umweltschutzinvestitionen werden durch zahlreiche staatliche Maßnahmen gefördert. Die Palette zinsgünstiger Investitionsdarlehen ist kaum noch überschaubar. Daraus entstehen Informationsdefizite, vor allem bei mittelständischen Unternehmen. Diese Defizite können durch fachkundige Beratung abgebaut werden. Eine optimale Beratung schafft Vertrauen zur Bank und festigt die Kundenbeziehung. Über die Beratung über öffentliche Fördermittel, die von nahezu allen Banken angeboten wird, sollte eine gute Beratung hinausgehen. Auch eine **Technologieberatung** ist denkbar, indem z.B. aufgrund der zahlreichen Geschäftsbeziehungen ein Informationsservice über aktuelle Umweltschutztechnologien aufgebaut und den Kunden angeboten wird. Genaue Kenntnisse technologischer Neuerungen im In- und Ausland auf dem Gebiet des Umweltschutzes werden zu einer der wichtigen Voraussetzungen für erfolgreiche Investitionen. Das Angebot an Beratungsleistungen sollte selbstverständlich in die Öffentlichkeitsarbeit der Banken Eingang finden. So kann ein ökologisch ausgerichtetes Leistungsangebot durch Werbung für die Öffentlichkeitsarbeit genutzt werden und somit wesentlich zu einem positiven Image und damit zum Geschäftserfolg beitragen.

Das Umweltbewußtsein greift zwar langsam, aber steigend auch auf die Anleger, also auf das Fonds-Geschäft über. In den USA sind aufgrund der strengen Umweltschutzgesetze sogenannte **Ethik-Fonds** längst verbreitet. Bis Ende 1989 betrug das Fonds-Vermögen ethischer und ökologischer US-Fonds 450 Mrd. US-Dollars. In Großbritannien gibt es inzwischen 20 Fonds mit ökologischer oder ethischer Ausrichtung. Es gibt auch inzwischen die ersten deutschinitiierten „Öko-Fonds", die zum Teil über Tochtergesellschaften deutscher Banken aufgelegt wurden.

4. Herausforderung an die Banken

Zur Zeit sind die Verbindungen zwischen Umweltschutz und Banken partiell. Um eine ökologisch orientierte Geschäftspolitik erfolgreich umsetzen zu können, müßte sie integrierter Bestandteil eines Gesamtkonzeptes sein. Das wäre der Schritt, den Ökologiegedanken in die strategische Unternehmensplanung einzubauen.

Da Umweltaspekte aber nicht im Mittelpunkt des Bankgeschäftes stehen und nur Teilbereiche des Geschäftes betroffen sind, werden die Banken auch nur den pragmatischen Schritt gehen, diese Teilbereiche den Erfordernissen des Marktes anzupassen. Dafür werden sie die Kenntnisse, Informationen und Erfahrungen für den Umweltschutz bündeln und organisatorisch in Stabsstellen konzentrieren sowie in Form von Produkten und Beratung den Kunden anbieten. Das wiederum erfordert eine neue Qualifikation der Mitarbeiter und eine ökologisch ausgerichtete Bewußtseinsbildung.

5. Zusammenfassung

Die Banken stehen nicht im Mittelpunkt umweltpolitischer Diskussionen. Sie sind aber durchaus von umweltpolitischen Einflüssen betroffen, die sie in ihre Geschäftspolitik miteinbeziehen müssen. Das gilt vor allem im Firmenkundengeschäft, wo einerseits die Vernachlässigung ökologischer Risiken erheblichen Schaden bewirken kann und andererseits große Marktchancen in Form von Wachstumspotentialen für die Zukunft liegen. Ein hohes Maß an Weiterbildungsbereitschaft über die traditionellen Qualifikationen wie Produktkenntnis, Analysefähigkeit und Risikobewußtsein hinaus ist erforderlich, um den zukünftigen ökologischen Herausforderungen zu begegnen. Die meisten Banken haben die ökologischen Entwicklungen erkannt und sind dabei, ihre Erkenntnisse schrittweise umzusetzen.

Literatur

Bundesministerium für Umwelt, Naturschutz und Reaktorsicherheit (o.J.), Investitionshilfen im Umweltschutz, Bonn
De Weck, Ph. (1977), Umweltschutz und Geschäftspolitik der Banken, Bern/ Stuttgart
Deutsche Bank AG (1989), Umweltschutz, Fakten, Prognosen, Strategien, 2. überarbeitete Auflage, Frankfurt a.M.
Heim, E., Kuhn, W. (1987), Technologiebeurteilung – Ein wichtiger Baustein der Kreditwürdigkeitsprüfung, in: Kreditpraxis, 2
Hennes, M. (1991), Zinsen auf Moral, in: Wirtschaftswoche, 8
Pfriem, R. (1986), Ökologische Unternehmenspolitik, Frankfurt a.M.
Seifert, B. (1988), Die Banken steigen ein, in: Wirtschaftswoche, 48
Siegmann, H. P. (1990), Umweltschutz ist Chefsache. Methoden und Wege zum umweltorientierten Management, in: *Albach, H.* (Hrsg.), Betriebliches Umweltmanagement, Wiesbaden
Steger, U. (1988), Umweltmanagement, Erfahrungen und Instrumente einer umweltorientierten Unternehmensstrategie, Wiesbaden
Weyers, G. (1989), Die Altlastenproblematik aus Sicht der Kreditwirtschaft, in: Kreditpraxis, München
Winter, G. (1990), Das umweltbewußte Unternehmen. Ein Handbuch der Betriebsökologie mit 22 Checklisten für die Praxis, München

Kapitel 44
Umweltschutz – eine Aufgabe für Versicherungen

von *Christian Müller* und *Elmo Freiherr von Schorlemer*

1. Versicherung von Umweltrisiken 712
   1.1 Sinn und Zweck einer Versicherung 712
   1.2 Umweltversicherungen und ihr Deckungsumfang 712
      1.2.1 Haftpflichtversicherung 712
      1.2.2 Sachversicherung 713
2. Umweltsanierung – der Beitrag der Versicherer 714
   2.1 Die finanziellen Aufwendungen 714
      2.1.1 Grundwassersanierungen im Rahmen der Gewässerschadenhaftpflichtversicherung 714
      2.1.2 Bodendekontaminationen über die Feuerversicherung 715
   2.2 Schadenmanagement durch Beratungsservice 716
3. Umweltschutz durch Risikoprüfung und Schadenverhütung 717
   3.1 Brandschutzservice in der Feuerversicherung 718
   3.2 Umweltberatung in der Haftpflichtversicherung 718

1. Versicherung von Umweltrisiken

1.1 Sinn und Zweck einer Versicherung

Der folgende Beitrag soll zeigen, was die Versicherer als Partner der Wirtschaft zum Schutz der Umwelt bzw. zur Wiederherstellung der Umwelt leisten. Dabei wird nicht im einzelnen auf die rechtliche Haftung bzw. auf die vertragliche Deckung eingegangen. Auf die Beschreibung einiger grundsätzlicher Dinge kann jedoch nicht verzichtet werden.

Im Rahmen eines Versicherungsvertrages übernimmt der Versicherer in der Regel die finanziellen Folgen eines nicht absehbaren zufallsbedingten Ereignisses. Der Schaden und seine Folgen sind für den einzelnen Versicherungsnehmer nicht vorhersehbar und können deswegen betriebswirtschaftlich nicht eingeplant werden. Für eine bestimmte Versicherungsprämie nimmt ihm der Versicherer das Risiko ab. Hier kommt es durch die Vielzahl der versicherten Risiken zu einem **Risikoausgleich**.

1.2 Umweltversicherungen und ihr Deckungsumfang

1.2.1 Haftpflichtversicherung

Die Haftpflichtversicherung deckt Schadenersatzansprüche eines Dritten aufgrund gesetzlicher Haftpflichtbestimmungen privatrechtlichen Inhalts ab. Im Fall des Umweltrisikos bedeutet dies ein Eintreten für Schäden, die einem Dritten durch die vom Versicherungsnehmer verursachte nachteilige Veränderung der Umwelt entstanden sind.

Bei den rechtlichen Grundlagen ist zu unterscheiden zwischen der **verschuldensabhängigen Haftung** (§ 823 BGB) und der **verschuldensunabhängigen Gefährdungshaftung**, wie wir sie bereits seit längerem aus den Umweltgesetzen, z.B. § 22 WHG, § 14 BImschG, kennen. Besonders festzuhalten ist, daß der Verursacher nicht für die nachteilige Veränderung der Umwelt haftet, sondern für die daraus einem Dritten entstehenden Schäden. Auch das neue UmweltHG schreibt in Paragraph 1 die Gefährdungshaftung fest.

Tritt die Haftpflichtversicherung entsprechend den Allgemeinen Versicherungsbedingungen für die Haftpflichtversicherung (AHB) grundsätzlich nur für Haftpflichtansprüche privatrechtlicher Natur ein, so kam es im Bereich der Gewässerschadenhaftpflichtversicherung zu der Sonderregelung, daß im Rahmen von Rettungskosten, die vor Schadeneintritt entstehen, auch Schadenersatz für öffentlich-rechtliche Ansprüche geleistet wird. Dies geschieht vor dem Hintergrund, größeren Schaden, der bei Nichteingreifen einem Dritten entstehen könnte, zu verhindern.

Kernstück für den Bereich der Umweltgesetzgebung war seit Inkrafttreten des Wasserhaushaltsgesetzes 1960 die Gewässerschadenhaftpflichtversicherung. Hier wird unterschieden nach dem Anlagenrisiko sowie Abwasseranlagen- und Einwirkungsrisiko.

Als **Anlagenrisiko** können versichert werden:
- Anlagen, die bestimmt sind, wassergefährdende Stoffe zu lagern, abzulagern, zu befördern oder wegzuleiten,
- Anlagen, die bestimmt sind, wassergefährdende Stoffe herzustellen und/oder zu verarbeiten, oder
- das Risiko aus der betrieblichen Verwendung wassergefährdender Stoffe.

Versichert ist das Risiko, daß die Stoffe in ein Gewässer gelangen, ohne in dieses eingebracht oder eingeleitet worden zu sein.

Das **Abwasseranlagen- und Einwirkungsrisiko** umfaßt Anlagen, die bestimmt sind, Abwässer aufzunehmen, zu sammeln, zu lagern, zu behandeln, zu befördern oder abzuleiten. Wie beim Anlagenrisiko ist auch hier zum einen das Risiko versichert, daß solche Abwässer unvorhergesehen in ein Gewässer gelangen. Darüber hinaus umfaßt das Einwirkungsrisiko aber auch die genehmigte Einleitung von Abwässern unter Einhaltung behördlicher Auflagen. Es versteht sich von selbst, daß vorsätzliches Abweichen von gesetzlichen oder behördlichen Anordnungen ein Eintreten des Versicherers für die Folgen eines Gewässerschadens ausschließt.

Eine Versicherung dient dazu, die Folgen eines unvorhersehbaren Ereignisses abzudecken. Ansprüche wegen Schäden als Folge des normalen störungsfreien Betriebsgeschehens, wie z.B. Verdampfungs-, Verdunstungs-, Abtropf- oder Verplanschungsvorgänge, sind zwangsläufig vom Versicherungsschutz ausgeschlossen.

Seit dem 1. Januar 1991 ist das Umwelthaftungsgesetz in Kraft. Neben der Formulierung der Haftungstatbestände, die im wesentlichen analog dem Wasserhaushaltsgesetz jetzt auch auf Boden und Luft ausgedehnt wurden, wird von den Betreibern bestimmter Anlagen, die im Anhang 2 zum Umwelthaftungsgesetz benannt werden, eine Pflicht zur Deckungsvorsorge für Schäden durch Umwelteinwirkungen festgeschrieben (§ 19 UmweltHG). Umfang und Höhe der Deckungsvorsorge sowie Möglichkeiten der Freistellung regelt eine Rechtsverordnung (§ 20 UmweltHG).

1.2.2 Sachversicherung

Im Rahmen der Feuerversicherung kann heutzutage in Ergänzung einer Aufräumkostenversicherung, die sich auf den Bereich oberhalb der Erdoberfläche beschränkt, auch eine **Dekontaminationsklausel** eingeschlossen werden. Dann leistet der Versicherer im Fall behördlicher Anordnung und soweit keine anderen Versicherungen, z.B. Gewässerschadenhaftpflichtversicherung, eintreten für die Sanierung des Bodens bis zum Grundwasserspiegel bis zur Höhe der vereinbarten Versicherungssumme.

2. Umweltsanierung – der Beitrag der Versicherer

2.1 Die finanziellen Aufwendungen

2.1.1 Grundwassersanierungen im Rahmen der Gewässerschadenhaftpflichtversicherung

Im Rahmen dieser Haftpflichtversicherung leistet der Versicherer Schadenersatz für Personen- oder Sachschäden, die dem Geschädigten durch eine vom Versicherungsnehmer verursachte Umweltbeeinträchtigung entstanden sind. Darin ist zunächst nicht unbedingt ein Beitrag zur Umweltsanierung erkennbar. So ist es z.B. durchaus möglich, daß das Brunnenwasser eines Versorgungsbetriebes durch Schadstoffe wie chlorierte Kohlenwasserstoffe (CKW) oder Benzinkohlenwasserstoffe und aromatische Kohlenwasserstoffe (AKW) so belastet ist, daß eine Nutzung als Trinkwasser nicht mehr möglich ist. Als Schadenersatzmaßnahme ist hier die Installation einer Wasseraufbereitungsanlage denkbar, die gewährleistet, daß das Wasser, das in die Trinkwasserversorgung abgegeben wird, den Anforderungen der Trinkwasserverordnung (TVO) genügt. Der eigentliche Umweltschaden, das ist die Kontamination des Grundwassers durch die genannten Schadstoffe, wird durch diese Maßnahmen nicht saniert.

Bei einem großen Teil der im Rahmen der Gewässerschadenhaftpflichtversicherung gemeldeten Schäden handelt es sich um Boden- und/oder Grundwasserkontaminationen durch wassergefährdende Stoffe, die aufgrund behördlich angeordneter Untersuchungen festgestellt wurden. Gestützt auf das Polizeirecht fordern die Behörden zur Aufrechterhaltung der öffentlichen Sicherheit und Ordnung – hier Unversehrtheit des Grundwassers – eine Sanierung des Bodens und des Grundwassers. Die besondere Schutzwürdigkeit des Grundwassers ist höchstrichterlich anerkannt. Für den Verursacher, der über eine Gewässerschadenhaftpflichtversicherung verfügt, ist es jetzt entscheidend, ob durch die Kontamination des Grundwassers der Schaden eines Dritten wahrscheinlich ist. Wird dies bejaht, werden im Rahmen der Rettungskosten die Sanierungsmaßnahmen für Grundwasser und Boden übernommen.

In den ersten 20 Jahren der Existenz der Gewässerschadenhaftpflichtversicherung wurde bei den Versicherern kein besonders auffälliger Schadenverlauf registriert. Dies änderte sich Ende der 70er Jahre. Gestiegenes Umweltbewußtsein und eine entscheidend verbesserte Analytik führten zu einer immer noch wachsenden Zahl von Gewässerschäden, in erster Linie Grundwasserschäden. Daraus resultiert für die Versicherer ein negativer Schadenverlauf, der sie dazu zwingt, Art und Umfang der Schäden und die dafür aufgewendeten Entschädigungen genauestens zu verfolgen.

2. Umweltsanierung – der Beitrag der Versicherer

Entsprechend dem Verursacherpotential trifft diese Entwicklung besonders die Versicherer mit Industrie- und Gewerbekundschaft. So haben seit Anfang der 80er Jahre besonders die Industrieversicherer 2- und 3-stellige Millionenbeträge als Entschädigungen im Rahmen der Gewässerschadenhaftpflichtversicherung bezahlt. Inwieweit es sich bei diesen Zahlungen um reine Schadenersatzleistungen an Geschädigte und inwieweit es sich um Umweltsanierungsmaßnahmen im Rahmen der Rettungskosten handelt, ist nicht exakt zu beziffern. Sicher ist jedoch der weitaus überwiegende Betrag für umweltschutzrelevante Sanierungsmaßnahmen ausgegeben worden.

Um welche Beträge es sich im einzelnen Versicherungsfall handelt, soll an zwei Beispielen aufgezeigt werden.

Eine der Hauptursachen für Grundwasserkontaminationen ist die Lagerung und Verwendung von Chlorkohlenwasserstoffen – Stichwörter sind hier Tri und Per –, die u. a. aufgrund ihrer besonderen fettlösenden Eigenschaften als Lösemittel weite Verbreitung in der industriellen Fertigung finden. Wird eine nennenswerte Boden- und Grundwasserverunreinigung durch diese Stoffe festgestellt, werden in der Regel Sanierungsmaßnahmen notwendig, die finanzielle Aufwendungen in der Größenordnung von DM 300000 bis DM 500000 erforderlich machen. Sind diese Maßnahmen geeignet, den Schaden eines Dritten abzuwenden, und sind die deckungsrechtlichen Voraussetzungen gegeben, so werden diese Aufwendungen im Rahmen der Rettungskosten vom Versicherer übernommen.

Eine besondere Schadenhäufung trat durch die Umstellung auf bleifreie Kraftstoffe für Kraftfahrzeugmotoren ein. Viele Tankstellen waren zu Erweiterungs- oder Umbaumaßnahmen an ihren Tanks gezwungen. Es stellte sich heraus, daß es kaum eine Tankstelle gibt, bei der nicht Boden und auch Grundwasser nennenswert mit Mineralölkohlenwasserstoffen kontaminiert sind. Für eine nachhaltige Sanierung dieser Schäden sind in der Regel auch Beträge in der Größenordnung von DM 300000 erforderlich. Unter den oben geschilderten Voraussetzungen muß auch hierfür die Gewässerschadenhaftpflichtversicherung eintreten.

2.1.2 Bodendekontaminationen über die Feuerversicherung

Über die Dekontaminationskostenversicherung sind die Aufwendungen gedeckt, die für die behördlich angeordnete Sanierung des Bodens erforderlich sind. Die Höhe der Aufwendungen ist durch die abgeschlossene Versicherungssumme vertraglich begrenzt. In welcher Größenordnung sich die Entsorgungskosten für eine Bodensanierung belaufen, kann aus Tab. 1 (S. 716) ersehen werden. Bei Kosten zwischen DM 200 und DM 1000 pro Tonne zu entsorgendem Boden können sich, je nach Sanierungserfordernis, bei entsprechender Fläche und bei Flurabständen – das ist der Abstand zwischen der Erdoberfläche und dem Grundwasserspiegel – zwischen in der Regel 3 m bis

8 m, hier sehr schnell Beträge in Millionenhöhe ergeben, die für die Bodensanierung ausgegeben werden müssen.

Art der Sanierung	Kosten in DM/t	
	von	bis
Aushub und Deponierung	120	1200
Biologische Verfahren	200	300
Thermische Verfahren (Verbrennung)	200	450
Bodenwaschverfahren	200	500
Bodenluft-Absaugung	50	150

Tab. 1: Kosten der Bodensanierung

Gehen wir z. B. von einem 20 m mal 40 m großen Geländestreifen aus, in dem bei einem schwer zu löschenden Brand große Mengen Löschwasser versickern würden, so ist es denkbar, daß diese Fläche von 800 qm vielleicht auf 1 m Tiefe saniert werden muß. Geht man von einer Dichte von etwa 1,7 t pro cbm Boden aus, so ergibt sich eine Bodenmasse von gut 1300 t, die aufbereitet oder entsorgt werden muß. Ist dieser Boden mit stark umweltgefährdenden Stoffen belastet, so ist schnell die Entsorgung auf einer Sondermülldeponie oder in einer Verbrennungsanlage erforderlich. Die Kosten hierfür sind in den letzten Jahren stark angestiegen, so daß DM 500 pro Tonne in der Regel nicht mehr ausreichen. Sollte evtl. sogar eine Endlagerung in einer Untertagedeponie erforderlich werden, so sind schnell DM 1000 für eine Tonne zu entsorgenden kontaminierten Boden aufzuwenden. In unserem Beispiel wären so allein für die Dekontamination, die zum Schutze der Umwelt auf der Grundlage der öffentlichen Sicherheit und Ordnung von den Behörden gefordert würde, eine Summe von über DM 1 Mio. aufzuwenden.

2.2 Schadenmanagement durch Beratungsservice

Die hohen finanziellen Beiträge der Versicherer zur Sanierung von Umweltschäden haben in den vergangenen Jahren verstärkt dazu geführt, daß die Versicherungsunternehmen eigene Expertenteams für die technische Schadenbearbeitung aufgebaut haben. Diese Sachverständigen sollen u. a. gewährleisten, daß die hohen Schadenregulierungsleistungen auch zu einer sinnvollen Sanierung führen. Gleichzeitig stehen sie dem Versicherungsnehmer beratend zur Seite. Gerade kleinere Betriebe sind bei der Untersuchung eines Schadens und dessen Sanierung in der Regel überfordert. Den behördlichen Anordnungen stehen diese Unternehmen völlig unvorbereitet gegenüber. Hier leisten die Versicherungssachverständigen wertvolle Hilfe, die so weit gehen kann, daß im Rahmen der Schadenabwicklung auch das technische Schadenmanagement durch die Versicherungsexperten übernommen wird. Es ist deshalb wichtig, daß die Versicherungsnehmer beim ersten Hinweis auf einen Umweltschaden umgehend ihren Versicherer informieren.

Das Schadenmanagement beginnt in der Regel mit der Unterstützung bei der **Auswahl geeigneter Institute**, die den vermuteten Schaden nach Art und Ausmaß untersuchen. Besonders wichtig ist auch die **Beratung des Versicherungsnehmers** bei den Gesprächen und Verhandlungen mit den zuständigen Behörden. Aufgrund der Vielzahl der Schadenfälle besitzen die Versicherungsexperten für diese Aufgaben das erforderliche Spezialwissen. Die Erfahrung hat gezeigt, daß in der Regel ein frühzeitiger Kontakt mit den zuständigen Behörden für eine schnelle und dann in der Regel auch kostengünstige und effektive Sanierung hilfreich ist. Das Spezialwissen erfahrener Versicherer wird behördlicherseits durchaus anerkannt, und unter dem Grundsatz der Verhältnismäßigkeit wird auch das Bemühen der Versicherer, die kostengünstigste Lösung zu finden, akzeptiert. Dieser Konsens ermöglicht es in der Mehrzahl der Fälle, den Umfang der erforderlichen Untersuchungen und die Sanierungsziele ohne behördliche Anordnungen abzustimmen.

Ist die Vorgehensweise weitgehend festgelegt, wird der Sachverständige des Versicherers bei der **Auswahl geeigneter Sanierungsunternehmen** beratend mitwirken. Auch hier kommt ihm die Marktübersicht aus der Vielzahl ähnlicher Schadenfälle zugute. Häufig dauert die Schadensanierung Monate wenn nicht Jahre. Auch hier verfolgen die Versicherer im Rahmen der Schadenbearbeitung den Sanierungsfortschritt in Richtung auf die gesteckten Sanierungsziele.

Sicher spielen bei diesem aufwendigen technischen Einsatz auch die Interessen des Versicherers eine maßgebliche Rolle, da je nach Deckungsumfang der Versicherer einen Großteil der Sanierungsaufwendungen bezahlen muß. Erklärtes Ziel ist es, das ökologisch Notwendige mit dem ökonomisch Leistbaren in Einklang zu bringen.

3. Umweltschutz durch Risikoprüfung und Schadenverhütung

Die im vorangegangenen Abschnitt beschriebenen finanziellen Leistungen sowie der Beratungsservice werden, soweit sie für den Umweltschutz wirksam sind, überwiegend für die Behebung von Umweltschäden und die möglichst weitgehende Wiederherstellung der ursprünglichen Umwelt aufgewendet. **Betrieblicher Umweltschutz** heißt jedoch, Produktionsprozesse und Wirtschaftsabläufe so zu steuern, daß die Umwelt nicht über ein unvermeidbares und vertretbares Maß hinaus geschädigt wird.

Die Vielgestaltigkeit möglicher Umweltgefährdungen erfordert ein hohes Maß an fachlicher Qualifikation, um den hohen Anforderungen des Umweltschutzes sachgerecht beggnen zu können. Dies können Gewerbebetriebe oder mittelständische Industrieunternehmen aus eigener Kraft häufig nicht leisten. Sie bedienen sich hierzu externer Sachverständiger.

Im Rahmen der Risikopartnerschaft mit dem Versicherungsnehmer sind auch die Versicherer maßgeblich daran interessiert, daß Umweltschäden, die dann auch zu Versicherungsschäden führen können, zuverlässig vermieden werden. Nicht zuletzt aus eigenem Interesse haben die Industrieversicherer deswegen Sachverständigenteams aufgebaut, die mit Naturwissenschaftlern und Technikern im Rahmen der Vertragspartnerschaft die Versicherungsnehmer in der Risikoerkennung und Schadenverhütung beraten und so einen wesentlichen Beitrag zum Umweltschutz leisten.

3.1 Brandschutzservice in der Feuerversicherung

Im Bereich der Feuerversicherung wird die Beratung zur Schadensverhütung und -begrenzung bereits seit Jahrzehnten intensiv durchgeführt. Im Verband der Sachversicherer (VdS) wurden dazu technische Regelwerke, die teilweise Empfehlungen, teilweise auch verbindliche Vorschriften der Versicherer beinhalten, erarbeitet. Wenn in früherer Zeit immer die Vermeidung des Brandschadens mit den damit verbundenen wirtschaftlichen Auswirkungen auf den Betrieb im Vordergrund stand, so dienen diese Maßnahmen doch auch immer unbedingt dem Umweltschutz. So ist jedes Brandereignis zwangsläufig mit umweltschädigenden Auswirkungen verbunden. Heute mehr als früher, können bei solchen Bränden große Mengen an gefährlichen Umweltgiften entstehen, die sich mit dem Rauch unkontrollierbar in der Umwelt ausbreiten. Die Schadstoffpalette reicht hier bis zu den gefährlichsten Umweltgiften wie z. B. Dioxine.

Auch bei der Feuerbekämpfung wurde zunächst an den Brandfolgeschaden, den Löschwasserschaden an Gebäuden und Einrichtungen gedacht. Es wurde versucht, durch entsprechende Maßnahmen die notwendigerweise anfallende Wassermenge zu begrenzen. Nach spektakulären Umweltschäden, die bei der Brandbekämpfung durch kontaminiertes Löschwasser entstanden, hat man erkannt, daß ein unkontrolliertes Ablaufen des Löschwassers zur Vermeidung von Umweltschäden verhindert werden muß. So steht heute die **Löschwasserrückhaltung** mit im Mittelpunkt jeglicher betrieblicher Umweltschutzmaßnahmen. Durch die Mitwirkung des Versicherers, teilweise auch in Form von Auflagen, wird der mögliche Umweltschaden durch Rauch und Staub oder die Kontamination des Bodens und Grundwassers durch belastetes Löschwasser so gering wie möglich gehalten.

So ist unzweifelhaft, daß Brandverhütung und Schadenbegrenzung eindeutige Umweltschutzmaßnahmen sind, gilt es doch Umweltbeeinträchtigungen durch einen Brand und die nachträglich notwendige Entsorgung des Brandschutts oder des aufgefangenen Löschwassers so weit es geht zu minimieren.

3.2 Umweltberatung in der Haftpflichtversicherung

Nachdem seit Ende der 70er Jahre vermehrt Grundwasserbelastungen und ihre umweltschädigende Wirkung festgestellt wurden, wurde ein breites Instrumentarium an Schadenverhütungsmaßnahmen zum Schutz der Umwelt

3. Umweltschutz durch Risikoprüfung und Schadenverhütung

entwickelt. Hier kann sich der Versicherungsnehmer auf die technischen Spezialisten der Umweltberatung des Versicherers stützen.

Eine Gewässerschadenhaftpflichtversicherung, in Zukunft möglicherweise eine Haftpflichtversicherung im Rahmen des UmweltHG, wird ein verantwortungsbewußter Versicherer heute nicht mehr ohne eine genaue **Risikoprüfung** zeichnen. Aus dieser Risikoprüfung, auf die an anderer Stelle in diesem Buch eingegangen wird, resultieren konkrete Vorschläge und Forderungen mit dem Ziel der Schadenverhütung. Bei der enormen Vielzahl umweltschädlicher Stoffe, die heutzutage entweder als Grundstoffe in der Produktion oder als Betriebs- und Hilfsmittel eingesetzt werden, gilt es bereits bei Planung und betrieblicher Organisation mögliche Umweltgefährdungen zu vermeiden. Dies beginnt mit Überlegungen zur möglichen Vermeidung besonderer Gefahrstoffe und geht bis zur Sicherung bei Umgang und Lagerung von nicht vermeidbaren Gefahrstoffen. Bei der kaum noch zu überblickenden Vielzahl gesetzlicher Regelungen und technischer Vorschriften ist auch hier wieder die Beratung durch die Sachverständigen des Versicherers unmittelbar als Umweltschutzmaßnahme anzusehen.

Eine besondere Rolle spielt dabei die **Einschränkung des Versicherungsschutzes** auf das nicht vorhersehbare unfallartige Ereignis. Das heißt, der Versicherungsnehmer muß durch organisatorische und technische Maßnahmen sicherstellen, daß mögliche Umweltbeeinträchtigungen durch den störungsfreien Betriebsablauf (Normalbetrieb) ausgeschlossen sind.

Ein qualifizierter Versicherer wird hier alle Sicherungsmaßnahmen nach dem Stand der Technik fordern, wie z.B. Auffangwannen zum Rückhalten von Kleckerverlusten oder die Kapselung von Anlagen zur Emissionsvermeidung, um das Risiko eines Schadens kalkulierbar zu machen, bevor es zu einem Vertragsabschluß kommt. Mit Sicherheit ersetzt eine Umweltversicherung nicht die Aufwendungen für technische Umweltschutzmaßnahmen, im Gegenteil: Diese machen ein Umweltrisiko erst versicherbar.

Kapitel 45
Aufgaben von Versicherungen im Umweltschutz

von *Eberhard Feess-Dörr*

1. Thematische Eingrenzung 722
2. Das Umwelthaftungsgesetz (UHG) vom 10. 12. 1990 722
3. Einige Ergebnisse der ökonomischen Theorie des Haftungsrechts ... 723
4. Zur Versicherbarkeit von Umweltschäden 725
   4.1 Zufälligkeit 726
   4.2 Eindeutigkeit 726
   4.3 Schätzbarkeit 727
   4.4 Unabhängigkeit 728
   4.5 Größe 728
5. Ausblick 729
Literatur 730

1. Thematische Eingrenzung

Seit Mitte der achtziger Jahre wurde in der Bundesrepublik Deutschland eine intensive Diskussion um die Reform des Umwelthaftungsrechts geführt, in der die Auswirkungen von Versicherungsverträgen auf das Sorgfaltsniveau (z. B. Produktionstechnik) und das Aktivitätsniveau (z. B. Produktionsmenge) industrieller Unternehmen eine herausragende Stellung einnahmen. Die Kontroverse ist auch nach Verabschiedung des am 1. 1. 1991 in Kraft getretenen Umwelthaftungsgesetzes (UHG) nicht abgeschlossen, weil über das Ausmaß der Deckung der Haftpflichtrisiken noch Unklarheit besteht. Die theoretische Analyse der Aufgaben von Versicherungen im Umweltschutz – zu versicherungspraktischen Fragen vgl. den Beitrag von *v. Schorlemer* und *Müller* – vollzieht sich daher vor dem Hintergrund des UHG.

Nach einer selektiven Darstellung des Umwelthaftungsgesetzes im 2. Abschnitt werden einige Ergebnisse der ökonomischen Theorie der Verschuldens- und Gefährdungshaftung mit und ohne Versicherungsschutz präsentiert (Abschn. 3). Anschließend steht die Auseinandersetzung um den bestimmungsgemäßen Betrieb im Mittelpunkt der Untersuchung über die Versicherbarkeit von Umweltschäden (Abschn. 4). Abschnitt 5 schließlich verweist auf restriktive Prämissen der dargestellten Resultate sowie auf weiterführende Fragestellungen, die hier nicht behandelt werden können.

2. Das Umwelthaftungsgesetz (UHG) vom 10. 12. 1990

Mit dem UHG vom Dezember 1990 wird die im Wasserhaushaltsgesetz (WHG) gültige **Gefährdungshaftung** auf die Umweltmedien Boden und Luft ausgedehnt. Im Unterschied zur **Verschuldenshaftung** ist die Haftung bei nachgewiesener Kausalität damit nicht mehr an ein Fehlverhalten gebunden, sondern gilt unter Ausschluß höherer Gewalt auch bei Einhaltung aller Sorgfaltspflichten. Neben einem gerechteren Schadensausgleich erhofft sich der Gesetzgeber davon auch eine Entlastung der Umwelt durch steigende Prävention (Bundestagsdrucksache 11/7104, 14). Wichtige Punkte des UHG sind:

- Die Gefährdungshaftung gilt enumerativ für die in Anhang 1 des UHG genannten Anlagen (§ 1 UHG) auch dann, wenn der bestimmungsgemäße Betrieb eingehalten wurde.
- Ist eine dieser Anlagen nach den Gegebenheiten des Einzelfalls zur Schadensverursachung geeignet, so wird die Verursachung vermutet. Der bestimmungsgemäße Betrieb (Normalbetrieb) ist aus der Kausalitätsvermutung ausgenommen (§ 6 UHG). Sind andere Umstände als die betreffenden Anlagen zur Schadensverursachung geeignet, so gilt die Kausalitätsvermutung ebenfalls nicht (§ 7 UHG).

- Für die in Anhang 2 UHG genannten Anlagen ist eine Deckungsvorsorge vorgeschrieben, die außer durch Haftpflicht-Versicherungen auch durch Freistellungs- oder Gewährleistungspflichten von Bund, Ländern oder Kreditinstituten erbracht werden kann (§ 19 UHG). Der zur Deckung verpflichtende Zeitpunkt ist noch nicht fixiert.
- Das UHG gilt nicht für Schäden, die vor dem 1. 1. 1991 verursacht wurden (§ 23 UHG) und enthält im Unterschied zum WHG (§ 22, 1 WHG) keine Handelndenhaftung.

3. Einige Ergebnisse der ökonomischen Theorie des Haftungsrechts

Da sich die Verschuldens- von der Gefährdungshaftung durch den Haftungsausschluß bei Einhaltung der Verkehrssicherungspflichten (Sorgfaltspflichten) unterscheidet, müssen diese zunächst definiert werden. In der ökonomischen Theorie des Haftungsrechts wird idealiter davon ausgegangen, daß das *Pareto*-optimale Sorgfaltsniveau einen Haftungsausschluß konstituiert (*Shavell* 1980). Dieses Sorgfaltsniveau ist unter bestimmten Annahmen erreicht, sofern der Erwartungswert der Grenzschadensreduktion den Grenzkosten der Schadensprävention entspricht. Als besonders wichtige Annahme ist schon hier der Ausschluß asymmetrischer Informationsverteilung hervorzuheben, die bei der Beurteilung von Versicherungskontrakten eine herausragende Rolle spielt und erst in Abschnitt 4 berücksichtigt wird.

In der ökonomischen Theorie des Haftungsrechts wird nun zunächst gefragt, welche Haftungsnorm unter den Nebenbedingungen der Risikoeinstellung sowie der Versicherbarkeit der Umweltschäden rationale Unternehmen zur Wahl des wohlfahrtsoptimalen Sorgfaltsniveaus bewegt. Da bei Risiko-Neutralität kein Versicherungsschutz nachgefragt wird, ergeben sich vier Konstellationen:

- Bei **Verschuldenshaftung ohne Risiko-Aversion** (bzw. mit Risiko-Aversion und vollständigem Versicherungsschutz) wählt das Unternehmen das Sorgfaltsniveau, das den Erwartungswert der unternehmensinternen Kosten als Summe der erwarteten Schadenszahlungen und der Präventionskosten minimiert. Da bei jeder Unterschreitung des wohlfahrtsoptimalen Sorgfaltsniveaus gehaftet wird, sind die gesamt- und einzelwirtschaftlichen Kostenfunktionen unterhalb dieses Niveaus identisch. Da das Unternehmen auch keinerlei Veranlassung zur Überschreitung hat, wird das optimale Sorgfaltsniveau gewählt.
- Das gleiche Ergebnis ergibt sich bei **Verschuldenshaftung mit Risiko-Aversion** ohne Versicherungsschutz, weil das Unternehmen bei Einhaltung des optimalen Sorgfaltsniveaus keinerlei Schadensersatz leisten muß. Daraus folgt, daß keine unsicheren Zahlungen existieren und die Risiko-Aversion keine Rolle spielt.

- Bei **Gefährdungshaftung ohne Risiko-Aversion** (bzw. mit vollständigem Versicherungsschutz) wird ebenfalls das wohlfahrtsoptimale Sorgfaltsniveau erreicht. Zwar enstehen den Unternehmen Kosten für dennoch entstandene Schäden, aber eine weitere Vermeidung wäre ineffizient, weil die Grenzkosten der Prävention über den verminderten Grenzschäden liegen.
- Bei **Gefährdungshaftung mit Risiko-Aversion** ohne Versicherungsschutz entstehen unsichere Zahlungen, die definitionsgemäß schlechter bewertet werden als eine sichere Zahlung gleichen Erwartungswerts. Die Prävention wird daher über das Optimum hinaus ausgedehnt.

Im Zwischenergebnis erweisen sich somit die ersten drei Konstellationen als optimal, während die Gefährdungshaftung mit Risiko-Aversion ohne Versicherungsschutz unter Wohlfahrtsgesichtspunkten zu viele Ressourcen im Umweltschutz bindet. Zur Vermeidung von Mißverständnissen bei der Übertragung theoretischer Ergebnisse auf die Praxis sei darauf hingewiesen, daß dies die – faktisch nicht gegebene – vollständige Internalisierung sicherer externer Effekte durch andere marktorientierte Instrumente der Umweltpolitik voraussetzt.

Neben dem Sorgfaltsniveau werden die verursachten Umweltschäden auch vom Aktivitätsniveau (beispielsweise der Produktionsmenge) beeinflußt, deren Abhängigkeit von den Haftungsregeln daher ebenfalls beachtet werden muß:
- Bei der Verschuldenshaftung entstehen dem Unternehmen bei Einhaltung des optimalen Sorgfaltsniveaus keine Kosten für die dennoch verursachten Schäden, so daß diese nicht internalisiert sind. Daraus folgt, daß die Produktionsmenge und die Umweltbelastungen unabhängig von der Risiko-Einstellung zu hoch sind.
- Bei Gefährdungshaftung haftet das Unternehmen für alle Schäden, so daß alle volkswirtschaftlichen Kosten auch unternehmensintern anfallen. Dies führt ohne Risiko-Aversion bzw. mit Versicherungsschutz zum optimalen Aktivitätsniveau und zur optimalen Verminderung der Umweltbelastungen. Mit Risiko-Aversion ist die Produktionsmenge zu gering, was direkt aus dem zu hohen Sorgfaltsniveau folgt.

Die Auswirkungen der Haftungsregeln auf Prävention, Aktivitätsniveau, Umweltbelastungen und Wohlfahrt sind in Tabelle 1 zusammengefaßt (die risikoneutrale Variante entspricht der mit Versicherungsschutz und wird daher nicht explizit aufgeführt).

Tabelle 1 zeigt, daß lediglich die Gefährdungshaftung mit Versicherungsschutz ein anreizkompatibler Mechanismus zur Implementierung einer wohlfahrtsoptimalen Allokation ist: Dies definiert die Aufgabe der Versicherungen im Umweltschutz. Ohne Versicherungsschutz muß entweder auf die Einführung einer Gefährdungshaftung verzichtet werden – dies führt trotz der Wahl des optimalen Sorgfaltsniveaus zu übermäßigen Umweltbelastungen – oder es müssen eine ineffiziente Technik und eine gesellschaftlich zu geringe

Produktionsmenge in Kauf genommen werden. Die geschilderte zentrale Bedeutung der Versicherbarkeit für die ökonomische Beurteilung von Haftungsregeln legt daher nahe, daß sie auch konkrete rechtspolitische Auswirkungen hat (*Steffen* 1990, 1820).

Kriterium Konstellation	Sorgfalts- niveau	Aktivitäts- niveau	Umwelt- schäden	Wohlfahrt
Verschuldungs- haftung ohne Versicherungs- schutz	optimal	zu hoch	zu hoch	suboptimal
Verschuldungs- haftung mit Versicherungs- schutz	optimal	zu hoch	zu hoch	suboptimal
Gefährdungs- haftung mit Versicherungs- schutz	optimal	optimal	optimal	optimal
Gefährdungs- haftung ohne Versicherungs- schutz	zu hoch	zu niedrig	zu niedrig	suboptimal

Tab. 1: Auswirkungen der Verschuldens- und Gefährdungshaftung

4. Zur Versicherbarkeit von Umweltschäden

In zahlreichen Stellungnahmen aus der Versicherungswirtschaft wurde die (geplante) Reform des UHG als zu weitgehend kritisiert (z. B. HUK 1989; *Breining* 1990; *Schilling* 1991). Trotz der grundsätzlich bekräftigten Bereitschaft zur Versicherung von Umweltschäden sei mit einer Inkongruenz von Haftung und Deckung zu rechnen, weil Schäden aus dem bestimmungsgemäßen Betrieb nicht versicherbar seien. Einerseits wurde vermutet, daß die erforderliche Zufälligkeit fehle, weil solche Schäden aus genehmigten und damit sicheren Emissionen resultierten. Andererseits wurde darauf verwiesen, daß die Kosten für Unternehmen und Versicherungen unkalkulierbar seien, weil auch die Einhaltung aller Sorgfaltspflichten keinen Haftungsausschluß konstituiere. Die folgende kurze Beurteilung der Versicherbarkeit an Hand der gängigen Kriterien Zufälligkeit, Eindeutigkeit, Schätzbarkeit, Unabhängigkeit und Größe (*Karten* 1988) konzentriert sich daher auf Schäden aus dem bestimmungsgemäßen Betrieb (*Endres, Schwarze* 1991; *Feess-Dörr,*

Prätorius, Steger 1990; *Wagner* 1990). Dabei sei hervorgehoben, daß diese Kriterien lediglich der Strukturierung dienen, während die Versicherbarkeit – die ihrerseits nicht absolut, sondern graduell zu verstehen ist – letzlich von der spezifischen Gesamtsituation der Versicherung bestimmt wird.

4.1 Zufälligkeit

Das Kriterium der Zufälligkeit enthält die Aspekte der Ungewißheit bei gegebenem Verhalten der Versicherten und der Beeinflußbarkeit der Wahrscheinlichkeitsverteilung durch die Versicherten (*Endres, Schwarze* 1991, 6 f.). Die Ungewißheit ist beim bestimmungsgemäßen Betrieb kein Problem, weil zwar die Emissionen, aber nicht die Schäden, Schadenshöhen und -zeitpunkte feststehen. Diese sind im Gegenteil höchst unsicher, weil Emissionen, die mit Sicherheit privatrechtlich relevante Schäden verursachen, normalerweise nicht genehmigt werden. Es gibt daher keinerlei Grund zu der Annahme, daß die für Versicherungen existentielle Streuung um den Schadenserwartungswert beim Normalbetrieb besonders gering sei.

Wichtig ist dagegen das Problem der Beeinflußbarkeit der Schadenswahrscheinlichkeiten, sofern der Versicherungsnehmer einen Informationsvorsprung besitzt. In diesem Fall ist es für die Versicherten naheliegend, die Sorgfalt bei versicherten Schäden zu reduzieren (moral hazard); darüber hinaus kann der Marktprozeß bei adverser Selektion dazu führen, daß geringe Risiken nicht mehr versichert werden können (*Rothschild, Stiglitz* 1976). Als Maßnahmen der Versicherungen bieten sich Risikoprüfungen und hohe (prozentuale) Selbstbeteiligungen an, die möglicherweise je nach Schadensverlauf variabel gestaltet werden können.

Zusammenfassend ist das Zufallskriterium kein grundsätzliches Hindernis zur Versicherung des Normalbetriebs. Allerdings können bei einem hohen Maß an asymmetrischer Information die zum Kontraktabschluß erforderlichen Informations- und Transaktionskosten die Vorteile der Risikoreduktion überwiegen und damit zur Unversicherbarkeit führen (*Shavell* 1984). In diesem Fall wäre die Inkongruenz von Haftung und Deckung aber effizient und daher kein Argument zum Ausschluß des Normalbetriebs aus der Haftung.

4.2 Eindeutigkeit

Die eindeutige Festlegung des Versicherungsfalles betrifft die räumliche, die zeitliche und die sachliche Abgrenzung (*Nickel* 1988 und 1990), wobei die zeitliche Abgrenzung besonders problematisch ist. Während bei Störfällen die Zeitpunkte der Schadensverursachung und des Schadenseintritts meist eng beieinander liegen, ist für Schäden aus dem Normalbetrieb eine lange Latenzzeit charakteristisch. Der versicherungstechnisch entscheidende Unterschied zwischen dem bestimmungsgemäßen Betrieb und Störfällen betrifft demnach weniger die öffentlich-rechtliche Genehmigung der Emissionen als den – letztlich auch nur graduellen – Unterschied zwischen plötzlichen und allmählichen Schäden.

Bei der juristischen Festlegung der Deckung ist zwischen der **Kausalereignis-** und der **Folgeereignistheorie** zu unterscheiden: Während die Kausalereignistheorie auf den Zeitpunkt der Schadensverursachung zielt, ist nach der Folgeereignistheorie der Eintritt des Schadens maßgeblich. Durch die 1982 vorgenommene Ersetzung des Begriffs „Ereignis" durch „Schadensereignis" in den Allgemeinen Haftpflichtbedingungen ist zwar eine Entscheidung zugunsten der Folgeereignistheorie gefallen (ausführlich *Jenssen* 1987), doch ist der Begriff des Folgeereignisses bei Allmählichkeitsschäden seinerseits unklar, weil der Schadenseintritt beispielsweise beim Einatmen von Schadstoffen selbst ein gedehntes Ereignis ist (*Diederichsen* 1987, 90; *Peter, Salje* 1991). Zur eindeutigen Abgrenzung bietet sich das auch von der Versicherungswirtschaft favorisierte **Anspruchserhebungsprinzip** an, nach dem der Zeitpunkt der ersten Schadensmeldung für die Deckung maßgeblich ist. Um hohe Transaktionskosten dadurch zu vermeiden, daß die Versicherungen vor dem Abschluß von Verträgen die gesamte Vergangenheit des betreffenden Unternehmens durchleuchten müssen, können desto höhere Selbstbeteiligungen vereinbart werden, je weiter der Zeitpunkt des Schadensbeginns zurückliegt.

4.3 Schätzbarkeit

Die Schätzbarkeit der Versicherungsleistungen läßt sich unterteilen nach
- der Eindeutigkeit der Haftung (a),
- der Eindeutigkeit der Deckung bei definierten Haftungstatbeständen (b),
- Der Wahrscheinlichkeitsverteilung der durch (a) und (b) definierten Schäden (c) sowie
- der Höhe der Haftungs- und Deckungssummen (d).

Während die Aspekte (a) und (b) den engen Zusammenhang zwischen den verschiedenen Kriterien der Versicherbarkeit verdeutlichen, ist die besondere Unsicherheit über die Wahrscheinlichkeitsverteilung bei Umweltschäden erstens durch deren Heterogenität, zweitens durch Entwicklungsrisiken und drittens durch Schäden aus dem bestimmungsgemäßen Betrieb begründet. Die Heterogenität verhindert die Ableitung der Wahrscheinlichkeiten aus relativen Häufigkeiten; die beiden anderen Probleme erschweren die gewohnte Analyse von Risikopotentialen, die eher auf Störfälle ausgerichtet ist. Allerdings besteht inzwischen weitgehend Einigkeit darüber, daß die Unkenntnis relativer Häufigkeiten bei erfüllter Eindeutigkeit kein grundsätzliches Versicherungshindernis ist und durch Sicherheitszuschläge sowie flexible Prämien in Abhängigkeit des Schadensverlaufs angegangen werden kann (*Endres, Schwarze* 1991, 12; *Karten* 1988, 351; *Wagner* 1990, 22). Darüber hinaus können die Unternehmen die dadurch bestehende Unsicherheit noch schlechter bewältigen als der Versicherungs- und Rückversicherungsmarkt – es sei denn, es besteht eine asymmetrische Informationsverteilung, womit wir wieder auf das Problem adverser Selektion zurückverwiesen werden (*Feess-Dörr, Prätorius, Steger* 1990, 117). Insbesondere in diesen Fällen empfiehlt sich neben der bereits bei der Eindeutigkeit angesprochenen klaren Deckungsabgrenzung die Vorgabe technischer Mindeststandards.

Die unter (d) genannte Problematik der Schadensbewertung durch die Gerichte schließlich dürfte in Deutschland aller Voraussicht nach keine amerikanischen Ausmaße (*Kleindorfer* 1988, 18 f.) annehmen.

4.4 Unabhängigkeit

Die fehlende Unabhängigkeit (d.h. eine positive Korrelation der versicherten Umweltrisiken) kann sich sowohl auf Schäden des gleichen Unternehmens im Zeitablauf als auch auf die Schäden verschiedener Unternehmen beziehen. Während bei Störfällen sicher keine Abhängigkeit vermutet werden kann, kann dies bei Entwicklungsrisiken meines Erachtens nicht von vornherein ausgeschlossen werden: Erweist sich der vom Unternehmen A im Rahmen der zulässigen Höchstwerte emittierte Schadstoff X nach Jahren als schädlich, so besteht für die Versicherung die Gefahr, daß ein anderes versichertes Unternehmen (der gleichen Branche) mit ähnlichen Schadensersatzforderungen konfrontiert wird.

Versicherungen sind in solchen Fällen auf größere **Schwankungsrückstellungen** angewiesen; zur Verminderung der Folgen unternehmensintern korrelierter Risiken bieten sich ferner Abschreibepolicen an. Im Extremfall kann die fehlende Unabhängigkeit dennoch zur Unversicherbarkeit führen: Da die Korrelation das beispielsweise durch den Variationskoeffizienten gemessene Risiko des Gesamtkollektivs erhöht, sinkt der Vorteil von Versicherungsverträgen möglicherweise unter die Transaktionskosten.

4.5 Größe

Da nicht angenommen werden kann, daß die Finanzkraft einzelner Unternehmen die des Versicherungs- und Rückversicherungsmarkts übersteigt, ist die Größe (beispielsweise gemessen durch die maximalen Schäden in einem bestimmten Zeitraum) nur dann ein Problem, wenn sie gemeinsam mit fehlender Unabhängigkeit oder eingeschränkter Zufälligkeit auftritt, so daß sich erneut der enge Zusammenhang zwischen den einzelnen Kriterien der Versicherbarkeit zeigt (*Karten* 1988, 352).

Als Fazit kann festgehalten werden, daß **keine grundsätzlichen Einwände gegen die Versicherbarkeit von Umweltschäden** bestehen und die geschilderten Schwierigkeiten bei Schäden aus dem genehmigten Normalbetrieb durch entsprechende Policen bewältigbar erscheinen. Zur Ermöglichung eindeutiger Abgrenzungen sowie zur Reduktion von Transaktionskosten, moral hazard und adverser Selektion müssen dabei allerdings verstärkt Selbstbeteiligungen und Deckungsbegrenzungen eingeführt werden, die zu Inkongruenzen zwischen Haftung und Deckung führen. Dies ist aber nicht störend, weil unter allokationstheoretischen Gesichtspunkten lediglich bei symmetrischer Informationsverteilung die vollständige Versicherung aller Risiken gefordert werden kann.

5. Ausblick

Abschließend sei kurz auf einige Vereinfachungen sowie auf weiterführende und teilweise noch offene Fragen verwiesen, die hier nicht behandelt werden konnten:
- Bei der allokationstheoretischen Beurteilung der Gefährdungs- und Verschuldenshaftung wurde auf die Berücksichtigung einer Mitverursachung der Geschädigten verzichtet, weil diese bei Umweltschäden vermutlich eine geringere Bedeutung hat als beispielsweise bei der Produkthaftung. Es muß aber betont werden, daß sich die Ergebnisse dadurch ändern (*Adams* 1985; *Finsinger, Simon* 1988) und die Kompensation der Geschädigten ineffizent sein kann (*Bonus* 1974; *Bird* 1987).
- Das optimale Sorgfaltsniveau wird stets unabhängig vom Aktivitätsniveau definiert, was lediglich partialanalytisch haltbar ist: Allgemein muß davon ausgegangen werden, daß jede Allokation ein anderes *Pareto*-effizientes Sorgfaltsniveau impliziert. Aus diesem Grund wird manchmal ganz auf die Trennung von Sorgfalts- und Aktivitätsniveau verzichtet (*Feess-Dörr, Prätorius, Steger* 1990).
- Die ökonomische Analyse optimaler Haftungsregeln bei der im Umweltbereich typischen Multikausalität (Beispiel: Waldsterben) steht noch am Anfang (zu juristischen Gesichtspunkten *Assmann* 1988). Zwar ermöglicht eine **vollständige Haftung** aller Verursacher theoretisch eine effiziente Lösung (*Finsinger, Pauly* 1990), doch dies impliziert, daß die Summe der Schadensersatzzahlungen die Schadenshöhe übersteigt.
- Die Auswirkungen von Versicherungen auf Prävention und Allokation wurden unter einigen Vereinfachungen diskutiert, von denen wenigstens zwei genannt seien: Erstens bewirken Versicherungen eine Verbesserung der Stellung der Geschädigten und damit eine Internalisierung externer Effekte, sofern die potentiellen Schäden die Finanzkraft des Unternehmens übersteigen (*Bauer, v. Böventer* 1989, 443; *Kleindorfer* 1987, 11 f.). Dies führt zu den Vor- und Nachteilen der für die im Anhang 2 des UHG genannten Anlagen eingeführten Pflichtversicherung (*Weber, Weber* 1990, 691; *Wagner* 1990, 24–27). Zweitens kann die zum Abschluß von Versicherungskontrakten erforderliche Risiko-Schätzung präventiv wirken, sofern Versicherungen über ein besseres Risk-Management (*Haller* 1986) als beispielsweise Klein- und Mittelbetriebe verfügen. Die Reichweite der bestehenden Versicherungspolicen wird unterschiedlich beurteilt (*Küpper* 1990; *Meyer-Kahlen* 1990; *Peter, Salje* 1991).

- Kontrovers wird schließlich auch diskutiert, ob durch das UHG substantielle Änderungen in der Rechtsprechung erwartet werden können (zu Rechtsfragen insgesamt z.B. *Diederichsen* 1987; *Landsberg, Lülling* 1990; *Rehbinder* 1989; *Salje* 1990; *Steffen* 1990).

Literatur

Adams, M. (1985), Ökonomische Analyse der Gefährdungs- und Verschuldenshaftung, Heidelberg
Assmann, H.-D. (1988), Multikausale Schäden im deutschen Haftungsrecht, in: *Fenyves, A., Weyers, H.-L.* (Hrsg.): Multikausale Schäden in modernen Haftungsrechten, Frankfurt a.M., S. 99–151
Bauer, A., Böventer, E. von (1989), Möglichkeiten einer Umwelthaftung mit Einführung einer Versicherungspflicht, in: Wirtschaftsdienst, IX, S. 439–445
Bird, P.J.W.N. (1987), The Transferability and Depletability of Externalities, in: Journal of Environmental Economics and Management, 14, S. 54–57
Bonus, H. (1974), Sinn und Unsinn des Verursachungsprinzips – zu einigen Bemerkungen von Richard Zwintz, in: Journal of Institutional and Theoretical Economics, S. 156–163
Breining, W. (1989), Die industrielle Haftpflichtversicherung, in: *Müller, W.* (Hrsg.), Haftpflichtrisiken in Unternehmen, Wiesbaden, S. 75–84
Diederichsen, U. (1987), Altlasten und WHG-Deckung, in: Versicherungspraxis, 6, S. 85–93
Endres, A., Schwarze, R. (1991), Gibt es Grenzen der Versicherbarkeit von Umweltrisiken? Eine ökonomisch-technische Analyse der Besonderheiten einer Umwelthaftpflicht-Versicherung, Berlin, mimeo
Feess-Dörr, E., Prätorius, G., Steger, U. (1990), Umwelthaftungsrecht. Bestandsaufnahme, Probleme, Perspektiven der Reform des Umwelthaftungsrechts, Wiesbaden
Finsinger, J., Pauly, M.V. (1990), The Double Liability Rule, in: The Geneva Papers on Risk and Insurance Theory, 15, 2, S. 159–169
Finsinger, J., Simon, J. (1989), Eine ökonomische Bewertung der EG-Produkthaftungsrichtlinie, des Produkthaftungsgesetzes und der Umwelthaftung, in: *Müller, W.* (Hrsg.), Haftpflichtrisiken in Unternehmen, Wiesbaden, S. 23–74
Gesetz über die Umwelthaftung vom 10. Dezember 1990, in: Bundesgesetzblatt, Teil I, Z 5702 A, S. 2633–2643
Haller, M. (1986), Risk Management – Eckpunkte eines integrierten Konzeptes, in: *Jacob, H.* (Hrsg.), Risiko-Management, Schriften zur Unternehmensführung, Bd. 33, Wiesbaden
HUK (1989), Stellungnahme zum Diskussionsentwurf eines Gesetzes über die Haftung für Umweltschäden, Stand: 27.10.1989
Jenssen, H.-G. (1987), Der Ereignisbegriff in der Haftpflichtversicherung – eine kritische Würdigung der neueren Entwicklung, in: Zeitschrift für die gesamten Versicherungswissenschaften, 3, S. 425–458
Karten, W. (1988), Existenzrisiken der Gesellschaft – Herausforderung für die Assekuranz, in: Zeitschrift für die gesamten Versicherungswissenschaften, 77, S. 343–362
Kleindorfer, P.R. (1988), Die Umweltschaden-Haftpflicht-Versicherung: Ein Ausblick auf die Krise der US-Versicherungswirtschaft, in: Zeitschrift für die gesamten Versicherungswissenschaften, 1, S. 1–23

Küpper, G. (1990), Macht das neue Umwelthaftungsgesetz eine Anpassung des Versicherungsschutzes erforderlich?, in: Versicherungspraxis, 10, S. 181–186

Landsberg, G., Lülling, W. (1990), Das neue Umwelthaftungsgesetz, in: Der Betrieb, 44, S. 2295–2211

Meyer-Kahlen, W. (1988), Umwelthaftungsrisiken und Betriebshaftpflichtversicherung, in: Versicherungspraxis, 3, S. 41–47

Nickel, F. G. (1988), Störfall und Daueremision. Ein Abgrenzungsproblem und seine Lösung: named periods, in: Versicherungswirtschaft, 19, S. 1311–1313

Nickel, F. G. (1990), Der Umweltschaden in der Betriebshaftpflichtversicherung: Deckung des Normalbetriebs, in: Versicherungspraxis, 5, S. 77–81

Peter, J., Salje, P. (1991), Haftpflichtversicherung und Deckungsvorsorge nach dem neuen Umwelthaftungsgesetz (UmweltHG), in: Versicherungspraxis, 1, S. 5–14

Rothschild, M., Stiglitz, J. (1976), Equilibrium in Competitive Insurance Markets: An Essay on the Economics of Imperfect Information, in: Quaterly Journal of Economics, S. 629–649

Salje, P. (1990), Verschärfung der Haftung für Umweltschäden? Zum Diskussionsentwurf eines Umwelthaftungsgesetzes, in: Umwelt + Planungsrecht, 1, S. 1–6

Schilling, H. (1991), Erweiterte Unternehmenshaftung durch neues Umweltrecht, in: Steger, U. (Hrsg.), Umwelt-Auditing, Wiesbaden, S. 81–96

Shavell, S. (1980), Strict Liability versus Negligence, in: Journal of Legal Studies, S. 1 ff.

Shavell, S. (1984), The Design of Contracts and Remedies for Breach, in: Quarterly Journal of Economics, S. 121–148

Steffen, E. (1990): Verschuldenshaftung und Gefährdungshaftung für Umweltschäden, in: Neue Juristische Wochenschrift, 30, S. 1817–1822

Wagner, G. (1990), Umwelthaftung und Versicherung, in: Informationsdienst der Gesellschaft für Versicherungswissenschaft und -gestaltung, November, S. 1–28

Weber, H., Weber, C. (1990), Der Gesetzentwurf der Bundesregierung zum Umwelthaftungsgesetz, in: Versicherungsrecht, 19, S. 688–707

Kapitel 46
Umweltmanagement im Handel*

von *Ursula Hansen*

1. Umweltmanagement – (K)eine Aufgabe für den Handel? 734
2. Der Handel als ökologischer „gatekeeper" 736
3. Handelstypische Chancen und Risiken für ein ökologisch orientiertes Marketing im Handel 738
4. Beziehungen von ökologischer und ökonomischer Rationalität 741
5. Probleme einer ökologisch orientierten Informationswirtschaft im Handel 742
6. Ökologisch orientiertes Marketing im Handel 744
    6.1 Sicherung ökologischer Qualität als zentrale Aufgabe des ecology pull auf der Beschaffungsseite 744
    6.2 Ökologische Orientierung in ausgewählten Instrumenten des ecology push auf der Absatzseite........................... 745
        6.2.1 Sortimentspolitik 745
        6.2.2 Markenbildung 746
        6.2.3 Kommunikationspolitik 746
        6.2.4 Ökologisch orientierte Nachkaufaktivitäten 747
7. Ökologisch orientierte corporate identity 748
8. Ökologisch orientierte Wachstumspfade: Betriebsformendiversifikation 749
9. Chance: Umweltmanagement 750
Literatur 750

---

* Dieser Beitrag stellt eine Weiterentwicklung meines Aufsatzes zum ökologischen Marketing im Handel (*Hansen* 1988 a) dar. Ich habe meinem Mitarbeiter *Wolfgang Stockinger* für Anregungen wie Arbeitshilfen zu danken.

1. Umweltmanagement – (K)eine Aufgabe für den Handel?

Die wachsenden Belastungen unserer natürlichen Umwelt durch wirtschaftliche Aktivitäten in den Sektoren Produktion, Distribution und Konsum (*Strebel* 1981, 508) und die damit verbundenen Auswirkungen führten in den letzten Jahren zu einem Anstieg des Umweltbewußtseins in der Gesellschaft (*Adelt, Müller, Zitzmann* 1990, 155–184; Gruner + Jahr 1990, 351–355). Vermehrt werden daher Forderungen nach einer ökologisch orientierten Wirtschaftspolitik und Unternehmensführung von Umweltschutzinitiativen und Verbraucherschutzorganisationen gestellt. Eine literaturkritische Reflexion zeigt eine zunehmende Berücksichtigung umweltschutzbezogener Ziele in Wissenschaft und Praxis: Umweltmanagement goes mainstream. So findet sich der Begriff Umweltmanagement beispielsweise in Veröffentlichungen der Wirtschaftsmedien (*Keller* 1991, 66–68) und in einer Vielzahl von wissenschaftlichen Publikationen (*Steger* 1988; *Hopfenbeck* 1990).

Hervorzuheben ist, daß dem Begriff Umweltmanagement bisher kein einheitliches Verständnis zugrunde liegt. Eine der Ursachen ist vermutlich die noch junge wissenschaftstheoretische Diskussion innerhalb der Betriebswirtschaftslehre zu dem Forschungsbereich Ökologie, die neben einer Neuorientierung der Lehre auch in eine „Periode verstärkter fachwissenschaftlicher Unsicherheit" (*Kuhn* 1967, 98) führt. Eine weitere liegt in der unterschiedlichen Berücksichtigung des Faktors natürliche Umwelt innerhalb der wirtschaftswissenschaftlichen Teildisziplinen.

Im Verständnis der Volkswirtschaftslehre wird unter dem Begriff Umwelt die Gesamtheit der natürlichen Lebensbedingungen einer Gesellschaft verstanden. Ziel einer Theorie der Volkswirtschaft ist es daher, für die verantwortlichen politischen Entscheidungsträger der Gesellschaft Instrumente zu entwickeln, die es erlauben, ökologische Ziele zu verfolgen. Umweltmanagement als die planvolle Sicherung der natürlichen Lebensgrundlagen einer Gesellschaft ist daher als eine originäre Aufgabe des Staates anzusehen (*Stitzel, Simonis* 1988, 14). Die heute vom Staat gesetzten umweltrechtlichen Rahmenbedingungen belassen jedoch ausreichende Handlungsspielräume für die Ausschöpfung eines unternehmensspezifischen ökologischen Handlungspotentials.

Die natürliche Umwelt ist im Rahmen eines systemtheoretischen Verständnisses der Unternehmung (*Raffée* 1974, 79–94) innerhalb der Betriebswirtschaftslehre *ein* Umweltfaktor neben wirtschaftlichen, technologischen, rechtlich-politischen und sozio-kulturellen Faktoren (zur natürlichen Umwelt als einer Komponente der Umwelt der Unternehmung: *Kreikebaum* 1989, 32–39; *Marr* 1989, 75–77, 97; *Raffée, Wiedmann* 1989, 582 f.; *Senn* 1986, 49 f.). Im Rahmen dieses weit gefaßten Begriffsverständnisses von Umwelt bedeutet Umweltmanagement aus der Sicht der einzelnen Unternehmung grundsätzlich mehr als die planvolle Führung von Organisationen im Hinblick auf bestimmte ökologische Ziele (zum Managementbegriff allgemein: *Staehle* 1990, 65–87; *Ulrich, Fluri* 1988, 36 f.).

Unabhängig von dieser Auffassung hat sich in der Literatur ein mehr implizites Begriffsverständnis von Umweltmanagement herauskristallisiert, welches unter Umweltmanagement eine ökologische Orientierung der Unternehmensführung bei sämtlichen Unternehmensentscheidungen an ökologischen Zielen versteht (*Hopfenbeck* 1989, 853–930; *Kirchgeorg* 1990, 16 f.; *Marr* 1989, 105–108; *Stitzel, Simonis* 1988; *Stitzel, Wank* 1990). Dieses engere Verständnis von Umwelt bildet die Grundlage für die Auseinandersetzung mit ökologischen Fragestellungen in funktionalen Teilbereichen wie strategische Unternehmensplanung (*Kreikebaum* 1989, 172–194, 201–205; *Schmid* 1989; *Senn* 1986; *Stitzel, Wank* 1990; *Steger* 1988), Marketing (*Burghold* 1988; *Hansen* 1988 a, 331–362; *Meffert* 1988, 131–158; *Meffert et al.* 1986, 140–159; *Ruppen* 1978; *Wehrli* 1990) und Controlling (*Seidel, Menn* 1988). Offen ist zur Zeit noch die Zusammenfassung dieser einzelnen Bausteine zu einer geschlossenen Konzeption.

Die Bandbreite einer ökologisch orientierten Unternehmensführung reicht von einer mehr ökologisch reaktiven bis zu einer aktiven Ausrichtung der Unternehmung. Eine im Vordergrund der Betrachtung liegende aktiv ökologisch orientierte Unternehmensführung läßt sich durch folgende Eigenschaften beschreiben:
– Umweltschutz als Leistungsziel,
– Umweltschutz als die Aufgabe sämtlicher Unternehmensbereiche,
– Umweltschutz als aktive Suche nach Möglichkeiten zur Vermeidung und Verminderung von Umweltbelastungen (*Hunt, Auster* 1990, 7–18; *Kirchgeorg* 1990, 16 f; *Stitzel, Simonis* 1988, 4 f.; *Stitzel, Wank* 1990, 115–121).

Umweltmanagement bedeutet daher die aktive Erkennung, Förderung und Verfolgung eigenständiger ökologischer Ziele mittels unternehmensspezifischer Strategien, um Belastungen der natürlichen Umwelt durch unternehmensbezogene Aktivitäten zu reduzieren. Diese Auffassung integriert die Kritik an mehr reaktiv ausgerichteten Einzelaktivitäten der Unternehmen (*Paulus* 1991, 9–15) und versteht sich als ein Fundament, auf dem die ökologisch orientierten, funktionalen Teilbereiche zu errichten sind. Bis zu einem geschlossenen ökologischen Theoriegebäude innerhalb der Betriebswirtschaftslehre wird sicherlich noch einige Zeit verstreichen. Anstelle eines großen Entwurfes tritt das Lernen von einem ökologisch orientierten Management (*Stitzel, Simonis* 1988, 17) im Sinne des piecemeal engineering (*Popper* 1974, 47 ff.), der Versuch also, durch eine Entwicklung einer Vielzahl unterschiedlicher Instrumente einen geplanten Wandel hin zu einem ökologisch orientierten Management zu bewirken. Bedeutung könnte hierbei auch einem sich in

Grundzügen anbahnenden Paradigmawechsel von deterministischen Ansätzen hin zu ganzheitlichen Ansätzen zukommen. Im Vordergrund dieser systemisch ausgerichteten Problemlösungsheuristik steht das mehr integrierende, vernetzte Denken mit einem längeren Zeithorizont, das versucht, die Beziehungen vieler einzelner Faktoren zueinander zu berücksichtigen, um so der wachsenden Komplexität und Dynamik der Unternehmensumwelt Rechnung zu tragen (*Hopfenbeck* 1990, 46–60; *Ulrich, Probst* 1988; *Vester* 1985a, 50–92; *Vester* 1985b, 299–330; *Vester* 1989, 149–174; zur Anwendung: Bundesminister des Inneren 1983, 83–127).

In der Diskussion um eine ökologisch verantwortungsvolle Unternehmensführung wurde der Handel zunächst vernachlässigt. Überwiegend wurden die Beiträge auf die Problemstellungen von Industrieunternehmen abgestellt (z.B. *Freimann* 1987, 383). Teilweise findet die ökologische Fragestellung auch in jüngsten Publikationen zum Einzelhandelsmarketing keine Berücksichtigung (z.B. *Berekoven* 1990). Eine wachsende Sensibilisierung des Handels für ökologische Fragestellungen läßt sich jedoch aus seinen eigenen Aktivitäten (zu den Umweltpionieren im Handel: *Hopfenbeck* 1990, 460–473) und einer mehr trendorientierten Befragung entnehmen (*Domdey* 1986, 88–98).

Im Vordergrund der folgenden Ausführungen stehen Aspekte zum Handel als ökologischem „gatekeeper" im Zusammenhang mit der Informations- und Diffusionsproblematik ökologisch orientierter Waren- und Dienstleistungsangebote und die damit verbundenen Chancen und Risiken eines Umweltmanagements im Handel. Zentraler Gegenstand ist das ökologisch verantwortungsvolle Marketing als ein funktionaler Teilbereich des Handels. Behandelt werden daneben Fragen eines ökologisch orientierten Informationsmanagements, einer ökologisch ausgerichteten corporate identity und einer Betriebsformendiversifikation.

Wesentliches Anliegen des Beitrages ist es, die Betroffenheit des Handels von ökologischen Fragestellungen herauszuarbeiten und Ansätze eines Umweltmanagements im Handel aufzuzeigen. Dazu bietet das gatekeeper-Konzept eine geeignete theoretische Basis (Grundlagen zu diesem Kapitel in folgenden Beiträgen der Verfasserin: *Hansen* 1982, 451–462; *Hansen* 1988a, 331–362; *Hansen* 1989, 201–226; *Hansen* 1990b, 145–174).

2. Der Handel als ökologischer „gatekeeper"

Der institutionelle Handel steht in den Marktwegen zwischen Produktions- und Verwendungsbereich und nimmt hier Vermittlungs- bzw. Ausrichtungsfunktionen wahr. Für die Analyse seiner Position und der daraus folgenden Spezifika bietet sich mit dem gatekeeper-Konzept von *Lewin* ein anschaulicher Erklärungsansatz (*Lewin* 1963, 206–222; *Hansen* 1990a, 44–46). Da-

2. Der Handel als ökologischer „gatekeeper"

nach sind Marktwege sozioökonomische Kanäle, in denen sich Waren, Informationen und Werte bewegen; diese sind kontrolliert von Händlern als gatekeeper, die die Macht haben, über das „Offen" oder „Geschlossen" eines Marktweges zu entscheiden und somit Einfluß über einen Teil des Lebensraumes ihres ihnen funktional nachgelagerten Kundenklientels auszuüben. Durch diese Entscheidungsmöglichkeit haben sie auf der anderen Marktseite auch für die Lieferanten als vorgelagerte Gruppierung Bedeutung, soweit diese ein Interesse an der Weiterleitung von Informationen und Waren durch den Handel haben. Die Untersuchungsabsicht *Lewins* richtet sich darauf, die Kräftekonstellation zu analysieren, die auf die gatekeeper-Entscheidung Einfluß hat, um damit in sozioökonomischen Kanälen stattfindende Prozesse und ihre Wandlungsmöglichkeiten deuten zu können. Die den gatekeeper determinierenden Kräfte resultieren einerseits aus seiner eigenen psychischen und sozialen Struktur einschließlich seiner materiellen und sozialen Handlungsmöglichkeiten und andererseits aus seinem vor- und nachgelagerten engeren und weiteren Umfeld, d.h. den Sachverhalten seines Lebensraumes, die er für seine Entscheidung als relevant annimmt.

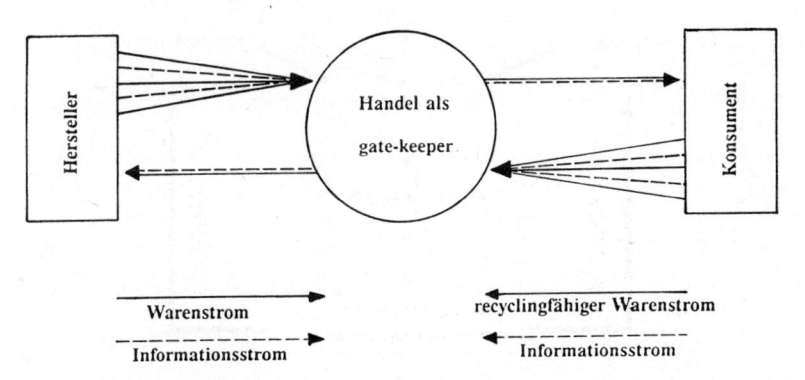

Abb. 1: Der Handel als ökologischer gatekeeper in Waren- und Informationsströmen des Marktweges

Im Kontext ökologischer Aufgabenstellungen ist nun leicht einsehbar, welche Bedeutung dem Handel zukommt. Er entscheidet als gatekeeper in wesentlichem Ausmaß über die Diffussion von ökologischen Konzepten für Konsumgüter. In dieser Position richten sich seine Aktivitäten zum einen auf das ihm nachgelagerte Konsumentenklientel und betreffen dann die Durchsetzungschancen eines ökologieorientierten Angebots gegenüber der Nachfrage (ecology-push-Strategien). Zum anderen richten sich weitere Strategien auf die Durchsetzung ökologischer Bedarfe gegenüber den Herstellern (ecology-pull-Strategien).
Aus dieser doppelseitigen Aufgabenstellung wird deutlich, daß insbesondere das ökologisch orientierte Marketing im Handel eine Integration beschaf-

fungs- und absatzseitiger Aktivitäten bedingt. Diese enge Verknüpfung beider Marktseiten zeichnet ihn vor Industrieunternehmen aus.

3. Handelstypische Chancen und Risiken für ein ökologisch orientiertes Marketing im Handel

Bei einer Betrachtung der Chancen und Risiken eines ökologisch orientierten Marketing im Handel geht es im wesentlichen um eine Abschätzung externer und interner Faktoren. Empirische Studien fehlen zu dieser Fragestellung weitgehend, so daß hier anhand pragmatischer Überlegungen eine Einschätzung erfolgen muß. Hilfreich für die folgenden Ausführungen ist dabei ein Modell vom Handel als ökologischem gatekeeper.

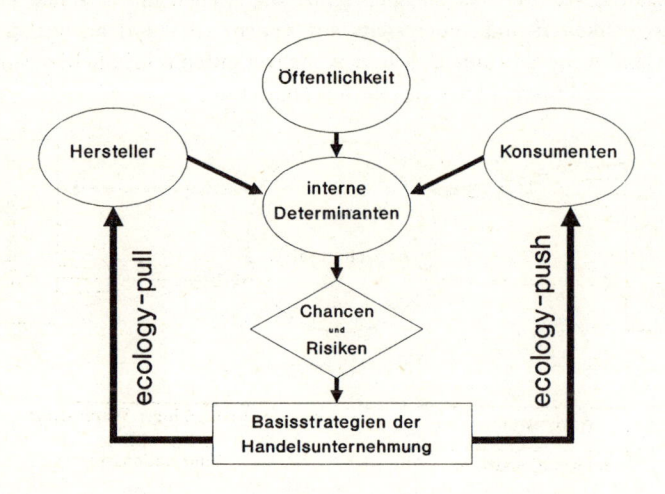

Abb. 2: Modell des ökologischen gatekeeper

Chancen und Risiken eines ökologisch orientierten Marketing im Handel bestimmen sich im wesentlichen nach den Marktbeziehungen zu den Konsumenten und Herstellern sowie seiner Position in der Öffentlichkeit. Darüber hinaus begünstigen bestimmte handelsspezifische Eigenschaften eine ökologische Ausrichtung der Marketingaktivitäten.

Marktbeziehungen zu den Konsumenten: Der Handel verfügt als gatekeeper über institutionelle Marktpräsenz. Seine Marktinvestitionen richten sich überwiegend auf die Gestaltung seines Firmenimages. Entsprechend ist er bei seinen Kunden um Firmenloyalität bemüht. Im Vergleich zu Herstellern mit Sachmarkenerzeugnissen stellt die institutionelle Präsenz für aktive ökologische Marketingkonzepte eine positive Voraussetzung dar, indem Wirkungen einzelner Maßnahmen auf das Institutionenimage irradiieren und somit eine umfassende Vertrauensbasis erzielen (zu Umweltpionieren im Handel: *Hopfenbeck* 1990, 460–473). Dies ist ohne Zweifel ein entscheidender Vorteil für jene Händler, die einen „ecological approach of marketing" realisieren wollen. Allerdings verbinden sich gerade mit diesem Gesichtspunkt auch Berührungsängste. *Liese* (zitiert in: o. V. 1987, 45) weist auf die emotional politisierte Besetzung des Begriffes „grün" und damit auf die Gefahr einer solchen Imagefestlegung hin (Hinweise darauf, daß viele Konsumenten ungern in sogenannten Ökoläden einkaufen, finden sich bei *Bänsch* 1990, 368–370).

Der Konsument sieht im Handel zunächst seinen unmittelbaren Ansprechpartner. Er trifft auf den Handel im Zeitpunkt der sehr maßgeblichen Kaufsituation. Je vielgestaltiger und intransparenter die Marktsituation für ihn ist, desto wichtiger wird die selektierende und beratende gatekeeper-Position des Handels. Wie wir wissen, hängt die Wirkung einer Kommunikationsleistung wesentlich von der Glaubwürdigkeit des Senders ab. In dem Maße nun, wie die Konsumverunsicherung zunimmt, erwächst dem Handel ein erhebliches Einfluß- und Akquisitionspotential im Kommunikationsprozeß mit den Konsumenten, wenn er zuvor ein ökologisch vertrauenserweckendes Image erreicht hat (dazu auch der Erfolg einer ökologisch orientierten Betriebsformeninnovation im Bereich der Parfümerie bei *Göppert* 1991, 48). Insbesondere hier hat der Handel anderen informationsvermittelnden Institutionen, wie z. B. der Verbraucherberatung, und bestimmten Medien, wie dem Öko-Test-Magazin, das Feld – und damit Einfluß auf Konsumentenentscheidungen – überlassen.

Ein wachsendes ökologisches Bewußtsein der Konsumenten schlägt sich zunehmend in einem ökologischen Verhalten nieder. Mit einem weiteren Ansteigen ist zu rechnen, allein schon aus dem Grunde, weil die Umweltbeanspruchung der Haushalte durch Industrialisierung der Haushaltsproduktion überproportional wächst und insofern eine stärkere faktische Verantwortlichkeit auf die Konsumenten zukommt (*Joerges* 1981, 316). Gemäß der jüngsten Stern-Studie „Dialoge 3" wurden innerhalb der Bevölkerung zwischen 14 und 64 Jahren bereits 39% umweltaktive, 23% umweltaktivierbare gegenüber 38% umweltpassiven Bürgern festgestellt (Gruner + Jahr 1990, 355). Soweit nun im Handel ökologische Marketingkonzepte mit aktiver Chancenorientierung in Verbindung gebracht werden, findet eine Positionierung eher in den Marktsegmenten aktiver oder aktivierbarer Konsumenten statt, um damit das akquisitorische Potential zu mobilisieren. Angesichts weiterer Diffusionserwartungen sind Pionierstrategien allerdings auch als Marktinvestitionen in zukünftiges akquisitorisches Potential anderer Zielgruppen denkbar.

Aufgrund einer sich abzeichnenden Konvergenz von Umweltbewußtsein und Konsumverhalten wächst das akquisitorische Potential an (*Adelt, Müller, Zitzmann* 1990, 155–184; *Heyder* 1990, 339–355; *Wimmer* 1988, 44–85). Im Rahmen einer jüngsten empirischen Untersuchung wurden acht Faktoren für den Nichtkauf umweltfreundlicher Güter erhoben (*Bänsch* 1990, 360–379). Zur Beurteilung der Chancen des Handels sind die mangelnde Ubiquität, die Imagebelastung von Ökoläden und der Preisvorbehalt von besonderer Bedeutung. Geringe Ubiquität und Imagebelastung der Verkaufsstelle sind Barrieren, die durch den traditionellen Handel geräumt werden könnten. Bei einer Steigerung der Transaktionsmengen umweltfreundlicher Produkte eröffnen sich Kostensenkungspotentiale (Erfahrungskurveneffekt) und damit auch Preissenkungspotentiale, womit neben anderen eine der wichtigsten Barrieren überwunden werden könnte. Ökologisches Kaufverhalten würde dann wahrscheinlicher, da im Ergebnis die Beschaffungskosten für die Konsumenten sinken würden (*Gierl* 1987, 7).

Marktbeziehungen zu den Herstellern: Der Handel ist als gatekeeper nicht für bestimmte Produkte verantwortlich – abgesehen von seinem Eigenmarkenprogramm –, sondern für seine Selektions- und Vermittlungsleistungen. Diese Vermittlerrolle kann im Sinne ökologischer Marketingkonzepte genutzt werden, indem er den Herstellern gegenüber als „purchase agent" der Konsumenten auftritt und deren Interesse geltend macht (ecology pull). Sein eigenes Interesse an einer derartigen Rolle als Hüter ökologischer Werte im Marketing hängt – wie oben beschrieben – wesentlich von dem akquisitorischen Potential ab, das er daraus seiner Zielgruppe gegenüber gewinnt.

Grenzen für ein ökologisches Marketing des Handels liegen in einigen Branchen in mangelhafter Produkterhältlichkeit, die zum Teil aus Produktionsgrenzen, zum Teil aus diskriminierenden Distributionsmaßnahmen ökologisch orientierter Lieferanten resultieren.

Position in der Öffentlichkeit: Wie *Stauss* (1985, 97) nachweist, wird die unternehmerische Wahrnehmung ökologischer Handlungsbedarfe positiv beeinflußt durch eine hohe Potenz der Umweltforderungen, ihren Konkretisierungsgrad bezüglich des Adressaten und ihre zeitliche Präzision. Gegenüber dem Handel besteht bezüglich des öffentlichen Drucks derzeit nur eine schwache Ausprägung. Zunehmend virulent könnte dieses Potential jedoch im Zusammenhang mit der Verpackungsproblematik werden, da der Handel von Teilen der Öffentlichkeit als einer von mehreren Verursachern des Aufkommens an Verpackungsmüll angesehen wird. Hieraus erwachsen ihm Risiken, die bei einer entsprechenden Entwicklung von Redistributionsaktivitäten seinerseits zu Chancen werden könnten.

Leistungs- und Kostenstruktur: Eine Wahrnehmung der sich aus den marktlichen Beziehungen ergebenen Chancen wird begünstigt durch die Leistungs- und Kostenstruktur des Handels. Seine Funktionen liegen in der Vermittlung von Marktleistungen, Informationen und Werten zwischen Produktions- und Konsumtionsbereich. Er selektiert Waren und verbindet das Angebot mit verschiedenen Dienstleistungen. Seine Investitionen sind in bezug auf das Warenangebot oft relativ unspezifisch. Investitionskostenorientierte Aspekte für innovatorische Strategien des ökologischen Marketing, die gemäß *Mef-*

fert eine erhebliche Implementierungsbarriere darstellen (*Meffert, Benkenstein, Schubert* 1987, 32–39), entfallen daher weitgehend. Daraus ergibt sich – im Vergleich zu vielen Herstellern – eine relativ höhere Handlungsflexibilität auch für ökologische Marketingstrategien. Umsatz und Gewinn basieren in der Regel auf einem relativ breiten Produktangebot, innerhalb dessen hohe Kompensationsmöglichkeiten bestehen. Diese vergrößern sich mit zunehmender Breite des Sortiments. Die durch Kompensationschancen geschaffenen Handlungsspielräume geben dem Handel die Möglichkeit zur Umsetzung unterschiedlicher, ökologisch sinnvoller Ansatzmöglichkeiten, die von
- dem positiven Verzicht auf die Befriedigung gewisser Bedürfnisse über
- die Entwicklung von Verhaltensalternativen im Rahmen von Produktgattungen bis zum
- Angebot relativ umweltfreundlicher Produktalternativen reichen können (*Grießhammer* 1988, 207 f.).

Ökologische Kompetenz: Risiken liegen zur Zeit noch in der mangelnden ökologischen Kompetenz des Handels. So werden verschiedentlich ökologisch unbefriedigende Marketingpraktiken im Handel auf Managementdefizite oder Personalengpässe zurückgeführt (*Mühleib* 1987, 133; *Schulz* 1987, 136). Eine eigene Pilotstudie des Lehrstuhls für Markt und Konsum erbrachte durch Testkaufgespräche beim Handel im speziellen Bereich der Farben und Lacke ebenfalls bemerkenswerte Defizite in der Vermittlung von ökologischen Informationen und Werten. Dies zeigte sich insbesondere darin, daß ökologische Produktqualitäten in Verkaufsgesprächen noch als irrelevante Aspekte in die Qualitätsdarstellung eingehen (*Driever* 1987; zur unbefriedigenden Ökologieorientierung der Warenhäuser s. die Studie von *Kolvenbach* 1990). Die Vielgestaltigkeit des händlerischen Angebots bringt es allerdings auch mit sich, daß die **Informationsaufgabe** zur Realisierung ökologischer Strategien überaus komplex und risikoreich ist (s. Abschn. 5).

4. Beziehungen von ökologischer und ökonomischer Rationalität

Der umweltinnovative Händler steht vor verschiedenen Handlungssituationen, die sich durch die Relationen zwischen ökonomischen Gewinn- und Umsatzzielen einerseits und der Wahrnehmung von ökologischer Verantwortlichkeit andererseits kennzeichnen lassen (*Hansen* 1988 b). Nimmt man zunächst einmal kurzfristige und eindeutige Relationen dieser Handlungsorientierung an, so entstehen vier Handlungsfelder, in denen Kompatibilitäts- oder Konfliktsituationen herrschen. Bei einer langfristigen Betrachtung ergeben sich weitere vier Felder, in denen die Kompatibilitäts- und Konfliktsituationen weniger eindeutig berechenbar sind, weil die ökologischen Entwicklungen nicht hinreichend prognostizierbar sind. Ökonomische und ökologische Rationalität gleichen sich jedoch im Rahmen einer langfristigen Betrachtung in aller Regel an, da ein prinzipiell gesundes Öko-System auch eine Voraussetzung effizienter Leistungserstellung ist.

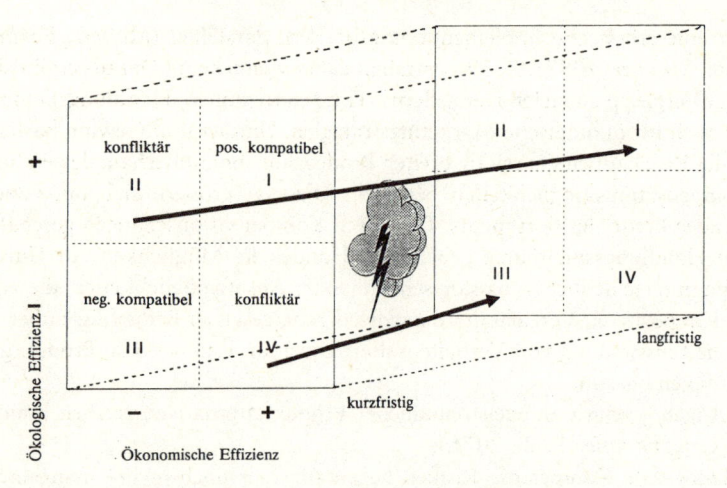

Abb. 3: Handlungssituationen zwischen Ökologie und Ökonomie

Beispiele:
kurzfristig:
I Aufnahme eines erfolgreichen Getränkesortiments aus ökologischem Anbau,
II Verschweigen schädlicher Inhaltsstoffe, die bedarfssteigernd wirken,
III unternehmerisch uninteressant,
IV Installierung eines kostenwirksamen Recyclingssystems.
langfristig:
I langfristige Positionierungsstrategien der ökologischen Verantwortlichkeit zahlen sich durch eine positive corporate identity aus,
II Fortsetzung von II oben,
III unternehmerisch uninteressant,
IV ökologisch verantwortliches Handeln findet auch langfristig keine Anerkennung durch den Markt.

Angesichts der Vielfalt von Handlungsmöglichkeiten ist diese Typologisierung hilfreich. Ein umweltinnovatorischer Händler wird nach Situationen des Feldes I (Chancenpotentiale) suchen, konfliktäre Situationen des Feldes IV in planbaren Grenzen zulassen und die des Feldes II (Risikopotentiale) meiden, insbesondere wenn langfristig dadurch die Position in Feld I zu erhoffen ist.

5. Probleme einer ökologisch orientierten Informationswirtschaft im Handel

Die Einbeziehung ökologischer Belange in alle Unternehmensbereiche bringt ein hohes Maß an Informationsproblemen mit sich. Der Handel verantwortet typischerweise als gatekeeper die Vermittlung einer Vielzahl von Produk-

5. Probleme einer ökologisch orientierten Informationswirtschaft

ten, wozu neben den positiven auch die ausschließenden negativen Produktentscheidungen zählen. Aus den Dispositionen über den zu vermittelnden Warenstrom entstehen immense Informationsprobleme hinsichtlich der Einschätzung ökologischer Produktqualitäten. Daraus resultiert die Notwendigkeit einer ökologisch orientierten Erweiterung des Controlling, die als Führungsfunktion aufzufassen ist und Aufgaben der Planung und Kontrolle mit der Informationsversorgung koordiniert (Controlling allgemein: *Horváth* 1990, 144).

Die besondere Informationsproblematik ergibt sich aus der mangelnden Operationalität ökologischer Ziele. Ihre Wirkzeiträume sind langfristig, und sie sind im Vergleich zu ökonomischen Zielen zumeist qualitativ und mehrdimensional. Um Produktalternativen ökologisch sinnvoll bewerten zu können, benötigt der Handel eine Vielzahl unterschiedlicher Informationen, wie Anregungs-, Prognose- und Bewertungsinformationen. Um diese Informationen zu generieren, sind verschiedene Instrumente, wie die Öko-Bilanz, Umweltverträglichkeitsprüfung und die Produktlinienanalyse entwickelt worden.

Die Öko-Bilanz orientiert sich an dem System der Finanzbuchhaltung und ist vergangenheitsbezogen (*Pfriem* 1986, 211 ff.; *Müller-Wenk* 1988, 13–30). Ihr Entwicklungsstand ist aufgrund konzeptioneller Probleme zur Zeit noch ungenügend (vgl. hierzu den Beitrag von *Schreiner* im Kapitel 28 dieses Handbuchs). Mögliche Entwicklungen hin zu einem entscheidungsunterstützenden System im Rahmen einer Öko-Bilanz deuten sich aber in einem von *Hopfenbeck* erwähnten Forschungsprogramm an (*Hopfenbeck* 1990, 493–500). Eines von vielen Zielen ist es, Produktzusammensetzungszertifikate zu erheben, um so die ökologische Verträglichkeit nach außen hin dokumentieren zu können. Die Umweltverträglichkeitsprüfung stellt ein Instrument dar, das die künftigen ökologischen Auswirkungen von Produkten beurteilen soll (*Grießhammer* 1988, 209–213). Zukunftsorientiert ist auch die Produktlinienanalyse (*Teichert, Baumgartner* 1990, 282–284; *Baumgartner* 1988, 150–169; Projektgruppe 1987). Sie ist ein Analyseinstrument, das nach den Folgen des Produktangebotes für die Natur, Gesellschaft und Wirtschaft fragt. Die Produktlinienanalyse stellt die Frage nach einem verantwortlichen Konsum über die Ökologieverträglichkeit hinaus und erhält dadurch den Charakter einer Systemverträglichkeitsprüfung. Ihr Ziel ist die Initialisierung von Lernprozessen durch die Offenlegung der Daten-, Meß- und Bewertungsproblematik. Damit ist sie mehr eine Heuristik zur Strukturierung der Informationsprobleme.

Gemeinsam sind all diesen bis zum heutigen Tage entwickelten Instrumenten die konzeptionellen Probleme sowie die Aggregations- und Bewertungsprobleme. Vielen Kriterien fehlt die notwendige Schärfe und Präzision, so daß es bei der Zugrundelegung unterschiedlicher Ansätze zur Beurteilung von Produktalternativen durchaus zu inkonsistenten Ergebnissen kommen kann.

Langfristig gesehen werden diese Instrumente wahrscheinlich immer aussagefähiger werden. (Betrachtet man im Vergleich die Entwicklung der betrieblichen Bilanz und Gewinn- und Verlustrechnung, so läßt sich hieran unter Umständen abschätzen, wieviel Zeit die Entwicklung ökologisch orientierter betrieblicher Steuerungsinstrumente in Anspruch nehmen wird.) Um jedoch kurzfristig ökologisch gerichtete Produktauswahlentscheidungen treffen zu können, bietet sich die Zusammenarbeit mit Verbraucherschutzorganisationen und Umweltinitiativen sowie die planvolle Auswertung spezifischer Medien und Datenbanken an. Dabei sollten sich die Suchaktivitäten auf die ökologisch sensiblen Produkte beschränken, da eine umfassende Informationserhebung aus Kostengründen nicht realisierbar sein dürfte. Zur Erzielung nachhaltiger Wettbewerbsvorteile bietet sich darüber hinaus die Anwendung einer ökologieorientierten Wertkettenanalyse an (*Meffert* 1990, 24 ff.; zum Instrument der Wertkette *Porter* 1986, 59–92; *Meffert* 1989, 255–278), mit der Verbundwirkungen zwischen allen Unternehmensfunktionen analysiert sowie kostensenkende und ertragssteigernde umweltschutzbezogene Maßnahmenbündel identifiziert werden können.

6. Ökologisch orientiertes Marketing im Handel

6.1 Sicherung ökologischer Qualität als zentrale Aufgabe des ecology pull auf der Beschaffungsseite

Eine zentrale Aufgabe umweltinnovatorischer Handelstätigkeit liegt in der Beschaffung ökologisch sinnvoller Produkte. Die Wahrnehmung dieser Aufgabe hängt wesentlich von den beschaffungsseitigen Handlungspotentialen und den Machtrelationen zu den Lieferanten ab. Geordnet nach zunehmender Beeinflussung ergeben sich folgende Handlungsmöglichkeiten:
– Aufnahme von ökologischen Kriterien in die Lieferantenselektion,
– ökologisch orientierte Selektion innerhalb des Produktangebots und entsprechende Konditionenverhandlung,
– Einflußnahme durch ökologisch orientierte Richtlinien für Produktgestaltung, Produktion und Materialwirtschaft einschließlich Kontrollen,
– ökologisch orientierte Förderprogramme.

Angesichts zunehmender Konzentrations- und Kooperationsprozesse im Handel findet eine vertikale Rückwärtsintegration statt, die mit einer Übernahme bzw. Beeinflussung der Produktion verbunden ist. Insofern gewinnen die beiden letztgenannten Handlungsformen als ökologische Diffusionsstrategien an Bedeutung. Marktmächtige Einzelhändler oder Einkaufskooperationen können den Lieferanten gegenüber ihre Machtstellung daher auch zur Durchsetzung ökologischer Forderungen nutzen.

6.2 Ökologische Orientierung in ausgewählten Instrumenten des ecology push auf der Absatzseite

6.2.1 Sortimentspolitik

Die Sortimentspolitik umfaßt den Sortimentsaufbau und die Sortimentsdimensionen in der Breiten- und Tiefendimension. Eine ökologische Orientierung kann als inhaltliches Prinzip in unterschiedlichen Varianten realisiert werden:
- Ausschluß einzelner Produkte mit umweltschädlichen Stoffen,
- Ausschluß umweltschädlicher Produktgruppen,
- systematischer Ausschluß der relativ schädlichen Produktsorten in allen Warenbereichen als grundsätzliches Prinzip,
- Schaffung zusätzlicher Kaufmöglichkeiten durch bewußte Aufnahme relativ umweltverträglicher Produkte,
- Realisierung ökologischer Grundsätze als Aufbaugesichtspunkte eines Sortiments.

Zur Interpretation der Realisierungschancen dieser Handlungsalternativen gehen wir von einem üblichen ökonomischen Ziel des Handels aus, Deckungsbeiträge pro qm Regalfläche zu erzielen. Die vorgeschlagenen Handlungsalternativen in ihrer ökonomischen Zielsetzung sind insoweit kompatibel mit ökologischen Forderungen, wie die Konsumentenzielgruppen Produktkäufe zugunsten ökologischer Alternativen vornehmen und diese bezüglich der Spannensituation nicht ungünstiger sind. Der Verzicht auf schädliche Produktalternativen ist immer dann ohne größere ökonomische Einbußen möglich, wenn Substitutionsbereitschaft bei den Konsumenten besteht, also keine starken Markenpräferenzen für diese ausgeschlossenen Alternativen existieren. Die Tendenz zur Lockerung von Markenpräferenzen in vielen Produktbereichen verbessert im Handel diese Möglichkeit, Substitutionsprozesse zugunsten ökologischer Produktalternativen anzuregen. Der Ausschluß umweltschädlicher Produktgruppen bedeutet, daß auf Komplementärkäufe innerhalb des mit einem Kunden erzielbaren Warenkorbes verzichtet wird. Hier stellt sich die Aufgabe, die Regalfläche zur Anregung anderer komplementärer Käufe zu nutzen. Die Schaffung zusätzlicher Kaufalternativen mit umweltverträglichen Produkten ist eine Regalbeanspruchung, deren Profitabilität von dem Bedarfspotential der Kundenzielgruppe abhängt. Diese wird der Händler in Verbindung mit Opportunitätsüberlegungen (alternative Regalplatzvergabe) abschätzen. Eine primäre Orientierung des Sortimentsaufbaus an ökologischen Grundsätzen führt zur Betriebsformendiversifikation (s. Abschn. 8).

Eine Gesamteinschätzung der umweltinnovativen Handlungsmöglichkeiten des Handels im Rahmen der Sortimentspolitik zeigt große Flexibilität bei gleichzeitig geringer Information. Angesichts der Vielfalt von Handlungsalternativen ist die Transparenz über die ökonomischen Beiträge von Sortimentsentscheidungen schwierig und aufwendig herstellbar wegen immenser Zurechnungsprobleme. Insofern ist die genaue Absteckung des Handlungsfeldes zwischen ökonomischen und ökologischen Orientierungen nur schwer durchführbar. Die derzeitig sich verbreitenden Scanningsysteme werden diesen Aspekt allerdings verändern.

6.2.2 Markenbildung

Der Handel entwickelt zunehmend Eigenmarkenprogramme als Folge vertikaler Integration. Es handelt sich dabei um Marken, die i.d.R. nur in den Geschäften des Markeneigners erhältlich sind und einen engen Verweis auf den Träger im Sinne einer Kundenbindung herstellen. Eine ökologisch orientierte Eigenmarkenbildung ist ein sehr wirksames Mittel, ökologische Zielelemente der gatekeeper-Stellung zum Ausdruck zu bringen und eine entsprechende Marktpositionierung zu erreichen. Dabei übernimmt die Marke eine Art Garantiefunktion für diesbezügliche Leistungen des Händlers und entlastet den Konsumenten von umfangreichen eigenen Recherchen (Versuch des Gütesiegels der Siftung Leberecht: *Heyl* 1986, 99–108). Dieser Effekt könnte angesichts der Verunsicherung der Konsumenten in ökologischen Problemzusammenhängen auch zunehmende akquisitorische Wirkung haben. Voraussetzungen für eine ökologisch orientierte Eigenmarkenbildung als konstruktives Problemlösungsangebot sind entsprechende Informations- und Durchsetzungsmöglichkeiten auf der Beschaffungsseite. Dies kann nur marktmächtigen Händlern bzw. Händlerkooperationen gelingen.

6.2.3 Kommunikationspolitik

Der Handel kommuniziert mit seinen Abnehmern entweder über unpersönliche Werbemittel oder am Einkaufsort durch persönlichen Verkauf und seine Ladengestaltung. Kommunikationsobjekt sind Produkte und Produktgruppen, bestimmte Aktivitäten oder die Unternehmung selbst.

Werbung: Jegliche Marktkommunikation stellt zumindest indirekt im Handel aufgrund seiner institutionellen Marktpräsenz einen Bezug zur Unternehmung selbst her. Diese wirkt bei einem Angebot überwiegend fremder, meist auch bei der Konkurrenz erhältlicher Produkte als akquisitorischer Ausweis der eigenen Marktleistung und als Vollzugsort der Kommunikationsziele. Daher stellt sich die Frage, wie weit ökologische Aspekte thematisiert und damit zum Bestandteil des Firmenimages gemacht werden sollen. Eine entsprechende Marktpositionierung setzt langfristige und durchgängige Wertorientierungen der Unternehmung voraus, da Images wenig variabel sind (Konzept des Handelsunternehmens Migros: *Hollinger* 1986, 109–115; *Hopfenbeck* 1990, 457, 460–464).

Zwei grundlegende erfolgversprechende Handlungsprinzipien der Kommunikationspolitik sollten auch im Zusammenhang mit der Vermittlung ökologischer Inhalte berücksichtigt werden:

6. Ökologisch orientiertes Marketing im Handel

- Mit der Information den Adressaten einen zielgruppenorientierten Vorteil versprechen bzw. Nutzen in Aussicht stellen! Legt man hier das Einstellungskonstrukt in seiner kognitiven Wissens- und affektiven Wertdimension zugrunde, so kann die kommunikative Aussage entweder bei der Wahrnehmung ökologischer Qualitätselemente des Kommunikationsobjektes oder bei ihrer Wertschätzung durch den Kommunikationsadressaten ansetzen.

- Den Adressaten aktivieren, als Voraussetzung für kommunikative Wirksamkeit!

Persönlicher Verkauf: Insbesondere in ökologischen Problembranchen entsteht eine steigende Informations- und Beratungsnachfrage. Das ökologische Risikoempfinden der Konsumenten nimmt zu, wodurch sich ihre Bereitschaft zur Aufnahme und sogar zur Suche entsprechender Informationen erhöht (Konzept des empfundenen Kaufrisikos: *Kroeber-Riel* 1990, 416 ff.). Wie weit der Handel unter konkurrierenden Informationsquellen des Konsumenten davon betroffen sein wird, hängt davon ab, für wie nützlich er als Informationsquelle in diesem Zusammenhang eingeschätzt wird. Untersuchungen zeigen für den Handel im allgemeinen positive Werte (*Grunert* 1985, 110). Daher kann davon ausgegangen werden, daß der steigende Informationsbedarf auch an ihn herangetragen wird, wodurch ein wachsendes akquisitorisches Potential für den umweltinnovativen Händler aus einer entsprechenden Erweiterung der ökologischen Informations- und Beratungskompetenz zu erwarten ist. Allerdings ist darauf hinzuweisen, daß dadurch eine höhere Komplexität der Beratungsaufgabe entsteht, indem zunehmend auf ökologische Kauffolgeentscheidungen eingegangen werden muß (*Jörges* 1981, 319).

Es hängt von dem Ausmaß des ökologischen Engagements eines Händlers ab, ob er seine Verkaufsfunktion definiert als (*Scherhorn* 1985, 48 f.):
- vergleichende Information über das Produktangebot in ökologischer Hinsicht,
- Erteilung ökologisch orientierter Ratschläge,
- ökologisch orientierte Bedarfsreflexion.

Die letztgenannte Variante liegt eindeutig in dem oben gekennzeichneten Konfliktfeld IV zwischen Ökonomie und Ökologie und ist insofern eher von umwelt- und verbraucherpolitischen Organisationen zu erwarten.

6.2.4 Ökologisch orientierte Nachkaufaktivitäten

Die Umweltperspektive des Marketing richtet sich, über den Kaufakt hinausgehend, auf die ökologischen Auswirkungen des Konsumprozesses. Diese Aspekte gehen bereits in die Beurteilung der Umweltverträglichkeit von Produkten ein und wirken sich insofern in dem beschriebenen Einsatz der Marketinginstrumente aus. Die im Produkt enthaltene Umweltvorsorge ist grundsätzlich die wirksamere Alternative gegenüber der Nachsorge nach dem Kauf. So ist beispielsweise die Vermeidung von Verpackungsaufwand

(Versuch der Obi Bau- und Heimwerkermärkte, Elektrowerkzeuge ohne Verpackung anzubieten: o.V. 1991, 10) besser als deren nachträgliche Entsorgung. Dennoch bieten sich im Bereich der Nachkaufaktivitäten wichtige umweltinnovatorische Handlungsmöglichkeiten für den Handel. Diese beinhalten einerseits Systeme der umweltorientierten Entsorgung und andererseits produktbezogene Servicemaßnahmen.

Entsorgung: Auf den Handel, der die qualitativen Vermittlungsfunktionen für die Warenbewegungen zwischen Produzenten und Konsumenten wahrnimmt, kommen zunehmend Forderungen nach einer Rückbewegung der Abfallprodukte zu (Bundesregierung 1990; Rat von Sachverständigen für Umweltfragen 1990, 20 ff.). Die Entwicklung von Redistributionssystemen ist eine Aufgabe, die auf der Materialebene des Warenstromes ökonomische und ökologisch-technische Aspekte umfaßt. Dazu können Händler individuell oder/und in Kooperation Systeme für das Sortieren und Sammeln von Materialien zum Recycling, zur Abfallbeseitigung oder zur Wiederverwendung entwickeln (zur ökonomischen Analyse von Redistributionssystemen: *Stockinger* 1991). Auf der Ebene des Kommunikationsstromes entstehen Probleme der Schaffung von Marktakzeptanz, insbesondere soweit Entsorgungssysteme für Konsumenten mit Mühen verbunden sind. Der Beitrag zur Entsorgung kann für die Händler zu einem sehr sichtbaren Ausweis ökologischer gatekeeper-Tätigkeit werden. Darüber hinaus erschließen sich für den Handel möglicherweise neue Wertschöpfungspotentiale im Rahmen eines Redistributionssystems. Dies gilt insbesondere dann, wenn Konsumenten mehr Sensibilität für die von ihnen selbst verursachten Umweltbelastungen während des Konsumprozesses entwickeln.

Gebrauchszeitverlängerung von Produkten: Durch die produktbezogene Servicepolitik kann die Gebrauchszeit von Produkten beeinflußt werden. Dieser Aspekt ökologisch sinnvollen Wirtschaftens steht im deutlichen Konflikt mit umsatzorientierten Zielen der Neukaufförderung. Es ist zu erwarten, daß bei umweltaktiven bzw. -aktivierbaren Konsumenten der Bedarf nach Service zur Verlängerung der Gebrauchszeiten von Produkten steigt und insofern auch eine akquisitorische Aufwertung von diesbezüglichen Serviceaktivitäten entsteht.

7. Ökologisch orientierte corporate identity

Eine wesentliche Grundlage für den Entwurf eines ökologischen Marketing ist die Aufnahme einer Orientierung in die entsprechenden Unternehmensziele und Unternehmensphilosophie. Dabei ist sowohl der Stellenwert ökologischer Ziele innerhalb des Zielsystems wie die Assoziation mit der Verwirklichung ökonomischer Ziele von Bedeutung (*Wiedmann* u.a. 1988, 108–130). So können ökologische Ziele aus ökologischer Verantwortlichkeit (*Wolf* 1987, 148–173) verfolgt werden, die als Nebenbedingung ökonomischer

Ziele in den Unternehmensgrundsätzen fixiert ist, oder im kompatiblen Zusammenhang mit ökonomischen Zielen gesehen werden. Erkenntnisse über die Verbreitung chancenorientierter Strategien für den Sektor der Industrie liegen heute in Ansätzen vor (*Kirchgeorg* 1990; *Meffert, Benkenstein, Schubert* 1987, 32–39; *Meffert, Kirchgeorg* 1989, 179 ff.; Umweltbundesamt 1990, 4). Ergebnisse dieser Untersuchungen deuten darauf hin, daß die Unternehmen zunehmend die ökologische Herausforderung annehmen. Inwieweit diese Erkenntnisse für den Handel Geltung beanspruchen können, muß hier offen bleiben.

Wird in einer Art Unternehmensleitbild die Verpflichtung gegenüber der Umwelt festgehalten und diese Verpflichtung auch veröffentlicht, so daß verbindliches Handeln unumgänglich ist, entsteht eine entsprechende Unternehmenspersönlichkeit nach innen und außen (zur corporate identity im Handel: *Hansen* 1990a, 576–578; allgemein: *Wiedmann* 1987; zur Implementierung: *Kreutzer, Jugel, Wiedmann* 1989). Maßnahmen dieser Art sind aufgrund ihrer Komplexität und Langfristigkeit als strategische Aufgabe zu sehen. Mit einer solchen Berücksichtigung der umweltorientierten Interessen der Verbraucher kann der Handel den *Seyffert*schen Begriff der Interessenwahrungsfunktion aufgreifen und das Unternehmensbild des gatekeeper als „purchase agent" schaffen. Hat der Konsument die Erfahrung gemacht, daß der Handelsbetrieb glaubwürdiger „Interessenwahrer" für die umweltorientierten Konsumenten ist, werden bei diesem Klientel positive Voraussetzungen für Geschäftstreue und für eine unverwechselbare Positionierung des Unternehmens geschaffen.

Eine corporate identity im Sinne einer ökologischen Orientierung ist keine durch Public-Relations-Maßnahmen geschaffene Kommunikationsfigur, sondern ein konsistentes Handeln nach außen und innen, das innerbetrieblich durch eine entsprechende Unternehmenskultur abgestützt ist. In diesem Zusammenhang bedeutet Unternehmenskultur vor allem das sozioökonomische Wertberücksichtigungspotential des Unternehmens (*Ulrich* 1987, 139), also seine Fähigkeit, für die ökologischen Präferenzen der Konsumenten empfänglich zu sein und ihnen durch vielfältige Maßnahmen personalpolitischer, organisatorischer oder symbolischer Art zu entsprechen.

8. Ökologisch orientierte Wachstumspfade: Betriebsformendiversifikation

Die Betriebsformendiversifikation ist eine strategische Maßnahme des Handelsmanagements, die sehr geeignet ist, eine ecology-push-Aktivität zielgruppenbezogen und damit als Strategie der Marktdifferenzierung durchzuführen. Der nach dem Residenzprinzip betriebene Handel wird von den Konsumenten zum Einkauf aufgesucht. Seine Umsatzmöglichkeiten beschränken sich auf das Bedarfspotential der Konsumenten im Bereich seiner Absatzreichweite, das er auf sich ziehen kann. Aus dieser Konstellation folgt, daß ein Händler nur soweit eine ökologische Orientierung verfolgen kann, wie ein umweltaktives bzw. -aktivierbares Umsatzpotential innerhalb seiner Reichweite vorhanden ist.

Für den Residenzhandel besteht nun die Möglichkeit, im Rahmen einer Betriebsformendiversifikation neben konventionellen Verkaufsstellen eine ökologisch innovatorische Betriebsform zu entwickeln (o.V. 1986; *Göppert* 1991, 48: Body Shop). Diese Strategie hat den Vorteil, daß eine Marktsegmentierung geschaffen wird, die eine Differenzierung des Marketingeinsatzes ermöglicht. Die Betriebsgrößen der Verkaufsstellen können den vorhandenen Umsatzpotentialen angepaßt werden. Es ist zu erwarten, daß durch ein ökologisch konsequentes Marketingkonzept der innovativen Betriebsform die Attraktivität für umweltaktive und -aktivierbare Konsumenten wächst, demzufolge die Wegebereitschaft zunimmt und sich die Absatzreichweite gegenüber einem gemischten Ladenkonzept vergrößert.

9. Chance: Umweltmanagement

Die vorangehenden Vorschläge zum umweltinnovativen Marketing als integrativem Baustein des Umweltmanagements im Handel sollen nicht das euphorische Bild vom Handel als ökologischem Problemlöser der Zukunft vermitteln. Umweltmanagement als umfassendes Konzept ist heute noch vielfach eine Vision (*Stitzel, Wank* 1990, 107). Ziel war es vielmehr, bestehende Marktchancen aufzuzeigen, die neben ihrem Wertschöpfungspotential einen Beitrag zur Minderung gegenwärtiger und künftiger Umweltbelastungen aufweisen. Daß Umweltmanagement im Handel mehr ist als das Auffinden und Anbieten ökologisch verträglicher Problemlösungen für Konsumenten versteht sich von selbst. Unabhängig davon stellt aber gerade diese Leistung des Handels eine wichtige Voraussetzung für die Durchsetzung ökologieverträglicher Produkt- und Dienstleistungsalternativen auf Märkten dar. Die Wahrnehmung dieser Aufgabe und die konsequente Berücksichtigung ökologischer Gesichtspunkte im Rahmen des Umweltmanagements stellt für den Handel insofern eine besondere Chance dar, als er dadurch alte originär marktvermittelnde Leistungspotentiale zurückgewinnen kann.

Literatur

Adelt, P., Müller, H., Zitzmann, A. (1990), Umweltbewußtsein und Konsumverhalten – Befunde und Zukunftsperspektiven, in: *Szallies, R., Wiswede, G.* (Hrsg.), Wertewandel und Konsum: Fakten, Perspektiven und Szenarien für Markt und Marketing, Landsberg a.L., S. 155–184

Bänsch, A. (1990), Marketingfolgerungen aus Gründen für den Nichtkauf umweltfreundlicher Konsumgüter, in: Jahrbuch der Absatz- und Verbrauchsforschung 4/1990, S. 360–379

Baumgartner, T. (1988), Die Produktlinienanalyse als neue Form der Informationserhebung und -darstellung, in: *Beckenbach, F., Schreyer, M.* (Hrsg.), Gesellschaftliche Folgekosten. Was kostet unser Wirtschaftssystem, Frankfurt a. M./New York, S. 150–169

Berekoven, L. (1990), Erfolgreiches Einzelhandelsmarketing, Grundlagen und Entscheidungshilfen, München

Brandt, A., Hansen, U. u.a. (Hrsg.) (1988), Ökologisches Marketing, Frankfurt a. M./New York

Bundesminister des Inneren (1983), Abschlußbericht der Projektgruppe „Aktionsprogramm Ökologie", Umweltbrief Nr. 29, Bonn

Bundesregierung (1990), Verordnung über die Vermeidung von Verpackungsabfällen, Kabinettsbeschluß v. 14. 11. 1990, Bonn

Burghold, J.A. (1988), Ökologisch orientiertes Marketing, Augsburg

Driever, P. (1987), Die Vermittlung ökologischer Wertvorstellungen durch den Handel – eine empirische Untersuchung durch Test-Kaufgespräche im Handel, unveröffentlichte Diplomarbeit am Lehrstuhl für Markt und Konsum, Universität Hannover

Domdey, S. (1986), Neue Kriterien bei der Listung von Produkten durch den Handel? Ergebnisse einer Befragung, in: *Wimmer, F., Weßner, K.* (Hrsg.), Marketing in einer sich ändernden Umwelt, Dokumentation der Fachtagung der Nürnberger Akademie für Absatzwirtschaft v. 30.–31. Januar 1986, Frankfurt a. M., S. 88–98

Freimann, J. (1987), Ökologie und Betriebswirtschaft, in: ZfbF 5/1987, S. 380–390

Freimann, J. (Hrsg.) (1991), Ökologische Herausforderung der Betriebswirtschaftslehre, Wiesbaden

Gierl, H. (1987), Ökologische Einstellungen und Kaufverhalten im Widerspruch, in: Markenartikel 1/1987, S. 2–13

Göppert, K. (1991), Umweltschutz: Die Herausforderung für die Industrie, in: Wirtschaftswoche, 7/1991, S. 42–53

Grießhammer, R. (1988), Kriterien zur Beurteilung der Umweltverträglichkeit von Produkten, in: *Brandt, A., Hansen, U. u. a.* (Hrsg.), Ökologisches Marketing, Frankfurt a. M./New York, S. 205–214

Gruner + Jahr (Hrsg.) (1990), Dialoge 3, Berichtsband, Orientierungen in Gesellschaft, Konsum, Werbung und Lifestyle, Hamburg

Grunert, K. G. (1985), Das Verkaufsgespräch als Informationsquelle, in: *Lübke, V., Schoenheit, I.* (Hrsg.), Die Qualität von Beratungen für den Verbraucher, Frankfurt a. M./New York, S. 110–120

Hansen, U. (1982), Handelsmarketing und Verbraucherpolitik, in: *Hansen, U., Stauss, B., Riemer, M.* (Hrsg.), Marketing und Verbraucherpolitik, Stuttgart, S. 451–464

Hansen, U. (1988a), Ökologisches Marketing im Handel, in: *Brandt, A., Hansen, U. u.a.* (Hrsg.), Ökologisches Marketing, Frankfurt a. M./New York, S. 331–362

Hansen, U. (1988b), Marketing und soziale Verantwortung, in: DBW, 6/1988, S. 711–721

Hansen, U. (1989), Verbraucherpolitische Herausforderungen für das Handelsmarketing, in: *Specht, G., Silberer, G., Engelhardt, W. H.* (Hrsg.), Marketing-Schnittstellen – Herausforderungen für das Management, Stuttgart, S. 201–226

Hansen, U. (1990a), Absatz- und Beschaffungsmarketing des Einzelhandels: Eine Aktionsanalyse, 2., neubearb. und erweiterte Aufl., Göttingen

Hansen, U. (1990b), Die Rolle des Handels als gatekeeper in der Diffusion ökologisch orientierter Marketingkonzepte, in: Ökologie im vertikalen Marketing, Tagungsband 19.-20. März 1990, hrsg. vom Gottlieb Duttweiler Institut, Zürich, S. 145–174

Hansen, U., Stauss, B. (1982), Marketing und Verbraucherpolitik, in: *Hansen, U., Stauss, B., Riemer, M.* (Hrsg.), Marketing und Verbraucherpolitik, Stuttgart, S. 2–20

Heyder, H. (1990), Ökologiebewußtsein und Marketing, in: *Szallies, R., Wiswede, G.* (Hrsg.): Wertewandel und Konsum, Fakten, Perspektiven und Szenarien für Markt und Marketing, Landsberg a. L., S. 339–355

Heyl, G. (1986), Die Stiftung Leberecht: Handelsmarketing für Produktqualität und gegen die Verunsicherung der Verbraucher, in: *Wimmer, F., Weßner, K.* (Hrsg.), Marketing in einer sich ändernden Umwelt, Dokumentation der Fachtagung der Nürnberger Akademie für Absatzwirtschaft v. 30.–31. Januar 1986, Frankfurt a. M., S. 99–108

Hollinger, E. (1986), Migros-Marketing. Innovative Konzepte in einer sich wandelnden Umwelt, in: *Wimmer, F., Weßner, K.* (Hrsg.), Marketing in einer sich ändernden Umwelt, Dokumentation der Fachtagung der Nürnberger Akademie der Absatzwirtschaft v. 30.–31. Januar 1986, Frankfurt a. M., S. 109–115

Hopfenbeck, W. (1989), Allgemeine Betriebswirtschafts- und Managementlehre – Das Unternehmen im Spannungsfeld zwischen ökonomischen, sozialen und ökologischen Interessen, Landsberg a. L.

Hopfenbeck, W. (1990), Umweltorientiertes Management und Marketing. Konzepte – Instrumente – Praxisbeispiele, Landsberg a. L.

Horváth, P. (1990), Controlling, 3., neubearb. Aufl., München

Hunt, C. B., Auster, E. R. (1990), Proactive Environmental Management: Avoiding the Toxic Trap, in: Sloan Management Review, 2/1990, S. 7–18

Joerges, B. (1981), Ökologische Aspekte des Konsumentenverhaltens – Konsequenzen für die Verbraucherinformationspolitik, in: Zeitschrift für Verbraucherpolitik 4/1981, S. 310–325

v. Keller, V. (1991), Umweltmanagement: Ökolgie als Strategie, in: Wirtschaftswoche 7/1991, S. 66–68

Kirchgeorg, M. (1990), Ökologieorientiertes Unternehmensverhalten: Typologien und Erklärungsansätze auf empirischer Grundlage, Wiesbaden

Kolvenbach, D. (1990), Umweltschutz im Warenhaus, Bonn

Kreikebaum, H. (1989), Strategische Unternehmensplanung, 3., erweit. Aufl., Stuttgart/Berlin/Köln

Kreutzer, R., Jugel, S., Wiedmann, K.-P. (1989), Unternehmensphilosophie und Corporate Identity. Empirische Bestandsaufnahme und Leitfaden zur Implementierung einer Corporate Identity Strategie, Arbeitspapier Nr. 40, Institut für Marketing der Universität Mannheim, 2. Aufl., Mannheim

Krober, Riel, W. (1990), Konsumentenverhalten, 4., verbesserte und erneuerte Aufl., München

Kuhn, T. S. (1967), Die Struktur wissenschaftlicher Revolutionen, Frankfurt a. M.

Lewin, K. (1963), Feldtheorien in Sozialwissenschaften, Bern/Stuttgart

Marr, R. (1989), Betrieb und Umwelt, in: *Bitz, M.* (Hrsg.), Vahlens Kompendium der Betriebswirtschaftslehre, Bd. 1, 2., überarb. und erweiterte Aufl., München, S. 47–114

Meffert, H. (1988), Ökologisches Marketing als Antwort der Unternehmen auf aktuelle Problemlagen der Umwelt, in: *Brandt, A., Hansen, U. u. a.* (Hrsg.), Ökologisches Marketing, Frankfurt a. M./New York, S. 131–158

Meffert, H. (1989), Die Wertkette als Instrument einer integrierten Unternehmensplanung, in: *Delfmann, W.* (Hrsg.), Der Integrationsgedanke in der Betriebswirtschaftslehre: Helmut Koch zum 70. Geburtstag, Wiesbaden, S. 255–278

Meffert, H. (1990), Ökologie und marktorientierte Unternehmensführung, in: Ökologie im vertikalen Marketing, Tagungsband 19.–20. März 1990, hrsg. v. Gottlieb Duttweiler Institut, Zürich, S. 7–67

Meffert, H., Benkenstein, M., Schubert, F. (1987), Umweltschutz und Unternehmensverhalten, in: Harvard Manager 2/1987, S. 32–39

Meffert, H., Kirchgeorg, M. (1989), Umweltschutz als Unternehmensziel, in: *Specht, G., Silberer, G., Engelhardt, W. H.* (Hrsg.), Marketing-Schnittstellen – Herausforderungen für das Management, Stuttgart, S. 179–199

Meffert, H. u. a. (1986), Marketing und Ökologie – Chancen und Risiken umweltorientierter Absatzstrategien der Unternehmen, in: Die Betriebswirtschaft 2/1986, S. 140–159

Mühleib, F. (1987), Öko-Marketing – Ein Begriff mit vielen Facetten, in: Lebensmittelzeitung 40/1987, S. 132–133

Müller-Wenk, R. (1988), Ökologische Buchhaltung – Eine Einführung, in: *Simonis, U. E.* (Hrsg.), Ökonomie und Ökologie – Auswege aus einem Konflikt, 5., erweit. Aufl., Karlsruhe, S. 13–30

o. V. (1986), Bio im SB-Markt, in: Wirtschaftswoche 27/1986, S. 122–125

o. V. (1987), Wo Welten aufeinanderprallen, in: Absatzwirtschaft 3/1987, S. 38–47

o. V. (1991), Ausgepackt: Ware pur, in: Absatzwirtschaft 1/1991, S. 10

Paulus, J. (1991), Öko-Management: Grüne Fassaden, in: Öko-Test-Magazin 2/1991, S. 9–15

Pfriem, R. (1986), Ökobilanzen für Unternehmen, in: *Pfriem, R.* (Hrsg.), Ökologische Unternehmenspolitik, Frankfurt a. M./New York, S. 210–226

Popper, K.R. (1974), Das Elend des Historizismus, 4. Aufl., Tübingen

Porter, M. E. (1986), Wettbewerbsvorteile, Frankfurt a. M.

Projektgruppe Ökologische Wirtschaft des Öko-Instituts Freiburg (Hrsg.) (1987), Produktlinienanalyse: Bedürfnisse, Produkte und ihre Folgen, Köln

Raffée, H. (1974), Grundprobleme der Betriebswirtschaftslehre, Göttingen

Raffée, H., Wiedmann, K.-P. (1989), Wertewandel und gesellschaftsorientiertes Marketing – Die Bewährungsprobe strategischer Unternehmensführung, in: *Raffée, H., Wiedmann, K.-P.* (Hrsg.), Strategisches Marketing, 2. Aufl., Stuttgart, S. 552–611

Rat von Sachverständigen für Umweltfragen (1990), Kurzfassung des Sondergutachtens Abfallwirtschaft, Bonn

v. Rosenstiel, L. (1987), Wandel in der Karrieremotivation – Verfall der Neuorientierung? in: *v. Rosenstiel, L., Einsiedler, H. E., Streich, K.* (Hrsg.), Wertewandel als Herausforderung für die Unternehmenspolitik, Stuttgart, S. 35–52

Ruppen, L. (1978), Marketing und Umweltschutz, Fribourg, Schweiz

Scherhorn, G. (1985), Die Beratung der Verbraucher im Handel und in der Verbraucherberatung: Schwerpunkte und Kriterien, in: *Lübke, V., Schoenheit, I.* (Hrsg.), Die Qualität von Beratungen für Verbraucher, Frankfurt a. M./New York, S. 48–55

Schmid, U. (1989), Umweltschutz – Eine strategische Herausforderung für das Management, Frankfurt a. M. u. a.

Schreiber, R. L. (1985), Folgerungen für das Marketing aus ökologischer Einsicht, in: *Meyer, P.W. u.a.* (Hrsg.), Ökologie und Marketing, FGM – Tagung

1985, Arbeitspapiere zur Schriftenreihe Schwerpunkt Marketing, Universität Augsburg, S. 20–60
Schulz, H.G. (1987), Keine Chance für Aussteiger, in: Lebensmittelzeitung 40/1987, S. 134–136
Seidel, E., Menn, H. (1988), Ökologisch orientierte Betriebswirtschaft, Stuttgart u.a.
Senn, J. F. (1986), Ökologieorientierte Unternehmensführung, Frankfurt a.M.
Staehle, W. H. (1990), Managagement, Eine verhaltenswissenschaftliche Perspektive, 5., überarb. Aufl., München
Stauss, B. (1985), Strategische Marketingreaktion auf verbraucher- und umweltpolitische Herausforderungen – Ein Erklärungsmodell, in: *Hansen, U., Schoenheit, I.* (Hrsg.), Verbraucherabteilungen in privaten und öffentlichen Unternehmen, Frankfurt a.M./New York, S. 65–108
Steger, U. (1988), Umweltmanagement, Wiesbaden
Steger, U. (1990), Unternehmensführung und ökologische Herausforderung, in: *Wagner, G. R.* (Hrsg.), Unternehmung und ökologische Umwelt, München, S. 48–57
Stitzel, M., Simonis, U. E. (1988), Ökologisches Management, oder ist eine umweltverträgliche Unternehmenspolitik realisierbar? Wissenschaftszentrum Berlin, FS II 88–408, Berlin
Stitzel, M., Wank, L. (1990), Was kann die Lehre vom strategischen Management zur Entwicklung einer ökologischen Unternehmensführung beitragen?, in: *Freimann, J.* (Hrsg.), Ökologische Herausforderung der Betriebswirtschaftslehre, Wiesbaden, S. 105–131
Stockinger, W. (1991), Probleme einer ökologisch orientierten Redistribution – Eine transaktionskostentheoretische Analyse, unveröffentlichte Diplomarbeit am Lehrstuhl für Markt und Konsum, Universität Hannover
Strebel, H. (1981), Umweltwirkungen der Produktion, in: ZfbF, 6/1981, S. 508–521
Szallies, R., Wiswede, G. (Hrsg.) (1990), Wertewandel und Konsum: Fakten, Perspektiven und Szenarien für Markt und Marketing, Landsberg a.L.
Teichert, V., Baumgartner, T. (1990), Die Produktlinienanalyse: Konzept und Ansätze zur politischen Implementation, in: Das Wirtschaftsstudium, 5/1990, S. 282–284
Ulrich, H., Probst, G. J. B. (1988), Anleitung zum ganzheitlichen Denken und Handeln: Ein Brevier für Führungskräfte, Stuttgart
Ulrich, P. (1987), Die Weiterentwicklung der ökonomischen Rationalität – Zur Grundlegung der Ethik der Unternehmung, in: *Biervert, B., Held, M.* (Hrsg.), Ökonomische Theorie und Ethik, Frankfurt a.M., S. 122–149
Ulrich, P., Fluri, E. (1988), Management: Eine konzentrierte Einführung, 5., durchgeseh. Aufl., Bern/Stuttgart
Umweltbundesamt (1990), Sachstandsbericht Nr. 109 01 041 zum Modellversuch „Umweltorientierte Unternehmensführung", Berlin
Vester, F. (1985a), Neuland des Denkens, 3., durchgeseh. und ergänzte Aufl., München
Vester, F. (1985b), Ökologisches Systemmanagement, in: *Probst, G. J. B., Siegwart, H.* (Hrsg.), Integriertes Management – Festschrift zum 65. Geburtstag v. Prof. Dr. Dr. h.c. Hans Ulrich, Bern/Stuttgart, S. 299–330
Vester, F. (1989), Leitmotiv vernetztes Denken, 2., überarb. Aufl., München
Wehrli, H. P. (1990), Marketing und Ökologie, in: Jahrbuch der Absatz- und Verbrauchsforschung, 4/1990, S. 345–359

Wiedmann, K.-P. (1987), Corporate Identity als strategisches Orientierungskonzept, Arbeitspapier Nr. 53 des Instituts für Marketing der Universität Mannheim, Mannheim
Wiedmann, K.-P. u.a. (1988), Die Überprüfung unternehmerischer Zielsysteme als Voraussetzung eines effizienten Öko-Marketing, in: *Brandt, A., Hansen, U. u.a.* (Hrsg.), Ökologisches Marketing, Frankfurt a.M./New York, S. 108–130
Wimmer, F. (1988), Umweltbewußtsein und konsumrelevante Einstellungen und Verhaltensweisen, in: *Brandt, A., Hansen, U. u.a.* (Hrsg.), Ökologisches Marketing, Frankfurt a.M./New York, S. 44–85
Wimmer, F., Weßner, K. (Hrsg.) (1986), Marketing in einer sich ändernden Umwelt. Dokumentation der Fachtagung der Nürnberger Akademie für Absatzwirtschaft v. 30.–31. Januar 1986, Frankfurt a.M.
Wolf, V. (1987), Brauchen wir eine ökologische Ethik? in: Prokla 4/1987, S. 148–173

Kapitel 47
Praktiziertes Umweltmanagement im Handel

von *Hans Christian Bremme*

1. Facetten des Umweltmanagements im Handel 758
   1.1 Der Handel als ökologischer Gate-keeper 758
   1.2 Umweltschutz als permanentes Ziel 759
   1.3 Die Reaktionen der Kunden 759
   1.4 Die Reaktionen der Lieferanten 760
2. Fallbeispiele 760
   2.1 Das Verpackungsproblem 760
   2.2 Das Chlorproblem 762

1. Facetten des Umweltmanagements im Handel

1.1 Der Handel als ökologischer Gate-keeper

Die Aufgabenteilung zwischen Industrie und Handel hat sich in den letzten Jahrzehnten grundlegend verändert. In der Nachkriegsphase und in Zeiten knapper Güter wurde dem Handel lediglich eine Verteilerfunktion zugewiesen. Mit zunehmender Konzentration im Handel und nicht mehr ausgelasteten Industriekapazitäten wandelten sich die Machtverhältnisse. Aus einem Verkäufer- wurde ein Käufermarkt. Der Handel stellte Forderungen, die in Preis- und Vergütungszugeständnissen bei den Jahresgesprächen kulminierten. Andere Wünsche traten hinzu, z.B. nach logistischen Verbesserungen oder – seit Beginn der 80er Jahre – zum Umweltschutz. Der Handel nahm auch auf dem ökologischen Gebiet – zunächst vereinzelt, dann aber stärker – die Aufgabe des Gate-keepers zwischen Industrie und Verbraucher ernst.

So haben z.B. die Gesellschafter der Unternehmensgruppe Tengelmann frühzeitig die Bedeutung des Umweltschutzes erkannt und ihr Handeln nicht als Antwort auf eine Zeitströmung, sondern als Ausdruck ihrer eigenen – auch unternehmerischen – Verantwortung gegenüber der Zukunft gesehen. Aus ihrem zunächst nur privaten Engagement, das sich seit 1967 auf die Gründung und Führung von Umweltstiftungen konzentrierte (Karl-Schmitz-Scholl-Fonds, 1967; Elisabeth-Haub-Foundation, 1982), wurde seit 1984 ein die über 3000 Filialen der Unternehmensgruppe umfassendes Öko-Marketing. Umweltschutz wurde der Geschäftsleitung unmittelbar zugeordnet und ein Umweltbeauftragter ernannt. Für alle Mitarbeiter erließ man verbindliche Umweltleitlinien. Der Einfluß als Gate-keeper im Umweltschutz wurde intensiv eingesetzt.

Verschiedene Faktoren bestimmen in der Unternehmensgruppe Tengelmann das ökologische Verhalten. Ausgangspunkt war die Erkenntnis der Inhaber, daß die Gesellschaft ihr Verhältnis zur Natur dringend zu verändern hat, um ein Gleichgewicht zu finden zwischen dem, was die Menschen von der Natur beanspruchen, und dem, was die Natur dauerhaft zur Verfügung stellen kann. Die zunächst zögernde Bereitschaft der Kunden, umweltfreundliche Angebote zu akzeptieren, schreckte nicht. Es war sicher, daß die Diskrepanz zwischen bekundetem Umweltinteresse und den daraus abgeleiteten Entscheidungen zunehmend geringer werden würde. Das rechtzeitige Erkennen politischer Strömungen und der daraus zu erwartenden Gesetze und Verordnungen bestimmte ebenfalls das ökologische Verhalten. Es war darauf angelegt, durch Antizipation Gesetzesvorhaben zu beeinflussen oder sogar zu verhindern. Dieses Ziel konnte und kann aber nur dann erreicht werden, wenn aus der Pionierrolle eines Unternehmens eine breite Front aller Handelsbetriebe wird. (Bei der Auslistung der Kunststoff-Getränkeflaschen gelang dies, die spätere Verordnung lief ins Leere.)

1.2 Umweltschutz als permanentes Ziel

Es ist nicht möglich, aus diesen unterschiedlichen, die ökologischen Entscheidungen bestimmenden Faktoren eine Werteskala aufzustellen. Häufig kommen mehrere Umstände zusammen. Als Konstante aller Maßnahmen gilt aber, Umweltschutz nicht sporadisch, sondern permanent als eines der Unternehmensziele zu verwirklichen. Umweltschutz ist also eine strategische Komponente und nicht die Aneinanderreihung zufälliger Einzelentscheidungen. Es ist zwangsläufig, daß dieses Ziel mit anderen Zielen, vor allem ökonomischen, in Konflikt gerät. Für die Abwägung gibt es keine gültige Richtschnur. Fest steht aber – und dieses leitet sich aus den Umweltleitlinien ab –, daß der Gewinnerzielung kein absoluter Vorrang eingeräumt wird. (Auszug aus den Umweltleitlinien der Unternehmensgruppe Tengelmann: „Bei unseren firmeninternen Entscheidungen finden ökologische Aspekte selbst unter Inkaufnahme ökonomischer Einbußen Berücksichtigung.")

Die Umsetzung ökologischer Entscheidungen vollzieht sich weder im Innern eines Unternehmens noch nach außen problemlos. Der innerbetriebliche Lernprozess ist langwierig. Er gelingt nur mit glaubwürdiger Entscheidungskraft der Unternehmensleitung, mit permanenter Aufklärung der Mitarbeiter und mit pädagogischer Begleitung. In der Unternehmensgruppe Tengelmann werden deshalb die Beschlüsse auf der höchsten Ebene getroffen. Hauszeitschriften und Schulungen sorgen dafür, daß sie allen Mitarbeitern verständlich werden. Auf diese Weise können natürliche Konflikte überwunden werden. Die Auslistung von Produkten wird dem an Umsatz und Ertrag gemessenen Einkäufer verständlich. Die Einlistung von platz- und kostenintensiven Mehrweggebinden überzeugt damit auch den Diskontmarktleiter.

1.3 Die Reaktionen der Kunden

Die Verbraucher begleiten die Umweltmaßnahmen unseres Hauses kritisch. Die überwiegende Zahl der Kundenzuschriften befaßt sich mit ökologischen Themen. Neben Lob oder Anregung werden auch Vorwürfe über halbherziges oder inkonsequentes Vorgehen geäußert. Auch die Medien bewegen sich auf dieser Skala. Mitbewerber ahmen entweder Umweltaktivitäten nach, versuchen sie zu überflügeln oder beteiligen sich an Gemeinschaftsprojekten. Diese Verhaltensweisen sind – der Umwelt wegen – begrüßenswert. Andere Konkurrenzunternehmen ziehen sich auf die Position zurück, lediglich Gesetze zu erfüllen, oder verschanzen sich hinter Wettbewerbsvereinen und überziehen ihre Konkurrenten mit Prozessen. Zwei Entscheidungen des Bundesgerichtshofes zuungunsten der Unternehmensgruppe Tengelmann gehen auf dieses Konto (BGH, WRP 89, 161 und 163).

1.4 Die Reaktionen der Lieferanten

Zwiespältig ist verständlicherweise die Reaktion der Industriepartner auf diese ökologischen Maßnahmen. Anregungen zur Umsetzung ihrer Umweltbemühungen greifen wir gern auf und stellen die Filialen und das Marketing dafür zur Verfügung. Manche, denen eine daraus erwachsende ökologische Nachfragemacht deutlich wird, folgen den Anregungen und Forderungen. Die Unternehmen, die erst aufgrund der Androhung von Auslistungen handeln, sind in der Minderzahl.

Dennoch ergeben sich gerade mit den Industriepartnern Konflikte. Schließlich greift ein Handelsunternehmen in die Sortimentshoheit eines Produzenten ein, wenn es beispielsweise eine Komponentenveränderung verlangt. Gravierender noch ist das Verlangen nach der Umstellung eines Produktionsprozesses. Investitionsentscheidungen von erheblichem Ausmaß sind die Folge. Dabei ist der Erkenntnisstand als Grundlage solcher Forderungen oft unterschiedlich. Gesicherte wissenschaftliche Beweise – z.B. über Auswirkungen chemischer Substanzen auf die Elemente – fehlen oft. Ein Unternehmen, das sich der Umwelt verpflichtet fühlt und nicht warten will, bis eine gesicherte Basis für seine Entscheidungen geschaffen ist, kann deshalb nur nach bestem Wissen und Gewissen handeln. Daß es dabei zu Differenzen kommt, auch wenn die Nachfragemacht behutsam eingesetzt wird, liegt auf der Hand.

2. Fallbeispiele

2.1 Das Verpackungsproblem

Ziel der Unternehmensgruppe Tengelmann ist seit langem, Beiträge zur Verpackungs- und damit zur Abfallproblematik zu leisten. Deshalb wird dort seit einigen Jahren ein Verpackungsingenieur beschäftigt, der – in der Reihenfolge der Aufzählung – Lösungen zur Vermeidung, Verminderung, Verwertung oder Substituierung von Verpackungen zu finden hat. Im Dialog mit den Industriepartnern wird Produkt für Produkt an dieser Zielsetzung überprüft. Vorschläge für Veränderungen – die auch den logistischen Aspekt nicht außer acht lassen – werden weitgehend akzeptiert. Unterstützt wurde diese Aktivität durch einen als Anzeige veröffentlichten offenen Brief des allein geschäftsführenden Gesellschafters der Unternehmensgruppe (FAZ vom 27. Jan. 1990). Er appellierte darin an die Geschäftspartner in der Industrie, gemeinsame Lösungen zur Eindämmung der Verpackungsflut zu finden.

Die Basis, auf der unsere Anforderungen an Verpackungen gründen, ist umstritten. Verbindliche Ökobilanzen für einzelne Wert- oder Verbundstoffe, für Einweg- oder Mehrwegsysteme fehlen. Richtschnur unseres Handelns ist gegenwärtig allein der Faktor, ob für das verwendete Packmittel ein stoffliches **Verwertungssystem** besteht. Wir orientieren uns an der – auch politischen – Zielsetzung, Verpackungen von den Deponien oder Verbrennungsanlagen fernzuhalten. Industriepartner werfen uns deshalb populistisches Verhalten und eine einseitige Sicht der Problematik vor. Fehlentscheidungen seien nicht auszuschließen, die spätestens – mit erneutem Investitionsvolumen – zu korrigieren seien, wenn objektiv anerkannte Ökobilanzen vorlägen.

Eine Lieferantenfirma versuchte, uns nachzuweisen, daß unsere Forderung nach Substitution eines Packstoffes durch einen anderen nicht nur ökonomisch, sondern auch ökologisch unsinnig sei. Sie schrieb: „In den Ansprüchen des Handels, die sich auch Ihre Firmengruppe zu eigen gemacht hat, wird unter anderem festgestellt, daß Versand-Verpackungen ausschließlich aus Papier, Voll- oder Wellpappe herzustellen sind. Damit werden Verpackungen aus mehreren Materialien, insbesondere auch Trays mit Schrumpffolien, praktisch ausgeschlossen. Nach Untersuchungen eines internen Expertenteams unseres Hauses stellt sich das System Tray plus Schrumpffolie als das ökologisch eindeutig günstigste dar. Etwaigen Bedenken bezüglich der Entsorgung von Schrumpffolien ist entgegenzuhalten, daß es sich ausschließlich um PE-Folien handelt, die gesammelt, komprimiert und der Wiederverwendung zugeführt werden können." Unsere Antwort darauf lautete: „Nach umfassender Prüfung aller zu berücksichtigenden Kriterien vertreten wir die Auffassung, daß die Packstoffe Papier, Voll- und Wellpappe den Anforderungen am ehesten genügen. Unsere Entscheidung für diese Packstoffe begründet sich im wesentlichen wie folgt:
– Die Packstoffe sind ökologisch unbedenklich.
– Es existiert eine flächendeckende funktionierende Altstoffsammlung und -verwertung.
– Es besteht ein Markt für das recycelte Material.
– Das recycelte Material wird weitestgehend wieder für Verpackungen verwendet.
– Die Packstoffe sind verrottbar.
– Die Packstoffe werden aus nachwachsenden Rohstoffen hergestellt.

Ein flächendeckendes effektives Kunststoffsammel- und Recyclingsystem hat sich bis jetzt am Markt noch nicht etabliert. Sie werden anhand der obigen Auflistung erkennen, daß wir berechtigte Gründe haben, an unserer Forderung festzuhalten, die Packstoffe Papier, Voll- und Wellpappe zu favorisieren und daher auch der Verwendung von Kunststoffen bei Verpackungen ablehnend gegenüberstehen."

Solange keine allgemein verbindlichen wissenschaftlichen Erkenntnisse bestehen und solange die politische Zielsetzung keine Veränderung erfährt, gibt es keinen vernünftigen Grund, die Basis unserer Anforderungen an Verpackungen zu verlassen.

2.2 Das Chlorproblem

Zu Beginn des Jahres 1989 haben wir uns der Problematik der Chlorverwendung bei der Herstellung von Zellstoffen angenommen. Chlor gelangt über die Abwässer der Zellstoffunternehmen in Flüsse und Seen und damit in das Trinkwasser. Zu diesem Zeitpunkt war bekannt, daß neue, ökologisch bessere Technologien bei der Bleiche von Zellstoffen entwickelt waren, die den Chlorgehalt erheblich reduzieren oder gänzlich abbauen.

Sämtliche Unternehmen, die uns mit Produkten aus Zellstoffen beliefern, wurden deshalb schriftlich aufgefordert, innerhalb eines Zeitrahmens nur noch chlorfrei gebleichte Zellstoffe zu verarbeiten. Als Übergangslösung wurde die Sauerstoffbleiche akzeptiert. Bis zum Ende des Jahres 1991 sollten sämtliche Zellstoffe nach dem chemo-thermo-mechanischen Holzstoff-Verfahren (CTMP) hergestellt werden.

Dieses Ansinnen hatte naturgemäß erhebliche Unruhe bei den zellstoffherstellenden und -verarbeitenden Unternehmen ausgelöst. Es bedeutete schließlich einen erheblichen Eingriff in Produktionsverfahren, mit nicht unbeachtlichen Investitionen. Skandinavische, amerikanische und kanadische Zellstoffproduzenten suchten deshalb das Gespräch mit unserer Unternehmensgruppe, um einerseits die Ernsthaftigkeit des Anliegens zu überprüfen, andererseits den Stand ihrer Technik mitzuteilen.

Der eingeleitete Dialog veranlaßte uns nicht zum Verzicht auf unsere Forderungen, die gesetzten Termine einzuhalten und den Vertrieb von chlorgebleichten Produkten aufzugeben. Wir kamen aber den Wünschen unserer Industriepartner bzw. deren Rohstofferzeugern nach, die sie beispielhaft wie folgt formulierten: „So sehr wir mit Ihnen darin einig sind, daß verbesserte Standards im Umweltschutz erreicht werden müssen, so sehr bitten wir Sie jedoch auch, konkrete Produktionsverfahren (und damit konkrete Bezugsquellen) für unsere Rohstoffe nicht vorzuschreiben. Solange die erwünschte Umweltwirkung erreicht wird, wäre ein solches Verfahren von vornherein innovationsfeindlich und kann im Endeffekt nicht zur ökologisch und ökonomisch optimalen Lösung führen."

Die Aufgabe des Gate-keepers darf nicht überzogen werden. Bei einer Umweltaktion ist es nur wichtig, das klar zu fixierende Ziel zu erreichen. Der Weg dahin muß der Entscheidungskompetenz des Industriepartners überlassen bleiben.

Kapitel 48
Mikroelektronik und IuK-Anwendungen im Umweltschutz

von *Jürgen Smetenat*

1. Die Querschnittsaufgabe des Umweltschutzes 764
   1.1 Das Erfordernis gesicherter Daten 764
   1.2 Die Schnittstellenproblematik 764
   1.3 Das Erfordernis internationaler Kooperation 765
   1.4 Der ganzheitliche Lösungsansatz 765
2. Die erforderlichen Strategien 766
   2.1 Die meßtechnische Strategie 766
       2.1.1 Die kontinuierliche Meßwerterfassung 766
       2.1.2 Manuell bediente Meßstellen 767
       2.1.3 Diskrete Meßwerterfassung 767
       2.1.4 Das „Unified Laboratory" 768
   2.2 Die informationstechnische Strategie 768
3. Das Anforderungsspektrum für IuK im Umweltschutz 770

1. Die Querschnittsaufgabe des Umweltschutzes

Umweltschutz ist eine der größten Herausforderungen in unsererer Zeit. Die Sensibilisierung hierfür hat in den letzten Jahren in der breiten Öffentlichkeit, Politik und Wirtschaft immer weiter zugenommen. In diesem Konsens treffen sich die gesellschaftlichen Gruppen und die Bundesregierung, die in ihrer Umweltpolitik dem Prinzip der Umweltvorsorge, dem Verursacherprinzip und dem Prinzip der Kooperation folgt.

Als **Vorsorge** im weiten Sinne sind Aufgaben der Gefahrenabwehr, der Risikovorsorge und der Zukunftsvorsorge zu erfüllen.

Das **Verursacherprinzip** soll Kostenzurechnungsprinzip und ökonomisches Effizienzkriterium sein, es entspricht somit dem Grundgedanken der Marktwirtschaft. Hier geschieht der Anstoß für ökologisch wirksame und zugleich ökonomisch effiziente Maßnahmen.

Nach dem **Kooperationsprinzip** soll eine möglichst einvernehmliche Verwirklichung der umweltpolitischen Ziele, über alle gesellschaftlichen Gruppen hinweg, erreicht werden.

Die sich aus den vorgenannten Pflichten ableitenden Aufgaben führen zu einer neuen Qualität in der Aufgabenbewältigung, sie führen zu der Querschnittsaufgabe Umweltschutz, -planung und -management.

1.1 Das Erfordernis gesicherter Daten

In allen vorgenannten Bereichen sind gesicherte Daten über vorhandene oder zu erwartende Umweltbelastungen von essentieller Bedeutung. Nur bei möglichem Zugriff auf alle vorhandenen Daten ist optimiertes Handeln zu erreichen. Dies gilt vor allem für die Felder Überwachung der Umweltbelastung, die Übertragung, die Speicherung von Umweltdaten sowie deren Analyse und Bewertung. Daraus ergeben sich dann Erkenntnisse, die eine Entwicklung über einen Zeitverlauf widerspiegeln und somit eine Prognose ermöglichen, aus der die Planung und das Einleiten von weiteren Maßnahmen abgeleitet werden können, die der Verbesserung der Umwelt dienen.

1.2 Die Schnittstellenproblematik

Der hierzu notwendige Rahmen ist mit den z. Zt. vorhandenen gesetzlichen Grundlagen geschaffen worden. Die Umsetzung und Durchführung auf Länderebene jedoch zeigt noch gravierende Defizite, zumal dort eine generelle Anwendung von Informations- und Kommunikations-(IuK-)Techniken im Sinne der Querschnittsaufgabe Umweltschutz, -planung und -management auf verwaltungstechnische Strukturen trifft, die ein ressortübergreifendes Arbeiten nicht oder nur bedingt zulassen. Hier liegt eine große Chance für die öffentliche Hand, Änderungen herbeizuführen und neue Qualitätsmerkmale zu schaffen, die in Richtung „Information Resource Management" gehen.

Positive Ansätze finden sich schon in einigen Regionen und Bundesländern. Auch in kommunalen Rechenzentren/Datenzentralen etc. setzt in letzter Zeit ein Denkprozeß in diese Richtung ein. Die „neuen" alten Aufgaben auf dem Gebiet Umweltschutz in den fünf neuen Bundesländern sollten ebenfalls nach diesen zukunftsorientierten Maßgaben in Angriff genommen werden, wenngleich durch die erkennbaren hohen Defizite die Prioritäten in einer anderen Reihenfolge erscheinen. Zumindest sollten alte Fehler vermieden werden, womit ich vor allem die Schaffung von Insellösungen meine, deren Datenbestand dann späteren, weitergehenden Aufgaben nur bedingt oder überhaupt nicht zugänglich ist. Solche Fehler sollten nunmehr der Vergangenheit angehören.

1.3 Das Erfordernis internationaler Kooperation

Umweltschutz ist nicht nur eine nationale Angelegenheit. Umweltverschmutzung macht vor Ländergrenzen nicht halt und somit gibt es vielfältige Verflechtungen, die zum einen aus den gemeinschaftlichen Regelungen der EG entstanden sind, zum anderen aus bilateralen oder multilateralen Verträgen herrühren, die z. B. aus der West-Ost-Zusammenarbeit entstanden und/oder auf Europarat-, OECD- und EG/EFTA-Beschlüssen basieren. Weltweite Vertragswerke aus Gremien wie UNEP oder WHO sind ebenfalls Gegenstand des umweltpolitischen Handelns.

Zur Bewältigung aller dieser Aufgaben sind die Handelnden auf gesicherte, aussagekräftige und schnell verfügbare Informationen angewiesen. Dieses gilt gleichsam für alle Ebenen der Verantwortlichkeiten, von der genehmigungsbedürftigen Anlage, über die Fabrikationsstätte, den Konzern, die unteren Verwaltungsbehörden, die Regierungspräsidien, die Landesbehörden, die Ministerien bis hin zur politischen Führung. Diese Kette muß oftmals noch Verzweigungen aufweisen, und somit wird die Anzahl der Akteure weiter erhöht. Befindet man sich zudem noch in einer Krisensituation, und die Zeit für Informationsbeschaffung, Kommunikation und Entscheidungsfindung zum optimierten Handeln ist knapp bemessen, so stellt sich die Forderung nach einem reibungslosen und zügigen Ablauf um so deutlicher.

1.4 Der ganzheitliche Lösungsansatz

Bei allen derartigen Aufgaben kann nur ein **ganzheitlicher Lösungsansatz** die erforderliche Unterstützung leisten, die basierend auf moderner Mikroelektronik und IuK-Technologie konsequent die Querschnittsaufgabe Umweltschutz, Umweltplanung und Umweltmanagement verfolgt.

Zur Unterstützung und Durchführung von Fachaufgaben und Querschnittsaufgaben muß ein konzeptioneller Ansatz so gewählt werden, daß nachfolgende Grundanforderungen erfüllt werden:
1. Messen, Erheben, Erfassen.
2. Bewerten und Informieren.
3. Dokumentieren und Archivieren.
4. Informationsverdichtung.
5. Ergebnisdarstellung in Form von Listen, Grafiken sowie im Zusammenhang mit geografischen Informationssystemen.
6. Berichtswesen.
7. Früherkennung und Prognose.
8. Szenarien und Simulation.
9. Jederzeit optimiertes Handeln.
10. Informieren der Öffentlichkeit.

2. Die erforderlichen Strategien

Gleichzeitig müssen die **meßtechnische** und die **informationstechnische** Strategie festgelegt werden, die sich dann am derzeit technisch Machbaren ausrichtet.

2.1 Die meßtechnische Strategie

Bei der meßtechnischen Strategie kann man in der Hauptsache drei Ansätze unterscheiden:

2.1.1 Die kontinuierliche Meßwerterfassung

Es handelt sich hierbei um automatische Meßstellen, die mit Sensoren ausgerüstet sind, die vornehmlich nach physikalischen oder elektrochemischen Methoden arbeiten. Sensorik ist ohne entsprechende Mikroelektronik nicht denkbar. Sensoren werden vor allem in strömenden Medien (Luft, Wasser) bei der Messung von sich schnell verändernden Parametern eingesetzt. Es ist leicht erkennbar, das hier in kurzer Zeit eine große Datenmenge anfällt, die bearbeitet und dargestellt werden muß. Solche Vorgänge treten z.B. bei einem Emissionsüberwachungssystem auf, wie es nach der Groß-Feuerungs-Anlagen-Verordnung (GFAVO) vorgeschrieben ist. Für die Erstellung einer Emissionserklärung sind die anfallenden Daten über den gesamten Erklärungszeitraum zu speichern. Datenfernübertragungstechniken machen die Fernüberwachung möglich.

Leider ist z.Zt. die Technik der Sensorik noch nicht so weit fortgeschritten, daß alle Aufgabenfelder abgedeckt sind. Hier ist noch ein weites Betätigungsfeld für die Forschung und Entwicklung, vornehmlich bei der Überwachung der Gewässergüte, aber auch auf dem Abwasserpfad sind praktikable Lösungen gefordert. Der Schwerpunkt wird auf Selektivität und Sensitivität zu legen sein, bei gleichzeitiger Überwindung der störenden Matrixbeeinflussungen. Auch hier ist die Mikroelektronik unverzichtbarer Bestandteil, während die Informations- und Kommunikations-Technik die Handhabung der gewonnenen Daten übernimmt.

2.1.2 Manuell bediente Meßstellen

Feldbeobachtungen, Erhebungen, aber auch verwaltende und Kontrollaufgaben im Bereich Umweltschutz erzeugen vor Ort direkt anfallende Daten, die in einem System verarbeitet werden müssen und von dem aus diese Arbeiten unterstützt werden können. Sei es beim Arten- und Biotop-Schutz der Biologen oder beim grenzüberschreitenden Artenschutz als Aufgabe des Zolls: Laptops, PCs und Datenübertragungstechniken helfen bei der schnellen, sachgerechten Abwicklung und geben Unterstützung durch eventuelle Recherche auf Datenbanken mit Fachinformationen, Vorschriften, Vorgängen oder einer Wissensbasis. Schaut man sich als Beispiel die Arbeit der Autobahnpolizei bei der der Kontrolle von Gefahrstofftransporten an, so würde bei konsequenter Anwendung von schon jetzt möglichen IuK-Technologien die Arbeit der Kontrollierenden wesentlich vereinfacht und effizienter, was sich im Zeitbedarf niederschlagen würde, der auch dem transportierenden Unternehmen zugute kommt. Hier zeichnet sich auch eine Möglichkeit der Zusammenarbeit zwischen Fachverbänden und Legislative ab, die nach dem Kooperationsprinzip der Umweltpolitik an einer gemeinsamen Problemlösung tätig werden könnten.

2.1.3 Diskrete Meßwerterfassung

Damit ist die komplexe Laboranalytik an Einzelproben gemeint. Wie wir aus dem Bereich der kontinuierlichen Meßwerterfassung gelernt haben, entziehen sich viele Parameter der Schadstoff- und Rückstandsanalytik auf den meisten Gebieten der Umweltüberwachung immer noch der Erfassung mit Hilfe der Sensorik. Das führt dazu, daß zeitaufwendige Laboruntersuchungen an Einzelproben vorgenommen werden müssen. Dieses geschieht in Laboratorien, die in bezug auf ihre Aufgabenstellung qualifiziert sind und der öffentlichen Hand oder der Industrie gehören oder aber hochspezialisierte Dienstleister sind. Ihre gerätetechnische und personelle Ausstattung muß den gesetzten Anforderungen entsprechen. Die erforderlichen Investitionen sind hoch, und nicht nur die Dienstleister versuchen, die ihnen übertragenen Aufgaben effektiv und rationell auszuführen. Dabei hilft natürlich moderne IuK-Technologie, und nicht von ungefähr ist man hier bei der Anwendung schon weit fortgeschritten.

Die Entwicklung hat aber in solchen Labors eine längere Geschichte. Sie begann bei der Industrie mit den Qualitätssicherungsaufgaben und bei der öffentlichen Hand mit den Aufgaben der Lebensmittelüberwachung und der Rückstandsanalyse, die sich dann bei den Dienstleistern vom Typ Handelslabor, Handelschemiker, fortsetzte.

2.1.4 Das „Unified Laboratory"

Eine Übertragung der Aufgaben des Umweltschutzes, der Umweltüberprüfung an relevanten Einzelproben auf derartige Laborstrukturen, war nicht weiter schwierig. Diese Labors waren es gewohnt, aus komplexen organischen Mischungen die Anwesenheit oder die Abwesenheit von Schadstoffen im Spuren und Ultraspuren-Bereich zu bestimmen. Auch hier hat die Entwicklung der instrumentellen Analytik gravierende Fortschritte gemacht, dies gilt vor allem für die nun zur Verfügung stehenden Geräte der molekülspektroskopischen Methoden. Damit einher ging die Entwicklung von Steuer- und Auswerteeinheiten auf der Basis von PCs und Workstations, wodurch einige Meßtechniken erst ermöglicht wurden. Verständlicherweise wurde für solche Aufgaben auch dedizierte Software benötigt. Am Ende der Entwicklung stand das „Unified Laboratory". Hewlett Packards Strategie vereinigt die gesamte Palette von Hard- und Software im Laborbereich. Systeme für die Meßwerterfassung, Gerätesteuerung, Laborautomatisierung bis hin zur vollständigen Informationsverwaltung, dem LIMS, vereinigen alle Arbeitsbereiche in einem Labor und binden weitere Tätigkeitsfelder mit ein. So ist es schon jetzt gelungen, in diesem Teilbereich von der Probenahmeplanung bis zur Ergebnisdarstellung die IuK-Techniken voll anzuwenden.

Alle Systemkomponenten im „Unified Laboratory" sind miteinander verbunden. Die OSI-Netzwerkstandardisierung verbindet heterogene Computersysteme auf verschiedenen hierarchischen Ebenen innerhalb und außerhalb der Labororganisation. D.h. schon jetzt sind auf der Seite der Meßwerterfassung voll integrierte Lösungen mit echter Vernetzbarkeit auch im heterogenen Systemumfeld geschaffen.

2.2 Die informationstechnische Strategie

Ermöglicht wurde dieser Erfolg durch die konsequente Anwendung der informationstechnischen Strategie der Offenen Systeme, basierend auf Standards und Defakto-Standards.
Dieses gilt für :
– Betriebssysteme
– Netzwerkkonzepte
– Datenbanken
– Entwicklungsumgebungen
– Anwenderumgebungen
– Applikationsumgebungen.

2. Die erforderlichen Strategien

Eine hierfür erforderliche zukunftsorientierte Systemarchitektur zeichnet sich aus durch:
- Client/Server-Konzept
- PC-Integration
- Host-Anbindung.

Als Standards für Betriebssysteme werden UNIX, OS/2 und MS-DOS eingesetzt. Für besondere Aufgaben werden auch Realtime-Anwendungen benutzt.

Netzwerkseitig sind sehr gute Lösungen, basierend auf IEEE 802.3, bekannt auch als Ethernet, weltweit in Betrieb. Eine Anwendung dieser ThinLAN-Technik ist das ChemLAN. Die Netzwerkdienste werden durch zwei weitere Industriestandards zur Verfügung gestellt: ARPA und TCP/IP. Der große Vorteil ist, daß beim Einsatz von ARPA-Diensten mit TCP/IP-Protokollen für fast jeden Computer, der heute in der Welt gefertigt wird, derartige Dienste zur Verfügung stehen, wenn nicht vom Hersteller direkt, so doch aus dem 3rd-Party-Bereich.

Die zu verwendenden Datenhaltungstechniken sollten **relationale Datenbanken** sein, wie sie heute hinlänglich bekannt sind. Zusätzlich bietet sich für die Archivierung unstrukturierter Daten AIMS an. Eine weitere Anmerkung ist zu machen: Aus der Vergangenheit sind in vielen Bereichen der Umwelt Daten gespeichert worden, allerdings in Insellösungen. Diese sind nach den jetzt allgemeingültigen Verfahren zur weiteren Verarbeitung nicht oder nur sehr schwer zugänglich, da sie oftmals unter den exotischsten Bedingungen erstellt worden sind. Auch wenn man weiß, daß diese Daten nicht nach den allgemein anerkannten Richtlinien erstellt und somit nicht vollständig sind, so könnte unter Benutzung einer „objektorientierten Datenbank" eine teilweise, eingeschränkte Nutzung möglich sein. Die Verbreitung derartiger Datenbanken ist allerdings z.Zt. noch nicht sehr groß, und somit ist man von einem Industriestandard noch weit entfernt. Es lohnt sich aber, diesen Problemkreis weiter auszuleuchten.

Modernste IuK-Techniken haben nicht zuletzt die Anwenderumgebung dramatisch verbessert. Es begann mit der Window-Technik und setzt sich, darauf basierend, mit der kooperativen Datenverarbeitung fort, wie es z.B. HP NewWave Office bietet. Sollen Entscheidungen getroffen werden, so heißt die Herausforderung: Transformation von Daten in Wissen.

Dies erfordert, in Datenbanken zu suchen, relevante Daten zu analysieren, Resultate zu interpretieren und über die Kommunikation zur Aktion zu kommen. Da diese Aufgaben oft zeitkritisch sind, werden besondere Anforderungen an die Reaktionszeit gestellt. Vor allem muß schneller Zugriff auf Informationen, die irgendwo im organisatorischen Umfeld liegen, möglich sein.

Personen an unterschiedlichen Orten in verschiedenen Funktionen müssen mit **konsistenten** Daten arbeiten. Für die Zusammenarbeit mit anderen Entscheidungsträgern und die schnelle Implementierung von Aktionsplänen ist es ebenfalls erforderlich, über Werkzeuge der schnellen, einfachen und flexiblen Kommunikation zu verfügen.

3. Das Anforderungsspektrum für IuK im Umweltschutz

Die heutigen Anforderungen fokussieren also auf:
- Anwendungsumgebungen mit der Möglichkeit der Objektverteilung in Netzen
- Informationszugriffsdienste
- Informationsverteilungsdienste
- Systeme zur gemeinsamen Nutzung verteilter Ressourcen.
- Systemdienste zur Verwaltung von vernetzten Arbeitsplatzrechnern.
- Dokumentationsdienste.

Die genannten Forderungen sind zum jetzigen Zeitpunkt keine Wunschvorstellung mehr. Die Evolution der Informationsverarbeitung hat diesen Punkt längst erreicht. Allerdings sind nicht alle namhaften Hersteller aus den unterschiedlichsten Gründen auf dem gleichen Stand. Zu Beginn der 80er Jahre wurden einfachere Büroautomatisationsfunktionen auf zentralen Rechnersystemen implementiert. Mit der Einführung der Client-Server-Modelle ist aber erst der entscheidende Durchbruch erreicht worden, indem die Welt der proprietären Betiebssysteme geöffnet werden kann, um die erweiterte Funktionalität, wie sie in hochintegrierten Informationssystemen benötigt wird, auch im heterogenen Rechnerumfeld wirksam werden zu lassen.

Kapitel 49

Technischer Fortschritt unter ökonomischen und ökologischen Bedingungen mit Hilfe der Informations- und Kommunikationstechnologie

von *Günter Müller, Axel Gutenkunst* und *Klaus Singer*

1. Ökologie, Ökonomie und Wertewandel 772
2. Informations- und Kommunikationstechnik als Mittel zur Problemlösung 773
3. Praktische Beispiele für den Einsatz von Informations- und Kommunikationstechnik im Umweltschutz 774
   3.1 Projekt Elbsanierung als Beispiel für Ist-Analyse 774
   3.2 Chemikaliendatenbank zur Unterstützung der Zielfindung 776
   3.3 Produktbeseitigung und Recycling als Beispiel für ökologisches Handeln 778
4. Informations- und Kommunikationstechnik als Instrument zur globalen Steuerung bei individueller Freiheit 779

Literatur 781

1. Ökologie, Ökonomie und Wertewandel

Die durch wissenschaftliche Erkenntnisgewinne und den technologischen Fortschritt ermöglichten Eingriffe in die Natur haben eine globale Dimension und teilweise die Größenordnung von natürlichen Faktoren erreicht. Wachstumsgrenzen im ökonomischen Sinne werden durch die moderne technische Entwicklung hinausgeschoben, so daß das Gleichgewicht in der Natur scheinbar auch von durch Menschen getroffene Entscheidungen abhängt. Parallel wandelte sich in der gesellschaftlichen Diskussion eine breite Technikakzeptanz in eine tiefgreifende Technikskepsis, die häufig indirekt eine Zurücknahme der Technik als zukunftweisende Strategie fordert.

Die Technik wird hierbei jedoch als ein „Gemächte" im *Heidegger*schen Diktus betrachtet, denn nur so kann man hoffen, mit Machtmitteln die technologische Weiterentwicklung zu revidieren bzw. sie „in den Griff zu bekommen". In diesem Kapitel wird sie jedoch als eine geschichtliche Entwicklung gesehen, der gegenüber sowohl Technikfeindlichkeit als auch Technikeuphorie inadäquate Reaktionen darstellen.

Die Ausgangsthese dieses Beitrags verleiht der Technik die Rolle eines Werkzeugs. Anhand der Universalität der Informations- und Kommunikationstechnik (IuK-Technik) soll gezeigt werden, daß gerade diese Technik Problemlösungspotentiale bereithält, deren Einsatz jedoch eines politischen und gesellschaftlichen Konsenses bedarf. Eine Strategie, die mit ökologischen und ökonomischen Anforderungen und dem gesellschaftlich voranschreitenden Werte- und Bewußtseinswandel konsistent ist, muß die Triebkraft des technischen Fortschritt erhalten und auf die Verwirklichung der sich aus diesem Wandel ableitenden gesellschaftlichen Ziele lenken.

Ein Lenken der technischen Triebkraft im Sinne der aktuellen Umwelt- und Lebensqualitätsdiskussion erfordert eine interdisziplinäre und vernetzte (systemorientierte) Betrachtungsweise, die soziologische, psychologische, ökologische und ökonomische Gesichtspunkte mit einbezieht. Dies ist wirkungsvoll nur möglich, wenn bereits die Einzeldisziplinen dem Studium der Folgen ihrer Forschungsergebnisse dieselbe Sorgfalt widmen wie der Forschung selbst. Die Technik und die Forschung müssen sich daran messen lassen, ob ihr gesellschaftlicher Nutzen die unvermeidlichen negativen Folgen überwiegt. Nur durch modernste Technik ist eine Substitution der aktuellen Energieformen und Materialien durch umweltverträglichere optimal möglich und ergibt sich die Chance, den sich wandelnden Umwelt- und Lebensqualitätsbedürfnissen in einem System konkurrierender Gesellschaften auch ökonomisch verträglich Rechnung zu tragen.

In zahlreichen staatlichen Verfassungen, aber auch in vielen Firmenprinzipien, ist der Schutz der Umwelt (Ökologie) als Grundziel wirtschaftlichen und gesellschaftlichen Handelns anerkannt. Man hofft so, den Umweltschutz zu einer Branche des technischen Fortschritts und des industriellen Wachstums zu machen und gleichzeitig den traditionellen Branchen neue Impulse zu geben.

Diese Entwicklung ist durch die Schaffung von Institutionen, die auf eine Zusammenarbeit zwischen Geistes- und Naturwissenschaften hinarbeiten, zu unterstützen.

So wird an der Technischen Universität Chemnitz zur Zeit ein neuer Wissenschaftsbereich ‚Globalistik-Ökologie-Naturphilosophie' aufgebaut, der eine Vereinigung der klassischen Ökologie mit der aktuellen Umweltwissenschaft sowie medizinischen, landwirtschaftlichen, technischen und pädagogischen Forschungseinrichtungen zu einer Art Überdisziplin anstrebt. Einen anderen Ansatz stellen Institutionen dar, in denen eine Zentraldisziplin, z. B. die Informatik, um die Erforschung der ökologischen, ökonomischen, sozialen und psychologischen Folgen erweitert wird.

Innerhalb eines solchen Rahmens kann insbesondere eine erweiterte IuK-Technik Entscheidungshilfe und Unterstützung bei der konkreten Umsetzung umweltrelevanter Maßnahmen geben.

2. Informations- und Kommunikationstechnik als Mittel zur Problemlösung

Die Möglichkeiten der IuK-Technik resultieren aus ihrer Speicher-, Verarbeitungs-, Aufbereitungs-/Anzeige- und Transportkapazität von Informationen.

Mit Hilfe der IuK-Technik lassen sich neue Einsichten und Voraussagen über natürliche Phänomene gewinnen, die sich anders überhaupt nicht oder nur sehr grob erschließen würden. So stößt z.B. eine nur auf Interpretation von Meßdaten gestützte Vorhersage bei sehr komplexen Systemen an Grenzen; eine Modellsimulation am Computer kann jedoch weiterhelfen. Die prognostizierenden Modelle des Club of Rome waren mit imstande, den Industriegesellschaften die Folgen eines zunehmenden Ressourcenverbrauchs bewußt zu machen und eine Verhaltensänderung zu bewirken. Die IuK-Technik erlaubt die Verknüpfung anfänglich unabhängig erscheinender Informationen und läßt in Modellen ganz neue Zusammenhänge sichtbar werden.

Mit Unterstützung des Computers lassen sich Informationen bei minimalen Übertragungsfehlern in kurzer Zeit zusammenführen, verarbeiten und bewerten. Viele Probleme lassen sich z.B. auf eine Summe von unabhängigen Einzelentscheidungen zurückführen, die auf spezifischen Mängeln von rasch zugänglichen isolierten Informationen beruhen.

Als bekanntestes Beispiel zum adäquaten Einsatz von IuK-Technik ist die frühzeitige und großräumige Registrierung von Waldschäden zu nennen, die durch ein Zusammenspiel von Fernerkundung mit Satelliten und die Datenbearbeitung und Speicherung mit modernster Rechnertechnologie schon realisiert wird.

3. Praktische Beispiele für den Einsatz von Informations- und Kommunikationstechnik im Umweltschutz

Die IuK-Technik ist eine konstruktive, keine analytische Wissenschaft. Sie beschäftigt sich mit der Modellierung von realen Vorgängen und ist daher in unterschiedlichem Maße zur Messung, Regelung und Steuerung einsetzbar. Die nachfolgenden Beispiele sind daher den Phasen Ist-Analyse, Zielfindung und aktives Handeln zugeteilt. Orthogonal zu diesen Kriterien ist die später diskutierte Einteilung in die Lebenszyklusstufen. Drei konkrete Beispiele sollen nachfolgend die Problemlösungspotentiale der IuK-Technik aufzeigen:

3.1 Projekt Elbsanierung als Beispiel für Ist-Analyse

Einleitung

Während in den alten Bundesländern im Zuge eines wachsenden Umweltbewußtseins Gewässerverunreinigungen als unerträgliche Beeinträchtigung der Lebensqualität empfunden wurden und zur Entwicklung einer effizienten Klärtechnologie führten, wurde in der damaligen DDR eine solche Entwicklung aus staatspolitischen Gründen unterdrückt. Industrie, Haushalte und Landwirtschaft konnten weiterhin fast ungeklärt in die Oberflächengewässer entsorgen mit der Folge, daß z.B. die Elbe heute eine ähnliche Schadstoffbelastung wie der Rhein zu Beginn der 70er Jahre aufweist.

Problemstellung

Nachdem am 8. 10. 1990 als erster internationaler Vertrag des vereinigten Deutschlands mit der CSFR und der EG die Vereinbarung unterzeichnet wurde, eine internationale Kommission zum Schutz der Elbe (IKSE) einzusetzen, und in Vorarbeit bei der ‚Arbeitsgemeinschaft zur Reinhaltung der Elbe' vereinheitlichte und standardisierte Parameter für die Meßverfahren entwickelt wurden, nach denen die Schadstoffbelastungen erfaßt werden sollen, geht es für die 15-köpfige IKSE-Kommission in Magdeburg nun darum, mit infrastruktureller Hilfestellung der IBM-Deutschland Prioritäten und Empfehlungen zur Verringerung der Gewässerbelastung auszuarbeiten.

IuK-Hilfsmittel

Nach Schätzungen der Schutzkommission hängt die Hälfte aller Aufgaben vom Einsatz der Informationstechnologie ab. In Deutschland und der CSFR soll mit gleichen Geräten der Schadstoffgehalt des Wassers kontinuierlich gemessen und ausgewertet werden, um auf Grund kompatibler Daten ein präzises und aktuelles Gesamtbild der Belastung zu erhalten.

Die für die Gewässergüte zuständigen Behörden sollen parallel die Gewässeraufsicht vereinheitlichen und die Vorschläge der Kommission umsetzen. Um den erforderlichen Überblick über das hydrologische und gewässerökologische Geschehen im Flußgebiet der Elbe zu bekommen, werden bis Mitte 1992 in der CSFR und im vereinten Deutschland entlang der Elbe 16 computergestützte Meßstationen errichtet, die kontinuierlich die Schadstoffbelastung registrieren (vgl. Abb. 1). Im Endausbau sollen die miteinander vernetzten Computer den Meßdatenstrom aufnehmen und in Hamburg und Prag zusammenführen. Die Elbeschutzkommission bei Magdeburg sammelt die Daten, wertet sie als Grundlage für anstehende Maßnahmen zur Elbsanierung aus und veröffentlicht sie. Die IuK-Technik kann in dieser Phase vor allem zur Aufnahme, Zusammenführung, Speicherung, Verwaltung und Bewertung von Meßdatenströmen eingesetzt werden. Die Sanierung selbst kann dann noch indirekt durch die Meß-, Steuer- und Regelkapazität dieser Technik bei den erforderlichen Kläranlagen und in den modernisierten Produktionsanlagen der Anrainerindustrie unterstützt werden.

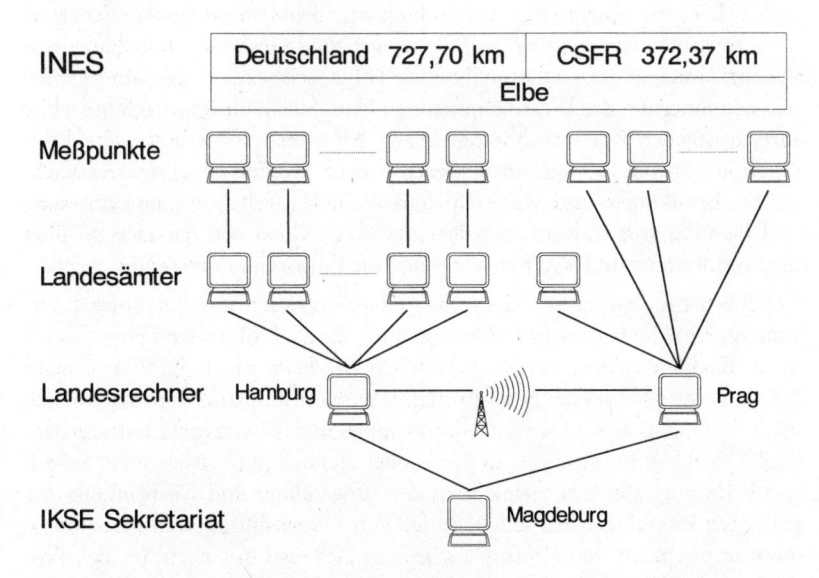

Abb. 1: Informationsfluß hydrologischer und gewässerökologischer Daten zur Registrierung der Schadstoffbelastung der Elbe

Ausblick

Das Projekt Elbsanierung konfrontiert die Anrainerindustrien mit dem Anspruch einer umweltverträglichen Produktionsweise und bedeutet durch die Initialisierung von Innovationen in der Klärtechnologie gesellschaftlich erwünschte Wachstumsimpulse für die Umweltbranche. Moderne Technologie besitzt das Potential, hier in absehbarer Zeit wieder ein Gebiet mit akzeptabler Lebensqualität zu schaffen und die Elbe in ein naturnahes Ökosystem mit einer entsprechenden Wasserqualität zu überführen, so daß z.B. Uferfiltrate wieder zur Trinkwasserversorgung dienen können. Die moderne Abwassertechnologie ist heute so weit, daß gereinigte kommunale und industrielle Abwässer keinen Schaden mehr für die Gewässer zur Folge haben müssen. So verläßt der Rhein das hochindustrialisierte Bundesland Nordrhein-Westfalen nördlich von Wesel in einem gesünderen Zustand, als er es südlich von Bonn betritt. Ein erfolgreiches Sanierungsprojekt könnte zudem Pilotcharakter für andere grenzüberschreitende Gewässer wie z.B. die Donau bekommen.

3.2 Chemikaliendatenbank zur Unterstützung der Zielfindung

Einleitung

Die Entwicklung und Anwendung immer neuer Materialien und Chemikalien bietet einerseits die Chance singulär optimierter Problemlösungen, hat jedoch bei großindustrieller Anwendung eine problematische Anreicherung unerwünschter Chemikalien in Luft, Boden und Gewässer und damit eine Beeinträchtigung der Lebensqualität zur Folge. Selbst bei einer weitestgehenden Minimierung der Umweltemissionen beim Herstellungsprozeß mit Hilfe fortschrittlicher Prozeßtechnologie bzw. bei Substitution besonders kritischer Substanzen gelangt mit den vertriebenen Produkten selbst eine wachsende Chemikalien- und Materialpalette in die Umwelt, was eine Erfassung und Planung von vollständigen Produktlebenszyklen von der Design- über die Produktions- und Vertriebsphase bis zur Entsorgung notwendig macht.

Generell ist zu erwarten, daß gerade eine erfolgreich durchgeführte Emissionsbegrenzung bei der Produktherstellung die nachfolgenden Lebenszyklen in das Blickfeld rücken werden. So erreicht z.B. beim Rhein die Wasserqualität als Folge verringerter Schadstoffeinträge von Industrie und Kommunen ein Niveau, daß selbst Umweltschutzgruppen und Wasserwirtschaftsverbände das Problem nun weniger in der bei der Herstellung entstehenden Schadstoffbelastung, sondern vielmehr in der Anwendung und Ausbringung der erzeugten Produkte selbst sehen. So fallen bei einer optimierten Pestizidproduktion nur noch verhältnismäßig geringe Schadstoffmengen an, das Produkt wird jedoch in großen Mengen großflächig ausgebracht und induziert dadurch eine potentielle Anreicherung unerwünschter Stoffe in Grund- und Oberflächengewässern.

Längerfristige Zielsetzungen machen somit besonders in der Designphase eines Produktes eine durchgängige, umweltreflexive und ökologisch optimierte Materialplanung des vollständigen Lebenszyklus erforderlich. Ein erster Schritt in dieser Richtung wurde von der IBM-Deutschland getan, indem die notwendige technische Voraussetzung zum Aufbau einer Chemikaliendatenbank geschaffen wurde.

3. Beispiele für IuK-Technik im Umweltschutz

Problemstellung

Produktion, Transport und Lagerung von chemischen Materialien sind mit Risiken behaftet. Um die Risiken beim Umgang mit Chemikalien minimieren zu helfen, werden von den staatlichen Behörden entsprechend der jeweiligen Gesetzgebung Direktiven und Auflagen ausgearbeitet. Das Gewährleisten der Sicherheit bei Transport, Lagerung und Gebrauch von Chemikalien erfordert ein wachsendes Maß an Informationen. Eine praktikable und dem aktuellen Stand entsprechende Umsetzung dieser Vorschriften z.B. hinsichtlich der Sicherheit des Arbeitsplatzes oder hinsichtlich der Ergreifung der optimalen Maßnahmen zur Schadensbegrenzung bei Unfällen setzt die schnelle und leichte Verfügbarkeit der jeweiligen Vorschriften vor Ort voraus.

IuK-Hilfsmittel

Zur Lösung dieser Problemstellung wurde von IBM ein Datenbank- und Informationssystem ICDS (International Chemical Data Sheet System) entwickelt, das die Sicherheitsdatenblätter für Chemikalien erstellt, speichert und innerhalb des unternehmensweiten Netzwerkes über Bildschirm bereitstellt. Datenblätter und weitere Begleitpapiere können als genormte Formulare ausgedruckt werden.

Ein Chemikaliensicherheitsdatenblatt wird nur einmal erstellt und dann automatisch unter Berücksichtigung der jeweiligen nationalen Gesetzgebung in 10 andere Sprachen übersetzt. Datenmanagement und Pflege an zentraler Stelle stellen Datenkonsistenz sicher, regeln die Zugriffsberechtigungen und sichern die Aktualität. Flexibilität hinsichtlich Datenumfang, leichte Benutzbarkeit und Unterstützung bei Konfiguration und Installation machen ICDS für eine breite, internationale Palette von Unternehmen im Bereich der Chemikalienproduktion und -anwendung zugänglich. Schulungen mit Vorführungen, Seminaren und Praktika unterstützen die schnelle Einarbeitung der Anwender. ICDS deckt einen Teil eines anvisierten integrierten betrieblichen Umweltsystems ab, das über die Umwelt- und Sicherheitsrelevanz chemischer Materialien vom Design über Produktion, Betrieb und Beseitigung informiert.

Ausblick

Die längerfristigen und vielschichtigen Aspekte bei der Planung in der Designphase erfordern zunehmend ein kooperatives Zusammenwirken von Teilnehmern aus den verschiedensten Disziplinen. Die IuK-Technik kann auch hier Hilfsmittel bereitstellen bzw. entwickeln, die z.B. Konferenzen mit einer großen Bandbreite an Informationsaustausch bei räumlich getrennten Teilnehmern ermöglichen (Groupware, kooperatives Arbeiten). Zeit, Häufigkeit und Teilnehmer von Konferenzen werden dadurch in hohem Maße frei wählbar. Die sich anbahnende und für eine vernetzte Betrachtungsweise notwendige interdisziplinäre Zusammenarbeit kann damit effektvoll unterstützt werden.

3.3 Produktbeseitigung und Recycling als Beispiel für ökologisches Handeln

Einleitung

Das intensiv diskutierte Problem der Müllbeseitigung zeigt die zunehmende ökologische Relevanz der letzten Phase des Lebenszyklus eines Produktes, der Entsorgung, und die Wichtigkeit einer weit vorausschauenden Planung des gesamten Lebenszyklus überhaupt. So fallen jährlich z.B. 30 Mio. Tonnen Hausmüll an, was schätzungsweise einem Bedarf an 50 neuen Müllverbrennungsanlagen entsprechen würde. Durch Kennzeichnungspflicht, Pflicht zur getrennten Entsorgung und Pfandpflicht kann nämlich allenfalls etwa eine Halbierung erreicht werden. Solche Anlagen werden wegen der emittierten toxischen Stoffe wie z.B. Dioxine von der Bevölkerung als gefährlich empfunden. Eine ähnliche Problematik ergibt sich bei Altfahrzeugen, aktuell etwa eine umwelt- und ressourcenschonende Entsorgung des Trabant.

Problemstellung

In der alten Bundesrepublik fallen jährlich etwa 2 Mio. Tonnen Kraftfahrzeugschrott an. Mit technologisch auf dem neuesten Stand stehenden Volldemontageanlagen lassen sich theoretisch 90% des Materials in das Produktrecycling einbringen. Von den restlichen 10% sind mehr als 90% Shredderabfälle, die frei von Sonderabfällen und Betriebsflüssigkeiten sind und somit die gleiche Klassifikation wie Hausmüll besitzen. Lediglich weniger als 1% des Kraftfahrzeugschrotts müßte als Sondermüll klassifiziert werden.

Volkswirtschaftlich betrachtet, könnte durch die industrielle Volldemontage von Altfahrzeugen ein theoretisches Wertstoffpotential von ca. 1,8 Mio. Tonnen als Sekundärrohstoff zur Verfügung gestellt und somit ein beachtlicher Beitrag zur Entlastung der Umwelt geleistet werden. Zur Erreichung dieses Ziels müssen Volldemontageanlagen errichtet werden, die eine vollständige und getrennte Erfassung aller (Ersatz-)Teile, Wertstoffe, Betriebsflüssigkeiten und Sonderabfälle von Altfahrzeugen erlauben.

Dazu müssen die Wertstoffe durch Shredder zerkleinert, nach Stoffarten getrennt und thermisch aufbereitet werden, um anschließend als Sekundärrohstoffe für neue Produkte zur Verfügung zu stehen. Betriebsflüssigkeiten und Sonderabfälle können nach einer gründlichen Analyse entweder der direkten Verwertung (z.B. als Heiz- oder Betriebsmittel), einer geeigneten Wiederaufbereitung (z.B. als Zweitraffinat) oder der endgültigen Entsorgung als Sondermüll zugeführt werden.

IuK-Hilfsmittel

Kernstück der Volldemontageanlage ist ein umfassendes Informations- und Kommunikationssystem,

– das alle Materialbewegungen von der Ankunft eines Fahrzeugs bis zum Versand der Gebrauchtteile und dem Abtransport von Wertstoffen erfaßt und steuert,
– das die Mitarbeiter bei der Begutachtung des Fahrzeugzustands, bei der Prüfung der Baugruppen (Fehlersuche/Reparatur), bei der chemischen Analyse in bezug auf Schadstoffe unterstützt (vgl. Abschn. 3.2) und die Prüfergebnisse protokolliert,
– das Lagerplätze und Lagerbestände verwaltet und rechtzeitig für den Abtransport von Wertstoffen und Abfällen sorgt (Lagerhaltung),
– das auf der Grundlage von Betriebsdaten, Lagerbestand, Verkaufszahlen, Bestelleingängen und Daten über potentielle Absatzmärkte die dispositive Steuerung der gesamten Anlage übernimmt.

Der Einsatz dieses IuK-Systems unterstützt somit neben der Anlagensteuerung auch die betriebswirtschaftlichen Komponenten, um optimale ökonomische Erfolgschancen zu erwirken.

Ausblick

Die noch funktionstüchtigen Fahrzeugteile können nach einer eingehenden Prüfung und Reparatur als Ersatzteile in den Handel gebracht werden. Da jedes dieser Ersatzteile explizit geprüft wird, kann die Zuverlässigkeit dieser Teile diejenige der serienmäßig gefertigten und damit nur in Stichproben kontrollierten Neuteile erheblich übertreffen. Volldemontageanlagen für Altfahrzeuge können bereits jetzt privatwirtschaftlich rentabel geplant werden, entsprechende gesetzgeberische Maßnahmen würden dies auch für andere Produkte ermöglichen.

Durch eine den Demontageprozeß bereits mit ins Kalkül ziehende intelligente Materialdisposition in der Designphase eines Produktes ließe sich das Recycling weiter optimieren.

4. Informations- und Kommunikationstechnik als Instrument zur globalen Steuerung bei individueller Freiheit

Der Erfolg der Marktwirtschaft beruht auf der Erfahrung, daß komplexe Systeme bei zentraler Steuerung die Fähigkeit zur Selbstorganisation verlieren. Bei dezentraler Entscheidungsfindung werden die wirtschaftlichen Ressourcen über einen marktwirtschaftlich gefundenen Preis so alloziert, daß ein Höchstmaß an Ergebnissen erzielt wird. Die Technik hat hier instrumentellen, nicht steuernden Charakter. Die bisherige Festlegung des gesellschaftlichen Optimums ist durch ökologische und andere Fragestellungen nicht mehr allgemein akzeptiert und wird daher politisch und gesellschaftlich aktuell neu verhandelt. Grundlage dieser Verhandlungen ist, daß die Produktionssysteme in ihrer Komplexität in jedem wirtschaftlichen Ordnungssystem die Existenzgrundlage bedrohende Ausmaße angenommen haben, so daß jetzt die Neubestimmung der wirtschaftlichen Rahmenbedingungen im Sinne industriepolitischer Maßnahmen derart geschaffen werden müssen, daß eine ökologische Kontrolle der technischen Anlagen und der Produkte ökonomisch möglich und zwingend wird. Diese Aufgabe kann konstruktiv unter Beibehaltung des Produktionssystems mit Hilfe von IuK-Techniken erreicht werden, wobei nicht nur betriebswirtschaftliche Produktivitätsgewinne, sondern eine um ökologische Betrachtungen erweiterte Qualität eines Produktes oder Vorhabens das gemeinsame Ziel sein muß.

Diese neue Qualität bedeutet Kosten, aber auch neue Wettbewerbsfähigkeit, und rechtfertigt so die Belastungen und Einschränkungen. Diese sind rechtlich der Erhaltung der Natur, der Gesundheit und der Sicherung der Existenzgrundlagen nachgeordnet und müssen daher verpflichtender Teil der Berechnungen der Herstellungskosten werden, ebenso wie die Einhaltung der Ziele durch Kontrollverfahren gesichert werden muß. Im finanziellen Bereich ist dies betriebswirtschaftlich akzeptiert und Teil des Instrumentariums zur Steuerung des wirtschaftlichen Handelns.

Der Wertewandel der vergangenen Jahre zeigt, daß dieses Denken Voraussetzung unternehmerischen Handelns werden muß und die Überlebensfähigkeit von Organisationen mitentscheidet. Die bisher nur als Bestand geführte und sich nun immer manifester als ökologisches, auf größere Manipulationen langfristig bedrohlich reagierendes System zeigende Umwelt verlangt als Steuerinstrument eine im marktwirtschaftlichen Sinne ökonomische Bewertung aller Eingriffe und konsequenterweise Vorschriften über die zulässige individuelle Entscheidungsbreite. Dies bedeutet eine Erweiterung der Verantwortung des wirtschaftlich handelnden Subjekts. Voraussetzungen neben den normativen Vorschriften und Rahmenbedingungen sind kostengünstige Informationen über die Effekte von individuellen Entscheidungen. Die Daten müssen ständig verfügbar sein, um die Folgen von Entscheidungen jederzeit kostengünstig bestimmen zu können. Die notwendige Datenerhebung und -haltung müssen gesellschaftlich akzeptiert und kontrolliert sein. Dies ist heute technisch möglich. Kosten- und Wettbewerbsargumente werden jedoch an Gewicht verlieren.

Damit ökologisches Verhalten nicht individuell nachteilig wirkt, sind hier gesetzliche Vorschriften gefragt, die für alle Marktteilnehmer gleiche Bedingungen schaffen. So ist auch in politischen Kreisen bereits geplant, daß künftig Hersteller von Waren für den gesamten Lebenszyklus ihrer Produkte einschließlich Abfallbeseitigung oder Wiederverwertung verantwortlich sein sollen. Dabei ist jede Lebensphase eines Produktes von der Realisierung dieser Verantwortung in spezifischer Weise betroffen, insbesondere bekommt die Entwicklungs- und Forschungsphase eine eminente Bedeutung, da Korrekturen in späteren Phasen wesentlich höhere Kosten verursachen. Größere und längerfristige Projekte erfordern hier nicht nur die Diskussion der ökonomischen und ökologischen, sondern auch der soziologischen Bedingungen und Prognosen etwa hinsichtlich der Technikakzeptanz.

Es besteht kein Zweifel, daß die konkrete Realität der Güterproduktion in allen ihren Phasen vom Entwurf über die Fertigung und den Gebrauch des Produktes beim Nutzer inklusive der Beseitigung veralteter Produkte technisch, wirtschaftlich oder gesetzlich im Lichte der Ökologie neu bewertet werden wird. Dabei wird vom individuell handelnden Subjekt erhöhte wissenschaftliche Kompetenz und Planung der Konsequenzen zu leisten sein, die bisher dort nicht verankert bzw. nicht gefordert war und daher in ihren Folgen von der Allgemeinheit getragen wurde. Die IuK-Technik besitzt das Potential, um dem Verursacherprinzip dort zum Durchbruch zu verhelfen, wo dies sinnvoll ist und im weltweiten Maßstab die Verstöße gegen ökologische Prinzipien zu analysieren; sie besitzt das Potential, die bislang verkannten Wettbewerbsvorteile zu verwerten.

Literatur

Bock, B. (1990), Umweltschutz im Spiegel von Verfassungsrecht und Verfassungspolitik, Berlin
Bischoff, R. (1990), Natur-Computer, in: Bild der Wissenschaft 10/90, S. 58–60
Heidegger, M. (1962), Die Technik und die Kehre, Pfullingen
Heppner, A. (1989), Abschätzung und Bewertung von Technikfolgen, Diskussion über die Informations- und Kommunikationstechnologien in der Bundesrepublik Deutschland, Regensburg
Kistler, E.; Jaufmann, D. (1990) Mensch-Gesellschaft-Technik, Orientierungspunkte in der Technikakzeptanzdebatte, Opladen
Müller, G. (1990), Brücke zwischen High-Tech und Gesellschaft, in: Freiburger Uni-Magazin 5/90, S. 16–17
Rosenberg, N.; Birdzell jr., L. E. (1991), Industrielle Revolution und Prosperität, in: Spektrum der Wissenschaft 1/91
Sälzer B. (1989) Europas Mehr-Wert, Chance für die Zukunft: Gemeinsame Technologiepolitik, Bonn
von Weizsäcker, E. U. (1989), Erdpolitik, Ökologische Realpolitik an der Schwelle zum Jahrhundert der Umwelt, Darmstadt
Wassergütestelle Elbe (1984), Gewässerökologische Studie der Elbe, Hamburg

Kapitel 50
Das Umweltmanagement der öffentlichen Verwaltung

von *Michael Stitzel*

1. Die Position der öffentlichen Verwaltung im Umweltbereich 784
2. Die Vollzugsfunktion des Verwaltungsmanagements 786
   2.1 Einwirkungsmöglichkeiten der Verwaltung auf die Unternehmungen 786
   2.2 Motivation und Machtpotentiale der Verwaltung im Vollzugsbereich 787
   2.3 Darstellung und Kritik des Umwelt-Vollzugs-Handelns der öffentlichen Verwaltung 789
3. Umweltrelevante Eigenaktivitäten der öffentlichen Verwaltungen ... 792
4. Ausblick 794
Literatur 796

1. Die Position der öffentlichen Verwaltung im Umweltbereich

Die öffentliche Verwaltung spielt in der Diskussion um die Verursacher der Umweltprobleme wie auch in der Diskussion um diejenigen, die wirksame Abhilfe schaffen könnten, nur eine untergeordnete Rolle. Als Schuldige werden wechselweise oder auch gemeinsam genannt:
– der Gesetzgeber, dem es nicht gelinge, ein effizient umweltschützendes Normensystem zu gestalten;
– die Produzenten, die bei Leistungserstellung und Leistungsverwertung in Verfolgung ihrer Eigeninteressen die Umwelt massiv beeinträchtigten, sowie
– die Konsumenten, die gedankenlos die ihnen angebotenen Produkte unabhängig von ihren Umweltwirkungen ge- und verbrauchten und es versäumten, ihre Nachfragemacht dafür einzusetzen, die Produzenten zu einem umweltschonenden Verhalten zu veranlassen.

Dementsprechend werden wirksamere Umweltgesetze sowie ein Umdenken bei Betrieben und Nachfragern gefordert; kaum einmal ist aber zu hören, daß die öffentliche Verwaltung ein effizienteres Umweltmanagement betreiben solle.

In den relativ wenigen umweltökonomischen Überlegungen, in denen die Rolle der öffentlichen Verwaltung als eines weiteren umweltrelevanten Akteurs ausdrücklich thematisiert wird, kommt allerdings auch dieser Sektor schlecht weg. Ausgangspunkt ist dabei das „Vollzugsdefizit" im Umweltschutzbereich, demzufolge die staatlichen umweltpolitischen Vorgaben in vielen Fällen nicht mit der gesetzlich erforderlichen Schärfe in die ökonomische Praxis umgesetzt werden (*v. Thaden* 1989, 29 ff.; *Wicke* 1982, 81 ff.). Als wesentliche Ursache dafür wird ineffizientes Verwaltungshandeln gesehen. Im Rahmen der konkreten Realisierung notwendigerweise abstrakter gesetzlicher Normen kommt der öffentlichen Verwaltung, also den Bundes-, Länder- und Kommunalbehörden, eine Transmissionsfunktion zu, die, so die überwiegende Meinung der sich damit befassenden Autoren, von der öffentlichen Verwaltung nur unzulänglich wahrgenommen wird (*Mayntz u.a.* 1978; *Ullmann* 1982, *Stitzel* 1987).

Die Frage, ob dieser Vorwurf berechtigt ist, und auf welche Weise dieser Mißstand ggf. beseitigt werden kann, erfordert zunächst eine genauere Analyse der Rolle der öffentlichen Verwaltung im Umweltschutzsektor. Dabei zeigen sich zwei sehr verschiedene Bereiche:
(1) Die Verwaltung hat dafür Sorge zu tragen, daß vom Gesetzgeber erlassene Umweltschutznormen (*Stober* 1989) von den überwiegend gewerblichen Normadressaten umgesetzt und eingehalten werden (**Vollzugsfunktion** der Verwaltung).

1. Die Position der öffentlichen Verwaltung

(2) Die Verwaltung beeinflußt durch die Gestaltung ihrer **Eigenaktivitäten**, speziell im infrastrukturellen Bereich, z.B. durch die Gestaltung von Energie-, Verkehrs- und Entsorgungssystemen, die Umweltqualität.

Zum einen geht es also um einen **interaktiven Prozeß** zwischen normsetzender und normüberwachender Verwaltung einerseits und Unternehmungen, speziell Industrie und Handel, andererseits. Wie dieser Interaktionsprozeß verläuft, hängt ab von der Interessenlage der Interaktionspartner und den ihnen zur Verfügung stehenden Ressourcen und Handlungsmustern (s. Abschn. 2).

Der zweite Bereich betrifft die Berücksichtigung von Umweltschutzaspekten im ökonomischen Eigenhandeln der Verwaltung, also die Frage nach dem faktischen Stellenwert von Umweltschutzgesichtspunkten bei öffentlichen Maßnahmen zur **Daseinsvorsorge**. Dazu zählen außerordentlich umweltrelevante Aktivitäten wie z.B. die Gestaltung von Verkehrsnetzen oder die Ausgestaltung von kommunalen Abfallbeseitigungs- und Recyclingsystemen, aber auch in ihrer ökologischen Relevanz vergleichsweise geringfügige Handlungsbereiche wie z.B. die Verwendung von Büromaterialien oder von Einweg- bzw. Mehrweggeschirr in den Verwaltungskantinen. Inwieweit dabei Umweltschutzgesichtspunkte berücksichtigt werden, hängt ab von der Stellung des Umweltaspektes im Zielsystem der Verwaltung unter Beachtung politischer, finanzieller und ggf. auch informationsbedingter Restriktionen (s. Abschn. 3).

Hinzuweisen ist bereits an dieser Stelle auch darauf, daß es „die" öffentliche Verwaltung nicht gibt, sondern daß sich Verwaltungseinheiten als Akteure bezüglich Größe, politischer Macht, finanziellen Spielräumen, Abhängigkeiten von der Wählergunst u.a. erheblich voneinander unterscheiden. Eine differenzierte Analyse der ökologischen Wirkungen des Verwaltungshandelns müßte die unterschiedlichen Ausgangslagen der Ministerialbürokratie, von Regierungspräsidien, Stadtverwaltungen, Kommunen im ländlichen Raum etc. berücksichtigen, um zu empirisch gehaltvollen Aussagen zu kommen, und um konkrete Hinweise auf eine wirksame Berücksichtigung von Umweltschutzgesichtspunkten geben zu können. Diese differenzierte Analyse kann hier nicht geleistet werden. Es bleibt aber genug Gemeinsames: Alle öffentlichen Verwaltungen sind staatliche und damit (explizit oder implizit) hoheitliche Institutionen, sie ziehen ihre Legitimation und ihre Ziele aus den dem Staat zugeordneten Aufgaben (z.B. Ordnungsfunktion, Daseinsvorsorgefunktion), nicht jedoch aus dem Erfolg in Märkten, und sie sind schließlich in ihrem Handeln stärkeren formalen Verhaltensrestriktionen unterworfen als die sich an Marktkräften orientierenden Akteure. Das führt zu bürokratisch orientierten Verhaltensweisen, die teils normativ vorgegeben sind, teils aber auch aus dem Selbstverständnis der Verwaltungsakteure resultieren, und die überwiegend nicht gerade förderlich sind für die Erreichung der umweltbezogenen Vollzugsziele (s. im folgenden).

2. Die Vollzugsfunktion des Verwaltungsmanagements

Im Rahmen des Vollzugs von Umweltschutznormen nehmen die öffentlichen Verwaltungen eine Mittlerrolle ein: Der Gesetzgeber erläßt Umweltschutznormen, die notwendigerweise relativ abstrakt sind; die Normadressaten (Produzenten und Konsumenten) haben diese allgemeinen Normen im Hinblick auf ihre spezifischen Bedingungen zu konkretisieren und so die Idealvorstellung entsprechend den Intentionen des Gesetzgebers in die Realität umzusetzen. Letzteres ist den Normadressaten häufig lästig, weil das Entscheidungsfeld dadurch noch komplizierter wird (z.B. ist die Einführung eines neuen Produktes für sich allein schon schwierig und risikoreich genug!), und weil die Berücksichtigung der Umweltschutznormen in vielen Fällen kontraproduktiv ist zu ökonomischen Zielsetzungen der Normadressaten (oder zumindest zu sein scheint).

Da Normsetzer und Normrealisierer von sehr unterschiedlichen Voraussetzungen und Zielen ausgehen, ist ein Zwischenglied notwendig; eine Rolle, die den öffentlichen Verwaltungen zukommt. Ihre Aufgabe besteht in der Konkretisierung der Umweltschutz-Normen, in deren Durchsetzung und Kontrolle, aber auch in der umweltbezogenen Beratung und Unterstützung der Normadressaten (*Hermann* 1990). Gerade letzteres ist wichtig im Hinblick auf das Rollenverständnis der Verwaltung, die nicht ausschließlich, vielleicht nicht einmal primär als verlängerter Arm des Gesetzgebers zu gelten hat, sondern als Mittler zwischen den abstrakten staatlichen Umweltnormen und den Erfordernissen der in Märkte eingebundenen Unternehmen.

2.1 Einwirkungsmöglichkeiten der Verwaltung auf die Unternehmungen

Mit ihren Vollzugsaktivitäten beeinflußt die öffentliche Verwaltung in vielfältiger Weise die Entscheidungs- und Handlungsautonomie der Unternehmungen im umweltrelevanten Bereich:

(1) Sie setzt für die Unternehmungen Daten, die ganz überwiegend restriktiv wirken, und zwar entweder
   - als Nebenbedingungen, die die Attraktivität von Alternativen verringern (z.B. kostenwirksame Auflagen für bestimmte Produktionsprozesse) oder
   - in Form des Ausschlusses von Alternativen, die aus Unternehmenssicht positiv wären (z.B. Verweigerung von Betriebsgenehmigungen) oder
   - als Voraussetzung dafür, bestimmte Alternativen überhaupt realisieren zu dürfen (Genehmigungen für Errichtung und Betrieb umweltrelevanter Anlagen).

(2) Sie überwacht die Einhaltung der vorgegebenen Umweltschutznormen und sanktioniert Verstöße gegen diese Normen.

2. Die Vollzugsfunktion des Verwaltungsmanagements

(3) Sie arbeitet mit den Unternehmungen im Hinblick auf umweltverträgliches Handeln zusammen (z.B. in Form von Kooperationslösungen zwischen Unternehmungen bzw. Unternehmensverbänden einerseits und Verwaltung andererseits sowie als unterstützende und beratende Instanz).

Würde die Verwaltung alle diese Aufgaben entsprechend den Vorgaben und Erwartungen des Gesetzgebers realisieren, dann hätte das einen Umweltstandard zur Folge, der mindestens den Intentionen des Gesetzgebers entsprechen würde (*Sprösser* 1989). Die reale ökologische Situation zeigt, daß die öffentliche Verwaltung – ohne ihr damit die alleinige oder auch nur überwiegende Verantwortung zuschieben zu wollen – dieses Ziel weit verfehlt. Liegt das daran, daß die Verwaltung diese umweltschützenden Aufgaben nicht wahrnehmen kann oder daß sie sie nicht wahrnehmen will?

2.2 Motivation und Machtpotentiale der Verwaltung im Vollzugsbereich

Zunächst zum **Wollen**. Es wäre eine unzulässige Vereinfachung, würde man unterstellen, die Verwaltung würde in der umweltbezogenen Interaktion mit den Unternehmungen ausschließlich die Förderung der Umweltqualität im Auge haben, während die Unternehmen dann, wenn Umweltschutzmaßnahmen per saldo kostenerhöhend wirken, sich nur unter Zwang umweltverträglich verhalten würden (*v. Thaden* 1987, 55; DIW 1989; *Simonis* 1990). Würden die Dinge so liegen, wäre auch die Konstellation zwischen öffentlicher Verwaltung und Unternehmungen klar: hier die Zwang ausübende öffentliche Verwaltung, dort die unter Zwang handelnden Unternehmungen.

Die ökologie- und ethikorientierte Analyse in der Betriebswirtschaftslehre hat deutlich gezeigt, daß Unternehmensleiter durchaus ambivalente Einstellungen zu den Umweltwirkungen ihres Handelns haben: Umweltverträgliches Handeln wird häufig ohne operationale und prognostische Verifizierung als strategischer Erfolgsfaktor begriffen (*Kirchgeorg* 1990); die privaten, oft ökologiepositiven Einstellungen von Managern beeinflussen auch deren ökonomische Entscheidungen (oder schaffen zumindest ein schlechtes Gewissen, was ein langfristig ökologieschädigendes Verhalten deutlich erschwert) (*Stitzel, Simonis* 1988).

Insofern hätte die Verwaltung zumindest keine von vorneherein ungünstigen Voraussetzungen dafür, einen optimalen Vollzug im Umweltbereich durchzusetzen. Sie selbst ist jedoch kein monolithisch auf die Förderung einer hohen Umweltqualität fixiertes System. Sie hat einer Vielzahl von Interessen gerecht zu werden (z.B. *Oettle* 1966; *Schneider* 1979): Die Verwaltung soll u.a. den Bürgern Sicherheit und angenehme Lebensbedingungen bieten, z.B. durch Ansiedlung von Betrieben (Arbeitsplätze!) und den Bau effizienter und bequemer Verkehrseinrichtungen (Schnellstraßen!), und sie muß um gute Beziehungen zu mächtigen Interessengruppen, z.B. zu Industrie und Handel, besorgt sein. Diese Erfordernisse legen häufig ein Handeln nahe, das von den offiziellen Zielen staatlicher Umweltpolitik negativ abweicht. Über einem Teil der Verwaltung schwebt zudem das Damoklesschwert der Nicht-Wiederwahl für den Fall, daß relevante Wählergruppen mit dem Verwaltungshandeln unzufrieden sind.

Damit wird das Umweltbewußtsein der Bevölkerung zu einer entscheidenden Determinante der faktischen Umweltorientierung der Verwaltung. Sie kommt in eine ähnliche Situation wie die Produzenten, die sich darauf berufen, daß ihr umweltverträgliches Handeln von den Konsumenten, wenn es mit höheren Preisen verbunden ist, (angeblich) nicht honoriert wird: Die Wähler honorieren (auch angeblich) umweltfreundliche Verwaltungsentscheidungen nicht, wenn damit Wohlstand und Bequemlichkeit beeinträchtigt werden bzw. zumindest nicht in dem Ausmaß gefördert werden, wie es von den Wählern als möglich angesehen wird. Zwar weisen viele Befragungen aus, daß die Sorge um eine intakte Umwelt in der Priorität der Bevölkerung einen hohen Stellenwert einnimmt; diese Priorität dürfte jedoch rapide abnehmen, wenn das Umweltziel mit anderen damit konkurrierenden Zielen wie Arbeitsplatzsicherheit, hohen kommunalen Steuereinnahmen und individualisierten Verkehrs- sowie Freizeitmöglichkeiten konfrontiert wird. Bei derartigen Konkurrenzsituationen wird sich, so die Hypothese, die öffentliche Verwaltung um situationsbezogene Interessenausgleichslösungen bemühen, bei denen das durch den Gesetzgeber vorgegebene Umweltvollzugsziel Abstriche hinnehmen muß.

Ähnlich wie für die Unternehmungen hat das Ziel der Förderung einer hohen Umweltqualität auch für die öffentliche Verwaltung einen durchaus ambivalenten Charakter: Angesichts der partiellen Zielkonkurrenz zu anderen relevanten Verwaltungszielen würde eine rigide Verfolgung des Umweltzieles zu einer aus der Sicht der Verwaltung unvertretbaren Einbuße bei den anderen Aufgabenbereichen führen. Auch könnten die Eigeninteressen der Verwaltungsakteure, z.B. nach Wiederwahl und Unterstützung durch wichtige Bezugsgruppen, beeinträchtigt werden.

Einschränkungen ergeben sich aber auch im Hinblick auf das **Können**. Um einen wirkungsvollen Vollzug sicherzustellen, benötigt die Verwaltung zum einen ein umfassendes Know-how in Umweltfragen und außerdem Machtbasen, mit deren Hilfe die Normadressaten ggf. auch gegen deren ursprüngliche Absichten zu umweltverträglichem Handeln gebracht werden können (*Mayntz u.a.* 1978).

Ohne das ökologische Know-how der Verwaltung, speziell derjenigen Verwaltungseinheiten, die sich primär mit Umweltfragen beschäftigen, in Frage stellen zu wollen, ist doch deutlich auf die diesbezüglichen Grenzen der Verwaltung hinzuweisen. Die Umweltschutzgesetze sowie -verordnungen sind wegen ihrer Menge und Differenziertheit zwischenzeitlich auch für den Fachmann kaum mehr überschaubar; das Wissen, das erforderlich wäre, um die Umweltwirkungen wirtschaftlichen Handelns beurteilen und ggf. steuern zu können, existiert teils noch gar nicht, teils setzt es spezifische, z. B. Chemiker- oder ingenieurwissenschaftliche Qualifikationen voraus, die die Verwaltung in der Regel nicht besitzt. Sie ist somit gezwungen, auf externe Berater bzw. Gutachter zurückzugreifen.

Ein relativer Nachteil der öffentlichen Verwaltung gegenüber den Normadressaten ergibt sich daraus, daß die Verwaltung, da sie es mit ganz unterschiedlichen Normadressaten zu tun hat, umweltbezogenes Allround-Knowhow besitzen muß (bzw. sollte), während das einzelne Unternehmen sich auf seine relevanten Umweltsegmente beschränken kann. In diesem Zusammenhang macht sich auch die häufig gegebene unzulängliche finanzielle Ausstattung der Umweltverwaltung bemerkbar: Oft mangelt es an der einfachsten apparativen Ausstattung, z. B. Meßgeräten, während zumindest große Industrieunternehmungen das gebündelte Know-how ihrer Forschungs- und Entwicklungsabteilungen sowie modernste Technologien einsetzen können (z. B. *Mayntz u. a.* 1978).

Auch die Machtbasen der Verwaltung erweisen sich in vielen Fällen als unzulänglich. Ein wesentliches, völlig legales Machtinstrument der Normadressaten ist die Ausnützung des Rechtsweges über häufig langwierige Widerspruchsverfahren. Die Verfahren bewirken, daß die Verwaltungen, wenn sie ihren Auftrag rigide durchsetzen wollen, rasch an eine nur auf lange Sicht überwindbare Barriere stoßen können. Machthemmend wirkt sich auch die Notwendigkeit aus, wegen politischer (Wahlen!) und wirtschaftlicher Gründe (Standort, Arbeitsplätze, Gewerbesteuer!) mit den Unternehme(r)n langfristig gut auskommen zu müssen.

2.3 Darstellung und Kritik des Umwelt-Vollzugs-Handelns der öffentlichen Verwaltung

Die ambivalente Interessenlage der Verwaltung in Umweltfragen sowie ihre häufig unzulänglichen Informations- und Machtressourcen erklären, wenngleich zunächst nur global, den mangelhaften Vollzug der Umweltschutzgesetze, soweit er durch die Verwaltungen grundsätzlich beeinflußbar ist. Die Defizite betreffen dabei relativ gleichmäßig alle in Abschnitt 2.1 genannten Einwirkungsmöglichkeiten auf die Unternehmungen.

Am ehesten scheint die öffentliche Verwaltung dort erfolgreich zu sein, wo sie auf ihrem ureigensten Terrain operieren kann: bei der Durchsetzung bürokratisch zu handhabender Anordnungen. Besonders deutlich wird das bei Genehmigungen für umweltrelevante Anlagen, deren Erteilung bzw. Nicht-Erteilung, wie betroffene Unternehmer klagen, häufig durch „sture Paragraphenreiterei" (*Ullmann* 1982) verzögert bzw. vereitelt wird. So ärgerlich das aus der Sicht der Unternehmungen auch sein mag (was deren Schelte verständlich macht), in diesem Bereich besitzt die Verwaltung ein wirkungsvolles Machtinstrument, das sie auch erfolgreich anwendet. Das gilt bereits nicht mehr in diesem Ausmaß für Auflagen und Sanierungsverfahren, bei denen die Verwaltungen sich eher auf Kompromißlösungen einlassen, anstatt die gesetzlichen Normen in der vollen Schärfe durchzusetzen. Erklärbar wird das u.a. daraus, daß Auflagen und die Anordnung von Sanierungsmaßnahmen Eigenaktivitäten der Verwaltung voraussetzen, z.B. in Form der Ermittlung sanierungsbedürftiger Anlagen, der Definition des Standes der Technik im konkreten Auflagen- bzw. Sanierungsfall und des Aufzeigens von praktikablen Lösungen (*Mayntz u.a.* 1978). Hier stößt die Verwaltung – schließt man eine gewisse Eigenträgheit des Verwaltungsapparates als Ursache für den mangelhaften Vollzug aus – an ihre Know-how- und Technologie-Grenzen.

Noch deutlich weniger effizient arbeitet die Verwaltung im Bereich der Überwachung und Sanktionierung von Verstößen gegen bestehendes Umweltrecht. *Terhart* hat in seiner 1986 vorgelegten Monographie „Die Befolgung von Umweltschutzauflagen als betriebswirtschaftliches Entscheidungsproblem" nachgewiesen, daß es sich aus kosten- und investitionstheoretischer Perspektive häufig empfiehlt, bewußt gegen bestehende Umweltnormen zu verstoßen anstatt sich gesetzeskonform zu verhalten (*Terhart* 1986, 168ff.). Zu begründen ist das damit, daß der Kapitalwert der Umweltschutzinvestition in vielen Fällen ungünstiger ist als der Erwartungswert aus Strafmaß und der Wahrscheinlichkeit des Entdecktwerdens für den Fall des Verstoßes gegen die jeweilige Umweltnorm. Das heißt: Der Stand der Gesetzgebung sowie deren Vollzug durch die Verwaltungen fördern bei Anlegen ökonomischer Kriterien (Kapitalwertmaximierung, Kostenminimierung) umweltschädigende Aktivitäten, anstatt umweltverträgliches Verhalten zu induzieren, wozu Gesetzgebung und Vollzug an sich dienen sollen. Ansetzen müßte man simultan bei einer weiteren Verschärfung des Umweltrechts *und* bei einem wirkungsvolleren Kontroll- sowie Sanktionsvollzug. Mit letzterem sind die Verwaltungen gefordert, wobei freilich vor illusionären Erwartungen zu warnen ist: Viele Umweltschädigungen werden, wenn überhaupt, erst später und an anderen Orten entdeckt. Sie können dann nicht mehr einem Schadensereignis und schon gar nicht einem Schädiger zugeordnet werden. Verstecken und Tarnungen von Umweltverstößen sind häufig ohne Schwierigkeiten möglich. Gegensteuern könnte man von Verwaltungsseite (*Mayntz u.a.* 1978, 38ff.) simultan durch
- häufigere Kontrollen
- bessere Kontroll- (z.B. Meß-) Instrumentarien
- effizientere Vorgehensweise bei Kontrollen.

Letzteres würde in der Realität häufig anzutreffende Kontrollpraktiken ausschließen, wie z.B. die Vorankündigung von Kontrollen, was zum Aufbau von *Potemkin*schen Dörfern geradezu einlädt und die beabsichtigte präventive Wirkung von Kontrollsystemen vereitelt.

2. Die Vollzugsfunktion des Verwaltungsmanagements

Kritisiert wird auch das Sanktionsverhalten selbst (*Terhart* 1986, 211 ff.). Monetäre Sanktionen sind selten und von geringer Höhe, Strafanzeigen werden nur in Extremfällen erstattet. Auch dafür lassen sich „gute" Gründe finden, so Schwierigkeiten der Beweislage und Mängel im Bereich der Umweltstrafjustiz. Letztendlich liegt aber doch auch hier ein originäres Vollzugsdefizit im Verwaltungsreich vor: Die ohnehin eher geringen Strafmöglichkeiten werden nicht so ausgenützt, wie es möglich wäre.

Auch ein weiteres wichtiges Instrument des Umweltschutzvollzugs, die Kooperationslösung zwischen Verwaltungen und Unternehmungen, wird in seinen realen Ausprägungen relativ zwiespältig bewertet. Kooperationslösung bedeutet (*Rengeling* 1988; *Wicke* 1982, 131 ff.), daß sich Verwaltung und Unternehmen (bzw. auch Branche (*Wicke* 1980) oder Verband) auf bestimmte Umweltverhaltensweisen bzw. -standards einigen, zu deren Einhaltung sich die Unternehmungen mehr oder weniger verbindlich (im Extremfall unverbindlich, was natürlich gar nichts nützt!) verpflichten. Derartige faktisch auf einen Interessenausgleich herauslaufende Vereinbarungen sind dann sinnvoll oder überhaupt als einzig mögliche Lösung anzusehen, wenn entweder in umweltrelevanten Bereichen Gesetzesvorgaben nicht existieren oder die Gesetzesvorgaben in bezug auf den konkreten Fall unterschiedlich interpretierbar sind bzw. wenn wesentliche Parameter, z. B. „Stand der Technik", nicht operational bestimmt werden können.

Es wird jedoch vermutet bzw. durch empirische Befunde erhärtet, daß die Verwaltungen auch bei eindeutigeren Tatbeständen Verhandlungs- und Kooperationslösungen einer rigiden Durchsetzung von gesetzlichen Normen vorziehen, d. h. die Verwaltung verzichtet freiwillig auf die Realisierung eines dem gesetzlichen Standard entsprechenden Vollzugsniveaus. Als Begründung für diese regressive Verhaltensweise wird angegeben, daß genau auf diesem Weg das Optimum für die Umweltbelange erreicht werden könne (*Mayntz u. a.* 1978, 31 ff., 68 ff.). Im einzelnen wird darauf hingewiesen, daß beim Versuch der unbedingten Realisierung der Umweltschutznormen den Normadressaten ein Abwehrinstrumentarium zur Verfügung stehe (z. B. Initiierung langwieriger Widerspruchsverfahren; Verweigerung künftiger Kooperation), dessen Anwendung ad hoc mögliche umweltfreundliche Maßnahmen verhindere (z. B. Absenken von Emissionen in vergleichsweise kurzen Zeiträumen, wenngleich nicht im gesetzlich geforderten Ausmaß). Bei rigidem Verwaltungshandeln sei davon auszugehen, daß die Normadressaten dieses Instrumentarium anwenden werden, und deshalb sei es vorzuziehen, antizipativ bzw. spätestens bei Auftreten von Widerständen eine gütliche Einigung auf einem niedrigeren als dem gesetzlich geforderten Standard anzustreben (*Mayntz u. a.* 1978), was auch meistens gelänge.

Ob ein derartiges taktisches Vorgehen dem üblichen Rationalitätsverständnis entspricht, Maßnahmen zur Zielerreichung an dem unter den gegebenen Rahmenbedingungen Möglichen zu orientieren, nicht jedoch an Maximalforderungen, ist nur im Einzelfall zu entscheiden. Die Vermutung ist nicht von der Hand zu weisen, daß dahinter häufig reduzierte Rationalitäten stehen, wie z.B. Strategien des Durchwurstelns oder Verhaltensprämissen wie Risiko- oder Konfliktaversion (*Stitzel* 1987, 680f.). Eine derartige Rationalitätssicht führt zur Bereitschaft, auf relativ niedrigem Niveau eine Problemhandhabung als befriedigend zu akzeptieren, bzw. zum Versuch, hohen Arbeitsaufwand und zeitliche Verzögerungen (*Mayntz u.a.* 1978, 46f.) möglichst zu vermeiden, oder zu einer Orientierung an kurzfristigem Erfolg ohne Berücksichtigung der Tatsache, daß genau daraus zu späteren Zeitpunkten massive Probleme (z.B. Sanierungserfordernisse) resultieren. Das Ergebnis derartigen Verwaltungshandelns ist dann eine „Grauzone behördlich geduldeter Rechtsverstöße" (*Mayntz u.a.* 1978, 48), die *Mayntz u.a.* in ihrer empirischen Untersuchung vom Umweltvollzug der Verwaltungen in vielen Fällen vorgefunden haben. Wenn man dann noch akzeptiert, daß die staatlichen Umweltnormen ohnehin nur unzulängliche „Minimalstandards" (*Mayntz u.a.* 1987, 48) darstellen, ergibt sich ein ziemlich düsteres Bild vom Vollzug, wobei freilich nicht übersehen werden darf, daß es mutige und ideenreiche Verwaltungsmanager gibt, die einen hohen Vollzugsstandard anstreben und auch erreichen.

3. Umweltrelevante Eigenaktivitäten der öffentlichen Verwaltungen

Der zweite relevante Wirkungsbereich des Verwaltungshandelns auf die Umwelt sind die Eigenaktivitäten der Verwaltungen im Rahmen der ihnen übertragenen Aufgaben, insbesondere der Daseinsvorsorge. Dazu zählen Bereiche, die sowohl aus ökonomischer wie sozialer als auch ökologischer Sicht eine außerordentlich hohe Bedeutung aufweisen, so insbesondere
– Raumplanung (Regionalplanung, Stadtplanung)
– Gestaltung von Verkehrssystemen
– öffentliche Abfallbeseitigungs- und Recyclingsysteme
– Gewässer- und Luftreinhaltepolitik
– Energieversorgung.

Der Vollzugsbereich einerseits und die Eigenaktivitäten der Verwaltung andererseits unterscheiden sich in mehreren wesentlichen Punkten:
(1) Während sich die Vollzugsaktivitäten auf ganz konkrete Entscheidungstatbestände (z.B. Emissionsgrenzwerte) und konkrete Normadressaten (Unternehmen X) beziehen, sind die Bereiche der Eigenaktivitäten sehr viel umfassender und vielschichtiger; häufig überlappen sich auch die Aktivitäten öffentlicher und privater Akteure (so werden die Abfallbeseitigungssysteme teils von den Verwaltungen, teils von privaten Unternehmen getragen). Die Eigenaktivitäten sind damit sehr viel mehr in systemische Zusammenhänge eingebunden.

3. Umweltrelevante Eigenaktivitäten

(2) Von den Eigenaktivitäten der Verwaltung geht auf Grund ihrer Systembezogenheit ein noch größerer Einfluß auf die Umweltqualität aus als von den Vollzugsaktivitäten. Wesentlich wird z. B. bestimmt (*Tempel* 1989)
- die Wasserqualität (über die kommunale Abwasseraufbereitung)
- die Waldqualität (über die Verkehrsgestaltung und die Energiepolitik)
- das Mikroklima (wiederum über die Verkehrspolitik, z. B. Ozonbelastung in den Sommermonaten)
- die Lebensqualität der Bewohner einer bestimmten Region bzw. Kommune (über die Regional- und Stadtplanung sowie über die Verkehrsgestaltung).

Zu beachten ist freilich, daß eindeutige Ursache-Wirkungs-Zusammenhänge zwischen Verwaltungsentscheidungen und dem Zustand dieser ökologischen Supersysteme vor allem prognostisch nur sehr schwer herzustellen sind. Das macht eine umweltverträgliche Planung zu einem schwierigen Unterfangen. Auch ist es nicht einfach, umweltverträgliche Maßnahmen ex ante zu legitimieren, vor allem unter dem Gesichtspunkt, daß diese Maßnahmen häufig andere, grundsätzlich berechtigte ökonomische oder auch ökologische Interessen beeinträchtigen (man denke an das Interesse an möglichst ungehinderter Mobilität und an die unvermeidliche, häufig massive Beeinträchtigung der jeweiligen Anrainer bei alternativen Trassenführungen von Schnellstraßen oder Autobahnen).

(3) Ein weiterer zentraler Unterschied ist darin zu sehen, daß es bei den Eigenaktivitäten der Verwaltung nicht darum geht, andere zu einem bestimmten Verhalten zu veranlassen, sondern daß die Verwaltung selbst unternehmerisch handeln muß. Sie ist gefordert, Handlungsalternativen zu finden und durchzusetzen, die partiell konkurrierende Ziele wie Ertrags-/Kosten-Optimierung, Bewahrung bzw. Wiederherstellung einer hohen Umweltqualität und Akzeptanz durch relevante Bezugsgruppen zum Ausgleich bringen; die öffentliche Verwaltung wird zu einer Quasi-Unternehmung: Umweltorientiertes Verwaltungshandeln wird zur originären Managementfunktion, die sich nicht auf Regelwerke stützen und auf eine Politik des Abwartens bzw. Reagierens zurückziehen kann.

Zu beobachten ist, daß die Verwaltungen, sei es auf Bundes-, Landes- oder kommunaler Ebene, sich der ökologischen Herausforderung im Rahmen ihrer Eigenaktivitäten stellen. Sehr unterschiedlich sind allerdings die Problemhandhabungen, und zwar sowohl von ihrer inhaltlichen Ausgestaltung wie von ihrer ökologischen Wirksamkeit. So fällt auf, daß manche Kommunen bei der Eindämmung des innerstädtischen Autoverkehrs durch eine entsprechend kräftige Förderung der öffentlichen Personennahverkehrssysteme und des Fahrradverkehrs sehr weit gehen (z. B. Erlangen, Münster, Freiburg, Zürich), während andere sich bereits schwer tun, Fußgängerzonen auszuweisen und auszuweiten. Andere Kommunen wiederum leisten Vorbildliches bei der Förderung einer umweltverträglichen Energieversorgung, z. B. durch dezentrale Versorgungssysteme, Kraft-Wärme-Kopplung und konsequente Anreize zum Energiesparen (in der Bundesrepublik speziell Saarbrücken, aber z.B. auch als Mittelkommune Rottweil) (*Jochum* 1988; *Rettich* 1988), während die Mehrzahl der Kommunen noch vergleichsweise halbherzig an diese Problematik herangehen. Deutliche Unterschiede zeigen sich auch bei der Handhabung der zugegebenermaßen schwierigen Umsetzung von Umweltverträglichkeitsprüfungen (*Jacoby* 1990).

Verantwortlich für diese starken Abweichungen sind wohl vor allem zwei Faktoren:
– die politischen Grundströmungen und Mehrheiten in den jeweiligen Ländern und Gemeinden, die sich in sehr unterschiedlichem Maße dazu veranlaßt sehen, nach umweltverträglichen Lösungen zu suchen und sie auch gegen den Widerstand etablierter, insbesondere wirtschaftlicher Interessengruppen durchzusetzen;
– das Auftreten dynamischer Unternehmerpersönlichkeiten innerhalb der Verwaltung, die quasi im Alleingang eine umweltverträgliche Politik, z.B. im Verkehrs- oder Energiebereich generieren und realisieren: Fast immer zeigt eine genauere Analyse, daß besonders umweltverträgliche Verwaltungsaktivitäten nicht auf einen anonymen Verwaltungsapparat, sondern auf einzelne engagierte Verwaltungsmanager zurückzuführen sind.

4. Ausblick

Die Analyse des Verwaltungshandelns im Umweltschutzbereich hat, wenngleich positive Ansätze nicht übersehen werden dürfen, insgesamt erhebliche Mängel und Defizite deutlich gemacht, die einen wesentlichen Faktor für Entstehen und Verschärfung der Umweltkrise darstellen. Angesichts der vielfältigen Ursachen, die teils in ungünstigen Rahmenbedingungen, teils in unzulänglichen Ressourcen der Verwaltung, teils aber auch in deren strategischem Selbstverständnis (oder eben dem Fehlen einer konsistenten Umweltstrategie) begründet sind, ist davon auszugehen, daß Korrekturen allenfalls langfristig möglich sind und nur schwer durchgesetzt werden können.

Eine Verbesserung des Verwaltungsmanagements in Richtung auf ein effizienteres Umwelthandeln muß an mehreren Bereichen ansetzen. Im einzelnen sind (die folgene Liste ist ohne Anspruch auf Vollständigkeit) Veränderungen nötig
– bei den Rahmenbedingungen des Verwaltungshandelns, speziell
    – durch die Förderung marktkonformer umweltpolitischer Instrumente
    – durch die Straffung und Verschärfung des Umweltstrafrechts,
– beim Verwaltungshandeln selbst, so z.B.
    – durch aufgabenangepaßte Organisationsstrukturen

4. Ausblick

- durch effizientere Vorgehensweisen bei der Realisierung der Umweltschutzziele
- durch Vermittlung von Umweltbewußtsein und Umwelt-Know-how bei den Mitarbeitern in der Verwaltung.

Im einzelnen dazu: Veränderungen der Rahmenbedingungen sind unerläßlich, da ihre derzeitige Realität umwelteffizientes Verwaltungshandeln eher verhindert als fördert. Am wirkungsvollsten sind hier marktkonforme Instrumente, speziell Abgabe- und Lizenzlösungen, die umweltverträgliches Handeln auch aus dem kurzfristigen ökonomischen Kalkül heraus zur optimalen Alternative machen (*Wicke* 1982, 91 ff.). Je mehr der Markt einen Anreiz zu umweltverträglichem Handeln bietet, desto weniger ist die Verwaltung gezwungen, Umweltschutz gegen den Willen und Widerstand der anderen wirtschaftlichen Akteure zu „vollziehen". Die zweite wichtige Veränderung der externen Rahmenbedingungen betrifft das Umweltstrafrecht: Eine Anpassung der Strafnormen im Umweltbereich an die Strafnormen in vergleichbar sozial schädlichen Bereichen (z.B. Drogenhandel) hat Aussicht auf präventive Wirkung und erübrigt damit auch wiederum den Einsatz der Verwaltung (*Terhart* 1986, 204 ff.).

Aber auch die Verwaltung selbst wird sich ändern müssen. Ein Aspekt betrifft effizientere Organisationsstrukturen. Es ist davon auszugehen, daß die organisatorische Zusammenfassung des Umweltschutz-Know-hows und der Umweltschutzkompetenz in einer eigenen Organisationseinheit (z.B. als kommunales Umweltschutzreferat) eine günstigere Lösung darstellt als die Einordnung als Teil-Funktion in andere Verwaltungsbereiche oder gar die Zersplitterung der Umweltschutzaufgabe auf mehrere Ressorts. Eine derartige divisionale Organisationsstruktur, ggf. mit Elementen der Matrix-Organisation angereichert, ist Voraussetzung dafür, daß das Umweltschutzinteresse sich einerseits im Gesamt der jeweiligen Verwaltung artikulieren kann, und daß es zum anderen ein kompetenter und mit einiger Machtfülle ausgestatteter Partner und Widerpart der externen Normadressaten ist (*Terhart* 1986, 186 f.). Zu überprüfen sind auch die konkreten Vorgehensweisen der Verwaltung, wie z.B. im Kontrollbereich, wobei häufigere, unvorhersehbarere und apparativ gut abgestützte Überwachungen einen wirkungsvolleren Vollzug gewährleisten können. Zu denken ist hier auch an die Vorsorgeplanung für den Fall von Umweltkatastrophen und die Organisation des Zusammenwirkens mit relevanten Unternehmungen und Verbänden.

Letztlich ist das alles aber nur wirksam, wenn die Verwaltungsmitarbeiter (möglichst viele auf möglichst vielen hierarchischen Stufen und mit verschiedenartigen Aufgaben) erkennen und verinnerlichen, daß die Sorge für eine intakte Umwelt eine originäre und langfristig möglicherweise die wichtigste Aufgabe der Verwaltung darstellt. Wird das Umweltanliegen als x-tes Aufgabenfeld unter vielen anderen begriffen, wird sich im umweltbezogenen Verwaltungshandeln nicht viel ändern. Erst eine konsequente Förderung des

Umweltbewußtseins der Verwaltung, aber auch der Einsatz „marktkonformer" Instrumente in diesem Bereich, z.B. die Eröffnung von Karriere-Chancen im Umweltmanagement der Verwaltungen, können zu einem besseren Umweltmanagement führen.

Literatur

DIW (1989), Stellungnahme des DIW zu den Fragen des Wirtschaftsausschusses des Deutschen Bundestages zu dem Thema „Entwicklung der ökologischen und sozialen Folgekosten des Wirtschaftens in der Bundesrepublik Deutschland", Bonn

Hermann, Th. (1990), Umweltschutzaktivitäten der Kammerorganisation für die gewerbliche Wirtschaft, in: *Albach H.* (Hrsg.), Betriebliches Umweltmanagement, Wiesbaden, S. 178–190

Jacoby, Chr. (1990), Stand der UVP-Einführung. Analyse und Kritik kommunaler UVP-Modelle, in: *Otto-Zimmermann, K.* (Hrsg.), Umweltverträglichkeitsprüfung in der Kommunalen Verwaltung, S. 173–193

Jochum, G. (1988), Marketing-Strategien für effiziente Energienutzung, in: *Lesch, K.-H., Molin, A.* (Hrsg.), Marketing-Strategien für effiziente Energienutzung, Graz, S. 1.3–38

Kirchgeorg, M. (1990), Ökologieorientiertes Unternehmensverhalten, Wiesbaden

Oettle, K. (1966), Über den Charakter öffentlich-wirtschaftlicher Zielsetzungen, in: Zeitschrift für betriebswirtschaftliche Forschung, S. 246–257

Rengeling, H.-W. (1988), Das Kooperationsprinzip im Umweltrecht, Köln u.a.

Rettich, S. (1988), Nutzwärmekonzept eines kommunalen Energie-Versorgungs-Unternehmens, in: *Lesch, K.-H., Molin, A.* (Hrsg.), Marketing-Strategien für effiziente Energienutzung, Graz, S. 4.29–34

Simonis, U. E. (1990), Ökologische Modernisierung der Wirtschaft, Optionen und Restriktionen, in: *Wagner, G. R.* (Hrsg.), Unternehmung und ökologische Umwelt, München, S. 29–47

Sprösser, S. (1989), Was ist das Ziel der Umweltschutzpolitik?, Grüsch

Stitzel, M. (1987), Ökologie und öffentliche Wirtschaft, in: Die Betriebswirtschaft, 6, S. 673–684

Stitzel, M., Simonis, U. E. (1988), Ökologisches Management oder: Ist eine umweltverträgliche Unternehmenspolitik realisierbar?, in: *Simonis U. E.* (Hrsg.), Lernen von der Umwelt-Lernen für die Umwelt, Berlin, S. 287–306

Stober, R. (1989), Wichtige Umweltgesetze für die Wirtschaft, Herne

Tempel, K. G. (1989), Umweltschutz und Verwaltung, Publikationen der Fachhochschule für Verwaltung und Rechtspflege Berlin, Berlin

Terhart, K. (1986), Die Befolgung von Umweltschutzauflagen als betriebswirtschaftliches Entscheidungsproblem, Berlin

v. Thaden, H.-W. (1987), Umweltschutz – Umweltpolitik, Heidelberg

Ullmann, A. A. (1982), Industrie und Umweltschutz, Frankfurt a.M./New York

Wicke, L. (1980), Stichwort „Branchenabkommen", in: Handbuch „Umwelt und Energie", Freiburg i.Br.

Wicke, L. (1982), Umweltökonomie, München

Stichwortverzeichnis

A

ABC-Bewertungsschema 428
Abfall 574, 575
Abfall-Entsorgungswirtschaft 598
Abfallbegriff
— objektiver 558
— subjektiver 558
Abfallbeseitigung 780
Abfallbeseitigungssystem 792
Abfallbewältigung 558
Abfallbilanz 560
Abfallentsorgung 561
Abfallentsorgungsplan 562
Abfallgeschehen 601
Abfallgesetz 168, 176, 422, 560, 575, 667
Abfallsammlung
— getrennte 193
Abfallstrom 563
Abfallvermeidung 419, 563, 602
Abfallverwertung 444, 563, 572
Abfallwirtschaft 10, 563, 677
— integrierte 419, 422
Abfallwirtschaftsgesetz 572
Abfallwirtschaftsrecht 560
Abgabeemission 627
Abgasreinigungssystem 677
Ablauforganisation 405
Absatzlogistik 658
Absatzmärkte 147
Absatzmittler 543
Abschöpfungs- und Desinvestitionsstrategie 543
Abschreibungen 121
Abwärmepotential 686
Abwasser 574
Abwasserabgabe 39, 603
Abwasseranlagenrisiko 713
Abwasserreinigung 670
Abwasserreinigungsverfahren 596
Abwassertechnologie 776
Abwertungen 37
Agglomeration 149, 634

Aggregations- und Bewertungsproblem 743
Akquisitionsstrategie 543
Akteurgruppen 226
Aktionsformen 210
Aktivator
— kognitiver 230
Aktivitätsniveau 722, 724, 729
Allergieerkrankungen 358
Allgemeinbildungsanteile 532
Allianzen
— strategische 214
Alternativenbewertung 439
Altlast 29, 119, 602, 617, 707
Altlastenkataster 160
Altlastensanierung 669, 671
Altstoff 599
Amalgamierungsregel 440
Analyseinstrumentarium 298
Anforderungsprofil 522
Angebot
— ökologieorientiertes 737
Anlagen
— umweltbelastende 175
Anlagengenehmigung 176
Anlagenrisiko 713
Anreiz-Beitrags-Theorie 72
Anreizstrukturen 401
— perverse 115
Anspruchserhebungsprinzip 727
Anspruchsgruppen
— ökologische 490
Äquivalent
— funktionales 229
Äquivalenzkoeffizient 463
Arbeitnehmerrechte 8, 71, 356
Arbeits- und Gesundheitsschutz 345, 350, 355
Arbeitsbedingungen 157, 226
Arbeitsbeschreibung 519
Arbeitsbeziehungen 344, 354
Arbeitslosigkeit 184
Arbeitsmarkt 156, 528
Arbeitsökologie 367

Arbeitsplätze 249
Arbeitsplatzinteressen 351
Arbeitsplatzsicherheit 348
Arbeitspolitik 348
Arbeitsstrukturen 159
Arbeitsschutz 226
Arbeitsverfassung 363
Arzneimittel 617
Attraktivitätsfaktor 146
Auditing-Rhythmus 325
Auditing-Team 319, 322
Aufgabenstellungen
– naturschutzbezogene 524
Auflagen 178
Aufwand 472
Aus- und Weiterbildung 10
Ausbildungsgang 613
Ausgaben
– defensive 120, 121, 123
– kompensatorische 120
Auslistung 759
Auswanderung 22
Außendienstschulung 550
Außerökonomische Werte 527
Automobil 407, 697
Automobilbau 407
Automobilindustrie 11, 188, 637, 641
Autonomie 26

B

B.U.N.D. 210
Banken 12
Bargaining-Prozeß 72
Basisinnovation 632
Basisstrategie 540
– umweltorientierte 290
Baufreiheit 175
Baugesetzbuch 173
Bauindustrie 11
Bauleitplanung 172
Baumaßnahme 666
Baumaterial 669
Baumethode 666
Bauplanungsrecht 172
Bausektor 141
Bauverfahren 667
BDI 219
Bebauungsplan 173, 174
Bedürfnisstrukturen 189

Begehren
– schrankenloses 17, 26
Behälter 587
Beharrungstendenz 148
Beitragsgröße 514
Bequemlichkeitsrente 148
Beratungs- und Informationspflicht 180
Beratungsleistungen 709
Bereichsziel 242, 254
Bereitstellungsgewerbe 666
Berufsbildungssystem 522
Berufserfahrungen 100
Berufsgruppen 532
Berufsgruppenprofil 523
Beschaffung 744
Beschaffungslogistik 383, 421, 579
Beschaffungsmarketing 423
Beschaffungsmärkte 147
Beschaffungsmarktforschung 425
Beschaffungsmarktpotential 429
Beschaffungspolitik 9
Beschaffungsvolumen 419
Beschaffungswerbung 432
Beschäftigungsprogramme 353
Bestandsgröße 514
Bestandsorientierte Investitionsbegriffe 454
Betriebsbeauftragte 357, 385, 388, 499, 504
– siehe auch Umwelt(schutz)beauftragte
Betriebsbilanz 426
Betriebsformendiversifikation 749
Betriebskosten 596
Betriebslobbyismus 349
Betriebsmittel 421
Betriebspolitik
– ökologische 353
Betriebsräte 357
Betriebs- und Hilfsstoffe
– umweltgefährdende 421
Betriebsvereinbarungen 8, 360, 493
– freiwillige 359
Betriebsverfassung 355, 364
Betriebsverfassungsgesetz 8, 352, 353, 354, 361
Betriebswirtschaftslehre 376
Betroffenheit
– persönliche 195

Bewegungen
- soziale 224
Bewertung
- monetäre 121, 126
Bewertungsprobleme 10, 478
Bewußtseinswandel 31
Beziehungen
- industrielle 344, 368, 369
Bezugsgruppen
- informale 194
Bilanz 481
Bildungs- und Fortbildungsaufgabe 612
Binnenschiffahrt 585
Biologie 20
Bioprodukte 187
Biotechnologie 404
Biotopverbundsystem 611
Blauer Engel 419
Bodenrückgewinnungszentrum 672
Bodensanierung 715
Brauchwasser 421
Bruttosozialprodukt 109, 110, 113, 118, 683
Buchhaltung
- ökologische 58, 266, 340, 473
Budgetallokation 410
Bundesforschungsanstalten 167
Bundesministerien 167
Bundesregierung 36
Bundesrepublik Deutschland 111, 137
Bürgerinitiative 6, 48, 87, 189, 191, 351, 369
Bürobereich 420

C

Capital-Asset-Pricing-Modell 456
Checkliste 161, 265, 317, 426
Chemical Engineering 674
Chemie 11
Chemieindustrie 405
Chemiepolitik 594
Chemikaliendatenbank 776
Chemikaliengesetz 617
Chemische Industrie 139, 245
Chlor 762
Chlorbleiche 211
Chlorherstellung 680

Chlorüberproduktion 616
Clean-Technology 444
CO_2-Abgabe 37, 38, 700
Controlling 258, 429, 470, 552, 743
- betriebswirtschaftliches 567
- strategisches 259
Controllinginstrument 261
Corporate Identity 548
Cross-Impact-Analyse 429
CSFR 111

D

Dachmarke 549
Daseinsfürsorge 785
Datenbank 263, 435
- relationale 769
Datenbasis
- ökologische 161
Datenmanagement 777
Deckungsvorsorge 723
Defensivkosten
- umweltspezifische 124
Dekontaminationsklausel 713
Dekonzentrationshypothese 155
Demontageverfahren 628
Deponie 617
Deponierraum 667
Deponietechnologie 601
Deregulierungs-Diskussion 60
Deregulierungstendenzen 58
Design
- ökologisches 610
- dominantes 408
Determinanten
- personale 194
Deutsche Angestellten Gewerkschaft 361
Dezentralisation 59, 156
DGB-Grundsatzprogramm 345
DGB-Umweltprogramm 346
Dialog
- offener 595
Dieselmotor 624
Differenzierungsstrategien 453
Diffusionskurven 429
Dioxin-Emission 605
Direktwerbung 548
Distanzüberwindungskosten 155

Distributionslogistik 579
Distributionspolitik 268
Diversifikationsstrategie 541
Dokumentationsdienst 770
Dritte Welt 608
Dünnsäureverklappung 212, 213

E

economies of scale 155
Effekte
– intertemporale 472
– externe 16, 464, 636
– negativ externe 79, 120, 122
– positive 79
Effizienz 489
– ökologische 36, 37, 41
– ökonomische 36
Effizienzansatz
– interaktionsorientierter 77
Effizienzdenken 76, 578
Effizienzkriterien 76, 77
Effizienzvorteile 177
Eigenaktivität 785
Eigeninteresse 22
Eigenmarkenbildung 746
Eigenverantwortung 70
Einkauf 418, 420, 426
Einkaufs-Handbuch 420
Einkaufsmarktportfolio 429
Einkaufsportfolio 430
Einkaufsschlüsselnummernverzeichnis (ESN) 427
Einkommenseffekte 133
Einkommenseinbußen 125
Einkommensentwicklung 633
Einkommensteuer 458
Einlistung 759
Einsatzmaterialien 425
Einsatzstoffe 448
Einstellungen 191, 522
Einwirkungsrisiko 713
Einzelhandelsmarketing 736
Eisen- und Stahlindustrie 139
Eisenbahn 585
Eisenbahnnetz 634
Elektrizitätswirtschaft 139
Elektroantrieb 625
Elite
– ökologische 57

Emission 615
End-of-pipe-Technologien (EOP) 9, 110, 136, 396, 398, 413, 445
– Nachsorge 444
Energie- und Stoffumsatz 609, 610
Energie- und Umweltsteuer 699
Energie-Dienst 687
Energie-Dienstleistungsunternehmen 683, 689
Energie-Einspar-Politik 12
Energiebilanz 652
Energiedienstleistung 689, 694
Energieeffizienz 12, 110, 698
Energieeinsparpotential 697
Energiepolitik 347, 684, 696
Energiequellen
– regenerative 12
Energierohstoff 694
Energieverbrauch 636
Energieversorgung 685, 692, 792
– umweltverträgliche 685
Energieversorgungskonzept 686
Energieversorgungsstruktur 695
Energiewirkungsgrad 421
Energiewirtschaft 12, 350, 676, 694
Energiewirtschaftsgesetz 696, 698
Energiewirtschaftsrecht 699
Engagement
– alternatives 93
Entbürokratisierung 60
Entindividualisierung 50
Entlastungseffekt
– ökologischer 160
Entmaterialisierung der Produktion 111
Entrechtlichung 60
Entropieansatz 265
Entscheidungskalküle 9
Entscheidungslogik 229
Entscheidungstatbestand 792
Entscheidungsträger 16, 84
Entscheidungsziele 242, 254
Entsorgung 572, 748
Entsorgungsdenken 383
Entsorgungskonzept 639
Entsorgungskosten 124, 446
Entsorgungslogistik 11, 573, 579
Entsorgungsmarkt 565, 672
Entsorgungsnotstand 11
Entsorgungsprobleme 188

Stichwortverzeichnis

Entsorgungsunternehmen 565
Entstaatlichung 59, 60
Entstehungsprozeß 622
Entwicklung
– dauerhafte 702
– technologische 155
Entwicklungsperspektive 619
Entwicklungsprogramm 525
Entwicklungsrisiko 728
Erfahrungskurve 281
Erfahrungskurveneffekt 740
Erfolgsfaktoren 378
Erfolgsindikatoren 237
Erfolgskontrolle 263
Erlösabgrenzung 478
Ernährungsindustrie 11, 644
Ersatzinvestitionen 121
Ersatzteillogistik 579
Ertragsverluste 125
Ertragsziel 246
Erziehung 20
Ethik 17
Ethik-Fonds 709
Europäische Gemeinschaft 55
Evolution 4
Existenzminimum
– ökologisches 47
Exportmotor 143
Exportschlager 5
Extensivierungsstrategie 332

F

F&E 9, 384, 396, 397, 401
– umweltorientierte 400, 412
– strategische 340
F&E-Budget 402
F&E-Management 402
F&E-Organisation 411
F&E-Ressourcen 404
F&E-Strategie 411
F&E-Ziele
– umweltorientierte 399
Fachwissen 520
Fahrzeug
– bedarfsorientiertes 639
Fahrzeuggebrauch 623
Fahrzeugkonzepte 11
Faktorenanalyse 246
Faktorkombinationen 438

Faust 17
– faustische Dynamik 25, 28, 29
– faustische Haltung 26
– faustische Welt 21, 28
Fernverantwortung 225
Fernwärme 676, 690
Fertigungstiefe 418
Filteranlagen 37
Finanzbuchhaltung und Bilanzierung 470
Finanzdienstleistungssektor 704
Finanzierung 452
Finanzierungsarten 455
Finanzierungsbegriffe
– kapitalwirtschaftliche 455
Finanzierungshilfen 459
Finanzverfassung 51
Finanzwirtschaftliche Planung 452
Firmenimage 738
Firmenkundenpolitik 12
First-Position 281
Flächeninanspruchnahme 159
Flächennutzungsplan 173
Flächenrecycling 172
Flächenversiegelung 635
Flexibilität 489
Fluor-Chlor-Kohlenwasserstoffe 604, 624, 679
Folgeereignistheorie 727
Folgenabschätzung
– betriebswirtschaftliche 300
Follower-Position 281
Förderprogramm
– öffentliches 707
Formal- und Sachziele 78, 242, 243, 399
Forschungsgruppe Umweltorientierte Unternehmensführung 376
Forschungsinstitutionen 211
Fortschritt 27
– technischer 224
Fortschrittsglauben 26
Freiheit 22, 27, 35
Freiheitsverlust 57
Freizeitwert 155
Frühindikator 262
Führungsaufgabe 494, 496, 504, 595
Führungsentscheidungen 495
Führungsgrundsätze 235, 243, 497
Führungskonzeption 253

Führungskräfte 84, 86, 104, 528
Führungsnachwuchs 85, 89, 93
Funktion
– logistische 587
Funktionsüberforderung 610
FUUF 376

G

gate-keeper 12, 736, 758
– ökologischer 738
Gebrauchszeitverlängerung 748
Gefährdungshaftung 80, 151, 722, 724
– verschuldensabhängige 712
Gefahrenabwehr 392
Gefahrenvermeidung 212
Gefahrguttransport 212
Gefahrstoffe 357
Gefahrstoffkataster 359
Gefahrstoffverordnung 358
Geld 29
Gemeinlastprinzip 133
Gemeinwesen 19
Genehmigungsverfahren 40, 169
Genotyp 18, 19, 21, 29, 31
Genügsamkeit 23
Gerechtigkeit 19
Geschäftseinheit
– strategische 541
Gesellschaft 71, 553
– moderne 17, 30
– vormoderne 21
Gesellschaftspolitik 346
Gesetzesfolgenabschätzung 338
Gesetzgeber 784
Gesundheit 201
Gesundheitsbewußtsein 645
Gesundheitsschäden 188
Gewässer- und Bodenschutz 603, 707
Gewässerschadenhaftpflichtversicherung 714
Gewerkschaften 344
Gewerkschaftsarbeit 345
Gewinn- und Verlustrechnung 482
Gewinnerzielung 245
– langfristige 249
Gewinnmaximierung 224, 682
Gewinnziel 79, 247
Gewohnheitsbildung 202

Globalisierung 7
Glückseligkeit 19
Gratiseffekte
– ökologische 5, 110
Greenpeace 210
Grenzverhinderungskosten 34
Großtechnologien 211
Grundgesetz 47
Grundlagenforschung 330
Grundrecht 47, 49, 50
– soziales 346
Grundrechtsdogmatik 51
Grundrechtsgefährdungen 50
Grundrechtsordnung 49
Grundstückssicherheitenprüfung 707
Grundwasserkontamination 715
Grundwasserspiegel 667
Grundwasserverunreinigung 715
Grundwerte 238
Grundwissen
– ökologisches 612
Grüner Punkt 656
Gruppen
– autorisierende 76
– diffuse 76
– funktionale 76
– kontrollierende 76
– normative 76
Güter
– öffentliche 34
Gütertransformation 572

H

Haftpflichtversicherung 712
Haftung
– verschuldensabhängige 712
Haftungsnorm 723
Haftungsregeln 729
Handel 12, 736
Handelndenhaftung 723
Handelssituation 539
Händlerkooperation 746
Handlungsbereitschaft 522
Handlungsnetzwerk 233
Haushalte
– umweltbewußte 185
Haushaltsgeräteindustrie 407
Hedonismus 191
Herausforderungsstrategie 544

Herrschaftsverhältnisse 78
Hologramm 228
Humankapital 404

I

Identifikationsbereitschaft 90
Identifikationskrisen 85
IG Chemie 358, 360, 361
Image 208
Imagekampagne 548
Imitationsstrategie 544
Immissionsschutzgesetz 496, 499, 561, 601
Immissionsschutzrecht 176
Immissionswerte 36
Implementationsstrategie 298
Implementierung 283
Indikator
– technischer 262
Individualverkehr 640
Induktionsmechanismus 336
Industrieabfälle 209
Industrieansiedlung 88
Industriegewerkschaftsprinzip 350
Industriesponsoring 210
Industriestandortlehre
– gesamtwirtschaftliche 149
Information 208, 773
– ökologieorientierte 340
– Resource Management 765
– umweltverträgliche Produkte/ Dienstleistungen 193
– herstellerbezogene 197
– neutrale 197
– unvollkommene 439
Informations- und Beratungskompetenz
– ökologische 747
Informations- und Kommunikations- (IuK-)Techniken 639, 764
Informations- und Machtressourcen 789
Informations- und Transaktionskosten 726
Informations-Technologien 12
Informationsaufgabe 741
Informationsbedarf 203
Informationsbeschaffung 765

Informationsdefizite 160, 197
Informationsfluß
– begleitender 589
– vorauseilender 588
Informationsinstanzen 203
Informationsinstrument 260
Informationsquellen 435
Informationsrecht 356, 365
Informationsstrom 563
Informationssuche 197
Informationssystem 296
– entsorgungslogistisches 577, 588
– ökologisches 307
Informationsversorgung 743
Informationsverteilung
– asymmetrische 727
Informationsverteilungsdienst 770
Informationswesen
– betriebswirtschaftliches 264
Informationszugriffsdienst 770
Infrastruktur 639
Innovation 281, 330, 619
– sozial-organisatorische 10, 489
Innovationsentscheidung 266
Innovationsgewinne 247
Innovationsmanagement 8, 273, 298, 340
Innovationsprozeß 402
Innovationsstrategie 282, 288
Input-Output-Analyse 426
– stoffliche 301
Input-Output-Bilanz 332
Instrumentarium
– ordnungsrechtliches 166
Instrumente
– marktorientierte 4
– marktwirtschaftliche 40, 58
– ökonomische 53
– rechtliche 45
– umweltpolitische 36, 443
– umweltrechtliche 45
Intensivierungsstrategie 331
Interaktion
– technisch-ökologische 647
Interdisziplinarität 3
Interessengruppen 75, 77
Interessenstruktur
– multiplurale 4
Interessenverbände 209
Interessenvertretung 350

Interessenwahrungsfunktion 749
International Chemical Data Sheet System 777
Invention 330
Investitionen 9, 452, 453
Investitions- und Verfahrensentscheidungen 475
Investitionskalküle 9
– klassische 457
Investitionsplanung
– umweltorientierte 392, 420, 425, 465
Investitionsstandorte 143
Investitionszulagegesetz 459
Investitionszuschüsse 461
Ist-Ziele 91
IuK-Technik 773

J

Japan 111, 137

K

Kalkulationszinsfuß 456
Kampagnenarbeit 211
Kanal
– sozioökonomischer 737
Kapitalgeber 78
Kapitalimporte 133
Kapitalismus
– ökologischer 59
Karrieremotivation 89, 94, 97, 102
Kaufboykotte 212
Kaufentscheidungen 194
Käufermarkt 758
Kaufrisiko 201
Kaufsituation 189
Kaufverhalten 185, 195
Kausalereignistheorie 727
Kausalitätsvermutung 722
Kennzahlensystem 483
Kernenergie 218, 219, 347, 350
Kläranlagenbau 669, 670
Klärschlamm 598
Klimaschutz 696
Klimaschutzpolitik 12, 694
Klimaveränderung 109

Klimavorsorge 600
Knappheit 35
– ökologische 120
– ökonomische 120
Know-how
– ökologisches 788
Koalitionstheorie 72
Kohlehydrierung 675
Kohlendioxidemission 29, 36, 609, 624, 636, 696
Kohlenmonoxidemission 635
Kombi-Kraftwerk 676
Kommune 793
Kommunikations-Strategie 280
Kommunikations-Technologien 12
Kommunikationsbarriere 339
Kommunikationsmanagement 302
Kommunikationspolitik 193, 201, 268
Kompatibilität
– integrierte 410
Kompetenz
– ökologische 531, 741
– im Umweltschutz 166
Komplex
– ökologisch-bürokratischer 4
Kompostierung 670
Konferenzen
– internationale 215
Konfliktpotentiale 159
Konkurrentenanalyse 259, 283
Konkurrenzsituation 539
Konsensprozeß 612
Konsensus-Management 77
Konsumbereiche 186
– umweltsensible 188
Konsument 35, 784
Konsumentenentscheidungen 6
Konsumentenverhalten 185, 287, 376, 739
– umweltorientiertes 186, 189, 190, 192, 194, 196, 203
Konsumgüterindustrie 221
Konsummoral
– neue 199
Kontingenzansatz 494
Kontraktpolitik 431
Kontroll- sowie Sanktionsvollzug 790
Kontrolle
– umfassende 17
Konversion 367

Konversionsprozeß 651
Konzentrationshypothese 155
Kooperation 219, 231
- horizontale 51
- internationale 765
- mit den Behörden 152
Kooperationslösung 791
Kooperationspflicht 365
Kooperationsprinzip 45, 60, 61, 179, 764
Kooperationsvereinbarung 577
Kosten 472
- defensive oder kompensatorische 122
- Umweltverschmutzung 34, 127
- einzelwirtschaftliche 122
- Folgekosten nicht-vermiedener Umweltschäden 123
- soziale 636
- standortabhängige 147
- Vermeidung von Umweltbelastungen 123
Kosten- und Erlösinformation 567
Kosten- und Leistungsrechnung 471
Kosten-Preis-Kontrolle 547
Kostenabgrenzung 478
Kostenartenrechnung 479
Kostendruck 41
Kosteneinsparpotentiale 419
Kosteneinsparungen 250
Kostenfilter 36
Kostenführerschaft 280
Kostenstellen 479
Kostenstellenrechnung 479
Kostenträgerrechnung 479
Kostenüberwälzung 140
Kraft-Wärme-Kopplung 690, 698
Kraftfahrzeugindustrie 245
Kraftwerks-Technologie 676, 677
Kreditprüfung 705
Kreditrisiko 705
Kreditvergabepolitik 707
Kreditwürdigkeitsprüfung 705
- ökologische 706
Kreislauf
- biologischer 616
- ökologischer 608
Kreislauf-System 193
Kreislaufwirtschaft 59

Krisen- und Risikomanagement 212, 475
Kundennutzen 546
- ökologischer 548
Kundensituation 539
Kunststoff 245, 628
Kuppelprodukt 421, 616
Kuppelproduktion 558, 566, 573

L

Laboranalytik 767
Lacksystem 624
Lagerbestand 581
Lagerhaus 582
Landbau
- ökologischer 653
Landesplanungsgesetze 171
Landeswassergesetz 168
Landschaftsverbrauch 635
Lärmemission 635
Lärmminderung 598
Lärmschutz 572
Lead-Kunden 9, 397, 405, 410
lean production 638
Leasingsystem 618
Lebensform 23, 25, 28
- naturwirtschaftliche 23
Lebensmittel 187
Lebensmittel-Monitoring 653
Lebensmittelhygiene 649
Lebensqualität 345, 793
Lebensweise 187
- moderne 25, 28
Leistungsbeurteilung 533
Leistungskriterium 506
Leistungsprogramm 538
Leistungsverrechnung
- innerbetriebliche 479
Leistungsziel 7, 246, 273, 646, 735
Leitbild 229, 231, 233, 234
Leitbildgestaltung 238
Leitbildpotential 231, 234, 235
Leitbildprinzipien 237
Leitbildtransformation 237
Leitfunktion 229
Lenkungssignale 34
Lernprozesse 6
Lernstatt 525
Lernstatt-Konzept 505

Lieferantenbeurteilung 430, 431
Lieferantenentwicklung 433
Lieferantenselektion 744
Likertskala 95
Liquiditätsziel 470
Lizenzen 36
Lobbyarbeit 208, 214
Logistigkonzepte 11
Logistik 383, 572, 657
– ökologieorientierte 551
Logistikkonzeption 576
Logistikkosten
– volkswirtschaftliche 422
Löschwasserrückhaltung 718
Lösungen
– ordnungsrechtliche 34
low emission technology 110
Luftqualität 126
Luftreinhaltung 597, 604, 792
Luftschadstoffabgabe 700

M

Machtbeziehungen 78
Make-or-Buy-Entscheidung 476
Makro-Leitbilder 229
Management 410
– strategisches 273, 274
Managementinstrument 318
Managementlehre
– verhaltenswissenschaftliche 68
Managementpraxis 224
Managementstrategie
– leitbildorientierte 238
Managementtheorie 224
managerial revolution 70
Manipulationsfunktion 588
Markenartikel 201, 549, 648
Markenartikelindustrie 644
Markenbindung 202
Markenpolitik
– ökologiegerichtete 549
Marketing 10, 386, 659
– ökologisches 538
– strategisches 279, 538
Marketing-Mix 10
– ökologischer 551
Marketingaufklärungssystem
– ökologiegerichtetes 552
Marketingentscheidung 268

Marketingsituationsanalyse 538
Marketingstrategie 80
– konkurrenzorientierte 544
Markt 35
Marktakzeptanz 748
Marktanalyse 259
Marktanteil 140
Marktanteilsstrategie 544
Marktchancen-Umweltrisiko-Portfolio 274
Marktdifferenzierung 749
Märkte
– umweltsensible 185
Marktfolgerstrategie 544
Marktführerschaftsstrategie 544
Marktinvestition 738
Marktkommunikation 746
Marktmodell 79, 80
Marktnischenanbieter 545
Marktpartner 492
Marktpreise 35, 37
Marktsegmente 661
– umweltsensible 195
Marktsituation 538
Marktspezialisierung 541
Marktwahlstrategie 540
Marktwirtschaft
– ökologisch orientierte 36, 611
Marktziel 246, 646, 648
Marktzutrittsschranken 134
Massenarbeitslosigkeit 346
Massenmotorisierung 635
Massenverkehrsmittel 632
Material
– neues 610
Materialbilanz 426
Materialinnovation 334
Materialismus 87, 97
Materialkosten 418
Materialqualität 407
Materialrationalisierung 425
Materialrechnungen 10
Materialtechnologie 404
Materialwirtschaft 382
– integrierte 423
Materialwirtschafts-Leitung 422
Mediawerbung 548
Medienbeurteilung 199
Mediennutzung 199
Mehrwegsystem 655, 661

Mehrwegtableau 588
Meinungsführer 194
Membranverfahren 680
Mengen- und Wertinformation 567
Mengendegression 412
Mengenfixierung 58
Mengenlösungen 36, 37
Mengenpolitik 109
Menschen
– moderne 17
Merkmalsprofil 265
Meso-Leitbilder 229
Meßtechnik 336
Meßwerterfassung
– diskrete 767
– kontinuierliche 766
Methanol 626
Methodenbank 263
Mikroelektronik 404
Mikroklima 793
Mineralölindustrie 245
Miniaturisierung der Produkte 111
Ministerium für Umwelt und Reaktorsicherheit 166
Mischkalkulation 547
Mitarbeitergespräche 525
Mitbestimmung 8, 344, 346, 354, 493, 684
– ökologische 364
Mitbestimmungs-Gesetz 353
Mitbestimmungsebene 362
Mitbestimmungspraxis 362, 363
Mitbestimmungsrecht 352, 354, 361, 365
Mobilisator
– individueller 230
Mobilität
– individuelle 622
Mobilitätsgarantie 637
Mobilitätsleitbild 641
Mobilitätsverständnis 640
modal split 633
Momentum 408
Monetäre Anreize 506
Monetäre Finanzierungsbegriffe 455
Monetärer Investitionsbegriff 453
Monetarisierung 264
Montan-Mitbestimmung 353
Motivationsstrukturen 189
Müllnotstand 109

Multi-Options-Gesellschaft 191
Multikausalität 729

N

Nachhaltigkeit 433
Nachsorgestrategie 258
Nachsorgetechnologie 262
Nachweltschutz 47
Nationalstaaten 55
Natur 24, 26, 27, 28, 515
Naturbeherrschung 18
Naturschutz 516, 518
Naturschutzdenken 527
Naturschutzverbände 364
Naturschutzverhalten 522
Naturvergessenheit 349
Naturvermögen 119
Naturwissenschaften 18
NE-Metallindustrie 140
Neokorporatismus 353
Nettonutzen
– sozialer 618
Nettoproduktion
– ökologisch nachhaltige 121
Netzwerk 606
Neutralität
– siedlungsstrukturelle 156
Nichtsättigung 28
Nikomachische Ethik 19
Nische
– ökologische 402, 409, 412
Nischenspezialisierung 541
Normadressat 795
Normalbetrieb 722, 726, 728
Normen
– technische 52
Normenkontrolle 174
Normgeber 12
Normrealisierer 786
Normsetzer 786
Normstrategie 7, 272, 274, 283, 288, 292, 494
– chancenorientierte 7
– innovationsorientierte 7
– risikoorientierte 7
Normumsetzer 12
Nulltarif 40
Nutzen-Kosten-Analyse 265
Nutzendimensionen 199

Nutzeninnovation 279, 280
Nutzenkategorien
– persönliche 200
Nutzwertanalysen 161

O

Oberflächentechnologie 406, 408
Öffentliches Gut 440
Öffentlichkeit 208, 249, 492
Öffentlichkeitsarbeit 208, 210, 211, 549
Oikonomia 17
Oikos 17
Öko-Bilanz 301, 305, 340, 379, 421, 426, 613, 645, 647, 743, 760
Öko-Controlling 7, 261, 296, 297, 298, 301, 423
Öko-Diktatur 56
Öko-Fonds 709
Öko-Läden 193
Öko-Marketing 758
Öko-Sozialprodukt 121, 127
Öko-Staatsumsturz 57
Öko-Steuern 51
Ökodiktatur 30
Ökofaschismus 56
Ökologie 18, 515, 516, 517, 518
Ökologie-Pull 419
Ökologiemarketing 538
Ökologiemarkt
– relevanter 541
Ökologieportfolio 540, 542
Ökologiestrategie
– aktive 540
– passive 540
Ökologieverständnis 532
ökologische Betroffenheit 490, 505
ökologische Orientierung im Unternehmen 103
Ökonomie 18
Ökonomik
– aristotelische 19
Ökosozialismus 56
Ökosystem 776
– natürliches 609, 610
Ökozid 616
Opportunitätskosten 122
– gesellschaftliche 121
Ordnungsfunktion 785

Organisation 387, 552
– additiv-funktionale 500
– F&E-Bereich 410
– entwicklungsfähige 7
– komplexe 16
Organisationen
– supranationale 55
Organisationsentwicklung 85, 235, 309
Organisationsformen
– multilaterale 54
Organisationsforschung 531
Organisationsgrundsätze 387
Organisationskonzepte 227
Organisationskultur 227, 228
Organisationslernen 7, 274
Organisationsmuster
– integratives 10
Organisationsstruktur 493
– flexible 504
Organisationsziele 489
Organocell-Verfahren 442
Orientierungsleitlinie 198
Output-Orientierung 110
Outputbetrachtung 533
outsourcing 638
Oxygenstahlwerk 678
Ozonloch 604
Ozonschicht 11

P

Packmaterial 644, 658
Packstoff 647
Pagatorischer Kostenbegriff 473
Paradigma
– industrie-wirtschaftliches 3
Paradigmawechsel 736
Pareto-Optimum 440
Partikelemission 625
Partizipation 191
Partnerschaften
– strategische 638
Pelzwirtschaft 187
Personalarbeit 512, 518, 528
Personalbedarf 530
Personalbeschaffung 522, 532
Personalbeurteilung 525, 533
– zweckorientierte 525

Stichwortverzeichnis

Personalentwicklung 523, 532
– ökologische 505
Personalforschung 531
Personalkörper 520
Personalmanagement 513, 529
Personalplanung 514
Personalpolitik 85, 552
Personalrekrutierung 157
Personalstruktur 528
Personalverwaltung 512
Personalwesen 10, 390, 519
– instrumentelles 514
Personalwirtschaft 5, 512
Personen
– karriereorientierte 93
Personenprofil 522
Persönlichkeitsentwicklung 532
Pestizid 617
Pfandgebühr 547
Pflanzenproduktion 646
Pflichtversicherung 729
Phänotyp 18, 19, 21, 29
Photovoltaik 691, 701
Pilotkunden 407
Pionierkosten 282
PKW-Bestand 633
Planung
– strategische 258
Planungs- und Entscheidungsprozeß 264
Planungsinstrumente 379
– strategische 259
Planungs-Kontrollinstrumentarium 296
Pluralisierung 191
point of purchase 193
Politikmodus
– ökologischer 109
Politisches Personalmanagement 514
Polizeirecht 40, 53
Polizeistaat 45
Polymerwerkstoff 628
Portfolio-Ansatz 274
Portfolio-Management 475
Portfolioplanung 464
Postmaterialismus 87
Potential
– akquisitorisches 739
Potential- und Lückenanalyse 259
Präferenzen 92

Präferenzordnung 440
Praktikertheorien 68
Prävention 504, 724
Praxis
– ordnungsrechtliche 38
Praxisschock 94, 102
Preis-Leistungs-Verhältnis 199
Preisbewußtsein 193
Preise 34
Preiselastizität 476
Preisfindungsprozesse 475
Preisfixierung 58
Preislösungen 36, 37
Preisorientierung 199
Preispolitik 109
– ökologieorientierte 547
Prestigebewußtsein 202
Primärenergieverbrauch 110
Primärstoffe 446
Primärverpackung 546
Prinzip der Gegenseitigkeit 518
Private Haushalte 419
Privateigentum 69
Privatisierung
– der Natur 59
– des Umweltschutzes 58
Privatrechte 59
Privatunternehmer 70
Produkt 617
Produkt-Rücknahmepflichten-Regelung 192
Produktangebot 741, 744
Produktbewertung
– ökologische 268
Produktbilanzen 426
Produktbilanzierung 302
Produktdifferenzierung 281, 542, 638
Produktentscheidung 546
Produktentwicklung 501
Produktfolgematrix 266
Produktgesamtbetrachtungen 202
Produktgestaltung 432, 446, 447, 618, 708
Produkthaftung 192, 431, 729
Produktinformationen
– umweltbezogene 197
Produktinnovation 334, 542, 639
Produktion 383
– rückwärts 11
– sichere 595

Produktions- und Organisationsstruktur 297
Produktionsanlage 614
Produktionseinbußen 125
Produktionseinstellung 598
Produktionsentscheidung 267
Produktionskosten 133, 446
Produktionslogistik 579
Produktionsprozeß 623
Produktionsstandorte 135, 143
Produktionssystem 558, 559
Produktionstheorie 438
Produktionsziele 438
Produktionszyklus
– integrierter 333, 334
Produktivfaktoren 438, 439
Produktivität
– umweltpolitische 39
Produktivitätssteigerungen 250
Produktivitätsvorteile 136
Produktivitätswettbewerb 637
Produktkauf 186
Produktkennzeichnungsvorgaben 192
Produktkonzept 652, 653
Produktlebensdauer 447, 448
Produktlebenszyklus 649, 776
Produktlinie 291
Produktlinienanalyse 266, 613, 743
Produktlinienbilanz 426
Produktmitbestimmung 367
Produktpalette 708
Produktpolitik 708
Produktportfolio 645
Produktqualität 201
– ökologische 248
Produktsicherheit 598, 604
Produktspezialisierung 541
Produktstrategie 542
Produktvariationen 188
Produktverbesserung 542
Produktwissen
– umweltbezogenes 196
Produzent 784
Programmbereinigung 543
Projektion
– kollektive 229
Projektmanagement 411
Projektteams 503
Promotorenmodell 308

Prozeß-/Produkttransformations-Portfolio 267
Prozeßbilanz 302, 426, 427, 431
Prozeßinnovation 638
Prozeßkontrolle 647
Prozeßpromotor 308
Prozeßsteuerung 448
Prozeßvariation 568
Psychologie 38
Public Relations 193, 549
Pull-Strategie 543
purchase agent 740
Push-Strategie 543

Q

Qualifikationen 528
Qualifikationsanforderungen 156
Qualifikationsmerkmale 520, 522
Qualifikationsprofile 530, 531
Qualifizierungsmaßnahme 339
Qualität der Genehmigungen 152
Qualität des Angebots 249
Qualitäts- und Differenzierungsmerkmale 188
Qualitäts- und Markenstrategie 543
Qualitätsbewußtsein 193
Qualitätsfaktor 5
Qualitätsindikatoren 532
Qualitätsmerkmale 532
Qualitätsorientierung 199
Qualitätssicherung 277, 650, 652
Qualitätszirkel 505
Querschnittsfunktion „Abfallbewältigung" 569

R

Radar
– strategisches 262
Rahmenbedingungen
– politische, marktliche 3
Rationalisierungs-Investition
– ökologische 683
Rauchgasentschwefelung 675
Rauchgasreinigungsanlage 597
Raumnutzungsansprüche 170
Raumordnungsbericht 157
Raumordnungsgesetz 171
Raumordnungspläne 171

Raumordnungspolitik 6
Raumordnungsprogramme 171
Raumordnungsverfahren 172
Raumplanung 170, 792
Raumstruktur 634
Raumwirkung neuer Technologien 155
Rechnungsprüfung 317
Rechnungssystem
– integriertes 470
Rechnungswesen 10, 264, 470
– betrieblich-ökologisches 462
– betriebliches 470
Rechtmäßigkeit 53
Rechtsauffassung
– ökologische 61
Rechtsgemeinschaft mit der Natur 61
Rechtsprechung 492
Rechtssicherheit 152
Rechtsstaat 30, 44
Rechtswidrigkeit 53
Rechtswissenschaft 62
Recycling 445, 448, 622, 652, 667, 670, 778
Recyclingkollaps 449
Recyclingsystem 761, 792
Redistributionsaktivität 740
Regelsysteme 229
Regelungsdichte im Umweltschutz 151
Regenerative Energiequellen 421
Region 71
Regionalplanung 169, 171
Reinigungsmethode 671
Reinigungstechnologie 110, 614
Rentabilität 249
Ressource Mensch 514
Ressourcennutzung 122
Ressourcenschutz 516
Ressourcensicherung 515
Ressourcenverbrauch 108
Ressourcenvergeudung 69
Restaurationskostenansatz 128
Restriktion des Gewinnziels 80
Reststoff 573
Reststoffrecycling 576
Reststofftransformation 580
Reststofftransport 589
Reststoffverwertung 668
Retrodistributionssystem 550
Retrologistik 422

Risiko
– ökologisches 705
Risiko-Aversion 723, 724
Risiko-Bewältigungsstrategie 277
Risiko-Management 276, 277, 279
Risiko-Vorsorge 8
Risikoanalyse 8, 324, 389, 429
Risikoausgleich 712
Risikobelastung 675
Risikobeurteilung
– ökologische 706
Risikoeinstellung 723
Risikogesellschaft 345
Risikominderung 277
Risikopartnerschaft 718
Risikoprüfung 719, 726
Risikoreduzierungsstrategien 201
Risk-Management 262, 273, 288, 729
Rollenschizophrenie 349
Rückhaltetechnologien 39
Rücknahmeverpflichtung 668
Rückstand 573
Rückstandsnutzung 445
Rückstandsumwandlung 445
Rückstandsvermeidung 445
Rückstellungen 481
Rückwärtsintegration 744
Ruhezeiten 160

S

Sachziel 78, 242
Sachziele, ökologische 443
Sammellager 582
Sammelverkehr 585
Sammlung 586
Sanierungsunternehmen 717
Satelliten-System 5
Sauerstoffbleiche 762
Schadenfonds 50
Schadenmanagement 716
Schadenssituation
– ökologische 127
Schadensvermeidungskostenansatz 128
Schadenverhütung 718
Schadschöpfung 463
Schadstoff 35, 38, 574
Schadstoff-Monitoring 650
Schadstoffemission 597

Schaffung von Anreizen 193
Schattenpreis 35, 36, 37, 38
Schätzbarkeit 727
Schlüsselqualifikation 10, 531
Schlüsseltechnologie 707
Schonhaltung
— freizeitorientierte 93
Schutzpflichten des Staates 60
Schwache Signale 429
Schwachstellen 303, 304, 314
— ökologische 9, 418, 423
Schwankungsrückstellung 728
Schweden 111
Schweigekartell der Oberingenieure 39
Schwermetall 610
Science-based R&D 404
Scoring-Verfahren 161, 463
Screening-Prozeß 407
Sektor
— öffentlicher 37
Sekundärstoffe 446
Sekundärverpackung 546
Selbstanalyse 320
Selbstbeschränkung 31
Selbstentfaltungswerte 86
Selbstmanagement 10, 532, 529
Selbstorganisation 488
Selbstorganisationsprozesse 504
Selbstverpflichtung 595, 601
Selbstverwaltung 59, 169
Selbstverwirklichung 191
Selektionsstrategie 542, 543
Sensorik 766
Servicedenken 578
Servicepolitik 546
Shareholder-Konzept 4
Sicherheitsrisiko 634
Sicht
— ordnungspolitische 35
Siedlungs- und Gerwerbestruktur 634
Siedlungsraum 22
Soll-Ziele 91
Sonderabfall 562, 565, 574, 669
Sondermülldeponie 716
Sonnenenergienutzung 701
Sorgen der Nation 184
Sorgfaltsniveau 722, 729
— wohlfahrtsoptimales 723
Sortimentsgestaltung 476
Sortimentspolitik 745

Souveränitätsbeschränkungen 55
Sozial- oder Ökobilanzen 225
Sozialbericht 482
Sozialisationseffekte 92
Sozialpflichtigkeit 224, 238
Sozialprodukt 637
Sozialstaat 45, 49, 346
Sozialstaatlichkeit 49
Sozialstaatsprinzip 51
Spezialisierung 412
— selektive 541
Spill-over-Effekt 413
Staat 492
Staatlich-regulatorische Ebene 413
Staatliche Umweltpolitik 413
Staatsanteil 37
Staatsausgaben 133
Staatskrisen 49
Staatspflicht 4
— zum Umweltschutz 46, 49
Stab- und Servicefunktionen 502
Stabilisator
— interpersoneller 230
Stahlindustrie 678
Stakeholder-Konzept 73, 74, 75, 81, 273
Stand der Technik 38
Standards
— umweltpolitische 39
Standardtechnologie 261, 396, 398, 405, 413
Standort-Goodwill 156
Standortalternativen 146
Standortbedingungen
— attraktive 6
Standortberatung 148
Standortbilanz 426, 427
Standortentscheidung 146, 147, 226
Standortfaktoren 5, 147
— ausstoßbezogene 150
— durchsatzbezogene 150
— einsatzbezogene 150
— sanfte 154, 157, 158, 160
Standortlehren 146
Standortplanung 148
Standortpolitik 146
Standortpräferenzen 154, 156, 161
Standortprobleme 148, 153
Standortprofil 149, 160, 161
Standortsplitting 159

Standortstrukturen 149
Standortunabhängigkeit 155
Standortveränderung 148
Standortverlagerungen 132, 141, 153
Standortwahl 141, 148, 156, 583
Standortwettbewerb 146, 158
Stärken- und Schwächenanalyse 259, 283
Statische Investitionskalküle 453
Status-quo-Prognose 109
Statussymbol 632
Staubemission 635
Staukosten 636
Stellenbeschreibungen 506
Stellenbilder 520
Steuerungs-Kontrollinstrumentarium 296
Steuervergünstigungen 458
Stickoxid 635
Stiftung Warentest 198
Stoff- und Energiebilanz 266, 264, 265, 438
Stoff- und Energiestrom 299, 305
Stoffbericht 599
Stoffqualität 613
Stoffquantität 613
Stoffrechnungen 10
Stoffstrom 563
Störfall 728
Straßenverkehr 585
strategic constituencies approach 76
Strategie der Gesamtmarktabdeckung 541
Strategie der offenen Systeme 768
Strategie
– kooperativ-problemorientierte 75
– meßtechnische 766
Strategische Frühaufklärung 429
Strategische Planung 453
Strategische Unternehmensplanung 392, 513
Struktur
– funktional-additive 504
– verkehrserzeugende 640
– rechtsstaatlich-demokratische 49
Strukturberichterstattung 139
Strukturgleichungsmodell 251
Strukturpolitik 368
Strukturwandel 5, 115, 184, 363
– umweltlastender 109, 110, 111

Stufen-Theorie 288
Stufenmodell 274
Substantieller Kostenbegriff 473
Substanzanalyse 302
Substitutionsprozesse 476
Subsystem
– logistisches 579
Subtechnologie 281
Suburbanisierung 634
Such- und Auswahlverfahren 409
sunk-costs 261, 282
sustainable development 108, 641
synchrone Voradaption 229
Systemarchitektur 769
Systemdenken 577
Systeminnovation 638, 639
Systemtheorie 517
Szenario-Technik 429

T

Target-based R&D 403
Tarifparteien 344
Tarifpolitik 366
Tarifvertrag 8, 353, 366
Tausch 24
Technik 399, 674, 772
– innovative 690
Technikentwicklung 400
Technikfeindlichkeit 772
Technikfolgenabschätzung 224, 338
Technikgestaltung 363, 398, 399
Techniklastigkeit 392
Technikrecht 52
Technologie 192, 553
– integrierte 261, 287, 110, 136
Technologie-Entwicklung 396, 404
Technologieberatung 709
Technologieführer 282
Technologiewirkungsanalyse 385
Technologische Wertschöpfungskette 397, 402
Technologische Wissensbasis 399
Teilkostenrechnung 479
Teilmarktstrategie 541
Teilnehmer
– externe 73
– interne 73
Theorie der Unternehmung 68

Theorie
- ökonomische 28
Total Environmental Management 402
Total Quality Managment (TQM) 402
Totalitäre Staatsmodelle 56
Tourenoptimierung 421
Toxizität 615
Trajektorie 396, 398, 412, 413
Transferfunktion 336
Transmissionsfunktion 784
Transport 583
- außerbetrieblicher 584
- innerbetrieblicher 583
Transporthilfsmittel 658
Transportkette 584
Transportkostenminimierung 147
Transportleistung 657
Transportmittel 632
Transportsystem 584
Transportverpackung 656
Treibhauseffekt 11, 636, 676
Treibhausgase 216
Trennung 586
Trennverfahren 587
Treuhandkonstruktionen 61
Triade-Markt 637
Typologisierung 148

U

Überfütterung 610
Überreglementierung 600
Überschätzung der Ökonomie 17
Umfeld
- verkehrsbezogenes 622
Umfeldoptionen 236
Umfeldsituation 539
Umschlag 585
Umschlagsstation 586
Umstellkosten 236, 282
Umsystem
- gesellschaftliches 189
Umwelt 734
- Erhaltung der 98
- natürliche 438
Umwelt(risiko)potential 315
Umwelt- und Sozialbilanzen 483
Umwelt-Audit 8, 312, 318

Umwelt-Budget-Rechnung 268
Umwelt-Check-up 319, 325
Umwelt-Controlling 306, 315, 474
Umwelt-Gesetzbuch 365
Umwelt-Investitionsprogramm 353
Umwelt-Jahresbericht 325
Umwelt-Krisenmanagement 313
Umwelt-Leitlinien 594
Umwelt-Management 312
Umwelt-Risikoanalyse 312, 315, 320, 321, 323
Umwelt-Risikopotential 313
Umwelt-Technologie
- integrierte 396, 397, 398, 400, 405, 412
Umweltabgaben 36, 37, 177, 700
Umweltaktivität 759
Umweltämter/-referate 170
Umweltanalyse 319
Umweltatlanten 161
Umweltaufsicht 169
Umweltausschuß 308, 361
Umweltbeauftragte 354, 360
- siehe auch Betriebs- bzw. Umweltschutzbeauftragte
Umweltbeauftragtengesetz 352
Umweltbelastung 16, 108
- spezifische 109
Umweltbelastungsfaktoren 113
Umweltbelastungsprozesse 113
Umweltberichte 170, 357
Umweltberichterstattung 199, 220
Umweltbewegung 344, 348, 351
Umweltbewirtschaftung 48
- staatliche 62
Umweltbewußtsein 126, 184, 199, 220, 226, 227, 376, 704, 708, 734, 739, 788
Umweltbilanz 639
Umweltbundesamt 167
Umweltbürokratie 38
Umweltdaten 764
Umweltdebatte 376
Umweltdilettantismus 530
Umwelteffekte
- positive 109
Umweltexperten 38
Umweltgenossenschaften 50
Umweltgesetz 52, 355, 784
Umweltgesetzgebung 8, 313

Stichwortverzeichnis

Umwelthaftung 12, 431
Umwelthaftungsgesetz 151, 712, 713, 722
Umwelthaftungsrecht 179, 493, 722
Umwelthandel 505, 794
Umweltindikator 265
Umweltinformationsquelle 199
Umweltinformationssystem 262, 263, 421, 426
– betriebliches 359
Umweltinitiative 208, 218, 220, 221
Umweltinteressen 351
Umweltinvestitionen 364
Umweltkatastrophe 20, 212, 594
Umweltkosten 5, 9, 138, 474, 638
Umweltkrise 17, 29, 49, 794
Umweltlinie 759
Umweltmanagement 258, 352, 389, 423, 517, 518, 529, 734, 750
– marktorientiertes 538, 553
Umweltmanager 29
Umweltmarke 549
Umweltministerkonferenzen 167
Umweltnorm 52, 790
Umweltnutzung 36, 37
Umweltnutzungsrecht 35, 40, 41
Umweltökonomie 34
Umweltordnungsrecht 699
Umweltorientierung 88, 191, 228, 230, 233, 234, 788
– unternehmensinterne 226, 231, 233
Umweltpflicht 50, 224, 226, 227, 231, 238
Umweltpolitik 34, 46, 62, 115, 132, 134, 161, 208, 213, 216, 219, 352, 368, 408, 444, 637
– gewerkschaftliche 348
– integrative 414
– staatliche 347
Umweltpolizei 212
Umweltportfolio
– personelles 530
Umweltpositionierung 548
Umweltprogramm 166
Umweltqualität 155, 158, 787, 793
Umweltqualitätsstandards
– wohlfahrtsoptimale 135
Umweltqualitätsziele 178
Umweltrecht 44, 48, 52, 53, 161, 166, 176, 312, 353, 441, 442

Umweltreferat 427
Umweltressourcen 34
Umweltrisiko 661, 719
Umweltsanierung 714
Umweltschutz 51, 202, 209, 215, 221, 242, 622
– als Führungsaufgabe 495
– betrieblicher 361, 381
– innerbetrieblicher 350
– integrativer 7
– integrierter 258, 396, 397, 401, 402, 409, 411, 497, 566, 614, 641
– präventiver 392, 418
– produktbezogener 134
– produktionsintegrierter 602
– verfahrensbezogener 134
Umweltschutz-Audits 493
Umweltschutz-Auflagen 151
Umweltschutz-Controlling 706
Umweltschutz-Institutionen 384
Umweltschutz-Know-how 795
Umweltschutz-Norm 786
Umweltschutz-Technologien 384
Umweltschutzanlage 596
Umweltschutzbeauftragte 10, 226, 660, 661
– siehe auch Betriebs- bzw. Umweltbeauftragte
Umweltschutzbetroffenheit 379
Umweltschutzdirektor 365
Umweltschützer 41, 218
Umweltschutzfragen 496
Umweltschutzfunktion 492, 587
Umweltschutzgesetzgebung 154, 260, 392, 492, 601, 788
Umweltschutzgüter 141
Umweltschutzindustrie 141, 142
Umweltschutzinformationen 389
Umweltschutzinitiativen 6
Umweltschutzinnovationen 440, 441, 443, 504
Umweltschutzinstitutionen 385, 388
Umweltschutzinstrumentarium 48
Umweltschutzinteresse 70, 795
Umweltschutzinvestitionen 132, 137, 138, 459, 461
Umweltschutzkataster 170
Umweltschutzkonzept 443, 444
– offensives 441
– reaktives 441

Umweltschutzkosten 122, 124, 390, 477
Umweltschutzkredit 708
Umweltschutzmärkte 495
Umweltschutzmonopol 46
Umweltschutzniveau 6
Umweltschutznorm 784
Umweltschutzorganisation 213, 494
– funktional-additive 503
Umweltschutzprofil 708
Umweltschutzprojekt 648
Umweltschutzrecht 191
Umweltschutzstrategie 260, 261, 488, 645, 654
– betriebliche 331
– verkehrsbezogene 623
Umweltschutztechnik 675
Umweltschutztechnologie 262, 441
Umweltschutzverantwortung 8
Umweltschutzverhalten 645
Umweltschutzzeichen 548
Umweltschutzziel 46, 245, 248, 249, 251, 253, 470, 577
Umweltskandale 184, 188, 195, 364
Umweltsponsoring 549
Umweltstaat 4, 45
– kooperativer 60, 61
Umweltstaatlichkeit 54
Umweltstandards 52
Umweltstiftung 758
Umweltstrafrecht 795
Umweltsünder 40
Umwelttechnik 401, 404
– integrative 413
Umweltverband 209, 210, 211, 215, 219
Umweltverbrauch 127
– spezifischer 109
Umweltversicherung 719
Umweltverträglichkeit 188, 199, 258, 623, 661, 747
Umweltverträglichkeitsprüfung 151, 169, 170, 172, 385, 545, 743, 794
Umweltverträglichkeitszertifikat 277
Umweltverwaltung 166, 170
Umweltvorsorge 747, 764
Umweltwirkungen des Automobils 635
Umweltwissen 196
Umweltzeichen 192, 198
Umweltzerstörung 346, 683
Umweltzertifikate 40, 177, 178
Unfallschäden 636
Unified Laboratory 768
Unternehmen 52
– kommunales 683
Unternehmensalltag 237
Unternehmensethik 225
Unternehmensführung 244, 378
– umweltorientierte 71, 538
Unternehmensgrundsätze 235, 243
Unternehmen
– internes F&E-System 409
Unternehmenskultur 7, 227, 228, 230, 231, 233, 235, 238, 494, 749
Unternehmensleitbild 232, 233, 235, 236, 238, 493, 497, 749
Unternehmensleitlinien 497
Unternehmensorganisation 499
Unternehmensorganismus 228
Unternehmensphilosophie 748
Unternehmenspläne 519
Unternehmensplanung
– ökologische 352
– strategische 263
Unternehmenspolitik 261
– ökologische 71, 364, 369
Unternehmenspraxis 234
Unternehmenssicherung
– strategische 313
Unternehmenssituation 539
Unternehmensumfeld 224
Unternehmensverantwortung 225, 238
Unternehmensverfassung 70
Unternehmensverhalten 376
– ökologisches 516
Unternehmensziel 70, 79, 89, 98, 242, 243, 247, 249, 251, 253, 273, 305, 378, 379, 497, 622, 759
Unternehmenszielsystem 253
Unternehmenszweck
– klassischer 516
Unternehmer 218, 220
– kreativer 22
Unterrichtungspflicht 365
Untersuchungen
– empirische 376
Unverantwortlichkeit
– organisierte 225

Unversicherbarkeit 728
Urbild 23
USA 137

V

Variable
– soziodemographische 195
Verantwortung
– ökologische 71, 612
– soziale 250
Verantwortungsbewußtsein 595, 622
Verband der Chemischen Industrie Deutschlands (VCI) 210, 360, 594
Verbandsarbeit 210
Verbandsklagerecht 209
Verbrauch
– privater 419
Verbraucher 71
Verbraucheraktionen 212
Verbraucherakzeptanz 650
Verbraucherberatung 739
Verbraucherinformationspolitik 198
Verbraucherorganisationen 194
Verbraucherpolitik 192
Verbraucherverhalten 6
– ökonomische Einflüsse 192
Verbrennungsanlage 601, 716
Verbrennungsmotor 625
Verbundsystem 588
Verdünnungsprinzip 608
Verfahrensinnovation 334
Verfassungsziel 4
Verfügungsrechte 69, 70
Vergabevoraussetzungen 460
Vergesellschaftung des Umweltschutzes 59
Verhalten
– umweltbewußtes 185, 200
Verhaltens-Cluster 289
Verhaltens-Portfolio 292
Verhaltensänderungen 187
Verhaltensbeurteilung 533
Verhaltensdeterminanten 191
Verhaltensformen 186
Verhaltensintensitäten 186
Verhaltenspotentiale
– umweltbezogene 184
Verhaltenssteuerung
– indirekte 53

Verhaltenswirksamkeit 194
Verhandlungslösungen 368
Verkauf
– persönlicher 747
Verkaufsförderung 548
Verkehr
– kombinierter 585
– öffentlicher 640
Verkehrsbewältigung 640
Verkehrsinfrastruktur 634
Verkehrskonzept
– integriertes 640, 641
Verkehrsleistung 633
Verkehrsleitsystem 629
Verkehrsmanagement 629
Verkehrsmittel 622
Verkehrsoptimierung 639
Verkehrsorganisation 641
Verkehrsreduktion 641
Verkehrsströme 158
Verkehrssystem 11, 639, 792
Verkehrsträger 585, 630
Verkehrsträgerwahl 582
Verkehrsvermeidung 641
Verkehrsweginvestition 634
Verkehrswertigkeit 585
Verkehrswesen 641
Vermeidungs- und Verwertungsgebot 566, 568
Vermeidungsstrategie 258
Verpackung 188, 422, 447, 760
Verpackungsintensität 654
Verpackungsmüll 740
Verpackungspolitik 546
Verpackungssystem 655
Verpackungsverordnung 197, 654, 656
Verschuldenshaftung 80, 722, 723
Versicherung 12, 279
Versicherungsprämie 712
Versicherungsschutz 719
Versicherungsvertrag 712
Versicherungswirtschaft 725
Versiegelung 611
Versorgungs- und Stoffrisiken 419
Versorgungssicherheit 422
Versorgungsunternehmen 682
Versuch-Irrtum-Prozeß 409
Verträglichkeitssystem 686
Vertriebspolitik 550

Vertriebssystem
— ökologiegerichtetes 550
Verursacherprinzip 71, 132, 134, 764
Verursachungsgerechte Internalisierung 474
Verwaltung
— öffentliche 12
Verwaltungsakteur 785
Verwaltungshandeln 794
— umweltorientiertes 793
Verwaltungsmanagement 794
Verwaltungsvollzug 168
Verwendungsbeurteilung 525
Verwertungsanlage 582
Verwertungssystem 761
Verwertungsziel 668
Volldemontageanlage 778
Vollzugsaktivität 786, 792
Vollzugsdefizit 784
Vollzugsfunktion 784
Volumenstrategie 544
Vorgaben
— politisch-rechtliche 191
Vormarktanalysen 432
Vorranggebiet 686
Vorsorgeprinzip 53

W

W. W. F. 210
Wachstum 674
— qualitatives 353, 682
— wirtschaftliches 224
Wachstumsdenken 682
Wachstumskoalition 348
Wachstumsmotor 5
Wahrnehmungsapparate 230
Wahrnehmungsmuster 229
Wahrnehmungsverzerrungen 201
Waldqualität 793
Waldsterben 29
Walfang 214
Wareneingang 658
Wärme-Atlas 686
Wärmebedarfsberechnung 688
Wärmerückgewinnung 421
Wärmeschutzverordnung 696
Wasch- und Reinigungsmittel 187

Wasser- und Energiebereich 420
Wasserhaushaltsgesetz 151, 176, 603
Wasserqualität 793
Weiterbildungsangebote 391
Weltbevölkerung 108
Weltenergieverbrauch 695
Weltmarktstellung 136
Weltmodell
— industriewirtschaftliches 108
Weltpark Antarktis 214
Weltregierung 54
Weltsicht 17
Wende
— ökologische 594
Werbung 746
Werkstoff 420, 435, 628, 670, 778
Wertanalyse 432
Werte 191
— umweltbezogene 195
Werteorientierungen 89
Wertestrukturen 189
Wertewandel 4, 60, 85, 86, 98, 155, 184, 191, 154, 780
Werthaltung
— globale 195
— konsumbezogene 195
Wertkette 744
Wertkettenanlyse
— ökologieorientierte 744
Wertorientierungen 84, 93, 104
Wertschöpfungskette 405, 418
— technologische 9
Wertschöpfungspotential 748
Wertschöpfungsprozeß 272
Wertsystem 440
Wertvorstellungen 522
Wesentlichkeitstheorie 52
Wettbewerb 553
Wettbewerbseffekte
— internationale 5, 132, 134, 139, 140, 143
Wettbewerbsfähigkeit 249, 618
Wettbewerbsorientierung 287
Wettbewerbsrecht 209
Wettbewerbsstrategie 272
Wettbewerbsvorteil 292
Wiederverwertung 616, 623, 678, 780
Windhundverfahren 460
Wirbelschichtfeuerung 690
Wirbelschichtkraftwerk 676

Wirkung
– ökologische 439
Wirkungsgrad 676
Wirtschaft 219
– antike 20
– ökologiefeindliche 11
– sozialistische 35
Wirtschaftlichkeitsrechnung 147
– interne 568
– erweiterte 265
Wirtschafts- und Verhaltensweisen 608
Wirtschaftsausschuß 356, 360
Wirtschaftsförderung 158
Wirtschaftsinterventionsstaat 49
Wirtschaftspolitik 115
Wirtschaftsprinzip 619
Wirtschaftsstruktur 118
– umweltverträgliche 5
Wirtschaftsverbände 48, 209, 215
Wirtschaftsweise 609
– ökologische 109
Wissen
– umweltbezogenes 196
Wissenskomponenten 521
Wohlfahrtsverluste 125
Wohlstand 119
Wohlstandsindikator 118
Wohlstandsverlust 683

Z

Zahlungsbereitschaft 200
Zahlungsbereitschaftsanalyse 126
Zahlungsbilanzeffekte 133
Zeit-Kultur 159
Zeit-Organisation 159
Zeit-Strukturen 159
Zellstoffproduktion 442
Zerschneidung 611

Zerstörung
– ökologische 608
Zertifikate 36
Zertifikats- und Kompensationslösungen 38, 601
Ziel der Unternehmung 69
Zielautonomie 248
Zielbeziehungen 498
Zielbildungsprozeß 78
Ziele der Organisation 72
Ziele
– ökologische 246, 464
– ökonomische 245
– postmaterialistische 97
Zielerreichungsniveaus 77
Zielfindungsprozeß 298
Zielforschung
– empirische 242, 244
Zielfunktion 81
Zielhierarchie 245, 498
Zielkomplementarität 646
Zielkonflikte 251
Zielkongruenz 400
Zielmärkte 410
Zielplanung 254
Zielsystem 7, 285, 493, 498
– unternehmerisches 242
Zielvorgaben 16
Zielwerte
– ökologische 36
Zinseffekte 133
Zinszuschüsse 461
Zivilisation 4
Zufälligkeit 726
Zukunftskonzept 685
Zulieferer 623
Zweckrationalität 227
Zweitmarke 549
Zwischentechnologie 282

Autorenverzeichnis

Antes, Ralf, Jg. 1958, Dipl.-Kfm.,
Wissenschaftlicher Mitarbeiter am Institut für Ökologie und Unternehmensführung e.V., Oestrich-Winkel; Arbeitsschwerpunkte: Betriebliche Umweltökonomie, Strategische Unternehmensführung, Organisations- und Personalentwicklung

Arras, Karlheinz, Jg. 1933, Dr.-Ing.,
Stellv. Vorsitzender des Vorstandes der Lurgi AG; Vorsitzender der Geschäftsführung der Lurgi Energie- und Umwelttechnik GmbH Frankfurt/Main; Stellv. Vorstandsmitglied der Metallgesellschaft, Frankfurt/Main; Vorsitzender des Aufsichtsrates der Lentjes AG, Düsseldorf; Mitglied des Aufsichtsrates der Chemetall Frankfurt/Main; Arbeitsschwerpunkte: Energie- und Umwelttechnik

Bode, Thilo, Jg. 1947, Dipl.-Volkswirt, Dr. rer. pol.,
Geschäftsführer des Greenpeace e.V., Hamburg

Bonus, Holger, Jg. 1935, Dipl.-Volkswirt, Dr. rer. pol., o. Prof.,
Ordinarius für Volkswirtschaftslehre an der Westfälischen Wilhelms-Universität Münster; Geschäftsführender Direktor des Instituts für Genossenschaftswesen an der Westfälischen Wilhelms-Universität Münster; Arbeitsschwerpunkte: Umweltökonomie, Finanzwissenschaft

Bremme, Hans Christian, Jg. 1934, Dr. jur.,
Geschäftsführer der Unternehmensgruppe Tengelmann

Bruhn, Manfred, Jg. 1949, Dipl.-Kfm., Dr. rer. pol., Prof.,
Lehrstuhl für Marketing an der European Business School, Private Wissenschaftliche Hochschule, Schloß Reichartshausen (Rheingau); Direktor des Instituts für Marketing; Mitglied im Präsidium des Deutschen Kommunikationsverbandes BDW e.V.; Arbeitsschwerpunkte: Strategisches Marketing, Kommunikationspolitik, Dienstleistungsqualität, Markenpolitik, Konsumentenverhalten.

Dierkes, Meinolf, Jg. 1941, Dr. rer. pol., Prof.,
Direktor der Forschungsabteilung Organisation und Technikgenese des Forschungsschwerpunktes Technik-Arbeit-Umwelt am Wissenschaftszentrum Berlin für Sozialforschung; Professor für Technik- und Wissenschaftssoziologie an der Technischen Universität Berlin; Arbeitsschwerpunkte: Sozialwissenschaftliche Technikforschung für Unternehmen und Gesellschaft

Faber, Malte, Jg. 1938, Prof. Dr.,
Professor an der Universität Heidelberg; Arbeitsschwerpunkte: Wirtschaftstheorie, Umweltökonomik

Feess-Dörr, Eberhard, Jg. 1959, Dipl.-Volkswirt, Dipl.-Soz., Dr.,
Lehrbeauftragter an der European Business School; Mitarbeiter am Institut für Ökologie und Unternehmensführung e.V. in Oestrich Winkel; Arbeitsschwerpunkte: Mikroökonomie, Umweltpolitische Instrumente, speziell Umwelthaftungsrecht

Fichtner, Sabine, Jg. 1961, Dr.,
Mitarbeiterin am Lehrstuhl für Betriebswirtschaftslehre, insbesondere Unter-

nehmung und Umwelt, Fachbereich Wirtschaftswissenschaften an der Universität Essen

Fischer, Andreas, Jg. 1963, Dipl.-oec.,
Wissenschaftlicher Mitarbeiter am Institut für angewandte Innovationsforschung, Bochum e.V.; Arbeitsschwerpunkte: Betriebliche Innovationsforschung

Förster, Friedrich, Jg. 1948, Dipl.-Kfm., Dipl.-Math.,
Mitarbeiter bei Roland Berger & Partner, International Management Consultants, München; Arbeitsschwerpunkte: Ökologisches Marketing, Pharmamarketing, Marktforschung, Multivariate Verfahren der Datenanalyse

Fritz, Wolfgang, Jg. 1951, Dr. habil.,
Mitarbeiter am Lehrstuhl für Allgemeine Betriebswirtschaftslehre und Marketing II an der Universität Mannheim; Arbeitsschwerpunkte: Marketing, Verbraucherpolitik

Gerybadze, Alexander, Jg. 1951, Dr. rer. pol., Prof.,
Ordinarius für Betriebswirtschaftslehre an der Hochschule St. Gallen mit dem Schwerpunkt Technologiemanagement; Geschäftsführer der Gesellschaft Gerith Management Consult GmbH; Arbeitsschwerpunkte: Forschung und Beratung im Technologiemanagement, Strategiemanagement der Industriepolitik

Gossow, Volkmar, Jg. 1943, Dr.-Ing.,
Mitarbeiter bei Bilfinger + Berger Bauaktiengesellschaft in Mannheim, zuständig für den Bereich Umwelttechnik; Fachpublikationen zum Bereich neuzeitliche Deponietechnik und Altlastensanierung

Gräber-Seißinger, Ute, Jg. 1958, Dr. rer. pol.,
Mitarbeiterin am Lehrstuhl für Wirtschaftswissenschaften an der Johann Wolfgang Goethe-Universität Frankfurt/Main; Arbeitsschwerpunkt: Umweltökonomie

Gutenkunst, Axel, Jg. 1956, Dipl.-Phys., Dr. rer. nat.,
Mitarbeiter am Institut für Informatik und Gesellschaft an der Albert-Ludwigs-Universität Freiburg; Arbeitsschwerpunkt: Fabrikautomation

Hallay, Hendric, Jg. 1959, Dipl.-Ökonom,
Institut für ökologische Wirstschaftsforschung GmbH Berlin, Leitung des Bereichs der ökologischen Unternehmenspolitik; Arbeitsschwerpunkte: Planung und Organisation

Hansen, Ursula, Jg. 1939, Prof. Dr.,
Lehrstuhl Markt und Konsum am Institut für Betriebsforschung der Universität Hannover; Arbeitsschwerpunkte: Ökologisches Marketing, Handelsmarketing, verbraucherorientiertes Marketing, Marketing-Ethik, quantitative Methoden der Marketingforschung

Hildebrandt, Eckart, Jg. 1943, Dipl.-Soz., Dr. habil., Privatdozent,
Mitarbeiter am Wissenschaftszentrum Berlin für Sozialforschung, Forschungsschwerpunkt II (Technik-Arbeit-Umwelt); Arbeitsschwerpunkte: Betriebssoziologie, ökologisch erweiterte Arbeitspolitik

Kachel, Hellmut, Jg. 1953, Dipl.-Kfm., Dr. oec.,
Account Director der Effem GmbH, Verden; Executive Member der American Marketing Association (AMA); Mitinhaber eines mittelständischen Einzelhandelsunternehmens

Klingenberg, Horst, Jg. 1931, Dr. rer. nat., Prof.,
Volkswagen AG, Prokurist und Bereichsleiter in der Konzernforschung für die Hauptabteilungen „Meß- und Prüfmethoden" und „Zentrallaboratorien"; Ar-

beitsschwerpunkte: Physikalische Gebiete wie Akustik und Optik, Werkstoffe und Bauteile, Meßtechnik (einschließlich Abgasmeßtechnik), Fragen der Umweltproblematik wie Wirkung und Ausbreitung von Automobilabgasen

Kloepfer, Michael, Jg. 1943, Dr. jur., o. Prof.,
Professor für öffentliches Recht, Wirtschafts-, Finanz- und Umweltrecht der Universität Trier; Direktor am Institut für Umwelt- und Technikrecht der Universität Trier; Richter am Oberverwaltungsgericht Rheinland-Pfalz; Arbeitsgebiete: Staats- und Verwaltungsrecht, Öffentliches Recht, Wirtschafts-, Finanz- und Umweltrecht

Knödgen, Gabriele, Jg. 1949, Dipl.-Volkswirt, Dr.,
Leiterin des Referates für Finanzen und Wirtschaft im Mittelstand, Treuhandanstalt u. Wirtschaftförderung, Staatskanzlei des Landes Brandenburg; Arbeitsschwerpunkte: Einfluß der Wirtschaft auf die Umwelt, Umweltpolitik

Kreikebaum, Hartmut, Jg. 1934, Dipl.-Volkswirt, Dipl.-Kfm., Master of Public Administration, Dr. rer. pol., o. Prof.,
Lehrstuhl für Industriewirtschaft, Fachbereich Wirtschaftswissenschaften an der Johann Wolfgang Goethe-Universität in Frankfurt/Main; Arbeitsschwerpunkte: Strategische Unternehmensplanung, Betriebliche Umweltökonomie

Kriegesmann, Bernd, Jg. 1963, Dipl.-oec.,
Projektleiter am Institut für angewandte Innovationsforschung, Bochum e.V.; Arbeitsschwerpunkt: Innovationsforschung

Krüger, Ralf, Jg. 1939, Dipl.-Kfm., Dr. rer. pol.,
Ehemaliges Mitglied des Vorstandes der Bank für Gemeinwirtschaft Aktiengesellschaft; z.Zt. Wirtschafts und Unternehmensberater; Lehrbeauftragter; Arbeitsschwerpunkte: Unternehmensführung, Kapitalmarkt, Corporate finance

Leipert, Christian, Jg. 1944, Dr.,
Mitarbeiter am Wissenschaftszentrum Berlin für Sozialforschung, Forschungsschwerpunkt II (Technik-Arbeit-Umwelt); Arbeitsschwerpunkte: Umweltökonomie, Volkswirtschaftliches Rechnungswesen

Leonhardt, Willy, Jg. 1937, Dipl.-Ing.,
Vorstandsvorsitzender der Saarbrücker Stadtwerke AG; Arbeitsschwerpunkte: Energietechnik, Energiewirtschaft

Manstetten, Reiner, Jg. 1953, M.A. (Germanistik und Philosophie),
Assistent am Lehrstuhl für Wirtschaftstheorie an der Universität Heidelberg, Alfred-Weber-Institut für Sozial- und Staatswissenschaften

Marz, Lutz, Jg. 1951, Dr. oec.,
Wissenschaftlicher Mitarbeiter in der Forschungsabteilung Organisation und Technikgenese des Forschungsschwerpunktes Technik-Arbeit-Umwelt am Wissenschaftszentrum Berlin für Sozialforschung; Arbeitsschwerpunkte: Sozialwissenschaftliche Technikforschung für Unternehmen und Gesellschaft

Meißner, Werner, Jg. 1937, Dr. rer. pol., Prof.,
Fachbereich Wirtschaftswissenschaften an der Johann Wolfgang Goethe-Universität Frankfurt/Main; Arbeitsschwerpunkte: Wirtschafts- und Strukturpolitik, Quantitative Ökonomie, Umweltökonomie

Meller, Eberhard, Jg. 1945, Dr. jur.,
Leiter der Abteilung Umweltpolitik des Bundesverbandes der Deutschen Industrie e.V.

Müller, Christian, Jg. 1952, Dipl.-Geologe, Dr.,
Leiter der Abteilung für Umweltberatung bei der Colonia Versicherung AG; Arbeitsschwerpunkte: Technischer Umweltschutz und Schadensanierung

Müller, Günter, Jg. 1948, Dr. rer. oec., o. Prof.,
Direktor des Instituts für Informatik und Gesellschaft an der Albert-Ludwigs-Universität Freiburg; Arbeitsschwerpunkte: Telekom, verteilte Systeme, Datenschutz, Synergetik in ausgew. Bereichen, Wirtschaft und Technologie, Verkehr, Umwelt

Niemeyer, Adelbert, Jg. 1952, Geologe, Dr. phil.,
Consultant (Bereich Umwelt), Gerling Consulting Gruppe Köln; Arbeitsschwerpunkt: Umwelt-Risikoanalyse

Nork, Manuela E., Jg. 1960, Dipl.-Kffr., Dr. rer. pol.,
Freie Universität Berlin, Fachbereich Wirtschaftswissenschaft, Institut für Management, Personaltrainerin in Berlin

v. Osten, Wolf, Jg. 1940, Dipl.-Chem., Dr. rer. nat.,
Ministerialdirigent, Abteilungsleiter, Ministerium für Natur, Umwelt und Landesentwicklung des Landes Schleswig-Holstein, Kiel; Arbeitsschwerpunkte: Chemiepolitik, Umweltpolitik, Energiefragen, Ökologische Forschung

Pfohl, Hans-Christian, Jg. 1942, Prof. Dr.,
Institut für Betriebswirtschaftslehre Fachgebiet Unternehmensführung an der Technischen Hochschule Darmstadt; Arbeitsschwerpunkte: Betriebswirtschaftliche Logistik, Unternehmensführung, Personalwirtschaft

Pfriem, Reinhard, Jg. 1949, Dr. rer. oec.,
verwaltet z.Zt. die Professur für Industriebetriebslehre an der Universität Oldenburg, 1985 Initiator und Mitgründer des Instituts für ökologische Wirtschaftsforschung (IÖW) GmbH, bis 1990 dort Geschäftsführer

Prätorius, Gerhard, Jg. 1954, Dipl.-Volkswirt, Germanist und Politikwissenschaftler,
Wissenschaftlicher Mitarbeiter am Institut für Ökologie und Unternehmensführung e.V. in Oestrich-Winkel; Arbeitsschwerpunkte: Verkehrspolitik, Umweltpolitik, sozialwissenschaftliche Technikforschung

Raffée, Hans, Jg. 1929, Dipl.-Kfm., Dr. rer. pol., o. Prof.,
Lehrstuhl für Allgemeine Betriebswirtschaftslehre und Marketing II an der Universität Mannheim; Forschungsschwerpunkte: Kommerzielles und nichtkommerzielles Marketing, Strategische Unternehmensführung, Verbraucherverhalten und Verbraucherpolitik, Gesellschaftlicher Wandel (insbesondere Wertewandel), Wissenschaftstheorie

Remer, Andreas, Jg. 1944, Prof. Dr.,
Lehrstuhl für Betriebswirtschaftslehre und Organisation an der Universität Bayreuth; Arbeitsschwerpunkte: Unternehmensführung, Organisation, Personal

Rohe, Ernst-Heinrich, Jg. 1931, Dr. rer. nat.,
Mitglied des Vorstandes der Bayer AG, dort Leiter des Vorstandsausschusses „Umweltschutz und Arbeitssicherheit" und Sprecher für die Regionen Afrika, Fernost und Naher Osten; Mitglied der Landesvorstände Schleswig-Holstein und Nordrhein-Westfalen des Rationalisierungskuratoriums der Deutschen Wirtschaft; Mitglied des Vorstands des Ostasiatischen Vereins und des Stiftungsrates des Japanisch Deutschen Zentrums Berlin

v. Rosenstiel, Lutz, Jg. 1938, Dipl.-Psych., Dr. phil., o. Prof.,
Lehrstuhl für Organisations- und Wirtschaftspsychologie der Universität München; Arbeitsschwerpunkte: Organisationspsychologie, Marktpsychologie, empirische Werteforschung

Rückle, Dieter, Jg. 1941, Dipl.-Kfm., Dr. rer. comm., Univ.-Prof.,
Lehrstuhl für Betriebswirtschaftslehre, insbes. Wirtschaftsprüfung und Rechnungswesen, an der Universität Trier; Arbeitsschwerpunkte: Rechnungs- und Prüfungswesen, Investition und Finanzierung, Betriebswirtschaftliche Steuerlehre, Umweltschutz

Sandholzer, Ulrich, Jg. 1958, Dr. rer. pol.,
Wissenschaftlicher Mitarbeiter am Lehrstuhl für Betriebswirtschaftslehre und Organisation an der Universität Bayreuth; Arbeitsschwerpunkte: Organisation und Kommunikation

Sartorius, Bodo, Jg. 1951, Dipl.-Volkswirt, Dr. rer. pol.,
Mitglied der Geschäftsführung der Gerling Consulting Gruppe Köln

v. Schorlemer, Elmo Frhr., Jg. 1941, Volljurist,
Vorsitzender des Vorstands Aachener und Münchener Versicherung Aktiengesellschaft; Mitglied des Vorstandes der AMB Aachener und Münchener Beteiligungs-AG; zuvor 11 Jahre Mitglied des Vorstandes der Colonia-Versicherung AG; Arbeitsschwerpunkt: Umweltschutz und Versicherungen

Schreiner, Manfred, Jg. 1947, Dipl.-Ökonom, Prof.,
Lehrstuhl im Fachbereich Wirtschaft der Fachhochschule Fulda; Arbeitsschwerpunkte: Umweltpolitik, Umweltmanagement, Abfallwirtschaft

Simonis, Udo Ernst, Jg. 1937, Prof. Dr.,
Professor für Umweltpolitik am Wissenschaftszentrum Berlin; Mitglied des Kuratoriums der Deutschen Umweltstiftung und des Öko-Instituts; Herausgeber des Jahrbuchs Ökologie; Arbeitsschwerpunkte: Strukturpolitik, internationale Umweltökonomie

Singer, Klaus M., Jg. 1957, Dipl.-Inf.,
Singer Systemberatung Freiburg; Arbeitsschwerpunkte: Fabrikautomation, Schulung, Consulting

Smetenat, Jürgen, Jg. 1937,
Leiter Vertriebsmarketing Umwelt bei Hewlett Packard GmbH in Bad Homburg; Arbeitsschwerpunkte: Umweltschutz, Umweltplanung, Umweltmanagement

Staehle, Wolfgang H., Jg. 1938, Dipl.-Kfm., Dr. oec. publ., Prof.,
Fachgebiet Organisation und Führung, Institut für Management, Freie Universität Berlin; Arbeitsschwerpunkte: Organisation und Führung, Personalwirtschaft, Unternehmensverfassung, Internationalisierung der Unternehmungen, nationale und internationale Arbeitsbeziehungen, Folgen technologischen Wandels

Stahlmann, Volker, Jg. 1944, Dr. Dr. rer. pol., Prof.,
Fachhochschule Nürnberg, Fachbereich Betriebswirtschaft; Arbeitsschwerpunkte: Allgemeine Betriebswirtschaft, Material und Fertigung, Umweltorientierte Unternehmensführung

Staudt, Erich, Jg. 1941, Dipl.-Physiker, Prof. Dr. Dr.,
Lehrstuhl Arbeitsökonomie an der Ruhr-Universität Bochum; Vorstand des Instituts für angewandte Innovationsforschung, Bochum e. V.; Arbeitsschwerpunkte: Technik, Ökonomie, soziale Implikation

Steger, Ulrich, Jg. 1943, Dr. rer. pol., Prof.,
Lehrstuhl für Ökologie unf Unternehmensführung an der European Business School, Private Wissenschaftliche Hochschule, Leiter des Instituts für Ökologie und Unternehmensführung e. V., Oestrich-Winkel; Markenvorstand „Umwelt und Verkehr" der Volkswagen AG, Wolfsburg

Stitzel, Michael, Jg. 1940, Dipl.-Kfm., Dr. rer. pol., Prof.,
Lehrstuhl für Allgemeine Betriebwirtschaftslehre an der Freien Universität Berlin; Arbeitsschwerpunkte: Ökologische Unternehmensführung, Management-Entwicklung

Stölzle, Wolfgang, Jg. 1962, Dipl.-Kfm.,
Institut für Betriebswirtschaftslehre, Fachgebiet Unternehmensführung, an der Technischen Hochschule Darmstadt; Arbeitsschwerpunkte: Entsorgungslogistik, Logistik-Controlling

Störmer, Reinhard, Jg. 1946, Dipl.-Volkswirt, Ing. grad (FH),
Abteilungsleiter für Boden- und Gewässerschutz, Wasser- und Abfallwirtschaft im Ministerium für Umwelt, Raumordnung und Landwirtschaft des Landes Nordrhein-Westfalen; Arbeitsschwerpunkt: Energiepolitik

Strebel, Heinz, Jg. 1939, Dipl. rer. pol. (techn.), Dr. rer. pol., o. Prof.,
Lehrstuhl an der Karl-Franzens-Universität in Graz, Institut für Innovationsmanagement; Arbeitsschwerpunkte: Industriebetriebslehre, Produktionswirtschaft

Tiebler, Petra, Jg. 1963, Dipl.-Kffr.,
Wissenschaftliche Mitarbeiterin am Institut für Ökologie und Unternehmensführung e. V. in Oestrich-Winkel; Arbeitsschwerpunkte: Strategische Unternehmensführung und Marketing, insbesondere Konsumentenverhalten

Wagner, Gerd Rainer, Jg. 1947, Dr. rer. pol., Prof.,
Lehrstuhl für Betriebswirtschaftslehre, insbesondere Produktionswirtschaft und Umweltökonomie an der Wirtschaftswissenschaftlichen Fakultät der Heinrich-Heine-Universität Düsseldorf; Arbeitsschwerpunkte: Umweltorientierte Unternehmensplanung, ökologische Umwelt- und unternehmerische Risikopolitik, Ökologieorientierte Unternehmerrechnungen, Ökonomie der Sonderabfallwirtschaft, Unternehmenspolitik und Ethik

Wagner, Gerhard, Jg. 1936, Dipl.-Ing., Dipl.-Chem.,
Fachreferent für Forschung innerhalb der Hauptabteilung „Zentrallaboratorien" der Volkswagen AG; Arbeitsschwerpunkte: Analyse und Bewertung der Umweltrelevanz von in Automobilen eingesetzten Werkstoffen sowie Aufzeigen alternativer Materialien; Recycling- und Entsorgungsproblematik der in Automobilen eingesetzten Komponenten, CO_2-Problematik, verkehrsbedingte Schadstoffemissionen